suhrkamp taschenbuch
wissenschaft 2024

Peter Szondi gehört zu den bedeutendsten Literaturwissenschaftlern des 20. Jahrhunderts. Wegweisend waren etwa sein *Versuch über das Tragische* und insbesondere die *Theorie des modernen Dramas*, die Adorno in der Auffassung folgt, daß Widersprüche in der Wirklichkeit als Formprobleme im Kunstwerk wiederkehren. Der Band macht neben diesen klassischen Arbeiten auch die Essays Szondis wieder zugänglich, darunter seine nachgelassenen *Celan-Studien*, die sein wissenschaftliches Werk als Fragment beschließen.

Peter Szondi (1929-1971) war Literaturwissenschaftler, Kritiker, Übersetzer und Essayist. Von 1965 bis zu seinem Tod war er Ordinarius und Direktor des neugegründeten Seminars für Allgemeine und Vergleichende Literaturwissenschaft der Freien Universität Berlin.
Im Suhrkamp Verlag erschienen zuletzt: *Briefe* (1993), *Studienausgabe der Vorlesungen in fünf Bänden* (2001) und *Paul Celan/Peter Szondi: Briefwechsel* (2005).

Peter Szondi
Schriften

Mit einem Nachwort von
Christoph König

Suhrkamp

Herausgegeben von Jean Bollack mit Henriette Beese,
Wolfgang Fietkau, Hans-Hagen Hildebrandt, Gerd Mattenklott,
Senta Metz und Helen Stierlin

Die vorliegende Neuausgabe führt die Bände *Schriften I* (stw 219) und
Schriften II (stw 220) zusammen, deren Redaktion Wolfgang Fietkau besorgte.
Für die Neuausgabe hat Christoph König die Bibliographie der Schriften Szondis
ergänzt. Die Reihenfolge der Texte und die Paginierung wurden beibehalten.

Bibliografische Information der Deutschen Nationalbibliothek
Die Deutsche Nationalbibliothek verzeichnet diese Publikation
in der Deutschen Nationalbibliografie;
detaillierte bibliografische Daten sind im Internet
über http://dnb.d-nb.de abrufbar.

suhrkamp taschenbuch wissenschaft 2024
Erste Auflage 2011
© Suhrkamp Verlag Berlin 2011
Alle Rechte vorbehalten, insbesondere das der Übersetzung,
des öffentlichen Vortrags sowie der Übertragung
durch Rundfunk und Fernsehen, auch einzelner Teile.
Kein Teil des Werkes darf in irgendeiner Form
(durch Fotografie, Mikrofilm oder andere Verfahren)
ohne schriftliche Genehmigung des Verlages reproduziert
oder unter Verwendung elektronischer Systeme
verarbeitet, vervielfältigt oder verbreitet werden.
Umschlag nach Entwürfen
von Willy Fleckhaus und Rolf Staudt
Druck: Druckhaus Nomos, Sinzheim
Printed in Germany
ISBN 978-3-518-29624-0

1 2 3 4 5 6 – 16 15 14 13 12 11

Band I

Inhalt

Theorie des modernen Dramas (1880-1950)   9
Versuch über das Tragische   149
*Hölderlin-Studien. Mit einem Traktat über philologische
Erkenntnis*   261

Literaturverzeichnis   415
Nachweise   419
Ausführliches Inhaltsverzeichnis   420

Theorie des modernen Dramas
1880-1950

Einleitung:
Historische Ästhetik und Gattungspoetik

Seit Aristoteles haben die Theoretiker der dramatischen Dichtung das Auftreten epischer Züge in diesem Bereich an den Pranger gestellt. Wer aber heute die Entwicklung der neueren Dramatik darzustellen versucht, kann sich zu solchem Richteramt nicht mehr berufen fühlen: aus Gründen, über die er sich und seinen Lesern einleitend Klarheit zu verschaffen hat.

Was die früheren Lehren vom Drama berechtigt, die Erfüllung des dramatischen Formgesetzes zu fordern, ist ihre besondere Formkonzeption, die weder Geschichte noch Dialektik von Form und Inhalt kennt. Im dramatischen Kunstwerk erscheint ihnen die vorgegebene Form des Dramas durch Vereinigung mit einem in Hinblick auf sie ausgewählten Stoff verwirklicht. Mißlingt diese Realisierung der vorgegebenen Form, trägt das Drama unerlaubte epische Züge, so wird der Fehler in der Wahl des Stoffes gefunden. In der *Poetik* des Aristoteles heißt es: *Der Dichter muß [...] sich daran erinnern, seine Tragödie nicht episch zu gestalten. Unter episch verstehe ich aber einen vielstoffigen Inhalt, wie wenn jemand zum Beispiel den ganzen Stoff der Ilias dramatisieren wollte.*[1] Auch die Bemühung Goethes und Schillers um die Unterscheidung von epischer und dramatischer Dichtung hatte zum praktischen Zweck, die falsche Stoffwahl zu verhindern.[2]

Diese traditionelle Auffassung, der die ursprüngliche Zweiheit von Form und Inhalt grundlegend ist, kennt auch die Kategorie des Geschichtlichen nicht. Die vorgegebene Form ist historisch indifferent, geschichtlich ursprünglich nur der Stoff, und das entstandene Drama erscheint, dem gemeinsamen Schema jeder

---

1 Aristoteles, *Über die Dichtkunst*, Hrsg. A. Gudeman. Phil. Bibliothek, Bd. 1, Leipzig 1921, S. 37.
2 Vgl. Goethe, *Über Epische und dramatische Dichtung*. In: *Sämtl. Werke*, Jubiläumsausg., Bd. 36, S. 149 ff., sowie Schiller an Goethe am 26. Dez. 1797 (In: Joh. W. Goethe, *Briefwechsel mit Friedrich Schiller*, Hrsg. E. Beutler. Gedenkausg. der Werke, Briefe und Gespräche, Bd. 20, Zürich 1964, Nr. 394.)

vorhistorischen Theorie entsprechend, als historische Verwirklichung einer zeitlosen Form.

Daß die dramatische Form als geschichtlich nicht gebunden angesehen wird, bedeutet zugleich, daß das Drama jederzeit möglich ist und in den Poetiken jederzeit gefordert werden kann.

Dieser Zusammenhang zwischen übergeschichtlicher Poetik und undialektischer Form-Inhalt-Konzeption führt auf den gemeinsamen Höhepunkt dialektischen und historischen Denkens zurück: auf das Werk Hegels. In der *Wissenschaft der Logik* steht der Satz: *Wahrhafte Kunstwerke sind eben nur solche, deren Inhalt und Form sich als durchaus identisch erweisen.*[3] Diese Identität ist dialektischen Wesens: an derselben Stelle nennt Hegel das *absolute Verhältnis des Inhalts und der Form [...] das Umschlagen derselben in einander, so daß der Inhalt nichts ist, als das Umschlagen der Form in Inhalt, und die Form nichts als das Umschlagen des Inhalts in Form.*[4] Die Identischsetzung von Form und Inhalt vernichtet auch den im alten Verhältnis enthaltenen Gegensatz zeitlos-geschichtlich und hat so die Historisierung des Formbegriffs zur Folge, letztlich die Historisierung der Gattungspoetik selbst. Lyrik, Epik, Dramatik werden aus systematischen Kategorien zu historischen.

Nach dieser Veränderung in den Grundlagen der Poetik blieben der Wissenschaft drei Wege offen. Sie konnte der Auffassung sein, daß die drei Grundkategorien der Poetik mit ihrem systematischen Wesen ihr Daseinsrecht eingebüßt hatten: daher ihre Vertreibung aus der Ästhetik bei Benedetto Croce. In diametralem Gegensatz dazu stand die Bestrebung, sich vom historisierten Grund der Poetik, von den konkreten Dichtungsarten, auf Zeitloses zurückzuziehen. Von ihr zeugt (neben R. Hartls wenig ergiebigem *Versuch einer psychologischen Grundlegung der Dichtungsgattungen*) die *Poetik* E. Staigers, welche die Gattungsbegriffe in verschiedenen Seinsweisen des Menschen

---

3 Hegel, *Sämtliche Werke*, Jubiläumsausgabe (Hrsg. G. Lasson / J. Hoffmeister), Leipzig 1911 ff., Bd. 8, S. 303.
4 Ebd., S. 302.

verankert, letztlich in den drei »Extasen« der Zeit. Daß diese Umbegründung die Poetik in ihrer Ganzheit verändert, im besonderen in ihrem Verhältnis zur Dichtung selbst, zeigt die notwendige Ersetzung der drei Grundbegriffe ›Lyrik‹, ›Epik‹, ›Dramatik‹ durch ›lyrisch‹, ›episch‹, ›dramatisch‹.

Eine dritte Möglichkeit aber bestand im Ausharren auf dem historisierten Boden. Sie führte in der Nachfolge Hegels zu Schriften, die eine historische Ästhetik nicht nur der Dichtung entwerfen, zu G. Lukács' *Die Theorie des Romans*, W. Benjamins *Ursprung des deutschen Trauerspiels*, Th. W. Adornos *Philosophie der neuen Musik*. Hegels dialektische Konzeption des Form-Inhalt-Verhältnisses wurde hier fruchtbar gemacht, indem man die Form etwa als »niedergeschlagenen« Inhalt auffaßte.[5] Die Metapher drückt mit dem Festen und Dauernden der Form zugleich ihren Ursprung im Inhaltlichen aus, also ihre Aussagefähigkeit. Eine eigentliche Form-Semantik läßt sich auf diesem Wege entwickeln, und die Form-Inhalt-Dialektik erscheint nun als Dialektik zwischen formaler und inhaltlicher Aussage. Damit ist jedoch schon die Möglichkeit gesetzt, daß die inhaltliche Aussage zur formalen in Widerspruch gerät. Bewegt sich im Falle der Entsprechung von Form und Inhalt die inhaltliche Thematik gleichsam im Rahmen der formalen Aussage als eine Problematik innerhalb etwas Unproblematischem, so entsteht der Widerspruch, indem die fraglos-feststehende Aussage der Form vom Inhalt her in Frage gestellt wird. Diese innere Antinomie ist es aber, die eine Dichtungsform geschichtlich problematisch werden läßt, und das hier Vorgelegte ist der Versuch, die verschiedenen Formen neuerer Dramatik aus der Auflösung solcher Widersprüche zu erklären.

Darum verbleibt es innerhalb der Ästhetik und versagt sich die Ausweitung zu einer Diagnose der Zeit. Die Widersprüche zwischen der dramatischen Form und den Problemen der Gegenwart sollen nicht in abstracto aufgestellt, sondern im Innern des konkreten Werks als technische, das heißt als ›Schwierigkeiten‹ erfaßt werden. Dabei läge es nahe, die Verschiebungen in

---

5 Th. W. Adorno, *Philosophie der neuen Musik*, Gesammelte Schriften 12, Frankfurt a. M. 1975, S. 39 f.

der neueren Dramatik, die vom Problematischwerden der dramatischen Form herrühren, auf Grund eines gattungspoetischen Systems feststellen zu wollen. Aber auf die systematische, also normative Poetik ist zu verzichten, nicht freilich, um einer zwangsläufig negativen Bewertung der Episierungstendenzen zu entgehen, sondern weil die historisch-dialektische Auffassung von Form und Inhalt die systematische Poetik als solche entgründet.

Den terminologischen Ausgangspunkt bildet so bloß der Begriff des Dramas. Als historischer steht er für eine literaturgeschichtliche Erscheinung, nämlich das Drama, wie es im elisabethanischen England, vor allem aber im Frankreich des siebzehnten Jahrhunderts entstand und in der deutschen Klassik weiterlebte. Indem er zur Evidenz bringt, was in der dramatischen Form an Aussage über das menschliche Dasein sich niederschlug, weist er ein Phänomen der Literaturgeschichte als Dokument der Menschheitsgeschichte aus. Die technischen Forderungen des Dramas hat er als Spiegelung existentieller Forderungen zu enthüllen, und die Ganzheit, die er entwirft, ist nicht systematischen, sondern geschichtsphilosophischen Wesens. In die Klüfte zwischen den Dichtungsformen ist Geschichte gebannt, Brücken über sie hinweg vermag einzig die Reflexion auf die Geschichte zu schlagen.

Historisch gebunden ist der Dramenbegriff jedoch nicht nur in seinem Inhalt, sondern auch in seinem Ursprung. Weil aus der Form eines Kunstwerks immer Unfragwürdiges spricht, gelingt die Erkenntnis solcher formalen Aussage meist erst einer Zeit, der das einst Unfragwürdige fragwürdig, das Selbstverständliche zum Problem geworden ist. Auf diese Weise wird hier das Drama von der Stelle seiner heutigen Verhinderung aus begriffen und dieser Dramenbegriff schon als Moment im Fragen nach der Möglichkeit des modernen Dramas verstanden.

Als ›Drama‹ wird also im folgenden nur eine bestimmte Form von Bühnendichtung bezeichnet. Weder die geistlichen Spiele des Mittelalters noch die Historien Shakespeares gehören dazu. Die geschichtliche Art der Betrachtung verlangt, auch von der griechischen Tragödie abzusehen, da ihr Wesen erst auf einem anderen Horizont erkannt werden könnte. Das Adjektiv ›dramatisch‹ drückt im folgenden keine Qualität aus (wie in E. Staigers *Grundbegriffen der Poetik*[6]), sondern bedeutet lediglich ›zum Drama gehörig‹ (›dramatischer Dialog‹ = Dialog im Drama). ›Dramatik‹ wird im Gegensatz zu ›Drama‹ und ›dramatisch‹ auch im weiteren Sinn für alles für die Bühne Geschriebene gebraucht. Soll einmal ›Drama‹ ebenfalls in diesem Sinn verstanden werden, wird es zwischen Anführungszeichen gesetzt.

Da die Entwicklung in der modernen Dramatik vom Drama selber wegführt, ist bei ihrer Betrachtung ohne einen Gegenbegriff nicht auszukommen. Als solcher stellt sich ›episch‹ ein: es bezeichnet einen gemeinsamen strukturellen Zug von Epos, Erzählung, Roman und anderen Gattungen, nämlich das Vorhandensein dessen, was man das »Subjekt der epischen Form«[7] oder das »epische Ich«[8] genannt hat.

Den achtzehn Studien, welche die Entwicklung an ausgewählten Beispielen zu erfassen versuchen, geht eine Darstellung des Dramas selbst voraus, auf die sich alles Spätere beziehen wird.

---

[6] Zürich 1946 (8. Aufl. 1968) vgl. S. 12 f.
[7] G. Lukács, *Die Theorie des Romans*. Berlin 1920. S. 36, Neuauflagen: Neuwied-Berlin 1963, 1965, 1971, 1974.
[8] R. Petsch, *Wesen und Formen der Erzählkunst*. Halle 1934.

I. Das Drama

Das Drama der Neuzeit entstand in der Renaissance. Es war das geistige Wagnis des nach dem Zerfall des mittelalterlichen Weltbilds zu sich gekommenen Menschen, die Werkwirklichkeit, in der er sich feststellen und spiegeln wollte, aus der Wiedergabe des zwischenmenschlichen Bezuges allein aufzubauen.[1] Der Mensch ging ins Drama gleichsam nur als Mitmensch ein. Die Sphäre des ›Zwischen‹ schien ihm die wesentliche seines Daseins; Freiheit und Bindung, Wille und Entscheidung die wichtigsten seiner Bestimmungen. Der ›Ort‹, an dem er zu dramatischer Verwirklichung gelangte, war der Akt des Sich-Entschließens. Indem er sich zur Mitwelt entschloß, wurde sein Inneres offenbar und dramatische Gegenwart. Die Mitwelt aber wurde durch seinen Entschluß zur Tat auf ihn bezogen und gelangte dadurch allererst zu dramatischer Realisation. Alles was diesseits oder jenseits dieses Aktes war, mußte dem Drama fremd bleiben: das Unausdrückbare sowohl wie der Ausdruck, die verschlossene Seele wie die dem Subjekt bereits entfremdete Idee. Und vollends das Ausdruckslose, die Dingwelt, wenn sie nicht in den zwischenmenschlichen Bezug hineinreichte.

Alle dramatische Thematik formulierte sich in dieser Sphäre des ›Zwischen‹. Der Kampf von passion und devoir etwa in der Stellung des Cid zwischen seinem Vater und der Geliebten. Das komische Paradoxon in ›schiefen‹ zwischenmenschlichen Situationen, beispielsweise in der des Dorfrichters Adam. Und die Tragik der Individuation, wie sie Hebbel erschien, im tragischen Konflikt zwischen Herzog Ernst, Albrecht und Agnes Bernauer.

Das sprachliche Medium dieser zwischenmenschlichen Welt aber war der Dialog. Er wurde in der Renaissance, nach Ausschaltung von Prolog, Chor und Epilog, vielleicht zum erstenmal in der Geschichte des Theaters (neben dem Monolog, der episodisch blieb und die Dramenform also nicht konstituierte)

---

[1] Vgl. zum Folgenden: Hegel, *Vorlesungen über die Ästhetik*, a.a.O. Bd. 14, S. 479 ff.

zum alleinigen Bestandteil des dramatischen Gewebes. Darin unterscheidet sich das klassische Drama sowohl von der antiken Tragödie wie vom mittelalterlichen geistlichen Spiel, vom barocken Welttheater wie vom Historienstück Shakespeares. Die Alleinherrschaft des Dialogs, das heißt der zwischenmenschlichen Aussprache im Drama, spiegelt die Tatsache, daß es nur aus der Wiedergabe des zwischenmenschlichen Bezuges besteht, daß es nur kennt, was in dieser Sphäre aufleuchtet.

All dies zeigt, daß das Drama eine in sich geschlossene, aber freie und in jedem Moment von neuem bestimmte Dialektik ist. Daraus sind sämtliche seiner nun darzustellenden Wesenszüge zu verstehen:

Das Drama ist absolut. Um reiner Bezug, das heißt: dramatisch sein zu können, muß es von allem ihm Äußerlichen abgelöst sein. Es kennt nichts außer sich.

Der Dramatiker ist im Drama abwesend. Er spricht nicht, er hat Aussprache gestiftet. Das Drama wird nicht geschrieben, sondern gesetzt. Die im Drama gesprochenen Worte sind allesamt Ent-schlüsse, sie werden aus der Situation heraus gesprochen und verharren in ihr; keineswegs dürfen sie als vom Autor herrührend aufgenommen werden. Das Drama ist lediglich als ein Ganzes zum Autor gehörend, und dieser Bezug gehört nicht wesenhaft zu seinem Werksein.

Die gleiche Absolutheit weist das Drama dem Zuschauer gegenüber auf. Sowenig die dramatische Replik Aussage des Autors ist, sowenig ist sie Anrede an den Zuschauer. Dieser wohnt vielmehr der dramatischen Aussprache bei: schweigend, mit zurückgebundenen Händen, gelähmt vom Eindruck einer zweiten Welt. Seine totale Passivität hat aber (darauf beruht das dramatische Erlebnis) in eine irrationale Aktivität umzuschlagen: der Zuschauer war, wird in das dramatische Spiel gerissen, wird selber Sprechender (wohlverstanden durch den Mund aller Personen). Das Verhältnis Zuschauer-Drama kennt nur vollkommene Trennung und vollkommene Identität, nicht aber Eindringen des Zuschauers ins Drama oder Angesprochenwerden des Zuschauers durch das Drama.

Die Bühnenform, die sich das Drama der Renaissance und der

Klassik schuf, die vielgeschmähte ›Guckkastenbühne‹, ist der Absolutheit des Dramas als einzige adäquat und zeugt von ihr in jedem ihrer Züge. Sie kennt einen Übergang (etwa Treppen) zum Zuschauerraum sowenig wie das Drama vom Zuschauer sich stufenweise abhebt. Sie wird ihm erst bei Beginn des Spiels, ja, oft erst nachdem das erste Wort gefallen, sichtbar, also existent: dadurch erscheint sie als vom Spiel selbst erschaffen. Bei Aktschluß, wenn der Vorhang fällt, entzieht sie sich wieder dem Blick des Zuschauers, wird gleichsam vom Spiel zurückgenommen und als zu ihm Gehörendes bestätigt. Die Rampe, die sie beleuchtet, bezweckt den Anschein, als spende das dramatische Spiel auf der Bühne sich selber das Licht.

Auch die Kunst des Schauspielers ist beim Drama auf dessen Absolutheit ausgerichtet. Die Relation Schauspieler – Rolle darf keineswegs sichtbar sein, vielmehr müssen sich Schauspieler und Dramengestalt zum dramatischen Menschen vereinen.

Daß das Drama ein Absolutes ist, läßt sich unter einem anderen Aspekt so formulieren: Das Drama ist primär. Es ist nicht die (sekundäre) Darstellung von etwas (Primärem), sondern stellt sich selber dar, ist es selbst. Seine Handlung wie auch jede seiner Repliken ist ›ursprünglich‹, wird in ihrem Entspringen realisiert. Das Drama kennt das Zitat so wenig wie die Variation. Das Zitat würde das Drama aufs Zitierte beziehen, die Variation seine Eigenschaft, primär, das heißt ›wahr‹ zu sein, in Frage stellen und (als Variation von etwas und unter anderen Variationen) sich zugleich sekundär geben. Zudem würde ein Zitierender oder Variierender vorausgesetzt und das Drama auf ihn bezogen.

Das Drama ist primär: dies ist mit ein Grund, warum historisches Spiel allemal ›undramatisch‹ ausfällt. Der Versuch, ›Luther, den Reformator‹ auf die Bühne zu bringen, impliziert den Bezug auf die Geschichte. Gelänge es, in der absoluten dramatischen Situation Luther zum Entschluß kommen zu lassen, den Glauben zu reformieren, wäre das Reformationsdrama geleistet. Doch taucht hier eine zweite Schwierigkeit auf: Die objektiven Verhältnisse, mit denen der Entschluß zu motivieren wäre, erheischten eine epische Behandlung. Die Begründung aus der zwischenmenschlichen Situation Luthers wäre für das Drama die einzig mögliche, den Intentionen eines Reformationsstückes aber verständlicherweise fremd.

Indem das Drama je primär ist, ist seine Zeit auch je die Gegenwart. Das bedeutet keineswegs Statik, sondern nur die besondere Art des dramatischen Zeitablaufs: die Gegenwart vergeht und wird Vergangenheit, ist aber auch als solche nicht mehr gegenwärtig. Die Gegenwart vergeht, indem sie Wandlung zeitigt, indem ihrer Antithetik neue Gegenwart entspringt. Der Zeitablauf des Dramas ist eine absolute Gegenwartsfolge. Das Drama steht als Absolutes selbst dafür ein, es stiftet seine Zeit selbst. Deshalb muß jeder Moment den Keim der Zukunft in sich enthalten, ›zukunftsträchtig‹ sein.[2] Das wird möglich durch seine dialektische Struktur, die ihrerseits auf dem zwischenmenschlichen Bezug beruht.

Von hier aus wird auch die dramaturgische Forderung nach Einheit der Zeit von neuem verständlich. Die zeitliche Zerrissenheit der Szenen ist gegen das Prinzip der absoluten Gegenwartsfolge gerichtet, da jede Szene ihre Vorgeschichte und Folge (Vergangenheit und Zukunft) außerhalb des Spieles hat. So werden die einzelnen Szenen relativiert. Hinzu kommt, daß die Szenenfolge, in der jede Szene die nächste hervorbringt (also die hier für das Drama geforderte), als einzige das Vorhandensein des Monteurs nicht impliziert. Das (gesagte oder ungesagte) »Nun lassen wir drei Jahre verstreichen« setzt das epische Ich voraus.

Ähnliches im Räumlichen begründet die Forderung nach Einheit des Ortes. Die räumliche Umgebung muß (wie die zeitliche) aus dem Bewußtsein des Zuschauers ausgeschieden werden. Nur so entsteht eine absolute, das ist dramatische Szene. Je häufiger der Szenenwechsel, um so schwieriger diese Arbeit. Zudem setzt die räumliche Zerrissenheit (wie die zeitliche) das epische Ich voraus. (Klischee: »Nun lassen wir die Verschwörer im Wald zurück und suchen den nichtsahnenden König in seinem Palaste auf.«)

---

2 Vgl. die Bestimmungen des dramatischen Stils bei E. Staiger, *Grundbegriffe der Poetik*, a.a.O., S. 143 ff.

Die Form Shakespeares unterscheidet sich bekanntlich vor allem in diesen zwei Punkten von derjenigen der französischen Klassik. Aber seine lose und vielortige Szenenfolge ist wohl im Zusammenhang mit den Historien zu sehen, in denen (vgl. etwa *Henry V*) ein als Chorus bezeichneter Erzähler die einzelnen Akte als Kapitel eines volkstümlichen Geschichtswerkes dem Publikum darbietet.

Auf der Absolutheit des Dramas beruht auch die Forderung nach Ausschaltung des Zufalls, nach Motivierung. Das Zufällige fällt dem Drama von außen zu. Indem es aber motiviert wird, wird es begründet, das heißt im Grund des Dramas selbst verwurzelt.

Die Ganzheit des Dramas schließlich ist dialektischen Ursprungs. Sie entsteht nicht dank dem ins Werk hineinragenden epischen Ich, sondern durch die je und je geleistete und wieder ihrerseits zerstörte Aufhebung der zwischenmenschlichen Dialektik, die im Dialog Sprache wird. Auch in dieser letzten Hinsicht also ist der Dialog Träger des Dramas. Von der Möglichkeit des Dialogs hängt die Möglichkeit des Dramas ab.

II. Die Krise des Dramas

Die ersten fünf Studien beschäftigen sich mit Ibsen (1828-1906), Tschechow (1860-1904), Strindberg (1849-1912), Maeterlinck (1862-1949) und Hauptmann (1862-1946). Denn die Suche nach der Ausgangssituation der modernen Dramatik beginnt notwendig damit, daß Werke des ausgehenden neunzehnten Jahrhunderts mit dem eben dargestellten Phänomen des klassischen Dramas konfrontiert werden.
Damit stellt sich freilich die Frage, ob man durch solche Zurückführung nicht hinter seine historischen Intentionen in das im Eingang abgelehnte Verfahren der systematisch-normativen Poetik zurückfällt. Denn was auf den vorausgehenden Seiten als das in der Renaissance entstandene Drama zu beschreiben versucht wurde, deckt sich mit dem traditionellen Dramenbegriff durchaus, ist identisch mit dem, was die Handbücher der Dramentechnik (etwa das Gustav Freytags) gelehrt haben und woran die moderne Dramatik von den Kritikern anfangs gemessen worden ist und zuweilen noch immer gemessen wird. Aber die historische Methode, die dieses zur Norm Gewordene seiner Geschichtlichkeit zurückzugeben trachtet und seine Form so wieder sprechen läßt, wird nicht Lügen gestraft und in eine normative verkehrt, wenn das historische Bild des Dramas nun trotzdem an die Dramatik der Jahrhundertwende herangetragen wird. Denn diese Form des Dramas war um 1860 nicht nur die subjektive Norm der Theoretiker, sondern stellte zugleich den objektiven Stand der Dramatik dar. Was neben ihr da war und gegen sie ausgespielt werden konnte, hatte entweder archaischen Charakter oder bezog sich auf eine bestimmte Thematik. So ist die der ›geschlossenen‹ Form der Klassik immer wieder gegenübergestellte ›offene‹ des Shakespeare von den Historien nicht zu lösen, und sooft sie in der deutschen Dichtung auf gültige Weise wieder ergriffen wurde, hatte sie die Aufgabe des Geschichtsfreskos *(Götz von Berlichingen, Dantons Tod).*
Der Bezug, der im folgenden hergestellt wird, ist also nicht

normativen Ursprungs, sondern soll das objektiv-historische Verhältnis begrifflich erfassen. Dieses Verhältnis zur klassischen Dramenform ist bei den fünf Dramatikern freilich jedesmal ein anderes. Bei Ibsen war es nicht kritischer Art: Ibsen erwarb seinen Ruhm nicht zuletzt durch dramaturgische Meisterschaft. Aber diese äußere Vollkommenheit verbirgt eine innere Krise des Dramas. Tschechow übernimmt ebenfalls die traditionelle Form. Doch den festen Willen zur pièce bien faite (zu der sich das klassische Drama veräußerlichte) hat er nicht mehr. Indem er auf dem überlieferten Grund ein zauberhaft poetisches Gebilde errichtet, das dennoch keinen eigenständigen Stil besitzt, kein Formganzes verbürgt, vielmehr die Basis immer wieder durchscheinen läßt, offenbart er die Diskrepanz zwischen der übernommenen und der durch die Thematik geforderten Form. Und wenn Strindberg und Maeterlinck zu neuen Formen gelangen, so geht dem die Auseinandersetzung mit dem Überlieferten voraus, oder sie ist, noch ungelöst, im Innern der Werke aufzuzeigen – gleichsam als Wegweiser zu Formen späterer Dramatiker. Hauptmanns *Vor Sonnenaufgang* und *Die Weber* schließlich erlauben das Problem zu erkennen, das dem Drama von der sozialen Thematik her erwächst.

1 Ibsen

Den Zugang zur Formproblematik eines Werkes wie *Rosmersholm* erschwert jener Begriff der analytischen Technik, durch den Ibsen in die Nähe des Sophokles gerückt wurde. Sind aber die ästhetischen Zusammenhänge erkannt, in denen die Analyse von Sophokles benützt und im Briefwechsel zwischen Goethe und Schiller besprochen wird, so erweist sich ihr Begriff nicht mehr als Hindernis, sondern als Schlüssel zum Ibsenschen Spätwerk.

Am 2. Oktober 1797 schreibt Schiller an Goethe: *Ich habe mich dieser Tage viel damit beschäftigt, einen Stoff zur Tragödie aufzufinden, der von der Art des Oedipus Rex wäre und dem Dichter die nehmlichen Vortheile verschaffte. Diese Vortheile sind unermeßlich, wenn ich auch nur des einzigen erwähne, daß man die zusammengesetzteste Handlung, welche der Tragischen Form ganz widerstrebt, dabey zum Grunde legen kann, indem diese Handlung ja schon geschehen ist, und mithin ganz jenseits der Tragödie fällt. Dazu kommt, daß das Geschehene, als unabänderlich, seiner Natur nach viel fürchterlicher ist, und die Furcht daß etwas geschehen seyn möchte, das Gemüth ganz anders affiziert, als die Furcht, daß etwas geschehen möchte. – Der Ödipus ist gleichsam nur eine tragische Analysis. Alles ist schon da, und es wird nur herausgewickelt. Das kann in der einfachsten Handlung und in einem sehr kleinen Zeitmoment geschehen, wenn die Begebenheiten auch noch so complicirt und von Umständen abhängig waren. Wie begünstigt das nicht den Poeten! – Aber ich fürchte, der Ödipus ist seine eigene Gattung und es giebt keine zweite Species davon ...*

Ein halbes Jahr früher (am 22. April 1797) hat Goethe an Schiller geschrieben, die Exposition mache dem Dramatiker deshalb viel zu schaffen, *weil man von ihm ein ewiges Fortschreiten fordert und ich würde das den besten dramatischen Stoff nennen wo die Exposition schon ein Theil der Entwicklung ist.* Worauf Schiller am 25. April antwortet, der *Oedipus Rex* nähere sich diesem Ideal ganz erstaunlich.

Der Ausgangspunkt dieses Denkens ist die apriorische Form des Dramas. Die in den Dienst genommene analytische Technik soll ermöglichen, die Exposition der dramatischen Bewegung einzubauen und ihr dadurch ihre episierende Wirkung zu nehmen, oder *zusammengesetzteste* Handlungen, die für die dramatische Form zunächst gar nicht in Frage kommen, dennoch zum Stoff eines Dramas zu wählen.

Anders verhält es sich beim Sophokleischen *Ödipus*. Die ihm voraufgehende, nicht überlieferte Trilogie des Aischylos erzählte das Schicksal des thebanischen Königs chronologisch. Diese epische Darstellung der weit auseinanderliegenden Ereignisse konnte Sophokles aufgeben, weil es ihm noch weniger um sie selbst, noch ausschließlicher um ihre Tragik ging. Die aber ist nicht an Einzelheiten gebunden und hebt sich aus dem Zeitablauf heraus. Die tragische Dialektik von Sehen und Erblinden:

daß einer durch die Selbsterkenntnis, durch das Auge, das er »zuviel« hat[1], zum Blinden wird, diese Peripetie im Aristotelischen und Hegelschen Sinne, brauchte nur den einen Akt der Erkennung, der Anagnorisis[2], um dramatische Wirklichkeit zu werden. Die athenischen Zuschauer kannten den Mythos, er mußte ihnen nicht vorgeführt werden. Der einzige, der ihn zu erfahren hat, ist Ödipus selbst – und er darf es nur am Ende, nachdem der Mythos sein Leben gewesen ist. So wird die Exposition überflüssig und die Analyse zur Handlung selbst. Der sehende und dennoch blinde Ödipus bildet gleichsam die leere Mitte einer um sein Schicksal wissenden Welt, deren Boten stufenweise sein Inneres erobern, um es mit ihrer grauenhaften Wahrheit zu erfüllen. Diese Wahrheit aber gehört nicht der Vergangenheit an, nicht die Vergangenheit, sondern die Gegenwart wird enthüllt. Denn Ödipus ist Mörder seines Vaters, Gatte seiner Mutter, Bruder seiner Kinder. Er ist *die Schwäre dieses Landes*[2] und muß das Gewesene nur erfahren, um dieses Seiende erkennen zu können. Deshalb ist die Handlung des *Oedipus Rex*, obwohl sie der Tragödie faktisch vorausgeht, dennoch in ihrer Gegenwart enthalten. Die analytische Technik wird so bei Sophokles vom Stoff selbst gefordert, und zwar nicht im Hinblick auf eine vorgegebene dramatische Form, sondern damit seine Tragik in höchster Reinheit und Dichte sich zeige.

Die Unterscheidung von Ibsens Dramengefüge und dem Sophokleischen führt auf sein eigentliches Formproblem, das die historische Krise des Dramas selbst offenbart. Keines Beweises bedarf die Tatsache, daß die analytische Technik bei Ibsen nicht vereinzeltes Phänomen, sondern die Konstruktionsart seiner modernen Stücke ist; es genügt, an die wichtigsten zu erinnern: *Nora, Stützen der Gesellschaft, Gespenster, Die Frau vom Meer, Rosmersholm, Die Wildente, Baumeister Solness, John Gabriel Borkman, Wenn wir Toten erwachen.*

---

1 Hölderlin, *Sämtliche Werke*. Große Stuttgarter Ausgabe (Hrsg. Fr. Beißner), Bd. II/1, S. 373.
2 Aristoteles, a.a.O., c. 11, vgl. Verf.: *Versuch über das Tragische*, S. 213 ff.
3 Vers 353. Übers. E. Staiger, *Die Tragödien des Sophokles*. Zürich 1944.

John Gabriel Borkman (1896) »spielt an einem Winterabend auf dem Familiengute der Rentheims nahe der Hauptstadt«. Im »großen Prunksaal« des Hauses lebt seit acht Jahren in fast völliger Einsamkeit John Gabriel Borkman, »früher Bankdirektor«. Das untere Wohnzimmer gehört seiner Frau, Gunhild. Sie leben im gleichen Haus, ohne sich je zu begegnen. Ella Rentheim, ihre Schwester, Besitzerin des Landhauses, wohnt anderswo. Sie erscheint nur einmal im Jahr, um den Verwalter zu treffen: Gunhild und Borkman spricht sie dabei nie.

Der Winterabend, an dem das Stück spielt, bringt die Begegnung dieser drei durch die Vergangenheit aneinandergeketteten und sich doch zutiefst fremd gewordenen Menschen. Im ersten Akt stehen sich Ella und Gunhild gegenüber: *Ja, – Gunhild, nun sind es bald acht Jahr, seit wir uns das letzte Mal gesehen haben.*[4] Der zweite bringt die Aussprache zwischen Ella und Borkman: *Es ist unendlich lange her, seit wir zwei uns gegenübergestanden, Aug' in Auge, Borkman.*[5] Und im dritten Akt begegnen sich John Gabriel und seine Frau: *Das letzte Mal, daß wir uns gegenüber standen, – das war vor Gericht. Als ich vorgeladen war, um auszusagen.*[6]

Diese Gespräche, veranlaßt durch den Wunsch der todkranken Ella, den Sohn der Borkmans, der während langer Jahre ihr Pflegesohn war, wieder zu sich zu nehmen, um nicht einsam zu sterben, enthüllen die Vergangenheit der drei Menschen:

Borkman liebte Ella Rentheim, heiratete aber ihre Schwester, Gunhild. Von seinem Freund, dem Advokaten Hinkel, denunziert, verbringt er wegen Depositendiebstahls acht Jahre im Gefängnis. Nachdem Borkman freigesetzt wird, zieht er sich in den Saal des Landhauses zurück, das Ella, deren Vermögen von ihm als das einzige in der Bank nicht angetastet wurde, bei der Versteigerung für ihn und seine Frau erwirbt. Während dieser Zeit wird sein Sohn von Ella aufgezogen. Erst als beinahe Erwachsener kehrt er zu seiner Mutter zurück.

Das sind die Ereignisse. Aber sie werden nicht um ihrer selbst

---

4 Ibsen, *John Gabriel Borkman.* Sämtliche Werke, Fischer, Berlin o. J. Bd. 9, S. 87.
5 Ebd., S. 128.
6 Ebd., S. 144.

willen berichtet. Wesentlich ist, was ›hinter‹ und ›zwischen‹ ihnen liegt: die Motive und die Zeit.
Als du nun aber selbständig es unternahmst, Erhard großzuziehen an meiner Statt –? Was hattest du dabei für eine Absicht?
– fragt Frau Borkman ihre Schwester.[7]
Ich habe oft darüber nachgedacht, – warum verschontest du eigentlich alles, was mir gehörte – und nur das allein? – fragt Ella ihren Schwager.[8]
Und so enthüllt sich das wahre Verhältnis zwischen Ella und Borkman, Borkman und seiner Frau, Ella und Erhard:
Borkman verzichtete auf seine Geliebte, Ella, um für seine Bank-Karriere die Unterstützung des Advokaten Hinkel, der ebenfalls um sie warb, zu gewinnen. Statt Ella heiratete er Gunhild, ohne sie zu lieben. Aber Hinkel wurde von der verzweifelnden Ella abgewiesen, glaubte dahinter Borkmans Einfluß und rächte sich an ihm durch die Denunziation. Ella, deren Leben Borkmans Untreue zugrunde gerichtet hatte, liebte nur noch einen Menschen in der Welt: Erhard, seinen Sohn. Sie erzog ihn zu ihrem Kind. Als er größer wurde, nahm ihn aber seine Mutter zu sich zurück. Ella, deren tödliche Krankheit auf jene *Gemütserschütterung*, Borkmans Untreue, zurückgeht, möchte ihn nun für die letzten Monate ihres Lebens wieder bei sich haben. Doch Erhard verläßt seine Mutter und seine Tante für eine Frau, die er liebt.
Das sind die Motive. Sie werden an diesem Winterabend aus den verschütteten Seelen der drei Menschen in die Helle des Rampenlichts heraufgeholt. Aber das Wesentliche ist noch nicht gesagt worden. Wenn Borkman, Gunhild und Ella von der Vergangenheit reden, dann drängen sich nicht die einzelnen Ereignisse in den Vordergrund, auch nicht ihre Motivation, sondern die Zeit selbst, die von ihnen gefärbt wurde:
Ich werde mir schon meine Genugtuung verschaffen ... Genugtuung für mein ganzes verpfuschtes Leben – sagt Frau Borkman.[9]

[7] Ebd., S. 92.
[8] Ebd., S. 130.
[9] Ebd., S. 90.

Wenn Ella ihr sagt, sie habe gehört, daß sie und ihr Mann im selben Hause leben, ohne einander zu sehen, antwortet sie:

> *Ja, – so haben wir's gehalten, Ella. Unausgesetzt, – seit sie ihn freigelassen und ihn nach Hause geschickt haben zu mir. – Die ganzen acht Jahre.*[10]

Und da Ella und Borkman sich begegnen:

> Ella *Es ist unendlich lange her, seit wir zwei uns gegenübergestanden, Aug' in Auge, Borkman.*
>
> Borkman (finster) *Lange, lange ist's her. Viel Furchtbares liegt dazwischen.*
>
> Ella *Ein ganzes Menschenleben liegt dazwischen. Ein verfehltes Menschenleben.*[11]

Etwas später:

> *Von der Zeit an, da dein Bild in mir zu erlöschen anfing, hab' ich dahingelebt wie unter einer Sonnenfinsternis. In diesen ganzen Jahren hat es mir mehr und mehr widerstrebt, – ein lebendes Geschöpf zu lieben, bis es schließlich mir ganz unmöglich ward.*[12]

Und wenn im dritten Akt Frau Borkman ihrem Mann sagt, sie habe mehr als genug über seine dunkeln Geschichten nachgedacht, antwortet er:

> *Ich auch. Während der fünf endlosen Jahre in der Zelle – und anderswo – hatte ich Zeit dazu. Und in den acht Jahren dort oben hatt' ich noch mehr Zeit. Ich habe den ganzen Rechtsfall wieder aufgenommen, zu erneuter Prüfung – vor mir selber. Zu wiederholten Malen hab' ich ihn wieder aufgenommen... Im Saale da oben bin ich hin und her gegangen und habe prüfend jede meiner Handlungen nach allen Seiten gedreht und gewendet...*[13]
> *Da oben bin ich herumgegangen und habe volle acht kostbare Jahre meines Lebens vergeudet.*[14]

10 Ebd., S. 94.
11 Ebd., S. 128.
12 Ebd., S. 135.
13 Ebd., S. 145.
14 Ebd., S. 146.

Im letzten Akt, auf dem offenen Platz vor dem Haus:
> *Es ist hohe Zeit, daß ich mich wieder ans Freie und die Luft gewöhne ... Fast drei Jahre in der Untersuchungshaft, fünf Jahre im Gefängnis, acht Jahre da oben im Saal –.*[15]

Aber er wird sich nicht mehr an die freie Luft gewöhnen können. Die Flucht aus dem Gefängnis der Vergangenheit führt ihn nicht in das Leben, sondern in den Tod. Und Gunhild und Ella, die an diesem Abend den Mann und den Sohn verlieren, die sie beide liebten, reichen einander – zwei *Schatten über dem toten Mann* – die Hände.

Anders als beim Sophokleischen *Ödipus* ist die Vergangenheit hier nicht Funktion der Gegenwart, vielmehr diese nur Anlaß zur Heraufbeschwörung der Vergangenheit. Der Akzent liegt weder auf Ellas Schicksal noch auf Borkmans Tod. Thematisch ist aber auch nicht ein einzelnes Ereignis der Vergangenheit: etwa Borkmans Verzicht auf Ella oder die Rache des Advokaten; nichts Vergangenes also, sondern die Vergangenheit selbst: die immer wieder erwähnten *langen Jahre* und das *ganze verpfuschte, verfehlte Leben*. Aber dieses versagt sich der dramatischen Gegenwart. Denn vergegenwärtigt werden im Sinne dramatischer Aktualisierung kann nur ein Zeitliches, nicht die Zeit selbst. Über sie läßt sich im Drama nur berichten, während ihre direkte Darstellung einzig einer Kunstform möglich ist, die sie »in die Reihe ihrer konstitutiven Prinzipien aufnimmt«. Diese Kunstform ist – wie G. Lukács aufgezeigt hat[16] – der Roman.

Im Drama (und in der Epopöe) existiert das Vergangene nicht oder ist vollkommen gegenwärtig. Da diese Formen den Zeitablauf nicht kennen, gibt es in ihnen keinen Qualitätsunterschied des Erlebens zwischen Vergangenem und Gegenwärtigem; die Zeit besitzt keine wandelschaffende Macht, nichts wird von ihr in seiner Bedeutung verstärkt oder abgeschwächt.[17] In der Analyse des *Ödipus* wird das Vergangene zur Gegenwart: *Das ist der formelle Sinn der von Aristoteles aufgezeigten, typischen*

---

15 Ebd., S. 164.
16 *Die Theorie des Romans*, a.a.O., S. 127.
17 Ebd., S. 135.

Szenen der Enthüllungen und der Erkennungen: etwas ist den Helden des Dramas pragmatisch unbekannt, nun tritt es in ihren Gesichtskreis ein und sie müssen in der dadurch veränderten Welt anders handeln, als sie es wollten. Aber das neu Hinzutretende ist durch keine Zeitperspektive blasser geworden, es ist dem Gegenwärtigen völlig gleichartig und gleichwertig.[18] So wird ein weiterer Unterschied klar. Die Wahrheit des *Oedipus Rex* ist objektiver Natur. Sie gehört der Welt an: nur Ödipus lebt in der Unwissenheit, und sein Weg zur Wahrheit bildet die tragische Handlung. Bei Ibsen dagegen ist die Wahrheit die der Innerlichkeit. In ihr ruhen die Motive der zu Tage tretenden Entschlüsse, in ihr verbirgt sich und überlebt alle äußere Veränderung deren traumatische Wirkung. Neben der zeitlichen entbehrt die Thematik Ibsens auch in diesem topischen Sinne jener Gegenwart, die das Drama erfordert. Sie stammt zwar ganz aus dem zwischenmenschlichen Bezug, aber nur im Innersten der einander entfremdeten und vereinsamten Menschen ist sie, als sein Reflex, zuhause.

Das besagt, daß ihre direkte dramatische Darstellung gar nicht möglich ist. Nicht erst, um größere Dichte zu gewinnen, verlangt sie nach der analytischen Technik. Als Romanstoff, der sie wesentlich ist, kann sie nur dank ihr die Bühne erreichen. Aber auch so bleibt sie ihr letztlich fremd. Denn wie sehr sie auch mit einer (im doppelten Verstande) gegenwärtigen Handlung verknüpft wird, sie bleibt in die Vergangenheit und in die Innerlichkeit verbannt. Das aber ist Ibsens dramatisches Formproblem.[19]

Weil sein Ausgangspunkt ein epischer war, mußte er jene unvergleichliche Meisterschaft im Dramenbau erreichen. Weil er sie erreichte, sah man die epische Basis nicht mehr. Das zweifache Geschäft des Dramatikers: Vergegenwärtigung und Funktionalisierung, wurde für Ibsen zur unerbittlichen Notwendigkeit – und konnte doch nie ganz gelingen.

Im Dienste der Vergegenwärtigung steht manches, das für sich genommen zu befremden pflegt. So die Leitmotivtechnik. Sie

---

18 Ebd., S. 135.
19 Vgl. Rilke, *Die Aufzeichnungen des Malte Laurids Brigge*. Leipzig 1927, S. 98-102.

soll nicht, wie anderswo, das Gleiche in der Veränderung festhalten oder Querverbindungen stiften. In den Leitmotiven Ibsens lebt die Vergangenheit fort, durch ihre Erwähnung wird sie heraufbeschworen. So im Mühlbach des *Rosmersholm*, durch den der Selbstmord Beate Rosmers zur ewigen Gegenwart wird. In den symbolischen Ereignissen fällt Vergangenes mit Gegenwärtigem zusammen, man denke an das Glasklirren im Nebenzimmer *(Gespenster)*. Und auch das Motiv der Vererbung hat nicht so sehr die Wiedergeburt des antiken Schicksals zu verkörpern als vielmehr die Vergangenheit zu vergegenwärtigen: den Lebenswandel des Kammerherrn Alving in der Krankheit seines Sohnes. Nur auf solchem analytischen Wege ist es möglich, die Zeit selbst, das Leben Frau Alvings an der Seite dieses Menschen, wenn nicht zur Darstellung zu bringen, so doch als Zeitstrecke, als Generationsunterschied, festzuhalten.

Und die dramatische Funktionalisierung, die sonst die kausalfinale Struktur einer einheitlichen Handlung herauszuarbeiten hat, muß hier die Kluft überbrücken, die zwischen der Gegenwart und einer Vergangenheit besteht, die sich der Vergegenwärtigung entzieht. Selten hat Ibsen erreicht, daß die gegenwärtige Handlung der heraufbeschworenen thematisch ebenbürtig sei, sich mit ihr fugenlos vereine. *Rosmersholm* erscheint auch unter diesem Aspekt als sein Meisterwerk. Das politische Thema des Tages und das innerliche der Vergangenheit, die auf Rosmersholm nicht in die Abgründe der Seelen verbannt ist, sondern im ganzen Haus fortlebt, klaffen kaum auseinander. Vielmehr ermöglicht jenes, daß dieses seinem Wesen entsprechend im Zwielicht verharre. Vollends vereinigen sie sich in der Gestalt Rektor Krolls, der zugleich Bruder der in den Selbstmord getriebenen Frau Rosmers und dessen politischer Gegner ist. Aber auch hier gelingt es nicht, das Ende von der Vergangenheit her ausreichend zu motivieren und damit seine Notwendigkeit aufzuweisen: die Tragik des blinden Ödipus, den man in den Palast führt, versagt sich Rosmer und Rebekka West, wenn sie sich, von der verstorbenen Frau geholt, in den Mühlbach stürzen.

Darin erweist sich freilich der Abstand, den die bürgerliche Welt zum tragischen Untergang überhaupt besitzt. Ihre immanente Tragik ist nicht im Tod, sondern im Leben selbst beheimatet.[20] Von diesem Leben sagt Rilke (in direktem Bezug auf Ibsen), daß es *in uns hineingeglitten war, [...] sich nach innen zurückgezogen hatte, so tief, daß es kaum noch Vermutungen darüber gab*.[21] Und hierher gehört auch das Balzacsche Wort: *Nous mourrons tous inconnus*.[22] Das Werk Ibsens steht ganz unter seinem Zeichen. Indem er aber die Enthüllung verborgenen Lebens dramatisch unternahm, sie durch die dramatis personae selbst vollbringen wollte, zerstörte er es. Nur in sich vergraben, von der »Lebenslüge« zehrend, konnten Ibsens Menschen leben. Daß er nicht ihr Romancier wurde, sie nicht in ihrem Leben beließ, sondern zur offenen Aussprache zwang, tötete sie. So wird in Zeiten, die dem Drama feindlich gesinnt sind, der Dramatiker zum Mörder seiner eigenen Geschöpfe.

2 Tschechow

In den Dramen Tschechows leben die Menschen im Zeichen des Verzichts. Verzicht vor allem auf die Gegenwart und die Kommunikation kennzeichnet sie: Verzicht auf das Glück in der realen Begegnung. Diese Resignation, in der sich Sehnsucht und Ironie zu einer Haltung der Mitte verbinden, bestimmt auch die Form und damit Tschechows Ort in der Entwicklungsgeschichte der modernen Dramatik.

Verzicht auf die Gegenwart ist Leben in der Erinnerung und in der Utopie, Verzicht auf die Begegnung ist Einsamkeit. *Drei Schwestern* – vielleicht das vollendetste der Tschechowschen Dramen – ist die ausschließliche Darstellung einsamer, erinne-

---

20 Vgl. Verf., *Versuch über das Tragische*, a.a.O., S. 259 f.
21 Rilke, a.a.O., S. 101.
22 Zitiert in: G. Lukács, *Zur Soziologie des modernen Dramas*, Archiv für Sozialwissenschaft und Sozialpolitik, Bd. 38 (1914). Vgl. auch *Schriften zur Literatursoziologie*. Hrsg. P. Ludz. Neuwied 1961, S. 261-295.

rungstrunkener, von der Zukunft träumender Menschen. Ihre Gegenwart wird erdrückt von Vergangenheit und Zukunft, ist Zwischenzeit, Zeit des Ausgesetztseins, in der die Rückkehr in die verlorene Heimat das einzige Ziel ist. Das Thema – um das übrigens alle romantische Dichtung kreist – konkretisiert sich für *Drei Schwestern* in der bürgerlichen Welt der Jahrhundertwende auf diese Weise: Olga, Mascha und Irina, die drei Schwestern Prosorow, leben mit ihrem Bruder Andrej Sergejewitsch seit elf Jahren in einer größeren Garnisonstadt im Osten Rußlands. Damals verließen sie ihre Heimatstadt Moskau mit ihrem Vater, der hier die Führung einer Brigade übernahm. Das Stück beginnt ein Jahr nach dem Tode des Vaters. Der Aufenthalt in der Provinz hat seinen Sinn verloren, die Erinnerung an die Zeit in Moskau überflutet die Langeweile des täglichen Lebens und steigert sich in den einzigen verzweifelten Schrei: *Nach Moskau!*[1] Die Erwartung dieser Rückkehr in die Vergangenheit, die zugleich die große Zukunft sein soll, füllt das Leben der Geschwister Prosorow aus. Umgeben werden sie von Offizieren der Garnisonstadt, an denen dieselbe Müdigkeit, dieselbe Sehnsucht zehrt. Bei einem von ihnen weitet sich aber das futurische Moment, das die bestimmten Ziele der Geschwister bilden, zur Utopie aus. Alexander Ignatjewitsch Werschinin sagt:

> *In zwei-, dreihundert Jahren wird das Leben auf der Erde unvergleichlich schöner und herrlicher sein. Der Mensch hat ein Bedürfnis nach einem solchen Leben, und wenn es bisher noch nicht verwirklicht ist, dann soll er es wenigstens vorausahnen, soll es ersehen, soll von ihm träumen und sich darauf vorbereiten ...*[2]

Und später:

> *Nach meiner Meinung wird sich nach und nach in den irdischen Dingen eine Wandlung vollziehen, ja, sie vollzieht sich schon jetzt vor unseren Augen. In zwei-, dreihundert, vielleicht auch in tausend*

[1] Tschechow, *Drei Schwestern*. J. Ladyschnikow, Berlin o. J., S. 60.
[2] Ebd., S. 24 f.

> *Jahren – auf den Zeitraum kommt's nicht an – wird ein neues, glückliches Leben auf Erden beginnen. Wir werden an diesem Leben allerdings keinen Anteil mehr haben, aber wir leben, arbeiten und leiden schon jetzt um dieses zukünftigen Lebens willen, wir schaffen dieses Leben, und darin allein ruht der Zweck unseres Daseins und, wenn Sie wollen, unser Glück.³*
>
> *Es gibt kein Glück für uns, es kann und wird keins geben ... Wir können nur arbeiten und arbeiten, das Glück aber wird erst unsern Enkeln zuteil werden. Nun denn, wenn ich nicht glücklich sein soll, so werden es wenigstens meine Enkel sein oder die Enkel meiner Enkel.⁴*

Mehr noch als diese utopische Orientierung vereinzelt die Menschen die Last der Vergangenheit und ihre Unbefriedigtheit in der Gegenwart. Sie alle reflektieren auf ihr eigenes Leben, verlieren sich in ihren Erinnerungen und quälen sich ab in der Analyse der Langeweile. Jeder in der Familie Prosorow und ihrem Bekanntenkreis hat sein eigenes Problem, auf das er inmitten der Gesellschaft immer wieder zurückgeworfen wird, das ihn so von seinen Mitmenschen trennt. Andrej zermürbt die Diskrepanz zwischen der erträumten Moskauer Professur und seiner tatsächlichen Stellung als Sekretär der Landschaftsverwaltung. Mascha lebt seit ihrem siebzehnten Lebensjahr in unglücklicher Ehe. Olga ist, als *schwände ihre Kraft, seit sie am Gymnasium angestellt ist, tropfenweise hin.*⁵ Und Irina, die sich in die Arbeit stürzte, um das Mißvergnügen und die Traurigkeit zu verlieren⁶, bekennt:

> *Ich bin vierundzwanzig Jahre alt, ich arbeite nun schon so lange, und was hab' ich erreicht? Mein Gehirn ist wie ausgetrocknet, ich bin abgemagert, verdummt, gealtert, und nichts, nicht die geringste*

3 Ebd., S. 45.
4 Ebd., S. 46.
5 Ebd., S. 8, Original in der ersten Person.
6 Ebd., S. 30.

> *Befriedigung hab' ich in meiner Arbeit gefunden.
> Die Zeit entflieht so rasch, und es ist mir, als ob ich
> mich von dem wahren, wirklich schönen Leben
> immer mehr entferne – als ob ich in einen Abgrund
> versinke. Ich bin ganz verzweifelt – daß ich noch
> lebe, daß ich noch nicht Selbstmord begangen habe,
> ist mir unbegreiflich . . .*[7]

Es stellt sich die Frage, wie diese thematische Absage an das gegenwärtige Leben zugunsten der Erinnerung und der Sehnsucht, diese perennierende Analyse des eigenen Schicksals jene dramatische Form noch gestattet, in der sich das Renaissance-Bekenntnis zum Hier und Jetzt, zum zwischenmenschlichen Bezug einst auskristallisierte. Absage an die Handlung und den Dialog – die zwei wichtigsten Formkategorien des Dramas –, Absage also an die dramatische Form selbst scheint dem doppelten Verzicht, der die Menschen Tschechows kennzeichnet, entsprechen zu müssen.

Doch ist sie nur im Ansatz festzustellen. Wie die Helden der Tschechowschen Dramen trotz ihrer psychischen Abwesenheit das gesellschaftliche Leben weiterleben, aus ihrer Einsamkeit und Sehnsucht nicht die letzte Folgerung ziehen, sondern in der schwebenden Mitte zwischen Welt und Ich, Jetzt und Einst ausharren, so verzichtet auch ihre Form nicht ganz auf die Kategorien, deren sie als dramatische bedarf. Sie bewahrt sie in einer unbetonten Beiläufigkeit, die die Formwerdung der eigentlichen Thematik im Negativen, als Abweichung von ihr, zuläßt.

So zeigt das Stück *Drei Schwestern* Rudimente der traditionellen Handlung. Der erste Akt, die Exposition, spielt an Irinas Namenstag; der zweite lebt aus den Veränderungen der Zwischenzeit: aus Andrejs Heirat und der Geburt seines Sohnes; der dritte spielt nachts, während in der Nachbarschaft eine Feuersbrunst wütet; den vierten schließlich markiert ein Duell, bei dem Irinas Zukünftiger getötet wird, am Tag, an dem das Regiment abzieht und die Prosorows vollends der Langeweile

7 Ebd., S. 75.

des Provinzlebens verfallen. Schon dieses beziehungslose Nebeneinander der Handlungsmomente und ihre seit je als spannungsarm erkannte Gliederung in vier Akte verrät die Stelle, die ihnen im Formganzen zukommt: ohne eigentliche Aussage sind sie eingesetzt, um der Thematik ein Weniges an Bewegung zu verleihen, das dann den Dialog ermöglichen kann.

Aber auch der Dialog ist ohne Gewicht, gleichsam die fahle Grundfarbe, von der sich die als Replik verbrämten Monologe als jene Farbtupfen abheben, in denen sich der Sinn des Ganzen verdichtet. Und aus diesen resignierten Selbstanalysen, die fast sämtliche Personen einzeln zum Worte kommen lassen, lebt das Werk, um ihretwillen ist es geschrieben.

Sie sind keine Monologe im traditionellen Sinne des Wortes. An ihrem Ursprung steht nicht die Situation, sondern die Thematik. Der dramatische Monolog formuliert (wie G. Lukács ausgeführt hat[8]) nichts, was sich der Mitteilung schlechthin entzieht. *Hamlet verbirgt aus praktischen Gründen seinen Seelenzustand vor den Leuten des Hofes; vielleicht gerade deshalb, weil diese nur zu gut verstehen würden, daß er seinen Vater rächen will, daß er ihn rächen muß.*[9] Anders hier. Die Worte werden inmitten der Gesellschaft, nicht in der Vereinzelung gesprochen. Aber sie selbst vereinzeln den, der sie spricht. Beinahe unbemerkbar geht so der wesenlose Dialog in die wesenhaften Selbstgespräche über. Sie bilden keine isolierten Monologe, eingebaut in ein dialogisches Werk, vielmehr verläßt in ihnen das Werk als Ganzes das Dramatische und wird lyrisch. Denn in der Lyrik besitzt die Sprache eine größere Selbstverständlichkeit als im Drama, sie ist gleichsam formaler. Das Sprechen im Drama drückt neben dem konkreten Inhalt der Worte immer auch, daß gesprochen wird, mit aus. Wenn nichts mehr zu sagen ist, wenn etwas nicht gesagt werden kann, verstummt das Drama. In der Lyrik wird aber noch das Schweigen Sprache. Freilich ›fallen‹ in ihr die Worte nicht mehr, sondern werden mit einer Selbstverständlichkeit gesprochen, die zum Wesen des Lyrischen gehört.

8 G. Lukács, *Zur Soziologie des modernen Dramas*, a.a.O., S. 678 f.
9 Ebd., S. 679.

Diesem steten Übergang aus der Konversation in die Lyrik der Einsamkeit verdankt die Tschechowsche Sprache ihren Reiz. Ermöglicht wird er wohl durch die hohe Mitteilsamkeit des russischen Menschen und durch die immanente Lyrik seiner Sprache. Einsamkeit ist hier nicht schon Erstarrung. Was der Westen vielleicht nur im Rausch kennt: die Teilhabe an der Einsamkeit des andern, die Aufnahme der individuellen Einsamkeit in die sich bildende kollektive, das scheint als Möglichkeit schon im Wesen des Russischen, des Menschen wie der Sprache, enthalten zu sein.

Deshalb kann der Monolog der Tschechowschen Dramen im Dialog selbst beheimatet sein, deshalb wird in ihnen der Dialog kaum je zum Problem und führt ihr innerer Widerspruch, der nämlich zwischen monologischer Thematik und dialogischer Aussage, nicht zur Sprengung der dramatischen Form.

Nur für Andrej, den Bruder der drei Schwestern, ist auch diese Aussagemöglichkeit verschlossen. Seine Einsamkeit zwingt ihn zum Schweigen, darum meidet er die Gesellschaft[10]; sprechen kann er nur, wenn er weiß, daß er nicht verstanden wird.

Tschechow gestaltet dies, indem er den Diener des Landschaftsamtes, Ferapont, als Schwerhörigen einführt:

    Andrej *Guten Abend, alter Freund. Was gibt's?*
    Ferapont *Der Vorsteher schickt das Buch hier und die Akten...* (Reicht ihm das Buch und das Paket.)
    Andrej *Ich danke dir. 's ist gut. Sag' mal – warum bist du so spät gekommen? Es ist schon in der neunten Stunde!*
    Ferapont *Was?*
    Andrej (lauter) *Warum du so spät gekommen bist, frag' ich.*
    Ferapont *Ach so! Na... ich war doch schon hier, wie's noch hell war, aber man hat mich nicht vorgelassen.* [...] (Glaubt, daß Andrej ihn etwas frage:) *Was?*
    Andrej *Nichts.* (Blättert in dem Buche.) *Morgen ist Freitag, da ist keine Sitzung, aber ich komme doch hin...*

---

10 *Drei Schwestern*, a.a.O., S. 22.

Hab' wenigstens was zu tun ... Zu Hause ist's langweilig ... (Pause.) *Ja, mein lieber Alter, so ändern sich die Dinge! So betrügt uns das Leben! Aus Langerweile hab' ich heut mal dieses Buch herausgeholt – ein altes Kollegienheft ... und ich mußte lachen ... Du lieber Gott, ich bin Sekretär beim Landschaftsamt, dessen Vorsitzender Herr Protopopow ist! Sekretär bin ich – und der höchste Rang, den ich erlangen kann, ist der eines Mitglieds der Landschaftsverwaltung! Ich, der ich jede Nacht davon träume, daß ich Professor der Moskauer Universität, daß ich ein berühmter Gelehrter bin, auf den das Vaterland stolz ist!*

Ferapont *Kann wirklich nichts dazu sagen ... bin schwerhörig ...*

Andrej *Wenn du nicht schwerhörig wärest, würde ich wahrscheinlich mit dir nicht so reden. Reden muß ich mit jemandem – meine Frau versteht mich nicht, vor meinen Schwestern fürcht' ich mich, sie würden sich über mich nur lustig machen ... Ich liebe Kneipen wahrhaftig nicht – aber wie froh wär' ich, wenn ich jetzt so in Moskau säße, bei Tjestow oder in sonst einem netten Restaurant ... ja, mein Lieber!*

Ferapont *In Moskau ... von Moskau erzählte neulich ein Herr im Bureau 'ne Geschichte, ganz was Tolles! Da aßen ein paar Kaufleute Pfannkuchen, und einer von ihnen, der vierzig Stück aufgegessen hatte, blieb gleich tot. Vierzig oder fünfzig – genau weiß ich's nicht, aber so herum war's.*

Andrej *Da sitzt man nun in solch einem Moskauer Restaurant, in einem riesigen Saal, kennt keinen Menschen und wird von keinem gekannt – und fühlt sich doch wie zu Hause ... Und hier kennst du alle, und alle kennen dich – und doch bist du ein Fremder ... fremd und einsam.*

Ferapont *Was?* (Pause.) *Und derselbe Herr erzählte auch*

> *– kann ja sein, daß er lügt – daß quer durch ganz*
> *Moskau ein langes Seil gespannt ist . . .*"

Was hier mit der motivischen Stütze der Schwerhörigkeit als Dialog erscheint, ist im Grunde Andrejs verzweifelter Monolog, kontrapunktiert durch die gleichfalls monologischen Reden Feraponts. Während sich sonst im Sprechen über denselben Gegenstand die Möglichkeit echten Verständnisses zeigt, drückt es hier seine Unmöglichkeit aus. Der Eindruck der Divergenz ist am größten, wenn sie als Folie Konvergenz vortäuscht. Andrejs Monolog geht nicht aus dem Dialog hervor, sondern entsteht durch dessen Negation. Die Expressivität des Aneinander-vorbei-Redens gründet im schmerzhaft-parodistischen Kontrast zum wahren Dialog, den es damit in die Utopie entrückt. Das aber stellt die dramatische Form selbst in Frage.

Indem die Aufhebung der Verständigung in *Drei Schwestern* thematisch motiviert wird (Feraponts Schwerhörigkeit), ist eine Rückkehr in die Dialoge noch möglich. Die Auftritte Feraponts bleiben Episoden. Aber alles Thematische, dessen Gehalt allgemeiner und gewichtiger ist als das ihn darstellende Motiv, strebt danach, sich zur Form niederzuschlagen. Und die formale Zurücknahme des Zwiegesprächs führt notwendig zur Epik. Deshalb weist Tschechows Schwerhöriger in die Zukunft.

3 Strindberg

Mit Strindberg hebt an, was später den Namen ›Ich-Dramatik‹ trägt und das Bild der dramatischen Literatur Jahrzehnte hindurch bestimmt. Der Grund, in dem sie bei Strindberg wurzelt, ist die Autobiographie. Das erweist sich nicht nur in ihren thematischen Zusammenhängen. Die Theorie des ›subjektiven Dramas‹ selbst scheint bei ihm mit der Theorie des psychologischen Romans (der Entwicklungsgeschichte der eigenen Seele) in seinem Entwurf der Literatur der Zukunft zusammenzufal-

11 Ebd., S. 37 ff.

len. Was er in einem Interview in Bezug auf den ersten Band seiner Lebensgeschichte *(Der Sohn einer Magd)* erklärte, enthüllt zugleich die Hintergründe des neuen dramatischen Stils, von dessen Anfängen schon ein Jahr später (1887) *Der Vater* zeugt. Er sagte: *Ich glaube, daß das vollständig geschilderte Leben eines Menschen wahrhaftiger und aufschlußreicher ist als das einer ganzen Familie. Wie kann man wissen, was sich im Gehirn anderer ereignet, wie kann man die verhüllten Beweggründe der Tat eines andern kennen, wie kann man wissen, was dieser und jener in einem vertraulichen Augenblick gesagt haben? Ja, man konstruiert. Aber die Wissenschaft vom Menschen ist bisher von jenen Autoren wenig gefördert worden, die mit ihren knappen psychologischen Kenntnissen versucht haben, das Seelenleben zu entwerfen, das in Wirklichkeit verborgen liegt. Man kennt nur ein Leben, sein eigenes . . .*[1]
Es läge nahe, in diesen Sätzen aus dem Jahre 1886 Strindbergs Absage an die Dramatik schlechthin zu lesen. Aber sie bilden die Voraussetzung einer Entwicklung, an deren Anfang *Der Vater* (1887), in deren Mitte *Nach Damaskus* (1898-1901) und *Ein Traumspiel* (1901), an deren Ende *Die große Landstraße* (1909) stehen. Wie weit sie vom Drama tatsächlich wegführt, ist für die Betrachtung Strindbergs freilich das zentrale Problem. Das erste Werk, *Der Vater,* versucht, den subjektiven Stil mit dem naturalistischen zu verbinden. Das hat zur Folge, daß keiner der beiden ganz verwirklicht werden kann. Denn die Intentionen der naturalistischen und der subjektiven Dramatik waren einander durchaus entgegengesetzt. Der Naturalismus, so revolutionär er sich gebärdete und im Stilistischen und ›Weltanschaulichen‹ auch sein mochte, nahm im Dramaturgischen eine konservative Richtung ein. Ihm ging es im Grunde um die Bewahrung der überlieferten dramatischen Form. Hinter seiner revolutionären Absicht, das Drama auf einer neuen Stilebene zu verwirklichen, stand – wie noch zu zeigen sein wird – der konservative Gedanke, es aus seiner geistesgeschichtlichen Gefährdung in den Bereich eines von der Entwicklung

[1] Strindberg, *Samlade Skrifter.* Bd. 18. Zitiert und übersetzt aus: C. E. Dahlström, *Strindberg's Dramatic Expressionism.* Ann Arbor 1930, S. 99.

noch nicht betroffenen, gleichsam archaischen und doch zeitgenössischen Geistes hinüberzuretten.

Auf den ersten Blick erscheint *Der Vater* als Familiendrama, wie es die Zeit in unzähligen Werken kennt. Vater und Mutter kämpfen um die Erziehung ihrer Tochter: Streit der Prinzipien, Kampf der Geschlechter. Aber man muß die vorhin zitierten Sätze Strindbergs nicht im Gedächtnis haben, um erkennen zu können, daß das Werk nicht aus der unmittelbaren, das heißt dramatischen Darstellung dieser vergifteten Beziehung und ihrer Geschichte besteht, sondern einzig vom Standpunkt seiner Titelgestalt her entworfen ist und durch deren Subjektivität vermittelt abläuft. Der Grundriß: der Vater im Zentrum, um ihn die Frauen: Laura, die Amme, die Schwiegermutter und schließlich die Tochter, gleichsam die Wände der weiblichen Hölle, in der er sich wähnt, gibt nur einen ersten Hinweis dafür. Wichtiger ist die Erkenntnis, daß der Kampf seiner Frau gegen ihn zumeist nur als Reflex in seinem Bewußtsein zu ›dramatischer‹ Verwirklichung gelangt, daß er in seinen Hauptzügen gar von ihm selber festgelegt wird. Den Vaterschaftszweifel, die wichtigste Waffe seiner Frau, legt er selbst in ihre Hände, und seine Geisteskrankheit bezeugt ein eigener Brief, in dem er *für seinen Verstand fürchtet*[2]. Die Worte seiner Frau in der letzten Szene des zweiten Aktes, die ihn dazu bringen, die brennende Lampe nach ihr zu werfen: *Jetzt hast du deine Bestimmung als ein leider notwendiger Vater und Versorger erfüllt. Du bist nicht mehr nötig und du mußt gehen* sind glaubhaft nur als Hinausverlegung jener Gedanken, die der Rittmeister bei seiner Frau selber argwöhnt. Wenn Naturalismus im Dialog die genaue Wiedergabe des Gesprächs bedeutet, wie es in Wirklichkeit stattfinden könnte, dann ist Strindbergs erstes naturalistisches Werk davon so entfernt wie die tragédie classique. Sie unterscheiden sich im principium stilisationis: in der Klassik beruht es auf einem objektiven Sprachideal, bei Strindberg wird es durch die subjektive Perspektive bestimmt. Und der Untergang des Rittmeisters, den ihm Laura mit der Zwangsjacke bereitet,

2 Strindberg, *Der Vater*. Gesamtausgabe. Übers. E. Schering. München 1908-1928, Bd. 3, S. 37.

wird durch die Verknüpfung mit der Kindheit, durch seine magisch-psychoanalytische Identifizierung mit Erinnerungsinhalten in den Worten der Amme, die ihm die Jacke anzieht, gleichsam zum innerseelischen Vorgang verwandelt.
Durch diese Verschiebung wird auch die im *Vater* noch streng beobachtete Forderung der drei Einheiten sinnlos. Denn deren Funktion im echten Drama besteht darin[3], den reinen dialektisch-dynamischen Ablauf von der Statik der bei sich bleibenden Innen- und Außenwelt abzuheben und so jenen absoluten Raum zu erschaffen, den die ausschließliche Wiedergabe des zwischenmenschlichen Geschehens fordert. Hier aber beruht das Werk auf der Einheit nicht der Handlung, sondern des Ich seiner zentralen Gestalt. Die Einheit der Handlung wird unwesentlich, wenn nicht gar hemmend in der Darstellung der seelischen Entwicklung. Die lückenlose Kontinuität der Handlung stellt keine Notwendigkeit dar, sind doch die Einheit der Zeit und die des Ortes der Einheit des Ich nicht korrelativ. Das erweist sich in den wenigen Szenen, in denen der Rittmeister nicht auf der Bühne steht. Es ist nicht einzusehen, warum der Zuschauer, der die Wirklichkeit dieser Familie einzig mit den Augen des Vaters sieht, auf seinem nächtlichen Gang ihm nicht folgen kann, später nicht mit ihm eingesperrt wird. Freilich werden auch diese Szenen vom Rittmeister beherrscht, er ist in ihnen anwesend als ihr einziges Gesprächsthema. Nur mittelbar geben sie der Intrige Lauras Raum, im Vordergrund steht sein Bild, wie sie es ihrem Bruder und dem Arzt gegenüber malt. Und wenn der Pastor den Plan seiner Schwester vernimmt, den Rittmeister zu internieren und unter Vormundschaft zu stellen, wird er gar zum Sprecher seines Schwagers, den er seines Freidenkertums wegen sonst immer *als ein Unkraut in unserm Acker betrachtet* hat[4]:

> *Wie stark du bist Laura! Unglaublich stark! Wie ein Fuchs in der Schere beißt du dir lieber dein eigenes Bein ab, als daß du dich fangen läßt! – Wie ein Meisterdieb: keinen Mitschuldigen, nicht ein-*

---
[3] Vgl. S. 18 f.
[4] *Der Vater*, a.a.O., S. 58.

> *mal dein eigenes Gewissen! – Sieh dich im Spiegel! Das wagst du nicht! [...] Darf ich deine Hand ansehen! – Kein verräterischer Blutfleck, keine Spur des tückischen Giftes! Ein kleiner unschuldiger Mord, dem mit dem Gesetz nicht beizukommen ist; ein unbewußtes Verbrechen; unbewußt? Das ist eine schöne Erfindung!*

Und zum Schluß aus diesem stellvertretenden Sprechen ins eigene zurückfindend:

> *Als Mann würde ich mich freuen, dich auf dem Schafott zu sehen! Als Bruder und als Geistlicher – meine Komplimente!*[5]

Wobei auch die letzten Worte noch der Rittmeister spricht. Diese wenigen Punkte, die vom Problematischwerden der dramatischen Rollengestaltung und der drei Einheiten im Raume der subjektiven Dramatik zeugen, lassen verstehen, warum sich vom *Vater* an Strindbergs naturalistische und autobiographische Intentionen auf dem Gebiete des Dramas trennen. *Fräulein Julie*, ein Jahr später entstanden, nicht perspektivisch konzipiert, wird eines der berühmtesten Stücke des Naturalismus überhaupt, Strindbergs Abhandlung darüber zu einer Art naturalistischen Manifests.

Sein Versuch, das Ich eines Einzelnen und vornehmlich das eigene ins Zentrum des Werkes zu rücken, führt dagegen vom traditionellen Dramenbau (dem *Fräulein Julie* noch durchaus verbunden blieb) immer weiter weg. Zunächst tritt das monodramatische Experiment auf, wie es der Einakter *Die Stärkere* darstellt. Das scheint durchaus in der Konsequenz des Satzes: *Man kennt nur ein Leben, sein eigenes* zu liegen. Aber zu beachten bleibt, daß die einzige Rolle dieses Werkes keine autobiographische Gestalt Strindbergs ist. Seine Erklärung findet dies, wenn man erkennt, daß die subjektive Dramatik weniger der Einsicht entspringt, man könne nur das eigene Seelenleben entwerfen, denn nur dieses liege offen vor einem, als vielmehr der ihr vorausgehenden Intention überhaupt, das

---

[5] Ebd., S. 58.

Seelenleben, dieses wesentlich Verborgene, zur dramatischen Wirklichkeit werden zu lassen. Das Drama, die Kunstform kat'exochen der dialogischen Eröffnung und Offenheit, erhält die Aufgabe, verborgene seelische Geschehnisse darzustellen. Es löst sie, indem es sich auf seine zentrale Gestalt zurückzieht und sich entweder auf sie überhaupt beschränkt (Monodramatik) oder von ihrer Perspektive aus das übrige einfängt (Ich-Dramatik), womit es freilich aufhört, Drama zu sein.

Der Einakter *Die Stärkere* (1888/89) ist aber weniger für Strindbergs dramatischen Weg als für die innere Problematik der modernen analytischen Technik im allgemeinen kennzeichnend. Er muß so im Zusammenhang mit Ibsen gesehen werden. Denn in diesem Monodrama von sechs Seiten liegt so etwas wie der Kern eines drei- oder vieraktigen Ibsenschen Schauspiels vor. Die sekundäre Handlung der Gegenwart, die als Unterlage für die Analyse der primären dient, ist bloß im Kern vorhanden: »Frau X, Schauspielerin, verheiratet« trifft am Weihnachtsabend in der Ecke eines Damencafés »Fräulein Y, Schauspielerin, unverheiratet«. Und was bei Ibsen auf eine meisterhafte und doch fragwürdige Art mit den aktuellen Ereignissen dramatisch verschränkt wird: die inneren Reflexe und die erinnerte Vergangenheit, das wird hier in einem großen Monolog der Frau episch-lyrisch dargestellt. Daran läßt sich indirekt nicht nur ablesen, wie undramatisch der Ibsensche Vorwurf war, es zeigt auch den Preis, den Ibsen für sein Festhalten an der dramatischen Form zu zahlen hatte. Denn ungleich stärker als in seinen Dialogen wirkt in der Dichte und Reinheit des Strindbergschen Monologs das Verborgene und Verdrängte, und ihre Eröffnung hat nichts von der »beispiellosen Gewalttat«, als die das Werk Ibsens Rilke erschien.[6] Weit entfernt, zum bloßen Bericht zu werden, ist diese Icherzählung sogar zweier Peripetien fähig, die man sich nicht ›dramatischer‹ denken könnte, wenn sie sich auch ihrer reinen Innerlichkeit wegen dem Dialog und damit dem Drama entziehen.

---

6 Rilke, a.a.O., S. 101.

Seine eigenste Form, das ›Stationendrama‹, findet Strindberg nach fünf Jahre währendem Stillstand der dichterischen Arbeit 1898 mit *Nach Damaskus*. Vierzehn kleinere Werke aus den Jahren 1887-92 und die lange Pause 1893-97 trennen es von seinem letzen großen Werk, dem *Vater*. Die Einakter dieser Zeit (elf an der Zahl, zu denen auch *Die Stärkere* gehört) lassen die im *Vater* zu Tage getretenen Probleme der dramatischen Handlung und Rollengestaltung in den Hintergrund rücken. Sie lösen sie nicht, zeugen aber indirekt, als Ausweichversuch, von ihnen.

Die Stationentechnik vermag dagegen den thematischen Intentionen der subjektiven Dramatik, die teilweise *Der Vater* verrät, formal zu entsprechen und damit die Widersprüche aufzuheben, die sie im Innern der dramatischen Form entstehen ließen. Dem subjektiven Dramatiker geht es an erster Stelle um die Isolierung und Erhöhung seiner meist ihn selbst verkörpernden zentralen Gestalt. Die dramatische Form, deren Prinzip das immer von neuem erlangte Gleichgewicht des zwischenmenschlichen Spiels ist, kann dem nicht genügen, ohne daran zugrunde zu gehen. Im ›Stationendrama‹ ist der Held, dessen Entwicklung es schildert, von den Gestalten, die er an den Stationen seines Weges antrifft, aufs deutlichste abgehoben. Sie erscheinen, indem sie nur in seinem Zusammentreffen mit ihnen auftreten, in seiner Perspektive und so auf ihn bezogen. Und da den Grund des ›Stationendramas‹ nicht eine Vielzahl von einander weitgehend gleichgestellten Personen, sondern das eine zentrale Ich bildet, sein Raum also kein apriori dialogischer ist, verliert auch der Monolog hier den Ausnahmecharakter, den er im Drama notwendig besitzt. Damit ist aber die unbegrenzte Eröffnung eines »verborgenen Seelenlebens« allererst formal begründet.

In der Konsequenz der subjektiven Dramatik liegt ferner, daß die Einheit der Handlung durch die Einheit des Ich ersetzt wird. Dem trägt die Stationentechnik Rechnung, indem sie das Handlungskontinuum in eine Szenenfolge auflöst. Die einzelnen Szenen stehen hier in keinem kausalen Bezug, bringen einander nicht, wie im Drama, selber hervor. Vielmehr erscheinen sie als isolierte Steine, aufgereiht am Faden des fortschreitenden Ich. Diese Statik und Zukunftslosigkeit der Szenen, die sie (im Goetheschen Sinne) episiert, hängt mit ihrer durch das perspektivische Gegenüber von Ich und Welt bestimmten Struktur zusammen. Die dramatische Szene schöpft ihre Dynamik aus der zwischenmenschlichen Dialektik, sie wird vorwärtsgetrieben dank dem futurischen Moment, das dieser innewohnt. In der Szene des ›Stationendramas‹ hingegen entsteht keine Wechselbeziehung, der Held trifft zwar auf Menschen, aber sie bleiben ihm fremd.

Damit wird die Möglichkeit des Dialogs selbst in Frage gestellt, und in seinem letzten Stationendrama *(Die große Landstraße)* hat Strindberg die Wendung von der Dialogie zur Epik für zwei Stimmen stellenweise auch vollzogen:

> (An einem Tische sitzen der Wanderer und der Jäger; sie haben Gläser vor sich.)

Der Wanderer *Es ist ruhig hier unten im Tale.*

Der Jäger *Etwas zu ruhig, findet der Müller,*

Der Wanderer *der schläft, wieviel Wasser auch wegfließen mag;*

Der Jäger *weil er Wind und Wetter nachläuft ...*

Der Wanderer *welche fruchtlose Mühe bei mir einen gewissen Widerwillen gegen Windmühlen geweckt hat;*

Der Jäger *ganz wie bei dem edlen Ritter Don Quichotte de La Mancha,*

Der Wanderer *der doch nicht den Mantel nach dem Winde hing,*

Der Jäger *sondern eher das Gegenteil tat;*

Der Wanderer *weshalb er auch in Schwierigkeiten geriet ...*[7]

Eine solche Szene kann in keine nächste überführen. Nur der Held nimmt ihre traumatische oder heilende Wirkung in seinem Innern mit sich fort, sie selbst läßt er als Station seines Weges hinter sich zurück.

---

7 Gesamtausgabe, Bd. 10, S. 177 f.

Indem so an die Stelle der objektiven Handlung der subjektive Weg tritt, werden auch die Kategorien der Einheit der Zeit und des Ortes hinfällig. Denn nur die einzelnen Kehren des im Grunde inneren Weges werden szenisch verwirklicht; der Weg wird vom ›Stationendrama‹ nicht, wie die Handlung vom echten Drama, in seiner Ganzheit eingefangen. Die Entwicklung des Helden überschreitet in den Zwischen-Zeiten und Zwischen-Orten ständig die Grenzen des Werkes und relativiert es so.

Weil zwischen den einzelnen Szenen kein organischer Bezug waltet und sie nur Ausschnitte einer über das Werk hinausgreifenden Entwicklung darstellen (gleichsam szenische Fragmente eines Entwicklungsromans sind), kann ihrem Aufbau gar ein ihnen äußerliches Schema zugrunde gelegt werden, das sie von neuem relativiert und episiert. Anders als beim Dramenmodell G. Freytags, wo die postulierte Pyramide aus dem organischen Wachsen der Szenen und Akte sich notwendig ergeben soll, folgt etwa der symmetrische Aufbau von *Nach Damaskus I* einem mechanischen und, wenn auch sinnvollen, so doch werkfremden Ordnungsgedanken.

Dieser Kennzeichnung des zwischenmenschlichen Bezugs im ›Stationendrama‹ als eines schroffen Gegenübers scheint freilich jener ›expressionistische‹ Aspekt Strindbergs zu widersprechen, dem zufolge die Personen etwa der *Damaskus*-Trilogie (die Dame, der Bettler, Cäsar) Ich-Ausstrahlungen des Unbekannten sind, das Werk also als Ganzes in der Subjektivität seines Helden beheimatet ist.[8] Aber dieser Widerspruch ist die Paradoxie der Subjektivität selbst: ihre Selbst-Entfremdung in der Reflexion, das Gegenständlichwerden des ins Auge gefaßten eigenen Ich, das Umschlagen der potenzierten Subjektivität ins Objektive. Daß das Unbewußte dem bewußten Ich (d. h. das sich seiner selbst bewußt werdende Ich sich selber) als ein Fremdes begegnet, verrät die Psychoanalyse schon in ihrer Terminologie, in der das Unbewußte als das ›Es‹ auftritt. So steht der Vereinzelte, der vor der fremd gewordenen Welt zu

---

8 Vgl. Dahlström, a.a.O., S. 49 ff., S. 124 ff.

sich selber flüchtet, erneut Fremdem gegenüber. Darüber bekennt der Unbekannte im Eingang des Werkes:

> *Nicht den Tod, aber die Einsamkeit fürchte ich, denn in der Einsamkeit trifft man jemand... Ich weiß nicht, ob es ein anderer ist oder ich selbst, den ich wahrnehme, aber in der Einsamkeit ist man nicht einsam. Die Luft wird dichter, die Luft keimt, und es beginnen Wesen zu wachsen, die unsichtbar sind, aber wahrgenommen werden und Leben besitzen.*[9]

Diese Wesen trifft er in der Folge an den Stationen seines Weges. Sie sind zumeist er selbst und ihm fremd in einem; als er selbst sind sie ihm wohl am fremdesten. Und diese Identität führt aufs neue zur Aufhebung der Dialogie; die Dame der *Damaskus*-Trilogie kann dem Unbekannten, dessen Projektion sie offenbar ist, nur sagen, was dieser schon weiß:

> Die Dame [zu ihrer Mutter] *Etwas ungewöhnlich ist er, und etwas langweilig ist es, daß ich nie etwas sagen kann, was er nicht schon gehört hätte. Das macht, daß wir sehr wenig sprechen...*[10]

Das Verhältnis von Subjektivem und Objektivem erscheint in der zeitlichen Dimension als das von Vergangenem und Gegenwärtigem. Die erinnerte, innerlich gewordene Vergangenheit tritt in der Reflexion als fremde Gegenwart auf: die Fremden, denen der Unbekannte begegnet, sind oft Signale seiner eigenen Vergangenheit. So wird in der Gestalt des Arztes ein Schulkamerad seiner Kindheit zitiert, der an seiner Stelle unschuldig gestraft worden war; in der Begegnung mit ihm vergegenwärtigt sich der Ursprung seiner Gewissensqual, die ihn seit damals nicht mehr verließ. (Motiv aus Strindbergs Biographie.) Und der Bettler, den er an der Straßenecke trifft, führt ihm die Narbe vor Augen, die er als Spur eines Schlages, den er einst von seinem eigenen Bruder bekommen, selber trägt.

Hier berührt sich das ›Stationendrama‹ mit Ibsens analytischer Technik. Wie die Selbstentfremdung des Vereinzelten gelangt

9 Gesamtausgabe, Bd. 5, S. 7.
10 Ebd., S. 52.

aber auch die Entfremdung der eigenen Vergangenheit ohne dramaturgische ›Gewalttat‹ erst in den einzelnen Zusammentreffen zur adäquaten Form, aus denen sich Strindbergs Werk konstituiert.

Auf dem Gegenüber von vereinzeltem Ich und entfremdet-gegenständlicher Welt beruht auch die Formstruktur zweier späterer Werke Strindbergs: des *Traumspiels* (1901) und der *Gespenstersonate* (1907).

Ein Traumspiel, im gleichen Jahre wie *Nach Damaskus III* geschrieben, unterscheidet sich in seinem Formgedanken (*Nachbildung der unzusammenhängenden, aber scheinbar logischen Form des Traumes* – Strindberg im Vorwort) keineswegs vom ›Stationendrama‹. Strindberg hat auch *Nach Damaskus* als Traumspiel bezeichnet, was zugleich zeigt, daß er *Ein Traumspiel* nicht als szenischen Traum verstand, sondern im Titel nur den traumähnlichen Aufbau des Werkes andeuten wollte. Denn Traum und ›Stationendrama‹ fallen in ihrer Struktur tatsächlich zusammen: eine Szenenfolge, deren Einheit nicht eine einheitliche Handlung, sondern das identisch bleibende Ich des Träumers beziehungsweise des Helden ausmacht.

Liegt aber der Akzent in den ›Stationendramen‹ auf dem vereinzelten Ich, so steht im *Traumspiel* die menschliche Welt im Vordergrund, und zwar in der Gegenständlichkeit, in der sie der ihr gegenübertretenden Tochter des Gottes Indra erscheint. Denn das ist der Grundgedanke des Werkes, der auch seine Form bestimmt: der Tochter Indras wird vorgeführt, *wie es die Menschen haben* (Strindberg). Die lose Szenenfolge von *Ein Traumspiel* ist mehr noch als die des Traumes die der Revue, wie sie das Mittelalter kannte. Und die Revue ist – im Gegensatz zum Drama – wesentlich Vorstellung, die für jemanden erfolgt, der außerhalb ihrer steht. Deshalb erhält das *Traumspiel,* das auch den Betrachtenden als sein eigentliches Ich in sich einbezieht, die epische Grundstruktur des Subjekt-Objekt-Gegenübers.

Die Tochter Indras, die in der ursprünglichen Fassung (ohne Prolog) als den anderen gleichgestellte dramatis persona erscheint, formuliert diesen epischen Abstand zur Menschheit im leitmotivartigen Ausspruch: *Es ist schade um die Menschen.* Er drückt inhaltlich wohl Mitleid, formal aber Distanz aus und kann so zum Zauberwort werden, dank dem sie sich in ihrer größten Verstrickung ins Menschliche (wie Strindberg es sah), in ihrer Heirat mit dem Advokaten, über die Menschheit hinauszuheben vermag:

Die
Tochter *Ich glaube, nachdem dies geschehen ist, fange ich an, dich zu hassen!*

Der
Advokat *Dann wehe uns! ... Aber laß uns dem Haß zuvorkommen! Ich verspreche dir, ich werde nie mehr irgend etwas über das Aufräumen sagen ... wenn es auch eine Marter für mich ist!*

Die
Tochter *Und ich werde Kohl essen, wenn es auch eine Qual für mich ist!*

Der
Advokat *Also ein Zusammenleben unter Qualen! Was den einen freut, quält den andern!*

Die
Tochter *Es ist schade um die Menschen!*"

Seiner Revue-Struktur entsprechend kennzeichnet das Werk die Geste des Zeigens. Neben dem Offizier (der Strindberg verkörpert) begegnen der Tochter Indras vornehmlich Gestalten, denen die Menschheit gleichsam von Berufs wegen gegenständlich ist, die sie daher am besten ihr vorzustellen vermögen. So der Advokat (zweite Inkarnation des Dichters):

Sieh diese Wände an: ist es nicht so, als ob alle Sünden die Tapeten besudelt hätten! Sieh diese Papiere an, auf die ich die Geschichten des begangenen Unrechts aufzeichne! Sieh mich an! ... Hierher kommt nie ein Mensch, der lächelt; nur böse Blicke, gefletschte Zähne, geballte Fäuste ... Und alle spritzen ihre Bosheit, ihren Neid, ihren

---

11 Strindberg, *Ein Traumspiel*. Übers. W. Reich. Basel 1946, S. 46.

> *Argwohn über mich aus ... Sieh, meine Hände sind schwarz und können nie rein werden! Siehst du, wie sie aufgesprungen sind und bluten! ... Ich kann Kleider nie länger als ein paar Tage tragen, denn sie stinken von Verbrechen, die andere begangen haben. [...] Sieh, wie ich aussehe! Und glaubst du, ich könnte so mit dem Aussehen eines Verbrechers die Liebe eines Weibes gewinnen? Oder glaubst du, daß jemand den zum Freund haben will, der alle Schulden der Stadt, Läpperschulden, einzutreiben hat? ... Ein Jammer ist es, Mensch zu sein!*

Die

Tochter *Es ist schade um die Menschen!*[12]

Der Dichter (die dritte Erscheinung Strindbergs) überreicht ihr eine *Bittschrift der Menschheit an den Herrscher der Welt, verfaßt von einem Träumer*[13], die zum Gegenstande wiederum die condition humaine hat. Oder er führt sie ihr an einem Menschen vor:

> (Lina tritt auf, mit einem Eimer in der Hand.)

Der

Dichter *Lina, zeige dich Fräulein Agnes* [der Tochter Indras]! – *Sie kannte dich vor zehn Jahren; als du ein junges, frohes und, wie wir sagen wollen, hübsches Mädchen warst ... Seht, wie sie jetzt aussieht! Fünf Kinder, Plackerei, Geschrei, Hunger, Schläge! Seht, wie das Schöne vergangen, die Freude verschwunden ist, während der Pflichterfüllung ...*[14]

Auch der Offizier nimmt stellenweise diesen epischen Abstand:

> (Ein älterer Herr geht vorbei, die Hände auf dem Rücken.)

Der

Offizier *Seht, da geht ein Pensionist und wartet, bis er nicht mehr kann; das ist sicher ein Hauptmann, der nicht*

12 Ebd., S. 32 f.
13 Ebd., S. 90.
14 Ebd., S. 57.

über die Majorsecke kam, oder ein Notar vom Hofgericht, der nicht Assessor wurde ... viele werden berufen, aber wenige auserwählt ... Da geht er nun und will sein Frühstück haben:...

Der
Pensionist *Nein, die Zeitung, die Morgenzeitung!*
Der
Offizier *Und er ist erst vierundfünfzig Jahre alt; er kann noch fünfundzwanzig Jahre herumgehen und auf die Mahlzeiten und auf die Zeitung warten ... Ist das nicht furchtbar?*[15]

So ist *Ein Traumspiel* durchaus nicht das Spiel der Menschen selbst, also ein Drama, sondern ein episches Spiel *über* die Menschen. Diese präsentative Struktur bestimmt – sowohl thematisch wie formal verdeckt – auch die *Gespenstersonate*. Ist sie im *Traumspiel* thematisch als Besuch der Tochter Indras auf der Erde und formal als Revue-Szenenfolge offenkundig, so verbirgt sie sich hier hinter der Fassade eines traditionellen Gesellschaftsdramas. Sie wurde nicht zum durchgreifenden Formprinzip des Werkes, sondern ist nur als Mittel zu seiner Ermöglichung eingesetzt. Denn der *Gespenstersonate* stellt sich dasselbe Formproblem wie den späten Werken Ibsens: die dramatische Enthüllung einer verschwiegenen und ins Innere versenkten, der dramatischen Offenheit also sich entziehenden Vergangenheit. Erfolgte die Enthüllung bei Ibsen durch Verschränkung mit einer aktuellen dramatischen Handlung, im Einakter Strindbergs *Die Stärkere* im Monolog, so werden in der *Gespenstersonate* gleichsam beide Wege vereint: das monologische Ich der subjektiven Dramatik tritt zur gewöhnlichen dramatis persona verkleidet inmitten jener Menschen auf, deren geheimnisvolle Vergangenheit es aufzurollen berufen ist. Es ist der Greis, Direktor Hummel. Auch ihm wie dem Advokaten und dem Dichter des *Traumspiels* ist die Menschheit gegenständlich; auf die Eingangsfrage des Studenten, ob er die Leute kenne, *die dort wohnen* (d. h. die Leute, die er in der Folge zu entlarven hat), antwortet er:

[15] Ebd., S. 62 f.

> *Alle. In meinem Alter kennt man alle Menschen ... aber niemand kennt mich richtig – ich interessiere mich für die Schicksale der Menschen.*[16]

Begründet dieser Satz thematisch die formale Aufgabe und Sonderstellung Hummels, so erklären die folgenden, warum diese Menschen eines Epikers bedürfen:

Bentsson [der Diener im Hause, der – eine Parallelgestalt zu Direktor Hummel – seine Herrschaft dem Diener Hummels schildert]:

> *Es ist das gewöhnliche Gespenstersouper, wie wir es nennen. Sie trinken Tee, sagen kein Wort, oder aber der Oberst spricht allein ... Und das haben sie nun seit zwanzig Jahren betrieben, immer dieselben Menschen, die dasselbe sagen, oder sie schweigen, damit sie sich nicht zu schämen brauchen.*[17]

Und im dritten Akt:

Der Student *Sagen Sie doch, warum sitzen die Eltern da drinnen so stumm, ohne nur ein einziges Wort zu sagen?*

Das Fräulein *Weil sie einander nichts zu sagen haben, weil der eine nicht glaubt, was der andere sagt. Mein Vater hat das so ausgedrückt: Was für einen Zweck hat es, zu reden, wir können einander ja doch nicht täuschen!*[18]

Diese Worte bezeichnen den einen Ursprung der modernen epischen Dramatik, sie markieren den Punkt, an dem das bürgerliche Gesellschaftsstück, das einst das Formprinzip des klassischen Dramas übernahm, aus dem im Laufe des neunzehnten Jahrhunderts entstandenen Inhalt-Form-Widerspruch heraus notwendig ins Epische umschlägt. Und mit Direktor Hummel steht wohl zum ersten Mal innerhalb dieser Entwicklung das epische Ich selber auf der Bühne, wenn auch noch in der

---

16 Strindberg, *Gespenstersonate*. Übers. M. Mann, Insel-Bücherei Nr. 293, S. 12.
17 Ebd., S. 24.
18 Ebd., S. 42.

Vermummung einer Dramenperson. Im ersten Akt schildert er dem Studenten die Einwohner des Hauses, die sich, bar jeder dramatischen Selbständigkeit, am Fenster als Vorstellungsgegenstände zeigen; im zweiten, beim »Gespenstersouper«, wird er zum Entlarver ihrer Geheimnisse.

Kaum zu verstehen ist aber, daß Strindberg diese formale Funktion seiner Gestalt nicht bewußt wurde. Er ließ den zweiten Akt in der traditionellen Entlarvung des Entlarvers, im Selbstmord Hummels ausklingen, womit das Werk im Inhaltlichen sein verborgenes Formprinzip verlor. Der dritte Akt mußte mißlingen, weil er, ohne epische Stütze, den Dialog von neuem hätte erzeugen sollen. Neben der episodischen Gestalt der Köchin, die – merkwürdig genug – die thematische Rolle des ›Vampirs‹ Hummel weiterführt, ohne seine formale zu übernehmen, sind das Fräulein und der Student seine einzigen Träger, und diese können sich aus dem Gespensterhaus, dem sie verfallen sind, nicht mehr zur Dialogie befreien. Das von Pausen, Monologen, Gebeten durchbrochene, verzweifelt umherirrende Gespräch, dieser quälend mißlungene Schluß eines einzigartigen Werkes, ist allein aus der Übergangssituation der Dramatik, die es markiert, zu begreifen: die epische Struktur ist schon da, aber noch thematisch verbrämt und so dem Handlungsablauf ausgesetzt.

Während bei Ibsen die dramatis personae sterben müssen, weil sie keinen Epiker haben, stirbt Strindbergs erster szenischer Epiker, weil er in der Maske einer dramatis persona nicht als solcher erkannt wird. Mehr als alles andere zeugt das von den inneren Widersprüchen des Dramas um die Jahrhundertwende und bezeichnet mit Genauigkeit Ibsens und Strindbergs historischen Ort: der eine steht unmittelbar vor, der andere unmittelbar nach ihrer Aufhebung durch das Umschlagen der thematischen Epik zur Form, beide also auf der Schwelle der modernen Dramatik, die einzig von *ihrer* Formproblematik her ganz zu verstehen ist.

4 Maeterlinck

Das frühe Werk Maurice Maeterlincks (von dem allein hier die Rede sein soll) versucht die dramatische Darstellung des Menschen in seiner existentiellen Ohnmacht, in seinem Ausgeliefertsein an ein Schicksal, in das die Einsicht versperrt ist. Hatte die griechische Tragödie den Helden im tragischen Kampf mit dem Fatum gezeigt, das Drama der Klassik die Konflikte des zwischenmenschlichen Bezugs sich zum Vorwurf genommen, so wird hier einzig das Moment erfaßt, in dem der wehrlose Mensch vom Schicksal ereilt wird. Aber nicht im Sinne der romantischen Schicksalstragödie. Diese konzentrierte sich auf das Zusammenleben der Menschen im Raume des blinden Schicksals; die Mechanik des Fatums und seine Perversion des Zwischenmenschlichen waren ihr Thema. Nichts davon bei Maeterlinck. Das Schicksal des Menschen stellt für ihn der Tod als solcher dar, er beherrscht in diesen Werken die Bühne allein. Und zwar in keiner besonderen Gestalt, in keiner tragischen Verknüpfung mit dem Leben. Keine Tat führt ihn herbei, niemand hat ihn zu verantworten. Dramaturgisch gesehen bedeutet das die Ersetzung der Kategorie der Handlung durch die der Situation. Und nach ihr müßte die Gattung, die Maeterlinck schuf, benannt werden, denn diese Werke haben ihr Wesentliches nicht in der Handlung, sind also keine ›Dramen‹ mehr, wenn anders das griechische Wort dieses bedeuten soll. Dahin zielt auch die paradoxe Bezeichnung ›drame statique‹, die der Dichter ihnen gab.

Die Situation ist dem echten Drama nur Ausgangspunkt für die Handlung. Hier aber ist dem Menschen die Möglichkeit dazu vom Thematischen her genommen. In vollkommener Passivität verharrt er in seiner Lage, bis er den Tod gewahr wird. Einzig der Versuch läßt ihn sprechen, sich seiner Situation zu vergewissern: mit der Erkenntnis des Todes (des Todes eines ihm Nahestehenden), der ihm, dem Blinden, seit je gegenüberstand, ist er dann am Ziel. So in den Werken *L'Intruse, Les Aveugles* (1890) und *Intérieur*.

Die Bühne zeigt für *Les Aveugles* einen »uralten, nordischen

Forst unter unendlichem Sternenhimmel. – In der Mitte, nach dem dunkeln Hintergrund zu, sitzt ein greiser Priester. Ein weiter, schwarzer Mantel umhüllt ihn. Sein Kopf, leicht zurückgeneigt, lehnt in toter Ruhe an dem mächtigen Stamm einer hohlen Eiche. Entsetzlich bleich und unbeweglich ist das wachsfahle Antlitz, in welchem die bläulichen Lippen halbgeöffnet sind. Die starren Augen, der Welt des Irdischen entrückt, scheinen blutunterlaufen, wie nach langem, tränenvollen Schmerz [...] Rechts sitzen sechs blinde alte Männer auf Steinen, umgestürzten Baumstämmen und dürrem Laub. – Links, ihnen gegenüber, aber von ihnen durch Felsstücke und einen entwurzelten Baum getrennt, sechs gleichfalls blinde Frauen ... Es ist unheimlich finster, nur hier und da irrt ein Mondstrahl durch das dunkle Laub.«[1] – Die Blinden warten auf die Rückkehr des alten Priesters, der sie hieher geführt hat: er aber sitzt tot in ihrer Mitte.

Schon die ausführliche Bühnenanweisung, die hier nur zur Hälfte zitiert wurde, verrät, daß die Form des Dialogs für die Darstellung nicht ausreicht. Aber umgekehrt reicht auch das, was zu sagen ist, nicht aus, um einen Dialog zu begründen. Die zwölf Blinden stellen ängstliche Fragen nach ihrem Schicksal und werden sich dabei allmählich ihrer Lage bewußt: darauf beschränkt sich das Gespräch, dessen Rhythmus der Wechsel von Frage und Antwort bestimmt:

> Erster
> Blind-
> geborener *Kommt er denn noch nicht?*
> Zweiter
> Blind-
> geborener *Ich höre nichts.*[2]
> Später:
> Zweiter
> Blind-
> geborener *Sind wir jetzt in der Sonne?*

[1] Maeterlinck, *Les Aveugles*. Théâtre I-II, Bruxelles 1910. Deutsch: *Die Blinden*. Übers. L. v. Schlözer, München o. J., S. 9 f.
[2] Ebd., S. 10 f.

Dritter	
Blind-	
geborener	*Scheint denn die Sonne noch?*
Der sech-	
ste Blinde	*Ich glaube nicht; es muß schon sehr spät sein.*
Zweiter	
Blind-	
geborener	*Wieviel Uhr ist es?*
Die ande-	*Ich weiß es nicht. – Niemand weiß es.*[3]
ren Blinden	

Oft stehen die Aussagen parallel nebeneinander oder gehen gar aneinander vorbei:

Dritter	
Blind-	
geborener	*Es wäre an der Zeit, ins Hospiz zurückzukehren.*
Erster	
Blind-	
geborener	*Wüßten wir nur, wo wir sind.*
Zweiter	
Blind-	
geborener	*Es ist kalt geworden, seit er fort ist.*[4]

Was immer der symbolische Gehalt der Blindheit sein mag, dramaturgisch gesehen errettet sie das Werk vor dem Verstummen, das ihm droht. Versinnbildlicht sie die Ohnmacht und die Vereinzelung der Menschen (*Voilà des années et des années que nous sommes ensemble, et nous ne nous sommes jamais aperçus. On dirait que nous sommes toujours seuls! . . . Il faut voir pour aimer.*[5]), und stellt sie damit den Dialog in Frage, so ist doch zugleich ihr allein zu danken, daß zum Sprechen überhaupt noch Anlaß besteht. Auch in dem Werk *L'Intruse*, das eine Familie versammelt zeigt, während die Mutter nebenan im Sterben liegt, ist es der blinde Großvater, dessen Fragen (und Ahnungen: denn als Blinder sieht er weniger und mehr als die andern) das Gespräch begründen.

---

3 Ebd., S. 23 f.
4 Ebd., S. 11.
5 *Les Aveugles*, S. 104; deutsch: S. 41.

Vom Dialog weicht die zumeist chorische Sprachform mannigfach ab; so ist den ›Repliken‹ auch die wenige Eigenheit genommen, die die zwölf Blinden differenziert. Die Sprache verselbständigt sich, ihre wesentlich dramatische Standortgebundenheit schwindet: sie ist nicht mehr Ausdruck eines einzelnen, der auf Antwort wartet, sondern gibt die Stimmung wieder, die in den Seelen aller herrscht. Ihre Aufteilung in einzelne ›Repliken‹ entspricht keinem Gespräch wie beim echten Drama, spiegelt einzig das Nervös-Schillernde der Ungewißheit. Sie läßt sich lesen oder hören ohne Beachtung dessen, der eben spricht: wesentlich ist ihr Intermittierendes, nicht der Bezug aufs aktuelle Ich. Auch das ist aber letztlich nur Ausdruck dessen, daß die dramatis personae hier, weit entfernt, Urheber, also Subjekte einer Handlung zu sein, im Grunde bloß ihre Objekte sind. Dieses einzige Thema von Maeterlincks Frühwerk: daß der Mensch seinem Schicksal rettungslos ausgeliefert ist, fordert seinen Ausdruck im Formalen.
Dem trägt Rechnung die Konzeption von *Intérieur* (1894). Auch hier hat eine Familie den Tod zu erfahren. Die Tochter, die sie morgens verließ, um ihre Großmutter jenseits des Flusses aufzusuchen, hat sich im Wasser das Leben genommen und wird, da ihre Eltern sie noch gar nicht erwarten und sorglos-ruhig den Abend verbringen, tot nach Hause gebracht. Und wie diese fünf Menschen, die der Tod unerwartet überfällt, nur sprachlose Opfer des Schicksals sind, so werden sie auch im Formalen zum stummen epischen Gegenstand dessen, der ihnen den Tod der Tochter mitzuteilen hat: des Alten, der sich, ehe er seine schwere Aufgabe erfüllt, vor den hell erleuchteten Fenstern, hinter denen die Familie sichtbar wird, mit einem Fremden über sie bespricht. So spaltet sich der dramatische Körper in zwei Teile: in die stummen Personen im Haus und die sprechenden im Garten. Diese Spaltung in eine thematische und eine dramaturgische Gruppe bildet die Subjekt-Objekt-Trennung ab, die im Fatalismus Maeterlincks gesetzt ist und zur Verdinglichung des Menschen führt. Sie läßt innerhalb des Dramas eine epische Situation entstehen, wie sie früher nur episodisch vorkommen mochte, etwa in den Schlachtenschilderungen aus den

Kulissen. Hier aber macht sie das Ganze des Werkes aus. Der ›Dialog‹ zwischen dem Fremden, dem Alten und seinen zwei Enkelkindern dient fast durchweg der epischen Darstellung der stummen Familie:

> Der Alte *Erst will ich mal zusehen, ob sie auch alle dort im Zimmer sind. Ja, ich sehe den Vater am Kaminfeuer; er sitzt da, die Hände auf den Knieen... die Mutter sitzt aufgestützt am Tische.*[6]

Auch auf den epischen Abstand wird reflektiert, der dadurch entsteht, daß der Erzähler mehr weiß als seine Gestalten:

> Der Alte *Ich bin fast dreiundachtzig und es ist das erste Mal, daß mich des Daseins Anblick heimsucht. Ich weiß gar nicht: Alles, was die da tun, kommt mir so fremd und bedeutungsvoll vor... Sie warten doch nur die Nacht heran bei ihrer Lampe, weiter nichts; genau, wie wir's bei unserer getan hätten; und doch glaube ich, von einer anderen Welt auf sie hinabzusehen; nur weil ich eine kleine Wahrheit weiß, die sie noch nicht wissen...*[7]

Und selbst der belebte Dialog ist im Grunde nur Wechselschilderung:

> Der Fremde *Eben lächeln sie in der Stille des Zimmers...*
>
> Der Alte *Die sind ruhig... Sie erwarteten sie nicht mehr heute abend...*
>
> Der Fremde *Sie lächeln, ohne sich zu rühren... doch da, der Vater macht ein Zeichen, er legt den Finger an die Lippen...*
>
> Der Alte *Er weist aufs Kind, das am Herzen der Mutter einschlief.*
>
> Der Fremde *Sie wagt nicht, die Augen zu bewegen, vor Sorge, seinen Schlaf zu stören.*[8]

Maeterlincks Entschluß, das menschliche Dasein, wie es ihm erschien, dramatisch darzustellen, verleitete ihn, den Menschen

---

6 Maeterlinck, *Intérieur*, a.a.O. Deutsch: *Daheim.* Übers. G. Stockhausen, Berlin 1899, S. 66.
7 Ebd., S. 87 f.
8 Ebd., S. 76 f.

als stumm leidendes Objekt des Todes in eine Form einzuführen, die ihn einzig als sprechendes und handelndes Subjekt kennt. Das bedingt im Innern der dramatischen Konzeption eine Wendung zum Epischen hin. In *Les Aveugles* schildern die Personen ihren Zustand noch selber – was die Blindheit genügend motiviert. In *Intérieur* dringt die verborgene Epik des Stoffes weiter vor: sie bildet die Szene zu einer eigentlichen Erzählsituation aus, in der sich Subjekt und Objekt gegenüberstehen. Doch bleibt auch diese noch thematisch und bedarf also weiterhin der Motivierung innerhalb der sinnlos gewordenen dramatischen Form.

5 Hauptmann

Was in der ersten Studie über Ibsen ausgeführt wurde, gilt teilweise auch für das frühe Werk Gerhart Hauptmanns. *Das Friedensfest* (1890) etwa, das die Geschichte einer Familie an einem Weihnachtsabend aufrollt, ist ein ›analytisches Drama‹, wie es im Buche steht. Aber bereits der Erstling *Vor Sonnenaufgang* (1889) bringt Ibsen gegenüber eine neue Problematik, die er im Untertitel ankündigt: *Soziales Drama*. Man hat dafür immer wieder einen zweiten Lehrmeister Hauptmanns genannt: Tolstoj und sein Drama *Macht der Finsternis*. Wie stark jedoch diese Beeinflussung auch sein mag, die Analyse der inneren Fragwürdigkeit des ›sozialen Dramas‹ hat bei Hauptmann neu anzusetzen, denn das Vorbild entbehrt der soziologisch-naturalistischen Problemstellung durchaus und zeigt denselben, im Wesen des Russischen verankerten Zug zum Lyrischen hin, der auch in Tschechows Dramen die formale Krise überwinden hilft.

Der soziale Dramatiker versucht die dramatische Darstellung jener ökonomisch-politischen Zustände, unter deren Diktat das individuelle Leben geraten ist. Er hat Faktoren aufzuweisen, die jenseits der einzelnen Situation und der einzelnen Tat wurzeln und sie dennoch bestimmen. Dies dramatisch darstellen heißt als Vorarbeit: die Umsetzung der entfremdeten Zuständlichkeit in zwischenmenschliche Aktualität, das Umkehren und Aufheben also des historischen Prozesses im Ästhetischen, das ihn gerade zu spiegeln hätte. Die Fragwürdigkeit dieses Versuches wird vollends deutlich, wenn man den Vorgang der skizzierten Formwerdung näher ins Auge faßt. Die Umsetzung der entfremdeten Zuständlichkeit in zwischenmenschliche Aktualität bedeutet die Erfindung einer die Zustände vergegenwärtigenden Handlung. Diese Handlung, die zwischen der sozialen Thematik und der vorgegebenen Dramenform als ein Sekundäres vermittelt, erweist sich aber als problematisch vom Standpunkt sowohl der Thematik wie der Form aus. Die repräsentierende Handlung nämlich ist keine dramatische: das Geschehen im Drama weist als absolutes nicht über sich hinaus. Selbst in der philosophischen Tragödie eines Kleist oder Hebbel hat die Fabel keine demonstrative Funktion, sie ist ›bedeutend‹ nicht, indem sie über sich hinaus, auf die Beschaffenheit der Welt hindeutet, wie sie die Metaphysik des Dichters lehrt, sondern sie konzentriert den Blick in sich hinein, in die eigenen metaphysischen Tiefen. Das beschränkt ihre Aussagefähigkeit keineswegs, ist doch die Welt des Dramas gerade dank ihrer Absolutheit fähig, für die Welt selbst einzustehen. Die Beziehung von Bedeutendem und Bedeutetem beruht so allenfalls auf dem symbolischen Prinzip: Mikrokosmos und Makrokosmos fallen zusammen, nicht aber auf dem der pars pro toto. Gerade das aber ist im ›sozialen Drama‹ der Fall. In jeder Hinsicht durchkreuzt es die Absolutheitsforderung der dramatischen Form: Die dramatis personae vertreten Tausende von Menschen, die unter denselben Verhältnissen leben, ihre Situation vertritt eine durch die ökonomischen Faktoren bedingte Gleichförmigkeit. Ihr Schicksal ist Beispiel, Mittel der Aufzeigung und zeugt so nicht nur von der das Werk übersteigenden Objektivität, sondern zugleich vom darüber stehenden Subjekt der Aufzeigung: vom dichterischen Ich. Das Eingespanntsein des Kunstwerks zwischen Empirie und schöpferischer Subjektivität, das offene Bezogensein auf ihm Äußerliches ist aber das Formprinzip nicht der Dramatik sondern der Epik. Das ›soziale Drama‹ ist deshalb epischen Wesens und ein Widerspruch in sich.

Doch die Verwandlung der entfremdeten Zuständlichkeit in zwischenmenschliche Aktualität widerspricht auch den thematischen Intentionen selbst. Denn diese besagen gerade, daß sich die bestimmenden Kräfte des menschlichen Lebens aus der Sphäre des ›Zwischen‹ in die der entfremdeten Objektivität verlagert haben; daß es eine Gegenwart im Grunde gar nicht gibt, so sehr gleicht sie dem, was immer schon war und auch künftighin sein wird; daß eine Handlung, die sie markierte und so eine neue Zukunft begründete, im Banne dieser lähmenden Kräfte vollends ein Ding der Unmöglichkeit ist.

Hauptmann hat die eben beschriebene Problematik des sozialen Dramas in *Vor Sonnenaufgang* und *Die Weber* zu lösen versucht. *Vor Sonnenaufgang* unternimmt die Schilderung jener schlesischen Bauern, die, durch die Kohle unter ihren Feldern reich geworden, in ihrem Müßiggang einem süchtigen und lasterhaften Leben verfallen. Aus dieser Menschengruppe wird ein typischer Fall ausgewählt, die Familie des Bauerngutsbesitzers Krause. Seine Tage vergehen in Trunkenheit, während ihn seine Frau mit dem Bräutigam seiner jüngeren Tochter aus erster Ehe betrügt. Martha, die ältere Tochter, mit Ingenieur Hoffmann verheiratet, jetzt unmittelbar vor der Entbindung, ist ebenfalls dem Alkohol erlegen. Solche Menschen vermögen keine dramatische Handlung zu begründen. Die Laster, deren Gefangene sie sind, entziehen sie dem zwischenmenschlichen Bezug, vereinzeln und erniedrigen sie zum sprachlos-heulenden, untätig dahinlebenden Tier. Der einzige, der unter ihnen tätig ist, der Schwiegersohn Krauses, der die Verfallenheit der Familie in Kauf nimmt, um sie und die Umgebung in langsamer Maulwurfsarbeit auszubeuten, entgeht damit ebenfalls der offenen und entschlußdichten Gegenwart, wie sie das Drama fordert. Und das Leben des einzigen reinen Menschen in dieser Familie, der jüngeren Tochter Helene, ist ein stilles und unverstandenes Leiden.

Die dramatische Handlung, die diese Familie vorstellen soll, muß ihren Ursprung also außerhalb ihrer haben, sie muß zudem der Art sein, daß sie die Menschen in ihrer dinghaften Gegenständlichkeit beläßt und die Gleichförmigkeit und Zeitlosigkeit

ihres Daseins nicht in ein formbedingt spannungsvolles Werden verfälscht. Ferner muß sie den Ausblick auf die Gesamtheit der schlesischen ›Kohlebauern‹ ermöglichen.
All dem trägt Rechnung die Einbeziehung eines Fremden, Alfred Loths. Als Sozialforscher und Jugendfreund Hoffmanns kommt er in die Gegend, um die Lage der Bergarbeiter zu studieren. Die Familie Krause gelangt zu dramatischer Darstellung, indem sie sich allmählich dem Besucher enthüllt. Sie erscheint dem Leser oder Zuschauer in Loths Perspektive, als Forschungsobjekt des Wissenschaftlers. In der Maske Loths tritt also das epische Ich auf. Die dramatische Handlung selbst ist nichts anderes als die thematische Travestie des epischen Formprinzips: der Besuch Loths bei der Familie Krause gestaltet im Thematischen das formbegründende Herantreten des Epikers an seinen Gegenstand.
Das ist nichts Einmaliges in der Dramatik der Jahrhundertwende. Die Gestalt des Fremden, die es ermöglicht, gehört zu ihren am meisten beachteten Charakteristika. Aber man sah die Zusammenhänge seines Auftretens nicht und setzte ihn dem Raisonneur des klassischen Dramas gleich. Diese Identität ist jedoch keine. Zwar raisonniert auch der Fremde. Aber der klassische Raisonneur, der ihn vom Makel des Modernen zu befreien hätte, war kein Fremder, sondern gehörte der Gesellschaft an, die in ihm zur letzten Transparenz kam. Die Erscheinung des Fremden besagt dagegen, daß die Menschen, die durch ihn zu dramatischer Darstellung gelangen, von sich aus dazu nicht fähig wären. Schon seine Gegenwart drückt so die Krise des Dramas aus, und das Drama, dessen Entstehung er ermöglicht, ist kein echtes mehr. Es wurzelt in der epischen Subjekt-Objekt-Beziehung, in der sich der Fremde und die anderen gegenüberstehen. Den Ablauf der Handlung bestimmt nicht die zwischenmenschliche Auseinandersetzung, sondern das Vorgehen des Fremden: so wird auch die dramatische Spannung aufgehoben. Daran krankt sichtlich *Vor Sonnenaufgang*. Äußerliches, etwa die nervenzerreißende Erwartung der Entbindung Frau Hoffmanns, muß für die echte, im zwischenmenschlichen Bezug verankerte Spannung einstehen. Das Zufällige und

Außerkünstlerische solcher Praktiken merkte schon das Publikum der Uraufführung, aus dessen Mitten bekanntlich ein Frauenarzt seine Geburtszange in die Höhe schwang, wohl zum Zeichen, daß er seine Hilfe anbieten wolle.

Ein weiteres undramatisches Moment kommt durch das Auftreten des Fremden hinzu. Die echte dramatische Handlung stellt das Dasein von Menschen nicht dar, wie es sich bei einem bestimmten Anlaß zeigt. Denn damit wiese sie über sich hinaus. Ihre Gegenwart ist reine Aktualität, nicht Vergegenwärtigung eines zuständlichen Seins. Die Existenz der dramatis personae greift über die Grenzen des Dramas auch zeitlich nicht hinaus. Der Begriff des Anlasses ist aber nur sinnvoll, wenn er in einem zeitlichen Kontext steht. Als künstlerisches Mittel gehört er der Epik und dem epischen Theater an, wie es das Mittelalter und auch noch das Barock kannten. In diesem entspricht dem Anlaß im Thematischen das Moment der Aufführung im Formalen, welches im Drama ausgeschaltet ist. Hier dagegen wird das Spiel offen zum Spiel erklärt und auf die Spieler und Zuschauer bezogen. Davon weiß aber die Form von *Vor Sonnenaufgang* nichts. Obzwar sie als dramatische Fabel das epische Prinzip selbst in sich aufnimmt, beharrt sie weiterhin auf dem dramatischen Stil, der ihr freilich nur mehr gebrochen gelingt.

Auch der Schluß des Werkes, seit jeher als unverständlich und verfehlt bezeichnet, scheint damit zusammenzuhängen. Loth, der sich in Helene verliebt und sie aus dem Sumpf ihrer Umgebung erretten will, verläßt sie und flüchtet aus der Familie, da er ihren vererbten Alkoholismus erfährt. Helene, die in Loth ihren einzigen Retter sah, wählt den Tod. Man hat diesen »lieblosen und feigen Dogmatismus« Loths nie verstehen können, zumal die Gestalt dem Zuschauer, auch ohne daß er auf ihre formale Funktion als szenischer Epiker reflektierte, in die Nähe Gerhart Hauptmanns rückt. Er wird aber von der Form vorgeschrieben. Was am Schluß die Züge Loths verzerrt, liegt in der Konsequenz nicht seines thematischen Charakters, sondern seiner formalen Funktion. Denn wie es die formale Forderung des klassischen Lustspiels ist, daß der Wirbel der Hindernisse, bevor der Vorhang zum letzten Mal fällt, in der Verlobung der Liebenden sich beruhige, so verlangt die Form eines Dramas, das durch den Besuch eines Fremden ermöglicht wird, daß dieser zum Schluß von der Bühne wieder abtrete.

So wiederholt sich in *Vor Sonnenaufgang* in umgekehrter Richtung, was in der *Gespenstersonate* Hummels Selbstmord bedeutet. In der Krisenzeit des Dramas erscheinen epische Formelemente thematisch verbrämt. Folge dieser zweifachen Besetzung einer Gestalt oder einer Situation kann die Kollision von Formalem und Inhaltlichem sein. Zerstört in der *Gespenstersonate* ein inhaltliches Ereignis das verborgene Formprinzip, so läßt hier eine formale Forderung die Handlung zum Schluß ins Unverständliche ausgleiten.

Zwei Jahre später (1891) entsteht das andere ›soziale Drama‹ Hauptmanns: *Die Weber*. Es soll die Not der Weberbevölkerung des Eulengebirges um die Mitte des neunzehnten Jahrhunderts darstellen. Keim der Dichtung war – wie Hauptmann in der Widmung schreibt – seines Vaters *Erzählung vom Großvater, der in jungen Jahren, ein armer Weber, wie die Geschilderten hinterm Webstuhl gesessen*. Das Wort wird hier zitiert, weil es zugleich in die Formproblematik des Werkes einführt. An dessen Ursprung steht ein unauslöschliches Bild: die Weber hinter ihren Webstühlen, und das Wissen um ihr Elend. Das scheint eine bildliche Gestaltung zu fordern, wie sie im, freilich von Hauptmann inspirierten, Zyklus *Weber-Aufstand* der Käthe Kollwitz – um 1897 – vorliegt. Für die dramatische Darstellung stellt sich aber wie bei *Vor Sonnenaufgang* auch hier die Frage nach der Möglichkeit einer Handlung. Weder das Leben der Weber, die nur Arbeiten und Hungern kennen, noch die politisch-ökonomischen Zustände lassen sich in dramatische Aktualität verwandeln. Die einzige Handlung, die unter solchen Daseinsbedingungen möglich ist, ist die gegen sie: der Aufstand. Hauptmann unternimmt die Darstellung des 1844-er Weberaufstandes. Die epische Schilderung der Zustände scheint so – als Motivation der Revolte – dramatisiert werden zu können. Aber die Handlung selbst ist keine dramatische. Der Aufstand der Weber entbehrt, bis auf eine Szene im letzten Akt, des zwischenmenschlichen Konflikts, er entwickelt sich nicht im Medium des Dialogs (wie etwa in Schillers *Wallenstein*), sondern, als Ausbruch von Verzweifelten, jenseits des Zwiegesprächs und kann deshalb nur dessen Thema sein. So fällt das Werk wieder ins Epische zurück. Es setzt sich aus Szenen zusammen, in denen verschiedene Möglichkeiten des epischen Theaters benutzt werden, was auf dieser Stufe bedeutet, daß die Beziehung Epiker-Gegenstand in die dramatische Szene thematisch eingebaut ist.

Der erste Akt spielt in Peterswaldau. Die Weber geben im Hause des Fabrikanten Dreißiger das fertige Gewebe ab. Die Szene erinnert an eine mittelalterliche Revue, nur ist hier die Vorstellung der Weber und ihrer Not thematisch mit der Ablieferung der Arbeit motiviert: mit ihrer Ware präsentieren die Weber sich selbst. – Der zweite Akt führt in das Stübchen einer Weberfamilie in Kaschbach. Ihr Elend wird hier einem Fremden geschildert, dem nach langer Soldatenzeit zurückkehrenden und seiner Heimat schon entfremdeten Moritz Jäger. Aber gerade als Fremder, den Zuständen noch nicht Erlegener, ist dieser befähigt, das Feuer des Aufstandes zu entfachen. – Der dritte Akt spielt wieder in Peterswaldau. Mit der Schenkstube ist der Ort gewählt, an dem Neuigkeiten jeweils berichtet und besprochen werden. So ist die Situation der Weber zuerst Gesprächsgegenstand der Handwerker, dann wird die Schilderung von einem zweiten Fremden, dem Reisenden, fortgeführt. – Der vierte Akt, in Dreißigers Wohnung, bringt, nach einem Dialog wiederum *über* die Weber, die ersten dramatischen Szenen des Werkes. – Der fünfte Akt schließlich führt nach Langenbielau, ins Weberstübchen des alten Hilse. Hier werden zunächst die Vorgänge in Peterswaldau erzählt, dann folgen, neben der Beschreibung dessen, was in den Straßen geschieht (die Aufständischen sind inzwischen in Langenbielau eingetroffen), die dramatischen Schlußszenen, die Auseinandersetzung zwischen dem weltabgewandten alten Hilse, der sich weigert, am Aufstand teilzunehmen, und seiner Umgebung. Darauf wird noch zurückzukommen sein.

Diese Vielfalt der epischen Situationen: Revue, Darstellung vor einem Fremden, Bericht, Beschreibung, sorgfältig verankert in der Wahl der Szene; das immer wieder neu Ansetzen nach Aktschluß; die Einführung neuer Personen in jedem Akt; das Verfolgen des Aufstandes in seiner Ausbreitung, wobei im letzten Akt den Aufständischen gar vorangeeilt wird – das alles deutet wiederum auf die epische Grundstruktur des Werkes hin. Es drückt aus, daß Handlung und Werk hier nicht, wie im Drama, identisch sind, der Aufstand ist vielmehr Gegenstand des Werkes. Dessen Einheit wurzelt nicht in der Kontinuität der Handlung, sondern in der des unsichtbaren epischen Ich, das die Zustände und Ereignisse vorführt. Deshalb können immer wieder neue Gestalten auftreten. Die beschränkte Zahl der Personen hat im Drama die Absolutheit und Eigenständigkeit des dramatischen Gewebes zu gewährleisten. Hier werden immer neue Gestalten eingeführt, womit zugleich das Zufällige ihrer Wahl, das Stellvertretende, auf ein Kollektivum Weisende ihres Auftretens ausgedrückt wird.

Das epische Ich wird – so paradox das zu sein scheint – selbst von der ›objektiven‹ Sprache des Naturalismus vorausgesetzt, wie sie *Die Weber* und vollends die Urfassung *De Waber* kennen. Denn gerade wo die dramatische Sprache auf das Dichterische verzichtet, um sich der ›Wirklichkeit‹ zu nähern, weist sie auf ihren subjektiven Ursprung, auf den Autor, hin. Aus dem naturalistischen Dialog, der die Aufnahmen späterer Phonogrammarchive vorwegnimmt, sind immer auch die Worte des wissenschaftsfreundlichen Dramatikers herauszuhören: »So sprechen diese Leute, ich hab' sie studiert.« Auf ästhetischem Gebiet schlägt, was sonst objektiv zu nennen ist, ins Subjektive um. Denn ein dramatischer Dialog ist ›objektiv‹, wenn er innerhalb der Grenzen verweilt, welche die absolute Form des Dramas bestimmen, wenn er nicht darüber hinausweist: weder auf die Empirie noch auf den empiristischen Autor. ›Objektiv‹ sind also Racines und des Gryphius Alexandriner zu nennen, der Blankvers Shakespeares und der deutschen Klassik oder auch die Prosa des Büchnerschen *Woyzeck,* in der die Verwandlung des Dialektalen ins Dichterische glückt.

Aber die verleugnete Epik rächt sich wie in *Vor Sonnenaufgang* auch hier am Schluß des Werkes. Der alte Hilse verurteilt den Aufstand aus seinem Glauben heraus:

> *Fer was hätt ich denn hier gesessen – und Schemel getreten uf Mord vierzig und mehr Jahr? und hätte ruhig zugesehn, wie der dort drieben in Hoffahrt und Schwelgerei lebt – und Gold macht aus mein'n Hunger und Kummer. Fer was denn? Weil ich 'ne Hoffnung hab! [...] Es ist uns verheißen. Gericht wird gehalten, aber nich mir sein Richter, sondern: ›mein ist die Rache, spricht der Herr, unser Gott‹.*[1]

Er weigert sich, den Webstuhl am Fenster zu verlassen:

> *Hie hat mich mei' himmlischer Vater hergesetzt. [...] Hie bleiben mer sitzen und tun, was mer schuldig sein, und wenn d'r ganze Schnee verbrennt.*[2]

Eine Salve kracht, und Hilse bricht, zu Tode getroffen, zusammen, als einziges Opfer des Weberaufstandes, das Hauptmann zeigt. Man versteht, daß dieser Schluß befremdete: das Publikum der zeitgenössischen Arbeitervorstellungen sowohl wie die bürgerlichen Literaturkritiker. Nachdem am Anfang des letzten Aktes Hauptmanns Sympathie für die Aufständischen offensichtlich dem Einverständnis mit Hilses religiöser Überzeugung weicht, nun diese zweite Wendung, die das Revolutionsdrama in eine beinah zynisch gezeichnete Märtyrertragödie umschlagen läßt – wie ist das zu deuten? Wohl kaum metaphysisch. Vielmehr scheint auch hier der Widerspruch zwischen epischer Thematik und nicht aufgegebener dramatischer Form verantwortlich zu sein. Dem Verzicht auf die weitere Darstellung des Aufstandes und seiner Niederwerfung hätte ein unbetontes Abbrechen entsprochen. Dieses ist aber epischen Wesens. Weil der Epiker sein Werk von der Empirie und von sich selbst nie ganz abgelöst hat, kann er es abbrechen; auf den Schlußstrich der Erzählung folgt nicht das Nichts, sondern die nicht mehr erzählte ›Wirklichkeit‹, deren Annahme und Suggestion zum

---

[1] Hauptmann, *Die Weber*. Gesammelte Werke, Volksausgabe, Berlin 1917, Bd. 1, S. 375.
[2] Ebd., S. 384.

epischen Formprinzip gehören. Das Drama ist aber, als ein Absolutes, seine Wirklichkeit selbst; es muß ein Ende haben, das für das Ende schlechthin einstehen kann und nicht weiter fragen läßt. Statt mit einem Ausblick auf die Niederwerfung des Weberaufstandes abzubrechen, bei der Gestaltung des Kollektivschicksals zu bleiben und die thematische Epik zugleich formal zu bestätigen, wollte Hauptmann die Forderungen der dramatischen Form erfüllen, obwohl sie vom Stoff her seit je in Frage gestellt war.

Überleitung:
Theorie des Stilwandels

Für die Krise, in die das Drama als die Dichtungsform des je gegenwärtigen (1) zwischenmenschlichen (2) Geschehens (3) gegen Ende des neunzehnten Jahrhunderts gerät, ist die thematische Wandlung verantwortlich, welche die Glieder dieser Begriffstrias durch ihre entsprechenden Gegenbegriffe ersetzt. Bei Ibsen dominiert an Stelle der Gegenwart die Vergangenheit. Thematisch ist nicht ein vergangenes Geschehen, sondern die Vergangenheit selbst, als erinnerte und im Innern weiterwirkende. So wird auch das Zwischenmenschliche durch Innermenschliches verdrängt. – Das tätige Leben in der Gegenwart weicht in Tschechows Dramen dem träumerischen in der Erinnerung und der Utopie. Das Geschehen wird beiläufig und der Dialog, die zwischenmenschliche Ausspracheform, zum Gefäß monologischer Reflexionen. – In Werken Strindbergs wird das Zwischenmenschliche entweder aufgehoben oder durch die subjektive Linse eines zentralen Ich gesehen. Durch diese Verinnerlichung büßt die je gegenwärtige ›reale‹ Zeit ihre Alleinherrschaft ein: Vergangenheit und Gegenwart fließen ineinander über, die äußere Gegenwart ruft die erinnerte Vergangenheit hervor. Das Geschehen beschränkt sich im Zwischenmenschlichen auf eine Folge von Zusammentreffen, die bloß Marksteine des eigentlichen Geschehens: der inneren Wandlung sind. – Maeterlincks ›drame statique‹ kündigt der Handlung. Im Angesicht des Todes, dem es einzig gewidmet ist, schwinden auch die zwischenmenschlichen Unterschiede und damit die Auseinandersetzung zwischen Mensch und Mensch. Dem Tod steht eine anonyme, sprachlos-blinde Menschengruppe gegenüber. – Hauptmanns soziale Dramatik schließlich schildert das zwischenmenschliche Leben in seiner Bestimmtheit durch Außermenschliches: durch die politisch-ökonomischen Verhältnisse. Die Gleichförmigkeit, die diese diktieren, hebt das Einmalige des je Gegenwärtigen auf, es ist auch das Vergangene und Zukünftige. Die

Handlung weicht der Zuständlichkeit, zu deren machtlosen Opfern die Menschen werden.

Auf diese Weise verneint das Drama des ausgehenden neunzehnten Jahrhunderts in seinem Inhalt, was es, aus Treue zum Überlieferten, formal weiter aussagen will: die zwischenmenschliche Aktualität. Was die verschiedenen Werke dieser Zeit verbindet und auf den Wandel in ihrer Thematik zurückgeht, ist der Subjekt-Objekt-Gegensatz, der ihren neuen Grundriß bestimmt. In den ›analytischen Dramen‹ Ibsens stehen sich Gegenwart und Vergangenheit, Enthüller und Enthülltes als Subjekt und Objekt gegenüber. In den ›Stationendramen‹ Strindbergs wird das vereinzelte Subjekt sich selber zum Objekt, im *Traumspiel* ist die Menschheit der Tochter des Gottes Indra gegenständlich. Maeterlincks Fatalismus verdammt die Menschen zu passiver Objektivität; in der gleichen Gegenständlichkeit treten die Menschen in Hauptmanns ›sozialen Dramen‹ auf. Freilich unterscheidet sich die Thematik Maeterlincks und Hauptmanns von der Ibsenschen und Strindbergschen darin, daß sie ursprünglich keinen Subjekt-Objekt-Gegensatz, sondern nur den gegenständlichen Charakter der dramatis personae bedingt: das Subjekt wird aber zu deren Vorstellung als episches Ich formal erfordert.

In diesen Subjekt-Objekt-Beziehungen wird die Absolutheit der drei Grundbegriffe der dramatischen Form und damit ihre eigene zerstört. Die Gegenwart (1) des Dramas ist absolut, weil sie keinen zeitlichen Kontext hat: *das Drama kennt den Begriff der Zeit nicht [...] Einheit der Zeit bedeutet Herausgehobensein aus dem Ablauf.*[1] Das Zwischenmenschliche (2) ist im Drama absolut, weil weder Inner- noch Außermenschliches neben ihm stehen. Indem sich das Drama in der Renaissance auf den Dialog beschränkt, wählt es die Sphäre des ›Zwischen‹ zu seinem ausschließlichen Raum. Und das Geschehen (3) ist im Drama absolut, weil es sowohl von der innerlichen Zuständlichkeit der Seele wie von der äußerlichen der Objektivität abgehoben ist und in Alleinherrschaft die Dynamik des Werkes begründet.

1 G. Lukács, *Die Theorie des Romans*, a.a.O., S. 127.

Indem diese drei Faktoren der dramatischen Form als Subjekt oder Objekt in die Relation eintreten, werden sie relativiert. Ibsens Gegenwart durch die Vergangenheit, die sie als ihren Gegenstand zu enthüllen hat. Strindbergs Zwischenmenschliches durch die subjektive Perspektive, in der es erscheint. Hauptmanns Geschehen durch die objektiven Zustände, die es darstellen soll.

Das thematisch bedingte Subjekt-Objekt-Verhältnis – als Verhältnis eo ipso ein Formales – verlangt, im Formprinzip der Werke verankert zu werden. Doch das Prinzip der dramatischen Form ist geradezu die Negation eines Auseinanders von Subjekt und Objekt. *Diese Objektivität, die aus dem Subjekte herkommt, so wie dies Subjektive, das in seiner Realisation und objektiven Gültigkeit zur Darstellung gelangt [...] gibt als Handlung die Form und den Inhalt der dramatischen Poesie ab* – heißt es in Hegels *Ästhetik*.[2]

Der innere Widerspruch des modernen Dramas besteht demnach darin, daß einem dynamischen Ineinanderübergehen von Subjekt und Objekt in der Form: ihr statisches Auseinandersein im Inhalt gegenübersteht. Freilich müssen die Dramen, in denen dieser Widerspruch auftritt, ihn, um überhaupt entstehen zu können, auf eine vorläufige Weise bereits gelöst haben. Er wird in ihnen zugleich aufgelöst und festgehalten, indem das thematische Subjekt-Objekt-Gegenüber im Innern der dramatischen Form eine Fundierung erfährt, die aber motiviert wird, also ihrerseits thematisch ist. Diesen zugleich formalen und inhaltlichen Subjekt-Objekt-Gegensatz stellen die epischen Grundsituationen (Epiker – Gegenstand) dar, die thematisch verbrämt als dramatische Szenen erscheinen. Ibsens Problem ist die Darstellung der innerlich gelebten vergangenen Zeit in einer Dichtungsform, die die Innerlichkeit nur in deren Objektivation, die Zeit nur in deren je gegenwärtigem Moment kennt. Er löst es, indem er Situationen erfindet, in denen die Menschen über ihre eigene erinnerte Vergangenheit zu Gericht sitzen und sie auf diese Weise in die Offenheit der Gegenwart rücken. – Dasselbe Problem stellt sich Strindberg in der *Gespenstersonate*. Es wird

2 Hegel, *Vorlesungen über die Ästhetik*, a.a.O., Bd. 14, S. 324.

gelöst durch die Einführung einer Gestalt, die über alle Personen Bescheid weiß und so, innerhalb der dramatischen Fabel, zu ihrem Epiker werden kann. – Maeterlincks Menschen sind sprachlose Opfer des Todes. Die dramatische Szene *Intérieur* zeigt sie als stumme Personen im Innern des Hauses. Zwei Gestalten, die sie aus dem Garten betrachten, sichern den Dialog, der sie zum Gegenstand hat. – Hauptmann läßt in *Vor Sonnenaufgang* die darzustellenden Menschen von einem Fremden besuchen. In den *Webern* stellen die einzelnen Akte Erzähl- oder Revue-Situationen dar. – Tschechow schließlich löst das Problem, die Unmöglichkeit des Dialogs in der dialogischen Form des Dramas darzustellen, indem er einen Schwerhörigen einführt und die Menschen aneinander vorbeireden läßt.

Dieser Zwiespalt im Formprinzip der Werke sowie die zweifache, formale und inhaltliche Besetzung einer Gestalt oder Situation, die ihnen immer wieder zum Schaden gereichen, schwinden in der Dramatik der folgenden Jahrzehnte. Die neuen Formen aber, die jene kennzeichnen, entwachsen den thematisch-formalen Einfällen der Übergangszeit: Ibsens Vergangenheitsgericht, Strindbergs szenischem Epiker, Hauptmanns Einführung eines Sozialforschers.

Der später im einzelnen darzustellende Vorgang läßt eine Theorie des Stilwandels einsehen, die sich von den gängigen Deutungen der Aufeinanderfolge zweier Stile unterscheidet. Denn sie setzt zwischen den beiden Perioden eine dritte, in sich widersprüchliche an und stellt so die Entwicklungsstufen in den Dreitakt der Dialektik von Inhalt und Form. Dabei wird die Übergangsperiode nicht bloß dadurch bestimmt, daß in ihr Form und Inhalt aus ihrer ursprünglichen Entsprechung (hier das Kapitel ›Drama‹) zum Widerspruch auseinandertreten (›Krise des Dramas‹). Denn dessen Aufhebung auf der nächsten Stufe der Entwicklung wird in den thematisch verhüllten Formelementen vorbereitet, die schon die problematisch gewordene alte Form birgt. Und der Wandel zum in sich widerspruchslosen Stil vollzieht sich, indem die formal fungierenden Inhalte sich vollends zur Form niederschlagen und auf diese Weise die alte Form sprengen.

Dieser Vorgang, von dem die konsequente Dramatik des zwanzigsten Jahrhunderts zeugt, läßt sich aber auch an Beispielen aus anderen Gebieten der Kunst ablesen. Der psychologische Roman des neunzehnten Jahrhunderts entwickelt im Innern des traditionellen epischen Stils, der auf dem Gegenüber von Epiker und Gegenstand beruht, den ›monologue intérieur‹. Dieser setzt jedoch, weil ganz in der Innerlichkeit der dargestellten Personen beheimatet, den epischen Abstand nicht mehr voraus. Solange der epische Stil nicht aufgegeben wird, muß der ›monologue intérieur‹ durch den Epiker vermittelt sein (vgl. das fast stereotype »se dit-il« Stendhals, wohl die häufigste Wortgruppe in *Le Rouge et le Noir,* wobei freilich nicht zu übersehen ist, daß die psychologische Analyse Stendhals, der die Psyche gegenständlich ist, den epischen Abstand wiederum legitimiert). Als vom Epiker vermittelt, ist der ›monologue intérieur‹ noch thematisch. Die fortschreitende Psychologisierung des Romans im zwanzigsten Jahrhundert läßt den ›monologue intérieur‹ immer wesentlicher werden; der Stilwandel erfolgt (wenn man von Dujardin absehen will) in James Joyces Werk: das inwendige Selbstgespräch wird hier zum Formprinzip selbst und sprengt den traditionellen epischen Stil. Der *Ulysses* kennt keinen Epiker mehr. – Wie dieser ›stream of consciousness‹-Stil sich im Innern der traditionellen Epik vorbereitet, so enthält – um ein außerliterarisches Beispiel zu geben – die Malerei Cézannes, die am Prinzip der unmittelbaren Naturbeobachtung letztlich noch festhält, bereits den Ursprung des Aperspektivismus und der Synthetik späterer Stile (so der Kubisten). Und die spätromantische Musik Wagners, die innerhalb der im Dreiklang gründenden Tonalität zur durchgehenden Chromatik, also zur Gleichberechtigung der zwölf Töne neigt, bereitet damit die Atonalität Schönbergs vor.

Das neue Stilprinzip ist so vor dem Umbruch jeweils als antithetisches im Innern des alten aufzuweisen.

Die drei Beispiele – Stendhal, Cézanne, Wagner – zeigen zugleich, daß auch die Übergangssituation höchste Vollendung erlaubt. Aber das Einmalige, das in jener Versöhnung widerstrebender Prinzipien liegt, die ihnen noch glückte, und die immanente Dynamik des Widerspruchs, der nicht versöhnt, sondern aufgelöst werden will, darf nicht übersehen werden und erklärt, warum ihre Werke den späteren Künstlern nicht zum Vorbild werden konnten oder doch nur zu solchem, dem man nachstrebt, indem man es hinter sich läßt.

Wie die ›Krise des Dramas‹ den Übergang vom reinen Dramenstil zum widersprüchlichen aus thematischen Verschiebungen hergeleitet hat, ist der folgende Wandel bei weitgehend gleichbleibender Thematik als der Vorgang aufzufassen, in dem sich Thematisches zur Form niederschlägt und die alte Form sprengt. Dadurch entstehen jene ›Formexperimente‹, die bisher immer nur für sich und deshalb gern als Spielerei, Bürgerschreck oder Ausdruck persönlicher Unfähigkeit gedeutet wurden, deren innere Notwendigkeit aber zutage tritt, sobald sie in den Rahmen des Stilwandels gestellt werden.

Weil so auch auf den Vorgang der Formwerdung klärendes Licht fallen mag, sei der Gegensatz thematisch – formal an einem Beispiel verdeutlicht. Der Gesang ist thematisch in einem Drama, in dem ein Lied gesungen wird, formal dagegen in der Oper. Deshalb dürfen die dramatis personae der Sängerin Beifall spenden, während den Gestalten der Oper ihr Singen nicht bewußt werden darf. (›Romantische Ironie‹ heißt in den Komödien Tiecks und anderer die Erscheinung, daß die dramatis personae auch auf Formales, etwa auf ihre Rollen reflektieren.[3])

Bevor diese neuen Formen betrachtet werden, in denen der Widerspruch zwischen epischer Thematik und dramatischer Form durch die Formwerdung der inneren Epik aufgelöst wird, ist auf Richtungen hinzuweisen, welche, statt die Antinomie im Sinne des historischen Prozesses zu lösen, das heißt die Form aus dem neuen Inhalt hervorgehen zu lassen, an der dramatischen Form festhalten und sie auf verschiedene Arten zu retten versuchen. Daß diese Rettungsversuche trotz ihrer formalistisch-konservativen Absicht neuer Aussagemomente nicht entbehren, wird freilich ebenfalls anzudeuten sein.

Jenseits dieser Krise des Dramas und ihrer epischen Lösungs-

---

3 Vgl. Verf., *Friedrich Schlegel und die romantische Ironie. Mit einer Beilage über Ludwig Tieck.* In: *Schriften*, Bd. II, S. 29.

versuche, aber dennoch erst mit ihnen als Hintergrund ganz begreifbar, erscheint um die Jahrhundertwende das lyrische Drama, allem voran das Jugendwerk Hofmannsthals. Wie es mit der Krise des Dramas indirekt zusammenhängt, ist leicht einzusehen. Die Form-Inhalt-Spannung des modernen Dramas läßt sich zurückführen auf den Widerspruch zwischen dialogischem Einswerden von Subjekt und Objekt in der Form und deren Auseinandersein im Inhalt. Die ›epische Dramtik‹ entsteht, indem das inhaltliche Subjekt-Objekt-Verhältnis sich zur Form niederschlägt. Das lyrische Drama entgeht diesem Widerspruch, weil Lyrik weder im aktuellen Ineinanderübergehen noch im statischen Voneinandergetrenntsein von Subjekt und Objekt, dagegen in deren wesentlicher und ursprünglicher Identität wurzelt. Ihre zentrale Kategorie ist die Stimmung. Diese aber gehört nicht der isolierten Innerlichkeit an; ursprünglich ist die Stimmung – heißt es bei E. Staiger – »gerade nichts, was ›in‹ uns besteht. Sondern in der Stimmung sind wir in ausgezeichneter Weise ›draußen‹, nicht den Dingen gegenüber, sondern in ihnen und sie in uns.«[4] Und die gleiche Identität kennzeichnet in der Lyrik Ich und Du, Jetzt und Einst. Formal und für die Problematik Ibsens, Strindbergs und Tschechows bedeutet das aber, daß das lyrische Drama zwischen Monolog und Dialog keinen Unterschied kennt, weshalb das Thema der Einsamkeit das lyrische Drama nicht in Frage stellt. Die dramatische Sprache ist streng auf die Handlung bezogen, die in fortwährender Gegenwart verläuft; darum steht die Analyse der Vergangenheit zur dramatischen Form im Widerspruch. In der Lyrik dagegen werden die Zeiten eins, das Vergangene ist auch das Gegenwärtige, und die Sprache ist kein zugleich Thematisches, das begründet werden muß und vom Schweigen unterbrochen werden kann. Lyrik ist an sich Sprache, deshalb fallen im lyrischen Drama Sprache und Handlung nicht notwendig zusammen. Das meint R. Kassner wenn er von Hofmannsthals lyrischen Jugendwerken schreibt: »Man kann sozusagen mit dem Finger zwischen das Wort und die Hand-

---

4 E. Staiger, *Grundbegriffe der Poetik*, a.a.O., S. 66.

lung fahren und das eine vom anderen losmachen.«⁵ Von der
Handlung unabhängig, vermag die lyrische Sprache die Klüfte
im Geschehen zu verdecken, aus denen sonst die Krise des
Dramas spricht.

5 R. Kassner, *Das physiognomische Weltbild* (Darin: *Erinnerungen an Hofmannsthal*). München 1930, S. 257.

III. Rettungsversuche

6 Naturalismus

Die letzten deutschen Dramen, die noch Dramen sind, schrieb Gerhart Hauptmann, man denke an *Fuhrmann Henschel* (1898), *Rose Bernd* (1903) und *Die Ratten* (1911). Was aber dieses späte Gelingen ermöglicht, ist der Naturalismus, von dessen konservativer Tendenz auf dem Gebiete der Dramaturgie anläßlich Strindbergs[1] schon kurz die Rede war.
Das naturalistische Drama wählte seine Helden in den unteren Schichten der Gesellschaft. Es fand hier Menschen, deren Willenskraft ungebrochen war; die sich für eine Tat, zu der ihre Leidenschaft sie trieb, mit ihrem ganzen Wesen einsetzen konnten; die nichts Grundlegendes voneinander trennte: weder die Ichbezogenheit noch die Reflexion. Menschen, die ein Drama, mit seiner wesentlichen Beschränkung auf das je gegenwärtige zwischenmenschliche Geschehen, zu tragen vermochten. Dem sozialen Unterschied zwischen den unteren und oberen Schichten der Gesellschaft entsprach so der dramaturgische: Fähigkeit und Unfähigkeit zum Drama. Die naturalistische Parole, die wohlmeinend verkündete, das Drama sei nicht alleiniger Besitz des Bürgertums, verbarg die bittere Einsicht, daß das Bürgertum das Drama längst nicht mehr besaß. Es ging um die Rettung des Dramas. Da man sich der Krise des bürgerlichen Dramas bewußt wurde (Hauptmann in *Friedensfest* [1890], *Einsame Menschen* [1891], *Michael Kramer* [1900] usw.), floh man aus der eigenen Zeit. Aber nicht in die Vergangenheit, sondern in die fremde Gegenwart. Indem man soziale Stufen hinunter stieg, entdeckte man Archaisches in der Gegenwart: man drehte am Zifferblatt des objektiven Geistes den Zeiger zurück – und wurde als Naturalist selbst so zum ›Modernen‹. Der Übergang des Dramas vom Adel an das Bürgertum im achtzehnten Jahrhundert entsprach dem geschichtlichen Prozeß, die naturalisti-

---

[1] Vgl. S. 39.

sche Einbeziehung des Proletariats ins Drama um 1900 wollte ihm dagegen gerade ausweichen.
Das ist die historische Dialektik des naturalistischen Dramas. Es hat aber auch eine dramaturgische. Der soziale Abstand, der das Drama des Naturalismus erst ermöglicht, wird ihm als dramaturgischer zum Verhängnis. Daß man die Kategorie des Mitleids in den Mittelpunkt der Hauptmannschen Dichtung rücken konnte, spricht nicht gegen, sondern für die Behauptung, Hauptmann stehe vor seinen Geschöpfen als ihr Beobachter und nicht hinter ihnen, in ihnen. Denn Mitleiden setzt die Distanz, zu deren Aufhebung es wird, voraus. Der echte Dramatiker – wie dann der Zuschauer – steht aber in keinem Abstand von den dramatis personae: er ist mit ihnen eins oder ins Werk gar nicht einbezogen. Diese Identität von Dichter, Zuschauer und dramatis personae wird möglich, weil die Subjekte des Dramas allemal Projektionen des historischen Subjekts sind: sie stimmen mit dem Stand des Bewußtseins überein. In diesem Sinne ist jedes echte Drama Spiegel seiner Zeit, in seinen Gestalten spiegelt sich jene soziale Schicht, die gleichsam die Avantgarde des objektiven Geistes bildet. Deshalb gibt es kein echtes historisches Drama. Das mythologisch-historische der französischen Klassik war das Drama des Adels und des Königs. Die Annäherung von Olymp und Cour, die in Molières *Amphitryon* vollzogen wird, ist kein pikantes Unicum, sondern drückt das geistesgeschichtliche Verhältnis der Epoche auch zur tragédie classique aus. Und Büchner hindert die größte historische Treue in der Wiedergabe der parlamentarischen Reden etwa nicht daran, seinen Danton an jener Langeweile zugrunde gehen zu lassen, die geistesgeschichtlich erst nach Napoleons Sturz auftritt und Büchner nach Einsicht in das Unzeitgemäße seines revolutionären Programms eigenstes Erlebnis wird. (Über die Beziehung zwischen Langeweile und nachnapoleonischer Situation geben vor allem die Werke Stendhals Auskunft.) Im naturalistischen Drama, das dank den Anachronismen in der Gegenwart der Flucht in die Historie entgeht, spiegelt sich aber nicht das Bürgertum der Jahrhundertwende, auch nicht die Klasse, die ihm die Gestalten liefert, sondern eines betrachtet

das andere: der bürgerliche Dichter und das Bürgertum als Publikum den Bauernstand und das Proletariat. Dieser Abstand hat im Dramaturgischen seine negativen Konsequenzen.

Daß die naturalistische Sprache das epische Ich voraussetzt, ging aus der Analyse der *Weber* hervor. Damit hängt das Problem des ›Milieus‹ eng zusammen. Die Wiedergabe des Milieus ist nicht einfach aus dem naturalistischen Programm abzuleiten. Sie weist nicht nur auf die Intention des Dichters, sondern auch auf seinen Standort hin. Der Hintergrund handelnder Menschen, die Atmosphäre, in der sie sich bewegen, wird nur dem Dichter sichtbar, der vor ihnen steht oder sie als Fremder besucht: dem Epiker. Diese Relativierung des Dramas auf den Epiker, den es als naturalistisches voraussetzt, spiegelt sich in seinem Innern als Relativierung der Personen auf das Milieu, welches ihnen entfremdet erscheint. Die viel geschmähte ›Abstraktheit‹ der tragédie classique und die Beschränkung ihrer Sprache auf einen ausgewählten Wortschatz liegen ganz im Sinne des dramatischen Formprinzips. Die Abstraktheit läßt das zwischen den Menschen sich je gegenwärtig Ereignende in höchster Reinheit hervortreten; der enge Wortschatz wird gleichsam zum eigensten Besitz des Dramas und weist nicht, wie das naturalistische auf die Empirie, über es hinaus.

Ähnliches läßt sich schließlich in der Handlung aufzeigen. Die Handlung des naturalistischen Dramas gehört zumeist in die Gattung des ›fait divers‹. Das ›fait divers‹ ist das seinem Boden entfremdete Geschehen, an sich interessant genug, um berichtet zu werden. Mit wem es geschieht, spielt deshalb keine Rolle; es ist wesentlich anonym. Die Angabe der Zeitungen, etwa »Pauline Piperkarcka, Dienstmädchen, 20j., wohnhaft in Berlin-Nord«, hat lediglich die Echtheit des ›fait divers‹ zu bezeugen. Ein Rücklaufen der Handlung in die Innerlichkeit der Subjekte, die Objektivation dieser Innerlichkeit in der Handlung – wie sie Hegel für die Dramatik fordert – wird hier aus dem Wesen des ›fait divers‹ heraus verhindert. Das ›fait divers‹ kann deshalb nie ganz ins naturalistische Drama eingebaut werden. Es bildet in dessen Innern eine gleichsam geronnene Handlung, die sich mit den Charakteren und ihrer Umwelt nicht vollständig integrieren läßt. Die Dissoziation von Milieu, Charakter und Handlung im naturalistischen Drama, die Entfremdung, in der sie auftreten, vernichtet die Möglichkeit einer fugenlosen Vereinigung der Elemente zu einer absoluten Gesamtbewegung, wie sie das Drama erheischt. Der Zug des Zerbröckelns, den fast alle naturalistischen Dramen Hauptmanns aufweisen, am stärksten vielleicht *Der Rote Hahn* (1901), wurzelt in dieser Problematik, die ihre Lösung wiederum nur im Epischen finden könnte: im Zusammenhalt des Disparaten durch das epische Ich.

So steht die Dramatik des Naturalismus, in der die dramatische Form die historisch bedingte Krise zu überleben trachtet, durch den selben Abstand vom Bürgertum, der ihr die Rettung des Dramas ermöglicht, immer schon in Gefahr, selber ins Epische umzuschlagen.

7 Konversationsstück

Ein zweiter Rettungsversuch setzt beim Dialog ein. Woher diesem Gefahr droht, ist früher gezeigt worden: Wenn der zwischenmenschliche Bezug schwindet, zerreißt der Dialog in Monologe, wenn die Vergangenheit vorherrscht, wird er zur je monologischen Stätte der Erinnerung.

Die Rettung des Dramas durch Rettung des Dialogs geht auf die zumal in Theaterkreisen verbreitete Ansicht zurück, Dramatiker sei, wer einen guten Dialog schreiben könne. Die Sicherung des ›guten Dialogs‹ erfolgt, indem er von der Subjektivität, deren historische Formen ihn gefährden, abgeschnitten wird. Ist der Dialog im echten Drama der gemeinsame Raum, in dem die Innerlichkeit der dramatis personae sich objektiviert, so wird er hier den Subjekten entfremdet und tritt als ein Selbständiges auf. Der Dialog wird zur Konversation.

Das Konversationsstück beherrscht die europäische, zumal die englische und französische Dramatik seit der zweiten Hälfte des neunzehnten Jahrhunderts. Als ›well-made-play‹ oder ›pièce bien faite‹ weist es sich über seine dramaturgischen Qualitäten aus und verbirgt so, was es im Grunde ist: die ungewollte

Parodie des klassischen Dramas. Sein Negatives: daß es, weil vom Subjekt abgeschnitten, der Möglichkeit subjektiver Aussage entbehrt, schlägt ins Positive um, indem der leer gebliebene dialogische Raum sich mit Themen des Tages anfüllt. Die Konversationsstücke drehen sich um Fragen wie Frauenstimmrecht, freie Liebe, Scheidungsrecht, Mesalliance, Industrialisierung, Sozialismus. Damit erwirbt, was sich eigentlich dem historischen Prozeß widersetzt, den Anschein des Modernen. Als modern und zugleich mustergültig dramatisch bildete das Konversationsstück am Anfang dieses Jahrhunderts die Norm der Dramatik; von ihm mußte sich mühsam abheben, mit ihm wurde kritisch verglichen, was für neue Aussagen neue Formen suchte. Einzig in Deutschland war der Weg für die epischen Lösungsversuche der Krise durch die Barrikaden der akademisch gewordenen Konversationsstücke nicht so verstellt, denn es gab keine deutsche Gesellschaft und keinen deutschen Konversationsstil.

Doch ist hier nicht zu übersehen, daß das mustergültig Dramatische des Konversationsstücks mehr Schein als Wahrheit darstellt. Die Verabsolutierung des Dialogs zur Konversation rächt sich nicht nur qualitativ, sondern auch dramaturgisch. Indem die Konversation zwischen den Menschen schwebt, statt sie zu verbinden, wird sie unverbindlich. Der dramatische Dialog ist in jeder seiner Repliken unwiderruflich, folgenträchtig. Als Kausalreihe konstituiert er eine eigene Zeit und hebt sich so aus dem Zeitablauf heraus. Daher die Absolutheit des Dramas. Anders die Konversation. Sie hat keinen subjektiven Ursprung und kein objektives Ziel: sie führt nicht weiter, geht in keine Tat über. Deshalb hat sie auch keine eigene Zeit, sondern nimmt am ›realen‹ Zeitablauf teil. Weil die Konversation keinen subjektiven Ursprung hat, kann sie keine Menschen definieren. Wie ihr Thema Zitat ist aus der Problematik des Tages, zitiert sie in den dramatis personae Typen der realen Gesellschaft. Die Typologie der commedia dell'arte ist eine innerdramatische, sie bezieht sich auf eine ästhetische Wirklichkeit und weist so über die Grenzen des Dramas nicht hinaus. Die Typologie des Konversationsstückes dagegen geht auf eine gesellschaftliche Typisierung zurück und ist deshalb gegen die Absolutheitsforderung der dramatischen Form gerichtet. Weil die Konversation unverbindlich ist, kann sie nicht in Handlung übergehen. Die Handlung, deren das Konversationsstück bedarf, um als well-made-play auftreten zu können, wird von außen entlehnt. Sie fällt dem Drama in Form unerwarteter Ereignisse unmotiviert zu: auch dadurch wird seine Absolutheit zerstört.

Das Kulissenhafte seiner Dramatik, das zur thematischen Nichtigkeit hinzu kommt, rechtfertigt erst ganz die Einordnung des Konversationsstücks in die Gruppe jener Rettungsversuche, die der Krise des Dramas nicht ins Aug zu schauen wagen. In dieser radikalen Kritik des Konversationsstückes dürfen seine positiven Möglichkeiten freilich nicht ganz übersehen werden. Sie treten zu Tage, wenn die Konversation in den Spiegel blickt, aus dem rein Formalen ins Thematische gewendet wird.

Auf dem doppelten Boden des Konversationsstücks und der Charakterkomödie erhebt sich das wohl vollendetste Schauspiel neuerer deutscher Literatur: Hofmannsthals *Der Schwierige* (1918). Es entgeht der Leere und der zitierten Thematik nicht nur, weil die adelige Gesellschaft Wiens, die es schildert, wesentlich in der Konversation lebt. Sondern die Konversation erfährt eine Vertiefung und Verwandlung durch die Titelgestalt Graf Bühl, den einzigen Modernen in der Charaktergalerie großer Lustspieldichtung. Ihm wird die Konversation thematisch, und aus deren Problematik tritt die Fragwürdigkeit des Miteinandersprechens, ja der Sprache selbst hervor.[1]

Auf andere Weise verdichtet sich die französische Umgangssprache in Samuel Becketts *En attendant Godot* (1952). Die sonst rein formale Beschränkung des Dramas auf die Konversation wird hier thematisch: Den Menschen, die auf Godot warten, diesen Deus nicht nur absconditus, sondern auch dubitabilis, bleibt zur Bestätigung ihres Daseins einzig das nichtige Gespräch. Dem Abgrund des Schweigens immer zustrebend, aus diesem wieder und wieder mühsam zurückgewonnen, ver-

---

[1] Vgl. E. Staiger, *Der Schwierige*. In: *Meisterwerke deutscher Sprache*. Zürich 1943. (Neuaufl. München 1973).

mag aber die ausgehöhlte Konversation im leeren metaphysischen Raum, der alles bedeutend werden läßt, die »misère de l'homme sans Dieu« zu enthüllen. Die dramatische Form birgt auf dieser Stufe freilich keinen kritischen Widerspruch mehr, und die Konversation ist nicht mehr Mittel zu dessen Überwindung. In Trümmern liegt alles: der Dialog, das Formganze, die menschliche Existenz. Aussage eignet nur noch der Negativität: dem Sinnlos-Automatischen der Rede und der Unerfülltheit der dramatischen Form. Es spricht daraus das Negative eines wartenden Daseins, das der Transzendenz zwar bedürftig, aber nicht fähig ist.

8 Einakter

Daß sich nach 1880 Dramatiker wie Strindberg, Zola, Schnitzler, Maeterlinck, Hofmannsthal, Wedekind, später ein O'Neill, W. B. Yeats und andere dem Einakter zuwenden, zeigt nicht nur an, daß ihnen die überlieferte Form des Dramas problematisch wurde, sondern ist oft schon der Versuch, den ›dramatischen‹ Stil als den aufs Futurische gerichteten Stil der Spannung aus dieser Krise zu retten.
Das Moment der Spannung, des »Sich-voraus-Seins« (E. Staiger), ist beim Drama im zwischenmenschlichen Geschehen verankert. Es ist letztlich das Futurische, das der Dialektik zwischen Mensch und Mensch qua Dialektik innewohnt. Der zwischenmenschliche Bezug im Drama ist immer Einheit von Gegensätzen, die nach ihrer Aufhebung streben. Das Wissen um die Notwendigkeit dieser Aufhebung, das vorlaufende Denken und Handeln der dramatis personae in Hinblick auf sie oder ihre Vereitelung ergeben die dramatische Spannung, die von der Spannung etwa angesichts der Vorzeichen einer Katastrophe unterschieden werden muß. Die Verankerung des Spannungsmoments in der Dialektik des zwischenmenschlichen Bezugs erklärt, warum die Krise des Dramas notwendig auch die Krise des ›dramatischen‹ Stils im modernen Theater bedeutet. Vereinsamung und Vereinzelung, wie sie Ibsen, Tschechow und

Strindberg thematisch werden, verschärfen wohl die Gegensätze zwischen den Menschen, vernichten aber zugleich den Drang zu ihrer Aufhebung. Die Ohnmacht des Menschen dagegen, die Hauptmann und Zola im Sozialen, Maeterlinck im Metaphysischen schildern, läßt keine Gegensätze mehr auftreten und führt zur auseinandersetzungslosen Einheit der Schicksalsgemeinschaft. Dazu kommt, daß die Isolierung der Menschen zumeist *die Abstrahierung und Intellektualisierung ihrer Zusammenstöße* mit sich führt, wodurch die verschärften Gegensätze zwischen den vereinzelten Menschen kraft der Objektivität, welche die Intellektualisierung erzeugt, in einem bestimmten Sinne immer schon überbrückt sind.[1]

Das Schwinden der Spannung als Folge dieser Vorgänge bezeugen die Dramen Tschechows und Hauptmanns. Wie aber der Einakter berufen ist, dem Theater außerhalb des zwischenmenschlichen Bezugs zum Spannungsmoment zu verhelfen, erweist sich am deutlichsten in Strindbergs dramatischem Werk. Auf die Stellung der *Elf Einakter* (1888-1892) zwischen dem *Vater* (1887) und den Stationendramen *Nach Damaskus I-III* (1897-1904) ist bereits hingewiesen worden.[2] Im *Vater* tritt zutage, daß der subjektiven Dramatik die überlieferte Form des Handlungsablaufs nicht mehr entspricht. Alles ist vom Rittmeister her gesehen und der Kampf seiner Frau gegen ihn letztlich von ihm selber veranstaltet. Das Spiel der Gegensätze bewegt sich in seinem Innern und läßt sich in keiner ›Intrige‹ mehr ausdrücken. Deshalb kommt Strindberg in seinem Essay *Der Einakter* (zwei Jahre nach *Der Vater*, 1889 verfaßt) zur Absage an die Intrige und damit zur Absage an das ›abendfüllende Stück‹ überhaupt: *Eine Szene, ein ›Quart d'heure‹ scheint der Typ für das Theaterstück der heutigen Menschen zu werden...*[3] Das setzt voraus, daß der Einakter sich vom ›abendfüllenden‹ Drama nicht nur quantitativ, sondern auch qualitativ unterscheidet: in der Art des Handlungsablaufs und – damit eng verbunden – in der Art des Spannungsmoments.

---

1 G. Lukács, *Zur Soziologie des modernen Dramas*, a.a.O., S. 681.
2 Vgl. S. 42 f.
3 Strindberg, *Der Einakter*. In: *Elf Einakter*. München 1918, S. 340.

Der moderne Einakter ist kein Drama im Kleinen, sondern ein Teil des Dramas, der sich zur Ganzheit erhoben hat. Sein Modell ist die dramatische Szene. Das besagt, daß der Einakter mit dem Drama wohl dessen Ausgangspunkt, die Situation, teilt, nicht aber die Handlung, in welcher die Entschlüsse der dramatis personae die Ursprungslage immerfort abwandeln und dem Endpunkt der Auflösung entgegentreiben. Weil der Einakter die Spannung nicht mehr aus dem zwischenmenschlichen Geschehen bezieht, muß sie bereits in der Situation verankert sein. Und zwar nicht bloß als virtuelle, die von jeder einzelnen dramatischen Replik dann verwirklicht wird (so ist die Spannung im Drama beschaffen), sondern die Situation hat hier selber alles zu geben. Deshalb wählt sie der Einakter, wenn er auf Spannung nicht ganz verzichtet, immer als Grenzsituation, als Situation vor der Katastrophe, die schon bevorsteht, wenn der Vorhang sich hebt, und im folgenden nicht mehr abgewendet werden kann. Die Katastrophe ist futurische Gegebenheit: es kommt nicht mehr zum tragischen Kampf des Menschen gegen das Schicksal, dessen Objektivität er (im Sinne Schellings[4]) seine subjektive Freiheit entgegensetzen könnte. Was ihn vom Untergang trennt, ist die leere Zeit, die durch keine Handlung mehr auszufüllen ist, in deren reinem, auf die Katastrophe hin gespanntem Raum er zu leben verurteilt wurde. So bestätigt sich der Einakter auch in diesem formalen Punkt als das Drama des unfreien Menschen. Die Zeit, in der er aufkam, war die Epoche des Determinismus, und dieser verbindet die Dramatiker, die ihn ergriffen, jenseits der stilistischen und thematischen Unterschiede: den Symbolisten Maeterlinck mit dem Naturalisten Strindberg.

Von den Einaktern Maeterlincks, den ›drames statiques‹, ist früher bereits die Rede gewesen. Es bleibt dieser ›dramatische‹ Zug nachzutragen, den sie der Katastrophensituation verdanken. Nichts wäre irriger, als von ihrer Statik, die Maeterlinck programmatisch betonte, und ihrer verborgenen epischen

---

[4] Schelling, *Philosophische Briefe über Dogmatismus und Kriticismus*. Zehnter Brief. In: *Philosophische Schriften*, Bd. 1. Landshut 1809. Vgl. Verf., *Versuch über das Tragische*, S. 157 ff.

Struktur auf das Ausbleiben der Spannung zu schließen, die ein Drama als solches kenntlich machen soll. Die Ohnmacht der Menschen schließt wohl Handeln und Kampf aus, damit auch die Spannung des Zwischenmenschlichen; nicht aber die der Situation, in die sie hineingestellt sind, die sie als deren Opfer erleiden. Die gespannte Zeit, in der nichts mehr geschehen kann, wird von der aufbrechenden Angst und der Reflexion auf den Tod erfüllt. In *Les Aveugles* und *Intérieur* ist sie selbst vom Nahen des Todes nicht mehr markiert, auch er liegt zurück, die Zeitspanne ist bloß die seiner Erfahrung. Und wie immer, wenn sie sich nicht in Handlung erfüllt, tritt die Zeit hier verräumlicht auf: als Weg der Erkenntnis in *Les Aveugles*, als Weg der Botschaft in *Intérieur*. Szenisch wird das faßbar als die schwindende Distanz zwischen den Blinden und ihrem toten Führer, der seit je in ihrer Mitte ruht; als die Grenzlinie zwischen dem scheinbar behüteten Haus, in dem die Familie sorglos die Nacht erwartet, und dem Garten, in dem zwei Menschen um den Selbstmord der Tochter wissen, aber zögern, die Grenze durch die Mitteilung des Todes aufzuheben. Und der Vorhang fällt jeweils, wenn der Weg der Erkenntnis oder der Botschaft doch zu Ende gegangen, die Katastrophe erfahren, der »Vor-wurf« (E. Staiger), der die Spannung begründete, eingeholt ist.

In der Grundkonzeption den ›drames statiques‹ nicht unähnlich ist Strindbergs Einakter *Vorm Tode* (1892), der thematisch die Linie des *Vaters* weiterführt. Er kann als dessen Umsetzung in die Form des Einakters aufgefaßt werden, von dem Strindberg in dieser Periode seines Schaffens meinte, er sei *vielleicht die Formel des kommenden Dramas*.[5] Dabei lassen die Unterschiede erkennen, was den Einakter vom ›abendfüllenden Stück‹ wesentlich trennt, weshalb er für das problematisch gewordene Drama überhaupt einstehen kann. Herr Durand, *Pensionsvorsteher, früher Beamter der Staatseisenbahnen*, ist der ›Mann in der weiblichen Hölle‹, als der im *Vater* der Rittmeister erschien. Aber er hat als Witwer keinen Gegenspieler mehr, was Strindbergs Absage an die Intrige ausdrückt, zugleich die Annäherung des Einakters, der kein Geschehen mehr kennt, an die ›analytische Technik‹. Die ›weibliche Hölle‹ bilden Herrn Durands

Töchter, die ihre Mutter gegen ihn erzog. Sein Untergang droht aber nicht von ihnen, sondern von außen her: die Pension, die er leitet, steht vor dem Bankrott. Daraus spricht die Ersetzung des Zwischenmenschlichen durchs Objektive, die Umbegründung der dramatischen Spannung, die nun von der Situation und nicht mehr von der Auseinandersetzung zwischen Mensch und Mensch geschaffen wird. Freilich schildert Strindberg seinen Helden nicht in völliger Ohnmacht. Er entgeht dem Bankrott, indem er sein Haus anzündet und Gift nimmt, um seinen Töchtern mit der Versicherungssumme zum Wohlstand zu verhelfen. Aber die ›Handlung‹ des Einakters ist keine Folge von Ereignissen, die in den Entschluß zum Selbstmord münden, auch nicht die seelische Entwicklung, die diesem vorausgeht, sondern die Exposition eines von Haß und Zwist unterhöhlten Familienlebens, die ibsensche Analyse einer unglücklichen Ehe, die im gespannten Raum der nahenden Katastrophe, auch ohne daß ihnen eine neue Handlung beigegeben würde, zu ›dramatischer‹ Wirkung gelangen.

In anderen Einaktern Strindbergs, etwa *Paria, Mit dem Feuer spielen, Gläubiger,* die alle als ›analytische Dramen‹ ohne sekundäre Gegenwartshandlungen bezeichnet werden können, fehlt auch das Spannungsmoment der drohenden Katastrophe. Die dramatische Präzipitation entsteht hier – was nicht verschwiegen werden darf – aus der Ungeduld des Lesers oder Zuschauers, der die Atmosphäre der Hölle, die ihm erschlossen wird, nicht mehr erträgt und seit den ersten Repliken schon in Gedanken dem Ende entgegeneilt, von dem er Erlösung wenn auch nicht für die Gestalten des Dramas, so doch für sich selber erhoffen darf.
Aber wieder ist darauf hinzuweisen, daß die Form des Einakters in Strindbergs Schaffen in einem Augenblick der Krise ergriffen wird. Die Einsicht, daß die subjektive Dramatik mit der Absage an die unmittelbare Darstellung des zwischenmenschlichen Geschehens auch auf den Stil der Spannung verzichten muß, führt Strindberg nach einer Pause von fünf Jahren zur Epik der Stationentechnik.

9 Enge und Existentialismus

Die Krise des Dramas in der zweiten Hälfte des neunzehnten Jahrhunderts läßt sich nicht zuletzt auf die Kräfte zurückführen, welche die Menschen aus dem zwischenmenschlichen Bezug in die Vereinzelung treiben. Der dramatische Stil, den solche Isolierung in Frage stellt, vermag sie aber zu überleben, wenn die vereinzelten Menschen, denen formal das Schweigen oder der Monolog entspräche, durch Äußerliches in die Dialogie des zwischenmenschlichen Bezuges zurückgezwungen werden. Dies geschieht in der Situation der Enge, die den meisten neueren Dramen, welche der Episierung entgingen, zugrunde liegt.

Ihr geschichtlicher Ursprung ist wohl im bürgerlichen Trauerspiel zu suchen. Als dessen *inneres, ihm allein eigenes Element* bezeichnete Hebbel in seinem Vorwort zu *Maria Magdalene* (1844) die *schroffe Geschlossenheit, womit die aller Dialektik unfähigen Individuen sich in dem beschränktesten Kreis gegenüberstehen* ...[1] Es fragt sich, ob Hebbel sich bewußt war, in dieser Formulierung sowohl die Krise wie auch die Rettung der dramatischen Form berührt zu haben. Aber *Geschlossenheit* und Unfähigkeit zu aller (zwischenmenschlichen) *Dialektik* zerstörte die Möglichkeit des Dramas, das aus den Entschlüssen zueinander entschlossener Individuen lebt, wenn der *beschränkteste Kreis* diese Geschlossenheit nicht mit Gewalt aufbräche, wenn zwischen den vereinzelten, aber aneinander geketteten Menschen, deren Reden in die Geschlossenheit des andern Wunden schlagen, nicht eine zweite, ihnen aufgezwungene Dialektik entstünde. Die Enge, die hier herrscht, versagt den Menschen den Raum, dessen sie um sich bedürften, um mit ihren Monologen oder schweigend mit sich selbst allein zu sein. Die Rede des einen verletzt im buchstäblichen Sinne des Wortes den andern, durchbricht seine Geschlossenheit und zwingt ihn zur Erwiderung. Der dramatische Stil, den die Unmöglichkeit

---

[1] Hebbel, Vorwort zu *Maria Magdalene*. Sämtliche Werke, Hrsg. R. M. Werner, Bd. 11. Berlin 1904.

des Dialogs zu zerstören droht, wird gerettet, indem in der Enge der Monolog selbst unmöglich wird und sich notwendig in Dialog zurückverwandelt.

Auf Grund dieser Dialektik von Selbstgespräch und Zwiegespräch entstanden Werke wie Strindbergs *Totentanz* (eigentlich: Todestanz, 1901) und Lorcas *Frauentragödie in spanischen Dörfern: Bernarda Albas Haus* (1936). Die Sehnsucht nach der Einsamkeit und dem Schweigen, ihre Unmöglichkeit in der Enge spricht eine Heldin Lorcas deutlich aus. Bernarda Alba, deren Mann gestorben ist, macht ihr Haus zum Trauergefängnis ihrer fünf Töchter. *Für acht Jahre, in denen getrauert werden soll, darf nicht einmal der Wind von der Straße in dieses Haus blasen. Wir tun, als ob wir Türen und Fenster mit Ziegeln vermauert hätten. So war das im Hause meines Vaters und meines Großvaters* – sagt sie eingangs.[2] Der zweite Akt zeigt einen »weißen Innenraum in Bernardas Haus. Bernardas Töchter sitzen nähend auf niedrigen Stühlen.« Da sie die Abwesenheit der Jüngsten, Adelas, bemerken, geht Magdalena zu ihr. Dann:

Magdalena (kommt mit Adela) *Hast du denn nicht geschlafen?*
    Adela *Ich bin am ganzen Leib wie zerschlagen.*
    Martirio (abgründig) *Hast du vielleicht die Nacht nicht gut geschlafen?*
    Adela *Doch.*
    Martirio *Was denn?*
    Adela (heftig) *Laß mich zufrieden! Ob ich schlafe oder wache – d u hast keinen Grund, dich in meine Angelegenheiten zu mischen! Ich mache mit meinem Leib was i c h will!*
    Martirio *Das ist nur Teilnahme an dir!*
    Adela *Teilnahme oder Ausfragerei. Wart ihr nicht am Nähen? Näht doch weiter. Ich möchte unsichtbar sein und durch die Zimmer gehen, ohne daß ihr mich fragt, wohin! . . .*[3]

---

[2] Lorca, *Bernarda Albas Haus*. In: *Die dramatischen Dichtungen*. Übers. E. Beck. Wiesbaden 1954, S. 398.
[3] Ebd., S. 412 f.

Solches hat das Drama früherer Zeiten kaum gekannt. Der zwischenmenschliche Bezug und sein sprachlicher Ausdruck: der Dialog, das Fragen und Antworten, waren nichts schmerzhaft Problematisches, vielmehr der formale, selbstverständliche Rahmen, innerhalb dessen sich die aktuelle Thematik bewegte. Hier aber wird diese formale Voraussetzung des Dramas selber thematisch. Das Problem, das sich damit dem Dramatiker stellt, hat vielleicht zum ersten Mal Rudolf Kassner gesehen. Von Hebbels Menschen schreibt er in einem frühen Essay: *Sie gleichen eigentlich Menschen, die lange in der Einsamkeit mit sich selbst allein gewesen waren und geschwiegen haben und jetzt plötzlich reden sollen. Im allgemeinen wird da das Reden dem Dichter leichter als dem Menschen, und darum muß auch oft der Dichter das Wort nehmen, wo wir es nur seinen Menschen lassen möchten*[4] – womit Kassner bereits die Episierung des Dramas, die Einbeziehung des Dichters, der als episches Ich das Wort nimmt, antizipiert. Und später: *Man mag von diesen Menschen sagen, daß sie geborene Dialektiker seien – doch das sind sie nur an der Oberfläche, wider ihren Willen; im Grunde und zunächst fühlt man eben in allen den Menschen, der lange mit sich selbst ohne Worte war, den Menschen, der dem Spiele, in das ihn der Dichter bringt, auch zusehen könnte.*[5] Wieder wird auf die Tätigkeit des Dramatikers hingewiesen, die aber erst in der Krisenzeit des Dramas sichtbar wird. Sie wird es in erhöhtem Maße in den Werken, deren thematische Enge ein Sekundäres: ein formales Hilfsmittel zur Ermöglichung des Dramas darstellt. Die Enge ist berechtigt nur, wo sie wesentlich zum Leben der Menschen gehört, deren dramatische Darstellung sie gewährt. Das ist der Fall im bürgerlichen Trauerspiel, im Ehedrama Strindbergs, im Lorcaschen Drama der sozialen Konventionen. Weil diese Enge das Schicksal der dramatis personae bestimmt, weil die Menschen und ihre Situation keine Kluft trennt, tritt hier der Dramatiker nicht hervor. Anders verhält es sich in zahlreichen Werken der neueren Dramatik, deren Personen durch einen dem Drama vorausgehenden dra-

4 R. Kassner, *Hebbel*. In: *Motive*. Berlin o. J., S. 185. (Auch in: *Essays*, Leipzig 1923.)
5 Ebd., S. 186.

maturgischen Akt in eine Situation der Enge versetzt werden, die für sie keineswegs kennzeichnend ist, ihr dramatisches Auftreten aber erst ermöglicht. Es sind das Werke, deren Schauplatz ein Gefängnis, ein abgeriegeltes Haus, ein Versteck, ein isolierter Militärposten bilden. Die Wiedergabe der besonderen Atmosphäre solcher Orte darf über ihre formale Bestimmung nicht hinwegtäuschen. Und der dramatische Stil, den sie ermöglichen, ist wie beim Konversationsstück auch hier mehr Schein als Wirklichkeit. Denn die Absolutheit solcher akzidentellen Situationen der Enge wird aufgehoben sowohl durch die dramatis personae selbst, die aus dieser ihnen äußerlichen Lage auf ihre epischen Ursprünge zurückweisen, wie durch den Dramatiker, den das Zusammendrängen der Personen als sein Subjekt ins Werk einbezieht. Die innere Dramatik wird gleichsam mit einer äußeren Epik erkauft; es entsteht ein Drama in der Glaskugel. Die ›Guckkastenbühne‹, die für das klassische Drama eine abgeschlossene Sphäre zu erschaffen hat, damit sich die Wirklichkeit, auf den zwischenmenschlichen Bezug beschränkt, in ihr spiegeln könne, wird zum Schutzwall gegen die Epik der Außenwelt, zur Retorte: was in ihr geschieht, ist keine Spiegelung mehr, sondern Verwandlung dank dem dramaturgischen ›Kompressionsversuch‹. An der Künstlichkeit solcher Anstalten krankt diese Dramatik; zu vieles wird für ihre formale Ermöglichung eingesetzt, als daß der thematische Raum nicht Schaden davon erlitte. Ihre künstlerische Berechtigung kann diese Rettung des dramatischen Stils einzig erlangen, wenn sie sich ihrer Künstlichkeit zu entwinden vermag. Das aber scheint im dramatischen Werk des Existentialismus zu glücken.

Existentialismus ist, als Weltanschauung und als Dichtung, der wie sehr auch problematische Versuch einer neuen Klassik, die den Naturalismus in sich aufheben sollte. Dem klassischen Geist wie dem klassischen Stil war die Beschränkung aufs Menschliche wesentlich: Die klassische Philosophie war humanistisch, in ihrem Zentrum stand der Freiheitsbegriff; der klassische Stil vollendete sich in jenen Kunstgattungen, deren Formprinzip der Mensch allein begründet, in der Tragödie und in der Plastik.

Naturalismus ist immer eine Spätphase im Prozeß der Verdinglichung, und Roman wie Malerei waren um 1900, bevor sie mit ihren ins Mittelalter zurückreichenden Formprinzipien brachen, naturalistisch. Das Drama aber näherte sich als naturalistisches dem Roman an, seine Szene wurde zum Genrebild.

Die zentrale Kategorie des Naturalismus ist das Milieu: Inbegriff alles dem Menschen Entfremdeten, unter dessen Herrschaft die ausgehöhlte Subjektivität schließlich selber gerät.

Der Existentialismus sucht den Weg zur Klassik zurück, indem er das Herrschaftsband zwischen Milieu und Mensch durchschneidet, die Entfremdung radikalisiert. Das Milieu wird zur Situation; der Mensch, nicht mehr an das Milieu gebunden, steht fortan frei in der fremden und doch eigenen Situation. Frei aber nicht bloß im privativen Sinne: denn seine Freiheit bestätigt er – dem existentialistischen Imperativ des engagement zufolge – erst, indem er sich zur Situation entschließt, sich in ihr bindet.

Die Affinität des Existentialismus zur Klassik beruht auf dieser Wiedereinsetzung des Freiheitsbegriffs. Sie ist es auch, die den Existentialismus zur Rettung des dramatischen Stils zu befähigen scheint. Und zwar steht die existentialistische Dramatik gerade jenen Versuchen nahe, die das Drama von der Episierung durch Situationen der Enge erretten wollen. Dank einer seltsamen Übereinstimmung zwischen den formalen Momenten solcher Versuche und den thematischen Intentionen des existentialistischen Dramatikers wird die bis jetzt leere Form in dieser Verbindung zur formalen Aussage und erlöst so die Dramatik der Enge von ihrer Künstlichkeit.

Diese Künstlichkeit wurzelte in der dem Werk voraufgehenden dramaturgischen Versetzung der Personen in eine Situation der Enge und in der Akzidenz dieser Situation. Der Existentialismus gelangt aber von seinen geistigen Voraussetzungen her im Drama zur Forderung eben dieser Versetzung und eben dieser Akzidenz. Denn seine Thematik: die wesentliche Fremdheit der Situation und das Perennierende des menschlichen ›Geworfenseins‹ kann dramatisch nur in einer Handlung sinnfällig werden, zu deren Besonderheit diese – dem Existentialismus zufolge

– generellen Züge menschlichen Daseins geworden sind. Die wesentliche Fremdheit jeder Situation muß zur akzidentellen Fremdheit der dargestellten werden. Deshalb zeigt der existentialistische Dramatiker die Menschen nicht in ihrer ›gewohnten‹ Umwelt (wie der Naturalist die Menschen in ihrem Milieu), sondern versetzt sie in eine neue. Die Versetzung, die den metaphysischen ›Wurf‹ gleichsam als Experiment wiederholt, läßt die Existentialien, das ist »die Seinscharaktere des Daseins« (Heidegger), zu situationsbedingten Erfahrungen der dramatis personae verfremdet in Erscheinung treten.

Dieser Grundidee folgen die meisten Werke J.-P. Sartres. In seinem Erstling *Les Mouches* (1943) wird die antike Elektra-Handlung zum existentialistischen Versuch umgedeutet. Fern von seiner Heimat aufgewachsen, kommt Orest als Fremder an die Stätte seiner Geburt zurück, wie der Mensch – der Lehre des Existentialismus zufolge – als Fremder zur Welt kommt, zu ihr hinzukommt. In Argos muß Orest, um nicht mehr Fremder zu sein, seine apriorische Freiheit bestätigen, indem er sich bindet und die Freiheit als freier Mensch aufgibt. Er rächt Agamemnon und befreit die Stadt von den Fliegen-Erinnyen, indem er zum Mörder wird und als Mörder diese an sich selber heftet. *Morts sans sépultures* (1946) zeigt sechs Mitglieder einer Résistance-Gruppe in der Verhaftung; *Les Mains Sales* (1948) versetzt einen Jüngling aus dem Bürgertum in die kommunistische Partei. Das vollkommenste Gleichgewicht zwischen dramaturgischer und existentialistischer Versetzung, aus dem die wesentliche Verwandtschaft zwischen Dramatik der Enge und existentialistischer Dramatik zutage tritt, zeigt aber das Stück *Huis Clos* (1944).

Es deutet schon im Titel (*Verschlossene Türen*) das Experiment im hermetisch abgeschlossenen Raume an. Schauplatz ist ein »salon style Second Empire« in der Hölle. Daß ein profanes Werk in der Hölle spielt und sie als Salon schildert, findet seine Erklärung nur auf Grund der ›Inversionsmethode‹, die G. Anders an Werken von Aesop, Brecht und Kafka erläutert hat.[6]

6 G. Anders, *Kafka, Pro und Contra*. München 1951.

Sartre will in der säkularisierten Wendung sagen, das gesellschaftliche Leben sei die Hölle; kehrt aber die Prädikation um und zeigt die Hölle als »salon style Second Empire«, in dem sein Held, kurz bevor der Vorhang fällt, das Schlüsselwort spricht: *L'enfer, c'est les Autres*.[7] Durch diese Inversion wird ein problematisch gewordenes Existential, das Mitmensch-Sein, welches das gesellschaftliche Leben, die Möglichkeit eines Salons erst begründet, verfremdet und in der ›transzendentalen‹ Situation der Hölle als ein Neues erfahren.

Formal berührt das auch die Krise des Dramas. Indem das Mitmensch-Sein als Existential problematisch wird, wird auch das dramatische Formprinzip, der zwischenmenschliche Bezug, in Frage gestellt. Die Inversion ist aber zugleich die Rettung des dramatischen Stils. Der zwischenmenschliche Bezug ist als Thematik zwar fragwürdig, dank der Enge des verschlossenen ›Salons‹ aber formal unproblematisch. Der wesentliche Unterschied gegenüber der übrigen Dramatik der Enge besteht darin, daß die Hölle hier keine bloß formale Veranstaltung zur Ermöglichung des Dramas ist. Vielmehr wird durch die Inversion das verborgene Wesen eben der Gesellschaftsform in ihr ausdrücklich, die sonst die Möglichkeit des Dramas zerstört.

Die Versetzung in eine ›transzendentale‹ Situation bedeutet aber nicht nur Abstandnahme von der menschlichen Existenz als solcher; sie gewährt auch Rückblick auf die je eigene in ihrer Besonderheit. *Huis Clos* führt so die Tradition des ›analytischen Dramas‹ weiter, ohne aber an dessen bei Ibsen aufgezeigten Fehlern zu kranken. Denn das Zu-Gericht-Sitzen über die eigene Vergangenheit muß jetzt nicht mit Äußerlichem, dem Ankommen eines Familienmitglieds etwa, motiviert werden, es ist bereits im Schauplatz der Handlung angelegt. Und der Rückblick ist hier kaum noch episch zu nennen: die Vergangenheit wird den Toten zur ewigen Gegenwart. Darin ist *Huis Clos* einer anderen Überlieferung verbunden, die vielleicht Hofmannsthals *Der Tor und der Tod* begründet hat. Das Gegenständlich-Werden des eigenen Lebens fand seinen adäquaten

---

7 Sartre, *Huis Clos*. In: *Théâtre*. Paris 1947, S. 167. Deutsch: *Bei geschlossenen Türen*. Übers. H. Kahn. In: *Dramen*. Zürich 1954, S. 95.

Ausdruck in diesem Rückblick, den der Tod ermöglicht. Hofmannsthals Dichtung gestaltet das Lebensfeindliche der Reflexion, des »überwachen Sinns«[8], indem das reflektierte Leben auf der Schwelle des Todes seinerseits Gegenstand der – freilich lyrischen – Reflexion wird. Dieses Motiv geistert in vielfacher Verwandlung durch die ganze Literatur des zwanzigsten Jahrhunderts, durchzieht sie von der höchsten Dichtung bis zum Boulevardstück. A. Salacrou läßt in seinem Drama *L'Inconnue d'Arras* (1935) einen Selbstmörder »fünfunddreißig Jahre in einem kleinen Bruchteil der Sekunde« wieder erleben, gespielt von den Menschen, die sein Leben bestimmten. Und in Th. Däublers expressionistischem Manifest *Der neue Standpunkt* (1916) steht der Satz: *Der Volksmund sagt: wenn einer gehängt wird, so erlebt er im letzten Augenblick sein ganzes Leben nochmals. Das kann nur Expressionismus sein!*

---

[8] Hofmannsthal, *Der Tor und der Tod*. In: *Gedichte und lyrische Dramen*, Hrsg. H. Steiner. Stockholm 1946, S. 272.

IV. Lösungsversuche

10 Ich-Dramatik (Expressionismus)

Die erste bedeutende dramatische Richtung des neuen Jahrhunderts und bis heute die einzige, zu der sich eine ganze Generation bekannte, fand ihre Antwort auf die Krise des Dramas, der sie entsprang, nicht selber, sondern übernahm sie von jenem großen Einzelgänger, der sich in den letzten Jahren des alten vom Drama am weitesten entfernt hatte. In ihrer Form ist die Dramatik des deutschen Expressionismus (etwa 1910 bis 1925) der Strindbergschen Stationentechnik verpflichtet. Dabei fällt auf, daß das Werk eines Dichters hat zum Vorbild werden können, der doch wie keiner vor ihm von der Bühne privaten Gebrauch macht, sie mit Fragmenten seiner Lebensgeschichte besetzt. Aber nicht nur, daß Strindberg die Beschränkung auf das eigene Ich, indem er ihr die adäquate szenische Form, die des Stationendramas, gibt, bereits zum Allgemeinen hin überwindet. Das Moment der Anonymität, der Wiederholbarkeit, in einem bestimmten Sinne: des Formalen ist schon in seinem Selbstporträt, im Bild des Einzelnen, enthalten. Davon zeugt nicht zuletzt dessen Name in *Nach Damaskus*: der Unbekannte. Weil in ihm Strindberg mit ›Jedermann‹ zur Deckung gebracht wird, ist er zugleich persönlicher und unpersönlicher, eindeutiger und vieldeutiger als ein fiktiver Eigenname. Das aber hat mit der Dialektik der Individuation zu tun, wie sie in Th. W. Adornos *Minima Moralia* dargestellt wird. *So real das Individuum*, heißt es dort, *in seiner Beziehung zu anderen sein mag, es ist, als Absolutes betrachtet, eine bloße Abstraktion.*[1] Das Ich *wird um so reicher, je freier es* in der Beziehung zum Objekt *sich entfaltet und sie zurückspiegelt, während seine Abgrenzung und Verhärtung, die es als Ursprung reklamiert, eben damit es beschränkt, verarmen läßt und reduziert.*[2] Was

---

[1] Th. W. Adorno, *Minima Moralia*, Frankfurt 1975, S. 197.
[2] Ebd., S. 203.

den Unbekannten der *Damaskus*trilogie in seiner Vereinzelung als Individuum noch bestimmt, sind die traumatischen Überreste seines einstigen Mitmenschseins, und Strindbergs letztes Werk *Die große Landstraße* bezeugt[3], daß in der Beschränkung auf das Subjekt die Möglichkeit subjektiver, das heißt ursprünglicher Aussage nicht geschaffen, sondern aufgehoben wird.

Der Expressionismus übernimmt Strindbergs Stationentechnik als Dramenform des Einzelnen, dessen Weg durch eine entfremdete Welt er anstelle zwischenmenschlicher Handlungen zu gestalten sucht. Von der formalen Struktur des ›Stationendramas‹, seiner Epik, die das Gegenüber von isoliertem Ich und fremd gewordener Welt spiegelt, ist früher ausführlich die Rede gewesen. Hinzuweisen bleibt auf die verschiedenen Erscheinungsweisen der Vereinzelung und auf den Niederschlag der Leere des isolierten Ich in Weltanschauung und Stil des Expressionismus.

Strindbergs »Unbekannter« kehrt in diesen Werken wieder als *Der Sohn* (Hasenclever), *Der junge Mensch* (Johst), *Der Bettler* (Sorge); sein Weg *Nach Damaskus* wird zur *Wandlung* (Toller), zur *Roten Straße* (Csokor), zur Zeitstrecke *Von Morgens bis Mitternachts* (Kaiser). Am allerwenigsten durch die Individualität ihrer zentralen Gestalten heben sich diese Stationendramen von einander ab. Vielmehr bestimmen sie sich durch die besondere Sphäre, in die sie den formal gefaßten Einzelnen führen: durch die Welt der väterlichen Autorität und deren haltlose Gegenwelt in Hasenclevers *Der Sohn*, durch die Welt des Krieges in Tollers *Die Wandlung*, der Großstadt in Sorges *Der Bettler*, Kaisers *Von Morgens bis Mitternachts*, Brechts *Trommeln in der Nacht*. Die Ich-Dramatik des Expressionismus gipfelt paradoxerweise nicht in der Gestaltung des vereinsamten Menschen, sondern in der schockartigen Enthüllung vor allem der Großstadt und deren Vergnügungsstätten. Darin scheint aber ein Wesenszug der gesamten expressionistischen Kunst zutage zu treten. Weil ihre Beschränkung auf das Subjekt zu dessen Aushöhlung führt, ist ihr als der Sprache des extremen

---

3 Vgl. Zitat S. 45.

Subjektivismus die Möglichkeit genommen, über das Subjekt Wesentliches auszusagen. Dagegen schlägt sich die formale Leere des Ich im expressionistischen Stilprinzip nieder, in der ›subjektiven Verzerrung‹ des Objektiven. Deshalb hat der deutsche Expressionismus sein Bestes und wohl Unvergängliches in der bildenden Kunst, zumal in der Graphik erreicht (man denke an die Künstler der Dresdener »Brücke«). Dieses Verhältnis spiegelt sich wider im Innern der dramatischen Werke: Die Stationentechnik hält zwar die Vereinzelung des Menschen formal auf gültige Weise fest, aber zum thematischen Ausdruck gelangt in ihr nicht das isolierte Ich, sondern die entfremdete Welt, der es gegenübersteht. Erst in der Selbstentfremdung, durch die es mit der fremden Objektivität zusammenfällt, hat sich das Subjekt dennoch auszudrücken vermocht.[4]

Freilich wird der Mensch in der expressionistischen Dramatik aus verschiedenen Gründen zum Einzelnen. Sie beschränkt sich nicht auf die autobiographische oder zeitkritische Darstellung von psychisch-sozialer Vereinzelung, wie sie etwa in Hasenclevers *Der Sohn* oder den Heimkehrerstücken Tollers (*Hinkemann*) und Brechts (*Trommeln in der Nacht*) vorliegt. Sondern die Isolierung erscheint auch im Programmatischen, so in Georg Kaisers Aufruf zur »Erneuerung des Menschen«. *Die tiefste Wahrheit – die findet immer nur ein einzelner* – heißt es an betonter Stelle bei Kaiser, und seine Stationendramen führen einen einzigen ›erneuerten‹ Menschen durch die meist verständnislose Welt (*Von Morgens bis Mitternachts*). Schließlich entspricht die Herauslösung eines Einzelnen aus dem zwischenmenschlichen Bezug auch den höchsten Bestrebungen des Expressionismus: der Erfassung des Menschen auf Grund der ›Wesensschau‹. Vereinzelung wird so zur Methode. In einer der wichtigsten theoretischen Schriften des Expressionismus heißt es: *Jeder Mensch ist nicht mehr Individuum, gebunden an Pflicht, Moral, Gesellschaft, Familie. Er wird in dieser Kunst nichts als das Erhebendste und Kläglichste: er wird Mensch.*

4 Vgl. S. 46.

Hier liegt das Neue und Unerhörte gegen die Epochen vorher. Hier wird der bürgerliche Weltgedanke endlich nicht mehr gedacht. Hier gibt es keine Zusammenhänge mehr, die das Bild des Menschlichen verschleiern. Keine Ehegeschichten, keine Tragödien, die aus Zusammenprall von Konvention und Freiheitsbedürfnis entstehen, keine Milieustücke, keine gestrengen Chefs, lebenslustigen Offiziere, keine Puppen, die an den Drähten psychologischer Weltanschauungen hängend, mit Gesetzen, Standpunkten, Irrungen und Lastern dieses von Menschen gemachten und konstruierten Gesellschaftsdaseins spielen, lachen und leiden.[5] Die zwangsläufige Abstraktheit und Leere des Einzelnen, die schon Strindbergs Stationendramen bezeugen, erhält hier ihre theoretische Untermauerung: der Mensch wird vom Expressionismus bewußt als Abstractum anvisiert. Und indem auf die zwischenmenschlichen *Zusammenhänge, die das Bild des Menschlichen verschleiern* sollen, stolz verzichtet wird, erfolgt Absage an die dramatische Form, die sich aber dem modernen Dramatiker, weil jene Zusammenhänge brüchig geworden sind, selber versagt.

II Politische Revue (Piscator)

Trotz den inneren Widersprüchen, die es als ›soziales Drama‹ notwendig birgt, bleibt Hauptmanns Werk *Die Weber* – neben wenigen anderen des Naturalismus (so Gorkis *Nachtasyl*) – über Jahrzehnte hinaus an der Spitze jener Dramatik, die sich die Gestaltung sozialer Verhältnisse vornimmt. Denn das Urteil der sozialen Thematik gegen die dramatische Form, das schon *Die Weber* enthalten, wird in den zwanziger Jahren zunächst nicht auf dem Gebiete des Dramenschaffens selbst, sondern auf dem ephemeren der Inszenierung vollstreckt. Es geschieht das im Werk Erwin Piscators, aus dessen dokumentarisch wie programmatisch aufschlußreichem Buch *Das politische Theater* (1929) hier einiges in den Zusammenhang der Untersuchung zu stellen ist. Die einmalige Hereinbeziehung theatergeschichtli-

5 K. Edschmid, *Über den Expressionismus in der Literatur und die neue Dichtung.* Berlin 1919, S. 57.

cher Ereignisse rechtfertigt sich durch die Auswirkung von Piscators Inszenierungen auf die Dramatiker der folgenden Jahrzehnte wie auch durch die negative Genese seiner Bemühungen aus der Dramatik seiner Zeit: *Vielleicht ist die ganze Art meiner Regie nur entstanden aus einem Manko der dramatischen Produktion. Sicher wäre sie niemals so überragend in Erscheinung getreten, wenn ich eine adäquate dramatische Produktion vorgefunden hätte.*[1]

Als eine der Wurzeln des ›politischen Theaters‹ hat Piscator selber den Naturalismus angegeben[2], und seine frühe Inszenierung von Gorkis *Nachtasyl*, welche von ähnlichen Problemen ausgeht, wie sie hier an *Vor Sonnenaufgang* und *Die Weber* aufgezeigt wurden, enthält bereits wichtige Elemente der ›politischen Revue‹, in die er später das Drama auflöst. *Gorki hatte in diesem naturalistischen Frühwerk eine Milieuschilderung gegeben, die zwar typisiert, aber doch immerhin den damaligen Verhältnissen entsprechend eng umgrenzt blieb. Ich konnte 1925 nicht mehr in den Maßen einer engen Stube mit zehn unglücklichen Menschen denken, sondern nur in den Ausmaßen der modernen großstädtischen Slums. Das Lumpenproletariat als Begriff stand zur Diskussion. Ich mußte das Stück in seinen Grenzen erweitern, um diesen Begriff zu fassen. [...] Dabei erwiesen sich die beiden Momente, an denen das Stück eine Veränderung in dieser Richtung erfuhr, auch als die theatralisch wirkungsvollsten: der Anfang, das Schnarchen und Röcheln einer Masse, die den gesamten Bühnenraum füllt, das Erwachen einer Großstadt, Klingeln der Straßenbahnen, bis sich die Decke herabsenkt und die Umwelt zur Stube verengt und der Tumult, nicht nur im Hof, eine kleine Schlägerei privaten Charakters, sondern die Rebellion eines ganzen Viertels gegen die Polizei, der Aufstand einer Masse. So war im ganzen Stück meine Tendenz, seelisches Leid des Einzelnen ins Allgemeine, Typisches der Gegenwart überall, wo es angängig war, die Enge (durch Hebung der Decke) zur Welt zu steigern.*[3]

[1] E. Piscator, *Das politische Theater*. Berlin 1929, S. 128.
[2] Ebd., S. 30.
[3] Ebd., S. 81 f.

Diese Änderungen, den Intentionen der sozialen Dramatik zweifellos adäquat, betreffen die dramatische Form selbst: sie sind gegen ihre Absolutheit gerichtet. Die aktuelle Szene, die für das Drama an sich Welt ist, ein Mikrokosmos, der für den Makrokosmos einsteht, wird hier zum Ausschnitt, ihre Darstellung erfolgt im Sinne des pars-pro-toto-Gedankens. Das Verhältnis des Teils zum Ganzen, der exemplifizierende Sinn der Beschränkung auf eine Stube und auf zehn Menschen werden ausdrücklich im Herabsenken der Decke zu Beginn. Damit wird die dramatische Szene auf die Umwelt, welche sie vergegenwärtigt, bezogen und zugleich in einen Akt des Aufzeigens hineingestellt, auf ein episches Ich relativiert.

Piscator berichtigt auf diese Weise die Verfälschung, die das ›soziale Drama‹ durch den Gegensatz von entfremdet-dinglicher Zuständlichkeit im Thematischen und zwischenmenschlicher Aktualität im Formpostulat zwangsläufig begeht. Dem historischen Prozeß der Verdinglichung und ›Vergesellschaftung‹, den die dramatische Umsetzung in zwischenmenschliches Geschehen umkehrt und aufhebt[4], wird von Piscator durch eine nochmalige Wendung in der Inszenierung die adäquate Form gesichert.

Damit hat man die Absicht aller szenischen Neuerungen Piscators, die seinen Ruhm begründeten, vor Augen.

Der Beweis, der überzeugt, kann sich nur auf eine wissenschaftliche Durchdringung des Stoffes aufbauen. Das kann ich nur, wenn ich, in die Sprache der Bühne übersetzt, den privaten Szenenausschnitt, das Nur-Individuelle der Figuren, den zufälligen Charakter des Schicksals überwinde. Und zwar durch die Schaffung einer Verbindung zwischen der Bühnenhandlung und den großen historisch wirksamen Kräften. Nicht zufällig wird bei jedem Stück der Stoff zum Haupthelden. Aus ihm ergibt sich die Zwangsläufigkeit, die Gesetzmäßigkeit des Lebens, aus der das private Schicksal erst seinen höheren Sinn erhält.[5] Der Mensch auf der Bühne hat für Piscator die *Bedeutung einer*

---
4 Vgl. S. 59 f.
5 Piscator, a.a.O., S. 65.

gesellschaftlichen Funktion. Nicht sein Verhältnis zu sich, nicht sein Verhältnis zu Gott, sondern sein Verhältnis zur Gesellschaft steht im Mittelpunkt. Wo er auftritt, da tritt mit ihm zugleich seine Klasse oder seine Schicht auf. Wo er in Konflikt gerät, moralisch, seelisch oder triebhaft, gerät er in Konflikt mit der Gesellschaft. [...] Eine Zeit, in der die Beziehungen der Allgemeinheit untereinander, die Revision aller menschlichen Werte, die Umschichtung aller gesellschaftlichen Verhältnisse auf die Tagesordnung gesetzt sind, kann den Menschen nicht anders sehen, als in seiner Stellung zur Gesellschaft und zu den gesellschaftlichen Problemen seiner Zeit, das heißt als politisches Wesen. – Mag diese Überbetonung des Politischen, an der nicht wir schuld sind, sondern die Disharmonie der heutigen gesellschaftlichen Zustände, die jede Lebensäußerung zu einer politischen machen, in gewissem Sinne zu einer Verzerrung des menschlichen Idealbildes führen, dieses Bild wird jedenfalls den einen Vorzug haben, der Wirklichkeit zu entsprechen.[6]

Was sind, heißt es an anderer Stelle, *die Schicksalsmächte unserer Epoche? [..] Wirtschaft und Politik und als Resultante beider die Gesellschaft, das Soziale. [...] Wenn ich also als Grundgedanken aller Bühnenhandlungen die Steigerung der privaten Szenen ins Historische bezeichne, so kann damit nichts anderes gemeint sein, als die Steigerung ins Politische, Ökonomische, Soziale. Durch sie setzen wir die Bühne in Verbindung mit unserem Leben.*[7]

Die Grundformel von Piscators Bemühungen: die Steigerung des Szenischen ins Historische, formal gefaßt: die Relativierung der aktuellen Szene auf Nichtaktualisiertes der Objektivität, zerstört die Absolutheit der dramatischen Form und läßt ein episches Theater entstehen. Eines der Mittel, *die die Wechselwirkung zwischen den großen menschlich-übermenschlichen Faktoren und dem Individuum oder der Klasse zeigen*[8], und

---

6 Ebd., S. 131 f.
7 Ebd., S. 133.
8 Ebd., S. 65.

zugleich eines, dessen Verwendung die deutlichste und bedeutendste Episierung Piscators war, ist der Film.
Die Entwicklung des Films von der Jahrhundertwende bis in die zwanziger Jahre markieren drei Entdeckungen: 1. die Bewegbarkeit der Kamera, das heißt der Einstellungswechsel; 2. die Nahaufnahme und 3. die Montage, die Bildkomposition. Mit diesen drei Neuerungen gelangte der Film – wie B. Balázs in seiner grundlegenden Schrift *Der sichtbare Mensch* (1924) aufgezeigt hat – in Besitz seiner eigensten Ausdrucksmöglichkeiten, durch sie wurde er allererst zu einer selbständigen Kunstgattung. Seine Entdeckung um 1900 war eine rein technische: der Film diente zunächst als Technik, das Theater auf die Leinwand zu bringen. Als mechanische Wiedergabe einer Theateraufführung konnte er dramatisch genannt werden. Durch die erwähnten drei künstlerischen Entdeckungen, welche die Kamera produktiv ins Bild einbeziehen, die Modifikationen des Gegenübers von Kamera und Objekt für die Bildgestaltung fruchtbar machen und die Abfolge der Bilder nicht nur durch das reale Geschehen, sondern in der Montage auch durch das Kompositionsprinzip des Regisseurs bestimmen lassen, hört der Film auf, photographiertes Theater zu sein, und wird zur eigenständigen Bilderzählung. Er ist nicht mehr die technische Wiedergabe eines Dramas, sondern eine autonome epische Kunstform.
Diese Epik des Films, die auf dem Gegenüber von Kamera und Objekt, auf der subjektiv mitgeformten Darstellung der Objektivität als Objektivität beruht, erlaubte Piscator, dem Bühnengeschehen das hinzuzufügen, was sich der dramatischen Aktualisierung entzieht: die entfremdete Dinglichkeit *des Sozialen, des Politischen und Ökonomischen*. Sie erlaubte ihm die *Steigerung des Szenischen ins Historische*.
In diesem Sinne benützte Piscator den Film etwa bei der Inszenierung von Tollers *Hoppla, wir leben* (1927). Auch hier war maßgebend: *Einzelschicksal aus den allgemeinen historischen Faktoren abzuleiten, das Schicksal des Thomas dramatisch zu verbinden mit Krieg und Revolution von 1918*. Die Grundidee des Stückes war der *Zusammenstoß eines acht Jahre lang*

isolierten Menschen mit der Welt von heute. Neun Jahre müssen gezeigt werden, mit all ihren Schrecken, Torheiten, Belanglosigkeiten. Ein Begriff muß gegeben werden von der Ungeheuerlichkeit dieses Zeitraumes. Nur durch das Aufreißen dieses Abgrundes erhält der Zusammenprall seine ganze Wucht. Kein anderes Mittel als der Film ist imstande, binnen sieben Minuten acht unendliche Jahre abrollen zu lassen. Allein für diesen ›Zwischenfilm‹ entstand ein Manuskript, das gegen vierhundert Daten der Politik, Wirtschaft, Kultur, Gesellschaft, Sport, Mode usw. umfaßte. [...] Eine kleine Kolonne [war] ständig auf der Suche nach authentischen Metern aus den letzten zehn Jahren.[9]

Die Einbeziehung des Films in die Inszenierung wendet aber das politisch-soziale Drama nicht nur wegen der immanenten Epik des Films ins Epische. Episierend (weil relativierend) wirkt auch das Nebeneinander von Bühnengeschehen und Leinwandgeschehen. Die Bühnenhandlung hört auf, die Ganzheit des Werks in Alleinherrschaft zu begründen. Diese Ganzheit entsteht nicht mehr dialektisch aus dem zwischenmenschlichen Geschehen, sondern ergibt sich aus der Montage von dramatischen Szenen, Filmberichten, fernen Chören, Kalenderprojektionen, Hinweisen u. a. Die innere Relativierung der Teile aufeinander wird räumlich durch die Simultanbühne betont, die Piscator in verschiedenen Formen anwendet. Auch die Zeit der montierten Revue, die so entsteht, ist nicht mehr die absolute Gegenwartsfolge des Dramas. Der Film beläßt das Vergangene, das er dokumentarisch darstellt, in der Vergangenheit. Er kann auch innerhalb des Bühnengeschehens Künftiges vorwegnehmen und die wesentlich dramatische Spannung auf das Ende hin in epische Nebeneinanderstellung auflösen. So *konfrontierte für den Zuschauer* der Film in A. Tolstois *Rasputin* die Zarenfamilie mit ihrem Schicksal, indem er auf der Leinwand vorzeitig ihre Erschießung zeigte.[10] Die Chöre und Aufrufe, die sich unmittelbar an das Publikum wenden, haben schließlich am realen Zeitablauf teil. Hinter allen diesen Revue-

9 Ebd., S. 150 f.
10 Ebd., S. 174 und Abb. nach S. 176.

Elementen aber steht in maßloser Überdimensioniertheit das epische Ich, das sie zusammenhält und mit dem Gestus des politischen Redners vor dem Publikum ausbreitet: Erwin Piscator in persona. Daß er sich selber so sah und zeigte, verrät ein berühmt gewordenes Bühnenbild[11] – auf der Riesenleinwand der dreistöckigen Etagenbühne ist sein Monumentalprofil zu sehen.

12 Episches Theater (Brecht)

Gleich Piscator ist Bert Brecht ein Erbe des Naturalismus. Denn auch seine Versuche setzen dort an, wo der Widerspruch zwischen sozialer Thematik und dramatischer Form in Erscheinung tritt: im ›sozialen Drama‹ der Naturalisten. Nicht der Naturalismus selbst, sondern sein innerer Widerpart, der unter der Herrschaft des dramatischen Formgesetzes nur in thematischer Verhüllung auftreten durfte, wird von Piscator und Brecht in Schutz genommen und auf Kosten der dramatischen Form zum Durchbruch geführt. Während aber der Regisseur Piscator aus der antithetischen Struktur des ›sozialen Dramas‹ das Revue-Moment heraushebt und zum neuen Formprinzip werden läßt, greift der Dramatiker Brecht tiefer: ihm geht es um die Inthronisierung des wissenschaftlichen Prinzips, das zwar – wie Zolas Romane erweisen – wesenhaft zum Naturalismus gehört, im naturalistischen Drama aber nur akzidentell, etwa in der Gestalt einer dramatis persona (Loth in *Vor Sonnenaufgang*) zur Geltung kommen durfte. Brecht führt die Gegenständlichkeit, in der bei Hauptmann die schlesischen ›Kohlebauern‹ dem fremden Sozialforscher erscheinen, aus der Zufälligkeit der Thematik in das Institutionelle der Form über. Er fordert in seinem *Kleinen Organon für das Theater,* daß der wissenschaftliche Blick, dem sich die Natur unterwerfen mußte, sich den Menschen zuwende, welche die Natur unterworfen haben und deren Leben nun ihre Ausbeutung bestimmt. Das Theater soll die zwischenmenschlichen Beziehungen im Zeital-

---

11 Ebd., Abb. nach S. 176.

ter der Naturbeherrschung, genauer: die *Entzweiung* der Menschen durch das *gemeinsame gigantische Unternehmen* abbilden.[1] Und Brecht erkennt, daß dies den Verzicht auf die dramatische Form bedingt. Das Problematischwerden der zwischenmenschlichen Beziehungen stellt das Drama selbst in Frage, weil dessen Form sie gerade als unproblematische behauptet. Daher Brechts Versuch, der »aristotelischen« Dramatik – theoretisch wie praktisch – eine »nicht-aristotelisch«-epische entgegenzusetzen.

Die 1931 veröffentlichten *Anmerkungen zur Oper Aufstieg und Fall der Stadt Mahagonny* nennen folgende *Gewichtsverschiebungen vom dramatischen zum epischen Theater*[2]:

Dramatische Form des Theaters	*Epische Form des Theaters*
Die Bühne ›verkörpert‹ einen Vorgang	*sie erzählt ihn*
verwickelt den Zuschauer in eine Aktion und	*macht ihn zum Betrachter aber*
verbraucht seine Aktivität	*weckt seine Aktivität*
ermöglicht ihm Gefühle	*erzwingt von ihm Entscheidungen*
vermittelt ihm Erlebnisse	*vermittelt ihm Kenntnisse*
der Zuschauer wird in eine Handlung hineinversetzt	*er wird ihr gegenübergesetzt*
es wird mit Suggestion gearbeitet	*es wird mit Argumenten gearbeitet*
die Empfindungen werden konserviert	*bis zu Erkenntnissen getrieben*
der Mensch wird als bekannt vorausgesetzt	*der Mensch ist Gegenstand der Untersuchung*

---

[1] Brecht, *Kleines Organon für das Theater*. In: *Gesammelte Werke* 16, Werkausgabe edition suhrkamp, Frankfurt a. M. 1967, S. 669.
[2] Brecht, *Anmerkungen zur Oper Aufstieg und Fall der Stadt Mahagonny*. Gesammelte Werke 17, S. 1009 f.

der unveränderliche Mensch	*der veränderliche und verändernde Mensch*
Spannung auf den Ausgang	*Spannung auf den Gang*
eine Szene für die andere	*jede Szene für sich*
die Geschehnisse verlaufen linear	*in Kurven*
natura non facit saltus	*facit saltus*
die Welt, wie sie ist	*die Welt, wie sie wird*
was der Mensch soll	*was der Mensch muß*
seine Triebe	*seine Beweggründe*
das Denken bestimmt das Sein	*das gesellschaftliche Sein bestimmt das Denken*

Diese Veränderungen haben gemein, daß sie das wesentlich dramatische Ineinanderübergehen von Subjekt und Objekt durch deren wesentlich episches Gegenübergesetztsein ersetzen. Die wissenschaftliche Gegenständlichkeit wird so in der Kunst zur epischen und durchdringt alle Schichten des Bühnenstücks, seine Struktur und Sprache so gut wie seine Inszenierung:
Der Vorgang auf der Bühne füllt die Aufführung nicht mehr vollständig aus, wie einst der dramatische, bei dem das Moment der Aufführung deshalb untergehen mußte (historisch faßbar am Verschwinden des Prologs in der Renaissance). Der Vorgang ist jetzt Erzählgegenstand der Bühne, sie verhält sich zu ihm wie der Epiker zu seinem Gegenstand: das Gegenüber beider ergibt erst die Ganzheit des Werks. Ebenso wird der Zuschauer nicht außerhalb des Spiels gelassen, ins Spiel aber auch nicht suggestiv hineingerissen (›illudiert‹), so daß er aufhörte, Zuschauer zu sein, sondern er wird dem Vorgang als Zuschauer gegenübergesetzt, der Vorgang wird ihm als Gegenstand seiner Betrachtung dargeboten. Weil die Handlung das Werk nicht in Alleinherrschaft ausmacht, kann sie die Aufführungszeit nicht mehr in eine absolute Gegenwartsfolge verwandeln. Die Gegenwart der Aufführung ist gleichsam breiter als die der Handlung: deshalb bleibt ihr der Blick nicht nur auf den Ausgang, sondern auch auf den Gang und das Vergangene offen. An die Stelle der dramatischen Zielgerichtetheit tritt die

epische Freiheit zum Verweilen und Nachdenken. Weil der handelnde Mensch nurmehr Gegenstand des Theaters ist, kann über ihn hinausgegangen und nach den Beweggründen seines Handelns gefragt werden. Das Drama zeigt Hegel zufolge[3] nur, was sich in der Tat des Helden aus dessen Subjektivität objektiviert und aus der Objektivität subjektiviert. Im Epischen Theater wird dagegen, seiner wissenschaftlich-soziologischen Intention entsprechend, auf den gesellschaftlichen ›Unterbau‹ der Taten in dessen dinglicher Entfremdung reflektiert.

Diese Theorie des Epischen Theaters setzt Brecht als Autor und Regisseur mit einem schier grenzenlosen Reichtum an dramaturgischen und szenischen Einfällen in die Praxis um. Die Einfälle – eigene und entlehnte – müssen zugleich die überlieferten und dem Publikum vertrauten Elemente des Dramas und seiner Inszenierung aus der absoluten Gesamtbewegung, die das Drama kennzeichnet, zu szenen-epischen, das heißt gezeigten Gegenständen vereinzeln und verfremden. Daher nennt sie Brecht »Verfremdungseffekte«. Aus der Fülle, die seine Werke, die *Anmerkungen* sowie das *Kleine Organon* verwirklicht oder als Vorschlag enthalten, seien hier einige zur Andeutung genannt.

Das Spiel in seiner Ganzheit kann durch Prolog, Vorspiel oder Titelprojektion verfremdet werden. Als ausdrücklich vorgestelltes besitzt es nicht mehr die Absolutheit des Dramas, es wird auf das nun aufgedeckte Moment der ›Vorstellung‹ – als deren Gegenstand – bezogen. Die einzelnen dramatis personae können sich, indem sie sich vorstellen oder von sich in der dritten Person sprechen, selber verfremden. So spricht Pelagea Wlassowa zu Beginn von Brechts *Die Mutter* (nach Gorki) folgende Worte:

> *Fast schäme ich mich, meinem Sohn diese Suppe hinzustellen. Aber ich kann kein Fett mehr hineintun, nicht einen halben Löffel voll. Denn erst vorige Woche ist ihm von seinem Lohn eine Kopeke pro Stunde abgezogen worden, und das kann ich durch*

---

[3] Hegel, *Vorlesungen über die Ästhetik*, a.a.O., Bd. 14, S. 479 f.

> *keine Mühe hereinbringen ... Was kann ich, Pelagea Wlassowa, 42 Jahre alt, Witwe eines Arbeiters und Mutter eines Arbeiters, tun?*[4]

Die Verfremdung der Rolle wird durch den Schauspieler verstärkt, der sich im Epischen Theater nicht restlos in die Figur verwandeln darf: *Er hat seine Figur lediglich zu zeigen oder, besser gesagt, nicht nur lediglich zu erleben; dies bedeutet nicht, daß er, wenn er leidenschaftliche Leute gestaltet, selber kalt sein muß. Nur sollten seine eigenen Gefühle nicht grundsätzlich die seiner Figur sein, damit auch die seines Publikums nicht grundsätzlich die der Figur werden.*[5] Auch kann die Rolle verfremdet werden, indem die Kulisse sie noch einmal abbildet. Oder durch »subjektive Sittenschilderung«:

> *Jetzt trinken wir noch eins*
> *Dann gehen wir noch nicht nach Hause*
> *Dann trinken wir noch eins*
> *Dann machen wir mal eine Pause.*

Was hier singt – bemerkt Brecht – *das sind subjektive Moralisten. Sie beschreiben sich selbst.*[6] Die Bühne, die Welt nun nicht mehr bedeutend, sondern nur abbildend, verliert mit ihrer Absolutheit die Rampe, dank der sie das Licht sich selber zu spenden schien. Sie wird mit Scheinwerfern aus dem Kreise der Zuschauer beleuchtet, zum deutlichen Zeichen, daß ihnen hier etwas gezeigt werden soll. Das Bühnenbild wird verfremdet, indem es keine wirkliche Örtlichkeit mehr vortäuscht, sondern als selbständiges Element des Epischen Theaters *zitiert, erzählt, vorbereitet und erinnert.*[7] Außer den Andeutungen des Schauplatzes kann die Bühne auch eine Leinwand besitzen: die Texte und Bilddokumente zeigen dann – wie bei Piscator – die Zusammenhänge, in denen sich der Vorgang abspielt. Zur Verfremdung des Handlungsablaufs, der nicht mehr die lineare Zielstrebigkeit und Notwendigkeit des dramatischen hat, dienen projizierte Zwischentexte, Chöre, Songs oder gar Ausrufe

---

4 Brecht, *Die Mutter*. In: Ges. Werke 2, S. 825.

5 Brecht, *Kleines Organon*, a.a.O., S. 683.

6 Brecht, Ges. Werke 17, S. 1007 (Anm.).

7 Brecht, *Anmerkungen* zu *Die Mutter*, Ges. Werke 17, S. 1036.

von »Zeitungsverkäufern« im Saal. Sie unterbrechen die Handlung und kommentieren sie. *Da das Publikum ja nicht eingeladen werde, sich in die Fabel wie in einen Fluß zu werfen, um sich hierhin und dorthin unbestimmt treiben zu lassen, müssen die einzelnen Geschehnisse so verknüpft sein, daß die Knoten auffällig werden. Die Geschehnisse dürfen sich nicht unmerklich folgen, sondern man muß mit dem Urteil dazwischen kommen können. (Wäre gerade die Dunkelheit der ursächlichen Zusammenhänge interessant, müßte eben dieser Umstand genügend verfremdet werden.)*[8] Und zur Verfremdung der Zuschauer schlägt Brecht (darin den Futuristen folgend) vor, sie sollten sich das Stück rauchend anschauen.

Durch diese Verfremdungen erhält der Subjekt-Objekt-Gegensatz, der am Ursprung des Epischen Theaters steht: die Selbstentfremdung des Menschen, dem das eigene gesellschaftliche Sein gegenständlich geworden ist, in allen Schichten des Werks seinen formalen Niederschlag und wird so zu dessen allgemeinem Formprinzip. Die dramatische Form beruht auf dem zwischenmenschlichen Bezug; die Thematik des Dramas bilden die Konflikte, die dieser entstehen läßt. Hier dagegen wird der zwischenmenschliche Bezug als Ganzes thematisch, aus der Unfragwürdigkeit der Form gleichsam in die Fragwürdigkeit des Inhalts versetzt. Und das neue Formprinzip besteht im hinzeigenden Abstand des Menschen von diesem Fraglichen; das epische Subjekt-Objekt-Gegenüber tritt so in Brechts Epischem Theater in der Modalität des Wissenschaftlich-Pädagogischen auf. *Die Auslegung der Fabel und ihre Vermittlung durch geeignete Verfremdungen* hat er im *Kleinen Organon* als das *Hauptgeschäft des Theaters* bezeichnet.[9]

13 Montage (Bruckner)

Um das Nebeneinanderleben der Menschen seiner Zeit auch szenisch auszudrücken, hatte schon Strindberg eine Hausfront

8 Brecht, *Kleines Organon*, a.a.O., S. 694.
9 Ebd., S. 696.

auf die Bühne gestellt. Aber ihre Rolle im Formganzen der *Gespenstersonate* war untergeordneter, ja antithetischer Art – worin freilich nur der Widerspruch in Erscheinung trat, der in diesem Werk zwischen der Thematik der Vereinzelung und der dramatischen Form durchgehend besteht. Das Mietshaus mit seiner Mehrzahl von Schauplätzen blieb Hintergrundkulisse, der Platz davor sicherte die Einheit des Ortes. Und auf diesem offenen Schauplatz wurde die Epik des verschlossenen Hauses zur dramatischen Form vermittelt, durch die Gestalt Direktor Hummels, der dem vorbeigehenden Studenten, einem ›Fremden‹[1], von den Einwohnern des Hauses erzählt. Der epische Vorgang, das Erzählen selber, trat so als dramatische Fabel auf. Zwei Dramatiker der zwanziger Jahre versuchten dagegen, die Epik des Nebeneinanderlebens unvermittelt zu gestalten, sie jenseits des Dramatischen zur adäquaten Form werden zu lassen: Georg Kaiser in *Nebeneinander* (1923) und Ferdinand Bruckner in *Die Verbrecher* (1929). Dabei steht das zweite Werk der *Gespenstersonate* besonders nahe.

Auch Bruckner läßt drei Stockwerke eines Hauses auf die Bühne stellen. Aber bei ihm sind sie die Bühne selbst; der Vorhang hebt sich nicht, wie bei Strindberg, auf einen Platz vor einem Haus, sondern unmittelbar auf sieben von einander getrennte Räume des Hauses. Damit wird auch auf die Gestalten verzichtet, die zwischen der epischen Thematik und der Dramenform zu vermitteln hatten: Direktor Hummel wird gleichsam nach hinten, in die formale Subjektivität des Werkes zurückgenommen, der Student dagegen nach vorne, in den Zuschauerraum versetzt. Ihr Gegenüber, bei Strindberg eine motivierte Erzählsituation innerhalb der dramatischen Form, wird bei Bruckner als das Gegenüber des unsichtbaren epischen Ich und des Zuschauers zum neuen Formprinzip selbst.

Damit verändert sich auch die Art des Handlungsablaufs. Die *Gespenstersonate* konnte, da sie an der dramatischen Form festhielt, das Nebeneinanderleben der Menschen nicht im Nebeneinanderablaufen verschiedener Handlungen abbilden. Nur

---

1 Vgl. S. 51 f.

im ersten Akt war die Darstellung ihrer Vereinzelung noch möglich, denn sie waren hier nicht Träger, sondern nur Gegenstand des Dialogs. Der zweite Akt aber versammelte sie zum »Gespenstersouper« und verknüpfte ihre Schicksale zu einer dramatischen Handlung. Anders in Bruckners *Die Verbrecher*. Der Simultanbühne entspricht hier in der zeitlichen Dimension die Parallelführung von fünf Einzelhandlungen. Freilich besteht auch zwischen diesen ein Zusammenhang. Aber nicht, wie es die dramatische Form erheischen würde, als ihre konkrete Verknüpfung zu einer Situation, sondern als ihr je einzelnes Bezogensein auf dasselbe Thema, nämlich auf das Verhältnis und Mißverhältnis, das zwischen der Rechtsprechung und der Gerechtigkeit besteht. *Die Verbrecher* sind nicht bloß ein Stück über das Nebeneinanderleben der Menschen, sondern zugleich und in eins damit eines über die Problematik der Justiz. Die Identität der beiden Themen bei Bruckner erhellt aus einem Gespräch des zweiten Aktes. Zwei Richter streiten über das Wesen des Rechts:

Der Ältere *Die Zugehörigkeit von Menschen setzt ein vereinbartes Recht voraus.*

Der Jüngere *Und ich habe Kundgebungen der Zugehörigkeit mit Sicherheit gerade nur dort festgestellt, wo dieses vereinbarte Recht umgeworfen wird, wo wir eben von Verbrechern sprechen. Die negative Form ist die des stumpfen, egozentrischen Nebeneinanderlebens, des Zusehns, des Nichteingreifens. Das sind die einzigen wirklichen Verbrechen, denn ihr Ursprung ist Bequemlichkeit des Herzens, Trägheit des Verstandes – also vollkommenste Verleugnung des Lebensprinzips und des Gemeinschaftsgedankens. Diese Verbrechen werden aber nicht bestraft. Die andern, gegenteiligen Handlungen sind Kundgebungen des Lebenswillens und schon deswegen positiv, aber in allen ausgesprochenen Fällen werden sie als Verbrechen bestraft.*[2]

2 Bruckner, *Die Verbrecher*. Berlin 1928, S. 102.

Die hier gemeinte Umkehrung des Verhältnisses von Kommunikation und Vereinzelung hinsichtlich Recht und Unrecht, Regel und Ausnahme, Unfragwürdigkeit und Fragwürdigkeit betrifft das Stück in seinem zentralen Formgedanken. Der unproblematisch-formale Rahmen des Dramas ist der zwischenmenschliche Bezug. Aus diesem hebt sich heraus, macht sich der Vereinzelung schuldig: seiner Aufgabe folgend der tragische Held, seiner fixen Idee ausgeliefert der komische Charakter. Innerhalb der Unfragwürdigkeit des Zwischenmenschlichen bewegt sich so an den beiden Extremen des Dramas, in der Tragödie und der Komödie, die Problematik einer aktuell-thematischen Vereinzelung. Anders im epischen Stück Bruckners. Unproblematischer Rahmen ist hier das Nebeneinanderleben, die Vereinzelung. Deshalb tritt an die Stelle der dramatischen Form, der Absolutheit des zwischenmenschlichen Geschehens, die Epik der Vorstellung, die Relativierung des je vereinzelten Daseins auf das epische Ich. Und innerhalb dessen wird die Kommunikation thematisch – nun zur Ausnahme geworden und im Raum des »egozentrischen Nebeneinanderlebens« ins Verbrecherische pervertiert. Die thematische Wiedereinführung des Zwischenmenschlichen vermag aber das epische Werk keineswegs zum Drama zurückzubiegen; als ein Fragwürdig-Gegenständliches verlangt es vielmehr, innerhalb der epischen Form, die bereits ein Subjekt-Objekt-Verhältnis birgt, in einem zweiten, thematischen als Gegenstand aufzutreten. Dem trägt Rechnung der zentrale zweite Akt: die Ereignisse des ersten erscheinen hier, nun auch thematisch objektiviert, als Gegenstand von Gerichtsverhandlungen.

Dieser thematischen Verdichtung entspricht die formale. Der erste Akt exponiert in lockerem Neben- und Nacheinander den Weg einiger Bewohner des Mietshauses ins Verbrechen: Eine verarmte ältere Dame, die den von ihr aufbewahrten Schmuck ihres Schwagers verkauft, um ihre Kinder erziehen zu können. Ein junges Mädchen, das sich mit ihrem Neugeborenen das Leben nehmen will, vor dem Tod aber zurückschaudert, sich selbst rettet und so zur Kindsmörderin wird. Eine Köchin, die ihre Nebenbuhlerin tötet und den Verdacht auf ihren Geliebten lenkt, um sich auch an ihm zu rächen. Ein Jüngling, der vor dem Gericht zugunsten eines Erpressers falsch aussagt, weil er seine Homosexualität verheimlichen will. Und ein junger Angestellter, der in die Kasse greift, um mit der Mutter seines Freundes ins Ausland reisen zu können. Das alles schildert der erste Akt nicht dramatisch, nicht in der Verzahnung der einzelnen Momente, sondern in unverbundenem Nebeneinander, beschränkt auf wenige prägnante Szenen, die in die Vergangenheit und in die Zukunft weisen, das eigentliche Geschehen mehr andeuten als darstellen. Die Szenen bringen einander nicht, wie beim Drama, in geschlossener Funktionalität selber hervor, sondern sind das Werk des epischen Ich, das seinen Scheinwerfer abwechselnd auf den einen oder andern Raum des Mietshauses richtet. Der Zuschauer vernimmt Dialogfragmente; wenn er ihren Sinn verstanden hat und das Kommende selber ausdenken kann, schwenkt der Reflektor weiter und beleuchtet eine andere Szene. Alles ist so episch relativiert, in einen Erzählakt eingebaut. Die einzelne Szene hat nicht wie im Drama die Alleinherrschaft; in jedem Augenblick kann das Licht sie verlassen und in die Dunkelheit zurückstoßen. Das drückt zugleich aus, daß die Wirklichkeit hier nicht von selber zur dramatischen Offenheit drängt oder seit je sich in dieser bewegt, sondern in einem epischen Vorgang erst erschlossen werden muß. Diese Epik kann, da sie ihr Ich nicht als Erzähler zu Wort kommen läßt, auf den Dialog freilich nicht verzichten, aber macht es doch möglich, daß der Dialog sich selber verneine. Weil der Dialog nämlich nicht mehr für den Fortgang des Werkes einstehen muß (diesen sichert das epische Ich), kann er in Tschechowsche Monologe zerfransen oder sich gar ins Schweigen zurücknehmen und damit der Dialogie als solcher entsagen.

Der Vielfalt des ersten Aktes steht die Einheit des zweiten gegenüber. Auch wenn die Simultanbühne bestehen bleibt und anstelle der drei Stockwerke des Mietshauses diejenigen des Kriminalgerichts treten, verhalten sich die Einzelräume und Einzelhandlungen nun ganz anders zueinander. Ihre Simultaneität wird überhöht durch ihre Identität, die vor dem Gericht offenbar wird. Nicht mehr verschiedene Aspekte des Großstadtlebens führen sie vor, sondern die mechanische Einheitlichkeit der Rechtsprechung. Dem folgt die formale Veränderung. Der Szenenwechsel beruht nicht mehr auf der Freiheit des Epikers, der sich einmal dieser, dann jener Gruppe seiner Gestalten zuwendet. Wesentlich ist nun, daß die Fragmente der verschiedenen Gerichtsverhandlungen zum einheitlichen Bild des Gerichts zusammenschießen. Das wird erreicht, indem die Übergänge nach dem Domino-Prinzip der falschen Identität verwischt werden. Der eine Prozeß bricht ab beim Wort des Vorsitzenden *Der Tatbestand liegt klar vor Augen*, die Szene wird dunkel, ein anderer Gerichtssaal erhellt, und der Zuschauer schaltet in den neuen Prozeß bei den nämlichen Worten des neuen Vorsitzenden ein: *Der Tatbestand liegt klar vor Augen*.[3] Im selben Sinne werden in der Folge die Ausdrücke verwendet: *Ich frage den Zeugen*[4]; *Sie kennen den Angeklagten?*[5]; *Der Herr Staatsanwalt hat das Wort*[6]; *Der Begriff der Strafe würde jeden Sinn verlieren...*[7]; *Was ist das Wesen des Rechts?*[8]; *Im Namen des Volkes...*[9] In diesen Sätzen übersteigt die einzelne Szene jedesmal ihre dramatische Abgeschlossenheit: sie zitiert aus der realen Welt der Rechtsprechung und gleitet durch das Zitat hindurch in eine andere Szene über. Zwischen zwei aufeinanderfolgenden Szenen besteht kein organisches Band, sondern die Kontinuität wird vorgetäuscht durch die Zusammenfügung der Szenen im Hinblick auf ein Drittes, an dem sie beide teilhaben: auf den Begriff des Gerichts. Das aber ist Montage. Deren formgeschichtliche Bedeutung kann hier nur berührt werden, weil sie in die Pathologie nicht der Dramatik, sondern der Epik und der Malerei gehört. Daß die Episierung der Dramatik im zwanzigsten Jahrhundert die Stellung der Epik nicht festigt, vielmehr auch im Innern der letzteren antitheti-

3 Ebd., S. 77.
4 Ebd., S. 82.
5 Ebd., S. 85.
6 Ebd., S. 99.
7 Ebd., S. 99.
8 Ebd., S. 100.
9 Ebd., S. 102, 103, 104.

schen Kräfte sich bilden, geht aus dem früher gegebenen Beispiel des ›monologue intérieur‹[10] beiläufig hervor. Nicht nur die Verinnerlichung und deren methodische Folge, die Psychologisierung, sondern auch die Entfremdung der Außenwelt und ihr Korrelat, die Phänomenologie, sind gegen die überlieferte Rolle des Epikers gerichtet.[11] Und Montage ist jene epische Kunstform, die den Epiker verleugnet. Während die Erzählung den Akt des Erzählens perpetuiert, die Bindung an ihren subjektiven Ursprung, den Epiker, nicht abreißt, erstarrt die Montage im Augenblick ihrer Entstehung und erweckt nun den Anschein, als bilde sie wie das Drama aus sich heraus ein Ganzes. Auf den Epiker verweist sie nur wie auf ihre Marke – Montage ist die Fabrikware der Epik.

14 Spiel von der Unmöglichkeit des Dramas (Pirandello)

Seit Jahrzehnten gilt *Sei personaggi in cerca d'autore* (1921) vielen als Inbegriff des modernen Dramas. Dieser historischen Rolle des Stückes aber entspricht kaum der Anlaß seiner Entstehung, wie ihn das Vorwort Pirandellos schildert: als Betriebsunfall im Werk seiner Imagination. Die Frage heißt, warum die sechs Personen »auf der Suche nach einem Autor« sind, warum nicht Pirandello ihr Autor geworden ist. Als Antwort darauf berichtet der Dramatiker, wie einst die Phantasie ihm sechs Personen ins Haus brachte. Er aber lehnte sie ab, denn er sah in ihrem Schicksal keinen *höheren Sinn*, der ihre Gestaltung gerechtfertigt hätte. Erst die Hartnäckigkeit, mit der sie nach dem Leben begehrten, ließ Pirandello diesen *höheren Sinn* entdekken, aber es war nicht mehr der von ihnen gemeinte. An die Stelle des Dramas ihrer Vergangenheit setzte er das Drama ihres neuen Abenteuers: die Suche nach einem anderen Autor. Nichts berechtigt die Kritik, diese Erklärung in Zweifel zu

10 Vgl. S. 73.
11 Vgl. Th. W. Adorno, *Standort des Erzählers im zeitgenössischen Roman*. In: *Noten zur Literatur*, Gesammelte Schriften 11, Frankfurt a. M. 1974, S. 41 ff.

ziehen, doch kann ihr auch nichts verwehren, daneben eine andere zu setzen, die sie dem Werk selber entnimmt und die seine Entstehung dem Zufall entreißt, um ihr historische Bedeutung zu geben. Bald nach dem Auftritt der sechs Personen – auf der Bühne wurde ein anderes Stück geprobt – spricht ihr Wortführer von jener Abweisung durch den Dramatiker und ergänzt dessen Begründung im Vorwort mit folgenden Worten: *L'autore che ci creò, vivi, non volle poi, o non potè materialmente metterci al mondo dell'arte.*[1] Die Ansicht, daß es weniger vom Willen als vielmehr vom Können abhing, objektiv formuliert: von der Möglichkeit, wird in der Folge das ganze Stück hindurch vielfach bestätigt. Denn der Versuch der sechs Personen, ihr Drama mit Hilfe der probenden Truppe zur Bühnenwirklichkeit werden zu lassen, erlaubt nicht nur, das Stück zu erkennen, das zu schreiben Pirandello sich angeblich weigerte, sondern zugleich die Gründe einzusehen, die es im voraus zum Scheitern verurteilten.

Es ist ein analytisches Drama in der Art der späten Stücke Ibsens oder des Pirandelloschen *Enrico IV*, der fast gleichzeitig mit *Sei personaggi* entstand. Der erste Akt spielt bei der Kupplerin Madama Pace, wo ein Besucher in einem ihm angebotenen Mädchen seine Stieftochter wiedererkennt. Mit dem gellenden Schrei seiner plötzlich erscheinenden früheren Frau, der Mutter des Mädchens, schließt der erste Akt. Schauplatz des zweiten ist der Garten im Hause des Vaters. Dieser nimmt seine einstige Frau und deren drei Kinder zu sich zurück, seinem Sohne zum Trotz. Jeder ist dem anderen feindlich gesinnt: der Sohn der Mutter, weil sie seinen Vater verließ, die Tochter dem Stiefvater wegen seines Besuchs bei Madama Pace, der Stiefvater der Tochter, weil sie ihn nur nach dieser Verfehlung beurteilt, der Sohn der Halbschwester, weil sie das Kind eines Fremden ist. In ibsenscher Analyse wird die Vergangenheit der Eltern allmählich erhellt und der Fehler in den wohlgemeinten, aber verderb-

---

[1] Pirandello, *Sei personaggi in cerca d'autore*. Bemporad, Firenze, 3. ed., S. 16, von uns gesperrt.
Deutsch: *Sechs Personen suchen einen Autor*. Übers. H. Feist. Berlin 1925, S. 47.

lichen Prinzipien des Vaters gefunden. *Ho sempre avuto di queste maledette aspirazioni a una certa solida sanità morale*[2] – ist seine Erklärung dafür, daß er eine Frau wegen ihrer niederen Herkunft heiratete, ohne sie zu lieben; daß er den Sohn ihr wegnahm, um ihn zu einer Amme aufs Land zu geben. Als die Mutter beim Sekretär ihres Mannes Verständnis fand, meinte der Vater, auf sie verzichten zu müssen, und ließ sie beide eine neue Familie gründen. Selbst das wohlwollende Interesse, das er ihnen in der Folge entgegenbrachte, erwies sich als unheilvoll: eifersüchtig ging der Sekretär mit seiner Frau und ihren Kindern ins Ausland, von wo sie nach seinem Tod in bitterster Armut heimkehren mußten. Die Mutter nähte für Madama Pace, ihre Tochter brachte dieser die Arbeit. Das Stück schließt, wie so manches analytische Drama, mit unmotivierter Katastrophe: das eine Kind ertrinkt im Brunnen, das andere erschießt sich mit einer Pistole.

Den Plan dieses Stückes nach den Regeln der klassischen Dramaturgie auszuführen, hätte nicht nur die Meisterschaft Ibsens, sondern auch seine blinde Gewalttätigkeit verlangt. Pirandello aber sah deutlich den Widerstand des Stoffes und seiner geistigen Voraussetzungen gegen die dramatische Form. Daher verzichtete er auf sie und hielt den Widerstand, statt ihn zu brechen, in der Thematik fest. So entstand ein Werk, welches das geplante ersetzt, indem es von ihm als einem nicht möglichen handelt.

Die Gespräche zwischen den sechs Personen und dem Direktor der Truppe bieten nicht nur die Skizze des ursprünglichen Schauspiels, in ihnen kommen auch die Kräfte zu Wort, die schon seit Ibsen und Strindberg die dramatische Form in Frage stellen. Die Mutter und der Sohn erinnern an Ibsensche Gestalten[3]; weil sie aber vom Dramatiker noch nicht bezwungen sind, können sie verraten, wie verhaßt ihnen die dialogisch-szenische Offenheit ist.

Mutter *Ach, mein Herr, ich flehe Sie an, hindern Sie diesen*

---

[2] *Sei personaggi*, S. 34. *Sechs Personen*, S. 60.
[3] Vgl. S. 30 f.

> *Mann daran, auszuführen, was er vorhat; es ist zu
> schauerlich für mich!*[4]
> *Ach Gott! Warum ein Schauspiel machen aus all
> diesem Jammer? Genügt es denn nicht, daß einer
> das selbst erlebt hat? Was für ein Wahnsinn, es nun
> auch noch allen andern vorzuspielen?*[5]
>
> Sohn *Was ich fühle, Herr Direktor, das kann und will ich
> nicht ausdrücken. Ich könnte es höchstens mir
> selbst eingestehen und auch das möchte ich nicht.
> Ich kann also, wie Sie sehen, meinerseits an keiner
> Handlung teilnehmen.*[6]
>
> *Schämst du dich denn nicht, ihre und unsere
> Schmach vor allen Menschen auszukramen! Dazu
> gebe ich mich nicht her! Ich nicht! Ich verkörpere
> den Willen dessen, der uns nicht auf die Bühne
> bringen wollte!*[7]

Selbst davon ist die Rede, daß diese Haltung des Sohnes die
dramatische Einheit des Ortes unmöglich macht, denn sie bedeutet die Begegnung mit den andern, vor der er sich gerade
zurückziehen will:

> Direktor *Wollen wir nun mit diesem zweiten Akt anfangen
> oder nicht?*
>
> Stieftochter *Ja, ich schweige schon! Aber sehen Sie: den Aufzug
> ganz und gar im Garten spielen zu lassen, wie Sie
> wollen, das ist doch nicht möglich.*
>
> Direktor *Warum nicht möglich?*
>
> Stieftochter *Weil er* (zeigt wieder auf den Sohn) *sich immer in
> sein Zimmer einschloß!*[8]

Bei anderen Szenen dringt im Protest der Stieftochter Naturalismus durch. So sehr wird hier Theater als Nachahmung der
Wirklichkeit genommen, daß es an der nicht aufzuhebenden
Differenz zwischen der wirklichen und der theatralischen Sze-

---

4 *Sechs Personen*, S. 51 f.
5 Ebd., S. 80.
6 Ebd., S. 71.
7 Ebd., S. 134.
8 Ebd., S. 118 f.

nerie, zwischen der ›Person‹ und dem Schauspieler zu scheitern verurteilt ist.[9] Zugleich vertritt die Stieftochter das Strindbergsche Ich, welches die Bühne für sich in Alleinherrschaft fordert. Die Kritik des Direktors, die sie damit hervorruft, läßt sich als Kritik an der subjektiven Dramatik insgesamt lesen:

Stieftochter *Aber ich will mein Drama spielen, mein eigenstes Drama!*

Direktor (aufs höchste verärgert) *Ach immer Ihr Drama! Es handelt sich ja gar nicht um Ihres allein. Es ist doch auch das Drama der andern. Es ist doch auch seines* (zeigt auf den Vater), *auch das der Mutter! Das geht nicht, daß eine Bühnenperson sich so in den Vordergrund drängt und alle andern überschreit. Man muß sie gegeneinander im Gleichgewicht halten und das darstellen, was darstellbar ist! Das weiß ich ganz gut, daß in jedem einzelnen ein ganzes Leben steckt, das er gern von sich geben möchte. Aber da liegt ja gerade die Schwierigkeit: Nur so viel davon geben als möglich und nötig ist, und doch aus diesem Wenigen das Ganze erkennen lassen! Ja, das wäre bequem, wenn jede Person in einem schönen Monolog oder in einer langen Rede alle ihre Nöte vor dem Publikum auskramen könnte!*[10]

Aber erst in der Rolle des Vaters kommt Pirandellos Eigenstes zur Sprache. Daß es die Aufhebung des Dramatischen bedeutet, wird freilich verschwiegen – sei's weil dem Vater ja die Verwirklichung des Dramas am Herzen liegt, sei's weil Pirandello die Gültigkeit seiner Gedanken nicht auf das Drama hat beschränken wollen. Trotzdem sind die existentiellen Voraussetzungen des Dramas kaum je mit der gleichen Schärfe in Frage gestellt worden wie in Pirandellos lebensphilosophischem Subjektivismus. An ihm zuallererst ist das Drama der sechs Personen gescheitert, von da her ist ihre ewig erfolglose Suche nach einem Autor zu verstehen.

9 Ebd., S. 109. Vgl. auch S. 87 und 107.
10 Ebd., S. 110 f.

Vater *Ja, hier liegt ja der Kern alles Übels! In den Worten! Wir tragen alle in uns eine Welt von Dingen; ein jeder seine eigene Welt. Und wie können wir uns verstehen, mein Herr, wenn ich in meine Worte den Sinn und Wert der Dinge lege, die in mir sind; der andre aber, der zuhört, kann sie doch nur aufnehmen nach dem Sinn und Wert seiner inneren Welt. Wir glauben uns zu verstehen, aber wir verstehen uns nie!*[11]

Das Drama besteht für mich ganz einfach darin, mein Herr: in seinem Bewußtsein glaubt jeder ›einer‹ zu sein und dabei ist er doch ›viele‹. Gemäß allen Seinsmöglichkeiten, die in uns sind: ›einer‹ mit diesem, ›einer‹ mit jenem – ganz verschieden! Und dabei immer in der Täuschung, ›für alle einer‹ zu sein, und zwar immer ›dieser eine‹, für den wir uns selbst in allen unseren Handlungen halten. Das ist aber nicht wahr! Das ist nicht wahr! Wir merken es erst, wenn wir unversehens durch ein Unglück an irgendeine Handlung festgenagelt werden. Dann spüren wir, meine ich, daß wir nicht mit dieser Handlung identisch sind, nicht ganz in ihr enthalten, und es ein schweres Unrecht wäre, uns nur nach ihr zu beurteilen, unsere ganze Existenz gleichsam an sie festnageln zu wollen, als wäre sie eines und das gleiche mit dieser Handlung.[12]

Wird im ersten Zitat die Möglichkeit sprachlicher Verständigung verneint, so richtet sich das zweite gegen die Tat als gültige Objektivation des Subjektes. Entgegen dem Glaubensbekenntnis der dramatischen Form, welche den Dialog und die Handlung gerade in ihrer Endgültigkeit für einen adäquaten Ausdruck des menschlichen Daseins hält, sieht Pirandello in ihnen eine unerlaubte und verderbliche Beschränkung des unendlich vielfältigen inneren Lebens.

[11] Ebd., S. 57.
[12] Ebd., S. 68 f. Teilweise neu übers.

Als Kritik des Dramas ist *Sei personaggi in cerca d'autore* kein dramatisches, sondern ein episches Werk. Wie aller ›epischen Dramatik‹ ist ihm thematisch, was sonst die Form des Dramas konstituiert. Daß aber dieses Thema nicht allgemein gefaßt als Problem des Zwischenmenschlichen erscheint (wie in Giraudoux' *Sodome et Gomorrhe*), sondern als in Frage gestelltes Drama, als Suche nach einem Autor und Realisierungsversuch, das begründet die Sonderstellung des Werkes in der modernen Dramatik, macht es gleichsam zu einer Selbstdarstellung der Dramengeschichte. In der epischen Entwicklung stellt es zugleich eine weitere Zwischenstufe dar: noch immer ist das Subjekt-Objekt-Gegenüber thematisch verhüllt, doch ist diese Hülle nicht mehr eins mit der eigentlichen Handlung (wie noch in Strindbergs *Gespenstersonate* und in Hauptmanns *Vor Sonnenaufgang*[13]). Die Thematik teilt sich in zwei Schichten: in eine dramatische (die Vergangenheit der sechs Personen), die aber keine Form mehr zu bilden vermag. Dafür steht ein die zweite, in ihrem Verhältnis zur ersten epische Schicht: das Erscheinen der sechs Personen bei der probenden Truppe und der Versuch, ihr Drama zu verwirklichen. Sie erzählen und spielen ihr Schicksal selber, der Direktor und seine Truppe sind ihr Publikum. Die Aufhebung des Dramatischen ist jedoch nicht zu Ende geführt, denn in der epischen Rahmenhandlung, die sich selber der dramatischen Form bedient, ist nicht in Frage gestellt, worauf in der eigentlichen Handlung kein Verlaß ist: die zwischenmenschliche Aktualität. Erst wenn die Erzählsituation nicht mehr thematisch und auch nicht mehr dialogisch-szenisch sein würde, wäre die Idee des epischen Theaters ganz realisiert. So aber läßt es sich immer wieder zu einem pseudo-dramatischen Schluß verleiten. In *Sei personaggi* fallen die zwei thematischen Ebenen, deren Auseinandersein das Formprinzip des ganzen Werks bildet, am Ende zusammen: Der Schuß tötet den Knaben sowohl in der Erzählvergangenheit der sechs Personen wie in der Bühnengegenwart der probenden Schauspieler, und der Vorhang, der gemäß den Gesetzen des epischen Theaters[14]

13 Vgl. S. 51 ff. und 60 ff.
14 Vgl. dagegen S. 17 f.

zu Beginn schon hochgezogen war, um die Realität der Theaterprobe mit jener der Zuschauer zu vermischen, senkt sich zum Schlusse doch.

15 Monologue intérieur (O'Neill)

Immer schon hatten die dramatis personae die Möglichkeit, zuweilen beiseite zu sprechen. Solche vorübergehende Kündigung des Zwiegesprächs straft aber weder die Behauptung Lügen, die dramatische Form habe die Dialogie zum Prinzip, noch etwa ist sie die berühmte Ausnahme, welche die Regel nur bestätigt (dieser Ausdruck ist sinnlos). Sondern sie beweist indirekt die Stärke des dialogischen Stroms, der solche Unterbrechung gleichsam jenseits des Dialogs überdauert. Das aber ist nur möglich, weil das Beiseitesprechen, wie es das eigentliche Drama kennt, gar nicht die Tendenz hat, die Dialogie zu zerstören; auch hier gilt, was G. Lukács in einer schon zitierten Bemerkung über den Monolog ausgeführt hat.[1] Die Aussage des à part unterscheidet sich nicht wesentlich von der Aussage des Zwiegesprächs, sie kommt nicht aus einer tieferen Schicht des Subjekts und ist nicht etwa die innere Wahrheit, vor der sich der Dialog als Lüge des Außen erweist. Nicht zufällig ist der eigenste Bereich des à part das Lustspiel: hier am allerwenigsten ist die Möglichkeit des Verständnisses wesentlich in Frage gestellt und der Anspruch auf eine seelische Wahrheit vorhanden. Aber in diesem gesicherten dialogischen Raum ist von größter Komik gerade seine vorübergehende Zerstörung: daher die Mißverständnisse und Verwechslungen, wie sie etwa Molières Farce *Sganarelle ou Le Cocu imaginaire* einzig ausmachen. Hier hat dann das à part seine wichtige Funktion: die Mißverständnisse und Verwechslungen pointierend hervorzuheben. Kein Zufall ist es ferner, daß die großen Dramatiker der Vergangenheit bei den zutiefst problematischen Begegnungen in

[1] Vgl. S. 35.

ihren Dramen, wo das à part sich heutigen Dichtern aufdrängen würde, auf dieses Mittel verzichteten. Man lese daraufhin den Racineschen Dialog von Phèdre und Hippolyte[2] oder den Schillerschen zwischen Maria und Elisabeth[3] nach. Gerade weil hier der dialogische Bau in seinen Grundlagen angegriffen ist, darf das à part nicht auftreten, muß der Dialog mit vollem Einsatz seiner selbst für seine Kontinuität kämpfen, wenn anders die dramatische Form bewahrt werden soll. Und wo in einem echten Drama Komödie und Tragödie einander durchdringen, wie in Kleists *Amphitryon,* weist das Beiseitesprechen gern nach dem komischen Pol: deshalb ist Jupiters *Verflucht der Wahn, der mich hieher gelockt*[4], die Andeutung der göttlichen Tragik, immer in Gefahr, als Wort eines Geprellten nicht ernst genommen zu werden.

Den historischen Wandel in der Bedeutung des Beiseitesprechens, der am Anfang der modernen Dramatik erfolgt, zeigen mit besonderer Deutlichkeit die Dramen Hebbels. Rudolf Kassner hat in ihren Helden den Menschen gesehen, *der lange mit sich selbst, ohne Worte war*[5], und in der Tat ist das Beiseite hier vielmehr ein Für-sich, ja In-sich, ein Sprechen gleichsam ohne Worte. Nicht mehr sind die à part Funktion der Situation, sondern anläßlich ihrer verraten sie das Innere des Menschen, dem sie bereits ein Äußerliches ist. So kündigt sich schon in der ersten Szene der wahnhafte Gedanke des Herodes, inmitten eines scheinbar gleichgültigen Gesprächs, durch ein eingeschaltetes »für sich« an. Judas, ein Hauptmann, berichtet ihm über die Feuersbrunst der vergangenen Nacht und spricht von einer Frau, die sich weigerte, das brennende Haus zu verlassen.

    Herodes *Sie wird verrückt gewesen sein!*
    Judas   *Wohl möglich,*
        Daß sie's in ihrem Schmerz geworden ist!
        Ihr Mann war Augenblicks zuvor gestorben,
        Der Leichnam lag noch warm in seinem Bett.

---

[2] Akt 2, Szene 5.
[3] Akt 3, Szene 4.
[4] Akt 2, Szene 5.
[5] Vgl. S. 90.

Herodes (für sich)
>   *Das will ich Mariamnen doch erzählen*
>   *Und ihr dabei in's Auge schau'n!* (Laut) *Dies Weib*
>   *Hat wohl kein Kind gehabt! Wär' es der Fall,*
>   *So sorg' ich für das Kind! Sie selber aber*
>   *Soll reich und Fürsten gleich bestattet werden,*
>   *Sie war vielleicht der Frauen Königin!*[6]

Und im entscheidenden Gespräch:
Herodes *Wenn ich einmal,*
>   *Ich selbst, im Sterben läge, könnt' ich tun,*
>   *Was du von Salome erwartest, könnte*
>   *Ein Gift dir mischen und im Wein dir reichen,*
>   *Damit ich dein im Tod noch sicher sei!*

Mariamne *Wenn du das tätest, würdest du genesen!*
Herodes *O nein! o nein! Ich teilte ja mit dir!*
>   *Du aber sprich: ein Übermaß von Liebe,*
>   *Wie dieses wäre, könntest du's verzeih'n?*

Mariamne *Wenn ich nach einem solchen Trunk auch nur*
>   *Zu einem letzten Wort noch Odem hätte,*
>   *So flucht' ich dir mit diesem letzten Wort!*
>   (Für sich)
>   *Ja, um so eher tät' ich das, je sich'rer*
>   *Ich selbst, wenn dich der Tod von hinnen riefe,*
>   *In meinem Schmerz zum Dolche greifen könnte:*
>   *Das kann man tun, erleiden kann man's nicht!*[7]

Das Beiseitesprechen berichtigt hier nicht den Irrtum einer äußeren Situation, mit ihm setzt sich vielmehr das Gespräch mit Herodes in Mariamnens Innern fort, enthüllt sich Mariamnens innerstes Fühlen, das ihre Reden zwar nicht Lügen straft, aber wesentlich vertieft. In Marianne sprechen nicht zwei Menschen: einer, der sich für Herodes verstellt, und einer, der sie ist. Sie verriete sich nicht – wie etwa der Kleistsche Jupiter –, wenn sie alles aussprächе, aber sie kennt Gefühle, die ihrem Gemahl mitzuteilen ihre Seele sich sperrt. Und daß sie ihre wirkliche

---

6 Hebbel, *Sämtliche Werke*. Bd. 2, S. 200 f.
7 Ebd., S. 218 f.

Liebe zu Herodes jetzt verschweigen muß, trägt bedeutend zur Kenntnis ihres Wesens bei.

So nimmt Hebbels Gebrauch des Beiseitesprechens die ›monologue intérieur‹-Technik psychologischer Romanciers des zwanzigsten Jahrhunderts vorweg, und man versteht, daß sich die moderne Dramatik durch die Schule Joyces zu ausgedehnter Verwendung des à part ermuntern ließ. Eugene O'Neills neunaktiges Drama *Strange Interlude* (1928) zeichnet auf diese Weise nicht nur die Gespräche seiner acht Helden auf, sondern fortlaufend auch deren innere Gedanken, die sie dem anderen nicht mitteilen können, weil sie einander zu fremd sind. Das erweist indirekt der Anfang des letzten Aktes. Zum ersten Mal verstummen die inwendigen Selbstgespräche, denn es steht sich ein junges Liebespaar gegenüber, das die zwischenmenschliche Kluft, für eine kurze Zeit zumindest, nicht kennt. Indem aber das à part mit dem Dialog gleichberechtigt die Form bildet, verliert es das Recht, diese Bezeichnung zu tragen. Denn von Beiseitesprechen zu reden ist sinnvoll nur in einem Raum, in dem grundsätzlich zu einander gesprochen wird. Hier jedoch ist das à part nicht mehr die vorübergehende Selbstaufhebung des Dialogs, sondern steht autonom neben dem dramatischen Zwiegespräch als der psychologische Bericht eines epischen Ich. So ist *Strange Interlude* in seiner Form Montage: zusammengesetzt aus dramatischen und epischen Teilen. Ihr episches Ich benötigt die Montage nicht nur zur psychologischen Einsicht der à part, sondern zugleich, um ihre Formganzheit zu sichern. Denn die Kontinuität des Werkes läßt sich nicht mehr aus dem Dialog selbst gewinnen; folgen Selbstgespräche aufeinander ohne Zwiegespräch, so würde die Zeit stillstehen, hielte kein episches Ich ihren Gang aufrecht. Der Montage-Epiker von *Strange Interlude* läßt sich aber nicht nur vom psychologischen Drama her verstehen. In ihm wirkt auch der naturalistische Romancier weiter, ein Erbe Zolas, der für seine Helden kein Wort mehr übrig hat, geschweige ein gutes, der nur mehr als Apparat die äußeren und inneren Reden registriert, welche ihm die Menschen im unfreien Raum genetischer und psychischer Gesetze liefern.

16 Episches Theater als Spielleiter (Wilder)

Kaum ein anderes Werk der modernen Dramatik ist zugleich so kühn im Formalen und von so erschütternder Schlichtheit der Aussage wie Thornton Wilders *Our Town* (1938). In der melancholischen Lyrik, die hier der Alltag gewinnt, ist Wilder den Dramen Tschechows verpflichtet, seine formalen Neuerungen aber versuchen, das Tschechowsche Erbe von seinen Widersprüchen zu befreien und jenseits des Dramas zur adäquaten Form zu bringen. Weil Tschechow – wie auch Hauptmann und andere Autoren – auf die dramatische Form nicht verzichten wollte, mußte er das Leben seiner Helden, das sich nicht in der Sphäre des Konflikts und der Entscheidung erfüllt, zumindest in Ansätzen in ein dramatisches verfälschen. Das gleichförmig, ereignislos und zutiefst unpersönlich sich hinschleppende Geschehen wurde zu einem aktuell-zwischenmenschlichen und trägt den Anschein der Einmaligkeit. Dieser rein formal bedingten Untreue dem Thema gegenüber wollte sich Wilder nicht schuldig machen. Er entband deshalb die Handlung der dramatischen Aufgabe, aus ihrer inneren Gegensätzlichkeit die Form zu bilden, und übertrug sie einer neuen Gestalt, die außerhalb des thematischen Bereichs, am archimedischen Punkt des Epikers steht und in das Stück als Spielleiter eingeführt wird. Indem sich die dramatis personae zu ihm als Gegenstände der Aufführung verhalten, wird das im eigentlichen Drama stets verborgene Moment der Aufführung hier explizit.[1] Man darf dabei von ›Zerstörung der Illusion‹ nur sprechen, wenn man diesen Begriff von der romantischen Dramaturgie nicht unkritisch übernimmt. Dramatische ›Illusion‹ bezeichnet rezeptionspsychologisch die welthafte Homogenität des Dramas, das heißt seine Absolutheit.[2] Zerstört wird die Illusion, wenn die Struktur des Dramas in sich unterschieden wird, wenn gleichsam quer zum zwischenmenschlichen Bezug ein anderer (über- oder innerpersönlicher) errichtet wird. Sowohl in der ›romantischen Ironie‹ Tiecks wie im ›epischen Theater‹ Wilders besteht

1 Vgl. S. 63.
2 Vgl. S. 17 f.

diese Beziehung zwischen Subjekt und Objekt des Bewußtseins, jedoch mit dem wesentlichen Unterschied, daß die Rollen der Tieckschen Komödien als Projektionen des frühromantischen Subjektes Bewußtsein haben ihrer selbst, also sich selber zum Objekte werden, während in *Our Town* der Spielleiter ihrer als Rollen sich bewußt ist, die Subjekt-Objekt-Relation also eine den Rollen äußerliche darstellt: eben die epische zwischen dem Epiker und seinem Gegenstand. Das Ergebnis romantischer Illusionszerstörung ist die Gestaltung des realen Weltverlustes, wie ihn das allmächtig gewordene Ich erfährt; die Zerstörung der Illusion im modernen ›Drama‹ dagegen führt zu jener ästhetischen Welterfahrung, welche alle epische Dichtung vermittelt.

An die Stelle der dramatischen Handlung tritt die szenische Erzählung, deren Anordnung der Spielleiter bestimmt. Die einzelnen Teile bringen nicht, wie im Drama, einander selber hervor, sondern werden nach einem Plan, der über das Einzelgeschehen verallgemeinernd hinausgreift, vom epischen Ich zusammengestellt und zu einer Ganzheit verbunden. So tritt auch das dramatische Moment der Spannung zurück, die einzelne Szene muß die folgende nicht im Keime enthalten. Die Exposition, deren Dramatisierung, das heißt Einbeziehung in den Ablauf der Handlung, freilich nirgends so schwierig gewesen sein mag wie hier, darf nun in ihrer epischen Zuständlichkeit verbleiben. *Das tägliche Leben* heißt dieser erste Akt[3]: morgens, nachmittags und abends greift er für kurze Zeit in die Welt zweier Familien ein. Weil diesen Szenen keine dramatische Aufgabe übertragen ist, müssen sie das Leben zu keinen Konfliktsituationen zuspitzen: alles spricht dafür, daß dieser 7. Mai 1901, der gezeigt wird, ein Tag wie jeder andere ist. Auch die zwei Nachbarsfamilien sind nach dem Grundsatz der Repräsentation gestaltet: die Familie des Arztes und die des Redakteurs, ohne jeden besonders charakteristischen Zug, je zwei Kinder, ein Knabe und ein Mädchen, mit Problemen, die jede Familie

---

3 Wilder, *Our Town*, New York 1938.
Deutsch: *Unsere kleine Stadt.* Übers. H. Sahl. Fischers Schulausgaben. Frankfurt a. M. 1954, S. 32.

kennt, mit Einzelheiten im Gespräch, die für tausend andere stehen. *Liebe und Heirat* ist der zweite Akt überschrieben; es ist der 7. Juli 1904, an dem der Sohn des Arztes die Tochter des Redakteurs heiratet. Wieder beginnt ein Tag, zunächst ganz wie jener andere, dann folgt die Vorbereitung zur Hochzeit. Um diese zu erklären, greift der Spielleiter in der Zeit zurück und läßt das Gespräch von George und Emily, in dem sie zu einander fanden, wieder szenische Gegenwart werden, anschließend ein ebenfalls vergangenes Gespräch, das die Eltern von George über die geplante Heirat führten. Es folgt die Trauung, wiederum nicht als ein einmalig-aktuelles, sondern als ein in fast jedem Menschenleben auftretendes bedeutendes Ereignis dargestellt. *Es gibt viel über eine Hochzeit zu sagen – sagt der Spielleiter zum Publikum – und es gibt vieles, worüber man nachdenken kann, während einer Hochzeit. Wir können nicht alles in e i n e Hochzeit hineinbringen, und vor allem nicht in Grover's Corners, wo die Hochzeiten ohnehin schon besonders kurz und schmucklos sind. Bei dieser Hochzeit hier spiele ich den Geistlichen. Das gibt mir das Recht, etwas mehr darüber zu sagen...*[4] So wenig wird der repräsentierende Charakter der Handlung verheimlicht, daß der Spielleiter in Worten ergänzen kann, worin die szenische Aufführung nicht ausreicht. So auch im dritten Akt, der vom Tode handelt. Neun Jahre später, im Sommer 1913, stirbt Emily bei der Geburt ihres zweiten Kindes und wird auf dem Friedhof von Grover's Corners begraben.

Aber der Spielleiter übernimmt von der Handlung nicht nur die Aufgabe, das Formganze zu sichern. In ihm schlägt sich auch solche Thematik zur Form nieder, durch welche das Drama der Jahrhundertwende in Krise geriet. Das Brüchigwerden der zwischenmenschlichen Beziehungen führte hier den Dialog zum paradoxen Zustand: je unsicherer seine existentiellen Grundlagen wurden, um so mehr Entfremdetes mußte er aus dem dialogjenseitigen Bereich der Vergangenheit[5] oder der sozialen Verhältnisse[6] in die Form des Zwiegesprächs auflösen. Die

[4] Ebd., S. 48.
[5] Vgl. Ibsen, S. 28 f.
[6] Vgl. Hauptmann, S. 59 f.

Darstellung dieser Objektivitäten nimmt nun der Spielleiter der dialogischen Handlung ab. Der innerthematische epische Abstand, den Ibsens Helden zu ihrer Vergangenheit, Hauptmanns Helden zu den politisch-ökonomischen Bedingungen ihres Lebens entgegen der dramatischen Form besitzen, gelangt so in der epischen Stellung des Spielleiters zu seinem formalen Ausdruck. Dieser ersetzt die Vermittlergestalten, wie sie die Übergangsdramatik Strindbergs und Hauptmanns innerhalb der Handlung kennt: den Direktor Hummel[7], den Sozialforscher Loth[8].

Der zeitliche Kontext der weit auseinanderliegenden drei Akte kommt mitsamt der Vergangenheit und den kommenden Jahren in den Zwischenberichten des Spielleiters zu epischer Darstellung. Noch wichtiger aber ist seine Schilderung der Umwelt: der Stadt Grover's Corners mit ihren geographischen, politischen, kulturellen und religiösen Verhältnissen. Was der naturalistische Dramatiker in einer im voraus zum Scheitern verurteilten Arbeit mühsam in aktuell-zwischenmenschliches Geschehen umzusetzen gesucht hat, wird hier einleitend und zwischen den drei ersten Szenen vom Spielleiter, von einem »Professor der Universität« und dem in der Handlung auftretenden Redakteur dem Publikum vorgetragen. In ironisch-präziser Wissenschaftlichkeit wird der Zuschauer über den objektiven Hintergrund unterrichtet, vor dem sich das Leben der zwei Familien in der Folge abspielen wird, freilich selbst nur stellvertretend für das Leben der Stadt. Wenn auch die naturalistische Intention, die Umwelt als bedingenden Faktor des einzelmenschlichen Daseins auf der Bühne zu enthüllen, hier noch bewahrt ist, so wird doch zugleich versucht, den dialogischen Raum von den Objektivitäten zu befreien, an denen das Zwiegespräch der Übergangsdramatik immer wieder in epische Schilderung umzuschlagen drohte. Als äußeres Zeichen dieses Bestrebens läßt sich auch das Fehlen von Bühnenbild und Requisiten verstehen. Nur im Bericht des Spielleiters darf Objektives auftreten, die Szene muß frei bleiben für das ohnehin gefährdete und einge-

7 Vgl. S. 51.
8 Vgl. S. 61 f.

schränkte zwischenmenschliche Geschehen. Dank dieser epischen Gestaltung des Zuständlichen erreicht der Dialog in *Our Town* eine Transparenz und Reinheit, die er seit der Klassik nur noch in lyrischen Dramen besitzt. Wilders episches Theater erweist sich so nicht bloß als Absage an das Drama, sondern zugleich als Versuch, dessen eigentlichem Gehalt, der Dialogie, in epischem Rahmen eine neue Stätte zu bereiten.

Wie sehr aber das Zwiegespräch von innen her in Frage gestellt ist, tritt im letzten Akt zutage, in dem Wilder das Formprinzip seines Werkes und die Einsicht, die zu ihm führte, in die Thematik zurückzuversenken verstand. Emily wird zu Grabe getragen und sehnt sich aus dem Kreise der Toten ins Leben zurück. Vergebens versuchen die Toten, sie von ihrem Wunsch abzubringen, sie wagt die schmerzvolle Enttäuschung, die man ihr voraussagt, und bittet den Spielleiter, wenigstens einen Tag ihres Lebens noch einmal leben zu dürfen. Es soll ihr zwölfter Geburtstag sein. Die epische Freiheit des Spielleiters, in die Vergangenheit vergegenwärtigend zurückzugreifen[9], schlägt gleichsam in eine göttliche um: er kann den Toten ihre Vergangenheit aufs neue schenken. Die Aufführung dieses Tages erfolgt nicht mehr für die Zuschauer, sondern für eine zuschauende dramatis persona, und der epische Abstand des Erzählers zu dem Leben, das er schildert, wird zum Abstand der Toten zum Leben schlechthin. Wie schon beim jungen Hofmannsthal und nicht selten in der Folgezeit[10] wird die perennierende Selbstentfremdung des Menschen an der Perspektive des Sterbens oder des Todes verdeutlicht, die eine solche Distanz des Menschen zu sich selber erst wirklich rechtfertigen würden. Das Bild, das der Tote von den Lebenden gewinnt, erweist sich so als das tödliche Bild, das der heutige Mensch von sich selber besitzt.

> Emily *Lebende Menschen verstehen nicht – nicht wahr?*
> Mrs. Gibs *Nein, mein Liebes – nicht sehr viel.*
> Emily *Jeder sitzt wie in einem kleinen verschlossenen Kästchen.*[11]

---

9 Vgl. S. 127.
10 Vgl. S. 94 f.
11 *Unsere kleine Stadt*, a.a.O., S. 61.

Dies die eine Einsicht, die der Tod ermöglicht. Die andere läßt sich nur durch Umkehrung verstehen, wird erst dadurch zu wirklicher Einsicht:

> Emily *Warum sollte das weh tun* [nämlich die Rückkehr]?
> Spielleiter *Du erlebst es nicht nur, sondern du siehst dir zu, während du es erlebst.*[12]

Wäre damit, zur Erfahrung der Toten verfremdet, nicht eine Grunderfahrung des heute lebenden Menschen ausgedrückt, stünde der Zuschauer der Tragik der folgenden Szene, in der Emily ihrem zwölften Geburtstag zugleich als teilnehmendes Kind und zuschauende Frau beiwohnt, verständnislos gegenüber. Daß Emily dauernd auch sich selber sieht, ist die Kehrseite der Blindheit, die sie bei den Lebenden erkennt. *Everybody's inevitable self-preoccupation* – in diesen Ausdruck hat der Autor in einem Brief beides zusammengefaßt und auf Tschechow verwiesen: *Chekhov's plays are always exhibiting this: Nobody hears what anyone else says. Everybody walks in a selfcentred dream ... It is certainly one of the principal points that the Return to the Birthday makes.*[13] Wilders Verzicht auf die dramatische Form, auf den Dialog als alleinige Ausdrucksweise, ist auch aus dieser Einsicht zu verstehen.

17 Spiel von der Zeit (Wilder)

Es ist hohe Zeit, daß ich mich wieder ans Freie und die Luft gewöhne ... Fast drei Jahre in der Untersuchungshaft, fünf Jahre im Gefängnis, acht Jahre da oben im Saal – so ist in Ibsens analytischen Dramen die Zeit zur Darstellung gekommen: durch Nennung und Berechnung.[1] Das Wesen der Zeit aber auszudrücken, ihr Dauern, Vergehen und Wandelschaffen, blieb dem Dramatiker Ibsen versagt, weil das nur eine Dichtungsform ermöglicht, welche nicht nur thematisch, sondern

---

12 Ebd., S. 62.
13 Wilder, *Correspondence with Sol Lesser*. In: *Theatre Arts Anthology*, Hrsg. R. Gilder. New York 1950.
1 Vgl. S. 24 f.

auch formal die Zusammenschau zweier Zeitpunkte zuläßt. Deren quantitative und qualitative Verschiedenheit nämlich ist das einzige Zeugnis, das die Zeit von ihrem alles verändernden Entfliehen zurückläßt. Die zeitliche Struktur des Dramas aber ist eine absolute Gegenwartsfolge[2], in ihm ist nur der je gegenwärtige Augenblick sichtbar, freilich als ein der Zukunft zugewandter, für den künftigen Augenblick sich selber zerstörender. Das handelnde Einverständnis mit dem Zeitablauf aber, das in solcher Abblendung aufs je Gegenwärtige zum Ausdruck kommt, ist nicht das Zeitgefühl der Ibsenschen Helden. Die tatenlose Reflexion, die sie kennzeichnet, hebt sie gleichsam aus dem Zeitablauf heraus und läßt ihnen die Zeit überhaupt erst dadurch thematisch werden. Dem trägt Ibsen Rechnung, indem er den Lebensroman seiner Helden nur in dessen letztem Kapitel dramatisiert und von diesem szenisch aufgeführten Finale her in den Gesprächen analytisch aufrollt. Die epische Zusammenschau verschiedener Zeitpunkte wird so zumindest in der Thematik erreicht, wenn auch auf Kosten der dramatischen Handlung und deren absoluter Gegenwartsfolge, die wegen der alles beherrschenden Analyse keine ›dramatischen‹ mehr sind. Diese Kritik trifft freilich nicht jene dramaturgische Tradition, als deren Befolger Ibsen oft irrtümlich genannt wird. Immer schon standen Dramatiker vor einem Stoff, dessen zeitliche Ausdehnung für das Drama ihn ungeeignet erscheinen ließ; wollten sie darauf nicht verzichten (wie Grillparzer auf den Napoleon-Stoff), so konnten sie ihn für das Drama nur durch Konzentration auf die Endphase retten. Schillers *Maria Stuart* ist dafür das klassische Beispiel und zeigt zugleich mit aller Deutlichkeit den Unterschied gegenüber Ibsen. Denn keineswegs ging es Schiller darum, das Leben der schottischen Königin im Rückblick zu erzählen, geschweige denn daß es ihm als Beispiel erschien für die thematisch gewordene Vergangenheit eines Menschen. Sondern in diesem letzten Kapitel ist noch der ganze Kampf zwischen Maria und Elisabeth gegenwärtig, ja allererst auszufechten; und es heißt Schiller durch Sophokles,

2 Vgl. S. 19.

gar durch Ibsen verstehen, wenn man meint, beim Aufgehen des Vorhangs sei schon alles entschieden und das Todesurteil im Grunde bereits unterzeichnet.[3]

Die Zeit als solche ist erst jener nachklassischen Epoche zum Problem geworden, die man die bürgerliche nennt und deren bedeutendster Dramatiker wohl für immer Ibsen bleiben wird. Das erste große Dokument dieser Beschäftigung mit der Zeit aber ist kein Werk der Dramatik, sondern ein später Entwicklungsroman, nämlich Flauberts *L'Education Sentimentale*[4], und ihren Höhepunkt erreicht sie im Lebenswerk von Flauberts einzigem Schüler, in Prousts *A la Recherche du Temps perdu*. Als eines der wichtigsten Themen dieses Romans läßt sich die tragische Dialektik angeben, die Proust zwischen dem bonheur als der erfüllten Sehnsucht und der Zeit als der verändernden Macht erfuhr. Proust wurde von der Erkenntnis schmerzlich getroffen, daß alle Erfüllung wesentlich zu spät kommt, denn während der Mensch dem Ziel seiner Sehnsucht zustrebt, verändert ihn die Zeit, und die Erfüllung trifft den Wunsch nicht mehr bei ihm, sondern fällt allemal in die Leere. Deshalb kann Proust zufolge nur das Ungeahnte, das der Sehnsucht nie Ziel war, wahrhaft beglücken.

Solches reflektiert gelebte Sein gleich Zeit vermag einzig der Roman ganz zu gestalten, und nicht zu Unrecht hat man die moderne Literatur einer »vollständigen Desorientiertheit« geziehen, welche die Aufgabe stellte, »Entwicklungen, allmähliche Zeitabläufe dramatisch darzustellen«.[5] Aber es geht nicht an, hier ›dramatisch‹ und ›szenisch‹ zu vermengen und die Zeit als Thema nicht nur dem Drama, sondern dem Theater überhaupt absprechen zu wollen. Denn bereits ein einziges Werk, dem die dialogisch-szenische Darstellung der Zeit glückt, zeugt auch theoretisch für ihre Möglichkeit, und als solches Gelingen muß Thornton Wilders Einakter *The Long Christmas Dinner* (1931) wohl angesehen werden.

Schon in den Tischgesprächen, die bei diesem »langen Weih-

---

3 Vgl. dazu Schiller an Goethe, 18. Juni 1799.
4 Vgl. G. Lukács, *Die Theorie des Romans*, a.a.O., S. 127-140.
5 Ebd., S. 129.

nachtsmahl« der Familie Bayard geführt werden, zuckt das Motiv der Zeit, ihres Vergehens und Stillstehens, immer wieder auf:

> *Jedenfalls vergeht die Zeit nie so langsam, wie wenn man darauf wartet, daß die Jungens groß werden und einen Beruf ergreifen. – Ich will nicht, daß die Zeit schneller vergeht. Nein, danke sehr.*[6]
>
> *Aber, Mutter, die Zeit wird so schnell vergehn. Du wirst kaum merken, daß ich weg bin.*[7]
>
> *Kann ich denn da gar nichts tun? – Nein, mein Kind. Nur die Zeit, nur daß die Zeit vergeht, kann bei so etwas helfen.*[8]
>
> *Auf Wiedersehn, Liebling! Werd nicht zu schnell groß, bleib nur so, wie du bist!*[9]
>
> *Die Zeit vergeht wirklich sehr schnell in einem großen neuen Land wie dem unsern. – Aber in Europa muß die Zeit wohl sehr langsam vergehn bei diesem schrecklichen Krieg.*[10]
>
> *Kann ich denn gar nichts tun? – Nein, nein, nur die Zeit, nur daß die Zeit vergeht, kann bei so etwas helfen.*[11]
>
> *Die Zeit vergeht so langsam hier, daß sie stillzustehn scheint, das ist's. Ich geh' irgendwohin, wo einem die Zeit wirklich vergeht, Herrgott noch einmal!*[12]
>
> *Wie langsam die Zeit vergeht, ohne die Kinder im Haus.*[13]
>
> *Ich halt's nicht aus. Ich halt's nicht länger aus.* [...]

---

6 Wilder, *The Long Christmas Dinner*. New York 1931.
Deutsch: *Das lange Weihnachtsmahl*. Übers. H. E. Herlitschka. In: *Einakter und Dreiminutenspiele*. Frankfurt a. M. 1954, S. 80 f.
7 Ebd., S. 85.
8 Ebd., S. 86.
9 Ebd., S. 90.
10 Ebd., S. 91.
11 Ebd., S. 93.
12 Ebd., S. 94 f.
13 Ebd., S. 96.

Es sind die Gedanken, die Gedanken daran, was hier gewesen ist und was hier hätte sein können. Und das Gefühl hier im Haus, wie die Jahre immer weiter mahlen wie eine Mühle....[14]

Doch bleibt es nicht bei solchem Sprechen von der Zeit. Ihr Vergehen wird mit dramaturgischen Mitteln, die zum Teil dem Film entlehnt sind, aber erst auf dem Theater ihren Dienst ganz tun können, gleichsam in objektloser Reinheit heraufbeschworen und zu unmittelbarem Erleben gebracht. »Ninety years are to be traversed in this play, which represents in accelerated motion ninety Christmas dinners in the Bayard household« – heißt es in der einleitenden Regiebemerkung. Der Ausdruck »in accelerated motion« ist dabei nicht wörtlich zu verstehen. Denn wenn beim dargestellten Weihnachtsmahl auch neunzig Jahre durchmessen werden, so wird doch am gewöhnlichen Tempo der Bewegungen und des Sprechens nichts geändert. Der Zeitraffer ist hier nicht in jener mechanischen Art verwendet, wie ihn der Film kennt, wo er denn auch meist komischen Zwecken dient, selten dokumentarischen (bei langsamen Vorgängen), nie aber dazu, das Vergehen der Zeit herauszustellen. Auch der Film würde die Aufgabe, neunzig Weihnachten in ihrem Wandel zu schildern, nicht mit dem Zeitraffer, sondern mit dem Mittel der Montage lösen. Aus einzelnen Weihnachtsfeiern, die Jahre oder Jahrzehnte voneinander trennen, würden kurze Ausschnitte nebeneinander gestellt. Ihre Verschiedenheit zeugte dabei von der verändernden Kraft der Zeit, die freilich nur in solcher räumlichen Zerlegung und an das Gezeigte gebunden zum Ausdruck käme. Wilder benützt gleichfalls die Montage, stellt als Epiker zahlreiche Ausschnitte nebeneinander, geht aber – nun als Dramatiker – über das Filmische hinaus, indem er diese in der Zeit auseinanderliegenden Fragmente zu einer dramatischen Einheit verbindet, welche die Vorstellung von einem einzigen – wenngleich »langen« – Weihnachtsmahl auslöst. Erst dieser zweite Schritt, der die epische Montage in ein absolutes dramatisches Geschehen verwandelt und ihre

---

14 Ebd., S. 96.

Kontinuität allererst dadurch stiftet, ermöglicht jenes unmittelbare Zeit-Erlebnis, von dem die Rede war. Es ist, als würden die Zeitstrecken, welche die Montage in den Zwischenräumen beläßt, durch die Zusammenballung der Fragmente zu einer dramatischen Einheit aus ihren Verstecken hervorgepreßt und ihrerseits zu einem einheitlichen Zeitablauf verbunden, der das »lange Weihnachtsmahl« aber nicht konstituiert, sondern selbständig begleitet.

Die Verwandlung der neunzig Jahre umfassenden Montage in ein dramatisches Geschehen führt in diesem zu einer Dissoziation des Zeitablaufs in einen formalen Zeitablauf, welcher der Aufführungszeit entspricht, und in einen inhaltlichen, den die ursprüngliche Montage liefert. Diese Zweiheit, die für die Epik selbstverständlich ist und im Begriffspaar Günther Müllers »Erzählzeit und erzählte Zeit« zum Ausdruck kommt, hat im dramatischen Rahmen eine besondere Wirkung. Daß sich die zwei Zeittempi hier nicht decken, ergibt einen ›Verfremdungseffekt‹ im Sinne Brechts: der Zeitablauf, der im Drama ebenso wie im tätigen Leben der Handlung immanent und für das Bewußtsein also gar nicht selbständig vorhanden ist, wird durch das Auseinanderfallen dessen, was identisch sein sollte, auf einmal als ein Neues erfahren. Wie die Zeitdauer nur zur Differenz zwischen zwei Zeitpunkten, zur Zeitstrecke verräumlicht erfaßt werden kann, scheint auch der Zeitablauf erst aus der Parallelisierung zweier handlungsimmanenter Zeitabläufe als deren Verschiedenheit herausgestellt werden zu können.

Dieser Unterschied zwischen den zwei Zeitabläufen, der sich auf die zwei Phasen in der Entstehung des Werkes zurückführen läßt (Montage und Dramatisierung), bestimmt als Formprinzip *The Long Christmas Dinner*. Alles zeugt von derselben Absicht, aus der genannten Differenz das Vergehen der Zeit aufs intensivste erfahren zu lassen. Im Handlungsmoment entspricht den neunzig Jahren der »Verfall einer Familie«, wie ihn einst Thomas Mann episch geschildert hat. Auf das aufbauende Leben und die innere Verbundenheit der ersten Generationen folgt die Entfremdung unter den Geschwistern, das Ungenügen an der Kleinstadt, die Flucht aus der Familientradition. Mit diesem Vorgang kontrastiert auf der dramatischen Ebene das Weihnachtsmahl, das wie jedes Fest ein Stillstehen der Zeit bedeutet, die Ersetzung des Zeitablaufs durch die Wiederholung, die ein Eingedenken in die Vergangenheit nahelegt. So bildet die Statik des zweiten Geschehens nicht nur den erwünschten Gegensatz zum ersten, sondern weist, indem sie zum Erinnern auffordert, geradezu auf jenes hin:

> Charles *Eine Bärenkälte heute, das muß man wohl sagen. An solchen Tagen pflegte ich mit meinem Vater Schlittschuh laufen zu gehn. Und Mutter kam aus der Kirche zurück und sagte –*
> Geneviève (träumerisch) *Ich weiß. Sie sagte: ›So eine schöne Predigt. Ich mußte in einem fort weinen.‹*
> Leonora *Warum weinte sie denn?*
> Geneviève *In ihrer Generation hat man immer bei Predigten geweint. Das war damals so.*
> Leonora *Wirklich, Geneviève?*
> Geneviève *Sie mußten in die Kirche gehn, seit sie Kinder gewesen waren, und vermutlich haben Predigten sie an ihre Väter und Mütter erinnert, genau so wie ein Weihnachtsmahl uns. Besonders in einem alten Haus wie diesem hier.*[15]

Deutlicher noch wird diese Doppelfunktion der Wiederholung in den Gesprächen. Während der Ablauf der neunzig Jahre durch kurze Nennung von immer neuen Ereignissen zu Wort kommt, wiederholen sich beim Weihnachtsmahl dieselben fast formelhaften Sätze. Wieder und wieder wird die Predigt gelobt[16], mit einer traditionellen Wendung Wein eingeschenkt[17], vom Rheumatismus eines Bekannten gesprochen oder das Dienstmädchen zum Servieren gerufen. Durch diese Wiederholungen hebt sich das Weihnachtsgeschehen als ein sich gleichbleibendes vom neunzig Jahre umfassenden Vorgang ab, bringt ihn aber zugleich selber zum Ausdruck im Wechsel der Namen (des Pfarrers, des kranken Bekannten, des Dienstmädchens),

15 Ebd., S. 89.
16 Ebd., S. 75, 79, 82, 92.
17 Ebd., S. 78, 79, 85.

wie auch als Wiederholung an sich, die ohne Zeitablauf dazwischen ja sinnlos sein müßte. Auch die dramatis personae zeigen die durchgehende Dualität von Veränderlichem und Gleichbleibendem, indem den sich ablösenden vier Generationen die statische Gestalt des im Hause wohnenden ›armen Verwandten‹ gegenübergestellt wird, die nur einmal die Person wechselt. Und schließlich liegt auch dem szenischen Stil diese Zweiheit zugrunde. Dem Weihnachtsmahl entspricht ein realistisches Bühnenbild: »Das Eßzimmer im Haus der Familie Bayard. Parallel zu den Rampenlichtern und ganz nahe an sie herangerückt ein langer Tisch, für das Weihnachtsmahl gedeckt und aufgeputzt. Am Kopfende, rechts vom Zuschauer, der Platz des Vorschneidenden; vor ihm ein großer gebratener Truthahn. Eine Tür links hinten führt in die Diele.« Dieser Realismus wird aber durchbrochen von den Symbolen des Kommens und Vergehens in der Zeit: »Ganz links, dicht am Prosceniumspfeiler, eine seltsame, mit Girlanden aus Blumen und Früchten gezierte Pforte. Genau gegenüber eine gleiche Pforte, aber mit schwarzem Samt ausgeschlagen und verhängt. Die beiden Pforten versinnbildlichen Geburt und Tod.«[18] Und wie diese zwei Portale dem realistischen Bühnenbild übergangslos vorangestellt sind, so verwandelt sich das wenn auch requisitenlose, so doch ›natürliche‹ Spiel der Akteure immer wieder in ein symbolisches: Die Geburt der Kinder vertritt ihr Hereinkommen durch die von Früchten und Blumen umrankte Pforte; eine jahrelang dauernde schwere Krankheit wird angezeigt, indem sich der Kranke vom Tische erhebt, sich dem schwarz verhüllten Portal nähert und davor zögernd verweilt; das Altern symbolisiert das weiße Haar, das man als Perücke sich fast unbemerkt aufsetzt; das Sterben schließlich der Exitus durch das schwarze Tor. Erst durch diese schlichte symbolische Szenik, die sich als episch-stellvertretende dem dramatischen Illusionismus gegenüberstellt, erweist sich das Stück, das bislang unter technischem Aspekt als dramatisierte Montage bezeichnet worden ist, in seinem wahren Wesen: als profanes Mysterienspiel von der Zeit.

18 Ebd., S. 73.

18 Erinnerung (Miller)

Arthur Millers Entwicklung vom Epigonen zum Neuerer, die sich zwischen seinen zwei ersten publizierten Werken vollzieht, folgt aufs deutlichste jenem allgemeinen Stilwandel, der die Dramatiker der Jahrhundertwende und die der Gegenwart zugleich verbindet und trennt: der Formwerdung der thematischen Epik aus dem Innern der dramatischen Form heraus. Ist dieser für die Entwicklungsgeschichte der modernen Dramatik zentrale Vorgang bis jetzt meist im Vergleich der beiden Perioden aufgezeigt worden, durch die Gegenüberstellung Ibsens und Pirandellos, Tschechows und Wilders, Hauptmanns und Brechts, so erhellt er bei Miller, wie früher schon bei Strindberg, aus dem Werk desselben Autors.

In *All my Sons* (1947) hat Miller versucht, Ibsens analytische Gesellschaftsdramatik unverändert in die amerikanische Gegenwart herüberzuretten. Das jahrelang verschwiegene Verbrechen des Familienhauptes Keller: die Lieferung mangelhafter Flugzeugteile an die Armee, womit er auch den gleichfalls geheimgehaltenen Selbstmord seines Sohnes Larry verschuldet, wird in einer unerbittlichen Analyse allmählich aufgedeckt. Alle die sekundären Handlungsmomente sind da, die das Erzählen der Vergangenheit als ein dramatisches Geschehen ausgeben müssen, so die Rückkehr von Larrys einstiger Braut und ihrem Bruder, deren Vater, ein Angestellter Kellers, für dessen Verbrechen unschuldig büßt. Selbst jenes oft peinlich berührende Requisit fehlt nicht, durch das bei Ibsen die im Innern fortwirkende Vergangenheit in die Gegenwart sichtbar hineinzuragen und das zugleich den tieferen Sinn des Stückes mühsam zu symbolisieren pflegt. Es ist hier der Baum, der einst für Larry gepflanzt wurde und im Hinterhof, der die Szene bildet, vom Sturm der vergangenen Nacht entzweigebrochen steht. Wäre auf *All my Sons* nicht *Death of a Salesman* (1949) gefolgt, dann wäre es hier allenfalls zu erwähnen als Beispiel für Ibsens gewaltigen Einfluß in den angelsächsischen Ländern, der mit G. B. Shaw beginnt und heute noch anhält. So aber erscheint es als Werk der Lehrjahre, als hätte Miller, mit der szenischen

Gestaltung eines »verfehlten Lebens«[1] und im besonderen der traumatischen Vergangenheit beschäftigt, in der Nachfolge Ibsens erst einsehen müssen, welchen Widerständen diese Thematik seitens der dramatischen Form begegnet, mit welchen Unkosten sodann deren Erzwingung für sie verbunden ist. Was hier anläßlich *John Gabriel Borkmans* gezeigt wurde, muß ihm bei der Arbeit an *All my Sons* klargeworden sein: der Widerspruch zwischen der erinnerten Vergangenheit in der Thematik und der räumlich-zeitlichen Gegenwart im dramatischen Formpostulat, die daraus sich ergebende Notwendigkeit, die Analyse in einer hinzuerfundenen Handlung zu motivieren und schließlich die Unstimmigkeit, daß dieses zweite Geschehen die Szene beherrscht, während die eigentliche ›Handlung‹ immer noch in die Bekenntnisse der Personen verbannt ist.

Diesen Widersprüchen sucht Miller im zweiten Werk zu entkommen, indem er die dramatische Form aufgibt. Grundlegend dabei ist sein Verzicht auf die als Handlung verkleidete Analyse. Die Vergangenheit wird nicht mehr in dramatischer Auseinandersetzung gewaltsam zur Sprache gebracht, nicht mehr werden die dramatis personae um des Formprinzips willen zu Herren über das vergangene Leben gesetzt, dessen ohnmächtige Opfer sie in Wirklichkeit sind. Sondern die Vergangenheit gelangt zur Darstellung, wie sie im Leben selbst in Erscheinung tritt: aus ihrem eigenen Willen in der »mémoire involontaire« (Proust). Damit bleibt sie zugleich ein subjektives Erlebnis und schafft nicht in der gemeinsamen Analyse Scheinbrücken zwischen den Menschen, die sie ein Leben lang unverbunden ließ. So tritt in der gegenwärtigen Thematik an die Stelle einer zwischenmenschlichen Handlung, die zur Aussprache über das Vergangene zwänge, der seelische Zustand eines Einzelnen, der unter die Herrschaft der Erinnerung gerät. Als solcher ist der alternde Handlungsreisende Loman gezeichnet, und das Stück beginnt, da er vollends der Erinnerung verfällt. Seit einiger Zeit bemerken seine Angehörigen, daß er oft mit sich selber spricht: in Wirklichkeit spricht er freilich zu ihnen, aber nicht in der realen

[1] Vgl. S. 28.

Gegenwart, sondern in der erinnerten Vergangenheit, die ihn nicht mehr losläßt. Die Gegenwart des Stückes bilden die achtundvierzig Stunden, die auf Lomans unerwartete Rückkehr von einer Vertreterreise folgen: immer wieder hat ihn am Lenkrad die Vergangenheit überwältigt. Vergebens versucht er, in das New Yorker Bureau des Unternehmens versetzt zu werden, dessen Vertreter er seit Jahrzehnten ist; man merkt seinen Zustand, da er immer von Vergangenem spricht, und entläßt ihn. Loman nimmt sich zuletzt das Leben, um seiner Familie mit der Versicherungsprämie zu helfen.

Kaum etwas hat dieses gegenwärtige Handlungsgerüst mit dem entsprechenden der Ibsenschen Dramen oder auch von *All my Sons* noch gemeinsam. Weder ist es ein in sich geschlossenes dramatisches Geschehen, noch fordert es auf, die Vergangenheit in Dialogen heraufzubeschwören. Kennzeichnend dafür ist die Szene zwischen Loman und seinem Chef. Dieser ist nicht gewillt, die Laufbahn des Handlungsreisenden und die Gestalt seines Vaters, der Loman freundlich gesinnt gewesen sein soll, im Gespräch gemeinsam zu vergegenwärtigen; er eilt mit einem Vorwand aus dem Zimmer und läßt Loman allein mit seiner immer stärker werdenden Erinnerung.

Sie aber bildet den neuen, wenn auch dem Film als ›flash back‹ freilich längst bekannten Weg, auf dem die Vergangenheit jenseits des Dialogs eingeführt wird. Immer wieder verwandelt sich die Szene in jenes Schauspiel, das dem Handlungsreisenden die mémoire involontaire bietet. Anders als das Ibsensche Gerichtsverfahren, vollzieht sich das Erinnern, ohne daß davon gesprochen würde, also durchaus im Formalen.[2] Der Held schaut sich in der Vergangenheit zu und wird als sich erinnerndes Ich in die formale Subjektivität des Werks aufgenommen. Die Szene zeigt einzig deren epischen Gegenstand: das erinnerte Ich selbst, den Handlungsreisenden in der Vergangenheit, wie er mit seinen Angehörigen spricht. Diese sind keine selbständigen dramatis personae mehr, sondern erscheinen gleich den Projektionsgestalten der expressionistischen Dramatik auf das

2 Vgl. S. 74.

zentrale Ich bezogen. An einem Vergleich dieses Schauspiels der Erinnerung mit dem ›Theater im Theater‹, wie es das Drama kennt, ist sein episches Wesen genau abzulesen. Hamlets Schauspiel, das die vermutete Vergangenheit vorführt, [to] »catch the conscience of the king«[3], ist als Episode in die Handlung eingebaut und bildet in ihr eine geschlossene Sphäre, die jene als ihre Umwelt bestehen läßt. Indem das zweite Schauspiel ein thematisches, das Moment der Aufführung also unverdeckt ist, geraten Zeit und Ort der beiden Handlungen nicht in Konflikt, die drei dramatischen Einheiten und damit die Absolutheit des Geschehens bleiben bewahrt. Im *Tod eines Handlungsreisenden* hingegen ist das Schauspiel der Vergangenheit keine thematische Episode, immer wieder geht die gegenwärtige Handlung in es über. Keine Schauspielertruppe tritt auf: die Gestalten können wortlos zu Schauspielern ihrer selbst werden, denn der Wechsel von aktuell-zwischenmenschlichem Geschehen und vergangen-erinnertem ist im epischen Formprinzip verankert. Dadurch sind auch die dramatischen Einheiten aufgehoben, und zwar im radikalsten Sinne: die Erinnerung bedeutet nicht nur die Vielzahl von Ort und Zeit, sondern den Verlust ihrer Identität schlechthin. Die zeitlich-räumliche Gegenwart der Handlung wird nicht bloß auf andere Gegenwarten relativiert, vielmehr an sich relativ. Daher erfolgt im Bühnenbild kein eigentlicher Wechsel, dagegen dauernde Verwandlung. Das Haus des Handlungsreisenden bleibt auf der Bühne bestehen, aber seine Wände werden in den erinnerten Szenen nicht mehr beachtet, entsprechend der Erinnerung, die keine Schranken von Zeit und Raum kennt. Besonders deutlich wird diese Relativität der Gegenwart in jenen Übergangsszenen, die sowohl noch der äußeren wie auch schon der inneren Wirklichkeit angehören. So erscheint im ersten Akt, während Loman mit seinem Nachbarn Charley Karten spielt, die Erinnerungsgestalt Ben auf der Bühne, der Bruder des Handlungsreisenden:

Willy *Ich bin todmüde, Ben.*

Charley *Spiel nur weiter, du wirst dann besser schlafen.*

[3] Akt 2, Szene 2.

> *Sagtest du Ben zu mir?*
> Willy *Komisch. Eine Sekunde hast du mich an meinen Bruder Ben erinnert.*[4]

Mit keinem Wort sagt der Handlungsreisende, er sehe seinen verstorbenen Bruder vor sich stehen. Denn eine Halluzination wäre dessen Erscheinen nur innerhalb der dramatischen Form, welche die innere Welt grundsätzlich ausschließt. Hier jedoch gelangen die gegenwärtige Wirklichkeit und die innere der Vergangenheit zugleich zur Darstellung. Indem der Handlungsreisende an seinen Bruder erinnert wird, steht dieser schon auf der Bühne: die Erinnerung ist ins szenische Formprinzip eingegangen. Weil so an die Seite des Zwiegesprächs das inwendige Selbstgespräch tritt, der Dialog mit einem erinnerten Menschen, kann in der Folge ein Aneinander-vorbei-Reden der Tschechowschen Art entstehen:

> Ben *Wohnt Mutter bei euch?*
> Willy *Nein, sie ist schon lange tot.*
> Charley *Wer?*
> Ben *Ah! – Eine wirkliche Dame war sie, unsre Mutter.*
> Willy (zu Charley) *Was?*
> Ben *Ich hätte sie gern noch einmal gesehen.*
> Charley *Wer ist schon lange tot?*
> Ben *Hast du was von Vater gehört?*
> Willy (aufgeregt) *Was meinst du mit: Wer ist tot?*
> Charley *Wovon sprichst du denn?*[5]

Um dieses dauernde Mißverständnis in der dramatischen Form gestalten zu können, brauchte Tschechow die thematische Stütze der Schwerhörigkeit.[6] Hier geht es formal aus dem Nebeneinander der zwei Welten hervor, deren gleichzeitige Darstellung das neue Formprinzip ermöglicht. Sein Vorzug gegenüber der Tschechowschen Technik liegt auf der Hand. Die thematische Stütze, deren Symbolcharakter undeutlich

---

4 Miller, *Death of a Salesman*, Pocket Book, London 1952, S. 34.
Deutsch: *Der Tod des Handlungsreisenden.* Übers. F. Bruckner. Hier nach der Originalausg. zitiert und teilweise neu übersetzt.
5 Ebd., S. 35.
6 Vgl. S. 36 f.

bleibt, läßt das Einander-Mißverstehen zwar allererst auftreten, verdeckt aber zugleich dessen wahren Ursprung: die Beschäftigung des Menschen mit sich selber und mit der erinnerten Vergangenheit, die erst nach der Aufhebung des dramatischen Formprinzips als solche in Erscheinung zu treten vermag.

Diese von neuem zur Gegenwart werdende Vergangenheit ist es, die dem Handlungsreisenden, der seinem Unglück und mehr noch den beruflichen Mißerfolgen seines älteren Sohnes verzweifelt auf den Grund zu kommen sucht, endlich die Augen öffnet. Während er in einem Restaurant seinen Söhnen gegenübersitzt, taucht in seiner Erinnerung und also auch den Zuschauern sichtbar plötzlich eine Szene der Vergangenheit auf: sein Sohn findet ihn in einem Bostoner Hotelzimmer mit seiner Geliebten. Nun versteht Loman, warum sein Sohn seit jener Zeit von einem Beruf zum andern irrte und sein Vorwärtskommen durch Diebstahl selber vereitelte: er wollte seinen Vater bestrafen.

Dieses Geheimnis, die von Ibsen übernommene, auch in *All my Sons* zentrale Verfehlung des Vaters wollte Miller in *Death of a Salesman* nicht mehr in einem, der Form zuliebe erfundenen, Gerichtsverfahren enthüllen. Er ließ jenes Balzacsche Wort, unter dessen Zeichen Ibsens wie seine Gestalten zu leben scheinen, gelten: *Nous mourrons tous inconnus*[7]. Indem neben den je gegenwärtigen Dialog, der für das Drama die einzige Darstellungsmöglichkeit bildet, die Erinnerung trat, gelang das dramatisch gesehen Paradoxe: die Vergangenheit mehrerer Menschen szenisch, aber für das Bewußtsein nur eines einzigen zu vergegenwärtigen. Im Gegensatz zu der in die Thematik gehörenden Analyse bei Ibsen ist das im Formprinzip begründete Schauspiel der Vergangenheit ohne Auswirkung auf die anderen Gestalten. Dem Sohn bleibt jene Szene für immer das streng gehütete Geheimnis, das er als den zerstörenden Grund seines Lebens niemandem zu eröffnen fähig ist. So bricht sein stummer Haß bis zum Selbstmord des Vaters und auch nachher nicht auf. Und im »Requiem«, welches das Werk beschließt, spricht am Grab

---

7 Vgl. S. 31.

die Frau des Handlungsreisenden Worte, die gerade durch ihre Ahnungslosigkeit erschüttern:

> *Vergib mir, ich kann nicht weinen. Ich weiß nicht, was es ist, aber ich kann nicht weinen. Ich verstehe es nicht. Warum hast du das getan? Hilf mir, Willy. Ich kann nicht weinen. Mir ist, als wärst du nur wieder unterwegs und ich wartete auf dich. Willy, Lieber, ich kann nicht weinen. Warum hast du das getan? Ich frag mich und frag mich und kann es nicht verstehen ...*
>
> (Vorhang)[8]

---

8 *Death of a Salesman*, a.a.O., S. 124. Schlußsätze nicht zitiert.

Statt eines Schlußwortes

Die Geschichte der modernen Dramatik hat keinen letzten Akt, noch ist kein Vorhang über sie gefallen. So ist, womit hier vorläufig geschlossen wird, in keiner Weise als Abschluß zu nehmen. Für ein Fazit ist die Zeit so wenig gekommen wie für das Aufstellen von neuen Normen. Vorzuschreiben, was modernes Drama zu sein hat, steht seiner Theorie ohnehin nicht zu. Fällig ist bloß die Einsicht in das Geschaffene, der Versuch seiner theoretischen Formulierung. Ihr Ziel ist der Aufweis neuer Formen, denn die Geschichte der Kunst wird nicht von Ideen, sondern von deren Formwerdung bestimmt. Dramatiker haben der veränderten Thematik der Gegenwart eine neue Formenwelt abgerungen – wird sie in der Zukunft Folgen haben? Wohl enthält alles Formale, im Gegensatz zu Thematischem, seine künftige Tradition als Möglichkeit in sich. Aber der historische Wandel im Verhältnis von Subjekt und Objekt hat mit der dramatischen Form die Überlieferung selber in Frage gestellt. An ihrer Stelle kennt eine Zeit, der Originalität alles ist, bloß die Kopie. So wäre, damit ein neuer Stil wieder möglich sei, die Krise nicht nur der dramatischen Form, sondern der Tradition als solcher zu lösen.

Entscheidende Einsichten verdankt die Untersuchung der Hegelschen Ästhetik, E. Staigers *Grundbegriffen der Poetik*, dem Aufsatz von G. Lukács *Zur Soziologie des modernen Dramas* und Th. W. Adornos *Philosophie der neuen Musik*.

Zürich, im September 1956

Zur Neuauflage 1963

Diese Studie entstand vor zehn Jahren. Das erklärt die Auswahl ihrer Beispiele, die im letzten Teil wohl nicht ganz dieselbe sein würde, wäre das Buch heute zu schreiben. Indessen hieße es seine Intention verkennen und für eine Geschichte des modernen Dramas halten, was an Beispielen die Bedingungen seiner Entwicklung abzulesen sucht, würde man von dieser Neuauflage erwarten, daß sie auch die Dramatik des letzten Dezenniums behandelt. Darum wurde der Text nicht erweitert, sondern lediglich revidiert.

Göttingen, im Februar 1963

Versuch über das Tragische

Si tu nous fais du mal, il nous vient de nous-mêmes.
AGRIPPA D'AUBIGNÉ

En me cuidant aiser, moi même je me nuis.
JEAN DE SPONDE

Einleitung

Seit Aristoteles gibt es eine Poetik der Tragödie, seit Schelling erst eine Philosophie des Tragischen.¹ Als Unterweisung im Dichten will die Schrift des Aristoteles die Elemente der tragischen Kunst bestimmen; ihr Gegenstand ist die Tragödie, nicht deren Idee. Noch wo sie über das konkrete Kunstwerk hinausgeht, nach Ursprung und Wirkung der Tragödie fragt, bleibt sie in ihrer Seelenlehre empirisch, und die Feststellungen, zu denen sie dabei gelangt – die des Nachahmungstriebs als des Ursprungs der Kunst und der Katharsis als der Wirkung der Tragödie –, haben ihren Sinn nicht in sich selber, sondern in ihrer Bedeutung für die Dichtung, deren Gesetze aus ihnen abzuleiten sind. Die Poetik der neueren Zeit beruht wesentlich auf dem Werk des Aristoteles, ihre Geschichte ist dessen Wirkungsgeschichte. Sie läßt sich fassen als Übernahme, Erweiterung, Systematisierung, als Mißverständnis und als Kritik. Zumal die Vorschriften über Abgeschlossenheit und Umfang der Fabel haben bekanntlich in der klassizistischen Lehre von den drei Einheiten und in deren Korrektur durch Lessing eine große Rolle gespielt, gleich der Lehre von Furcht und Mitleid, deren zahlreiche und sich widersprechende Interpretationen eine historische Poetik der Tragödie ergeben.²

Aus diesem gewaltigen Einflußbereich des Aristoteles, der weder nationale Grenzen kennt noch epochale, ragt inselhaft die Philosophie des Tragischen heraus. Von Schelling durchaus unprogrammatisch begründet, durchzieht sie das Denken der idealistischen und nachidealistischen Zeit in stets neuer Gestalt. Sie bleibt der deutschen Philosophie eigen, sofern man Kierke-

---

1 Vgl. den Hinweis darauf bei Emil Staiger, *Der Geist der Liebe und das Schicksal*, Frauenfeld – Leipzig 1935, S. 41. Ferner: Fr. Th. Vischer, *Über das Erhabene und Komische*. In: *Kritische Gänge*, 2. Aufl., Bd. 4, S. 8: ›Seit seinem [Schellings] Auftreten ist ein System der Ästhetik erst möglich geworden, da er zuerst den Standpunkt der Idee wieder einnahm.‹

2 Vgl. vor allem: Max Kommerell, *Lessing und Aristoteles. Untersuchungen über die Theorie der Tragödie*. Frankfurt a. M. 1940.

gaard dieser zurechnen und von seinen Schülern, einem Unamuno[3] etwa, absehen darf. Bis heute ist der Begriff von Tragik und Tragischem im Grunde ein deutscher geblieben – nichts kennzeichnender als die Parenthese des Satzes, mit dem ein Brief Marcel Prousts beginnt: *Vous allez voir tout le tragique, comme dirait le critique allemand Curtius, de ma situation.*[4] Daher findet man im ersten Teil dieser Studie, der sich mit den Bestimmungen des Tragischen befaßt, nur Namen deutscher Philosophen und Dichter, während im zweiten Teil Werke der griechischen Antike, des spanischen, englischen und deutschen Barock, der französischen und deutschen Klassik und deren Auflösung betrachtet werden.

Sowenig indessen der Poetik des Aristoteles darf zum Vorwurf gemacht werden, daß es ihr an Einsicht in das tragische Phänomen gebricht, sowenig darf der Theorie des Tragischen, welche die deutsche Philosophie nach 1800 gewinnt, die Gültigkeit für ältere Tragödiendichtung von vornherein abgestritten werden. Vielmehr wäre zum Verständnis des historischen Bezugs, der zwischen der Theorie des neunzehnten und der Praxis des siebzehnten und achtzehnten Jahrhunderts waltet, anzunehmen, daß die Eule der Minerva ihren Flug auch über dieser Landschaft erst mit der einbrechenden Dämmerung beginnt.[5] Doch die Frage, inwiefern die Bestimmungen des Tragischen bei Schelling und Hegel, bei Schopenhauer und Nietzsche an die Stelle der tragischen Dichtung treten, deren Stunde zu ihrer Zeit scheint geschlagen zu haben, inwiefern diese Bestimmungen gar selber Tragödien darstellen oder doch deren Modelle, können erst die Kommentare beantworten, welche den ersten Teil der vorliegenden Studie bilden.

Um Kommentare handelt es sich im folgenden bloß, nicht um erschöpfende Darstellung, geschweige denn um Kritik. Die Kommentare beziehen sich auf Texte, die aus den philosophischen und ästhetischen Schriften von zwölf Denkern und Dichtern des Zeitraumes zwischen 1795 und 1915, zum ersten Mal,

---

3 M. de Unamuno, *Das tragische Lebensgefühl*. München 1925.
4 An Sidney Schiff, *Correspondance générale*, tome 3. Paris 1932, S. 31.
5 Vgl. Hegel, *Rechtsphilosophie*, Jubiläums-Ausgabe, Bd. 7, S. 37.

wie es scheint, hier vereinigt sind. Es kann diesen Erläuterungen nicht darum gehen, in die Systeme, denen die Bestimmungen des Tragischen entnommen sind, kritisch einzudringen, noch auch ihrer Einmaligkeit gerecht zu werden. Vielmehr müssen sie sich, mit wenigen Ausnahmen, bescheiden, nach dem Stellenwert des Tragischen im betreffenden Denkgefüge zu fragen und damit vom Unrecht etwas wiedergutzumachen, das diesem durch das Herausreißen des zitierten Textes widerfuhr. Ferner haben sie die verschiedenen Bestimmungen des Tragischen auf ein mehr oder weniger verdecktes Strukturmoment hin durchsichtig zu machen, das allen gemeinsam ist und seine Bedeutung erlangt, will man die Definitionen der verschiedenen Denker im Hinblick nicht auf deren Philosophie lesen, sondern auf die Möglichkeit, mit ihrer Hilfe Tragödien zu analysieren, in der Hoffnung also auf einen generellen Begriff des Tragischen. Die Ausnahmen aber sind jene Kommentare, die einem schwierigen Text, wie dem Fragment Hölderlins, seine Bedeutung erst abtrotzen müssen oder die hinter eine Bestimmung zurückgehen, um deren Ursprung dort zu suchen, wo scheinbar noch gar nicht vom Tragischen gehandelt wird und doch die Erklärung für dessen spätere Definition vorliegt. Dies ist der Fall im Hegel-Kommentar, der für die übrigen Interpretationen die Grundlage bildet, wie denn Hegel am Eingang dieser Studie vor allen anderen muß genannt werden, weil sie ihm und seiner Schule Erkenntnisse verdankt, ohne die sie nicht hätte geschrieben werden können.

I. Die Philosophie des Tragischen

Schelling

Man hat oft gefragt, wie die griechische Vernunft die Widersprüche ihrer Tragödie ertragen konnte. Ein Sterblicher – vom Verhängnis zum Verbrecher bestimmt, selbst gegen das Verhängnis kämpfend, und doch fürchterlich bestraft für das Verbrechen, das ein Werk des Schicksals war! Der Grund dieses Widerspruchs, das, was ihn erträglich machte, lag tiefer, als man ihn suchte, lag im Streit menschlicher Freiheit mit der Macht der objektiven Welt, in welchem der Sterbliche, wenn jene Macht eine Übermacht – (ein Fatum) – ist, notwendig unterliegen, und doch, weil er nicht ohne Kampf unterlag, für sein Unterliegen selbst bestraft werden mußte. Daß der Verbrecher, der doch nur der Übermacht des Schicksals unterlag, doch noch bestraft wurde, war Anerkennung menschlicher Freiheit, Ehre, die der Freiheit gebührte. Die griechische Tragödie ehrte menschliche Freiheit dadurch, daß sie ihren Helden gegen die Übermacht des Schicksals kämpfen ließ: um nicht über die Schranken der Kunst zu springen, mußte sie ihn unterliegen, aber, um auch diese, durch die Kunst abgedrungne, Demütigung menschlicher Freiheit wieder gut zu machen, mußte sie ihn – auch für das durchs Schicksal begangne Verbrechen – büßen lassen. [...] Es war ein großer Gedanke, willig auch die Strafe für ein unvermeidliches Verbrechen zu tragen, um so durch den Verlust seiner Freiheit selbst eben diese Freiheit zu beweisen, und noch mit einer Erklärung des freien Willens unterzugehen.[1]

Mit dieser Deutung des *König Ödipus* und der griechischen Tragödie im allgemeinen beginnt die Geschichte der Theorie

---

[1] *Briefe über Dogmatismus und Kritizismus.* Hauptwerke der Philosophie in originalgetreuen Neudrucken. Bd. 3. Leipzig 1914, S. 85 f. Vgl. E. Staiger, *Der Geist der Liebe und das Schicksal,* S. 41.

des Tragischen, die ihr Augenmerk nicht mehr auf dessen Wirkung, sondern auf das Phänomen selber richtet. Der Text entstammt dem letzten der *Philosophischen Briefe über Dogmatismus und Kritizismus*, die Schelling 1795 als Zwanzigjähriger verfaßte. In ihnen werden die Lehren Spinozas und Kants, die schon für Fichte die zwei einzigen *völlig konsequenten Systeme* waren[2], einander gegenübergestellt und zugleich versucht, die kritische Philosophie vor ihrer eignen Dogmatisierung zu bewahren. *Der eigentliche Unterschied der kritischen und dogmatischen Philosophie scheint mir darin zu liegen,* schreibt Schelling in einem Brief dieser Zeit an Hegel, *daß jene vom absoluten (noch durch kein Objekt bedingten) Ich, diese vom absoluten Objekt oder Nicht-Ich ausgeht.*[3] Dem entspricht die gegensätzliche Bedeutung, welche in den beiden Lehren der Freiheit zugebilligt wird, in der Schelling *das Wesen des Ichs,* das *A und O aller Philosophie* sieht.[4] Während im Dogmatismus das Subjekt die Wahl des Absoluten zum Objekt seines Wissens mit *absoluter Passivität* bezahlt, ist der Kritizismus, der alles ins Subjekt setzt und so vom Objekt alles negiert, *Streben nach unveränderlicher Selbstheit, unbedingter Freiheit, uneingeschränkter Tätigkeit*[5]. Als hätte Schelling selber eingesehen, daß in diesen beiden Möglichkeiten die Macht des Objektiven noch dort, wo es dank der absoluten Passivität des Subjekts obsiegt, mißachtet wird – verdankt es doch seinen Sieg diesem Subjekt selbst –, läßt er den fiktiven Adressaten seiner Briefe auf eine dritte Möglichkeit hinweisen. Sie entstammt nicht mehr den Voraussetzungen philosophischer Systeme, sondern dem Leben und seiner Darstellung in der Kunst. *Sie haben recht,* beginnt der zehnte Brief, *noch Eines bleibt übrig – zu wissen, daß es eine objektive Macht gibt, die unsrer Freiheit Vernichtung droht, und mit dieser festen und gewissen Überzeugung im Herzen – gegen sie zu kämpfen, seiner ganzen Freiheit aufzu-*

---

2 *Grundlage der gesamten Wissenschaftslehre.* Werke. Hrsg. F. Medicus. Leipzig 1911. Bd. 1, S. 295.
3 *Aus Schellings Leben.* Leipzig 1869. Bd. 1, S. 76 f.
4 Ebd.
5 *Briefe...*, S. 84.

*bieten, und so unterzugehen.*⁶ Doch als scheute wiederum der junge Schelling diese Anerkennung des Objektiven, läßt er den Kampf nur in der tragischen Kunst, nicht im Leben zu, *zum System des Handelns könnte er schon deswegen nicht werden, weil ein solches System ein Titanengeschlecht voraussetzte, ohne diese Voraussetzung aber, ohne Zweifel zum größten Verderben der Menschheit ausschlüge*⁷. Diesem idealistischen Glauben, der das Tragische in seiner Gewalt zu haben meint und es nur anerkennt, weil er in ihm einen Sinn entdeckt: die Behauptung der Freiheit, entspricht es, daß für Schelling der tragische Vorgang im *König Ödipus* nicht an sich selbst, sondern nur im Hinblick auf sein Telos Bedeutung erlangt. Trotzdem wird die ihm eigene Struktur deutlich. Indem der tragische Held in Schellings Interpretation nicht bloß der Übermacht des Objektiven unterliegt, sondern selbst für sein Unterliegen bestraft wird, dafür, daß er den Kampf überhaupt aufgenommen hat, wendet sich der positive Wert seiner Haltung: der Wille zur Freiheit, die *das Wesen seines Ichs* ist, gegen ihn selbst. Der Prozeß darf mit Hegel dialektisch genannt werden.⁸ Schelling hatte freilich die mit dem Untergang erkaufte Behauptung der Freiheit im Blick, die Möglichkeit eines rein tragischen Vorgangs war ihm fremd. Doch sein alle philosophische Bemühung um das Problem des Tragischen begründender Satz, daß es ein großer Gedanke gewesen sei, *willig auch die Strafe für ein unvermeidliches Verbrechen zu tragen, um so durch den Verlust seiner Freiheit selbst eben diese Freiheit zu beweisen,* läßt schon jenes dunkle Motiv erklingen, das später kein Bewußtsein vom Sieg des Erhabenen mehr übertönt: die Erkenntnis, daß ein Höchstes vernichtet ward, gerade wodurch es hätte gerettet werden sollen.

---

6 Ebd., S. 85.

7 Ebd., S. 88.

8 ›Dialektik‹ und ›dialektisch‹ bezeichnen in der ganzen Studie nach Hegels Wortgebrauch, jedoch ohne die Implikationen seines Systems, folgende Tatbestände und Vorgänge: Einheit der Gegensätze, Umschlag des Einen in sein Gegenteil, Negativsetzen seiner selbst, Selbstentzweiung.

> *Das Wesentliche der Tragödie ist [...] ein wirklicher Streit der Freiheit im Subjekt und der Notwendigkeit als objektiver, welcher Streit sich nicht damit endet, daß der eine oder der andere unterliegt, sondern daß beide siegend und besiegt zugleich in der vollkommenen Indifferenz erscheinen.*[9]
> *Der Streit von Freiheit und Notwendigkeit [ist] wahrhaft nur da, wo diese den Willen selbst untergräbt, und die Freiheit auf ihrem eigenen Boden bekämpft wird.*[10]

Schellings Deutung der Tragödie in den 1802/1803 zum ersten Mal gehaltenen *Vorlesungen über die Philosophie der Kunst* verweist zwar ausdrücklich auf die Jugendschrift über Dogmatismus und Kritizismus, hat aber zum Ausgangspunkt nicht mehr ein neben den beiden grundsätzlich möglichen Verhältnissen von Subjekt und Objekt als der Kunst vorbehaltenes drittes, sondern ist aus den Prinzipien der Schellingschen Identitätsphilosophie entwickelt und nimmt in seiner darauf beruhenden Ästhetik eine zentrale Stellung ein. Während Schelling Gott als die *unendliche, alle Realität in sich begreifende Idealität* setzt[11], bestimmt er die Schönheit als die *Ineinsbildung des Realen und Idealen*, als *Indifferenz der Freiheit und der Notwendigkeit, in einem Realen angeschaut*[12]. Die drei poetischen Gattungen treten als verschiedene Erscheinungsformen dieser Identität auf: im Epos erblickt Schelling *gleichsam einen Stand der Unschuld, wo alles noch beisammen und eins ist, was später nur zerstreut existiert oder nur aus der Zerstreuung wieder zur Einheit kommt. Diese Identität entzündete sich im Fortgang der Bildung im lyrischen Gedicht zum Widerstreit, und erst die reifste Frucht der späteren Bildung war es, wodurch, auf einer höheren Stufe, die Einheit selbst mit dem Widerstreit sich versöhnte, und beide wieder in einer vollkommneren Bildung eins wurden. Diese höhere Identität ist das Drama.*[13] So gipfelt Schellings ganzes

---

9 *Philosophie der Kunst*. Werke. Stuttgart 1856-61, 1. Abteilung, Bd. 5, S. 693.
10 Ebd., S. 696.
11 Ebd., S. 380.
12 Ebd., S. 383.
13 Ebd., S. 687.

System, dessen Wesen die Identität von Freiheit und Notwendigkeit ist, in seiner Bestimmung des tragischen Vorgangs als der Wiederherstellung dieser Indifferenz im Streit. Wiederum ist damit das Tragische als ein dialektisches Phänomen begriffen. Denn die Indifferenz von Freiheit und Notwendigkeit ist nur um den Preis möglich, daß der Sieger zugleich der Besiegte, der Besiegte zugleich der Sieger ist. Und der Schauplatz des Kampfes ist nicht ein Zwischengebiet, das dem streitenden Subjekt äußerlich bliebe, er ist in die Freiheit selber verlegt, die so, gleichsam mit sich selber zerfallen, zu ihrem eigenen Gegner wird.

Hölderlin

Die Bedeutung der Tragödien ist am leichtesten aus dem Paradoxon zu begreifen. Denn alls Ursprüngliche, weil alles Vermögen gerecht und gleich geteilt ist, erscheint zwar nicht in ursprünglicher Stärke, sondern eigentlich in seiner Schwäche, so daß recht eigentlich das Lebenslicht und die Erscheinung der Schwäche jedes Ganzen angehört. Im Tragischen nun ist das Zeichen an sich selbst unbedeutend wirkungslos, aber das Ursprüngliche ist gerade heraus. Eigentlich nämlich kann das Ursprüngliche nur in seiner Schwäche erscheinen, insofern aber das Zeichen an sich selbst als unbedeutend = 0 gesetzt wird, kann auch das Ursprüngliche, der verborgene Grund jeder Natur, sich darstellen. Stellt die Natur in ihrer schwächsten Gabe sich eigentlich dar, so ist das Zeichen, wenn sie sich in ihrer stärksten Gabe darstellt = 0.[1]

---

1 *Sämtliche Werke*. Große Stuttgarter Ausgabe. Hrsg. Fr. Beißner, Bd. 4, S. 274 = SW. *Sämtliche Werke*. Historisch-kritische Ausgabe. Hrsgl. L. v. Pigenot. Berlin 1943. Bd. 3, S. 275. Zeile 1: ›aus dem Paradoxon‹ Lesart von Zinkernagel und Beißner (Vgl. *Zum Hölderlin-Text. Neue Lesungen zu einigen theoretischen Aufsätzen.* In: Dichtung und Volkstum, 1938). Nach Pigenot hieß es zuerst: »Die (eigentliche gestr.) Bedeutung aller Tragödien erklärt sich aus den Paradoxen, daß alles Ursprüngliche, weil alles Gut gerecht und gleich geteilt ist, nicht wirklich, sondern eigentlich nur in seiner Schwäche erscheint.« (Vgl. *Werke* [Pigenot], Bd. 3, S. 589) – Zeile 4: ›recht‹ Lesart von Zinkernagel und Beißner, ›wohl‹ Lesart von Pigenot und Böhm.

Das zwischen 1798 und 1800 entstandene Fragment hat wie die beiden anderen Homburger Texte über das Tragische – der *Grund zum Empedokles* und der Aufsatz *Über das Werden im Vergehen* – zum Ausgangspunkt den Begriff der Natur. Es entspringt wie jene der Absicht, dem Menschen gegenüber der Natur eine Stelle einzuräumen, die ihn zwar als deren Diener, doch die Natur zugleich als seiner bedürftig zeigte. In einem Brief an den Bruder vom 4. Juni 1799 spricht Hölderlin von dem *Paradoxon [...], daß der Kunst- und Bildungstrieb mit allen seinen Modifikationen und Abarten ein eigentlicher Dienst sei, den die Menschen der Natur erweisen*[2]. Aus diesem Paradoxon erklärt das Fragment die Bedeutung der Tragödie. Sein Grundgedanke findet sich in dem Brief an Sinclair vom 24. Dezember 1798 wieder, wo als *die erste Bedingung alles Lebens und aller Organisation* die Tatsache bezeichnet wird, *daß keine Kraft monarchisch ist im Himmel und auf Erden*[3]. Weil solcherart *alles Vermögen gerecht und gleich geteilt ist,* vermag das seinem Wesen nach Ursprüngliche, die Natur, nicht zugleich *in ursprünglicher Stärke* zu *erscheinen, sondern eigentlich,* das heißt der ihm eigenen Möglichkeit gemäß, aus eigener Kraft, *nur in seiner Schwäche.* Diese Dialektik, daß das Starke von sich aus nur als Schwaches erscheinen kann und eines Schwachen bedarf, damit seine Stärke in Erscheinung trete, begründet die Notwendigkeit der Kunst. In ihr erscheint die Natur nicht mehr *eigentlich,* sondern durch ein Zeichen vermittelt. Dieses Zeichen ist in der Tragödie der Held. Indem er gegen die Naturmacht nichts auszurichten vermag und von ihr vernichtet wird, ist er *unbedeutend* und *wirkungslos.* Aber im Untergang des tragischen Helden, wenn das Zeichen = 0 ist, stellt zugleich die Natur als Siegerin *in ihrer stärksten Gabe* sich dar, ist *das Ursprüngliche gerade heraus.* So deutet Hölderlin die Tragödie als Opfer, welches der Mensch der Natur darbringt, um ihr zur adäquaten Erscheinung zu verhelfen. Seine Tragik besteht darin, daß er diesen Dienst, der seinem Dasein Bedeutung verleiht, erst im Tod leisten kann, in dem er als Zeichen *an sich*

2 SW 6/329.
3 SW 6/300.

selbst als unbedeutend = 0 gesetzt wird. Kommt dieser Streit von Natur und Kunst, dessen Ziel freilich die Versöhnung beider ist, nach Hölderlins Auffassung in der Tragödie als solcher zum Austrag, so ist er in jener Tragödie, deren Entstehen die theoretischen Schriften begleiten, ins Thematische gewendet. Denn Empedokles ist für Hölderlin *ein Sohn der gewaltigen Entgegensetzungen von Natur und Kunst in denen die Welt vor seinen Augen erschien. Ein Mensch, in dem sich jene Gegensätze so innig vereinigen, daß sie zu Einem in ihm werden...*[4]. Seine Tragik aber ist, daß er eben um der Versöhnung willen, die er verkörpert, und gerade, weil er sie verkörpert, das heißt sinnlich darstellt, untergehen muß. Denn einerseits wird die Versöhnung, wie der *Grund zum Empedokles* ausführt, nur dann erkennbar, wenn das zur innigen Einheit Verbundene im Kampf sich trennt, anderseits darf die sinnliche Vereinigung bloß scheinbar und temporär sein und muß aufgehoben werden, *weil sonst das Allgemeine im Individuum sich verlöre, und [...] das Leben einer Welt in einer Einzelheit abstürbe*[5]. Empedokles ist so *ein Opfer seiner Zeit*[6], dessen Vergehen indessen ein *Werden* ermöglicht, und dieses Schicksal ist nicht sein persönliches, sondern, wie Hölderlin betont, das Schicksal *mehr oder weniger* aller *tragischen Personen*[7].

Die Darstellung des Tragischen beruht vorzüglich darauf, daß das Ungeheure, wie der Gott und Mensch sich paart, und grenzenlos die Naturmacht und des Menschen Innerstes im Zorn Eins wird, dadurch sich begreift, daß das grenzenlose Eineswerden durch grenzenloses Scheiden sich reiniget.[8]

Hölderlins 1803 geschriebene *Anmerkungen zum Ödipus* folgen mit jenen zur *Antigone* den späten Hymnen, wie die Homburger Aufsätze die Empedokles-Dichtung begleiten. Ihre

---

4 SW 4/154.
5 SW 4/156 f.
6 SW 4/157.
7 Ebd.
8 *Anmerkungen zum Ödipus.* SW 5/201.

Bestimmung der Tragödie berührt sich aufs engste mit der früher gegebenen, erhält aber in der Nachbarschaft der Hymnen eine neue Bedeutung. Äußeres Zeichen für diesen Wandel ist schon der Umstand, daß Hölderlins Beschäftigung mit dem Tragischen sich nun nicht mehr an die eigene Dichtung knüpft, sondern an die Übertragung der beiden Sophokleischen Tragödien. Die tragische Lösung des Gegensatzverhältnisses von Natur und Kunst, das bei dem späten Hölderlin, absoluter gefaßt, zum Verhältnis von Gott und Mensch wird, ist nicht mehr das Thema seiner eigenen Lyrik. Zwar hat sich Hölderlin von der tragischen Dialektik, die er im *Tod des Empedokles* zu gestalten suchte, nicht abgewandt. Aber seiner Vorstellung von dem Verhältnis, das zwischen Gott und Mensch waltet, ist das Tragische nun gleichsam immanent. Es ist der Gedanke von der *göttlichen Untreue*. Geschichtsphilosophisch faßt Hölderlin die Zeit der Ödipus-Handlung wie die eigene als Zwischenzeit, als Nacht, in welcher *der Gott und der Mensch, damit der Weltlauf keine Lücke hat und das Gedächtnis der Himmlischen nicht ausgehet, in der allvergessenden Form der Untreue sich mitteilt, denn göttliche Untreue ist am besten zu behalten*[9]. Diese Dialektik von Treue und Untreue, Behalten und Vergessen haben Hölderlins späte Gedichte zum thematischen Grund. Sie bestimmen und erfüllen zugleich den Auftrag des Dichters in einer Zeit, der die Götter nur noch durch ihre Ferne nahe sein können. Hölderlin ist entschlossen, in der Nacht der Götterferne, die dennoch eine Gegenwart ist und die einzige, welche den Menschen nicht vernichtet, auszuharren und die künftige Einkehr der Götter vorzubereiten. Dies gibt seiner Dichtung, etwa der *Friedensfeier*, ihre utopische Struktur und jenen Rhythmus höchsten Gespanntseins, in dem jedes Wort wider die Sehnsucht sich stemmt, der Empedokles nachgab, als er sich in den Ätna warf. So wird nach Hölderlins Deutung auch in der Sophokleischen Tragödie die Spannung nicht ausgestanden, sondern zur Entladung gebracht. Die chiliastische Zukunft der Götternähe stürzt vor der Zeit in die

---

9 SW 5/202.

Gegenwart ein, die ihr nicht gewachsen ist; der Funke springt herüber, und in dem Brand, den er entfacht, wandelt sich die Nacht zum versengenden Tag. Indem Ödipus *den Orakelspruch zu unendlich deutet*[10], nämlich als religiöse Forderung, und diese Forderung erfüllt, erzwingt er in Hölderlins Sicht die Vereinigung mit Gott. Doch dieses *grenzenlose Eineswerden*, besagen die Anmerkungen, muß in *grenzenloses Scheiden* übergehen, damit das Ungeheure, das es darstellt, erkennbar werde. Der erzwungene Tag schlägt tragisch um in gesteigerte Nacht: in die Finsternis des geblendeten Ödipus.

Hegel

Die Tragödie [ist] *darin, daß die sittliche Natur ihre unorganische, damit sie sich nicht mit ihr verwickele, als ein Schicksal von sich abtrennt und sich gegenüber stellt, und, durch die Anerkennung desselben in dem Kampfe, mit dem göttlichen Wesen, als der Einheit von beidem, versöhnt ist.*[1]

Hegels erste Deutung der Tragödie findet sich in der Schrift *Über die wissenschaftlichen Behandlungsarten des Naturrechts*, die 1802-1803 in dem von Schelling und Hegel gemeinsam herausgegebenen *Kritischen Journal der Philosophie* erschien. Wie die ganze Zeitschrift wendet sich auch dieser Aufsatz gegen Kant und Fichte. Der auf dem Gebiet der Ethik geführte Kampf ist zugleich eine prinzipielle Auseinandersetzung der sich eben erst erkennenden Dialektik Hegels mit dem dualistischen Formalismus der Philosophie seiner Zeit. Denn was hier an Kants *Kritik der praktischen Vernunft* und Fichtes *Grundlage des Naturrechts* bemängelt wird, ist deren starre Entgegensetzung von Gesetz und Individualität, von Allgemeinem und Besonderem. Fichte will *alles Tun und Sein des Einzelnen als eines*

---

10 SW 5/197.
1 *Über die wissenschaftlichen Behandlungsarten des Naturrechts, seine Stelle in der praktischen Philosophie, und sein Verhältnis zu den positiven Rechtswissenschaften.* Jubiläums-Ausgabe, Bd. 1, S. 501 f.

solchen von dem ihm entgegengesetzten Allgemeinen und der Abstraktion beaufsichtigt, gewußt und bestimmt sehen[2]. Dem stellt Hegel die *absolute Idee der Sittlichkeit* entgegen, die den *Naturzustand* und die *den Individuen fremde [...] Majestät und Göttlichkeit des Ganzen des Rechtszustandes* als *schlechthin identisch* enthält.[3] An die Stelle des abstrakten Sittlichkeitsbegriffs will Hegel einen realen setzen, der das Allgemeine und das Besondere in ihrer Identität darstellt, während die Entgegensetzung durch die Abstraktion des Formalismus bewirkt wird.[4] Die reale absolute Sittlichkeit, wie sie Hegel versteht, *ist unmittelbar Sittlichkeit des Einzelnen und umgekehrt* ist *das Wesen der Sittlichkeit des Einzelnen schlechthin die reale und darum allgemeine absolute Sittlichkeit*[5]. Doch im Gegensatz zu Schelling richtet Hegel sein Augenmerk nicht nur auf die Identität, sondern auch auf die ständige Auseinandersetzung der in ihrer Identität erfaßten Mächte, auf die ihrer Einheit immanente Bewegung, durch welche die Identität als reale erst möglich wird. Die Entgegensetzung von unorganischem Gesetz und lebendiger Individualität, Allgemeinem und Besonderem ist also nicht etwa ausgeschaltet, vielmehr im Innern des Begriffs als dynamische aufgehoben. Diesen Prozeß faßt Hegel, wie später in der *Phänomenologie des Geistes*, als Selbstentzweiung, als Opfer. *Die Kraft des Opfers besteht in dem Anschauen und Objektivieren der Verwickelung mit dem Unorganischen; – durch welche Anschauung diese Verwickelung gelöst, das Unorganische abgetrennt, und, als solches erkannt, hiermit selbst in die Indifferenz aufgenommen ist: das Lebendige aber, indem es das, was es als einen Teil seiner selbst weiß, in dasselbe legt, und dem Tode opfert, dessen Recht zugleich anerkannt und zugleich sich davon gereinigt hat.*[6] Den Vorgang, den er dem tragischen Prozeß als solchem gleichsetzt, exemplifiziert Hegel am Schluß der Äschyleischen *Orestie*. Die Auseinandersetzung

2 Ebd., S. 525.
3 Ebd., S. 452.
4 Ebd., S. 527.
5 Ebd., S. 509 f.
6 Ebd., S. 500.

zwischen den Eumeniden als den *Mächten des Rechts, das in der Differenz ist,* also dem unorganischen Teil der Sittlichkeit, mit Apoll *vor der sittlichen Organisation, dem Volke Athens* schließt mit der von Pallas Athene herbeigeführten Versöhnung: die Eumeniden werden fortan als göttliche Mächte geehrt, *so daß ihre wilde Natur des Anschauens der ihrem unten in der Stadt errichteten Altare gegenüber auf der Burg hoch thronenden Athene genösse, und hierdurch beruhigt wäre*[7]. Indem der tragische Vorgang bei Hegel als die Selbstentzweiung und Selbstversöhnung der sittlichen Natur interpretiert wird, tritt seine dialektische Struktur zum ersten Mal unmittelbar zutage. Während in Schellings Bestimmung der Tragödie das Dialektische noch freigelegt werden mußte, da Schelling – wie Hegel ihm in der Vorrede zur *Phänomenologie* heimlich vorwerfen wird – allzu leicht zur Harmonie fortschreitet, fallen bei Hegel Tragik und Dialektik zusammen. Daß diese Identität keine nachträglich behauptete ist, vielmehr bis auf den Ursprung der beiden Vorstellungen bei Hegel zurückgeht, erweist die unter dem Titel *Der Geist des Christentums und sein Schicksal* bekanntgewordene Jugendschrift aus den Jahren 1798-1800. Der Ursprung der Hegelschen Dialektik ist bezeichnenderweise eine Ursprungsgeschichte der Dialektik als solcher. Die Auseinandersetzung mit dem Kantischen Formalismus führt Hegel zunächst im Rahmen einer theologisch-historischen Studie als Auseinandersetzung im Stoffe selbst, nämlich zwischen dem Christentum und dem Judentum. Den Geist des letzteren kennzeichnet der junge Hegel ähnlich wie später den Formalismus Kants und Fichtes. Bestimmt wird er durch die starre Entgegensetzung von Menschlichem und Göttlichem, von Besonderem und Allgemeinem, von Leben und Gesetz, zwischen denen keine Versöhnung möglich ist. Ihr Verhältnis ist ein Herrschen und Beherrschtwerden. Zu diesem streng dualistischen Geist tritt der Geist des Christentums in Gegensatz. Die Gestalt Jesu überbrückt die Kluft zwischen Mensch und Gott, als Gottes- und Menschensohn verkörpert er die Versöhnung, die dialektische Einheit der beiden Mächte. Ebenso vermittelt er als Aufer-

---

[7] Ebd., S. 501.

standener zwischen Leben und Tod. An die Stelle des objektiven Gebots, dem der Mensch unterworfen ist, setzt er die subjektive Gesinnung, darin sich das Individuum selber mit der Allgemeinheit ineinssetzt. Aber sowenig wie später im Aufsatz über das Naturrecht sieht Hegel in seiner Jugendschrift die Identität als gesicherte Harmonie. Vielmehr erblickt er als ihre innere Bewegung jenen Vorgang, der in der *Phänomenologie* als die Dialektik des Geistes seine endgültige Form gewinnen wird. Die Jugendschrift nennt die Stufen der Selbstentzweiung und Versöhnung im Fortgang vom Ansichsein zum Anundfürsichsein: Schicksal und Liebe. Im Gegensatz zum Judentum, das Hegel zufolge kein Schicksal kennt, weil zwischen Mensch und Gott einzig das Band der Herrschaft geknüpft ist, begründet der Geist des Christentums zugleich auch die Möglichkeit des Schicksals. Das Schicksal ist *nichts Fremdes, wie die Strafe, welche dem fremden Gesetz zugehört, sondern das Bewußtsein seiner selbst, aber als eines Feindlichen*[8]. Im Schicksal entzweit sich die absolute Sittlichkeit mit sich selber. Sie findet sich nicht einem objektiven Gesetz gegenüber, das sie verletzt hätte, sondern hat im Schicksal das Gesetz vor sich, das sie in der Handlung selber aufgestellt hat.[9] Dadurch ist ihr zugleich die Möglichkeit geboten, sich mit ihm zu versöhnen und so die Einheit wiederherzustellen, während beim objektiven Gesetz die absolute Entgegensetzung die Strafe überdauert. So handelt Hegels Jugendschrift nicht bloß, wie die Überschrift des Herausgebers angibt, von dem Schicksal des Christentums, sondern zugleich von der Genesis des Schicksals überhaupt, die für Hegel mit der Genesis der Dialektik zusammenfällt, und zwar im Geist des Christentums. Mit Schicksal aber ist auch hier, im christlichen Raum, das tragische gemeint, wie es in der Tragödiendefinition der Schrift über das Naturrecht als das Moment der Selbstentzweiung in der sittlichen Natur auftritt. Unter den Manuskriptblättern der Jugendschrift fanden sich Exzerpte über das Fatum in der *Ilias*[10], und die Eigenart des vom Subjekt

---

8 *Hegels theologische Jugendschriften.* Hrsg. H. Nohl. Tübingen 1907, S. 283.
9 Ebd., S. 392.
10 Ebd., S. 393 Anm.

aus sich herausgestellten Schicksals wird an einer Tragödie, am *Macbeth,* verdeutlicht. Nach der Ermordung Banquos findet sich Macbeth keinem fremden, von ihm unabhängig bestehenden Gesetz gegenüber, sondern in Banquos Geist hat er das verletzte Leben selbst vor sich, das nichts Fremdes, sondern zugleich das *eigene verwirkte Leben* ist. *Jetzt erst tritt das verletzte Leben als eine feindselige Macht gegen den Verbrecher auf, und mißhandelt ihn, wie er mißhandelt hat; so ist die Strafe als Schicksal die gleiche Rückwirkung der Tat des Verbrechers selbst, einer Macht, die er selbst bewaffnet, eines Feindes, den er selbst sich zum Feinde machte.*[11] Da aber der Verbrecher *das Gesetz selbst aufgestellt hat,* kann *die Trennung, die er gemacht hat* – im Gegensatz zu dem schlechthin Getrennten im Gesetz –, *vereinigt werden,* und zwar ist *diese Vereinigung in der Liebe*[12]. So deutet Hegel das Schicksal der Maria Magdalena (und schreibt die Schuld für ihre Verfehlung gar dem Geist des Judentums zu): ... *die Zeit ihres Volkes war wohl eine von denen, in welcher das schöne Gemüt ohne Sünde nicht leben, aber zu dieser wie zu jeder anderen Zeit durch Liebe zum schönsten Bewußtsein zurückkehren konnte*[13]. Obwohl in der Jugendschrift die Wörter »tragisch« und »Tragödie« gar nicht auftreten, enthält sie doch den Ursprung der in der Schrift über das Naturrecht gegebenen Bestimmung des Tragischen, und sie enthält ihn in eins mit dem Ursprung der Hegelschen Dialektik. Der tragische Vorgang ist für den jungen Hegel die Dialektik der Sittlichkeit, die er zunächst als Geist des Christentums aufzuweisen sucht, später als Grundlage einer neuen Sittenlehre postuliert. Es ist die Dialektik der Sittlichkeit, *des Bewegers aller menschlichen Dinge*[14], die sich im Schicksal mit sich selber entzweit, in der Liebe aber zu sich zurückkehrt, während in der Welt des Gesetzes die starre Entzweiung durch Sünde und Strafe hindurch unverändert fortbesteht.

11 Ebd., S. 281.
12 Ebd., S. 281.
13 Ebd., S. 293.
14 Jubiläums-Ausgabe, Bd. 1, S. 441.

> *Das eigentliche Thema der ursprünglichen Tragödie [ist] das Göttliche; aber nicht das Göttliche, wie es den Inhalt des religiösen Bewußtseins als solchen ausmacht, sondern wie es in die Welt, in das individuelle Handeln eintritt, in dieser Wirklichkeit jedoch seinen substantiellen Charakter weder einbüßt, noch sich in das Gegenteil seiner umgewendet sieht. In dieser Form ist die geistige Substanz des Wollens und Vollbringens das Sittliche. [...] Durch das Prinzip der Besonderung nun, dem alles unterworfen ist, was sich in die reale Objektivität hinaustreibt, sind die sittlichen Mächte wie die handelnden Charaktere unterschieden in Rücksicht auf ihren Inhalt und ihre individuelle Erscheinung. Werden nun diese besonderen Gewalten, wie es die dramatische Poesie fordert, zur erscheinenden Tätigkeit aufgerufen und verwirklichen sie sich als bestimmter Zweck eines menschlichen Pathos, das zur Handlung übergeht, so ist ihr Einklang aufgehoben und sie treten in wechselseitiger Abgeschlossenheit gegeneinander auf. Das individuelle Handeln will dann unter bestimmten Umständen einen Zweck oder Charakter durchführen, der unter diesen Voraussetzungen, weil er in seiner für sich fertigen Bestimmtheit sich einseitig isoliert, notwendig das entgegengesetzte Pathos gegen sich aufreizt und dadurch unausweichlich Konflikte herbeileitet. Das ursprünglich Tragische besteht nun darin, daß innerhalb solcher Kollision beide Seiten des Gegensatzes für sich genommen Berechtigung haben, während sie andererseits dennoch den wahren positiven Gehalt ihres Zwecks und Charakters nur als Negation und Verletzung der anderen, gleichberechtigten Macht durchzubringen imstande sind und deshalb in ihrer Sittlichkeit und durch dieselbe ebensosehr in Schuld geraten.*[15]

Zwei Jahrzehnte trennen diese Bestimmung aus Hegels *Ästhetik* von der Definition der Schrift über das Naturrecht. Noch immer wird das Tragische als Dialektik der Sittlichkeit begriffen. Aber Wesentliches hat sich gewandelt. Zwar wird das

---

15 *Ästhetik*. Jubiläums-Ausgabe, Bd. 14, S. 528 f.

Schicksal des tragischen Helden: daß ihn sein Pathos zugleich ins Recht und ins Unrecht setzt und er so gerade durch seine Sittlichkeit in Schuld gerät, in einem metaphysischen Zusammenhang gesehen, der auf dem Eintritt des Göttlichen in die dem Prinzip der Besonderung unterworfene Wirklichkeit beruht. Aber dieser Bezug ist gegenüber dem Aufsatz von 1802 sehr viel lockerer geworden. Das Tragische gehört nicht mehr wesentlich zur Idee des Göttlichen, das im religiösen Bewußtsein seiner enthoben ist, und die Selbstentzweiung des Sittlichen ist zwar unvermeidlich, doch in ihrer Konkretion von den Umständen bestimmt, ihrem Inhalt nach also zufällig. Im Gegensatz zu der ersten Definition scheint die jetzt gegebene nicht unmittelbar einem philosophischen System zu entstammen, sondern – wie es ihrem Standort in einer Ästhetik entspricht – die ganze Vielfalt tragischer Möglichkeiten umfassen zu wollen. Indessen erweist sich aus den anschließenden Ausführungen der *Ästhetik* über die historische Entwicklung, daß Hegel diese formale Weite seiner Definition nur widerwillig zugesteht und im Grunde an einer einzigen Form der tragischen Kollision festhalten möchte. Das Moment des Zufalls, das sich in seine Bestimmung eingeschlichen hat, entstammt, wie sich nun zeigt, dem Tragischen der Moderne, deren Helden *mitten in einer Breite zufälligerer Verhältnisse und Bedingungen* stehen, *innerhalb welcher sich so und anders handeln ließe*[16]. Ihr Verhalten wird von ihrem eigentümlichen Charakter bestimmt, der nicht, wie in der Antike, notwendig ein sittliches Pathos verkörpert. Während Hegel die neuere Tragödie aus diesem Grund nur mit Vorbehalten gelten läßt, entscheidet er sich auch innerhalb der antiken Tragödie deutlich für eine der möglichen Kollisionen, für jene, die er in der *Iphigenia in Aulis*, der *Orestie* und der Sophokleischen *Elektra* vorfindet, am vollendetsten aber in der *Antigone*, die er *von allem Herrlichen der alten und modernen Welt* das *vortrefflichste, befriedigendste Kunstwerk* nennt.[17] Es ist die Kollision von Liebe und Gesetz, wie sie in Antigone und Kreon aufeinanderstoßen. So steht hinter der scheinbaren Un-

16 Ebd., S. 567.
17 Ebd., S. 556.

bestimmtheit der späten Definition immer noch die eine Form des Tragischen, die Hegel in der *Phänomenologie des Geistes* analysiert hat. Dabei darf freilich nicht übersehen werden, daß dort die Sophokleische Tragödie nicht als Tragödie betrachtet und auch keine Definition des Tragischen gegeben wird, wie denn die Ausdrücke »tragisch« und »Tragödie« in der *Phänomenologie* gar nicht vorkommen. Vielmehr gelangt Hegel im Verlauf der Darstellung, die er vom dialektischen Prozeß des Geistes gibt, zur Stufe des *wahren Geistes*, den er als *Sittlichkeit* bestimmt und in zwei Wesen sich spalten läßt: in das göttliche und in das menschliche Gesetz. Das eine erfüllt sich in der Frau und der Sphäre der Familie, das andere im Mann und in dem Leben des Staates. Den Zusammenstoß dieser beiden Erscheinungsformen des Sittlichen, also letztlich des auf der Rückkehr zu sich selbst begriffenen absoluten Geistes mit sich selber, sieht Hegel in der Antigone-Handlung gestaltet. Im Unterschied zur *Ästhetik* und übereinstimmend mit der Schrift über das Naturrecht stellt die *Phänomenologie* das Tragische, freilich ohne es so zu bezeichnen, in den Mittelpunkt der Hegelschen Philosophie und deutet es als die Dialektik, der die Sittlichkeit, beziehungsweise der Geist auf seiner Stufe als wahrer Geist, unterworfen ist. Doch gerade die Nähe, in die Hegels theologische Jugendschrift, der Aufsatz über das Naturrecht, die *Phänomenologie* (und noch die *Ästhetik* als deren formalisierter Nachklang) auf diese Weise zu einander rücken, macht den wesentlichen Unterschied zwischen ihnen erkennbar, der auf eine verborgene Wende in Hegels Auffassung vom Tragischen schließen läßt. In den Schriften, die der *Phänomenologie* vorausgehen, ist die Tragik das Merkmal einer Welt der Sittlichkeit, die sich im Schicksal mit sich selber entzweit und in der Liebe die Versöhnung findet, während die ihr gegensätzliche Welt des Gesetzes, die auf der starren Entgegensetzung von Allgemeinem und Besonderem beruht, dem Tragischen keine Möglichkeit bietet. In der *Phänomenologie* dagegen entsteht der tragische Konflikt gerade zwischen den Welten des Gesetzes und der Liebe. In Kreon scheint so der einst vom Tragischen ausgeschlossene Geist des Judentums und der formalistischen Ethik als gleichberechtigter tragischer Held Antigone gegenüberzutreten, welche die Welt der Liebe verkörpert. Dieser Wandel in Hegels Auffassung, den noch unterstreicht, daß Hegel für das sittliche Pathos des Kreon plädiert, hängt zusammen mit dem Wandel, den die Bedeutung der Dialektik für Hegel erfährt. In den Jahren zwischen der Schrift über das Naturrecht und der *Phänomenologie* wird die Dialektik aus einer historisch-theologischen Erscheinung (in dem Geist des Christentums) und einem wissenschaftlichen Postulat (für die Neubegründung der Sittenlehre) zum Weltgesetz und zur Methode der Erkenntnis. Dadurch greift die Dialektik, die zugleich das Tragische (und dessen Überwindung) ist, über die in den beiden Jugendschriften gesetzten Grenzen hinaus und umfaßt nun auch die von ihr einst streng unterschiedene Sphäre des Gesetzes. Zum Weltprinzip erhoben, duldet sie keinen Bereich, der ihr verschlossen bliebe. So wird als der tragische Grundkonflikt nun gerade jener erkannt, der zwischen dem Ursprung der Dialektik und dem Gebiet entbrennen muß, von dem sie sich absetzte, indem sie entstand. Der Gegensatz zwischen Judentum und Christentum hebt sich damit in Hegels Bild der Antike auf.[18] Daß aber diese Vereinigung der einst scharf voneinander geschiedenen Welten schon in der Jugendschrift vorbereitet ist und die Dialektik, noch ehe sie von Hegel beim Namen genannt wird, gleichsam hinter seinem Rücken ihr Recht sich verschafft, geht aus dem merkwürdigen Umstand hervor, daß Hegel für die Kennzeichnung sowohl des Christentums als auch des Judentums in der Jugendschrift zur selben Tragödie greift. Wenige Seiten vor der Analyse der Szene zwischen Macbeth und Banquos Geist, welche die Dialektik des subjektiven Schicksals aufzeigen soll, steht der Satz, der Macbeth in die Welt der schroffen Entgegensetzung des Objektiven verweist: *Das Schicksal des jüdischen Volkes ist das Schicksal Macbeths, der aus der Natur selbst trat, sich an fremde Wesen hing, und so in ihrem Dienste alles Heilige der menschlichen Natur zertreten und ermorden, von seinen*

---

[18] Dem entspricht in Hegels *Ästhetik* die Stellung der klassischen (griechischen) Kunstform zwischen der symbolischen (u. a. hebräischen) und der romantischen (christlichen). Vgl. bes. Jubiläums-Ausgabe, Bd. 13, S. 15.

Göttern (denn es waren Objekte, er war Knecht) endlich verlassen, und an seinem Glauben selbst zerschmettert werden mußte.[19] Die zweifache Interpretation und Verwendung der Macbeth-Gestalt, selber ein Zeugnis Hegelscher Dialektik, nimmt, entgegen der Intention der Jugendschrift, doch schon im Geist des späteren Hegel die Synthese vorweg, welche dann die *Phänomenologie* in der Deutung der *Antigone* leistet.[20]

Solger

Erscheint die ganze Wirklichkeit als Darstellung und Offenbarung der Idee sich selbst widersprechend und sich in die Idee versenkend, so ist dies das tragische Prinzip.[1]
Im Tragischen wird durch die Vernichtung die Idee als existierend offenbart; denn indem sie sich als Existenz aufhebt, ist sie da als Idee, und beides ist eins und dasselbe. Der Untergang der Idee als Existenz ist ihre Offenbarung als Idee.[2]

Obwohl Solgers 1819 gehaltene *Vorlesungen über Ästhetik* den Einfluß Schellings verraten, stellen sie zugleich die entschiedenste Abwendung von dessen Lehre dar. Der auf Fichte zurückgehende idealistische Standpunkt ist erschüttert. Davon zeugt schon, daß die Schellingschen Begriffe Freiheit und Notwendigkeit durch Idee und Existenz ersetzt sind. Die Macht, deren Gegnerschaft die Idee in einen tragischen Prozeß zwingt, der ihr den Sieg erst durch den Untergang gewährt, ist nicht mehr das Fatum oder die Notwendigkeit des Objektiven, sondern die Existenz des Menschen selbst. Die Idee dagegen hat sich aus dem Ich des Subjekts als dem Sitz der Freiheit in den Bereich des Göttlichen entfernt. So ist die tragische Dialektik, die beim jungen Schelling nur als möglicher Kampf zwischen der

---

19 *Theologische Jugendschriften*, S. 260.
20 Zu Hegel vgl. auch S. 203 dieser Arbeit.
1 *Vorlesungen über Ästhetik*. Hrsg. Heyse. Leipzig 1829, S. 309.
2 Ebd., S. 311.

menschlichen Freiheit und der Macht des Objektiven auftritt, bei Solger dem Dasein des Menschen notwendig eigen: *Wir sind in der Existenz befangen, die ein von der Idee abgewendetes, verlorenes und an sich nichtiges Leben hat und nur Bedeutung, Inhalt und Wert erhalten kann, wenn sich die göttliche Idee in ihr offenbart. Diese Offenbarung aber ist nur möglich durch Aufhebung der Existenz selbst.*[3] In diesem Sinn deutet Solger in einem Aufsatz über *Sophokles und die alte Tragödie* das Schicksal Antigones und Kreons: *Beide büßen gemeinschaftlich die nie zu vereinende Spaltung zwischen dem Ewigen und dem Zeitlichen.*[4] Zwar spendet auch für Solger das Tragische letztlich Trost: *Wir wissen, daß unser Untergang nicht die Folge einer Zufälligkeit, sondern davon ist, daß die Existenz das Ewige, wozu wir bestimmt sind, nicht ertragen kann, daß mithin die Aufopferung selbst das höchste Zeugnis unserer höheren Bestimmung ist.*[5] Während aber für den Schelling der *Briefe* die Freiheit als die Bestimmung des Menschen diesem nicht notwendig erst im Untergang zuteil wird und in der *Philosophie der Kunst* der Streit zwischen Freiheit und Notwendigkeit eine ursprüngliche und göttliche Identität beider zum Ziele hat, wird für Solger der Zwiespalt des Menschen, *daß er an dem Höchsten Teil hat und dennoch existieren muß*, was ihm zufolge *das echt tragische Gefühl hervorbringt*, im versöhnenden Wissen nicht etwa aufgehoben, sondern allererst erfahren. Diese Radikalisierung kennzeichnet auch Solgers Ästhetik. In der Schellingschen Bestimmung der Schönheit als der *Indifferenz der Freiheit und der Notwendigkeit, in einem Realen angeschaut* entdeckt Solger eine tragische Dialektik, die das Schöne als die göttliche Idee erleidet. Das Reale, in dem das Göttliche erst angeschaut werden kann, ist für Solger zugleich die Vernichtung des Göttlichen. Die Idee kann nicht durch sich selbst erscheinen, sondern muß – da nach Solger alles nur in seinem Gegensatz erkannt

---

[3] Ebd., S. 310.
[4] *Nachgelassene Schriften und Briefwechsel.* Hrsg. Tieck und v. Raumer. Leipzig 1826, Bd. 2, S. 466.
[5] *Vorlesungen*, S. 97.

werden kann – *sich in die Gegensätze der Existenz entfalten*[6] und wird so gerade in dem aufgehoben, worin sie erst zur Wirklichkeit kommt. Daraus ergibt sich Solgers Bestimmung des Tragischen. *Was in ihm vernichtet wird, ist die Idee selbst, insofern sie Erscheinung wird. Nicht das bloß Zeitliche geht unter, sondern gerade das Höchste, Edelste in uns muß untergehen, weil die Idee nicht existieren kann, ohne Gegensatz zu sein.*[7]

Goethe

Alles Tragische beruht auf einem unausgleichbaren Gegensatz. Sowie Ausgleichung eintritt, oder möglich wird, schwindet das Tragische.[1]

Bemerkenswert an Goethes Ausspruch, den der Kanzler von Müller unter dem Datum des 6. Juni 1824 berichtet, ist der formale Charakter. Was Goethe, dem sonst Anschauung und Theorie als eines und dasselbe gelten, hier zu dem abstrahierenden Scharfblick verhilft, ist wohl die Ferne, in die er sich dem Problem gegenüberstellt, die Entschlossenheit, ihm kein Heimatrecht zu gewähren in den konkreten Bezirken seines Daseins. So kann er als für das Tragische wesentlich einen Zug erkennen, der vom idealistischen System Schellings und auch noch Hegels verdeckt wird, ihn aber gerade aufs höchste befremdet: daß nämlich der tragische Konflikt *keine Auflösung zuläßt*[2]. 1831 äußert Goethe Zelter gegenüber, er sei *nicht zum tragischen Dichter geboren, da meine Natur konziliant ist*, das Unversöhnliche, das den rein-tragischen Fall kennzeichne, komme ihm *ganz absurd* vor.[3] Aber die formale Weite seiner Bestimmung, die 1827 als Kritik an Hegels Antigone-Interpre-

---

6 Ebd., S. 77.
7 Ebd., S. 96.
1 *Unterhaltungen mit Goethe*. Hrsg. E. Grumach. Weimar 1956, S. 118.
2 Zu Eckermann, 28. 3. 1827.
3 Brief an C. F. Zelter, 31. 10. 1831. Sophien-Ausgabe, IV. Abteilung, Bd. 49, S. 128.

tation gemeint war, konnte auch Goethe nicht ganz geheuer sein, darum die Einschränkung, der Konflikt müsse, damit er ein tragischer sei, *einen echten Naturgrund hinter sich haben* und *ein echt tragischer sein*. Am Denkfehler mag Eckermann die Schuld tragen, möglicherweise verrät er aber Goethes Verlegenheit diesem Problem gegenüber, wie er sie Zelter anvertraut hat. Indessen gibt es auch bei ihm Ansätze zu einer konkreteren Bestimmung des Tragischen.

Vom tragisch Reinen stellen wir euch dar
Des düstern Wollens traurige Gefahr;
Der kräftige Mann, voll;
Trieb und willevoll,
Er kennt sich nicht, er weiß nicht, was er soll...[4]

Dies spricht die Muse des Dramas im *Prolog zur Eröffnung des Berliner Theaters im Mai 1821*. Die Verse fassen Gedanken zusammen, die Goethe schon 1813 in *Shakespeare und kein Ende* entwickelt hat. Dort führt er die tragischen Momente auf die *einem jeden innewohnenden Mißverhältnisse zwischen Sollen und Wollen* zurück[5] und gelangt zu einer Unterscheidung des Tragischen in der Antike, in der Moderne und bei Shakespeare, der die beiden Formen des Tragischen verbindet. Wesentlich ist, daß der Konflikt nicht erst zwischen dem tragischen Helden und der Außenwelt statthat, noch in der Übermacht des Göttlichen oder des Schicksals wurzelt, denn: ... *ohne Zeus und Fatum, spricht mein Mund, / Ging Agamemnon, ging Achill zugrund*[6]. Sondern die tragische Dialektik hat zum Schauplatz den Menschen selber, in dem Sollen und Wollen auseinanderstreben und die Einheit seines Ich zu sprengen drohen. Tragisch ist freilich nicht schon das banale Mißverhältnis, daß der Mensch nicht will, was er soll, oder will, was er nicht soll, sondern erst die Verblendung, in der er, über das Ziel seines Sollens getäuscht, wollen muß, was er nicht wollen darf.

---

4 *Werke*. Propyläen-Ausgabe, Bd. 35, S. 84.
5 Ebd., Bd. 26, S. 48.
6 Ebd., Bd. 35, S. 84.

Diese wesentliche Ergänzung von Goethes Bestimmung des Tragischen: daß der unausgleichbare Gegensatz entzweit, was eines ist, erscheint in anderer Form auch in der Rezension, die er ein Jahr vorher Manzonis *Il conte di Carmagnola* gewidmet hat. Er nennt den Stoff, der den Kondottiere Carmagnola dem venezianischen Senat entgegenstellt, *vollkommen prägnant, tragisch, unausgleichbar,* weil hier *zwei unvereinbare, einander widersprechende Massen glauben sich vereinigen, einem Zwecke widmen zu können*[7]. Tragisch ist auch hier nicht der bloße Konflikt zwischen Carmagnola und dem Senat, und wäre er unauflösbar, sondern daß beide zugleich zu einem Zwecke vereinigt sind. – Neben diesen Bestimmungen des Tragischen, die Goethes Auseinandersetzung mit fremder Dichtung entstammen, steht eine andere, die in seinem eigensten Fühlen beheimatet ist.

> *Das Grundmotiv aller tragischen Situationen ist das Abscheiden, und da brauchts weder Gift noch Dolch, weder Spieß noch Schwert; das Scheiden aus einem gewohnten, geliebten, rechtlichen Zustand, veranlaßt durch mehr oder mindern Notzwang, durch mehr oder weniger verhaßte Gewalt, ist auch eine Variation desselben Themas.*[8]

Der Satz aus der Schrift über *Wilhelm Tischbeins Idyllen,* wie der Prolog 1821 entstanden, straft die Behauptung Lügen, das Problem des Tragischen sei Goethe ursprünglich fremd gewesen. Der Grund, aus dem Goethe sich nicht zum tragischen Dichter geboren fühlte, war nicht Fremdheit, sondern gerade Vertrautheit mit dem Tragischen. Erst dessen gewalttätige, vom Dramatiker mit Gewalt und wohl auch mit Lust herbeigeführte Zuspitzung in der Tragödie mußte ihn befremden, empfand er es doch schon tief und schmerzvoll in den Begebenheiten des realen Lebens. Das Moment des Tragischen holte er aus dem Tod des tragischen Helden, dessen Urheber Zwang und Gewalt, dessen Emblem Gift und Dolch sind, in den Abschied von

7 Ebd., Bd. 33, S. 255.
8 Ebd., Bd. 35, S. 190.

einem geliebten Menschen, einem geliebten Zustand zurück. Nichts wäre irriger, als darin eine Verharmlosung des tragischen Problems, gar dessen Verwechslung mit dem nur Traurigen zu sehen. Die Bedeutung des Abschieds für Goethe läßt sich ermessen aus der Stellung, welche die Gegenwart und der Augenblick in seiner Dichtung einnehmen, zu schweigen von den Werken, deren Thema der Abschied ist. Das Grundmotiv aller tragischen Situationen aber konnte er das Abscheiden nennen, weil er dessen dialektischer Struktur innewurde. Abschied ist Einssein, dessen einziges Thema die Entzweiung ist; Nähe, die nur noch die Ferne vor Augen hat, die darauf zustrebt, wie verhaßt sie ihr auch sei; Verbundenheit, welche die Trennung, ihren Tod, indem sie Abschied ist, selber vollzieht.

Schopenhauer

Es ist der Widerstreit des Willens mit sich selbst, welcher hier [im Trauerspiel], *auf der höchsten Stufe seiner Objektität, am vollständigsten entfaltet, furchtbar hervortritt. Am Leiden der Menschheit wird er sichtbar, welches nun herbeigeführt wird, teils durch Zufall und Irrtum, die als Beherrscher der Welt, und durch ihre bis zum Schein der Absichtlichkeit gehende Tücke als Schicksal personifiziert, auftreten; teils geht er aus der Menschheit selbst hervor, durch die sich kreuzenden Willensbestrebungen der Individuen, durch die Bosheit und Verkehrtheit der meisten. Ein und derselbe Wille ist es, der in ihnen allen lebt und erscheint, dessen Erscheinungen aber sich selbst bekämpfen und sich selbst zerfleischen.*[1]

Was allem Tragischen, in welcher Gestalt es auch auftrete, den eigentümlichen Schwung zur Erhebung gibt, ist das Aufgehn der Erkenntnis, daß die Welt, das Leben, kein wahres Genügen gewähren könne, mithin unserer Anhänglichkeit nicht wert sei: darin besteht der tragische Geist: er leitet demnach zur Resignation hin.[2]

[1] *Sämtliche Werke*. Hrsg. A. Hübscher. Leipzig 1938, Bd. 2, S. 298 f.
[2] Ebd., Bd. 3, S. 495.

Die Welt als Wille und Vorstellung erschien in der ersten, lange unbeachtet gebliebenen Ausgabe 1819, im Jahr von Solgers *Vorlesungen über Ästhetik*, die aber erst ein Jahrzehnt später aus dem Nachlaß veröffentlicht wurden. Schopenhauers Bestimmung des Tragischen hat mit der Solgerschen manches gemein. Der tragische Vorgang ist auch für ihn die Selbstaufhebung dessen, was die Welt begründet. Während aber die Idee bei Solger in ihrem Untergang zugleich allererst sich als Idee offenbart (ein Schellingscher Gedanke), hat die Selbstverneinung des Willens bei Schopenhauer ihren Wert an sich selber. Und während Solgers Deutung des Tragischen noch ganz aus der Dualität von Idee und Existenz entwickelt ist, liegt Schopenhauers Bestimmung einzig der Begriff des Willens zugrunde. In ihm hatte er die Antwort gefunden auf die Frage Fausts nach dem, *was die Welt im Innersten zusammenhält* (die Verse stehen als Motto vor dem zweiten Buch); der Wille ist *das Ding an sich, die Quelle aller Erscheinungen*. Die *Selbsterkenntnis* des Willens darf Schopenhauer deshalb *die einzige Begebenheit an sich*[3] nennen, und er setzt sie dem tragischen Prozeß gleich. Findet dieser bei Solger im Eingang der göttlichen Idee in die Existenz statt, so bei Schopenhauer in der Objektivation des Willens. Das All ist dessen abgestufte Objektität, vom Anorganischen über Pflanze und Tier führt eine Stufenfolge zum Menschen. In diesem Aufstieg seiner Objektivationsformen erhält *der Wille, welcher rein an sich betrachtet, erkenntnislos und nur ein blinder, unaufhaltsamer Drang ist [...] durch die hinzugetretene, zu seinem Dienst entwickelte Welt der Vorstellung die Erkenntnis von seinem Wollen*[4]. Mitteilung dieser Erkenntnis ist das einzige Ziel der Kunst.[5] Im Menschen und in der Kunst gipfelt so der Objektivations- und Selbsterkenntnisprozeß des Willens. Schopenhauers Darstellung der Tragödie deutet unter diesen beiden Gesichtspunkten das Tragische als Selbstzerstörung und Selbstverneinung des Willens. In den Konflikten, welche die Tragödie zur Handlung hat, erblickt

3 Ebd., Bd. 2, S. 216.
4 Ebd., Bd. 2, S. 323.
5 Ebd., Bd. 2, S. 217.

Schopenhauer, ob sie nun zwischen Mensch und Fatum oder zwischen Mensch und Mensch stattfinden, den Kampf der verschiedenen Erscheinungen des Willens miteinander, also des Willens gegen sich selbst. Zu ihrem Abschluß kommt diese tragische Dialektik des Willens nicht im thematischen Raum der Tragödie, sondern erst durch deren Wirkung auf den Zuschauer und Leser: in der Erkenntnis, welche sie vermittelt. Doch noch die Erkenntnis geht Schopenhauer zufolge *ursprünglich aus dem Willen selber hervor,* sie *gehört zum Wesen der höhern Stufen seiner Objektivation* und ist *ein Mittel zur Erhaltung des Individuums und der Art.* [...] *Zum Dienste des Willens, zur Vollbringung seiner Zwecke bestimmt, bleibt sie ihm auch fast durchgängig gänzlich dienstbar: so in allen Tieren und in beinahe allen Menschen.* Sie kann sich aber in einzelnen *dieser Dienstbarkeit entziehen* und begründet *frei von allen Zwecken des Wollens* als *klarer Spiegel der Welt* die Kunst.[6] Was in aller Kunst dergestalt als Möglichkeit enthalten ist: daß nämlich die Erkenntnis, die dem Willen selber entstammt und ihm dienen sollte, sich gegen ihn wendet, wird in der Tragödie Ereignis. Die Darstellung, welche die Selbstzerstörung des Willens erfährt, bewirkt im Zuschauer die Erkenntnis, daß das Leben als Objekt und Objektität dieses Willens seiner *Anhänglichkeit nicht wert sei,* und führt ihn zur Resignation. In ihr hebt sich der Wille, dessen Erscheinung der Mensch ist, selber auf, und zwar in einer zweifachen Dialektik. Denn nicht nur wendet sich der Wille in der Erkenntnis, die er sich selber als *ein Licht angezündet* hat[7], gegen sich selbst, sondern hat selber diese Erkenntnis bewirkt durch die tragische Handlung, deren einziger Held er als sich selbst vernichtender ist.

Friedrich Theodor Vischer

Den wahren Begriff des tragischen Schicksals bilden [...] *zwei Momente: das Absolute und das Subjekt. Beide stehen in*

6 Ebd., Bd. 2, S. 181.
7 Ebd., Bd. 2, S. 179.

dem Verhältnisse zueinander, daß das Letztere, das Subjekt, zwar dem Absoluten sein Bestehen, seine Kräfte, seine Größe verdankt und dadurch als eine bedeutende Macht erscheint: aber auch nur erscheint; denn daß es diese Größe jenem Höheren verdankt und daß diese Größe selbst, verglichen mit jenem, nur eine relative, an Schwachheiten und Blößen krankende ist, – diese erweist sich im Tragischen. [...] Aber weil sich im Untergange der menschlichen Erhabenheit eben die göttliche offenbart, so geht dieser Schmerz bei dem Zuschauer in ein Gefühl der Versöhnung über.[1]

Vischers Deutung des Tragischen aus der Abhandlung *Über das Erhabene und Komische* (1837) kehrt in wenig veränderter Gestalt in der *Ästhetik* wieder, deren Bände 1847-1857 erscheinen. Sie ist von Hegel auf ganz andere Weise und in viel höherem Grad abhängig, als dieser das Denken Kierkegaards oder Schopenhauer den Nietzsche der *Geburt der Tragödie* beeinflußt hat. Während Nietzsche und Kierkegaard schon im Anfang sich programmatisch von dem abwenden, was sie aufs stärkste geprägt hat, und so zu Neuem kommen, löst sich Vischer während der langen Arbeit an der *Ästhetik* allmählich von Hegel, und erst 1873 in der zweiten *Kritik meiner Ästhetik*, seiner Selbstkritik, ringt er sich zu dem Entschluß durch: *Ich gebe die ganze Methode Hegelscher Begriffsbewegung, welche die immanente logische Bewegung der Sache selbst sein soll, preis.*[2] Freilich gibt es schon anfangs, obwohl Vischer nach eigenem Bekenntnis *keine prinzipielle Idee zu einem Neubau auch nur wesentlicher Hauptteile* hatte[3], Abweichungen, die man auf tieferliegende, Vischer selbst nicht immer bewußte und so hinter dem Wortlaut verborgene Differenzen zurückführen darf.[4] Sie betreffen, wenngleich erst in zweiter Linie, auch Vischers Deutung des Tragischen. Als die Schrift *Über das*

---

1 *Über das Erhabene und Komische.* In: *Kritische Gänge*, 2. Aufl., Bd. 4, S. 63 f.
2 *Kritische Gänge*, Bd. 4, S. 404.
3 *Mein Lebensgang*, Ebd., Bd. 6, S. 472.
4 Vgl. Ewald Volhard, *Zwischen Hegel und Nietzsche. Der Ästhetiker Friedrich Theodor Vischer.* Frankfurt a. M. 1932.

Erhabene und Komische entstand, war erst ein Band von Hegels *Vorlesungen über die Ästhetik* erschienen. Vischers Darstellung hat so zur Grundlage für den Begriff des Schönen die Hegelsche *Ästhetik*, für den Begriff des Tragischen aber die *Phänomenologie des Geistes*. Die Aufgabe, Hegels Deutung der Tragödie aus dem Prozeß des absoluten Geistes in das System des Schönen zu überführen, bedingt äußerlich das Neue an der Vischerschen Bestimmung, das so mehr im Kontext als im Text selbst zu finden ist. Der Einbau des Tragischen in die dialektische Bewegung des Schönen erklärt sich aber nicht nur aus dieser Notwendigkeit, auch nicht bloß aus der Bestrebung, Hegels Ästhetik, die Vischer zu wenig dialektisch erschien, in dieser Richtung zu Ende zu führen. Sondern der entscheidende Satz aus der Schrift von 1837, daß *das Schöne den Gegensatz, den es löst, nicht nur den gelösten uns vor Augen führen* müsse[5], hat zum Beweggrund, daß Vischer dem Zufall als einem der hypostasierten Momente des Schönen, und damit dem Individuellen und dem Komischen, größere Beachtung schenken will, als Hegel es getan hat. Das wiederum geht, nach Ewald Volhard, darauf zurück, daß Vischer schon den Grundbegriff ihrer Systeme, den der Idee, nicht mehr prozessual, sondern statisch versteht, wodurch Sein und Werden, Geist und Wirklichkeit gegen Hegel wieder auseinandergerissen werden und die Wirklichkeit in ihrer Zufälligkeit erscheint. Damit ist aber der lange Loslösungsprozeß, an dessen Ende Vischer die Methode der Hegelschen Begriffsbewegung preisgeben wird, bereits im Ansatz seiner Ästhetik eingeleitet. – Die Schrift *Über das Erhabene und Komische*, die in die *Ästhetik* als deren erster Teil, nämlich als die *Metaphysik des Schönen*, aufgenommen ist, behandelt nach der Reduktion des Schönen auf seine beiden Momente, auf die Idee und das Bild, deren harmonische Einheit es ist, entsprechend dem schon zitierten programmatischen Satz, das Schöne *im Widerstreit seiner Momente*. Als ersten Kontrast im Schönen – der zweite wird das Komische sein – bezeichnet Vischer das Erhabene, in welchem *die Idee in einem negativen Verhältnis*

---

[5] *Kritische Gänge*, Bd. 4, S. 28.

zur Gegenständlichkeit steht, *das Absolute erscheint über jede unmittelbare Existenz hinausgehoben.*[6] Im Erhabenen wiederum unterscheidet Vischer ein objektiv und ein subjektiv Erhabenes, dessen dialektische Einheit, das Erhabene des Subjekt-Objekts, er als das Tragische definiert. Damit ist er bei Hegels Deutung der Tragödie in der *Phänomenologie*, die er in den durch die Dialektik des Schönen geschaffenen neuen Zusammenhang übernimmt. Während aber Hegels Gedankengang über den *wahren Geist*, den er als Sittlichkeit bestimmt, unmittelbar zu der Form des Tragischen führt, die er an der *Antigone* aufweist, gliedert Vischer seinen Abschnitt über das Tragische noch einmal triadisch und betont so ein wesentliches Moment der tragischen Dialektik, das sich bei Hegel aus der Sache selbst ergibt. Auf der ersten Stufe unterliegt das Subjekt dem Absoluten *als dem dunklen Grund einer unendlichen Naturmacht*[7], auf der zweiten, womit das *wahrhaft Tragische* Vischer zufolge beginnt, herrscht das Schicksal *als Gerechtigkeit*.[8] Erst auf der dritten Stufe, die Hegels Darstellung in der *Phänomenologie* entspricht und für Vischer die *reinste Form des Tragischen* ist, erscheint der absolute Geist *als rein geistige Einheit aller sittlichen Wahrheiten und Gesetze*, während das Subjekt *eine dieser sittlichen Wahrheiten zu seinem Pathos gemacht hat*.[9] Damit aber wird der Konflikt zwischen dem Absoluten und dem Subjekt erst zum dialektischen. Denn nun ist es dasselbe Pathos des Subjekts, das ihm als Sittlichkeit Recht, als einseitig und andere sittliche Gesetze verletzend jedoch Unrecht gibt. So verdankt das Subjekt, wie die Schrift von 1837 formuliert, sein Bestehen und seine Größe dem Absoluten, welches die Sittlichkeit in ihrer Totalität ist, muß aber untergehen, weil es sie dem Absoluten verdankt und so, als Individuum unter Individuen, sich einer anderen Konkretisierung der Sittlichkeit gegenüber finden kann. In der *Ästhetik* deutet Vischer die tragische Dialektik des Subjekts, das so an sich selber, daran, daß es Individu-

6 Ebd., S. 29.
7 Ebd., S. 65.
8 Ebd., S. 71.
9 Ebd., S. 89.

um ist, zugrunde geht – wie Hebbel und später Nietzsche
– zugleich als die Verschuldung der Individuation. Das Erhabene des Subjekts wird vernichtet, nicht nur weil es lediglich
Bruchteil, sondern auch, weil es *auf Trennung des Ganzen
ausgehender Bruchteil* ist.[10] Vom Absoluten her gesehen ist der
tragische Prozeß zugleich der Kampf, den die Sittlichkeit als
solche, in Gestalt ihrer konträren Besonderungen, gegen sich
selber ausficht. Insofern ist er ebenfalls ein dialektischer, in
welchem aber, ungleich dem Schopenhauerschen Willen und
wie schon die göttliche Idee bei Solger und dann Nietzsches
Dionysos, das Absolute sich gerade in seiner Unzerstörbarkeit
offenbart.

Kierkegaard

Das Tragische ist der leidende Widerspruch.[1]
Die tragische Auffassung sieht den Widerspruch und verzweifelt am Ausweg.[2]

Kierkegaards Definition des Tragischen ist der Goethes verwandt, nicht nur weil sie gleichfalls ohne inhaltliche Bestimmungen auskommt, sondern weil der formale Blick beider, den
kein Systemwille lenkt, im Tragischen zwangsläufig die gleiche
Dialektik erfaßt. Doch unterscheidet sich Kierkegaards Bestimmung von der Goetheschen in zwei Punkten, die sowohl die
Struktur des Tragischen als auch dessen Stellenwert im Denken
Kierkegaards genauer zu sehen erlauben. Während Goethe von
Gegensatz spricht, wählt Kierkegaard, wohl dem Wortgebrauch
von Hegels Logik folgend, den Begriff des Widerspruchs (Modsigelse), um damit die vorgegebene Einheit der beiden kollidierenden Gewalten auszudrücken, die ihren Kampf erst zu einem
tragischen macht. Was Goethe erst in der Anwendung seiner
Definition auf Manzonis *Carmagnola* hinzunimmt[3], ist von

---

10 *Ästhetik*, 2. Aufl., Bd. 6, S. 275.
1 *Unwissenschaftliche Nachschrift*. Kierkegaard-Jubiläums-Ausgabe, S. 709.
2 Ebd., S. 711.
3 Vgl. S. 178 dieser Arbeit.

Kierkegaard im Wort *Modsigelse* schon intendiert und in einem Satz aus *Entweder/Oder* ausdrücklich gesagt: *Damit der tragische Konflikt rechte Tiefe habe, müssen die widerstreitenden Gewalten gleichartig sein.*[4] Wichtiger jedoch ist der zweite Unterschied. Obwohl Goethe Zelter gegenüber geäußert hat, das Unversöhnliche käme ihm absurd vor, nahm er den *unausgleichbaren Gegensatz*, auf dem das Tragische beruht, als eine objektive Gegebenheit, wie er auch die Ausgleichung, durch welche das Tragische schwindet, wohl als vom Subjekt unabhängig ansah. Für Kierkegaard dagegen ist die Ausweglosigkeit des tragischen Widerspruchs nicht in der Realität, sondern bloß in der *Auffassung* des Menschen beheimatet, der so die Möglichkeit hat, wenn auch nicht den Ausweg zu erzwingen, so doch den Widerspruch in einer höheren Sicht aufzuheben, der es nicht mehr um den Ausweg geht. Freilich wird diese Überwindung des Tragischen seit Schelling in den idealistischen Deutungen immer schon mitgedacht; noch die Resignation, in der Schopenhauer das Ziel der Überwindung sieht, hat dieselbe teleologische Würde, die bei Schelling der Behauptung der Freiheit, bei Solger der Erkenntnis der göttlichen Idee eigen ist. Kierkegaard dagegen, auch darin der religiöse Vorläufer eines areligiösen Denkens, trennt das Erlösungsmoment vom Tragischen und bereitet damit dessen von aller metaphysischen Sinngebung befreite Analyse vor. Für ihn selbst heißt dies, daß das Tragische nur ein Vorläufiges sein kann. Der Wegcharakter seines existentiellen Denkens gestattet kein System mehr und läßt am heftigsten gerade das Hegelsche verurteilen, das seinem Wesen nach objektiv-prozeßhaft ist. Da es, dem Gedanken vom qualitativen Sprung entsprechend, verschiedene Existenzstadien zu seiner Grundlage nimmt, wird auch das Tragische auf eines dieser Stadien beschränkt, das es zu überwinden gilt, nämlich aufs ethische. Deshalb schwindet der Begriff des Tragischen aus Kierkegaards Schriften nach 1846 und wird auch in den früheren Werken fast nie für sich selbst, sondern stets als Kontrast zu seinen Gegenbegriffen aus dem religiösen Stadium gedacht. So

---

4 *Entweder/Oder*. Übers. E. Hirsch. Bd. 1, S. 175.

in dem Vergleich von *Furcht und Zittern,* der Abraham als *Ritter des Glaubens* über den *tragischen Helden* Agamemnon hinaushebt. Dabei beraubt freilich der junge Kierkegaard in der Nachfolge Hegels den *ausweglosen Widerspruch,* wie er sich für Agamemnon in der ethischen Sphäre ergibt, seiner Radikalität, um das religiöse Paradox im Schicksal Abrahams stärker davon abheben zu können: *Der tragische Held gibt das Gewisse um des noch Gewisseren willen auf, und die Augen des Betrachters ruhen sorglos auf ihm.*[5] Nachdem dann die Lehre von den Existenzstadien ausgearbeitet ist, wird auch das Tragische und die Möglichkeit seiner Überwindung anders gesehen. Im Zusammenhang mit der eingangs zitierten Bestimmung schreibt Kierkegaard in der *Unwissenschaftlichen Nachschrift* (1846), die Verzweiflung wisse keinen Ausweg, sie wisse *den Widerspruch nicht aufgehoben, und sollte daher den Widerspruch tragisch auffassen; was gerade der Weg zu ihrer Heilung ist. Das wodurch der Humor berechtigt ist, ist gerade seine tragische Seite, daß er sich mit dem Schmerz versöhnt, von dem die Verzweiflung abstrahieren will, obwohl sie keinen Ausweg weiß.*[6] Auf dem Denk- und »Lebensweg« Kierkegaards löst so das Tragische der Humor ab, der als *das Konfinium zwischen dem Ethischen und dem Religiösen* definiert wird, nachdem er schon in der Dissertation als *Standpunkt des Religiösen* auftrat. Kierkegaard erscheint damit als Theoretiker weniger des Tragischen denn seiner Gegenbegriffe: der Ironie, des Humors und der Komik, deren Verwandtschaft mit dem Tragischen ihm um so deutlicher ins Bewußtsein trat, je mehr er sich von diesem löste. So ließ er sein Pseudonym Frater Taciturnus im Nachwort zur Leidensgeschichte des Quidam bekennen: *Für mich steht die Sache nicht so schlimm; ich sitze ganz vergnügt über meiner Rechnung und sehe zugleich das Komische und das Tragische.*[7] Doch die spöttische Distanz zu sich selber vermag am allerwenigsten zu verdecken, daß der Begriff des Tragischen für Kierkegaard kein bloßes Hilfsmittel zur Ergründung des Religiösen,

---

5 In: *Die Krankheit zum Tode und anderes.* Jubiläums-Ausgabe, S. 245.
6 *Unwissenschaftliche Nachschrift,* S. 717 f.
7 *Stadien auf dem Lebensweg.* Übers. Ch. Schrempf. Bd. 4, S. 414.

sondern der Schlüssel zu seinem eigensten Leidensproblem war, dessen (zunächst ironische) Lösung er eben von jenem höheren Stadium sich versprach. Das erweist der Entwurf einer Antigone-Tragödie in *Entweder/Oder*, für welche die überlieferte Handlung der Lebensgeschichte Kierkegaards angeglichen wurde. Ödipus stirbt, ohne daß seine Sünden an den Tag gekommen wären, und Antigone, die sie schon zu Lebzeiten ihres Vaters ahnte, aber schwieg und der Schwermut verfiel, ist *sterblich verliebt*. Um dem Geliebten ihre Liebe erklären zu können, müßte sie ihm auch das Geheimnis ihrer Schwermut anvertrauen – gerade dadurch würde sie ihn aber verlieren. *Allein im Augenblick ihres Todes kann sie die Innigkeit ihrer Liebe gestehn, erst in dem Augenblick, da sie ihm nicht mehr gehört, kann sie gestehen, daß sie ihm gehört*[8], schreibt Kierkegaard und vergleicht ihr Geheimnis dem Pfeil des Epaminondas, den dieser nach der Schlacht in der Wunde stecken ließ, weil er wußte, es wäre sein Tod, wenn der Pfeil herausgezogen würde. Nicht anders stand für Kierkegaard das Wissen um die Jugendsünde seines Vaters und das Bewußtsein einer eigenen Verfehlung als Hindernis zwischen ihm und Regine. Seine Tragik war die seiner Antigone. Er mußte Regine durch die Auflösung der Verlobung unglücklich machen, weil dies seine einzige Hoffnung war, sie glücklich zu machen[9]. Wie die Schwermut Antigones deutete Kierkegaard auch die eigene in jenem Bild, dessen dialektischer Sinn es ist, daß gerade die Befreiung vom Todbringenden den Tod herbeiführen muß. Der biblische Pfahl im Fleisch wurde für Kierkegaard zum tragischen Emblem seines Lebens[10].

---

8 *Entweder/Oder*. Bd. 1, S. 176.
9 *Die Tagebücher*. Übers. Th. Haecker. 3. Aufl. 1949, S. 134.
10 Vgl. dazu *Tagebücher*, S. 248: *Von meiner frühesten Kindheit an sitzt ein Pfeil des Leides in meinem Herzen. Solange er da sitzt, bin ich ironisch – wird er herausgezogen, so sterbe ich.*

Das Drama stellt den Lebensprozeß an sich dar. Und zwar [...] in dem Sinne, daß es uns das bedenkliche Verhältnis vergegenwärtigt, worin das aus dem ursprünglichen Nexus entlassene Individuum dem Ganzen, dessen Teil es trotz seiner unbegreiflichen Freiheit noch immer geblieben ist, gegenübersteht.[1]
Die Kunst [...] hat die Vereinzelung durch die ihr eingepflanzte Maßlosigkeit selbst immer wieder aufzulösen und die Idee von ihrer mangelhaften Form zu befreien gewußt. In der Maßlosigkeit liegt die Schuld, zugleich aber auch, da das Vereinzelte nur darum maßlos ist, weil es, als unvollkommen, keinen Anspruch auf Dauer hat und deshalb auf seine eigene Zerstörung hinarbeiten muß, die Versöhnung, so weit im Kreise der Kunst danach gefragt werden kann. Diese Schuld ist eine uranfängliche, von dem Begriff des Menschen nicht zu trennende und kaum in sein Bewußtsein fallende, sie ist mit dem Leben selbst gesetzt.[2]

Daß in diesen Sätzen aus Mein Wort über das Drama (1843) unter »Drama« die Tragödie und unter »Kunst« die tragische zu verstehen ist, beweisen zahlreiche Stellen aus Hebbels Tagebuch, so der Satz: *Das Leben ist der große Strom, die Individualitäten sind Tropfen, die tragischen aber Eisstücke, die wieder zerschmolzen werden müssen und sich, damit dies möglich sei, aneinander abreißen und zerstoßen.*[3] Gleich den Eisstücken löst sich der tragische Held nach Hebbel aus dem Zusammenhang, dem er entstammt, übersteigt dabei sein Maß und fordert den Widerstand eines anderen heraus. Weil er durch seine gewandelte Form der Idee des fließenden Lebens widerspricht, muß er untergehen, obwohl seine Metamorphose ins starr Vereinzelte nicht bloß seinem eigenen Willen, sondern zugleich dem objektiven Lebensprozeß selbst entspringt. Was ihn ver-

---

1 *Sämtliche Werke*. Hrsg. R. M. Werner. Berlin 1904, I. Abteilung, Bd. 11, S. 3 f.
2 Ebd., S. 29.
3 *Tagebücher*. Sämtliche Werke, II. Abteilung Nr. 2664.

nichtet, ist nicht unmittelbar diese Gewalt, sondern eine andere Individualität, die sein Schicksal teilt, indem sie den Sieg über ihn gleichfalls mit dem Untergang bezahlt, mit der Rückkehr ins Ganze, von dem sie beide abfielen. Hebbels metaphorische Verwendung eines Naturvorgangs zeigt zugleich, daß die Tragik – wie der eingangs zitierte Text ausführt – vom Wesen des Menschen nicht zu trennen ist. Der Mensch wendet sich Hebbel zufolge notwendig gegen das Lebensganze, indem er dessen Gesetzlichkeit, die Individuation, erfüllt; er wird vernichtet durch seine eigene Natur, dadurch, daß er ist, was er ist. Hebbel nennt es *nicht bloß gleichgültig, ob der Held an einer vortrefflichen oder verwerflichen Bestrebung zugrunde geht, sondern es ist, wenn das erschütterndste Bild zustande kommen soll, notwendig, daß jenes, nicht dieses, geschieht*[4]. Diese Auffassung, deren dialektisches Wesen deutlich zutage liegt, ist von Hegel und Solger geprägt[5]. Während Schelling im Tragischen den Kampf der subjektiven Freiheit gegen die objektive Notwendigkeit, ihre Bestätigung durch den Untergang sah und der junge Hegel die Selbstentzweiung und Selbstversöhnung der Sittlichkeit, erscheint zuerst bei Solger der Gedanke, daß die Tragik auf die Unvereinbarkeit von Idee und Existenz zurückgeht, auf den Eintritt des Göttlichen in die Gegensätze der Realität, die es sowohl vernichten als auch allererst offenbaren. Wohl von Solger übernimmt Hegel dieses Motiv für die *Ästhetik,* die im Unterschied zur *Phänomenologie* und zu der Schrift über das Naturrecht das Tragische aus der Manifestation des Göttlichen in der Welt der Besonderung erklärt. Wie Schopenhauer und später Nietzsche erachtet in Hegels Nachfolge auch Hebbel das Individuationsprinzip als den eigentlichen Grund des Tragischen. Doch unterscheidet sich seine Auffassung zugleich von Hegels und Nietzsches Optimismus, der auf dem Glauben an den Gang des Geistes bzw. an die Macht des Dionysischen beruht, wie auch vom Schopenhauerschen Pessimismus, welcher den Trost in der Resignation aus sich selber schöpft.

---

4 *Werke,* I/11, S. 30.
5 Vgl. *Tagebücher,* Nr. 988, 998, 1007 (Solger) und *Briefwechsel,* Hrsg. Bamberg, Bd. I, S. 107 f. (Hegel).

Hebbels Denken markiert einen Wendepunkt in der Geistesgeschichte des neunzehnten Jahrhunderts, indem es noch den metaphysischen Weg des Idealismus geht, aber ohne das Wissen um den Sinn, in dessen Besitz der Weg einst angetreten wurde. *Das Leben ist eine furchtbare Notwendigkeit, die auf Treu und Glauben angenommen werden muß, die aber keiner begreift,* heißt es im Tagebuch[6] und an anderer Stelle: *Das moderne Schicksal ist die Silhouette Gottes, des Unbegreiflichen und Unerfaßbaren.*[7] Auf die Frage, warum der Riß geschehen mußte, der das Individuum von dem Lebensganzen trennt, hat Hebbel *nie eine Antwort gefunden, und keiner wird sie finden, der ernstlich fragt*[8]. Indem so *das Drama sich mit dem Weltmysterium in eine und dieselbe Nacht verliert*[9], verschärft sich die Tragik des Menschen in doppelter Hinsicht. Während bei Hegel der tragische Held, dessen Pathos die Sittlichkeit einseitig repräsentiert, nur gegenüber den anderen Verkörperungen des Sittlichen in Schuld gerät, nicht aber wider die Sittlichkeit selbst, wird der Mensch bei Hebbel in einem rational nicht auflösbaren Vorgang, der an Kafka gemahnt, gegenüber einer Lebensmacht schuldig, die er weder kennt noch begreift. Deutlich tritt diese Abweichung Hebbels von Hegel, dessen Schuldbegriff er dennoch zu teilen vermeint[10], in seiner Deutung der *Antigone* hervor. In Kreon sieht er keinen gleichberechtigten tragischen Helden und läßt Antigone untergehen an der Verschuldung nicht gegenüber dem Gesetz, sondern wider die Ganzheit des Lebens, aus der sie sich als Individualität gelöst hat.[11] Es entspricht Hebbels Radikalisierung der Schuld, daß die Versöhnung *im Kreise der individuellen Ausgleichung*[12], also in der Tragödie selber, unmöglich wird. Doch auch in der Sinngebung, welche jenseits des Werks sichtbar wird, verläßt Hebbel

---

6 *Tagebücher*, Nr. 2771.
7 Ebd., Nr. 1034.
8 *Werke*, I/11, S. 32.
9 Ebd., S. 31.
10 *Tagebücher*, Nr. 3088.
11 *Werke*, I/11, S. 30 f.
12 *Tagebücher*, Nr. 2634, vgl. auch Nr. 3168.

den Standpunkt des deutschen Idealismus. Während Solger noch darin, daß die Existenz das Ewige nicht ertragen kann, das Zeugnis ihrer Bestimmung zum Ewigen erblickt und Schopenhauer die Selbstaufhebung des Willens in der Resignation bejaht, ist für Hebbel die tragische Kunst, die *das individuelle Leben der Idee gegenüber vernichtet und sich so darüber erhebt,* nur *der leuchtende Blitz des menschlichen Bewußtseins, der [...] nichts erhellen kann, was er nicht zugleich verzehrte*[13]. Der Sinn, den die Tragödie in der Vernichtung erkennen läßt, wird so in der Erkenntnis selber vernichtet. Die »Pantragik« Hebbels gipfelt in der Tragödie der tragischen Kunst. Zeitweise freilich tritt an die Stelle der weggefallenen metaphysischen Begründung für Hebbel die geschichtsphilosophische. Auch sie übernimmt er von Hegel, bei dem der Prozeß des Geistes ja zugleich die Weltgeschichte ist.[14] Zum bloß historischen säkularisiert, erscheint er in der Definition der tragischen Tat, wie sie Hebbel im Vorwort zu *Maria Magdalene* rückblickend auf seinen Erstling gibt. Judiths Tat wird hier *eine tragische* genannt, d. h. eine *in sich, des welthistorischen Zwecks wegen notwendige, zugleich aber das mit der Vollbringung beauftragte Individuum wegen seiner partiellen Verletzung des sittlichen Gesetzes vernichtende*[15]. Nicht zufällig steht dieser Satz gerade in der Vorrede, die das *bürgerliche Trauerspiel* zu rechtfertigen unternimmt. Denn beide Punkte zeigen Hebbel auf jenem Weg, der ihn vom Idealismus zum soziologischen Historismus führt. Schon früh hat denn auch der Ausdruck *Vereinzelung*, den Hebbel als Grundbegriff seiner Deutung des Tragischen an die Stelle von *Besonderung* und *principium individuationis* setzt, neben dem metaphysischen auch einen konkret gesellschaftlichen Sinn. Das erweist die Skizze einer Napoleon-Tragödie. 1838 schreibt Hebbel in sein Tagebuch, der Fehler Napoleons, *daß er sich die Kraft zutraut, alles durch sich selbst, durch seine eigene Person* ausführen zu können, sei *ganz in seiner großen Individualität begründet und*

---

13 Ebd., Nr. 2721.
14 Vgl. S. 203 dieser Arbeit.
15 *Werke*, I/11, S. 61.

jedenfalls der Fehler eines Gottes, wendet aber die Charakteristik, welche auch die des Holofernes sein könnte, entschieden ins Historisch-Soziologische, indem er hinzusetzt, dieser Fehler sei *hinreichend, ihn zu stürzen [. . .] besonders in unserer Zeit, wo weniger der Einzelne, als die Masse sich geltend macht*¹⁶.

Nietzsche

*Wer dies nicht erlebt hat, zugleich schauen zu müssen und zugleich über das Schauen hinaus sich zu sehnen, wird sich schwerlich vorstellen, wie bestimmt und klar diese beiden Prozesse bei der Betrachtung des tragischen Mythus nebeneinander bestehen und nebeneinander empfunden werden: während die wahrhaft ästhetischen Zuschauer mir bestätigen werden, daß unter den eigentümlichen Wirkungen der Tragödie jenes Nebeneinander die merkwürdigste sei. Man übertrage sich nun dieses Phänomen des ästhetischen Zuschauers in einen analogen Prozeß im tragischen Künstler, und man wird die Genesis des tragischen Mythus verstanden haben. Er teilt mit der apollinischen Kunstsphäre die volle Lust am Schein und am Schauen und zugleich verneint er diese Lust und hat eine noch höhere Befriedigung an der Vernichtung der sichtbaren Scheinwelt.*¹

Die Geburt der Tragödie (1870/71) hat ihr Pathos zwar in der Abwehr der Resignationslehre Schopenhauers, ist aber bis ins einzelne von dessen System geprägt. Nicht nur in der Deutung der Musik, sondern auch in der des tragischen Vorgangs, ja noch in den beiden Grundbegriffen der Jugendschrift verrät sich Schopenhauers Vorbild, das freilich im Entscheidenden nur noch als Negativ erscheint. Als Ahnen der beiden Nietzscheschen Kunstprinzipien »dionysisch« und »apollinisch« dürfen wohl Schopenhauers Begriffe »Wille« und »Vorstellung« ange-

---

16 *Tagebücher*, Nr. 1012.
1 *Werke*. Stuttgart 1921. Bd. 1, S. 194.

sehen werden. Den ursprünglichen blinden Drang des einen fand Nietzsche in der Rauschwelt des Dionysos wieder, die Sichtbarkeit und Selbsterkenntnis des anderen in der Traum- und Bilderwelt Apolls, dessen Forderung an den Menschen *Erkenne dich selbst* heißt.[2] Schopenhauers metaphysische Begriffe wurden so zu ästhetischen, wie die Metaphysik als solche bei Nietzsche ins Ästhetische gewendet erscheint, *das Dasein und die Welt nur als ein ästhetisches Phänomen gerechtfertigt*. Dem entspricht seine Forderung, den tragischen Mythus aus der ästhetischen Sphäre zu erklären.[3] Zwar scheint Nietzsches Deutung des Tragischen aus seiner Interpretation der attischen Tragödie hervorzugehen, die er als die Versöhnung der beiden Kunstprinzipien versteht, welche sich in den voraufgehenden Perioden der griechischen Kunst stets bekämpft hatten, als *den dionysischen Chor, der sich immer von neuem wieder in einer apollinischen Bilderwelt entladet*[4]. Aber zugleich spiegelt die Deutung, wenn auch in der Umkehrung, aufs genaueste das Bild, das Schopenhauer vom tragischen Prozeß entworfen hat. Erblickte Schopenhauer in den streitenden Mächten der Tragödie den einen Willen, dessen Erscheinungen sie sind, so gilt für Nietzsche, daß bis auf Euripides Dionysus *niemals aufgehört hat, der tragische Held zu sein, sondern daß alle die berühmten Figuren der griechischen Bühne, Prometheus, Ödipus usw. nur Masken jenes ursprünglichen Helden Dionysus sind*[5]. Dessen im Mythus überliefertes Schicksal, zerstückelt zu werden, das in jeder Tragödie von neuem zelebriert wird und das Nietzsche als Symbol der Individuation begreift, so daß er im tragischen Helden den *die Leiden der Individuation an sich erfahrenden Gott*[6] sehen kann, entspricht dem Los, das in der Tragödie bei Schopenhauer dem Willen widerfährt: die Individuen, in denen er erscheint, zerfleischen sich selbst. Gerade in dieser Entsprechung zeigt sich die Verwandtschaft von Nietzsches Begriff des

2 Ebd., S. 64.
3 Ebd., S. 196.
4 Ebd., S. 90.
5 Ebd., S. 101.
6 Ebd., S. 101.

»Apollinischen« mit Schopenhauers »Vorstellung« besonders deutlich. Während sich für Schopenhauer im Trauerspiel der Wille auf der höchsten Stufe objektiviert, bezeichnet Nietzsche den dramatischen Dialog als *Objektivation eines dionysischen Zustandes*. Sowohl im Begriff des Apollinischen als auch in dem der Vorstellung stellt sich die Individuation dem Ursprünglich-Einen (dem Dionysischen bzw. dem Willen) gegenüber. Doch in diesem Vergleich tritt zugleich auch der entscheidende Unterschied zwischen Nietzsches und Schopenhauers Auffassung zutage. Während sich der Wille bei Schopenhauer durch den tragischen Vorgang, in dem seine Erscheinungen sich zerfleischen, selber aufhebt und kraft der Erkenntnis im Zuschauer die Abwendung von sich selbst, die Resignation bewirkt, geht für Nietzsche Dionysos aus seiner Zerstückelung in der Individuation gerade als das Unzerstörbar-Mächtige hervor, worin dann der *metaphysische Trost* besteht, den die Tragödie spendet. Der negativen Dialektik Schopenhauers steht so bei Nietzsche eine positive gegenüber, die an Schellings Deutung in den *Briefen* gemahnt. Während sich der Wille in seiner Objektivation zur Erscheinung selber verneint, bejaht sich das Dionysische gerade, indem es trotz seiner Lust am apollinischen Schein, der seine Objektivation ist, diese Lust und diesen Schein verneint und aus der Vernichtung der sichtbaren Scheinwelt eine noch höhere Lust schöpft. So ist die Kunst nicht mehr der klare Spiegel, in dem die Welt der Individuation das Urteil über den Willen spricht, sondern ein Zeichen, daß die Individuation *den Urgrund des Übels* darstellt und zugleich *die freudige Hoffnung, daß der Bann der Individuation zu zerbrechen sei – die Ahnung einer wiederhergestellten Einheit*[7].

Simmel

Als ein tragisches Verhängnis – im Unterschied gegen ein trauriges oder von außen her zerstörendes – bezeichnen wir [...] dies: daß die gegen ein Wesen gerichteten vernichtenden

---
[7] Ebd., S. 102.

Kräfte aus den tiefsten Schichten eben dieses Wesens selbst entspringen; daß sich mit seiner Zerstörung ein Schicksal vollzieht, das in ihm selbst angelegt und sozusagen die logische Entwicklung eben der Struktur ist, mit der das Wesen seine eigene Positivität aufgebaut hat.[1]

Erschien das Tragische in den metaphysischen und ästhetischen Systemen des deutschen Idealismus als deren zentraler dialektischer Prozeß, so wird er von den Philosophen der nachidealistischen Ära in die Dialektik jener Begriffe und Vorstellungen verlegt, in deren Namen sie dem Systemdenken aufkündigen. Bei Kierkegaard sind es die Stadien der Existenz, welche sich nicht mehr in einem System mit dem Denken zur Deckung bringen läßt; bei Nietzsche die Sphäre des Ästhetischen. Im Werk Georg Simmels tritt der Begriff des Tragischen im Zusammenhang mit dem des Lebens auf, nicht anders als bei Dilthey, in dessen 1931 aus dem Nachlaß publiziertem Entwurf *Das geschichtliche Bewußtsein und die Weltanschauungen* unter dem Titel »Grundpunkt der Tragik« folgendes vermerkt ist: »Denken: Verhältnis von Bestandteilen. Dieses im Gegensatz zu dem Lebensbegriff des Ganzen. Die Tragik ist aber, daß wir diesen Lebensbegriff nur in dieser Form haben können.«[2] Die tragische Dialektik, daß das Leben nur in der Form begriffen werden kann, in der es nicht mehr als Leben begriffen wird, hat Simmel – vielleicht unabhängig von Dilthey – verschiedentlich an der Konkretheit des Lebens selbst aufgewiesen, wobei das Moment des Begriffs andere, dem Leben wiederum sowohl notwendige als konträre Momente ablösen. Ganz darauf beruht der Aufsatz aus dem Jahr 1912: *Der Begriff und die Tragödie der Kultur.* Er geht von dem gleichsam geronnenen, zum Objekt gewordenen Geist aus, der *sich der strömenden Lebendigkeit, der inneren Selbstverantwortung, den wechselnden Spannungen der subjektiven Seele entgegenstellt; als Geist dem Geiste innerlichst verbunden, aber eben darum unzählige Tra-*

---

[1] *Der Begriff und die Tragödie der Kultur.* In: Logos II (1912), S. 21 f. Auch in: *Philosophische Kultur.*
[2] *Gesammelte Schriften.* Bd. 8, S. 71.

gödien an diesem tiefen Formgegensatz erlebend: zwischen dem subjektiven Leben, das rastlos, aber zeitlich endlich ist, und seinen Inhalten, die, einmal geschaffen, unbeweglich, aber zeitlos gültig sind[3]. Es ist oft, *als ob die zeugende Bewegtheit der Seele an ihrem eigenen Erzeugnis stürbe*[4]. Und so entsteht die tragische Situation, *daß die Kultur eigentlich schon in ihrem ersten Daseinsmomente diejenige Form ihrer Inhalte in sich birgt, die ihr inneres Wesen: den Weg der Seele von sich als der unvollendeten zu sich selbst als der vollendeten – wie durch eine immanente Unvermeidlichkeit abzulenken, zu belasten, ratlos und zwiespältig zu machen bestimmt ist*[5]. Ebenso erblickt Simmel in seinem Tagebuch das *tragische Grundphänomen* der Ehe darin, *daß das Leben sich eine Form schafft, die ihm zwar unentbehrlich ist, aber schon durch die Tatsache, daß sie Form ist, gegen die Bewegtheit wie gegen die Individualität des Lebens feindselig ist*[6]. Dies letztere Moment von Simmels Lebensbegriff kehrt in einem anderen Satz seines Tagebuchs wieder, der die Tragik der Liebe zum Gegenstand hat: *Sie entzündet sich nur an der Individualität und zerbricht an der Unüberwindlichkeit der Individualität.*[7] Eine weitere Stelle bezeichnet als *die eigentliche große Tragik des Sittlichen: wenn man nicht das Recht zu dem hat, zu dem man die Pflicht hat*[8]. Hier ist der zentrale Begriff von Simmels Philosophie bereits verlassen und das Tragische vollends über die Grundvorstellung hinausgehoben, die vom überwundenen Systemdenken den Totalitätsanspruch, gegen den sie sich auflehnt, in der nachidealistischen Ära leicht selber übernimmt. Gerade das anfechtbar Vage und Inhaltslose seines Lebensbegriffs und die Hegel verpflichtete dialektische Form seines Denkens haben Simmel schon in dem eingangs zitierten Text, der im Aufsatz *Der Begriff und die*

---

[3] Logos II, S. 1.
[4] Ebd., S. 6.
[5] Ebd., S. 25.
[6] *Fragmente und Aufsätze aus dem Nachlaß und Veröffentlichungen der letzten Jahre.* München 1923, S. 115.
[7] Ebd., S. 113.
[8] Ebd., S. 20.

Tragödie der Kultur fast beiläufig steht, einen Blick auf das Phänomen des Tragischen ermöglicht, der die verschiedenen tragischen Phänomene sowohl in ihrer strukturellen Gemeinsamkeit als tragische zu fassen als in ihrer Besonderheit unangetastet zu lassen erlaubt. Simmel hat, wie vor ihm schon Goethe und Kierkegaard, aber gültiger als sie, das Tragische unter dessen eigenem Gesichtspunkt gesehen, der freilich immer noch der menschlichen Vorstellung angehört, aber auf nichts als das Tragische selbst bezogen ist. Dessen Bestimmung bei Simmel ist darum trotz ihrer sprachlichen Formulierung wohl die einzige, auf die sich eine Interpretation stützen darf, die in den Tragödien Gestaltungen des Tragischen und nicht das Spiegelbild der eigenen Philosopheme antreffen will.

Scheler

Tragisch ist der ›Konflikt‹, der innerhalb der positiven Werte und ihrer Träger selbst waltet.[1]

Im ausgesprochensten Sinne tragisch ist es [...] wenn ein und dieselbe Kraft, die ein Ding zur Realisierung eines hohen positiven Wertes (seiner selbst oder eines anderen Dinges) gelangen läßt, auch im Verlaufe dieses Wirkens selbst die Ursache für die Vernichtung eben dieses Dinges als Wertträgers wird.[2]

Schelers Deutung im Aufsatz *Zum Phänomen des Tragischen* (1915) verrät zwar den Einfluß der Analyse Simmels, steht aber ganz im Zusammenhang der 1913 erschienenen Schrift *Der Formalismus in der Ethik und die materiale Wertethik (mit besonderer Berücksichtigung der Ethik Immanuel Kants)*. Hauptabsicht dieses Buches ist, das Kantische System auf dem Gebiet der Ethik phänomenologisch zu überwinden. In seinem Ansatzpunkt reicht es freilich noch in die Lebensphilosophie

---

[1] *Zum Phänomen des Tragischen*. In: *Vom Umsturz der Werte. Abhandlungen und Aufsätze*. Gesammelte Werke, Bern 1955. Bd. 3, S. 155.
[2] Ebd., S. 158.

zurück, macht es doch Kant den Vorwurf, daß er gemeint habe, »Leben« stelle *ein Grundphänomen überhaupt nicht dar*[3]. Gerade weil das »Leben« als unteilbar Eines ein Grundphänomen ist, erachtet die Phänomenologie ihre Aufgabe im Niederreißen der Schranke zwischen Subjekt und Objekt. So will auch Scheler die Differenz überwinden, welche die kritische Philosophie zwischen der apriorischen Welt des Formalen und der Welt der Materie gesetzt hat. Zur Begründung einer Ethik, die zugleich material und a priori ist, entwirft Scheler als deren Basis eine Phänomenologie der Wertqualitäten, die ihm zufolge *einen eigenen Bereich von Gegenständen* darstellen.[4] Wichtigster Punkt dieser Phänomenologie ist die Annahme von positiven und negativen Werten sowie von höheren und niedrigeren, deren Existenz *im Wesen der Werte* selbst liegen soll. Damit ist zugleich die Grundlage geschaffen für Schelers Deutung des Tragischen. Erschien das Tragische in den Systemen des Idealismus als der dialektische Prozeß der Selbstvernichtung oder der Selbstbestätigung durch Selbstvernichtung, den der höchste Wert – Schellings Freiheit, Solgers göttliche Idee, Schopenhauers Wille oder Nietzsches Prinzip des Dionysischen – erfährt, so tritt es in Schelers Phänomenologie, die sich zu keinem höchsten Wert mehr bekennt, aber dennoch positive und negative, höhere und niedrigere unterscheidet, als Konflikt zwischen positiven Werten auf, und zwar im idealen Fall zwischen positiven Werten gleichen Höhengrades.[5] Entsprechend etwa der triadischen Gliederung Vischers, in welcher der Widerpart der subjektiven Sittlichkeit zuerst als Fatum, dann als Gerechtigkeit und schließlich, die reinste Form der Tragik begründend, als Totalität der sittlichen Wahrheiten erscheint, zeichnet auch Scheler die Steigerung in den tragischen Phänomenen nach, die über die Höhenidentität der sich bekämpfenden Werte hinaus dort erst zum Abschluß kommt, wo *ein und dieselbe Kraft* es ist, *die ein Ding zur Realisierung eines hohen positiven Wertes*

---

3 *Der Formalismus in der Ethik...*, Halle a. d. S. 1913, S. 160.
4 Ebd., S. 10.
5 Analog Jaspers in *Von der Wahrheit:* ›Tragik ist dort, wo die Mächte, die kollidieren, jede für sich wahr sind.‹ (*Über das Tragische*, München 1952, S. 29.)

[...] *gelangen läßt*, und die gerade durch diesen Vorgang *Ursache für die Vernichtung eben dieses Dinges als Werteträgers wird*. So gelangt Scheler auf Grund seiner Setzung einer selbständigen Welt der Werte und deren phänomenologischer Differenzierung zur gleichen dialektischen Struktur des Tragischen, wie sie schon bei Schelling und Hegel erscheint und bei Simmel ihr letztes begriffliches Gewand ablegt. Daß seine Bestimmung in der materialen Wertethik wurzelt, vermag ihre Gültigkeit nicht zu beeinträchtigen, da zweifellos alles Tragische – wie Scheler einleitend festhält – *in der Sphäre von Werten und Wertverhältnissen* sich bewegt[6]. Anderseits ist damit auch keine neue Erkenntnis gewonnen: es wird hier nur ein in allen früheren Definitionen Impliziertes ausdrücklich, weil es in anderem Zusammenhang, nämlich in der Begründung einer phänomenologischen Ethik, zum Thema geworden ist. Daß auch Scheler die Struktur des Tragischen erkannt hat, erweist vollends jener Satz, in dem er die Terminologie der Wertethik verläßt und ein mythologisches Modell aller tragischen Wege gibt. Tragisch nennt Scheler den Flug des Ikaros, dessen mit Wachs befestigte Flügel ihm im selben Maße verlorengehen, wie er sich der Sonne nähert, die das Wachs zerschmelzt.[7]

Überleitung

Die Geschichte der Philosophie des Tragischen ist von Tragik selber nicht frei. Sie gleicht dem Flug des Ikaros. Denn je näher das Denken dem generellen Begriff kommt, um so weniger haftet an ihm das Substantielle, dem es den Aufschwung verdankt. Auf der Höhe der Einsicht in die Struktur des Tragischen fällt es kraftlos in sich zusammen. Wo eine Philosophie als Philosophie des Tragischen mehr wird denn Erkenntnis jener Dialektik, zu der ihre Grundbegriffe zusammentreten, wo sie nicht mehr die eigene Tragik bestimmt, ist sie nicht mehr

---

6 *Zum Phänomen des Tragischen*, S. 153.
7 Ebd., S. 159.

Philosophie. Also scheint die Philosophie das Tragische nicht fassen zu können – oder es gibt das Tragische nicht.
Diese Konsequenz zog Walter Benjamin. Sein Werk über den *Ursprung des deutschen Trauerspiels* antwortet auf die Krise, in welche die Beschäftigung mit dem Problem, bei Volkelt und Scheler, um die Jahrhundertwende geriet. Obwohl Benjamin auf den generellen Begriff des Tragischen verzichtet, führt der Weg, den er einschlägt, nicht zu Aristoteles zurück.[1] Denn an die Stelle der Philosophie des Tragischen tritt nicht die Poetik, sondern die Geschichtsphilosophie der Tragödie. Diese ist Philosophie, weil sie die Idee und nicht das Formgesetz der tragischen Dichtung erkennen will, aber sie weigert sich, die Idee der Tragödie in einem Tragischen gleichsam an sich zu erblicken, das an keine geschichtliche Lage gebunden wäre, noch auch notwendig an die Form der Tragödie, an Kunst überhaupt. Idee, wie Benjamins erkenntnistheoretische Einleitung sie bestimmt, ist kein Allgemeines, welches das Besondere enthielte, kein Begriff, dem die Phänomene zu subsumieren wären, vielmehr deren *objektive virtuelle Anordnung*, ihre *Konfiguration*[2]. Zu dem Verzicht auf den generellen Begriff des Tragischen gelangt Benjamin freilich nicht bloß durch die geschichtsphilosophische Methode, sondern auch durch seinen Gegenstand: das Trauerspiel. Dessen Idee zu bestimmen ist das Ziel seines Buches, ihm dient die Darstellung der attischen Tragödie, die er als Gegenbild des Barocktrauerspiels begreift:

Die tragische Dichtung ruht auf der Opferidee. Das tragische Opfer aber ist in seinem Gegenstande – dem Helden – unterschieden von jedem anderen und ein erstes und letztes zugleich. Ein letztes im Sinne des Sühnopfers, das Göttern, die ein altes Recht behüten, fällt; ein erstes im Sinn der stellvertretenden Handlung, in welcher neue Inhalte des Volkslebens sich ankündigen. Diese, wie sie zum Unterschiede von den alten todbringenden Verhaftungen nicht auf oberes Geheiß, sondern auf das

---

[1] Wie etwa bei O. Mann, *Poetik der Tragödie* (Bern 1958), die sich gegen die ›Spekulationen‹ jener Denker wendet, denen die Kommentare dieser Studie gelten.
[2] *Ursprung des deutschen Trauerspiels*. In: *Gesammelte Schriften I, 1*, Frankfurt a. M. 1974, S. 214.

Leben des Heros selbst zurückweisen, vernichten ihn, weil sie, inadäquat dem Einzelwillen, allein dem Leben der noch ungeborenen Volksgemeinschaft den Segen bringen. Der tragische Tod hat die Doppelbedeutung, das alte Recht der Olympischen zu entkräften und als Erstling einer neuen Menschheiternte dem unbekannten Gott den Helden hinzugeben.[3]

Zum Opfer treten in Benjamins Bild der Tragödie zwei weitere Momente hinzu, dramaturgisch gesehen als Korrelat des Opfers im Aufbau der Handlung und in dem Charakter des Helden. Der tragische Vollzug, schreibt Benjamin, stellt in seinen Personen *stumme Beklemmung* zur Schau, unter den Zuschauern *vollzieht er sich in der sprachlosen Konkurrenz des Agon.*[4] Tritt das Moment des Agonalen schon in *der hypothetischen Ableitung des tragischen Vorgangs aus dem Opferlauf um die Thymele* auf, so kehrt es darin, daß *die attischen Bühnenspiele in Gestalt von Wettkämpfen vor sich gingen*, wieder.[5] Die Sprachlosigkeit des Helden aber, von der Benjamin schon im frühen Aufsatz über *Schicksal und Charakter* gehandelt hat[6], gründet in dessen Verhältnis zu der Gemeinschaft, für die er sich opfert: *Der Gehalt der Heroenwerke gehört der Gemeinschaft wie die Sprache. Da die Volksgemeinschaft ihn verleugnet, so bleibt er sprachlos im Helden. [...] Je weiter das tragische Wort hinter der Situation zurückbleibt – die tragisch nicht mehr heißen darf, wo es sie erreicht –, desto mehr ist der Held den alten Satzungen entronnen, denen er, wo sie am Ende ihn ereilen, nur den stummen Schatten seines Wesens, jenes Selbst als Opfer hinwirft, während die Seele ins Wort einer fernen Gemeinschaft hinübergerettet ist.*[7] Aus den Momenten des Opfers, der Sprachlosigkeit und des Agon konstituiert sich für Benjamin die Idee der Tragödie. Unter Tragödie versteht er aber nur die Tragödie der Griechen, deren *Auseinandersetzung mit der dämonischen Weltordnung [...] der tragischen Dichtung ihre geschichtsphilo-*

---

3 Ebd., S. 285 f.
4 Ebd., S. 286.
5 Ebd.
6 In: *Die Argonauten*. I. Heidelberg 1914. (Auch in: *Schriften*, Bd. 1, S. 31 ff.)
7 *Ursprung*, a.a.O., S. 287.

sophische Signatur gibt.[8]
Nichts wäre Benjamins Intentionen fremder, als in der Konfiguration dieser Momente jenes eine bestimmen zu wollen, das die tragische Dichtung allererst zu einer solchen macht, aus dem also ein genereller Begriff des Tragischen zu gewinnen wäre. Dennoch ist nicht zu übersehen, daß die Benjaminsche Analyse des Opfers aufs engste an jene Darstellungen sich anschließt, die Hölderlin im *Grund zum Empedokles* und in dem Aufsatz *Über das Werden im Vergehen*[9], Hegel am Beispiel des Sokrates, Hebbel im Vorwort zu *Maria Magdalene* geben.[10] So heißt es bei Hegel: *Das Schicksal des Sokrates ist [...] echt tragisch. [...] Das Prinzip der griechischen Welt konnte noch nicht das Prinzip der subjektiven Reflexion ertragen; so ist es als feindlich zerstörend aufgetreten. Das athenische Volk war so nicht nur berechtigt, sondern verpflichtet, dagegen zu reagieren nach den Gesetzen; es sah dies Prinzip also als Verbrechen an. Das ist die Stellung der Heroen in der Weltgeschichte überhaupt; durch sie geht neue Welt auf.*[11] Mit diesen Bestimmungen des Tragischen hat Benjamins Opferbegriff auch die dialektische Struktur gemein. Tragisch müßte in Benjamins Interpretation genannt werden, daß die Befreiung vom *alten Recht* nicht anders erfolgen kann, als daß es aufs neue verehrt wird, daß die Loslösung aus den *todbringenden Verhaftungen* als Preis wiederum den Tod verlangt, daß die *neuen Inhalte des Volkslebens* zu ihrer Verwirklichung den Einzelnen als Heros benötigen, ihn aber, da sie *dem Einzelwillen inadäquat* sind, vernichten müssen. Zwar hat Benjamin aus dieser dialektischen Struktur des Opfers in der griechischen Tragödie nicht auf das dialektische Wesen des Tragischen überhaupt schließen wollen, doch er hat sie auch nicht übersehen. Vielmehr scheint es, als habe er – wie Hegel in der Jugendschrift über den *Geist des Christentums*[12] – die

---

8 Ebd., S. 288.
9 Vgl. S. 162 f. dieser Arbeit.
10 Vgl. S. 192 dieser Arbeit.
11 Hegel, *Vorlesungen über die Geschichte der Philosophie*. Bd. 2. Jubiläums-Ausgabe, Bd. 18, S. 119 f.
12 Vgl. S. 167 ff. dieser Arbeit.

Genesis des Tragischen ineinsgesetzt mit der Genesis der Dialektik, wenngleich er diese Bezeichnung nicht gebraucht. An der schon zitierten Stelle über die geschichtsphilosophische Signatur der tragischen Dichtung heißt es weiter: *Das Tragische verhält sich zum Dämonischen wie das Paradoxon* – dies der Ausdruck fürs Dialektische – *zur Zweideutigkeit. In allen Paradoxien der Tragödie – im Opfer, das, alter Satzung willfahrend, neue stiftet, im Tod, der Sühne ist und doch das Selbst nur hinrafft, im Ende, das den Sieg dem Menschen dekretiert und dem Gotte auch – ist die Zweideutigkeit, das Stigma der Dämonen, im Absterben.*[13] Erlöst das Paradoxon bei Benjamin von der Zweideutigkeit, so die Dialektik bei Hegel vom Dualismus, den das objektive Gesetz hervorruft. Gerade auf Grund der großen Nähe ihrer Gedanken ist dieser Unterschied besonders auffällig, und er findet keine hinreichende Erklärung darin, daß Hegel vor allem an die *Antigone*, Benjamin an den *Ödipus* denkt. Vielmehr scheint der Umstand, daß Benjamin den tragischen Helden nicht wie Hegel gegen ein vom Menschen geschaffenes Gesetz, sondern gegen eine außermenschliche, dämonische Macht kämpfen läßt, geschichtlich motiviert zu sein. Richtet sich doch Hegels Bestimmung des Tragischen in den Schriften über das *Naturrecht* und über den *Geist des Christentums* gegen Restbestände der rationalistischen Aufklärung, während in Benjamin gerade jene neue Aufklärung ihren Anwalt findet, die sich gegen den dem Mythos ergebenen Irrationalismus des neunzehnten und zwanzigsten Jahrhunderts erhebt und nach Benjamin in Max Horkheimers und Theodor W. Adornos *Dialektik der Aufklärung* verfochten wird, sowie in Blochs *Prinzip Hoffnung*, dessen Ausführungen über den *Tod als Meißel in der Tragödie* nicht zufällig an das Werk Walter Benjamins anknüpfen.[14]

Obwohl die geschichtsphilosophische Sicht, deren Überzeugung, das Tragische sei historisch bedingt, sie auf dessen generellen, also zeitlosen Begriff verzichten läßt, der geschichtlichen

---

13 *Ursprung*, S. 288.
14 Ernst Bloch, *Das Prinzip Hoffnung*. Frankfurt a. M. 1959, S. 1372 ff. Vgl. auch: *Geist der Utopie*. Berlin 1923, S. 279 ff.

Interpretation ihrerseits nicht entrinnen kann, büßt sie weder an Bedeutung ein für das Verständnis der historischen Formen von Tragödie und Trauerspiel, noch werden dadurch jene Bedenken gegen die Philosophie des Tragischen entkräftet, denen sie ihre Entstehung verdankt. Ebensowenig spricht gegen sie, daß sie ihrerseits teilhat an der dialektischen Struktur, welche alle Bestimmungen des Tragischen von Schelling bis Scheler als deren einzige Konstante durchzieht. Aber die Notwendigkeit der historischen Beschränkung auf die attische Tragödie wird zweifelhaft, da selbst Benjamin, der nicht nur den generellen Begriff des Tragischen aufgibt, sondern auch die gesamte Tragödientheorie des deutschen Idealismus, als irrtümlich auf die Begriffe Schuld und Sühne begründet, glaubt verwerfen zu dürfen[15], in seiner geschichtsphilosophischen Deutung auf das Moment des Dialektischen stößt, das den gemeinsamen Nenner der verschiedenen idealistischen und nachidealistischen Bestimmungen des Tragischen und darum die mögliche Basis für dessen generellen Begriff darstellt. In seinem Werk wird das vor allem deshalb nicht deutlich, weil sein Gegenstand das Trauerspiel ist und er, wo er über die Antike und das Barock hinausgeht, auf die späteren Formen des Trauerspiels, wie sie etwa im Sturm und Drang oder beim Schiller der *Braut von Messina* auftreten, sich beschränken darf, ohne Tragödien wie dessen *Demetrius* oder Racines *Phèdre* in seine Betrachtung einbeziehen zu müssen.

Die Bedeutung des dialektischen Moments für den Begriff des Tragischen ergibt sich aber auch daraus, daß es schon dort faßbar wird, wo noch gar nicht vom Tragischen, sondern von der Tragödie als konkretem Kunstwerk die Rede ist: in der *Poetik* des Aristoteles und bei seinen Schülern. Auf der Suche nach dem Handlungstypus, der am ehesten sich eignete, Furcht und Mitleid zu erregen, gelangt Aristoteles zu der Forderung, daß die Peripetie nicht infolge sittlicher Verworfenheit eintreffe, sondern infolge eines schweren Vergehens einer Person *von mittlerer Beschaffenheit oder noch eher einer besseren als einer schlechteren*[16]. Wie hier die Verschuldung dialektisch aus einer

15 *Ursprung*, S. 284.
16 13. Kapitel.

freilich nur angenäherten Tugendhaftigkeit hervorgehen soll (denn das Unglück der wirklich tugendhaften Helden erweckt nach Aristoteles nicht Furcht und Mitleid, sondern Verdruß), so wird in einem anderen Kapitel der *Poetik*, wiederum auf Grund einer Reflexion auf die tragische Wirkung, eine besondere Stellung der Dialektik von Haß und Liebe eingeräumt, indem leidvolle Ereignisse dann als in höchstem Maß furchtbar und rührend erachtet werden, wenn sie in freundschaftliche Verhältnisse eintreten, *wenn zum Beispiel ein Bruder den Bruder tötet oder ein Sohn den Vater oder eine Mutter den Sohn...*[17] Nicht anders gelangt auch Lessing von der Wirkung her zur dialektischen Struktur des Tragischen, wenn er in der *Hamburgischen Dramaturgie* fragt: *Warum sollte es einem Dichter nicht freistehen können, um unser Mitleiden gegen eine so zärtliche Mutter auf das Höchste zu treiben, sie durch ihre Zärtlichkeit selbst unglücklich werden zu lassen?*[18] Schließlich erscheinen auch bei Schiller, der im Gegensatz zu seinen Zeitgenossen Aristoteles die Treue hält und die Tragödie von ihrer Wirkung her zu begreifen sucht, Formulierungen dieser Art. So heißt es in dem Aufsatz *Über die tragische Kunst* bei einer Aufzählung der verschiedenen Formen des Rührenden: *Diese Gattung des Rührenden wird noch von derjenigen übertroffen, wo die Ursache des Unglücks nicht allein nicht der Moralität widersprechend, sondern sogar durch Moralität allein möglich ist.*[19] Und im Studienheft zum *Demetrius* steht lapidar der Satz: *Wenn Unglück sein soll, so muß selbst das Gute Schaden stiften.*[20] Nicht minder bemerkenswert als das Auftreten der Dialektik in der vorphilosophischen Poetik der Tragödie ist der Umstand, daß sie bei deren verschiedenen Vertretern, bei Aristoteles, Lessing und Schiller, unberührt zu sein scheint von den wesentlichen Differenzen, die ihre Auffassungen von der tragischen Wirkung aufweisen.

17 14. Kapitel.
18 *Werke*, Hrsg. J. Petersen. Berlin-Leipzig-Wien-Stuttgart o. J., 5. Teil, S. 172.
19 *Kleinere prosaische Schriften*. Aus mehreren Zeitschriften vom Verfasser selbst gesammelt und verbessert. Leipzig 1802. Bd. 4, S. 129 f.
20 *Schillers Demetrius*. Hrsg. G. Kettner, Weimar 1894, S. 210.

So bleibt die dialektische Struktur des Tragischen nicht dem philosophischen Gesichtspunkt vorbehalten; auch dem dramaturgischen und dem geschichtsphilosophischen ist sie bekannt, wenngleich fast immer in begrifflicher Besonderung, so daß als tragisch kaum je die Dialektik als solche erachtet wird. Dennoch darf sie als Kriterium gelten für die Bestimmungen des Tragischen. Kein Zweifel, daß unter den Denkern minderen Ranges, die im neunzehnten Jahrhundert sich mit besonderer Vorliebe diesem Probleme widmen, die meisten auf der richtigen Spur waren, auch wenn ihre Theorien des Tragischen meist nicht zu trennen sind von einer »pantragischen« Betrachtung der Welt, die mehr autobiographisch denn philosophisch ist. Dafür mag als Beispiel ein Satz stehen aus dem Buch *Das Tragische als Weltgesetz und der Humor als ästhetische Gestalt des Metaphysischen* von Julius Bahnsen: *Im Tragischen wird die unbedingt versöhnungslose Selbstentzweiung des innersten Kernes aller Wesen offenbar.*[21] Ein anderer, Eleutheropulos, definiert das Tragische als die »Negation des Lebens aus innerer Notwendigkeit«[22]. Schwerer wiegend als die Einseitigkeit solcher Bestimmungen, die ja auch jene der maßgebenden Philosophen und Ästhetiker kennzeichnet, ist das Übersehen des dialektischen Moments, wie es in J. H. Kirchmanns Definition vorliegt: tragisch sei »der Untergang des Erhabenen«[23]. Zu retten wäre diese Bestimmung allein durch den Zusatz, daß den Untergang des Erhabenen seine Erhabenheit selber bewirke oder daß der Mensch zwar ohne das Erhabene nicht leben könne, aber gerade durch sein Leben, gar durch die Verwirklichung des Erhabenen selbst, dieses vernichten müsse.

Trotz der Ubiquität des dialektischen Moments, die weder von historischen noch von methodischen Grenzen beeinträchtigt wird, bleibt indessen zu bedenken, daß die Ästhetik des deut-

---

21 J. Bahnsen, *Das Tragische als Weltgesetz und der Humor als ästhetische Gestalt des Metaphysischen.* Lauenburg 1877.
22 Eleutheropulos, *Das Schöne.* Berlin 1905, S. 147 ff.
23 J. H. v. Kirchmann, *Ästhetik auf realistischer Grundlage*, Berlin 1868, Bd. 2, S. 29. Ähnlich Nicolai Hartmann: »Das Tragische im Leben ist der Untergang des menschlich Hochwertigen.« (*Ästhetik*, Berlin 1953.)

schen Idealismus und auch der späteren Zeit sich beharrlich geweigert hat, das Dialektische ins Zentrum der Betrachtung des Tragischen zu rücken. Nicht der einzige Grund dafür wird sein, daß die bedeutendsten Denker, Schelling, Hegel, Hölderlin, aber auch Solger und Schopenhauer, primär nicht das Tragische haben bestimmen wollen, sondern innerhalb ihrer Philosophie auf ein Phänomen stießen, das sie das Tragische nannten, obwohl es ein tragisches war: die Konkretion des Tragischen in ihrem Denken. Die Scheu vor der dialektischen Bestimmung rührt wohl auch daher, daß sie keineswegs hinreichend ist, daß sie sich der Reversibilität versagt. Wäre das Tragische der Untergang des Erhabenen, so wäre es allemal tragisch, wenn Erhabenes untergeht. Da aber nicht alle Dialektik tragisch ist, müßte das Tragische als eine bestimmte Form der Dialektik in einem bestimmten Raum erkannt werden, und zwar vor allem durch die Differenzierung von seinen Gegenbegriffen, die ebenfalls dialektisch strukturiert sind: vom Komischen, von der Ironie und vom Humor.[24] Dies bleibt späteren Studien vorbehalten. Auf noch entscheidendere Weise dürfte aber die genannte Scheu dadurch motiviert sein, daß es als nicht angängig erachtet wird, ein Phänomen wie das Tragische, dem sich die höchste Stufe der Dichtung verdankt und das stets im Zusammenhang mit der Sinngebung des Daseins begriffen wird, auf den formal-logischen Begriff der Dialektik zu reduzieren. Doch diese Sinngebung muß in der Analyse der einzelnen Tragödien stets von neuem bestimmt werden, während die Definitionen des Tragischen seit Schelling sich immer schon nach der besonderen Sinngebung des Philosophen, seinem metaphysischen Entwurf richten. Darin stimmt die Philosophie des Tragischen mit der tragischen Dichtung überein: statt von Schopenhauers Definition des Tragischen wäre so mit größerem Recht vom Tragischen bei Schopenhauer zu sprechen, von Schopenhauerscher Tragik – wie man von einer Shakespeareschen spricht.

---

24 Vgl. vom Verf.: *Friedrich Schlegel und die romantische Ironie*. In: Schriften, Bd. II, bes. S. 24 f.

Daraus aber ist keine andere Konsequenz zu ziehen als aus der Krise, zu der die dialektische Auffassung des Tragischen in der nachidealistischen Ära führt: daß es nämlich das Tragische nicht gibt, nicht zumindest als Wesenheit. Sondern das Tragische ist ein Modus, eine bestimmte Weise drohender oder vollzogener Vernichtung, und zwar die dialektische. Nur der Untergang ist tragisch, der aus der Einheit der Gegensätze, aus dem Umschlag des Einen in sein Gegenteil, aus der Selbstentzweiung erfolgt. Aber tragisch ist auch nur der Untergang von etwas, das nicht untergehen darf, nach dessen Entfernen die Wunde sich nicht schließt. Denn der tragische Widerspruch darf nicht aufgehoben sein in einer übergeordneten – sei's immanenten, sei's transzendenten – Sphäre. Ist dies der Fall, so hat die Vernichtung entweder ein Belangloses zum Gegenstand, das als solches sich der Tragik entzieht und der Komik darbietet, oder die Tragik ist bereits überwunden im Humor, überspielt in der Ironie, überhöht im Glauben. Wie kein anderer hat hierüber Kierkegaard nachgedacht; aus seinen Werken, zumal den *Stadien auf dem Lebensweg* und der *Unwissenschaftlichen Nachschrift*, ließe sich eine gültige Theorie des Tragischen und seiner Gegenbegriffe gewinnen.

Im folgenden kann es sich nur um viel weniger handeln. Versucht wird, am Beispiel von acht Tragödien die These von der dialektischen Struktur des Tragischen zu erhärten, vom Tragischen als einer dialektischen Modalität. Erhärtung aber ist nicht Beweis, sondern Bewährung. Der Blick, der auf die Tragödien fällt, sucht ihren dialektischen Bau. Nicht, daß er ihn findet, wird das Zeichen sein, daß er im Recht ist, sondern erst, wenn der Fund das Verständnis der Tragödien vertiefen hilft. Freilich sind die acht Betrachtungen nicht Interpretationen, sondern bloß Analysen, und zwar des Tragischen in diesen Stücken, oft nur der Tragik einer einzigen Gestalt. Auch fragen sie nicht über das Werk hinaus. Sowenig sie einen inhaltlich bestimmten Begriff des Tragischen voraussetzen, etwa den Hegelschen vom Konflikt zweier Vertreter des Rechts, sowenig fragen sie nach einem im Werk nicht explizierten »Inhalt«: nach der Intention des Dichters oder dem Sinn der Dichtung.

Da sich nämlich der Begriff des Tragischen aus der Konkretheit der philosophischen Probleme in die Höhe des Abstrakten zu seinem Unheil erhebt, muß er sich in das Konkreteste der Tragödien versenken, wenn anders er gerettet werden soll. Dieses Konkreteste ist die Handlung. Gerade in der Reflexion auf das Tragische wird sie freilich gern über die Achsel angesehen. Und doch ist sie das wichtigste Konstituens des Dramas, das seinen Namen nicht zufällig ihr verdankt. Ob sich die dialektische Auffassung des Tragischen bewährt oder nicht, wird deshalb nicht zuletzt daraus zu erkennen sein, ob es gelingt, noch die unscheinbarsten Handlungsmomente in ihrem Bezug zum tragischen Bau und das Werk damit allererst als ein fugenloses Ganzes einzusehen.

Die acht Tragödien sind lediglich als Beispiele gedacht. Die Auswahl der Werke erfolgte nach verschiedenen Gesichtspunkten. Sie sollten repräsentativ sein für die vier großen Epochen tragischer Dichtung: die Zeit der griechischen Tragiker, das Barockzeitalter in Spanien, England und Deutschland, die französische Klassik und die Goethezeit. Im einzelnen wurde Rücksicht genommen auf mögliche Querverbindungen, etwa von Calderon zu Sophokles, auf Vorurteile, wie bei Shakespeare und Gryphius, oder dann auf die tragische Schärfe: daher fiel die Wahl auf Kleists erstes, auf Schillers letztes Werk.

II. Analysen des Tragischen

Achill:
So sprach der Adler, als er an dem Pfeile,
Der ihn durchbohrte, das Gefieder sah:
So sind wir keinem anderen erlegen
Als unserer eigenen Schwinge ...
    AISCHYLOS

König Ödipus

Wie kein anderes Werk erscheint der *König Ödipus* in seinem Handlungsgewebe von Tragik durchwirkt. Auf welche Stelle im Schicksal des Helden der Blick sich auch heftet, ihm begegnet jene Einheit von Rettung und Vernichtung, die ein Grundzug alles Tragischen ist. Denn nicht Vernichtung ist tragisch, sondern daß Rettung zu Vernichtung wird, nicht im Untergang des Helden vollzieht sich die Tragik, sondern darin, daß der Mensch auf dem Weg untergeht, den er eingeschlagen hat, um dem Untergang zu entgehen. Diese Grunderfahrung des Helden, die sich mit jedem seiner Schritte bestätigt, weicht erst zuletzt allenfalls einer anderen: daß es der Weg in den Untergang ist, an dessen Ende Rettung und Erlösung stehen.

Götter treten nicht mehr, wie noch bei Aischylos, mit den Gestalten des Sophokleischen Dramas auf. Aber am Geschehen haben sie dennoch ihr Teil. Dem Helden ist Freiheit weder voll eingeräumt noch ganz genommen. ... *alles will ich tun. Doch ists der Gott, / Von dem uns Heil wird oder Untergang*[1] – spricht deshalb Ödipus. Aber tragisch ist nicht, daß dem Menschen von der Gottheit Furchtbares zuteil wird, sondern daß es durch des Menschen eigenes Tun geschieht. Nicht weniger wichtig als die stumme göttliche Gewalt über das Geschehen ist darum für die Tragödie jener vom Menschen erbetene Eingriff des Gottes in sein Tun, der sich als Orakel in Worte faßt.

Dreimal spricht das Orakel im Lauf der Ödipus-Handlung: zuerst zu Laios, dann zu seinem Sohn und schließlich zu Kreon, der es im Auftrag des Ödipus befragt. Dreimal macht das Orakel göttliches Wissen zu menschlichem, dreimal lenkt es damit das Tun der Menschen und läßt sie selber vollstrecken, was über sie verhängt wurde. An diesen drei Stellen verdichtet

---

[1] V. 145 f. Übers. E. Staiger. In: Sophokles, *Tragödien*. Zürich 1944.

sich wie in Knoten die Tragik im Handlungsgewebe, aus ihnen allein ist sie aufzulösen. Freilich sind sie nicht zugleich auch die Hauptmomente im Werk des Sophokles. Seine »tragische Analysis«[2] setzt erst beim letzten Orakel ein. Aber sie bringt, indem sie dessen Forderung erfüllt, die beiden früheren Orakel von neuem zur Sprache, und was zuletzt der Schrei des Ödipus meint: *Ju! Ju! das Ganze kommt genau heraus!*[3] faßt alle drei Orakel zusammen und bildet aus ihnen sein Schicksal.

I

Das Orakel des Laios, Ursprung des ganzen Geschehens, ist in verschiedenen Fassungen überliefert.[4] Nach Aischylos wurde dem König verkündet, Theben würde nur fortbestehen, wenn er kinderlos stürbe. Um Nachkommen zu haben, soll er auf Nachkommen verzichten, denn der Erbe, der sonst das Geschlecht vor dem Untergang rettet, würde hier den Untergang selber herbeiführen. Bereits im Anbeginn ist so die tragische Dialektik von Rettung und Vernichtung da. Den Fassungen von Sophokles und Euripides ist gemeinsam, daß dem König die Ermordung durch seinen Sohn vorausgesagt wird. Der von ihm Gezeugte soll ihn vernichten; dem er das Leben gegeben hat, soll es ihm nehmen. Noch ungeboren, verkörpert Ödipus schon die tragische Einheit von Schöpfung und Vernichtung, jener anderen verwandt, die das ganze Werk durchzieht. Bei Euripides hat das Orakel die Form des warnenden Verbots. Von Rausch und Begierde besiegt, zeugt Laios dennoch ein Kind und wird unverschuldet schuldig. Um sich zu retten, beschließt er, den Sohn zu töten, und wiederholt so die Tragik des Orakels in umgekehrter Form: er nimmt dem das Leben, dem er es gegeben hat. Indem bei Sophokles das Orakel nicht als Warnung erscheint, verschärft sich noch seine Tragik. Ohne vorausgehendes Verbot, einen Sohn zu zeugen, trifft Laios das Wissen,

---

2 Schiller an Goethe, 2. Oktober 1797.
3 V. 1198 Übers. Hölderlin. In: *Sämtliche Werke*. Hrsg. Fr. Beißner. Bd. 5.
4 Vgl. K. Kerényi, *Die Heroen der Griechen*. Zürich 1958, S. 103 ff. A. Lesky, *Die tragische Dichtung der Hellenen*. Göttingen 1956, S. 63 f. u. 193.

von ihm einst getötet zu werden. Im Gegensatz zur Warnung läßt dieses Wissen keine Rettung mehr zu. Eine Handlung, die ihm gemäß wäre, kann es nicht geben, es legt die Ermordung des Sohnes nahe und erweist sie zugleich als vergeblich: es ist Rettung und Vernichtung in einem. Ob Laios dem Orakel Glauben schenkt oder nicht (Jokaste wird später die Skepsis wählen), ändert nichts an seiner Lage: der Glaube nicht anders als der Zweifel müßte ihn hindern, den Tod seines Sohnes zu beschließen. Doch statt den tragischen Zwiespalt anzuerkennen, daß er nicht tun kann, was er tun muß, und aus demselben Grund nicht, aus dem er es muß, handelt Laios, als wüßte er, sein Sohn würde ihn sonst töten, und nicht, daß er ihn töten wird. Um der Tragik zu entgehen, benützt er als Mittel das Untragische schlechthin: die Inkonsequenz.[5] Aber auch sie wird ihm nicht zur Rettung, sondern zum Untergang. Da er Jahre später den Weg nach Delphi einschlägt, um Euripides zufolge vom Orakel zu erfahren, ob sein Sohn wirklich tot ist – die Unsicherheit ist die Folge der Inkonsequenz –, geht er in Wahrheit seinem Sohne entgegen und wird an dem Dreiweg von ihm getötet.

2

Das zweite Mal spricht das Orakel zum jungen Ödipus, der von seinen Eltern in die Schluchten des Kithairon ausgesetzt, von einem Hirten gerettet und von Polybos, dem König von Korinth, an Sohnes Statt aufgezogen wurde. Da beim Gelage ein Trunkener behauptet, er sei nicht der Sohn des Polybos, und dieser die Wahrheit verhehlt, zieht Ödipus nach Delphi. Doch statt ihm zu sagen, wer seine Eltern sind, verkündet das Orakel ein Grauenvolles, um dessentwillen es gerade not täte zu wissen, wer seine Eltern sind: er müsse Mörder seines Vaters und Gatte seiner Mutter werden. So schlägt die Befragung des Orakels vom Rettenden ins Vernichtende um: sie macht die Unkenntnis der Eltern, statt ihr ein Ende zu bereiten, zur

[5] Vgl. E. Staiger, *Grundbegriffe der Poetik*. Zürich 1946, S. 196 ff.

Ursache des künftigen furchtbaren Geschehens. Die Lage, in die das Orakel Ödipus versetzt, scheint derjenigen des Laios bei Sophokles zunächst ähnlich. Auch hier ist es nicht Warnung vor dem, was geschehen könnte, sondern Vorauswissen dessen, was geschehen wird. Aber nicht nur, daß der Inhalt des Orakels erweitert ist und als Geheiß Gottes auftritt, so daß Ödipus aus Gottesfurcht wollen müßte, was er unmöglich wollen kann. Die Tragik wird verschärft auch dadurch, daß für Ödipus eine stoische Haltung nicht mehr möglich ist. Während Laios vor seinem Mörder floh, flieht Ödipus davor, selber zum Mörder zu werden. Im Gegensatz zu seinem Vater ist er zu handeln gezwungen, denn er muß sein eigenes Handeln verhindern. So beschließt er, nicht nach Korinth zurückzukehren, und schlägt den Weg nach Theben ein. Aber die Flucht vor seinen vermeintlichen Eltern führt ihn seinem wirklichen Vater entgegen. Zum ersten Male klaffen so im Ödipus-Geschehen Sein und Schein auseinander[6] und bieten der tragischen Dialektik einen neuen Spielraum: die Rettung im Bereiche des Scheins erweist sich in der Wirklichkeit als Vernichtung. So stehen sich am Dreiweg Vater und Sohn gegenüber, ohne sich zu erkennen. Jener will das Orakel nach seinem Sohne befragen, dieser hat es nach seinem Vater gefragt, doch statt einer Antwort nur erfahren, wovor er nun flieht, um es durch die Flucht davor dennoch zu vollbringen.

3

Damit Theben von der Pest erlöst werde, befragt Kreon im Auftrag des Ödipus das Delphische Orakel, das so zum dritten Male spricht. Seine Antwort: die Forderung, den Mord an Laios zu rächen, sagt im Gegensatz zu den beiden ersten Orakeln nicht mehr Grauenvolles voraus, sondern verspricht Rettung durch Büßung geschehenen Grauens. Den Thebanern, die sich an Ödipus wenden, weil er sie einst von der Sphinx erlöst hat und so ihr König geworden ist, scheint er von neuem als Retter

---

6 Vgl. K. Reinhardt, *Sophokles*. Frankfurt a. M. 1947³, S. 105 ff.

gegeben; die Furcht, die Mörder des Laios wollten auch ihn töten, läßt ihn meinen, indem er jene verhafte, rette er sich selbst. Doch kaum ist die Untersuchung eingeleitet, kaum hat Teiresias den König als *Fleck unserm Land*[7] bezeichnet, ahnt Ödipus schon, daß die versprochene Rettung für ihn den Keim der Vernichtung birgt. Zur Hoffnung, den Mörder des Laios zu finden, tritt kontrapunktisch die Angst, ihn in sich selbst zu erkennen. Und alles, was im Laufe der Untersuchung den König vor der Rettung, die ihn vernichten wird, zu bewahren scheint, schlägt seinerseits ins Vernichtende um. So erzählt Jokaste zur Beschämung des Sehers vom Orakel des Laios und von seiner Ermordung nicht durch Sohneshand, sondern durch Räuber am Dreiweg – und weckt in Ödipus, statt ihn zu beruhigen, die erste Ahnung seiner Schuld. Nicht anders wirkt die Eröffnung des Boten, Ödipus sei nicht der Sohn des Polybos und habe Korinth nicht zu fürchten, dort könne sich das Orakel nicht bewahrheiten: nun steht für Ödipus beinahe schon fest, daß es sich bewahrheitet hat. Und der Hirte, auf dessen Erscheinen er die letzte Hoffnung setzt, da dieser die Mörder als Räuber beschrieben hat, deckt selber die furchtbare Wahrheit auf. In seinem Bekenntnis, das Ödipus ihm entreißen muß, kehrt die tragische Einheit von Rettung und Vernichtung wieder: Laios hatte, um sich das Leben zu retten, den eigenen Sohn zum Tode bestimmt, der Hirte wollte ihn schonen, hat ihn aber *gerettet zu größter Schmach*[8]. Der Mörder, den Ödipus sucht, ist er selber. Der Retter Thebens erweist sich zugleich als sein Verderber. Er ist es nicht auch, sondern gerade als Retter: denn die Pest ist die Strafe der Götter für den Lohn, den er für seine rettende Tat empfangen hat, die blutschänderische Ehe mit Königin Jokaste. Der Scharfsinn, der ihm im Rätsel der Sphinx den Menschen zeigte und so Theben rettete, ließ ihn den Menschen, der er selber ist, nicht erkennen und führte ihn ins Verderben. Der Zweikampf zwischen Ödipus und Teiresias, dem sehenden Blinden und dem blinden Seher, endet mit der Selbstblendung des Ödipus: das Augenlicht, das ihm verbarg,

---

7 V. 357 Übers. Hölderlin.
8 V. 1179 f. Übers. E. Staiger.

was er hätte sehen müssen und was der blinde Teiresias sah, soll ihm nicht mehr zeigen, was er, nun zu spät, immerfort sehen müßte.

So erweisen sich im Rückblick die zwei ersten Orakel als Präfigurationen des entscheidenden dritten, das Sophokles in den Mittelpunkt seiner Tragödie stellt. Der tragische Weg zwischen Theben und Delphi, zwischen menschlicher Verblendung und göttlicher Offenbarung, den sowohl Laios wie der junge Ödipus einschlagen, dieser, um nicht zum Mörder, jener, um nicht ermordet zu werden, der aber den einen in den Tod und den andern zum Mord führt: er ist beim König Ödipus als Weg der Erkenntnis gleichsam ins Innere gewendet. Das epische Wandern der Vorgeschichte wird in der Tragödie zur dramatischen Erkundung verdichtet. Den König erwartet das Unheil nicht als Fremder am Wegesrand, sondern am Ziel seiner eigenen Erkenntnis. So markieren die Orakel in den drei Schicksalen, die zugleich ein einziges bilden, eine tragische Steigerung, in der das Entgegengesetzte immer enger aneinandergebunden, die Zweiheit immer unerbittlicher zur Einheit getrieben wird: Laios flieht seinen Mörder auf dem Weg, der ihn jenem entgegenführt – der junge Ödipus entflieht seiner verkündeten Mordtat und begeht sie auf der Flucht – König Ödipus sucht die Mörder des Laios, die er als seine eigenen fürchtet, und findet sich selbst.

Das Leben ein Traum

I

Das Leben des polnischen Prinzen Sigismund steht vor der Geburt schon im Zeichen des Unheils – gleich dem Leben des thebanischen Königssohns. Nicht zu Unrecht ist Calderons Werk eine christliche Ödipus-Dichtung genannt worden. Von dem Wandel, den das Motiv im katholischen Barock erfährt, zeugt aber bereits die Abschwächung der Prophetie. An die

Stelle des Inzests tritt der Tod der Mutter: wenn auch Sigismund ihn durch seine Geburt verursacht, bleibt dieser Tod doch ein Naturgeschehen, während sich die blutschänderische Ehe des Ödipus, selbst ohne sein Wissen um ihr Wesen, als seine eigene Handlung vollzieht. Und die Ermordung des Vaters weicht einer kriegerischen Unterwerfung, die gleich dem Tod der Mutter in einen allgemeineren Bezug rückt und das individuelle Schicksal übersteigt: nach der Natur ist dieser Bezug nun die Geschichte. Doch obwohl die Erkenntnis, die dem Werk den Titel gab, das Geschehen schließlich dem Tragischen entreißt, ist ihm sein Grund nicht weniger verhaftet als der *König Ödipus.* Und die Änderungen, die der christliche Glaube erfordert, rufen zunächst, statt die antike Tragik zu mildern, nur neue tragische Momente hervor. Das erste erscheint bereits bei der Weissagung des Unheils. Die Prophetie erfolgt hier nicht mehr in der allgemeingültigen, institutionellen Form des Orakels, sondern bedient sich zweier sich widersprechender Quellen: des Traumes und der Wissenschaft. Sie berührt so einen Zwiespalt in der Natur des Menschen, der seine Ganzheit in Frage stellt. Während der Königin vor ihrer Niederkunft im Traum ein menschengleiches Scheusal erscheint, das ihr den Tod gibt, verkündet dem König sein astrologisches Wissen, dem er höchsten Ruhm und gleichsam die Herrschaft über die Zeit verdankt, den Schimpf, der ihm von seinem Sohn dereinst widerfahren wird. Weil sie nicht mehr die Autorität des Orakels hat, greift die Weissagung bei Calderon – wie auch in Shakespeares *Macbeth* – zur List. Trifft der erste Teil der Prophetie von selber ein, schenkt der Mensch auch ihrem zweiten Teil Glauben und handelt danach. Dies aber verstrickt ihn allererst tragisch in Schuld. So deutet Macbeth seine Ernennung zum Thane of Cawdor, für die seine Verdienste im Krieg Grund genug liefern, als Zeichen, daß die Hexen die Wahrheit gesprochen, und sieht in der Ermordung des Königs gleichsam die Erfüllung einer Aufgabe, die ihm das Schicksal stellt. So erscheint Basilius der Tod der Königin bei der Geburt ihres Kindes als Beweis für die Richtigkeit der Prophetie, und er glaubt nun an ihren zweiten Teil. Besteht die Ironie des Schicksals bei Shakespeare darin, daß Macbeth die erfolgte Belohnung seiner Tugend als Gewähr für den künftigen Erfolg seines Lasters nimmt, so bei Calderon darin, daß der König seiner Wissenschaft traut, weil das Unbewußte die Wahrheit scheint gesprochen zu haben. Und zu dem tragischen Moment, das diese Ironie bei ihrem Opfer erzeugt, tritt ein zweites hinzu, das nicht mehr in der Abhängigkeit des Wissens vom Unbewußten, sondern in der Wissenschaft selber liegt. Des Königs ruhmvolle Fähigkeit, aus den Sternen die Zukunft zu lesen, schlägt für ihn, nachdem sie seine Größe begründet hat, in Vernichtung um: *Denn dem Unglücksel'gen werden / Ja zum Messer selbst Verdienste; / Und sein eigner Mörder ist, / Wer sich schadet durch sein Wissen.*[1]

2

Weder Laios noch Basilius erlauben die Mächte, die sie in die Zukunft blicken lassen, das dort Gesehene abzuwenden. Glauben sie daran, so müssen sie es hinnehmen; bezweifeln sie es, so haben sie nichts zu befürchten und also auch nichts zu unternehmen. Handeln sie aber, so aus Inkonsequenz. Freilich zwingt sich der Glaube an die Prophetie Basilius weniger auf als Laios. Denn während das Orakel im Namen Apolls spricht, wird die doppelte Weissagung des polnischen Königs durch seinen christlichen Glauben nicht erhärtet, sondern in Zweifel gezogen. Basilius muß sich fragen, ob er nicht gegen seinen Gott sündigt, wenn er dem Traum und den Sternen traut und ihn so dem Aberglauben und der Wissenschaft hintansetzt. Die katholische Religion lehrt die Freiheit des Willens, Sigismunds Handeln kann daher nicht vorausbestimmt sein. Aber selbst der Gedanke an den freien Willen seines Sohnes, zu handeln, wie ihn gut dünkt, muß Basilius an das Unheil mahnen, das ihm die Sterne von dessen Hand prophezeien. Wie Laios versucht deshalb auch Basilius, das Vorausgesagte abzuwenden: er nimmt es als eine bloße Gefahr und nicht als die futurische Gegebenheit,

---

[1] Übers. J. D. Gries. In: Calderon, *Schauspiele*. Berlin 1815, Bd. I, S. 199.

die es ist. Der Zweifel jedoch, zu dem ihn sein Glaube führt, läßt ihn in der Abwehr vorsichtiger sein als Laios, der bei Euripides erst daran zu zweifeln beginnt, ob seine Maßnahme geglückt sei, nicht aber, ob sie begründet ist. Während der thebanische König seinen Sohn dem vermeintlich sicheren Tod bestimmt, indem er ihn in die Schluchten des Kithairon aussetzen läßt, befiehlt Basilius, seinen Neugeborenen in einen Turm zu schließen. Gibt sich Laios dem Wahne hin, er schütze sich vor seinem künftigen Mörder, wenn er ihn selber ermorden läßt, so wähnt Basilius, er könne seinen Sohn zwar am Leben erhalten, aber an der Tat hindern, die ihm vorausgesagt ist. Auch dies jedoch erweist sich als Täuschung, deren Opfer zunächst der ist, der sich davon Rettung versprach. Der Zeitpunkt dafür kommt, da Basilius, von Zweifeln an der Richtigkeit seiner einstigen Maßnahme gequält, den schon erwachsenen Sohn auf die Probe stellt. Durch einen Trunk eingeschläfert, wird er in den Palast gebracht und erwacht dort als Herrscher. Durch diese Probe, die selber ein tragisches Moment birgt, löst sich Calderons Werk vollends von der Antike und verwirklicht eine zentrale Idee des Barock: das Welttheater, wenn auch nicht mit allegorischen Figuren wie das auto sacramental, das den gleichen Titel trägt, sondern als Parabel, also mit Individuen als Dramenpersonen.[2] Vor dem Prinzen, der in königliches Gewand gekleidet ist, erscheinen der Reihe nach Vertreter des Hofes und seines Geschlechtes, damit sich erweise, ob ihn die Sterne zum Tyrannen bestimmt haben. Sein Benehmen scheint der Prophetie recht zu geben. Doch in jeder Einzelheit seines tyrannischen Auftretens wird deutlich, daß er so spricht und handelt, nicht weil er seinem Wesen nach so ist, sondern weil er im Turm zu diesem Menschen wurde. Das Scheusal, das den Traum der Königin sich bewahrheiten läßt, ist das Geschöpf nicht des Schicksals, vielmehr dessen, der es abzuwenden trachtete, des Königs selbst. Seine Abwehr beschwor herauf, was sie hätte abwehren sollen. Aber nicht nur die Verbannung des Prinzen, auch die Probe, die sie wiedergut-

2 Vgl. M. Kommerell, *Beiträge zu einem deutschen Calderon*. Frankfurt a. M. 1946, Bd. 1, S. 218 ff.

machen will, schlägt aus Rettendem in Vernichtendes um. Denn die Probe, der sich Sigismund unterziehen muß, macht ihn unvermutet selber zum Erprobenden. In der Gefangenschaft des Turmes vom Möglichen abgeschnitten, strebt er nun danach, das Unmögliche zu vollbringen. So gibt er einem Höfling den Tod und bedroht Rosaura: *Unmögliches bezwingen / Ist meine Lust; dort vom Altane springen / Mußt' einer heut, trotz seinem Draufbestehen, / Es könne nicht geschehen. / Und so nun möcht ich, um zu sehn mein Können, / Auch deiner Ehre solchen Sprung vergönnen.*[3] Vergeblich erweist sich Rosaura als die einzige, welche die Ursache von Sigismunds Benehmen nicht in seiner Anlage, sondern in dem Leben erblickt, das ihm sein Vater auferlegt hat: *... kann sich anders zeigen, / Wem nichts vom Menschen, als der Nam', ist eigen? / Wer, stolz und übermütig, / Barbarisch, frech, unmenschlich, grausam, wütig, / Aufwuchs bei rohem Wilde?*[4] Wie die Abwehr des Basilius, droht auch die Einsicht Rosaurens verderblich zu werden, in einer tragischen Dialektik, die in Kleists *Familie Schroffenstein* wiederkehrt. Denn Sigismund erwidert ihr: *Doch bin ich das, was deine Lippen nennen, / So sollst du so, bei Gott! auch ganz mich kennen.* Der Bösewicht ist oder gibt sich als Werk dessen, der ihn für einen Bösewicht hält oder als solchen erkennt. Die Probe gipfelt im zweiten Auftreten des Königs, dem Sigismund Worte entgegenschleudert, die ihm die Erfüllung der Prophetie verheißen – des Basilius weißes Haar werde Teppich sein für Sigismunds Füße –, aber zugleich verraten, daß daran die Schuld jener tragen wird, der sie hat vereiteln wollen: *Vielleicht – es kann geschehen – / Werd' ich auch dein Haar mir zu Füßen sehen; / Denn wohl muß ich dich strafen, / Weil du so rechtlos mich erzogst als Sklaven.*[5] Freilich bleibt dem König die Erkenntnis zunächst erspart, daß nicht nur die Abwehr der Prophetie, sondern auch die Überprüfung ihrer Notwendigkeit sich gegen ihn wendet. Im Wahn, das Geschehene unge-

---

3 Gries, S. 250 f.
4 Ebd., S. 251.
5 Ebd., S. 256 (›dieses‹ geändert in ›dein Haar‹).

schehen machen zu können, läßt er den Prinzen in Schlaf zurücksinken, damit er wieder in die Einsamkeit des Turmes verbracht werde.

3

Die Schicksalstragik der Antike wandelt sich im christlichen Raum zur Tragik der Individualität und des Bewußtseins. Der griechische Held begeht ohne sein Wissen die schreckliche Tat, indem er ihr aus dem Weg zu gehen sucht – der Held des katholischen Dramas wird vor der Erlösung zum Opfer seines Versuchs, an die Stelle der bedrohlichen Wirklichkeit durch Wissen und Denken eine andere zu setzen, die er selber erschafft. Die drei Akte von Calderons Werk markieren diesen Unterschied mit immer größerer Deutlichkeit (wobei Ödipus nicht mehr Sigismund, sondern Basilius entspricht). Der erste Akt fügt der Tragik der Prophetie die des Wissens hinzu, das den König zu »seinem eigenen Mörder« macht. Der zweite, der mit der Antike durch nichts mehr verbunden ist, gestaltet die Tragik der Bemühung, auf das Leben eines anderen durch erdachte Abwehr statt durch gefühlte Hilfe einzuwirken. Der Versuch, Sigismund unschädlich zu machen, macht ihn allererst schädlich, denn Basilius übersieht, daß Abwehr keine bloß negative Handlung ist, daß sie nicht nur vereitelt, sondern auch bewirkt. Das Werk des Basilius ist nicht, den Sohn seiner Anlage zu überlassen, damit sich erweise, ob er Tyrann werden müsse, vielmehr ruft er das als Anlage Prophezeite, statt es zu verdrängen, selber hervor. Im dritten Akt schließlich erscheint, bevor das Werk, wie alle christliche Dramatik, den Raum des Tragischen verläßt, die Tragik der Probe. Basilius gibt sich im Hochmut seines Denkens dem Wahn hin, er könne mit der Wirklichkeit experimentieren und eine Realität erschaffen, die ohne Folgen bliebe. Doch sein Versuch, das Leben, das Sigismund einige Stunden am Hof als König gelebt hat, in einen Traum zu verwandeln, mißlingt. Kaum ist seine Absicht im Land bekannt, die Krone statt seinem Sohne den Kindern seiner Schwestern zu bestimmen, sammeln sich gegen ihn Kräfte des

Aufstandes, denen die Herrschaft des Prinzen nicht wie ihm selber zum Traum geworden, so daß sie ihn zu ihrem Führer erwählen. Die Prophetie des Traums, der Basilius die Möglichkeit zu verdanken wähnte, die Herrschaft seines Sohnes abzuwenden, macht diesen allererst zum Herrscher. Denn nur deshalb erklärt sich Sigismund bereit, den Aufstand zu leiten, weil er in dem Traum, zu dem sein Vater die königliche Wirlichkeit der Probe verflüchtigt hat, das prophetische Zeichen seiner Bestimmung zum Königsein erblickt. Der Krieg gegen Basilius führt die Aufständischen zum Sieg, und erst jetzt, durch den Versuch, die Prophetie mit Sigismunds Verbannung abzuwehren und diese Abwehr, sollte sie unbegründet gewesen sein, wiedergutzumachen, erfüllt sie sich für den König: besiegt kniet er zu seines Sohnes Füßen. Mit größter Schärfe formuliert er die Dialektik seines tragischen Schicksals, die er mit Ödipus teilt: *Unwiderstehlich ist des Schicksals Lenkung, / Und oft gefahrvoll, sie voraus erfahren. / Nicht schützen kann sich menschliche Beschränkung; / Denn Schlimmes lockt man durch zu ängstlich Wahren. / Grausam Gebot! Hart Schicksal! Schwere Kränkung! / Gefahren fliehn, das bringt erst in Gefahren. / Mein Unglück wird, was Schutz mir sollt' erwerben; / Ich selbst, ich wirkte meines Reichs Verderben.*[6] Und der gleichsam exemplarische Tod Claríns, des Dieners, der von einem tödlichen Schuß ereilt wird, da er sich feige versteckt und in Sicherheit wähnt, ist ihm Anlaß, von neuem die Erkenntnis auszusprechen: *Ich nun, um mein Reich vor Aufruhr / Und Verderben zu bewahren, / Gab es in dieselbe Hand, / Der ichs zu entreißen dachte.*[7] Doch an dieser Stelle, wo das Werk des Calderon als Tragödie enden könnte, wandelt sich der Untergang, in den die Rettung zu führen schien, seinerseits in sein Gegenteil und wird zur Rettung. Der Weg des Unheils, als der sich der Weg des Heils erwies, gibt sich zuletzt doch als der des Heils zu erkennen, nun nicht mehr durch eine Wendung des Schicksals, sondern durch die Einsicht des Menschen selber. Und wie in jeder großen Dichtung, die im Tragischen nicht ihr Ende findet, ist auch hier

6 Ebd., S. 296 f.
7 Ebd., S. 329.

der Weg, der aus der Tragik hinausführt, die Umkehrung jenes andern, der in sie mündete. Für Basilius schlägt die Probe, die sich zunächst von Heilvollem zu Unheil wendete, letztlich doch zum Heile aus. Der Traum, der das eine Mal Sigismund vor seiner Geburt der Königin als Scheusal zeigte und damit das tragische Geschehen begründete, und das andere Mal, in der Probe des Königs, statt Sigismund die Herrschaft vergessen zu lassen, ihn allererst zum Herrscher machte, er erweist sich schließlich als Sigismunds Lehrmeister und damit als der Retter des Königs. Sigismund vergißt die Probe nicht als Traum, sondern lernt, daß alles Leben ein Traum sei, und er beschließt, der Prophetie der Sterne trotzend, im Leben, das ihm fortan nur noch als Traum gilt, ein anderer zu werden, als er in dem Traum war, den er als Leben nahm.

Othello

I

Der Mohr von Venedig heißt schon die Vorlage Shakespeares, eine italienische Novelle. Die Bezeichnung weist auf eines der Gegensatzmomente hin, die das tragische Geschehen bestimmen. Othello ist Mohr und Venezianer. Als Venezianer soll er die Flotte befehligen, als Mohr darf er keine Venezianerin freien. Den Krieger halten die Bewohner der Stadt für ihresgleichen, den Liebenden aber für ein schwarzes Tier. In bewegter Kontrapunktik zeigt der erste Akt diese Spaltung Othellos: von zwei Seiten wird er in den nächtlichen Straßen Venedigs gesucht. Der Vater, dem er die Tochter geraubt hat, verfolgt ihn, um ihn dem Gericht auszuliefern – der Doge läßt ihn suchen, um ihn mit der Führung der Flotte zu betrauen. Daß aber der Konflikt nicht im Dogenpalast, sondern erst später, im Innern Othellos, ausgetragen wird, kennzeichnet diesen in besonderem Maß. Auch den Helden Corneilles wird schmerzhaft bewußt, daß sie als Liebende und als Krieger der selbe Mensch nicht sein können. Doch für sie ist der tragische Konflikt – »die Kreuzung zweier Notwendigkeiten«[1] – in seinem Ursprung zufällig und ihnen äußerlich. Zwar können sie weder ihrer Neigung und ihrer Pflicht zugleich folgen, noch die eine mißachten. Aber sie werden nicht in ihrem Innersten angegriffen: weder als Liebende noch als Krieger sind sie in Frage gestellt. Othello dagegen gelingt es sogleich, vom Dogen sowohl die ehrenvolle Ernennung als auch die Zustimmung zu seiner Heirat zu erlangen. Aber in seinem Herzen trägt er den Zweifel an sich selbst davon. Der Mensch sieht sich in vielem mit den Augen der anderen, und obwohl Othello sich königlicher Herkunft weiß, wird er auf Zypern nicht vergessen können, in welcher Gestalt er sich im venezianischen Spiegel erblickt hat. Wohl hat ihm Desdemona den Beweis ihrer Liebe gegeben, daß aber ihr Vater diese Liebe nicht nur nicht billigt, sondern nicht glaubt und darum Othello der Magie bezichtigt, untergräbt sein Selbstbewußtsein. Und dieser erschütterte Glaube an sich selbst ist der Boden, in dem Jago die Eifersucht zum Keimen bringt.

2

Im Gegensatz zu den anderen Leidenschaften trägt die Eifersucht die Tragik als Möglichkeit in sich selbst. Nicht erst im Zusammenstoß mit einer anderen Kraft stempelt sie den von ihr Ergriffenen zum tragischen Helden. Am Dialektischen – das die Wendung ins Komische freilich gleichfalls gestattet – hat sie ihr Wesen. Eifersucht ist Liebe, die zerstört, indem sie bewahren will. Die Abschiedsküsse Othellos begleiten die Worte: *O balmy breath, that dost almost persuade / Justice to break her sword! – One more, one more. / Be thus when thou art dead, and I will kill / And love thee after.*[2]

3

Jago, dessen Rache Othello zum Opfer fällt, ist ein Ironiker. Seine Methode ist die sokratische. Drum trifft sein Bild von

---

1 Paul Ernst, *Der Weg zur Form.* 3. Aufl., S. 121.
2 V/2.

dem Gift, das er in Othellos Ohr träufelt, nicht ganz zu. Wie Sokrates seine Schüler des Unwissens überführt, überführt Jago seinen Herrn der Eifersucht. Die ironische Freude an der Vermittlung der Gegensätze, am Umschlag des Guten ins Böse, kennzeichnet schon seinen Plan: *So will I turn her virtue into pitch; / And out of her own goodness make the net / That shall enmesh them all,* sagt er von Desdemona, die durch die Hilfe für den abgesetzten Cassio ihre ehebrecherische Liebe zu ihm verraten soll.[3] Die Szene aber, in der Jago – nach der Sokratischen Metapher – die Geburt von Othellos Eifersucht einleitet, ist wohl die vollkommenste Verwirklichung handelnder Ironie, die viel seltener ist als die betrachtende. Zu Othello verhält er sich, ein zweiter Sokrates, in »absoluter Negativität«[4]. Was Jago erreicht, erreicht er immer durchs Gegenteil. Seine Fragen sind Antworten, seine Antworten Fragen. Sein Ja birgt ein Nein, sein Nein ein Ja. Othellos Unruhe ist das Werk seiner Beruhigung und der Zweifel Othellos die Wirkung seiner Überzeugungsversuche. Das Ziel, wohin er Othello bringen will, er nennt es, um ihn davor zu warnen. So gelangt Othello auf eigenen Füßen dahin, wie er auch den Namen des Cassio als erster genannt hat. Damit verschärft aber Jagos Ironie die Tragik Othellos. Denn nicht nur zerstört Othello, indem er bewahren will, er zerstört als Opfer nicht mehr Jagos, sondern seiner selbst. Die göttliche Ironie gegenüber dem tragischen Helden der Antike hat im Barock die Ironie des Bösewichts abgelöst.

4

Beweis will ich, mit Augen will ich sehen – ruft Othello aus, da die Eifersucht von ihm Besitz ergreift.[5] Dieses quälende Verlangen nach einem Beweis gehört in die Dialektik des Zweifels, die ihre tragische Seite hat. Denn der Zweifel an der Treue der Gattin, geboren aus der Angst vor ihrer Untreue, will den

---

3 II/3.
4 Vgl. Hegel und Kierkegaard über Sokrates.
5 *Give me the ocular proof,* III/3.

Beweis nicht der Treue, sondern der Untreue. Nur der Beweis, der ihm recht gibt, nicht jener, der ihn Lügen straft, vermag dem Zweifel ein Ende zu bereiten. Und dieses ist sein einziger Wunsch. So verlangt Othello sehnlichst, was er am meisten befürchtet. Jago aber weiß, daß dem Eifersüchtigen darum schon das Geringste als Beweis gilt. Was er ihm bietet, ist das Taschentuch, das Othello einst der Desdemona geschenkt hat und das nun in der Hand des Cassio ist. Wie der Brief im *Don Carlos* erhält hier das Taschentuch eine verderbliche Gewalt über den Menschen, die tragisch ist, weil der Mensch sie ihm selber abtritt. Der Gedanke, auch an dem Beweis zu zweifeln, ist Othello fremd. Nicht nur, weil es ihn bloß verlangt, den Zweifel zu löschen, der ihn quält wie Durst. Sondern er sucht Zuflucht vor dem Menschen, dem er nicht traut, weil er sich verstellen kann, beim Ding, dem er traut, da er ihm nichts zutraut. Aber gerade weil das Ding nicht von selber lügt, fällt es schwer, seine Lüge zu durchschauen. Die Weggabe des Taschentuchs, das Othello bei Cassio erblickt, gilt ihm als Beweis für die Untreue der Gattin, obwohl sie die Geste ihrer Liebe zu ihm ist. Denn Desdemona gibt das Taschentuch aus der Hand, um Othellos Kopfschmerzen zu lindern. Da Othello es zurückweist, nimmt es Emilia zu sich und gibt es Jago, der es ins Zimmer des Cassio bringt. Das Kopfweh aber, unter dem Othello zu leiden vorgibt, ist nur der Deckname seiner Leidenschaft. So wird das Tuch zum Emblem für ein Moment im tragischen Schicksal der Desdemona: sie entfacht mit ihm, was sie zu löschen sucht, ohne es zu erkennen, Othellos Eifersucht.

5

Desdemona begleitet nach Zypern der Fluch ihres Vaters: *Look to her, Moor, if thou hast eyes to see / She has deceived her father, and may thee.*[6] Das Argument hat seinen Platz im Plan Jagos. Damit Othello, der von Natur aus Mißtrauen nicht kennt, glaube, daß Desdemona ihn täuschen kann, erinnert er

6 I/3.

ihn an jene Täuschung, die Othello ihrer Liebe verdankt. Erst jetzt ist Othello bereit, die Beteuerungen der Desdemona zu mißachten und nur dem Taschentuch zu trauen. So entzweit Othello und Desdemona in seiner Seele, was sie vor ganz Venedig geeint hat. Ihre Ehe zerbricht an nichts anderem, als worauf sie gegründet ward. Denn was Desdemona Othello zuliebe tat, beweist jetzt nur noch, daß sie dessen fähig ist, also auch, um Othello zu betrügen. Der Beweis ihrer Liebe schlägt noch einmal in den ihrer Untreue um. So verwandelt die dialektische Methode des Ironikers den Menschen ins Gegenteil seiner selbst. Die liebende Gattin erscheint als Ehebrecherin, der Liebende wird zum Mörder an der, die er liebt.

Leo Armenius

Der dramatische Erstling des Gryphius gilt zugleich als die erste Tragödie der deutschen Literatur. Lange Zeit bleibt er vielleicht ihre einzige. Denn schon in der *Catharina von Georgien* ging Gryphius von der Tragödie zum Trauerspiel über, dem er bei ernsten Stoffen fortan die Treue hielt.[1] Wie für Calderon beseitigt die tragische Entzweiung auch für Gryphius die alles einende Kraft der christlichen Heilsbotschaft. Der vom Studium der Antike bestimmte *Leo Armenius* aber, eine rein tragische Konzeption, ist deshalb noch kein bei der Antike verharrendes Werk. Vielmehr bezieht er in das tragische Spannungsfeld die christliche Religion selber ein. Statt den Gläubigen zum Märtyrer zu machen, den sein Glaube der Tragik seines Schicksals enthebt, wird sie zu seinem tragischen Los, indem sie ihm nicht das ersehnte und verheißene Heil verschafft, sondern einen Untergang, den das Kreuz Christi, an dem er sich vollzieht, nicht verklärt, sondern in seiner Tragik kontrapunktisch verschärft.[2]

---

1 Vgl. die Unterscheidung bei W. Benjamin, *Ursprung des deutschen Trauerspiels*, der indessen auch *Leo Armenius* als ›Märtyrertragödie‹, also als Trauerspiel begreift.
2 Die räumliche bzw. zeitliche Koinzidenz der Ermordung der beiden Gryphschen Helden Leo Armenius und Carolus Stuardus mit der Kreuzigung Christi könnte auch

I

Leo Armenius, den Kaiser von Konstantinopel, und Michael Balbus, seinen obersten Feldhauptmann, der sich gegen ihn verschworen hat, kettet die Vergangenheit aneinander. Jahre zuvor hatte Leo als Feldherr im Kampf mit den Bulgaren von seinem Kaiser sich losgesagt und sich mit Hilfe seines Freundes zum neuen Kaiser ausrufen lassen. Ihre spätere Feindschaft, welche dem vor und während der Weihnacht des Jahres 820 abrollenden Geschehen zugrunde liegt, steht in einem Zwielicht, das Gut und Böse nicht scheiden läßt und zwei einander ausschließende tragische Schicksale zeigt, die weder sich selbst

den Tod des ersteren, gleich dem des englischen Königs, als Märtyrertod erscheinen lassen. Indessen sind die Unterschiede zwischen den beiden Vorgängen so bedeutend, zumal in der Einstellung der beiden Sterbenden zu dieser Koinzidenz, daß die Annäherung an das Martyrium bei Leo – wie übrigens auch bei der Kaiserin Theodosia (s. o. im Text) – eher als Kontrast denn als direkte Deutung, also als Ineinssetzung des Tyrannen mit dem Märtyrer (W. Benjamin, *Ursprung des deutschen Trauerspiels*, S. 63 f.) auszulegen ist. Man vergleiche die beiden Schilderungen. *Leo Armenius: Er fühlte, daß die Kräft ihm allgemach entgangen, / Als er das Holz ergriff, an welchem der gehangen, / Der sterbend uns erlöst, den Baum, an dem die Welt / Von ihrer Angst befreit, damit der Tod gefällt, / Für dem die Höll erschrickt. Denkt, ruft er, an das Leben, / Das sich für eure Seel an dieser Last gegeben! / Befleckt des Herren Blut, das diesen Stamm gefärbt, / Mit Sünderblut doch nicht! Hab ich so viel verkerbt, / So schont um dessen Angst, den dieser Stock getragen, / An Jesus Söhn-Altar die grimme Faust zu schlagen! (v. 2194-2203) Carolus Stuardus: Er forderte das Pfand, das der, der durch sein Blut / Der Menschen Schuld abwusch zum Denkmal seiner Schmerzen / Und Zeichen teurer Huld ließ den gekränkten Herzen. / Man höre, was sich hier verwundrungswert zutrug; / Als Juxton zu dem Werk das Kirchenbuch aufschlug, / Das Kirchenbuch, um das der Fürst so viel gelitten, / Um das ihn Engelland und Calidon bestritten, / Fand sich, daß gleich auf heut die Haupt-Geschicht gesetzt, / Die, wie der Fürsten Fürst durch eigen Volk verletzt / Vor seinem Richter stund, wie er von Geißelstreichen, / Und scharfen Dornen wund mußt an dem Kreuz erbleichen / Der Christen Volk erzählt, die uns Matthäus schrieb. / Der König, der hierauf fast in Gedanken blieb, / Als ob zu seinem Trost der Bischof sie erkoren, / Erfreute sich im Geist und schien recht neugeboren, / Als Juxton ihm das Blatt vor sein Gesichte legt, / Und zeigte, daß man dies heut abzulesen pflegt. / Er schöpfte wahre Lust, daß Jesus durch sein Leiden / Sich fast den Tag mit ihm gewürdigt abzuscheiden. / Sein Geist, in dem er sich aufs neu mit Gott verband, / Schien mehr erquickt zu sein.* (V. Abh. / v. 100 ff., Hervorhebungen vom Verfasser.) In: *Gryphius' Werke*, Hrsg. Palm. Deutsche National-Literatur, Bd. 29, Berlin u. Stuttgart o. J. [1883-86].

noch das andere als bloß vorgetäuschtes durchschauen lassen. Ist Leo Armenius der Tyrann, dessen Ermordung das Heil des Landes verlangt, dann besteht die Tragik des Michael Balbus darin, daß jener, dem er geholfen hat, Kaiser zu werden, damit Byzanz gerettet werde, selber zu dessen Verderber geworden ist. Ist es Leo nicht, dann besteht seine eigene Tragik darin, daß ihm der Tod von jenem droht, dem er selber zur Macht verholfen hat. Und was ihn vom Throne stürzen will, ist in beiden Fällen nichts anderes, als was ihn auf den Thron hob: das Prinzip des Aufstands und der Berufung.

2

Kaum ist die Verschwörung ruchbar geworden, rät Exabolius dem König, Michael Balbus töten zu lassen. Doch Leo fürchtet, daß die Ermordung des mächtigen Feldhauptmanns, wenn ihr kein Urteil vorausgeht, das Volk aufwiegeln und die Abwehr sich damit gegen ihn wenden könnte. So tut er im Wahn, seinem Tod aus dem Wege zu gehen, den ersten Schritt in den Untergang. Nicht anders bewirkt auch Michael Balbus seine Verurteilung selbst. Da er Exabolius, den er für seinen Freund hält, verstimmt findet, meint er, auch jener sei es gegen den Kaiser, und eröffnet ihm seine Absicht, Leo zu töten. Die Tragik des Menschen, dessen Rede sich gegen ihn selbst wenden kann, formuliert der Chor der Höflinge, der den ersten Akt beschließt, im triadischen Fortgang der Dialektik. Die Schlußverse der als »Satz«, »Gegensatz« und »Zusatz« bezeichneten Teile lauten: *Des Menschen Leben selbst beruht auf seiner Zungen – Des Menschen Tod beruht auf jedes Menschen Zungen – Dein Leben, Mensch, und Tod hält stets auf deiner Zungen!*[3]

3

Den zweiten Schritt auf dem Weg zu seinem Tod tut Leo, als er die Hinrichtung des verurteilten Balbus verschiebt, um das Fest

---

3 Ebd., v. 524, 540, 554.

der Geburt Jesu Christi nicht mit Mord zu entheiligen. Zu diesem Schritt drängt ihn die Kaiserin, die im Wahn, sich und den Kaiser vor einem Verstoß gegen die Religion zu bewahren, seinen Tod damit selber bewirkt. Der christliche Glaube erscheint hier nicht als die höchste Macht, der es gegeben wäre, den in die Gegensätzlichkeit der Welt verstrickten Helden noch im Untergang zum Triumph zu führen. Die Glorie des Martyriums erhellt weder den Kaiser noch die Kaiserin, die doch beide ihrer Religion zum Opfer fallen. So wenig herrscht der Glaube über das Geschehen, so sehr ist er in der Welt verfangen, daß er sich dazu hergeben muß, die Mörder dessen zu schützen, der ihm treu geblieben ist. Die Nacht der Geburt Christi, die Leo mit keinem Mord beflecken wollte, bietet den Verschwörern die Gelegenheit, ihn zu töten. Die Entheiligung, welcher der Kaiser aus dem Weg zu gehen trachtete, wird so an ihm selber vollbracht. Als Priester verkleidet schleichen die Helfershelfer des Balbus in die Kirche, in der Leo dem Gottesdienst beiwohnt, und ermorden ihn mit Dolchen, die in Kerzen versteckt waren – Emblemen der Tragik, daß die Finsternis des Todes dem Licht des Glaubens entstammt.

4

Daß aber der gefangene Balbus aus dem Kerker die Verbindung mit seinen Komplizen aufnimmt und sie dazu bringt, den Mord noch in der Weihnacht zu begehen, ist auf tragische Weise wiederum das Werk des Kaisers selbst. Von einem Gespenst geschreckt, das ihm im Traum voraussagt, Michael werde ihn töten, eilt Leo ins Gefängnis, um sich vom Anblick des gefesselten Verschwörers Beruhigung zu holen. Doch er erblickt ihn in kaiserlichem Purpur, den Wächter ergeben zu seinen Füßen. Da er daraus erkennen mag, daß Michael im Palast wie in der Stadt Verbündete hat, fällt es diesem leicht, die Verschwörer von der Gefahr zu überzeugen, die ihnen nun droht. Um sie abzuwehren, beschließen sie die Ermordung des Kaisers, erfahren aber ihrerseits die Tragik der Prophetie. Ihr gilt der Schlußchor des dritten Aktes: *Die der Himmel warnt durch Zeichen, / Können kaum, ja nicht entweichen; / Auch viel, indem sie sich den Tod bemüht zu fliehen, / Sieht man dem Tod entgegen ziehen.*[4] Der Unscheidbarkeit von Gut und Böse in dieser Welt entspricht die zynische Voraussagung des Geistes an den Verschwörer, der ihn vor der Ermordung des Kaisers um Rat fragt: *Dir wird, was Leo trägt.*[5] Denn die Auslegung des Zauberers lautet: *Was uns der Geist erkläret, / Sieht doppelsinnig aus. Dir wird zu Lohn bescheret, / Was Leo trägt. Jawohl! Was trägt er? Kron und Tod! / Ich fürchte, daß man dich erdrück in gleicher Not.*[6] Die Prophetie weist über den Schluß der Tragödie, über den Triumph der Verschwörer hinaus, indem er einem von ihnen als Lohn dafür, daß er Leo stürzen half, dessen eigenes Schicksal verspricht.

5

Nach der Ermordung des Kaisers wird das Werk zur Tragödie der Kaiserin. Den Tod ihres Gemahls und den, wie sie meint, bevorstehenden eigenen hat sie selber verschuldet. *Der ist, es ist nicht ohn, der grausamst auf der Erden, / Der durch Mitleiden muß sein eigner Henker werden*[7], spricht sie mit einer Wendung, die auch dem König in *Das Leben ein Traum* vertraut ist. Aber noch hat sich ihr tragisches Schicksal nicht erfüllt. Denn der Tod, den sie nun als ihr Leben erbittet, wird ihr von Leos Mörder, dem sie selber das Leben gerettet hat, aus Dankbarkeit, die Grausamkeit ist, verwehrt. So verläßt sie die Bühne nicht als Sterbende, sondern mit Worten des Wahnsinns, die einer Parodie dessen gleichen, was Gryphius ihr versagt hat: der triumphalen Vision der Märtyrerin. Im Angesicht des Leichnams, von Verschwörern umgeben, spricht sie die Worte: *O unverhoffte Wonn! O seelerquickend Gruß! / Willkommen, werter Fürst! Beherrscher unsrer Sinnen! / Gefährten! trauert nicht mehr! er lebt.*[8]

4 Ebd., v. 1643-1646.
5 Ebd., v. 1784.
6 Ebd., v. 1802-1804.
7 Ebd., v. 2417 f.
8 Ebd., v. 2496-2498.

Wie der *Leo Armenius* zu den späteren Märtyrerdramen des Gryphius als Tragödie einen kühnen Gegensatz bildet, vertieft er auch das barocke Vergänglichkeitsmotiv zu seinem tragischen Grund, indem er Steigen und Fallen nicht bloß in ihrem raschen Wechsel, sondern in ihrer dialektischen Identität begreift, am deutlichsten in jenen Versen, deren Metaphorik das Wesen des Tragischen zu erfassen glückt: *Wir steigen als ein Rauch, der in der Luft verschwindet, / Wir steigen nach dem Fall, und wer die Höhe findet, / Findt was ihn stürzen kann.*[9]

Phädra

I

Verboten, verheimlicht, ohne Erfüllung ist Phädras Liebe zu Hippolyt. Was ihre Leidenschaft ihr gebietet, verbietet sich aus Treue zu Theseus Phädra selbst. Statt sie mit dem Geliebten zu vereinen, entzweit sie die Liebe so noch mit sich selber. Könnte sie ihrer Liebe oder ihrer Treue entsagen, wäre der Zwiespalt überbrückt, das Tragische im Kompromiß beseitigt. Weil sie aber weder das eine noch das andere vermag, weil zu beidem die Möglichkeit in ihr selber und dennoch nicht in ihrer Macht liegt, ist sie eine tragische Heldin. Und trotzdem erweist sich diese Tragik bei Racine bloß als das Äußere eines tieferen Zwiespalts, der nicht zwischen der Liebe und der Pflicht waltet, sondern im Innern der Liebe allein.[1] Denn Phädra liebt Hippolyt nicht nur, obwohl er der Sohn ihres Gemahls ist, sie liebt ihn zugleich, weil er es ist. Was ihrer Liebe zu ihm entgegensteht, ist so auch deren eigenes Motiv. Phädra liebt in Hippolyt den Theseus, der einst nach Kreta kam und der er nicht mehr war, als er sie freite: *Oui, Prince, je languis, je brûle pour Thésée. / Je l'aime, non point tel que l'ont vu les enfers, / Volage adorateur de mille objets divers, / Qui va du Dieu des morts déshonorer la*

9 Ebd., v. 1129-1131.
1 Die weiteren Ausführungen dieses ersten Abschnitts nach Th. Maulnier, *Lecture de Phèdre*. Paris 1943.

couche; / Mais fidèle, mais fier, et même un peu farouche, / Charmant, jeune, traînant tous les cœurs après soi, / Tel qu'on dépeint nos Dieux, ou tel que je vous voi.[2] Die List, die noch in der Erklärung der Liebe zu einem andern den Schein ehelicher Treue zu wahren erlaubt, ist nur möglich, weil sich in Phädras Herzen Treue und Untreue ineinander verschlingen. Die Liebe zu dem Theseus der Vergangenheit zieht sie zu seinem Sohne hin – der Inzest, sofern das Wort hier noch einen Sinn hat, ist auch bei Phädra das Zeichen übermächtiger Bindung an ein Bild, dem die Wirklichkeit nicht zu genügen vermag. Aber nicht nur weckt die Liebe zu dem reinen Theseus-Bild in Phädra die Liebe zu Hippolyt, sie vereitelt zugleich, daß diese Liebe sich erfülle. Denn würde Hippolyt Phädra erhören, so verlöre er gerade, was Phädra an ihm liebt. Ihre Liebe scheitert auf tragische Weise nicht erst an ihrem Gegner, an der Pflicht, sondern bereits an sich selber, daran, daß sie dem Unschuldig-Reinen gilt. Nur in der Sünde könnte Phädra es besitzen, und in der Sünde könnte Phädra es nur zerstören. Und nicht nur gibt es für ihre Liebe keinen Weg der Erfüllung, es gibt auch keinen, auf dem ihr Phädra entfliehen könnte. Jeder Weg, den sie einschlägt, führt sie zurück zu Hippolyt und vertieft ihre Liebe, ohne sie der Erfüllung näher zu bringen. Die Gebete und Opfer, die sie Venus weiht, damit die Göttin sie von ihrer Liebe befreie, werden wider ihren Willen zu Gaben an den Geliebten, in dem sie ihren Gott erkennt: *En vain sur les autels ma main brûlait l'encens: / Quand ma bouche implorait le nom de la Déesse, / J'adorais Hippolyte; et le voyant sans cesse, / Même au pied des autels que je faisais fumer, / J'offrais tout à ce dieu que je n'osais nommer.*[3] Auch die Maske des Hasses macht bloß den äußeren Abstand größer, ohne die innere Nähe der Liebe zu verringern, vielmehr steigert sie sie noch: *J'ai voulu te paraître odieuse, inhumaine; / Pour mieux te résister, j'ai recherché ta haine. / De quoi m'ont profité mes inutiles soins? / Tu me haïssais plus, je ne t'aimais pas moins. / Tes malheurs te prêtaient*

---

2 v. 634-640. Vgl. auch die folgenden Verse.
3 v. 284-288.

encor de nouveaux charmes.[4] Und das verborgene Band zwischen ihrer Treue und ihrer Untreue wandelt selbst die Flucht zu dem Gatten in einen Weg zum Geliebten: erbarmungslos erinnern die Gesichtszüge des Theseus Phädra wieder an Hippolyt.[5] Aus diesem Leben, zu dessen einzigem Ziel und einzigem Sinn eine Liebe geworden ist, der nicht nur die Außenwelt, nicht nur der Geliebte, nicht nur Phädra die Erfüllung versagen, sondern diese Liebe selber, gibt es bloß den einen Ausweg in den Tod. Zu ihm ist Phädra entschlossen, wenn die Tragödie anhebt.

2

Solange sie indessen das Geheimnis ihrer Liebe wahrt, muß noch die Flucht vor der Sünde als Sünde erscheinen: wider Gott, wider Theseus, wider ihre Kinder.[6] Von der Amme Oenone bedrängt, gibt darum Phädra ihr Geheimnis preis. Aber gerade das Geständnis, das sie ablegt, um aus dem Leben scheiden zu dürfen, zwingt sie in das Leben zurück und bindet sie in eine Handlungskette, die sie erst sterben läßt, nachdem Hippolyt durch ihre Schuld gestorben. Denn kaum hat sie ihre Liebe gestanden, erreicht sie die Nachricht vom Tod ihres Gemahls. Statt sie sterben zu lassen, überzeugt Oenone sie nun, daß die Witwe des Theseus um ihrer schutzlosen Kinder willen nicht sterben darf, ihrer Liebe wegen nicht sterben muß. Die tragische Einheit von Treue und Untreue, welche bis dahin ihre Leidenschaft barg, tritt ihr nun aus Oenones Realpolitik entgegen: um ihren Kindern vor Aricia Athens Thron zu sichern, soll Phädra mit Hippolyt sich verbünden. So tritt der ahnungslos Verbannte nach Monaten wieder vor Phädra. Aber all ihre Worte gelten statt ihren Kindern nur dem Geliebten: zunächst verhüllt als Beteuerung ihrer Liebe zu Theseus, dessen Idealbild vor ihr steht, dann – als die Furcht, verstanden zu werden, der Angst, nicht verstanden zu werden, weicht – in offenem Be-

4 v. 685-689.
5 v. 290.
6 v. 196-200.

kenntnis. Da aber Phädra ihre Leidenschaft haßt, muß noch das Geständnis der Liebe in dem Wunsch gipfeln, daß der Geliebte sie töte. Als auch dies ihr verwehrt bleibt und sie Hippolyt verzweifelt das Schwert entreißt, um dennoch durch seine Waffe zu sterben, hält Oenone sie zurück. Was die Tragik dieser Szene dann noch verschärft, ist die Nachricht, welche die Notwendigkeit der Begegnung mit Hippolyt als Täuschung enthüllt: Athen hat Phädras Sohn bereits den Vorzug gegeben. Vergebens mahnt Oenone die Königin an ihre Pflichten, mehr als je zuvor ist Hippolyt ihr einziger Gedanke. Denn ihr Wissen um die Unerfüllbarkeit ihrer Liebe hat das Geständnis nicht nur bestärkt, sondern zugleich erschüttert. Da Hippolyt von ihrer Liebe weiß, hat sich die Hoffnung auf ihre Erfüllung in ihr Herz geschlichen.[7] Für sein Schweigen findet sie die Erklärung, der in Wäldern Aufgewachsene hasse das ganze Geschlecht; um ihn zu gewinnen, ist sie bereit, ihm Athens Thron anzubieten. In ihrer Verblendung fleht sie um Hilfe d i e Göttin an, deren Opfer sie ist: aus Rache möge Venus Hippolyt zur Liebe bekehren. Aber in tragischer Ironie ist ihre Bitte, noch ehe sie geäußert wurde, erfüllt. Denn Hippolyt liebt Aricia, und der vermeintlich Ehrgeizige hat auf Athens Krone zu ihren Gunsten verzichtet. An dem einzigen Punkt ihres tragischen Schicksals, da Phädra sich der Hoffnung offen hält, trifft sie, noch bevor sie von Hippolyts Liebe erfährt, der alle Hoffnung raubende Gegenschlag. Oenone, entsandt, um Hippolyt zu gewinnen, kehrt mit der Nachricht von Theseus' Ankunft zurück. Ohne dessen Wissen wurde Phädra – wie die Gattin des *Malade imaginaire* – vom Schicksal auf die Probe gestellt. Aber Argans grausamer Scherz erscheint hier ins Tragische gewendet nicht zuletzt, weil die Witwe des Theseus Hippolyt zu sich ruft, nicht um ihre Liebe zu bekennen, sondern um ihrem und Theseus' Sohn den Thron zu sichern. Noch einmal ist es also ihre Treue, die sie auf den Weg der Untreue stößt. Und wieder ist sie die Gattin des Theseus, die ihrer Liebe zu Hippolyt wegen sterben will, aber nun, da sie ihr Geheimnis verraten hat, nur in Schmach sterben

---

[7] v. 768.

kann. Und von neuem überzeugt Oenone die Königin, daß sie nicht sterben darf um ihrer Kinder willen, auf deren Leben die Sünde der Mutter einen Schatten würfe. So fällt in der Schande noch einmal tragisch zusammen, was Phädra sterben heißt und was ihr den Tod verwehrt. Gelähmt sieht sie der Intrige Oenones zu, die, gleich Jago, zu dem Beweis für Hippolyts Schuld den Beweis gerade seiner Unschuld erwählt: das Schwert, das er in Phädras Händen gelassen, weil er – wie Phädra fühlt – mit der von ihr berührten Waffe sich nicht hat beflecken wollen. Kaum ist dann Oenones Werk getan, eilt Phädra ihr nach, Hippolyt zu retten. Doch die Rettung vereitelt auf tragische Weise das Geständnis, das dieser ablegt, weil er in ihm seine Rettung sieht: das Geständnis seiner verbotenen Liebe zu Aricia. Im Bannkreis des Zweifels scheitert das Rettende, dessen Dialektik erliegend, gleich zweifach an sich selber. Wie Othello sucht auch Theseus im Grund den Beweis nicht der Unschuld, sondern der Schuld. Und gleich ihm vertraut er mehr dem Ding als dem Menschen, dessen Beweis sich tragisch selber richtet, weil er allzu glaubwürdig ist und so als List erscheint. Deshalb verweigert Theseus dem Geständnis seines Sohnes den Glauben und bittet seinen Schutzgott, ihn zu rächen. Phädra dagegen ist von der Wahrheit dessen, was ihr als Hippolyts Lüge berichtet wird, überzeugt, und zwar aus dem gleichen Grund, aus dem Theseus nicht daran glaubt. Denn auch ihr erscheint in der Dialektik des Zweifels das Befürchtete von größerer Evidenz als das Ersehnte. Woran zu zweifeln sie trotz Theseus' Gewißheit nicht die Kraft hat[8], läßt sie erst das ganze Ausmaß ihres Leidens erkennen, sieht sie doch in Aricias und Hippolyts Liebe alles gewährt, was ihr versagt geblieben. Denn nicht nur wird die Liebe Aricias erwidert, sie wird es in Unschuld.[9] So verschweigt in ihrer Qual Phädra das rettende Wort, und Hippolyts Geständnis, das ihn hätte freisprechen sollen, wendet sich ein zweites Mal gegen ihn selbst. Nun erst erringt Phädra ihrer Amme gegenüber die Freiheit und tötet sich, um der Welt das Reine zurückzuerstat-

---

8 v. 1219.
9 v. 1238. Vgl. Th. Maulnier, *Lecture de Phèdre*, S. 103.

ten, das sie zerstören mußte, weil sie es liebte. Ihr letztes Wort ist: *pureté*.

Demetrius

Anders als sein Vorläufer in Schillers letzten dramatischen Plänen, Warbeck, der sich für den Herzog von York ausgibt, ist Demetrius ursprünglich kein Betrüger. Indem Schiller beschloß, dem Historiker Levesque zu folgen und Demetrius an sein Recht glauben zu lassen, erreichte er, was ihm bei Warbeck nicht gelingen wollte: jene Einheit von subjektivem Sein und objektiven Schein, welche die tragische Behandlung des Sein-Schein-Gegensatzes allererst möglich macht. Den Lebensweg des Demetrius vertiefte er damit zu einem Weg des Bewußtseins. Während der eine Weg Demetrius aus Sambor, wo er als russischer Flüchtling beim Woiwoden lebt, zuerst auf den Krakauer Reichstag, dann an der Spitze einer polnischen Armee nach Moskau führt, wird er auf dem anderen aus dem Stand *harmlos glücklicher Unwissenheit*[1] auf die imaginäre Höhe falschen Bewußtseins gehoben, das den Schein für Sein nimmt, um dann in den Abgrund des wahren Bewußtseins zu stürzen, welches das falsche zwar vernichtet, aber den für Sein gehaltenen Schein nicht mehr aufzugeben vermag und sich der Unwahrheit verschreibt. Die beiden Wenden im Bewußtsein des Demetrius: da er als Zarewitsch erkannt wird und da er erfährt, daß er es nicht ist, sind die Brennpunkte seines tragischen Schicksals.

I

Schon in der Vorgeschichte der ersten Peripetie, die einem Roman La Rochelles nachgebildet ist, sind Rettung und Vernichtung tragisch verbunden. Demetrius droht das Todesurteil, weil er sich vor der eifersüchtigen Rache des Palatinus, Marinas

---

[1] *Warbeck*-Fragment. In: *Sämtliche Werke*, Säkular-Ausgabe, Bd. 8, Hrsg. E. von der Hellen. Stuttgart u. Berlin o. J., S. 143.

Bräutigam, hat schützen wollen. Was ihn dann davor bewahrt, seine Erkennung als Zarewitsch, führt ihn auf einen Weg, der ihn auch innerlich vernichten wird, und mit ihm viele andere, so Boris Godunow. Doch erst in der Motivation dieser Handlung wird jene tragische Dialektik sichtbar, die Schillers eigene Gedankenwelt betrifft. An ihrem Ursprung steht, was man die Liebe des Demetrius zur Woiwodentochter Marina nennen würde, hieße es nicht in Schillers Notizen, daß die Gedanken des Demetrius auf sie gerichtet sind, *mehr weil seine Natur dunkel nach ihresgleichen strebt als aus Liebe*[2]. Marina verkörpert für Demetrius die tragische Macht: *Die polnische Braut, welche das Glück des Demetrius zuerst gegründet, bringt auch das Unglück mit sich.*[3] Was aber Demetrius zu der, die ihn ohne sein Wissen zum Betrüger machen wird, hinzieht, ist nichts anderes als die trügerische Stimme der eigenen Natur, die ihm eine hohe Abstammung vortäuscht und damit, statt der Scheinwelt des Außen die Wahrheit entgegenzusetzen, den Schritt in die Lüge selber begünstigt. So ist Demetrius von Anfang an das Opfer nicht bloß der Umstände, sondern auch seiner selbst. Hinzu kommt, daß er sich für den Zarewitsch nicht nur auf Grund äußerer Zeichen hält. Da er im Gefängnis erfährt, er sei Iwans Sohn, ist es, *als ob eine Binde von seinen Augen fiele. Alles Dunkle in seinem Leben erhält ihm auf einmal Licht und Bedeutung*[4]. Die Verblendung, an deren Ursprung auf tragische Weise das Licht steht, wird gefördert durch des Demetrius Ehrgeiz, sein *ungeheures Streben ins Mögliche*, das *durch eine gewisse Götterstimme gerechtfertigt* ist.[5] Das Wort, das wiederkehrt im Vers der Marina: *Mag er / Der Götterstimme folgen, die ihn treibt*[6], erinnert an Schillers letzten Brief an Körner (vom 25. April 1805), in dem der *Demetrius* ein »Gegenstück zu der *Jungfrau von Orleans*« genannt wird. Er ist es, weil die Götterstimme, die in beiden Werken einen Menschen aus der

2 *Schillers Demetrius*. Hrsg. G. Kettner. Weimar 1894, S. 109.
3 Ebd., S. 204.
4 Ebd., S. 94.
5 Ebd., S. 125.
6 Ebd., S. 28.

Unschuld der Natur in die Wirren der Geschichte und in den Untergang stößt, Jeanne d'Arc zur Märtyrerin macht, Demetrius aber zum Betrüger und Despoten. Die Umgebung des Demetrius glaubt an ihn, weil *die Natur ihn zu etwas Höherem bestimmt zu haben* scheint. *Sein hoher Geist* [ist] *im Kontrast mit seinem Zustand*[7], [...] *körperliche Stärke, Schönheit, kühner Mut, Geist und Einsicht, Hochsinn finden sich in ihm weit über seinen Stand und sein Schicksal*[8]. So sind es seine Tugenden selbst, die ihn in Betrug und Verderben stürzen. Aber mehr noch als seine Erscheinung, als Marinas Überredungskünste versichert die Polen und Russen das Bewußtsein, das Demetrius von sich selber hat. *Er glaubt an sich selbst und überzeugt dadurch auch den Woiwoden*[9]; *Demetrius hält sich für den Zar und dadurch wird ers*[10]. So breitet sich das falsche Bewußtsein des Demetrius, zu dem ihn die innere Stimme verleitet, in die historische Wirklichkeit aus und macht sie allererst zu einer Welt des Trugs. Alle tragischen Momente, welche diese erste Peripetie bestimmen, haben gemeinsam, daß das Unheil jener inneren Welt der Ideale, jener Stimme des Herzens und der Götter entstammt, die Schiller sonst als die einzige Quelle des Heils gilt. Die Botschaft des Gedichts *Die Worte des Wahns* scheint hier zurückgenommen zu sein. Denn die Tragödie des Demetrius ist nicht mehr, daß er auf die Worte des Wahns hört. Nicht die äußere Wirklichkeit vernichtet den, der die höchsten Werte wahnhaft *draußen* gesucht hat, sondern diese Werte selber werden zu Mächten der Vernichtung. Das Rechte, das Demetrius – nach dem Postulat des Gedichts – in sich selber vorfindet, schlägt ihm und der Außenwelt, die hier nicht feindlich gesinnt ist, in seiner vermeintlichen Sendung ihn vielmehr bestärkt, zum Verderben aus, indem es sich als Unrecht erweist. Die tragische Erfahrung des Demetrius ist nicht, daß die Erde nicht dem Guten gehört, trägt ihm doch gerade sein innerer Adel die Herrschaft über die russische Erde ein. Ebensowenig

---

7 Ebd., S. 108.
8 Ebd., S. 226.
9 Ebd., S. 87.
10 Ebd., S. 219.

ist hier die Unwahrheit – wie das Gedicht lehrt – das Werk des irdischen Verstands: die Rechnerin Marina und der kluge Staatsmann Sapieha erliegen als einzige nicht der Täuschung. Vielmehr ist der Betrug das Werk des Glaubens, den Demetrius die Stimme der eigenen Natur und der Götter eingibt. So verhöhnt die erste Peripetie in allen Punkten jenen Idealismus, den das Gedicht *Die Worte des Wahns* lehrt. Indessen erscheint der Glaube an die »inneren Werte« in Frage gestellt nicht, weil er der Realität, ihrer Zufälligkeit, unterliegt, sondern weil er selber eine Realität erschafft, der er dann zum Opfer fällt. Daß der *Demetrius* die Tragik des Idealismus gestaltet, erlaubt auch nicht den Schluß, daß Schiller von seinem Glauben sich abgewandt hätte. Aber es ist, als wäre dem Idealisten Schiller die mögliche Tragik seiner Position bewußt geworden, als hätte der Dramatiker Schiller das Tragische in der eigenen Gedankenwelt verwurzeln wollen.

2

»Wir steigen nach dem Fall« – der Vers des Gryphius[11] könnte als Motto stehen über dem Weg, der Demetrius von Sambor nach Tula, von der ersten zur zweiten Bewußtseinswende führt. *Hinreißendes Glück des Demetrius, davor ihm selbst schwindelt. Alle Herzen fallen ihm zu. [. . .] Er ist ein Gott der Gnade für alle, alles hofft und begrüßt die neu aufgehende Sonne des Reichs.*[12] Doch dieser Aufstieg hat zum verborgenen Ziel den Sturz von der Höhe vermeintlich legitimer Forderung in den Abgrund des Betrugs. Nicht zufällig tritt nämlich dessen Urheber, der *fabricator doli*[13], Demetrius gerade dann gegenüber, da dieser *auf dem Gipfel des Glücks und der Gunst* steht.[14] Ist doch seine Absicht, vom künftigen Zaren, dem er, der Mörder des echten Demetrius, zum Thron verholfen hat, für sein *königliches Geschenk*[15] den Lohn zu fordern. Jeder Schritt, den Deme-

11 Vgl. S. 234 dieser Arbeit.
12 *Demetrius*, S. 100.
13 Ebd., S. 206.
14 Ebd., S. 155.
15 Ebd., S. 155.

trius auf seinem Weg zum Zarenthron tut, führt ihn so auch der Erkenntnis seiner selbst und damit seinem Untergang näher. Verschärft wird die Tragik dieser Einheit von Aufstieg und Fall durch die dreifache Hilfe, die Demetrius von Marina, vom polnischen Adel und von der Zarenwitwe Marfa zuteil wird. Der Geschichtswelt der Zwecke und Interessen entstammend, die Demetrius am ersten Wendepunkt seiner Bahn auf Kosten der Welt der Liebe betreten hat, schlägt sie dreifach ins Verderbliche um. Die *Stärke* von Marinas Charakter, *welche im ersten Akt den Demetrius emporhob, trug und poussierte, kehrt sich im letzten Akt gegen ihn selbst, und er hat sich nur eine Tyrannin gegeben*[16]. Ebenso wirkt sich die Hilfe der polnischen Armee aus, deren Verhalten in Rußland mit zur Verschwörung führt, die Demetrius das Leben kosten wird. An der Grenze Rußlands scheint Demetrius die Gefahr zu ahnen: *Vergib mir teurer Boden, heimische Erde, / Du heiliger Grenzpfeiler, den ich fasse, / Auf den mein Vater seinen Adler grub, / Daß ich, dein Sohn, mit fremden Feindeswaffen / In deines Friedens ruhigen Tempel falle.*[17] Nur mit polnischer Unterstützung kann Demetrius Zar der Russen werden, doch gerade dies entfremdet ihn seinem Volk. Schon in der Täuschung, in dem Glauben, er sei der rechtmäßige Thronprätendent, nistet sich das Tragische ein und würde ihn vernichten, selbst wenn er der echte Demetrius wäre. Auch Marfas Hilfe ist nicht von Liebe, sondern von Rachgier bestimmt. Noch bevor sie Demetrius zum ersten Mal erblickt, spricht sie die Worte: *Und wär es nicht der Sohn meines Herzens, so soll er doch der Sohn meiner Rache sein, ich nehme ihn dafür an, den mir der Himmel rächend hat geboren.*[18] In Tula zeigt sie sich dem Volk an seiner Seite; das Schweigen, das in Moskau Demetrius entlarven wird, genügt hier noch ironischerweise, ihn für den Zarewitsch zu erklären. Doch sobald die Rachgier durch den Tod des Boris ihre Befriedigung findet, wendet sich Marfa ab vom Sohn ihrer Rache und liefert ihn den Verschwörern aus. – Boris Godunow ist nicht

---

16 Ebd., S. 107.
17 Ebd., S. 56.
18 Ebd., S. 99.

nur der politische Widerpart des Demetrius, sondern zugleich sein Gegenbild in Schillers Anthropologie. Aber in deutlichem Unterschied etwa zur Tragödie der beiden Königinnen, die ein ähnliches Gleichgewicht kennzeichnet, ist der Gegensatz der Charaktere im *Demetrius* dem Wandel unterworfen. Zwar stehen auch Maria und Elisabeth sich nicht wie Licht und Schatten gegenüber. Doch an die Stelle der beiden verschieden getönten Hell-Dunkel tritt hier ein Licht, das sich aus sich selber verfinstert, und ein Schatten, der zwar fähig ist, sich zum Licht durchzuringen, aber die Finsternis, der er entstammt, nicht zu überhellen vermag und ihr schließlich zum Opfer fällt. Boris verkörpert gegenüber dem ohne sein Wissen betrügerischen Prätendenten weder den legitimen Zaren noch den kriminellen Usurpator. Vielmehr geht er, wie Demetrius, einen Weg, und zwar in entgegengesetzter Richtung. Wohl wurde Boris um den Preis des Verbrechens Zar, doch der leeren Forderung des Demetrius hat er seine Verdienste entgegenzustellen. Er hat, *indem er sich per nefas zum Herrscher machte, alle Pflichten des Herrschers übernommen und geleistet; dem Land gegenüber ist er ein schätzbarer Fürst und ein wahrer Vater des Volks*[19]. Was Demetrius erst werden will, Boris ist es; was Demetrius, nach der zweiten Peripetie, werden muß, Boris ist es gewesen und ist es nicht mehr. Während den Idealisten Demetrius sein eigener Glaube zum Betrüger und Despoten macht, vermag Boris als Zar sich zur reinen Verkörperung des Vaterbildes zu läutern. Seine Tragik ist nicht, daß ihn das Gute auf den Weg des Bösen bringt, sondern daß er noch am Ziel seines Weges, der ihn zum Guten geführt hat, für das Böse bezahlen muß, von dem er ausgegangen. Es ist die Tragik des Realisten.

3

Über die Szene der zweiten Bewußtseinsperipetie unterrichtet ein Entwurf aus Schillers Nachlaß, dessen Prosa für einen Augenblick darüber hinwegtröstet, daß er die Tragödie nicht hat vollenden dürfen:

[19] Ebd., S. 150.

Wenn Demetrius seine wahre Geburt erfahren und sich überzeugt hat, daß er nicht der wahre Demetrius ist (es ist unmittelbar vor einer Szene, wo er den Glauben an sich selbst nötiger hat als jemals), so verstummt er erst und tut darauf einige kurze Fragen, hohl und kalt – dann scheint er schnell Partei zu ergreifen, und teils in der Wut, teils mit Absicht und Besonnenheit stößt er den Botschafter nieder, gerade wie dieser von der erwarteten Belohnung spricht – der Tod ist diese Belohnung. ›Du hast mir das Herz meines Lebens durchbohrt, du hast mir den Glauben an mich selbst entrissen – Fahr hin Mut und Hoffnung. Fahrt hin du frohe Zuversicht zu mir selbst! Freude! Vertrauen und Glaube! – In einer Lüge bin ich befangen, zerfallen bin ich mit mir selbst! Ich bin ein Feind der Menschen, ich und die Wahrheit sind geschieden auf ewig! – Was? Soll ich das Volk selbst aus seinem Irrtum reißen? Diese großen Völker glauben an mich. Soll ich sie ins Unglück, in die Anarchie stürzen? und ihnen den Glauben nehmen? Soll ich mich als Betrüger selbst entlarven? – Vorwärts muß ich. Fest stehen muß ich, und doch kann ichs nicht mehr durch eigene innere Überzeugung. Mord und Blut muß mich auf meinem Platz erhalten. – Wie soll ich der Zarin entgegentreten? Wie soll ich in Moskau einziehen unter den Zurufungen des Volks mit dieser Lüge im Herzen?‹

Wie man hineintritt, sieht man den Zar mit dem Dolch und den Toten hingestreckt und tritt mit Entsetzen zurück. Dieser Anblick unmittelbar vor seinem Zarischen Einzug ist sehr sinistrer Bedeutung. Er ahndet alles, was man dabei denkt, und beantwortet es auch. Schon ist er der alte nicht mehr, ein tyrannischer Geist ist in ihn gefahren, aber er erscheint jetzt auch furchtbarer und mehr als Herrscher. Sein böses Gewissen zeigt sich gleich darin, daß er mehr exigiert, daß er despotischer handelt. Der finstre Argwohn läßt sich schon auf ihn nieder, er zweifelt an den andern, weil er nicht mehr an sich selbst glaubt.[20]

Auf die Worte des fabricator doli folgt zuerst Schweigen, Zeichen der Kluft, die sich aufreißt zwischen dem, was Deme-

20 Ebd., S. 101 f.

trius war, und dem, was er sein wird. Aus der Leere gewinnt er sich verändert zurück und tötet zum ersten Mal willentlich. Statt den Botschafter zu belohnen, straft er ihn mit dem Tod, doch er straft ihn nicht dafür, daß er ihn betrogen hat, sondern daß er ihn sich selbst hat betrügen lassen, daß er ihm den Betrug enthüllte, den er, Demetrius, an sich selber begangen. Das *Herz seines Lebens,* das der fabricator doli durchbohrt, ist der Glaube an sich selbst, und zwar nicht bloß daran, daß er der Sohn Iwans sei, vielmehr etwas, das ihn erst zu jenem verleitete: der Glaube an die innere Stimme, die *Zuversicht zu sich selbst,* das Vertrauen in die Welt der Ideale. Die Klage und der Haß des Demetrius richten sich daher nicht sowohl gegen die Außenwelt als gegen sein Inneres: nicht mit ihr, mit sich selbst ist er fortan zerfallen. Dann kehrt er sich der Gegenwart zu. Im Begriff, das Lügengespinst zu zerreißen und seine wahre Geburt einzubekennen, wird ihm die Notwendigkeit klar, den Betrug aufrechtzuerhalten, um die Völker, die an ihn glauben, nicht ins Unglück zu stürzen. Schlug für Demetrius das Gute in der Vergangenheit tragisch ins Verderbliche um, so erwartet ihn jetzt eine andere Tragik, da das Gute zugleich als verderblich, das Verderbliche zugleich als gut erscheint. Demetrius, den die Stimme seines Herzens ohne sein Wissen zum Betrüger gemacht hat, soll nun wissentlich betrügen: er muß tun, was er tun nicht darf. An der »Kreuzung zweier Notwendigkeiten«[21] sind ihm freilich beide Wege, zwischen denen er meint wählen zu können, in Wahrheit versperrt. Aber verblendet vom Ehrgeiz, den ihm die Götterstimme eingab, beschließt er, den Weg des Betrugs zu gehen. Kaum hat er indessen den Beschluß gefaßt, kehrt sich in grausamer Ironie um, was seinen Aufstieg ermöglichte, und kehrt sich gegen ihn. Glaubten die Menschen an Demetrius, weil er an sich selber glaubte, so schleicht sich nun, da er nicht mehr an sich selbst glauben kann, der Zweifel an den andern in sein Herz. Er wird zum *furchtbaren Despoten* jenes Volkes, das er hat retten wollen, und er wird es auf tragische Weise durch eben die *Lüge im Herzen,* die er bereit war, für die Rettung als Preis zu zahlen.

---

21 Vgl. *Othello* Anm. 1.

Demetrius als Tyrann *verliert die Liebe und das Glück*[22] – damit erst ist sein Leben verwirkt.

Doch über den Tod des Demetrius gehen die Entwürfe hinaus, in zwei Hinweisen, die auch im vollendeten Werk als solche erhalten geblieben wären. Nach der Ermordung des Demetrius bleibt ein Kosake zurück, *welcher das Zarische Siegel sich zu verschaffen gewußt hat oder zufällig dazu gelangt ist* und der *in diesem Fund ein Mittel* erblickt, *die Person des Demetrius zu spielen*. Sein Monolog beschließt die Tragödie, *indem er in eine neue Reihe von Stürmen hineinblicken läßt und gleichsam das Alte von neuem beginnt*[23]. Diesem realen Geschehen des historischen Schauspiels steht die Vision des Romanow gegenüber, der die Historie recht geben wird. Im Gefängnis erfährt Romanow seine Berufung zum Thron, mit der Weisung, *das Schicksal ruhig reifen* zu lassen.[24] Mit den neuen Antagonisten, Romanow und dem zweiten Demetrius, beginnt zwar das Alte von neuem, aber es beginnt wesentlich anders. Denn nicht nur in jenem Betrüger, auch in Romanow lebt Demetrius weiter, verkörpert doch Romanow jenen *liebenswürdigsten und herrlichsten Jüngling* wieder, als der Demetrius in Sambor erschienen war.[25] Welche Stürme auch noch heraufziehen mögen, der Horizont ist kein tragischer mehr. In Romanow und dem Kosaken erscheinen Wahrheit und Betrug, Adel und Niedertracht für immer geschieden: sie sind nicht mehr Anfang und Ende eines selben Weges, den gehen zu müssen das tragische Schicksal des Demetrius war.

Die Familie Schroffenstein

Kleists erstes Drama, wenngleich als Dichtung mißglückt, ist vielleicht dennoch die kühnste seiner tragischen Konzeptionen.

---

22 *Demetrius*, S. 205.
23 Ebd., S. 167.
24 Ebd., S. 120.
25 Ebd., S. 205. Vgl. die ausführliche Darstellung in Verf., *Der tragische Weg von Schillers Demetrius*. In: *Schriften* II, S. 135 ff.

Der *Robert Guiscard,* nach dessen Niederschrift er sich das Leben zu nehmen plante, wurde immer wieder vernichtet, und die Werke, die seinen Rang als Dichter begründen, verdankt er dem Verzicht: sei's der Wendung zur Komödie (in deren Kulissen freilich noch die Tragödie lauert), sei's der Entschärfung des Tragischen, wie sie der *Prinz von Homburg* bezeugt. Einzig in der *Penthesilea* hat Kleist der Unerbittlichkeit seiner frühen Gedanken die Treue gehalten.

I

Eines ihrer Grundthemen hat die *Familie Schroffenstein* mit *Romeo und Julia* gemein, dessen Dichter als Kleists Vorbild gilt: die Liebe zwischen Kindern verfeindeter Eltern. Die tragische Einheit von Feindschaft und Liebe: daß die Liebenden als Kinder ihrer Eltern sich hassen müssen, bestimmt beide Werke. Aber schon in diesem Ansatz geht Kleist an tragischer Schärfe über Shakespeare hinaus, indem er an die Stelle der beiden verfeindeten Familien zwei Stämme einer einzigen setzt, die Häuser Rossitz und Warwand. Die Zwietracht hat so in ihrem Ursprung die Eintracht. Nicht erst der Zwist bindet hier die Feinde aneinander, wie bei Shakespeare die Montague und die Capulet, sondern er bindet und trennt, was einst in der Liebe geeint war. In den zwei feindlichen Stämmen bricht der Baum der einen Familie auseinander und droht sich selbst zu vernichten. Damit wandelt sich auch das Verhältnis von Haß und Liebe. Sie treffen nicht mehr zufällig aufeinander und scheiden sich nicht mehr danach, ob die Liebenden sich in ihrer Bindung an die Eltern oder an einander betrachten. Sondern die Liebe der Kinder tritt auf, wo einst Liebe zwischen den Eltern gewaltet hat. Nicht der Zufall schickt die Liebe in das Gebiet der Zwietracht, vielmehr der Auftrag, die Eintracht wiederherzustellen: *O, mache diesem / Unselig bösen Zwist ein Ende, der / Bis auf den Namen selbst den ganzen Stamm / Der Schroffensteine auszurotten droht. / Gott zeigt den Weg selbst zur Versöhnung dir. / Die Kinder lieben sich* ...[1], sagt auf Rossitz

---

[1] *Sämtliche Werke und Briefe.* Hrsg. H. Sembdner. München 1952. Bd. 1, S. 118 (IV/1).

die Mutter zum Vater. So bemißt sich die Tragik des Versagens, das der Liebe bestimmt ist, nicht bloß nach ihrem innern, sondern auch nach dem äußern Auftrag. Denn nicht nur ist ihr verwehrt, sich inmitten der Feindschaft zu behaupten: sie führt, indem sie das Gefährdete zu retten sucht, die Katastrophe selber herbei.

2

Die Verdrängung der Liebe und ihre utopische Bestimmung haben bei Kleist geschichtsphilosophische Züge. Die Worte Ruperts weisen über das Geschick der Familie Schroffenstein hinaus, indem sie an ihm als an einem Modell den Stand der Welt ablesen lassen: *Nichts mehr von Natur. / Ein hold ergötzend Märchen ists der Kindheit, / Der Menschheit von den Dichtern, ihrer Amme, / Erzählt. Vertrauen, Unschuld, Treue, Liebe, / Religion, der Götter Furcht sind wie / Die Tiere, welche reden. – Selbst das Band, / Das heilige, der Blutsverwandtschaft riß, / Und Vettern, Kinder eines Vaters, zielen, / Mit Dolchen zielen sie auf ihre Brüste.*[2] Die Liebe schwand aus einer Welt, die sich der Natur entfremdete. An die Stelle der natürlichen Bindung hat sie den Vertrag gesetzt, der gleich dem Apfel vom Baum der Erkenntnis zum Ursprung eines Sündenfalls wird. Zwischen den beiden Grafenhäusern ist er als Erbvertrag geschlossen, *kraft dessen, nach dem gänzlichen Aussterben / Des einen Stamms, das gänzliche Besitztum / Desselben an den andern fallen sollte*[3]. Dieser Vertrag bindet nun statt der Liebe Rossitz und Warwand aneinander, und das Band heißt Feindschaft. Was stets von neuem das Herz leisten sollte, hat der Vertrag auf immer festgelegt. Diese Abwendung von der Natur zugunsten des Buchstabens ist in Kleists Augen die Sünde, die mit Untergang gestraft wird. Und der Erbvertrag verkörpert selber das tragische Moment. Denn geschlossen wurde er nicht aus Zwietracht, sondern aus Eintracht. Sein Zweck ist die Sicherung des Familienbesitzes. Was er aber in seinem Inhalt

2 Ebd., S. 48 f. (I/1).
3 Ebd., S. 53 (I/1).

anstrebt, vereitelt er durch seine Form als Vertrag. Statt Abhilfe zu schaffen beim Aussterben des einen Stammes und das Besitztum der Schroffensteiner zu erhalten, bewirkt er vielmehr selber das Aussterben beider Stämme.

3

Die Waffe, die der Erbvertrag den Menschen in die Hand gibt, ist das Mißtrauen. Jede Handlung verzerrt sich in seinem Strahlungsfeld und erscheint als Verbrechen, begangen aus dem Wunsch, zu verwirklichen, was der Erbvertrag als mögliches Unheil gesetzt hat. Gleich Jagos Ironie bewirkt es den Umschlag des Guten ins Böse: *Das Mißtrauen ist die schwarze Sucht der Seele, / Und alles, auch das Schuldlosreine, zieht / Fürs kranke Aug die Tracht der Hölle an.*[4] In seinem Verhältnis zu sich selbst ist es gleichfalls dialektischen Wesens. Denn was es befürchtet und vereiteln will, beschwört es selber herauf. *Sie haben mich zu einem Mörder / Gebrandmarkt, boshaft, im voraus. – Wohlan, / So sollen sie denn recht gehabt auch haben*[5] – sagt Rupert. Erst der als Mörder Verdächtigte wird wirklich zum Mörder, erst die vermeintliche Rache wird zum Mord. Ottokar und Agnes müssen sterben, weil der Tod ihrer Brüder im Bannkreis des Mißtrauens als Mord erscheint. Und nicht erst in der Tat, schon in der Überlegung wendet sich das Mißtrauen des nicht ganz Verblendeten gegen ihn selbst. Sylvester sieht ein, daß er Johann, der den Dolch gegen seine Tochter gezückt hat, selbst dann nicht für einen von Rupert gedungenen Mörder halten dürfte, wenn er auf der Folter dessen Namen nennte. Denn Rupert hält ihn selbst für den Mörder seines Sohnes, nachdem der Mann, den er bei dessen Leichnam mit blutigem Messer traf, auf der Folter seinen, Sylvesters, Namen genannt hat. Und die Begebenheit, an die Gertrude Sylvester erinnert, um den Verdacht, ihr Sohn sei von Rupert vergiftet worden, zu stärken, wendet sich gleichfalls gegen sie selbst. Denn hätte sie recht, so wäre damals Sylvester, der sich des Vorfalls genauer

4 Ebd., S. 65 (I/2).
5 Ebd., S. 128 (IV/4).

entsinnt, nicht von der Gattin Ruperts, sondern von der eigenen, von Gertrude, vergiftet worden.⁶

4

Das Mißtrauen könnte seine Herrschaft nicht antreten, gäbe es eine sichere Erkenntnis. Aber gerade sie ist den Schroffensteinern versagt. Indem sie aus dem Stand der Natur in den des Vertrags übertraten, haben sie die einzige Möglichkeit sicherer Erkenntnis, die des Herzens, verscherzt. Daß auf die Erkenntniskraft kein Verlaß ist, wäre nicht tragisch, könnte der Mensch sein Handeln nach etwas anderem ausrichten. Aber im Gegensatz zu den Kindern, die einander lieben, kennen die Eltern nichts außer ihr. So müssen sie sich auf das verlassen, worauf sie sich nicht verlassen können, denn es gibt kein Handeln, das nicht der inneren Stimme folgte, oder dann dem, was es für den Fingerzeig der Wirklichkeit hält. Doch die Zeichen, welche die Erscheinungswelt dem Menschen gibt, damit er sich zurechtfinde, führen ihn bei Kleist allemal in die Irre. Und dies um so mehr, je eindeutiger die Zeichen zu sein scheinen. Weder die Mimik noch die Gestik sprechen eine klare Sprache. *Mienen / sind schlechte Rätsel, die auf vieles passen* – sagt Ottokar.⁷ Und Johann, der den Dolch zückt, damit Agnes, die seine Liebe nicht erwidert, ihm den Tod gebe, wird, in dieser Stellung ergriffen, für einen Mörder gehalten. Selbst auf den Sinn des Wortes ist kein Verlaß. Wo es sich am eindeutigsten gibt, im Eigennamen, täuscht es am meisten. Mit größtem Nachdruck nennt Rupert in seinem Racheschwur den Namen Sylvesters. Aber die Rache fällt auf Rupert zurück, denn er ließ sich vom Namen Sylvesters täuschen, als ihn der Gefolterte sprach. Wohl hat die ganze Gemeinde das Wort gehört und glaubt mit Rupert an die Schuld Sylvesters. Doch ihr Getümmel auf dem Markt, wo sie der Folter beiwohnte, verhinderte zugleich, vom Geständnis mehr zu vernehmen als den bloßen Namen. So fällt auch im Beweis von Sylvesters Schuld zusammen, was ihn

6 Ebd., S. 87 f. (II/3).
7 Ebd., S. 59 (I/1).

erhärtet und was ihn in Frage stellt. Doch Rupert vertraut diesem einen Namen und schreitet zur vermeintlichen Rache, die ihn und jenen, an dem er sich rächen will, allererst zum Mörder machen wird.

5

Das Liebespaar bildet eine Welt für sich in der verfeindeten Umwelt, der zu widerstehen, die zu erlösen ihm aufgetragen ist. Glück und Furcht, Zutrauen und Verdacht, Erkenntnis und Täuschung bekämpfen sich in den Gesprächen von Agnes und Ottokar. Nur mit Mühe können sie sich aus den Fangarmen der Feindschaft und Verblendung befreien und in der Wahrheit zueinander finden. Rettung und Vernichtung sind noch in eins verschlungen in jener Szene, da Ottokar Agnes Wasser aus der Quelle reicht. Den Trunk, der sie von der Ohnmacht erlösen soll, in die sie die jähe Erkenntnis von Ottokars Herkunft stürzte, hält Agnes für vergiftet. Doch sie trinkt davon im Wunsch zu sterben, da doch Ottokar, den sie liebt, ihren Tod will. Nur allmählich gelingt es, den täuschenden Schein der Außenwelt mit jener Erkenntnis des Herzens zu durchbrechen, von der Agnes sagt: *Denn etwas gibts, das über alles Wähnen / Und Wissen hoch erhaben – das Gefühl / Ist es der Seelengüte andrer.*[8] In diesem Gefühl, das Erkenntnis ist, übersteigt der Mensch die Kluft, die ihn von dem andern trennt – Liebe und Erkenntnis werden für Kleist von neuem die Synonyma, die sie einst waren. Der Verwandlung in den andern ist die Schlußszene der Tragödie gewidmet, die entstehungsgeschichtlich ihre Keimzelle ist.[9] Die Szene gestaltet die beiden Grundthemen von Kleists ganzer Dichtung in ihrem tragischen Zusammenhang: das Trennende zwischen den Menschen und die Schwierigkeit der Erkenntnis. Ottokar und Agnes treffen sich in einer Höhle im Gebirg zwischen Rossitz und Warwand, zwischen den beiden Feinden, deren Kinder sie sind, in ihr inneres Reich sich zurückziehend. Ottokar, der von der Gefährdung der Agnes

8 Ebd., S. 95 (III/1).
9 *H. v. Kleists Lebensspuren.* Hrsg. H. Sembdner. Bremen 1957, S. 42.

durch seinen Vater weiß, entkleidet sie *der fremden Hülle*[10], gibt ihr, um Rupert zu täuschen, seine eigenen Kleider und zieht ihre Kleider selber an. So vollzieht sich die Vereinigung und gegenseitige Anverwandlung der beiden Liebenden im Medium dessen, was sie von einander trennt und sie für das Auge der nur nach dem Schein urteilenden Väter unterscheidet. Damit aber schlägt ihre Liebe von Heil in Unheil um. Statt die Verblendung der Väter zu überwinden und die Liebenden wie die Feinde vor dem Untergang zu retten, wird die Liebe selber zur Kraft, welche die Verblendung ihr furchtbares Werk vollenden läßt. Rupert tötet den eigenen Sohn, im Wahn, er töte die Tochter Sylvesters. Dieser, in der Meinung, Ottokar hätte seine Tochter ermordet, stürzt sich auf den, der dessen Kleidung trägt, und tötet die eigene Tochter, deren Tod er rächen will, selbst. So wird Ottokars rettendes Kleid für Agnes zum Untergang, und die Liebe, welche die Feindschaft besiegen sollte, zu deren grausamem Helfershelfer und Rächer in einem. Wohl reichen sich am Schluß die zur Wahrheit erwachenden Väter versöhnt die Hände. Doch Johann, Ruperts natürlicher Sohn, der als solcher nicht im Bannkreis des Erbvertrags steht und darum ein Kind der Natur ist, verliert über die widernatürliche Welt den Verstand und taucht die Szene der zu spät erreichten Eintracht in ein irres Zwielicht, das an Shakespeare gemahnt. Zu Ursula, einer Schwester der Hexen des *Macbeth*, die am Ursprung der tragischen Täuschung steht, spricht er die Worte grausamer Ironie, die das Böse in Gutes zurückverwandelt, nachdem das Gute tragisch zu Bösem ward: *Geh, alte Hexe, geh. Du spielst gut aus der Tasche, / Ich bin zufrieden mit dem Kunststück, geh.*[11]

10 *Werke*, Bd. 1, S. 137 (V/1).
11 Ebd., S. 147 (V/1).

Dantons Tod

I

Büchners Dichtung ist die Tragödie des Revolutionärs. Denn nicht als Märtyrer der Revolution stirbt Danton, er fällt ihr zum Opfer, vernichtet doch die Revolution selbst den Revolutionär, der zu verhindern sucht, daß sie sich in Tyrannei verkehre. Ihr Verhältnis, das Schöpfung und Zerstörung tragisch eint, gemahnt an jenes zwischen Vater und Sohn, das dem *König Ödipus* zugrunde liegt. Die mythische Vertiefung des Historischen aber ist schon im Werk Büchners vollzogen. *Die Revolution ist wie Saturn, sie frißt ihre eignen Kinder,* sagt Danton.[1] Und Saint-Just, der an den Sinn dieses Opfers glaubt oder zu glauben vorgibt, vergleicht im Nationalkonvent, der Danton verurteilen soll, die Revolution mit den Töchtern des Pelias: *sie zerstückt die Menschheit, um sie zu verjüngen*[2]. Dabei wird die Ironie des Vergleichs übersehen oder verschwiegen. Denn die Töchter des Königs von Jolkos wurden das Opfer von Medeas teuflischem Rat: im Wahn, ihren Vater zu verjüngen, töteten sie ihn. Der Umschlag von Heil in Unheil, der auch den historischen Vorgang kennzeichnet, ist angelegt in der antithetischen Struktur der Revolution selbst. Sie beruht auf Liebe und Haß zugleich. Da die Tugend den Schrecken in den Dienst nehmen muß, verkehrt sie sich notwendig in ihr Gegenteil. Die Revolution, die am Anfang vernichtet hat, um helfen zu können, vernichtet schließlich, weil sie nicht helfen kann. *Platz! Platz! Die Kinder schreien, sie haben Hunger. Ich muß sie zusehen machen, daß sie still sind. Platz!*[3], ruft eine Mutter auf dem Revolutionsplatz bei der Hinrichtung Dantons. Die Guillotine sollte die Standesunterschiede abschaffen und die Republik ermöglichen – nun republikanisiert sie einem Wort Merciers zufolge[4], denn sie macht zwischen den Adligen und Revolutio-

---

1 *Werke und Briefe.* Hrsg. Fr. Bergemann. Wiesbaden 1958, S. 27.
2 Ebd., S. 50.
3 Ebd., S. 80.
4 Ebd., S. 56.

nären als ihren Opfern keinen Unterschied mehr. Die Ironie dieses Ausspruchs, die den tragischen Gegensatz zwischen Absicht und Wirklichkeit überspringt, indem sie auf die Identität ihrer Wirkung verweist, beleuchtet um so greller den dialektischen Prozeß, der den Revolutionär unter das Fallbeil der Revolution bringt. Hinzu kommt, daß der gemäßigte Danton stürzen muß, weil die radikalen Hébertisten hingerichtet wurden, was im Volk den Verdacht der Mäßigung wecken könnte: so stirbt Danton, auch darin ein tragischer Held, für die Sache des Gegners mehr als für die seiner selbst. Und die Tragik, die dem historischen Geschehen innewohnt, wird durch Büchners Deutung noch verschärft. Der *gräßliche Fatalismus der Geschichte*, unter dem er sich nach ihrem Studium *wie zernichtet* fühlt[5], bedeutet zwar nicht, daß die Revolution zum Scheitern verurteilt wäre, weil der Mensch gegen die Macht des Bestehenden nicht ankämpfen kann. Sondern die Revolution scheitert, weil sie sich dem Bann des »Muß« nicht entreißen kann, vielmehr selber darauf beruht, gleich den Zuständen, die sie abschaffen will. Die Revolution, die sich die Freiheit auf die Fahne geschrieben hat, ist nicht dem freien Entschluß der Revolutionäre entsprungen. *Wir haben nicht die Revolution, sondern die Revolution hat uns gemacht*[6], sagt Danton, in dessen Saturn-Vergleich sie bereits die Rolle des vernichtenden Schöpfers und nicht die des Geschöpfs spielt. Das Wort zeigt die Tragik Dantons zugleich von einer anderen Seite, denn es stellt die Frage nach dem Menschen, den die Revolution aus ihm gemacht hat. *Danton hat schöne Kleider, Danton hat ein schönes Haus, Danton hat eine schöne Frau, er badet sich in Burgunder, ißt das Wildbret von silbernen Tellern und schläft bei euren Weibern und Töchtern, wenn er betrunken ist*[7] – so beschreibt ihn ein Bürger auf dem Platz vor dem Justizpalast, und Dantons Schicksal ist besiegelt, da das Volk darauf ein *Nieder mit dem Verräter!* ruft. Doch die Schilderung schließt mit dem demagogischen argumentum ad hominem, damit das Volk nicht merke,

5 Ebd., S. 374.
6 Ebd., S. 35.
7 Ebd., S. 69 f.

daß ihr Anfang durchdrungen ist vom Verlangen nach dem Glück, das die Revolution allen versprochen hat und das Danton schon beschieden scheint. Das Volk *haßt die Genießenden wie ein Eunuch die Männer*[8], sagt Danton. Und was Robespierre sein Laster nennt, ist der maßlose Genuß der Schönheit und des Glücks, von denen Danton und seine Freunde nicht lassen wollen und nach denen das Sehnen des Volkes nicht minder geht. So erliegt Danton nicht bloß der Revolution, sondern auch dem revolutionären Sieg, den er selbst schon errungen hat. Verräter ist er nicht, weil er sich – wie das Volk argwöhnt – mit dem König und dem Ausland verbündet hätte, sondern weil er im Vernichtungstaumel treu geblieben ist jenem Glück, das er allen Menschen gönnt, wenngleich er es vor ihnen schon genießt.

2

Aber das Werk ist mehr als die Tragödie des Revolutionärs. Denn Danton fällt nicht nur als Revolutionär der Revolution, er fällt als Mensch auch sich selbst zum Opfer. In den beiden Szenen, die seiner Verhaftung vorausgehen, kommt Danton seinen Feinden, die ihn zum Tode bestimmen, zuvor. Die Szene »Freies Feld«, die sich sowohl als Monolog wie auch durch ihren Schauplatz aus dem übrigen heraushebt, stellt mit der Umkehr des fliehenden Danton die Peripetie im Drama dar und gewährt einen Einblick in Dantons Schicksal, der seine Tragik vom Thema der Revolution löst. Auf dem Weg nach dem Versteck, das man ihm angeboten hat, überfällt ihn die Erkenntnis: *Der Ort soll sicher sein, ja für mein Gedächtnis, aber nicht für mich; mir gibt das Grab mehr Sicherheit, es schafft mir wenigstens Vergessen. Es tötet mein Gedächtnis. Dort aber lebt mein Gedächtnis und tötet mich.*[9] Die Einheit von Rettung und Vernichtung, welche die Tragödie meist in der Entfaltung der Handlung erweist, wird hier in der Reflexion gleichsam punktuell erkannt. Die Zuflucht, die Danton vor seinen Fein-

8 Ebd., S. 27.
9 Ebd., S. 42.

den retten würde, wäre zugleich seine Vernichtung, denn sie rettete auch den Feind, den er in sich trägt. *Dann lief ich wie ein Christ, um einen Feind, d. h. mein Gedächtnis zu retten.* Daß die Flucht vor dem inneren Feind und die Flucht vor dem äußeren einander ausschließen, kennzeichnet die tragische Paradoxie von Dantons Los. Nichts hat er mit dem Verbrecher gemein, dem es gelingt, den Häschern zu entkommen, doch nur um vom eigenen Gewissen gerichtet zu werden. Denn was Danton sich vorwirft, ist nicht die Lasterhaftigkeit, die ihn unter das Fallbeil bringen wird, sondern seine Rolle bei den Septembermorden, die seinen Henkern Verdienst und nicht Verschuldung ist und ihn vor der Hinrichtung gerade bewahren müßte. So konkretisiert sich das Ineinander von Rettung und Vernichtung nicht bloß in der Flucht, sondern auch in den Taten, deren Erinnerung Danton flieht und die ihn nachts, zur Halluzination entfremdet, als »September«-Schrei verfolgen. In dem Gespräch mit Julie versucht Danton, sich die Notwendigkeit jener Morde einzureden. Aber die Erkenntnis des Zwangs, unter dem alles menschliche Handeln stehen soll, verwehrt es ihm, die Rettung des Vaterlands durch die Ermordung der royalistischen und klerikalen Gefangenen auf seinen freien Entschluß zurückzuführen. So kann er auch nicht entscheiden, ob sie gerechtfertigt war oder nicht. *Was ist das, was in uns lügt, hurt, stiehlt und mordet?*, fragt er mit Worten, die auch in dem Brief Büchners stehen, der vom Fatalismus der Geschichte spricht. Und ebensowenig ist es sein eigener Entschluß, die Vergangenheit vor das Tribunal des Gewissens zu zitieren. Nannte er doch das Gewissen im Gespräch mit Robespierre einen *Spiegel, vor dem ein Affe sich quält*[10]. Die Einsicht in das »Muß«[11] kann ihn nicht beruhigen, denn er erkennt es als Ursache nicht nur der Taten, sondern auch des Gedächtnisses, das ihm ebenso fremd ist wie die Morde, die es richtet. Deshalb verweigert er ihm den Namen Gewissen. Und aus dem inneren Kampf, in dem er nicht mitkämpfen kann, flieht Danton zu seinen Mördern, um nicht sein eigener Mörder zu werden.

10 Ebd., S. 29.
11 Ebd., S. 45.

Doch begleiten die Umkehr Dantons auf dem Weg von rettender Vernichtung in vernichtende Rettung zwei Momente, die seine Tragik entscheidend verändern. Der fliehende Danton sehnt sich im Grund nach dem Tod, der ihn im Paris Robespierres erwartet, und weigert sich zugleich, ganz an ihn zu glauben. Neben dem historischen *Sie werdens nicht wagen* spricht Büchners Held die Worte: *Es ist ein Gefühl des Bleibens in mir, was mir sagt: es wird morgen sein wie heute, und übermorgen und weiter hinaus ist alles wie eben.*[12] Das Gefühl des Immergleichen jedoch, das Danton hier die Fortdauer seines Lebens verbürgt, ist auf tragische Weise dieselbe Langeweile, die ihn aus dem Leben vertreibt. Und zur Tragik seiner Täuschung gehört nicht nur, daß diese ihm von einem Gefühl widerfährt, auf das er wie aufs von Natur Verläßliche hört, sondern auch, daß er darauf überhaupt hört. Denn längst hat die Überhelle seines Bewußtseins, das Verlangen nach alles durchdringender Erkenntnis Danton seinen Gefühlen entfremdet. Auf die Frage Julies, ob er an sie glaube, gibt er zur Antwort: *Was weiß ich! Wir wissen wenig voneinander. [...] Einander kennen? Wir müßten uns die Schädeldecken aufbrechen und die Gedanken einander aus den Hirnfasern zerren.*[13] Der Satz, der die Zerstörung des geliebten Menschen zur Bedingung seiner Erkenntnis macht, weist schon in der ersten Szene des Werkes auf Dantons Tod voraus. Bevor seine Feinde die Szene betreten, bevor auch das Gedächtnis der Septembermorde ihn überfällt, ist sein Leben verwirkt. Denn es ist ein Leben geworden, das nicht mehr zu leben ist. Und als der Beschluß des Wohlfahrtsausschusses bekannt wird, verschweigt Danton seine Gefühle nicht: *Sie wollen meinen Kopf; meinetwegen.*[14] Doch trotz dieser Zustimmung Dantons zu seinem Untergang bleibt sein Schicksal ein tragisches. Denn wenn sie die Tragik seines Todes schwächt, indem sie ihn als erwünschten zeigt, so verstärkt sie die Tragik

12 Ebd., S. 42 f.
13 Ebd., S. 9.
14 Ebd., S. 41.

seines Lebens, das sich gegen sich selbst wenden muß. *Das Leben ist nicht die Arbeit wert, die man sich macht, es zu erhalten,* sagt Danton.[15] Doch diese Arbeit gilt den Lebenden als das Leben selbst, erst dem entfremdeten Blick Dantons, den die Erkenntnis vor seinem Tod aus dem Leben gehoben hat, spaltet sich dessen Einheit in Mittel und Zweck. Diesen Blick, der das Leben nicht mehr versteht, weil er es verstanden hat, teilt Danton mit den meisten tragischen Helden, so Hamlet, dem er oft verglichen wird. Hamlet jedoch entfremdet der Welt die Pflicht, seinen Vater zu rächen, während Danton gerade die Fremdheit der Welt hindert, an Pflichten noch zu glauben. Beide sind sie Wissende und opfern ihrem Wissen das Leben: aber Hamlet weiß um ein Verbrechen, das gesühnt werden muß, während Danton um das Leben selber zu wissen meint. Seine Erkenntnis entwertet und zerstört, ob sie die Welt durchdringt oder von ihr abprallt. Das Enträtselte sowohl als was sich zum Rätsel verschließt wird für Dantons Blick schal und tot. Dieser Blick ist tödlich, weil es der Blick eines Toten ist. *Du nanntest mich einen toten Heiligen. Du hattest mehr recht, als du selbst glaubtest,* sagt Danton zu Lacroix[16] und später: *Wir sind alle lebendig begraben und wie Könige in drei- oder vierfachen Särgen beigesetzt, unter dem Himmel, in unsern Häusern, in unsern Röcken und Hemden. – Wir kratzen fünfzig Jahre lang am Sargdeckel.*[17] Dantons Tragik ist nicht, daß ihn die Widersprüche des Lebens in den Tod treiben, sondern daß der Tod zu seinem Leben auf dessen eigenem Boden in Widerspruch tritt. Worunter Danton leidet, ist der Gegensatz zwischen dem Körper, der tätig ist, und dem Geist, der ihm tatenlos zuschaut[18], zwischen der Liebe zu dem anderen Leben und der Erkenntnis, die das geliebte Leben zerstört. Erst durch diese tragische Selbstauflösung des Lebens setzt sich der Genuß allein auf den Thron, entsteht jener Epikureismus, zu dem Danton in verzweifeltem Stolz sich bekennt. Da aber der Tod sich im

15 Ebd., S. 36.
16 Ebd., S. 34.
17 Ebd., S. 67.
18 Ebd., S. 33 f.

Leben selbst eingenistet hat, kann er nicht mehr der Ausgang sein, auf den die tragischen Helden sonst in verblendeter Hellsicht zustürzen. *Dantons Tod* heißt das Werk nicht allein, weil es die letzten Tage seines Helden darstellt, sondern weil der Tod, den in der tragischen Dichtung als deren Formmoment eine Art Selbstverständlichkeit kennzeichnet, hier problematisch geworden ist. Im Gegensatz zu Phädra, Hamlet, Demetrius, deren Tod die Überschriften nicht zu nennen brauchen, charakterisiert Danton nicht sowohl, daß er sterben muß, als daß er nicht sterben kann, weil er schon gestorben ist. Aus einem Leben, das sich als Gestorbensein[19] erfährt, führt kein Weg hinaus: sein Abschluß ist das Fallbeil, das den Körper des Helden so reglos antrifft, als hätte dieser den Tod schon erlitten. Unter der Guillotine kommt Büchners Held zum gesteigerten Ausdruck seiner selbst: Dantons Tod ist das Leben Dantons.[20]

---

19 Vgl. auch Büchners Brief vom März 1834, ebd., S. 379.
20 *Dantons Tod* nimmt damit das Problem des tragischen Todes vorweg, wie es sich dem modernen Drama stellt. Vgl. dazu: W. Emrich, *Die Lulu-Tragödie* (bes. S. 223) und B. Allemann, *Es steht geschrieben* (S. 425 f.), beides in: *Das deutsche Drama*, Hrsg. B. v. Wiese, Bd. 2; der Aufsatz von W. Emrich auch in: *Protest und Verheißung*, Studien zur klassischen und modernen Dichtung. Frankfurt a. M./Bonn 1960.

Hölderlin-Studien
Mit einem Traktat über philologische Erkenntnis

*Unterschiedenes ist
gut.*
HÖLDERLIN

Über philologische Erkenntnis

Wer nach der Erkenntnisweise der Literaturwissenschaft fragt, begibt sich auf ein Gebiet, dem der alte Briest seine Lieblingswendung schwerlich versagt hätte. Es empfiehlt sich daher, das weite Feld schon im Eingang zu begrenzen. Ein Satz aus Schleiermachers *Kurzer Darstellung des theologischen Studiums* gibt nicht nur an, was hier unter »Erkenntnis« verstanden werden soll, er weist auch schon den Weg dorthin, wo sich deren Problematik für die Literaturwissenschaft verbirgt: *Das vollkommene Verstehen einer Rede oder Schrift ist eine Kunstleistung und erheischt eine Kunstlehre oder Technik, welche wir durch den Ausdruck Hermeneutik bezeichnen.*[1] Es mag überraschen, daß der Begriff der Erkenntnis, statt sich auf den Ideengehalt und die Struktur des Kunstwerks sowie auf dessen Stellung im geschichtlichen Zusammenhang zu beziehen, auf das bloße Textverständnis beschränkt werden soll. Zudem mag Erkenntnis, ein philosophischer Begriff, befremden in der Philologie. Aber diese Wirkung verwiese im Grund nicht minder auf das Vorhandensein einer spezifisch philologischen Erkenntnisproblematik als die Frage, die sich bei dem zitierten Satz von selber aufdrängt: warum nämlich die Literaturwissenschaft, die im *vollkommenen Verstehen einer Schrift* ihre Aufgabe sehen muß, die von Schleiermacher geforderte und in theologischen Vorlesungen auch entworfene Lehre nicht nur nicht weiterentwickelt hat, sondern sich den Problemen der Hermeneutik so gut wie ganz verschließt. In keinem der germanistischen Lehrbücher wird der Student mit den prinzipiellen Fragen des Textverständnisses bekannt gemacht; kaum je werden diese Fragen in den Diskussionen der Gelehrten aufgeworfen und als häufige Quelle ihrer Meinungsverschiedenheiten erkannt.
Daß es eine theoretische Hermeneutik im germanistischen Bereich nicht gibt, könnte mit ihrem reflexiven Wesen zusammenhängen. In der Hermeneutik fragt die Wissenschaft nicht nach

---

1 Fr. D. E. Schleiermacher, *Hermeneutik*. Hrsg. H. Kimmerle. Heidelberg 1959, S. 20.

ihrem Gegenstand, sondern nach sich selber, danach, wie sie zur Erkenntnis ihres Gegenstands gelangt. Auch ohne dieses hermeneutische Bewußtsein gibt es Erkenntnis. Aber nicht nur ist der Stand der Unreflektiertheit der Wissenschaft inadäquat; wie wenig es der ihre ist, kann unschwer der seit Jahrzehnten nicht verstummenden methodologischen Diskussion entnommen werden. Der Grund ist also anderswo zu suchen, im Selbstverständnis der Literaturwissenschaft. Daß die Problematik der philologischen Erkenntnis in der Germanistik kaum beachtet wird, scheint damit zusammenzuhängen, daß sie sich als Wissenschaft versteht, daß sie im Wissen, mithin in einem Zustand, ihr Wesensmerkmal sieht. Ein Blick auf die Verhältnisse in Frankreich und den angelsächsischen Ländern zeigt, daß dies durchaus nicht selbstverständlich ist. Die Gefahr, daß dieser Hinweis als Lob des Unwissenschaftlichen könnte mißverstanden werden, ist kein zu hoher Preis für die Erkenntnis, daß die Literaturwissenschaft gerade um ihrer Wissenschaftlichkeit willen nicht die Wissenschaft sein kann, die sie, den älteren Schwesterwissenschaften nachstrebend, oft sein möchte.

Die gelehrte Beschäftigung mit Werken der Literatur heißt auf englisch »literary criticism«, sie ist keine »science«. Ähnlich verhält es sich im Französischen. Wenn auch das deutsche Wort »Kritik« für diesen Bereich kaum mehr zu retten ist, so wäre es doch vermessen, den englischen, amerikanischen und französischen Vertretern dessen, was das Wort in ihrer Sprache meint, Unwissenschaftlichkeit vorwerfen zu wollen. Daß sie ihr Geschäft nicht als Wissenschaft verstehen, zeugt vom Bewußtsein, daß die Erkenntnis von Werken der Kunst ein anderes Wissen bedingt und ermöglicht, als es die übrigen Wissenschaften kennen. Seit Dilthey braucht der prinzipielle Unterschied zwischen Naturwissenschaft, der des 19. Jahrhunderts, und Geisteswissenschaft nicht mehr erörtert zu werden, wenngleich die Literaturwissenschaft noch nicht all ihren seinerzeit den Naturwissenschaften entlehnten und dem eigenen Gegenstand unangemessenen Kriterien und Methoden entsagt haben dürfte. Aber gerade der Hinweis auf Diltheys Leistung macht die Einsicht notwendig, daß das philologische Wissen auch vom historischen sich grundsätzlich unterscheidet. Der Dreißigjährige Krieg und ein Sonett des Andreas Gryphius werden so wenig auf gleiche Weise zum Gegenstand des Wissens, daß die Geschichtswissenschaft in diesem Punkt den exakten Naturwissenschaften näher als der Literaturwissenschaft zu stehen scheint. Was die Literaturwissenschaft gegenüber der Geschichtswissenschaft kennzeichnet, ist die unverminderte Gegenwärtigkeit auch noch der ältesten Texte. Während die Geschichtswissenschaft ihren Gegenstand, das vergangene Geschehen, aus der Ferne der Zeiten in die Gegenwart des Wissens, außerhalb dessen es nicht gegenwärtig ist, hereinholen muß und kann, ist dem philologischen Wissen immer schon die Gegenwart des Kunstwerks vorgegeben, an dem es sich stets von neuem zu bewähren hat. Diese Bewährung ist nicht zu verwechseln mit jener Überprüfung des Gewußten, auf die keine Wissenschaft, auch die Naturwissenschaft nicht, verzichten kann. Dem philologischen Wissen ist ein dynamisches Moment eigen, nicht bloß weil es sich, wie jedes andere Wissen, durch neue Gesichtspunkte und neue Erkenntnisse ständig verändert, sondern weil es nur in der fortwährenden Konfrontation mit dem Text bestehen kann, nur in der ununterbrochenen Zurückführung des Wissens auf Erkenntnis, auf das Verstehen des dichterischen Wortes.

Das philologische Wissen hat seinen Ursprung, die Erkenntnis, nie verlassen, Wissen ist hier perpetuierte Erkenntnis – oder sollte es doch sein. Wohl kennen auch die anderen Wissenschaften eine Rückbesinnung dieser Art. Im chemischen Experiment wird die Eigenart der Elemente und ihrer Verbindungen immer wieder erneut demonstriert; die Quellenkunde führt das Entstehen des historischen Wissens jederzeit aufs neue vor. Aber weder die Chemie noch die Geschichtswissenschaft haben ihr Ziel in solcher Rekonstruktion, die pädagogischen Zwecken dient. Aufgabe dieser Wissenschaften ist, die Kenntnis ihres Gegenstands zu vermitteln, den erkannten Gegenstand für das Wissen abzubilden. Anders in der Literaturwissenschaft. Kein Kommentar, keine stilkritische Untersuchung eines Gedichts darf sich das Ziel setzen, eine Beschreibung des Gedichts herzustellen, die für sich aufzufassen wäre. Noch deren unkritischster Leser wird sie mit dem Gedicht konfrontieren wollen, sie allererst verstehen, wenn er die Behauptungen wieder in die Erkenntnisse aufgelöst hat, aus denen sie hervorgegangen. Das zeigt besonders deutlich der Extremfall des hermetischen Gedichts. Interpretationen sind hier Schlüssel. Aber es kann nicht ihre Aufgabe sein, dem Gedicht dessen entschlüsseltes Bild an die Seite zu stellen. Denn obwohl auch das hermetische Gedicht verstanden werden will und ohne Schlüssel oft nicht verstanden werden kann, muß es doch in der Entschlüsselung als verschlüsseltes verstanden werden, weil es nur als solches das Gedicht ist, das es ist. Es ist ein Schloß, das immer wieder zuschnappt, die Erläuterung darf es nicht aufbrechen wollen. Indem aber für den Leser eines Kommentars das Wissen des Interpreten wieder zur Erkenntnis wird, gelingt auch ihm das Verständnis des hermetischen Gedichts als eines hermetischen.

Das philologische Wissen darf also gerade um seines Gegenstands willen nicht zum Wissen gerinnen. Auch für die Literaturwissenschaft trifft merkwürdigerweise zu, was Ludwig Wittgenstein zur Kennzeichnung der Philosophie gegenüber den Naturwissenschaften sagt: »Die Philosophie«, heißt es im *Tractatus logico-philosophicus*, »ist keine Lehre, sondern eine Tätigkeit. Ein philosophisches Werk besteht wesentlich aus Erläuterungen.«[2] Davon scheinen die englischen und französischen Bezeichnungen für die Literaturwissenschaft ein Bewußtsein zu haben. Sie betonen nicht das Moment des Wissens, sondern das der kritischen Tätigkeit, des Scheidens und Entscheidens. In der Kritik wird nicht bloß über die Qualität des Kunstwerks entschieden, sondern auch über falsch und richtig; ja, es wird nicht bloß über etwas entschieden, sondern Kritik entscheidet sich selbst, indem sie Erkenntnis ist. Es wird darum kein Zufall sein, daß der angelsächsische literary criticism, im Gegensatz zur deutschen Literaturwissenschaft, den hermeneutischen Problemen sich immer wieder zugewandt hat: I. A. Richards' *The*

---

2 Satz 4, 112. In: Ludwig Wittgenstein, *Schriften*. Frankfurt a. M. 1960, S. 31.

Philosophy of Rhetoric, William Empsons *Seven Types of Ambiguity* sind Beispiele dafür.

Das Fehlen eines hermeneutischen Bewußtseins in der deutschen Literaturwissenschaft scheint also damit zusammenzuhängen, daß die Literaturwissenschaft die Eigenart des philologischen Wissens zu wenig beachtet, daß sie allzu leicht die Kluft übersieht, welche sie von den anderen Wissenschaften, nicht zuletzt von der Historie, trennt. Der Eindruck verstärkt sich, wenn man dem zweiten Moment im Selbstverständnis der Literaturwissenschaft nachgeht, nämlich der Frage, wie sie ihr Wachstum, ihre Entwicklung begreift. Die Tätigkeit, durch die das Wissen bereichert und verwandelt wird, heißt Forschung. Daß es sie in der Literaturwissenschaft wie in jeder anderen Disziplin gibt, widerspricht nicht der Behauptung, daß sich das philologische Wissen nicht als die perpetuierte Erkenntnis verstehen will, die es von seinem Gegenstand her sein müßte. Denn auch der Begriff des Forschens verrät diese Position, und auch hier zeigt der englische und französische Sprachgebrauch ein anderes Bild. Den Wörterbüchern wie auch der Rede vom »forschenden Blick« zufolge bedeutete »Forschen« einst Fragen und Suchen. Aber das Moment des Fragens, mithin auch der Erkenntnis, ist dem Wortinhalt immer mehr abhanden gekommen, das Forschen ist zum bloßen Suchen geworden. Indem der Literaturwissenschaftler von seinen Forschungen spricht, gibt er zu, daß er seine Tätigkeit mehr als eine Suche nach etwas versteht, das es gibt und nur noch aufzufinden gilt, denn als Erkennen und Verstehen. Auch hier wird mehr Beachtung geschenkt der Kenntnis als der Erkenntnis.

Das freilich hat seine wissenschaftsgeschichtlichen Gründe. Die moderne Geschichts- und Literaturwissenschaft entstand im neunzehnten Jahrhundert im Gegenzug gegen die spekulativen Systeme des Deutschen Idealismus. Hegels *Um so schlimmer für die Tatsachen* mußte gesühnt, die spekulative Erkenntnis der Tatsachenforschung geopfert werden. Der Ertrag der positivistischen Richtung ist zu groß, als daß diese Entwicklung beklagt werden sollte. Die Dankbarkeit gegenüber den Forschungen der Positivisten von einst und jetzt, auf denen man weiterbauen könne, gehört denn auch zu den oft geäußerten Gefühlen gerade der Theoretiker und Interpreten. Schon 1847 schrieb der Literarhistoriker Theodor Wilhelm Danzel beim Abwägen der Verdienste der beiden extremen Möglichkeiten, »die geistlose Empirie« gebe »immer doch wenigstens einen authentischen Stoff an die Hand, welcher noch vergeistigt werden kann, aber das geistreiche Reden von Dingen, die gar nicht vorhanden sind«, sei »gar nichts nütze: ex nihilo nihil fit«.[3] Selbst wenn man von der Frage absieht, ob die Kategorie des »Vorhandenseins« dem Geist adäquat ist, bleibt diese Bevorzugung des Positivismus eine Selbsttäuschung. Denn sofern die Philologie Sprache und Literatur, und nicht außerliterarische Fakten wie Biographie und Textüberlieferung, erforscht, gibt es für sie jene »geistlose Empirie«, von der Danzel sich einen authentischen Stoff verspricht, nicht. Die Kluft zwischen objektiver Tatsachenforschung und subjektiver Erläuterung ist allemal kleiner, als sowohl der Positivist wie der Interpret wahrhaben möchten. Der Interpret, der die Tatsachen mißachtet, mißachtet auch die Gesetze der Interpretation (es gibt keine »Überinterpretation«, die nicht auch schon falsch wäre); der Positivist, welcher der als subjektiv verschrienen Erkenntnis entsagt, begibt sich zugleich der Möglichkeit, das Positive zu erforschen. Der Satz Diltheys, daß dem Erklären der Naturwissenschaften in den Geisteswissenschaften das Verstehen gegenübersteht, gilt auch für die philologische Tatsachenforschung. Sobald sie um einer vermeintlichen Objektivität willen das erkennende Subjekt auszuklammern sucht, läuft sie Gefahr, die subjektiv geprägten Tatsachen durch unangemessene Methoden zu verfälschen, ohne dabei den Irrtum gewahren zu können. Indem die Forschung sich der Empirie ausliefert, kann sie sich der subjektiven Erkenntnis auch als bloßer Kontrollinstanz nicht mehr bedienen.

Diese Fragen, die für die Erkenntnisproblematik der Literaturwissenschaft von entscheidender Bedeutung sind, können nur

[3] Zitiert nach: E. Ermatinger, *Philosophie der Literaturwissenschaft*. Berlin 1930, S. 25.

an einem konkreten Beispiel untersucht werden. Als solches bietet sich eine Auseinandersetzung um die erste Strophe von Hölderlins Hymne *Friedensfeier* an. Die Strophe lautet:

Der himmlischen, still wiederklingenden,
Der ruhigwandelnden Töne voll,
Und gelüftet ist der altgebaute,
Seeliggewohnte Saal; um grüne Teppiche duftet
Die Freudenwolk' und weithinglänzend stehn,
Gereiftester Früchte voll und goldbekränzter Kelche,
Wohlangeordnet, eine prächtige Reihe,
Zur Seite da und dort aufsteigend über dem
Geebneten Boden die Tische.
Denn ferne kommend haben
Hieher, zur Abendstunde,
Sich liebende Gäste beschieden.

Dazu wird in den Erläuterungen der Großen Stuttgarter Ausgabe folgendes bemerkt: »Einige Erklärer wollen in diesem dichterisch erbauten und erhöhten Raum der Gottesbegegnung durchaus die Metapher einer Landschaft sehen. [...] Wäre indes eine Metapher gemeint, so stünde sie in Hölderlins gesamtem Werk ohne Beispiel da. Denn zumeist handelt es sich bei solchen metaphorischen Vorstellungen um ausgeführte Vergleiche, geradezu um ausdrückliche Gleichungen wie *Brod und Wein* v. 57 (*der Boden ist Meer! und Tische die Berge*); immer aber bleibt die Beziehung auf das mit der Metapher Gemeinte durch Namensnennung deutlich wie zum Beispiel noch in der kühnsten Bildverwandlung: *Von tausend Tischen duftend* (*Patmos*, spätere Fassungen, v. 30), wo vorher von *Gipfeln* die Rede war; denn im nächsten Vers schon steht verdeutlichend der Name *Asia*, und vorher sind die *Länder* erwähnt (v. 24). Hier aber wird nirgends auf eine [...] Landschaft hingedeutet.«[4] Eine der Interpretationen, auf die sich dieser Kommentar polemisch bezieht, hat folgenden Wortlaut: »Ein Festsaal ist [...]

---

4 SW 3/549.

aufgerufen, mit wohlangeordneten Tischen, *Gereiftester Früchte voll und goldbekränzter Kelche.* Es ist, wie sogleich klar wird, ein Landschaftssaal gewaltigen Ausmaßes, der das Friedensfest der Götter beherbergen soll, und man erinnert sich der Verse aus *Brod und Wein,* in welchen auf ähnliche Weise die Landschaft als Raum der Götterversammlung gesehen ist: *Festlicher Saal! der Boden ist Meer! und Tische die Berge, / Wahrlich zu einzigem Brauche vor Alters gebaut!«*[5]

Umstritten ist also, ob eine Stelle metaphorisch gemeint ist oder nicht. Das ist eines der ältesten Probleme der Hermeneutik überhaupt, zu deren Ursprüngen die theologische Auseinandersetzung um den allegorischen Schriftsinn des Alten Testaments gehört.[6] Aber im Gegensatz dazu handelt es sich bei Hölderlins Strophe um eine Frage, die nicht prinzipieller, geschweige denn dogmatischer Natur ist. Es geht einzig um die Erkenntnis, ob in diesem besonderen Fall eine Metapher vorliegt oder nicht. Diese Frage soll hier nicht einfach weiterdiskutiert werden, vielmehr ist nach den erkenntnistheoretischen und methodologischen Prämissen der beiden Argumentationen zu fragen.

Die Widerlegung der metaphorischen Deutung beruft sich auf den Unterschied, der zwischen den beiden Schilderungen des Saals unleugbar besteht. Den ausdrücklichen Gleichungen in *Brod und Wein* (*der Boden ist Meer! und Tische die Berge*) steht in *Friedensfeier* nichts Entsprechendes gegenüber. Dieser Hinweis indessen hätte nur dann Beweiskraft, wenn in der metaphorischen Deutung die Stelle aus *Brod und Wein* ebenso als Beleg benützt würde, wie es in der Gegenbehauptung geschieht, derzufolge Metaphern bei Hölderlin immer durch Namensnennung als solche kenntlich gemacht sind. Im Gegensatz dazu soll aber mit dem Zitat in der metaphorischen Deutung nichts bewiesen werden. Daß ein Landschaftssaal gemeint ist, wird »klar«, heißt es hier, man beruft sich also auf die Evidenz. Diese Evidenz verdankt sich einerseits einzelnen Stellen der Schilderung selbst (die Freudenwolke duftet um grüne Teppiche, die

---

5 Allemann, *Zur Wiederentdeckung,* ähnlich in: *Friedensfeier,* S. 73.
6 Vgl. W. Dilthey, *Die Entstehung der Hermeneutik.* In: *Ges. Schriften.* Leipzig und Berlin 1924. Bd. 5, S. 317 ff.

Tische stehen auf dem geebneten Boden), andererseits aber der Stelle aus *Brod und Wein*, die den metaphorischen Charakter der Friedensfeierstrophe zwar nicht beweisen kann, aber im Verein mit dem zweiten Gegenbeispiel aus *Patmos* (*Von tausend Tischen duftend*) klar macht, daß die metaphorische Beziehung zwischen Landschaft und Saal, zwischen Berg und Tisch ein wichtiges Element von Hölderlins dichterischer Sprache ist. Gibt man dies zu, so stellt sich die Frage, welche Rolle der Unterschied zwischen den beiden Schilderungen des Saals für die Evidenz der Metaphorik in der Friedensfeierstrophe spielt: spricht er dagegen oder dafür? Wer diesen Unterschied als Gegenargument benützt, geht nicht von der einzelnen Stelle aus, auch nicht von der stilistischen Eigenart des ganzen Gedichts, sondern von einem Stellenkatalog, in dem sich die verwandten Belege gegenseitig stützen, den Einzelgänger aber verfemen. Dieser Gesichtspunkt entspricht dem berechtigten Drang der Philologie zur Objektivität. Aber wenn sie sich Objektivität einzig vom Belegmaterial verspricht und der subjektiven Evidenz mißtraut, versperrt sie sich auch den Weg zur Subjektivität der Dichtung, zu dem individuellen Vorgang, dessen Ergebnis die Stelle ist, welche sie als ihr Objekt nach deren eigenem Gesetz zu erkennen hat, wenn anders sie Wissenschaft sein will.

Zur Rekonstruktion dieses Vorgangs ist daran zu erinnern, daß die Elegie *Brod und Wein* nach Angabe der Stuttgarter Ausgabe im Herbst 1800 oder früher begonnen und im Winter 1800/01 vollendet wurde. Als historischer Ausgangspunkt von *Friedensfeier* gilt der Lunéviller Friedensschluß vom Februar 1801, die Hymne ist 1801 oder 1802 vollendet worden. Beachtet man die Chronologie der Entstehungsdaten der beiden Gedichte, aber auch die geringe Zeitspanne, die zwischen ihnen liegt, so wird deutlich, daß das philologische Postulat der analogen Belege für das reale dichterische Geschehen eine Wiederholung bedeuten würde, die unter ästhetischem Gesichtspunkt als Zeichen der Schwäche, gar als Manier auszulegen wäre. Daß Hölderlin im Herbst oder Winter 1800/01 bei der metaphorischen Schilderung Griechenlands als eines Saals beide Vergleichsglieder identifizierend nennt, spricht nicht gegen, sondern für die Möglichkeit, daß er wenig später bei einer ähnlichen Vorstellung sich mit dem Bild hat begnügen können, wobei mit einzelnen Epitheta wie *grüne Teppiche* und *geebneter Boden* sowie der Wendung *Freudenwolk'* die Beziehung zur Landschaft noch deutlich genug bleibt. Es gehört zu den inneren Widersprüchen der wissenschaftlichen Dichtungsbetrachtung, daß sie, auf Klarheit bedacht, eine Stelle wie *Von tausend Tischen duftend* für kühner und außergewöhnlicher halten muß als die Gleichungen *der Boden ist Meer!* und *Tische die Berge,* wo doch in der Dichtung, die ihr Wesen viel eher in der Einheit der Metapher denn im rationalen Dualismus des Vergleichs hat, gerade jene Ausdrücklichkeit als Ausnahme gelten muß. Und es wäre zu untersuchen, ob solchen Stellen im Spätwerk Hölderlins nicht die Aufgabe zukommt, eine dichterische Sprache zu begründen, welche der ausgeführten Vergleiche und Identifikationen entraten kann. Daß der zweite Gegenbeleg, der Vers aus einer späteren Fassung von *Patmos* (*Von tausend Tischen duftend*), wo durch zwei Wörter des Kontexts, *Asia* und *Länder,* die Metaphorik geklärt ist, aus der Zeit nach der Entstehung von *Friedensfeier* stammt, spricht nicht gegen diese genetische Deutung. Denn auch hier ist nicht der isolierte Beleg und der Grad seiner Ausdrücklichkeit, sondern der Entstehungsvorgang zu beachten. In der vor Februar 1803 abgeschlossenen Reinschrift von *Patmos* lautet die Stelle ohne die fragliche Metapher: *Geheimnisvoll / Im goldenen Rauche, blühte / Schnellaufgewachsen, / Mit Schritten der Sonne, / Mit tausend Gipfeln duftend, // Mir Asia auf* ... Wenn nun Hölderlin Monate später im Hinblick auf eine neue Fassung, an die Stelle von *Gipfeln*: *Tische* setzt und auf dieses Wort unmittelbar der Name *Asia* folgt, so bedeutet das nicht so sehr, daß er auch jetzt noch Wert legt auf eine Kennzeichnung der Metapher als solcher, vielmehr verrät es die Selbstverständlichkeit, die für ihn die metaphorische Bedeutung von *Tisch* inzwischen angenommen hat. Doch selbst wenn man dieses entstehungsgeschichtliche Moment außer acht läßt, darf von da her nicht verlangt werden, daß in der Eingangsstrophe von *Friedensfeier* die allenfalls gemeinte Landschaft mit Namen genannt sei, macht es doch geradezu das Stilgesetz dieser Hymne aus, daß sie (mit der einen Ausnahme von v. 42 *unter syrischer Palme*) weder substantivische noch adjektivische Eigennamen kennt.[7]

Indessen soll über der Problematik der beiden Belege aus *Brod und Wein* und *Patmos* nicht vergessen werden, daß sich die Widerlegung der metaphorischen Interpretation in erster Linie nicht auf sie, sondern auf eine generelle Feststellung stützt. »Wäre [...] eine Metapher gemeint«, heißt es, »so stünde sie in Hölderlins gesamtem Werk ohne Beispiel da.« Da dieser Satz von dem besten Kenner der Hölderlinschen Dichtung stammt, erscheint es als müßig, das Gesamtwerk daraufhin untersuchen zu wollen, ob es nicht doch ein weiteres Beispiel enthält, zumal auch zwei Fälle, mit dem Gesamtwerk konfrontiert, nicht ins Gewicht fallen würden. Aber hier ist gar nicht die sachliche Richtigkeit des Arguments zu überprüfen, sondern seine methodologischen und erkenntnistheoretischen Voraussetzungen, die eine sachliche Richtigkeit freilich allererst möglich machen. So ist denn zu fragen, inwiefern gegen die metaphorische Deutung einer bestimmten Stelle eingewandt werden kann, daß sie, wäre sie als Metapher gemeint, in Hölderlins gesamtem Werk ohne Beispiel dastünde. Die Beweisführung ist deutlich naturwissenschaftlichen Ursprungs. Es gehört zu den Prinzipien der Naturwissenschaften, die in der Eigenart ihres Gegenstands begründet sind, daß sie nicht einzelne Erscheinungen verstehen, sondern allgemeine Gesetze erkennen und die Erscheinungen daraus erklären wollen. Darum wird hier das Unicum, das Beispiellose, sei's als Abnormität verstanden, die als solche noch auf die Norm verweist, sei's als Wunder, als Durchbrechung der Gesetzlichkeit, wovor die Naturwissenschaft dann die Waffen streckt. Keineswegs gilt dies für die Literaturwissenschaft. Zwar kann auch sie sich dieses Verfahrens bedienen, dann nämlich, wenn es ihr um eine generelle Erkenntnis geht. Will sie etwa über Hölderlins Metaphorik eine allgemeine Feststellung treffen, so wird sie vom Gesamtwerk ausgehen müssen und die

---

7 Vgl. Kempter, *Das Leitbild*, S. 88.

zahlenmäßige Vertretung der verschiedenen Metapherntypen auszuwerten haben. Solches wird mit Belegen erreicht. Aber die Diskussion der beiden Stellen aus *Brod und Wein* und *Patmos* dürfte gezeigt haben, daß in der Literaturwissenschaft jeder einzelne Beleg, bevor ihm Beweiskraft zugeschrieben wird, nicht weniger sorgfältig für sich interpretiert werden muß als die Stelle, für deren Deutung er als Argument oder Gegenargument herangezogen wird.[8]

Das wirft nebenbei ein Licht auf die Fußnoten. Sie gelten als Attribut des philologischen Stils, als Bürgschaft für die Solidität der Behauptungen. Aber in den Fußnoten werden zumeist gerade solche Belege untergebracht, auf die nicht näher eingegangen wird, deren Beweiskraft also noch durchaus fraglich ist. Und es gehört zu den Gefahren der philologischen Arbeit, daß die grundsätzliche Bevorzugung der Faktizität gegenüber der Deutung als bloß subjektiver einem jeden Beleg schon auf Grund seines Vorhandenseins das zuschreiben läßt, was ihm zwar per definitionem eigen ist, worüber aber jede als Beleg herangezogene Stelle sich erst einzeln auszuweisen hätte, nämlich: Beweiskraft. Nicht selten spielt in philologischen Argumentationen der Beleg dieselbe Rolle wie das Indiz in den Verblendungstragödien eines Shakespeare oder Kleist: der Beweis bringt den Zweifel zum Verstummen, weil an ihm selber nicht gezweifelt wird. Geschähe dies häufiger, so hätten die Fußnoten schwerlich die Aura des Wohlbegründeten.

Doch selbst der einwandfreie Beleg hat seinen Platz nur in generellen Erkenntnissen, dann, wenn es um eine Regel, um eine Gesetzmäßigkeit geht. Sobald die Literaturwissenschaft ihre eigentliche Aufgabe im Verstehen der Texte sieht, verliert der naturwissenschaftliche Grundsatz des »einmal ist keinmal« seine Geltung. Denn die Texte geben sich als Individuen, nicht

---

[8] Schon Schleiermacher schreibt, es geschehe so leicht, »daß ganz falsche Vorstellungen mit einzelnen Sätzen eines Schriftstellers verbunden werden, wenn man die Sätze aus ihrem ursprünglichen Zusammenhang herausgerissen nun als Belege oder Beweisstellen einem andern Zusammenhang einverleibt, und es kommt auch so häufig vor, daß nur zu verwundern ist, wie diese Treue der Citatoren noch nicht sprüchwörtlich geworden ist«. *Zweite Akademierede* (1829). In: *Hermeneutik.* A.a.O., S. 143.

als Exemplare. Ihre Deutung hat zunächst auf Grund des konkreten Vorgangs zu erfolgen, dessen Ergebnis sie sind, und nicht auf Grund einer abstrakten Regel, die ohne das Verständnis der einzelnen Stellen und Werke ja gar nicht aufgestellt werden kann.

Jener naturwissenschaftliche Grundsatz ist in die Philologie als Gesichtspunkt der Literaturgeschichte eingegangen – auch dies ein Zeichen, daß die Literaturwissenschaft wie alle Kunstwissenschaft von der Historie durch dieselbe Kluft getrennt wird wie von den Naturwissenschaften. Auch die Literarhistorie vermag das Besondere nur als Exemplar, nicht als Individuum zu sehen; das Einzigartige fällt auch für sie außer Betracht. Darüber hat sich Friedrich Schlegel mit scharfen Worten geäußert. Als einen der *Hauptgrundsätze der sogenannten historischen Kritik* bezeichnete er *das Postulat der Gemeinheit: Alles recht Grosse, Gute und Schöne ist unwahrscheinlich, denn es ist ausserordentlich, und zum mindesten verdächtig.*[9] Solche Kritik an der Literaturgeschichte schließt keineswegs die These ein, das Individuum, das einzelne Werk, sei ungeschichtlich. Vielmehr gehört gerade die Historizität zu seiner Besonderheit, so daß einzig die Betrachtungsweise dem Kunstwerk ganz gerecht wird, welche die Geschichte im Kunstwerk, nicht aber die, die das Kunstwerk in der Geschichte zu sehen erlaubt. Daß auch der zweite Gesichtspunkt seine Berechtigung hat, soll nicht bezweifelt werden. Es gehört zu den Aufgaben der Literaturwissenschaft, vom Einzelwerk abstrahierend zur Übersicht über eine mehr oder weniger einheitliche Periode der historischen Entwicklung zu gelangen. Auch ist nicht zu leugnen, daß die Erkenntnis einer einzelnen Stelle oder eines einzelnen Werkes aus diesem, wie sehr auch problematischen, Allgemeinwissen Nutzen ziehen kann. Aber es darf nicht übersehen werden, daß jedem Kunstwerk ein monarchischer Zug eigen ist, daß es – nach einer Bemerkung Valérys – allein durch sein Dasein alle anderen Kunstwerke zunichte machen möchte. Damit ist keine persönliche Ambition des Dichters oder Künstlers gemeint, mit

9 Lyceum-Fragment Nr. 25 (Minor).

der sich die Wissenschaft nicht zu beschäftigen hätte, auch nicht der Anspruch auf Originalität und Unvergleichbarkeit, der dem kritischen Blick nur selten standzuhalten vermöchte. Kein Kunstwerk behauptet, daß es unvergleichbar ist (das behauptet allenfalls der Künstler oder der Kritiker), wohl aber verlangt es, daß es nicht verglichen werde. Dieses Verlangen gehört als Absolutheitsanspruch zum Charakter jedes Kunstwerks, das ein Ganzes, ein Mikrokosmos sein will, und die Literaturwissenschaft darf sich darüber nicht einfach hinwegsetzen, wenn ihr Vorgehen ihrem Gegenstand angemessen, das heißt wissenschaftlich sein soll. Sie wird es freilich tun müssen, sobald es ihr nicht mehr um die Erkenntnis des Einzelwerks, sondern um die Erkenntnis eines Œuvre, eines Zeitstils oder einer geschichtlichen Entwicklung geht. Diese Überschau indessen darf erst aus der Summe des begriffenen Einzelnen hervorgehen, keineswegs sollte die Erkenntnis des Besonderen verwechselt werden mit dessen Subsumtion unter ein historisch Allgemeines. Darauf wäre nicht eigens hinzuweisen, wenn sich Schlegels strenges Wort über die historische Kritik, lange vor der Entstehung der Literaturwissenschaft gesprochen, in der Folgezeit nicht oft genug bewahrheitet hätte. Denn nicht selten erwecken historische Arbeiten den Anschein, als wolle ihr Verfasser der intensiven Versenkung in das einzelne Kunstwerk aus dem Wege gehen, als scheue er diese Intimität und als wäre der Grund dieser Scheu die Angst, in der Nähe zum künstlerischen Vorgang jene Distanz einzubüßen, die ein Attribut der Wissenschaft sein soll. Aber es scheint das Dilemma der Literaturwissenschaft zu sein, daß sie nur in solcher Versenkung das Kunstwerk als Kunstwerk zu begreifen vermag und also gerade um ihrer Wissenschaftlichkeit, das heißt Gegenstandsangemessenheit willen, auf Kriterien wie die des Abstands und des »einmal ist keinmal« verzichten muß, die sie von anderen Wissenschaften übernommen hat. Nicht zuletzt um diesen falschen Anschein der Gemeinsamkeit zu vermeiden, verzichtet wohl die Literaturwissenschaft in den angelsächsischen Ländern und anderswo darauf, sich »science« zu nennen.

Soviel zu der methodologischen Problematik des Einwands,

demzufolge, wenn in der ersten Strophe von *Friedensfeier* eine Metapher gemeint wäre, sie in Hölderlins gesamtem Werk ohne Beispiel dastünde. Die Unangemessenheit der Argumentation kann deren sachliche Richtigkeit zwar nicht beeinträchtigen, wohl aber die Beweiskraft erschüttern, die ihr zugeschrieben wird. Wie es sich jedoch mit der Richtigkeit in der Sache verhält, ergibt die Prüfung der erkenntnistheoretischen Prämissen.

Daß die Schilderung des Festsaals nicht metaphorisch gemeint sein kann, wird aus dem Umstand gefolgert, daß in Hölderlins Gesamtwerk sich keine andere Metapher findet, in der die Beziehung auf das Gemeinte nicht durch ausgeführte Vergleiche, ausdrückliche Gleichungen oder zumindest durch Namensnennung deutlich bliebe. Beweiskraft haben hier also nicht Belege, sondern die Tatsache, daß es Belege nicht gibt. Aber wie in der positiven Beweisführung zunächst jede als Beleg angeführte Stelle ihren Belegcharakter zu erweisen hat, so muß in der negativen Argumentation geklärt sein, daß keine Belege gefunden worden sind, nicht, weil keine Stellen als Belege erkannt wurden, sondern weil es keine gibt. Gerade diese Voraussetzung aber bleibt in diesem Fall unerfüllt. Denn in der Behauptung, daß es in Hölderlins Gesamtwerk keine Metapher der Art gibt, wie es die Eingangsstrophe von *Friedensfeier* wäre, wird übersehen, daß solche Stellen vom sichtenden Blick als mögliche Belege gar nicht erkannt würden. Die Metaphorik der Friedensfeierstrophe vermöchten ja allein solche Beispiele zu bestätigen, die nicht deutlicher denn sie selbst als Metaphern gekennzeichnet sind. Wird diese Kennzeichnung aber als nicht ausreichend erachtet, so erlaubt sie auch nicht, die verwandten Stellen von dem übrigen, unmetaphorischen Material zu unterscheiden. Damit wird die Behauptung selber unhaltbar.

Die Beweisführung, die nur mit Fakten zu arbeiten meint, scheitert daran, daß ihre erkenntnistheoretischen Voraussetzungen zuwenig bedacht werden, und sie werden zuwenig bedacht, weil den Fakten blind vertraut wird. Sowenig sich aber die Interpretation über die vom Text und von der Textgeschichte bereitgestellten Tatsachen hinwegsetzen darf, sowenig darf die Berufung auf Fakten die Bedingungen übersehen, unter denen die Fakten erkannt werden. Darauf hat schon vor Jahrzehnten E. Ermatinger aufmerksam gemacht, als er dem reinen Induktionsbegriff des Positivismus vorwarf, er sei keine Methode, sondern eine Selbsttäuschung, denn »wer Material sammeln und beobachten will, muß zuerst mit sich ins reine gekommen sein, nach was für formalen Gesichtspunkten er es sammeln soll«.[10] Nicht nur scheint diese Warnung zuwenig beachtet worden zu sein, es wäre darüber hinaus zu fragen, ob in der Literaturwissenschaft das objektive Material von der subjektiven Interpretation überhaupt streng kann getrennt werden, ist doch die Verwendung des Materials selber schon Interpretation. Für das philologische Textverständnis besteht zwischen Beweis und Einsicht ein ganz anderer Zusammenhang als der von den exakten Naturwissenschaften her einst postulierte.

Das erweist die hermeneutische Analyse des Interpretierens auf Grund von Lesarten. Es gehört zu den wichtigsten Aufgaben wissenschaftlicher Textbetrachtung, die Entstehung eines Textes mit Hilfe früherer Fassungen zu rekonstruieren, eine Aufgabe, die zugleich im Dienst der Interpretation steht. Dabei wird das, freilich problematische, Postulat, ein Werk solle nur aus sich selber interpretiert werden, nicht mißachtet, gehört doch das Lesartenmaterial zu dem Werk als dessen Genesis, die auf der Stufe der Vollendung im Hegelschen Wortsinn sich aufgehoben findet. Nur die orthodoxe Phänomenologie wird darauf als auf ein der Erscheinung Fremdes verzichten wollen – doch scheint solcher Verzicht mehr der Prüfung der phänomenologischen Methode als dem Verständnis des Werkes förderlich zu sein.

Wer in dem Vers der späteren Fassung von *Patmos*: *Von tausend Tischen duftend* den Sinn von *Tischen* nicht zu erkennen vermag, wird darum auf die frühere Fassung *Mit tausend Gipfeln duftend* zurückgreifen. Die metaphorische Deutung von *Tischen*, die er nun zu geben in der Lage ist, wird er mit

---

10 E. Ermatinger, a.a.O., S. 334 f.

dem Wortlaut der ersten Fassung stützen. Denn die Tatsache, daß dort an Stelle von Tischen von Gipfeln die Rede ist, beweist, daß in der späteren Fassung Tische metaphorisch für Gipfel stehen. Aber beweist sie es wirklich? Eine andere Hymne Hölderlins beginnt mit den Versen: *Wie wenn am Feiertage, das Feld zu sehn / Ein Landmann geht, des Morgens*... Im Prosaentwurf lautete der Anfang: *Wie wenn der Landmann am Feiertage das Feld zu betrachten hinausgeht, des Abends*... Niemand würde aus der Tatsache, daß in der ersten Fassung für Morgen Abend steht, folgern, in der metrischen Fassung sei mit Morgen Abend gemeint, vielmehr wird man zwischen den beiden Stufen einen Wandel der Zeitkonzeption annehmen. Das aber zeigt, daß auch in *Patmos* von einem Beweis, den die erste Fassung darstellt, nicht gesprochen werden kann. Denn diesem Beweis kommt der Interpret mit Eigenem zu Hilfe, indem er die Änderung von Gipfel in Tisch als metaphorischen Prozeß, als Übertragung, nachvollzieht und daraus folgert, daß der Sinn dabei unverändert geblieben ist. Erst in diesem Rahmen, den das Verständnis liefert, erscheint das Faktum als Beweis.

Der philologische Beweis ist also auf Verständnis in ganz anderer Weise angewiesen, als etwa der mathematische. Denn nicht bloß die Beweisführung muß verstanden werden. Sondern auch der Beweischarakter des Faktischen wird erst von der Interpretation enthüllt, während umgekehrt das Faktische der Interpretation den Weg weist. Diese Interdependenz von Beweis und Erkenntnis ist eine Erscheinungsform des hermeneutischen Zirkels. Wer nicht wahrhaben will, daß ein Faktum erst als gedeutetes die Richtigkeit einer Deutung zu beweisen vermag, verfälscht den Kreis des Verstehens in jenes Wunschbild der Geraden, die vom Faktischen stracks zur Erkenntnis führen soll. Da es aber diese Gerade in der Philologie nicht gibt, wären die Tatsachen eher als Hinweise denn als Beweise zu bewerten. Damit sei keiner Resignation das Wort geredet, geschweige denn, daß einer unwissenschaftlichen Willkür das Tor aufgemacht werden sollte. Denn willkürlich ist es vielmehr, wenn den Fakten um eines aus anderen Disziplinen übernommenen

Wissenschaftsideals willen eine objektive Beweiskraft zugeschrieben wird, die ihnen auf diesem Gebiet nicht eigen ist. Das Verfahren einer Literaturwissenschaft, die sich die Prämissen ihrer Erkenntnisweise bewußt gemacht hat – Prämissen, die nur von anderen Disziplinen her als Grenzen erscheinen – wird nicht ungenauer, sondern genauer; nicht unverbindlicher, sondern überhaupt erst verbindlich.

Wie aber verfährt eine Auslegung, für welche die Fakten eher Hinweise denn Beweise sind? Sie versucht, den statischen Zusammenhang des Faktischen, den die Verzettelung zu Belegen allemal zerreißt, in der Rekonstruktion des Entstehungsvorgangs dynamisch nachzuvollziehen. Für diese Rekonstruktion werden die Fakten sowohl zu Wegweisern als auch zu Warnungen vor Irrwegen. Keines der Fakten darf übersehen werden, soll die Rekonstruktion Evidenz gewinnen. Evidenz aber ist das adäquate Kriterium, dem sich die philologische Erkenntnis zu unterwerfen hat. In der Evidenz wird die Sprache der Tatsachen weder überhört, noch in ihrer Verdinglichung mißverstanden, sondern als subjektiv bedingte und in der Erkenntnis subjektiv vermittelte vernommen, also allererst in ihrer wahren Objektivität.

Diese Symbiose von Beweis und Erkenntnis erhellt auch aus der Analyse jenes Verfahrens, das man die Parallelstellenmethode nennt. Sie gehört zu den ältesten Kunstgriffen der Hermeneutik und stellt die Umkehrung der Lesartenmethode dar. Der Sinn eines Wortes wird hier nicht mit Hilfe anderer Wörter geklärt, die in früheren Fassungen an derselben Stelle stehen, sondern auf Grund anderer Stellen, in denen aber dasselbe Wort auftritt. Freilich muß dieses Wort überall in der gleichen Bedeutung stehen, die Stellen müssen in diesem strengen Sinn Parallelstellen sein. Daran hat diese Methode ihre Grenze wie die Lesartenmethode an der Bedingung, daß der Änderung der Stelle nicht auch eine Änderung des Gemeinten entspricht. Deshalb stößt die Parallelstellenmethode wie die andere auf die Frage, welche Fakten denn die Parallelität der Stellen zu beweisen vermögen. Dazu heißt es in Schleiermachers zweiter Akademierede über Hermeneutik aus dem Jahr 1829: . . . *wenn man die Regel stellt, ein Wort in demselben Zusammenhang nicht das eine Mal anders zu erklären als das andere, weil nämlich nicht wahrscheinlich sei, daß der Schriftsteller es das eine Mal anders werde gebraucht haben: so kann diese doch nur insofern gelten als auch der Satz, wo es zum andern Mal vorkommt, noch als ein Teil desselben Zusammenhanges mit Recht kann angesehen werden. Denn in einem neuen Abschnitt können unter manchen Umständen mit demselben Recht wie in einem ganz andern Werk noch andere Bedeutungen ihren Platz finden.*[11] Mit dieser Warnung gibt Schleiermacher keine hermeneutische Lösung des Problems, vielmehr wird die Verantwortung auf die Rhetorik übertragen. Diese steht für die Hermeneutik ein, insofern das Funktionieren der Parallelstellenmethode auf die Annahme gegründet wird, daß jeder Text der Forderung der Rhetorik entspricht, ein Wort dürfe im selben Zusammenhang nicht zweierlei bedeuten und einen neuen Zusammenhang müsse stets ein neuer Abschnitt anzeigen. Die Lösung war auch zu Schleiermachers Zeiten illusorisch, führt doch die Frage, ob diese Regeln der Rhetorik in einem gegebenen Fall befolgt sind oder nicht, stets in die Hermeneutik zurück. Vollends scheidet sie aus in einer Zeit, die sich keiner Rhetorik mehr verpflichtet weiß. Ob eine Stelle als Parallelstelle anzusehen ist, kann darum nicht etwa der Gliederung des Textes, auch nicht einer anderen Faktizität, sondern ausschließlich dem Sinn der Stelle entnommen werden. Die Parallelstelle muß sich wie jeder andere Beleg über ihren Belegcharakter erst ausweisen. Das aber geschieht in der Interpretation. So wertvoll die Parallelstellen für die Deutung auch sind, sie darf sich auf sie nicht als auf von ihr unabhängige Beweise stützen, denn die Beweiskraft haben sie von ihr. Diese Interdependenz gehört zu den Grundtatsachen philologischer Erkenntnis, über die kein Wissenschaftsideal sich hinwegsetzen darf.

Schon Schleiermacher entgeht in dem angeführten Satz nicht ganz einer Gefahr, welche die Erkenntnisproblematik in der Literaturwissenschaft mit ausmacht. Indem er nämlich darauf

---

11 Fr. D. E. Schleiermacher, a.a.O., S. 142.

vertraut, daß die Regeln der Rhetorik allemal beachtet werden, überdeckt er seinen Gegenstand mit einem Wunschbild, welches über dessen wahre Verhältnisse hinwegtäuscht. Die Literaturwissenschaft muß sich hüten, ihren Gegenstand, die Literatur, nach den vermeintlichen Kriterien ihrer Wissenschaftlichkeit umzumodeln, hört sie doch gerade dadurch auf, Wissenschaft zu sein. Diese Gefahr wird am Problem der Äquivokation besonders deutlich, jener Zwei- oder Mehrdeutigkeit, welche die Lesarten- und die Parallelstellenmethode von Fall zu Fall klären.

Dabei kann es sich um die Mehrdeutigkeit eines Wortes, aber auch der Syntax, also der Funktion eines an sich eindeutigen Wortes im Satzgefüge, handeln. In Kleists *Amphitryon* antwortet Sosias auf die Frage seines Herrn: *Auf den Befehl, den ich dir gab –? – Ging ich / Durch eine Höllenfinsternis, als wäre / Der Tag zehntausend Klaftern tief versunken, / Euch allen Teufeln, und den Auftrag, gebend, / Den Weg nach Theben, und die Königsburg.* Man hat hier von einem Casusfehler gesprochen, müsse es doch heißen *den Weg nach Theben und der Königsburg,* und den Grund im französischen Vorbild gesucht, dem die Deklination fremd ist. Darauf ließe sich erwidern, daß der letzte Satzteil *und die Königsburg* möglicherweise gar nicht zu *ging ich den Weg nach* ... gehört, sondern zu der Partizipialwendung *Euch allen Teufeln, und den Auftrag, gebend* ... Sosias verflucht sowohl seinen Herrn und dessen Auftrag als auch den Ort, an den ihn dieser führen soll. Aber die Frage ist nicht nur, was wahrscheinlicher ist: der grammatikalische Fehler oder die kühne Fernstellung (für beides gibt es in Kleists Werk Beispiele, und auch das Beispiellose wäre nicht deshalb schon widerlegt). Zu fragen wäre, ob es überhaupt angebracht ist, hier eine Entscheidung zu treffen, ob die Alternative nicht eine der Sache selbst ist. Wie der Einschub *und den Auftrag* zwischen *Euch allen Teufeln* und *gebend* mit der verwirrenden Assoziation »den Auftrag gebend« zu rechnen scheint, so könnte das dritte Objekt der Verfluchung, die Königsburg, an die Wendung *den Weg nach Theben* angeschlossen sein, um auf den Irrweg der Richtungsangabe zu locken. Solche Ambiguität gilt dem Philologen leicht als Skandalon. Aber wenn es auch seine Aufgabe ist, die Verhältnisse des Textes zu erkennen und das Problem zu lösen, so kann doch die Lösung nicht darin bestehen, daß eine Doppeldeutigkeit, die dem Text selber angehört, aus der Welt geschafft wird. Die philologische Lösung darf sich nicht an die Stelle des Problems setzen, vielmehr muß der Satz des Sosias, sooft er vernommen wird, die Frage von neuem aufwerfen. In diesem Sinn war die These gemeint, philologisches Wissen sei perpetuierte Erkenntnis.

Die Fälle werden komplizierter, sobald darauf verzichtet werden muß, die Intention des Dichters zu erkennen. Wenngleich die Philologie das Problem der Äquivokationen nicht zu übergehen pflegt, verspricht sie sich doch eine Lösung meist von der Erkenntnis, welche Bedeutung oder auch welche Bedeutungen von dem Dichter gemeint waren und welche nicht. Dieser Anspruch ist einer von jenen, mit denen der Gegenstand oft eher verkannt denn erkannt wird. Das wissenschaftliche Postulat, daß nur die vom Dichter intendierte Mehrdeutigkeit vom Verständnis zu berücksichtigen ist, scheint nämlich weder der Eigenart des dichterischen Prozesses, noch der Eigenart des sprachlichen Kunstwerks ganz gerecht zu werden. Denn es setzt voraus, daß ein poetischer Text die Wiedergabe von Gedanken oder Vorstellungen ist. Steht das Wort gleichsam als Vehikel im Dienst von Gedanken und Vorstellungen, so dürfen im Fall einer Mehrdeutigkeit nur die Bedeutung oder die Bedeutungen beachtet werden, welche dem Gedanken oder der Vorstellung entsprechen.

Mallarmés Gedicht *Prose* beginnt mit dem Wort *Hyperbole!* – meint es die Figur der Hyperbel, den Akt des Übertreibens, oder werden beide in eins gesehen, die Hyperbel als Bewegungsfigur des geistigen Aktes? Welcher Gedanke steht am Anfang? Die Antwort auf diese Frage verbietet der Ausspruch Mallarmés, Gedichte würden nicht aus Gedanken, sondern aus Wörtern gemacht. In diesem prägnanten Sinn beginnt das Gedicht mit dem Wort *Hyperbole*, es muß ihm keine Vorstellung, die unabhängig vom Wort existierte, vorausgegangen sein. Sobald aber das Wort nicht mehr als bloßes Ausdrucksmittel gesehen wird, gewinnt es eine Eigenmacht, die es verwehrt, seine Auslegung einzig von der Absicht des Dichters abhängig zu machen. Wenn das Kunstwerk damit dem Dichter auch zu entgleiten droht, so ist doch dieser nicht der Verlierer, und es sollte nicht die Aufgabe der Philologie sein, die Dichtung gegen den Willen und gegen die Einsicht der Dichter ins imaginäre Netz der Intention zu ziehen.

Von Stefan George wird überliefert, er habe »den Gedichten das Recht [gegeben], für sich zu bestehen; er konnte vielleicht noch einen Sinn finden, der ihm beim Dichten nicht bewußt war; ja vielleicht kann das späteren Lesern gelingen«.[12] Und von Valéry stammt der Satz: *C'est une erreur contraire à la nature de la poésie, et qui lui serait même mortelle, que de prétendre qu'à tout poème correspond un sens véritable, unique, et conforme ou identique à quelque pensée de l'auteur.*[13] Wie ungern sich die Wissenschaft solchen Einsichten öffnet, zeigt etwa eine neuere Studie über Kleist, die zwar die Kunst der Vieldeutigkeit bei ihm betont, indessen hinzufügt: »Nicht daß dieser Sachverhalt nun auch die Vieldeutigkeit der Auslegungen rechtfertigen könnte. Ein Werk als Ganzes ist nicht beliebig auslegbar, sondern eindeutig gemeint.«[14] Der Irrtum dieses Satzes liegt nicht bloß in der Annahme, daß ein Werk als Ganzes eindeutig gemeint ist, was nebenbei die Frage aufwirft, welche Vorstellung von der Struktur des Kunstwerks es überhaupt zuläßt, daß es der Vieldeutigkeit im Einzelnen zum Trotz als Ganzes eindeutig gemeint sei. Falsch ist zudem die Alternative: wenn nicht »eindeutig gemeint«, dann »beliebig auslegbar«. Sie läßt zwar das Motiv dieser Behauptung erkennen, nämlich die berechtigte Abwehr interpretatorischer Willkür, den verständlichen Anspruch jeder Wissenschaft, ihre Resultate überprüfen zu können. Aber diese Überprüfung darf nicht mit Hilfe eines Kriteriums geschehen, das nicht falsche Interpretationen entlarvt, sondern den Gegenstand verfälscht. Es verfälscht auch die

---

12 K. Hildebrandt, *Das Werk Stefan Georges*. Hamburg 1961, S. 359.
13 P. Valéry, *Commentaires de Charmes*. In: *Variété III*. Paris 1936, S. 80.
14 W. Müller-Seidel, *Versehen und Erkennen. Eine Studie über H. v. Kleist*. Köln-Graz 1961, S. 216.

Bedingungen philologischer Erkenntnis. Denn die Annahme, daß ein Werk nicht eindeutig gemeint sei, daß ein Wort nicht nur dann als mehrdeutiges zu verstehen ist, wenn diese Mehrdeutigkeit von dem Dichter intendiert war, bedeutet keineswegs, daß nun alle Auslegungen gerechtfertigt wären. Vielmehr wird erst jenseits dieser falschen Alternative die eigentliche Schwierigkeit, aber auch die Aufgabe des Textverständnisses sichtbar: zwischen falsch und richtig, sinnfremd und sinnbezogen zu unterscheiden, ohne das manchmal objektiv mehrdeutige Wort und das kaum je eindeutige Motiv um der prätendierten Eindeutigkeit willen zu beschneiden.

Das Problem der vom Dichter zwar nicht beabsichtigten, doch legitimierten Äquivokation scheint freilich, wie die Beispiele – Mallarmé, George, Valéry – zeigen, mit der Entwicklung der modernen Lyrik zusammenzuhängen. Wohl sind auch aus früheren Zeiten ähnliche Gedanken überliefert, so in des Chladenius *Einleitung zur richtigen Auslegung vernünftiger Reden und Schriften* vom Jahr 1742. Hier heißt es: »Weil die Menschen nicht alles übersehen können, so können ihre Worte, Reden und Schriften etwas bedeuten, was sie selbst nicht willens gewesen zu reden oder zu schreiben«, folglich »kann man, indem man ihre Schriften zu verstehen sucht, Dinge, und zwar mit Grund dabei gedenken, die denen Verfassern nicht in Sinn kommen sind.«[15] Trotzdem sollte dieser Gedanke nicht unhistorisch auf die früheren Epochen angewandt werden. Aber ebensowenig darf die Wissenschaft die Erkenntnisse des Symbolismus, die aus dem Dichtungsverständnis des zwanzigsten Jahrhunderts nicht mehr wegzudenken sind, gleichsam zu einem historischen Phänomen verharmlosen, das ihre Methoden und Kriterien nicht berühren würde. Es wäre zu untersuchen, ob die Sprachauffassung Mallarmés und seiner Schüler nicht zumindest für jene Epochen der Literaturgeschichte von heuristischer Bedeutung ist, die man auf den Begriff des Manierismus zu bringen pflegt, während die rationalistische Auffassung von der Sprache, die sie zum Ausdrucksmittel herabsetzt, der Poetik

---

15 Zitiert nach: H.-G. Gadamer, *Wahrheit und Methode*. Tübingen 1960, S. 172.

jener klassischen Werke entspräche, deren Klassizität eben auf Kosten des sogenannten Manierismus geht.

Noch einmal zeigt sich die Erkenntnisproblematik der Literaturwissenschaft darin, daß sie versucht ist, ihre Erkenntnis Kriterien zu unterwerfen, die, statt ihre Wissenschaftlichkeit zu verbürgen, sie gerade in Frage stellen, weil sie dem Gegenstand inadäquat sind. Die Literaturwissenschaft darf nicht vergessen, daß sie eine Kunstwissenschaft ist; sie sollte ihre Methodik aus einer Analyse des dichterischen Vorgangs gewinnen; sie kann wirkliche Erkenntnis nur von der Versenkung in die Werke, in »die Logik ihres Produziertseins«[16] erhoffen. Daß sie dabei nicht der Willkür und dem Unkontrollierbaren anheimzufallen braucht, jener Sphäre, die sie manchmal mit einer merkwürdigen Geringschätzung ihres Gegenstands die dichterische nennt, muß sie freilich in jeder Arbeit von neuem beweisen. Dieser Gefahr aber ins Auge zu sehen, statt bei anderen Disziplinen Schutz zu suchen, schuldet sie ihrem Anspruch, Wissenschaft zu sein.

---

16 Th. W. Adorno, *Valérys Abweichungen*. In: *Noten zur Literatur* II, Frankfurt a. M. 1961, S. 43 (auch in: *Gesammelte Schriften 11*, Frankfurt 1974, S. 159).

I

Der andere Pfeil
Zur Entstehungsgeschichte des hymnischen Spätstils

Wer vom Spätwerk Hölderlins spricht, meint jene Hymnen in freien Rhythmen, zu deren bekanntesten *Patmos, Der Einzige, Friedensfeier* gehören. Daß diese Dichtungen Hölderlins als Spätwerk, daß als Hölderlins Spätwerk diese Dichtungen bezeichnet werden, versteht sich indessen keineswegs von selbst. Nicht nur sind sie das Werk eines Dreißigjährigen. In den letzten Jahren vor der Umnachtung, in welcher Hölderlin sich selbst um mehr als vierzig Jahre überleben wird, entstehen sie neben Gedichten, die anderen Gattungen angehören: neben Oden und Elegien. Und doch besteht ihr Name, besteht ihr Vorrang zu Recht. Daß Hölderlin in den Jahren 1801 und 1802 nicht bloß die Hymnen *Am Quell der Donau, Friedensfeier, Der Einzige* geschrieben hat, sondern auch die Elegien *Brod und Wein* und *Heimkunft*, die Oden *Der blinde Sänger* und *Dichtermuth,* darf nicht darüber hinwegtäuschen, daß in der inneren Chronologie seiner Dichtung die Hymnen einer späteren Epoche angehören als die beiden anderen lyrischen Gattungen.

Abzulesen ist dies zunächst daran, daß die erste der von Pindar inspirierten Hymnen (und nur von diesen ist hier die Rede, nicht von den durch Schillers Vorbild geprägten gereimten Gesängen der Jugendzeit), daß die Hymne *Wie wenn am Feiertage . . .* um die Jahrhundertwende im Werk durchaus als ein Novum erscheint. Hölderlins Oden- und Elegiendichtung hingegen reicht bruchlos in seine dichterischen Anfänge zurück. Dabei besteht diese Kontinuität, zumindest im Fall der Oden, nicht bloß für die Gattung, sondern oft auch für das einzelne Gedicht. Denn Hölderlin hat von den meist ein- oder zweistrophigen Oden der Frankfurter Zeit nach 1800, also in den Jahren der späten Hymnen, manche zu größeren Gedichten ausgebaut. Vergleicht man die verschiedenen Fassungen dieser Oden, vergleicht man die beiden Fassungen der Elegie *Menons Klagen um*

Diotima, so stößt man auf weitere Anzeichen dafür, daß den Hymnen in Hölderlins Werk vor der Umnachtung die Endstellung zukommt. Wandlungen des Aufbaus, Wandlungen des Metrums und der Diktion lassen darauf schließen, daß nicht nur die Hymnen aus der metrischen Form der Oden hervorgingen[1], sondern die Oden und Elegien ihrerseits der Hymnenform zustreben. Wandlungen des Aufbaus: man denke an das Gedicht *Elegie*, das erst in der zweiten Fassung, nun *Menons Klagen um Diotima* überschrieben, in Strophen gegliedert wird – es ist die Zeit, in der Hölderlin zu der Pindarischen Form der strophischen Hymnen findet. Wandlungen der Diktion: man vergleiche die beiden Fassungen einer Strophe, die zunächst die epigrammatische Ode *Lebenslauf* bildet, dann, nach 1800, zum Eingang eines vierstrophigen Gedichts wird. Die erste Fassung lautet:

> *Hoch auf strebte mein Geist, aber die Liebe zog*
> *Schön ihn nieder; das Laid beugt ihn gewaltiger;*
> *So durchlauf ich des Lebens*
> *Bogen und kehre, woher ich kam.*

Was die zweite Fassung von der ersten unterscheidet, ist durchweg kennzeichnend auch für den Hymnenstil der Spätzeit. Der Ton wird persönlicher und zugleich unpersönlicher. Steht in der ersten Fassung *mein Geist*, ein Ausdruck, auf den der nächste Vers zweimal zurückverweist (*die Liebe zog / Schön ihn nieder; das Laid beugt ihn gewaltiger*), so tritt an seine Stelle in der zweiten Fassung zunächst zwar die direkte Selbstanrede: *Größers wolltest auch du*, aber sogleich wird die Grenze des Einzelnen überschritten, das *du* verlassen, und es heißt: *die Liebe zwingt / All uns nieder*. Stärker noch tritt der aus Pindars Hymnen übernommene Zug des Gnomischen, der Spruchweisheit, durch den Wegfall des Personalpronomens im dritten Satz hervor: statt *das Laid beugt ihn gewaltiger* heißt es nun, zur Sentenz gemeißelt: *das Laid beuget gewaltiger*. Auch

---

[1] Vgl. Eduard Lachmann, *Hölderlins Hymnen*, S. 17 und passim.

die Veränderung der zweiten Strophenhälfte, die im Hinblick auf die neu hinzukommenden Verse erfolgt, gemahnt an den Stil der Hymnen. Während sich die erste Fassung mit einer Feststellung begnügt (*So durchlauf ich des Lebens / Bogen und kehre, woher ich kam.*), steigert sich die zweite kontrapunktisch zum Urteil, im Bewußtsein, nicht nur den Bogen des Lebens, sondern auch dessen Sinn erkannt zu haben. Die weiteren Strophen haben mit den Hymnen, neben dieser ins Allgemeine gehenden Ergründung, auch das Hymnische im strengen Wortsinn, die Götteranrufung, gemein. Die erste Strophe des Gedichts *Lebenslauf* lautet in der neuen Fassung:

> *Größers wolltest auch du, aber die Liebe zwingt*
> *All uns nieder, das Laid beuget gewaltiger,*
>   *Doch es kehret umsonst nicht*
>   *Unser Bogen, woher er kommt.*

Die Bedenken, als Hölderlins Spätwerk die Hymnen in freien Rhythmen zu bezeichnen, lassen sich vielleicht schon mit solchen Hinweisen auf den Stilwandel der Oden- und Elegiendichtung zerstreuen. Der Einwand dagegen, daß die Dichtungen eines Dreißigjährigen nicht dürfen Spätwerk genannt werden, könnte erst durch eine grundsätzliche Klärung dieses eher stilkritisch denn biographisch verwendeten Begriffs sowie durch eine Analyse der Hymnen selbst entkräftet werden. Zu zeigen wäre, wie Hölderlins Hymnensprache – im Gegensatz zu den letzten Gedichten der Umnachtungszeit – teilhat an jener paradoxen Verschränkung von Entschlossenheit zum Äußersten und von Zaghaftigkeit, von Kühnheit und Demut, Kraft und Schwäche, die für die Spätwerke von Künstlern kennzeichnend ist, die ihr Werk nicht der abgeklärten Heiterkeit zuführen, sondern mit weltabgewandtem Eigensinn über einen Schatten zu springen trachten, der nicht nur der ihre ist, sondern auch der ihrer Zeit. Was so entsteht, wird meist erst nach Generationen begriffen: man denke an Beethovens letzte Quartette, an die späten Bilder Cézannes – an Hölderlins Hymnen. Solche Werke zeugen weder von dem Übermut der Jugend, der in der Auflehnung gegen das Bestehende einen Zweifel an sich selber nicht kennt, noch von der Ruhe der Lebensmitte, der es um die Versöhnung von Ich und Welt, von Neuem und Altem geht. Harmonie ist hier kein höchster Wert, aber ebensowenig wird für wert gefunden, daß man gegen sie rebelliere. Der Künstler ist allein mit seinem Werk: er kämpft nur noch gegen die Versuchung durch sich selber, gegen die eigenen Zweifel, gegen die eigene Schwäche. *Es hänget aber an Einem / Die Liebe. Diesesmal / Ist nemlich vom eigenen Herzen / Zu sehr gegangen der Gesang, / Gut machen will ich den Fehl / Wenn ich noch andere singe. / Nie treff ich, wie ich wünsche, / Das Maas.* Gelänge es, die Diktion solcher Verse in Worte zu fassen, einen Tonfall, darin die Sicherheit des Wissens und das Gericht über sich selbst, Aufschwung und Verzweiflung sich ineinander verschlungen haben, man wäre dem Geheimnis der Hymnen näher und wüßte zugleich, warum man sie als Spätwerk empfindet.

Das Ziel der folgenden Betrachtung muß bescheidener sein. Sie fragt nicht nach Hölderlins Spätwerk insgesamt, sondern nach dem Weg, der zu ihm geführt hat. Dabei erscheint ein Gedichtkomplex, der erste der pindarischen Gesänge und ein daraus hervorgegangenes kurzes Gedicht, gleichsam als die enge Pforte zur Hymnendichtung.

Die Hymne *Wie wenn am Feiertage . . .* ist ein Gedicht über den Dichter und sein Werk. Das Motiv aber, das sie von Anfang bis Ende durchzieht, ist ein anderes, der Doppelsphäre von Natur und Mythos zugehöriges, ein Motiv, aus dem sich alle Aussagen der Hymne über Dichter und Dichtung mit der Logik ergeben, die der Metapher eigen ist. Es ist der Blitz, das *himmlische Feuer.* Hölderlin hat von ihm in einem Brief an seinen Freund Böhlendorff gesagt: *unter allem, was ich schauen kann von Gott, ist dieses Zeichen mir das auserkorene geworden.*[2] Dem Blitz-Motiv verdankt sich die metaphorische Einssetzung von Dichtung und Wein, die auf dem Höhepunkt der

---

2 Brief vom 4. Dezember 1801. SW 6/427.

Hymne die Genesis der Dichtung an der Geburt des Dionysos veranschaulichen läßt. Von diesem Mythos hatte die Hymne insgeheim schon ihren Ausgang genommen, denn der erste Entwurf schließt an die Übertragung des Eingangs der Euripideischen Tragödie *Die Bacchantinnen* an, deren erste Verse lauten:

Ich komme, Jovis Sohn, hier ins Thebanerland,
Dionysos, den gebahr vormals des Kadmos Tochter
Semele, geschwängert von Gewitterfeuer [. . .][3]

Noch verhüllt, wie es dem Ton der ersten Strophe entspricht, der in Hölderlins Lehre vom Wechsel der Töne *naiv* zu heißen hätte, klingt schon im großen Landschaftsbild des Eingangs diese Metaphorik an:

Wie wenn am Feiertage, das Feld zu sehn
Ein Landmann geht, des Morgens, wenn
Aus heißer Nacht die kühlenden Blize fielen
Die ganze Zeit und fern noch tönet der Donner,
In sein Gestade wieder tritt der Strom,
Und frisch der Boden grünt
Und von des Himmels erfreuendem Reegen
Der Weinstok trauft und glänzend
In stiller Sonne stehn die Bäume des Haines:

So stehn sie unter günstiger Witterung [. . .]

Sie: die Dichter.[4] Man verkennt indessen schon zu Beginn die Bedeutung der Ineinssetzung von Rebe und dichterischem Wort, wenn man meint, in diesem Landschaftsbild korrespondiere den Dichtern der Landmann, der am Morgen des Feiertags auf das Feld geht.[5] Denn die Dichter stehen unter günstiger

---

[3] SW 5/41.
[4] Vgl. die Prosafassung: *So stehen jezt unter günstiger Witterung die Dichter,* SW 2/668.
[5] Vgl. Martin Heidegger, *Erläuterungen,* S. 51: »Wie ein Landmann auf seinem Gang,

Witterung, sie stehen – nach einem späteren, viel zitierten Vers – unter Gottes Gewittern mit entblößtem Haupte, wie der Weinstock und die Bäume des Haines in der Nacht gestanden haben, aus der die kühlenden Blitze fielen.

In die nächsten Strophen geht das Gewitter-Motiv verwandelt ein. Sie sprechen von den Wettern,

> *die in der Luft, und andern*
> *Die vorbereiteter in Tiefen der Zeit,*
> *Und deutungsvoller, und vernehmlicher uns*
> *Hinwandeln zwischen Himmel und Erd und unter den*
> *Völkern* [. . .]

Das Gewitter der Natur verbindet sich mit dem historischen Gewitter, mit den Kriegen. In ihnen – es sind die Revolutions- und Koalitionskriege des ausgehenden achtzehnten Jahrhunderts – erblickt Hölderlin nichts bloß Menschliches: ihr Wirkungsraum ist nicht nur *unter den Völkern,* sondern auch *zwischen Himmel und Erd.* Zwei Gedichten, der Ode *Der Frieden* und dem Fragment *Die Völker schwiegen, schlummerten...,* kann man entnehmen, daß Hölderlin von dem Kriegsgeschehen, das er auch in der Feiertagshymne meint, wenn er vom Erwachen der Natur *mit Waffenklang* spricht, nicht bloß eine Veränderung der historisch-sozialen Verhältnisse sich versprach, sondern einen grundlegenden Wandel, eine metanoia, im Verhältnis der Menschen zum Göttlichen, ein Erwachen aus dem Schlummer jener Nacht, die die Nacht der Götterferne und der Vereinzelung ist.

Im Gewitter spricht der Gott zu den Menschen. Die Wetter sind, nach einem Wort der Hymne, das wegen der falschen Interpunktion sämtlicher Editionen meist mißverstanden wird[6],

---

froh ob der Behütung seiner Welt, in der Feldmark verweilt, *so stehn sie unter günstiger Witterung* – die Dichter.«

6 Der Punkt am Ende von v. 42, der aus den Versen 43 ff. *Des gemeinsamen Geistes Gedanken sind, / Still endend in der Seele des Dichters* einen neuen Satz macht, steht nicht in der Handschrift (vgl. SW 2/674). Die Konjektur des ersten Herausgebers haben die späteren übernommen. Daß diese Verse noch zu dem vorausgehenden Satz

des gemeinsamen, nach dem Prosaentwurf: *des göttlichen, Geistes Gedanken,* Gedanken jenes Gemeingeists, der im Gedicht *Der Archipelagus* als Gegenbild zur gottlosen Finsternis ersehnt wird[7] und den eine andere Stelle mit dem Namen des Weingotts Bacchus verbindet.[8] Wie Bacchus von Zeus und der Semele gezeugt wurde, von dem höchsten Gott und einem Menschenkind, oder wie die Sage ursprünglich wußte: vom Himmel und von der Erde, so steigt die Rebe – nach einem Vers der Empedokles-Tragödie – *getränkt / Von hoher Sonn aus dunklem Boden* und zeugt damit *von Erd und Himmel.*[9] Nicht anders läßt die fünfte Strophe der Hymne das Lied *der Sonne des Tags und warmer Erd* entwachsen, und jenen Wettern, die Hölderlin als Gedanken des göttlichen Geistes begreift und die in der Seele des Dichters still enden, daß –

Daß schnellbetroffen sie, Unendlichem
Bekannt seit langer Zeit, von Erinnerung
Erbebt, und ihr, von heilgem Stral entzündet,
Die Frucht in Liebe geboren, der Götter und Menschen Werk
Der Gesang, damit er beiden zeuge, glükt.
So fiel, wie Dichter sagen, da sie sichtbar
Den Gott zu sehen begehrte, sein Bliz auf Semeles Haus
Und die göttlichgetroffne gebahr,
Die Frucht des Gewitters, den heiligen Bacchus.

Spätestens jetzt, bei der Beschwörung des Semele-Mythos, der den Ursprung der Dichtung veranschaulichen soll, muß sich

---

gehören, daß also *des gemeinsamen Geistes Gedanken* Prädikat und nicht Subjekt ist, zeigt aber sowohl das Komma nach v. 43 als auch der Prosaentwurf: *... das Lied, das gleich der Rebe, der Erd' entwachsen ist u. ihren Flammen u. der Sonne (des) Himmels u. den Gewittern, die in der Luft u. die / Geheimnißvoller bereitet, hinwander(n)d / Zwischen Himmel u. Erd, unter den Völkern, sind, / Gedanken sind, des göttlichen Geistes, / Still endend in der Seele des Dichters* (SW 2/668 f.). Als erster hat darauf Walter Bröcker aufmerksam gemacht. Vgl. *Die Auferstehung der mythischen Welt,* S. 47, Anm. 42.

7 SW 2/110, 240.
8 Lesart zur Hymne *Der Einzige,* SW 2/753.
9 3. Fassung, SW 4/135, 371 ff.

Hölderlin die Frage aufgedrängt haben, ob der Dichter, ob er selber überhaupt imstande ist, das himmlische Feuer zu ertragen, ob nicht auch der Dichter den Preis zu zahlen hat, den die zu Asche verglühte Semele zahlte. Kein Zweifel, der spätere Hölderlin, zu dessen Erlebnis immer mehr die vernichtende Kraft des göttlichen Lichts wurde, bis es ihn, nach der Reise in die sengende Hitze des Südens, 1802, in die Umnachtung trieb, hätte ein anderes Ende zu erhoffen nicht den Mut gehabt. In der Hymne *Wie wenn am Feiertage* ... dagegen scheint er noch an die Möglichkeit zu glauben, daß der Dichter dem *himmlischen Feuer* unversehrt begegnen kann. Dafür spricht schon, daß er in der Wiedergabe des Semele-Mythos, wie sie eben zitiert wurde, jeden Ausdruck meidet, der auf den Tod der Semele hinwiese.[10] *Göttlichgetroffen* gebiert sie den Bacchus, wie die Seele des Dichters vom göttlichen Blitz *schnellbetroffen* war. Deutlicher noch spricht Hölderlins Zuversicht aus den Versen, die an die Semele-Strophe anschließen:

Und daher trinken himmlisches Feuer jezt
Die Erdensöhne ohne Gefahr.
Doch uns gebührt es, unter Gottes Gewittern,
Ihr Dichter! mit entblößtem Haupte zu stehen,
Des Vaters Stral, ihn selbst, mit eigner Hand
Zu fassen und dem Volk ins Lied
Gehüllt die himmlische Gaabe zu reichen.
Denn sind nur reinen Herzens,
Wie Kinder, wir, sind schuldlos unsere Hände,

Des Vaters Stral, der reine versengt es nicht
Und tieferschüttert, die Leiden des Stärkeren
Mitleidend, bleibt in den hochherstürzenden Stürmen
Des Gottes, wenn er nahet, das Herz doch fest.

---

10 In der Handschrift steht über *die göttlichgetroffne* als »Ansatz zu einer nicht ausgeführten Variante« (Beißner) *Asche* und *tödli(ch)* (vgl. SW 2/675). Die Änderung wurde vermutlich im Zusammenhang der fragmentarischen Schlußverse der Hymne erwogen, in denen dem Dichter sein Frevel bewußt wird. Zur Deutung dieser Verse vgl. S. 301.

Mit diesen Versen schloß die Hymne, als sie vor einem halben Jahrhundert, hundertundzehn Jahre nach ihrer Entstehung, zum ersten Mal veröffentlicht wurde: in der zweiten Auflage einer Anthologie von Gedichten der Goethezeit, deren Herausgeber Stefan George und Karl Wolfskehl waren.[11] In derselben Gestalt erschien dann das Gedicht in dem Band, der von allen Veröffentlichungen Hölderlinscher Werke die verdienstvollste und ertragreichste war: 1916, im vierten, die Spätdichtung enthaltenden Band der ersten historisch-kritischen Ausgabe, ediert – wie schon seinerzeit die Hymne in Georges Gedichtsammlung – von Norbert von Hellingrath.[12] Auch den beiden wichtigsten Deutungen der Hymne, deren eine von Martin Heidegger stammt, geht es nicht zuletzt um den Beweis, daß die

---

[11] *Deutsche Dichtung*, herausgegeben und eingeleitet von Stefan George und Karl Wolfskehl. Dritter Band: *Das Jahrhundert Goethes*. 2. Ausgabe. Berlin 1910, S. 48 f. Der Schluß lautet hier: *Und tieferschüttert, eines Gottes Leiden / Mitleidend, bleibt das ewige Herz doch fest*. Wie das Faksimile von Blatt 17 recto des Stuttgarter Foliobuches (nach S. 305) zeigt, geben diese Verse die in der Reproduktion mit a und b bezeichneten Zeilen der Handschrift in ihrem ursprünglichen Wortlaut wieder, die entsprechenden Verse der Beißnerschen Edition hingegen die Zeilen a (mit der Änderung der zweiten Vershälfte: *die Leiden des Stärkeren*), b (mit der Änderung bzw. Konjektur: *in den hochherstür[zen]den [Stürmen]*) *und c*. Daß an die Stelle des einen Verses [. . .] *bleibt das ewige Herz doch fest.* (b), mit dem das Gedicht bei Hellingrath schließt, von Beißner zwei Verse gesetzt wurden (b und c), die nicht die letzten sind und in denen nicht mehr *das ewige Herz*, sondern *das Herz* steht – eine Änderung, die ihm zu Unrecht als Eingriff in den Wortlaut der Hölderlinschen Dichtung vorgeworfen wurde, ist sie doch nur einer in den Text der bislang geltenden Editionen –, ergibt sich zwangsläufig aus der am Faksimile der Handschrift verifizierbaren Feststellung Beißners, daß nämlich der fragmentarische Schluß der Hymne nicht gestrichen, die Hymne nicht vollendet ist. Während bei einem vollendeten Gedicht spätere Varianten, welche das Gedicht wieder aufbrechen, ihren Platz in den Lesarten finden, muß die kritische Ausgabe eines Gedichts, von dem eine Reinschrift nicht vorhanden und das den überlieferten Handschriften zufolge unvollendet geblieben ist, die letzte erkennbare Stufe wiedergeben. Das Ziel Hellingraths, aus den Handschriften ein neues Gedicht Hölderlins zu bergen, war zu seiner Zeit legitim und berechtigte ihn, was der Vorstellung einer vollendeten Hymne widerstand, in den Anhang zu verweisen, Ziel einer kritischen Ausgabe kann dies aber nicht mehr sein. Darum, nur darum, heißt es bei Beißner *das Herz* (c) und nicht *das ewige Herz* (b).

[12] Hölderlin, *Sämtliche Werke*. 4. Band, besorgt durch Norbert v. Hellingrath. Gedichte 1800-1806. München und Leipzig 1916, S. 151 f.

zitierten Verse als der Schluß des Gesangs anzusehen sind.[13] Indessen hat schon Hellingrath im Anhang seiner Ausgabe einige weitere Verse abgedruckt und sie als die »immer noch nicht aufgegebne Fortsetzung« bezeichnet. Zinkernagel, der Editor einer gleichzeitig begonnenen kritischen Ausgabe, hat sodann die fragmentarischen Schlußverse aus den Lesarten in den Textteil übernommen und sie den letzten Strophen der Hymne angefügt.[14] Den Schluß bilden nun sieben Verse und der Ansatz zu einem achten, wobei das Druckbild (wie auch die Handschrift) zwischen den ersten vier jedesmal einen Zwischenraum aufweist, der darauf deutet, daß hier etwas nicht ausgeführt worden ist. Was wird in diesen Versen gesagt, daß sie immer wieder verleugnet wurden? Nach der letzten kritischen Ausgabe von Friedrich Beißner lauten sie:

Doch weh mir! wenn von

Weh mir!

Und sag ich gleich,

Ich sei genaht, die Himmlischen zu schauen,
Sie selbst, sie werfen mich tief unter die Lebenden
Den falschen Priester, ins Dunkel, daß ich
Das warnende Lied den Gelehrigen singe.
Dort[15]

---

13 M. Heidegger, *Wie wenn am Feiertage*... In: *Erläuterungen*. Vgl. Anm. 15. – E. Lachmann, *Hölderlins erste Hymne*. Vgl. auch E. Lachmann, *Hölderlins Hymnen*, S. 125: »Bau und Rhythmus erweisen das Gedicht als vollendet. Es ist kein Bruchstück.« Dazu: Fr. Beißner, *Bemerkungen*, S. 349: »Lachmann nennt diesen Text beharrlich die ›endgültige‹ Fassung. Ein Blick in die Handschrift hätte ihn überzeugen müssen, daß hier von Endgültigkeit keine Rede sein kann.« Ähnlich in den Erläuterungen, SW 2/679. Zu Lachmanns Aufsatz vgl. auch Anm. 23.
14 Hölderlin, *Sämtliche Werke und Briefe*. Kritisch-historische Ausgabe von Franz Zinkernagel, Bd. 1. Leipzig 1922, S. 320.
15 SW 2/120. Diese Verse fehlen in der »nach den urschriftlichen Entwürfen neu geprüften« Textwiedergabe Heideggers, der im übrigen zugibt, daß »das Gedicht in

Man versteht, daß die Herausgeber zunächst zögerten, diese Verse, der philologischen Wahrheit zuliebe, an den Schluß der Hymne zu setzen. Nicht nur lösen sie, mit ihren disparaten Wendungen, mit dem vereinzelten *Dort* der letzten Zeile, die geschlossene Kunstgestalt der Hymne auf. Sie bedeuten den Einbruch der Verzweiflung in jene Zuversicht, die den Dichter mit entblößtem Haupte unter Gottes Gewitter stellt, ohne den Leser die Gründe dieser Peripetie ahnen, geschweige denn sie nachvollziehen zu lassen. Und doch sind die Verse weit davon entfernt, unverständlich zu sein. Denn was in den Zwischenräumen fehlt, findet sich in dem Prosaentwurf zur Hymne. Sowenig man die fragmentarischen Schlußverse aus diesem ersten Entwurf ergänzen darf, sowenig sollte man darauf verzichten, mit Hilfe des Prosaentwurfs nach dem ursprünglichen Gedankengang zu fragen, sowie danach, warum bei der metrischen Ausführung die Übernahme auf Hemmnisse stieß, an denen die Vollendung der Hymne dann scheiterte. So ist zunächst nach dem Sinn des Prosaentwurfs zu fragen.

Der letzte Teil, entsprechend den eben zitierten Versen der Hymne, lautet:

Denn sind wir reinen Herzens nur, den Kindern gleich sind schuldlos oder gereiniget von Freveln unsere Hände, dann tödtet dann verzehret nicht das heilige und tieferschüttert bleibt das innere Herz doch fest, mitleidend die Leiden des Lebens, den göttlichen Zorn der Natur, u. ihre Wonnen, die

---

mannigfacher Hinsicht unvollendet [ist]. Die Gestaltung des Schlusses zumal, für die Hölderlin selbst sich einst entschieden hätte, bleibt unbestimmbar.« Aber Heidegger fährt rätselhaft fort: »... alle Unvollendung ist hier nur die Folge des Überflusses, der aus dem innersten Anfang des Gedichtes quillt und das bündige Schlußwort verlangt.« Diese Unterdrückung der »zerbrechenden Schlußstrophe« hat Walter Muschg als »plumpe Fälschung« bezeichnet. (*Zerschwatzte Dichtung*. In: *Die Zerstörung der deutschen Literatur*. 1956, 3. Aufl. Bern 1958, S. 217 f.) Wenn freilich Muschg behauptet, die Hymne *Wie wenn am Feiertage* ... stehe »am Eingang von Hölderlins Umnachtung«, so scheint auch er den Fehler zu begehen, den er Heidegger ankreidet: er gleicht die Fakten (die Hymne entstand um 1800, die ersten Zeichen der Krankheit traten 1802 auf) seiner Interpretation der Schlußstrophe an: »Hölderlin erschauert vor dem Wahnsinn als der Strafe der Götter«.

der Gedanke nicht kennt. Aber wenn von selbgeschlagener Wunde das Herz mir blutet, und tiefverloren der Frieden ist, u. freibescheidenes Genügen, Und die Unruh, und der Mangel mich treibt zum Überflusse des Göttertisches, wenn rings um mich

und sag ich gleich, ich wäre genaht, die Himmli⟨schen zu⟩ schauen, sie selbst sie werfen mich | tief unter die Lebenden alle, | den falschen Priester hinab, daß ich, aus Nächten herauf, | das warnend ängstige Lied | den Unerfahrenen singe.[16]

Der erste Satz führt aus, warum der Dichter, der im Gegensatz zu den übrigen Menschen das Göttliche unvermittelt, nicht gemildert durch die Verhüllung ins Wort, ertragen soll, warum er und wann er diese Prüfung bestehen kann. Das Gewittergleichnis bleibt auch hier bewahrt. *Das heilige,* wovon der Dichter nicht getötet wird, heißt in der metrischen Fassung *des Vaters Stral*: es ist der Blitz. Das Herz des Dichters, das sich diesem Strahl öffnet, wird *tieferschüttert*. In der Erschütterung leidet das Herz *die Leiden des Lebens* mit, *den göttlichen Zorn der Natur, u. ihre Wonnen*. Diese Ausdrücke des Prosaentwurfs zeigen, daß unter dem, was in der metrischen Fassung änigmatisch zuerst *eines Gottes Leiden,* dann *die Leiden des Stärkeren* heißt, kein Leiden im menschlichen Sinn verstanden werden darf. Und so ist auch das Mitleiden nicht als Mitleid-Haben zu deuten, sondern als Mitvollzug der Erschütterung, die in Gottes zornigem Nahen das Weltall wecken und zu neuer Göttergegenwart führen soll. Verlangt wird eine Offenheit, eine Empfänglichkeit, die vom eigenen Ich absieht. Nichts anderes meinen die Zeilen, die vom reinen Herzen, von den schuldlosen oder von Freveln gereinigten Händen sprechen. Rein, schuldlos ist das Kind, weil es sich nicht auf sich selbst bezieht, weil es sich noch nicht, als in sich erstarrtes Ich, aus dem kosmischgöttlichen Zusammenhang ausgeschlossen hat. Das aber ist der

---

16 SW 2/669 f. Die Versabteilungsstriche stammen von Hölderlin.

Frevel des Menschen. Im Gedicht *Der Archipelagus* folgt auf die Beschwörung des Einen Geistes, der allen gemein wäre, die elegische Klage:

> *Aber weh! es wandelt in Nacht, es wohnt, wie im Orkus,*
> *Ohne Göttliches unser Geschlecht. Ans eigene Treiben*
> *Sind sie geschmiedet allein, und sich in der tosenden Werkstatt*
> *Höret jeglicher nur* [. . .]¹⁷

Das Mitleiden der Leiden des Lebens ist der genaue Gegensatz der Haltung, in der man nur sich selber hört. Was nach Hölderlins Auffassung den Dichter befähigt, Gottes Gewitter zu überstehen, ist der Umstand, daß er nicht *ans eigene Treiben geschmiedet* ist, sondern dem kosmischen Geschehen offensteht; daß er nicht sich hört, sondern den Donner, in dem der Gott zu ihm spricht.

Doch kaum ist dieses Wunschbild entworfen, überkommen den Dichter die Zweifel. *Aber wenn . . .*, beginnt der nächste Satz des Prosaentwurfs, und dieses *wenn* meint wohl keine bloß erdachte Möglichkeit, es ist aus realer Erfahrung geschöpft. *Weh mir!* heißt es schon im Prosaentwurf zunächst, das Klagewort wird dann gestrichen und ein sachlicherer Ton versucht. Aber der Ausruf kehrt hartnäckig wieder in dem Zwischenraum vor *und sag ich gleich*, wird aufs neue gestrichen und dann in der metrischen Ausführung wiederaufgenommen. Auch damit ist sein Schicksal noch nicht zu Ende, denn er geht in das Gedicht ein, das aus dem fragmentarischen Schluß der Hymne entsteht. Nachdem das *weh mir!* gestrichen worden ist, lautet der Anfang des zweiten Satzes im Prosaentwurf: *Aber wenn von selbgeschlagener Wunde das Herz mir blutet.* Zunächst hieß es: *Aber wenn von anderem Pfeile das Herz mir blutet.* Die beiden Ausdrücke sind in der Forschung kaum je beachtet worden. Das ist um so merkwürdiger, als die metrische Ausführung an ebendieser Stelle zum ersten Mal abbricht und es sich eigentlich hier schon entscheidet, daß die Hymne mit diesem

---

17 SW 2/110.

Gedankengang nicht abzuschließen ist. Wie sind die Ausdrücke zu verstehen? Die Deutung wurde im Grund schon vorweggenommen, als bei der Interpretation der vorausgehenden Zeilen auf jene Stelle des *Archipelagus* verwiesen wurde, nach der die in der Götterferne lebenden Menschen, ans eigene Treiben geschmiedet, nur sich selber hören. Von anderem Pfeile blutet das Herz – von welchem anderen? Und von welchem darf, ja soll der Dichter getroffen werden? Die Hymne hat es schon gesagt: vom Blitz, vom himmlischen Feuer. Das Wort *Pfeil* findet sich in Hölderlins Dichtung der entscheidenden Jahre von 1800 bis zum Zusammenbruch viermal.[18] Dreimal bezeichnet es die Strahlen der Sonne oder den Blitz, in einer Lesart zu *Lebenslauf* ersetzt es geradezu das zunächst geschriebene Wort *Bliz*. Die vierte Stelle aber ist die, in der vom *anderen* Pfeil die Rede ist. Sie wird korrigiert in *von selbgeschlagener Wunde*. Die Änderung opfert den Zusammenhang mit dem Gewitter der Verdeutlichung dessen, was das *andere* ist. Der *andere Pfeil* kommt nicht vom Gott, sondern vom Menschen selbst: die Wunde hat sich der Mensch selber geschlagen. An die Stelle des Mitleidens der Leiden des stärkeren Gottes, der dennoch der Menschen bedarf[19], tritt das Leiden an sich selber, an der eigenen Schwäche.

Nicht dies indessen wird dem Dichter zum Untergang. Vermessenheit ist erst, wenn der Dichter, der an Eigenem leidet, dem das Eigene, das ihm Beschiedene, nicht genügt, sich an die Götter wendet, wenn ihn – nach den Worten des Prosaentwurfs – *der Mangel treibt zum Überflusse des Göttertisches*. Man wird hier an Tantalos erinnert und zugleich daran, daß in jenem Brief an Böhlendorff auf den Satz, der vom Blitz spricht, das Geständnis folgt: *Sonst konnt' ich jauchzen über eine neue Wahrheit, eine bessere Ansicht deß, das über uns und um uns ist, jetzt fürcht' ich, daß es mir nicht geh' am Ende, wie dem alten*

---

18 SW 2/141; 2/426; 2/671; 2/782. Vgl. B. Böschenstein, *Konkordanz*, S. 60.
19 Vgl. *Der Rhein:* ... *bedürfen / Die Himmlischen eines Dings, / So sinds Heroën und Menschen / Und Sterbliche sonst. Denn weil / Die Seeligsten nichts fühlen von selbst, / Muß wohl, wenn solches zu sagen / Erlaubt ist, in der Götter Nahmen / Theilnehmend fühlen ein Andrer, / Den brauchen sie* (SW 2/145).

Tantalus, dem mehr von Göttern ward, als er verdauen konnte.[20] Trotz dieser Analogie darf nicht übersehen werden, daß die beiden Stellen verschiedene Voraussetzungen haben. Der Brief, etwa zwei Jahre nach der Feiertagshymne geschrieben, denkt an kein Vergehen, an keinen Frevel; der Tantalos-Mythos steht bloß für den vernichtenden Überfluß. Es wird hier bereits jenes Unheil geahnt, das Hölderlin nach der Südfrankreichreise in die Worte faßt: *wie man Helden nachspricht, kann ich wohl sagen, daß mich Apollo geschlagen.*[21] Die Hymne sieht das Drohende anders. Sie entstammt der Zuversicht, daß der Dichter sich dem himmlischen Feuer auszusetzen vermag – einer Zuversicht, die dem späteren Hölderlin fremd ist.[22] Der Gefahr ist er sich aber auch hier bewußt, nur wird sie persönlich motiviert: mit dem Vergehen des Dichters, der den Himmlischen nicht als Dienender naht, sondern vom eigenen *Mangel* getrieben. Im Gegensatz zum Böhlendorff-Brief ist in der Hymne vom *Überfluß des Göttertisches* die Rede, nicht weil ihm der Mensch nicht gewachsen wäre, sondern weil er den Menschen, der am Eigenen nicht Genüge hat, in jene Begegnung hinauslockt, die er nur um der Götter willen, nicht des eigenen Mangels wegen suchen dürfte, als Dienender nur, nicht als Leidender. Gegen dieses Gesetz versündigt sich der Dichter, wenn ihn eine *selbgeschlagene Wunde* zum Göttertisch treibt: er ist dann – mit den letzten Worten des Prosaentwurfs – ein *falscher Priester* und wird zurückgestoßen ins Dunkel der Nacht, daß er *das warnend ängstige Lied den Unerfahrenen singe*.

Man steht damit am Ende des Gedankengangs, der dem Prosaentwurf entnommen werden kann, und zugleich vor der Frage, ob diese Gedanken auch für die fragmentarischen Schlußverse anzusetzen sind oder ob sich die metrische Fassung so weit vom Prosaentwurf entfernt, daß er gar nicht mehr als ihr Ausgangspunkt gelten darf. Warum ist die metrische Ausführung in den

---

20 SW 6/427.
21 SW 6/432.
22 Vgl. Beda Allemann, *Hölderlin und Heidegger*. Unsere Interpretation der Schlußverse weicht von der Allemanns ab. (Vgl. dort S. 26).

Schlußversen lückenhaft geblieben – besagt es, daß sie auf ganz anderen gedanklichen Voraussetzungen beruht oder daß sich ihr die Gedanken des Prosaentwurfs selbst in den Weg gestellt haben?

Aus dem Vergleich der beiden Fassungen ergeben sich zunächst folgende Änderungen: Bei der metrischen Ausführung fällt nach *schuldlos* weg: *oder gereiniget von Freveln*; an die Stelle von *dann tödtet dann verzehret* tritt das Verb *versengt*; *des Vaters Stral* ersetzt das ursprünglich geschriebene Wort *das heilige*; aus der Wendung *mitleidend die Leiden des Lebens, den göttlichen Zorn der Natur, u. ihre Wonnen, die der Gedanke nicht kennt* wird: *die Leiden des Stärkeren / Mitleidend [...] in den hochherstürzenden Stürmen / Des Gottes*. Weder diese Modifikationen noch die Übergangsstufen, wie sie den Lesarten der metrischen Fassung zu entnehmen sind, deuten auf einen grundlegenden Wandel zwischen den beiden Fassungen, auf einen Wandel, der – wie man gemeint hat – die Übernahme der letzten Sätze des Prosaentwurfs in die Hymne verboten hätte.[23] Der weitere Vergleich ergibt, daß die metrische Fassung an der Stelle abbricht, die im Prosaentwurf die mögliche Verschuldung des Dichters motiviert. Zweimal setzt sie mit dem Klagewort *weh mir!* an, aber weder wird der Text aus dem Prosaentwurf übernommen, noch wird etwas anderes an seine Stelle gesetzt.

---

23 Für E. Lachmann (*Hölderlins erste Hymne*, S. 233 ff.), der einen solchen Wandel annimmt, scheint nach der Einfügung der im Prosaentwurf nicht vorgebildeten dritten Strophe *(Jezt aber tagts!)* für die Gedanken des fragmentarischen Schlußverse kein Raum zu sein. »Nach der freiwilligen Herabkunft des göttlichen Strahls, nach dem ›Erwachen der göttlich schönen Natur‹ hat ein Frevel gegen den göttlichen Willen keine Gelegenheit mehr« (S. 236), wobei der Frevel darin bestehen soll, daß der Dichter dem »Göttlichen allzu gierig, zur Unzeit« naht. Aber erstens wird in der Hymne nicht gesagt, daß der Dichter den Göttern »zur Unzeit« nahen könnte – dieser, auch von Beißner (*Bemerkungen*, S. 351) vertretenen, Deutung widersprechen die Ausdrücke *von anderem Pfeile* und *von selbgeschlagener Wunde* –, zum andern findet sich der Grundgedanke der dritten Strophe bereits im Prosaentwurf: *eine neue Sonne scheinet über uns, es blühet anders denn zuvor der Frühling*, SW 2/668. An die Stelle dieser Zeilen tritt in der metrischen Ausführung die dritte Strophe, deren Tageszeitmetaphorik die Jahreszeitmetaphorik des Prosaentwurfs ablöst. Lachmanns Gegenargument, in der zitierten Stelle des Prosaentwurfs sei, anders als in der dritten Strophe, »nicht ein neuer Weltaugenblick gemeint« (S. 233), leuchtet nicht ein.

Es ist, als habe der Wortlaut der Prosafassung Hölderlin nicht mehr befriedigt, ohne daß er eine andere Lösung gefunden hätte. So ließ er zunächst einen größeren Raum leer, einen der Zwischenräume, die jetzt noch den Schluß der Hymne zerklüften, und schrieb mit wenigen Änderungen den Schluß des Prosaentwurfs in Versform aufs Blatt. Vielleicht zeugt es von seinem verzweifelten Versuch, einen Widerstand zu überwinden, daß er über den Wortlaut des Prosaentwurfs hinaus, der mit dem Satz *daß ich, aus Nächten herauf, das warnend ängstige Lied den Unerfahrenen singe* abgeschlossen scheint, in der metrischen Fassung fortfahren wollte. Hier fängt ein neuer Satz mit dem Wort *Dort* an – als hätte Hölderlin gehofft, den Zustand der Bestrafung eher wiedergeben zu können als den des Frevels, des falschen Priestertums. Doch auch dieser Neuansatz führte nicht weiter, und was auf dem Blatt zu den wenigen Schlußentwürfen der Feiertagshymne nun hinzukommt, gehört gar nicht mehr zu ihr, geht über sie hinaus zu zwei anderen Entwürfen, deren einer das Gedicht *Hälfte des Lebens* vorbereitet.

Man könnte mit dieser Feststellung die Analyse der letzten Fragmente der Feiertagshymne abbrechen und sich der Ansicht eines Interpreten anschließen, daß von dem Augenblick an, da ein Teil der letzten Verse, die im Entwurf den Schluß der Hymne bildeten, von Hölderlin zu einem anderen Gedicht verwandt worden ist, man nicht mehr von einer immer noch nicht aufgegebenen Fortsetzung des Entwurfs sprechen darf.[24] Aber erstens bedeutet das nicht, daß die Hymne nun mit dem Vers *bleibt* [...] *das Herz doch fest* zum Abschluß gekommen ist, zum andern wäre es dem dichterischen Vorgang angemessener, statt einer gleichsam technizistischen Betrachtungsweise, deren Kriterium die Materialverwendung ist, entstehungsgeschichtlich zu untersuchen, ob das Gedicht, das aus der unvollendeten Hymne hervorwächst und das seinerseits vollendet wird, nicht ein Licht wirft auf die Frage, warum die Hymne selbst nicht hat abgeschlossen werden können.

24 E. Lachmann, *Hölderlins erste Hymne*, S. 250.

Blatt 17 recto des Stuttgarter Foliobuchs. Vgl. Anm. 11

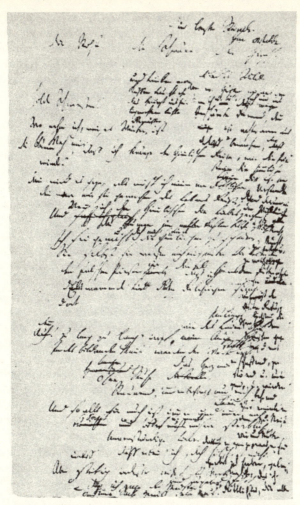

Blatt 17 verso des Stuttgarter Foliobuchs. Oben die Schlußverse der Hymne *Wie wenn am Feiertage*... und die beiden Entwürfe zu *Hälfte des Lebens* (vgl. die Beschreibung im Text). Unten ein Entwurf zur Ode *An die Deutschen* (v. 13-24), rechts in ganzer Höhe das Prosafragment *Im Walde*, dessen Schluß [*die aller*]*haltende Liebe*, auf Blatt 18 recto steht. Die Handschrift befindet sich in der Württembergischen Landesbibliothek Stuttgart.

Diese Genesis ist auf Grund der Handschrift – es ist das Blatt 17 verso des Stuttgarter Foliobuchs (vgl. die Abbildung) – zu rekonstruieren, die Friedrich Beißner folgendermaßen erläutert hat: »Zuerst wird der Entwurf zu dem Schluß des Gedichts *Wie wenn am Feiertage* ... auf die Seite geschrieben: etwa 10 cm unter dem oberen Rand: *Weh mir!* – 5 cm tiefer: *Und sag ich gleich,* – wieder 2 cm tiefer: *Ich sei genaht, die Himmlischen zu schauen* usw. Dann werden, nachdem die Vollendung des Entwurfs aufgegeben ist, mit spitzerer Feder und in lässigerem Duktus am oberen Rand drei Überschriften nebeneinander gesetzt: *Die Rose Die Schwäne. Der Hirsch.* Unter die erste wird, offenbar gleichzeitig, geschrieben: *holde Schwester!* Dieser Entwurf wird später weitergeführt, mit breiterer Feder wieder und in strafferem Duktus, indem um *Weh mir!* herum und darunter (so daß die Zeile *Und sag ich gleich,* überwuchert wird und gestrichen werden muß) ein Gedanke festgehalten wird, auf den die unmittelbar darunter niedergeschriebenen Schlußzeilen des Entwurfs *Wie wenn am Feiertage* ... sichtlich einwirken: *Wo nehm ich, wenn es Winter ist / die Blumen, daß ich Kränze den Himmlischen / winde? / Dann wird es seyn, als wüßt ich nimmer von Göttlichen, / Denn* (1) *wenn* (2) *von mir sei gewichen des Lebens Geist; / Wenn ich den Himmlischen die Liebeszeichen / Die Blumen im [nakten] kahlen Felde suche / u. dich nicht finde.* (Die Rose ist angeredet.) In der mittleren ›Spalte‹ der Seite, unter der Überschrift *Die Schwäne.*, steht, abermals später geschrieben, mit sperriger Feder und dunklerer Tinte: *und trunken von / Küssen taucht ihr / das Haupt ins hei- / lignüchterne kühle / Gewässer.* Als Überschrift der solchermaßen zu einem Gedicht zusammenschießenden Motive wird zuerst erwogen: *Die lezte Stunde.*«[25]

Dieses Gedicht, später *Hälfte des Lebens* überschrieben, lautet:

Mit gelben Birnen hänget
Und voll mit wilden Rosen
Das Land in den See,

25 SW 2/663 f.

Ihr holden Schwäne,
Und trunken von Küssen
Tunkt ihr das Haupt
Ins heilignüchterne Wasser.

Weh mir, wo nehm' ich, wenn
Es Winter ist, die Blumen, und wo
Den Sonnenschein,
Und Schatten der Erde?
Die Mauern stehn
Sprachlos und kalt, im Winde
Klirren die Fahnen.

In Bild und Gegenbild sprechen die beiden Strophen die Verfassung des Dichters aus, der sie entstammen. Es ist das Gefühl von Finsternis, von Götterferne, von Liebelosigkeit; die Erfahrung der Vereinzelung, deren Ausdruck das Fehlen der Sprache, deren Bild das Fehlen des Schattens ist, der zwischen Sonne und Erde vermittelte. Die ersehnte Vermittlung ist in der ersten Strophe, als ein Bild, fremde Wirklichkeit. Das Land und die Schwäne verbinden sich dem Wasser, *trunken von Küssen* die einen, *heilignüchtern* das andere: Liebe und Religion, deren beider Wesen die Vereinigung ist, werden mit sehnendem Blick als Natur in eins gesehen. Die Verfassung des Dichters, dem so das Versöhnte ein Fremdes ist, an dem er nicht teilhat, ist keine andere, als die der Prosaentwurf zur Feiertagshymne bezeugt: *wenn von selbgeschlagener Wunde das Herz mir blutet, und tiefverloren der Frieden ist.* Von diesem Satz, mit dem der Dichter bei der metrischen Ausführung gleichsam nicht fertig geworden, an dem die Hymne gescheitert ist, führt ein gerader Weg zur zweiten Strophe von *Hälfte des Lebens*. Und was auf diesem Weg geändert, worauf verzichtet wird, läßt erkennen, warum die Feiertagshymne nicht hat vollendet werden können. Es ist der Bezug zum Göttlichen, der nun geopfert wird.

In der Hymne treibt die Unruh und der Mangel den an selbstgeschlagener Wunde leidenden Dichter zum Überfluß des Göttertisches und macht ihn zum falschen Priester. Das Gedicht

Hälfte des Lebens verrät, daß die Verschuldung nicht bloß eine Gefahr ist, wie es der Prosaentwurf wahrhaben will, sondern die reale Verfassung, aus der Hölderlin die Hymne dichtet.[26] Ist diese Annahme richtig, so folgt daraus, daß Hölderlin bei der metrischen Ausführung gescheitert ist, weil er die Wahrhaftigkeit der Verse steigern, das bislang als Möglichkeit Ausgegebene als Wirklichkeit bekennen sollte. Damit sprach er aber seiner Hinwendung zum Göttlichen, die im hymnischen Gedicht selbst Wirklichkeit geworden wäre, das Urteil. Die Hymne *Wie wenn am Feiertage . . .*, die die Stellung des Dichters zur Sphäre der Götter[27] bestimmen will, steht in ihren fragmentarischen Schlußversen an dem Abgrund, wo sie sich selber verbieten, sich selber aufheben muß. Denn die Begegnung des Dichters mit den Himmlischen, ihr Preisen im Lied, wird zum Frevel, wenn das Herz des Dichters von selbstgeschlagener Wunde blutet.

Das bestätigen die Verse, die zwischen der Hymne und dem Gedicht *Hälfte des Lebens* den Übergang bilden:

> *Wo nehm ich, wenn es Winter ist*
> *Die Blumen, daß ich Kränze den Himmlischen winde?*
> *Dann wird es seyn, als wüßt ich nimmer von Göttlichen,*
> *Denn (1) wenn (2) von mir sei gewichen des Lebens Geist;*
> *Wenn ich den Himmlischen die Liebeszeichen*
> *Die Blumen im [nakten] kahlen Felde suche u. dich nicht*
> *finde.*[28]

Gegenüber dem Prosaentwurf der Hymne wird hier eine Begegnung mit dem Göttlichen nicht mehr erhofft. Aber noch wird der Mangel, der zum Verzicht zwingt, noch wird die Unmöglichkeit des Hymnischen beklagt, deren Bild das Fehlen der Blumen ist, aus denen Kränze zu winden wären zu Ehren

---

26 Die aus der Hymne übernommene Irrealität des *Weh mir!* [. . .] *wenn* enthüllen die Schlußverse des Gedichts als Realität.

27 Vgl. die Randbemerkung vor den Versen 63-66: *Die Sphäre die höher ist, als die des Menschen diese ist der Gott*, SW 2/675.

28 Vgl. S. 308.

der Himmlischen. Und als wäre selbst diese Nennung der Götter Frevel, übernimmt Hölderlin in das Gedicht selbst nur die Worte *Weh mir, wo nehm' ich, wenn / Es Winter ist, die Blumen,* die Bestimmung (*daß ich Kränze den Himmlischen winde*) wird verschwiegen, die göttliche Sphäre ausgespart. Nur in der seligen Verbundenheit, wie sie die erste Strophe beschwört, ist sie im Bild der Natur da.

Was die Betrachtung der Worte *von anderem Pfeile* und *von selbgeschlagener Wunde* sowie der Entwürfe zur metrischen Ausführung und zum Gedicht *Hälfte des Lebens* als Hypothese nahelegt, gewinnt an Evidenz dank einem anderen Gedicht, das mit dem Weg, der von der Hymne zu *Hälfte des Lebens* führt, aufs engste zusammenzuhängen scheint. Seine erste Fassung, *Elegie* überschrieben, ist wahrscheinlich im Herbst 1799 entstanden, etwa gleichzeitig also mit dem Entwurf zur Feiertagshymne. Den biographischen Hintergrund der Elegie nennt der spätere Titel: *Menons Klagen um Diotima.* Es ist Hölderlins Klage um die verlorene Geliebte Susette Gontard.
In der ersten Strophe vergleicht sich der Dichter dem getroffenen Wild, das in die Wälder flieht,

> *Aber nimmer erquikt sein grünes Lager das Herz ihm,*
> *Jammernd und schlummerlos treibt es der Stachel umher.*

Das erinnert an das Verwundetsein des Dichters *von anderem Pfeile,* wie der Vergleich mit dem Wild auf die Überschrift *Der Hirsch* verweist.
Die vierte Strophe wendet den Blick elegisch zurück auf das einstige Glück mit Diotima:

> *Aber wir, zufrieden gesellt, wie die liebenden Schwäne,*
> *Wenn sie ruhen am See, oder, auf Wellen gewiegt,*
> *Niedersehn in die Wasser, wo silberne Wolken sich spiegeln,*

– es ist das Bild aus *Hälfte des Lebens.* Dann wird des Nordwinds gedacht, der *der Liebenden Feind* sei: dieselbe Feindse-

ligkeit gestalten die zwei antithetischen Strophen, deren Schlußvers lautet: *im Winde / Klirren die Fahnen.*
Die fünfte Strophe der Elegie beginnt mit den Versen:

> *Feiern möcht' ich; aber wofür? und singen mit Andern,*
>   *Aber so einsam fehlt jegliches Göttliche mir.*
> *Diß ist's, diß mein Gebrechen*

– es ist der Mangel, von dem die Zeilen, die von der Hymne zu *Hälfte des Lebens* überleiten, sagen: *Dann wird es seyn, als wüßt ich nimmer von Göttlichen.*
Die nächste Strophe gedenkt wiederum elegisch der Zeit, da die Menschen mit den Göttern zusammen saßen *an seeligem Tisch'* – der Prosaentwurf der Hymne sprach vom *Überflusse des Göttertisches,* zu dem den Dichter der Mangel und die Unruh treiben.
Am Schluß der Elegie erfolgt dann der Umschlag aus Verzweiflung in Hoffnung, aus Klage in Preis; der Versuch gleichsam der Elegie, sich selber zum Hymnischen hin zu überwinden:

> *Komm! es war, wie ein Traum! die blutenden Fittige sind ja*
>   *Schon genesen, verjüngt wachen die Hoffnungen all.*
> *Dien' im Orkus, wem es gefällt! wir, welche die stille*
>   *Liebe bildete, wir suchen zu Göttern die Bahn.*
>   (1. Fassung)[29]

Karl Viëtors Aufsatz über *Menons Klagen um Diotima* schließt mit den Sätzen: »Im Mittlertum und Sehertum der Spätdichtung verklingt Hölderlins Liebesklage. Die Entrückungs-Sehnsucht und der Erlösungs-Chiliasmus der Menon-Elegie münden in

---

29 Statt *wir, welche die stille / Liebe bildete, wir suchen zu Göttern die Bahn* heißt es später: *und wer so / Liebte, gehet, er muß, gehet zu Göttern die Bahn.* Die zweite Fassung, indem sie thematisch die Intention ihrer Verwirklichung näher rückt (*gehen* statt *suchen*), formal aber, in der »harten Fügung« Zweifel und Gefährdung bezeugt, bereitet den hymnischen Spätstil vor. Dessen Genesis, wie sie die Gedichte *Wie wenn am Feiertage* ... und *Hälfte des Lebens* deutlich machen, läßt sich hier im Kleinsten, in der Umarbeitung eines einzigen Satzes fassen.

das Pathos dessen, der seine Person hingegeben hat an den göttlichen Auftrag.«[30] Genau diesen Übergang erhellt der Zusammenhang, der zwischen der Feiertagshymne, der Elegie und dem Gedicht *Hälfte des Lebens* besteht. Das Licht, das von der Hymne darauf fällt, enthüllt ihn freilich nicht so sehr als »Verklingen«; der elegische Geist »mündet« nicht einfach in die Hymnendichtung. Vielmehr zeigt der Weg zu den Göttern, den sich die Elegie in ihrer Schlußstrophe vorschreibt, jenseits des Elegischen, sobald er im hymnischen Bereich wirklich begangen werden soll, seine Schwierigkeiten und Gefahren. Nur der darf ihn – nach der Einsicht des Prosaentwurfs – wagen, dessen Wunde genesen, dem das eigene Leiden zum Traum geworden ist. Das Elegische mündet also nicht eigentlich ins Hymnische, ein qualitativer Sprung trennt die beiden Formen: der von der Erlebnislyrik zum selbstlosen Preis der Götter. Wer aber das Hymnische betritt, ohne das Elegische ganz abgestreift zu haben, erscheint Hölderlin als *falscher Priester*. Und offenbar hat er am Ende der Feiertagshymne erkannt, daß er selber noch dem Elegischen verhaftet war, ans eigene Leid gebunden; daß die Wunde, die ihm der andere Pfeil geschlagen hatte, noch nicht genesen war. Denn der Zusammenhang zwischen dem Hymnenschluß und der Elegie läßt keinen Zweifel darüber, daß die selbstgeschlagene Wunde des Dichters vom Verlust der Geliebten, vom Verlust Diotimas stammt.

Es ist dieses Moment persönlichen Leids, das aus dem hymnischen Raum, der den Dichter nur als *Dienenden*[31] kennt, verbannt ist. Daß Hölderlin, als er die Feiertagshymne zu schreiben unternahm, sich davon noch nicht ganz befreit hatte, geht daraus hervor, daß es dem hymnischen Ich am Ende ins Wort fällt und sein Recht verlangt. Daran scheiterte die Vollendung der Hymne. Aus ihren fragmentarischen Schlußversen aber entstand das Gedicht, in dem wie in keinem zweiten dem persönlichen Leid sein Recht wurde.[32] Erst nach diesem Schei-

---

30 Karl Viëtor, *Liebeselegie*, S. 291.
31 *An die Madonna*, SW 2/211, 8.
32 Die Frage, wann das Gedicht *Hälfte des Lebens* vollendet wurde, soll damit nicht beantwortet werden.

tern, einem Scheitern, das zugleich Erkenntnis und Läuterung gewesen sein mag, konnte Hölderlins eigentliche Hymnendichtung, sein Spätwerk, beginnen. Sie ist nicht weniger persönlich als die Oden und Elegien, aber das Ich, dessen Stimme sie trägt, kennt einen anderen Pfeil als den des Gottes nicht mehr.

Er selbst, der Fürst des Fests
Die Hymne *Friedensfeier*

Am 9. Februar 1801 schlossen Frankreich und Österreich in Lunéville Frieden; der zweite Koalitionskrieg war zu Ende, das linke Rheinufer an Napoleon abgetreten. Ist es dieser Friede, den Hölderlin im Eingang eines Hymnenentwurfs besingt:

> *Versöhnender der du nimmergeglaubt*
> *Nun da bist, Freundesgestalt mir*
> *Annimmst Unsterblicher, aber wohl*
> *Erkenn ich   das Hohe*
> *Das mir die Knie beugt,*
> *Und fast wie ein Blinder muß ich*
> *Dich, himmlischer fragen wozu du mir,*
> *Woher du seiest, seeliger Friede!*[1] –

ist es Lunéville, dessen die Verse der erst 1954 aufgefundenen letzten Fassung dieser Hymne gedenken:

> *. . . vor der Thüre des Haußes*
> *Sizt Mutter und Kind,*
> *Und schauet den Frieden*
> *Und wenige scheinen zu sterben*
> *Es hält ein Ahnen die Seele,*
> *Vom goldnen Lichte gesendet,*
> *Hält ein Versprechen die Ältesten auf.*[2] ?

Die Kluft zwischen der historischen und der poetischen Wirklichkeit scheint unüberbrückbar. So greift man nach den Briefen, die Hölderlin unmittelbar vor dem Ereignis und kurz danach geschrieben hat. Vom 23. Februar, aus Hauptwil in der Schweiz, sind die Zeilen an die Schwester datiert:

---

1 SW 2/130.
2 SW 3/537, 123 ff.

Ich schreibe Dir und den lieben Unsrigen an dem Tage, da unter uns hier alles voll ist von der Nachricht des ausgemachten Friedens, und, da Du mich kennest, brauche ich Dir nicht zu sagen wie mir dabei zu Muth ist. Ich konnte auch diesen Morgen, da der würdige Hausvater mich damit begrüßte, wenig dabei sagen. Aber das helle Himmelblau und die reine Sonne über den nahen Alpen waren meinen Augen in diesem Augenblike um so lieber, weil ich sonst nicht hätte gewußt, wohin ich sie richten sollte in meiner Freude.
Ich glaube, es wird nun recht gut werden in der Welt.[3]

Wenige Wochen zuvor, bei der Abreise aus der Heimat, schrieb Hölderlin an den Bruder:

... nimm zum Abschiede die stille, aber unaussprechliche Freude meines Herzens in Dein Herz – und laß sie dauern, bis sie nicht mehr so die einsame Freude von Freund und Bruder ist – Du fragst mich welche?
Diese, theure Seele! daß unsere Zeit nahe ist, daß uns der Friede, der jezt im Werden ist, gerade das bringen wird, was er und nur er bringen konnte; denn er wird vieles bringen, was viele hoffen, aber er wird auch bringen, was wenige ahnden.[4]

Kein Zweifel, der Friede, von dem hier gesprochen wird, ist der Friede Napoleons und in eins damit der Friede, den die Hymne feiert. Aber die Kluft bleibt dennoch unüberbrückt. Statt die dichterische Vision zu erklären, statt sie auf historische Fakten zurückzuführen, verweisen die Briefe nur auf die Dichtung selber. Denn was Hölderlins Überzeugung zufolge der Friede bringen wird und was nur wenige ahnen, das wird einzig in dem Gedicht Ereignis, und die Ahnung selber, die utopische Erwartung, nahm er in den zitierten Versen 127 f. in sie auf. Mit diesen Versen wird in dem Schlußteil der Hymne das von der Dichtung selbst, durch ihre Beschwörungskraft nämlich, in die

3 SW 6/413.
4 SW 6/407.

Wirklichkeit gehobene Geschehen seiner Irrealität, seiner Zukünftigkeit zurückgegeben. Dieses Geschehen soll ein Versprechen bleiben, denn zu viel liegt dem Dichter an dessen Erfüllung, als daß er sich die Macht anmaßen wollte, es als erfüllt hinzustellen.

Indessen kennzeichnet Irrealität, Noch-nicht-Realität, in ungleichem Maß die beiden Momente, die zu dem in der Hymne ersehnten und doch schon besungenen Ereignis der Friedensfeier sich vereinigen sollen und aus denen die Hymne selbst nach strengem Baugesetz gefügt ist. Aus vier Strophentriaden, *Parthien*[5], ist das Gedicht komponiert, musikalisch gesprochen: aus der Exposition zweier Themen, sowie aus der Durchführung und der Reprise – einer Reprise freilich im Sinne nicht der Wiederholung, sondern der Zurücknahme. Hinter den beiden geschichtsphilosophischen Welten, der griechischen (1) und der christlichen (2), deren Versöhnung (3) erstrebt wird, zeigt sich der Grund von Geschichte selbst, die beiden Gestalten von Vater (1) und Sohn (2) scheinen schließlich zurückgenommen in den Schoß der Mutter Natur (4). Damit sind bereits die beiden Themen (1, 2) genannt, sowie das Ziel der Durchführung (3) und auch das Zeichen, in dem die Reprise (4) steht.

Was die Hymne in ihrer ersten Partie als reales Ereignis feiert, ist der geschlossene Friede, und sie deutet ihn nicht bloß als historisches Faktum, sondern als eines, mit dem Geschichte selber zu Ende geht. Ist die erste Trias die geschichtsphilosophische Interpretation einer Erfüllung, so die zweite die einer Hoffnung. Im Rahmen der Hymne ist allein ihr und dann der Synthesis, zu der die beiden Momente in der dritten Partie zusammentreten, Irrealität eigen, so wenig die Deutung des historischen Ereignisses einem positivistischen Realitätsbegriff sich auch fügen mag.

Das Zuendegehen der Geschichte sieht Hölderlin im Bild des verhallenden Donners. Die Gegenwart des Gesangs, ein sowohl historischer wie geschichtsphilosophischer Zeitpunkt (vergleichbar dem »Jetzt« in dem Vers der Feiertagshymne *Die*

---

5 SW 2/722.

*Natur ist jezt mit Waffenklang erwacht*⁶), ist der Augenblick, da

> ... *unermeßlich braußt, in der Tiefe verhallend,*
> *Des Donnerers Echo, das tausendjährige Wetter,*
> *Zu schlafen, übertönt von Friedenslauten, hinunter.*⁷

Ähnlich ist im Eingang der letzten Partie, in der an die Stelle des idealisch-heroischen⁸ Tones der heroisch-naive⁹ rückt, von dem Boden die Rede, *der vom Wetter noch dröhnet*¹⁰. Das *tausendjährige Wetter* ist das Kriegsgeschehen und darüber hinaus Geschehen überhaupt, Geschichte, die eingesetzt hat, als (mit den Worten von *Brod und Wein*):

> ... *vor einiger Zeit, uns dünket sie lange,*
> *Aufwärts stiegen sie all, welche das Leben beglükt,*
> *Als der Vater gewandt sein Angesicht von den Menschen,*
> *Und das Trauern mit Recht über der Erde begann,*
> [...]¹¹

Als ein Gewitter kann Hölderlin die Zeit zwischen vergangener und erhoffter Göttergegenwart erscheinen, weil auch dieses Intervall erfüllt ist von himmlischen Zeichen¹²:

> *Was ist Gott? unbekannt, dennoch*
> *Voll Eigenschaften ist das Angesicht*
> *Des Himmels von ihm.*¹³

Von Morgen nach Abend geht das Gewitter, von Osten nach Westen, wie die neue Göttergegenwart keine orientalisch-griechische, sondern eine abendländische sein soll. Sie sah der

---

6 SW 2/118.
7 SW 3/534, 31 ff.
8 Grundstimmung: idealisch, Kunstcharakter: heroisch. Vgl. SW 4/266 ff.
9 Grundstimmung: heroisch, Kunstcharakter: naiv.
10 SW 3/537, 121.
11 SW 2/94.
12 Vgl. Allemann, *Friedensfeier*, S. 93.
13 SW 2/210.

Dichter kommen in der wenige Jahre zuvor geschriebenen Hymne *Wie wenn am Feiertage ...*:

> *Ich harrt und sah es kommen,*
> *Und was ich sah, das Heilige sei mein Wort.*[14] –

sie ist das Versprechen, dessen Erfüllung Hölderlin nach dem in Lunéville geschlossenen Frieden unmittelbar bevorzustehen scheint.

Das Bild von Donner und Gewitter ist überwölbt von der Tag-Nacht-Metapher. Der Augenblick, da der Boden *vom Wetter noch dröhnt*, ist die *Abendstunde*, zu der *sich liebende Gäste* in den hesperischen Festsaal *beschieden* haben, es ist die Stunde des *goldnen Lichts*.[15] Was die erste Partie des Gesangs in der Sprache der Naturschilderung als *Abendstunde* bezeichnet, heißt dann auf dem Höhepunkt der Hymne reflektiert *Abend der Zeit*, Zuendegehen also der historischen Zeit und damit von Zeit überhaupt, Wiederkunft der *goldnen Zeit*[16], die keine ist, sondern Ewigkeit.

Die Tag-Nacht-Metaphorik Hölderlins ist nicht zu begreifen, solange unerkannt bleibt, daß sie in zwei verschiedenen, und zwar konträren, Formen auftritt.[17] Der Tag kann bei Hölderlin die Gegenwart der Himmlischen bezeichnen, dann ist ihre Ferne die Nacht. Von der Nacht als der Zeit des Trauerns ist in *Brod und Wein* die Rede, sie liegt zurück in dem Naturbild, das die Feiertagshymne eröffnet:

> *Wie wenn am Feiertage, das Feld zu sehn*
> *Ein Landmann geht, des Morgens, wenn*
> *Aus heißer Nacht die kühlenden Blize fielen*
> *Die ganze Zeit und fern noch tönet der Donner*[18] –

---

14 SW 2/118.
15 SW 3/537, 128.
16 SW 2/37, 9.
17 Schon Allemann weist darauf hin, daß »Hölderlin durchaus nicht konsequent sich einer solchen Metapher bedient«. Allemann, *Friedensfeier*, S. 75.
18 SW 2/118.

am Ausgang dieser Nacht steht der hymnische Ausruf: *Jezt aber tagts!*[19] Anders verwendet *Friedensfeier* das Bild. Der Zeitpunkt ist zwar der gleiche wie in den eben zitierten Versen: der Boden dröhnt noch vom Wetter. Aber was zurückliegt, ist nicht die Nacht, sondern der Tag, ein Tag der Arbeit, mit dem Wort der Hymne: *ein Tagewerk,* nämlich die Geschichte. Auf Grund dieses zweiten Metapherngebrauchs konnte Hölderlin in dem Prosaentwurf zur Feiertagshymne schreiben: *Wie wenn der Landmann am Feiertage das Feld zu betrachten hinausgeht, des Abends.*[20] Hier fielen die Blitze nicht *aus heißer Nacht,* sondern *aus heißer Luft* [...] *den ganzen Tag.* Zwar wurde in der metrischen Fassung der Hymne die Bedeutung des Bildes, wohl um der Vorstellung vom anbrechenden Tag willen, in ihr Gegenteil verkehrt (das mitten im Krieg geschriebene Gedicht blickt erwartungsvoll auf einen neuen Tag voraus, nicht auf ein geleistetes Tagewerk zurück), die frühere Bedeutung kehrt aber in *Friedensfeier* wieder.

Noch einmal wandelt sich das Bild, durchs *Tagewerk* vermittelt, und wird zu dem vom *Meister.* Die Gegenwart des Gesangs ist so der Augenblick,

> *Wenn nun vollendet sein Bild und fertig ist der Meister,*
> *Und selbst verklärt davon aus seiner Werkstatt tritt,*
> *Der stille Gott der Zeit* [...][21]

Ähnlich war in der Prosafassung der Feiertagshymne der Landmann nach getaner Arbeit am Abend hinausgegangen, das Feld zu betrachten.[22] Der Zeitpunkt, als den die Hymne den Friedensschluß feiert, ist der einer Epiphanie.

> ... *wo aber*
> *Ein Gott noch auch erscheint,*
> *Da ist doch andere Klarheit.*[23] –

19 Ebd.
20 SW 2/667.
21 SW 3/535, 87 ff.
22 Vgl. *Der andere Pfeil*, S. 293 f.
23 SW 3/533, 22 ff.

heißt es im Eingang des Gesangs ohne nähere Bestimmung. In der zentralen Partie, die das erste Thema wieder aufnimmt, damit es in der Durchführung sich mit dem zweiten vereinige, wird dann die Kennzeichnung gegeben: es ist *der stille Gott der Zeit*[24]. Wer aber ist dieser Gott?

Sein Name ist ein Oxymoron. Denn der Gott der Zeit, der Gott von Geschichte und Herrschaft, ist gerade nicht still, es ist Jupiter, der Donnerer.[25] Aber indem sein *Echo, das tausendjährige Wetter* zu schlafen hinunterbraust, wird er selber still, wie der Meister von seinem Bild verklärt wird. Der Gott der Zeit (es ist Zeus, nicht Kronos, denn Hölderlin hat Kronos und Chronos, im Gegensatz zu seinen Zeitgenossen, stets auseinandergehalten[26]), der Gott der Zeit wird selber still, aber als stiller ist er nicht mehr er selbst. Er ist mehr als er selber, nämlich auch der, der er gewesen, bevor er zum Gott der Zeit wurde. Darüber heißt es in *Friedensfeier*:

Nun, da wir kennen den Vater
Und Feiertage zu halten
Der hohe, der Geist
Der Welt sich zu Menschen geneigt hat.

Denn längst war der zum Herrn der Zeit zu groß
Und weit aus reichte sein Feld, wann hats ihn aber erschöpfet?
Einmal mag aber ein Gott auch Tagewerk erwählen,
Gleich Sterblichen und theilen alles Schiksaal.[27]

Der hohe Geist der Welt, der Vatergott, der weit über die Bezirke der Menschen und ihrer Geschichte hinaus herrscht, *schiksaallos*[28] (nach der Vorstellung des als *Hyperions Schiksaalslied* bekannt gewordenen Gedichts), hat sich ein *Tagewerk*

---

24 SW 3/536, 89.
25 Wir folgen hier den Ausführungen Wolfgang Binders. Vgl. Binder, *Friedensfeier*, S. 320.
26 Darauf haben Emil Staiger (*Drei Oden*, S. 26 f.) und Wolfgang Binder (*Friedensfeier*, S. 308, Anm. 48) aufmerksam gemacht.
27 SW 3/535, 75 ff.
28 SW 1/265.

erwählt[29] und ist zum *Herrn der Zeit* geworden, Saturn zu Jupiter[30], und nun, da das *Tagewerk* beendet ist, wird er wieder der, der er war, und bleibt doch, der er in der Zwischenzeit gewesen[31], er wird die Vereinigung konträrer Wesenszüge: *der stille Gott der Zeit.*

So verbinden sich für den Dichter von *Friedensfeier* Kronos und Zeus zu einer einzigen Gottheit. Daß Hölderlin in den späten Hymnen und Oden zu solcher synkretistischen Gottesvorstellung neigte, entzieht sich jedem Zweifel, fraglich ist allenfalls, ob es erlaubt ist, die Namen der griechischen Götter dabei noch zu verwenden (es sei denn im Sinn der Entstehungsgeschichte). Denn Hölderlin hat es nicht getan, und sein Bestreben, an die Stelle der überlieferten Namen auf die Natur zurückgreifende konkrete Antonomasien zu setzen, *Weingott*[32] etwa für Dionysos, mag mit seiner Mißachtung von Individualität und Identität der einzelnen olympischen Götter Hand in Hand gegangen sein. Wie in den Versen der Ode *Chiron*:

> *Dann hör' ich oft den Wagen des Donnerers*
> *Am Mittag, wenn er naht [. . .]*[33]

Jupiter und Apoll in eins verschmolzen sind[34], so verbinden sich im *stillen Gott der Zeit* Saturn und Jupiter zu einer Gottheit.[35]

---

29 Anders Fr. Beißner: »In der Zeit zwischen den beiden Feiertagen, als der Vater zu groß war zum Herrn der Zeit, ist ein Tagewerk geleistet worden, Werktagsarbeit, an der auch die Götter, ebenso vereinzelt wie die Menschen, teilgenommen haben.« Beißner, *Der Streit*, S. 632.

30 Die Rolle Saturns in *Friedensfeier* hat als erster Wolfgang Binder gezeigt. Vgl. Binder, *Friedensfeier*, S. 308. Dagegen Böckmann, *Friedensfeier*, S. 22, Anm. 12.

31 Vgl. Wolfgang Binder: »Ein *Ursprünglicheiniges* und darum Ewiges geht in die zeitliche Trennung des Subjektiven und Objektiven auseinander und stellt sich nur in der Weise der *simultanen Innigkeit und Unterscheidung*, der dialektischen Einheit der Gegensätze, wieder her.« Binder, *Friedensfeier*, S. 297.

32 Vgl. z. B. SW 2/94, 123 u. 141.

33 SW 2/57.

34 Vgl. Böschenstein, *Rheinhymne*, S. 43.

35 In Benjamin Hederichs *Gründliches Lexicon Mythologicum* (Leipzig 1724, Sp. 416) steht über Bacchus: »... da einige ihn auch für einerley mit dem Osiride halten, geben sie für dessen Eltern den Saturnum und die Rheam an.« Diese Überlieferung mag in

Eine Vorstufe dieses Synkretismus, der einem wesentlichen Bestreben Hölderlins entspricht, dem antidualistischen nach *harmonischer Entgegensezung*[36], ist bereits dort zu finden, wo die Götter noch ihre traditionellen Namen tragen. In der Ode *Natur und Kunst oder Saturn und Jupiter,* in welcher die Partei Saturns ergriffen wird, lautet Hölderlins Forderung an Jupiter, der *den heil'gen Vater, den eignen in den Abgrund einst verwiesen* hat:

Herab denn! oder schäme des Danks dich nicht!
Und willst du bleiben, diene dem Älteren,
[...][37]

Die Alternative erschließt den Weg zur *harmonischen Entgegensezung* von Altem und Neuem, von Ewigkeit und Zeit, zu einer dialektischen Vermittlung also, an der es Hölderlin nicht weniger als seinem Philosophenfreund aus der Tübinger Stiftszeit gelegen war.

Doch die Freiheit, die sich Hölderlin gegen die griechische Mythologie herausnimmt, macht vor der christlichen Religion nicht halt. Jener hohe Vatergott, der in der Zwischenzeit *ein Tagewerk erwählt* und Geschichte schafft, ist Vatergott auch im christlichen Sinn. Sein Sohn ist, nach den Schlußversen der zweiten Partie, die auf Namensnennung freilich gleichfalls verzichten, Christus, der auch in der Hymne *Der Einzige,* in *kühnem* Bekenntnis, als *Bruder* der Halbgötter und Zeussöhne Herakles und Dionysos besungen wird.

Damit gelangt die Hymne an den Punkt, wo die Deutung des historischen Ereignisses übergeht in den beschwörenden Ausdruck der Erwartung. Das Erscheinen des *stillen Gottes der Zeit,* als das Hölderlin den Frieden begreift, ist nicht schon das Telos seines Gesangs. Erhofft wird eine zweite Epiphanie, das Wiedererscheinen Christi, und erst beides zusammen wäre das Ereignis, dessen Tag in der Hymne *Festtag* heißt,

Hölderlins Vorstellungswelt der Vereinigung von Jupiter und Saturn den Weg bereitet haben.
36 Vgl. SW 4/152.
37 SW 2/37.

> *Der Allversammelnde, wo Himmlische nicht*
> *Im Wunder offenbar, noch ungesehn im Wetter,*
> *Wo aber bei Gesang gastfreundlich untereinander*
> *In Chören gegenwärtig, eine heilige Zahl*
> *Die Seeligen in jeglicher Weise*
> *Beisammen sind, und ihr Geliebtestes auch,*
> *An dem sie hängen, nicht fehlt [. . .]*[38]

Eine Gegenwart, die weder, wie die Christi, *im Wunder*, noch, wie die Jupiters, *im Wetter*, sich vollzieht; ein Erscheinen nicht so sehr der einzelnen Götter als ihrer Gesamtheit, ihres Chores, dessen *Gesang* die Versöhnung verkündet: Versöhnung zwischen den griechischen Göttern, zwischen ihnen und Christus, zwischen Göttern und Menschen. Darum fleht der Dichter in dem ersten Ansatz zur Hymne Christus an:

> *. . . o Göttlicher! sei gegenwärtig,*
> *Und schöner, wie sonst, o sei*
> *Versöhnender nun versöhnt daß wir des Abends*
> *Mit den Freunden dich nennen, und singen*
> *Von den Hohen, und neben dir noch andere sein.*[39]

Schwerlich dürfte Hölderlin diese Bitte, diese Hoffnung aber gewagt haben, hätte nicht der Zustand, der mit der Epiphanie des Vatergottes eintritt, in seinen Augen selber schon christliche Züge. Die Vollendung des Bildes, das Erscheinen des von seinem Bilde verklärten *stillen Gottes der Zeit*, ist zugleich das Anbrechen einer neuen Ära, in der

> *. . . nur der Liebe Gesez,*
> *Das schönausgleichende gilt von hier an bis zum Himmel.*[40] –

und *Herrschaft nirgend ist zu sehn bei Geistern und Menschen*[41]. An beiden Stellen wird betont, daß nicht nur die

38 SW 3/536, 103 ff.
39 SW 2/131.
40 SW 3/536, 89 f.
41 SW 3/534, 28.

Verhältnisse unter den Menschen, sondern auch die unter den Göttern sich gewandelt haben. Nicht zufällig schließt auch die erste Strophentrias mit Versen, die zu der zweiten, der Christuspartie, hinüberleiten:

Rings abendlich der Geist in dieser Stille;
Und rathen muß ich, und wäre silbergrau
Die Loke, o ihr Freunde!
Für Kränze zu sorgen und Mahl, jezt ewigen Jünglingen
ähnlich.[42]

Wird hier mit *Jüngling,* nicht ohne Kühnheit, in einem Vergleich das Wort vorweggenommen, das in der Folge an die Stelle von Christi Namen tritt, so beschwört die Schilderung insgesamt etwas von der Aura herauf, die in der Hymne *Patmos* Christus und seine Jünger umgibt. Nicht anders klingt auch der Satz aus Hölderlins Brief über den Friedensschluß von 1801 *es wird nun recht gut werden in der Welt*[43] an den Vers in *Patmos* an: *Denn alles ist gut.*[44] Es sind die beiden Augenblicke unmittelbar vor Christi Tod und vor seiner erhofften Wiederkehr, die hier zusammenrücken; die Analogie überdeckt gleichsam den Abgrund zwischen diesen *Gipfeln der Zeit.*[45]

Während die zitierten Schlußverse der ersten Partie, einem auch sonst geübten Formprinzip Hölderlins folgend, das die Härten der triadischen Gliederung und des Tonwechsels ausgleichen soll, auf die zweite Partie vorbereiten, verknüpfen sie auch thematisch Griechisches mit Christlichem. Der Geist, der nach dem Verhallen des tausendjährigen Wetters *in dieser Stille* blüht, weist voraus auf jenen, der Christus, *den stillen Genius*[46], und seine Jünger vereint. Deutlicher noch wird der antizipatorische Charakter dessen, was mit der neuen Ära anbricht, in den

42 SW 3/534, 35 ff.
43 SW 6/413.
44 SW 2/167.
45 SW 2/165.
46 SW 2/94.

Versen von dem *Bild,* das der Gott der Zeit vollendet. Ein *Zeitbild*[47] wird es in der folgenden Strophe genannt, die Geschichte beruhigt sich am *Abend der Zeit* zum *Bild,* und dieses wird als ein *Bündniß* begriffen, das zwischen dem griechischen Vatergott und den anderen himmlischen Mächten, unter ihnen Christus, waltet. Am weitesten aber wagt sich der Schluß der zweiten Partie vor, der in Umkehrung eines Christus-Wortes[48] von Christus sagt:

Und nun erkennen wir ihn,
Nun, da wir kennen den Vater
Und Feiertage zu halten
Der hohe, der Geist
Der Welt sich zu Menschen geneigt hat.[49]

Auch hier ist es eine Stelle des Übergangs von der einen zur anderen Partie, die zugleich zwischen den beiden Glaubenswelten vermittelt. Dennoch setzt die zweite Strophentrias nicht mehr mit der im Entwurf zweimal ausgesprochenen Aufforderung *Sei gegenwärtig*[50] ein. Sondern der Eingang lautet nun:

Und manchen möcht' ich laden, aber o du,
[. . .][51]

Das vieldeutige *aber,* das sich vor den Anruf türmt, akzentuiert sowohl die Bedeutung als auch die Schwierigkeit der Bitte, zu der sich der Dichter anschickt. Doch als wäre seine Scheu stärker, versandet der Satz in einem Anakoluth, und erst auf dem Höhepunkt der Durchführung:

---

47 SW 3/536, 94.
48 »Wenn ihr mich kennetet, so kennetet ihr auch meinen Vater. Und von nun an kennet ihr ihn . . .«, Johannes 14,7. Vgl. auch Johannes 8,19. Man fragt sich, warum Wolfgang Binder statt auf die hier zitierte Stelle auf Johannes 8,28 (»dann werdet ihr erkennen, daß ich es sei«) verweist. Binder, *Friedensfeier,* S. 318. Anders Przywara, *Friedensfeier,* S. 29.
49 SW 3/535, 74 ff.
50 SW 2/131, 39 u. 56.
51 SW 3/534, 40.

> ... *denn darum rief ich*
> *Zum Gastmahl, das bereitet ist,*
> *Dich, Unvergeßlicher, dich, zum Abend der Zeit,*
> *O Jüngling [...]*[52] –

erst an dieser Stelle wird die in der Hymne nie ausgesprochene Einladung im Rückblick, imperfektisch[53], ins Wort gebracht. Die Scham, die hier am Werk ist und die Aktualität des Imperativs verbietet, erinnert an die, von der in der Hymne *Der Einzige,* wiederum im Zusammenhang mit Christus, die Rede ist:

> *Es hindert aber eine Schaam*
> *Mich dir zu vergleichen*
> *Die weltlichen Männer.*[54] –

nämlich Herakles und Dionysos, deren beider Vater in den nächsten Versen als der Vater auch Christi bezeichnet wird.[55] Wie sollte diese Scheu nicht wachsen, wo es nicht mehr um Vergleich, sondern um Vereinigung geht? Nie zuvor und nie danach, so scheint es, ist Hölderlin in der Beschwörung der Himmlischen, gar Christi, so weit gegangen, und schwerlich hätte er es getan ohne die Euphorie, in die ihn der Friedensschluß von 1801 versetzt hatte, ohne das Gefühl, daß zwischen dem Griechentum und dem Christentum am *Abend der Zeit* gleichsam eine prästabilierte Harmonie sich wiederhergestellt hat, so daß die Epiphanie des Höchsten auch die Parusie Christi herbeiführen könnte.

Die Hymne *Friedensfeier* bleibt indessen unverstanden, solange man die inneren Spannungen der Komposition nicht gewahr wird, die Gegensätzlichkeit der beiden Epiphanien, die nicht

---

52 SW 3/536, 109 ff.
53 So schon Allemann, *Friedensfeier,* S. 61 f. Es fragt sich, ob aus einer solchen »Unstimmigkeit« auf die »nachlassende Spannkraft des Dichters« geschlossen werden muß (Bröcker, *Friedensfeier,* S. 22). Vgl. dazu auch Hof, *Friedensfeier,* S. 73.
54 SW 2/155.
55 Vgl. Beißner SW 2/762.

unähnlich ist dem Dur-Moll-Gegensatz von erstem und zweitem Thema, aus dem sich der Sonatensatz oft konstituiert.
Der griechische Gott erscheint von selbst – die Wiederkunft Christi muß vom Dichter erfleht werden.[56] Jener war in der Zwischenzeit weder untätig, noch ganz abwesend, *das tausendjährige Wetter* war sein Werk, das Kriegsgeschehen sollte die schlummernde Menschheit einer neuen Göttergegenwart zuführen. Christus aber wurde *mitten im Wort* durch ein *tödtlich Verhängniß*[57] fortgerissen. Anders als die Zeichen der griechischen Gottheit, die als Blitz und Donner in das Geschehen unter den Völkern eingreifen, sind die Zeichen Christi. In *Brod und Wein* heißt es:

Als erschienen zu lezt ein stiller Genius, himmlisch
   Tröstend, welcher des Tags Ende verkündet' und schwand,
Ließ zum Zeichen, daß einst er da gewesen und wieder
   Käme, der himmlische Chor einige Gaaben zurük,
Derer menschlich, wie sonst, wir uns zu freuen vermöchten,
[...][58]

An Brot und Wein knüpft sich Erinnerung und Hoffnung; Blitz und Donner dagegen schlagen in die Gegenwart ein. Darum ist Christus, nach einem Wort der neunten Strophe, der *Unvergeßliche*[59], der griechische Gott aber der *Alllebendige*[60]. In dieser Weise sind die ersten beiden Triaden der Hymne einander entgegengesetzt. Die erste berichtet das Erscheinen eines Gottes, die zweite erwägt die Einladung Christi, ohne sie doch auszusprechen. Wird dort die neue Gegenwart des Gottes geschichtsphilosophisch gedeutet und werden im Geschehen der *dürftigen Zeit*[61] der Götterferne die Zeichen seines Wir-

---

56 Auf diesen Unterschied weist auch Karl Kerényi hin. (*Das Christusbild*, S. 74 f.) Der Text von *Friedensfeier* erlaubt es nicht, von einer »Einladung an den Fürsten des Fests« zu sprechen (Mommsen, *Dionysos in der Dichtung Hölderlins*, S. 354, ähnlich S. 356 und S. 359). Vgl. dazu Anm. 93.
57 SW 3/534, 49 f.
58 SW 2/94.
59 SW 3/536, 111.
60 SW 3/535, 71.
61 SW 2/94.

kens, die Vorzeichen seiner Wiederkunft entdeckt (*Von heute aber nicht, nicht unverkündet ist er...*[62]), so wird hier, in der zweiten Partie, eine Geschichtsphilosophie von Christi Tod und Abwesenheit entworfen:

> *So ist schnell*
> *Vergänglich alles Himmlische; aber umsonst nicht;*
>
> *Denn schonend rührt des Maases allzeit kundig*
> *Nur einen Augenblick die Wohnungen der Menschen*
> *Ein Gott an, unversehn, und keiner weiß es, wenn?*
> *Auch darf alsdann das Freche drüber gehn,*
> *Und kommen muß zum heilgen Ort das Wilde*
> *Von Enden fern, übt rauhbetastend den Wahn,*
> *Und trift daran ein Schiksaal, aber Dank,*
> *Nie folgt der gleich hernach dem gottgegebnen Geschenke;*
> *Tiefprüfend ist es zu fassen.*
> *Auch wär' uns, sparte der Gebende nicht*
> *Schon längst vom Seegen des Heerds*
> *Uns Gipfel und Boden entzündet.*[63]

Dem entspricht der Unterschied, der zwischen den Naturschilderungen[64] besteht, mit denen die beiden Partien im naiven Ton einsetzen. Die erste gibt ein Bild von dem Festsaal, in den sich *liebende Gäste* beschieden haben, die Gegenwart des Geschilderten ist die der Schilderung selbst, die *Abendstunde*. Das zweite Bild dagegen, in der vierten Strophe, ist der Vergangenheit entnommen, ist biblische Reminiszenz:

> *Und manchen möcht' ich laden, aber o du,*
> *Der freundlichernst den Menschen zugethan,*
> *Dort unter syrischer Palme,*

---

[62] SW 3/534, 25.
[63] SW 3/534, 50 ff.
[64] Schon Beda Allemann hat die erste Strophe als Landschaftsschilderung aufgefaßt (Allemann, *Friedensfeier*, S. 74). Zu Beißners vermeintlicher Widerlegung dieser Deutung vgl. *Über philologische Erkenntnis*, S. 269 ff.

Wo nahe lag die Stadt, am Brunnen gerne war;
Das Kornfeld rauschte rings, still athmete die Kühlung
Vom Schatten des geweiheten Gebirges,
Und die lieben Freunde, das treue Gewölk,
Umschatteten dich auch, damit der heiligkühne
Durch Wildniß mild dein Stral zu Menschen kam,
                                        o Jüngling![65]

Die Verschiedenheit der beiden Schilderungen kündigt zugleich die Differenz der Sprachen an, in denen der Dichter von dem griechischen Gott und von Christus spricht. Dabei tritt die Paradoxie zutage, in der die Hymne ihr verborgenes und verwirrendes Stilprinzip hat. Während die Epiphanie des Vatergottes durch ein historisches Ereignis herbeigeführt wird, bleibt die Wiederkunft Christi einzig durch die Subjektivität des Dichters, durch seine Erwartung, vermittelt.[66] Umgekehrt aber bedient sich die Hymne der Geschichte, nämlich der biblischen, gerade, um Christus zu evozieren, während der Raum für das Erscheinen des griechischen Gottes ein von der Hymne selbst errichteter ist. So tritt der einzige geographisch-historische Name, den Hölderlin in diesem Gedicht verwendet, im Zusammenhang nicht des Griechentums, sondern des Christentums auf: es ist die *syrische Palme*[67].

Ähnlich verhält es sich mit dem Prinzip der Namengebung. Keine einzige Gestalt der Hymne wird bei ihrem eigenen, bei ihrem überlieferten Namen genannt. An die Stelle der Eigennamen tritt eine Vielfalt der Bezeichnungen. Warum diese Vielfalt, und wie verteilt sie sich auf die beiden Hauptpersonen der Handlung, die *Friedensfeier* heißt? Keineswegs dienen die Umschreibungen und ihr Pluralismus lediglich zur Verschlüsselung.[68] Daß der späte Hölderlin die Eigennamen der Götter meidet, hat zum Grund, daß er sie aus den Religionssystemen in

---

65 SW 3/534, 40 ff.
66 Ähnlich Ryan, *Wechsel der Töne*, S. 280.
67 SW 3/534, 42. Vgl. Kempter, *Das Leitbild*, S. 88.
68 Gegen den Gebrauch des Wortes »Verschlüsselung« (Allemann, *Friedensfeier*, S. 58) hat sich schon Wolfgang Binder gewandt. Binder, *Friedensfeier*, S. 308.

die Konkretheit ihrer Existenz in der Natur heimzuholen, in
ihrem gleichen Ursprung aus der Natur zu erweisen trachtet.
Aber in *Friedensfeier* kommt ein zweites hinzu. Christus ist
noch nicht wiedergekehrt. Als *Unvergeßlicher* ist er einzig im
Bewußtsein der Menschen, im Bewußtsein des Dichters anwesend. Indem der Dichter seine Parusie ersehnt, vermag er ihm
auch einen Namen zu geben, nämlich *Jüngling*[69]. Und das *Du*,
mit dem er sich am Anfang der zweiten Partie an ihn wendet,
wird durch die Erwähnung der *syrischen Palme* lokalisiert;
Hölderlin greift auf das Evangelium zurück, das die einstige
Gegenwart Christi auf Erden für die Erinnerung aufbewahrt.
Anders als Christus trägt die griechische Gottheit anstelle des
einen verschiedene Namen. Und zwar nicht bloß, weil sie selber
einem Wandel unterworfen ist, der *hohe, der Geist / Der Welt*,
der zum *Herrn der Zeit* wird, um schließlich, die *Werkstatt* der
Geschichte verlassend, als *stiller Gott der Zeit* sich zu Menschen
zu neigen. Sondern die Vielzahl der Bezeichnungen hat ihren
Grund auch darin, daß diese Epiphanie nicht als Erwartung
durch die Subjektivität des Dichters vermittelt ist, sondern von
ihm als ein Objektives erfahren wird. Der Gott erscheint von
selber im Gedicht, und er erscheint in dem Gedicht, seine
Epiphanie vollzieht sich stufenweise im Fortgang der triadisch
gegliederten Hymne.

Nichts vor dir,
Nur Eines weiß ich, Sterbliches bist du nicht.[70] –

so spricht der Dichter ihn an, und erst allmählich, vom Progreß
der Hymne bestimmt, werden seine Züge deutlicher, wird seine
Identität offenbar. Er gibt sich im Fortgang des Gedichts zu
erkennen, und das bedeutet: er wird allemal unter dem Gesichtspunkt gesehen, der jeweils der Gesichtspunkt der Hymne
ist. Darum sind auch die Bezeichnungen, die ihm gegeben
werden, funktional mit den Hymnenstellen verknüpft. Keinesfalls dürfen sie als Eigennamen hypostasiert werden, die dann

---

[69] SW 3/534, 48 und SW 3/536, 112. Vgl. Pigenot, *Der Friedensfürst*, S. 85.
[70] SW 3/533, 20 f.

auf verschiedene Götter verweisen würden; erst zusammengenommen sind sie der Name für den Gott, der in der Hymne erscheint, erst in der inneren Dynamik ihrer Gesamtheit spiegelt sich die Bewegung des Gedichts selbst. Zehn verschiedene Bezeichnungen sind bis jetzt zur Sprache gekommen, sie treten in der ersten und in der dritten Partie auf, sowie in den Schlußversen der zweiten, die den Übergang bilden zur Durchführung. Ein kurzer Überblick vermag am besten zu zeigen, in welcher Weise diese Bezeichnungen dem Kontext selber entstammen:

Wo aber / Ein Gott noch auch erscheint, / Da ist doch andere Klarheit, heißt es zum Schluß der zweiten Strophe. *Ein Gott* (v. 23) nicht bloß, weil der Dichter vorerst *nur Eines weiß* [...] *Sterbliches bist du nicht*, sondern auch, weil er den ihm erscheinenden Gott, mit *Klarheit* als tertium comparationis, dem *Weisen*, dem Menschen, gegenüberstellt. – Die Besinnung darauf, daß der Gott *von heute aber nicht, nicht unverkündet ist*, führt in der dritten Strophe zur Deutung der Geschichte als des *tausendjährigen Wetters*, das sein Werk ist: deshalb ist von ihm als dem *Donnerer* (v. 32) die Rede. – In den beiden ersten Strophen der Christus-Partie ist er abwesend, doch die Einsicht in das, was die Menschen auch nach Christi Tod, der das Ende des antiken Göttertages besiegelt, an Göttlichem empfangen haben, nämlich als Natur[71] (*Es ward die Flamm' uns / In die Hände gegeben, und Ufer und Meeresfluth.*), diese Einsicht leitet zu ihm zurück, und nun heißt er, unter dem Aspekt der Natur, der *Alllebendige* (v. 71). – Seinem Erscheinen verdankt sich die Hoffnung auf die Wiederkehr Christi, darum gipfelt die Partie, die Christus gewidmet ist, in Versen, die beider Verwandtschaft behaupten: der erscheinende Gott ist der *Vater* (v. 75). – Die Schlußverse, die in die zentrale Partie der Hymne einmünden, in die Strophen, die zum Thema die Friedensfeier selber haben, sprechen vom *Geist der Welt* (v. 77 f.), einem Sprachgebrauch des späten Hölderlin folgend, der gerne »Geist« statt »Gott« setzt[72], und zwar vornehmlich dann, wenn

---

71 Vgl. SW 2/163, 79 ff.
72 Vgl. die Belegstellen bei Fr. Beißner, *Hölderlins Übersetzungen*, S. 175 ff.

der Gott in seiner Beziehung zu den Menschen gesehen wird. Darum auch hier, wo er, *Feiertage zu halten,* sich *zu Menschen* neigt. – Die siebente Strophe nimmt die Geschichtsdeutung der ersten Partie wieder auf. In diesem Zusammenhang spricht sie von dem Gott, den die vorausgegangenen Verse als *Vater* und als *Geist der Welt* bezeichnet haben, als vom *Herrn der Zeit* (v. 79). (Der Eingang dieser Trias *Denn längst war der zum Herrn der Zeit zu groß* ... greift eindeutig auf den Schluß der zweiten Partie zurück.[73]) – Indem er *Herr der Zeit* wurde, erwählte er, *gleich Sterblichen,* ein *Tagewerk:* wie in der zweiten Strophe geht es hier nicht um besondere Züge des Gottes, sondern um das eine, daß er anders ist als Sterbliche. So heißt er wie in Vers 23 *ein Gott* (v. 81). – In dem Gleichnis vom Künstler, der nach Vollendung des Bildes die Werkstatt verläßt, ist sein Name *der Meister* (v. 87), und dann, mit dem verbum proprium, *der stille Gott der Zeit* (v. 89). Der Ausdruck wandelt die Bezeichnung des Stropheneingangs (*Herr der Zeit*) ab, nicht nur durch den adjektivischen Zusatz, der auf Stellen der ersten Partie zurückverweist (*da es stille worden*[74] und *in dieser Stille*[75]), sondern auch dadurch, daß nun nicht mehr vom *Herrn der Zeit,* sondern von deren *Gott* die Rede ist. Auch diese Variation ist mehr als eine bloß stilistische, wird doch die Stille (nach dem Vers der dritten Strophe) gerade dadurch gekennzeichnet, daß *Herrschaft nirgend ist zu sehn bei Geistern und Menschen.* So begibt sich der Gott der Zeit an deren Abend auch der Herrschaft über sie. – In der achten Strophe schließlich, die von den Menschen ausgeht (*Viel hat von Morgen an, / Seit ein Gespräch wir sind und hören voneinander, / Erfahren der Mensch* ...), wird der Gott, der sein Werk, das *Zeitbild,* als ein Zeichen seines Bündnisses mit den anderen himmlischen Mächten, vor den Menschen ausbreitet (*ein Zeichen liegts vor uns*), wiederum *Geist* (v. 94) genannt. Wie in dem Ausdruck *bei Geistern und Menschen*[76] und an der Stelle, da gesagt wird,

---

[73] Vgl. Binder, *Friedensfeier,* S. 319, Anm. 89.
[74] SW 3/534, 27.
[75] SW 3/534, 36.
[76] SW 3/534, 28.

daß der *Geist der Welt* sich zu Menschen geneigt hat, steht auch hier nicht das Trennende, sondern das Gott und Mensch Verbindende im Vordergrund: in der Skala der göttlichen Antonomasien, welche die Hymne gebraucht, sind die beiden einzigen, die wiederkehren, zugleich die beiden Pole: *Gott*, der ganz andere, und *Geist*, der dem Menschen verbundene.

Doch es fragt sich, ob die beiden Bezeichnungen wirklich die einzigen sind, die zweimal verwendet werden, ob die Reihe der Namen, die unter wandelnden Gesichtspunkten dem sich selber wandelnden Gott gegeben werden, mit den genannten zehn Stellen der Hymne erschöpft ist. Dagegen spräche allein schon der Umstand, daß der wichtigste Gesichtspunkt des Gesangs, dem er die Überschrift verdankt, an den bisher besprochenen Ausdrücken unbeteiligt blieb. Ist es denkbar, daß der Gott, dessen Erscheinen am *Abend der Zeit* Hölderlin die Hoffnung auf die Wiederkehr Christi und auf einen *allversammelnden* Festtag eingibt, ist es denkbar, daß diese Gottheit, die an zehn Stellen der Hymne immer wieder anders bezeichnet wird, nicht auch dem Fest des Friedens, das sie herbeiführt, einen Namen verdankt? Wohl ist die Frage beantwortet, noch ehe sie gestellt wird, doch es verlohnt sich vielleicht dennoch, sie zu stellen. Denn sie verdeutlicht die Konsequenz und die künstlerische Strenge, mit der Hölderlin an die Spitze und an den Schluß der Reihe, welche die verschiedenen Bezeichnungen der Gottheit bilden, noch eine weitere setzt und durch den Stellenwert dieser Bezeichnung und durch die Wiederholung ihren besonderen Rang in der Dichtung betont.

Die Hymne *Friedensfeier* setzt ein mit der Schilderung des festlich geschmückten Saales, in dem die Himmlischen zur Abendstunde erwartet werden. Die zweite Strophe ist der Epiphanie des Gottes gewidmet, der von den *liebenden Gästen* als erster erscheint. Sprechen die letzten Verse dieser Strophe schon unumwunden vom Erscheinen *eines Gottes*, so die ersten noch zögernd von der Gestalt, die das *dämmernde Auge*[77] des Dich-

---

[77] Wir folgen hier Beißner, Binder und Allemann. Die Stelle in *Emilie vor ihrem Brauttag* (SW 1/296, 580-585), auf die Allemann hinweist (Allemann, *Friedensfeier*, S. 75 f.), legt es nahe, *dämmernden Auges* auf das dichterische Ich zu beziehen.

ters zu sehen erst *denkt*. Wiederum entstammt der Name, der ihr gegeben wird, dem Zusammenhang, in dem sie auftritt. Der Gott, von dem der Dichter, selber in den Progreß des Gedichts einbezogen, hier wenig mehr weiß, als daß es ein Gott ist, wird der *Fürst des Fests* genannt. Der Fürst, das heißt: der Erste[78], hierarchisch und historisch, ist er doch der *hohe, der Geist / Der Welt* und zugleich der, mit dessen Erscheinen die neue Ära des Friedens allererst anbricht. Der Ausdruck kehrt wieder auf dem Höhepunkt der Hymne, in der dritten Strophe der dritten Trias, die den Sinn des Festtags, den Sinn der Friedensfeier offenbart. Dazwischen liegt die zweite Trias, die Christus gewidmet ist. Nun sollen sie zusammengeführt werden, als Exponenten der beiden Welten, deren Versöhnung der Dichter feiern möchte, und so gipfelt die Strophe in dem von höchstem Pathos dreifach gestaffelten Satz, der die beiden Antonomasien aneinanderfügt[79], die Vereinigung der beiden himmlischen Mächte in der Einheit des Verses vorwegnimmt und beschwört:

> . . . *denn darum rief ich*
> *Zum Gastmahl, das bereitet ist,*
> *Dich, Unvergeßlicher, dich, zum Abend der Zeit,*
> *O Jüngling, dich zum Fürsten des Festes* [. . .][80]

Seit 1954, als die Reinschrift der Hymne an den Tag trat, hat sich die Forschung so gut wie ausschließlich mit der Frage beschäftigt, welchen Gott oder Halbgott Hölderlin meint, wenn er vom *Fürsten des Festes* spricht. Es entschieden sich Beißner[81] für den *Genius unsers Volks*; Kerényi[82], Allemann[83],

---

Böckmann (*Friedensfeier*, S. 11 und S. 26 f. Anm. 22) u. a. beziehen es auf den *Fürsten des Fests*.

78 Vgl. Staiger, *Drei Oden*, S. 44 und Binder, *Friedensfeier*, S. 303.

79 Anders Beißner SW 3/565 f. und Beißner, *Der Streit*, S. 645 f. (»Man hat die Nerven zum Auffangen dichterischer Energien, oder man hat sie nicht.«) sowie Ryan, *Wechsel der Töne*, S. 286, Anm. 136.

80 SW 3/536, 109 ff.

81 Beißner, *Erläuterungen*, S. 39, Beißner SW 3/556, Beißner, *Der Streit*, S. 626. An allen drei Stellen wird auch gesagt, der Fürst des Festes sei »die gestaltgewordene Bereitschaft der Menschen zu neuer schöpferischer Gottesbegegnung«. Die Verse aus der Ode *An die Deutschen*:

Hamburger[84], Pannwitz[85] und Angelloz[86] für Napoleon; Lachmann[87], Pigenot[88] und andere für Christus; Binder[89] für den Gott des Friedens, der die Züge Saturns trägt; Bröcker[90] für den *Geist der Welt*, der auch der *Gott der Zeit* ist; Lothar Kempter[91] und Ruth-Eva Schulz[92] für Helios, Momme Mommsen[93] für

> *Schöpferischer, o wann, Genius unsers Volks,*
>   *Wann erscheinest du ganz, Seele des Vaterlands,*
>   *Daß ich tiefer mich beuge,*
>   *Daß die leiseste Saite selbst*
> *Mir verstumme vor dir* [...]   (SW 2/10)

nennt Beißner eine »offenbare Parallele« zu der zweiten Strophe von *Friedensfeier*, »wo der Dichter vor der hohen Erscheinung des neuen Gottes auch die Knie beugen möchte und bekennt, daß vor ihr sein Wissen verstumme«. (Beißner, *Rückblick auf den Streit um Hölderlins Friedensfeier*. In: *Hölderlin*, S. 200.) Dem wäre der Text von *Friedensfeier* entgegenzuhalten. Denn weder möchte der Dichter dort die Knie beugen (das Hohe beugt ihm fast die Knie), noch verstummt vor der hohen Erscheinung sein Wissen (kann Wissen verstummen?), sondern: *Nichts vor dir, / Nur Eines weiß ich, Sterbliches bist du nicht.* SW 3/533, 20 f.

82 Kerényi, *Zur Entdeckung*, S. 102 und Kerényi, *Das Christusbild*, S. 72.

83 Allemann, *Zur Wiederentdeckung* und Allemann, *Friedensfeier*, S. 77 ff.

84 Hamburger, *Friedensfeier*, S. 98 f. Hamburger hat später die Richtigkeit dieser Deutung angezweifelt. Vgl. German Life & Letters XIV (1960-1961), S. 93.

85 Pannwitz, *Der stille Gott der Zeit*, S. 773.

86 Angelloz, *Un Hymne inconnu*, S. 709.

87 Lachmann, *Stellungnahme* und Lachmann, *Christus und der Fürst des Festes*, S. 93 ff.

88 Pigenot, *Stellungnahme* und Pigenot, *Der Friedensfürst*, S. 86 ff.

89 Binder, *Friedensfeier*, S. 310 f.

90 Bröcker *Neue Hölderlin-Literatur*, S. 1 f., Bröcker, *Die Auferstehung der mythischen Welt*, S. 47 und Bröcker, *Auch Christus*, S. 35 ff. Der Deutung Bröckers steht die hier vorgeschlagene am nächsten, wenngleich sie anderen Überlegungen entspringt. Denn auch Bröcker spricht von »der Gestalt eines Friedensfürsten«, in welcher der Friede sichtbar erscheint, und meint sogar, dieser sei »mit Zügen gezeichnet, die an die historische Gestalt Bonapartes erinnern«. (Bröcker, *Auch Christus*, S. 38.) Sieht man von dieser Konzession an die Deutung auf Napoleon ab, so kann gesagt werden, daß die beiden Auffassungen inhaltlich übereinstimmen, nicht aber formal. Vgl. dazu das oben Folgende.

91 Kempter, *Das Leitbild*, S. 88 ff., der freilich vorgibt, »das literarische Unterhaltungsspiel ›Wer ist der Fürst des Festes?‹« um keine Variation erweitern zu wollen.

92 Schulz, *Der Fürst des Fests*, S. 187 ff. Es kennzeichnet den Mangel an hermeneutischer Reflexion in der Forschung, daß Ruth-Eva Schulz meinen kann: »Wesentlicher Aufschluß ist jetzt nur von einer Erweiterung der Basis aller Deutungen, des textlichen Materials, zu erwarten.« Vgl. dazu *Über philologische Erkenntnis*.

93 Mommsen, *Dionysos in der Dichtung Hölderlins*, S. 354. Die Deutung auf Diony-

Dionysos, andere für Herakles oder für den personifizierten Frieden[94]. Daß so viele verschiedene Deutungen möglich waren, stimmt bedenklich, umso mehr, als der so entstandene »Streit« auch einer dem Wahrheitsanspruch der Philologie sehr abträglichen Lehre, der von der Standortsgebundenheit aller Erkenntnis, recht zu geben schien. Denn die These vom *Genius unsers Volks* stammt aus Hölderlins engster Heimat, die Christus-These aus München und Innsbruck, die Deutung auf den Ausländer Napoleon aus dem Ausland. Was in dieser verwirrenden Vielfalt und deren wissenssoziologischer Erklärbarkeit sich kundtut, beweist aber weder, daß die Gestalt des Fürsten, wie behauptet wurde, vieldeutig-schillernd ist, noch etwa, daß diese Vieldeutigkeit ein ästhetischer Mangel, gar ein Vorzeichen der geistigen Umnachtung sei.[95] Die Folgerung, die aus der Vielzahl der Antworten gezogen werden sollte, wäre eher die, daß die Frage »Wer ist der Fürst des Festes?« von Anfang an falsch gestellt war. Man verfuhr gleichsam realistisch statt nominalistisch. Aus dem Auftreten der Bezeichnung *Fürst des Festes* an zwei Stellen der Hymne folgerte man die Existenz eines Gottes oder Halbgottes, dessen verschwiegenen Namen der hermetische Ausdruck ersetzt. Man sprach von Verschlüsselung und ging auf die Suche nach einem Schlüssel. Doch wenn so viele Schlüssel aufzuschließen schienen[96], so nur, weil es ein Schloß gar nicht gab. Statt sich in den Fortgang der Hymne zu versenken und ihre Sprache – in Übereinstimmung mit Hölderlins ästhetischen Schriften – als eng an diesen Progreß gebunden, als mit dem Thema des Gesangs sich selber entwickelnd zu begreifen, isolierte man die beiden Stellen im Gedicht und suchte für

---

sos scheitert nicht zuletzt an der Unhaltbarkeit der These von der »Einladung an den Fürsten des Fests« (vgl. Anm. 56) und an der Fragwürdigkeit der Ineinssetzung von *Gesang* (v. 93) und Dichtung. (Mommsen, ebd., S. 368 und S. 374.)
94 Böckmann, *Friedensfeier*, S. 9 f.
95 Hof, *Friedensfeier* (Wirkendes Wort), S. 83 f. Vgl. auch S. 91: »*Dein Ausland* (SW 3/533, 16) – das ist doch wohl nur eines der vielen schiefen Wörter der Spätzeit ...«
96 Vgl. Michael Hamburger in der in Anm. 84 erwähnten Besprechung zweier Publikationen zu *Friedensfeier*: »The reason for this bewilderment is not that all the divergent interpretations are inadequate or incompetent, but rather that so many of them are utterly convincing.« (S. 94.)

sie vermeintliche Parallelstellen. Man glaubte sie in anderen Gedichten Hölderlins zu finden (die Ode *An die Deutschen* ergab die Deutung auf den *Genius unsers Volks,* das Fragment *Dem Allbekannten* die auf Napoleon), und man suchte auch in den Werken anderer Dichter, bei Aischylos und Euripides, Vergil und Horaz, Ossian und Klopstock. Nichts wäre dagegen einzuwenden, wäre zuvor die Hymne selber in ihrer strukturellen Einheit und auf das ihr eigentümliche Prinzip der Namengebung hin untersucht worden. Denn neben dem Ausdruck *Fürst des Fests* treten im Gedicht noch zahlreiche andere Antonomasien auf, die nach dem eingeschlagenen Verfahren auf ebenso viele Gottheiten zu schließen erlaubten, und – dies das Entscheidende: die wichtigsten Parallelstellen zu den Versen, die vom *Fürsten des Fests* sprechen, finden sich, bislang kaum bemerkt, in der Hymne selber.

Es gehört zu dem von Hölderlin selbst bedachten Prozeßcharakter seiner Sprache, daß die im Eingang des Gedichts in *naiver* Anschaulichkeit genannten Phänomene auf einer späteren Stufe der Hymne reflektiert wiederkehren.[97] Wie die *Abendstunde* der ersten Strophe auf dem Höhepunkt der Hymne als *Abend der Zeit* erkannt wird, so weisen auch die meisten Kennzeichen, die vom *Fürsten des Fests* bei seinem ersten Erscheinen gegeben werden, auf die Verse voraus, in denen das Zuendesein des Krieges als ein Zuendegehen der Zeit, als eine Metamorphose des höchsten Gottes selber gedeutet wird. Umso weniger hätten die in der zweiten Strophe genannten Attribute des *vom ernsten Tagwerk lächelnden* Fürsten zu Wesenszügen hypostasiert werden dürfen, die auf seine Identität schließen lassen würden, als sie zumeist hineingebunden sind in einen Konzessivsatz, der ihren Sinn erhellt:

Doch wenn du schon dein Ausland gern verläugnest,
Und als vom langen Heldenzuge müd,
Dein Auge senkst, vergessen, leichtbeschattet,
Und Freundesgestalt annimmst, du Allbekannter, doch
Beugt fast die Knie das Hohe.[98]

97 Vgl. Binder, *Friedensfeier,* S. 301.
98 SW 3/533, 16 ff.

um so weniger, als diese Merkmale vom Dichter, der im gleichen Atemzug bekennt, nur das eine von ihm zu wissen, daß er *Sterbliches nicht* ist, gleichsam im Widerspruch zu sich selber genannt und erst im späteren Verlauf der Hymne, wenn die Zeit gekommen ist, erläutert werden.

Die Brücke von der zweiten zur siebenten Strophe schlägt am deutlichsten das Wort *Tagewerk*. Bei der äußersten Präzision und Durchdachtheit von Hölderlins Sprachgebrauch, bei dem strengen Kompositionsgesetz seiner Hymne, die in der dritten Trias, der Durchführung, die Themen der ersten und der zweiten wiederaufnimmt und vereint, ist nichts unwahrscheinlicher, als daß der Fürst des Fests, der *vom ernsten Tagewerk lächelt*[99], und der Gott, der einmal *auch Tagewerk erwählen*[100] mag, zwei verschiedene Gestalten wären. Dennoch ist diese Parallele, wenn man sie so nennen will, von der Forschung bislang kaum beachtet worden.[101]

Weniger deutlich liegen die anderen zutage. Der Fürst des Festes verleugnet gern sein Ausland. Von dieser Stelle zumal leiten die Deutungen auf Napoleon oder auf Dionysos, auf den Korsen oder den Evier, ihre Berechtigung ab. Dabei wird übergangen, daß die Aussage ihren genauen Stellenwert in dem Konzessivsatz hat, und ferner: daß »Ausland« zur Zeit Hölderlins primär durchaus nicht die Länder außerhalb der Staatsgrenzen meinte. Der Konzessivsatz besagt, daß der Fürst des Festes, in seiner Hoheit, dem Dichter beinah die Knie beugt, obwohl er Freundesgestalt annimmt, obwohl er sein Ausland gern verleugnet. »Ausland«, darauf hat Paul Böckmann aufmerksam gemacht[102], wird in Adelungs Wörterbuch von 1774 erläutert als »ein auswärtiges oder außer einem gewissen Bezirke, außer gewissen Verbindungen liegendes Land«. Erst um 1800 wird die uns heute allein vertraute politisch-nationale Bedeutung geläu-

99 SW 3/533, 14.
100 SW 3/535, 81.
101 Binder hat in der Diskussion von Bröckers These, »der Fürst des Festes sei der *Herr der Zeit*, der sich jetzt *zu Menschen geneigt hat*«, darauf hingewiesen, daß »beide ein Tagewerk hinter sich haben«. Er meint aber, das *Ausland* verbiete ihre Ineinssetzung. (Binder, *Friedensfeier*, S. 305 f.) Vgl. dazu das oben im Text Folgende.
102 Böckmann, *Friedensfeier*, S. 12.

fig, vorher war die Grundbedeutung üblicher: das Ausland ist das »Außengebiet« als das »zu einem Bauernhof gehörige Land außerhalb der Gemarkung«[103]. Was mit dem in der zweiten Strophe änigmatisch verwendeten Wort »Ausland« anklingt, ist darum kein Freibrief für die These, daß der Fürst des Festes ein Ausländer sein müsse (umso weniger, als das Ausland, aus dem ein Fremder kommt, diesem selber Heimat ist, also schwerlich kann »sein« Ausland genannt werden), vielmehr kündigt sich hier der Eingang der Durchführung an:

> *Denn längst war der zum Herrn der Zeit zu groß*
> *Und weit aus reichte sein Feld, wann hats ihn aber*
> *erschöpfet?*
> *Einmal mag aber ein Gott auch Tagewerk erwählen,*
> *Gleich Sterblichen und theilen alles Schiksaal.*[104]

Der *hohe, der Geist / Der Welt*, der *zum Herrn der Zeit*, zum Geschichtsgott, *zu groß* war, herrscht über Gebiete, die weit über die menschlichen Bezirke hinausreichen. Das weit ausreichende Feld ist so das Bild seiner Göttlichkeit. Diese verleugnet er, indem er Freundesgestalt annimmt, damit die Menschen seinem Erscheinen gewachsen seien.[105] In strenger Analogie kehrt der Gedanke, der zu Hölderlins zentralen Vorstellungen gehört, zu Beginn der zweiten Partie wieder, wenn von Christus gesagt wird, daß ihn die Jünger umschatteten,

> *damit der heiligkühne*
> *Durch Wildniß mild dein Stral zu Menschen kam,*
> *o Jüngling!*[106]

Der Fürst des Fests, so heißt es in der zweiten Strophe ferner senkt sein Auge, *vergessen, leichtbeschattet, als vom langen*

---

103 Ebd. – Noch in Fischers Schwäbischem Wörterbuch von 1901 wird, nach Böckmanns Mitteilung, die Nebenbedeutung verzeichnet: »außerhalb der Hofmark gelegenes Grundstück«.
104 SW 3/535, 79 ff. Vom Verf. gesperrt.
105 Vgl. Binder, *Friedensfeier*, S. 311.
106 SW 3/534, 47 f.

Heldenzuge müd. Wird hier mit dem Ausdruck *leichtbeschattet* die Analogie zu den späteren Versen über den von seinen Jüngern *umschatteten* Christus verdeutlicht, so findet die Müdigkeit des erscheinenden Gottes wiederum erst in der siebenten Strophe ihre Erklärung. Das weit ausreichende Feld hat den schicksallos-seligen Gott nicht erschöpfen können, müde wird er aber am *Abend der Zeit,* nachdem er, *gleich Sterblichen,* ein *Tagewerk* erwählt und ihr *Schiksaal* geteilt hat. Dieses *Tagewerk* ist die Geschichte, und als Geschichte ist es im besonderen und zumal in der Deutung, die Hölderlin inmitten der Revolutions- und Koalitionskriege davon entwirft, Geschichte von Kriegen. Darum wird das *Tagewerk,* von dem der Gott *müd* ist, in der zweiten Strophe *Heldenzug* genannt.[107]

Einen letzten Wink mag der Anruf *du Allbekannter* bergen. Nie hätte er zum Decknamen hypostasiert und aus dem Kontext der Hymne gerissen werden dürfen, um auf Grund des Fragments *Dem Allbekannten,* das in der Handschrift auch *Buonaparte* überschrieben ist, als Hauptindiz für die Napoleonthese zu dienen. Denn die Hymne ist in ihrer Thematik wie auch in ihrem Stilprinzip von der Tatsache geprägt, daß von den beiden göttlichen Gestalten, in deren Versöhnung die Friedensfeier ihren Sinn hat, die eine schon erscheint, die andere nicht, die eine bekannt, die andere unvergeßlich ist. Darum weist auch die Kennzeichnung des in der zweiten Strophe erscheinenden Gottes als *Allbekannten* auf die Verse voraus, in denen gesagt wird, daß wir nun Christus erkennen, *nun, da wir kennen den Vater,* und wenn der Vater in diesen selben Versen der *Alllebendige* genannt wird, so mag damit auch die frühere Stelle evoziert werden, an der er der *Allbekannte* heißt.

Sowenig das, was Hölderlin in der Hymne als Frieden feiert, mit dem historischen Frieden von Lunéville identisch ist, sowenig sind es andere Texte als der Text von *Friedensfeier* selber, welche die Frage nach der Identität des Fürsten des Fests beantworten helfen. Doch die Frage wäre vielleicht gar nicht gestellt worden, hätte man die Eingangsverse der zweiten Strophe:

---

107 So schon Bröcker, *Auch Christus,* S. 36.

> *Und dämmernden Auges denk' ich schon,*
> *Vom ernsten Tagwerk lächelnd,*
> *Ihn selbst zu sehn, den Fürsten des Fests.*[108] –

hätte man diese Verse anders betont[109] und anders verstanden. Denn was man als emphatische Ausklammerung (*den Fürsten des Fests*) nach pronominaler Vorwegnahme (*Ihn selbst*) aufzufassen pflegt, könnte auch eine verkürzte Prädikation sein und damit schon im Eingang der Hymne die Antwort Hölderlins auf die Frage, wer der Fürst des Festes sei. Nicht den Fürsten selbst glaubt dann der Dichter zu erblicken, sondern Ihn selbst, der der Fürst des Festes ist.

---

[108] SW 3/533, 13 ff.
[109] Statt der Betonung:
Ihn selbst zu sehn, den Fürsten des Fests
wäre zu erwägen:
Ihn selbst zu sehn, den Fürsten des Fests.

II

Überwindung des Klassizismus

Der Brief an Böhlendorff vom 4. Dezember 1801

Früh schon wurde der Brief, den Hölderlin am 4. Dezember 1801 seinem Freund Casimir Ulrich Böhlendorff geschrieben hat, zu den wichtigsten Dokumenten seiner ästhetischen Anschauungen gezählt. Zwischen dem Homburger Aufsatzfragment über den *Gesichtspunct aus dem wir das Altertum anzusehen haben*[1] und den späten *Anmerkungen zur Antigonä*[2] hält dieser Brief sowohl der Entstehungszeit als dem Ideengehalt nach die Mitte. Allen drei Texten geht es um das Verhältnis zwischen Antike und Moderne, den ersten beiden auch um die Stellung heutiger Dichtung zu den Werken der Vergangenheit. Gegenüber dem Bruchstückhaften der Homburger Schrift und der Hermetik der *Antigone*-Anmerkungen zeichnet den Brief an Böhlendorff die Direktheit der Mitteilung aus. Dennoch scheinen wenige Texte Hölderlins in einem Ausmaß wie dieser mißdeutet worden zu sein. So stellt sich einem Kommentar wie dem hier versuchten neben der überkommenen auch die andere Aufgabe, zu zeigen, was in diesem Brief nicht gesagt wird.

Äußerer Anlaß von Hölderlins Brief an Böhlendorff ist die Lektüre von dessen dramatischer Idylle *Fernando oder die Kunstweihe*[3]. Mit Sätzen des Lobes über dieses vergessene Werk setzt das Schreiben ein. Doch nicht so sehr zu dem Werk selbst beglückwünscht Hölderlin den Freund als zu dem Fortschritt, von dem es Zeugnis ablegt. Und noch bevor er Genaueres darüber sagt, stellt Hölderlin klar, daß er im folgenden ebenso von sich selber wie von Böhlendorff sprechen wird: *Der Fortschritt meiner Freunde ist mir so ein gutes Zeichen. Wir haben ein Schiksaal. Gehet es mit dem einen vorwärts, so wird auch der andere nicht liegen bleiben.*[4] Wird hier der Blick von

---

1 SW 4/221 ff.
2 SW 5/265 ff.
3 Vgl. die Erläuterungen von Adolf Beck, SW 6/1076 f.
4 SW 6/425. Alle weiteren Zitate ohne Angabe aus diesem Brief.

dem fertigen Werk bereits zurückgelenkt auf den Prozeß, von dem es zeugt, so zeigt doch erst der nächste Satz, wie wenig Hölderlin diesen Prozeß als bloßen Fortschritt begreift. Nicht zu dem Fortschritt als solchem gratuliert Hölderlin, sondern dazu, daß es einer ist, für den als Preis nicht der Verzicht auf den Ausgangspunkt mußte bezahlt werden. Diese dialektische Konzeption des Fortschrittes steht am Anfang des Briefes an Böhlendorff; hätte man sie beachtet, der Text wäre schwerlich als Dokument einer »Wendung« oder »Umkehr« aufgefaßt worden.

Was Böhlendorff erlangt hat, nennt Hölderlin *Präzision* und *tüchtige Gelenksamkeit,* was dabei nicht eingebüßt wurde: *Wärme. Wie eine gute Klinge* – schreibt er –, *hat sich die Elastizität Deines Geistes in der beugenden Schule nur um so kräftiger erwiesen. Diß ists wozu ich Dir vorzüglich Glük wünsche. Präzision* und *Wärme* – die beiden Begriffe, daran läßt schon der nächste Satz keinen Zweifel, sind nicht eigens für das Werk Böhlendorffs gewählt. Sie entstammen vielmehr einem größeren Zusammenhang, in dem Hölderlin jenen Fortschritt sieht, an dem allein es ihm liegen kann und den er seinem Freund bereits attestiert. Diesem Zusammenhang, und nicht dem Drama Böhlendorffs, sind die nächsten Abschnitte des Briefes gewidmet. Der Zusammenhang ist, geschichtsphilosophisch gesehen, die Differenzierung von Antike und Moderne, ästhetisch das Problem des Klassizismus, genauer: die Einsicht in dessen Aporie. Kraft dieser Einsicht nennt es Hölderlin *gefährlich sich die Kunstregeln einzig und allein von griechischer Vortreflichkeit zu abstrahiren,* und er gesteht: *Ich habe lange daran laborirt und weiß nun, daß außer dem, was bei den Griechen und uns das höchste seyn muß, nemlich dem lebendigen Verhältniß und Geschik, wir nicht wohl etwas gleich mit ihnen haben dürfen.* Der Weg dieser Erkenntnisarbeit läßt sich nachzeichnen, wenn man den Brief an Böhlendorff mit dem Homburger Aufsatzfragment vergleicht, das den *Gesichtspunct* klären soll, *aus dem wir das Altertum anzusehen haben.*[5]

---

[5] Vgl. Beißner, *Hölderlins Übersetzungen,* S. 150 ff. und SW 4/405.

Der Aufsatz ist Hölderlins früher Versuch, gegen die These, die *Nachahmung der Alten* sei *der einzige Weg für uns, groß, ja wenn es möglich ist, unnachahmlich zu werden*[6], wie sehr auch unzulänglichen Protest einzulegen. Protestiert wird weder im Namen der Moderne noch gegen die Antike, nicht auf Grund der Herderschen Einsicht, daß jeder Epoche die ihr eigene Kunst werden müsse. Der Protest richtet sich vielmehr gegen das Prinzip der Nachahmung als solches, und zwar im Namen dessen, was in bloßer Reproduktion sein Leben lassen muß: die *lebendige Kraft*[7]. Hölderlin wiederholt so auf dem Gebiet der Kunst den Einspruch, den er mit dem Jugendfreund Hegel[8] einst auf dem Gebiet des Glaubens erhoben hat und der noch in der zweiten Strophe des Entwurfs zu *Friedensfeier* nachzittert.[9] Beide Male wird das *Leben* gegen die erdrückende Übermacht des *Positiven*[10] verteidigt. Das Vorbild der antiken Werke wird abgelehnt nicht, weil diese der Moderne unangemessen wären, sondern weil sie ein Vorbild sind, ein schon Gebildetes. Insofern scheint *das Altertum ganz unserem ursprünglichen Triebe entgegenzuseyn, der darauf geht, das Ungebildete zu bilden, das Ursprüngliche Natürliche zu vervollkommen.*[11] Mit Recht hat Beißner darauf aufmerksam gemacht, daß damit noch keine typologische Unterscheidung von Antike und Moderne getroffen ist.[12] Das Altertum ist dem Bildungstrieb des heutigen Künstlers entgegen nicht, weil es einem anders gerichteten Bildungstrieb gehorchte, sondern weil es, als Versammlung von Werken, den Trieb, den diese einst befriedigt haben, negiert. Doch gerade indem Antike und Moderne dem gleichen *Bildungstrieb* subsumiert werden – Hölderlin spricht von dem *gemeinschaftlichen ursprünglichen Grund*[13], aus dem das Alte

6 J. J. Winckelmann, *Sämtliche Werke*. Hrsg. J. Eiselein. 1. Bd., Osnabrück 1965 (Neudruck der Ausgabe v. 1825), S. 8. Der Satz bezieht sich auf die bildenden Künste.
7 SW 4/221.
8 Vgl. *Hegels theologische Jugendschriften*. Hrsg. H. Nohl. Tübingen 1907.
9 SW 2/130.
10 SW 4/221.
11 Ebd.
12 Beißner, *Hölderlins Übersetzungen*, S. 153.
13 SW 4/222.

wie das Neue hervorgegangen ist –, wird jene Vorstellung vom Altertum gesprengt, die den Klassizismus bestimmt. Und was zunächst Antike und Moderne noch fester als das Prinzip bloßer Nachahmung aneinanderzuschmieden schien, die Konzeption des gemeinsamen Bildungstriebes, führt schließlich zu jener grundsätzlichen Differenzierung, die im Brief an Böhlendorff Gestalt gewinnt. Denn indem Hölderlin die Kunstwerke der Antike als aus einem Bildungstrieb hervorgegangen begreift, bricht er mit der Vorstellung, diese Werke seien Natur, und indem er sie als Kunst versteht, führt er in die Welt des Klassizismus eine Frage ein, die Sprengstoff ist: die Frage nach der Natur der Antike, nämlich ihrer Herkunft. Sobald diese Frage beantwortet ist, läßt sich auch die Erkenntnis nicht mehr umgehen, daß die antike Kunst anderen Ursprungs ist als die moderne. Nicht mehr Natur, sondern Antwort auf eine Natur, die nicht die unsere ist, scheint die Klassik die Fähigkeit einzubüßen, der Moderne Vorbild zu sein.

Den Ursprung griechischer Kunst erkennt Hölderlin im *Feuer vom Himmel*, im *heiligen Pathos*, den der hesperischen in der *Nüchternheit*, der *Klarheit der Darstellung*. Diesen natürlichen Ursprung nennt Hölderlin auch das *Nationelle*, das *Eigene*. Die damit geleistete Differenzierung von Antike und Moderne geht über die frühromantische, etwa die Friedrich Schlegels[14], hinaus, insofern sie nicht halt macht vor den geschichtsphilosophischen Welten Antike und Moderne, sondern den Unterschied in diese hineinträgt. Die griechische Kunst, für die exemplarisch Homer steht, ist nicht Natur, entspringt nicht in sich selber. Sie hat ihren Ursprung vielmehr in dem *heiligen Pathos*, als das Hölderlin die orientalische Archaik der Antike begreift, und sie ist die Leistung Homers, der *seelenvoll genug war, um die abendländische Junonische Nüchternheit für sein Apollonsreich zu erbeuten, und so wahrhaft das fremde sich anzueignen.*[15] Heißt hier die Natur der Griechen nach Apoll, weil sie das Reich des *Feuers vom Himmel* ist, so ihre Kunst *abendlän-*

---

14 Vgl. Verf., *Friedrich Schlegel und die romantische Ironie. Mit einer Beilage über Tiecks Komödien*. In: *Schriften*, Bd. II, S. 11 f.
15 Vgl. SW 6/421 f., Brief an Schiller vom 2. Juni 1801.

disch, weil sie in der Präzision und Darstellungsgabe der epischen Sprache Homers jene Nüchternheit sich hinzugewinnt, in der Hölderlin den Ursprung, die Natur Hesperiens erblickt. Weniger klar ist der Grund, aus dem Hölderlin die *abendländische Nüchternheit* zugleich die *Junonische* nennt; die Frage scheint in der Forschung bislang nicht gestellt worden zu sein. Eine Erklärung liefert Hölderlins mythologisches Handbuch, nämlich Benjamin Hederichs *Gründliches Lexicon Mythologicum*, dessen Artikel über die Göttin Juno unter *Anderweitige Deutungen* das folgende vermerkt: »Indessen aber wird sie auch für einerlei sowohl mit der Erde gehalten, da so denn Juppiter die Luft bedeutet.«[16] Die *Junonische Nüchternheit* stellt sich dem *Feuer vom Himmel* als die Nüchternheit der Erde entgegen.

Die Erkenntnis, daß Antike und Moderne nicht aus einem *gemeinschaftlichen Grund* hervorgehen, daß darum die Kunst Hesperiens anderer Art sein muß als die Griechenlands, hat für Hölderlins Überlegungen noch eine andere Folge als bloß die Absage an die Vorbildlichkeit griechischer Kunst. Nicht nur braucht das Abendland, da sein Bildungstrieb anders als der griechische gerichtet ist, der antiken Kunst nicht mehr nachzustreben, es wird ihm auch die Fähigkeit aberkannt, sie je einzuholen. Die Griechen werden, so schreibt Hölderlin an Böhlendorff, *eher in schöner Leidenschaft, die Du Dir auch erhalten hast, als in jener homerischen Geistesgegenwart und Darstellungsgaabe zu übertreffen seyn*, und er fügt hinzu: *Es klingt paradox. Aber ich behaupt' es noch einmal, und stelle es Deiner Prüfung und Deinem Gebrauche frei; das eigentliche nationelle wird im Fortschritt der Bildung immer der geringere Vorzug werden*. Wenige Sätze später kehrt der Gedanke wieder, wenn Hölderlin bemerkt, die hesperischen Dichter würden den Griechen *gerade in* ihrem *Eigenen, Nationellen nicht nachkommen, weil, wie gesagt, der freie Gebrauch des Eigenen das schwerste ist*.

Was er meint, hätte Hölderlin nicht deutlicher sagen, stärker

---

16 1. Aufl. Leipzig 1724, Sp. 1129. Zur Bedeutung dieser Quelle vgl. zuletzt Wolfgang Binder, *Namenssymbolik*, S. 95 ff.

nicht betonen können. Dennoch ist der Gedanke in den Kommentaren, die sich mit dem Brief an Böhlendorff beschäftigen, kaum wiederzuerkennen. Es ist, als wollten die Interpreten die Überlegung Hölderlins nicht wahrhaben, als scheuten sie sich, sie als die seine anzuerkennen. Freilich läßt sie sich nur schwer mit einer Vorstellung vom Dichter vereinbaren, für die nicht zuletzt Hölderlin Modell gestanden haben soll: vom Dichter, der schreibt, wie er schreiben muß, seiner persönlichen und historischen Sendung anheimgegeben. Den Ton gab nach dem Zusammenbruch von 1918, als manches begann, Wilhelm Michel an, der in Hölderlin den »Wortführer des Nordens«, den »Gesetzsprecher des Deutschtums« begrüßte und fand, Hölderlin sei »in einem zeitwichtigen Sinne zum deutschen Führer« geweiht.[17] Demgegenüber kommt die besorgte Frage, auf welche Weise der moderne Dichter vor den Leistungen der Antike bestehen, sie gar *übertreffen* könnte, ohne Zweifel einem Sakrileg gleich. Dennoch ist es die Frage, die sich Hölderlin stellt und die er beantwortet, nachdem er schon in dem Homburger Aufsatzfragment dem klassizistischen Prinzip der Nachahmung aufgekündigt hat, und zwar nicht um eines historischen »Auftrags«, sondern um jener Lebendigkeit des Kunstwerks willen, ohne die es keines ist. Damit kann sich die Forschung nicht abfinden.

In der schon zitierten Schrift Wilhelm Michels heißt es: »Die Griechen zeichnen sich aus durch Bestimmtheit; wir werden uns auszuzeichnen haben durch Leidenschaft; beide also durch das Erworbene, das ihnen zufiel im Kampf gegen das Nationelle.«[18] Der Satz weicht von dem Wortlaut des Briefes nur um eine Nuance ab, doch die Nuance ist entscheidend. Hölderlin erkennt, daß der moderne Dichter sich den Griechen gegenüber eher *in schöner Leidenschaft* auszeichnen könnte, Michel läßt ihn dekretieren, daß er sich durch sie auszuzeichnen hat. Und er fügt hinzu, was Hölderlin an keiner Stelle seines Briefes sagt und was seinem Denken widerspricht, daß nämlich das Pathos »im Kampf gegen das Nationelle«, gegen die *Nüchternheit* also,

17 Michel, *Hölderlins abendländische Wendung*, S. 13 und S. 38.
18 A.a.O., S. 32.

zu erwerben sei. Es ist dieselbe *Nüchternheit* und *Präzision*, von der es im Brief heißt, daß auch sie gelernt sein müsse und zu deren Erlernung Böhlendorff zu Beginn beglückwünscht wird.[19] Wie Michel mißdeutet auch Beißner die Überlegung Hölderlins als Postulat: »das Deutsche ist nicht mehr die Fortsetzung des Griechischen, seine Aufgabe ist es nicht mehr, die Vervollkommnung, die das Griechische erreicht hat, zu fördern«.[20] Aber Hölderlin fragt in den zitierten Sätzen nicht nach seiner Aufgabe (so als könnte er, wenn er wollte, auch die griechische »Vervollkommnung« noch »fördern«), sondern er fragt nach der Möglichkeit, ein Werk zu schaffen, das nicht zwangsläufig in den Schatten der Antike geriete. Die Verkennung seiner Absicht kehrt gleichsam in der zweiten Potenz wieder, wenn Beda Allemann schreibt, es genüge Hölderlin zufolge nicht, »im Fortschritt der Bildung immer besser das Fremde [...] beherrschen zu lernen und darin die Griechen freilich bequem zu übertreffen«.[21] Denn was die Sätze Hölderlins diktiert, ist nicht Selbstermahnung, nicht die Einsicht, daß es mit der Überlegenheit gegenüber den Griechen auf diesem Gebiet nicht getan und ein anderes zu leisten sei, vielmehr die Sorge, ob solche Überlegenheit überhaupt zu erreichen ist. Walter Hof schließlich, der in nicht unbegründeter Kritik an Beißners und Allemanns Deutungen die Sicht Michels wieder zu Ehren bringen will, verfällt in den gleichen Fehler wie dieser, wenn er schreibt, es werde in dem Brief »vorausgesagt, daß wir uns im Fortschritt unserer Bildung immer weiter von ihm« (i. e. von einem »deutschen Klassizismus«) »entfernen werden«.[22] Denn Hölderlin sagt nicht voraus, daß wir uns von dem *eigentlichen nationellen*, der *Präzision* und *Nüchternheit* von Klassik und Klassizismus, immer weiter entfernen werden, sondern bloß, daß es *immer der geringere Vorzug werden* wird, also immer weniger das, kraft dessen der moderne Dichter die Griechen *übertreffen*, ihnen *nachkommen* könnte – das Wort

---

19 Vgl. A. Beck SW 6/1078.
20 Beißner, *Hölderlins Übersetzungen*, S. 157.
21 Allemann, *Hölderlin und Heidegger*, S. 30.
22 Hof, *Zur Frage einer späten »Wendung«*, S. 126.

Vorzug scheint in diesem Kontext, der der Hölderlinsche ist, etwas von seiner dynamisch-agonalen Grundbedeutung zurückzugewinnen.

Spricht Hölderlin als Künstler von den Bedingungen und Möglichkeiten seines Schaffens, so lassen ihn die Interpreten von seinem Auftrag reden. Eher schon könnte als Programm verstanden werden, was seine Ausführungen über den Vorzug des Fremden ergänzt, nämlich die Ansicht, daß *das eigene so gut gelernt seyn [muß], wie das Fremde*. Doch auch dies ist kein Imperativ, der dem Dichter den Weg ins Eigene wiese, geschweige denn auf Kosten des Fremden – was die Rede von einer »Wendung« oder »Umkehr« erst gestatten würde. Nicht auf dem Eigenen liegt der Akzent des zitierten Satzes, sondern darauf, daß es nicht anders als das Fremde gelernt sein muß. Das Ziel dieses Lernens nennt ein früherer Satz des Briefes: *Wir lernen nichts schwerer als das Nationelle frei gebrauchen*, und ein anderer wiederholt es: *der freie Gebrauch des Eigenen [ist] das schwerste*. Beide Sätze kommen ohne das Wort »müssen« aus, ihr Inhalt ist nicht ein Aufruf, sondern eine Erfahrung. Die Freiheit, die Hölderlin auch dem eigenen Ursprung, nicht nur dem fremden Ziel gegenüber für nötig hält, gemahnt an jene Bewußtheit, die sein Künstlertum spätestens seit der Homburger Zeit kennzeichnet. In ihr sah schon der Aufsatz über den *Gesichtspunct aus dem wir das Alterthum anzusehen haben* den Ausweg aus der Not des Klassizismus. Hölderlin schreibt hier, es scheine anderseits *nichts günstiger zu seyn, als gerade diese Umstände in denen wir uns befinden. Es ist nemlich ein Unterschied ob jener Bildungstrieb blind wirkt, oder mit Bewußtseyn*, und er spricht davon, daß wir *unsere eigene Richtung uns vorsezen*.[23] Demgegenüber unterscheidet freilich der Brief an Böhlendorff zwischen den Richtungen, die der griechische und die der hesperische Bildungstrieb nehmen, wie er auch den Ursprung der Griechen von dem des Abendlands unterschieden hat. Doch in dem Begriff der Freiheit, welche auch im Verhältnis zum Eigenen erstrebt wird, scheint die

---

23 SW 4/221 f.

Bewußtseinsvorstellung der Homburger Jahre nachzuleben, gestützt auf das Postulat des Philosophen, daß aus der Positivität des bloßen An-sich ein An-und-für-sich werde, wie auch auf das Bedürfnis des Künstlers, über die Mittel, die ihm gegeben sind, frei zu verfügen.

Weil auch dies sich nur schwer in das Bild einfügt, das man sich von den Dichtern, gar von Hölderlin, gern macht, sind dem Satz, demzufolge *das eigene so gut gelernt seyn [muß], wie das Fremde,* Mißdeutungen gleichfalls nicht erspart geblieben. In Michels Aufsatz über *Hölderlins abendländische Wendung* bleibt er unerwähnt, was überrascht, da doch eine solche Wendung in dem Brief an Böhlendorff noch am ehesten dieser Bemerkung hätte entnommen werden können. Weil aber Michel die Aneignung des Fremden als Kampf gegen das Nationelle auslegt, muß er Hölderlins Einsicht, daß auch dieses zu lernen sei, mit Schweigen übergehen. Indem er von Hölderlins Reflexionen über das Eigene und das Fremde in der hesperischen Kunst nur die berücksichtigt, die sich auf das Fremde, also auf das Griechische beziehen, erweist sich vollends der Widerspruch, der zwischen dem Brief an Böhlendorff und seiner Deutung als eines Dokuments »abendländischer Wendung« besteht – eher schon wäre verständlich, wenngleich nicht weniger irrig, wollte man von einer griechisch-orientalischen sprechen. Als wäre sich aber Michel dieser Antinomie bewußt, legt er den Akzent nicht auf die der ästhetischen Praxis zugewandten Erörterungen des Briefes, sondern auf deren Voraussetzung: auf die Unterscheidung der Ursprünge griechischer und abendländischer Kunst, in der er zu Recht die Überwindung des Klassizismus erblickt. Doch als Deutung nicht auch dessen, was Hölderlin seinem Freund gegenüber *behaupten* will, sondern nur von dem, auf Grund dessen er es behaupten kann, gibt sich diese Interpretation eine Blöße.

Beißners Kommentar zu der Stelle ist wie alles, was in seiner Schrift über *Hölderlins Übersetzungen aus dem Griechischen* zu dem Problemkreis »Griechenland und Hesperien« ausgeführt wird, mit seiner Deutung einer späten Variante zu den Schlußversen von *Brod und Wein* verquickt:

> nemlich zu Hauß ist der Geist
> Nicht im Anfang, nicht an der Quell. Ihn zehret die Heimath.
> Kolonie liebt, und tapfer Vergessen der Geist.
> Unsere Blumen erfreun und die Schatten unserer Wälder
> Den Verschmachteten. Fast wär der Beseeler verbrannt.[24]

Den Geist, von dem hier die Rede ist, faßt Beißner als Geist Hesperiens, als *vaterländischen* Geist, als den Geist Hölderlins. So heißt es über die »abendländische Wendung«: »Sie bringt nicht [...] einen Bruch in der Entwicklung, nicht ist Griechenland in Hölderlin gestorben: es ist zur unentbehrlichen Kolonie des jugendlichen hesperischen Geistes geworden, der in ihr sich und sein Angeborenes kräftigt, um stark zu werden für das gefährliche Schicksal«[25], und persönlicher: Hölderlins »Leben im Griechischen war viel weniger willkürlich und zufällig, sondern sehr notwendig: Kolonie und tapfer Vergessen«.[26] Doch der Geist, den die späte Variante zu *Brod und Wein* meint, ist nicht der Hesperiens oder Hölderlins. Beda Allemann[27] hat 1954 in *Hölderlin und Heidegger* nachgewiesen, daß *Geist* hier, einem auch von Beißner beachteten Sprachgebrauch des späten Hölderlin gemäß[28], für »Gott« steht, und zwar wohl für den Halbgott Dionysos, von dem auch die entsprechenden Verse der ersten Fassung sprechen: *des Weines / Göttlichgesandter Geist.*[29] Dabei muß freilich gegen Allemann betont werden, daß *Geist* nicht etwa als Chiffre für »Dionysos« aufzufassen ist, sondern die Änderung markiert den Wandel, den die Götter Griechenlands in der zur Entindividualisierung neigenden Gottesvorstellung des Spätwerks erfahren. Darum ist auch die von Allemann diskutierte Frage, ob die Zwischenstufe: *des*

---

24 SW 2/608.
25 Beißner, *Hölderlins Übersetzungen*, S. 162.
26 A.a.O., S. 161. Für Martin Heidegger ist der Geist hier »der wissende Wille, der darauf denkt, daß jegliches, das ein Wirkliches werden mag und sein kann, in die Wahrheit seines Wesens kommt«. *Andenken.* In: *Erläuterungen*, S. 86.
27 Allemann, *Hölderlin und Heidegger*, S. 167 ff.
28 Beißner, *Hölderlins Übersetzungen*, S. 175 ff. mit zahlreichen Belegstellen. Vgl. auch *Er selbst, der Fürst des Fests*, S. 332.
29 SW 2/607.

Höchsten / Sohn, der Syrier[30] sowie die letzte Variante: *der Geist* nicht Christus statt Dionysos meinen – eine Frage, die er auf Grund des heute vorliegenden Materials verneinen möchte[31] –, möglicherweise überhaupt nicht zu entscheiden, weil die Ambiguität eine der Sache selbst ist.[32] Sie entstammt dem Rapprochement von Christus und Dionysos als der Halbgötter und *Brüder*, deren beider Emblem der Weinstock[33] ist, einer Verknüpfung, die *Brod und Wein* insgesamt geprägt hat. Allemanns These, daß mit *Geist* in der von Beißner entdeckten Stelle Dionysos gemeint sei, wurde jüngst von Momme Mommsen[34] mit dem wichtigen Hinweis auf einen Vers gestützt, der die Verbindung der *Kolonie*-Vorstellung mit der Gottheit im Fortgang der Elegie antizipiert. Es ist die Variante zu Vers 54, die derselben Bearbeitungsstufe (H³ᵇ) angehört. Von dem *Lande des Kadmos*, also dem irdischen Geburtsort des Dionysos, heißt es hier: *Dorther kommt und da lachet verpflanzet, ⟨der⟩ Gott.*[35] Soviel zu Beißners Deutung der Schlußverse und deren Verquickung mit dem Problemkreis »Griechenland und Hesperien«, die in der Neuauflage des Buches von 1961, trotz Allemanns Korrektur, aufrechterhalten wird.[36] Nur deshalb ist darauf hier zurückzukommen und auch die Stelle anzuführen, welche den Satz des Briefes an Böhlendorff über das zu lernende Eigene interpretiert: »Das Nationelle des deutschen Geistes ist die Nüchternheit, seine gegebene *Kolonie*, also die griechische junonisch-nüchterne *Kunst*, durch die er gekräftigt und erzogen wird (wie Jason in der Schule des Chiron), durch die er

---

30 SW 2/95.
31 Allemann, *Hölderlin und Heidegger*, S. 169 f. Anm.
32 Vgl. *Über philologische Erkenntnis*, S. 281.
33 Vgl. *Patmos*, SW 2/167, 81. Ferner die Bemerkung von Hans-Georg Gadamer, *Hölderlin und die Antike*, S. 58: »Insbesondere Dionysos ist« Hölderlin »eine wahrhaft brüderliche Erscheinung zu Christus, wie er denn schon in *Brot und Wein* (Str. 8 und 9) die dichterische Verschmelzung der beiden syrischen Freudenbringer und Weinspender gewagt hat.«
34 Mommsen, *Dionysos in der Dichtung Hölderlins*, S. 352.
35 SW 2/599.
36 Beißner, *Hölderlins Übersetzungen*. Zur zweiten Auflage: S. 198 f. Auch Ryan (*Wechsel der Töne*, S. 360, Anm.) bekennt sich zu Beißners These und lehnt die Deutung auf Dionysos ab.

den freien Gebrauch des Eigenen lernt, so daß er dann die verbótene Frucht des Vaterlandes kosten kann (frg. 17 Hell.).[37] Ist er dann in die Heimat zurückgekehrt und zu eigenem Gesange gelöst, dann dauert es nicht lange bis zum Erscheinen der Götter.«[38] Wie sehr die vermeintliche Analogie der *Brod und Wein*-Variante den Interpreten des Böhlendorff-Briefes hier in die Irre führt, geht am deutlichsten wohl daraus hervor, daß er gezwungen ist, das *Eigene*, d. h. den *Ursprung* des hesperischen Geistes in der *Kolonie* zu erblicken, wodurch *Nationelles* zum Gegensatz von *Heimath*[39], *Ursprung* zum Gegensatz von *Quell*[40] wird, ohne daß der Interpret solche Unwahrscheinlichkeit bemerkte.

Gebührt Allemann das Verdienst, diese Deutung widerlegt zu haben, so scheint doch seine Interpretation der These des Böhlendorff-Briefes, nach der auch das Eigene zu lernen sei, Hölderlins Intention ebensowenig gerecht zu werden. Der Anfang seines Kommentars ist schon zitiert worden. Allemann fährt fort: »Die Abendländischen müssen zurückbiegen in die Richtung auf ihr Eigenes, die Nüchternheit [. . .]«[41] Davon ist aber in dem Brief nicht die Rede. Gesagt wird, daß nicht bloß das Fremde, daß auch das Eigene zu lernen sei, damit es nämlich gleichfalls in Freiheit könne gebraucht werden, nicht aber, daß das Eigene dem Fremden vorzuziehen, das Streben nach *heiligem Pathos* in eines nach *abendländischer Nüchternheit* zu verwandeln sei. Sowenig wie eine »abendländische Wendung« wird in dem Brief eine »vaterländische Umkehr« gefordert. Unverständlich auch, daß Allemann den Satz *Aber das eigene muß so gut gelernt seyn, wie das Fremde* als »kritische Mahnung an den Freund« bezeichnen und von dem ersten Teil des Briefes als einer »taktvollen, aber bestimmten Kritik«[42] sprechen kann. Besagt doch die Anerkennung *Du hast an Präzision und tüchti-*

---

37 SW 2/220.
38 Beißner, *Hölderlins Übersetzungen*, S. 158.
39 SW 2/608.
40 Ebd.
41 Allemann, *Hölderlin und Heidegger*, S. 30.
42 A.a.O., S. 30 und S. 28. Ähnlich Paul Raabe, *Die Briefe Hölderlins*, S. 89. Dagegen schon Ryan, *Wechsel der Töne*, S. 351, Anm.

ger Gelenksamkeit so sehr gewonnen und nichts an Wärme verloren gerade, daß Böhlendorff, nachdem er das Fremde, die griechische *Wärme* des Pathos, sich angeeignet hatte, nun auch das Eigene gelernt hat: *Präzision* und *tüchtige Gelenksamkeit.* Und entscheidend ist für Hölderlin, daß für diese Aneignung des Eigenen als Preis nicht der Verlust des Fremden mußte bezahlt werden. *Im Gegentheil,* heißt es anschließend, *wie eine gute Klinge, hat sich die Elastizität Deines Geistes in der beugenden Schule nur um so kräftiger erwiesen.* Von Elastizität spricht Hölderlin, weil er gerade nicht die Abwendung vom Fremden und den Weg ins Eigene fordert, sondern die harmonische Entgegensetzung[43] beider als dichterischer Mittel.[44] Um solcher Spannung – von der auf andere Weise auch Hölderlins Lehre vom *Wechsel der Töne* zeugt, der zufolge jede Strophe zwischen den *Grundton* und den Ton des *Kunstkarakters* eingespannt ist[45], – gewachsen zu sein, bedarf es jener *Elastizität* des *Geistes.* Da Hölderlin sie Böhlendorff attestiert, besteht kein Grund, seinen Brief als Kritik aufzufassen, und da er hinzufügt: *Diß ists wozu ich Dir vorzüglich Glük wünsche,* ist kein Zweifel daran erlaubt, daß es ihm um das Eigene nicht auf Kosten des Fremden, um Nüchternheit nicht auf Kosten des Pathos ging – nicht um »vaterländische Umkehr« also, sondern um die Vermittlung der Gegensätze.

Allemanns These, die hier nur überprüft werden sollte, soweit sie sich auf den Brief an Böhlendorff stützt, ist von Walter Hof in einem Aufsatz *Zur Frage einer späten »Wendung« oder »Umkehr« Hölderlins* kritisiert worden. Wenngleich ihm in wichtigen Punkten recht zu geben ist, spiegelt sich der Wortlaut des Briefes auch in seinem Kommentar in verzerrter Gestalt. Richtiges und Falsches findet sich oft benachbart in einem einzigen Satz, so dem folgenden: ». . . im Brief an Böhlendorff

---

43 SW 4/152.
44 In dem Brief vom 1. Januar 1799 an den Bruder schreibt Hölderlin, es fehle den Deutschen *an Elasticität, an Trieb, an mannigfaltiger Entwicklung der Kräfte.* (SW 6/303, vom Verf. gesperrt.) Mit dem Wort *mannigfaltig* ist angedeutet, wozu Elastizität nötig ist.
45 SW 4/266 ff.

ist von einer Zeitfolge von Wendung und Rückwendung keine Rede, sondern nur vom Erobern des Fremden und der nebenbei auch notwendigen Pflege des Eigenen.«[46] Denn nicht weniger vergebens als die Zeichen einer Wendung oder Rückwendung wird man im Brief eine Stelle suchen, die Hofs Zusatz legitimierte, daß die Pflege des Eigenen »nebenbei auch notwendig« sei.[47] Und doch kommt er immer wieder auf diese Deutung zurück. So heißt es an einer früheren Stelle schon, das Angeborene müsse geübt werden, »aber eben doch nur in zweiter Linie«[48], und wenig später, daß »die doch auch notwendige Pflege des Nationellen, der abendländischen Nüchternheit [...] aber, wie der Brief an Böhlendorff zeigt, doch erst in zweiter Linie wesentlich werden darf«.[49] Gerade das zeigt der Wortlaut des Briefes indessen nicht, eher schon läßt er auf sein Gegenteil, auf eine Gleichrangigkeit von Eigenem und Fremdem, von Nüchternheit und Pathos, schließen, so bereits in dem Vergleich zu Beginn, der die *Elastizität* von Böhlendorffs *Geist* lobt. Hölderlin geht es darum, sich über jenen Unterschied zwischen griechischer und hesperischer Kunst Klarheit zu verschaffen, als dessen Grund er die Verschiedenheit von griechischer und hesperischer Natur erkennt. Diese Unterscheidung dispensiert ihn vollends von der Nachahmung der Antike, die ihm der Winckelmannsche Klassizismus zur Pflicht gemacht hatte, und läßt ihn zugleich den Grund einsehen, aus dem die Griechen ihm dennoch *unentbehrlich* sind. Hölderlin überwindet den Klassizismus, ohne von der Klassik sich abzuwenden. In dieser Rettung des Griechischen für Hesperien, in der Einsicht, daß die Dichtung der Moderne durch andere Mittel sich wird auszeichnen können als die antike, und in der Erkenntnis, daß auch dem Eigenen gegenüber in der Kunst Freiheit vonnöten sei, besteht der Ideengehalt von Hölderlins erstem Brief an Böhlendorff.

Die Griechen sind dem hesperischen Dichter *unentbehrlich*,

---

46 Hof, *Zur Frage einer späten »Wendung«*, S. 133.
47 Vom Verf. gesperrt.
48 Hof, *Zur Frage einer späten »Wendung«*, S. 126.
49 A.a.O., S. 129.

weil er in ihrer Kunst dem eigenen Ursprung als einem Fremden begegnet. So gewinnt er zu dem Eigenen die Distanz, die Freiheit ist. Er lernt an der griechischen Dichtung, ohne daß er sie nachahmen, *commentiren*[50], würde, das *frei* zu *gebrauchen*, als Mittel seiner Sprache einzusetzen, was ihm zwar von Natur gegeben ist, an seiner Dichtung aber bislang unbeteiligt blieb, weil er, an seinem Ursprung, an der *Nüchternheit*, leidend, die Erlösung davon im *heiligen Pathos* seiner Poesie sah. Zwar wird diesem nicht etwa abgesagt, keine Heimkehr ins Eigene wird erstrebt[51], wie es die These von der »vaterländischen Umkehr« wahrhaben möchte, sondern beide Elemente, das Eigene und das Fremde, die *Präzision* und die *Wärme*, sollen der dichterischen Sprache integriert werden. Die Veränderung des Tones, die in Hölderlins Spätwerk eintritt, ist das Zeichen, an dem sich die Einsicht des Böhlendorff-Briefes in concreto ablesen läßt. Genaueres kann darüber erst gesagt werden, wenn der Zusammenhang geklärt ist, der zwischen der Vorstellung von Nationellem und Fremdem und der Lehre vom Wechsel der Töne besteht.[52] Was Hölderlin in dem Brief als Vorzug der Griechen

---

50 SW 6/433.

51 Vgl. Martin Heidegger, *Andenken*. In: *Erläuterungen*, S. 83: »Dies [das im Brief an Böhlendorff Gesagte, P. Sz.] ist das Gesetz des dichtenden Heimischwerdens im Eigenen aus der dichtenden Durchfahrt des Unheimischseins im Fremden.« Dagegen mit Recht Theodor W. Adorno, *Parataxis*, S. 167 f. Schon 1955 (*Neue Hölderlin-Literatur*, S. 4 f.) hat Walter Bröcker geschrieben: »Merkwürdigerweise sind diese Ausführungen Hölderlins von fast allen Auslegern (W. Hof a.a.O., ausgenommen) in dem Sinne mißverstanden worden, als sei hier die Rede von einer Bahn, die vom eigenen ausgeht und über das Fremde ins Eigene zurückkehrt.« Anschließend sowie in dem Aufsatz *Die Auferstehung der mythischen Welt*, S. 40 ff., gibt Bröcker eine knappe Interpretation, mit der die hier vorgelegte in wichtigen Punkten übereinstimmt.

52 Den bedeutendsten Ansatz dazu stellt die Tübinger Dissertation von Lawrence J. Ryan, *Hölderlins Lehre vom Wechsel der Töne*, dar, vgl. besonders S. 348 ff. Ryan interpretiert den Brief an Böhlendorff mit der »*nothwendigen Gleichheit* der dialektischen Struktur des Hölderlinschen Denkens vor Augen« (S. 346). Er fragt so weniger nach dem, was in dem Brief mitgeteilt wird, als nach dem Zusammenhang, in dem es »notwendig« steht. Die Berufung auf solche Notwendigkeit enthebt ihn freilich der kritischen Prüfung, ob die Analogien zwischen den Gedanken des Böhlendorff-Briefes und der Homburger Aufsätze eine Erklärung jener durch diese erlauben. So verdienstvoll es ist, die Lehre von dem Eigenen und dem Fremden, wie sie der Brief vorträgt, mit der Lehre vom Unterschied zwischen Grundstimmung und Kunstcharakter zu

preist, die *homerische Geistesgegenwart und Darstellungsgaabe*, in der sie nicht zu übertreffen sind, ist in das System der drei Töne als der *natürliche* oder *naive* eingegangen, der vom *heroischen* und vom *idealischen* unterschieden wird. Von dem *epischen, dem äußern Scheine nach naiven Gedicht*, das *in seiner Grundstimmung das pathetischere, das heroischere* ist, sagt Hölderlin, daß es *in seiner Ausführung, seinem Kunstkarakter nicht so wohl nach Energie und Bewegung und Leben, als nach Präcision und Ruhe und Bildlichkeit* strebe.[53] Die Spannung zwischen *Grundstimmung* und *Kunstkarakter*[54] (i. e. *äußerem Schein*), die hier am Epos demonstriert wird, ist keine andere als

verknüpfen, so wichtig wäre es, diese Synthese nicht apodiktisch, sondern kritisch zu vollziehen. Am Schluß von Ryans Buch stehen die Sätze: »Es zeugt von der Bedeutung der Lehre vom Wechsel der Töne für das Verständnis des Hölderlinschen Denkens, daß auch seine theoretische Begründung der griechischen und der hesperischen Dichtkunst die Kategorien des Tonwechsels erkennen läßt: entsprechen doch die angeborene Nüchternheit, die Äußerung in der Begeisterung und die Wiedergewinnung der Nüchternheit dem Grundton, dem Kunstcharakter und der *Wirkung* der früher ausgearbeiteten Theorie.« (S. 363 f.) Für Ryans Darstellung charakteristisch ist der Umstand, daß er in der Aufzählung der Begriffe, ihrer Anordnung in zwei Reihen, die die behauptete (und fraglos vorhandene) Analogie erweisen soll, durch eine petitio principii die Analogie schon benutzt. Denn indem er nicht, wie der Brief an Böhlendorff, von *heiligem Pathos* oder von *schöner Leidenschaft*, sondern von »Äußerung in der Begeisterung« spricht, nähert er die Gedanken des Böhlendorff-Briefes bereits den Homburger Aufsätzen an, deren Nähe zu ihnen er doch allererst zeigen will. Trotz dieser methodologischen Schwäche ist Ryans Buch ein wichtiger Beitrag zum Verständnis nicht nur der Lehre vom Wechsel der Töne, sondern auch des Briefes an Böhlendorff; seinem auf die »analoge Gesetzlichkeit in so vielen Bereichen von Hölderlins Welt« (S. 364) gerichteten Blick kann der vorliegende Kommentar zu dem einen Brieftext nicht gerecht werden. Auch Ryan (S. 353) vertritt die These von der »Rückkehr ins Eigene« (vgl. Anm. 51). Doch der einzige Ausdruck des Briefes, der von der Vorstellung einer Entwicklungsbahn zeugt, kann schwerlich in diesem Sinn ausgelegt werden. Ryan: »Hölderlin spricht von einem ›Fortgang der Bildung‹, die erst in der Konstituierung des vaterländischen Charakters ihr Ziel erreicht. Wenn dieser Bildungsweg als Umweg über das Fremde zu sich selbst bezeichnet werden kann, so teilt er sich ohne weiteres in zwei Phasen ein, nämlich in den Ausgang in die Fremde und die Rückkehr zu sich selbst.« Dabei wird übersehen, daß Hölderlin in dem Brief von einem *Fortschritt* (nicht »Fortgang«!) *der Bildung* einzig im Zusammenhang des dabei immer weniger als Vorzug auftretenden Nationellen spricht, also an dieser Stelle kaum an eine Rückkehr dazu mag gedacht haben. Vgl. S. 376.

53 SW 4/267.
54 Ebd.

die im Böhlendorff-Brief zwischen dem Ursprung und dem Bildungsziel des griechischen Geistes behauptete: die Spannung zwischen *Pathos* und *Präzision*.[55] Darum kann Hölderlin in dem Epiker Homer den Repräsentanten Griechenlands sehen, während er Pindar und Sophokles, denen er ungleich mehr verdankt, gleichsam eine hesperische Affinität zuzuschreiben scheint.[56] Die Absage an den Klassizismus, die Einsicht, daß die Griechen in der *homerischen Geistesgegenwart und Darstellungsgaabe* schwerlich zu übertreffen sind, verurteilt in Hölderlins Augen jeden Versuch eines hesperischen Epos zum Scheitern. Die Erkenntnis hingegen, daß der moderne Dichter am Beispiel Homers lernen könnte, die eigene *Nüchternheit* als Kunstmittel *frei* zu *gebrauchen*, führt zum Einbau des *naiven*, epischen Tones in die späten Gedichte, deren Gesamtton der *idealische* ist. Beispiele für Verse mit *naivem Kunstkarakter* sind die Eingangsstrophen der Hymnen *Wie wenn am Feiertage . . .* und *Friedensfeier* oder – nach Hölderlins eigener Anmerkung[57] – die Strophen 3 und 6 des frühen Gedichts *Diotima* (*Leuchtest du wie vormals nieder . . .*). Inwiefern solche Strophen der Sprache Homers nahe stehen, ließe sich stilkritisch zeigen, etwa durch den Aufweis der Rolle, die hier die Vergleiche (*wie eine Sage, wie ein Blinder* in der dritten Strophe von *Diotima*[58]) und die attributiven Adjektive spielen, die in den übrigen (idealischen und heroischen) Strophen desselben Gedichts entweder, wie die Vergleiche, überhaupt fehlen, oder, wie die Eigenschaftswörter, weniger stark vertreten sind.[59]

---

55 Vgl. das Beispiel aus Homer, SW 4/229.
56 Vgl. *Gattungspoetik und Geschichtsphilosophie*, S. 393.
57 SW 4/271 f.
58 SW 1/220 ff. Vgl. Beißner SW 4/415.
59 Die attributiven Adjektive verteilen sich auf die sieben Strophen wie folgt:
1. Str. ideal. 3 Adj.
2. Str. her. 4 Adj.
3. Str. naiv 5 Adj.
4. Str. ideal. 4 Adj.
5. Str. her. 3 Adj.
6. Str. naiv 5 Adj.
7. Str. ideal. 4 Adj.

Daran läßt sich ablesen, in welcher Weise die im Brief an Böhlendorff entworfene Theorie sich in der dichterischen Praxis konkretisiert und inwiefern das Verhältnis der Spiegelsymmetrie, das Hölderlin zwischen griechischer und hesperischer Natur und Kunst behauptet, auch dann eine grundsätzliche Verschiedenheit von antiker und moderner Dichtung noch zu postulieren erlaubt, wenn die Forderung erhoben wird, daß auch das Eigene zu erlernen sei, und zwar am Beispiel der Antike. Dem widerspricht nicht, was Hölderlin dem Freund, wie es scheint mit einem Gefühl sowohl von Trauer als von Stolz, mitteilt: *Ich habe lange daran laborirt und weiß nun daß außer dem, was bei den Griechen und uns das höchste seyn muß, nemlich dem lebendigen Verhältniß und Geschik, wir nicht wohl etwas gleich mit ihnen haben dürfen.*

Noch ist zu fragen, was hier unter *lebendigem Verhältniß* und *Geschik* zu verstehen sei. Beda Allemann[60] hat das, wovon in dem Brief gesagt wird, daß es *bei den Griechen und uns das höchste seyn muß*, ineinsgesetzt mit dem, was Hölderlin in der Übersetzung eines Pindar-Fragments als *Das Höchste*[61] bezeichnet. Da in den Anmerkungen dazu gleichfalls von *lebendigen Verhältnissen* die Rede ist, schien sich die Beweiskette für Allemann zu schließen. Entsprechend dem Anfang des Pindar-Fragments: *Das Gesez, / Von allen der König*[62] deutete er das den Griechen und Abendländischen in der Kunst Gemeinsame und zugleich Höchste als das »Königliche«, das in der *Empedokles*-Dichtung dem Streben des Helden nach dem Unmittelbaren, dem Leben im All-Einen zuletzt als das Prinzip von Mittelbarkeit und Gesetz entgegentritt. Wider diese Interpretation haben Walter Bröcker[63] und Walter Hof mit guten Gründen Einspruch erhoben, wie sehr auch der Ton von Hofs Polemik (deren Opfer in einem Satz wie dem folgenden unbeabsichtigt Hölderlin selber wird: »Zu allem Überfluß erläutert

---

60 Allemann, *Hölderlin und Heidegger*, S. 28 ff.
61 SW 5/285.
62 Ebd.
63 Bröcker, *Neue Hölderlin-Literatur*, S. 7.

Hölderlin zur Stelle ...«[64]) an der Berechtigung seiner Gründe zweifeln lassen könnte. Ist die Deutung Allemanns durch die vorschnelle Benützung von vermeintlichen Parallelstellen schon aus methodologischen Gründen fragwürdig[65], so muß ihr um so mehr widersprochen werden, als sie den Kontext des Briefes mißachtet. Wäre freilich dessen Absicht, wie Allemann meint, eine »vaterländische Umkehr«, so ließe sich auch denken, daß Hölderlin als das Höchste in der Kunst das »königliche«, anti-empedokleische Prinzip begreift. Doch in dem Brief wird nicht davon gesprochen, sondern von den Bedingungen und Möglichkeiten des Dichtens um 1800, unter der klassizistischen Diktatur Weimars, einer Bindung, der Hölderlin, soweit es Schiller betrifft, auch in seinem Innersten ausgeliefert war; man lese seine Briefe an ihn vom 20. November 1796 und vom 20. Juni 1797: *von Ihnen dependir' ich unüberwindlich.*[66] Auf Grund der Konzeption der verschiedenen Ursprünge des Griechischen und des Hesperischen erkennt Hölderlin die Berechtigung einer Abkehr von dem antiken Vorbild, von dem Prinzip der Nachahmung, das schon in dem Homburger Aufsatzfragment als der Feind der *lebendigen Kraft*[67] gesehen wird. Als bloße Nachahmung eines antiken Musters wäre das Kunstwerk ein Totes; gerade damit es, gleich den Werken der Antike, ein *lebendiges Verhältniß* habe, muß es darauf verzichten, zu sein wie sie. Kraft dieser Dialektik hebt sich für Hölderlin der Klassizismus selber auf, seine Idee wird seinem Ideal geopfert. *Lebendiges Verhältniß* und *Geschik* scheinen darum, wie schon Hof gegen Allemann betont hat, poetologische Kategorien zu sein. Freilich fragt es sich, mit welchem Recht Hof schreibt, »was Hölderlin sagt – daß uns mit ihnen [d. h. den Griechen] außer dem Höchsten aller Kunst, nämlich Stil zu haben, kaum etwas gemein sei – [wird] in sein genaues Gegenteil verkehrt«[68], da doch das Wort »Stil« in dem Brief nicht vor-

---

64 Hof, *Zur Frage einer späten »Wendung«*, S. 140 f.
65 Vgl. *Über philologische Erkenntnis*, S. 281 f.
66 SW 6/241.
67 SW 4/221.
68 Hof, *Zur Frage einer späten »Wendung«*, S. 140, vom Verf. gesperrt.

kommt und es den Sinn dessen, was *lebendiges Verhältniß* und *Geschik* meinen, eher verwischt denn klärt. Als Attribut des Gedichts ist aber *das Lebendige* ein Hölderlin vertrauter Begriff. Eines der wichtigsten Zeugnisse dafür ist sein Homburger Brief an Neuffer vom 12. November 1798. Mit dem Satz: *Das Lebendige in der Poësie ist jezt dasjenige, was am meisten meine Gedanken und Sinne beschäfftiget*, leitet Hölderlin eine längere Erörterung ein, deren Thema die Einsicht ist, daß es ihm *weniger an Kraft, als an Leichtigkeit, weniger an Ideen, als an Nüancen, weniger an einem Hauptton, als an mannigfaltig geordneten Tönen* fehle.[69] Nichts anderes als die Lehre vom *Wechsel der Töne* wird hier entworfen. Zugleich wird ersichtlich, daß sie als ein Korrektiv gedacht ist für den Mangel an Lebendigkeit, der seine Dichtung kennzeichnen soll und dessen Grund Hölderlin in seiner allzugroßen Scheu vor dem *Gemeinen und Gewöhnlichen im wirklichen Leben*[70] erkennt. Es ist das Pathos und die Abstraktheit der Gedichte aus der Tübinger, Jenaer und Frankfurter Zeit, etwa der Hymnen nach Schillerschem Vorbild, denen er nun ein Gegengewicht verschaffen will. Er findet es in der *Nüchternheit*, in der *Darstellungsgaabe*, die der Empirie zugewandt ist und sie vermittels des *naiven* Tones in die Dichtung einführt. Diesem Programm liegt die Erkenntnis zugrunde, daß der Weg, den er bislang ging, ein Holzweg war. Denn der Ausschluß der Wirklichkeit aus der Poesie, durch den *das warme Leben* (*das Pathos*) im Dichter vor der *eiskalten Geschichte des Tags*[71] (vor dessen *Nüchternheit*) sollte geschützt werden, entzog der solcherart in sich abgekapselten Poesie das Leben. Um dieses zu retten, muß der Dichter die Dinge, die auf ihn *zerstörend wirken*, statt sie zu meiden, berücksichtigen und ihnen *einen Vortheil abzugewinnen suchen*, indem er sie als *unentbehrlichen Stoff* nimmt, *ohne den sein Innigstes sich niemals völlig darstellen wird*. Sie sind, in Hegels Terminologie, sein anderes, ohne das er auch nicht er selber ist. *Ich muß sie in mich aufnehmen, um sie gelegenheitlich*

69 SW 6/289.
70 Ebd.
71 SW 6/290.

[...] *als Schatten zu meinem Lichte aufzustellen, um sie als untergeordnete Töne wiederzugeben, unter denen der Ton meiner Seele um so lebendiger hervorspringt.*[72] Indem Hölderlin die Verhältnisse, vor denen er in seinen Anfängen zum *heiligen Pathos* seine Zuflucht nahm, als Stoff für seine Dichtung akzeptiert, bekennt er sich zu seinem *Ursprung*, an dem er gelitten hat und den er nun *lernen* will, um ihn in der Kunst *frei gebrauchen* zu können.[73]

Erst durch das Spiel von Licht und Schatten, durch den Wechsel der Töne im Gedicht wird diesem zu einem *lebendigen Verhältniß*, einer inneren Dynamik, verholfen und damit auch zu dem, was Hölderlin an den Werken der Antike bewundert. *Das lebendige Verhältniß*, ohne welches das Gedicht keines ist, muß der hesperische Dichter mit dem griechischen *gleich* haben – wie auch das *Geschik*. Hof hat dem Wort mit einem Hinweis auf Belege aus der Goethezeit[74] die Bedeutung von »Ordnung«, »günstiges Verhältnis« zugeschrieben.[75] Das ließe sich präzisieren im Sinn jener Ordnung der Töne, von der Hölderlins Brief an Neuffer spricht und die in Aufsätzen der gleichen Homburger Zeit erforscht wird. Will man aber, wie Allemann, das Wort auf Grund seines Vorkommens in Hölderlins Werk interpretieren, so wäre am ehesten an das Gedichtfragment zu erinnern, in dem von *der Hände Geschik*[76] die Rede ist, und zwar im Zusammenhang mit Bacchus, der, antiker Überlieferung zufolge, der Gott auch der Dichtung ist und dessen Geburt Hölderlin in der Feiertagshymne mit der Genesis der Dichtung ineins-

---

72 Ebd. Vgl. SW 6/434: *Ich hoffe, die griechische Kunst, die uns fremd ist, durch Nationalkonvenienz und Fehler, mit denen sie sich immer herum beholfen hat, dadurch lebendiger, als gewöhnlich dem Publikum darzustellen, daß ich das Orientalische, das sie verläugnet hat, mehr heraushebe, und ihren Kunstfehler, wo er vorkommt, verbessere.* (Brief an Friedrich Wilmans vom 28. September 1803, vom Verf. gesperrt.) *Kunstfehler* ist der Fehler, der durch einseitige, nur auf die *Aneignung des Fremden*, nicht auch auf den *freien Gebrauch des Eigenen* gegründete Kunstübung entsteht. Vgl. Beißner, *Hölderlins Übersetzungen*, S. 167 f.
73 Vgl. dagegen W. Hof, *Hölderlins Stil*, S. 66.
74 Grimm, *Deutsches Wörterbuch*. Bd. IV, 1. Abt., 2. Teil, Spalte 3874: Geschick III/1.
75 Hof, *Zur Frage einer späten »Wendung«*, S. 145, Anm.
76 SW 2/337.

setzt.⁷⁷ Das *Geschik*, von dem das Werk sowohl des hesperischen wie des griechischen Künstlers zu zeugen hat, wäre das Geschick seiner Hände, seine Fähigkeit, die Töne zu ordnen und so dem Gedicht ein *lebendiges Verhältniß* zu geben, nämlich ein Leben, das im Verhältnis der Töne zueinander besteht.⁷⁸ *Geschik* ist, mit dem griechischen Wort, téchne. Im Zeichen dieses Wortes scheint der Böhlendorff-Brief insgesamt zu stehen, es ist ein Brief aus der Werkstatt.⁷⁹ Das Schreiben an Neuffer schloß mit dem Satz: *Vieleicht veranlassen Dich meine flüchtigen Gedanken, zu weiterem Nachdenken über Künstler und Kunst, besonders auch über meine poëtischen Hauptmängel und wie ihnen abzuhelfen ist, und Du bist so gut und theilst es mir bei Gelegenheit mit.*⁸⁰ Der Brief, den Hölderlin drei Jahre später an Böhlendorff geschrieben hat, teilt die Gedanken mit, dank denen auch dem abzuhelfen war, was er einst als seine *poëtischen Hauptmängel* empfand und nun als den, verbesserbaren, *Kunstfehler*⁸¹ seiner Zeit begreift.

---

77 Vgl. *Der andere Pfeil*, S. 292 ff.
78 Vgl. Ryan, *Wechsel der Töne*, S. 356.
79 Vgl. Detlef Holz (= W. Benjamin), Deutsche Menschen. Eine Folge von Briefen. Luzern 1936, S. 42. Neuauflage (ohne Pseudonym) Frankfurt a. M. 1962 und 1972 (*Gesammelte Schriften IV, I*, S. 171.) und W. Bröcker, *Die Auferstehung der mythischen Welt*, S. 45.
80 SW 6/291.
81 SW 6/434, vgl. Anm. 72.

Gattungspoetik und Geschichtsphilosophie
Mit einem Exkurs über Schiller, Schlegel und Hölderlin

Ein aus Hölderlins Homburger Jahren stammendes Aufsatzfragment über die Dichtarten[1] setzt mit drei Definitionen ein:
Das lyrische, dem Schein nach idealische Gedicht ist in seiner Bedeutung naiv. Es ist eine fortgehende Metapher Eines Gefühls.
Das epische, dem Schein nach naive Gedicht ist in seiner Bedeutung heroisch. Es ist die Metapher großer Bestrebungen.
Das tragische, dem Schein nach heroische Gedicht ist in seiner Bedeutung idealisch. Es ist die Metapher einer intellectuellen Anschauung.[2]
Was diese Definitionen des lyrischen Gedichts, des Epos und der Tragödie gegenüber anderen gattungspoetischen Konzeptionen der Epoche auszeichnet, ist weniger die Tatsache, daß sie die Einteilung der Poesie in drei Dichtarten als selbstverständlich voraussetzen[3], als vielmehr die Entschiedenheit, mit der hier nicht die Dichtart, sondern das Gedicht selbst bestimmt werden soll. Ziel von Hölderlins Reflexion über das Wesen einer Dichtart ist kein Kollektivbegriff, dem die einzelnen Werke zu subsumieren wären, sondern deren eigene Idee. Darum kann Definition hier zugleich Analyse sein, welche die Einheit des Kunstwerks aufsprengt, in *Bedeutung* und *Schein* zerlegt, um sie dann als aus deren Vermittlung allererst resultierend zu begreifen.

Die Begriffe *Schein* und *Bedeutung* sowie jener der *Metapher*, der beider Verhältnis bezeichnet, sind den Definitionen der drei Dichtarten, Gedichtarten, gemein; es sind Kriterien für ihren Vergleich: das quartum comparationis. Unterschieden werden die Dichtarten mit Hilfe anderer Begriffe: des *Naiven, Heroi-*

---

[1] Zuerst bei W. Böhm: Friedrich Hölderlin, *Gesammelte Werke*. Bd. 3, 2. Aufl. Jena 1911, S. 409 ff.
[2] SW 4/266, vgl. SW 4/244, Anm. (*Über die Verfahrungsweise des poëtischen Geistes*).
[3] Vgl. Irene Behrens, *Die Lehre von der Einteilung der Dichtkunst*. Halle 1940, S. 187.

schen und *Idealischen.* Aber auch diese sind nicht ihre characteristica specifica. Eher läßt sich der Auftakt des Fragments als Korrektur einer Gattungspoetik lesen, welche die Differenz der Dichtarten in der Differenz von Begriffen dingfest machen möchte. Nur *dem Schein nach* – was nicht »scheinbar« bedeutet, sondern: »unter einem bestimmten Gesichtspunkt«, dem auf den ästhetischen Schein, auf die Darstellung durch Stoff[4] und Sprache bezogenen – ist das lyrische Gedicht idealisch, das Epos naiv, die Tragödie heroisch. Ihre *Bedeutung* ist anderer Art: die des lyrischen Gedichts naiv, des Epos heroisch, der Tragödie idealisch. Indem Hölderlin im Kunstwerk dieser Antinomie[5] innewird und ihre beiden Glieder mit je zwei Begriffen einer einzigen Begriffstrias bezeichnet, gelingt ihm, was das gattungspoetische System allererst zum System macht. An die Stelle bloßer Bestimmung und Klassifizierung, welche die Dichtarten von einander unterscheidet, indem sie sie isoliert, tritt deren Definition, die, im Sinn eines Fragments von Friedrich Schlegel, zugleich ein System von Definitionen enthält[6], tritt die Einsicht in die Unterschiedenheit der Gedichtarten auf der Basis einer gemeinsamen Struktur, als deren dreifach spezifizierte Erscheinungsformen sie gesehen werden. Nur wenn ein solches Prinzip, ein Erstes, allen zu Grund Liegendes gesetzt ist, können die Dichtarten deduziert werden, ist Gattungspoetik nicht Klassifikation, sondern System.

Schein, Bedeutung und *Metapher* sind die formalen Kategorien

---

4 Vgl. SW 4/244, 10.

5 Vgl. SW 4/245 f.: *die Bedeutung [. . .] zeichnet sich aus dadurch, daß sie sich selber überall entgegengesezt ist: daß sie, statt der Geist alles der Form nach entgegengesezte vergleicht, alles einige trennt* [Tragödie], *alles freie festsezt* [Epos], *alles besondere verallgemeinert* [lyrisches Gedicht]. (*Über die Verfahrungsweise des poëtischen Geistes.*)

6 *Athenäum*-Fragment Nr. 113: *Eine Klassifikazion ist eine Definition, die ein System von Definizionen enthält.* (*Friedrich Schlegel 1794-1802. Seine prosaischen Jugendschriften.* Hrsg. J. Minor. 2. Aufl. Wien 1906 [*Minor*], Bd. 2, S. 219.) – Unsere Verwendung des Begriffs »Klassifikation« unterscheidet sich von der Schlegelschen, insofern sie ihn als Gegenbegriff zu »System« festhält. Schlegel scheint, indem er Klassifikation definiert, den Umschlag von Klassifikation in System zu vollziehen und so die überlieferte Gattungspoetik der Aufklärung zu der des Deutschen Idealismus zu überwinden.

der Analysis, die drei *Töne*[7]: *naiv, heroisch, idealisch* die qualitativen, deren je verschiedene *Kombination*, d. i. die je verschiedene Besetzung der durch die formalen Kategorien gelieferten »Stellen« die Differenzierung der drei Dichtarten erlaubt. Die Dichtarten werden solcherart nicht den drei Tönen einfach zugeordnet, vielmehr ist es erst die spezifische Kombination der Töne, der Stellenwert, den sie im Kunstwerk innehaben, was eine Dichtart konstituiert. Und im Gegensatz zu Schlegel, von dem der früheste, wohl von Schelling inspirierte, aber vor dessen *Philosophie der Kunst* bezeugte, Entwurf einer deduktiven Gattungspoetik stammt[8], hält Hölderlin nicht allein die lyrische und die tragische Dichtart (die beiden *ganz gültigen*[9],

---

7 SW 4/238.
8 In der 1796 veröffentlichten Abhandlung *Über die Homerische Poesie* bemerkt Schlegel zu seiner Erklärung der epischen Dichtart als jener, welche *eine unbegrenzte Vielheit möglicher, äussrer, durch ursachliche Verknüpfung verbundener Gegenstände durch Gleichartigkeit des Stoffs und Abrundung der Umrisse zu einer blos sinnlichen Einheit* ordnet: *Der Philosoph wird aus dieser Erklärung ihren Grund und die Eintheilungen der Dichtarten, welche sie voraussetzt, leicht errathen können.* (*Über die Homerische Poesie*. In: *Minor*, Bd. 1, S. 222.) Daß die hier angedeutete spekulative, dem Philosophen darum vertraute, Gattungspoetik wahrscheinlich an Schellings in den *Philosophischen Briefen über Dogmaticismus und Kriticismus* von 1795 vorgetragene Deduktion der Tragödie aus den Begriffen *Freiheit* und *Notwendigkeit* anknüpft (vgl. vom Verf. *Versuch über das Tragische*), zeigt die 1798 erschienene *Geschichte der Poesie der Griechen und Römer*, in die jener Homer-Aufsatz eingegangen ist. Hier wird einerseits postuliert, daß alles, was in den epischen Werken der Alten, *welche von der homerischen Gestalt nicht ganz abgewichen sind [...], gethan und gelitten wird, weder als Handlung der Freyheit, noch als nothwendige Fügung des Schicksals* [i. e. als Notwendigkeit] *erscheint, sondern als zufällige Begebenheit*, andererseits, daß Merkmale der Lyrik und der Dramatik in die Epik nur *zugleich mit den bey ihnen herrschenden und einheimischen Begriffen von unbedingter Nothwendigkeit und unbedingter Freyheit aufgenommen werden könnten, wodurch die Eigenthümlichkeit und Wesenheit der Dichtart gänzlich zerstört* würde. (*Minor*, Bd. 1, S. 288 f.) Schlegel nimmt solcherart die Erkenntnis von Lukács' *Theorie des Romans* vorweg, derzufolge das Ende der Antike wohl für die Epik, nicht aber für Lyrik und Dramatik die Notwendigkeit einer neuen Form bedeutet. Darum die These: *Nur die ganz gültigen Dichtarten können in der reinen Poetik deducirt werden. Das εποϛ erst in der angewandten, so auch alles was nur für classische oder nur für progressive P[oesie] gilt.* (Friedrich Schlegel, *Literary Notebooks 1797-1801*. Hrsg. Hans Eichner. London 1957, Nr. 5, S. 19. [*Literary Notebooks*].) Vgl. Verf., *Friedrich Schlegels Theorie der Dichtarten*. In: *Schriften*, Bd. II, S. 36 f.
9 Schlegel, *Literary Notebooks*, Nr. 5, S. 19.

d. i. sowohl antiken als modernen) für deduzierbar, sondern auch die epische. Setzt Schlegel die epische Gattung als nicht aus *Freyheit* und *Nothwendigkeit* ableitbar, weil diese Begriffe einen späteren geschichtsphilosophischen Index haben als das Epos[10], so sind die drei *Töne* der Hölderlinschen Poetik als solche historisch neutral, Geschichtsphilosophie aber in ihre Kombinatorik eingesenkt.

Die Frage nach dem Begriffsinhalt[11] von *naiv, heroisch* und *idealisch* führt zu zwei anderen Fragmenten der Homburger Zeit, die *Ein Wort über die Iliade* und *Über die verschiednen Arten, zu dichten* überschrieben sind.[12] Das erste beginnt mit den Worten: *Man ist manchmal bei sich selber uneins über die Vorzüge verschiedener Menschen, und fast in einer Verlegenheit, wie die Kinder, wenn man sie fragt, wen sie am meisten lieben unter denen, die sie nahe angehn, jeder hat seine eigene Vortreflichkeit und dabei seinen eigenen Mangel.*[13] Dann werden drei verschiedene Menschen beschrieben, die als Idealtypen drei Arten repräsentieren: 1. der natürliche Mensch, 2. einer, den Mut, Aufopferungsgabe und Widerspruch zur Welt kennzeichnen, und 3. jener, der mit der Außenwelt kein harmoni-

---

10 Schlegel, *Geschichte der Poesie der Griechen und Römer*. In: *Minor*, Bd. 1. S. 288 f.
11 Zur Frage der Herkunft vgl. den Exkurs S. 411 f.
12 Obwohl die beiden Titel, im Gegensatz zu *Über den Unterschied der Dichtarten*, von Hölderlin stammen, treffen sie die Ausführungen der Fragmente (darauf hat Lawrence J. Ryan hingewiesen, *Wechsel der Töne*, S. 11) allenfalls, wenn man sie austauscht. Im Fragment *Über die Iliade* ist wohl von verschiedenen Arten (wenngleich nicht denen des Dichtens) die Rede, nicht hingegen von der *Ilias*, während das Bruchstück *Über die verschiednen Arten, zu dichten* nur ein genus behandelt, das epische, und zwar am Beispiel der *Ilias*. Der Grund solcher Verwirrung wird aus den Verhältnissen der Handschriften deutlich: *Ein Wort über die Iliade* ist die fragmentarische erste Fassung einer Abhandlung, deren Absicht wohl die Bestimmung des Epischen war, die aber mit einer Skizze dreier Charaktere einsetzt und danach abbricht; die zweite Fassung, mit dem Titel *Über die verschiednen Arten, zu dichten* (die Präambel der ersten mag inzwischen zu einer Ausweitung des Themas auf alle drei genera geführt haben), fängt hingegen mit einer ausführlicheren Darstellung des ersten, dem naiven Ton entsprechenden Charakters an, dann fehlt ein Doppelblatt, das nach Beißners Vermutung die Charakteristik der beiden anderen Menschentypen enthalten hat, das nächste überlieferte Blatt bringt die Übertragung des über den ersten Typus Gesagten auf das epische Gedicht. Vgl. Beißners Erläuterungen SW 4/744 ff.
13 SW 4/226.

sches Ganzes bildet, die Harmonie vielmehr in sein Inneres hereingenommen hat. Indem diese drei Menschentypen den drei *Tönen* seiner Poetik: 1. dem *naiven,* 2. dem *heroischen* und 3. dem *idealischen* entsprechen[14], genügt Hölderlin einem Vorsatz Goethes, der ihm kaum bekannt gewesen sein kann: der im Aufsatz *Über Epische und Dramatische Dichtung*[15] formulierten Absicht, *das Detail der Gesetze, wonach beide* [der Epiker und der Dramatiker] *zu handeln haben, aus der Natur des Menschen herzuleiten.*[16] Und erst Hölderlin macht mit diesem Rekurs, der bei ihm eher ein Mittel der Demonstration denn naturphilosophisches Ziel ist, ernst. Indem nämlich Goethe den Rhapsoden und den Mimen schildert, ist seine Typologie immer schon auf die Sphäre der Dichtung eingeschränkt, und zumal den Mimen wird man schwerlich für ein Geschöpf der empirischen Beobachtung, deren Fiktion bei Hölderlin gewahrt bleibt, halten können, ist er doch zugleich der Verfasser dessen, was er spielt. Während ferner Goethe nur das Verhalten der beiden Gestalten beim Vortrag bzw. bei der Darstellung ihrer Dichtungen schildert, beschreibt Hölderlin die Menschen selber, gibt er ihre »positiven« und »negativen« Eigenschaften an: die sie haben und die man an ihnen vermißt. Beim natürlichen, »naiven« Menschen fehle die Energie, d. i. das Heroische, sowie tiefes Gefühl und Geist, d. i. das Idealische. Der »heroische« Charakter dagegen sei *zu gespannt, zu ungenügsam, zu gewaltsam, zu einseitig* [...] *zu sehr im Widerspruche mit der Welt*: ihm scheint es an der Ruhe und Harmonie zu mangeln, deren der »naive« Mensch realiter, der »idealische« in der Anschauung genießen. Beim »idealischen« Charakter schließlich ist man *nicht selten versucht, zu denken, daß er, indem er den Geist des Ganzen fühle, das Einzelne zu wenig ins Auge fasse.*[17] So fehle ihm die Naivetät der *Darstellungsgaabe*[18], er scheint *bei aller*

14 Vgl. Ryan, *Wechsel der Töne*, S. 11 f. und S. 50.
15 1797 geschrieben, aber erst 1827 mit der Angabe *von Goethe und Schiller* veröffentlicht.
16 *Goethes Werke*. Hrsg. im Auftrag der Großherzogin Sophie von Sachsen. 41. Bd., 2. Abth., Weimar 1903, S. 220.
17 SW 4/226.
18 Vgl. SW 6/426.

Seele, ziemlich unverständig, und deßwegen auch für andere unverständlich[19] zu sein, d. h. des Heroischen zu ermangeln, das in der Objektivation der Innerlichkeit durch die Tat, die res gestae, besteht.

Aber die drei Porträts haben nicht das letzte Wort. Auf die Rechtfertigung der Einseitigkeit (*kein Mensch* [kann] *in seinem äußern Leben alles zugleich seyn* [...], *um ein Daseyn und Bewußtseyn in der Welt zu haben*, müsse man sich *für irgend etwas determiniren*[20]) folgt, sie überflüssig machend, die Einsicht, daß der je *eigene Mangel* der drei Charaktere nur ein scheinbarer ist, daß die Vorzüge, *die wir vermissen, deßwegen nicht ganz fehlen bei einem ächten Karakter, und nur mehr im Hintergrunde liegen*. Erst indem diese Typologie sich unter das Gesetz der Komplementarität[21] stellt, erweist sie sich als psychologische Entsprechung der poetologischen Konzeption, die den drei Bestimmungen zu Beginn des Fragments *Über den Unterschied der Dichtarten* zugrunde liegt. Obwohl der Text nach den zitierten Sätzen bei den Worten *daß diese vermißten Vorzüge* abbricht (»die Fortsetzung ist verschollen«[22], wenn anders es sie je gegeben hat), gehört er nach Ausweis seiner letzten Sätze zu den Texten, in denen Hölderlin das zentrale Problem der Homburger Zeit reflektiert: das Problem, dessen theoretische Lösung die Lehre vom Wechsel der Töne und die – etwas spätere – Konzeption eines hesperischen Stils ist, der den Klassizismus überwindet, ohne der Antike den Rücken zu kehren.[23] In der dichterischen Praxis entspricht dieser Lösung einerseits der Verzicht auf die Vollendung des klassizistischen Dramas *Der Tod des Empedokles*[24], das sowohl qua Drama wie

---

19 SW 4/226 f.
20 SW 4/227.
21 Vgl. SW 4/235: *Muß denn der Mensch an Gewandtheit der Kraft* [an Heroischem] *und des Sinnes* [an Naivem] *verlieren, was er an vielumfassendem Geiste* [an Idealischem] *gewinnt? Ist doch keines nichts ohne das andere!*
22 Beißner SW 4/745.
23 Vgl. *Überwindung des Klassizismus*, S. 347 ff.
24 Vgl. Beißner, *Übersetzungen*, S. 158. Zu Beißners Deutung des ersten Böhlendorff-Briefes, in dem der hesperische Stil definiert wird, vgl. *Überwindung des Klassizismus*, S. 353 ff.

auch ob seines Klassizismus als der geschichtsphilosophischen Legitimität bar begriffen worden sein muß, andererseits die Schaffung eines hymnischen Stils, in welchem die Konzeption der lyrischen Dichtart wie des hesperischen Stils Wirklichkeit wird.

Über die persönliche Problematik, die freilich von der poetologischen nicht abzulösen ist, gibt ein Brief Auskunft, den Hölderlin am 12. November 1798 an Neuffer schrieb.[25] Als entscheidend für das Bewußtsein Hölderlins von sich selber erweist er keine Eigenschaft, sondern eine Tendenz: den Drang, *mit den Menschen und den Dingen unter dem Monde sich zu verschwistern*[26], sich *an etwas anderes* mit einer *innigen Theilnahme*[27] anzuschließen. Das aber bedeutet, daß von den drei Porträts, die Hölderlin im Fragment *Ein Wort über die Iliade* zeichnet, das dritte, das des *dem Schein nach*[28] idealischen Menschen, zugleich ein Selbstbildnis ist. Dem Streben, von dem im Brief die Rede ist, entspricht dort die *größere Harmonie* der *inneren Kräfte*, die *Vollständigkeit und Integrität der Seele*, womit die Eindrücke aufgenommen werden, *die Bedeutung, die [...] ein Gegenstand, die Welt, die ihn umgiebt, im Einzelnen und Ganzen für ihn hat.*[29] Und wie im Aufsatz bedacht wird, daß der gezeichnete Charakter, *indem er den Geist des Ganzen* fühlt, *das Einzelne zu wenig ins Auge faßt*, so sagt Hölderlin im Brief, daß sein Herz die Verschwisterung mit den Menschen und Dingen *voreilig*[30] sucht. In beiden Texten wird als der *eigene Mangel*[31] die Gefahr gesehen, das *wirkliche Leben*[32] zu übergehen und Harmonie bloß als eine des Geistes, als *intellectuelle Anschauung*[33], anzustreben. Wird Harmonie als ideelle zu

---

25 SW 6/288 ff. Vgl. Beck SW 6/896 und *Überwindung des Klassizismus*, S. 363 ff.
26 SW 6/289.
27 SW 6/290.
28 SW 4/266.
29 SW 4/226.
30 SW 6/289.
31 SW 4/226.
32 SW 6/289.
33 SW 4/266. In dem nach Beißners Annahme 1795 in Jena entstandenen Text *Urtheil und Seyn* (SW 4/216) wird die *intellectuale Anschauung* als jene Vereinigung von

realisieren versucht, so aus der Furcht, daß die *eiskalte Geschichte des Tags*[34] sie, einmal nach außen getreten, zerstören würde. Indem aber Harmonie unter Absehung von allem Konkreten realisiert werden soll, wird der Weg der Realisierung verstellt: als abstrakte bleibt sie unrealisiert. Wer den Geist des Ganzen fühlt, faßt das Einzelne zu wenig ins Auge[35]; er wird *für andere unverständlich,* so sagt es das *Wort über die Iliade,* der Ton seiner Seele[36], dies die Erkenntnis des Briefs an Neuffer, springt nicht lebendig hervor. Das Lebendige aber ist das Konkrete: die mit der Wirklichkeit verwachsene Idee. Wendet sich Hölderlin vom idealischen Schiller-Ton[37] seiner frühen Hymnen und vom Weimarer Klassizismus seines Empedokles-Dramas ab, so in der Überzeugung, die er mit Hegel teilt, daß das Ganze, welches das Wahre ist, es nur als konkretes ist. Diese Einsicht wird Hölderlin als Kritiker der eigenen Dichtung zuteil. Er erkennt, daß sie kein Leben hat, solange der Widerspruch zwischen dem Ton seiner Seele und der Stimme der Wirklichkeit nicht in sie hereingenommen und ausgetragen ist, um zu einem dritten Ton überwunden zu werden, der die beiden miteinander vermittelt. So wird der Wechsel der Töne zum Gesetz von Hölderlins Dichtung, die Gegensatzspannung von *Grundton* und *Kunstkarakter*[38] zu deren Struktur, und der

---

Subjekt und Objekt erläutert, bei der *gar keine Theilung vorgenommen werden kan, ohne das Wesen desjenigen, was getrennt werden soll, zu verletzen,* als *Seyn.* Diesem *Seyn* – das Hölderlin von der *Identität* unterscheidet: der Satz »Ich bin Ich« setze Selbstbewußtsein, also Trennung voraus – als einer apriorischen und unvermittelten Einheit von Subjekt und Objekt gilt in den Homburger Fragmenten und dem Brief an Neuffer (Nr. 167), wie auch dem ihm korrespondierenden Stil seiner zwischen 1790 und 1795 geschriebenen Hymnen, Hölderlins Kritik, aus der sich die Konzeption des Widerspruchs von eigentlichem und uneigentlichem Ton und der Auflösung desselben im *Geist des Gedichts* (SW 4/267) ergibt.
34 SW 6/290.
35 SW 4/226.
36 SW 6/290.
37 Vgl. Benn, *Hölderlin and Pindar,* S. 106: »German scholars seem a little reluctant to acknowledge these weaknesses in Schiller's style; no doubt they are afraid of appearing irreverent.«
38 SW 4/266.

Geist des Gedichts[39], der den jeweils dritten Ton einführt, zu der Instanz, welche die *Auflösung des Widerspruchs*[40] verbürgt.

Indessen ist die Selbstdarstellung in dem Brief an Neuffer, sucht man die Doppelkonzeption des Wechsels der Töne und der, späteren, griechisch-hesperischen Dialektik von Eigenem und Fremdem zu verstehen, nicht nur Hilfe, sondern auch Hindernis. Denn auf verwirrende Weise entspricht dem, was Hölderlin im Brief den Ton seiner Seele nennt, in der Lehre vom Wechsel der Töne der Kunstcharakter und nicht der Grundton, in der Konzeption der griechisch-hesperischen Dialektik das Fremde und nicht das Eigene. Und das Verhältnis, in dem das Eigene zum Fremden steht, entspricht wohl dem von Grundstimmung und Kunstcharakter, nicht aber jenem, in das der Brief Hölderlins *den Ton* seiner *Seele* zu den *untergeordneten Tönen* der Welt setzt: dem Verhältnis von Licht und Schatten.[41]

Doch wenn dem Ton der Seele nicht das Eigene, nicht die Grundstimmung entspricht, so darum, weil in dem Bild, das Hölderlin von sich entwirft, bestimmend ist, was er erlangen möchte, nicht aber, was er schon ist: keine Eigenschaften, sondern ein Streben. Die Selbstdarstellung im Brief an Neuffer hebt das Bedürfnis Hölderlins hervor, über seine Gegenwart, d. i. über sein *Nationelles*[42], seinen Ursprung[43], sich zu erheben, in jenem Aufschwung zu den Ideen, dem seine Hymnen an die Menschheit[44], an die Schönheit[45], an die Freiheit[46] einst sich verdankten und der nun seiner Kritik anheimfällt. Ist es auch der Ton seiner Seele, so doch nicht das, was ihm primär eigen ist: nicht Ursprung, sondern ein Fremdes, zu dem er vor dem Eigenen flieht, und zwar im Medium der Kunst. Dieses Eigene nennt der Brief an Neuffer das *wirkliche Leben*[47], dessen gemei-

---

39 Vgl. S. 133.
40 SW 4/266.
41 SW 6/290.
42 SW 6/426.
43 Vgl. SW 4/221 f.
44 SW 1/146 ff.
45 SW 1/149 ff.
46 SW 1/157 ff.
47 SW 6/289.

ne und gewöhnliche Züge er bislang gescheut hat, befürchtend, sie könnten sein idealisches Streben vereiteln. So entspricht dem *wirklichen Leben* in der Konzeption des Briefes an Böhlendorff vom 4. Dezember 1801 das *Nationelle,* das Angeborene (für Hölderlins hesperische Welt die *Nüchternheit*) und im Fragment *Über den Unterschied der Dichtarten* die *Grundstimmung,* die *Bedeutung* (für die lyrische Dichtart der *naive* Ton). Dem »idealischen« Ton seiner Seele[48] dagegen entspricht das Fremde, dem sich der Kunstcharakter verdankt: beim hesperischen Dichter das *heilige Pathos.*

Indem die drei Konzeptionen: die der eigenen Entwicklung, die der inneren Antinomie des Gedichts und die des Verhältnisses von Hellas und Hesperien, ihre gemeinsame Struktur erweisen, fällt auch ein Licht auf Hölderlins für alle drei Vorstellungen relevante Erkenntnis, die in der Forschung lange als Wendung oder Umkehr verstanden wurde: sei's von der Antike weg, sei's zu ihr hin.[49] Doch was Hölderlin erkennt, ist nicht die Notwendigkeit, die Richtung zu ändern, sondern daß es nicht genügt, in einer Richtung zu gehen. Wer ankommen will, darf, was er von Hause aus ist, gilt es auch, dem Haus zu entrinnen, nicht verleugnen: gerade um der Ankunft willen darf der Ursprung nicht vergessen werden. An dieser Einsicht gebricht es noch der Selbstdarstellung im Brief an Neuffer, der drei Jahre vor dem an Böhlendorff geschrieben wurde. Hier ist der Ursprung als das Zerstörerische einer prosaischen Welt, er ist nur als Schatten gesehen. Wohl wird dessen Notwendigkeit und Funktion erkannt: Hölderlin begreift, daß die *eiskalte Geschichte des Tags* ein *unentbehrlicher Stoff* ist, ohne den sein *Innigstes sich niemals völlig darstellen wird,* aber sie bleibt ihm Schatten, ein begleitender Akkord *untergeordneter Töne.*[50] In der poetologischen Konzeption der Homburger Schriften und der geschichtsphilosophischen des Böhlendorff-Briefs gibt es solchen Rangunterschied von Schein (Kunstcharakter) und Fremdem

---

48 SW 6/290.
49 Vgl. *Überwindung des Klassizismus,* S. 350 f.
50 SW 6/290.

gegenüber der Bedeutung (Grundstimmung) bzw. dem Nationellen nicht mehr. Wohl wird Kunst zu dem, was sie ist, allererst durch den *Schein*: es sei Homers Leistung gewesen, für sein *Apollonsreich*, für das Reich des *heiligen Pathos*, die *abendländische Nüchternheit*[51], die *Klarheit der Darstellung*[52], erlangt zu haben, die abendländisch heißt, weil Hölderlin in ihr zugleich das Nationelle Hesperiens erkennt.[53] Aber sowenig Homer dem naiven Kunstcharakter, dem präzisen Darstellungsstil seiner Epen deren *Grundstimmung*, das Gegeneinander *großer Bestrebungen*, opfert, diese vielmehr erst im Medium der Nüchternheit sich offenbart[54], das Heroische im Naiven, sowenig darf, dem Brief an Böhlendorff zufolge, über dem Erlernen des Fremden das Eigene vergessen werden, dessen freier Gebrauch vielmehr das Schwerste sein soll.[55] Der Brief an Neuffer vom 12. November 1798 und der an Böhlendorff vom 4. Dezember 1801, deren beider Intention es ist, das *Lebendige in der Poësie*[56] zu sichern, markieren Anfang und Ende eines Erkenntnisweges. Dessen Richtung wird schon im frühen Brief gesehen. Ist sein Ton von Verzweiflung nicht frei, so entspringt diese, trotz der Bitte um *einen guten Rath*[57], nicht der Ratlosigkeit, sondern der Problematik des Rates, den Hölderlin sich gegeben hat: der Vermittlung des idealischen Tons seiner Dichtung mit den Dingen der nüchternen Welt. Die Problematik aber ist keine der Sache selbst: sie tritt zurück in den Jahren um 1800, indem Hölderlin aufhört, Nüchternheit als eine zerstörende Macht zu sehen, er begreift sie nun als einen der drei Töne, aus deren *lebendigem Verhältniß*[58] das Kunstwerk sein Leben hat.[59]

[51] SW 6/426.
[52] SW 6/425 f.
[53] Vgl. *Überwindung des Klassizismus*, S. 359 f.
[54] Vgl. Gaier, *Der gesetzliche Kalkül*, S. 75.
[55] SW 6/426, vgl. *Überwindung des Klassizismus*, S. 349 ff.
[56] SW 6/289.
[57] Ebd.
[58] SW 6/426.
[59] Daß die Vermittlung mit der *eiskalten Geschichte des Tags* im Spätwerk nicht realiter, sondern durch deren Ineinssetzung mit der Nüchternheit der Homerischen Darstellung, als ästhetischer Schein also, realisiert wird, wäre Ausgangspunkt einer

Sind die Konzeptionen des Fragments *Über den Unterschied der Dichtarten* und des Briefes an Böhlendorff homolog, indem sie auf zwei verschiedene Fragen Antworten derselben Intention und derselben Struktur geben, so unterscheiden sich die beiden Texte doch in ihrem Vorgehen von einander. Über das Epos heißt es im Fragment: *Das epische, dem Schein nach naive Gedicht ist in seiner Bedeutung heroisch. Es ist die Metapher großer Bestrebungen.*⁶⁰ Im Brief an Böhlendorff: Die Griechen sind *des heiligen Pathos weniger Meister, weil es ihnen angeboren war, hingegen sind sie vorzüglich in Darstellungsgaabe, von Homer an, weil dieser außerordentliche Mensch seelenvoll genug war, um die abendländische Junonische Nüchternheit für sein Apollonsreich zu erbeuten, und so wahrhaft das fremde sich anzueignen.*⁶¹ Das Homburger Fragment geht definitorisch vor, es bestimmt das Kunstwerk, indem es ihm gleichsam auf den Grund schaut. Das geschieht in drei Etappen. Zuerst wird gesagt, was das Epos *dem Schein nach* ist, dann wird hinter solchen Schein zurückgefragt nach der *Bedeutung* des Werks, dann erst folgt die Definition im strengen Wortsinn. Das Verfahren des Böhlendorff-Briefs dagegen ist ein genetisches, und zwar in dem doppelten Verstand, daß geschichtsphilosophisch die griechische Dichtung von ihrem Ursprung, ihrer *Natur*⁶², her begriffen werden soll, zugleich aber die poetologische Frage nach dem Ausgangspunkt des dichterischen Vorgangs gestellt wird (dann freilich auch die nach dessen Ziel). Dabei entspricht dem *naiven* Kunstcharakter des Epos die *Junonische Nüchternheit*, seiner *heroischen* Grundstimmung (und zugleich der *idealischen* der Tragödie) das *heilige Pathos*, das *Feuer vom Himmel.*⁶³

immanenten Kritik, der freilich nicht nur Hölderlins Dichtung, sondern Kunst insgesamt heute ausgesetzt ist.

60 SW 4/266.
61 SW 6/426.
62 SW 4/221.
63 SW 6/426. Das Heroische, Spannungsgeladene, korrespondiert dem Blitz wie das Idealische, Geistige, der Sonne. Deren Götter, Zeus und Apollon, neigte Hölderlin ineinszusetzen. (Vgl. *Er selbst, der Fürst des Fests*, S. 322, ferner: *Der andere Pfeil*, Anm. 18.) Pfeil, bald Blitz, bald Sonnenstrahl, ist beider gemeinsames Sinnbild in der

Eine *Metapher großer Bestrebungen* ist das epische Gedicht, weil es seine heroische *Bedeutung* ins Naive überträgt, das Pathos ins Medium der Nüchternheit, die so zum *Kunstkarakter* wird. *Bedeutung* ist dergestalt im Prozeß der dichterischen Verfahrungsweise nicht ein Letztes, sondern ein Erstes[64], dem verwandt, was in der Hegelschen Ästhetik *Inhalt* heißt, während das sonst so Bezeichnete, der Stoff, Hölderlin als ein Moment des Kunstcharakters gilt.[65] Aber auch im Kunstcharakter, der doch die *Bedeutung*[66], als Gegenstand seiner metaphorischen Aufgabe, in sich aufgehoben hat, kommt die Dialektik des Kunstwerks nicht zum Stillstand. *Der Gegensaz seiner* [des epischen Gedichts] [heroischen] *Grundstimmung mit seinem* [naiven] *Kunstkarakter, seines eigentlichen Tons mit seinem uneigentlichen, metaphorischen*[67] *löst sich im idealischen auf.*[68] Was den beiden Tönen von Grundstimmung und Kunstcharakter den dritten hinzufügt (beim Epos den idealischen, bei der Tragödie den naiven, beim lyrischen Gedicht den heroischen), wird *der Geist des Gedichts*[69] genannt. Deutlicher noch als die beiden anderen Momente, die in Hölderlins Poetik das Kunstwerk konstituieren, zeigt dieses dritte die geheime Identität der Lehren vom Wechsel der Töne und vom Unterschied der Dichtarten mit der späteren, im Brief an Böhlendorff mitgeteilten geschichtsphilosophischen Konzeption und erweist solcherart die Dichtarten als geschichtlich bedingte, Hölderlins Gattungspoetik als Geschichtsphilosophie.

Geist, das dritte Moment, nennt das Fragment in der Folge auch

---

Metaphorik des Spätwerks. Ein, wohl sekundäres, Motiv solcher mythologischen Verschmelzung dürfte der Versuch sein, den Dualismus Hellas – Hesperien, Pathos – Nüchternheit mit dem System der drei Töne in Einklang zu bringen.

64 Vgl. Walser, *Archipelagus*, S. 214 ff.
65 Ebd. S. 215. Vgl. SW 4/244, 8-12.
66 SW 4/245.
67 Die Stelle zeigt, daß der Begriff *Metapher* in den drei Eingangsdefinitionen des Fragments neben seiner neuen, poetologischen, Bedeutung auch die übliche, rhetorische, hat.
68 SW 4/267.
69 SW 4/267. Das Wort *Geist* wird im folgenden stets in diesem Sinne verwendet.

Verweilen[70] (oder *Haltung*), denen *Nachdruk*[71] (= Grundstimmung, Bedeutung) und *Richtung*[72] (= Kunstcharakter, Schein) gegenüberstehen. In *Verweilen* und *Haltung* drückt sich das Beständige aus, das der *Geist des Gedichts* erlangt, indem er den Gegensatz von eigentlichem und uneigentlichem Ton auflöst. Der Kunstcharakter hingegen kann *Richtung* heißen, weil er sich jenem Bildungstrieb verdankt, der im Aufsatz über den *Gesichtspunct aus dem wir das Altertum anzusehen haben*[73] abstrakt, im Brief an Böhlendorff historisch konkretisiert als für Griechenland und für Hesperien jeweils aufs andere, dem Ursprung Entgegengesetzte, gerichtet erscheint. Und wenn Hölderlin die Grundstimmung nun *Nachdruk* nennt, so im Sinn des Akzents, der, indem er auf den *Grund* fällt, diesem eine Richtung »bedeutet«[74]: dem eigentlichen Ton die zum uneigentlichen, dessen die Grundstimmung bedarf, um in die ästhetische Erscheinung zu treten.

Mit der Einführung des dritten Moments, die allererst ermöglicht, die drei Dichtarten nicht jeweils einem der drei Töne zuzuordnen, sondern als die je verschiedene Konstellation dieser zu begreifen, ist Hölderlins gattungspoetisches System indessen noch nicht abgeschlossen. Ähnlich wie Friedrich Schlegel, der *unter d[en] R[omanen]* [...] *eine lyr[ische] – ep[ische] – dram[atische] Gattung*[75] differenziert hat, läßt Hölderlin die Einteilung der Dichtung in drei Arten in jeder von diesen spiegeln. Die Abschnitte des Fragments, die an die Eingangsdefinitionen anschließend die einzelnen Dichtarten analysieren, treten nach einer Gesamtschilderung der Dichtart jeweils in eine Unterteilung ein[76], welche nicht bloß als konstitutives Moment

70 SW 4/267.
71 Ebd.
72 Ebd.
73 SW 4/221. Vgl. *Überwindung des Klassizismus*, S. 86.
74 Vgl. SW 4/246: *eben dadurch giebt der Dichter dem Idealischen einen Anfang, eine Richtung, eine Bedeutung.* Ferner: Ryan, *Wechsel der Töne*, S. 54 f. und Walser, *Archipelagus*, S. 215.
75 Schlegel, *Literary Notebooks*, Nr. 1063, S. 114.
76 Sie beginnt mit den Worten *Ist sein Grundton ...* (SW 4/266, 23) für das lyrische

von Hölderlins Gattungspoetik, sondern ebenso aus heuristischen Gründen von Bedeutung ist. Denn indem sie Hölderlin zum Exemplifizieren zwingt, schafft sie die Möglichkeit, seine gattungspoetische und strukturanalytische Konzeption in ihrem Ursprung aus den an einzelnen Werken gemachten Beobachtungen zu verstehen, gar an ihnen zu verifizieren. Freilich gibt Hölderlin nur für zwei der drei möglichen tragischen (i. e. dramatischen) Dichtarten Beispiele, keines für die epischen, und von den lyrischen wird nur die mit heroischem Grundton exemplifiziert. Doch gerade dieses Beispiel erlaubt wie kein anderes, das in den Eingangsdefinitionen zur Formel Erstarrte in die Erkenntnis aufzulösen, der es entstammt; an ihm können nicht bloß die geschichtsphilosophischen Prämissen von Hölderlins Gattungspoetik abgelesen werden, sondern auch die, durch diese Prämissen bedingten, Gründe, aus denen bei der Tragödie eine, beim lyrischen Gedicht zwei, beim Epos alle drei Möglichkeiten ohne Beispiel bleiben.

Die Pindarische Hymne *an den Fechter Diagoras*, die 7. Olympische, ist Hölderlins Beispiel für ein lyrisches Gedicht mit

---

Gedicht; *Ist sein Grundton* . . . (SW 4/267, 13) für das Epos; *Ist die intellectuelle Anschauung* [i. e. der – idealische – Grundton] . . . (SW 4/270, 14) für die Tragödie. In der Handschrift wie auch in den früheren Editionen steht in den beiden ersten Fällen *ist ihr Grundton* . . . (SW 4/779, 31 und 4/780, 17). Unsere Deutung beruht auf dem von Beißner emendierten Text, der in der Wiedergabe der Personal- und Possessivpronomina von der Handschrift in fünfzehn Fällen abweicht. Beißner setzt eine, zunächst von Dieter Jähnig bemerkte, »Unstimmigkeit« (SW 4/413) voraus, deren Korrektur allererst eine Interpretation der Textstellen und damit ein Verständnis der von Hölderlin eingeführten Gliederung der einzelnen Dichtarten erlaubt hat (Ryan, *Wechsel der Töne*, S. 58 ff.). Ulrich Gaier hat in der Folge versucht, dem unveränderten Text der Handschrift einen Sinnzusammenhang abzugewinnen. (Gaier, *Der gesetzliche Kalkül*, S. 144 ff.). Hat seine Interpretation den früheren voraus, daß sie keine Änderung des Hölderlinschen Wortlauts bedingt, so ermangelt sie dennoch der Evidenz, weil sie jede Konkretisierung am Beispiel unterläßt, die Anwendung der Theorie auf den Wortlaut etwa der von Hölderlin genannten Pindarischen Hymne. Der Versuch, dies nachzuholen (vgl. unten Anm. 82), macht die Interpretation Gaiers nicht überzeugender. Indessen dürfte über ihre Richtigkeit nur im Rahmen einer Analyse des Aufsatzes *Über die Verfahrungsweise des poëtischen Geistes* und dessen Auslegung durch Gaier befunden werden, da sein Verständnis des Fragments über die Dichtarten sich aus dieser ergibt.

heroischerem Grundton.⁷⁷ Sie beginnt in Schadewaldts Übersetzung mit den Versen:

Wie wenn eine Schale einer von reicher Hand
Ergreift, die drinnen schäumt vom Tau des Weinstocks,
Und wird sie schenken,
Dem jungen Eidam zutrinkend von Haus zu Haus:
[...]

Die nächsten sechs Verse malen die Szene aus, worauf die Gegenstrophe mit den Worten einsetzt:

So sende auch ich ergossenen Nektar,
Der Musen Gabe, preistragenden Männern,
Die süße Frucht des Sinnens,
*Und schaffe Eintracht [...]*⁷⁸

Die Nähe dieser Hymne Pindars zur ersten von Hölderlins späten Hymnen in freien Rhythmen, der Hymne *Wie wenn am Feiertage...* ist in der Forschung früh bemerkt worden.⁷⁹ Sie beschränkt sich nicht auf die Identität des Eingangs (*ós ei* = *Wie wenn*), obgleich auch diese von größerer Relevanz ist, als es den Anschein haben könnte. Auftakt nicht bloß zur einen Hymne, sondern zu Hölderlins hymnischem Spätwerk insgesamt, sind die beiden unscheinbaren Wörter, beabsichtigt oder nicht, ein Hommage à Pindare⁸⁰, dem jenes Spätwerk sich verdankt. An Pindar erkannte Hölderlin den Weg, auf dem die Krise, die der Brief an Neuffer bezeugt, zu überwinden war: die Krise des rein idealischen Stils, in dem sowohl die Hymnen der 1790er Jahre als auch der *Tod des Empedokles* geschrieben sind.
Zu einer Lösung dieser Problematik verhilft das Vorbild Pin-

---

77 SW 4/266. Hölderlin nennt den Faustkämpfer Diagoras *Fechter*.
78 Pindar, *Siegeslieder*. Zusammengest. von U. Hölscher. Frankfurt am Main 1962 (= Exempla Classica 52), S. 24.
79 Zuntz, *Pindar-Übersetzung*, S. 74 f. Vgl. auch Benn, *Hölderlin and Pindar*, S. 111 und S. 122.
80 Vgl. Benn, *Hölderlin and Pindar*, S. 18.

dars Hölderlin, weil es die Vermittlung des idealischen Tons, des Tons seiner Seele[81], sowohl mit dem naiven als auch mit dem heroischen lehrt. Was nach Hölderlins Anmerkung die 7. Olympische auszeichnet, wodurch sie die im ersten Satz des Fragments *Über den Unterschied der Dichtarten* gegebene Definition des lyrischen Gedichts spezifiziert, ist, daß sie trotz ihrer naiven Bedeutung und ihrem idealischen Kunstcharakter mit einer Strophe einsetzt, deren Grundton heroisch, deren Kunstcharakter naiv ist.[82] Dasselbe ließe sich von der ersten Strophe der Hymne *Wie wenn am Feiertage ...* sagen und, wie bei Pindar, in stilistisch-thematischer Analyse verifizieren. Naiv ist der Kunstcharakter beider Strophen, weil er von einem Vergleich bestimmt wird: die heroische Grundstimmung ist in die Naivetät des Bildes transferiert, der Szene des Zutrinkens bei Pindar, der Landschaftsschilderung bei Hölderlin. Der anschauliche Vergleich, bevorzugtes Darstellungsmittel Homers[83], ist ein Moment des epischen Stils und damit dem naiven Ton zugehörig, soweit dieser nicht als Einheit des Gefühls[84] die Bedeutung, sondern als Einheit der Anschauung den Kunstcharakter bestimmt. Daß aber die Hymne, welche *Diagoras von Rhodos, Sieger im Faustkampf* feiert und seinen Triumph zu ihrem Anlaß, ihrem *Grund* nimmt, diese *Bedeutung* im heroischen Ton setzt, bedarf umso weniger des Beweises, als der athletische Wettkampf für Pindar wie für Hölderlin[85] ein Symbol dessen ist, was in der Charakteristik der heroischen *Bedeutung* des Epos *große Bestrebungen*[86], auch: *Energie und Bewe-*

---

[81] SW 6/290.
[82] Vgl. Zuntz, *Pindar-Übersetzung*, S. 74 und Ryan, *Wechsel der Töne*, S. 62. Dagegen Gaier, *Der gesetzliche Kalkül*, S. 146: »Ist der Gattungs-Grundton nicht extrem naiv und innig, sondern dem Geist des Lyrischen gemäß heroischer, gehalt- und gedankenreicher, kann das Gedicht rein lyrisch werden, naiven Grundton und idealischen Kunstkarakter haben. (Beispiel: Pindarische Hymne an den Fechter Diagoras.)« Walter Hof, *Hölderlins Stil*, S. 406, nennt den »Wie-Wenn-Vergleich« heroisch.
[83] Vgl. *Überwindung des Klassizismus*, S. 361.
[84] Vgl.: *eine fortgehende Metapher Eines Gefühls*, SW 4/266. (Daß die Majuskel das Wort als Numerale bestimmt, wird in manchem Kommentar übersehen.)
[85] Vgl. die Schlußstrophen der Ode *Der Frieden*, SW 2/7 f. und Benn, *Hölderlin and Pindar*, S. 64.
[86] SW 4/266.

gung und Leben[87] heißt. Zugleich reicht die heroische Bedeutung der Pindarischen und der Hölderlinschen Eingangsstrophen in tiefere Schichten der Thematik, verbürgt doch der Weinstock, von dessen Tau die Schale bei Pindar schäumt und der bei Hölderlin *von des Himmels erfreuendem Reegen* trauft[88], die Gegenwart von Zeus[89], dem heroischen Gott[90], dessen Wirken in der Eingangsstrophe der Feiertagshymne auch Blitz und Donner bezeugen.

Daß Hölderlin den Grundton der 7. Olympischen *heroischer* nennt, besagt wohl nicht, daß er die Definition des lyrischen Gedichts revidiert hätte. Dessen Kunstcharakter bleibt idealisch, die Grundstimmung naiv, aber diese ist gleichsam heroisch, jener naiv getönt, und die Hymne setzt nun nicht, wie sonst, im Ton des Kunstcharakters, sondern in dem der Grundstimmung ein[91], naiv, nämlich als epischer Vergleich, als *Darstellung*. Weil der Grundton *heroischer* ist, ändert sich zwar der Wechsel der Töne im Fortgang des Gedichts, für Hölderlins Verständnis aber nicht die Grundstruktur der lyrischen Dichtart.[92]

Indem Hölderlin die drei Dichtarten nicht den drei Tönen zuordnet, sondern sie durch deren je verschiedene Konstellation bestimmt[93], stehen die Dichtarten nicht mehr, wie in der traditionellen Klassifikation, unvermittelt nebeneinander, sondern schließen sich zu einem System zusammen, dessen Deduktionsprinzip – das, woraus und wonach die drei Dichtarten sich ableiten – die Reihe der drei Töne ist. Darum geht die Konzeption des *Geistes*, durch den der je dritte Ton in die Struktur des Gedichts eingefügt wird, ebenso aus dem Systemgedanken hervor, den bereits die auf zwei Töne gegründeten Eingangsdefini-

---

87 SW 4/267.
88 SW 2/118.
89 Vgl. *Der andere Pfeil*, S. 292.
90 Vgl. Anm. 63.
91 Zur Begründung vgl. SW 4/266, 25.
92 Vgl. Ryan, *Wechsel der Töne*, S. 61 ff.
93 Vgl. Walser, *Archipelagus*, S. 197.

tionen implizieren, wie das System allererst ihm, wenn nicht die Bedingung seiner Möglichkeit, so doch seine Geschlossenheit und Konsistenz verdankt.

Ohne die Vertretung aller drei Töne im Gedicht wäre auch die Unterteilung der Dichtarten, in der die Einteilung der Dichtung in drei Arten sich wiederholt, nicht schlüssig. Sie scheint, denkt man an die Pindarische Hymne, welche in dem naiven, natürlichen Ton einsetzt, *der vorzüglich dem epischen Gedichte eigen*[94], zur Folge eine Vermischung der Dichtarten zu haben, wie sie, wenngleich auf die Moderne beschränkt, auch bei Friedrich Schlegel auftritt. *Mischung der Dichtarten* wurde vom Herausgeber das folgende Fragment Hölderlins überschrieben:

Der tragische Dichter thut wohl, den lyrischen, der lyrische den epischen, der epische den tragischen zu studiren. Denn im tragischen liegt die Vollendung des epischen, im lyrischen die Vollendung des tragischen, im epischen die Vollendung des lyrischen. Denn wenn schon die Vollendung von allen ein vermischter Ausdruk von allen ist, so ist doch eine der drei Seiten in jedem die hervorstechendste.[95]

Vollendung heißt hier, was in dem Fragment über den Unterschied der Dichtarten *Geist* genannt wird. Das epische Gedicht löst den Gegensatz seines heroischen Grundtons und naiven Kunstcharakters in seinem idealischen Geist auf und vollendet sich darin, wie das tragische Gedicht (Grundstimmung: idealisch, Kunstcharakter: heroisch) im Naiven, das lyrische (Grundstimmung: naiv, Kunstcharakter: idealisch) im Heroischen sich vollendet. Weil aber das Idealische zugleich der Grund der Tragödie ist, kann Hölderlin sagen, daß *im tragischen* [...] *die Vollendung des epischen* liegt und analog die Vollendung des Tragischen[96] im Lyrischen, die Vollendung des Lyrischen im Epischen. Indem so der *Geist* der Tragödie dem

---

94 SW 4/229.
95 SW 4/273.
96 Oder: des tragischen, sc. Dichters? Die im Text gegebene Deutung hat die Bedingung ihrer Möglichkeit in dem Umstand, daß substantivierte Adjektive in den Homburger Fragmenten gelegentlich auch klein geschrieben werden, vgl. SW 4/246, 28 f.: *das idealische in dieser Gestalt* neben SW 4/246, 27 f.: *dem Idealischen*.

Grund des lyrischen Gedichts, der *Geist* des lyrischen Gedichts dem *Grund* des Epos und der *Geist* des Epos dem *Grund* der Tragödie entsprechen, hat der tragische Dichter für die Art, in der sein Gedicht sich vollendet, *der Gegensaz* [...] *seines eigentlichen Tons mit seinem uneigentlichen* die Auflösung findet, ein Vorbild an der Grundstimmung des lyrischen Gedichts: darum legt ihm Hölderlin nahe, den Lyriker zu studieren. Ebenso lehrt der Epiker den Lyriker und der Tragiker den Epiker den *Geist*, in dem ihr Gedicht, das lyrische bzw. das epische, sich vollendet. Aber noch aus einem anderen Grund kann Hölderlin postulieren, daß *der tragische Dichter* [*wohl*] *thut* [...], *den lyrischen, der lyrische den epischen, der epische den tragischen zu studiren*. Stellt man die Besetzung der drei »Stellen« mit den drei Tönen für die drei Dichtarten zusammen:

	NAIV	IDEALISCH	HEROISCH
EPOS	Kunstch.	Geist	Grundst.
TRAGÖDIE	Geist	Grundst.	Kunstch.
LYRISCHES GEDICHT	Grundst.	Kunstch.	Geist

so zeigt sich, daß der tragische Dichter nicht nur an der *Grundstimmung* des lyrischen Gedichts für den *Geist*, sondern auch an dem *Kunstkarakter* des lyrischen Gedichts für den *Grund* seines eigenen Gedichts, der Tragödie, ein Vorbild hat. Ebenso entspricht dem *Grund* des lyrischen Gedichts der *Kunstkarakter* des Epos, dem des Epos der *Kunstkarakter* der Tragödie. Daß diese zweite Analogie, die dem Dichter nicht für die *Vollendung*, den *Geist*, sondern für die *Begründung* seines Gedichts ein Vorbild an die Hand gibt, ebenso wichtig, wenn nicht wichtiger ist als die erste, lehrt der Brief an Böhlendorff. Dort nämlich wird gesagt, daß wir nichts schwerer lernen *als das Nationelle frei gebrauchen*, daß aber dieses, *das eigene* [...] *so gut gelernt seyn* [muß], *wie das Fremde*[97]. Dem Nationellen des Dichters entspricht[98] der Grund, seinem anderen, dem Fremden, der Kunstcharakter des Gedichts. Wenn der lyrische

[97] SW 6/425 f.
[98] Vgl. S. 374 f.

Dichter der Moderne *wohl thut*, den epischen Dichter der Antike zu studieren, so auch darum, weil der Kunstcharakter der Homerischen Epen ihn den naiven Ton lehren kann, jene *abendländische Junonische Nüchternheit*, die sein Eigenes ist, die er aber solange nicht zum Grund seines Gedichts nehmen kann, als er nicht gelernt hat, sie frei zu gebrauchen.[99]

Sowenig auch die beiden anderen Lernverhältnisse, die des tragischen Dichters zum lyrischen und des epischen zum tragischen, an Hand der geschichtsphilosophischen Konzeption des Böhlendorff-Briefes auf das Verhältnis Hesperiens zu Hellas sich projizieren lassen, sowenig dürften sie ausgenommen werden aus dem, was aus der Analogie der Beziehungen des lyrischen Dichters zum epischen und des abendländischen zum antiken folgt: der geschichtsphilosophischen Indizierung der Dichtarten. Denn nicht erst der Brief an Böhlendorff bezeugt, daß dem zyklischen Prinzip, wie es dem von Beißner *Mischung der Dichtarten* genannten Fragment und damit auch dem Fragment *Über den Unterschied der Dichtarten* zugrunde zu liegen scheint, in Hölderlins Konzeption ein anderes antagonistisch beigegeben ist: das Prinzip der Progression. In der 1790 als eines der beiden Magisterspecimina verfaßten *Geschichte der schönen Künste unter den Griechen* schreibt der zwanzigjährige Kandidat über Pindar: *Ich möchte beinahe sagen, sein Hymnus sei das Summum der Dichtkunst. Das Epos und Drama haben größern Umfang, aber eben das macht Pindars Hymnen so unerreichbar, eben das fodert von dem Leser, in dessen Seele seine Gewalt sich offenbaren soll, soviel Kräfte und Anstrengung, daß er in dieser gedrängten Kürze die Darstellung des Epos und die Leidenschaft des Trauerspiels vereinigt hat.*[100]

Nicht minder kühn als Hölderlins, der geltenden Einschätzung widersprechende, Bevorzugung Pindars ist hier die Konzeption, die seine Hymnen als Vereinigung der epischen und der dramatischen Dichtart begreift, im Vorgriff auf jenen Grundgedanken der ästhetischen Systeme des Deutschen Idealismus, der die drei Dichtarten dem Schema von Thesis, Antithesis und

---

99 Vgl. *Überwindung des Klassizismus*, S. 351 f.
100 SW 4/202 f. Sperrungen im letzten Nebensatz des Zitats vom Verf.

Synthesis unterwirft. Und ebenso enthält diese Stelle der Magisterarbeit eine Vorahnung von Hölderlins eigener Lehre von den Dichtarten, wie sie in den Homburger Fragmenten ein Jahrzehnt später abgefaßt wird. Dort kehren die *Darstellung des Epos* und die *Leidenschaft des Trauerspiels* als der *naive Kunstkarakter* des epischen und als der *heroische Kunstkarakter* des tragischen Gedichts wieder, während ihre Vereinigung in den Hymnen Pindars, dessen Gewalt sich in der Seele des Lesers, als ein Idealisches also, offenbaren soll, die Verbindung von *heroischem Grundton* und *naivem Kunstkarakter* antizipiert, wie sie nicht zwar generell für die lyrische Dichtart, wohl aber für die 7. Olympische Hymne Pindars angenommen wird. Bestimmt das Idealische den Kunstcharakter der lyrischen Dichtart, so tönt es hier den heroischen Geist, wie das Heroische den naiven Grund.

Freilich sagt Hölderlin nicht von der lyrischen Dichtart schlechthin, sondern nur von Pindars Hymnus, daß in ihm die epische und die tragische vereinigt seien, und selbst die Konzeption von Lyrik als einer Synthesis der beiden anderen Dichtarten würde nicht schon die Annahme geschichtsphilosophischer Indices für die einzelnen Dichtarten bedeuten. Das geschichtliche Nebeneinander der Dichtarten kann in der Magisterarbeit nicht nur darum nicht als geschichtsphilosophisches Nacheinander erscheinen, weil dann, aus Gründen schlichter Chronologie, entweder auf Pindar als den lyrischen Dichter verzichtet werden müßte oder, zugunsten von Aischylos, auf Sophokles als auf den tragischen sondern weil der Gesichtspunkt der Abhandlung historisch, nicht geschichtsphilosophisch ist. Erst die Konzeption der hellenisch-hesperischen Dialektik, in eins mit Hölderlins Einsicht in seinen *Dichterberuf*[101], erweist das Epos und die Tragödie, kraft ihrer heroischen bzw. idealischen Grundstimmung, der beiden Erscheinungsweisen des *heiligen Pathos*, als antike, die Lyrik dagegen, kraft ihrer naiven, abendländisch-nüchternen Grundstimmung, als moderne Dichtart. Zu sehr sind aber die Erkenntnisse des Briefes an Böhlendorff

---

101 SW 2/46.

vom 4. Dezember 1801 denen der Homburger Aufsätze homolog, als daß die Vermutung abwegig wäre, daß dort, wo nicht bloß der Hymnus Pindars, weil Vereinigung der beiden anderen Dichtarten, als *Summum der Dichtkunst* erscheint, sondern das Prinzip der Progression durchgeführt ist, diese Progression eine historische sei. Das aber dürfte in jenem Fragment der Fall sein, dessen apokryphe Überschrift *Mischung der Dichtarten* damit nur noch fragwürdiger wird.[102] Wenn Hölderlin schreibt, daß das epische Gedicht[103] im tragischen und das tragische im lyrischen Gedicht sich vollendet, so liegt es nahe, in dieser Vollendung nicht bloß den *Geist*, d. h. die Auflösung des Gegensatzes von eigentlichem und uneigentlichem Ton im einzelnen Gedicht zu sehen, sondern die nächste Stufe in einem Prozeß, der in Hegels Geschichtsphilosophie, wie auch schon in seiner Logik, dem in Hölderlins Homburger Schriften konzipierten entspricht: eines vollendet sich, wird ganz es selbst, indem es über sich hinausgeht und mit seinem anderen zu einem dritten sich vermittelt.

[102] Während Hellingrath das Fragment titellos in der Abteilung *Kürzere Fragmente über die Dichtungsarten* abdruckt, trägt es beim Böhm, seinem ersten Herausgeber (Friedrich Hölderlin, *Gesammelte Werke*. Bd. 3, 2. Aufl. Jena 1911, S. 368) in der zweiten und dritten Auflage die Überschrift: *Über das Verhältnis der Dichtarten*, in der vierten: *Die Übergänge zwischen den Dichtungsgattungen*. Beide Titel Böhms, zumal der erste, dürften dem Fragment ungleich adäquater sein als der heute übliche. Denn auch der Schluß des Fragments erlaubt es schwerlich, von einer *Mischung der Dichtarten* zu sprechen. Die *Vollendung* in einer Dichtart, i. e. der *Geist des Gedichts*, ist, wie *Grundstimmung* und *Kunstkarakter*, ein *vermischter Ausdruk* (SW 4/273) von allen, insofern sie den Ton mit den beiden anderen Dichtarten gemein hat, in denen er aber an anderer »Stelle« auftritt. Die (heroische) Vollendung des lyrischen Gedichts ist so ein vermischter Ausdruck zugleich des Epos und der Tragödie, weil sie mit der Grundstimmung des einen und dem Kunstcharakter der anderen koinzidiert. Da die drei Dichtarten zwar die drei Töne gemein haben, ihnen aber je verschiedene Funktionen (Grundstimmung, Kunstcharakter, Geist) zuweisen, von denen der *Kunstkarakter* (vgl. *dem Schein nach*, SW 4/266), wenn nicht der *Geist*, die hervorstechendste Seite (SW 4/273) ist, sind die Dichtarten unterscheidbar, bleiben sie, trotz der Gemeinsamkeit, unvermischt. Obwohl das Fragment die drei Dichtarten nicht einzeln definiert, sondern als ineinander übergehende begriffen wird, ist seine Intention, da die Übergänge zugleich solche der Geschichte sind, wie die des Fragments *Über den Unterschied der Dichtarten*, Differenzierung.
[103] Vgl. Anm. 96.

Solcher Deutung des Fragments scheint indessen seine Fortsetzung zu widersprechen, der zufolge das lyrische Gedicht sich im epischen vollendet, das Ende zum Anfang zurückführt, das zyklische Prinzip über das lineare doch noch triumphiert. Dieser Widerspruch darf nicht mit dem Hinweis auf die Möglichkeit einer Geschichtsphilosophie aus der Welt geschafft werden, die statt zum Progreß sich zum Kreislauf bekennt (nichts dürfte Hölderlin fremder gewesen sein als eine Abdankung eschatologischen Denkens vor der immergleichen Natur). Aber sowenig der Widerspruch so oder anders verdeckt werden darf, sowenig widerlegt er die Deutung von Hölderlins Lehre von den Dichtarten als einer geschichtsphilosophischen. Vielmehr ist er dem historisierten System Hölderlins wie dem seiner Zeitgenossen immanent. Läßt sich das für Hölderlin nicht zeigen, weil schon das geschichtsphilosophische Wesen seines, nur entworfenen, Systems der Dichtarten erschlossen werden muß, so geht es für Hegel aus einer immanenten Kritik seiner Ästhetik um so klarer hervor. Ist auch mit der These vom Ende der Kunst, ihrem Übergang in Religion und Philosophie, zugleich die Gegensatzspannung zwischen System und Geschichte, die in jenem Widerspruch sich ausdrückt, für die Ästhetik im ganzen behoben, so sind doch nicht alle Momente der Konstruktion von ihr frei. Sie meldet sich etwa, wenn die Tragödie als zugleich der klassischen und der romantischen Kunstform zugehörig erscheint. Einen Versuch, solcher Antinomie zu entrinnen, stellt die, Hegel kaum bewußte, Spiralkonzeption seines Systems dar[104],

---

104 In der *Ästhetik* heißt es, die Poesie sei *an keine bestimmte Kunstform ausschließlicher gebunden, sondern wird die allgemeine Kunst, welche jeden Inhalt, der nur überhaupt in die Phantasie einzugehn imstande ist, in jeder Form gestalten und aussprechen kann, da ihr eigentliches Material die Phantasie selber bleibt, diese allgemeine Grundlage aller besonderen Kunstformen und einzelnen Künste.* (G. W. F. Hegel, *Ästhetik*. Hrsg. Fr. Bassenge, Berlin 1955, S. 874.) Aber die Poesie wird die allgemeine Kunst als letzte Stufe jenes historischen Prozesses, in dem die Bedeutung des sinnlichen Materials der Künste, von der Architektur über Skulptur, Malerei und Musik, Hegel zufolge immer geringer wird. Darum steht die Poesie in seinem System der einzelnen Künste trotz der Behauptung, sie gehöre als *die allgemeine Kunst [...] allen Kunstformen gleichmäßig* an (*Ästhetik*, S. 727), nicht außerhalb der Kapitel, die den einzelnen Kunstformen gelten, sondern in dem letzten, das

deren Aufgabe die Versöhnung des nur in zyklischer Form dynamisierbaren Systems mit der linear fortschreitenden Geschichte ist.[105] Diese Konzeption liegt den Entsprechungen zugrunde, die zwischen dem System der einzelnen Künste und dem der Dichtarten bestehen. Sind im System der einzelnen Künste die Baukunst der symbolischen, die Plastik der klassischen, Malerei, Musik und Poesie[106] der romantischen Kunstform zugeordnet, wobei die klassische Kunstform als Synthesis von *Vorkunst*[107] (Naturreligionen) und symbolischer Kunstform begriffen wird, so wiederholt sich diese Gliederung und dieser Entstehungsprozeß innerhalb der Dichtung, in der die Epik der Skulptur (also der Klassik), die Lyrik der Musik (also der Romantik) entsprechen, die dramatische Dichtung aber die Synthesis beider ist, gleichsam die Wiederkehr von Klassischem auf der Stufe des Romantischen. Nicht zuletzt weil diese Spiralkonzeption von der Geschichte, der sie doch dienen will, nicht bestätigt wird – ist auch das romantische Prinzip der Subjektivität Voraussetzung der Poesie im allgemeinen und der dramatischen Dichtung im besonderen, so bleibt doch Hegels Dramenkonzeption an der Antike orientiert –, kann solche Wiederholung der Dialektik der einzelnen Künste auf einer höheren Ebene innerhalb der geschichtsphilosophisch spätesten, systematisch letzten Kunst: der Poesie, als Dialektik der Dichtarten die Antinomie zwischen System und Geschichte nicht aufheben. Diese Antinomie bleibt vielmehr ein Sprengstoff, der dann das Gebäude der Hegelschen Ästhetik zum Einsturz bringen

---

die romantischen Künste behandelt. Sie wird, nach Malerei und Musik, als deren dritte bezeichnet, die den Gegensatz der beiden ersten auflöst, und so *zugleich* (ebd., vom Verf. gesperrt) zur allgemeinen Kunst wird. Nur weil sie solcherart den Kreis der Kunstformen und damit zugleich der anderen Künste, ihr eigenes System bildend, auf der Stufe der romantischen Kunstform noch einmal zieht, ist das Bild der Spirale erlaubt.

105 Vgl. Hans Robert Jauss, *Literarische Tradition und gegenwärtiges Bewußtsein der Modernität.* In: *Aspekte der Modernität.* Hrsg. H. Steffen. Göttingen 1965, S. 170 u. S. 192, Anm. 71. Ferner: Georges Poulet, *Les métamorphoses du cercle.* Paris 1961, S. 397-428.
106 Vgl. Anm. 104.
107 Hegel, *Ästhetik*, S. 322.

und in dessen Ruinen einer historischen Poetik ohne systematische Intention, jener des frühen Lukács und Benjamins, den Grund bereiten wird. Die Nähe Hölderlins zu dieser Problematik von Hegels historisiertem System liegt darin begründet, daß er die Gliederung der Dichtung in den einzelnen Dichtarten nicht anders spiegeln läßt als Hegel in der Gliederung der Dichtkunst die der Kunst. Und wie bei diesem verdankt sich auch bei ihm solche Repetition keinem Amoklauf der Systematik, sondern den Sperren, welche die Geschichte ihr in den Weg legt.

Hölderlin postuliert, die *Vollendung*[108] des Lyrischen liege im Epischen. Die Deutung von *Vollendung* im Sinn historischen Fortgangs ist sowohl für das Epische, dessen Vollendung im Tragischen, als auch für das Tragische, dessen Vollendung im Lyrischen liegt, legitimiert: dort durch die Geschichte der griechischen Literatur, in der die Tragödie beginnt, wo das Epos aufhört, hier durch Hölderlins Geschichtsphilosophie, die das lyrische Gedicht kraft seines *naiven* Grundes und seines *idealischen* Kunstcharakters als die Kunstform Hesperiens ausweist, dessen Eigenes die Nüchternheit, dessen Fremdes das Pathos ist. Zwar gibt dem Gedanken einer Wiederkunft des Epos, wie er aus der These, das Lyrische vollende sich im Epischen, wenn einmal der geschichtsphilosophische Index der Lyrik erkannt ist, folgen zu müssen scheint, Hölderlins Lehre von den Dichtarten keinen Raum.[109] Bedacht ist hingegen eine Tendenz zum Epischen beim lyrischen wie beim tragischen Gedicht. Die theoretische Bedingung der Möglichkeit solcher »Episierung« ist durch die Differenzierung gegeben, die das Fragment *Über den Unterschied der Dichtarten* innerhalb jeder von ihnen vornimmt.[110] Ihre Konkretisierung aber findet sie an den Beispielen, die Hölderlin zur Erläuterung seiner These gibt.

Im Abschnitt über die Tragödie wird der Stil der *Antigone*

---

108 SW 4/273.
109 Vgl. *Exkurs über Schiller, Schlegel und Hölderlin*, S. 407 f.
110 Vgl. S. 380.

lyrisch genannt, die *intellectuelle Anschauung* sei hier *subjectiver*[111], d. h. die idealische Grundstimmung naiv getönt; der Stil des *Oedipus* dagegen *tragisch*[112] (i. e. dramatisch). Für die Tragödie epischen Stils, bei der die *Trennung [...] mehr von den Nebentheilen* ausgeht und *objectiver* ist, gibt das Fragment kein Beispiel. Wäre schon daraus, daß die beiden Hölderlin als paradigmatisch geltenden Werke der attischen Tragödie, die *Antigone* und der *Oedipus Rex*, als Beispiele für die *lyrische* bzw. *tragische* Tragödie auftreten, zu schließen, daß die Tragödie *epischen* Stils ihm eine Kunstform weniger der Antike als der Moderne sein dürfte[113], so liefert dafür sein Brief an Böhlendorff den Beweis. Über dessen Werk *Fernando oder die Kunstweihe. Eine dramatische Idylle*[114] schreibt Hölderlin: *Das hat Dein guter Genius Dir eingegeben, wie mir dünkt, daß Du das Drama epischer behandelt hast. Es ist, im Ganzen, eine ächte moderne Tragödie. Denn das ist das tragische bei uns, daß wir ganz stille in irgend einem Behälter eingepakt vom Reiche der Lebendigen hinweggehn, nicht daß wir in Flammen verzehrt die Flamme büßen, die wir nicht zu bändigen vermochten.*[115] Hat die Tragödie tragischen Stils, der *Oedipus*, einen heroischen Kunstcharakter, weil die Darstellung darauf beruht, *daß das Ungeheure, wie der Gott und Mensch sich paart, und gränzenlos die Naturmacht und des Menschen Innerstes im Zorn Eins wird, dadurch sich begreift, daß das gränzenlose Eineswerden durch gränzenloses Scheiden sich reiniget*[116], so ist der Kunstcharakter der Tragödie epischen Stils naiv getönt: *die Trennung [...] gehet [...] mehr von den Nebentheilen aus*[117], der Untergang vollzieht sich nicht in der Grenzenlosigkeit der Einswerdung von Mensch und Gott, der heroischen Handlung der attischen

---

111 SW 4/270.
112 Ebd.
113 Das schließt nicht aus, daß der Sophokleische *Aias* möglicherweise zu diesem Tragödientypus zu rechnen ist. Vgl. Ryan, *Wechsel der Töne*, S. 62.
114 Schon Böhlendorff stellt sein Werk mit der Bezeichnung *Eine dramatische Idylle* zwischen die dramatische und die epische Dichtart.
115 SW 6/426, vom Verf. gesperrt.
116 SW 5/201.
117 SW 4/270.

Tragödie, sondern indem *wir ganz stille in irgend einem Behälter eingepakt vom Reiche der Lebendigen hinweggehn*[118], er vollzieht sich als Idylle.[119]

Das Beispiel eines *epischer* behandelten lyrischen Gedichts ist für Hölderlin Pindars 7. Olympische Hymne.[120] Ihre Eingangsstrophe, anders als es die Bestimmung des lyrischen Gedichts zu Beginn des Fragments *Über den Unterschied der Dichtarten* vorsieht, ist nicht die Darstellung *Eines Gefühls* im idealischen Ton, welcher die schlechte Subjektivität, das bloß Private, im Allgemeinen der *intellectuellen Anschauung* aufhöbe. Vielmehr ist ihr *Grundton*, wie im Homerischen Epos, durch die *großen Bestrebungen*[121] gegeben, die dort den Heros, hier den Athleten bestimmen, beide als *Zeichen*[122] dessen, was *zwischen Himmel und Erd und unter den Völkern*[123] hinwandelt. Der Vers steht in der Hymne *Wie wenn am Feiertage* . . . Er bezeichnet deren *Bedeutung* im Hölderlinschen Wortsinn und erklärt, warum ihre *Metapher*[124], ihr Darstellungsstil, mit Vorzug des naiven Tons sich bedienen muß. *Ein stoffreicherer Grundton*, heißt es im selben Homburger Fragment, äußert sich *in jeder Dichtart, der epischen, tragischen und lyrischen* [. . .] *im naiven* [. . .] *Style.*[125]

Die Hymne, Hölderlins erste in der Art des Pindar, nimmt dessen Vorbild wörtlicher als die späteren. Wie der Auftakt dem der 7. Olympischen im Wortlaut folgt[126], so versucht, nach Beißners Annahme [127], der metrische Aufbau das Prinzip der

---

118 SW 6/426.
119 Vgl. Anm. 114 und das im Exkurs über die Idylle Gesagte, S. 409. Ferner Allemann, *Hölderlin und Heidegger*, S. 30 f.
120 Vgl. S. 382.
121 SW 4/266.
122 Vgl. das Fragment *Die Bedeutung der Tragödien* (SW 4/274) und den Kommentar in: *Versuch über das Tragische*, S. 161 ff.
123 SW 2/119.
124 SW 4/266.
125 SW 4/272, vgl. SW 4/266: *Ist sein Grundton jedoch heroischer, gehaltreicher, wie z. B. der einer Pindarischen Hymne, an den Fechter Diagoras* [. . .] – Zu *sein* vgl. Anm. 76.
126 Vgl. S. 382.
127 SW 2/677 f.

Strophenresponsion wiederzugeben. Auch die Berufung auf die *Dichter*, die das Schicksal der Semele überliefern[128], wäre später nicht denkbar. Dennoch bleibt, was die 7. Olympische zu einem Paradigma in Hölderlins Lehre von den Dichtarten bestimmt und worin die Hymne *Wie wenn am Feiertage* ... ihr gleicht – die *epischere*[129] Behandlung, der naive Ton der Eingangsstrophe – im Spätwerk Hölderlins nicht vereinzelt, vielmehr bildet es die Keimzelle von dem, was dessen Darstellungsweise durchgehend und immer ausschließlicher prägt.

Manche Eingangsstrophen der großen Hymnen sind, wie ihre Bildlichkeit erweist, der die hymnische Anrufung weicht, im naiven Ton gesetzt. *Der Rhein*[130] etwa, oder *Germanien*. Erst die zweite Strophe setzt hier hymnisch mit den Versen *Entflohene Götter! auch ihr, ihr gegenwärtigen, damals / Wahrhaftiger, ihr hattet eure Zeiten!*[131] ein, während der Anfang der ersten von ihnen als von den *Götterbildern*[132] in der dritten Person und einer vergegenständlichten Form spricht – beides Momente der Beschreibung, des naiven Tones. Vollends prägt dieser die Strophe in der Naturschilderung, die auf den ersten Satz folgt:

> *Denn voll Erwartung liegt*
> *Das Land und als in heißen Tagen*
> *Herabgesenkt, umschattet heut*
> *Ihr Sehnenden!*[133] *uns ahnungsvoll ein Himmel.*
> *Voll ist er von Verheißungen und scheint*
> *Mir drohend auch, doch will ich bei ihm bleiben,*
> *Und rükwärts soll die Seele mir nicht fliehn*
> *Zu euch, Vergangene! die zu lieb mir sind.*
> [. . .][134]

128 Vgl. v. 50 (SW 2/119): *wie Dichter sagen*, vor allem Pindar und Euripides in von Hölderlin übersetzten Versen (vgl. Beißner SW 2/679).
129 SW 6/426.
130 Vgl. Hof, *Hölderlins Stil*, S. 201.
131 SW 2/149.
132 Ebd., v. 2.
133 i. e. die *heimatlichen Wasser*.
134 SW 2/149, 6-13.

Immer schon weist dieses Landschaftsbild, wie das in den Eingangsstrophen von *Wie wenn am Feiertage...* und *Der Rhein*, über sich hinaus, auf das Göttliche, dessen Naturbild Blitz und Donner sind, das himmlische Feuer, das nicht anders seine Darstellung findet als übertragen ins Medium des Naiven. Geht aber schon diese erste Strophe in den zuletzt zitierten Versen, an die *entflohenen Götter* gewandt, ins Hymnische über, in den idealischen Kunstcharakter, in welchem sich ein *empfindungsvollerer Grundton*[135], das *Eine Gefühl*[136], ausdrückt, so bereitet sie damit, die Härte des Tonwechsels mildernd[137], nur den Kunstcharakter der zweiten Strophe vor.

Daß die an Pindars 7. Olympischen begriffene und in Hölderlins erster pindarisierenden Hymne versuchte Ersetzung des idealischen (hymnischen) Eingangstons durch den naiven (epischen) nicht bloß einem künstlerischen Kalkül sich verdankt, sondern ein Moment jenes Stilwandels ist, über den Hölderlin sich im Brief an Böhlendorff vom 4. Dezember 1801 die erste bezeugte Rechenschaft ablegt, zeigt *Friedensfeier*. Die frühe Fassung, wohl unmittelbar nach dem Friedensschluß von Lunéville (9. Februar 1801) begonnen[138], ruft in der ersten Strophe den Frieden selbst an. Ihr wird in der späteren Fassung als neuer Eingang die Schilderung eines *seeliggewohnten Saals*[139] vorgebaut, eine Strophe von naivem Kunstcharakter, während auch die Umarbeitung der alten Eingangsstrophe (die zweite von *Friedensfeier*) sowohl das Hymnische des Anrufs[140] als auch das

---

135 SW 4/272.
136 SW 4/266.
137 Vgl. *Er selbst, der Fürst des Fests*, S. 325.
138 Vgl. *Versöhnender, der du nimmergeglaubt / Nun da bist [...] seeliger Friede!* (SW 2/130, vom Verf. gesperrt.)
139 SW 3/533, 4.
140 An die Stelle des *seeligen Friedens*, der in der ersten Fassung besungen wird wie die Freiheit, die Freundschaft, die Schönheit in den Hymnen der Tübinger Zeit (vgl. S. 375 f.), tritt eine Gottheit, die mit einem aus der konkreten Situation gewonnenen Namen, gleichsam im naiven Ton, benannt wird (als *Fürst des Fests*, vgl. *Er selbst, der Fürst des Fests*, S. 331), und zwar zunächst in der dritten Person (vgl. oben zu *Germanien*, S. 395), während die direkte Anrede, im hymnischen Stil ein autonomes Moment, dann gleich dem Gedankengang untergeordnet ist: *Doch wenn du schon dein Ausland gern verläugnest [...]*.

Eine Gefühl, die Subjektivität der Grundstimmung[141], ins Nüchtern-Gegenständliche wendet.

Prägnanter noch als an diesem Gedicht, dessen Gattung bei Hölderlin zwar auch von der späteren Stilentwicklung zeugt, zunächst aber von dem neuen Stil selbst – wie die Hymnen für diesen, sind die Elegien, deren letzte im Frühsommer 1801 entstanden sein dürfte[142], für jenen repräsentativ, der ihm um die Jahrhundertwende weichen muß –, ist durch die späte Bearbeitung einiger Oden der Wandel von Hölderlins Intentionen festgehalten. Ihm hat der zweiundzwanzigjährige Walter Benjamin 1914/15 eine Arbeit gewidmet, deren Einsichten umso erstaunlicher sind, als ihr Verfasser nur den geringsten Teil der Texte gekannt haben mag, auf die heute die Erkenntnis von Hölderlins Werk sich stützt.[143] Was Benjamin, die erste

141 Vgl. die Änderung von *Erkenn ich   das Hohe / das mir die Knie beugt* in *doch / Beugt fast die Knie das Hohe.* (SW 2/130, 4 f. und SW 3/533, 19 f.)
142 *Heimkunft,* vgl. SW 2/621.
143 Der Brief an Böhlendorff vom 4. Dezember 1801 wurde zum ersten Mal 1899 (vgl. SW 6/1076) veröffentlicht, er steht auch im 1913 erschienenen 5. Band der Hellingrathschen Ausgabe. Der Aufsatz *Über den Unterschied der Dichtarten* ist wie die meisten anderen Homburger Fragmente zuerst von Wilhelm Böhm 1911 gedruckt worden, er ist ferner im 1914 erschienenen 2. Band der Ausgabe Zinkernagels enthalten. Der 3. Band der von Seebaß und v. Pigenot fortgeführten Edition Hellingraths, in dem die theoretischen Schriften stehen, erschien erst 1922. Nach freundlicher Mitteilung von Benjamins Jugendfreund Professor Gershom Scholem (Jerusalem) besaß Benjamin die Hellingrathsche Ausgabe: den ersten Brief an Böhlendorff dürfte er 1914 also gekannt haben. Dafür scheint ein Indiz zu sein, daß Benjamin den späten Stil Hölderlins u. a. mit den Begriffen »Nüchternheit« und »orientalisch« charakterisiert: der eine ist als die *Junonische Nüchternheit* ein Grundbegriff des Briefes, der andere entspricht dem, was Hölderlin das *heilige Pathos* nennt (»das orientalische, mystische, die Grenzen überwindende Prinzip«, *Zwei Gedichte,* S. 398) und als *Natur* der Griechen ihrer *Kunst* entgegensetzt. Indessen zitiert Benjamin als Beleg für »Nüchternheit« nur *heilig nüchtern* (vgl. *Hälfte des Lebens,* v. 7, ferner, Benjamin 1914 vermutlich noch nicht bekannt, *Deutscher Gesang,* v. 18) und den Begriff des Orientalischen führt er, nach seinen eigenen Worten, »ohne ausdrückliche Rechtfertigung« ein (ebd. S. 400). Auch fragt es sich, ob er das Verhältnis von Griechischem und Orientalischem und in Hölderlins Spätstil die Verknüpfung von Orientalischem und Nüchternem nicht anders gefaßt haben würde, wenn ihm der Brief an Böhlendorff bekannt war. Umso erstaunlicher bleibt, daß sein Vergleich der späten Odenbearbeitung mit einem »Teppich« (ebd. S. 387) und mit »byzantinischen Mosaiken« (ebd. S. 389) dennoch jenes von Hölderlin für Homers Epen angenommene Stilprinzip impliziert, nach dem der orientalische Grund, das *heilige Pathos,* in das nüchterne und

Fassung der Ode *Dichtermuth* (um 1800 begonnen[144]) mit der Bearbeitung von 1802/03 (*Blödigkeit*[145]) vergleichend, erkennt, ist in der Sphäre der Darstellung, des Kunstcharakters, »wachsende Bestimmtheit«[146], »eine Bewegung in plastisch-intensiver Richtung«[147]. Die Sprache wird anschaulich, nüchtern[148], »die hergebrachte und einfache Überordnung der Mythologie« ist aufgehoben[149], das Lebendige erscheint versachlicht[150]. Analoges ließe sich einem Vergleich der Ode *Der blinde Sänger* (1801?)[151] mit *Chiron* (1802/03)[152], der Ode *Der gefesselte Strom* (1801?)[153] mit *Ganymed* (1802/03)[154] entnehmen.[155] Daß aber, zumal in *Chiron* und *Ganymed*, die zweite Strophe mehr noch als die erste eine *epischere* Behandlung erfährt[156], hat zum Grund, daß, Hölderlins Lehre vom Wechsel der Töne gemäß, in flächenhafte, episodisch strukturierte Bild gefaßt ist.

144 Vgl. Beißner SW 2/527.
145 Ebd.
146 Benjamin, *Zwei Gedichte*, S. 386 (auch in: *Gesammelte Schriften, II, 1*, Frankfurt 1977, S. 113).
147 Ebd., S. 391 (S. 118).
148 Ebd., S. 399 f. (S. 125).
149 Ebd., S. 384 (S. 112). Vgl. auch das in *Er selbst, der Fürst des Fests*, S. 330 f. zu den konkreten Antonomasien, die an die Stelle der traditionellen Götternamen treten, Gesagte.
150 Benjamin, *Zwei Gedichte*, S. 392 (S. 118 f.).
151 Vgl. Beißner SW 2/499.
152 Ebd.
153 Vgl. Beißner SW 2/539.
154 Ebd.
155 Daß hier nicht die früheren, sondern die späteren Fassungen zur Überschrift mythologische Namen haben, widerlegt den Hinweis auf Hölderlins Tendenz zur Namensumschreibung (vgl. Anm. 149) nicht, steht doch diese im Dienst der Rekonkretisierung der olympischen Götter, während die Namen der Halbgötter, Heroen und Menschen aus der griechischen Mythologie gleich den Namen aus der abendländischen Geschichte (vgl. z. B. SW 2/329) selbst schon für ein Konkretes einstehen.
156 Vgl. *Der blinde Sänger* (SW 2/54):
Sonst lauscht' ich um die Dämmerung gern, sonst harrt'
  Ich gerne dein am Hügel, und nie umsonst!
    Nie täuschten mich, du Holdes, deine
      Boten, die Lüfte, denn immer kamst du,
[...]
Chiron (SW 2/56):
Sonst nemlich folgt' ich Kräutern des Walds und lauscht'

diesen Gedichten die erste Strophe einen idealischen und erst die zweite einen naiven Kunstcharakter hat.[157]

Wohl setzt solcherart die »Episierung« beim naiven Ton ein, indem sie ihn in den Oden seinem Begriff allererst adäquat werden läßt[158] und in einigen Hymnen seine Priorität gegenüber dem idealischen Ton als dem gattungsgemäßen Kunstcharakter gar durch eine Umkehrung im Wechsel der Töne ausdrückt. Indessen fragt es sich, ob nicht gerade diese Tendenz in den Jahren 1802/03 Hölderlin veranlaßt, die triadische Gliederung der Hymnen[159] und vielleicht auch den Wechsel der Töne[160]

> *Ein waiches Wild am Hügel; und nie umsonst.*
> *Nie täuschten, auch nicht einmal deine*
> *Vögel; denn allzubereit fast kamst du,*
> [...]

157 Vgl. dagegen Corssen, *Der Wechsel der Töne*, S. 44 f.
158 Vgl. die S. 397 aus Benjamins Abhandlung zitierten Ausdrücke, die fast durchweg Merkmale der Homerischen Epensprache bezeichnen.
159 Vgl. Beißner zu *Andenken* (1803) SW 2/802 und zu *Der Ister* (1803) SW 2/812. Über die Hymne *Germanien* heißt es in den Erläuterungen: »Der Grundsatz der triadischen Gliederung ist in diesem Gesang (wie später noch in *Andenken*) verlassen. Doch ist aus der Art der Sprachfügung mit einiger Sicherheit zu vermuten, daß er noch im Jahre 1801 entstanden ist.« SW 2/738.
160 Der Stand der Forschung erlaubt es nicht, die Frage, ob auch die spätesten Hymnen und Hymnenfragmente einen Wechsel der Töne kennen, bündig zu beantworten. Dessen Verknüpfung mit dem Prinzip der triadischen Gliederung legt aber die Vermutung nahe, daß von ihrem Wegfall auch der Wechsel der Töne betroffen ist. Ließe sich dies in der Analyse der 1803/04 entstandenen Gedichte zeigen, so dürfte Hölderlins erneute Reflexion über die Tragödie, in der *das Gesez, der Kalkul, die Art, wie* [...] *Vorstellung und Empfindung und Räsonnement, in verschiedenen Successionen, aber immer nach einer sichern Regel nacheinander hervorgehn,* [...] *mehr Gleichgewicht, als reine Aufeinanderfolge* ist (SW 5/196, vom Verf. gesperrt), zugleich in diesem Zusammenhang zu sehen sein. Vgl. auch S. 402 ff. Ferner: Corssen, *Der Wechsel der Töne*, S. 45: Der »Wechsel der Töne, das Auf und Ab von Bewegtheit und Ruhe, von Aktivität und Kontemplation [ist] untergegangen in dem gleichmäßig gespannten Horchen auf das unterirdische Rollen, das Herannahen gewaltiger Ereignisse, in dem stammelnden Verkünden höherer Eingebungen«. – Ryan, *Wechsel der Töne*, S. 176: »Hölderlin spricht nicht mehr aus der lyrischen ›Empfindung‹, sondern stellt sich einen ›fremden analogischen Stoff‹ gegenüber – der Dichter spricht somit nicht seine eigene Erfahrung aus, sondern ist zum Deuter eines fremden, analogischen Schicksals geworden. Wir meinen daher, daß die eigentümlich odische Gespanntheit des sich äußernden und erkennenden dichterischen Geistes, die sonst den Wechsel begründet, hier [in *Chiron, Ganymed* u. a.] nicht mehr gilt, und daß infolgedessen eine

aufzugeben. Die *epischere* Behandlung scheint immer mehr das ganze Gedicht zu ergreifen, die Abfolge verschiedener Darstellungsweisen und den Wechsel des Grundtons immer weniger zu dulden. Die kalkulierte Sukzession der drei Töne weicht dem Ostinato einer *Begründung*¹⁶¹, die nicht das *Eine Gefühl* ist, sondern: *Von Gott aus gehet mein Werk*¹⁶². Nicht minder wird aber die Einsicht festgehalten, der sich die Würde des naiven Tones verdankt: *Die apriorität des Individuellen über das Ganze*¹⁶³. Die These gilt dem Gegenstand der späten Hymnen ebenso wie ihrer Sprache. Nach einem Wort Benjamins sind »um die Mitte des Gedichts [*Blödigkeit*], Menschen, Himmlische und Fürsten, gleichsam abstürzend aus ihren alten Ordnungen, zueinander gereiht«.¹⁶⁴ Ähnlich wird die syntaktische Ganzheit des Satzes, seine überlieferte Hierarchie, durch »harte Fügung«¹⁶⁵ gesprengt, dem einzelnen Wort, als dem Individuellen, sein Gewicht, seine Freiheit bewahrt. An Benjamins Konzeption der Reihe anknüpfend, hat Adorno¹⁶⁶ seine Einsichten in die Struktur von Hölderlins später Lyrik auf den Begriff der Parataxis gebracht, Philosophisches und Philologisches – wie Hölderlin *Bedeutung* und *Kunstkarakter* – in ihrer Verschlungenheit reflektierend.¹⁶⁷ Ohne die Hilfe von Hölderlins Hin-

wesentliche Voraussetzung des Tonwechsels entfällt.« Ebd. S. 317: »Im Vergleich zur Ode geht die Hymne von einem noch ›ätherischeren‹ Gegenstand aus, sie ist weniger auf die individuelle Selbsterkenntnis als auf die dichterische Aneignung der göttlichen Schau angelegt (wenn wir den Unterschied etwas überspitzt ausdrücken dürfen). Damit wird aber auch gesagt, daß die Hymne von einem einheitlicheren Gesichtspunkt aus, durchgehender gestaltet wird: in der Formfigur von Progreß und Regreß, die, besonders im *Rhein*, in *Patmos* und in der *Friedensfeier* mit kunstvoller Komplexität ausgestaltet wird, ist diese Einheit wohl stärker fühlbar als im Wechsel und Widerstreit der drei Töne.« – Dagegen Ulrich Gaier, *Der gesetzliche Kalkül*, S. 2: der »gesetzliche Kalkül [...] als gesetzmäßiger *Wechsel der Töne* ist [...] nachweisbar vom Beginn der Frankfurter Zeit bis in die spätesten hymnischen Bruchstücke«.
161 SW 4/245.
162 SW 2/326, vgl. *Der andere Pfeil*, S. 312 f.
163 Bruchstück 81, SW 2/339.
164 Benjamin, *Zwei Gedichte*, S. 385 (*Ges. Schr.*, a.a.O., S. 112).
165 Hellingrath, *Pindar-Übertragungen*, S. 25 ff.
166 Zu dem Benjamin-Zitat bemerkt Adorno, es nenne »zugleich die sprachliche Verfahrensweise«. *Parataxis*, S. 185 (*Ges. Schr. 11*, S. 471).
167 Es ist darum wenig sinnvoll, seiner Verwendung des grammatischen Terminus

weis auf die *epischere* Behandlung in der 7. Olympischen scheint Adorno den Zusammenhang der analogen Tendenz in Hölderlins Spätwerk, eben der parataktischen, mit Pindar erkannt zu haben: »Das erzählende Moment der Sprache entzieht von sich aus sich der Subsumtion unter den Gedanken; je treuer episch die Darstellung, desto mehr lockert sich die Synthesis angesichts der Pragmata, die sie nicht ungeschmälert beherrscht. Das Eigenleben der Pindarischen Metaphern gegenüber dem mit ihnen Bedeuteten, [...] die Formation eines strömenden Kontinuums von Bildern, dürfte dem nächstverwandt sein. Was am Gedicht zur Erzählung tendiert, möchte hinab ins prälogische Medium, sich treiben lassen mit der Zeit. Der Logos hatte diesem Entgleitenden des Berichts um dessen Objektivation willen entgegengewirkt; die späte dichterische Selbstreflexion Hölderlins ruft es herauf.«[168]

Indessen scheint die These, Pindars 7. Olympische sei Hölderlin zum Paradigma nicht bloß für eine der drei Möglichkeiten des lyrischen Gedichts geworden, sondern für sein Spätwerk insgesamt, mit den Erkenntnissen des Fragments über die Dichtarten[169] sowie des Böhlendorff-Briefes unvereinbar zu sein, und vollends mit der Deutung des Fragments auf Grund der im Brief entworfenen Geschichtsphilosophie. Auf den Einwand, die Annahme eines immer mehr zum Heroischen tendierenden Grundtons, eines immer stärker Züge episch-naiver Parataxis annehmenden Kunstcharakters für die späten Hymnen widerspreche Hölderlins Definition des lyrischen Gedichts, ließe sich noch mit ihm selbst antworten, daß das episch behandelte[170] lyrische Gedicht, jenes von heroischerem Grundton[171] und naiverem Kunstcharakter, darum noch nicht mit dem Epos zusammenfällt: das Heroischere bzw. Naivere modifiziert bloß

---

eine Differenz von der herkömmlichen vorzuhalten.
168 Adorno, *Parataxis*, S. 188 f. (*Ges. Schr. 11*, S. 474).
169 Es sei denn, U. Gaiers Deutung sei gegenüber der Beißners, Ryans u. a., mit der die hier vorgelegte übereinstimmt, im Recht. Vgl. Anm. 82, ferner Anm. 76.
170 Vgl. SW 6/426.
171 SW 4/266.

die naive Grundstimmung bzw. den idealischen Kunstcharakter, und zwar dergestalt, daß das Gedicht nicht mit seinem *uneigentlichen*[172] Ton, dem idealischen, anfängt, sondern gleichsam unmetaphorisch[173] mit dem *eigentlichen*, also naiv. Aber auch dies scheinen die letzten Ausführungen des Fragments in Zweifel zu ziehen, die für einen *stoffreicheren*[174] Grundton *in jeder Dichtart, der epischen, tragischen und lyrischen* eine Äußerung *im naiven* [...] *Style* postulieren. Denn in der Konsequenz dieser Einsicht liegt die Überwindung der traditionellen Rede von Gattungen[175] (Dichtungsarten), indem an deren Stelle, durch Adverbialisierung[176] der Gattungsbezeichnungen *Empfindungsweisen und Dichtungsweisen*[177] (Dichtarten) treten. So widerspricht nicht so sehr die Interpretation des Spätwerks auf Grund seines mit Hölderlin begriffenen pindarisierenden Stils der im Eingang des Fragments gegebenen Bestimmung des lyrischen Gedichts, als daß der Widerspruch im Fragment selbst sich eingenistet hat. Vielleicht darf vermutet werden, daß die theoretischen Schriften der Homburger Zeit nicht zuletzt deshalb Fragmente bleiben, weil im Fortgang der Reflexion die Setzungen des Anfangs jeweils ins Wanken geraten, weil das, was ihr Ausgangspunkt retrospektiv festhält, von den Intentionen der Dichtung, deren Verwirklichung die Reflexion zugleich prospektiv den Grund zu bereiten sucht, allemal überholt wird.

Ist aber für die Hymnen der Jahre 1802-1804, und der Tendenz nach wohl auch für die von 1801, nicht so sehr ein heroisch getönter naiver Grund und ein naiv getönter idealischer Kunstcharakter anzunehmen, als vielmehr die Ablösung des Naiven durchs Heroische dort, des Idealischen durchs Naive hier, so fragt es sich, mit welchem Recht noch aus der Übereinstim-

---

172 Ebd.
173 Vgl. ebd.
174 SW 4/272, gleichbedeutend mit *gehaltreicher*, SW 4/266, vgl. S. 394.
175 Ähnlich Ryan, *Wechsel der Töne*, S. 64.
176 Vgl. *epischer behandelt* SW 6/426.
177 *Schillers Werke. Nationalausgabe.* 20./21. Band, Hrsg. Benno von Wiese unter Mitwirkung v. Helmut Koopmann, Weimar 1962/1963. Bd. 20, S. 466. [*Nationalausgabe*] – Vgl. *Exkurs über Schiller, Schlegel und Hölderlin*, S. 409.

mung der Homburger Definition des lyrischen Gedichts mit der These des Böhlendorff-Briefs über die *Nüchternheit* Hesperiens und das ihm fremde *heilige Pathos* auf die geschichtsphilosophische Grundlegung der Gattungspoetik im allgemeinen und auf die Zuordnung der Lyrik zur Moderne im besonderen geschlossen werden kann. Doch die Struktur eines Gesangs wie *Patmos*, die in den Versen:

> denn
> *Es liebte der Gewittertragende die Einfalt*
> *Des Jüngers*[178]

als die Angewiesenheit der heroischen Bedeutung auf die Naivetät als ihre Offenbarung[179], weil ins Thematische gewendet, unverhüllt hervortritt, sollte weder zur Widerlegung der konträren Definition des lyrischen Gedichts im Aufsatzfragment benutzt werden, noch aber darf sie, um dieser Definition willen, anders begriffen werden, als sie erscheint. Vielmehr ist zu fragen, ob die Thesen des Homburger Fragments und des Briefes an Böhlendorff in den Jahren 1802-1804 für Hölderlin ihre Geltung bewahrt haben.[180] Trifft die Behauptung des vornehmlich retrospektiven Charakters von Hölderlins poetologischen Reflexionen zu – sie sind danach seiner jeweils künftigen Dichtung zugewandt, nicht indem sie sie programmatisch fassen, sondern weil sie ihre Verwirklichung durch die Analyse der je schon erreichten Stufe vorbereiten[181] – so müssen zwei von der Forschung oft herangezogene Äußerungen Hölderlins aus den Jahren 1803/04, die im Zusammenhang der Gedanken des Böhlendorff-Briefs stehen, nicht von ihnen her interpretiert, sondern als ihre Revision begriffen werden.

---

178 SW 2/167, 77 ff.

179 Vgl. Gaier, *Der gesetzliche Kalkül*, S. 75.

180 Schon für die kurze Spanne, die zwischen dem Brief und den Fragmenten liegt, ist eine Wandlung von Hölderlins Intentionen, die ihre Konsequenz auch für die Theorie haben dürfte, nicht auszuschließen.

181 Darauf deutet etwa der Umstand, daß das einzige Gedicht Hölderlins, das in den Homburger Aufsatzfragmenten auf den Wechsel der Töne hin analysiert wird (SW 4/271 f.), nicht aus der Homburger Zeit stammt, sondern das in Frankfurt 1796 entstandene Gedicht *Diotima* (*Leuchtest du wie vormals nieder* [...]), SW 1/220 ff., ist. Vgl. *Überwindung des Klassizismus*, S. 361.

Am 28. September 1803 schreibt Hölderlin an den Verleger Friedrich Wilmans über seine Übersetzung der beiden Sophokleischen Tragödien: *Ich hoffe, die griechische Kunst, die uns fremd ist, durch Nationalkonvenienz und Fehler, mit denen sie sich immer herum beholfen hat, dadurch lebendiger, als gewöhnlich dem Publikum darzustellen, daß ich das Orientalische, das sie verläugnet hat, mehr heraushebe, und ihren Kunstfehler, wo er vorkommt, verbessere.*[182] Und ein halbes Jahr später: *Ich glaube durchaus gegen*[183] *die exzentrische Begeisterung geschrieben zu haben und so die griechische Einfalt erreicht; ich hoffe auch ferner, auf diesem Prinzipium zu bleiben, auch wenn ich das, was dem Dichter verboten ist, kühner exponiren sollte, gegen*[184] *die exzentrische Begeisterung.*[185] So sicher diese Sätze nur auf Grund des im Brief an Böhlendorff Dargelegten begriffen werden können, so fraglich ist es, ob sie sich damit vereinbaren lassen. Zwar läßt sich für die Absicht, *das Orientalische* mehr herauszuheben, *die exzentrische Begeisterung* kühner als erlaubt zu exponieren, die zwei Jahre zuvor formulierte Ermahnung, *das eigene* müsse *so gut gelernt seyn, wie das Fremde*[186], als Vorbote verstehen, denn das *Orientalische* ist das *Eigene* des Sophokles. Nichts hingegen deutet im Brief an Böhlendorff darauf, daß Hölderlin die Verleugnung des Nationellen als den Preis begreift, mit dem der Kunstcharakter erkauft wird, geschweige denn, daß er den *Gebrauch des Eigenen* für verboten hielte. Daß Hölderlin als hesperischer Übersetzer eines griechischen Tragikers in der Übersetzung korrigieren will, was dieser der notwendigen Verleugnung, gar des über das Nationelle verhängten Verbots wegen anders gar nicht hat machen können, ist so eine Korrektur zugleich der Thesen seines Briefes an Böhlendorff.

---

182 SW 6/434.
183 = ad, nicht contra, vgl. Beißner, *Hölderlins Übersetzungen*. S. 168. Dagegen Allemann, *Hölderlin und Heidegger*, S. 41 f.
184 Vgl. Anm. 183.
185 Brief vom 2. April 1804, SW 6/439; vgl. Beißner, *Übersetzungen*, S. 168; Allemann, *Hölderlin und Heidegger*, S. 35 ff.; Beck SW 6/1099.
186 SW 6/426.

Nicht anders verhält es sich mit dem Hymnenfragment ...
meinest du / Es solle gehen ...[187], das gleich den beiden Äußerungen gegenüber Wilmans bislang als Bestätigung der griechisch-abendländischen Spiegelsymmetriekonzeption des Böhlendorff-Briefs gedeutet wurde[188], obwohl es gerade die Absage an sie zu formulieren scheint:

meinest du

Es solle gehen,
Wie damals? Nemlich sie wollten stiften
Ein Reich der Kunst. Dabei ward aber
Das Vaterländische von ihnen
Versäumet und erbärmlich gieng
Das Griechenland, das schönste, zu Grunde.
Wohl hat es andere
Bewandtniß jezt.
[...][189]

Was der Brief an Böhlendorff als die Leistung Homers feiert: die Erbeutung der *abendländischen Junonischen Nüchternheit für sein Apollonsreich*, die Aneignung des Fremden[190] – diese Stiftung eines *Reiches der Kunst* wird nun nicht mehr als Bereicherung (Beute) des Vaterländischen begriffen, sondern als seine Versäumung. Ist damit eine der Grundthesen des Böhlendorff-Briefs aus den Angeln gehoben, so fragt es sich, ob das Wort *Wohl hat es andere / Bewandtniß jezt* noch im Sinn jener anderen These ausgelegt werden darf, die eine Entsprechung zwischen dem Vaterländischen der Griechen und der hesperischen Kunst, und umgekehrt, postuliert.[191] Denn auch die Konzeption dieser Entsprechung muß durch den Wandel in Hölderlins Verständnis der griechischen Kunst erschüttert wor-

---

187 SW 2/228.
188 Beißner SW 2/862, Allemann, *Hölderlin und Heidegger*, S. 32, Ryan, *Wechsel der Töne*, S. 353.
189 SW 2/228.
190 SW 6/426.
191 Beißner SW 2/862.

den sein. Wird diese nicht mehr als *Äußerung*[192] des *heiligen Pathos*, des *Apollonsreichs*, im Medium der *Nüchternheit* gesehen, sondern als Verleugnung jener um dieser willen, treten die beiden der *Grundstimmung* und dem *Kunstkarakter* korrespondierenden Momente des Eigenen und des Fremden, statt miteinander sich zu vermitteln, antagonistisch auseinander, so läßt sich der Unterschied zwischen Hellas und Hesperien: daß nämlich, was dort das *Reich der Kunst* stiftet, Nüchternheit und Darstellungsgabe, hier ein Nationelles ist, während, was dort der Kunst zuliebe verleugnet und versäumt wird, hier allererst Kunst konstituiert, nicht mehr in der Konzeption von Spiegelsymmetrie als ein Unterschied formaler Natur aufheben: er wird zum qualitativen Sprung.

Darauf deutet der Vers *Wohl hat es andere / Bewandtniß jezt*, auf den die Worte folgen: *Es sollten nemlich die Frommen.*[193] Das Fragmentarische dieses wie der nächsten Sätze verbietet die Auslegung. Aber aus dem eben zitierten wie auch aus den späteren Versen des Bruchstücks, zumal dem letzten: ... *so hat mir / Das Kloster etwas genüzet*[194], darf vielleicht geschlossen werden, daß die Hymne die Frage ... *meinest du / Es solle gehen, / Wie damals?* verneinen sollte, und zwar deshalb, weil es jetzt anders *andere Bewandtniß* hat, als Hölderlins Brief an Böhlendorff gemeint hat. Die Hymnik, der er sich nach 1800 immer ausschließlicher zuwendet, stiftet mehr als *ein Reich der Kunst*. Da sie, wie Hölderlin an Pindar begreift, die Struktur des lyrischen Gedichts modifiziert, indem sie dessen naive, von jenem *Einen Gefühl* geprägte Grundstimmung, dessen Überwindung den hymnischen Stil erst erlaubt[195], heroisch, den Kunstcharakter aber naiv tönt, ist das *heilige Pathos* nicht bloß im Kunstcharakter, die *Nüchternheit* nicht bloß in der Grundstimmung vertreten.

Die Korrektur der *Kunstfehler*[196], der sich der Übersetzer der

---

192 SW 4/272.
193 SW 2/228.
194 Ebd.
195 Vgl. *Der andere Pfeil*, S. 313.
196 SW 6/434.

beiden Sophokleischen Tragödien widmet, die Heraushebung, das kühnere Exponieren des verleugneten Grundes, hat der Dichter der Pindar verpflichteten Hymnen in deren Stilprinzip vorweggenommen, indem er vom hesperisch Nationellen, der Nüchternheit, nicht allein die *Bedeutung*, sondern auch den *Schein* seiner Dichtung bestimmen läßt. Weil solcherart Nüchternheit nicht mehr abstrakt dem heiligen Pathos sich entgegensetzt, welcher Gegensatz erst in einem Dritten, dem *Geist*, seine Auflösung hätte finden sollen, sondern konkret dem Pathos gegenüber geübt wird[197], so daß sie immer schon mehr ist als Kunstcharakter, als Schein, nämlich auch qualitative Veränderung des Pathos selbst, hat Hölderlins Werk in den Jahren 1802-1804 zugleich die im Dienst der Synthesis stehenden Unterscheidungen der Homburger Fragmente wie des Böhlendorff-Briefes überholt: in der Affirmation des Unterschiedenen, das sich zum Ganzen nicht mehr fügen muß.

Exkurs über Schiller, Schlegel und Hölderlin

Friedrich Schlegels These, daß die *romantische* [i.e. Roman-] *Poesie* eine *progressive Universalpoesie* sei[198], die der von Höl-

---

197 Vgl. das Fragment *Deutscher Gesang* (SW 2/202):
Doch wenn

        dann sizt im tiefen Schatten,
Wenn über dem Haupt die Ulme säuselt,
Am kühlathmenden Bache der deutsche Dichter
Und singt, wenn er des heiligen nüchternen Wassers
Genug getrunken, fernhin lauschend in die Stille,
Den Seelengesang.
[...]

198 Ist das Wort *romantisch* bei Schlegel sehr oft Epochenbezeichnung und Bezugsadjektiv (im Sinne von »Roman-«) in einem, so dominiert bei seiner Verwendung zu Beginn des 116. Athenäum-Fragments (*Minor*, Bd. 2, S. 220), wie die Fortsetzung zeigt, zweifellos die zweite Bedeutung. Auch Arthur O. Lovejoy, der gegen die auf Haym zurückgehende Auffassung, *romantisch* heiße bei Schlegel »romanartig« und beziehe sich auf den als Paradigma geltenden *Wilhelm Meister*, betont hat, daß Schlegel das später von ihm *romantisch* Genannte schon vor seiner Lektüre des Goetheschen

derlin behaupteten Vollendung des Lyrischen im Epischen zu entsprechen scheint, steht, nach dem Zeugnis der aus dem Nachlaß veröffentlichten Fragmente[199], im Zusammenhang einer Konzeption, die Hölderlins Lehre von den drei Tönen und der Struktur des Gedichts verwandt ist. Der Begriffstrias von *Grundstimmung, Kunstkarakter* und *Geist* entspricht bei Schlegel eine doppelte, nämlich historisch spezifizierte: *In den R[oman]arten sind Manier, Tendenz und Ton bestimmt. In den classischen Dichtarten hingegen Form, Stoff und Styl.*[200] Da der Ausdruck *R-arten* mit *classische Dichtarten* kontrastiert und ein *R* bei Schlegel die Abkürzung sowohl für »Roman« als auch für »Romantisch« darstellt[201], wäre auch die Lesung »In den Romantischen Arten...« zu erwägen. Die Korrespondenzen der teils der klassischen, teils der romantischen Dichtung zugeordneten Kategorien ergeben sich nicht mechanisch auf Grund ihrer Reihenfolge im Fragment, sondern aus ihrem Begriffsinhalt:

KLASSISCH	ROMANTISCH
Form	Tendenz
Stoff	Ton
Stil	Manier

Erinnert der Gegensatz Stil – Manier an den von Goethe begriffenen[202], so bringt der Gegensatz Form – Tendenz das Abgeschlossene der klassischen Kunstgestalt bzw. das *Progressive*, Unvollendete der romantischen auf den Begriff.[203] Die

---

Romans, vor allem im Zusammenhang Shakespeares und Dantes, als Bestimmung der nicht-antiken Poesie konzipiert hatte, (freilich unter anderen Namen), schreibt: »it can not be denied that Fragment 116 [...] reads as if it meant by *romantische Poesie* simply ›der Roman‹ as a genre.« (*The Meaning of ›Romantic‹ in Early German Romanticism* [1916], in: *Essays in the History of Ideas*. Baltimore 1948. S. 186, vgl. auch S. 206.)
199 *Literary Notebooks.*
200 *Literary Notebooks,* Nr. 843, S. 96. Die in eckigen Klammern stehende Ergänzung nach Eichner.
201 Eichner *Literary Notebooks,* S. 12.
202 *Einfache Nachahmung der Natur, Manier, Stil* [1788].
203 Vgl. vom Verf., *Friedrich Schlegel und die romantische Ironie. Mit einer Beilage über Tiecks Komödien.* In: *Schriften,* Bd. 2, S. 19 f.

Gegenüberstellung von Stoff und Ton schließlich bezeichnet das Sinnlich-Plastische der klassischen, das Musikalisch-Geistige der romantischen Poesie. Freilich ist diese historische Differenzierung der drei Momente des Kunstwerks in Schlegels Aufzeichnungen nicht konsequent durchgeführt. In einem früheren Fragment heißt es: *Der Ton des Romans sollte elegisch sein, die Form* [nach Fragment Nr. 843: die *Tendenz*] *idyllisch.*[204] In die Sprache von Hölderlins Aufsatz *Über den Unterschied der Dichtarten* übersetzt: Der dem Schein nach idealische Roman ist in seiner Bedeutung naiv. So aber wird bei Hölderlin das lyrische Gedicht definiert. Nicht minder wichtig als die Einsicht in diese Entsprechung von Hölderlins Lyrik- und Schlegels Romankonzeption, die wohl auf dem gemeinsamen geschichtsphilosophischen Index der beiden Dichtarten beruht, ist die Frage nach dem eben verwendeten Übersetzungsschlüssel, dessen Legitimität die Richtigkeit der Übersetzung erst verbürgt. Die Antwort darauf dürfte zugleich das Rätsel der Affinität von Hölderlins und Schlegels Reflexionen auflösen, indem sie deren gemeinsamen Ursprung namhaft macht.

Elegisch und *idyllisch*, die beiden Begriffe des Fragments Nr. 324, sind nach Ausweis des Fragments Nr. 426 (*Sentimental ist die Vereinigung des Elegischen und Idyllischen*[205]) Schillers Abhandlung *Über naive und sentimentalische Dichtung* entnommen. Sowenig wie dort beziehen sie sich auf die überlieferten Gattungen der Elegie und Idylle, sondern bezeichnen *die in diesen Dichtungsarten herrschende Empfindungsweise*.[206] Schillers These, daß es *ausserhalb den Grenzen naiver Dichtung, nur diese dreyfache* [i.e. idyllische, satyrische und elegische] *Empfindungsweise und Dichtungsweise geben könne*[207], legt es nahe, hinter dieser Einteilung der (sentimentalischen) Poesie in drei Dichtungsweisen das Muster der Einteilung in drei Gattungen (Dichtungsarten) zu vermuten. Zwar hat Schiller darauf bestanden, daß der Unterschied der Empfindungs-

---

204 *Literary Notebooks*, Nr. 324, S. 48.
205 Ebd., S. 58.
206 Schiller, *Nationalausgabe*, Bd. 20, S. 449.
207 Ebd., S. 466.

weisen die *Eintheilung der Gedichte selbst* und die *Ableitung der poetischen Arten* nicht bestimmen könne.[208] Doch seine Argumentation, derzufolge die Einteilung der Gedichte *von der Form der Darstellung hergenommen werden* müsse, *da der Dichter, auch in demselben Werke, keineswegs an dieselbe Empfindungsweise gebunden* sei[209], läßt erkennen, inwiefern Schiller mit der Einteilung der sentimentalischen Poesie in drei Empfindungs- und Dichtungsweisen (statt in Gattungen) zu der von Schelling, Schlegel und Hölderlin unternommenen Revision der überlieferten Gattungspoetik beiträgt, ohne seinen Beitrag indessen als solchen erkennen zu können, weil er an Begriff und Verfahren jener Gattungspoetik festhält. Seine Weigerung, die Gattungen anders als nach ihrer Darstellungsform zu bestimmen, die Behauptung also des aristotelischen Standpunktes gegen die heraufkommende spekulative Deduktion[210], die seit ihrem ersten Entwurf bei Schlegel[211] mit der Historisierung der Gattungspoetik und der Lehre von der Dreitonstruktur des Kunstwerks einhergeht, hat zur Folge, daß Schiller die eigene Konzeption der drei Empfindungs- und Dichtungsweisen gerade auf Grund dessen nicht als neue Gattungspoetik identifizieren kann, womit er deren Intentionen am nächsten kommt. Die Behandlung von Tragödie und Komödie indessen in dem Abschnitt über die *Satyre*, deren Gliederung in eine *pathetische* und eine *scherzhafte*[212] bereits die des Dramas in Trauerspiel und Lustspiel reproduziert; die These, daß die Idylle [...] *als wirklich vorstellt*[213], was der *Elegie* als verloren und unerreicht gilt; schließlich der Hinweis auf die Prädisposition des *musikalischen Dichters* für die *elegische*

---

208 Ebd., S. 449.
209 Ebd.
210 Vgl. Schiller an Goethe am 10. März 1801: *Schelling will eine Deduktion der verschiedenen Kunst-Gattungen a priori liefern, worauf ich begierig bin.* In: *Der Briefwechsel zwischen Schiller und Goethe.* Hrsg. H. G. Gräf und A. Leitzmann, Leipzig 1912, Bd. 2, S. 357.
211 Vgl. S. 369 und Anm. 8.
212 Schiller, *Nationalausgabe*, Bd. 20, S. 442 ff.
213 Ebd., S. 448, vom Verf. gesperrt.

Dichtungsweise²¹⁴ sind jeweils ein Zeichen, und nicht das einzige, dafür, daß die drei Schillerschen Begriffe *Satyre, Elegie* und *Idylle* den drei Gattungsbegriffen Dramatik, Lyrik und Epik entsprechen, so zwar, daß sie, statt mit ihnen zu koinzidieren, ihre Stelle in einer neuen Gattungspoetik einnehmen, die zu entwerfen Schillers Absicht nicht war. Die Nähe seiner Reflexionen zu denen Schlegels und Hölderlins läßt sich aber auch an der Modifikation ablesen, die sein System der Empfindungs- und Dichtungsweisen im Fortgang seiner Arbeit an der Abhandlung erfährt: wird das Prinzip der Zweiteilung (je zwei Arten von Satyre – die pathetische und die scherzhafte – und von Elegie – Elegie *in engerer* [...] *Bedeutung* und Idylle²¹⁵ –) vom triadischen (Satyre, Elegie, Idylle²¹⁶) abgelöst, so meldet sich darin, unerkannt, jene Dreiteilung zum Wort, die Schillers Gattungspoetik bis zuletzt fremd blieb, von Goethe erst in den *Noten und Abhandlungen zu besserem Verständnis des Westöstlichen Divans* (entstanden 1816) behauptet wurde, während sie sowohl Schlegels als Hölderlins und Schellings Systemen und Systementwürfen zugrunde liegt.

Sind die Schlegelschen Begriffe *elegisch* und *idyllisch* der Abhandlung Schillers entlehnt, so lassen sich Hölderlins Bezeichnungen der drei Töne, *idealisch, naiv* und *heroisch*, als Abwandlung derselben zwei Begriffe und des dritten, *satyrisch*, verstehen. So deutlich die Gründe sind, aus denen Hölderlin den Ausdruck *satyrisch* durch *heroisch* ersetzen mußte, so klar liegt zutag, daß das bei Schiller mit *satyrisch* Bezeichnete: *energische Bewegung* und *Widerspruch*²¹⁷ zugleich der Inhalt von Hölderlins Begriff ist. Und wollte man auch die Koinzidenz von Schillers und Hölderlins Terminologie im Fall von *naiv* angesichts der Verbreitung dieses Ausdrucks in der zeitgenössischen Ästhetik²¹⁸ für insignifikant halten oder auf den Widerspruch

---

214 Ebd., S. 455.
215 Ebd., S. 448.
216 Ebd., S. 466.
217 Ebd., S. 466; *energisch* als Synonym für *heroisch*, vgl. SW 4/272, 8.
218 Vgl. die Hinweise des Herausgebers auf Moses Mendelssohn, Diderot, Sulzer, Wieland und Kant in Schiller, *Nationalausgabe*, Bd. 21, S. 290.

hinweisen, daß Hölderlins *naiver* Ton, der hier vorgelegten Deutung nach, einer *sentimentalischen* Dichtungsweise, der *idyllischen*, entspricht, und nicht der *naiven*, so wäre die Verlegenheit zu bedenken, in die Schiller durch die Charakteristik der *Idylle* als einer vorgeblich sentimentalischen Ausdrucksform gerät[219] und der Hölderlin sehr wohl Rechnung getragen haben kann.

Erst auf Grund dieser gemeinsamen Abkunft von Schillers epochalem Aufsatz erklärt sich die Nähe von Schlegels und Hölderlins Konzeptionen der Dichtarten und der Struktur des Gedichts, dürfen als Übersetzungsschlüssel für das Fragment Nr. 324 die Gleichungen der **qualitativen** Kategorien aufgestellt werden:

idyllisch = naiv
elegisch = idealisch
(satyrisch = heroisch)

und, auf Grund dieses Fragments und seiner Übersetzung, für das Fragment Nr. 843 die Gleichungen der **formalen**[220] Kategorien:

Form bzw. Tendenz = Grundstimmung
Stoff bzw. Ton = Kunstcharakter
Stil bzw. Manier = Geist.

---

219 Schiller, *Nationalausgabe*, Bd. 20, S. 467 f.
220 Vgl. S. 368 f.

Literaturverzeichnis

Hölderlins Werke und Briefe werden nach der *Großen Stuttgarter Ausgabe* der *Sämtlichen Werke* (Hrsg. Friedrich Beißner) zitiert, abgekürzt: SW; die weiteren Angaben bedeuten: Band/Seite, Zeile bzw. Vers. In dem folgenden Verzeichnis der benutzten Literatur über Hölderlin stehen in eckigen Klammern die in den Anmerkungen verwendeten Abkürzungen. Die übrige zitierte Literatur ist in den Anmerkungen nachgewiesen, auch hier bedeutet die in eckigen Klammern stehende Angabe die Abkürzung, die vom zweiten Hinweis an gebraucht wird.

Theodor W. Adorno, *Parataxis. Zur späten Lyrik Hölderlins*. In: *Noten zur Literatur III*. Frankfurt am Main 1965, S. 156 ff. *[Parataxis]*, und: *Gesammelte Schriften 11*, Frankfurt 1974, S. 447 ff.

Beda Allemann, *Hölderlin und Heidegger*. 1954, 2. Aufl. Zürich o. J. (1956). *[Hölderlin und Heidegger]*

Beda Allemann, *»Friedensfeier«. Zur Wiederentdeckung einer späten Hymne Hölderlins*. In: Neue Zürcher Zeitung, 24. Dezember 1954. *[Zur Wiederentdeckung]*

Beda Allemann, *Hölderlins Friedensfeier*. Pfullingen 1955. *[Friedensfeier]*

J.-F. Angelloz, *Un Hymne inconnu de Hölderlin: »La Fête de la Paix«*. In: Mercure de France CCCXXIII, No 1100 (1er avril 1955), S. 705 ff. *[Un Hymne inconnu]*

Friedrich Beißner, *Hölderlins Übersetzungen aus dem Griechischen*. 1933, 2. Aufl. Stuttgart 1961. *[Hölderlins Übersetzungen]*

Friedrich Beißner, *Bemerkungen zu Eduard Lachmanns Buch über Hölderlins Hymnen*. In: Dichtung und Volkstum 38 (1937), S. 349 ff. *[Bemerkungen]*

Friedrich Beißner, *Erläuterungen* zu: *Hölderlin, Friedensfeier*. Bibliotheca Bodmeriana IV. Stuttgart 1954. *[Erläuterungen]*

Friedrich Beißner, *Der Streit um Hölderlins Friedensfeier*. In: Sinn und Form 7 (1955), 5. Heft, S. 621 ff. *[Der Streit]*

Friedrich Beißner, *Hölderlin. Reden und Aufsätze*. Weimar 1961. *[Hölderlin]*

Walter Benjamin, *Zwei Gedichte von Friedrich Hölderlin* [1914/15]. In: *Schriften*. Bd. 2, Frankfurt am Main 1955, S. 375 ff. *[Zwei Gedichte]*, und: *Gesammelte Schriften II, 1*, Frankfurt 1977, S. 105 ff.

M. B. Benn, *Hölderlin and Pindar*. 's Gravenhage 1962. *[Hölderlin and Pindar]*

Wolfgang Binder, *Hölderlins »Friedensfeier«.* In: DVjs. 30 (1956), Heft 2. S. 295 ff. *[Friedensfeier]*

Wolfgang Binder, *Hölderlins Namenssymbolik.* In: Hölderlin-Jahrbuch 12 (1961/62), S. 95 ff. *[Namenssymbolik]*

Paul Böckmann, *Hölderlins Friedensfeier.* In: Hölderlin-Jahrbuch 9 (1955/56), S. 1 ff. *[Friedensfeier]*

Bernhard Böschenstein, *Hölderlins Rheinhymne.* Zürich-Freiburg i. Br. 1959. *[Rheinhymne]*

Bernhard Böschenstein, *Konkordanz zu Hölderlins Gedichten nach 1800.* Göttingen 1964. *[Konkordanz]*

Walter Bröcker, *Neue Hölderlin-Literatur.* In: Philosophische Rundschau 3 (1955), S. 1 ff. *[Neue Hölderlin-Literatur]*

Walter Bröcker, *Die Auferstehung der mythischen Welt in der Dichtung Hölderlins* (1955). In: W. B., *Das was kommt, gesehen von Nietzsche und Hölderlin.* Pfullingen 1963. *[Die Auferstehung der mythischen Welt]*

Walter Bröcker, *Auch Christus.* In: *Der Streit um den Frieden.* Hrsg. Eduard Lachmann. Nürnberg 1957, S. 33 ff. *[Auch Christus]*

Walter Bröcker, *Hölderlins Friedensfeier entstehungsgeschichtlich erklärt.* Frankfurt am Main 1960. *[Friedensfeier]*

Meta Corssen, *Der Wechsel der Töne in Hölderlins Lyrik.* In: Hölderlin-Jahrbuch 5 (1951), S. 19 ff. *[Der Wechsel der Töne]*

Hans-Georg Gadamer, *Hölderlin und die Antike.* In: *Hölderlin. Gedenkschrift zu seinem 100. Todestag.* 1943, 2. Aufl. Tübingen 1944, S. 54 ff. *[Hölderlin und die Antike]*

Ulrich Gaier, *Der gesetzliche Kalkül. Hölderlins Dichtungslehre.* Tübingen 1962. *[Der gesetzliche Kalkül]*

Michael Hamburger, *»Friedensfeier« von Friedrich Hölderlin. An Unpublished Poem.* In: German Life & Letters VIII (1954-1955), S. 88 ff. *[Friedensfeier]*

Martin Heidegger, *Erläuterungen zu Hölderlins Dichtung.* 1951, 3. Aufl. Frankfurt am Main 1963. *[Erläuterungen]*

Norbert von Hellingrath, *Pindar-Übertragungen von Hölderlin: Prolegomena zu einer Erstausgabe* (1910). In: N. v. H., *Hölderlin-Vermächtnis.* Hrsg. Ludwig von Pigenot. 1936, 2. Aufl. München 1944. *[Pindar-Übertragungen]*

Walter Hof, *Hölderlins Stil als Ausdruck seiner geistigen Welt.* Meisenheim am Glan 1954. *[Hölderlins Stil]*

Walter Hof, *Zu Hölderlins »Friedensfeier«.* In: Wirkendes Wort 6 (1955/56), S. 82 ff. *[Friedensfeier (Wirkendes Wort)]*

Walter Hof, *Zu Hölderlins »Friedensfeier«.* In: *Der Streit um den Frieden.* Hrsg. Eduard Lachmann. Nürnberg 1957, S. 49 ff. *[Friedensfeier]*

Walter Hof, *Zur Frage einer späten »Wendung« oder »Umkehr« Hölderlins*. In: Hölderlin-Jahrbuch 11 (1958-1960), S. 120 ff. *[Zur Frage einer späten »Wendung«]*

Lothar Kempter, *Das Leitbild in Hölderlins Friedensfeier*. In: Hölderlin-Jahrbuch 9 (1955/56), S. 88 ff. *[Das Leitbild]*

Karl Kerényi, *Zur Entdeckung von Hölderlins »Friedensfeier«* (1954). In: K. K., *Geistiger Weg Europas*. Zürich-Stuttgart 1955, S. 100 ff. *[Zur Entdeckung]*

Karl Kerényi, *Das Christusbild der »Friedensfeier«*. Ebd., S. 72 ff. *[Das Christusbild]*

Eduard Lachmann, *Hölderlins Hymnen in freien Strophen. Eine metrische Untersuchung*. Frankfurt am Main 1937. *[Hölderlins Hymnen]*

Eduard Lachmann, *Hölderlins erste Hymne*. In: DVjs. 17 (1939), S. 221 ff. *[Hölderlins erste Hymne]*

Eduard Lachmann, *Stellungnahme*. In: *Beiträge zum Gespräch über Hölderlins »Friedensfeier«*. Neue Zürcher Zeitung, 13. März 1955. *[Stellungnahme]*

Eduard Lachmann, *Christus und der Fürst des Festes*. In: *Der Streit um den Frieden*. Hrsg. E. L. Nürnberg 1957, S. 93 ff. *[Christus und der Fürst des Festes]*

Wilhelm Michel, *Hölderlins abendländische Wendung*. Jena 1923. *[Hölderlins abendländische Wendung]*

Momme Mommsen, *Dionysos in der Dichtung Hölderlins mit besonderer Berücksichtigung der »Friedensfeier«*. In: GRM N. F. 13 (1963), Heft 4, S. 345 ff. *[Dionysos in der Dichtung Hölderlins]*

Rudolf und Charlotte Pannwitz, *Der stille Gott der Zeit. Über Hölderlins »Friedensfeier«*. In: Merkur 9 (1955), S. 766 ff. *[Der stille Gott der Zeit]*

Ludwig von Pigenot, *Stellungnahme*. In: *Beiträge zum Gespräch über Hölderlins »Friedensfeier«*. Neue Zürcher Zeitung, 13. März 1955. *[Stellungnahme]*

Ludwig von Pigenot, *Der Friedensfürst*. In: *Der Streit um den Frieden*. Hrsg. Eduard Lachmann. Nürnberg 1957, S. 84 ff. *[Der Friedensfürst]*

Erich Przywara, *Die »Friedensfeier« als Hymnus der »Drei Reiche«*. In: *Der Streit um den Frieden*. Hrsg. Eduard Lachmann. Nürnberg 1957, S. 19 ff. *[Friedensfeier]*

Paul Raabe, *Die Briefe Hölderlins*. Stuttgart 1963. *[Die Briefe Hölderlins]*

Lawrence J. Ryan, *Hölderlins Lehre vom Wechsel der Töne*. Stuttgart 1960. *[Wechsel der Töne]*

Ruth-Eva Schulz, *Der Fürst des Fests. Bemerkungen zu Hölderlins Hymne »Friedensfeier«*. In: Sinn und Form 14 (1962), 2. Heft, S. 187 ff. *[Der Fürst des Fests]*

Emil Staiger, *Hölderlin: Drei Oden*. In: *Meisterwerke deutscher Sprache aus dem 19. Jahrhundert*. Zürich 1942. *[Drei Oden]*

Karl Viëtor, *Hölderlins Liebeselegie* (1938). In: K. V., *Geist und Form*. Bern 1952, S. 267 ff. *[Liebeselegie]*

Jürg Peter Walser, *Hölderlins Archipelagus*. Zürich-Freiburg i. Br. 1962. *[Archipelagus]*

Günther Zuntz, *Über Hölderlins Pindar-Übersetzung*. Wissenschaftliche Beilage zum Jahresbericht des Friedrichs-Gymnasiums zu Kassel, Mai 1928. Kassel 1928. *[Pindar-Übersetzung]*

Nachweise

Theorie des modernen Dramas. Frankfurt a. M.: Suhrkamp Verlag 1956. 2. Aufl. 1959. Von der 3. revidierten Aufl. an (1963) = edition suhrkamp, Bd. 27.
Von der 7. Aufl. an (1970) unter dem Titel: *Theorie des modernen Dramas, 1880-1950.*

Versuch über das Tragische. Frankfurt a. M.: Insel Verlag 1961. 2., durchgesehene Aufl. 1964.
Motto: cuider = glauben, wähnen; aiser = erleichtern, leichter machen.
Hölderlin-Studien. Mit einem Traktat über philogische Erkenntnis. Frankfurt a. M.: Insel Verlag 1967. 2. Aufl. 1970 = edition suhrkamp, Bd. 379.
Motto: Bruchstück 44, SW 2/327, 2 f.
Über philologische Erkenntnis: geschrieben und veröffentlicht 1962. In: Die Neue Rundschau, 73. Jg., 1. Heft, S. 146-165; ferner in: *Universitätstage 1962,* Berlin 1962, S. 73-91; unter dem Titel: *Zur Erkenntnisproblematik in der Literaturwissenschaft.*
Der andere Pfeil. Zur Entstehungsgeschichte von Hölderlins hymnischem Spätstil: geschrieben 1962, veröffentlicht 1963 (Insel Verlag, Frankfurt a. M.)
Er selbst, der Fürst des Fests: geschrieben 1964, veröffentlicht 1965. In: Euphorion, Bd. 59, S. 252-271.
Überwindung des Klassizismus: geschrieben und veröffentlicht 1964. In: Euphorion, Bd. 58, S. 260-275; unter dem Titel: *Hölderlins Brief an Böhlendorff vom 4. Dezember 1801.* Kommentar und Forschungskritik.
Gattungspoetik und Geschichtsphilosophie: geschrieben 1966.

Ausführliches Inhaltsverzeichnis

Band I

Theorie des modernen Dramas (1880-1950)

Einleitung: Historische Ästhetik und Gattungspoetik   11

I. Das Drama   16

II. Die Krise des Dramas   21
  1. Ibsen   22
  2. Tschechow   31
  3. Strindberg   38
  4. Maeterlinck   54
  5. Hauptmann   59

Überleitung: Theorie des Stilwandels   69

III. Rettungsversuche   77
  6. Naturalismus   77
  7. Konversationsstück   80
  8. Einakter   83
  9. Enge und Existentialismus   88

IV. Lösungsversuche   96
  10. Ich-Dramatik (Expressionismus)   96
  11. Politische Revue (Piscator)   99
  12. Episches Theater (Brecht)   105
  13. Montage (Bruckner)   110
  14. Spiel von der Unmöglichkeit des Dramas (Pirandello)   116
  15. Monologue intérieur (O'Neill)   123
  16. Episches Ich als Spielleiter (Wilder)   127
  17. Spiel von der Zeit (Wilder)   132
  18. Erinnerung (Miller)   140

Statt eines Schlußwortes 147
Zur Neuauflage 1963 147

Versuch über das Tragische

Einleitung: Poetik der Tragödie und Philosophie des Tragischen 151

I. Die Philosophie des Tragischen
 1. Schelling 157
 2. Hölderlin 161
 3. Hegel 165
 4. Solger 174
 5. Goethe 176
 6. Schopenhauer 179
 7. Friedrich Theodor Vischer 181
 8. Kierkegaard 185
 9. Hebbel 189
 10. Nietzsche 193
 11. Simmel 195
 12. Scheler 198

Überleitung: Geschichtsphilosophie der Tragödie und Analyse des Tragischen 200

II. Analysen des Tragischen
 1. Sophokles: König Ödipus 213
 2. Calderón: Das Leben ein Traum 218
 3. Shakespeare: Othello 225
 4. Gryphius: Leo Armenius 229
 5. Racine: Phädra 234
 6. Schiller: Demetrius 239
 7. Kleist: Die Familie Schroffenstein 247
 8. Büchner: Dantons Tod 254

Hölderlin-Studien
Mit einem Traktat über philologische Erkenntnis

Über philologische Erkenntnis   263

I.
Der andere Pfeil
Zur Entstehungsgeschichte des hymnischen Spätstils   289
Er selbst, der Fürst des Fests. Die Hymne *Friedensfeier*   315

II.
Überwindung des Klassizismus
Der Brief an Böhlendorff vom 4. Dezember 1801   345
Gattungspoetik und Geschichtsphilosophie   367
Mit einem Exkurs über Schiller, Schlegel und Hölderlin   407

Literaturverzeichnis   413
Nachweise   419
Ausführliches Inhaltsverzeichnis   420

Band II

Essays

I.
Friedrich Schlegel und die romantische Ironie. Mit einer
Beilage über Tiecks Komödien   11
Friedrich Schlegels Theorie der Dichtarten. Versuch
einer Rekonstruktion auf Grund der Fragmente aus dem
Nachlaß   32
Das Naive ist das Sentimentalische. Zur Begriffsdialektik
in Schillers Abhandlung   59
Schleiermachers Hermeneutik heute   106

II.
Über einen Vers aus »Romeo und Julia« 133
Der tragische Weg von Schillers Demetrius 135
Amphitryon, Kleists »Lustspiel nach Molière« 155
Fünfmal Amphitryon: Plautus, Molière, Kleist, Giraudoux, Kaiser 170
Der Mythos im modernen Drama und das Epische Theater. Ein Nachtrag zur *Theorie des modernen Dramas* 198
Tableau und coup de théâtre. Zur Sozialpsychologie des bürgerlichen Trauerspiels bei Diderot. Mit einem Exkurs über Lessing 205

III.
Thomas Manns Gnadenmär von Narziß 235
Lyrik und lyrische Dramatik in Hofmannsthals Frühwerk 243
Hofmannsthals »Weißer Fächer« 257
Intention und Gehalt. Hofmannsthal ad se ipsum 266
Tizians letztes Bild 273
Hoffnung im Vergangenen. Über Walter Benjamin 275
Benjamins Städtebilder 295
Brechts Jasager und Neinsager 310

IV.
Celan-Studien
Poetry of Constancy – Poetik der Beständigkeit. Celans Übertragung von Shakespeares Sonett 105 321
Durch die Enge geführt. Versuch über die Verständlichkeit des modernen Gedichts 345
Eden 390

Anhang

Anhang zu II
A Drei Lustspiele. Notizen zu Goldoni, Molière und
   Kleist 401
B Über Alkestis 405

Anhang zu III
A Quant aux hommes ... »Les mains sales« 410
B »Zone«. Marginalien zu eiem Gedicht Apollinaires 414

Anhang zu IV
A Anleihe oder Verleumdung? Zu einer Auseinandersetzung
   über Paul Celan 423
B Zu *Durch die Enge geführt* 426
C Zu *Eden* 428
D Zu *Es war Erde in ihnen* 430
E Zu *Blume* 438

Nachweise 443
Bibliographie der Schriften Peter Szondis 447
Editorische Notiz 456

Nachwort von Christoph König 459
Ausführliches Gesamtinhaltsverzeichnis 481

suhrkamp taschenbuch
wissenschaft 2024

Peter Szondi gehört zu den bedeutendsten Literaturwissenschaftlern des 20. Jahrhunderts. Wegweisend waren etwa sein *Versuch über das Tragische* und insbesondere die *Theorie des modernen Dramas*, die Adorno in der Auffassung folgt, daß Widersprüche in der Wirklichkeit als Formprobleme im Kunstwerk wiederkehren. Der Band macht neben diesen klassischen Arbeiten auch die Essays Szondis wieder zugänglich, darunter seine nachgelassenen *Celan-Studien*, die sein wissenschaftliches Werk als Fragment beschließen.

Peter Szondi (1929-1971) war Literaturwissenschaftler, Kritiker, Übersetzer und Essayist. Von 1965 bis zu seinem Tod war er Ordinarius und Direktor des neugegründeten Seminars für Allgemeine und Vergleichende Literaturwissenschaft der Freien Universität Berlin.
Im Suhrkamp Verlag erschienen zuletzt: *Briefe* (1993), *Studienausgabe der Vorlesungen in fünf Bänden* (2001) und *Paul Celan/Peter Szondi: Briefwechsel* (2005).

Peter Szondi
Schriften

Mit einem Nachwort von
Christoph König

Suhrkamp

Herausgegeben von Jean Bollack mit Henriette Beese,
Wolfgang Fietkau, Hans-Hagen Hildebrandt, Gerd Mattenklott,
Senta Metz und Helen Stierlin

Die vorliegende Neuausgabe führt die Bände *Schriften I* (stw 219) und
Schriften II (stw 220) zusammen, deren Redaktion Wolfgang Fietkau besorgte.
Für die Neuausgabe hat Christoph König die Bibliographie der Schriften Szondis
ergänzt. Die Reihenfolge der Texte und die Paginierung wurden beibehalten.

Bibliografische Information der Deutschen Nationalbibliothek
Die Deutsche Nationalbibliothek verzeichnet diese Publikation
in der Deutschen Nationalbibliografie;
detaillierte bibliografische Daten sind im Internet
über http://dnb.d-nb.de abrufbar.

suhrkamp taschenbuch wissenschaft 2024
Erste Auflage 2011
© Suhrkamp Verlag Berlin 2011
Alle Rechte vorbehalten, insbesondere das der Übersetzung,
des öffentlichen Vortrags sowie der Übertragung
durch Rundfunk und Fernsehen, auch einzelner Teile.
Kein Teil des Werkes darf in irgendeiner Form
(durch Fotografie, Mikrofilm oder andere Verfahren)
ohne schriftliche Genehmigung des Verlages reproduziert
oder unter Verwendung elektronischer Systeme
verarbeitet, vervielfältigt oder verbreitet werden.
Umschlag nach Entwürfen
von Willy Fleckhaus und Rolf Staudt
Druck: Druckhaus Nomos, Sinzheim
Printed in Germany
ISBN 978-3-518-29624-0

1 2 3 4 5 6 – 16 15 14 13 12 11

Band II

Inhalt

Essays

I.
Friedrich Schlegel und die romantische Ironie 11
Friedrich Schlegels Theorie der Dichtarten 32
Das Naive ist das Sentimentalische 59
Schleiermachers Hermeneutik heute 106

II.
Über einen Vers aus »Romeo und Julia« 133
Der tragische Weg von Schillers Demetrius 135
Amphitryon, Kleists »Lustspiel nach Molière« 155
Fünfmal Amphitryon 170
Der Mythos im modernen Drama und das Epische Theater 198
Tableau und coup de théâtre 205

III.
Thomas Manns Gnadenmär von Narziß 235
Lyrik und lyrische Dramatik in Hofmannsthals Frühwerk 243
Hofmannsthals »Weißer Fächer« 257
Intention und Gehalt 266
Tizians letztes Bild 273
Hoffnung im Vergangenen 278
Benjamins Städtebilder 295
Brechts Jasager und Neinsager 310

IV.
Celan-Studien 319

Anhang zu II   401
Anhang zu III   410
Anhang zu IV   423

Nachweise 443
Bibliographie der Schriften Peter Szondis 447
Editorische Notiz 456

Nachwort von Christoph König 459
Ausführliches Inhaltsverzeichnis 481

I

Friedrich Schlegel und die romantische Ironie
Mit einer Beilage über Tiecks Komödien

Die Gedankenwelt des jungen Friedrich Schlegel ist ein Ganzes kraft ihres geschichtsphilosophischen Wesens. Geschichtsphilosophie hat ihren Grund im Glauben an die Gesetzlichkeit historischen Ablaufs, an den Stellenwert jeder Geschichtsperiode in einer Entwicklung, als deren Stufe sie allein richtig zu fassen ist. Schlegels geschichtsphilosophische Konzeption hat drei Wurzeln: das Erlebnis der Antike, das reflektierte Leiden an der Moderne, die Hoffnung auf das kommende Reich Gottes. Klassizistisches, Zeitkritisches und Eschatologisches verbindet sich hier zu einem dreiteiligen Ganzen. Die Dreizahl reflektiert die der Zeitdimensionen (Vergangenheit – Gegenwart – Zukunft), geistesgeschichtlich gesehen bereitet sie zugleich die Hegelsche Dialektik vor. Denn schon in Schlegels Geschichtsauffassung handelt es sich um einen dialektischen Prozeß. Der ungeschichtlichen Vorbildhaftigkeit der freilich schon historisch begriffenen Antike, wie sie Winckelmann kennt, folgte bei Herder deren konsequente Historisierung. Die natürlich-vollkommene Antike wurde von ihm in ihrer historischen Einmaligkeit festgehalten und in den historischen Prozeß des Geistes zugleich als erste, gleichsam paradiesische, Periode eingebaut.[1] Die Antike ist darum in der Gegenwart nicht mehr beliebig reproduzierbar, diese wird, als zweite Periode aufgefaßt, in ihrer antithetischen Negativität belassen. Bedeutend wird die Antike aber für die Zukunft. Was aussteht, soll zwar nicht ihre Wiederholung sein, keine natürliche Ganzheit also, sondern eine geistige, welche aus dem Zentrum der Moderne selbst entwickelt wird. Diese geistige Harmonie würde sich

---

[1] Im Gegensatz zu Winckelmann und dem jungen Schlegel hatte freilich Herder bereits einen Blick für den Ursprung der griechischen Kultur aus dem Orient. Vgl. z. B. Herder, Sämtliche Werke, Hrsg. B. Suphan. VIII, S. 472 ff. Zur Orientkonzeption der Romantik vgl. jetzt René Gérard, *L'Orient et la pensée romantique allemande*. Paris 1963.

selber bestimmen, ihr Grund wäre die Freiheit (mit Schlegels Lieblingswort: die Willkür), in ihr wäre die Isolation des Geistes überwunden, das Geistige aber dialektisch aufgehoben, sie wäre Synthese.

Die begriffliche Differenzierung von Antike und Moderne, geschichtsphilosophisch gesprochen: von erster und zweiter Periode, erfolgt im Aufsatz *Über das Studium der Griechischen Poesie* aus Schlegels vor-romantischer Zeit.[2] Antike und Moderne werden hier in strenger Antithetik analysiert. Dieser Bezug auf das Gewesene in der Deutung der Gegenwart ist klassizistischen Ursprungs, spiegelt aber zugleich einen Wesenszug moderner Geschichtsphilosophie: ihre Auffassung der Zeit als einer Zwischenzeit, eines Nicht-mehr und Noch-nicht, dessen Negativität darum nur aus der erinnerten Thesis der Vergangenheit und der geahnten Synthesis der Utopie ihren Sinn erhalten mag. Die Grunderkenntnis des *Studium*-Aufsatzes ist, daß die Antike eine natürliche Bildung war, während die Moderne eine künstliche ist. In der natürlichen sei *der erste ursprüngliche Quell der Tätigkeit ein unbestimmtes Verlangen,* in der künstlichen aber *ein bestimmter Zweck.* In der Antike war der Verstand *auch bei der größten Ausbildung höchstens nur der Handlanger und Dolmetscher der Neigung; der gesamte zusammengesetzte Trieb aber der unumschränkte Gesetzgeber und Führer der Bildung.* In der Moderne *ist die bewegende, ausübende Macht zwar auch der Trieb; die lenkende, gesetzgebende Macht hingegen der Verstand: gleichsam ein oberstes lenkendes Prinzipium, welches die blinde Kraft leitet und führt, ihre Richtung determiniert, die Anordnung der ganzen Masse bestimmt und nach Willkür die einzelnen Teile trennt und verknüpft.*[3] Am Ursprung der Moderne steht die Emanzipation des Verstandes. Dessen Tätigkeit ist Scheiden und Mischen,

---

[2] Im Rahmen dieser Skizze muß darauf verzichtet werden, den Ort des *Studium*-Aufsatzes mit seiner paradoxen, darum weiterweisenden Verbindung von Verständnis und Ablehnung der Moderne näher zu bestimmen.

[3] Friedrich Schlegel, *1794-1802, Seine prosaischen Jugendschriften,* Hrsg. J. Minor. Wien 1882, I, S. 97. Im folgenden gelten die Abkürzungen: JS = Jugendschriften, L = *Lyceum*-Fragmente, A = *Athenäum*-Fragmente, I = *Ideen*. Die Fragmente werden nach der Numerierung der Minorschen Ausgabe zitiert.

deshalb nennt Schlegel das Zeitalter ein chemisches. Alle Bezüge sind zerstört oder wurden fragwürdig und Gegenstand der Reflexion. Das Wesen der Antike war Zusammenhang, das der Moderne ist Zerstückelung. Damit hängt auch die Verdrängung des Schönen durch das Interessante zusammen, die die moderne Ästhetik kennzeichnet. *Der isolierende Verstand fängt damit an, daß er das Ganze der Natur trennt und vereinzelt. Unter seiner Leitung geht daher die durchgängige Richtung der Kunst auf treue Nachahmung des Einzelnen. Bei höherer intellektueller Bildung wurde also natürlich das Ziel der modernen Poesie* **originelle und interessante Individualität**.[4] Dieser Sinn für das Interessante hat seinen Grund im Verlust der endlichen Realität, in der Zerstörung der vollendeten Form, im Streben nach unendlicher Realität. Die Gegensätze ideal-real, unendlich-endlich, subjektiv-objektiv werden auseinandergerissen, ihre Dialektik ist zerstört, die Möglichkeit der Synthese in der Entscheidung und in der Tat, auf ästhetischem Gebiet in der klassischen Gestalt und in der dramatischen Handlung geht verloren.

In einem Brief an den Bruder August Wilhelm aus dem Jahr 1793 stehen über den *Hamlet* die Sätze: *Der Gegenstand und die Wirkung dieses Stücks ist die heroische Verzweiflung d. h. eine unendliche Zerrüttung in den allerhöchsten Kräften. Der Grund seines innren Todes liegt in der Größe seines Verstandes. Wäre er weniger groß, so würde er ein Heroe sein. – Für ihn ist es nicht der Mühe wert, ein Held zu sein; wenn er wollte, so wäre es ihm nur ein Spiel. Er übersieht eine zahllose Menge von Verhältnissen – daher seine Unentschlossenheit. – Wenn man aber so nach Wahrheit frägt, so verstummt die Natur; und solchen Trieben, so strenger Prüfung ist die Welt nichts, denn unser zerbrechliches Dasein kann nichts schaffen, das unsren göttlichen Forderungen Genüge leistete. Das Innerste seines Daseins ist ein gräßliches Nichts, Verachtung der Welt und seiner Selbst.*[5] Und im *Studium*-Aufsatz: *Durch eine wunderba-*

---

4 JS I, S. 105.
5 *Friedrich Schlegels Briefe an seinen Bruder August Wilhelm*, Hrsg. O. Walzel. Berlin 1890, S. 94 f.

re Situation wird alle Stärke seiner edeln Natur in den Verstand zusammengedrängt, die tätige Kraft aber ganz vernichtet. Sein Gemüt trennt sich, wie auf der Folterbank nach entgegengesetzten Richtungen aus einander gerissen; es zerfällt und geht unter im Überfluß von müßigem Verstand, der ihn selbst noch peinlicher drückt, als alle die ihm nahen. Es gibt vielleicht keine vollkommnere Darstellung der unauflöslichen Disharmonie, welche der eigentliche Gegenstand der philosophischen Tragödie ist, als ein so grenzenloses Mißverhältnis der denkenden und der tätigen Kraft, wie in Hamlets Charakter.[6] Schlegel deutet Hamlets Situation als stellvertretend für seine eigene und die seiner Zeit. Sein Frühwerk ist der Versuch, das Negative, das in diesem Leerlauf des Verstandes beim isolierten Subjekt liegt, zu denken und zu überwinden. Bestimmt den *Studium*-Aufsatz von 1795 noch Analyse und Kritik, so setzt in den *Lyceum*-Fragmenten, wie dem folgenden, 1797 bereits die Umwertung ein:

Es gibt auch negativen Sinn, der viel besser ist als Null, aber viel seltner. Man kann etwas innig lieben, eben weil mans nicht hat: das gibt wenigstens ein Vorgefühl ohne Nachsatz. Selbst entschiedne Unfähigkeit, die man klar weiß, oder gar mit starker Antipathie ist bei reinem Mangel ganz unmöglich, und setzt wenigstens partiale Fähigkeit und Sympathie voraus. Gleich dem Platonischen Eros ist also wohl dieser negative Sinn der Sohn des Überflusses und der Armut. Er entsteht, wenn einer bloß den Geist hat, ohne den Buchstaben; oder umgekehrt, wenn er bloß die Materialien und Förmlichkeiten hat, die trockne harte Schale des produktiven Genies ohne den Kern. Im ersten Falle gibts reine Tendenzen, Projekte, die so weit sind, wie der blaue Himmel, oder wenn's hoch kömmt, skizzierte Fantasien: im letzten zeigt sich jene harmonisch ausgebildete Kunst-Plattheit, in welcher die größten engländischen Kritiker so klassisch sind. Das Kennzeichen der ersten Gattung, des negativen Sinns vom Geiste ist, wenn einer immer wollen muß, ohne je zu können; wenn einer immer hören mag, ohne je zu

6 JS I, S. 107.

vernehmen.[7] Erst angedeutet sind hier die beiden Faktoren, die berufen sind, das Negative, obwohl sie es mit ausmachen, zu einem Positiven umzubiegen: das klare Wissen der Unfähigkeit und jene Zukunftsbezogenheit, die sich in *Vorgefühl* und *Projekten* äußert: die *Reflexion* und die *Utopie*.

Indessen sind diese beiden Aspekte der Schlegelschen Gedankenwelt nur verständlich, wenn deren Haupttendenz, die sie als romantische kennzeichnet, begriffen ist. Das Wesen der Moderne ist Spaltung, ihr Hauptdrang der zur Vereinigung. Der Wille zur Aufhebung der Gegensätze und zur Vereinigung des Getrennten bestimmt die verschiedensten Äußerungen Friedrich Schlegels. Er tritt explicite in seiner Bestimmung der romantischen Poesie auf: *Die romantische Poesie ist eine progressive Universalpoesie. Ihre Bestimmung ist nicht bloß, alle getrennten Gattungen der Poesie wieder zu vereinigen, und die Poesie mit der Philosophie und Rhetorik in Berührung zu setzen. Sie will, und soll auch Poesie und Prosa, Genialität und Kritik, Kunstpoesie und Naturpoesie bald mischen, bald verschmelzen, die Poesie lebendig und gesellig, und das Leben und die Gesellschaft poetisch machen, den Witz poetisieren, und die Formen der Kunst mit gediegnem Bildungsstoff jeder Art anfüllen und sättigen, und durch die Schwingungen des Humors beseelen. Sie umfaßt alles, was nur poetisch ist . . .*[8] Das gleiche wurde schon in einem *Lyceum*-Fragment gefordert: *Die ganze Geschichte der modernen Poesie ist ein fortlaufender Kommentar zu dem kurzen Text der Philosophie: Alle Kunst soll Wissenschaft, und alle Wissenschaft soll Kunst werden; Poesie und Philosophie sollen vereinigt sein.*[9] Auf philosophischem Gebiet: *Die meisten Gedanken sind nur Profile von Gedanken. Diese muß man umkehren, und mit ihren Antipoden synthesieren.*[10] In der Ästhetik: *In jedem guten Gedicht muß alles Absicht, und alles Instinkt sein. Dadurch wird es idealisch.*[11] Schön ist, was zu-

7 L 69.
8 A 116.
9 L 115.
10 A 39.
11 L 23.

gleich reizend und erhaben ist.[12] In der Ethik: *Um sittlich zu heißen, müssen Empfindungen nicht bloß schön, sondern auch weise, im Zusammenhange ihres Ganzen zweckmäßig, im höchsten Sinne schicklich sein.*[13] Zum Problem der Ich-Welt-Beziehung: *Nur wer einig ist mit der Welt kann einig sein mit sich selbst.*[14] In der Auffassung der Liebe: *Wahre Liebe sollte ihrem Ursprunge nach, zugleich ganz willkürlich und ganz zufällig sein, und zugleich notwendig und frei scheinen; ihrem Charakter nach aber zugleich Bestimmung und Tugend sein, ein Geheimnis, und ein Wunder scheinen.*[15] In der Bewertung des Systems: *Es ist gleich tödlich für den Geist, ein System zu haben, und keins zu haben. Er wird sich also wohl entschließen müssen, beides zu verbinden.*[16] Schließlich in der Definition des Philosophierens: *Philosophieren heißt die Allwissenheit gemeinschaftlich suchen.*[17]

Die Hauptbewegung von Schlegels Denken ist solcherart das Streben nach Einheit, nach Kommunikation, Universalität, Unendlichkeit. Verständlich wird das allein von der frühromantischen Ich-Form her. Das Subjekt der Frühromantik ist das isolierte, auf sich zurückgeworfene, sich selber Gegenstand gewordene Ich. Sein Schicksal heißt Bewußtsein, Schlegel sieht es vollendet dargestellt in Hamlet.

Bewußt ist das isolierte Subjekt aber vornehmlich des eigenen Seins. So tritt das Problem der *Reflexion* auf – das Wort im Sinn von Selbstbewußtsein, Selbstbezogenheit, Selbstbespiegelung gebraucht. Wie nach seinem Modell gedacht wird, ist an zwei Definitionen der Anmut abzulesen. Schiller: Anmut ist *die Schönheit der durch Freiheit bewegten Gestalt*. Schlegel: *Anmut ist korrektes Leben; Sinnlichkeit die sich selbst anschaut, und sich selbst bildet.*[18] Schiller unterscheidet zwischen dem affizier-

12 A 108.
13 A 409.
14 I 130.
15 A 50.
16 A 53.
17 A 344.
18 L 29.

ten Objekt und dem Effekt (Gestalt und Schönheit), nennt das Modale (Freiheit), setzt ein agierendes Subjekt voraus. Schlegels Formulierung kennt nur den einen Faktor Sinnlichkeit in seiner prozeßhaften Reflexion. Zentraler erscheint das Problem in Schlegels Berührung mit Kant und Fichte. Die kritische Philosophie, die Kant inauguriert, ist Philosophie, die zu sich selber sich kritisch verhält, Philosophie, welche die eigene Fundierung in Frage stellt. Charakteristischerweise lautet das erste Fragment des *Athenäum*: *Über keinen Gegenstand philosophieren sie seltner als über die Philosophie.* Schlegel überträgt Kants Gedanken auf die Dichtung im 238. *Athenäum*-Fragment: *Es gibt eine Poesie, deren Eins und Alles das Verhältnis des Idealen und des Realen ist, und die also nach der Analogie der philosophischen Kunstsprache Transzendentalpoesie heißen müßte. Sie beginnt als Satire mit der absoluten Verschiedenheit des Idealen und Realen, schwebt als Elegie in der Mitte, und endigt als Idylle mit der absoluten Identität beider. So wie man aber wenig Wert auf eine Transzendentalphilosophie legen würde, die nicht kritisch wäre, nicht auch das Produzierende mit dem Produkt darstellte, und im System der transzendentalen Gedanken zugleich eine Charakteristik des transzendentalen Denkens enthielte: so sollte wohl auch jene Poesie die in modernen Dichtern nicht seltnen transzendentalen Materialien und Vorübungen zu einer poetischen Theorie des Dichtungsvermögens mit der künstlerischen Reflexion und schönen Selbstbespiegelung, die sich im Pindar, den lyrischen Fragmenten der Griechen, und der alten Elegie, unter den Neuern aber in Goethe findet, vereinigen, und in jeder ihrer Darstellungen sich selbst mit darstellen, und überall zugleich Poesie und Poesie der Poesie sein.* Die Frage, wie das im Eingang als Transzendentalpoesie Definierte mit Schillers Theorie der sentimentalischen Dichtung zusammenhängt, kann hier nicht untersucht werden. Hervorzuheben ist aber das Moment des Kritischen, das heißt: des Reflexiven. Schlegel fordert eine Dichtung, die mit dem Objekt auch sich selber mit dichtet, die auch sich selbst zum Gegenstand hat und in dieser inneren Spaltung in Subjekt und Objekt sich potenziert, Poesie der Poesie wird. Das gleiche wird im

Fragment über die romantische Poesie ausgeführt, im Anschluß an die Frage nach deren Gegenstand. Nach den bereits zitierten Sätzen (*Die romantische Poesie ist eine progressive Universalpoesie...*) heißt es: *Sie kann sich so in das Dargestellte verlieren, daß man glauben möchte, poetische Individuen jeder Art zu charakterisieren, sei ihr Eins und Alles; und doch gibt es noch keine Form, die so dazu gemacht wäre, den Geist des Autors vollständig auszudrücken: so daß manche Künstler, die nur auch einen Roman schreiben wollten, von ungefähr sich selbst dargestellt haben. Nur sie kann gleich dem Epos ein Spiegel der ganzen umgebenden Welt, ein Bild des Zeitalters werden. Und doch kann auch sie am meisten zwischen dem Dargestellten und dem Darstellenden, frei von allem realen und idealen Interesse auf den Flügeln der poetischen Reflexion in der Mitte schweben, diese Reflexion immer wieder potenzieren und wie in einer endlosen Reihe von Spiegeln vervielfachen.* In diesem wichtigen Ansatz zu einer Theorie des Romans, die später von Georg Lukács gegeben wurde, erscheint der Roman als die moderne Entsprechung des Epos. Das Epos war die Darstellung der Welttotalität in einer vorsubjektivistischen Periode, deren Ganzheit nie fragwürdig war, die die Ich-Welt-Spaltung nicht kannte. In der Moderne, die spätestens seit Kant von ebendieser Spaltung geprägt ist, scheint die Versöhnung des Subjektiven mit dem Objektiven im Werk unmöglich. Wiederum drückt Schlegels Forderung der romantischen Poesie den Drang zur Synthese aus: diese wird erlangt durch das genannte Schweben in der Mitte, das der Reflexion eigen ist.

Damit fällt ein Licht auf die Dialektik der Reflexion. Als Selbstbezogenheit ist sie Ausdruck der Isolation des Subjekts und scheint diese festzuhalten. Indem aber das Subjekt sich gegenständlich wird, gewinnt es Distanz zu sich selbst, schaut sich und der Welt zu und hebt in dieser Synopsis die Spaltung, welche die Reflexion hervorrief, wieder auf. Freilich ist die Welt in dieser Synthese nur noch als Schein da, und die innere Spaltung, die das Sich-zum-Objekt-Werden bedeutet, kann nur in einer zweiten Reflexion aufgehoben werden. Da diese in gleicher Weise nicht *aufgeht*, wird der Prozeß, als *ein immer wieder Potenzieren der Reflexion,* fortgeführt. Die Scheinhaftigkeit der Welt und des eigenen Seins nimmt zu, die Reflexion wird immer leerer.

Der zweite Aspekt der Schlegelschen Gedankenwelt ist der *eschatologisch-utopische.* Das 222. *Athenäum*-Fragment postuliert: *Der revolutionäre Wunsch, das Reich Gottes zu realisieren, ist der elastische Punkt der progressiven Bildung, und der Anfang der modernen Geschichte. Was in gar keiner Beziehung auf's Reich Gottes steht, ist in ihr nur Nebensache.* Die moderne Selbstauslegung verdankt sich wesentlich der Antizipation: *Wie wäre es möglich, die gegenwärtige Periode der Welt richtig zu verstehen und zu interpungieren, wenn man nicht wenigstens den allgemeinen Charakter der nächstfolgenden antizipieren dürfte? Nach der Analogie jenes Gedankens würde auf das chemische ein organisches Zeitalter folgen, und dann dürften die Erdbürger des nächsten Sonnenumlaufs wohl bei weitem nicht so groß von uns denken wie wir selbst, und vieles was jetzt bloß angestaunt wird, nur für nützliche Jugendübungen der Menschheit halten.*[19] Aber der Frühromantiker begnügt sich nicht mit diesem Wissen von der nächsten Periode, er macht sich deren, durch die Synthese legitimierte, negative Bewertung der Moderne zu eigen, nimmt so gleichsam den Rückblick vorweg. Die Reflexion wird in die Zeitlichkeit gestellt, in der Selbstbespiegelung ist das Subjekt sich selber nun zeitlich voraus. Das 139. *Athenäum*-Fragment besagt: *Aus dem romantischen Gesichtspunkt haben auch die Abarten der Poesie, selbst die ekzentrischen und monströsen, ihren Wert, als Materialien und Vorübungen der Universalität, wenn nur irgend etwas drin ist, wenn sie nur original sind.*

Die Relativierung des Gegenwärtigen auf die Zukunft ist wie die Reflexion dialektischen Wesens. Sie ist negativ, insofern sie die moderne Dichtung als Vorübung, als ein bloß Provisorisches auffaßt, wendet sich aber ins Positive, indem sie in deren Bestimmung als progressives Moment eingeht. Darüber sagt das 116. *Athenäum*-Fragment: *Die romantische Poesie ist eine pro-*

---

19 A 426.

gressive Universalpoesie. [...] Andre Dichtarten sind fertig, und können nun vollständig zergliedert werden. Die romantische Dichtart ist noch im Werden; ja das ist ihr eigentliches Wesen, daß sie ewig nur werden, nie vollendet sein kann. Sie kann durch keine Theorie erschöpft werden, und nur eine divinatorische Kritik dürfte es wagen, ihr Ideal charakterisieren zu wollen. Auch das Zerstückelte der Moderne wird auf diese Weise umgedeutet. Schlegels Erkenntnis: *Viele Werke der Alten sind Fragmente geworden. Viele Werke der Neuern sind es gleich bei der Entstehung*[20], wird versöhnlich, indem im Fragment ein futurisches Element hervortritt. Das Fragment wird als Projekt aufgefaßt, als der *subjektive Keim eines werdenden Objekts,* als Vorbereitung der ersehnten Synthese. Im Fragment wird nicht mehr das Nicht-Erreichte, das Bruchstück-Gebliebene gesehen, vielmehr die Vorwegnahme, das Versprechen. Der Sinn für Fragmente und Projekte zeigt sich nun als Glied der Bemühung, die Synthese zu verwirklichen, er steht Schlegel zufolge im Zusammenhang des Verhältnisses von Idealem und Realem und kann so *der transzendentale Bestandteil des historischen Geistes*[21] genannt werden.

Das futurische Moment erscheint aber nicht nur in dieser ausdrücklichen Form der Vorwegnahme. Es ist auch in Schlegels dialektischer Auffassung vom Geschichtsablauf impliziert. Die Vorstellung, daß die dritte Periode weder die erste wiederholen, noch aber schlechthin neu sein, vielmehr aus dem Zentrum der Moderne, in dialektischem Umschlag aus deren negativsten Zügen selbst sich entwickeln würde, konkretisiert sich für die Schlegelsche Ästhetik etwa in der These: *Das Übermaß des Individuellen führt [...] von selbst zum Objektiven, das Interessante ist die Vorbereitung des Schönen, und das letzte Ziel der modernen Poesie kann kein andres sein als das höchste Schöne, ein Maximum von objektiver ästhetischer Vollkommenheit.*[22] Oder: *Die Herrschaft des Interessanten ist durchaus nur eine vorübergehende Krise des Geschmacks: denn sie*

---

20 A 24.
21 A 22.
22 JS I, S. 110.

muß sich endlich selbst vernichten.[23] Und schon in dem Aufsatz *Über die Grenzen des Schönen*, von 1794, stehen nach einer Charakteristik der Antike folgende Sätze: *Dieser Zusammenhang gegen unsere Zerstückelung, diese reinen Massen gegen unsere unendlichen Mischungen, diese einfache Bestimmtheit gegen unsere kleinliche Verworrenheit sind Ursache, daß die Alten Menschen im höhern Stil zu sein scheinen. Doch dürfen wir sie nicht als Günstlinge eines willkürlichen Glücks beneiden. Unsere Mängel selbst sind unsere Hoffnungen: denn sie entspringen eben aus der Herrschaft des Verstandes, dessen zwar langsame Vervollkommnung gar keine Schranken kennt. Und wenn er das Geschäft, dem Menschen eine beharrliche Grundlage zu sichern, und eine unwandelbare Richtung zu bestimmen, beendigt hat, so wird es nicht mehr zweifelhaft sein, ob die Geschichte des Menschen wie ein Zirkel ewig in sich selbst zurückkehre, oder ins Unendliche zum Bessern fortschreite.*[24]
Das Wissen um das Künftige erleichtert das Sein im Negativen, indem dieses zum Vorläufigen wird. Die Vorstellung seiner Immanenz, seines Hervorgehens dank einem dialektischen Umschlag, gewährt die Umwertung der Negativität. Deshalb erfolgt keine Absage an Verstand und Reflexion, durch Radikalisierung des als negativ Erkannten glaubt der Frühromantiker zum Positiven zu gelangen: seine Mängel selbst sind seine Hoffnungen.
Wurde bisher nach den Voraussetzungen der romantischen Ironie gefragt, ohne daß der Begriff genannt und seine Bestimmung versucht worden wäre, so darum, weil der Versuchung widerstanden werden sollte, der man in der Forschung nur allzu oft nachgegeben hat, der nämlich, beim Zitieren und Paraphrasieren von Schlegels Definitionen haltzumachen. Vielleicht ist es kein Zufall, daß das Erhellendste über die romantische Ironie in jenen Schriften zu lesen ist, deren Autoren Schlegels theoretische Werke entweder gar nicht kannten, wie vermutlich Kierkegaard, oder dann nicht eigentlich zu interpretieren beabsichtigten, wie Lukács in seiner *Theorie des Romans*. Doch die Nütz-

23 Ebd.
24 JS I, S. 21 f.

lichkeit einer solchen allgemeinen Darstellung, der das Wort »romantische Ironie« unbekannt blieb, ist erst erwiesen, wenn sie Schlegels scheinbar disparate Definitionen und Beschreibungen der Ironie nicht nur in ihrer Bedeutung, sondern auch in ihrer inneren Notwendigkeit und Interdependenz zu beleuchten vermag.

Über die Erscheinung der Ironie in der Beziehung des romantischen Dichters zu seinem Werk sagt das 37. *Lyceum*-Fragment: *Um über einen Gegenstand gut schreiben zu können, muß man sich nicht mehr für ihn interessieren; der Gedanke, den man mit Besonnenheit ausdrücken soll, muß schon gänzlich vorbei sein, einen nicht mehr eigentlich beschäftigen. So lange der Künstler erfindet und begeistert ist, befindet er sich für die Mitteilung wenigstens in einem illiberalen Zustande. Er wird dann alles sagen wollen; welches eine falsche Tendenz junger Genies, oder ein richtiges Vorurteil alter Stümper ist. Dadurch verkennt er den Wert und die Würde der Selbstbeschränkung, die doch für den Künstler wie für den Menschen das Erste und das Letzte, das Notwendigste und das Höchste ist. Das Notwendigste: denn überall, wo man sich nicht selbst beschränkt, beschränkt einen die Welt; wodurch man ein Knecht wird. Das Höchste: denn man kann sich nur in den Punkten und an den Seiten selbst beschränken, wo man unendliche Kraft hat, Selbstschöpfung und Selbstvernichtung.* Die Unmittelbarkeit des Ausdrucks ist aufgehoben, das Bewußtsein hat sich eingeschaltet. In der Forderung der Selbstbeschränkung manifestiert sich Absage an die Welt. Die Selbstbeschränkung hat vor der Beschränkung durch die Welt voraus, daß sie die potentiale Unendlichkeit des Subjekts voraussetzt und damit beweist. Das Wissen davon nimmt der Selbstbeschränkung das Negative. Im Wechsel von Selbstschöpfung und Selbstvernichtung kommt jenes Schweben zur Geltung, das dem Frühromantiker antizipierte Synthese ist.

Aus dem *Gespräch über die Poesie* (1800): *Jedes Gedicht soll eigentlich romantisch und jedes soll didaktisch sein in jenem weitern Sinne des Wortes, wo es die Tendenz nach einem tiefen unendlichen Sinn bezeichnet. Auch machen wir diese Forderung überall, ohne eben den Namen zu gebrauchen. Selbst in ganz populären Arten, wie z. B. im Schauspiel, fordern wir Ironie; wir fordern, daß die Begebenheiten, die Menschen, kurz das ganze Spiel des Lebens wirklich auch als Spiel genommen und dargestellt sei.*[25] Das Leben wird auf einen *tiefen unendlichen Sinn,* der ihm nicht immanent ist, bezogen und unter dessen Gesichtspunkt betrachtet. So entsteht die Vorstellung des Spiels. Spiel ist Leben, das aus einem ihm äußerlichen archimedischen Punkt heraus gelebt und gedeutet wird. Indem der Frühromantiker sein Leben spielt, glaubt er, es transzendieren und so an der ihm historisch versagten Harmonie doch noch teilhaben zu können. Das Didaktische liegt im Hinweis aufs Unendliche. Daß auch hier die Vorwegnahme impliziert wird, zeigt ein Fragment aus dem *Athenäum: Das didaktische Gedicht sollte prophetisch sein, und hat auch Anlage, es zu werden.*[26]

Die Ironie im Kunstwerk: *Es gibt alte und moderne Gedichte, die durchgängig im Ganzen und überall den göttlichen Hauch der Ironie atmen. Es lebt in ihnen eine wirklich transzendentale Buffonerie. Im Innern, die Stimmung, welche alles übersieht, und sich über alles Bedingte unendlich erhebt, auch über eigne Kunst, Tugend, oder Genialität: im Äußern, in der Ausführung die mimische Manier eines gewöhnlichen guten italienischen Buffo.*[27] Wiederum die innere Spaltung und Selbstaufhebung, die Destruktion des Bedingten. Als Stimmung: Buffonerie im aufgerissenen Raum zwischen dem Idealen und dem Realen.

Aus Schlegels Aufsatz über den *Wilhelm Meister* (1798): *Es ist schön und notwendig, sich dem Eindruck eines Gedichtes ganz hinzugeben, den Künstler mit uns machen zu lassen, was er will, und etwa nur im Einzelnen das Gefühl durch Reflexion zu bestätigen und zum Gedanken zu erheben, und wo es noch zweifeln oder streiten dürfte, zu entscheiden und zu ergänzen. Dies ist das erste und das wesentlichste. Aber nicht minder notwendig ist es, von allem Einzelnen abstrahieren zu können, das Allgemeine schwebend zu fassen, eine Masse zu überschau-*

---

25 JS II, S. 364.
26 A 249.
27 L 42.

en, und das Ganze festzuhalten, selbst dem Verborgensten nachzuforschen und das Entlegenste zu verbinden. Wir müssen uns über unsre eigne Liebe erheben, und was wir anbeten, in Gedanken vernichten können: sonst fehlt uns, was wir auch für andre Fähigkeiten haben, der Sinn für das Unendliche und mit ihm der Sinn für die Welt.[28] Die ironische Haltung des Kritikers enthält ebenfalls die Distanz zum Bedingten, dessen Destruktion als Preis für das schwebende Innewerden der Ganzheit.

Als letztes noch eine späte Formulierung: *Ironie ist klares Bewußtsein der ewigen Agilität, des unendlich vollen Chaos.*[29] Ewige Agilität kennzeichnet den Menschen der Moderne, der im Chaos lebt. Indem er sein chaotisches Dasein ins Bewußtsein hebt, indem er es als ein bewußtes lebt, verhält er sich ironisch zu ihm.[30] Daß auch dieser Gedanke utopisch gerichtet ist, zeigt ein benachbartes, an das Wort *Chaos* anknüpfendes Fragment: *Nur diejenige Verworrenheit ist ein Chaos, aus der eine Welt entspringen kann.*[31]

So ist das Subjekt der romantischen Ironie der isolierte, sich gegenständlich gewordene Mensch, dem das Bewußtsein die Fähigkeit zur Tat genommen hat. Er sehnt sich nach Einheit und Unendlichkeit, die Welt erscheint ihm zerklüftet und endlich. Was als Ironie bezeichnet wird, ist sein Versuch, seine kritische Lage durch Abstandnahme und Umwertung auszuhalten. In immer weiter potenzierter Reflexion trachtet er, einen Standpunkt außer ihm zu gewinnen und die Spaltung zwischen seinem Ich und der Welt auf der Ebene des Scheins aufzuheben. Das Negative seiner Situation kann er nicht durch die Tat, in der die Versöhnung des Bedingten und des Unbedingten Ereig-

---

28 JS II, S. 169.

29 I 69.

30 Diese Deutung meint I. Strohschneider-Kohrs (*Die romantische Ironie in Theorie und Gestaltung.* Tübingen 1960, S. 59 f.) als ›unhaltbar‹ abweisen zu müssen. Sie behauptet, daß hier die ›höchst positive Bedeutung‹, die in Fr. Schlegels Chaos-Begriff eingeschlossen ist, nicht beachtet werde, verschweigt aber, daß wir das Fragment Nr. 71 aus den *Ideen,* auf das sie sich dabei u. a. beruft, schon im nächsten Satz zitieren, und zwar gerade, um auf diese positive, nämlich: utopische Bedeutung aufmerksam zu machen.

31 I 71.

nis würde, überwinden; durch Vorwegnahme der künftigen Einheit, an die er glaubt, wird das Negative für vorläufig erklärt, damit zugleich festgehalten und umgewertet. Die Umwertung läßt dieses Dasein annehmbar erscheinen und verführt zum Verweilen im Bereich des Subjektiven und Virtuellen. Indem die Ironie das Negative festhält, wird sie, obwohl als dessen Überwindung gedacht, selber zur Negativität. Sie duldet Vollendung nur in Vergangenheit und Zukunft, alles, was ihr aus ihrer Gegenwart begegnet, wird mit dem Maßstab der Unendlichkeit gemessen und so zerstört. Die Annahme der eigenen Unfähigkeit verbietet dem Ironiker die Achtung vor dem dennoch Vollbrachten: darin liegt seine Gefahr. Daß er durch diese Annahme den Weg der Vollendung sich selber verbaut, daß sie sich immer wieder ihrerseits als untragbar erweist und schließlich ins Leere führt, bildet seine Tragik.

Über Tiecks Komödien

Zwei Faktoren, die Hauptbestandteile der romantischen Ironie sind, spielen in der ironischen Struktur der Tieckschen Komödien eine wichtige Rolle: die Vorläufigkeit und das Selbstbewußtsein.

Die romantische Ironie faßt die Realität als ein Vorläufiges auf und bringt ihrerseits nur Vorläufiges hervor. In der dramatischen Formenwelt ist es der Prolog, dessen Sinn die Vorläufigkeit ist. Zu ihrer Darstellung benützt Tieck die ›Inversionsmethode‹, wie sie Günther Anders in seinem Buch *Kafka – Pro und Contra* beschrieben hat. Zu zeigen ist das Leben in seiner Vorläufigkeit, gezeigt wird ein Prolog in seiner Endgültigkeit. Die Frage, ob der Realität ihr Sinn immanent, ob sie schon Ernst ist oder aber erst Vor-Spiel, ein Vorläufiges, das spielend auszuhalten sei, wird nicht in einer konkreten Situation besprochen, sondern der Ausgangspunkt ist bereits ein Prolog. Und dieser wird nicht als unproblematische Form, also nicht zum Zwecke der Ankündigung, der Einführung verwendet, sondern im Zustand der Reflexion, als ein sich selbst Fragwürdiges, sich selbst Besprechendes. Das kleine Lustspiel *Ein Prolog* aus dem Jahre 1796 hat zum Schauplatz ein Parterre, in welchem einige zu früh erschienene Zuschauer auf den Beginn der Vorstellung warten. Dabei entwickelt sich zwischen vieren von ihnen das folgende Gespräch:

    Michel *O schaun Sie, schaun Sie doch die vielen Leute!*
                Was für ein Stück gibt man denn heute?
Melantus *Der Himmel weiß, ich darf es nicht entdecken,*
                Vielleicht: Irrtum an allen Ecken.
             . . .
     Peter *Wie einem nun die Augen helle werden!*
Melantus *So gehts mit allen Dingen auf Erden.*
    Michel *Mich dünkt, Sie sprechen so betrübt;*
                Wo fehlt's? wenn's Ihnen zu sagen beliebt.
Melantus *Ach, bester Mann, ich habe vielen Kummer,*
                Wir sitzen am Ende hier im Dunst,
                Mir wird im Kopfe immer dummer,
                Und glaube dabei nicht recht an eine Kunst.
                Es kann wohl sein, daß wir vergebens harren,
                Und, lieber Freund, dann sind wir rechte Narren.
     Peter *Ja wohl, das wär ein schlechter Spaß.*
    Michel *Mit Ihr'r Erlaubnis, erklären Sie mir das.*
Melantus *Sehn Sie, wer kann uns dafür stehn,*
                Daß man hier wirklich wird was sehn?
                Wir hoffen am Ende vergebens auf Lichter,
                's gibt vielleicht weder Direktor noch Dichter;
                Wird man den Vorhang aufwärts rollen?
             . . .
Anthenor *Nachbarn! mit Erlaubnis, es tut mir leid,*
                Allein Ihr seid alle nicht recht gescheit,
                Ich will Euch zwar Eure Hoffnung nicht rauben,
                Doch scheint mir alles nur Aberglauben.
                Denn seht! ich schwör's bei meinem Leben,
                Es hat noch nie einen Direktor gegeben,
                Wie sollte also ein Stück entstehn?
                Die Idee, geb' ich zu, ist recht schön;

> *Allein wer soll sie exekutieren?*
> *Wir zahlen, so mein' ich, unsre Gebühren*
> *Und sitzen dann hier und dichten und trachten;*
> *Und das ist schon für ein Stück zu achten.*
> *Habt Ihr schon einen Direktor gekannt?*
> Peter *Lieber Gott, Ihr wißt's, ich komme vom Land.*
> Anthenor *Könnt Ihr mir einen Direktor definieren?*
> Peter *Ich glaube, der Mann will uns vexieren.*
> Anthenor *Was ist also ein Direkteur?*
> *Ihr denkt und ratet hin und her,*
> *Verwirret Euch in die Kreuz und Quer,*
> *Und daraus folgt denn nur am Ende –*
> Melantus *O schließt nur ja nicht zu behende!*
> Anthenor *Daß wenn man's gründlich überlegt,*
> *Sich dahinten kein Direktor rührt noch regt,*
> *Daß hinter dem Vorhange nichts sich rührt,*
> *Ein Stück wird vor dem Theater aufgeführt*
> *Von uns, die wir als wahre Affen*
> *Behaupten, alles sei nur geschaffen*
> *Um zu einem künftigen Zwecke zu nutzen*
> *Und darum verschleudern die Gegenwart.*[32]

Die Lösung des Problems ist selber ironisch: der Skeptiker Melantus und der Pessimist Anthenor werden von den empörten Optimisten zwar bald aus dem Theater entfernt, auch abwesend haben sie aber das letzte Wort, denn auf den Prolog folgt in der Tat kein Stück, er entpuppt sich nachträglich als das Stück selbst. Daß es beim Prolog bleibt, ist zugleich Symbol dessen, daß der Geist der reflektierten Vorläufigkeit den dramatischen Stil nicht gestattet. Denn das Drama ist in jeder seiner Repliken verbindlich, unwiderrufbar, folgenträchtig.[33] Es ist die Form der Gegenwärtigkeit, im doppelten Verstande des Wortes: des présent und der présence, die Form auch der Sinnesimmanenz. Gewiß ist Schauspiel möglich, das von einem gesicherten transzendenten Ort aus die ›Wirklichkeit‹ in deren meta-

---
32 Ludwig Tieck, *Schriften.* Berlin 1828-46 (abgekürzt: S), XIII, S. 244 ff.
33 Vgl. vom Verf. *Theorie des modernen Dramas.* In: *Schriften,* Bd. I, S. 16 ff.

physischer Vorläufigkeit schildert. Eigentliche Dramatik geht auch dem Welttheater, das so entsteht, ab. Aber wo dieser transzendente Standpunkt nicht nur noch nicht gewonnen ist, sondern auch in Frage steht, ob er gesucht werden soll, geht die Möglichkeit des Dramas vollends verloren. Die eigenste Form der Romantik ist der Roman, dessen Wesen Reflexion und Suche ist.[34]

Zum Problem des Selbstbewußtseins ein Dialog aus *Prinz Zerbino*:

> König *Ach! wie gesagt: wer weiß, was uns bevorsteht!*
> *Ein unerbittlich Schicksal lenket uns.*
> Hanswurst *Soll ich mal sprechen, wie's um's Herz mir ist?*
> König *Nie anders, wenn die Götter uns beschützen.*
> Hanswurst *So mein' ich denn, es ist sowohl nicht Schicksal,*
> *Als Eigensinn des Dichters, wie er sich*
> *Benannt, der so sein ganzes Stück verwandelt,*
> *Und keinen Menschen bei gesundem Sinne läßt.*
> König *Ach, Freund! was rührst Du da für eine Saite!*
> *Wie traurig werd' ich, wenn ich erst bedenke,*
> *Daß wir nun vollends gar nicht existieren.*
> *Der Idealist ist schon ein elend Wesen,*
> *Doch ist er anzunehmen stets genötigt,*
> *Daß sein Dasein doch etwas Wahres sei;*
> *Doch wir, wir sind noch weniger als Luft,*
> *Geburten einer fremden Phantasie,*
> *Die sie nach eigensinn'ger Willkür lenkt.*
> *Und freilich kann dann keiner von uns wissen,*
> *Was jener Federkiel uns noch beschert.*
> *O jammervoll Geschick dramat'scher Rollen!*[35]

Vor allem in solcher Zerstörung der Illusion wird bekanntlich romantische Ironie für die romantische Komödie bedeutend. In der Literatur über Tieck wird immer wieder darauf hingewie-

---
34 Vgl. Georg Lukács, *Die Theorie des Romans*, Berlin 1920. (Neuauflagen: Neuwied-Berlin 1963, 1965, 1971, 1974)
35 S X, S. 147 f.

sen, daß dieses ›Aus-der-Rolle-Fallen‹ ein seit Aristophanes in jeder Epoche und jeder Literatur vorkommendes ›ureigenes‹ Mittel der Komödie und romantisch also allenfalls seine Anwendung ohne Maßen ist. Doch gilt es hier zu unterscheiden. Die Rede vom ›Aus-der-Rolle-Fallen‹ betrifft den Schauspieler, meint die Reduktion der dramatischen Gestalt, der Rolle, auf den Schauspieler. Bei Tieck geschieht etwas anderes: die Rolle spricht da über sich selbst als Rolle. Sie hat Einsicht in die dramaturgische Bedingtheit der eigenen Existenz. Dadurch wird sie aber nicht reduziert, sondern potenziert. Durch ihr Selbstbewußtsein wird sie sich ebenso gegenständlich wie das gespaltene frühromantische Ich, dessen ästhetische Projektion sie ist. Durch diese Übersetzung des Selbstbewußtseins ins Ästhetische wird aber die Dramenstruktur mit betroffen. Die Rolle ist sich bewußt nicht ihres im Drama dargestellten Seins, sondern ihrer dramatischen Existenz überhaupt. Darin kommt das besondere Verhältnis des Romantikers zur Gattung des Dramas zum Ausdruck. Sie ist keine Aussageform, die ihm gleichsam von Natur eigen wäre. Was ihn zur dramatischen Gestaltung verführt, ist der Reiz der dramatischen Welt, absolut und, als hervorgebrachte, doch auch transzendierbar zu sein. In der dramatischen Form realisiert der Frühromantiker sein ironisches Weltverhältnis, das in der Wirklichkeit immer nur angestrebt werden kann: die Verbindung des In-der-Welt-Seins mit dem Über-der-Welt-Stehen.

Das Selbstbewußtsein der dramatischen Gestalt ist indessen nicht nur ästhetische Entsprechung der frühromantischen Reflexion, für das Lustspiel ergibt sich aus ihm Komik. Das zeigt eine Szene der *Verkehrten Welt*:

Der Wirt *Wenige Gäste kehren jetzt bei mir ein, und wenn das so fort währt, so werde ich am Ende das Schild noch gar einziehen müssen. – Ja sonst waren noch gute Zeiten, da wurde kaum ein Stück gegeben, in welchem nicht ein Wirtshaus mit seinem Wirte vorkam. Ich weiß es noch, in wie vielen hundert Stücken bei mir in dieser Stube hier die schönste*

> *Entwickelung vorbereitet wurde. Bald war es ein verkleideter Fürst, der hier sein Geld verzehrte, bald ein Minister, oder wenigstens ein reicher Graf, die sich alle bei mir aufs Lauern legten. Ja sogar in allen Sachen, die aus dem Englischen übersetzt wurden, hatte ich meinen Taler Geld zu verdienen. Manchmal mußte man freilich auch in einen sauern Apfel beißen, und verstelltes Mitglied einer Spitzbubenbande sein, wofür man dann von den moralischen Personen rechtschaffen ausgehunzt wurde; indessen war man doch in Tätigkeit. – Aber jetzt! – Wenn auch jetzt ein fremder reicher Mann von der Reise kommt, so quartiert er sich originellerweise bei einem Verwandten ein, und gibt sich erst im fünften Akt zu erkennen; andere kriegt man nur auf der Straße zu sehn, als wenn sie in gar keinem honetten Hause wohnten; – dergleichen dient zwar, die Zuschauer in einer wunderbaren Neugier zu erhalten, aber es bringt doch unser eins um alle Nahrung.*[36]

Auch hier tritt für keinen Augenblick der Schauspieler hervor. Nicht der Schauspieler fällt aus seiner Wirt-Rolle, vielmehr übersteigt sich diese reflektierend selbst. Die Komik, die so entsteht, ist Charakterkomik, jedoch im Sinne des spezifisch Tieckschen Formalismus: ›Charakter‹ bezeichnet hier die dramaturgische, nicht die psychische Struktur. Lächerlich ist auch hier das Übertreten der Norm; es ist das *Auge zuviel*[37] des Wirtes, sein Selbstbewußtsein, worin die Komik gründet. Daß auch eigentliche Situationskomik in diesem Bereich möglich ist, zeigt die Folge, die der potenzierten Gestalt des Wirtes die ungebrochene eines einkehrenden Fremden gegenüberstellt:

Fremder *Guten Morgen, Herr Wirt.*
    Wirt *Diener, Diener von Ihnen, gnädiger Herr. – Wer in*

36 S V, S. 319 f.
37 Hölderlin, *Sämtliche Werke*, Hrsg. Fr. Beißner, II, S. 373.

>   *aller Welt sind Sie, daß Sie inkognito reisen und bei*
>   *mir einkehren? Sie sind gewiß noch aus der alten*
>   *Schule; gelt, so ein Mann vom alten Schlage, viel-*
>   *leicht aus dem Englischen übersetzt?*
> Fremder   *Ich bin weder gnädiger Herr, noch reise ich incog-*
>   *nito. – Kann ich diesen Tag und die Nacht hier*
>   *logieren?*
>   Wirt   *Mein ganzes Haus steht Ihnen zu Befehl. – Aber,*
>   *im Ernst, wollen Sie hier in der Gegend keine*
>   *Familie unvermuteterweise glücklich machen? oder*
>   *plötzlich heiraten? oder eine Schwester aufsuchen?*
> Fremder   *Nein, mein Freund.*
>   Wirt   *Sie reisen also bloß so simpel, als ein ordinärer*
>   *Reisender?*
> Fremder   *Ja.*
>   Wirt   *Da werden Sie wenig Beifall finden.*
> Fremder   *Ich glaube, der Kerl ist rasend.*[38]

So entsteht das Phänomen, das streng genommen gar kein ›Aus-der-Rolle-Fallen‹ ist, bei Tieck aus der ästhetischen Verwirklichung des Selbstbewußtseins und hängt darum nicht, wie meist behauptet wird, bloß durch die vagen Kategorien der ›subjektiven Willkür‹ und des ›Vernichtungsdranges‹ mit der romantischen Ironie zusammen. Die Komik der Tieckschen Lustspiele aber verdankt sich immer wieder dem Gefälle innerhalb der Reflexion: es ist die Distanz, welche die Komödie durch die Reflexion zu ihrer eigenen dramatischen Struktur gewinnt, die im Lachen ausgekostet wird.

---

[38] S V, S. 321 f.

Friedrich Schlegels Theorie der Dichtarten

Versuch einer Rekonstruktion auf Grund
der Fragmente aus dem Nachlaß[1]

1. Kritik der gattungspoetischen Vernunft. – 2. Gattungspoetik und Geschichtsphilosophie. – 3. Überwindung der Gattungspoetik und Ursprung der Romantheorie.

I

Daß Schlegel die Frage nach den Bedingungen der Möglichkeit poetischer Gattungsbegriffe und gattungspoetischer Systeme stellt, wird nicht verwundern, wenn man sich an das erste Athenäum-Fragment erinnert: *Über keinen Gegenstand –* so wird dort nicht ohne Vorwurf und nicht ohne Verachtung notiert *– philosophieren sie seltner als über die Philosophie.*[2] Zwar ist Schlegel kein orthodoxer Kantianer gewesen; er verdankt die wichtigsten philosophischen Anregungen der Fichteschen Wissenschaftslehre und wohl auch Schellings Jugendschrift über Dogmatismus und Kritizismus.[3] Aber die Richtung seiner philosophischen und ästhetischen Überlegungen hat Kants Fragestellung bestimmt. Während sich Schiller vor allem von einigen Begriffen Kants zu seinen Vorstellungen vom Erhabenen und vom Spielcharakter der Kunst inspirieren ließ, wurde die Methode des Kritizismus nicht von ihm, sondern von Friedrich Schlegel auf die Ästhetik angewandt.

Es war eine Anwendung besonderer Art. Zu einer ausgeführten

---

[1] Schlegels Fragmente werden nach der von Ernst Behler herausgegebenen *Kritischen Friedrich-Schlegel-Ausgabe* zitiert (abgek.: KA). Bd. 2: *Charakteristiken und Kritiken* I *(1796-1801)*, Hrsg. Hans Eichner (1967). Bd. 18. *Philosophische Lehrjahre 1796-1806*, I. Teil, Hrsg. Ernst Behler (1963). Ferner nach: *Literary Notebooks 1797-1801*, Hrsg. Hans Eichner. London 1957 (abgekürzt: LN). In den Zitaten wurden Schlegels griechische Abbreviaturen sowie die ihre Auflösung anzeigenden eckigen Klammern der Herausgeber stillschweigend getilgt (vgl. Anm. 52) und die Rechtschreibung modernisiert.

[2] KA 2/165.

[3] Vgl. Verf., *Hölderlin-Studien* in: *Schriften*, Bd I, S. 369, Anm. 8.

Kritik im kantischen Sinn kam es so wenig wie zu einem kritizistisch geprägten System der Poetik. In den Fragmenten begnügt sich Schlegel meist mit Fragen und Behauptungen, wobei man bei den Fragen oft nicht weiß, ob er sie im Ernst stellt oder ob sie schon Behauptungen sind; und bei den Behauptungen fragt man sich nicht selten, wie er ihre Richtigkeit erwiesen haben würde. Der Kantische Kritizismus tritt bei Schlegel gern als Skeptizismus, gar als Nihilismus auf. Wendet man sich davon nicht, wie es Hegel getan hat,[4] mit Empörung ab, so wird man das geheime Motiv solcher programmatischen Infragestellung und Annihilierung erkennen können, jene Vorbereitung eines Künftigen, die Schlegel in den Athenäum-Fragmenten 116 und 252 sowohl eine neue Kunst als auch eine neue Poetik entwerfen läßt. Nur darum aber durfte er seine Fragmente als Projekte verstehen.[5] Bereits in der ersten Sammlung, die er aus ihnen veranstaltete, 1797 in der Zeitschrift *Lyceum der schönen Künste* heißt es: *Man hat schon so viele Theorien der Dichtarten. Warum hat man noch keinen Begriff von Dichtart? Vielleicht würde man sich dann mit einer einzigen Theorie der Dichtarten behelfen müssen.*[6] Drei Sätze, jeder in einem für Schlegel charakteristischen Ton. Zuerst die leicht verächtliche Feststellung von Quantität, welche sich selber richtet (*Man hat schon so viele Theorien der Dichtarten*); dann die provozierend kritische Frage, die zugleich andeutet, weshalb es die schlechte Quantität gibt (*Warum hat man noch keinen Begriff von Dichtart?*); schließlich die drohende Vorahnung, was aus der Erfüllung des Postulats dereinst folgen könnte (*Vielleicht würde man sich dann mit einer einzigen Theorie der Dichtarten behelfen müssen*). Für Schlegels Kritik der gattungspoetischen Vernunft bedeutet das Fragment, daß die Frage nach dem Begriff der Dichtart selbst und nicht bloß nach der Einteilung der Dichtung in Gattungen zu stellen ist (denn dies meint Schlegel, wenn er von Theorien der Dichtarten spricht, deren es schon so viele

---

4 Vgl. u. a. *Über Solgers nachgelassene Schriften und Briefwechsel.* In: *Werke* 16/466 (Berlin 1834).
5 Vgl. KA 2/168 f.
6 KA 2/154.

gebe). Erst die auf Kosten aller anderen sich behauptende Theorie der Dichtarten, der Kritik des Dichtartbegriffs selbst entstammend, wäre eine Gattungspoetik.

Der Begriff der Dichtart, den Schlegel zu Recht als Voraussetzung der Gattungspoetik erfragt, wird in den Fragmenten kaum bestimmt, es sei denn in dem folgenden aus den *Fragmenten zur Literatur und Poesie*: *Alle Dichtarten sind ursprünglich – Naturpoesie – eine bestimmte, lokale, individuelle. (Es kann unendlich viele Dichtarten geben.) Das Individuelle bleibt darin, auch nach der Umbildung durch Künstler. Die Formen sind einer unendlichen Umbildung fähig. Alle griechischen und alle romantischen Formen verlieren sich ins Dunkel und sind nicht von Künstlern gemacht.*[7] In der Konfrontation von Dichtart und einzelnem Künstler bzw. einzelnem Werk wird der Begriff des *Individuellen* nicht etwa den letzteren zugeordnet, als Gegenbegriff zur Allgemeinheit der Dichtart. Schlegel hebt vielmehr die Individualität der einzelnen Dichtarten hervor, die er in ihrer historischen Bestimmtheit sieht (sie seien *lokal*), und gerade insofern – Herderschen Vorstellungen entsprechend – nicht von einzelnen Künstlern hervorgebracht. Wie Schlegel in dem Aufsatz *Über das Studium der Griechischen Poesie* die moderne Dichtung, die Kunstpoesie, von der klassischen, der Naturpoesie, unter anderem darin unterschieden findet, daß sie von Individuen geprägt sei und in einzelne Œuvres zerfalle, während die griechische Dichtung, worauf hinzuweisen er nicht müde wird, als Ganzes, als *Masse*,[8] betrachtet werden müsse – so behauptet er hier, daß alle Dichtarten ursprünglich seien, Naturpoesie.

Das Fragment stammt aus den Jahren 1798-1801, die Bestimmung der Differenz von antiker und moderner Poesie, im Studium-Aufsatz und in der Vorrede zu dessen Publikation,[9] liegt zurück. Daraus folgt, daß die Dichtarten, wenn anders sie Naturpoesie sind, nur für die klassische, nicht aber für die

---

7 LN S. 186.
8 Vgl. u. a. *Friedrich Schlegel 1794-1802. Seine prosaischen Jugendschriften*. Hrsg. J. Minor. 2. Aufl. Wien 1906, Bd. 1, S. 144 (abgekürzt: JS).
9 JS 1/77 ff.

moderne Dichtung Geltung haben; daß eine Lehre von den Dichtarten historischer Natur sein muß, auf die klassische Dichtung beschränkt, der Begriff der modernen Dichtung aber ohne die Einteilung in Dichtarten auszukommen hat, genauer: dem Begriff einer einzigen Dichtart korrespondiert, welche alle anderen in sich vereinigt. Mit diesen beiden Konsequenzen ist bezeichnet, was in den Abschnitten 2 und 3 im einzelnen zu besprechen sein wird: die Verbindung von Gattungspoetik und Geschichtsphilosophie, die Überwindung der Gattungspoetik und die daraus sich ergebende Theorie der einen modernen Dichtart, des Romans.

Sagt Schlegel, es könne unendlich viele Dichtarten geben, so behauptet er scheinbar nichts Neues. So hat sein Vater, Johann Adolf Schlegel, im Anhang zu seiner Batteux-Übersetzung mit der Begeisterung eines zweiten Columbus von unbekannten poetischen Gattungen als von noch unentdeckten Erdteilen geschwärmt[10] und damit der klassizistischen Poetik widersprochen, welche die Frage nach möglichen Gattungen – eo ipso eine kritizistische Frage – gar nicht stellt, sondern nur die vorhandenen, von den Griechen geschaffenen berücksichtigt, um zu ihrer Nachahmung anzuhalten. Noch des jüngeren Schlegel Satz aus dem Studium-Aufsatz, in dem die griechische Poesie als *eine ewige Naturgeschichte des Geschmacks und der Kunst* bezeichnet wird,[11] gehört in diese klassizistische Tradition. Anders als bei seinem Vater steht aber die These von den unendlich vielen Dichtarten bei Friedrich Schlegel im Zusammenhang einer Konzeption der modernen Poesie, sie führt zur Postulierung einer einzigen Dichtart.

Doch nicht bloß dieser utopische Gesichtspunkt unterscheidet Friedrich Schlegels Behauptung unendlich vieler Dichtarten von der der Aufklärungspoetik, wie sie etwa sein Vater formuliert. Denn beim Sohn ist die These reflektiert, kritizistisch begründet. Von höchster Relevanz ist in diesem Zusammenhang das

---

10 Vgl. Batteux, *Einschränkung der schönen Künste auf einen einzigen Grundsatz.* Aus dem Französischen übersetzt, und mit einem Anhange einiger eignen Abhandlungen versehen. 2. Aufl. Leipzig 1759, S. 390.
11 JS 1/146.

lakonische 113. Athenäum-Fragment: *Eine Klassifikation ist eine Definition, die ein System von Definitionen enthält.*[12] Klassifizierend verfahren noch die Poetiken der Aufklärung: sie ordnen die vorhandenen Werke auf Grund von formalen oder inhaltlichen Übereinstimmungen in Klassen. Die Klassen stehen nebeneinander in einer Reihe, welche selber kein Prinzip zu erkennen gibt und ohne Abschluß bleibt. Schlegel dagegen behauptet, daß man eine Dichtart, indem man sie klassifiziert, zugleich definiert. Anders als die bloße Beschreibung, wie sie noch in den Aufklärungspoetiken üblich war, ist die Definition, der Name sagt es, Abgrenzung gegen anderes, sie setzt die Erkenntnis des Verhältnisses voraus, in welchem die einzelnen Dichtarten zueinander stehen. Und Schlegel scheint noch einen Schritt weiter zu gehen, indem er nicht nur das Vorhandensein und die Definition der anderen Dichtarten als in der Definition jeder einzelnen impliziert setzt, sondern, soll es eine Definition sein, den Zusammenhang der Dichtarten als keinen zufälligen, sondern durch ein Prinzip begründeten, auf ein Prinzip reduzierbaren postuliert, mit einem Wort: als ein System. Der Satz, der mit dem Wort *Klassifikation* einsetzt und zu dem Wort *System* hinführt, ist mehr als eine dichtungstheoretische These: er vollzieht selber die Wende der Poetik von der Aufklärung zum Deutschen Idealismus, von der pragmatischen zu einer philosophischen Lehre von den poetischen Gattungen.

Aber indem Schlegel diese Wende vollzieht, stellt er zugleich ihr Ergebnis: die Deduzierbarkeit der Dichtarten, die Möglichkeit eines geschlossenen Gattungssystems in Frage, weil er, der Logik der Sache folgend, zugleich nach der Geschichtlichkeit der Dichtarten fragt und behauptet, ihre Systematisierbarkeit setze Geschichtlichkeit voraus. Das fünfte der *Fragmente zur Literatur und Poesie* lautet: *Nur die ganz gültigen Dichtarten können in der reinen Poetik deduziert werden. – Das Epos erst in der angewandten, so auch alles was nur für klassische oder nur für progressive* [d. h. moderne] *Poesie gilt.*[13] Schlegel unterscheidet also nicht bloß zwei Epochen oder, in der Terminolo-

12 KA 2/181.
13 LN S. 19.

gie des Studium-Aufsatzes, zwei Bildungsprinzipien: Antike und Moderne, natürliche und künstliche Bildung; er unterscheidet nicht einfach zwischen Dichtarten, die in der einen, und solchen, die in der anderen zu Hause sind: das Epos etwa vom Roman. Sondern unterschieden wird auch nach dem Kriterium, ob eine Dichtart nur in einer der beiden Epochen beheimatet ist oder in beiden. Die in beiden möglichen nennt Schlegel die *ganz gültigen* Dichtarten, und nur von diesen behauptet er, daß sie deduzierbar seien. Das aber bedeutet nicht, daß hier das geschichtliche Denken auf halbem Wege stehen geblieben sei, daß Schlegel nur gewisse Dichtarten historisch sieht und andere nicht. Denn spricht er von Dichtarten, die nicht nur in der *klassischen* oder nur in der *progressiven* Poesie auftreten, so meint er nicht, daß diese Dichtarten unhistorisch seien, sondern nur, daß ihre Historizität einen Wandel innerhalb der Grenzen der Dichtart und nicht die Entstehung einer neuen zur Folge hat wie im epischen Bereich, wo der Roman das Epos ablöst. Solche Dichtarten sind Lyrik und Dramatik. Georg Lukács hat in seiner *Theorie des Romans*, die stark von Schlegelschen Vorstellungen geprägt ist, wenngleich er das hier interpretierte Fragment aus dem Nachlaß 1914 nicht kennen konnte, diese Differenzierung der Gattungen im Hinblick auf den Modus ihres geschichtlichen Wandels wieder aufgenommen.[14]

Die grundlegende These dieses Fragments bildet aber eine weitere Unterscheidung, die, im Sinne des Kritizismus, nicht mehr den Gegenstand, sondern die Bedingung seiner möglichen Erkenntnis betrifft: die Unterscheidung zwischen reiner und angewandter Poetik. Das 24. Stück derselben *Fragmente zur Literatur und Poesie* lautet: *In einer reinen Poetik würde vielleicht keine Dichtart bestehn; die Poetik also zugleich rein und angewandt, zugleich empirisch und rational.*[15] Dieser Satz verhält sich zu dem anderen polemisch, als Korrektur. Schlegel erkennt, daß wohl die Unterscheidung zwischen einem reinen (deduktiven) und einem angewandten (pragmatisch-induktiven) Aspekt der Poetik richtig ist, nicht aber deren Einteilung in eine

14 Georg Lukács, *Die Theorie des Romans*, Berlin u. Neuwied 1974, S. 31 ff.
15 LN S. 22.

reine und eine angewandte. Es gibt nicht zwei Poetiken. Vielmehr ist die Poetik (Schlegel unterstreicht das Wort) zugleich rein und angewandt, zugleich empirisch (d. h. induktiv) und rational (d. h. deduktiv). Ist diese, den früheren Satz korrigierende, Einsicht ein Fortschritt in Schlegels Kritik der gattungspoetischen Vernunft, so macht sie doch die Sache zugleich komplexer. Denn die Grenze verläuft nun nicht mehr zwischen den Dichtarten, sie ist hereingenommen in den Begriff der Gattungspoetik selbst, als eine konstitutive Antinomie, deren sie sich nicht entäußern darf. Daher Schlegels Polemik gegen das gattungspoetische Verfahren Goethes. Mit Bezug auf eine Stelle in den *Lehrjahren*[16] stellt das 115. der *Fragmente zur Literatur und Poesie* fest, Goethe gehe *bei Aufsuchung des Geistes der Dichtarten empirisch zu Werke; nun läßt sich aber der Charakter grade dieser Dichtart* [i. e. des Romans] *empirisch nicht vollständig und richtig auffinden.*[17]

Immer wieder hat Schlegel versucht, die Interdependenz von Empirie und spekulativer Theorie, von Induktion und Deduktion für die Gattungspoetik genauer zu fassen, nachdem er die ursprüngliche These von den zwei Arten der Poetik aufgegeben hatte. Nr. 224 der *Fragmente zur Literatur und Poesie* lautet: *Der Deduktion der Kunst muß ein empirisches oder historisches Datum vorangehn, welches die Klassifikation in Logik, Poesie, Ethik begründet.*[18] In seinem Bestreben, die Grenzen aufzuheben, welche die einzelnen Disziplinen und die einzelnen Lebensbereiche voneinander trennen, berührt Schlegel in seinen Notizbüchern öfter die Frage der Beziehung der verschiedenen Systeme (Poetik, Logik, Ethik) zueinander, wobei er bald, wie im zitierten Satz, ein ihnen allen Gemeinsames postuliert, bald die von den Dichtarten abgezogenen adjektivischen Begriffe episch, lyrisch, dramatisch auch außerhalb der Poesie für *anwendbar* hält und die *Moral* etwa als *lyrische Philosophie*[19] definiert oder gar behauptet, es sei *jede der klassifizierten*

16 LN S. 229 (Anm. des Hrsg.).
17 LN S. 29.
18 LN S. 39.
19 KA 18/197.

Wissenschaften – Logik, Ethik, Poetik, Politik, Historie – [...]
progressiv behandelt, universell und umfasse *also alle übrigen.*[20]
Wichtiger als dieses Motiv, das im Rahmen der im 116. Athenäum-Fragment entworfenen utopischen Synthese der einzelnen Disziplinen und Tätigkeitsgebiete zu sehen wäre, ist im vorliegenden Zusammenhang, daß hier versucht wird, die aus der zwiefachen Natur der Poetik entstandene Antinomie auf dem Weg der Chronologie aufzulösen, nämlich durch die Behauptung, der Deduktion gehe ein Empirisches oder Historisches voran. Der fragmentarische Charakter der Äußerung macht sie mißverständlich, könnte man doch die empirisch-historische Voraussetzung der Deduktion als philosophische Prämisse auffassen, was mit dem Wesen der Deduktion, daß allein auf Begriffe, nicht auf Erfahrungstatsachen rekurriert wird, unvereinbar wäre. Aber andere Fragmente lassen erkennen, in welchem Sinn die Chronologie von empirisch-historischer Betrachtung und Deduktion gemeint ist, so das 193. der *Fragmente zur Literatur und Poesie* und der Schluß des 252. Athenäum-Fragments, das offensichtlich aus dem ersteren hervorgegangen ist. (Der Vergleich beider zeigt zugleich, wie Schlegel seine Notizen zu Fragmenten umgeschmiedet hat.) Im Entwurf heißt es: *Man soll über die Kunst philosophieren, denn man soll über alles philosophieren; nur muß man schon etwas von der Kunst wissen. – Freilich wird alles was man von der Kunst erfahren hat, erst durch Philosophie zum Wissen. Daß die Alten klassisch sind, weiß man nicht aus der Philosophie, denn Goethe weiß es auch; aber freilich weiß mans nur mit Philosophie.*[21] Das 252. Athenäum-Fragment, das eine Doppelbestimmung und ein Doppelprogramm aufstellt für eine (pragmatische) *Kunstlehre der Poesie* und für eine (spekulative) *Philosophie der Poesie,* schließt mit den Worten: *Die Philosophie über einen Gegenstand kann nur der brauchen, der den Gegenstand kennt, oder hat; nur der wird begreifen können, was sie will und meint. Erfahrungen und Sinne kann die Philosophie nicht inokulieren oder anzaubern. Sie soll es aber auch nicht wollen. Wer es schon*

20 KA 18/81.
21 LN S. 37.

gewußt hat, der erfährt freilich nichts Neues von ihr; doch wird es ihm erst durch sie ein Wissen und dadurch neu von Gestalt.[22]
Nicht von einem empirischen Ausgangspunkt gattungspoetischer Deduktion ist hier die Rede, der ihrem Wesen widerspräche, allein um ihr Verständnis, um ihre Verstehbarkeit, handelt es sich, sie setzt die Kenntnis der historischen Empirie voraus.

Aber die Frage der deduktiven Poetik ist, solange ihr Verständnis die Gegenbewegung der Induktion erfordert, nicht zufriedenstellend gelöst. Tritt auch der Gegensatz von Induktion und Deduktion nicht als innerer Widerspruch des deduktiven Verfahrens auf, so bleiben doch die beiden Momente, Induktion und Deduktion, einander äußerlich. Erst Hegel löst das Problem der Vermittlung von Allgemeinem und Besonderem, und zwar auch im Hinblick auf das System der poetischen Gattungen, das als System zugleich deren Geschichte ist. Induktion und Deduktion sind bei Hegel durcheinander vermittelt, weil die Begriffe nicht als jenseits der Empirie gegeben, sondern als in der Empirie, in der Geschichte, allererst zu sich selber kommend gesetzt werden.

Schlegels Satz aus den *Fragmenten zur Literatur und Poesie,* demzufolge die Poetik zugleich rein und angewandt, zugleich empirisch und rational sein müsse, d. h. induktiv und deduktiv in einem, führt bei ihm selbst weder zu einer Hegel vorwegnehmenden Lösung noch zu einer anderen; das Problem wird gesehen, was fortan verbietet, die Gattungspoetik in ihrer überlieferten, induktiv-deskriptiven Form zu akzeptieren, aber gelöst wird das Problem nicht. Man mag das bedauern, man mag darin Schlegels Ort in der Entwicklung der deutschen Ästhetik als den eines bahnbrechenden, aber die eigene Bahn kurz darauf selbst abbrechenden Denkers präzise ausgedrückt finden, man mag schließlich den Verdacht äußern, die Wahl der Fragmentform sei nur das Zeichen dafür, daß Schlegel die Unfähigkeit, diese Probleme zu lösen, erkannt hat. Wie dem auch sei, zwar trifft der Titel von Helmut Kuhns Schrift aus dem Jahr 1931:

---

22 KA 2/208.

Die Vollendung der klassischen deutschen Ästhetik durch Hegel zu, aber diese Vollendung ist, das Wort sagt es selber, zugleich ein Ende. Über sie kann nur hinausgegangen werden, indem man hinter sie zurückgeht. Neues in der Gattungspoetik ist darum nicht in der Nachfolge des Systematikers Hegel, nicht von Fr. Th. Vischer geschaffen worden, sondern im Rekurs auf die Hegelschen Grundlagen, auf die unsystematischen Einsichten, d. h. auf die frühromantische Konzeption von Geschichtsphilosophie und deren Zusammenhang mit den poetischen Gattungen. Das bezeugen Benjamins *Ursprung des deutschen Trauerspiels* und Lukács' ein Jahrzehnt früher entstandene *Theorie des Romans*. Lukács wie Benjamin verfaßten ihre Schriften auf Grund intensiver Beschäftigung mit Friedrich Schlegel.

Indessen war die Ablehnung des Systems bei Schlegel keine primäre Position. So heißt es in den *Philosophischen Fragmenten* des Nachlasses, es sei *nicht wahr, daß die Individuen mehr Realität hätten als die Gattungen*[23], und das 324. Athenäum-Fragment behauptet die Notwendigkeit der Gattungszugehörigkeit mit folgenden Worten: *Alle Gattungen sind gut, sagt Voltaire, ausgenommen die langweilige Gattung. Aber welches ist denn nun die langweilige Gattung? Sie mag größer sein als alle andern und viele Wege mögen dahin führen. Der kürzeste ist wohl, wenn ein Werk nicht weiß, zu welcher Gattung es gehören will oder soll. Sollte Voltaire diesen Weg nie gegangen sein?*[24]

Zwar spricht Schlegel von der Gattung (und damit von der Einteilung der Dichtung in Gattungen, vom gattungspoetischen System), aber kaum je unter Absehung von der Frage nach deren Historizität – einer Frage, welche die Gattungen und das System selber in Frage stellt. So befestigt das 4. Athenäum-Fragment, indem es behauptet, daß man *zum großen Nachteil der Theorie von den Dichtarten [...] oft die Unterabteilungen der Gattungen*[25] vernachlässige, nur scheinbar die Position der Systematik, denn es fährt fort: *So teilt sich zum Beispiel die*

---

23. KA 18/24.
24. KA 2/221.
25. KA 2/166.

Naturpoesie in die natürliche und in die künstliche, und die Volkspoesie in die Volkspoesie für das Volk und in die Volkspoesie für Standespersonen und Gelehrte.[26] Was hier als Unterteilung ausgegeben wird, ist einerseits historisch, nimmt Bezug auf die Gegenüberstellung von Antike und Moderne als Naturpoesie und Kunstpoesie, natürlicher und künstlicher Bildung und stellt als historische die überlieferten Klassifikationen in Frage. Andererseits wendet es sich, indem es die Naturpoesie in eine natürliche und eine künstliche einteilt, d. h. den Gegenbegriff der Naturpoesie in Form einer Unterabteilung in sie selbst hereinnimmt, gegen die historische Einteilung selbst, und zwar im Geiste der Dialektik, die den Gegensatz am Satz selbst behauptet. Schlegels Gedanke nähert sich damit der im ersten Brief an Böhlendorff formulierten Lehre Hölderlins von der Spiegelsymmetrie griechischer und hesperischer Dichtung, deren Ausgangspunkte und die ihnen konträren Bewegungsrichtungen einander kreuzweise entsprechen. Die kunstpolitische Intention der Schlegelschen These ist freilich eine andere als die Hölderlins. Geht es diesem, wie der Brief vom 4. Dezember 1801 erweist, um eine Überwindung des Klassizismus mit Hilfe der Klassik[27], so Schlegel um eine künftige Dichtung, welche die Synthese der antiken und der modernen wäre. Dieser Synthese, die der Studium-Aufsatz als *objektive*[28] Dichtung bezeichnet, wird der Weg bereitet, wenn die Naturpoesie der Antike und die Kunstpoesie der Moderne einander nicht schroff kontrastiert werden, sondern schon in der Naturpoesie eine künstliche behauptet wird – was die Fortschritte der klassischen Philologie zu Schlegels Zeit und am Ort seiner Studien, in Göttingen, die präzisere Einsicht in die Eigenart griechischer Dichtwerke, besonders der Oden Pindars und der Sophokleischen Tragödie, ermöglicht haben dürften.

Mehr noch in der Auseinandersetzung mit den philosophischen als mit den poetischen Systemen sah Schlegel die Notwendigkeit der Historisierung ein. So heißt es in den *Philosophischen*

26 Ebd.
27 Vgl. *Hölderlin-Studien*, S. 346 ff.
28 JS 1/116.

Fragmenten des Nachlasses: *Die echte Klassifikation ist historisch, sowohl nach dem principio cognoscendi als nach dem principio existendi. Alle Einteilungen in bestimmt Viele sind historisch. – Kant immer für das nur eins oder bestimmt viel, Fichte mehr für das unendlich viele.*[29] Wenige Zeilen später: *Kants Moral und Fichtes Naturrecht beweisen wie dürftig alle nicht historisch-philosophischen Systeme ausfallen müssen.*[30] Könnte das erste Fragment noch glauben lassen, daß Schlegel nur die Klassifikation, nicht auch das System als historischen Wesens postuliert, so spricht das zweite ausdrücklich von *System*, während es die Nennung Kants und Fichtes im ersten implizite tat. Und das folgende Fragment, aus demselben Korpus, löst die Einsicht vollends von dem durch Kants Sittenlehre und Fichtes Naturrecht bezeichneten außerästhetischen Gebiet. Denn dieses Fragment, in dem die Entstehung der Kritik aus der Wandlung von Philosophie in Kunst erklärt wird, setzt mit dem generellen Satz ein: *Sobald die Philosophie Wissenschaft wird, gibts Historie. Alles System ist historisch und umgekehrt.*[31]

Das 434. Athenäum-Fragment versammelt in größter Dichte alle bis jetzt besprochenen Fragen, es verbindet die Absage an die Aufklärungspoetik mit dem kühnen Entwurf einer neuen Lehre von der Einteilung der Poesie, einer Lehre, die zugleich die Bewegungsgesetze der Dichtung formuliert, das Gesetz ihres historischen Wandels. Indem Schlegel diesen Wandel für berechenbar hält, wendet er zugleich seinen früheren, literarhistorischen Abhandlungen den Rücken, an die Stelle der Geschichte tritt die Geschichtsphilosophie: *Soll denn die Poesie schlechthin eingeteilt sein? oder soll sie die eine und unteilbare bleiben? oder wechseln zwischen Trennung und Verbindung? Die meisten Vorstellungsarten vom poetischen Weltsystem sind noch so roh und kindisch, wie die ältern vom astronomischen vor Kopernikus. Die gewöhnlichen Einteilungen der Poesie sind nur totes Fachwerk für einen beschränkten Horizont. Was einer*

29 KA 18/60.
30 KA 18/61.
31 KA 18/85.

machen kann, oder was eben gilt, ist die ruhende Erde im Mittelpunkt. Im Universum der Poesie selbst aber ruht nichts, alles wird und verwandelt sich und bewegt sich harmonisch; und auch die Kometen haben unabänderliche Bewegungsgesetze. Ehe sich aber der Lauf dieser Gestirne nicht berechnen, ihre Wiederkunft nicht vorherbestimmen läßt, ist das wahre Weltsystem der Poesie noch nicht entdeckt.[32] Das ist um 1798 geschrieben, zwanzig Jahre später verfaßt Goethe den Abschnitt über *Naturformen der Dichtung* für die Noten zum *Diwan*, in dem die Geschichte der Dichtung in einen Kreis gebannt ist, der an Schlegels astrale Umlaufsbahn gemahnt. Aber in den beiden dazwischen liegenden Jahrzehnten hat die idealistische Ästhetik, wenn nicht vom System und von der Berechenbarkeit der Geschichte, so doch von dem Glauben an die Wiederholbarkeit des einst Gewesenen oder Hervorgebrachten sich endgültig abgewandt und damit sowohl vom Nachahmungsklassizismus als auch von jener Gleichsetzung von Kunst und Natur, die ihn bei Winckelmann begründet.

2

In einer Anmerkung zu dem 1796 veröffentlichten Fragment *Über die Homerische Poesie* deutet Schlegel an, daß seine Erklärung des Homerischen Epos eine philosophisch begründete Lehre von der Einteilung der Dichtarten voraussetzt.[33] Ein Jahr später heißt es in den *Fragmenten zur Literatur und Poesie*: *Wie zu klassifizieren sei, können wir oft von den Alten lernen; den Grund der Klassifikation müssen wir mystisch hinzutun.*[34] Im Gegensatz zu den Ästhetikern der Aufklärung scheint Schlegel, indem er unter Klassifikation bereits Systematisierung versteht, die Theorien der Renaissance, des Barock und der Aufklärung überspringen und auf Platon und Aristoteles zurückgreifen zu wollen. Zugleich postuliert er die Begründung der gattungspoetischen Systematik als eine *mystische*, d. h. spekula-

32 KA 2/252.
33 JS 1/222. Vgl. *Hölderlin-Studien*, S. 369, Anm. 8.
34 LN S. 36.

tiv-philosophische. Im selben Heft der *Fragmente zur Literatur und Poesie* heißt es: *Wahre Philosophie der Kunst ist nur reine Mystik und reine Polemik*,[35] wobei unter Mystik die eben erst entstehende idealistische Philosophie von Fichte und Schelling zu verstehen sein dürfte, unter Polemik die Literaturkritik, wie sie in Schlegels Aufsätzen über Goethe, Lessing und Forster vorliegt. Schlegels Auseinandersetzung mit Fichte kann hier nicht dargestellt werden. Entscheidend ist, daß Fichtes 1794-95 erschienene *Grundlage der gesamten Wissenschaftslehre* Schlegel die philosophischen Begriffe an die Hand gab, mit denen er – neben den aus Schellings *Briefen über Dogmatismus und Kritizismus* entnommenen Begriffen – die philosophische Grundlegung der Gattungspoetik entworfen hat.

Schlegel versucht, die poetischen Gattungen mit Hilfe der Begriffe des Subjektiven und des Objektiven zu bestimmen. Dabei können sich seine Einsichten, die jeweils in einem einzigen Satz festgehalten sind, den man im frühromantischen Wortsinn kaum Fragment nennen darf, widersprechen. So heißt es in einer vom Herausgeber von 1799 datierten Aufzeichnung: *Epos = objektive Poesie, Lyrik = subjektive, Drama = objektiv-subjektive.*[36] Ein Jahr später behauptet Schlegel: *Epos = subjektiv-objektiv. Drama = objektiv. Lyrik = subjektiv.*[37] Es sei hier nicht versucht, die Gründe gegeneinander abzuwägen, die für die eine oder die andere Definitionsreihe sprechen. Auch daran sei nur erinnert, daß in diesen Sätzen die platonische Einteilung der Vortragsweisen in zwei grundsätzlich verschiedene und in eine dritte, welche in deren Vereinigung besteht, das genus mixtum, wiederkehrt[38], freilich von der Ebene der poetischen Technik auf die der spekulativen Philosophie gehoben. Wichtig für die hier versuchte Darstellung ist erstens die Frage, wie jene Änderung in der Konzeption zu verstehen ist, nach der als die Synthese realisierende und darum höchste Dichtart zunächst das Drama, dann aber das Epos auftritt, und

---

35 LN S. 42.
36 LN S. 175.
37 LN S. 204.
38 Vgl. Platon, *Der Staat*, 394 C.

zweitens: in welchem weiteren Zusammenhang die letztere Konzeption steht, von der schon jetzt gesagt werden kann, daß sie die eigentlich Schlegelsche ist.

Die Reihenfolge Epos – Lyrik – Drama, die Anschauung vom Drama als einer Wiederkehr der Objektivität des Epos auf einer höheren Stufe, auf der jene erste, epische Objektivität mit der Subjektivität des Lyrischen vermittelt sei, entspricht literarhistorisch der Entwicklung der griechischen Poesie, in der die Tragödie auf das Epos folgt, und nimmt die spekulative These der Hegelschen Ästhetik vorweg, die in dieser, die griechische Tragödie bevorzugenden, Hierarchie ihr klassizistisches Wesen verrät. Antiklassizistisch wäre dagegen die Bevorzugung des Epos nicht so sehr, weil dann von der Entwicklung der griechischen Poesie abstrahiert würde, als vielmehr, weil eine solche Bevorzugung der epischen Dichtart zugleich deren moderne Erscheinungsform, den Roman, über die Tragödie stellen würde.

Indessen darf für die Beantwortung der Frage, ob letztlich das Drama oder das Epos für Schlegel die Synthese von Objektivem und Subjektivem darstellt, der chronologische Gesichtspunkt nicht der allein maßgebliche sein. Denn obgleich von den beiden Reihenfolgen die eine dem Klassizismus, die andere der Frühromantik entspricht, deren Chronologie beim jungen Schlegel feststeht, gibt es dennoch in den *Fragmenten zur Literatur und Poesie* eine Eintragung aus dem Jahr 1797, die nicht nur die spätere Version vorwegzunehmen scheint, sondern sie auch schon in den Dienst der Frühromantik stellt, in den Dienst einer Theorie des Romans. Das Fragment Nr. 828 lautet: *In allen Romanarten muß alles Subjektive objektiviert werden; es ist ein Irrtum, daß der Roman eine subjektive Dichtart wäre.*[39] Zwar ist hier von objektiver Thesis, subjektiver Antithesis und objektiv-subjektiver Synthesis nicht die Rede, auch nicht von der Abfolge der Dichtarten. Bedenkt man aber, daß der Roman Schlegel und seinen Zeitgenossen als die späteste und im prägnanten Wortsinn moderne Gattung gilt, so wird

---

39 LN S. 95.

klar, daß das Fragment den Roman als Form objektivierter Subjektivität bereits im Sinn des späteren Fragments, welches das Epos *subjektiv-objektiv* nennt, versteht, ihn aber zugleich als moderne Dichtart über seine klassische Entsprechung, über das Epos, stellt, und zwar durch die Ablehnung jener in der Goethezeit weitverbreiteten, zuletzt von Hegel ins System eingebauten These, derzufolge der Roman eine subjektive Epopöe ist.

Daß die Konkretisierung der Reihe objektiv – subjektiv – objektiv-subjektiv (bzw. subjektiv-objektiv) als Epos – Lyrik – Drama der klassizistischen, als Drama – Lyrik – Epos der frühromantischen Position entspricht, besagt: Während die Chronologie Epos – Drama von der Literarhistorie, und zwar von der griechischen, die Schlegels frühestes Studienobjekt war, abgeleitet ist, widerspricht die Chronologie Drama – Epos der Faktizität der Geschichte und läßt sich aus ihr erst begründen, wenn sie als Chronologie Drama – Roman nicht mehr zwei Epochen der griechischen Poesie korrespondiert, sondern der Aufeinanderfolge von klassischer und moderner Dichtung, wie sie der Studium-Aufsatz untersucht. Das aber bedeutet, daß die philosophische Begründung der Dichtarten, die Schlegel mit Hilfe der Begriffe des Subjektiven und Objektiven unternimmt, die Dichtarten zugleich in seine Geschichtsphilosophie hinüberführt, deren Angelpunkt die Differenz von Antike und Moderne als natürlicher und künstlicher Bildung ist. Solange Schlegel eine Geschichte der griechischen Poesie schreibt, erscheinen die einzelnen Dichtarten, Epos, Lyrik und Drama, einzelnen Epochen der griechischen Geschichte zugeordnet. Der berühmte Satz aus dem Studium-Aufsatz, der die griechische Poesie als *eine ewige Naturgeschichte des Geschmacks und der Kunst* begreift,[40] meint keine vom Naturgesetz bestimmte Geschichte, sondern, wie bei Plinius, eine Ordnung, ein natürliches System. Und Schlegel insistiert darauf, daß in der griechischen Poesie *der ganze Kreislauf der organischen Entwicklung der Kunst abgeschlossen und*

---

40 JS 1/146.

*vollendet*⁴¹ ist, was die Rede vom System im strengen Sinn allererst erlaubt.

Indem Schlegel im Studium-Aufsatz die klassizistische Position, die zu stärken seine ursprüngliche Absicht war, zugunsten eines Selbstverständnisses und einer Selbstrechtfertigung der Moderne aufgibt, wird das mit der griechischen Poesie zusammenfallende System gesprengt. Es umfaßt nun sowohl die natürliche als auch die künstliche Bildung, die klassische wie die moderne. Die Reihenfolge dramatisch–episch meint den Gegensatz von klassischer Tragödie und modernem Roman, zwei Formen, in denen die beiden Epochen für Schlegel, und nicht nur für ihn, ihren charakteristischsten Ausdruck gefunden haben.

So ergibt sich aus der spekulativen Begründung der Dichtarten, die von Schlegels Verständnis seiner eigenen Zeit, von seiner Geschichtsphilosophie, nicht zu trennen ist, eine Zuordnung der Dichtarten zu einzelnen Geschichtsepochen: *Drei herrschende Dichtarten. 1) Tragödie bei den Griechen 2) Satire bei den Römern 3) Roman bei den Modernen.*⁴² In welchem Sinn hier *herrschend* gemeint ist, geht aus dem 146. Athenäum-Fragment hervor, das mit den Sätzen beginnt: *Wie der Roman die ganze moderne Poesie, so tingiert auch die Satire, die durch alle Umgestaltungen, bei den Römern doch immer eine klassische Universalpoesie, eine Gesellschaftspoesie aus und für den Mittelpunkt des gebildeten Weltalls blieb, die ganze römische Poesie, ja die gesamte römische Literatur, und gibt darin gleichsam den Ton an.*⁴³ Die für die einzelnen Perioden als je charakteristisch behaupteten Gattungen sind herrschend nicht bloß in dem Sinne, daß ihre Bedeutung die anderen übertrifft, sondern sie bestimmen, über die eigenen Grenzen hinaus, auch die anderen Gattungen, geben ihnen ihren eigenen gattungsbestimmten Ton. Schon in den zwei Ausdrücken *tingieren* und *den Ton angeben* ist so eingeleitet, was noch ausführlich darzustellen sein wird: die Überwindung der Gattungspoetik vermittels der Entgrenzung der Dichtarten, die in Töne umgewandelt

41 Ebd.
42 LN S. 22.
43 KA 2/188.

werden, wie ihre einst substantivischen Begriffe in Adjektive, das Substantiv *Epos* in das Adjektiv *episch*.

Von Schlegels frühen literarhistorischen Abhandlungen eingeleitet, erfolgt die Neubegründung der Lehre von den Dichtarten vermittels einer Umdeutung der philosophischen Begriffe *subjektiv* und *objektiv* in geschichtsphilosophische. In dieser Form verwendet er sie dann zur Bestimmung der drei Dichtarten. Wenngleich nicht ausdrücklich auf die Geschichte der Poesie bezogen, aber sie zweifellos mit meinend, behauptet das 90. Athenäum-Fragment: *Der Gegenstand der Historie ist das Wirklichwerden alles dessen, was praktisch notwendig ist.*[44] Der Satz resümiert die Erkenntnis des Studium-Aufsatzes, derzufolge die Geschichte der griechischen Poesie ein System der Dichtarten ist, er löst aber diese Erkenntnis aus ihrem klassizistischen Rahmen, indem er sich als Aussage über Geschichte schlechthin gibt. Daß aber in der Geschichte nur wirklich wird, was notwendig ist, besagt, daß sich in ihr das aus den Begriffen Deduzierbare realisiert, so daß die Geschichte, noch induktiv betrachtet, auf die Begriffe als auf ihren Ursprung zurückverweist. Damit sind Deduktion und Induktion miteinander vermittelt. Nichts anderes dürfte in dem folgenden Fragment gemeint sein, das wohl nur deshalb so viel weniger prägnant als das eben zitierte ist, weil es, wie der Herausgeber annimmt, kein Fragment im frühromantischen Wortsinn, sondern das Programm eines geplanten Werkes ist: *Die Historie der modernen Poesie vielleicht in der Ästhetik.*[45] Ein Blick auf das Inhaltsverzeichnis der Hegelschen *Ästhetik* zeigt, wie viel Schlegel in der Idee vorwegnahm und in der Realität sich wegnehmen ließ von dem, was heute als die *Vollendung der klassischen Ästhetik* gilt: das Werk, das er schreiben wollte, hat Hegel geschrieben (oder doch als Vorlesung gehalten). Ausführlicher ist Nr. 322 der *Fragmente zur Literatur und Poesie*, das zugleich mehrere grundsätzliche Fragen einer geschichtsphilosophisch fundierten Gattungspoetik berührt: *Es gibt eine epische, lyrische, dramatische Form ohne den Geist der alten Dichtarten dieses Namens,*

44 KA 2/178.
45 LN S. 143 und S. 272 (Anm. des Hrsg.).

aber von bestimmtem und ewigem Unterschied. – Als Form hat die epische offenbar den Vorzug. Sie ist subjektiv-objektiv. – Die lyrische ist bloß subjektiv, die dramatische bloß objektiv. – Auch romantisiert zu werden ist das alte Epos ganz ausschließend geschickt. Vom Drama läßt sich nur die neue Komödie romantisieren. – Die Naturpoesie ist entweder subjektiv oder objektiv. Die gleiche Mischung ist dem Naturmenschen noch nicht möglich.[46] Daß es eine epische, lyrische, dramatische Form ohne den Geist der alten Dichtarten dieses Namens, aber von bestimmtem und ewigem Unterschied gibt, heißt zunächst, daß auch in der Moderne die epische, die lyrische und die dramatische Dichtart fortbestehen, aber mit ihren griechischen Vorbildern – entgegen dem Postulat der Klassizisten – nicht zusammenfallen. Es heißt weiterhin, daß die drei Dichtarten, trotz der Herrschaft einer einzigen in einer bestimmten Epoche – der Tragödie in der klassischen, des Romans in der modernen – unterschieden bleiben, und zwar nicht als Dichtarten, sondern lediglich als Formen. Schlegel versucht hier, das Problem zu lösen, wie das Vorhandensein von Gattungsunterschieden in eine Poetik aufgenommen werden kann, der es nur um die Verschiedenheit der beiden Epochen geht, der klassischen und der modernen. Nr. 287 derselben Fragmente besagt: *Die einzige pragmatische Kunstlehre für den Künstler* [also das, was an die Stelle des *ars poetica*, der *Kritischen Dichtkunst*, zu treten hat, wie sie Jahrhunderte hindurch, vielfach variiert, maßgebend war,] *ist die Lehre vom Klassischen und vom Romantischen*.[47] Die Lösung des Problems verdankt sich einem Formbegriff, der unhistorischer Natur zu sein scheint. Indessen geht es Schlegel nicht um eine geschichtsfremde Lehre von den dichterischen Formen, sondern um die Einräumung formaler, technischer Momente am Kunstwerk, die an sich selber ungeschichtlich sein mögen und untereinander von *ewigem Unterschied*,[48] die aber durch ihre Konkretisierung im einzelnen Kunstwerk an dessen Geschichtlichkeit teilhaben und auch in jeweils anderem, histo-

46 LN S. 47 f.
47 LN S. 44.
48 LN S. 48.

risch bedingtem Funktionszusammenhang stehen. Im Mittelteil des 322. Fragments kehren die Definitionen lyrisch = *bloß subjektiv*, dramatisch = *bloß objektiv*, episch = *subjektiv-objektiv*[49] wieder, doch der synthetische Charakter des Epischen wird nun nicht bloß als Zeichen der Zugehörigkeit zur Moderne gesehen, sondern zugleich als ein Vorzug. Wenn von den Formen der griechischen Poesie ausschließlich das alte Epos, nicht aber die Tragödie und die Lyrik, romantisiert werden kann, so darum, weil dem Epos in der Moderne der Roman entspricht, dem die Moderne als romantische Periode zugleich ihren Namen verdankt, während vom Drama allenfalls die »neue Komödie« Menanders, im Lustspiel der Aufklärung, eine moderne Variante erhalten hat. Der Synthesencharakter erweist sich so nicht bloß als geschichtsphilosophischer Index, er verbürgt zugleich die historische Elastizität einer Form. Darum heißt es anschließend, die Naturpoesie sei *entweder subjektiv oder objektiv*,[50] die Mischung hingegen, das Subjektiv-Objektive, in der natürlichen Bildung noch nicht möglich.

Das 322. Fragment stellt nicht nur den Versuch dar, eine Antinomie aller geschichtsphilosophisch begründeten Poetik zu lösen, es führt einen Formbegriff ein, der, indem er diese Lösung ermöglicht, die Konzeption des Kunstwerks, seiner Struktur, einer entscheidenden Wandlung unterwirft. Das Kunstwerk erscheint hier in zwei Momente zergliedert, die Schlegel Form und Geist nennt, wobei die Form unhistorisch, der Geist historisch ist. Die Form begründet die Verschiedenheit der Kunstwerke einer Zeit, der Geist aber macht das Kunstwerk zu dem, was es ist, einem historisch bestimmten, einer bestimmten Epoche angehörigen. Könnte es hier noch scheinen, als übernähme Schlegel die alte, noch für Goethe und Schiller geltende, Form-Stoff-Einteilung, in der die Form klassizistisch-normiert und nur der Stoff geschichtlich geprägt ist,[51] so macht das folgende Fragment klar, daß es sich um eine weit diffizilere Analyse des Kunstwerks handelt, die selber historisch ist: sie

---

49 Ebd.
50 Ebd.
51 Vgl. Verf., *Theorie des modernen Dramas*, in: *Schriften*, Bd. I, S. 11 f.

arbeitet mit verschiedenen Begriffen, je nachdem sie klassische oder moderne Werke zum Gegenstand hat. Das 843. der *Fragmente zur Literatur und Poesie* lautet: *In den Romanarten sind Manier, Tendenz und Ton bestimmt. In den klassischen Dichtarten hingegen Form, Stoff und Stil.*[52] Hier wird nicht das Verhältnis von Form und Geist in den klassischen und in den modernen Dichtarten, nicht der Unterschied im Geist der beiden Epochen untersucht. Sondern den drei Momenten, in die das klassische Kunstwerk zergliedert wird: Form, Stoff und Stil, entsprechen beim Roman bzw. beim romantischen Kunstwerk: Manier, Tendenz und Ton. Weitere Texte Schlegels sowie Texte anderer Autoren, etwa der Goethesche Aufsatz über *Einfache Nachahmung der Natur, Manier, Stil* (1789) erlauben eine inhaltliche Bestimmung der Begriffspaare 1) Form und Manier, 2) Stoff und Tendenz, 3) Stil und Ton, oder in einer anderen Zusammenstellung, die sich bereits auf die Interpretation der Begriffe gründet: 1) Form und Tendenz, 2) Stoff und Ton, 3) Stil und Manier. Der Gegensatz Stil – Manier entspricht dem

---

52 LN S. 96. Im Manuskript heißt es nicht *In den Romanarten*..., sondern (das geht aus dem von Eichner edierten Text hervor, in dem die Zusätze des Herausgebers durch eckige Klammern markiert sind) *In den R-arten*... Ein großes *R* aber kann Eichners Verzeichnis der von Schlegel verwandten Abkürzungen zufolge sowohl *Roman* als auch *Romantisch* heißen (LN S. 12). Da das Fragment adversativ gebaut ist und der zweite Satz ohne Abkürzung von den *klassischen Dichtarten* spricht, ist möglicherweise im ersten Satz die Abkürzung *R* nicht als *Roman-*, sondern als *Romantisch* aufzulösen und *romantische Arten* (i. e. Dichtarten) zu lesen. (Vgl. KA 2/LXXV, wo Eichner anläßlich von LN Nr. 1096 dieselbe Frage stellt.) Freilich wird mit der Änderung von *Roman* in *romantisch* das Problem nicht gelöst, sondern nur vom Textkritischen ins Bedeutungsgeschichtliche verlagert. Denn das Wort *romantisch* heißt bei Schlegel oft nichts anderes als »romanhaft« oder gar »Roman-«, ist also kein qualifizierendes Adjektiv, sondern ein Bezugsadjektiv. So ist im 116. *Athenäum*-Fragment mit der *romantische[n] Poesie*, die als *progressive Universalpoesie* bestimmt und deren Programm entworfen wird, nicht die Poesie der Romantik gemeint, sondern die Romandichtung, die Gattung Roman, und erst dank deren »tonangebender« Stellung die Poesie der Romantik, der Moderne überhaupt. Vgl. dazu Eichner, KA 2/LVII: »*Romantische Poesie* heißt bei Schlegel 1797/98 vor allem Romanpoesie.« Ferner: Arthur O. Lovejoy, *The Meaning of ›Romantic‹ in Early German Romanticism*, in: *Essays in the History of Ideas*, Baltimore 1948, S. 186, und René Wellek, *The Concept of Romanticism in Literary History*, in: *Concepts of Criticism*, New Haven and London 1963, S. 134.

Goetheschen; im Gegensatz Form – Tendenz wird der klassischen Gestalt das progressive Moment, das Unabgeschlossene, Fragmentarische des modernen Kunstwerks gegenübergestellt; der Gegensatz Stoff – Ton schließlich bezeichnet den des sinnlich-plastischen Kunstwerks der Antike und des musikalisch-geistigen, reflektierten Kunstwerks der Moderne.[53] In diesem Sinn wären die Begriffe auf ihren historischen Index zu prüfen, auf ihre Eignung, einer differenzierenden Analyse von Werken der Antike und der Moderne zu dienen.

3

Für die Gattungspoetik ist diese terminologische Unterscheidung nicht bloß deshalb relevant, weil sie die Reflexion auf den historischen Wandel der Gattungen sowie auf das, was Lukács in der *Theorie des Romans* als die *geschichtsphilosophische Dialektik* der *Kunstformen* begriffen hat, voraussetzt. Die Gattungspoetik wird von der Schlegelschen Unterscheidung von *Form* und *Geist,* bzw. von *Form* für die Antike und *Tendenz* für die Moderne einerseits, von *Stoff* für die Antike und *Ton* für die Moderne andererseits auch insofern betroffen, als diese Unterscheidung zur Bezeichnung der *Töne* die Namen der überlieferten Dichtarten in adjektivischer Form verwendet, ähnlich ihrer Verwendung am Schluß der Schillerschen Abhandlung *Über Naive und Sentimentalische Dichtung,* wo sie Schillers Erläuterung zufolge Dichtungs- und Empfindungsweisen[54] bezeichnen. Eine Verwandtschaft besteht auch mit Hölderlins Lehre vom Wechsel der Töne, denen gleichfalls Gattungsbegriffe zugrunde liegen.[55] Den Ausdruck *Ton* verwendet Schlegel in einer ähnlichen Bedeutung, aber bei ihm ist der Begriff, im Gegensatz zu Hölderlin, historisch eingeschränkt, indem sein Gegenbegriff für die Antike *Stoff* heißt.[56]

---

53 Vgl. *Hölderlin-Studien,* S. 407 ff. (Exkurs über Schiller, Schlegel und Hölderlin.)
54 *Schillers Werke.* Nationalausgabe. 20/21. Bd. Hrsg. v. Benno von Wiese. Bd. 20, S. 449.
55 Vgl. *Hölderlin-Studien,* S. 386.
56 Schlegels Terminologie ist freilich schwankend, eine Vielzahl von Begriffen scheint in verschiedenen Fragmenten denselben Gegenstand zu bezeichnen.

Adjektivierung der Gattungsbegriffe bezeugt Nr. 1063 der *Fragmente zur Literatur und Poesie: Auch unter den Romanen gibts wieder eine lyrische – epische – dramatische Gattung.*[57] So deutlich dieser Satz die drei Gattungsbegriffe innerhalb einer Gattung verwendet und damit die überlieferte Einteilung in drei Gattungen auf frühromantische Weise potenziert, so kennzeichnend ist es, daß hier nicht eine klassische, sondern eine moderne Dichtart als Beispiel erscheint und daß dieses Beispiel der Roman ist. Von der Einteilung des Romans in lyrische, epische und dramatische Formen ist es nur noch ein Schritt zu der These, nach welcher der Roman die drei überlieferten Gattungen in sich enthalte, der These des 116. Athenäum-Fragments, daß die romantische Poesie, d. h. die Romandichtung,[58] bestimmt sei, *alle getrennte*[n] *Gattungen der Poesie wieder zu vereinigen.*[59] Diese prägnante Bedeutung des Wortes *romantisch* erhellt auch aus einem anderen Fragment, das zugleich zeigt, inwiefern die Adjektivierung der Gattungsbegriffe nicht nur die Einteilung einer Dichtart wie des Romans ermöglicht, sondern auch, an Hölderlin gemahnend, die Unterscheidung zweier, von zwei verschiedenen Gattungen ableitbarer Momente im selben Werk. Schließlich geht aus dem Fragment hervor, daß Schlegel diese dem Kunstwerk immanente Differenz nur der modernen, der nachantiken Dichtung zuschreibt. In den *Philosophischen Fragmenten* des Jahres 1797 heißt es: *In Shakespeares Tragödien ist die Form dramatisch der Geist und Zweck romantisch* [d. h. romanhaft, episch]. *Die Absonderung der Komödie und Tragödie ist entweder Überbleibsel oder Annäherung zur Klassik*[60] – womit Schlegel der »reinen« Komödie und »reinen« Tragödie des französischen und des deutschen Klassizismus die schon vom Sturm und Drang an Shakespeare gefeierte Verbindung der beiden Gattungen gegenüberstellt, um ihr den Vorzug zu geben.

Aber Schlegel hat nicht bloß die drei Gattungsbegriffe Epik,

---

57 LN S. 114.
58 Vgl. Anm. 52 und *Hölderlin-Studien*, S. 407, Anm. 198.
59 KA 2/182.
60 KA 18/23.

Lyrik, Dramatik adjektivisch gebraucht, sondern auch zahlreiche andere, was daran erinnert, daß die Dreiteilung sich in Deutschland sehr spät etabliert hat, in Frankreich noch später.[61] Zwei Beispiele für den adjektivischen Gebrauch anderer Dichtarten: *Gibts nicht auch eine* [...] *epische, lyrische, dramatische, idyllische, satirische, epigrammatische Prosa?*[62] – *Im absoluten poetischen Drama darf nichts roh episch, nichts roh lyrisch sein; sondern alles verschmolzen. Aber auch nicht roh elegisch oder roh idyllisch.*[63] In diesem 1797 geschriebenen Fragment verweist der Gebrauch der Begriffe *elegisch* und *idyllisch* auf Schillers im Jahr zuvor erschienene Abhandlung *Über Naive und Sentimentalische Dichtung*. Gleichfalls von Schiller beeinflußt ist das Fragment 426 von 1797: *Sentimental ist die Vereinigung des Elegischen und Idyllischen.*[64] Der Satz verwendet drei Begriffe der Schillerschen Abhandlung, aber die Verwendung spiegelt jene, Hölderlins Konzeption vorwegnehmende, Analyse des Kunstwerks und ändert damit Schillers Konzeption von Grund auf. Hatte dieser die These aufgestellt, ein sentimentalisches Werk sei entweder Satire oder Elegie oder Idylle – wobei die drei Substantiva nicht die unter diesen Namen überlieferten Gattungen, sondern Dichtungs- und Empfindungsweisen bedeuten –, so geht Schlegel weiter, indem er das Wesen des sentimentalischen, d. h. modernen, Werkes in der Vereinigung des Elegischen und des Idyllischen sieht. Die früher zitierten Fragmente erlauben die Annahme, daß Schlegel auch hier eine Vereinigung des Elegischen und Idyllischen im Sinne jener dialektischen Konzeption vorgeschwebt hat, die zwischen Form bzw. Tendenz einerseits und Stoff bzw. Ton andererseits unterscheidet und sie durcheinander vermittelt. So jedenfalls wird bei Hölderlin behauptet, eine Strophe könne eine ideali-

---

61 Vgl. Irene Behrens, *Die Lehre von der Einteilung der Dichtkunst*, Halle 1940, S. 187. Dagegen: Klaus R. Scherpe, *Gattungspoetik im 18. Jahrhundert*, Stuttgart 1968 (= *Studien zur Allgemeinen und Vergleichenden Literaturwissenschaft* Bd. 2), S. 3 und 262.
62 LN S. 33.
63 LN S. 60.
64 LN S. 58.

sche (d. h. elegische) Grundstimmung und einen naiven (d. h. idyllischen) Kunstcharakter haben. Daß mit dieser Deutung Schlegel nicht willkürlich in die Nähe Hölderlins gerückt wird, erweist Nr. 324 der *Fragmente zur Literatur und Poesie*: *Der Ton des Romans sollte elegisch sein, die Form idyllisch.*[65] Wollte man diesen Satz ins Hölderlinische übersetzen, so würde er lauten: Der dem Schein nach idealische Roman ist in seiner Bedeutung naiv. Das aber ist bei Hölderlin die Definition des lyrischen Gedichts. Weit davon entfernt, die vorgeschlagene Übersetzung zu widerlegen, entspricht dieses Zusammentreffen von Roman und lyrischem Gedicht dem Umstand, daß Schlegel der Roman, Hölderlin die Lyrik als die moderne Dichtung kat'exochen gelten.

Die wichtigste Folge dieser Konzeption für die Gattungspoetik – bei Schlegel wie bei Hölderlin – ist Nr. 599 der *Fragmente zur Literatur und Poesie* zu entnehmen: *Das Eigentümliche der Dichtungsarten ist, daß Form und Stoff und Grundstoff und Ausdruck (Sprache, Metrum) dieselben charakteristischen Eigenschaften gemein haben.*[66] Die beiden Begriffspaare *Form – Stoff* und *Grundstoff – Ausdruck* entsprechen hier dem Hölderlinschen Begriffspaar *Grundstimmung – Kunstcharakter* (bzw. *Bedeutung – Schein*). Die Gemeinsamkeit der Dichtungsarten, ihre Teilhabe an denselben charakteristischen Eigenschaften, bedeutet, daß die Verschiedenheit der Dichtarten nicht durch eine Differenz dieser konstituierenden Merkmale gegeben ist, sondern durch die Differenz in der Kombination der qualitativen Momente zu einem Gegensatzpaar und in ihrer Verteilung auf Form und Stoff, auf Grundstoff und Ausdruck. So zumindest liest sich der Schlegelsche Satz von der Hölderlinschen Gattungspoetik her, die beim lyrischen Gedicht die Grundstimmung als idealisch bestimmt.[67]

Für Schlegels gattungspoetische Konzeption bedeuten die Adjektivierung der Gattungsbegriffe und die daraus sich ergebende Relativierung der Gattungsunterschiede, deren Reduktion auf

---

65 LN S. 48.
66 LN S. 73.
67 Vgl. *Hölderlin-Studien*, S. 386.

Unterschiede innerhalb eines kombinatorischen Systems, letztlich die Aufhebung, oder doch die Aufhebbarkeit, der Einteilung der Dichtung in Gattungen. Dabei ist nicht auszumachen, ob es sich um eine logische Konsequenz handelt oder um die Verwirklichung der Intention, die Gattungspoetik zu überwinden. Denn die Frage, ob es Dichtarten überhaupt geben kann, ist mit der kritizistischen Frage nach der Bedingung ihrer Möglichkeit immer schon gestellt. Ein Satz wie der folgende aus dem Jahr 1797: *Es ist nicht wahr daß die Individuen mehr Realität hätten als die Gattungen*[68] zeigt, sofern er auf die poetischen Gattungen bezogen werden darf, daß Schlegel die Antwort nicht von Anfang an hatte. Dieser Apologie des Gattungsbegriffs stehen indessen andere gegenüber, z. B.: *Man kann eben so gut sagen, es gibt unendlich viele als es gibt nur Eine progressive Dichtart. Also gibt es eigentlich gar keine; denn Art läßt sich ohne Mitart nicht denken.*[69] Oder: *Der modernen Dichtarten sind nur Eine oder unendlich viele. Jedes Gedicht eine Gattung für sich.*[70] Das Postulat der einen Dichtart, welche an die Stelle des gattungspoetischen Systems tritt, wird hier auf die moderne Poesie beschränkt. Dieses Postulat, in dem das *Eine* nur ein anderes Wort ist für *unendlich viele*, führt im zweiten Fragment zu der These, daß jedes Gedicht eine Gattung für sich sei. Aber Gedicht heißt in diesem Zusammenhang *progressives, modernes* Gedicht, d. h. Roman. So besagt eines der *Philosophischen Fragmente* aus derselben Zeit (1797): *Jeder Roman ist eine Art für sich. Hier ist das Rubrizieren sehr illiberal.*[71] Schlegels Romantheorie setzt den Roman sei es als Mischung aller Dichtarten, sei es als die übrigen Dichtarten umfassend. Aus einer Randnotiz: *Alle Dichtarten, die drei alten klassischen ausgenommen. Diese Bestandteile dann zu einer progressiven Einheit verknüpft,*[72] geht hervor, daß Schlegel den Geltungsbereich der drei überlieferten Gattungen auf die Anti-

68 KA 18/24.
69 LN S. 72.
70 LN S. 116.
71 KA 18/24.
72 LN S. 25.

ke beschränkt und eine Überwindung der Gattungspoetik, wie sie sich dem Roman verdankt, folgerichtig nur für die Moderne behauptet. Solcher Deutung steht freilich eine andere Eintragung entgegen, die den Roman als Vermischung des Dramatischen, Epischen und Lyrischen charakterisiert. Nicht das erste und nicht das letzte Mal widerspricht sich hier Schlegel, korrigiert er sich selbst. Was er von der *romantische*[n] *Dichtart*, von der Romandichtung, gesagt hat: daß sie *noch im Werden* ist, daß *sie ewig nur werden, nie vollendet sein kann*,[73] gilt nicht minder für deren Theorie.

73 KA 2/183.

Das Naive ist das Sentimentalische
Zur Begriffsdialektik in Schillers Abhandlung.[1]

Dem Andenken Theodor W. Adornos

I

Die Historie der modernen Poesie vielleicht in der Ästhetik[2] – im Zeichen dieser Vermutung steht alles, was von den kühnen Versuchen Friedrich Schlegels und Hölderlins aus den letzten Jahren des 18. Jahrhunderts bis zu Hegels ästhetischer Summa den Beitrag des Deutschen Idealismus zur Dichtungstheorie konstituiert. Die *Phänomenologie des Geistes* handelt von dem absoluten Geist, der in der Geschichte, genauer: als die Geschichte zu sich selber kommt. Die Stufen dieses historischen Prozesses bilden das System der Erscheinungsformen des Geistes, seine Phänomenologie. Materialiter ausgeführt wird diese Ineinssetzung von Geschichte und System durch Hegel in den *Vorlesungen über die Philosophie der Weltgeschichte*, in den *Vorlesungen über die Geschichte der Philosophie* und in den *Vorlesungen über die Ästhetik*, welche eine Philosophie der Kunst- und Literaturgeschichte ist. Jene neue Konzeption, als

---

1 Verzeichnis der Abkürzungen
JS = *Friedrich Schlegel 1794-1802. Seine prosaischen Jugendschriften*, Hrsg. J. Minor. 2. Aufl. Wien 1906.
KA = *Kritische Friedrich-Schlegel-Ausgabe*, Hrsg. E. Behler. Paderborn–München–Wien 1958 ff.
LN = *Friedrich Schlegel, Literary Notebooks 1797-1801*, Hrsg. H. Eichner. London 1957.
NA = *Schillers Werke. Nationalausgabe*, Hrsg. (seit 1961) L. Blumenthal und B. v. Wiese. Weimar 1943 ff.
SW = *Hölderlin, Sämtliche Werke. Große Stuttgarter Ausgabe*, Hrsg. F. Beißner. Stuttgart 1943 ff.
WA = *Goethes Werke. Herausgegeben im Auftrage der Großherzogin Sophie von Sachsen*. Weimar 1887 ff.
Die Angaben bedeuten Band/Seite, bei der WA Abteilung, Band/Seite. Die Rechtschreibung wurde in den Zitaten dem heutigen Gebrauch angeglichen.
2 LN S. 143.

deren erste bedeutende Zeugnisse Schlegels *Fragmente zur Literatur und Philosophie* (1797-1801) und Hölderlins Homburger Aufsatzfragmente (1798-1800) anzusehen sind, kann für die Ästhetik als deren Historisierung, für die Kunst- und Literaturgeschichte als deren spekulative Begründung begriffen werden: als die Überführung von Geschichte in Geschichtsphilosophie. Die Genesis der ästhetischen Schriften sowohl Schlegels als auch Hölderlins demonstriert eine Entwicklung von historischer zu geschichtsphilosophischer Intention. Wohl verdankt sich auch auf diesem Gebiet bereits die voridealistische Kristallisation der Geschichten zur einen Geschichte der katalytischen Wirkung von Geschichtsphilosophie.[3] Aber diese selbst verwandelt sich im Ausgang des 18. Jahrhunderts so entscheidend, daß die Differenz zwischen dem Begriff »Geschichte«, welcher Geschichtsphilosophie voraussetzt, gleichsam ohne es zu wissen, und dem Begriff einer Geschichtsphilosophie, die spekulativ als solche intendiert ist, kaum geringer sein dürfte als die zwischen den Geschichten und der Geschichte.

1790 schreibt im Tübinger Stift der zwanzigjährige Hölderlin eines seiner beiden Magisterspecimina über die *Geschichte der schönen Künste unter den Griechen bis zu Ende des Perikleischen Zeitalters*[4]. Im Gegensatz zu manchen der Darstellungen, aus denen er einen Teil seiner Kenntnisse bezieht (den *Fasti Attici* des Corsinus, Hambergers *Zuverlässigen Nachrichten von den vornehmsten Schriftstellern vom Anfange der Welt bis 1500* (1756) und den *Vies des poëtes grecs* (1766))[5], nicht anders indessen als seine Hauptquelle, Winckelmanns *Geschichte der Kunst des Altertums*, zielt die Arbeit des Magisterkandidaten nicht auf das Nacherzählen von Geschichten, sondern – beider Titel sagen es – auf die Darstellung einer bestimmten Epoche

---

3 Vgl. die Diskussionsbeiträge von R. Koselleck, in: *Nachahmung und Illusion*, Hrsg. H. R. Jauß. München 1964, S. 190-194. Ferner: R. Koselleck, *Historia Magistra Vitae. Über die Auflösung des Topos im Horizont neuzeitlich bewegter Geschichte*. In: *Natur und Geschichte* (Löwith-Festschrift). Stuttgart 1967, S. 196 ff.
4 SW 4/189-206.
5 Vgl. Beißner, StA 4/388 f. und Hölderlins eigene Quellenangaben.

und eines bestimmten Gebiets der Geschichte. Dieser liegt bei Winckelmann wie bei Hölderlin das Entwicklungsprinzip zugrunde, bei Winckelmann metaphorisch gar das der Lebensalter. Als durch ein Prinzip strukturierte ist solche Darstellung zugleich Geschichtsphilosophie. Obwohl sie sich entscheidend von Hölderlins späterem geschichtsphilosophisch fundierten System der Dichtarten unterscheidet, das die Homburger Aufsatzfragmente überliefern[6], findet sich das mit der Geschichte ineinsgesetzte System (das erst Geschichtsphilosophie im Sinne des Deutschen Idealismus ist) in jener frühen Nacherzählung der *Geschichte der schönen Künste unter den Griechen* vorbereitet. Wenn nämlich Hölderlin die Hymnen des Pindar, nachdem er von Homer und Äschylus gehandelt hat, als *Summum der Dichtkunst*[7] bezeichnet, und zwar deshalb, weil sie *die Darstellung des Epos und die Leidenschaft des Trauerspiels*[8] vereinigen, so entwirft er nicht nur ein System der Dichtarten, demzufolge Pindars Lyrik die characteristica specifica der beiden anderen Gattungen synthesiert und dadurch zur höchsten Dichtart wird, sondern diese Dichtart ist die höchste auch als die geschichtlich auf die beiden anderen folgende. Insofern ist das historisierte System in dem einen Satz über die Pindarischen Hymnen antizipiert.[9]

Dem Weg der Hölderlinschen Poetik von der Magisterarbeit (1790) bis zu den Homburger Fragmenten (1798-1800) entspricht die Entwicklung von Schlegels poetologischen Konzeptionen mit einer Genauigkeit, deren Erklärung schwerlich in anderem zu finden sein dürfte als darin, daß die Analogie sich aus der historischen Logik der Sache selbst ergibt. Die Stadien des Weges, den der junge Schlegel in der Poetik zurücklegt, sind durch die folgenden, zum Teil Bruchstück gebliebenen, Werke markiert: 1) *Von den Schulen der griechischen Poesie* (1794), *Über die Homerische Poesie* (1796), *Geschichte der Poesie der*

---

6 Vgl. Verf., *Hölderlin-Studien*. In: *Schriften*, Bd. I, S. 367 ff.
7 SW 4/202.
8 SW 4/203.
9 Vgl. *Hölderlin-Studien*, S. 387.

Griechen und Römer (1798 veröffentlicht, auf das Fragment über Homer von 1796 zurückgreifend); 2) *Über das Studium der griechischen Poesie* (1795/96), Vorrede zur Publikation des Studium-Aufsatzes in *Die Griechen und Römer* (1797)[10]; 3) *Fragmente zur Literatur und Poesie*[11] und *Philosophische Lehrjahre*[12] (beide Fragmentsammlungen aus den Jahren 1797 bzw. 1796-1801). Wie Hölderlin setzt auch Schlegel als Historiker der Antike in Winckelmanns Fußstapfen ein, dank seinem Studium beim Philologen Heyne freilich ungleich besser gerüstet. Und wie Hölderlin gewahrt er in der Aufeinanderfolge der Epochen der griechischen Dichtung, die jeweils durch eine der poetischen Dichtarten gekennzeichnet sind, kein bloßes Datum der Literaturgeschichtsschreibung, sondern das historische Substrat für die Beziehungen, in denen die Dichtarten zueinander stehen, d. h. aber: für deren potentielles System. So heißt es in einer Konfrontation der Heroen des Epos mit denen der Tragödie: *Die Vorstellung einer unbedingten Naturnotwendigkeit, das Schicksal, wie es die Tragödie darstellt, ist dem Homeros unbekannt. Das Vermögen des Unendlichen schlummert noch in ihm, wie in der Seele des Knaben, ehe die Knospe sich bis zur Blüte jugendlicher Begeistrung entfaltet hat.*[13] Diese Sätze und ihr Kontext gehen über die traditionelle Gattungspoetik hinaus, indem sie – von Schelling inspiriert[14] – die einzelnen genera nicht auf Grund ihrer Elemente deskriptiv bestimmen, sondern aus einem Begriff deduzieren, im Fall der Tragödie aus dem der Notwendigkeit. Ihr als dem Schicksal begegnet der tragische Held mit jener *sittlichen Selbständigkeit*[15], die Schlegel in derselben Stelle den tragischen Helden Prometheus und Antigone zu-, dem epischen Helden Achilles jedoch abspricht. Wird dabei das *Vermögen des Unendlichen*[16], dem jene *sittliche Selb-*

---

10 JS 1/1 ff., 1/215 ff., 1/231 ff., 1/85 ff., 1/77 ff.
11 LN S. 19 ff. und S. 158 ff.
12 KA Bd. 18.
13 JS 1/243.
14 Vgl. *Hölderlin-Studien*, S. 121 f., Anm. 8.
15 JS 1/243.
16 Ebd.

ständigkeit sich verdankt, bei Homer im Stande knabenhaft knospengleichen Schlummerns behauptet, so tritt zu der deduktiv-spekulativen Konzeption ein zweites: die Beziehung der Dichtarten aufeinander als biologischen Entwicklungsstufen entsprechend – denen der Pflanze oder des Menschen. Dieser von Winckelmann und Herder übernommene Modus der Zusammenfassung von Geschichten zu der einen Geschichte, die Zugrundelegung eines Begriffs natürlicher Entwicklung, weist die erste Periode in der Entstehungsgeschichte von Schlegels historischer Poetik jener frühen Phase in der Genesis des Begriffs »Geschichte« zu, deren geschichtsphilosophische Basis dem Gesetz der Natur und nicht – wie bei Hegel – dem Gesetz der Dialektik unterworfen ist.

Wie ausgebildet Schlegels historische Optik schon in dieser Phase ist, geht nicht zuletzt daraus hervor, daß er nicht bloß die beiden Gattungen Epos und Tragödie geschichtlich bestimmen und aufeinander beziehen, sondern auch deren Analysen in der Poetik des Aristoteles als historisch bedingt erkennen kann, und zwar gleich zweifach. Einmal durch die größere zeitliche Nähe des Aristoteles zu Sophokles gegenüber der zu Homer, und zum andern dadurch, daß mit Aristoteles die Geschichte der Poetik überhaupt erst beginnt. *In der Kindheit der Wissenschaft* habe er es nicht vermocht, sich *zu dem richtigen Begriff einer reinen Dichtart* [...] *zu erheben*[17]. Weil aber die attische Tragödie ihren Stoff aus den Epen Homers bezieht, sei bereits zu der Zeit der Tragiker und danach bei Aristoteles und Platon der Begriff des Epos mit dem der Tragödie vermengt worden, was Schlegel einerseits daran exemplifiziert, daß Aristoteles das epische Gedicht als von der Tragödie bloß durch Umfang und Metrum unterschieden behauptet[18], andererseits an Platons Bezeichnung für Homer als den *ersten aller Tragiker*[19].

Die zweite Etappe auf dem Weg Schlegels zu der auch für die Gattungspoetik geltenden These, *alles System* [sei] *historisch*

---

17 JS 1/224.
18 JS 1/280. Vgl. Aristoteles, *Poetik*, Kap. 24.
19 JS 1/280.

und umgekehrt[20], stellt der Aufsatz *Über das Studium der griechischen Poesie* dar. Dessen Entstehungsgeschichte und das Verhältnis, in dem die 1797 verfaßte Vorrede zur Publikation des 1795/96 geschriebenen Aufsatzes zu ihm steht, sind zu komplex, als daß sie hier im einzelnen dargestellt werden könnten. Relevant für die Weiterentwicklung der bereits in den teilweise davor liegenden Schriften zur Geschichte der antiken Dichtung erfolgten und zum System tendierenden Historisierung der Gattungspoetik ist einzig, daß in dem Aufsatz von 1795/96 die Antike nicht mehr isoliert betrachtet wird, sondern in ihrem Verhältnis zur Moderne, als deren Studienobjekt. In Abänderung der Position Winckelmanns, an dessen Erstlingsschrift *Über die Nachahmung der griechischen Werke...* Schlegels Titel anklingt, wird hier die *Nachahmung* der Antike durch ihr *Studium* ersetzt, durch ein Studium, dessen Ziel die Synthese der antiken Dichtung mit der modernen, die Hervorbringung einer *objektiven*[21] Poesie ist. Für die Historisierung der Gattungspoetik ist dieser Unterschied gegenüber den literarhistorischen Abhandlungen Schlegels deshalb von Relevanz, weil der Vergleich der Antike mit der Moderne ihn zu einer geschlosseneren Konzeption der griechischen Dichtung führt. Was sonst die, freilich bereits dem Gesetz natürlicher Entwicklung unterworfene, Aufeinanderfolge jeweils durch eine bestimmte Dichtart charakterisierter Epochen ist, konsolidiert sich hier zu einem System, das nach dem Vorbild des Plinius als *naturalis historia* begriffen wird: *Die griechische Poesie enthält für alle ursprünglichen Geschmacks- und Kunstbegriffe eine vollständige Sammlung von Beispielen, welche so überraschend zweckmäßig für das theoretische System sind, als hätte sich die bildende Natur gleichsam herabgelassen, den Wünschen des nach Erkenntnis strebenden Verstandes zuvorzukommen.* [...] *Sie ist eine ewige Naturgeschichte des Geschmacks und der Kunst.*[22] Fallen im letzten Satz, da Naturgeschichte im Sinne des Plinius eo ipso System ist, Geschichte und System,

20 KA 18/85.
21 JS 1/110 f. und passim.
22 JS 1/146. Vgl. JS 1/123: *Die Wissenschaft bedarf* [...] *der Erfahrung von einer*

wie später bei Hegel, zusammen, so darf hier von einem historischen oder gar historisierten System indessen noch nicht gesprochen werden, wohl aber von einer Geschichte, die zum System geworden ist, oder genauer: die begriffen wird als eine, die einst »an sich« als die Konstituierung eines Systems stattfand. Was dem Studium-Aufsatz Schlegels zugrunde liegt, ist insofern nicht so sehr die Umkehrung des historisierten Systems, wie es unter dem Blickwinkel einer Typologie der Gattungspoetik erscheinen könnte, als vielmehr dessen Präfiguration, mit Hegel: die Einheit von System und Geschichte in noch unvermittelter Form: als Natur. In Hegels Ästhetik kehrt diese Einheit dann als durch den Geist vermittelt, als durch dessen eigene Dialektik produziert wieder.

Die Abhandlung *Über das Studium der griechischen Poesie*, in klassizistischer Absicht unternommen, machte ihren Verfasser, malgré lui, zum Apologeten und bedeutendsten Theoretiker dessen, wogegen die antike Kunst als ein Paradigma ursprünglich abgesetzt werden sollte: der Moderne. Wird in der Vorrede von 1797 noch einer *objektiven* Poesie, welche Antike und Moderne in sich vereinen sollte, das Wort geredet, – das *Interessante*, ein Hauptmerkmal moderner Dichtung, dürfe gleich einer *despotischen Regierung* nur *provisorische Gültigkeit*[23] haben –, so läßt Schlegel in den nach 1797 entstehenden Fragmenten diesen Standpunkt, welcher zwar nicht dem von Winckelmann postulierten, aber dem in Weimar praktizierten Klassizismus entspricht, hinter sich und entwirft das Programm einer *romantischen*[24], d. h. durch eine erst in der Moderne entstandene Dichtart, den Roman, hervorgebrachten Poesie als einer *progressiven Universalpoesie*[25]. An die Stelle des Studiums der Antike setzt er nun als *die einzige pragmatische Kunstlehre für den Künstler* [...]: *die Lehre vom Klassischen und vom Roman-*

Kunst, welche ein durchaus vollkommnes Beispiel ihrer Art, die Kunst kat' exochen, deren besondre Geschichte die allgemeine Naturgeschichte der Kunst wäre.
23 JS 1/83.
24 KA 2/182 (*Athenäums*-Fragment Nr. 116). Vgl. *Hölderlin-Studien*, S. 407, Anm. 198.
25 Ebd.

tischen[26]. Auf dem Hintergrund dieser geschichtsphilosophischen Konzeption entwirft Schlegel in seinen literarischen und philosophischen Fragmenten eine historisierte Gattungspoetik. Diese geht über die Zuschreibung der einzelnen *genera* zu einzelnen Epochen der nicht mehr auf die Antike beschränkten Geschichte in mehr als einer Weise hinaus. Sei es, daß die Dichtarten danach unterschieden werden, ob sie die Zäsur zwischen Antike und Moderne überbrücken oder nur in der einen oder anderen auftreten, sei es, daß dem historischen Progreß nicht nur eine Dichtart der Antike wie das Epos geopfert wird, sondern die Einteilung der Dichtung in Dichtarten selbst, woraus sich dann das Postulat der einen modernen Gattung, des Romans, ergibt. Poetik als die Lehre von den Dichtarten wird bei Schlegel durch ihre Historisierung aufgehoben; an die Stelle von Gattungspoetik tritt Poetik als Theorie des Romans.[27]

2

Daß sich die Wege so sehr gleichen, auf denen Schlegel und Hölderlin fast gleichzeitig und doch unabhängig voneinander einer auf Geschichtsphilosophie gegründeten Poetik zustreben, mag noch seine Erklärung finden in der Logik der Sache. Daß aber beide nicht bloß eine historisch spekulative Lehre von den Dichtarten entwerfen, sondern diese aus Begriffen deduzieren, deren Verwandtschaft offenkundig ist, weist auf die gemeinsame Abkunft der beiden Konzeptionen von der Dichtungstheorie eines Dritten hin: von der Schillers.[28] Dessen Einfluß auf Hölderlin und Schlegel, zumal was seine Lehre vom Naiven

---

26 LN S. 44.
27 Vgl. Verf., *Friedrich Schlegels Theorie der Dichtarten. Versuch einer Rekonstruktion auf Grund der Fragmente aus dem Nachlaß*, S. 32 ff.
28 *Hölderlin-Studien*, S. 407 ff. (*Exkurs über Schiller, Schlegel und Hölderlin*). Ferner: H. Eichner, *The Supposed Influence of Schiller's ›Über Naive und Sentimentalische Dichtung‹ on F. Schlegel's ›Über das Studium der griechischen Poesie‹*, in: The Germanic Review 30 (1955), 260-264; R. Brinkmann, *Romantische Dichtungstheorie in Friedrich Schlegels Frühschriften und Schillers Begriffe des Naiven und Sentimentalischen*, in: DVjs. 32 (1958), S. 344-371.

und Sentimentalischen betrifft, ist freilich unbestritten. Wohl aber ist problematisch – und wird für die folgenden Überlegungen eines der Hauptprobleme darstellen –, ob und inwiefern Hölderlins und Schlegels Begriffe für die Antike und für die Moderne (deren Namen bei beiden nicht dieselben sind und bei jedem der beiden wiederum Wandlungen unterworfen) den Schillerschen Begriffen *naiv* und *sentimentalisch* entsprechen. Sind diese beiden Begriffe als historische konzipiert, ist das von Schiller entworfene System ein geschichtsphilosophisches? Goethes Kommentar zur Entstehungsgeschichte des Aufsatzes scheint die Antwort in der Schwebe zu lassen: *Unsere Gespräche waren durchaus produktiv oder theoretisch, gewöhnlich beides zugleich: er predigte das Evangelium der Freiheit, ich wollte die Rechte der Natur nicht verkürzt wissen. [...] Weil ich [...] die Vorzüge der griechischen Dichtungsart, der darauf gegründeten und von dort herkömmlichen Poesie nicht allein hervorhob, sondern sogar ausschließlich diese Weise für die einzig rechte und wünschenswerte gelten ließ: so ward er zu schärferem Nachdenken genötigt, und eben diesem Konflikt verdanken wir die Aufsätze über naive und sentimentale Poesie. Beide Dichtungsweisen sollten sich bequemen, einander gegenüberstehend sich wechselweise gleichen Rang zu vergönnen. Er legte hierdurch den ersten Grund zur ganzen neuen Ästhetik : denn hellenisch und romantisch und was sonst noch für Synonymen mochten aufgefunden werden, lassen sich alle dorthin zurückführen, wo vom Übergewicht reeller oder ideeller Behandlung zuerst die Rede war.*[29] Noch weniger eindeutig im Hinblick auf die Frage, ob Schillers Begriffe als historische bzw. geschichtsphilosophische intendiert sind, in Wahrheit aber die Schwierigkeiten getreu abbildend, auf welche diese Frage bei Schiller stößt, ist eine verärgerte Äußerung des Achtzigjährigen, von Eckermann unter dem Datum des 21. März 1830 notiert: *Der Begriff von klassischer und romantischer Poesie, der jetzt über die ganze Welt geht und so viel Streit und Spaltungen verursacht, [...] ist ursprünglich von mir und*

---

29 WA II, 11/52 f. (*Einwirkungen der neueren Philosophie*).

Schiller ausgegangen. Ich hatte in der Poesie die Maxime des objektiven Verfahrens und wollte nur dieses gelten lassen. Schiller aber, der ganz subjektiv wirkte, hielt seine Art für die rechte, und um sich gegen mich zu wehren, schrieb er den Aufsatz über naive und sentimentale Dichtung. Er bewies mir, daß ich selber, wider Willen, romantisch sei und meine Iphigenie, durch das Vorwalten der Empfindung, keineswegs so klassisch und im antiken Sinne sei, als man vielleicht glauben möchte. Die Schlegel ergriffen die Idee und trieben sie weiter, so daß sie sich denn jetzt über die ganze Welt ausgedehnt hat und nun jedermann von Klassizismus und Romantizismus redet, woran vor fünfzig Jahren niemand dachte.[30] So wenig man Friedrich und August Wilhelm Schlegel wird verargen wollen, daß sie eine Unterscheidung in die Welt setzen, woran vor und um 1790 noch *niemand dachte*, so gerne sähe man ausgemacht, ob ihr »Weitertreiben« der Schillerschen Unterscheidung diese qualitativ verändert hat, indem aus den zunächst psychologischen und poetologischen Kategorien historische und geschichtsphilosophische wurden, oder ob sie dies bereits bei Schiller waren. Der Rekurs auf die *griechische Dichtungsart* im ersten Zitat reicht zur Klärung dieser Frage nicht aus. Denn nicht nur Goethe hielt eine *darauf gegründete und von dort herkömmliche*, eine klassische Dichtung *antiken* Sinnes auch in seiner Zeit für grundsätzlich möglich. Schreibt Schiller am 2. Oktober 1797 nach Weimar, er habe sich *dieser Tage viel damit beschäftigt, einen Stoff zur Tragödie aufzufinden, der von der Art des ›Oedipus Rex‹ wäre*, er aber allerdings fürchte, *der Ödipus ist seine eigene Gattung, und es gibt keine zweite Spezies davon*[31], so steht in diesem Brief hinter der Einsicht in die Einmaligkeit der *tragischen Analysis*[32] des Sophokles allenfalls die Ahnung von der Unnachahmbarkeit griechischer Dichtung, nicht aber die Erkenntnis der Bedingung der Unmöglichkeit solcher Nachah-

---

30 Goethe, *Artemis-Gedenkausgabe*, Hrsg. E. Beutler. Zürich 1948 ff., Bd. 24, S. 405 f.
31 *Der Briefwechsel zwischen Schiller und Goethe*, Hrsg. G. Graef und A. Leitzmann, Leipzig 1912, Bd. 1, S. 416.
32 Ebd.

mung, nämlich die Einsicht in die Geschichtlichkeit literarischer Formen, wie sie früh und deutlich in Herders *Shakespeare*[33] (1773) vertreten wurde. In Weimar aber gedachte man dieser »präromantischen« Einsichten nicht gern, wie denn Goethes und Schillers in mehr als einem Sinn geschichtsfremder Klassizismus[34], im Gegensatz zu der Entwicklung in Frankreich und England, überhaupt erst jenes Intermezzo zwischen Vorromantik und Romantik schafft, das allzu lang nur auf Grund der in ihr entstandenen »klassischen« Werke beurteilt wurde, unter Absehung von jenen Tendenzen, welche es für immer oder doch für Jahrzehnte abbrach – man denke an Herders aus der Konfrontation von Sophokles und Shakespeare gewonnenen Entwurf einer historischen Dramentheorie, man denke – auf dem Gebiet der literarischen Produktion – an Lenzens *Hofmeister* (1774), dessen diskordante Stimme erst mehr als ein halbes Jahrhundert später in Büchners *Woyzeck* (1837) ein Echo findet.

Der Ästhetiker Schiller war ein Schüler nicht Herders, sondern Kants. Seine Theorie der Kunst zielt mehr auf deren psychologische Entstehungsmotivation im Spieltrieb, auf Wirkung und Funktion. Gefragt wird, in der Nachfolge Kants und der Aufklärungsästhetik, nach dem *Grund des Vergnügens an tragischen Gegenständen*[35]; gefordert wird die *Ästhetische Erziehung des Menschen*[36]. In diesem Postulat freilich begegnen sich bereits Ästhetik und Geschichtsphilosophie. Aber anders als bei Herder, Schlegel und Hölderlin ist Geschichtsphilosophie bei Kant wie in Schillers Briefen über die *Ästhetische Erziehung* Reflexion auf die Geschichte nicht so sehr als Vergangenheit denn als Zukunft, als jene Dimension nämlich, in der die Erkenntnisse von Kants drei Kritiken ihre Anwendung finden sollen. Die Erkenntnisse selber dage-

---

33 Herder, *Sämtliche Werke*, Hrsg. B. Suphan. Nachdruck Hildesheim 1967, Bd. 5, S. 208 ff.
34 Vgl. z. B. Schillers Vorwort zu den *Horen*, den Brief an Reichardt vom 3. August 1795 (NA 28/17 f.) und den an Herder vom 4. November 1795 (NA 28/97 f.).
35 NA 20/133 ff.
36 NA 20/309 ff.

gen sind Kants Verständnis nach von Geschichte nicht abhängig.

Doch nicht dies allein unterscheidet Schiller von Schlegel und Hölderlin. Nicht nur steht den Schülern Winckelmanns und Herders ein Kantianer gegenüber; Schillers Poetik ist auch nicht aus literarhistorischen Arbeiten hervorgegangen. Der Historiker Schiller hat sich nicht mit Literatur und Kunst beschäftigt, der Literatur- und Kunsttheoretiker nicht mit der Historie. So hat der Aufsatz *Über naive und sentimentalische Dichtung* seinen dreifachen Ursprung aus Schillers poetischer Arbeit, aus seinem Versuch, die eigene *Dichtungsweise*[37] von der Goethes als eine nicht minder legitime abzuheben, und aus seiner Übernahme der Kantischen Grundsätze[38]. Ein dreifacher Ursprung, der letztlich ein einfacher ist, dient doch die Anwendung Kantischer Prinzipien auch der Erhellung und Linderung dessen, was ein Wahlverwandter später als *Schwere Stunde* beschreiben sollte, als eine Stunde, die wiederum nur als eine poetischer Arbeit zur schweren geworden war.

Dies alles bedacht, wird man nicht erwarten, daß in Schillers Aufsatz *Über naive und sentimentalische Dichtung* und der darein versenkten Gattungspoetik, falls und insofern sie geschichtsphilosophische Prämissen haben, diese so offenkundig sind wie bei Hölderlin und bei Schlegel. Trifft aber die These zu, daß auch Schillers Poetik geschichtsphilosophischen Wesens sei, so hat sie der Schlegelschen und der Hölderlinschen gegenüber nicht nur das fragwürdige Verdienst, es in höchst komplexer Weise zu sein, sondern auch das weniger problematische der Priorität. Wer von der Historisierung der Poetik in den 1790er Jahren als Historiker handelt, kann darum die Mühsal einer Wanderung durch die Antinomien und Äquivokationen, die Schillers ästhetische Schriften ebenso berüchtigt gemacht haben, wie sie berühmt sind, weder sich noch seinen Lesern ersparen.

---

37 Vgl. WA II, 11/52 und NA 20/466 Anm.
38 Vgl. NA 20/309 (*Über die ästhetische Erziehung des Menschen*).

Klassisch und *romantisch* sind bei Friedrich wie bei August Wilhelm Schlegel (dessen Wiener, bald auch ins Französische (1814), ins Englische (1815) und ins Italienische (1817) übersetzte *Vorlesungen über dramatische Kunst und Literatur* (1808) erst dazu führten, daß die beiden Begriffe um 1830 *über die ganze Welt* gingen) Epochenbegriffe. Ob dies auch die Schillerschen Begriffe *naiv* und *sentimentalisch* sind, ist die Frage. Sie zu verneinen, wird durch den biographischen Bezugspunkt nahegelegt, den für den Begriff des Naiven, oft gesagt, Goethes Person und Werk darstellen. Darüber gibt deutlicher noch als der Aufsatz selbst der für dessen Entstehungsgeschichte höchst bedeutsame Geburtstagsbrief Schillers an Goethe (vom 23. August 1794) Auskunft.[39] Darin heißt es: *Die neulichen Unterhaltungen mit Ihnen haben meine ganze Ideen-Masse in Bewegung gebracht, denn sie betrafen einen Gegenstand, der mich seit etlichen Jahren lebhaft beschäftigt. Über so manches, worüber ich mit mir selbst nicht recht einig werden konnte, hat die Anschauung Ihres Geistes (denn so muß ich den Totaleindruck Ihrer Ideen auf mich nennen) ein unerwartetes Licht in mir angesteckt.*[40] Dann wird die Verschiedenheit beider als die von *Intuition* (Goethe) und *Spekulation* (Schiller) bestimmt.[41] Goethe suche, intuitiv, *das Notwendige der Natur*, indem er von *der einfachen Organisation* [...], *Schritt vor Schritt, zu den mehr verwickelten* aufsteige, *um endlich die verwickeltste von allen, den Menschen, genetisch aus den Materialien des ganzen Naturgebäudes zu erbauen.*[42] Der spekulative Geist dagegen, als den sich Schiller versteht, suche mit *selbsttätiger freier Denkkraft das Gesetz*[43].

---

[39] Bereits im Oktober 1793 plante Schiller freilich *einen kleinen Traktat über das Naive*. Vgl. NA 21/278. Die Bände 20 und 21 wurden unter Mitwirkung von H. Koopmann von B. v. Wiese herausgegeben (Weimar 1962 und 1963).
[40] NA 27/24.
[41] Ebd.
[42] NA 27/25.
[43] NA 27/26.

Diesen Unterschied muß Schiller aber zugleich als einen historischen verstanden haben, bezogen auf den Gegensatz Antike – Moderne. Denn in der selben Briefstelle stellt er über Goethe die berühmte Mutmaßung an: *Wären Sie als ein Grieche, ja nur als ein Italiener geboren worden, und hätte schon von der Wiege an eine auserlesene Natur und eine idealisierende Kunst Sie umgeben, so wäre Ihr Weg unendlich verkürzt, vielleicht ganz überflüssig gemacht worden. Schon in die erste Anschauung der Dinge hätten Sie dann die Form des Notwendigen aufgenommen, und mit Ihren ersten Erfahrungen hätte sich der große Stil in Ihnen entwickelt. Nun da Sie ein Deutscher geboren sind, da Ihr griechischer Geist in diese nordische Schöpfung geworfen wurde, so blieb Ihnen keine andere Wahl, als entweder selbst zum nordischen Künstler zu werden, oder Ihrer Imagination das, was ihr die Wirklichkeit vorenthielt, durch Nachhülfe der Denkkraft zu ersetzen, und so gleichsam von innen heraus und auf einem rationalen Wege ein Griechenland zu gebären. In derjenigen Lebensepoche, wo die Seele sich aus der äußern Welt ihre innere bildet, von mangelhaften Gestalten umringt, hatten Sie schon eine wilde und nordische Natur in sich aufgenommen, als Ihr siegendes, seinem Material überlegenes Genie diesen Mangel von innen entdeckte, und von außen her durch die Bekanntschaft mit der griechischen Natur davon vergewissert wurde. Jetzt mußten Sie die alte, Ihrer Einbildungskraft schon aufgedrungene schlechtere Natur nach dem besseren Muster, das Ihr bildender Geist sich erschuf, korrigieren und das kann nun freilich nicht anders als nach **leitenden Begriffen** vonstatten gehen. Aber diese logische Richtung, welche der Geist bei der Reflexion zu nehmen genötiget ist, verträgt sich nicht wohl mit der ästhetischen, durch welche allein er bildet. Sie hatten also eine Arbeit mehr, denn so wie Sie von der Anschauung zur Abstraktion übergingen, so mußten Sie nun rückwärts Begriffe wieder in Intuitionen umsetzen, und Gedanken in Gefühle verwandeln, weil nur durch diese das Genie hervorbringen kann.*[44]

---

44 NA 27/25 f. Sperrungen vom Verf.

Rationaler Weg, leitende Begriffe, Reflexion – diese Mittel, auf die Schiller zufolge Goethes *griechischer Geist,* in die nordische Welt *geworfen,* angewiesen war, sind zugleich characteristica specifica der Moderne, der *künstlichen Bildung,* die Friedrich Schlegel im Studium-Aufsatz der Antike als einer *natürlichen* konfrontiert.[45] Bedenkt man zudem, daß nach Schillers Definition der naive Dichter Natur ist, der sentimentalische die (verlorene) Natur sucht[46], so erscheint der im Geburtstagsbrief porträtierte Goethe vollends als ein Dichter nicht der naiven, sondern der sentimentalischen Art, in Schlegels Terminologie als ein Vertreter nicht der *natürlichen Bildung,* sondern, zumindest in der Zeit jenes von Schiller beschriebenen Umwegs, der *künstlichen,* der reflexiven. Dieses Paradox wird durch den Hinweis darauf nicht aus der Welt geschafft, daß Schiller, obwohl ihm Goethe als ein naiver Künstler erschien, ausdrücklich festhält, auch als solcher könne er sentimentalische Gegenstände behandeln. Denn als Sentimentalischer erscheint Goethe in dem Brief vom 23. August 1794 nicht, wie im Aufsatz, wegen der Wahl oder der Behandlung eines bestimmten Stoffes, sondern durch die generellen historischen Bedingungen seiner künstlerischen Arbeit. Als ein Schritt zur Auflösung des Paradoxes kann hingegen Schillers Versuch gelten, den Anachronismus, als der sich ihm die Existenz eines *griechischen Geistes* in der *nordischen Schöpfung,* eines klassischen in der Moderne, darstellt, in die Definition des Naiven selbst aufzunehmen: *Das Naive ist eine Kindlichkeit, wo sie nicht mehr erwartet wird, und kann eben deswegen der wirklichen Kindheit in strengster Bedeutung nicht zugeschrieben werden.*[47] Zwar schafft diese Definition, die im Aufsatz übrigens keineswegs konsequent befolgt wird, die notwendige Voraussetzung für die Bezeichnung Goethes als eines naiven Künstlers, sie setzt aber ihrerseits voraus, daß Goethes *griechischer Geist,* wäre er nicht nach Norden verschlagen worden, *naiv* gar nicht dürfte genannt werden. Auf dem Hintergrund des Geburtstagsbriefes enthält

---

45 JS 1/123 ff.
46 Vgl. NA 20/436.
47 NA 20/419.

die zitierte Definition des Naiven wenn nicht eine Andeutung, so doch die Ahnung davon, daß heute das Naive zu seiner Genese des Sentimentalischen bedarf, daß in der Moderne auch das Naive eine sentimentalische Vergangenheit hat, ohne die es nicht hätte werden können (und demnach definitorisch: nicht wäre), was es ist: das Naive.

4

Das Goetheporträt des Briefes endet mit dem Satz: *So ungefähr beurteile ich den Gang Ihres Geistes*[48]. Der Beschreibung dieses Ganges zufolge ist Goethe nicht der *göttlich-unbewußte*[49] Künstler, als der er in Thomas Manns Schiller-Novelle mit dessen Augen gesehen wird, sondern einer, der das Griechische in der eigenen, der Antike feindlich gesinnten Zeit *von innen heraus*[50], nach dem Muster, das sein *bildender Geist sich erschuf*[51], mit Bewußtsein wiederherstellt. Nicht zufällig berühren sich diese Ausdrücke mit der wichtigsten programmatischen Schrift des Weimarer Klassizismus: der Abhandlung *Über die bildende Nachahmung des Schönen* (1788)[52] von Karl Philipp Moritz, Goethes Gefährten in Rom. Das Briefporträt zeichnet Goethe eher als Klassizisten denn als naiven Künstler. Daß Schillers Aufsatz von Goethe selbst als dessen Auseinandersetzung mit dem Klassizismus verstanden wurde, geht aus seinem bereits zitierten Kommentar hervor, in dem er sich zu der auf die griechische Dichtungsart *gegründeten und von dort herkömmlichen Poesie*[53] bekennt und den dadurch verursachten Konflikt als die Entstehungsursache des Aufsatzes bezeichnet.

Den Rahmen, in dem Schillers Auseinandersetzung mit dem

---

48 NA 27/26.
49 Vgl. Th. Mann, *Schwere Stunde*. In: *Sämtliche Erzählungen*. Frankfurt a. M. 1963, S. 298.
50 NA 27/26.
51 Ebd.
52 K. Ph. Moritz, *Schriften zur Ästhetik und Poetik*, Hrsg. H. J. Schrimpf. Tübingen 1962, S. 63 ff.
53 WA II, 11/52.

Klassizismus stattfindet, bildet seine Polemik gegen Rousseau. An seinen Leser gewandt, schreibt er: *Frage dich also wohl, empfindsamer Freund der Natur, ob deine Trägheit nach ihrer Ruhe, ob deine beleidigte Sittlichkeit nach ihrer Übereinstimmung schmachtet? Frage dich wohl, wenn die Kunst dich anekelt und die Mißbräuche in der Gesellschaft dich zu der leblosen Natur in die Einsamkeit treiben, ob es ihre Beraubungen, ihre Lasten, ihre Mühseligkeiten oder ob es ihre moralische Anarchie, ihre Willkür, ihre Unordnungen sind, die du an ihr verabscheust? In jene muß dein Mut sich mit Freuden stürzen und dein Ersatz muß die Freiheit selbst sein, aus der sie fließen. Wohl darfst du dir das ruhige Naturglück zum Ziel in der Ferne aufstecken, aber nur jenes, welches der Preis deiner Würdigkeit ist. Also nichts von Klagen über die Erschwerung des Lebens, über die Ungleichheit der Konditionen, über den Druck der Verhältnisse, über die Unsicherheit des Besitzes, über Undank, Unterdrückung, Verfolgung; allen Übeln der Kultur mußt du mit freier Resignation dich unterwerfen, mußt sie als die Naturbedingungen des einzig Guten respektieren; nur das Böse derselben mußt du, aber nicht bloß mit schlaffen Tränen, beklagen. Sorge vielmehr dafür, daß du selbst unter jenen Befleckungen rein, unter jener Knechtschaft frei, unter jenem launischen Wechsel beständig, unter jener Anarchie gesetzmäßig handelst. Fürchte dich nicht vor der Verwirrung außer dir[54], aber vor der Verwirrung in dir; strebe nach Einheit, aber suche sie nicht in der Einförmigkeit; strebe nach Ruhe, aber durch das Gleichgewicht, nicht durch den Stillstand deiner Tätigkeit. Jene Natur, die du dem Vernunftlosen beneidest, ist keiner Achtung, keiner Sehnsucht wert. Sie liegt hinter dir, sie muß ewig hinter dir liegen. Verlassen von der Leiter, die dich trug, bleibt dir jetzt keine andere Wahl mehr, als mit freiem Bewußtsein und Willen das Gesetz zu ergreifen, oder rettungslos in eine bodenlose Tiefe zu fallen.*[55] Es ist, als wollte Schiller den empfindsamen Lesern des nicht minder empfindsamen *Promeneur solitaire* statt des

---

54 Vgl. Schillers Äußerungen über die Französische Revolution u. a. in den in Anm. 34 angegebenen Stellen.
55 NA 20/428.

tränenfeuchten Taschentuchs Kants *Kritik der praktischen Vernunft* in die Hand drücken. An einer anderen Stelle wirft Schiller Rousseau vor, *daß er die Menschheit, um nur des Streits in derselben recht bald los zu werden, lieber zu der geistlosen Einförmigkeit des ersten Standes zurückgeführt, als jenen Streit in der geistreichen Harmonie einer völlig durchgeführten Bildung geendigt sehen, daß er die Kunst lieber gar nicht anfangen lassen, als ihre Vollendung erwarten will, kurz, daß er das Ziel lieber niedriger steckt, und das Ideal lieber herabsetzt, um es nur desto schneller, um es nur desto sicherer zu erreichen.*[56]
Schillers Kritik wendet sich gegen die Losung des *Retour à la nature* nicht nur, weil die Bedingung der Möglichkeit solcher Rückkehr nicht gegeben ist: die ersehnte Natur *liegt hinter* [uns], *sie muß ewig hinter* [uns] *liegen*[57]. Das Pathos seiner Kritik an Rousseau verdankt sich dem Unwillen, dieser schwärmerischen Illusion den Begriff jener allein menschenwürdigen Zukunft geopfert zu sehen, auf die hin seine wie Kants Geschichtsphilosophie entworfen ist. Abgelehnt wird also nicht bloß die rousseausche Sehnsucht, sondern auch deren Gegenstand: die erste Natur. *Eine unscheinbare Blume, eine Quelle, ein bemooster Stein, das Gezwitscher der Vögel, das Summen der Bienen [...] sie sind, was wir waren; sie sind, was wir wieder werden sollen.*[58] Aber wir sollen es wieder werden nicht durch den Schritt zurück, der die historischen Voraussetzungen der Gegenwart überspringt, sondern *unsere Kultur soll uns, auf dem Wege der Vernunft und der Freiheit, zur Natur zurückführen*[59]. Alle *Übel der Kultur* müßten als die *Naturbedingungen des einzig Guten* respektiert werden, schreibt Schiller, nicht weit von Schlegels Überzeugung entfernt, *unsere Mängel selbst* [seien] *unsere Hoffnungen*[60]. Denn Vernunft und Freiheit gehören der Kultur an, nicht der ersten Natur. In jener Natur hingegen, zu der uns die Kultur führen soll, darf nach

56 NA 20/452.
57 NA 20/428.
58 NA 20/414.
59 Ebd.
60 JS 1/22.

Schiller Freiheit nicht fehlen, sie muß darin, mit Hegels Terminus, *aufgehoben* sein, und dazu kann uns nur das »Kulturübel«[61] Reflexion verhelfen. Die Vollkommenheit der Vögel, Blumen und Steine *ist nicht ihr Verdienst, weil sie nicht das Werk ihrer Wahl ist. [...] Was uns von ihnen unterscheidet, ist gerade das, was ihnen selbst zur Göttlichkeit fehlt. Wir sind frei und sie sind notwendig; wir wechseln, sie bleiben eins. Aber nur, wenn beides sich mit einander verbindet – wenn der Wille das Gesetz der Notwendigkeit frei befolgt und bei allem Wechsel der Phantasie die Vernunft ihre Regel behauptet, geht das Göttliche oder das Ideal hervor.*[62]
Schillers Geschichtsphilosophie schreibt dem Menschengeschlecht denselben Weg vor, den nach der Analyse des Geburtstagsbriefes Goethes *griechischer Geist* ging. In eine fremde, *nordische Schöpfung geworfen,* war er zwar in der Lage, die seiner Einbildungskraft *schon aufgedrungene schlechtere Natur* dank seinem *bildenden Geist* zu korrigieren, doch konnte dies *nicht anders als nach leitenden Begriffen vonstatten gehen*[63].
Auf Grund der Übereinstimmung zwischen Brief und Abhandlung ergeben in dieser die Rosseau-Kritik und der Begriff durch die Vernunft vermittelter, Freiheit und Notwendigkeit versöhnender Natur eine Konzeption der Kunst, welche Klassizismus nur in der modifizierten Fassung zuläßt, die Karl Philipp Moritz – schon im Titel seiner Schrift polemisch gegen Winckelmanns *Gedanken über die Nachahmung der griechischen Werke...*[64] gewandt – in der *bildenden Nachahmung des Schönen* verankert hat.
Mit Rücksicht darauf, daß die Künstler in ihrer Zeit nur solches nachahmend darstellen könnten, was dann bei Schiller *schlechtere Natur* heißt, empfahl ihnen Winckelmann, griechische Plastiken nachzuahmen, in denen die schöne Natur der Antike unverdorben fortlebe. Auch Moritz sieht die moderne Welt wie Winckelmann als eine, deren *Darstellung kein Vernügen er-*

61 Vgl. NA 20/428.
62 NA 20/414 f.
63 NA 27/26.
64 In: *Kleine Schriften, Vorreden, Entwürfe*, Hrsg. W. Rehm. Berlin 1968, S. 27 ff.

*weckt*⁶⁵. Indem er aber dem einfachen Nachahmungsbegriff Winckelmanns den einer *bildenden Nachahmung* entgegensetzt, einer Nachahmung, durch die das Schöne *nicht in uns herein-* [...], *sondern* [...] *aus uns herausgebildet*⁶⁶ wird, indem er den Künstler auffordert, statt der Nachahmung jener schönen Natur, welche die griechischen Plastiken darstellen, die *in sich empfundne Seelenschönheit eines fremden Wesens* – eines Vorbilds, dem er nachahmt⁶⁷ – *auch außer sich wieder darzustellen*⁶⁸, senkt er in Winckelmanns Nachahmungskonzeption, die der künstlerischen Subjektivität keine Rechnung trug, das Moment der Individualität ein.

Sowohl der Sturm und Drang als auch Kant übernahmen aus der englischen Kunsttheorie des 18. Jahrhunderts und von Diderot für das Moment der Originalität den Begriff des Genies. In der *Kritik der ästhetischen Urteilskraft* ist *Genie* freilich nicht einfach sich behauptende Individualität, also Freiheit; durch das Genie gibt *die Natur der Kunst die Regel*⁶⁹. Das ingenium beläßt dem Künstler den Wahn, er wirke frei und drücke seine Originalität aus, obwohl er, ohne es zu wissen, nur die Regeln der Natur befolgt und Exemplarisches schafft. Das Genie, wie Kant es versteht, ist List der Natur. Nicht anders ist das Ziel beschaffen, das Schiller dem durch die Kultur hindurchgegangenen Geist setzt. Freiheit und Notwendigkeit müßten sich mit einander verbinden: nur *wenn der Wille das Gesetz der Notwendigkeit frei befolgt und bei allem Wechsel der Phantasie die Vernunft ihre Regel behauptet, geht das Göttliche oder das Ideal hervor*⁷⁰.

---

65 K. Ph. Moritz, a.a.O., S. 107 (*Über die Würde des Studiums der Altertümer*).
66 Ebd., S. 66 (*Über die bildende Nachahmung des Schönen*).
67 Moritz verwendet das Verb *nachahmen* mit dem Akkusativ, wenn das Objekt das *Schöne*, mit dem Dativ, wenn das Objekt ein vom Künstler gewähltes *Vorbild* ist. Vgl. a.a.O., S. 66. Die Lockerung des Subjekt-Objekt-Verhältnisses im zweiten Fall spiegelt die Auflösung der von Winckelmann vorgeschriebenen Bindung des modernen Künstlers an die nachzuahmenden Künstler des Altertums.
68 K. Ph. Moritz, a.a.O., S. 67.
69 Kant, *Kritik der Urteilskraft*, Hrsg. K. Vorländer. Nachdruck der Ausgabe von 1924, Hamburg 1954 (= Philosophische Bibliothek Bd. 39), S. 160.
70 NA 20/415.

Schiller hat die griechische Kunst wiederholt dem Begriff der
Natur subsumiert. Schon in den ersten Sätzen seines Aufsatzes,
in denen gesagt wird, der Mensch widme dieser Natur *eine Art
von Liebe und von rührender Achtung [...] nicht weil sie
unsern Verstand oder Geschmack befriedigt (von beiden kann
oft das Gegenteil stattfinden), sondern bloß weil sie Natur
ist*[71], schon hier wird zum Beweis die Erfahrung angeführt, die
jeder feinere Mensch macht, *wenn er im Freien wandelt, wenn
er auf dem Lande lebt, oder sich bei den Denkmälern der alten
Zeit verweilet*[72]. Ähnlich werden Natur und Antike gleichgesetzt, wenn im Anschluß an den Gedanken, unsere Liebe zur
Natur entspringe nicht unserer Naturmäßigkeit, sondern unserer Naturwidrigkeit, sei also Liebe zu einem Verlorenen, gesagt
wird, dieses Gefühl für die Natur sei nicht das, *was die Alten
hatten; es ist vielmehr einerlei mit demjenigen, welches wir für
die Alten haben*[73]. Daß die antike Kunst, als von Menschen
gemachte, der Natur als dem Reich der Notwendigkeit nicht
angehören kann, war dem Kantianer Schiller bewußt. Während
Hölderlin sowohl in der Moderne als auch in der Antike Natur
und Kunst unterscheidet und sie einander kreuzweise entsprechen läßt (der *Kunstkarakter* der Homerischen Epen sei die
abendländische Nüchternheit)[74], versucht Schiller die vom
Sturm und Drang hinterlassene Problematik dergestalt zu
lösen, daß er den Griechen eine von der unsrigen abweichende
Naturkonzeption zuschreibt: *Wenn wir in gewissen
moralischen Stimmungen des Gemüts wünschen können, den
Vorzug unserer Willensfreiheit, der uns so vielem Streit mit
uns selbst, so vielen Unruhen und Verirrungen aussetzt,
gegen die wahllose aber ruhige Notwendigkeit des Vernunftlosen hinzugeben, so ist, gerade umgekehrt, die Phantasie des Griechen geschäftig, die menschliche Natur schon
in der unbeseelten Welt anzufangen, und da, wo eine*

---

71 NA 20/413.
72 Ebd.
73 NA 20/431.
74 Vgl. *Hölderlin-Studien*, S. 345 ff. (*Überwindung des Klassizismus. Der Brief an
Böhlendorff vom 4. Dezember 1801*).

blinde Notwendigkeit herrscht, dem Willen Einfluß zu geben.[75]

Der gegen Rousseau gewandten Kritik Schillers am *ersten Stande*[76], an unvermittelter Natur, entspricht seine Kritik an der von Winckelmann postulierten Vorbildhaftigkeit griechischer Kunst. *Wenn man den Gattungsbegriff der Poesie zuvor einseitig aus den alten Poeten abstrahiert hat, so ist nichts leichter, aber auch nichts trivialer, als die modernen gegen sie herabzusetzen.*[77] An einer anderen Stelle der Abhandlung heißt es: *Wenn man die sentimentalische Poesie, wie billig, für eine echte Art (nicht bloß für eine Abart) und für eine Erweiterung der wahren Dichtkunst zu halten geneigt ist, muß in der Bestimmung der poetischen Arten so wie überhaupt in der ganzen poetischen Gesetzgebung, welche noch immer einseitig auf die Observanz der alten und naiven Dichter gegründet wird, auch auf sie einige Rücksicht [...] genommen werden. Der sentimentalische Dichter geht in zu wesentlichen Stücken von dem naiven ab, als daß ihm die Formen, welche dieser eingeführt, überall ungezwungen anpassen könnten. Freilich ist es hier schwer, die Ausnahmen, welche die Verschiedenheit der Art erfordert, von den Ausflüchten, welche das Unvermögen sich erlaubt, immer richtig zu unterscheiden, aber soviel lehrt doch die Erfahrung, daß unter den Händen sentimentalischer Dichter (auch der vorzüglichsten) keine einzige Gedichtart ganz das geblieben ist, was sie bei den Alten gewesen, und daß unter den alten Namen öfters sehr neue Gattungen sind ausgeführt worden.*[78] Damit verabschiedet Schiller die überlieferte Gattungspoetik, welche Geschichtlichkeit der literarischen Formen nicht kennt, und leitet jene Historisierung der Gattungspoetik mit ein, die über Schlegel und Hölderlin zu Hegel führt und in deren Nachfolge hundert Jahre später zu Lukács' *Theorie des Romans* und Benjamins *Ursprung des deutschen Trauerspiels*[79].

75 NA 20/430.
76 NA 20/452.
77 NA 20/439.
78 NA 20/467 Anm.
79 Walter Benjamin sah sich in seiner vormarxistischen Periode freilich eher in der

Schillers Einsicht in die Historizität der Gattungen bleibt in seinem Aufsatz keine bloße Behauptung. Nicht nur wird sie angewandt in dem Gebrauch der Begriffe *satyrisch, elegisch* und *Idylle*[80], welche das System der sentimentalischen Dichtung konstituieren, auch Hölderlins Konzeption der Differenz griechischer und hesperischer Dichtung[81] und die u. a. bei Friedrich Schlegel[82] und Hegel[83] begegnende Zuordnung der einzelnen Künste zu einzelnen Epochen – zwei Kristallisationspunkte aller geschichtsphilosophisch begründeten Ästhetik – finden sich bereits bei ihm. *Keinem Vernünftigen kann es einfallen, in demjenigen, worin Homer groß ist, irgend einen Neuern ihm an die Seite stellen zu wollen, und es klingt lächerlich genug, wenn man einen Milton oder Klopstock mit dem Namen eines neuern Homer beehrt sieht. Eben so wenig aber wird irgend ein alter Dichter und am wenigsten Homer in demjenigen, was den modernen Dichter charakteristisch auszeichnet, die Vergleichung mit demselben aushalten können. Jener, möchte ich es ausdrücken, ist mächtig durch die Kunst der Begrenzung; dieser ist es durch die Kunst des Unendlichen.*[84] Die Begrenzung, welche den griechischen Dichter charakterisiert, nennt Hölderlin *Präzision* und *Nüchternheit*[85], das Unendliche, Merkmal der modernen, *schöne Leidenschaft*[86], und er schreibt der Dichtung

Nachfolge Kants als in der Hegels. Vgl. *Briefe*, Hrsg. G. Scholem und Th. W. Adorno. Frankfurt a. M. 1966, S. 166 (1917): *Hegel scheint fürchterlich zu sein!* und S. 171 (1918): *Von Hegel [...] hat mich das was ich bisher las durchaus abgestoßen.* Daß das Trauerspielbuch dennoch Hegel nahesteht, findet seine Erklärung in der folgenden Äußerung Benjamins über seine Arbeit: *Eine neue Tragödientheorie gibt es auch; sie ist zu einem großen Teil von Rang. Daselbst ist nachhaltig Rosenzweig zitiert worden, sehr zu Salomons Mißvergnügen, der behauptet, das alles – was Rosenzweig über Tragik sagt – stünde schon bei Hegel. Und vielleicht ist es nicht unmöglich. Ich habe die vollständige ›Ästhetik‹ nicht einsehen können.* (Brief an Scholem vom 19. Februar 1925, a.a.O., S. 373.) Vgl. dazu das vor Bekanntwerden dieses Briefes Geschriebene in: Verf., *Versuch über das Tragische.* In: *Schriften*, Bd. I, S. 203.

80 Vgl. NA 20/441 ff. und 20/466 ff.
81 Vgl. *Hölderlin-Studien*, S. 345 ff.
82 Vgl. Anm. 91.
83 Vgl. *Hölderlin-Studien*, S. 389 f.
84 NA 20/439 f.
85 SW 6/425 f. Vgl. *Hölderlin-Studien*, S. 346 ff.
86 SW 6/426.

des einen als *Kunstkarakter* den *naiven* Ton zu, der des anderen den *idealischen*[87]. Hingegen ist bei Schiller noch nicht konzipiert die Dialektik von Natur und Kunst innerhalb der Antike sowohl wie der Moderne, ein Entwurf, in dem der antiken Natur die hesperische Kunst und der antiken Kunst die hesperische Natur entsprechen.[88]

Die Differenzierung zwischen alter Kunst als einer der Begrenzung und moderner als einer des Unendlichen führt Schiller zu der These, welche über die Poetik hinaus auch das System der einzelnen Künste historisiert[89]: *Eben daraus, daß die Stärke des alten Künstlers (denn was hier von dem Dichter gesagt worden, kann unter den Einschränkungen, die sich von selbst ergeben, auch auf den schönen Künstler überhaupt ausgedehnt werden) in der Begrenzung bestehet, erklärt sich der hohe Vorzug, den die bildende Kunst des Altertums über die der neueren Zeit behauptet, und überhaupt das ungleiche Verhältnis des Werts, in welchem moderne Dichtkunst und moderne bildende Kunst zu beiden Kunstgattungen im Altertum stehen. Ein Werk für das Auge findet nur in der Begrenzung seine Vollkommenheit; ein Werk für die Einbildungskraft, kann sie auch durch das Unbegrenzte erreichen. In plastischen Werken hilft daher dem Neuern seine Überlegenheit in Ideen wenig; hier ist er genötigt, das Bild seiner Einbildungskraft auf das genaueste im Raum zu bestimmen, und sich folglich mit dem alten Künstler gerade in derjenigen Eigenschaft zu messen, worin dieser seinen unabstreitbaren Vorzug hat. In poetischen Werken ist es anders, und siegen gleich die alten Dichter auch hier in der Einfalt der Formen und in dem, was sinnlich darstellbar und körperlich ist, so kann der neuere sie wieder im Reichtum des Stoffes, in dem, was undarstellbar und unaussprechlich ist, kurz, in dem, was man in Kunstwerken Geist nennt, hinter sich lassen.*[90] Mit diesen Überlegungen, deren Novum am leichtesten einem Ver-

---

87 Vgl. SW 4/266 ff. und *Hölderlin-Studien*, S. 367 ff.
88 Vgl. SW 6/426.
89 Der Gedanke einer Zuordnung der einzelnen Künste zu einzelnen Epochen begegnet auch in der voridealistischen Ästhetik.
90 NA 20/440.

gleich mit Lessings *Laokoon oder über die Grenzen der Malerei und Poesie* abzulesen wäre, beteiligt sich Schiller an jenem Historisierungsprozeß, den bei Friedrich Schlegel etwa das Fragment: *Der Charakter des Altertums ist Plastik, Gymnastik, Architektur – der Modernen Pictur und Musik . . .*[91] bezeichnet und der sich in Hegels Ästhetik vollendet, in der das System der einzelnen Künste und die in drei Perioden gegliederte Geschichte der Kunst zusammenfallen.

5

Daß Schiller Goethe als naiven Dichter in sentimentalischer Zeit begreift, daß einem so begriffenen Klassizismus ein modifiziertes Bild von der Nachahmbarkeit der Antike zugrunde liegt, dem sich im Aufsatz der Entwurf einer geschichtsphilosophisch begründeten Poetik verdankt, ist keine eindeutige Antwort auf die Frage, ob *naiv* und *sentimentalisch* historisch oder gar geschichtsphilosophisch konzipierte Begriffe sind. Aber die Frage läßt sich eindeutig deshalb nicht beantworten, weil die beiden Begriffe bei Schiller eindeutig nicht sind. Daß Schiller sich selbst als sentimentalischen, Goethe als naiven Dichter verstand, trifft zu und muß am Anfang jedes Versuchs stehen, die beiden Begriffe zu klären. Aber nicht nur läßt dieser Bezugspunkt, wie gerade Schillers Klassizismuskonzeption und deren Analogie zu dem im Geburtstagsbrief konstruierten *Gang* von Goethes *Geist*[92] zeigen, eine historische, ja geschichtsphilosophische Deutung zu, statt, wie oft unterstellt, nur auf eine psychologische Typologie zu führen. Auch steht keineswegs fest, daß in der Konsequenz der Schillerschen Theorie nicht die Aufhebung dieses Bezugspunktes liegt, wobei die Stelle, an der diese Konsequenz gezogen wird, ebenso wenig der Schluß der Abhandlung sein muß, wie deren im Brief vom 23. August 1794 skizzierter genetischer Ausgangspunkt den Anfang von *Über naive und sentimentalische Dichtung* bildet. Weder lassen sich darum die Äquivokationen der Begriffe *naiv*

91 KA 18/389, vgl. auch JS 1/137.
92 NA 27/26.

und *sentimentalisch* im Nachvollzug von Schillers Gedankengang in aufeinanderfolgende Bedeutungsstufen auflösen, noch dürfen sie anders aufgelöst werden, als indem begriffen wird, wodurch die Notwendigkeit dieser Äquivokationen bedingt ist. Denn sind einmal die Motive erkannt, deren Konkurrenz die Äquivokationen zur Folge hat, so werden auch die Widersprüche verständlich, die im Aufsatz aus den äquivok verwandten Begriffen sich ergeben. Zwar sollen diese Widersprüche von der Interpretation nicht »überwunden« werden, etwa in der Absicht, »den Verfasser besser zu verstehen, als er sich selber verstanden hat«[93]. Wohl aber darf versucht werden, unter historischem Blickwinkel, den Stellenwert der verschiedenen Bedeutungen und der ihnen entsprechenden spezifischen Kategorialität von *naiv* und *sentimentalisch* festzustellen, um in dem Labyrinth der sich kreuzenden Wege jenen ausfindig zu machen, der aus dem Irrgarten hinausführt.

Wie bei den Brüdern Schlegel *klassisch* und *romantisch* können *naiv* und *sentimentalisch* auch in der Schillerschen Abhandlung Epochenbegriffe sein. Das dürfte z. B. der Fall sein, wenn in der schon zitierten Kritik an einer normativ-klassizistischen Poetik von der *Observanz der alten und naiven Dichter*[94] die Rede ist. Daß freilich auch in dieser Verbindung von *alt* (d. h. »antik«) und *naiv* keine Gleichsetzung der Art intendiert ist, die eine Anwendung des Terminus *naiv* auf nachantike Dichtungen verbieten würde, hat Schiller klargestellt. In einer früheren Anmerkung heißt es: *Es ist vielleicht nicht überflüssig zu erinnern, daß, wenn hier die neuen Dichter den alten entgegengesetzt werden, nicht sowohl der Unterschied der Zeit, als der Unterschied der Manier zu verstehen ist. Wir haben auch in neuern, ja sogar in neuesten Zeiten naive Dichtungen in allen Klassen, wenn gleich nicht mehr ganz reiner Art, und unter den alten lateinischen, ja selbst griechischen Dichtern fehlt es nicht*

---

93 Vgl. H.-G. Gadamer, *Wahrheit und Methode*. 2. Aufl. Tübingen 1965, S. 180 ff. mit Literatur- und Quellenangaben.
94 NA 20/467 Anm. Eindeutiger noch NA 20/439: *Man hätte deswegen alte und moderne – naive und sentimentalische – Dichter . . .*

an sentimentalischen.[95] Insofern sind *naiv* und *sentimentalisch* bei Schiller immer schon mehr als Epochenbegriffe. Sie bezeichnen Dichtungs- und Empfindungsweisen[96], deren Zuordnung zu den Epochen Antike und Moderne nur auf Grund einer geschichtsphilosophisch konzipierten Poetik möglich ist, nach der jeweils eine dieser Dichtungsweisen und eine oder mehrere ihnen jeweils entsprechende poetische Gattungen in der bestimmten Epoche den Ton angeben[97].

Ist aber *naiv* immer schon mehr als der Name, den eine vergangene Epoche trägt, so muß nicht nur nach der spezifischen Begriffslogik gefragt werden, die in der Bildung eines solchen Terminus vorausgesetzt ist, sondern auch nach der Stellung, die ein *naiver* Künstler in der *sentimentalischen* Moderne einnehmen kann, was noch einmal das Problem des Klassizismus aufwirft. In letzter Instanz lautet die Frage, wie *Naives* und *Sentimentalisches* zueinander sich verhalten. Für diese Frage gilt dasselbe wie für die definitorische nach *naiv* und *sentimentalisch*: eindeutig läßt sie sich nicht beantworten, aber eine unter dem Gesichtspunkt einer Geschichte der Poetik unternommene Interpretation der Schillerschen Abhandlung braucht sich mit der Feststellung der verschiedenen und gleicherweise »richtigen« Antworten darum nicht zu bescheiden. Denn da diese Antworten im Hinblick auf die ästhetischen Konzeptionen der letzten Jahre des 18. Jahrhunderts nicht den gleichen Stellenwert haben, ist die Interpretation befugt, einer von ihnen den Vorzug zu geben, ohne daß damit die Richtigkeit der anderen bezweifelt würde.

Stellt man die Namen der nachantiken Dichter zusammen, die Schiller als *naive* bezeichnet, so gerät die bislang hier vertretene Klassizismusthese ins Wanken. *Naive Künstler* der Moderne sind für Schiller: Dante und Cervantes, Shakespeare und Sterne.[98] Das aber sind gerade die Autoren, an denen – von Herder und den beiden Schlegel über Jean Paul und Solger bis

---

95 NA 20/437 Anm.
96 Vgl. NA 20/466 Anm.
97 Vgl. Verf., *Friedrich Schlegels Theorie der Dichtarten*, S. 37.
98 Vgl. NA 20/425, zu Shakespeare ferner NA 20/433.

Hegel und dann wieder beim jungen Lukács – die characteristica specifica der Moderne abgelesen wurden: *dirigierende Begriffe* (Schlegel über die *Divina Commedia*)[99], *isoliertes Gemüt* (Hegel über den *Don Quixote*)[100], die Betonung des *Charakteristischen* und *Individuellen* (Herder, Schlegel und Hegel über Shakespeare)[101], *Humor* als Ausdrucksform des selbstherrlichen Ich (Jean Paul und Hegel über Sterne)[102]. Keine noch so »modernisierte« Klassizismuskonzeption kann diese Dichter als Klassizisten erscheinen lassen. Eher schon führt ihre Bezeichnung bei Schiller als *naiver Künstler* nicht nur die bislang benutzte Interpretationshypothese, welche auf dem von Karl Philipp Moritz herstammenden neuen Begriff von Klassizismus als dem *bildender Nachahmung des Schönen* beruht, ad absurdum, sondern ineins damit die von Schiller selbst vertretene These einer Differenz der alten und der neuen Dichter, und bestehe diese auch in einem *Unterschied* nicht der *Zeit*, sondern nur der *Manier*[103]. Sollte ein über derlei Inkonsequenzen verärgerter Leser beim Anblick des Pantheons mit Dante und Cervantes, Shakespeare und Sterne Schiller vorwerfen, unter Absehung von Fragen des Stils, der Epochenzugehörigkeit, der Stellung zur Natur und zur Antike, nenne er *naiv* offenbar schlicht die genialen Dichter der Weltliteratur, so würde Schiller ihm nicht widersprechen: *Naiv*, heißt es im Aufsatz, *muß jedes wahre Genie sein, oder es ist keines. Seine Naivetät allein macht es zum Genie*[104].

99 Vgl. JS 1/98.
100 Vgl. Hegel, *Ästhetik*, Hrsg. Fr. Bassenge. Berlin 1955, S. 556 f.
101 Vgl. Herder, *Sämtliche Werke*, a.a.O., Bd. 5, S. 224. – Fr. Schlegel, JS 1/105 ff. – Hegel, *Ästhetik*, a.a.O., S. 559 und S. 955.
102 Vgl. Jean Paul, *Vorschule der Ästhetik*, Hrsg. N. Miller. München 1963, S. 127 f. und S. 131 f. – Hegel, *Ästhetik*, a.a.O., S. 565. Nach Hegel zeichnet sich Sterne gegenüber Jean Paul durch den *wahren Humor* aus, der fähig ist, *das nur subjektiv Scheinende als wirklich ausdrucksvoll herauszuheben und aus seiner Zufälligkeit selbst, aus bloßen Einfällen das Substantielle hervorgehen zu lassen*. Aber auch diesen Humor zählt Hegel zur romantischen Kunstform, deren eine Auflösungsweise er ist.
103 NA 20/438 Anm.
104 NA 20/424. – Anders O. Sayce, *Das Problem der Vieldeutigkeit in Schillers ästhetischer Terminologie*. In: Jb. der Deutschen Schillergesellschaft 6 (1962), S. 166 ff. Nach Sayce lassen sich in Schillers Aufsatz zwei verschiedene Bedeutungen von *naiv*

So sind denn die *naiven* Dichter der Moderne nicht, oder doch nicht notwendig, Klassizisten. Wenn aber der Gegensatz *naiv – sentimentalisch,* von Schiller zum besseren Verständnis der Verschiedenheit von Goethes Dichtung und der eigenen aufgestellt, nicht nur nicht als der Unterschied zwischen einer auf die *griechische Dichtungsart* [...] *gegründeten und von dort her-*

(wie auch von *sentimentalisch*) unterscheiden: die eine entspricht dem allgemeinen Sprachgebrauch des 18. Jahrhunderts, die andere ist eine spezifisch Schillersche. »Im ersten Teil des Aufsatzes bedeutet *naiv* ›natürlich‹ und wird einem negativen Begriff ›künstlich‹ entgegengesetzt. Wo die neue Bedeutung erscheint, wird *naiv* von dem positiven Begriff *sentimentalisch* differenziert. Der Wechsel von einem negativen zu einem positiven Gegensatz ist an sich schon genug, um die Bedeutung zu ändern, und es ist bemerkenswert, daß *naiv* in der Tat nur da die neue Bedeutung hat, wo es gegen *sentimentalisch* abgegrenzt wird.« (S. 170) »Der [...] Satz *Naiv muß jedes wahre Genie sein...*, hat offenbar nichts mit Schillers Einteilung in *naiv* und *sentimentalisch* zu tun. Diese Einteilung ist noch nicht gemacht worden, und *naiv* hat ja die spezialisierte Bedeutung nur im Gegensatz zu *sentimentalisch.* Das Wort hat hier nur die Bedeutung ›natürlich‹ wie im ganzen ersten Teil. Schiller will nur sagen, daß das Genie etwas Naturhaftes ist, daß es der Natur und nicht der Kunst entspringt.« (S. 172) Erst im zweiten Teil des Aufsatzes, wo Schiller das Wort *naiv* mehrmals nicht prädikativ, sondern attributiv mit dem Wort *Genie* verknüpft (z. B. NA 20/475, vgl. auch NA 20/478 f.), soll das Adjektiv die spezialisierte Bedeutung haben. Daß Schiller an der oben zitierten Stelle Dichter wie Dante und Sterne in einem Sinn *naiv* nennt, der es ihm später gestattet haben würde, sie als *sentimentalische* Genies zu bezeichnen, ist nicht undenkbar. Mit Sicherheit aber läßt sich der Knoten von Schillers verschlungener Terminologie nicht in der von Sayce vorgeschlagenen Weise mit einem Schwerthieb in zwei Bedeutungsstränge zerlegen: den herkömmlichen im ersten, den spezifisch Schillerschen im zweiten Teil. Denn Schillers Definition *Das Naive ist eine Kindlichkeit, wo sie nicht mehr erwartet wird* (NA 20/419), die im ersten Teil steht, zeigt, daß seine Verwendung des Wortes *naiv* auch im Satz über die notwendige Naivetät des Genies dieses nicht nur als »etwas Naturhaftes« (S. 172) kennzeichnen will. Schon im ersten Teil ist *naiv* nicht einfach gleichbedeutend mit »natürlich«. Das aber hängt damit zusammen, daß Schillers Rede von *naiv* und *künstlich,* welches letztere Wort als Gegenbegriff zu *naiv* die Stelle von *sentimentalisch* vertritt (ohne damit gleichbedeutend zu sein), sich auch im ersten Teil nicht allein in die kunsttheoretischen Überlegungen des 18. Jahrhunderts einschreibt, sondern zugleich seinem Versuch entstammt, die eigene *Dichtungsweise* von der Goetheschen begrifflich zu unterscheiden. Zwar reicht der Plan, einen *kleinen Traktat über das Naive* zu verfassen, in das Jahr 1793 zurück, aber die erste briefliche Äußerung über die begonnene Arbeit an der Abhandlung ist vom 4. September 1794 datiert (vgl. NA 21/278), zwölf Tage nach dem Geburtstagsbrief also. Hätte Sayce diesen entstehungsgeschichtlichen Hintergrund beachtet, so wäre ihm schwerlich möglich gewesen, für die beiden Teile des Aufsatzes und für deren Terminologie ein Prokrustesdoppelbett bereitzustellen. Wie wenig seine

kömmlichen Poesie[105] und einer modernen, *subjektiven*[106] darf verstanden werden, sondern dieser Gegensatz mit der Gleichung *Naivetät = Genie* auch eine Rangordnung zugunsten des *Naiven* impliziert, dann ist zu fragen, ob Schiller den inhaltlich solcherart bestimmten Begriffsgegensatz *naiv – sentimentalisch* auf das Verhältnis von Goethes Dichtung zu der eigenen überhaupt noch hat anwenden können, ob sich daraus für Schiller nicht vielmehr die Notwendigkeit ergab, den Gegensatz als Gegensatz abzuschaffen, d. h. ihn dialektisch aufzuheben.

Einer dialektischen Begriffslogik freilich steht im Aufsatz bereits die erste Verwendung des Terminus *naiv* nah. Schon im Eingang werden für die besondere *Art des Interesses an der Natur,* von der gehandelt werden soll, zwei Voraussetzungen benannt: *Fürs erste ist es durchaus nötig, daß der Gegenstand, der uns dasselbe einflößt, Natur sei oder doch von uns dafür gehalten werde; zweitens daß er (in weitester Bedeutung des Worts) naiv sei, d. h. daß die Natur mit der Kunst im Kontraste stehe und sie beschäme. Sobald das letzte zu dem ersten hinzukommt, und nicht eher, wird die Natur zum Naiven.*[107] Das *Naive* hat an seinem Gegensatz, an der Kunst (die hier noch nicht *sentimentalisch* heißt)[108], auch nach Schiller in dem strengen Sinn »sein anderes«, daß es erst kraft dieses seines anderen sein kann, was es ist: *naiv,* ohne es wäre es bloße *Natur.* Dieses Verständnis des eigenen Wortgebrauchs, das seine Interpreten selten zur Kenntnis nehmen, bekräftigt Schiller, wenn er wenige Seiten später exemplifiziert: *Die Handlungen und Reden der Kinder geben uns [...] nur so lange den reinen Eindruck des Naiven, als wir uns ihres Unvermögens zur Kunst nicht erin-*

These Schiller gerecht wird, geht schließlich auch aus seiner Insistenz auf der Bedeutung des »antithetischen Prinzips« (S. 176) in Schillers Terminologie hervor, wird doch in dem Aufsatz gerade versucht, den Gegensatz *naiv – sentimentalisch* nicht als Antithese festzuhalten, sondern dialektisch zu überwinden, so daß *sentimentalisch* aufhört, Gegenbegriff zu *naiv* zu sein. (Vgl. dazu das oben im Text Folgende).
105 WA II, 11/52.
106 Vgl. Anm. 30.
107 NA 20/413.
108 Vgl. Anm. 104.

nern, und überhaupt nur auf den Kontrast ihrer *Natürlichkeit* mit der *Künstlichkeit* in uns Rücksicht nehmen. *Das Naive ist eine Kindlichkeit, wo sie nicht mehr erwartet wird, und kann eben deswegen der wirklichen Kindheit in strengster Bedeutung nicht zugeschrieben werden.*[109] Insofern dürfte *naiv*, auch wenn Schiller in der Folge sich nicht streng daran hält, als Bezeichnung für die antike Kunst nur dann verwandt werden, wenn diese der modernen verglichen wird. *Naiv*, auf die Dichtung der Alten verwandt, ist eo ipso kein bloß historischer Begriff (der jene Dichtung auch »an sich« meinen könnte), sondern ein geschichtsphilosophischer.

An einen dialektischen Prozeß könnte auch der *Gang* gemahnen, den Schiller im Geburtstagsbrief Goethes *Geist* zuschreibt. Aber im Unterschied von der Begriffslogik des *Naiven* ist hier Dialektik im Verhältnis von Thesis und Antithesis nicht vorhanden, und auch virtuell allenfalls in dem, was aus beiden sich herstellt. Denn Goethes *griechischer Geist* hat an der *nordischen Schöpfung* nicht »sein anderes« (wie dann in Hölderlins Konzeption die Antike an Hesperien, dessen ursprüngliche *Nüchternheit* Ziel ihres *Bildungstriebs* ist)[110], er wurde vielmehr in sie *geworfen* durch die von Schiller beinah als Zufall hingestellte Tatsache, daß Goethe *ein Deutscher geboren*[111] wurde. Ist auch in Schillers Begriffen von Süden und Norden (bei Hölderlin *Wärme* und *Nüchternheit*[112]) deren Vermittlung nicht angelegt, so stellt sie doch nach Schiller den einzigen Weg dar, auf dem Goethe seinen *griechischen Geist* nicht hat verleugnen, auf dem er nicht *selbst zum nordischen Künstler* hat werden müssen. Diese Vermittlung erfolgt, indem er *gleichsam von innen heraus und auf einem rationalen Wege ein Griechenland*[113] gebiert. Was aber auch hier noch der Dialektik spottet, ist Schillers These, die Rationalität des Weges, die *Reflexion*, gehe in das wiedererschaffene Griechenland nicht etwa ein (was erst erlau-

109 NA 20/418 f.
110 Vgl. Anm. 104 und *Hölderlin-Studien*, S. 349.
111 NA 27/25.
112 SW 6/425 f.
113 NA 27/26.

ben würde, von Synthese und also von Dialektik zu sprechen), vielmehr muß Schiller zufolge der Weg in einer zweiten Phase in umgekehrter Richtung begangen werden. An Goethe schrieb er: *Diese logische Richtung, welche der Geist bei der Reflexion zu nehmen genötiget ist, verträgt sich nicht wohl mit der ästhetischen, durch welche allein er bildet. Sie hatten also eine Arbeit mehr, denn so wie Sie von der Anschauung zur Abstraktion übergingen, so mußten Sie nun rückwärts Begriffe wieder in Intuitionen umsetzen, und Gedanken in Gefühle verwandeln, weil nur durch diese das Genie hervorbringen kann.*[114]

Wie sehr diese Rekonstruktion des Entstehungsprozesses von Goethes klassizistischem Künstlertum hinter der Begriffslogik des Eingangs von *Über naive und sentimentalische Dichtung* zurückbleibt, zeigen die beiden Stellen des Aufsatzes, in denen, ohne daß Goethes Name fällt, die Frage erörtert wird, was aus *naiven* Dichtern in *sentimentalischer* Zeit wird. Der im 11. Stück der *Horen* 1795 gedruckte erste Teil, *Über das Naive*, schließt mit den Sätzen: *Dichter von dieser naiven Gattung sind in einem künstlichen Weltalter nicht so recht mehr an ihrer Stelle. Auch sind sie in demselben kaum mehr möglich, wenigstens auf keine andere Weise möglich als daß sie in ihrem Zeitalter wild laufen, und durch ein günstiges Geschick vor dem verstümmelnden Einfluß desselben geborgen werden. Aus der Sozietät selbst können sie nie und nimmer hervorgehen; aber außerhalb derselben erscheinen sie noch zuweilen, doch mehr als Fremdlinge, die man anstaunt, und als ungezogene Söhne der Natur, an denen man sich ärgert. So wohltätige Erscheinungen sie für den Künstler sind, der sie studiert, und für den echten Kenner, der sie zu würdigen versteht, so wenig Glück machen sie im Ganzen und bei ihrem Jahrhundert. Das Siegel des Herrschers ruht auf ihrer Stirne; wir hingegen wollen von den Musen gewiegt und getragen werden. Von den Kritikern, den eigentlichen Zaunhütern des Geschmacks, werden sie als Grenzstörer gehaßt, die man lieber unterdrücken möchte; denn selbst Homer dürfte es bloß der Kraft eines mehr als*

114 Ebd.

tausendjährigen Zeugnisses zu verdanken haben, daß ihn diese Geschmacksrichter gelten lassen; auch wird es ihnen sauer genug, ihre Regeln gegen sein Beispiel, und sein Ansehen gegen ihre Regeln zu behaupten.[115] Daß hier, wie die Herausgeber der *Nationalausgabe* meinen, eine »erste Vordeutung auf Goethe«[116] vorliegt, ist nicht anzunehmen. Zwar antwortet Schiller auf dieselbe Frage, die er schon im Geburtstagsbrief an Goethes Entwicklungsgang stellt, aber was er in dieser Stelle antwortend beschreibt, kann auf Goethe nicht gemünzt sein. Denn weder *lief* dieser in seinem Zeitalter *wild* noch wurde er 1795 von den Kritikern *als Grenzstörer gehaßt*[117]. Erst im letzten Teil des Aufsatzes, zu Beginn des 1796 in den *Horen* mit der Überschrift *Beschluß der Abhandlung über naive und sentimentalische Dichter, nebst einigen Bemerkungen einen charakteristischen Unterschied unter den Menschen betreffend*[118] gedruckten Stücks, sieht Schiller für das Problem, was aus einem *naiven* Dichter *in einem künstlichen Weltalter* wird, zwei mögliche Lösungen, von denen die eine auf Goethe bezogen werden muß. Hier heißt es: *Das naive Genie steht [...] in einer Abhängigkeit von der Erfahrung, welche das sentimentalische nicht kennet. Dieses wissen wir, fängt seine Operation erst da an, wo jenes die seinige beschließt; seine Stärke besteht darin, einen mangelhaften Gegenstand aus sich selbst heraus zu ergänzen, und sich durch eigene Macht aus einem begrenzten Zustand in einen Zustand der Freiheit zu versetzen. Das naive Dichtergenie bedarf also eines Beistandes von außen, da das sentimentalische sich aus sich selbst nährt und reinigt; es muß eine formreiche Natur, eine dichterische Welt, eine naive Menschheit um sich her erblicken, da es schon in der Sinnenempfindung sein Werk zu vollenden hat. Fehlt ihm nun dieser Beistand von außen, sieht es sich von einem geistlosen Stoff umgeben, so kann nur zweierlei geschehen. Es tritt entweder, wenn die Gattung bei ihm überwiegend ist, aus seiner Art, und*

115 NA 20/435 f.
116 NA 21/299.
117 NA 20/435 f.
118 NA 21/289.

wird sentimentalisch, um nur dichterisch zu sein, oder, wenn der Artcharakter die Obermacht behält, es tritt aus seiner Gattung, und wird gemeine Natur, um nur Natur zu bleiben. Das erste dürfte der Fall mit den vornehmsten sentimentalischen Dichtern in der alten römischen Welt und in neueren Zeiten sein. In einem andern Weltalter geboren, unter einen andern Himmel verpflanzt, würden sie, die uns jetzt durch Ideen rühren, durch individuelle Wahrheit und naive Schönheit bezaubert haben. Vor dem zweiten möchte sich schwerlich ein Dichter vollkommen schützen können, der in einer gemeinen Welt die Natur nicht verlassen kann.[119] Hier erst ist von Goethe die Rede. Während der zweite Weg, das Festhalten an der Natur um den Preis, zur *gemeinen Natur* zu pervertieren, dem entsprechen dürfte, was Schiller in der anderen Stelle als Verwilderung beschreibt, ist der erste ohne jeden Zweifel als der gemeint, den Schiller zufolge Goethe gegangen ist. Darauf deuten nicht zuletzt die Anklänge an den Geburtstagsbrief.[120] Erkennt man dies aber an, so muß auch der Satz ernst genommen werden, wonach *das naive Dichtergenie*, geht es, *um nur dichterisch zu sein*, diesen Weg, *sentimentalisch* wird.[121] Also doch: Goethe war für Schiller ein sentimentalischer Dichter, oder genauer: er war es geworden. Die Forschung hat sich über dieses Paradox, wie es scheint, zu leicht hinweggesetzt. Während die *Nationalausgabe* den eben zitierten Abschnitt überhaupt nicht kommentiert, wird er stillschweigend schon in der erwähnten Anmerkung interpoliert, die sich auf den anderen, den ersten Teil abschließenden, Passus bezieht. Diesem Kommentar zufolge versteht Schiller »den naiven Dichter in künstlichen Zeiten nur noch aus seiner Natur, d. h. aus der inneren, unreflektierten Übereinstimmung mit sich selbst. [...] Seine *Stoffe* müssen aber mehr oder weniger notwendig in späteren Zeiten *sentimentalisch* sein, wie es Schiller dann am Beispiel Goethes erläutert.

---

119 NA 20/476.
120 Vgl. dort: *Wären Sie als ein Grieche, ja nur als ein Italiener geboren worden, und hätte schon von der Wiege an eine auserlesene Natur und eine idealisierende Kunst Sie umgeben...* (NA 27/25).
121 NA 20/476.

Werther, Tasso, Faust werden ausdrücklich in diesem Sinne genannt«.[122] Es fragt sich, ob die Wahl sentimentalischer *Stoffe* schon das ist, was Schiller in der anderen Stelle meint, wenn er sagt, das *naive Dichtergenie* trete, *wenn die Gattung* [i. e. das Dichtertum] *bei ihm überwiegend ist, aus seiner Art* [i. e. aus seiner *Naivetät*], *und wird sentimentalisch, um nur dichterisch zu sein*[123]. Teilt man aber die Meinung der Kommentatoren der *Nationalausgabe* nicht, die eine communis opinio in der Forschung wiedergibt, so muß man erklären können, wie es möglich ist, daß Schiller Goethe einen *sentimentalischen* Dichter nennt. Macht die Wahl sentimentalischer Stoffe aus einem naiven Dichter noch keinen sentimentalischen, so muß das Naive selbst sentimentalisch geworden sein. Nichts anderes aber behauptet Schiller in einer Anmerkung, die einige Seiten vor der zuletzt kommentierten Stelle steht. Schiller schreibt: *Für den wissenschaftlich prüfenden Leser bemerke ich, daß beide Empfindungsweisen* [i. e. die *naive* und die *sentimentalische*], *in ihrem höchsten Begriff gedacht, sich wie die erste und dritte Kategorie zu einander verhalten, indem die letztere immer dadurch entsteht, daß man die erstere mit ihrem geraden Gegenteil verbindet. Das Gegenteil der naiven Empfindung ist nämlich der reflektierende Verstand, und die sentimentalische Stimmung ist das Resultat des Bestrebens, auch unter den Bedingungen der Reflexion die naive Empfindung, dem Inhalt nach, wieder herzustellen. Dies würde durch das erfüllte Ideal geschehen, in welchem die Kunst der Natur wieder begegnet. Geht man jene drei Begriffe nach den Kategorien durch, so wird man die Natur und die ihr entsprechende naive Stimmung immer in der ersten, die Kunst als Aufhebung der Natur durch den frei wirkenden Verstand immer in der zweiten, endlich das Ideal, in welchem die vollendete Kunst zur Natur zurückkehrt, in der dritten Kategorie antreffen.*[124] Was hier beschrieben wird, ist immer noch der Prozeß, den Schiller im Geburtstagsbrief als den *Gang* von Goethes *Geist* zu rekonstruieren gesucht hat und

---

122 NA 21/299.
123 NA 20/476.
124 NA 20/473 Anm.

der auch in dem Aufsatz die Frage beantwortet, was aus *naiven Dichtern* in einem *künstlichen Weltalter*[125] wird. Aber dieser Prozeß erscheint hier nicht mehr als derselbe. Die Anmerkung unterscheidet sich von dem Geburtstagsbrief und den entsprechenden Stellen des Aufsatzes einerseits durch ihre *wissenschaftliche*[126], d. h. philosophische Beweisführung, andererseits durch die Präzisierung, die sie an dem Stellenwert des *Sentimentalischen* im Rahmen des auch in den anderen Stellen gemeinten Prozesses vornimmt.

Diese Präzisierung wird deutlich beim Vergleich der eben zitierten Anmerkung mit einer Stelle aus der Einleitung des zweiten, ursprünglich *Die sentimentalischen Dichter* überschriebenen Teils. Schiller resümiert hier das Ergebnis seines Versuchs, die alten und die modernen Dichter, *naive und sentimentalische, nicht bloß nach zufälligen Formen,* sondern *dem Geiste nach* zu vergleichen: *Jene rühren uns durch Natur, durch sinnliche Wahrheit, durch lebendige Gegenwart; diese rühren uns durch Ideen.* Dann fährt er fort: *Dieser Weg, den die neueren Dichter gehen, ist übrigens derselbe, den der Mensch überhaupt sowohl im Einzelnen als im Ganzen einschlagen muß. Die Natur macht ihn mit sich Eins, die Kunst trennt und entzweiet ihn, durch das Ideal kehrt er zur Einheit zurück. Weil aber das Ideal ein unendliches ist, das er niemals erreicht, so kann der kultivierte Mensch in seiner Art niemals vollkommen werden, wie doch der natürliche Mensch es in der seinigen zu werden vermag. Er müßte also dem letztern an Vollkommenheit unendlich nachstehen, wenn bloß auf das Verhältnis, in welchem beide zu ihrer Art und zu ihrem Maximum stehen, geachtet wird. Vergleicht man hingegen die Arten selbst mit einander, so zeigt sich, daß das Ziel, zu welchem der Mensch durch Kultur strebt, demjenigen, welches er durch Natur erreicht, unendlich vorzuziehen ist. Der eine erhält also seinen Wert durch absolute Erreichung einer endlichen, der andre erlangt ihn durch Annäherung zu einer unendlichen Größe. Weil aber nur die letztere Grade und einen Fortschritt hat, so*

125 NA 20/435.
126 NA 20/473.

ist der relative Wert des Menschen, der in der Kultur begriffen ist, im Ganzen genommen, niemals bestimmbar, obgleich derselbe im einzelnen betrachtet, sich in einem notwendigen Nachteil gegen denjenigen befindet, in welchem die Natur in ihrer ganzen Vollkommenheit wirkt. Insofern aber das letzte Ziel der Menschheit nicht anders als durch jene Fortschreitung zu erreichen ist, und der letztere nicht anders fortschreiten kann, als indem er sich kultiviert und folglich in den erstern übergeht, so ist keine Frage, welchem von beiden in Rücksicht auf jenes letzte Ziel der Vorzug gebühre.[127] Schillers prospektive Geschichtsphilosophie schreibt hier wie in den Briefen *Über die ästhetische Erziehung des Menschen* diesem den Weg vor, den er gehen soll. Es ist kein *Retour à la nature,* sondern ein Fortgang zu ihr, einer Natur, die nicht die verlorene ist, welche Freiheit nicht kannte, sondern eine, in der Freiheit und Notwendigkeit versöhnt sind. Zu dieser nicht unverändert restaurierten, sondern erst aus der Kultur hervorgehenden, vermittelten *Einheit,* die Schiller das *Ideal* nennt, ist der *sentimentalische Dichter,* wie generell der Mensch des *künstlichen Weltalters,* unterwegs. Der *sentimentalische Dichter* erscheint hier, deutlicher noch als sonst im Aufsatz, als jemand, der einem Unendlichen zustrebt; schon bei Schiller könnte die *sentimentalische* Poesie eine *progressive*[128] heißen. Aber *sentimentalisch* ist nicht das *Ideal,* sondern das Streben danach. Wäre einmal jenes Ziel, von dem ausdrücklich gesagt wird, daß es *niemals erreicht*[129] werden kann, erreicht die Entzweiung, welche die Kultur nicht nur bewirkt hat, sondern auch heilen soll, würde zur Vergangenheit, an die Stelle von Kultur träte wieder Natur, der *sentimentalische* Dichter hörte auf, ein *sentimentalischer* zu sein. Zwar insistiert Schillers prospektive Geschichtsphilosophie auf der Irrealität dieses futurum exactum, aber dem Streben danach verdankt die Kultur und mit ihr das Sentimentalische den *Vorzug*[130], der ihnen gegenüber der Natur und dem Naiven gebührt.

---

127 NA 20/437 f.
128 KA 2/182 (*Athenäums*-Fragment Nr. 116).
129 NA 20/438.
130 Ebd.

In der Anmerkung nun, die *für den wissenschaftlich prüfenden Leser*[131] geschrieben wurde, ist *sentimentalisch* nicht die zweite, sondern die dritte Kategorie; nicht das Gegenteil des Naiven, sondern das, was entsteht, wenn dieses mit seinem Gegenteil, dem reflektierenden Verstand, verbunden wird. *Sentimentalisch* heißt hier nicht mehr die *Reflexion*, sondern das *Ideal* und sei es auch nur als erstrebtes. *Die sentimentalische Stimmung*, schreibt Schiller, *ist das Resultat*[132] *des Bestrebens, auch unter den Bedingungen der Reflexion die naive Empfindung, dem Inhalt nach, wieder herzustellen.*[133] Fügt Schiller hinzu: *dies würde durch das erfüllte Ideal geschehen*[134], so scheint er zwar an der Irrealität des futurum exactum festzuhalten. Indem er aber in dieser Anmerkung als der einzigen Stelle des Aufsatzes das *Sentimentalische* nicht als das Gegenteil des *Naiven* versteht, sondern als dessen Wiederherstellung unter Bedingungen, die er sonst *sentimentalisch* nennen würde, indem er der *sentimentalischen Stimmung* als dem *Resultat*[135] des Bestrebens, das *Ideal* zu erreichen, denselben geschichtsphilosophischen Index gibt wie dem *Ideal*, wird dessen Zukünftigkeit geringer zugunsten seiner Nähe zur Gegenwart. Das *Sentimentalische* und das *Ideal* erlangen eine Gleichzeitigkeit, welche sich Kants zeitenthobener Kategorientafel verdankt, auf die sich Schiller in der Anmerkung bezieht und die hier die Unwirklichkeit und Unerreichbarkeit des *Ideals*, als dritte Kategorie betrachtet, zu vernachlässigen erlaubt.

---

131 NA 20/473 Anm.
132 Vom Verf. gesperrt.
133 NA 20/473 Anm.
134 Ähnlich hat bereits H. R. Jauß die Ansicht vertreten, Schillers »Begriffspaar des *Naiven* und des *Sentimentalischen*« habe es ihm gegenüber Friedrich Schlegel erlaubt, »den Gegensatz der natürlichen und der künstlichen Bildung nicht mehr erst in einem utopischen Konvergenzpunkt der Zukunft, sondern schon im Gang der geschichtlichen Entwicklung« zu vermitteln. Vgl. H. R. Jauß, *Fr. Schlegels und Fr. Schillers Replik auf die »Querelle des Anciens et des Modernes«*. In: *Europäische Aufklärung*. Festschrift für H. Dieckmann, Hrsg. H. Friedrich und Fr. Schalk. München 1966, S. 133. (Jetzt auch in: H. R. Jauß, *Literaturgeschichte als Provokation*, edition suhrkamp 418. Frankfurt a. M. 1970, S. 95.)
135 Ebd. Vom Verf. gesperrt.

Im Kommentar der *Nationalausgabe* wird die Schillersche Anmerkung zurecht auf § 11 der *Kritik der reinen Vernunft* zurückgeführt. Dort steht zur *Tafel der Kategorien* als 2te *Anmerk. Daß allerwärts eine gleiche Zahl der Kategorien jeder Klasse, nämlich drei sind, welches eben sowohl zum Nachdenken auffordert, da sonst alle Einteilung a priori durch Begriffe Dichotomie sein muß. Dazu kommt aber noch, daß die dritte Kategorie allenthalben aus der Verbindung der zweiten mit der ersten ihrer Klasse entspringt.*[136] Der letzte Satz kehrt in Schillers Anmerkung fast wörtlich wieder[137], wie seine These, die *senti-*

---

[136] Kant, *Kritik der reinen Vernunft*, Hrsg. R. Schmidt. Nachdruck der 2. Aufl. von 1930, Hamburg 1952 (= Philosophische Bibliothek Bd. 37 a), S. 122. Hier für *Dichotomie*: *Dichtomie*.

[137] Vgl.: . . . *indem die letztere* [die dritte Kategorie] *immer dadurch entsteht, daß man die erstere mit ihrem geraden Gegenteil verbindet.* NA 20/473 Anm. – Dieter Henrich verdanke ich den wichtigen Hinweis, daß bei Kant selbst die zweite Kategorie n i c h t als *Gegenteil* der ersten konzipiert ist. Wie Schiller hat später auch Hegel (vgl. die in Anm. 148 zitierte Stelle aus den *Vorlesungen über die Geschichte der Philosophie*) das Moment der Entgegensetzung im Verhältnis der zweiten zur ersten Kategorie vorzufinden gemeint (*die zweite ist das Negative der ersten*). Handelt es sich bei Hegels Kantinterpretation um eine Projektion der eigenen Dialektik, so ist bei Schiller an den Einfluß der Fichteschen *Wissenschaftslehre* (1794/95), die auf dem Gegensatz von Ich und Nicht-Ich basiert, zu denken. Eine frühere Anwendung der Kantischen Kategorientafel für die Geschichtsphilosophie findet sich in Schillers *Anmerkungen zu Wilhelm von Humboldt: Über das Studium des Alterthums, und des griechischen insbesondre* (NA 21/63), auf die mich Manfred Fuhrmann aufmerksam gemacht hat. In der ersten dieser Anfang 1793 niedergeschriebenen Noten unterscheidet Schiller drei Perioden: *In der ersten Periode waren die Griechen. In der zweiten stehen wir. Die dritte ist also noch zu hoffen, und dann wird man die Griechen auch nicht mehr zurück wünschen.* Diese drei Perioden, deren Abfolge den *Fortschritt der menschlichen Kultur* ergibt, versucht Schiller in Analogie zu den drei Momenten zu verstehen, die man *bei jeder Erfahrung zu bemerken Gelegenheit* hat: *1. Der Gegenstand steht ganz vor uns, aber verworren und ineinander fließend. 2. Wir trennen einzelne Merkmale und unterscheiden. Unsere Erkenntnis ist deutlich aber vereinzelt und borniert. 3. Wir verbinden das Getrennte und das Ganze steht abermals vor uns, aber jetzt nicht mehr verworren sondern von allen Seiten beleuchtet.* Daß Schiller bei dieser Analyse der Erfahrung auf die drei Kantischen Kategorien *Einheit, Vielheit, Allheit* zurückgreift, welche die erste Klasse in der Kategorientafel bilden, scheint den Kommentatoren der Nationalausgabe entgangen zu sein. Dieses frühe Dokument einer an Kants Kategorien orientierten geschichtsphilosophischen Konzeption Schillers ist für die Entstehungsgeschichte der Abhandlung *Über naive und sentimentalische Dichtung* deshalb von Belang, weil in ihr das Moment der Entgegensetzung noch nicht auftritt. Es steht

mentalische Stimmung sei die *unter den Bedingungen der Reflexion* wiederhergestellte *naive Empfindung* – wobei die erste Kategorie das *Naive* bzw. die *Natur*, die zweite die *Reflexion* bzw. die *Kunst* und die dritte das *Sentimentalische* bzw. das *Ideal* sind –, den Sätzen nachgebildet ist, in denen Kant, an das eben Zitierte anschließend, seine Behauptung erläutert.

Fragwürdig wird aber der Kommentar der *Nationalausgabe*, wie richtig er im übrigen auch bemerkt, daß Schiller hier »seine besondere Art der Dialektik«[138] entwickelt, wenn darin zu der Anmerkung ausgeführt wird: »Nachdem die sentimentalische *Empfindungsweise* als Antithesis zur naiven herausgetreten ist, wird es zur Aufgabe der dritten synthetischen Kategorie, bis zum poetischen *Ideal* zu gelangen. Dieses aber bedeutet hier nichts anderes als die im Sentimentalischen wiedergewonnene Naivität.«[139] Denn der Schluß dieses Kommentars, in dem Schillers Behauptung zutreffend wiedergegeben wird, dementiert seinen Anfang. Kann nämlich die *Naivetät* im *Sentimentalischen* »wiedergewonnen« werden, so ist das Sentimentalische nicht mehr Antithesis zum Naiven. Daß die dritte Kategorie, deren Aufgabe es ist, »bis zum poetischen *Ideal* zu gelangen«[140], von Schiller expressis verbis als die *sentimentalische Stimmung* bzw. *Empfindungsweise*[141] identifiziert wird, scheinen die Kommentatoren nicht zur Kenntnis genommen zu

---

zu vermuten, daß der im selben Jahr geplante Traktat *Über das Naive*, bei dessen Erwähnung in Schillers Brief an Körner vom 4. Oktober 1793 von keinem Gegenbegriff zum Naiven die Rede ist, dieser frühen, »undialektischen« Vorstellung vom *Fortschritt der menschlichen Kultur* entsprochen hätte; der Prozeß wird nicht durch einen Gegensatz und dessen Versöhnung, sondern durch die Aufeinanderfolge zweier Momente und deren Verbindung konstituiert. Die Abhandlung *Über naive und sentimentalische Dichtung* hingegen, deren erster Teil im Erstdruck noch den Titel *Über das Naive* trug, wird zunehmend von der Konzeption einer Gegensätzlichkeit bestimmt, für deren Genesis neben der Fichteschen *Wissenschaftslehre* wohl die inzwischen notwendig gewordene Auseinandersetzung mit Goethe das entscheidende Motiv bildet.

138 NA 21/309.
139 Ebd.
140 Ebd.
141 NA 20/473 Anm.

haben, müßten sie doch andernfalls als *Antithesis* statt des Sentimentalischen den *reflektierenden Verstand*[142] bezeichnen.

Dieser Irrtum des Kommentars wird freilich implizite durch alle die Stellen im Aufsatz gestützt, welche vom *Sentimentalischen* als vom Gegensatz des *Naiven* (und nicht als von seiner Wiedergewinnung) handeln; explizite beruft sich der Kommentar auf Schillers Brief an Wilhelm von Humboldt vom 25. Dezember 1795. Dort heißt es in der Tat: *Hat sie* [i. e. *die sentimentalische, in der Kultur begriffene Menschheit*] *sich aber vollendet, so ist sie nicht mehr sentimentalisch sondern idealisch: welches beides Sie, vielleicht durch meine eigene Veranlassung, zu sehr für eins nehmen. Die sentimentalische wird von mir nur als nach dem Ideale strebend vorgestellt* (*dies ist in der dritten Abhandlung am bestimmtesten ausgeführt*[143]) [...] *Die sentimentalische Poesie ist zwar Conditio sine qua non von dem poetischen Ideale, aber sie ist auch eine ewige Hindernis desselben.*[144]

Sowohl der Aufsatz als Ganzes wie der Brief an Humboldt behandeln das *Sentimentalische* als Gegensatz des *Naiven*, die beide durch das *Ideal* abgelöst werden sollen. Dieser Interpretation, die in der Schiller-Forschung für gesichert und selbstverständlich gilt, kann nichts außer der Tatsache entgegengehalten werden, daß Schiller die *sentimentalische Empfindungsweise* nicht als die zweite, antithetische Kategorie bezeichnet hat, sondern als die dritte, in der die erste Kategorie mit der zweiten (die *naive Empfindungsweise* mit dem *reflektierenden Verstand*) verbunden wird. Wäre Schillers Abhandlung von Widersprüchen und seine Terminologie von Äquivokationen frei, so könnte dieser Einwand übergangen werden. Da aber der Schillersche Text, aus drei Abhandlungen zusammengefügt, weder in seinen Behauptungen konsequent noch in seiner Begriffssprache eindeutig ist, darf seine Interpretation die Widersprüche

---

142 Ebd.
143 Die Anmerkung über die drei Kategorien steht im Eingang der *dritten Abhandlung*. Vgl. NA 21/289.
144 NA 28/144 f.

nicht auflösen wollen, vielmehr muß sie diese zu verstehen suchen. Das kann im vorliegenden Fall nur unter Rekurs auf Kant geschehen, dessen zweite Anmerkung über das Verhältnis der dritten Kategorie zu den ersten beiden Schillers Fußnote offensichtlich veranlaßt hat.

In der zitierten *2ten Anmerk.* aus § 11 der *Kritik der reinen Vernunft* wird nicht nur dieses Verhältnis angegeben. Wichtig ist, daß Kant in diesem Paragraphen, der in der *zweiten hin und wieder verbesserten Auflage*[145] von 1787 neu hinzukam, den Umstand, daß seine Kategorientafel in den einzelnen Klassen jeweils drei Begriffe enthält und von diesen die dritte in der genannten Weise zu den beiden anderen sich verhält, als etwas bezeichnet, das *zum Nachdenken auffordert, da sonst alle Einteilung a priori durch Begriffe Dichotomie sein muß*[146]. Damit ist bezeichnet, was Kants Kategorientafel von den vorkantischen Begriffssystemen unterscheidet: das triadische Prinzip, welches das dichotomische ablöst. Dem Satz und seiner Funktion (oder genauer: Funktionslosigkeit) in der *Kritik der reinen Vernunft* kann aber auch entnommen werden, daß die Dreizahl der Kategorien, von der die nachkantische Philosophie zutiefst geprägt werden sollte, hier zunächst bloß eingeführt und erst nachträglich, in der zweiten Auflage, als nachdenkenswert befunden wurde. Die Reflexion über das triadische Prinzip seiner Kategorientafel hat Kant in der *Kritik der reinen Vernunft* nicht geleistet. Unter philosophiegeschichtlichem Blickwinkel ist dieses Manko nicht nur verständlich, sondern auch legitim. Denn das für die drei Kategorien einer Klasse postulierte Verhältnis, *daß die dritte Kategorie allenthalben aus der Verbindung der zweiten mit der ersten ihrer Klasse entspringt*[147], enthält virtuell Dialektik im Hegelschen nicht im Kantischen Wortverstand.[148]

---

145 *Kritik der reinen Vernunft*, a.a.O., S. 1.
146 Ebd., S. 122.
147 Ebd.
148 Die Relevanz, welche die Dreizahl der Kantischen Kategorien und ihr Verhältnis zueinander für die Vorgeschichte seiner Dialektik haben, ist Hegel nicht entgangen. Vgl. die folgenden Stellen, in denen sich die kritische Würdigung Kants mehr oder weniger ausdrücklich auf die *2te Anmerk.* in § 11 der *Kritik der reinen Vernunft*

Diese aber hat an der Dimension der Zeit, an Prozessualität, an Geschichte im weitesten Sinn die Bedingung ihrer Möglichkeit. Darum kann es Dialektik im Hegelschen Sinn erst dort geben, wo am Anfang kein bloß erkennendes und urteilendes, sondern ein tätiges Subjekt steht: das *Ich* Fichtes etwa oder Hegels *absoluter Geist*.[149] Die im triadischen Prinzip seiner Kategorientafel angelegte Dialektik, als eine historische, konnte im Rahmen von Kants an den geschichtsfremden Naturwissenschaften orientierter Erkenntnistheorie gar nicht fruktifiziert werden.

Zu den frühesten Lesern der *Kritik der reinen Vernunft*, welche die Anwendbarkeit von Kants These auf die Geschichte erkannt haben, die Deduktion also der Geschichte aus drei in der genannten Weise aufeinander bezogenen Begriffen und damit die Begründung einer spekulativen Geschichtsphilosophie, ge-

bezieht: *Es sind, nach Kant, zwölf Grund-Kategorien, die in vier Klassen zerfallen; und es ist merkwürdig und ein Verdienst, daß jede Gattung wieder eine Dreiheit ausmacht. Die Triplizität, diese alte Form der Pythagoreer, Neuplatoniker und der christlichen Religion, kommt hier, wiewohl ganz äußerlich, wieder hervor. [. . .] Es ist großer Instinkt des Begriffs, daß er sagt: Die erste Kategorie ist positiv; die zweite ist das Negative der ersten; das Dritte ist das Synthetische aus beiden. Die Form der Triplizität, die hier nur Schema ist, verbirgt in sich die absolute Form, den Begriff.* (Hegel, Sämtliche Werke, Hrsg. H. Glockner. Stuttgart 1927 ff., Bd. 19: *Vorlesungen über die Geschichte der Philosophie*, S. 566 f.) *Ebensowenig ist, nachdem die kantische, erst durch den Instinkt wiedergefundene, noch tote, noch unbegriffene Triplizität zu ihrer absoluten Bedeutung erhoben, damit die wahrhafte Form in ihrem wahrhaften Inhalte zugleich aufgestellt und der Begriff der Wissenschaft hervorgegangen ist, – derjenige Gebrauch dieser Form für etwas Wissenschaftliches zu halten, durch den wir sie zum leblosen Schema, zu einem eigentlichen Schemen, und die wissenschaftliche Organisation zur Tabelle herabgebracht sehen.* (A.a.O., Bd. 2: *Phänomenologie des Geistes*, S. 46 f.) *In der Sphäre des Geistes herrscht das Trichotomische vor, und es gehört zu den Verdiensten Kants, auf diesen Umstand aufmerksam gemacht zu haben.* (A.a.O., Bd. 8: *System der Philosophie (Enzyklopädie)*, S. 440.) Vgl. ferner: a.a.O., Bd. 1: *Glauben und Wissen*, S. 309 und Bd. 4: *Logik*, S. 406.

149 Vgl. D. Henrich, *Fichtes ursprüngliche Einsicht*. Frankfurt a. M. 1967. Für Kant stellt die Verbindung der ersten und zweiten Kategorie, *um den dritten Begriff hervorzubringen*, einen *Aktus des Verstandes* dar, d. h. eine Tätigkeit bloß der Erkenntnis. Vgl. § 11, *Kritik der reinen Vernunft*, a.a.O., S. 122. Zu den dialektischen Elementen in der Philosophie Kants, die in ihr trotz dem fundamentalen erkenntnistheoretischen Dualismus enthalten sind, vgl. E. Frank, *Das Prinzip der dialektischen Synthesis und die Kantische Philosophie*. Berlin 1911. (Über § 11 der *Kritik der reinen Vernunft*, S. 54 ff.)

hört nach dem Ausweis der hier diskutierten Fußnote Schiller. Freilich war Geschichtsphilosophie wenn nicht seit ihren Anfängen, so doch seit Joachim von Fiore triadisch strukturiert. Nicht ohne Einfluß auf Schiller und seine Briefe *Über die ästhetische Erziehung des Menschen* war Lessings *Erziehung des Menschengeschlechts* (1777-1780), in der unter Hinweis auf Joachim vom *dreifachen Alter der Welt*[150] die Rede ist. Die triadische Gliederung der Geschichte war Schiller vertraut, sie bestimmt seine Schriften zur Geschichtsphilosophie. Es genügt aber, den Schluß des Aufsatzes *Über naive und sentimentalische Dichtung* mit dem Geburtstagsbrief zu vergleichen, um den Nutzen zu erkennen, den Schiller – und nach ihm die gesamte Geschichtsphilosophie des Deutschen Idealismus[151] – aus dem einen Satz Kants in § 11 der *Kritik der reinen Vernunft* gezogen hat. Erst die Kantische Kategorientafel lieferte die systematische Basis für die Rede von den drei Epochen der Geschichte, erst sie machte diese drei Perioden deduzierbar aus apriorischen Begrif-

150 Lessing. *Sämtliche Schriften*, Hrsg. K. Lachmann / F. Muncker. Nachdruck Berlin 1968, Bd. 13, S. 434. Zitiert in: K. Löwith, *Weltgeschichte und Heilsgeschehen*, 2. Aufl. Zürich/Wien 1953, S. 190.

151 Als eines der ersten Zeugnisse solcher aus Begriffen deduzierten Geschichtsphilosophie muß die in Schellings *System des transzendentalen Idealismus* (1800) vorgetragene angesehen werden. Dort heißt es: *Wir können drei Perioden jener Offenbarung, also auch drei Perioden der Geschichte annehmen. Den Einteilungsgrund dazu geben uns die beiden Gegensätze, Schicksal und Vorsehung, zwischen welchen in der Mitte die Natur steht, welche den Übergang von dem einen zum andern macht.* (*System des transzendentalen Idealismus*, Hrsg. R.-E. Schulz, Hamburg 1957 (= Philosophische Bibliothek Bd. 254), S. 272.) Schelling negiert, wie dann in seiner Identitätsphilosophie, schon hier die Dialektik, indem er als Gegensatz nicht die erste und die zweite Kategorie nimmt, aus deren Verbindung die dritte allererst hervorgehen würde. Vielmehr setzt er als Ausgangspunkt den Gegensatz zwischen der ersten und der dritten, zwischen denen die zweite Kategorie, statt Gegensatz zur ersten zu sein, bloß den Übergang bildet. Vgl. auch seine Charakterisierung der dritten Periode in derselben Stelle: *Die dritte Periode der Geschichte wird die sein, wo das, was in den frühern als Schicksal und als Natur erschien, sich als Vorsehung entwickeln, und offenbar werden wird, daß selbst das, was bloßes Werk des Schicksals oder der Natur zu sein schien, schon der Anfang einer auf unvollkommene Weise sich offenbarenden Vorsehung war.* Über Schellings Lehre von den drei Perioden der Geschichte erhielt übrigens Hölderlin einen Bericht von seinem Freund Friedrich Muhrbeck, der im Sommersemester 1799 in Jena die Vorlesung über *Das System des transzendentalen Idealismus* hörte. Vgl. SW 7, 1/143 ff.

fen. Sind die *theologischen Voraussetzungen der Geschichtsphilosophie* (so der Untertitel seines Buches *Weltgeschichte und Heilsgeschehen*)[152] nach Löwith bei Joachim von Floris zu suchen, wenn nicht gar in der Heiligen Schrift selbst, so die logischen in der genannten *2ten Anmerk.* von § 11 der Kantischen Vernunftkritik.

Kants Feststellung zu dem Verhältnis der dritten Kategorie zu den beiden ersten dürfte aber darüber hinaus auch von Relevanz für Schillers Begriff des *Sentimentalischen* gewesen sein und das heißt: für Schillers Einschätzung der eigenen Natur, der eigenen künstlerischen Arbeit. Teils bloßes Gegenbild zum *Naiven*, dem allein *Genie* zugeschrieben wird, dann auch eine Möglichkeit der Dichtung, die neben der *naiven* mit gleichem Recht bestehen mag, wird das *Sentimentalische* nun, *unter den Bedingungen der Reflexion*[153], als das *Naive* selbst erkannt. Ohne die Hilfeleistung Kants, ohne die Autorität der in der Anmerkung beschworenen *Wissenschaft*, d. h. der Philosophie (*Für den wissenschaftlich prüfenden Leser bemerke ich . . .*)[154] hätte Schiller diese erst im Verlauf der Abhandlung an die Stelle der Apologie rückende Apotheose des *Sentimentalischen* schwerlich gewagt. Daß er sie in eine Anmerkung verbannte, könnte ein Zeichen dafür sein, daß er ihrer Beweiskraft nicht ganz traute oder sie mit Rücksicht auf Goethe nicht ohne Bedenken vortrug, ging sie doch, wenngleich nur scheinbar, auf dessen Kosten – scheinbar nur, weil Schiller ihn für einen *naiven* Dichter ja gerade als *sentimentalischen* hielt.

6

Der Aufsatz *Über naive und sentimentalische Dichtung* kann angemessen nur verstanden werden, wenn seine Antinomien und Äquivokationen nicht unterschlagen, sondern gedeutet werden und wenn diese Deutung eingeht in die Interpretation des Aufsatzes selbst. Bedingung der Möglichkeit einer solchen Deutung ist die Einsicht, daß der Aufsatz kein System von

---

152 Vgl. Anm. 150.
153 NA 20/473 Anm.
154 Ebd.

Sätzen ist, die auseinander folgen und einander nicht widersprechen, sondern das Dokument eines *work in progress* der Erkenntnis. Den Aufsatz adäquat verstehen heißt darum seine in ihn eingegangene Entstehungsgeschichte verstehen.

Doppelter Ausgangspunkt von Schillers Schrift ist die Kantische Wirkungsästhetik (man lese die erste Seite über die spezifische Wohltat, welche die Natur *unsern Sinnen* bereitet, *nicht weil sie unsern Verstand oder Geschmack befriedigt* [...], *sondern bloß weil sie Natur ist*[155]) und der Versuch, den Unterschied zwischen Goethes und der eigenen *Dichtungsweise*[156] auf Begriffe zu bringen, welche auch die letztere als berechtigt ausweisen. Ist die hier vorgelegte Interpretation im Recht, die den Wegweiser, welcher aus dem Labyrinth hinausführt, in Schillers Anmerkung über die drei Kategorien erblickt, so steht am Endpunkt von Schillers progredierender Erkenntnis eine geschichtsphilosophische Poetik, welche den Gegensatz *naiv – sentimentalisch*, indem sie das *Sentimentalische* als die Wiedergewinnung des *Naiven unter den Bedingungen* seines anderen, *der Reflexion*, setzt, im hegelschen Wortsinn aufgehoben hat. Damit ist aber sowohl die Wirkungsästhetik Kants und der Aufklärung als auch die persönliche Problematik der Rivalität mit Goethe überwunden.

Indessen ist diese Überwindung von einer dreifachen Ironie gekennzeichnet. Schiller verdankt die Deduzierbarkeit einer geschichtsphilosophischen Poetik, mit der er die von ihm sonst befolgte Kantische Ästhetik hinter sich läßt, keinem anderen als Kant selbst. Schiller verdankt die Konkretisierung dieser geschichtsphilosophischen Konzeption, mit der er sich von dem Zwang befreit, sich an Goethe zu messen, der Analyse von dessen Entwicklung. In der Sicht des bewundernd Neidischen erschien der *Gang* von Goethes *Geist* zunächst als ein Hin und Zurück zwischen *Anschauung* und *Abstraktion*[157], d. h. als ein Weg, dessen Ausgangs- und Endpunkt, die *Anschauung*, für Schiller unerreichbar war. Erst die Kantische Tafel der Katego-

---

155 NA 20/413.
156 WA II, 11/52.
157 NA 27/26.

rien, deren Verhältnis zueinander sie zur Anwendung auf eine dialektische Geschichtsphilosophie, zu deren logischer Begründung prädestiniert, erlaubte es Schiller, diesen *Gang* anders zu begreifen, nämlich als einen, der den naiven Dichter durch die Reflexion hindurchführt und ihn zu dem sentimentalischen macht, der Schiller immer schon war und als der allein Goethe ein naiver Dichter »bleiben« konnte. Auf Goethes Gegenwart aber, auf die Gegenwärtigkeit des Goetheschen Werks, ist diese Konstruktion deshalb angewiesen, weil erst sie Schiller, der im übrigen auf der Differenz von *Sentimentalischem* und *Ideal*[158] insistiert, die Irrealität des futurum exactum zur Realität des praesens macht und damit die *Naivetät* des *Sentimentalischen* verbürgt. Wie diese Dialektik von *naiv* und *sentimentalisch* an die Stelle von deren bloßem Gegensatz tritt, so wird aus dem schmerzenden Gegenbild Goethes für Schiller die Garantie, daß seine Theorie des *Sentimentalischen,* welches der Wiederherstellung des *Naiven* dient (eine Theorie, die ihrerseits der Wiederherstellung von Schillers in Weimar gefährdetem Selbstbewußtsein gedient haben dürfte), ein leerer Wahn nicht ist. So verdankt Schiller die Begriffslogik seiner Geschichtsphilosophie Kant, deren Evidenz aber Goethe. Und während sich sonst Geschichte auf der Grundlage von Geschichtsphilosophie aus Geschichten konstituiert, um sich an deren Stelle zu setzen, die Geschichte der Kunst die Lebensgeschichten der Künstler ablöst (so Vasaris *Vite,* oder die von Hölderlin 1790 benutzten *Vies des poëtes grecs*), ist Schillers geschichtsphilosophische Poetik nicht bloß wie Winckelmanns und Herders Geschichtsschreibung nach dem Prinzip biologischer Entwicklung geformt; sie entspringt der Einsicht in die Gesetzlichkeit eines exemplarischen Lebens, das sie dankbar festhält. Wie in der Ästhetik des Deutschen Idealismus die Geschichte der Kunst zu deren System wird, so entspringt an jenem äußersten Punkt, zu dem Schillers Erkenntnisse in dem Aufsatz *Über naive und sentimentalische Dichtung* vorstoßen, der Rekonstruktion der Geschichte einer künstlerischen Entwicklung, der Vita Goethes, eine Geschichtsphilosophie der Kunst.

158 Vgl. Anm. 144.

Schleiermachers Hermeneutik heute

Paul Celan zum Gedächtnis

Hermeneutik, die Lehre vom Verstehen und Auslegen von Texten, ist eine alte Wissenschaft.[1] Als ihr Ursprung gilt die Bemühung der Athener der klassischen Zeit um den Wortsinn in den Epen Homers, dessen Sprache ihnen nicht mehr unmittelbar verständlich war. Hermeneutik ist so zunächst die Lehre von der Vermittlung zweier Sprachstufen, die Lehre von der Aufhellung jener Dunkelheit und von der Korrektur jener Mißverständlichkeit, welche das Altern sprachlich fixierter Aussagen zur Folge hat. Der Hermeneut ist der Dolmetscher, der dank seiner Sprachkenntnis das nicht mehr Verständliche verständlich machen kann, indem er an die Stelle des nicht mehr verstandenen Wortes ein anderes setzt, das der Sprachstufe seiner Leser angehört. Aber dieser Bestimmung des Wortsinns, des sensus litteralis, liegt seit den Anfängen der Hermeneutik immer schon mehr zugrunde als bloß die Absicht, Unverständliches verständlich zu machen: nämlich die Intention, einen kanonischen Text, wie es der Homer den Athenern der klassischen Zeit bereits war, aus seiner historischen Entrücktheit hereinzuholen in die Gegenwart, um ihn als unvermindert gültigen, eben als kanonischen, auszuweisen.

Früh schon trat neben die auf den buchstäblichen Sinn gehende Absicht eine andere, die allegorische. Sie legt den Stellen eine neue Bedeutung unter, die als geistige Bedeutung, sensus spiritualis, den buchstäblichen Sinn nicht etwa ausschließt, sondern daneben oder darüber steht. Auch die allegorische Interpretation, wie sie im frühen Christentum und im Mittelalter dem

---

1 Zum folgenden vgl. F. Blass, *Hermeneutik und Kritik*. In: *Handbuch der klassischen Altertums-Wissenschaft in systematischer Darstellung*, Hrsg. I. von Müller. München 1892, Bd. 1, S. 147 ff.; W. Dilthey, *Die Entstehung der Hermeneutik* (1900). In: *Gesammelte Schriften*, Stuttgart–Göttingen 1959 ff., Bd. 5, S. 317 ff.; G. Ebeling, Artikel *Hermeneutik*. In: *Die Religion in Geschichte und Gegenwart*. Tübingen 1957 ff., Bd. 3, Sp. 242 ff.

Alten und dem Neuen Testament gegenüber geübt wurde, hat eine aktualisierende Funktion: am prägnantesten vielleicht in der sog. typologischen Deutung, der die Begebenheiten des Alten Testaments zur Vorwegnahme, zur Verheißung, der im Neuen Testament berichteten werden – Abrahams Bereitschaft, Isaak zu opfern, zur Präfiguration der Opferung Christi durch Gott.

Trotz der Gemeinsamkeit in der Tendenz, den historischen Abstand zu überspringen, sind die beiden Interpretationsweisen – die auf den Wortsinn abzielende sog. grammatische Interpretation und die allegorische – einander entgegengesetzt. Das Problem des Alterns der Texte, ihres Unverständlichwerdens, versuchen sie mit zwei fundamental verschiedenen Verfahren zu lösen. Die grammatische Interpretation sucht das einst Gemeinte und will es bewahren, indem es dessen historisch fremd gewordenen sprachlichen Ausdruck durch einen neuen ersetzt oder in einer Glosse von einem neuen Ausdruck erklären läßt. Die allegorische Interpretation hingegen entzündet sich an dem fremd gewordenen Zeichen, dem sie eine neue Bedeutung unterlegt, die nicht der Vorstellungswelt des Textes, sondern der seines Auslegers entstammt.

Die Geschichte der Hermeneutik ist von den Kirchenvätern bis zur Reformation von der Auseinandersetzung zwischen diesen beiden Interpretationsweisen bestimmt. Origenes begründet die Lehre vom dreifachen Schriftsinn, die in mannigfacher Variation die Theologie des Mittelalters durchzieht.[2] Ihm steht die antiochenische Schule gegenüber, deren Position sich auf die *Rhetorik* des Aristoteles zurückführen läßt und die die allegorische Deutung verwirft. Nach deren Blütezeit in der Scholastik führt die Reformation erneut einen Kampf um die alleinige Legitimität des sensus litteralis, unterstützt durch die Leistungen der humanistischen Philologie des Spätmittelalters und der Renaissance. Auf diese vertraut Luther, wenn er mit der Proklamation des sog. »Schriftprinzips« die Klarheit der Heiligen Schrift behauptet, die sich selbst auslegt und einer Auslegungs-

---

2 Vgl. H. de Lubac, *Exégèse Médiévale. Les quatre sens de l'écriture.* Paris 1959 ff.

instanz, als die sich die Kirche verstand, nicht mehr bedarf.[3] Mit der Überwindung der allegorischen Auslegung zu Beginn der Neuzeit tritt für die Hermeneutik eine gewisse Verarmung ein. Es entfällt die Subtilität der Lehre vom mehrfachen Schriftsinn, und ebenso wird hinfällig das Pathos, mit dem sie bekämpft wurde. Die Lehre von der Auslegung erstarrt zur Sammlung von Regeln. Darin erschöpfen sich zumeist die zahllosen theologischen und philologischen Lehrbücher, die im 17. und 18. Jahrhundert geschrieben werden. Erst um 1800, auf dem Höhepunkt der Philosophie des Deutschen Idealismus, tritt in der Hermeneutik eine Wende ein. Wilhelm Dilthey verstand sie hundert Jahre später als die Neubegründung der Hermeneutik in der Analyse des Verstehens. Als den wichtigsten Begründer dieser philosophischen Hermeneutik feierte Dilthey den Theologen Schleiermacher. Schleiermacher wurde durch Diltheys Arbeiten zum Vorbild der Hermeneutik unseres Jahrhunderts. Sprach aber Dilthey noch von der Analyse des Verstehens als dem *sicheren Ausgangspunkt für die Regelgebung*[4], so wurde es in seiner Nachfolge immer mehr Brauch, vom Höhenflug einer Philosophie des Verstehens zur irdischen Praxis der Auslegung und ihrer Methodenlehre nicht mehr zurückzukehren. Heidegger hat 1927 in *Sein und Zeit*[5] vom Verstehen als einem Existenzial gehandelt, und sein Schüler Hans-Georg Gadamer, der 1960 *Grundzüge einer philosophischen Hermeneutik* unter dem Titel *Wahrheit und Methode*[6] vorlegte, verwahrt sich energisch dagegen, daß man von seinem Buch eine Methodenlehre erwarten könne.[7]

Fragt man heute nach Schleiermachers Lehre vom Verstehen, so empfiehlt es sich darum, nicht so sehr die von Dilthey hervorgehobene philosophische Absicht, als vielmehr die Überlegungen

---

3 Vgl. K. Holl, *Luthers Bedeutung für den Fortschritt der Auslegungskunst* (1920). In: *Gesammelte Aufsätze zur Kirchengeschichte*. Tübingen 1932, Bd. 1, S. 544 ff.
4 W. Dilthey, a.a.O., S. 320.
5 M. Heidegger, *Sein und Zeit*. Halle 1927.
6 H.-G. Gadamer, *Wahrheit und Methode. Grundzüge einer philosophischen Hermeneutik*. 2., durch einen Nachtrag erweiterte Auflage. Tübingen 1965.
7 Ebd., S. XIV f.

Schleiermachers zur Praxis des Verstehens zu beachten, seinen Entwurf einer neuen, auf die Beobachtung des Sprachmaterials gegründeten Hermeneutik. Sie zeigt Schleiermacher als möglichen Lehrmeister für eine noch ausstehende neue Interpretationslehre, zu deren Ausarbeitung die Literaturwissenschaft mit der neueren Sprachwissenschaft sich verbünden muß, um über jene heute übliche Praxis der Interpretation hinauszugelangen, die meist wenig mehr ist als der Rechenschaftsbericht eines Literaturgenießenden.

Im Jahr 1829 hielt Schleiermacher an der Preußischen Akademie der Wissenschaft zwei Reden *Über den Begriff der Hermeneutik*.[8] In einem später verworfenen autobiographischen Rückblick, der am Anfang der ersten Rede hätte stehen sollen und in der von Heinz Kimmerle besorgten Neuausgabe der hermeneutischen Schriften Schleiermachers abgedruckt ist[9], nannte dieser den Anlaß seiner ein Vierteljahrhundert währenden Beschäftigung mit der hermeneutischen Theorie. Im Zusammenhang seiner exegetischen Vorlesungen über das Neue Testament war ihm klargeworden, daß die überlieferte theologische Hermeneutik nur in einer Zusammenstellung von Regeln bestand, denen *die rechte Begründung* [fehlte], *weil die allgemeinen Prinzipien nirgends aufgestellt waren.*[10] Schleiermachers Hermeneutik ist so von Anfang an nicht als Fortführung der traditionellen Hermeneutik, sondern als deren theoretische Begründung gedacht. Eine der Ursachen dafür, daß seine unmittelbaren Vorgänger, die Autoren der hermeneutischen Lehrbücher, die um 1800 gebraucht wurden, zu einer solchen Theorie der Hermeneutik nicht vorgestoßen waren, erkennt er in dem Umstand, daß ihre Werke jeweils nur auf eine Art von Schriften sich bezogen: entweder auf das Neue Testament oder aber

---

8 Fr. D. E. Schleiermacher, *Hermeneutik*. Nach den Handschriften neu herausgegeben und eingeleitet von H. Kimmerle. Heidelberg 1959 (= Abhandlungen der Heidelberger Akademie der Wissenschaften, Philosophisch-historische Klasse, Jg. 1959, 2. Abh.) [Schleiermacher], S. 123 ff. (Die Rechtschreibung wurde in den Zitaten dem heutigen Gebrauch angeglichen.)
9 Schleiermacher, S. 123, Anm. 4.
10 Ebd.

auf die Werke der Antike. Indem diese Werke, d. h. die theologische und die philologische Hermeneutik, von den spezifischen Problemen ihrer Gegenstände ausgehen, gelangen sie immer nur zu Regeln, nach denen die Auslegung dieser besonderen Schriften verfahren soll, nicht aber zu einer Theorie der Hermeneutik, die über alle Verschiedenheiten der auszulegenden Schriften hinweg Gültigkeit beanspruchen könnte. Die Grundlage einer nicht mehr speziellen Hermeneutik sucht Schleiermacher in dem Akt des Verstehens, in der Auslegung selbst.

Dabei abstrahiert er nicht bloß von den Unterschieden, die zwischen den Werken der Antike und der Heiligen Schrift bestehen. Er erweitert zugleich das Arbeitsgebiet der Hermeneutik, indem er alles Sprachliche als Objekt des Verstehens zum Gegenstand von dessen Theorie, eben der Hermeneutik, macht. Diese habe es weder nur mit Werken von Schriftstellern, noch allein mit fremdsprachigen Werken zu tun. Nicht nur könnten auch andere als kunstmäßige Texte hermeneutische Probleme bieten, z. B. Zeitungen und Inserate; auch die Rede, das Gespräch, ist ein möglicher Gegenstand der Hermeneutik, sogar einer, dem Schleiermachers besondere Aufmerksamkeit gilt. In der ersten Akademierede heißt es: *... die Hermeneutik [ist] auch nicht lediglich auf schriftstellerische Produktionen zu beschränken [...]; denn ich ergreife mich sehr oft mitten im vertraulichen Gespräch auf hermeneutischen Operationen, wenn ich mich mit einem gewöhnlichen Grade des Verstehens nicht begnüge, sondern zu erforschen suche, wie sich wohl in dem Freunde der Übergang von einem Gedanken zum anderen gemacht habe, oder wenn ich nachspüre, mit welchen Ansichten, Urteilen und Bestrebungen es wohl zusammenhängt, daß er sich über einen besprochenen Gegenstand grade so und nicht anders ausdrückt. Dergleichen Tatsachen, die wohl jeder Achtsame von sich wird einzeugen müssen, bekunden, dächte ich, deutlich genug, daß die Auflösung der Aufgabe, für welche wir eben die Theorie suchen, keineswegs an dem für das Auge durch die Schrift fixierten Zustande der Rede hängt, sondern daß sie überall vorkommen wird, wo wir Gedan-*

ken oder Reihen von solchen durch Worte zu vernehmen haben.[11]

Indem Schleiermacher vom Akt des Verstehens ausgeht, erweitert er nicht bloß das Arbeitsgebiet der Hermeneutik, er modifiziert zugleich deren Aufgabe. Nicht mehr geht es bloß um die Erkenntnis der Bedeutung, die eine bestimmte Stelle hat. Verstanden werden soll auch die Entstehung der Stelle: ihr Zusammenhang mit dem Übrigen und ihre Motivation. Hermeneutik tritt für Schleiermacher nicht erst dort in Aktion, wo das Verstehen auf Schwierigkeiten stößt, sondern wo der *gewöhnliche Grad des Verstehens*[12] nicht als genügend erachtet wird. *Nicht alles Reden ist gleich sehr ein Gegenstand der Auslegungskunst; einige haben für dieselbe einen Nullwert, andere einen absoluten, das meiste liegt zwischen diesen beiden Punkten. [...] Einen Nullwert hat, was weder Interesse hat als Tat noch Bedeutung für die Sprache. Es wird geredet, weil die Sprache sich nur in der Kontinuität der Wiederholung erhält. Was aber nur schon vorhanden Gewesenes wiederholt, ist an sich nichts. Wettergespräche. Allein dies Null ist nicht das absolute Nichts, sondern nur das Minimum. Denn es entwickelt sich an demselben das Bedeutende.*[13]

Durch diese Änderung der hermeneutischen Aufgabe erfolgt zugleich eine Emanzipation der Hermeneutik von den Disziplinen, als deren Hilfswissenschaft sie sonst galt: von der Theologie, der Philologie, der Jurisprudenz. *Ich gestehe, daß ich diese Ausübung der Hermeneutik im Gebiet der Muttersprache und im unmittelbaren Verkehr mit Menschen für einen sehr wesentlichen Teil des gebildeten Lebens halte, abgesehn von allen philologischen oder theologischen Studien. Wer könnte mit ausgezeichnet geistreichen Menschen umgehn, ohne daß er eben so bemüht wäre, zwischen den Worten zu hören, wie wir in geistvollen und gedrängten Schriften zwischen den Zeilen lesen, wer wollte nicht ein bedeutsames Gespräch, das leicht nach vielerlei Seiten hin auch bedeutende Tat werden kann, eben so*

11 Ebd., S. 129 f.
12 Ebd., S. 130.
13 Ebd., S. 82 f.

genauer Betrachtung wert halten, die lebendigen Punkte darin herausheben, ihren innern Zusammenhang ergreifen wollen, alle leisen Andeutungen weiter verfolgen?[14] Und Schleiermacher begnügt sich nicht mit dieser Gleichstellung von Rede und Schrift als Gegenständen der Hermeneutik. *Insbesondere aber möchte ich [...] dem Ausleger schriftlicher Werke dringend anraten, die Auslegung des bedeutsameren Gesprächs fleißig zu üben. Denn die unmittelbare Gegenwart des Redenden, der lebendige Ausdruck, welcher die Teilnahme seines ganzen geistigen Wesens verkündigt, die Art, wie sich hier die Gedanken aus dem gemeinsamen Leben entwickeln, dies alles reizt weit mehr als die einsame Betrachtung einer ganz isolierten Schrift dazu, eine Reihe von Gedanken zugleich als einen hervorbrechenden Lebensmoment, als eine mit vielen anderen auch anderer Art zusammenhängende Tat zu verstehen, und eben diese Seite ist es, welche bei Erklärung der Schriftsteller am meisten hintangestellt, ja großenteils ganz vernachlässigt wird.*[15]

Aus solchen Sätzen erhellt die Intention der Schleiermacherschen Hermeneutik besonders deutlich, zugleich die Aktualität, die sie für Dilthey und die Lebensphilosophie des ausgehenden 19. Jahrhunderts gewinnen mußte. Nicht um die Auslegung einzelner Stellen geht es, sondern um die Auffassung des Gesprochenen und Geschriebenen in seinem Ursprung aus dem individuellen Leben seines Autors: Rede und Schrift aufgefaßt als *hervorbrechender Lebensmoment*[16] und zugleich als Tat, also nicht bloß als Dokument, sondern als aktive, aktuelle Äußerung des Lebens. Warum dieser Aspekt, wie Schleiermacher beklagt, in der Hermeneutik seiner Zeit vernachlässigt wurde, bedarf kaum der Erklärung: Solange die Hermeneutik Spezialhermeneutik war, die Lehre von der Auslegung der Heiligen Schrift oder der antiken Schriftdenkmäler, beherrschten die Fragen des Schriftsinns schon deshalb das Feld, weil hinter ihn auf ein Lebensganzes des Autors, etwa Homers, nicht gut zurückgegangen werden konnte. Fragt man heute nach der

14 Ebd., S. 130.
15 Ebd., S. 131.
16 Ebd.

Berechtigung dieser hermeneutischen Intention, so wird man eine Antwort am ehesten im Rahmen jener Auseinandersetzung finden, die seit Jahrzehnten in der deutschen und ausländischen Literaturwissenschaft mit der lebensphilosophisch-erlebnispsychologischen Tradition der Diltheyschule stattfindet: im Formalismus, im New Criticism, im Strukturalismus. Seltsamerweise steht heute der entscheidende Schritt Schleiermachers, von der Schrift zurück zur Rede, zu dem ihn das Ungenügen mit der *einsamen Betrachtung einer ganz isolierten Schrift*[17] veranlaßt hatte, besonders in Frankreich im Mittelpunkt der Diskussion, freilich ohne Bezugnahme auf Schleiermacher. Zu nennen ist einerseits die stark von Dilthey beeinflußte Literaturbetrachtung Georges Poulets, die sich auf den subjektiven Wahrnehmungs- und Bewußtseinsvorgang stützt, andererseits eine wohl von Mallarmé sich herleitende Literaturtheorie, deren zentraler Begriff der der »écriture«, der Schrift, ist: vertreten u. a. durch Roland Barthes und Gérard Genette, vor allem aber durch Jacques Derrida, dessen Werk *De la Grammatologie*[18] in Deutschland noch kaum Beachtung gefunden hat.

Die prägnanteste Formulierung für den Gegensatz, der zwischen der alten Stellenhermeneutik und der von ihm beabsichtigten hermeneutischen Theorie besteht, fand Schleiermacher bereits in seinen Aphorismen von 1805: *Zwei entgegengesetzte Maximen beim Verstehen. 1.) Ich verstehe alles, bis ich auf einen Widerspruch oder Nonsens stoße, 2.) ich verstehe nichts, was ich nicht als notwendig einsehe und konstruieren kann.*[19] Die überlieferte Auslegungslehre wird jeweils dann aktiv, wenn eine Stelle nicht unmittelbar verständlich ist, d. h., wenn sie im Widerspruch zum Kontext oder zu der angenommenen Intention des Verfassers oder zur anerkannten Wahrheit zu stehen scheint. Verstehen ist dann Auflösung des Widerspruchs – eine Auffassung, deren rationalistische Prämisse auf der Hand liegt. Demgegenüber vertritt Schleiermacher die zweite Maxime, nach

---

17 Ebd.
18 J. Derrida, *De la Grammatologie*. Paris 1967 (Dt.: *Grammatologie*. Übers. A. J. Rheinberger und H. Zischler. Frankfurt a. M. 1974).
19 Schleiermacher, S. 31.

der etwas erst dann verstanden ist, wenn es als notwendig eingesehen wird und konstruiert, d. h. vom Begriff nachvollzogen werden kann. Beide Kriterien machen eine genetische Betrachtungsweise erforderlich. Die Notwendigkeit einer Äußerung ist erwiesen, wenn sie sich ableiten läßt; so setzt ihr Verständnis den Rückgriff auf den Autor, auf dessen Lebensganzes voraus; Schleiermacher versteht die einzelne Äußerung als einen *hervorbrechenden Lebensmoment*[20], als eine *Tat*[21].

Denselben Gegensatz zwischen der überlieferten und der zu begründenden Hermeneutik behandelt der folgende Abschnitt aus Schleiermachers kompendienartiger Darstellung von 1819: *Die laxere Praxis in der Kunst geht davon aus, daß sich das Verstehen von selbst ergibt, und drückt das Ziel negativ aus: ›Mißverstand soll vermieden werden‹. [. . .] Die strengere Praxis geht davon aus, daß sich das Mißverstehen von selbst ergibt und daß Verstehen auf jedem Punkt muß gewollt und gesucht werden.*[22] Während aber der frühe Aphorismus unausgeführt läßt, auf welchem Wege das zu Verstehende als notwendig eingesehen und konstruiert werden könne, und gar mit dem Satz schließt, das Verstehen sei nach dieser Maxime *eine unendliche Aufgabe*[23], stellen die Ausführungen Schleiermachers zu den zuletzt zitierten Sätzen den von ihm geforderten Verstehensbegriff in den Zusammenhang seiner Lehre von der grammatischen und psychologischen bzw. technischen Interpretation.

Schleiermacher unterscheidet im Verstehensakt zwei Momente: die Rede sei zu verstehen erstens als herausgenommen aus der Sprache, zweitens als Tatsache im Denkenden. *Jeder Mensch [ist] auf der einen Seite ein Ort, in welchem sich eine gegebene Sprache auf eine eigentümliche Weise gestaltet, und seine Rede ist nur zu verstehen aus der Totalität der Sprache. Dann aber auch ist er ein sich stetig entwickelnder Geist, und seine Rede ist nur als eine Tatsache von diesem, im Zusammenhange mit den*

---

20 Ebd., S. 131.
21 Ebd.
22 Ebd., S. 86.
23 Ebd., S. 31.

übrigen.²⁴ *Die Rede ist auch als Tatsache des Geistes nicht verstanden, wenn sie nicht in ihrer Sprachbeziehung verstanden ist [...]*²⁵, *sie ist aber auch als Modifikation der Sprache nicht verstanden, wenn sie nicht als Tatsache des Geistes verstanden ist.*²⁶ So setzt sich das Verstehen aus zwei Momenten zusammen und ist nur *im Ineinandersein*²⁷ dieser beiden Momente. Dem einen, der Betrachtung der Rede in ihrer Beziehung auf die Gesamtheit der Sprache, dient die grammatische Interpretation; dem anderen, der Betrachtung der Rede in ihrer Beziehung auf das Denken ihres Urhebers, dient die psychologische Interpretation, die Schleiermacher auch die technische nennt.

Vereinfachend ließe sich sagen, daß die lebensphilosophische Schleiermacher-Rezeption, wie sie von Dilthey inauguriert wurde, die grammatische Interpretation überging und die andere nur als psychologische, d. h. auf die Individualität des Autors bezogene, aufnahm, nicht aber als die technische, welche in den Grundzügen der Komposition eines Werkes die Individualität des Autors konkretisiert findet. Rezipiert wurde um 1900 und in der Folge die Seite von Schleiermachers Lehre, die auf Einfühlung, auf Identifikation beruht und das Problem des Zeitenabstandes auf diesem Wege, also historistisch, meint lösen zu können. In der ersten Akademierede heißt es: *Es ist eine ganz andere Art der Gewißheit, auch [...] mehr divinatorisch, die daraus entsteht, daß der Ausleger sich in die ganze Verfassung des Schriftstellers möglichst hineinversetzt; daher es sich denn auch hier nicht selten in der Tat so verhält, wie der Platonische Rhapsode, dieser jedoch sehr naiv, von sich gesteht, daß er den Homer vortrefflich zu erklären vermöge, über einen andern aber, Dichter oder Prosaisten, ihm oft kein rechtes Licht aufgehen wolle. Nämlich in allem, was von der Sprache nicht nur sondern auch irgend von dem geschichtlichen Zustande des Volks und der Zeit abhängt, kann und soll sich der Ausleger, wenn ihm der gehörige Umfang von Kenntnissen zu Gebote*

24 Ebd., S. 81.
25 Ebd.
26 Ebd.
27 Ebd.

steht, überall gleich trefflich zeigen. Was hingegen von richtiger Auffassung des innern Herganges, als der Schriftsteller entwarf und komponierte, abhängt, was das Produkt seiner persönlichen Eigentümlichkeit in die Sprache und in die Gesamtheit seiner Verhältnisse ist, das wird auch dem gewandtesten Ausleger nur bei den ihm verwandtesten Schriftstellern, nur bei den Lieblingen, in die er sich am meisten hineingelebt hat, am besten gelingen, wie es uns auch im Leben nur mit den genauesten Freunden am besten vonstatten geht, bei andern Schriftstellern aber wird er sich auf diesem Gebiet weniger genügen, und sich auch gar nicht schämen, bei andern Kunstverwandten, die diesen näher stehen, sich Rats zu erholen.[28]

Auch wenn man den Anteil von Subjektivität am Verstehensprozeß nicht bestreitet, wird man diese Sätze reichlich problematisch nennen müssen. Denn ist es auch nur eine psychologische Wahrheit, daß man die Menschen und Autoren am besten versteht, die einem am verwandtesten sind: die *Lieblinge, in die* man *sich am meisten hineingelebt hat*?[29] Valéry war anderer Ansicht, als er unter dem Titel *Natürliches Licht* in sein Merkbuch schrieb: *Der Haß bewohnt den Gegner, erforscht seine Tiefen und zergliedert die feinsten Wurzeln der Absichten, die er in seinem Herzen hegt. Wir erkennen ihn besser als uns selbst und besser, als er sich selber erkennt. Er vergißt sich, wir vergessen ihn nicht.*[30]

Schleiermacher unterscheidet einerseits das Verstehen, das sich auf die Kenntnis der Fakten von Sprache und Geschichte stützt und von der Subjektivität des Verstehenden unabhängig ist, andererseits das Verstehen, das auf Einfühlung, auf Identifikation beruht. Es verwundert nicht, daß die Lebensphilosophie und die Psychologie der Jahrhundertwende auf die Überbeto-

---

28 Ebd., S. 132 f.
29 Ebd., S. 133.
30 P. Valéry, Œuvres, tome II. Paris 1960 (Bibliothèque de la Pléiade), S. 684 f. (*Lumières naturelles.* [...] *La haine habite l'adversaire, en développe les profondeurs, dissèque les plus délicates racines des desseins qu'il a dans le cœur. Nous le pénétrons mieux que nous-mêmes, et mieux qu'il ne fait soi-même. Il s'oublie et nous ne l'oublions pas.*)

nung des objektiv-faktischen Moments im Positivismus mit der Überbetonung des subjektiven Moments der Einfühlung geantwortet hat. Das macht weite Bereiche der Forschung jener Zeit heute unlesbar. Indessen ist bei Schleiermacher sowohl in seinem Begriff der grammatischen als auch in dem der technischen Interpretation (die ein Teil der psychologischen ist oder gar sie selbst – die Terminologie schwankt) der Grund gelegt für das Verständnis des individuell, aber auch des historisch Spezifischen an der Sprache eines Autors, und ebenso für das Verständnis der literarischen Formen und Gattungen. Es ist hier der Grund gelegt für eine Stilkritik und eine Formanalyse, die sowohl die Individualität als auch die Geschichtlichkeit der literarischen Phänomene erkennen will. Damit fällt die Schranke, die in den früheren Konzeptionen die Hermeneutik von der Rhetorik und der Poetik trennt: Sinnverstehen und Interpretation im heutigen Wortsinn greifen ineinander. *Die schönste Frucht von aller ästhetischen Kritik* ist *ein erhöhtes Verständnis von dem inneren Verfahren der Dichter und anderer Künstler der Rede, von dem ganzen Hergang der Komposition, vom ersten Entwurf an bis zur letzten Ausführung.*[31] Die grammatische Interpretation stellt die Beziehung zur Sprache, die technisch-psychologische die zum Denken her. Eine solche Doppelkonzeption kann indessen nur überzeugen, wenn die beiden Interpretationsarten einander nicht äußerlich bleiben, sondern auch ihr Verhältnis zueinander bedacht wird. Darum wird im folgenden nicht bloß die grammatische und die technisch-psychologische Interpretation in ihren Grundzügen zu skizzieren, sondern auch die Frage zu klären sein, in welches Verhältnis Schleiermacher die beiden Interpretationsarten zueinander setzt.

Eine geschlossene Darstellung seiner Theorie der grammatischen Auslegung findet sich in der als Kompendium entworfenen Hermeneutik von 1819. Sie setzt mit zwei Regeln der grammatischen Auslegung ein, die seit den Ursprüngen der Hermeneutik in der Antike zu deren Grundbestand gehören.

---

31 Schleiermacher, S. 138.

Erster Kanon: Alles, was noch einer näheren Bestimmung bedarf in einer gegebenen Rede, darf nur aus dem dem Verfasser und seinem ursprünglichen Publikum gemeinsamen Sprachgebiet bestimmt werden.[32] *Zweiter Kanon: Der Sinn eines jeden Wortes an einer gegebenen Stelle muß bestimmt werden nach seinem Zusammensein mit denen, die es umgeben.*[33] Beide Regeln dienen zur Abgrenzung des Zusammenhangs, des Ganzen, aus dem das einzelne Wort ebenso zu bestimmen ist, wie es seinerseits diesen Zusammenhang mit bestimmt. Die erste meint das Sprachsystem, die historische Sprachstufe, genauer: den Ausschnitt daraus, der sich zur Kommunikation zwischen dem Autor und den Lesern, an die er sich wendet, eignet; die zweite Regel meint jenes System, das der Satz selber darstellt. In der Terminologie der modernen Sprachwissenschaft ausgedrückt, betrifft der erste Kanon die Ebene der langue, der zweite die der parole. Bedenkt man, welche Wörter auf der einen und welche auf der anderen Ebene den Sinn eines Wortes bestimmen helfen können, so ergibt sich ein weiterer Unterschied: Im System der Sprache sind es die Wörter, die an die Stelle des zu bestimmenden treten könnten; im System des Satzes sind es jene, mit denen sich das Wort zu einem Satzganzen verbunden hat. Damit sind die beiden Relationen genannt, die zu den wichtigsten Elementen heutiger Sprachkonzeption gehören: die paradigmatische Beziehung und die syntagmatische Beziehung. Schleiermacher spricht im selben Sinn von zwei Arten des Zusammenhangs: dem *ganzen Zusammenhang*[34] (also dem Sprachsystem) und dem *unmittelbaren*[35] Zusammenhang (dem Satz). Die grundlegende Differenz im Verhältnis des einzelnen Wortes zu diesen beiden Systemen, die der Genfer Sprachforscher Ferdinand de Saussure auf den Begriff gebracht hat, ist Schleiermacher zwar nicht thematisch geworden, aber er berücksichtigt diesen Unterschied bereits in seinen frühen Aphorismen zur Hermeneutik, wenn er schreibt: *Es gibt zwei Arten*

32 Ebd., S. 90.
33 Ebd., S. 95.
34 Ebd., S. 42.
35 Ebd.

von Bestimmung, die Exklusion aus dem ganzen Zusammenhang und die thetische aus dem unmittelbaren.[36] Exklusion ist die Methode im Rahmen der paradigmatischen Beziehung, indem gleichsam experimentell geklärt wird, welche Wörter gleichbedeutend an die Stelle des zu bestimmenden gesetzt werden können und welche nicht. Indem aus einem Kreis bekannter Wörter, die ein Paradigma bilden, ein Teil als anderes bedeutend ausgeschlossen wird, präzisiert sich der Sinn des zu bestimmenden Wortes. Demgegenüber vermag das Syntagma, also die Beziehung, die das zu bestimmende Wort mit den anderen Wörtern im Satz selbst eingegangen ist, zu einer positiven, einer *thetischen*[37] Bestimmung zu verhelfen. Obwohl Schleiermacher die beiden Beziehungsarten, die paradigmatische und die syntagmatische, nicht so präzis unterschieden hat, wie es dann in der Saussureschen Linguistik geschieht, erschien ihm dieser Gegensatz als einer von drei fundamentalen Gegensätzen, die er gleicherweise geeignet fand, den Haupteinteilungsgrund seiner Lehre der grammatischen Interpretation abzugeben.

Wenn Schleiermacher im ersten Kanon festlegt, die nähere Bestimmung dürfe *nur aus dem dem Verfasser und seinem ursprünglichen Publikum gemeinsamen Sprachgebiet*[38] erfolgen, so stellt sich die Frage nach der Bestimmbarkeit der ursprünglichen Leser. Was für Leser der Verfasser sich gedacht hat, sei nur aus der Schrift selbst zu erfahren. Erste Hinweise und damit eine erste Abgrenzung des dem Verfasser und seinem Publikum gemeinsamen Gebiets seien durch einen allgemeinen Überblick zu gewinnen, indessen müsse die Bestimmung des gemeinsamen Gebietes *während der Auslegung fortgesetzt werden und* sei *erst mit ihr zugleich vollendet.*[39] Als scheinbare Ausnahmen vom ersten Kanon erwähnt Schleiermacher die Archaismen und die technischen Ausdrücke. *Archaismen liegen außer dem unmittelbaren Sprachgebiet des Verfassers, also ebenso seiner Leser.*

---

36 Ebd.
37 Ebd.
38 Ebd., S. 90.
39 Ebd., S. 91.

Sie kommen vor, um die Vergangenheit mit zu vergegenwärtigen, im Schreiben mehr als im Reden, in der Poesie mehr als in der Prosa. [...] Technische Ausdrücke selbst in den populärsten Gattungen, wie z. E. in gerichtlichen und beratenden Reden, letzteres auch, wenn nicht alle Zuhörer es verstehen.[40]
Daraus folgt erstens, daß die grammatische Interpretation immer auch die Gattungszugehörigkeit der auszulegenden Schrift zu berücksichtigen hat – ein wichtiges Prinzip besonders auch der literarischen Hermeneutik, zweitens, daß vom festgestellten Publikum nicht zwingend auf den Sinn einer Stelle geschlossen werden kann, da es möglich ist, daß ein Verfasser *nicht immer sein ganzes Publikum im Auge hat.*[41] Daher sei auch diese Regel, fügt Schleiermacher hinzu, eine Kunstregel, *deren glückliche Anwendung auf einem richtigen Gefühle beruht.*[42]
Diesen Einschränkungen Schleiermachers hinsichtlich der Gültigkeit bzw. Praktizierbarkeit des ersten Kanons wäre wohl eine weitere hinzuzufügen. Nicht nur zwischen den spezifischen Publika muß unterschieden werden, auch der Grad der Bestimmtheit einer Schrift für ein Publikum ist keine Konstante, vielmehr variiert er je nach Gattung und je nach geschichtlicher Epoche. Das wird deutlich, sobald man ein Gedicht des 18. mit einem des 20. Jahrhunderts vergleicht, oder ein Gedicht des 20. Jahrhunderts mit einem Drama dieser Zeit, das ja nicht nur in der Aufführung auf die Rezeption durch das Publikum angewiesen ist, sondern auch von der Fiktion lebt, die dramatis personae redeten zueinander.
Eine zweite Frage, auf die Schleiermacher in seinen verschiedenen Entwürfen zur Hermeneutik immer wieder und stets mit Nachdruck hinweist, betrifft den vorgeblichen Unterschied zwischen eigentlicher und uneigentlicher Bedeutung, wie er von den Wörterbüchern zur Gliederung der Bedeutungsvielfalt eines bestimmten Wortes benutzt wird. In der kompendienartigen Darstellung von 1819 heißt es dazu: Der Gegensatz zwischen eigentlicher und uneigentlicher Bedeutung *verschwindet*

40 Ebd.
41 Ebd.
42 Ebd.

bei näherer Betrachtung. In Gleichnissen sind zwei parallele Gedankenreihen. Das Wort steht in der seinigen und es soll damit nur gerechnet werden. Also behält es seine Bedeutung. In Metaphern ist dies nur angedeutet und oft nur Ein Merkmal des Begriffs herausgenommen, z. E. [...] König der Tiere = Löwe. Der Löwe regiert nicht, aber König heißt deswegen nicht ein nach dem Recht des Stärkeren Zerreißender. Solch ein einzelner Gebrauch gibt keine Bedeutung, und habituell kann nur die ganze Phrasis werden.[43] Im Rahmen einer Metaphernlehre, die zu den wichtigsten Desideraten der Allgemeinen Literaturwissenschaft gehört, müßte diese These ausführlich diskutiert werden. Im Zusammenhang von Schleiermachers Hermeneutik ist sie deshalb von Bedeutung, weil sie die Grenze zwischen grammatischer und technischer Interpretation markiert und damit zur Klärung der Frage beiträgt, wie sich die beiden Interpretationsweisen zueinander verhalten. In seinem ersten Entwurf zur Hermeneutik, aus der Zeit zwischen 1810 und 1819, schreibt Schleiermacher: *Daß man, was zur technischen Interpretation gehört, mit dem verwechselt, was zur grammatischen gehört. Hieher die meisten Metaphern, die als Epexegese stehen wie* coma arborum, tela solis, *wo die übertragenen Worte ganz ihre eigentlichste Bedeutung behalten und ihre Wirkung nur durch eine Ideenkombination tun, auf welche der Schriftsteller rechnet. Eben daher die technischen Anspielungen: die Wortspiele, der Gebrauch der Sprichwörter, die Allegorie, wo die grammatische Auslegung ganz eigentlich ist und die Frage, was der Schriftsteller eigentlich gemeint hat, zur technischen gehört. Das Allgemeinste ist hier, daß der Gedanke selbst so, wie er sich durch die grammatische Interpretation ergibt, nicht zum Dargestellten gehört, sondern nur zur Darstellung, selbst wieder Zeichen ist. Wo nun und wie dieses stattfinde, ist nur durch die technische Interpretation zu finden.*[44]

Das Verhältnis von grammatischer und technischer Interpretation scheint hier als eines der Arbeitsteilung bestimmt zu sein. Zugleich ist ein Anhaltspunkt für die Beantwortung der nicht

43 Ebd., S. 91 f.
44 Ebd., S. 59 f.

leichten Frage gegeben, wie sich die Lehre von den verschiedenen Interpretationsweisen – der grammatischen und der psychologisch-technischen – zu der früheren patristisch-scholastischen Lehre vom mehrfachen Schriftsinn verhält. Daß in der Geschichte der Hermeneutik als Einteilungsprinzip die eine Konzeption an die Stelle der anderen tritt, besagt noch nicht, daß die spätere in welcher Weise auch immer auf die frühere sich bezieht. Dennoch wird man die Frage stellen wollen, nicht zuletzt deshalb, weil der Begriff der grammatisch-historischen Interpretation bereits in der alten Hermeneutik auftritt und dort die Bestimmung des sensus litteralis zum Ziel hat, während nach dem sensus spiritualis in der allegorischen Interpretation gefragt wird. Es fällt schwer zu glauben, daß die von Schleiermacher und seinen unmittelbaren Vorläufern geschaffene neue Hermeneutik den Begriff der grammatisch-historischen Interpretation übernimmt, ohne sich in einer bestimmten Weise, und sei's auch kritisch, auf die alte Hermeneutik zu beziehen. Wenn nun die zuletzt zitierten Sätze ein Licht auf diese Frage werfen, so darum, weil in ihnen darauf insistiert wird, daß auch bei Metapher und Allegorie die Bedeutung, welche die grammatische Interpretation ergibt, die eigentliche und nicht die uneigentlich-übertragene ist, während die uneigentliche erst von der technischen Interpretation bestimmt wird, weil sie, die uneigentliche Bedeutung, sich erst der Kombination – z. B. von telum = Pfeil und sol = Sonne – verdankt, nicht aber einer vermeintlichen Verdoppelung des Sinns von telum: 1. Pfeil, 2. Strahl. Damit erweist sich, daß die Lehre von den verschiedenen Interpretationsweisen die Lehre vom mehrfachen Schriftsinn nicht einfach ersetzt, sondern bestimmt negiert: sie steht im Zusammenhang der bereits in der Reformation einsetzenden antischolastischen Tendenz, welche auf der Einheit des Sinns insistiert.

Dieselbe Intention drückt sich im Postulat der Einheit des Wortes aus. Darüber heißt es in der kompendienartigen Darstellung: *Die ursprüngliche Aufgabe auch für die Wörterbücher, die aber rein für den Ausleger da sind, ist die, die wahre vollkommene Einheit des Wortes zu finden. Das einzelne*

Vorkommen des Wortes an einer gegebenen Stelle gehört freilich der unendlich unbestimmten Mannigfaltigkeit, und zu dieser gibt es von jener keinen anderen Übergang als eine bestimmte Vielheit, unter welcher sie befaßt ist; und eine solche wieder muß notwendig in Gegensätze aufgehen. Allein, im einzelnen Vorkommen ist das Wort nicht isoliert: es geht in seiner Bestimmtheit nicht aus sich selbst hervor, sondern aus seinen Umgebungen, und wir dürfen nur die ursprüngliche Einheit des Wortes mit diesen zusammenbringen, um jedesmal das rechte zu finden. Die vollkommene Einheit des Wortes aber wäre seine Erklärung, und die ist ebensowenig als die vollkommene Erklärung der Gegenstände vorhanden. In den toten Sprachen nicht, weil wir ihre ganze Entwicklung noch nicht durchschaut haben, in den lebenden nicht, weil sie wirklich noch fortgeht.[45] Konnte es vorhin scheinen, als sei Schleiermacher ein Strukturalist avant la lettre, so wird man hier an die philosophischen Prämissen seiner Sprachkonzeption erinnert: es sind die des Deutschen Idealismus. Nichts widerspricht den methodologischen Grundsätzen der neueren Sprachwissenschaft mehr als das Postulat einer Einheit des Wortes, die als solche nicht gegeben ist, sondern die Konfiguration der verschiedenen Bedeutungsnuancen des Wortes darstellt, Idee im Benjaminschen Wortsinn.[46] Ebenso verstößt Schleiermachers Begründung dieser These gegen die Arbeitsregeln der strukturalistischen Linguistik. Daß die lebenden Sprachen sich noch entwickeln, heißt nicht, daß ihre Untersuchung mit ihren Möglichkeiten rechnen soll, daß sie alles offen lassen muß. Gegenstand der Linguistik ist nicht die in der heutigen Sprache potentiell vorhandene künftige, sondern das heutige Sprachsystem, ein synchroner Schnitt, der keine Zeitdimension zuläßt. Wird diese im eben zitierten Satz als futurische impliziert, so tritt sie in der Rede von der ursprünglichen Einheit des Wortes als Vergangenheit auf. Zwar läßt sich die Bedeutungsvielfalt eines Wortes oft aus dessen Etymologie erklären, in dieser aufheben. Aber entscheidend für

---

45 Ebd., S. 92.
46 Vgl. W. Benjamin, *Ursprung des deutschen Trauerspiels*, in: *Gesammelte Schriften* I, *1*, Frankfurt a. M. 1974, S. 214.

eine nicht-historische Linguistik ist die Tatsache, daß einem signifiant mehrere signifiés entsprechen, nicht aber die Möglichkeit, diese Inkongruenz in der historischen Betrachtung rückgängig zu machen, wäre doch solche Reduktion eine rein theoretische, da im Sprachbewußtsein der Sprechenden die Bedeutungsvielfalt des Wortes fortbesteht.

Neben dem Gegensatz *unmittelbarer Zusammenhang – Parallelen*[47], der dem Gegensatz Syntagma – Paradigma entspricht, kennt Schleiermacher noch zwei weitere Gegensätze, die gleichfalls als Einteilungsgrund seiner Lehre von der grammatischen Interpretation fungieren: den Gegensatz formell-materiell und den Gegensatz qualitativ-quantitativ. Der erste Gegensatz, formell-materiell, läßt sich auch als Gegensatz syntaktisch-semantisch bezeichnen. Fragt die grammatische Interpretation nach den formellen Elementen, so zielt sie auf die Verbindungen zwischen den Elementen des Satzes. Fragt sie nach den materiellen, so geht es ihr um die Bedeutung der einzelnen Elemente. Dabei stößt Schleiermacher immer wieder auf die Interdependenz der beiden Aspekte. Auch berührt die Analyse der formellen Elemente Fragen, die bereits in den Bereich des dritten Gegensatzes, qualitativ-quantitativ, gehören. Diese Zusammenhänge mag das folgende Beispiel andeuten. Schleiermacher unterscheidet bei den formellen Elementen das Sätzeverbindende und das die Elemente des Satzes Verbindende. In der Terminologie der traditionellen Grammatik entspricht dies dem Unterschied zwischen Konjunktion und Präposition (wobei die einzelnen Satzelemente natürlich nicht nur durch Präpositionen, sondern z. B. auch durch Suffixe wie das Genetivsuffix verbunden werden können). Bei den sätzeverbindenden Elementen wiederum unterscheidet Schleiermacher *organische* und *mechanische* oder, wie er selber definiert: *innere Verschmelzung* und *äußere Aneinanderreihung.*[48] Als Beispiele wären etwa »obwohl« oder »indem« für die organische, »und« für die mechanische Verbindung zu nennen. Nun bemerkt aber Schleiermacher

---

47 Schleiermacher, S. 96.
48 Ebd.

– und das erst macht die hermeneutische Relevanz dieser Frage aus –, daß der Gegensatz von innerer Verschmelzung und äußerer Aneinanderreihung nicht konstant ist, sondern die eine oft in die andere überzugehen scheint. Eine Kausalkonjunktion dient manchmal bloß der Aneinanderreihung, die aneinanderreihende Konjunktion »und« wiederum kann auch die Funktion organischer Verbindung annehmen, um z. B. eine Konsequenz auszudrücken. Das aber ist nur möglich, weil in dem einen Fall die Konjunktion *ihren eigentlichen Gehalt verloren*[49] hat, in dem anderen Fall wiederum ist die Konjunktion *gesteigert*[50]. Damit sind Möglichkeiten der Sprache genannt, die in die Kompetenz des quantitativen Verstehens fallen. Während das qualitative Verstehen die Differenz der Wortbedeutung oder der Wort- bzw. Satzverbindungen zum Gegenstand hat, geht es dem quantitativen um die Intensität. Die beiden Extreme sind hier einerseits die *Emphase*, ein Maximum an Bedeutung, andererseits die *Abundanz*, ein Minimum an Bedeutung.[51] Stellt eine sonst der bloß mechanisch-additiven Verbindung dienende Konjunktion wie »und« eine organische Verknüpfung her, so liegt Emphase vor; hat eine Kausalkonjunktion nur additive Funktion, so ist sie »nichtssagend« geworden, und es liegt Abundanz vor. Indem sich aber die Umwandlung einer mechanischen Konjunktion in eine organische durch deren emphatische Verwendung realisiert, wird die qualitative Differenz zur quantitativen. Wer sich bei der Interpretation eines älteren Textes einmal den Kopf über der Frage zerbrochen hat, ob die Konjunktion »weil« temporal (in der Schleiermacherschen Terminologie mechanisch) oder kausal (also organisch) aufzufassen ist (das temporale »weil« = »während« stellt bloß eine mechanische Verbindung her, da der zeitliche Zusammenhang den Vorgängen selbst äußerlich ist, während das kausale »weil« den einen Vorgang zur Ursache des anderen erklärt), wird die hermeneutische Relevanz dieser Überlegungen einsehen.

49 Ebd.
50 Ebd.
51 Ebd., S. 104 ff.

Der Begriff der *psychologischen* Auslegung und die stark von ihm und den mit ihm verbundenen Begriffen der »Einfühlung« und des »Erlebnisses« bestimmte Schleiermacher-Rezeption könnten eine falsche Vorstellung von dem vermitteln, was sie bei Schleiermacher, zumal bei dem frühen, bezeichnen. Zwar richtet sich die Aufmerksamkeit in der technisch-psychologischen Interpretation auf den Menschen, auf seine Individualität, wie sie sich in der grammatischen auf die Sprache und deren individuelle Modifikation richtet. Aber selbst in der späten Akademierede impliziert die Wendung von dem *ursprünglichen psychischen Prozeß der Erzeugung und Verknüpfung von Gedanken und Bildern*[52], Gegenstand der psychologischen Auslegung, das objektive Moment der Sprache als Medium dieser Erzeugung und Verknüpfung. Deutlicher noch drückt sich dies in den früheren Entwürfen aus, wie auch im Begriff der technischen Interpretation und in deren Hauptbegriff Stil, der ja direkt auf die Sprachbehandlung bezogen ist. Was sich im Übergang von der technischen zur psychologischen Interpretation erhält – einem Übergang, der streng genommen eine Akzentverschiebung ist, denn auch der späte Schleiermacher kennt den Begriff der technischen Interpretation –, ist die Auffassung der Rede als Tatsache im Denken, bezogen nicht, wie in der grammatischen, auf die Totalität der Sprache, sondern auf die Totalität des betreffenden Menschen und seines Lebens. Die Akzentverschiebung aber betrifft die Erforschung dieser subjektiven Individualität. In der technischen Interpretation liegt die Betonung auf der techné, auf dem individuellen Stil als der besonderen Modifikation der Sprache und als der besonderen Kompositionsweise; in der psychologischen liegt sie auf dem Lebensganzen des Individuums. Über den, wie Schleiermacher betont, relativen Gegensatz zwischen psychologisch und technisch heißt es in seinen spätesten Notizen: Das Psychologische *mehr die Entstehung der Gedanken aus der Gesamtheit des Lebensmoments.*[53] Das Technische *mehr Zurückführung auf ein*

---

[52] Ebd., S. 148.
[53] Ebd., S. 163.

*bestimmtes Denken oder Darstellenwollen, woraus sich eine Reihe entwickelt.*⁵⁴

Als die Aufgabe der technischen Interpretation wird in der kompendienartigen Darstellung das vollkommene Verstehen des Stils bezeichnet, wobei der Begriff Stil nicht auf die Behandlung der Sprache beschränkt ist: *Gedanke und Sprache gehen überall ineinander über, und die eigentümliche Art, den Gegenstand aufzufassen, geht in die Anordnung und somit auch in die Sprachbehandlung über.*⁵⁵ Was man mehr als hundert Jahre später im russischen Formalismus, im New Criticism und in der Stilkritik der Zürcher Schule vertreten hat, ist bei Schleiermacher zu einem nicht unbedeutenden Teil vorweggenommen. Und was ihn über die Stilkritik, wie sie in den vierziger und fünfziger Jahren unseres Jahrhunderts gelehrt wurde, erhebt, ist der Blick für die Geschichtlichkeit der Phänomene, zu der die moderne Stilkritik erst spät fand. Dabei tritt der historische Aspekt nicht etwa neben dem psychologisch-technischen auf, als etwas, worauf auch zu achten wäre. Sondern Schleiermacher begreift, daß seine Zielsetzung, das Individuelle an der Rede bzw. einem literarischen Werk zu begreifen, die historische Deutung voraussetzt, und zwar aus zwei Gründen. Erstens ist die Bedeutung des individuellen Moments in der Geschichte der Literatur nicht konstant. Schleiermacher greift hier auf die Erkenntnis des Sturm und Drang und der Frühromantik zurück und konfrontiert unter diesem Gesichtspunkt die klassische Objektivität der Subjektivität der romantischen Periode. Zweitens kann das individuelle Moment der Produktion gar nicht festgestellt werden, wenn man den historischen Stand der Gattung, welcher das Werk angehört, nicht kennt: *Vor dem Anfang der technischen Auslegung muß gegeben sein die Art, wie dem Verfasser der Gegenstand und wie ihm die Sprache gegeben war. [...] Zu dem ersten ist mitzurechnen der Zustand, in welchem sich die bestimmte Gattung, der das Werk angehört, vor seiner Zeit befand. [...] Also kein genaues Verständnis*

---

54 Ebd.
55 Ebd., S. 108.

dieser Art ohne Kenntnis der gleichzeitigen verwandten Literatur und dessen, was dem Verfasser als früheres Muster des Stils gegeben war. Ein solches zusammenhängendes Studium kann in Beziehung auf diese Seite der Auslegung durch nichts ersetzt werden.[56] Die erste Akademierede unterscheidet, wohl allzu spekulativ, zwei Perioden: die, in der die Formen sich allmählich bildeten, und die, in welcher sie herrschten, wobei allerdings das Waghalsige dieser Konstruktion entschärft wird durch den Zusatz, die Charaktere dieser zwei entgegenstehenden Perioden kehrten *hernach, nur in untergeordnetem Maßstabe, auch gleichzeitig wieder.*[57] Entscheidend bleibt aber die Einsicht, daß man bei der Vorgegebenheit der Form, in der jemand arbeitet, diese kennen muß, um den Dichter in seiner Tätigkeit zu verstehen. *Denn gleich mit dem ersten Entwurf zu einem bestimmten Werk entwickelte sich auch in ihm die leitende Gewalt der schon feststehenden Form, sie [...] modifiziert [...] im einzelnen nicht nur den Ausdruck, sondern auch [...] die Erfindung. Wer also in dem Geschäft der Auslegung das nicht richtig durchsieht, wie der Strom des Denkens und Dichtens hier gleichsam an die Wände seines Bettes anstieß und zurückprallte, und dort in eine andere Richtung gelenkt ward, als die er ungebunden würde genommen haben: der kann schon den inneren Hergang der Komposition nicht richtig verstehen und noch weniger dem Schrifsteller selbst hinsichtlich seines Verhältnisses zu der Sprache und ihren Formen die richtige Stelle anweisen.*[58] Denkt man an die noch im späten 18. Jahrhundert geltende Auffassung von den poetischen Formen und Gattungen wie auch von der Sprache, die als ein bloßes Vehikel für den Stoff und die Intention gesehen werden, so wird man diese Einsichten in ihrer Aktualität nicht unterschätzen; sie rücken Schleiermachers Lehre von der technischen Auslegung in die Nähe der modernen Poetik, wie sie etwa Valéry vertritt.

Die Frage nach dem Verhältnis zwischen grammatischer und

---

56 Ebd.
57 Ebd., S. 135.
58 Ebd., S. 136.

technischer Interpretation ist von Schleiermacher im Lauf der Entwicklung seines hermeneutischen Denkens nicht immer im selben Sinn beantwortet worden. In der ersten Akademierede, anschließend an die schon zitierten Sätze über die Affinität zwischen Ausleger und Autor, heißt es: *Man könnte versucht sein zu behaupten, die ganze Praxis der Auslegung müsse sich auf diese Weise teilen, daß die eine Klasse von Auslegern, mehr der Sprache und der Geschichte zugewendet als den Personen, durch alle Schriftsteller einer Sprache ziemlich gleichmäßig durchginge, wenngleich auch unter ihnen der eine mehr in dieser, der andere in einer andern Region hervorragt; die andere Klasse aber, mehr der Beobachtung der Personen zugewendet, die Sprache nur als das Medium, durch welches sie sich äußern, die Geschichte nur als die Modalitäten, unter denen sie existierten, betrachtend, sich nur jeder auf diejenigen Schriftsteller beschränkte, die sich ihm am willigsten aufschließen.*[59] Das ist ein Bild, das noch heute für die Situation der Literaturwissenschaft zutrifft. Aber auch wer diesen Methodenpluralismus bejaht, wird zugeben müssen, daß er als Antwort auf die Frage nach dem Verhältnis, in dem die beiden Interpretationsweisen zueinander stehen, nicht ausreicht. In der Tat war nach Schleiermachers ursprünglicher Konzeption das Verhältnis nicht eines der Ergänzung, die beiden Interpretationsarten teilten sich nicht in der Arbeit. Vielmehr hatte Schleiermacher die kühne These aufgestellt: *Die absolute Lösung der Aufgabe ist die, wenn jede Seite für sich* [i. e. die grammatische und die technische] *so behandelt wird, daß die Behandlung der andern keine Änderung im Resultat hervorbringt,* [*wenn jede Seite für sich*] *behandelt, die andere völlig ersetzt.*[60] Fragt man nach den Motiven dieser Konzeption, so stößt man auf die polemische Intention Schleiermachers und der Hermeneutik seiner Zeit gegen die Lehre vom mehrfachen Schriftsinn. Indem Schleiermacher die Hermeneutik nicht auf den Begriff des Schriftsinns, sondern auf den des Verstehens gründet, ergibt sich für ihn die Möglichkeit, Auslegungsweisen zu unterscheiden, ohne daß

59 Ebd., S. 133.
60 Ebd., S. 81.

eine Vielfalt im Ausgelegten vorausgesetzt werden müßte. Aber auch hier bleibt Schleiermacher nicht beim Postulat der idealen Beziehung der beiden Interpretationsarten stehen, sondern erkennt, daß ihre Eignung sowohl vom historischen Index als auch von der Gattung des zu interpretierenden Werkes bestimmt ist. So verbindet Schleiermacher mit der grammatischen Interpretation einerseits das Klassische, andererseits die objektivste Gattung: das Epos; mit der psychologischen einerseits das Originelle, also das Romantische, andererseits die subjektivsten Gattungen: den Brief und die Lyrik.

Schleiermacher hat Verstehen als die Umkehrung des Redens aufgefaßt[61] und dementsprechend Hermeneutik definiert als *umgekehrte Grammatik* und *umgekehrte Komposition*.[62] Wenn er stellenweise sowohl die Sprachwissenschaft als auch die Poetik seiner Zeit mit kühnen Vorgriffen auf Erkenntnisse des 20. Jahrhunderts überwunden hat, so gelang ihm das dank dieser Konzeption von Hermeneutik als einer Umkehrung von Grammatik und Poetik. In der Umkehrung wird hinter das erstarrte Regelsystem der beiden Disziplinen wie auch hinter ihre Hypostasierung des Gegebenen zurückgegangen und sowohl nach den Voraussetzungen und Bedingtheiten als auch nach der Interdependenz der Fakten, nach ihrer Dialektik, gefragt. Dem aber verdankt sich die Überwindung des Positivismus. Hermeneutik, so verstanden, ist ein Instrument der Kritik.

---

61 Vgl. ebd., S. 80.
62 Vgl. ebd., S. 48 u. S. 56.

II

Über einen Vers aus »Romeo und Julia«

Zu den wesentlichen Konstanten tragischer Dichtung gehören die Szenen, in denen sich der Held zum Fremden wandelt. Sobald er den Weg erkennt, den ihm das Schicksal weist, liegt der Bezirk der Menschen hinter ihm. Die Einsicht in die Tragik seiner Lage: daß er tun muß, was er nicht tun darf, entfremdet ihn der Welt, die stets bereit ist, sei's das Unmögliche als ein Mögliches, sei's das Nötige als ein Unnötiges auszugeben. Er aber nimmt die Unvereinbarkeit an, die zwischen seinem Sollen und seinem Können waltet, und geht den Weg, der ihm als einziger bleibt: den in den Tod. Doch der Blick, den er von dessen Schwelle auf die Welt zurückwirft, ist von keiner Träne des Abschieds getrübt. Worin er selber bislang gelebt hat, wird ihm nun nicht zum Ort der Sehnsucht, sondern zur Zielscheibe der Kritik. Mit Verachtung zerstört Hamlet sein Wissen, sobald er vom Geist seine Pflicht erfahren hat:

> *Yea, from the table of my memory*
> *I'll wipe away all trivial fond records,*
> *All saws of books, all forms, all pressures past,*
> *That youth and observation copied there;*
> *And thy commandment all alone shall live*
> *Within the book and volume of my brain,*
> *Unmix'd with baser matter.*[1]

Nicht weniger streng wird das Urteil gefällt, wenn Romeo sich von der Welt abwendet. Das Gift bezahlend, das ihm der

---

[1] *Ja, von der Tafel der Erinnrung will ich*
Weglöschen alle törichten Geschichten,
Aus Büchern alle Sprüche, alle Bilder,
Die Spuren des Vergangnen, welche da
Die Jugend einschrieb und Beobachtung;
Und dein Gebot soll leben ganz allein
Im Buche meines Hirnes, unvermischt
Mit minder würd'gen Dingen. (Hamlet I, 5.)

Apotheker wider das Gesetz verkauft, spricht er die Worte:

> *There is thy gold; worse poison to men's souls,*
> *Doing more murders in this loathsome world*
> *Than these poor compounds that thou mayst not sell:*
> *I sell thee poison, thou hast sold me none.*[2]

Die Kühnheit des barocken Theaterdichters versenkt in die alltäglichste Geste nicht bloß den Wandel aller Werte, den der tragische Held erlebt, sondern zugleich die Erkenntnis, die ihm aus solcher Umwertung erwächst. So fallen die Münzen, mit denen er sich von der Welt loskauft, seinem entfremdeten Blick als erstes zum Opfer. Was er in ihnen als Außenstehender trifft, ist das Emblem der menschlichen Habgier, die er, der nur noch den Tod haben will, nicht mehr oder allererst wirklich begreift. Als Gift erscheint ihm nun nicht das Mittel zum Sterben, sondern was sonst als Mittel zum Leben gilt. So vertieft er den Tausch von Gift und Geld, den er als Kauf vollzogen hat, zu einem solchen, in dem das eine zum Wesen des anderen wird. Es ist, als wollte er sich mit den Münzen nicht bloß von der Welt, sondern von ihnen selbst befreien, doch nur, um durch die Weggabe des als Gift begriffenen Geldes sich aufs neue in dessen Schuldzusammenhang zu verstricken: *I sell thee poison, thou hast sold me none.*[2]

---

[2] *Das ist dein Gold, ein schlimmres Gift den Seelen*
Der Menschen, das in dieser eklen Welt
Mehr Mord verübt als diese armen Tränkchen,
Die zu verkaufen dir verboten ist.
Ich gebe Gift dir; du verkaufst mir keins. (Romeo und Julia V, 1.)

Der tragische Weg von Schillers Demetrius

Unter den Handschriften, die nach Schillers Tod als Dokumente seiner Vorstudien, Überlegungen und Skizzen zum *Demetrius* neben den ausgeführten Szenen erhalten blieben und die wir nur kennen, weil Schiller mitten in der Arbeit, nach deren Abschluß er sie vernichtet haben würde, starb, befindet sich ein Blatt mit russischen Sprichwörtern. Ihre Quelle ist nicht bekannt, und obwohl sie der Dichter im Hinblick auf das geplante Werk festhielt, scheinen die meisten unter ihnen in keinem oder nur losem Zusammenhang mit dem Demetrius-Stoff zu stehen. Schillers Anschauung über die Rolle der Sentenzen in der tragischen Kunst entsprechend, hätten sie in einer Volksszene Verwendung finden sollen. Aber eines dieser Sprichwörter lenkt unsere Aufmerksamkeit besonders auf sich, denn es begreift in prägnanter Kürze jenes Phänomen, als dessen Gestaltung Schillers letztes Werk uns beschäftigt, nämlich das Tragische. Das Sprichwort lautet: *Gewinn und Verlust wohnen in Einem Hause.*[1] Die Radikalität seiner Formulierung verbietet es, diesen Satz jenen Sentenzen gleichzustellen, die den raschen Wechsel von Gewinn und Verlust, von Reichtum und Armut zum Gegenstand haben, meist als Mahnung an Gewinnende oder als Trost für Verlierende. Denn hier wird nicht ihre zeitliche Nähe behauptet, sondern die Identität ihres Ursprungs. Glück und Unglück, besagt das Sprichwort, absoluter gefaßt: Heil und Unheil werden dem Menschen von der selben Seite zuteil. Diese dialektische Einheit von positiver und negativer Kraft aber begründet das Phänomen des Tragischen und ist in allen Momenten einer tragischen Handlung aufzuweisen.

Es fragt sich, ob Schiller sich dessen bewußt war. Denkt man an seine Schriften über das Tragische, so möchte man die Frage verneinen. Denn während in Schillers letztem Lebensjahrzehnt der junge Schelling und nach ihm Hegel und Solger mit einer bis auf Aristoteles zurückgehenden Betrachtungsart brachen, in-

---

[1] *Schillers Dramatischer Nachlaß*, Hrsg. G. Kettner, Weimar 1895, I, S. 259.

dem sie nicht mehr nach Zweck, Wirkung und Herstellungsweise des Tragischen fragten, sondern nach seinem Wesen, scheint Schiller der Tradition die Treue gehalten zu haben. Er betrachtete das Tragische nicht so sehr an sich, als im Medium der Affekte, des Mitleids und der Rührung, die es als vom Dramatiker ins Werk Gesetztes bewirkt. Aber auch auf diesem Weg ist er der dialektischen Auffassung des Tragischen nahe gekommen. So heißt es in dem Aufsatz *Über die tragische Kunst*: *Diese Gattung des Rührenden wird noch von derjenigen übertroffen, wo die Ursache des Unglücks nicht allein nicht der Moralität widersprechend, sondern sogar durch Moralität allein möglich ist.* Deutlicher noch wird in einem Satz aus dem Studienheft zum *Demetrius* die Dialektik erkannt, die das russische Sprichwort meint und die, wenngleich stets begrifflich eingeschränkt und verschleiert, seit Schelling im Zentrum jeder Theorie des Tragischen steht. Im Zusammenhang mit einem Moment im Schicksal des Demetrius notiert sich der Dichter: *Wenn Unglück sein soll, so muß selbst das Gute Schaden stiften.*[2] Daß in dieser Bestimmung das Wort ›tragisch‹ fehlt, darf nicht befremden. Denn seinem wesentlich kantisch-aristotelischen, psychologisch-praktischen Standpunkt entsprechend, gebraucht Schiller das Wort ›tragisch‹ meist im Sinn von dramatisch-bühnenwirksam, während er in den Noten zum *Demetrius* oft gerade dort von einem ›dramatischen‹ Charakter spricht, wo die tragische Dialektik hervortritt. So darf wohl auch in dem angeführten Satz unter ›Unglück‹ im Gegensatz zu trauriger Begebenheit die tragische verstanden werden, jene, die erst durch den Umschlag des Guten ins Verderbliche und nicht schon durch Verderbliches allein sich ergibt.

Für die Deutung des Tragischen im *Demetrius* bedarf es dieser Stütze in Schillers Studienheft allerdings nicht. Denn es hieße das Verhältnis von Kunst und Theorie, das durchaus nicht synchronisch sein muß, verkennen, wollte man die Einsichten, die wir Schelling, Solger und Hegel danken, auf das Werk Hölderlins, Kleists und Hebbels beschränken. Nicht daß die

2 Ebd., I, S. 210.

historischen und individuellen Unterschiede etwa zwischen der Tragik des Sophokles und jener Schillers durch die Verwendung eines solchen ahistorischen Begriffes mißachtet werden sollten. Aber daß man für alle Epochen und für alle Dichter das selbe Wort ›Tragik‹ gebrauchen darf, setzt eine fundamentale Identität voraus, und diese Identität meinen wir in jener Dialektik zu finden, die das russische Sprichwort oder Schillers Satz vom Guten, das Schaden stiftet, bezeichnen. Erst der Kontext, in dem diese Dialektik auftritt, erst die Kategorien, zwischen denen sie sich abspielt, ergeben die spezifischen Züge der Tragik eines Dichters oder einer Zeit.[3]

Das Spannungsfeld, dessen alle Tragödie um ihrer Dialektik willen bedarf, ist mit dem Motiv des falschen Thronprätendenten, bei dem die Realität sich in Sein und Schein spaltet, gegeben. Schiller hat auf diesem Boden schon lange vor seiner Beschäftigung mit der Demetrius-Figur eine Tragödie errichten wollen. In ihrem Mittelpunkt hätte der Engländer Warbeck gestanden, der sich für den Herzog von York, den Sohn Eduards IV. ausgab, den Richard III. im Tower hatte ermorden lassen. Aber bei diesem bewußten Betrug treten Sein und Schein ganz auseinander und legen mithin eine komische Behandlung nahe. Schiller jedoch schwebte eine Tragödie vor, und er suchte darum die Einheit von subjektivem Sein und objektivem Schein, die allererst eine tragische Dialektik ermöglichen würde, zu erreichen, indem er Warbeck *als zu seiner Rolle geboren* erscheinen ließ, so daß es – wie er an Goethe schrieb – *so aussehen müßte, daß der Betrug ihm nur den Platz angewiesen, zu dem die Natur selbst ihn bestimmt hätte.* Aber weder auf diesem Wege noch auf dem anderen, der in Warbeck zuletzt tatsächlich einen York entdecken ließ, konnte Schiller jene Einheit finden. Erst im Demetrius-Stoff, für den er sich im März des Jahres 1804 entschloß – wenn auch nicht endgültig, denn im Dezember schwankt er noch einmal zwischen den beiden Themen –, erst in diesem verwickelten und zur Zeit Schillers noch gar nicht erhellten Abschnitt aus der Geschichte Rußlands war die Mög-

---

3 Vgl. dazu vom Verf., *Versuch über das Tragische.* In: *Schriften*, Bd. I.

lichkeit gegeben, den Prätendenten, wenn auch nur für eine Zeitspanne, an sein Recht glauben zu lassen. Diesen Stoff wählte also Schiller, und er folgte dem Historiker Levesque, der im Gegensatz zu allen anderen, und auch zu den Ergebnissen der späteren Forschung, Demetrius bona fide handeln ließ.

Auf diese Weise wurde Demetrius' äußerer Weg, sein Schicksalsweg, zugleich auch zum inneren, zum Bewußtseinsweg. Der äußere führt ihn aus Sambor, wo er am Hof des Woiwoden als russischer Flüchtling Aufnahme gefunden hatte, zunächst auf den Reichstag zu Krakau. Dann, an der Spitze einer polnischen Armee, in sein Land zurück: zuerst nach Tula, dem Schauplatz der Begegnung mit der Zarenwitwe Marfa. Mit ihr zieht er hernach in Moskau ein, wo die Linie seines Lebens gipfelt und bricht. Der Bewußtseinsweg aber, welcher der bunten historischen Vielfalt des andern Gerüst und Bedeutung zugleich verleiht, führt ihn aus dem Stand *harmlos glücklicher Unwissenheit* (das Wort steht im *Warbeck*-Fragment) zuerst auf die imaginäre Höhe des falschen Bewußtseins, das den Schein für Sein nimmt, um ihn dann in den Abgrund des wahren Bewußtseins zu stürzen, welches das falsche zwar vernichtet, aber den für Sein gehaltenen Schein nun nicht mehr aufzugeben vermag und sich selber der Unwahrheit verschreibt. Dieser doppelte Weg führt Demetrius zugleich von sich selber weg in die Selbstentfremdung. Schiller hat in den Skizzen daran gedacht, seinen Helden am Ende seiner Laufbahn im Gespräch mit einem, der ihn schon in Sambor gekannt hat, *nach jenem Jüngling* fragen zu lassen, *d. i. nach sich selbst, als ob er eine fremde Person wäre, so unähnlich fühlt er sich sich selber, und soviel hat er indessen erlebt, daß jene Tage ihm nur noch im Dämmerschein zu liegen scheinen.*[4]

An den beiden Wendepunkten im Bewußtsein des Demetrius, da er als Zarewitsch erkannt wird und da er erfährt, daß er es nicht ist, verdichtet sich gleichsam die Tragik im Handlungsgewebe; sie muß die Analyse erhellen, will man den tragischen Weg des Demetrius verstehen. Die Vorgeschichte der ersten

---

4 *Nachlaß*, a.a.O. I, S. 84.

Peripetie freilich, die Schiller in ihrer szenischen Form aus dem Werk später ausschloß, um es mit der dramatisch gewaltigen Reichstagsszene zu eröffnen, zeigt den Helden in wechselndem Licht. Es ist, als habe sich nicht nur Demetrius, sondern im Lauf der Ausarbeitung der Dichter selber von jener ursprünglichen Gestalt entfernt, nach der der Zarewitsch zuletzt schwermütig fragt. Im Studienheft, das Kettner, der Herausgeber des dramatischen Nachlasses, vom Mai des Jahres 1804 datiert, heißt es: *Demetrius erscheint zuerst in einem unschuldigen schönen Zustand als der liebenswürdigste und herrlichste Jüngling, der die Gnade Gottes hat und der Menschen.*[5] Später, im Szenar vom November 1804 sind die Züge des Demetrius von Anfang an verdüstert: *Als Ausländer und als Russe (der ein natürlicher Feind der Polen) fühlt er sich abgestoßen, fremd, scheel angesehen.* Und es ist von seiner *zwitterartigen Qualität als Exmönch und als Krieger* die Rede.[6] Die Veränderung ist vielleicht darauf zurückzuführen, daß Schiller der doppelte Glückswechsel schon in den ersten Szenen des Werkes als für die Ökonomie des Ganzen nachteilig und mit der zweiten Peripetie verglichen äußerlich erscheinen mochte. Die selbe Überlegung führte ihn dann wohl dazu, auf diese Szenen überhaupt zu verzichten und sie nur durch Demetrius auf dem Reichstag zu Krakau berichten zu lassen, obwohl ihm bewußt war – wie er in den Entwürfen notiert –, daß sich *die bonne foi des Demetrius schwerer erweisen läßt* und seine *Katastrophe weniger interessiert, wenn er nicht vorher im Privatstand gesehen worden.* Da die Katastrophe – wie wir beifügen möchten – in ihrer tragischen Struktur zugleich weniger sichtbar wird, dürfen die später fortgelassenen Szenen hier nicht übergangen werden.

Ihr äußerer Handlungsablauf, der die beiden Glückswechsel herbeiführt, ist rasch nacherzählt. Demetrius, der in Sambor Grischka genannt wird, begehrt die Liebe Marinas, der Tochter seines Gastherrn. Deren Bräutigam, der Palatinus, weist ihn zurecht und will ihn züchtigen. *Grischka verteidigt sich, der*

5 Ebd. I, S. 205.
6 Ebd. I, S. 121.

wütende Pole rennt in das Schwert seines Gegners und fällt tödlich getroffen.[7] Der unschuldig zum Mörder Gewordene erwartet im Gefängnis das Todesurteil. Er trennt sich von dem Kleinod, das er bis dahin immer auf sich getragen hat, und läßt es dem Woiwoden überbringen. An diesem Kleinod wird er dann von russischen Flüchtlingen als der Zarewitsch Demetrius erkannt. – Schon in diesem äußeren Geschehen, das teilweise dem Demetrius-Roman La Rochelles entnommen ist und in keinem Verhältnis steht zur Bedeutung der eigentlichen Handlung, die es auslöst, ist die tragische Dialektik am Werk. Demetrius zieht sich das Todesurteil zu, indem er sich vor der Rache des Palatinus schützen will: Rettung und Vernichtung wohnen in einem Hause. Und was ihn vor dem Todesurteil rettet, seine Erkennung als Zarewitsch, bringt ihn auf einen Weg, der nicht nur zu seinem Tod führt, sondern auch zu seiner inneren Vernichtung und zum Tod vieler anderer, so des Boris Godunow und seiner Tochter Axinia.

Näher an die Gedankenwelt Schillers führt indessen die tragische Dialektik, die in der Motivation dieser Handlungskette sichtbar wird. An ihrem Ursprung steht, was man die Liebe des Demetrius zu Marina nennen würde, hätte Schiller nicht ausdrücklich gesagt, daß die Gedanken des Demetrius auf sie gerichtet sind, *mehr weil seine Natur dunkel nach ihres Gleichen strebt als aus Liebe.*[8] Marina aber, die ehrgeizige Tochter des Woiwoden, verkörpert für Demetrius die tragische Macht, von der ihm sowohl Heil als Unheil wird. *Die Polnische Braut, welche das Glück des Demetrius zuerst gegründet, bringt auch das Unglück mit sich.*[9] Was aber den Demetrius zu ihr, die ihn ohne sein Wissen zum Betrüger machen wird, hinzieht, ist die trügerische Stimme seiner eigenen Natur, die, statt der Scheinwelt des Außen die Wahrheit entgegenzusetzen, den Schritt in die Lüge selber begünstigt, indem sie ihm eine hohe Abstammung vortäuscht. So ist Demetrius von Anfang an ein Opfer nicht nur der Umstände, sondern auch seiner selbst. Er wird es

7 Ebd. I, S. 86.
8 Ebd. I, S. 109.
9 Ebd. I, S. 204.

noch mehr in der Folge, bei seiner Erkennung als Zarewitsch. Zu den äußeren Gründen, aus denen man ihn für den Sohn Iwans hält, dem Kleinod etwa und einem Körpermerkmal, kommen innere Motive hinzu, die allererst seine Tragik bewirken. Grundlegend ist der Glaube des Demetrius an sich selbst. Da ihm im Gefängnis eröffnet wird, er sei Iwans Sohn, ist es, *als ob eine Binde von seinen Augen fiele. Alles Dunkle in seinem Leben erhält ihm auf einmal Licht und Bedeutung. [...] Er erinnert sich einzelner Worte, die für ihn bedeutungslos waren und jetzt einen Sinn erhalten.*[10] Wiederum ist es also die Tiefe seiner Person, die ihn – statt ihm Halt gegen den Trug der Außenwelt zu bieten – diesem gerade ausliefert. Das Licht, das in das Dunkel seines Lebens fällt, der Sinn, den das bisher Unverstandene in ihm gewinnt – sie sind das Gute, das auf tragische Weise Schaden stiftet. Hinzu kommt der Ehrgeiz des Demetrius, mit Schillers Worten *das ungeheure Streben ins Mögliche,* das *durch eine gewisse Götterstimme gerechtfertigt* ist.[11] Das Wort, das im Vers der Marina: *Mag er / Der Götterstimme folgen, die ihn treibt*[12] wiederkehrt, erinnert an eine Stelle in Schillers letztem Brief an Körner (vom 25. April 1805), wo er den *Demetrius* ein *Gegenstück zu der Jungfrau von Orleans* nennt. Ein Gegenstück ist es insofern, als die Götterstimme, die in beiden Werken einen Menschen aus der Unschuld der Natur in die Wirren der Geschichte und in den Untergang stößt, Jeanne d'Arc zur Märtyrerin und Retterin ihrer Nation macht, Demetrius hingegen zum Betrüger und Despoten.

Die Umgebung des Demetrius, der Woiwod von Sambor, die russischen Flüchtlinge und viele Polen glauben an ihn zunächst, weil *die Natur ihn zu etwas Höherem bestimmt zu haben* scheint. *Sein hoher Geist* ist *im Contrast mit seinem Zustand*[13], *körperliche Stärke, Schönheit, kühner Mut, Geist und Einsicht, Hochsinn finden sich in ihm, weit über seinen Stand und sein*

10 Ebd. I, S. 94.
11 Ebd. I, S. 125.
12 Ebd. I, S. 28.
13 Ebd. I, S. 108.

Schicksal.¹⁴ So sind es des Demetrius Tugenden selbst, die ihn in Betrug und Verderben stürzen. Aber mehr noch als seine hohe Erscheinung, als die Überredungskünste der Marina, die selber nicht an ihn glaubt, ihn bloß als Mittel zur Befriedigung ihres Ehrgeizes benützt, bewirkt bei den Polen und bei den Russen des Demetrius Glaube an sich selbst. *Er glaubt an sich selbst und überzeugt dadurch auch den Woiwoden*¹⁵, *Demetrius hält sich für den Zar und dadurch wird ers.*¹⁶ So breitet sich das falsche Bewußtsein des Demetrius, zu dem ihn die innere Stimme verleitet, in die historische Wirklichkeit aus und macht sie allererst zu einer Welt des Trugs.

Alle tragischen Momente, welche diese erste Bewußtseinsperipetie bestimmen, haben gemeinsam, daß das Unheil jene innere Welt der Ideale, jene Stimme des Herzens und der Götter zum Ursprung hat, die Schiller gerade als die einzige Quelle des Heils gilt. Die Botschaft des Gedichts *Die Worte des Wahns* scheint hier zurückgenommen zu sein. Denn kein Zweifel kann darüber bestehen, daß Demetrius, wie er bei Schiller zunächst erscheint, würdig ist, an der Seite seiner lichtesten Dramengestalten, der *Kinder des Hauses*, zu stehen und die Ideale des Schönen und Wahren zu verkörpern. Seine Tragödie ist aber nicht etwa, daß er auf die Worte des Wahns hört und im Untergang erfahren muß, daß der Feind des Rechten und des Guten diesen nie erliegen, daß das buhlende Glück sich dem Edeln nie vereinigen und die Wahrheit dem irdischen Verstand nie erscheinen wird. Nicht die äußere Wirklichkeit vernichtet die höchsten Werte und mit ihnen den, der sie wahnhaft ›draußen‹ gesucht hat, sondern diese Werte selber werden zu Mächten der Vernichtung. Das Rechte, das Gute, das Demetrius – wie es Schillers Gedicht postuliert – in sich selbst vorfindet, selber hervorbringt, wird ihm und der Außenwelt, welche ihm nicht etwa feindlich gesinnt ist, sondern ihn in seiner vermeintlichen Sendung bestärkt, verderblich, indem es sich schließlich als das Unrechte und das Böse erweist. Die

14 Ebd. I, S. 226.
15 Ebd. I, S. 87.
16 Ebd. I, S. 219.

tragische Erfahrung des Demetrius ist gerade nicht, daß die Erde nicht dem Guten gehört und das buhlende Glück dem Schlechten mit Liebesblick folgt. Sondern eben sein innerer Adel, der mit seinem äußeren Stand in Sambor nicht vereinbar scheint, bringt ihm Glück und die Herrschaft über die russische Erde. Doch es ist ein Glück, das sich am Ende gegen ihn wenden wird, weil es auf Unwahrheit gegründet ist. Die Unwahrheit aber, der unbewußte Betrug des Demetrius, ist wiederum nicht – wie es das Gedicht nahelegt – das Werk des irdischen Verstands: die vernünftig-kalte Rechnerin Marina und später auf dem Reichstag der kluge Staatsmann Sapieha lassen sich als einzige nicht täuschen. Sondern die Unwahrheit ist das Ergebnis gerade dessen, was Demetrius in seinem Innern findet, da er der Stimme seiner Natur, ja einer Götterstimme das Ohr leiht.

In allen Punkten scheint so die erste Peripetie, der erste tragische Brennpunkt des Werkes, die idealistische Lehre, wie sie das Gedicht *Die Worte des Wahns* enthält, zu verhöhnen. Es ist hier daran zu erinnern, daß in der Schiller-Forschung der letzten Jahrzehnte wiederholt behauptet wurde, mit dem *Demetrius* habe sich der Dichter vom Idealismus abgewandt und einen Weg des tragischen Realismus betreten, der ihn in die Nähe Kleists und Büchners führte. Die These wurden indessen nicht etwa auf das eben Ausgeführte gegründet, sondern darauf, daß im *Demetrius* der Zufall siegt, indem er den Helden zum Opfer der Umstände macht. Gerade dies ist aber nur bedingt der Fall. Der Schillersche Idealismus erscheint im *Demetrius* in Frage gestellt, nicht weil er der Realität unterliegt, sondern weil er selber eine Realität erschafft, der er dann zum Opfer fällt. Daraus den Schluß zu ziehen, Schiller hätte seine idealistische Position aufgegeben, wäre freilich voreilig. Aber soviel ist nicht von der Hand zu weisen, daß – zumal in den Ansätzen – die erste tragische Peripetie des *Demetrius* die Tragik des Idealismus zu gestalten scheint. Das Gute, das jenem Wort Schillers zufolge Schaden stiften kann, erscheint hier als die von ihm an die höchste Stelle erhobene Welt der Ideale, die den Untergang, den sie und die Realität erfahren, selber herbeiführt. Diese

Tragödie des Idealismus entworfen zu haben, bedeutet noch keine Abwendung von ihm. Was man annehmen darf, ist vielleicht soviel, daß dem Idealisten Schiller die mögliche Tragik seiner Position bewußt wurde; daß der Dramatiker Schiller das Tragische, das sein Werk gestalten sollte, in seiner eigenen Gedankenwelt hat verwurzeln wollen.

In der frühesten Tragödie der deutschen Literatur, im *Leo Armenius* des Andreas Gryphius, stehen die Verse:

Wir steigen als ein Rauch, der in der Luft verschwindet,
Wir steigen nach dem Fall, und wer die Höhe findet,
Findt, was ihn stürzen kann.

So wenig wie das russische Sprichwort meinen diese Alexandriner den raschen Wechsel von Steigen und Fallen. Vielmehr begreifen sie ihre dialektische Identität, die es erlaubt, als Ziel des Steigens den Fall zu nennen. *Wir steigen nach dem Fall* – der Satz könnte als Motto über dem Weg des Demetrius stehen, der ihn von Sambor nach Tula, von der ersten zur zweiten Wende seines Bewußtseins führt. Es ist der Aufstieg zum Zarenthron, zwar nicht ohne Rückschläge, doch mit solchen, die sich zunächst selber heilbringend auswirken. So unterliegt Demetrius in der ersten Schlacht, aber die Armee Boris Godunows siegt – wie Schiller notiert – *gewissermaßen wider ihren Willen*, und ihr Feldherr Solticov, der darauf zu Demetrius übergeht, bereitet damit den Abfall der ganzen Armee vor.[17] *Hinreißendes Glück des Demetrius, davor ihm selbst schwindelt. Alle Herzen fallen ihm zu. [...] Er ist ein Gott der Gnade für alle, alles hofft und begrüßt die neu aufgehende Sonne des Reichs.*[18] Doch dieser Aufstieg hat zum verborgenen Ziel den Sturz von der Höhe der vermeintlich legitimen Forderung in den Abgrund des Betrugs. Nicht zufällig nämlich tritt dessen Urheber, den Schiller den fabricator doli nennt, dem Demetrius gerade dann gegenüber, da dieser *auf dem Gipfel des Glücks und der Gunst*

17 Ebd. I, S. 147 f.
18 Ebd. I, S. 100.

steht.[19] Denn seine Absicht ist es, vom künftigen Zaren, dem er, der Mörder des echten Demetrius, ohne dessen Wissen zum Thron verholfen hat, für sein *königliches Geschenk* den Lohn zu fordern. Jeder Schritt, den Demetrius auf seinem Weg zum Zarenthron empor tut, führt ihn zugleich der Erkenntnis seiner selbst, der Vernichtung seines falschen Bewußtseins, das ihm diesen Weg vorgeschrieben hat, näher. Der Auftritt des fabricator doli ist nur die Folge davon, daß er den Gipfel des Glückes erreicht hat. Diese Dialektik von Aufstieg und Sturz begründet die Tragik der zweiten Phase, die indessen noch andere tragische Momente birgt.

Ein solches ist die dreifache Hilfe, die ihm von seiner Braut Marina, von der Zarenwitwe Marfa und von dem polnischen Adel zuteil wird. Sie ist nicht auf Liebe und Verehrung gegründet, sondern auf Berechnung. Die Menschen, die Demetrius dienen, bedienen sich zugleich seiner in der Verfolgung ihrer Ziele. Den drei Stufen in seiner Bewußtseinswandlung entsprechen so im Gebiet des Zwischenmenschlichen die Stufen der Liebe, der Unterstützung und des Hasses. Sie markieren den graduellen moralischen Abstieg des Demetrius – das Wort im Schillerschen Wortsinn verstanden –, der seinen Aufstieg als Zarewitsch zunächst leise kontrapunktiert, um ihn dann in die eigene Richtung herumzureißen. Schiller hat diese drei Stufen in drei Frauengestalten verdeutlicht. In Sambor ist es die innigsanfte Lodoiska, deren Liebe Demetrius nicht erwidert, da ihn die Stimme seiner Natur trügerisch zu Marina hinzieht. Der Abschied von ihr *deutet symbolisch an, wie er durch seinen Austritt aus dem Hause des Woiwoden sich von dem Glück der Unschuld scheidet.*[20] Die letzte Stufe überstrahlt die Gestalt der Axinia, der Tochter des Boris. Demetrius rettet sie *aus den blutgierigen Händen der Kosaken oder des Volks, sie zeigt eine rührende Größe im Unglück und gewinnt dadurch sein Herz. Aber sie haßt ihn aufs heftigste als den Verderber ihrer Familie.*[21] Die Tragik des Demetrius ist hier nicht, daß ihm Rettung

19 Ebd. I, S. 155.
20 Ebd. I, S. 133.
21 Ebd. I, S. 100.

zu Vernichtung wird, sondern daß er auch noch als Retter der Vernichter bleibt, zu dem ihn die Götterstimme und Marina gemacht haben, Marina, die ihn auch des Gegenstandes seiner unerwiderten Liebe beraubt, indem sie eifersüchtig Axinia ermorden läßt. Sie ist *die Bewegerin der ganzen Unternehmung*, also von Demetrius' Aufstieg, zugleich aber die, welche *die Katastrophe herbeiführt*. Ihre Unterstützung wie auch die des polnischen Adels und der Zarin-Mutter schlagen für Demetrius zuletzt nicht nur deshalb ins Verderbliche um, weil der Weg, auf dem sie ihm voranhelfen, ein Steigen nach dem Fall ist. Dieser Hilfe wohnt vielmehr selbst schon eine tragische Dialektik inne, die des fabricator doli, um ihr Ziel zu erreichen, gar nicht bedarf. Die *Stärke* ihres *Charakters, welche im ersten Akt den Demetrius emporhob, trug und poussierte, kehrt sich im letzten Akt gegen ihn selbst, und er hat sich nur eine Tyrannin gegeben*.²² Was für Marina gilt, gilt auch für die polnische Armee, die sich auf dem Reichstag für Demetrius gewinnen läßt, wiederum nicht um der vermeintlich guten Sache willen, sondern um sich in Rußland zu bereichern. *Die Polen*, die sich im ersten Akt *für den Demetrius waffnen, erscheinen im vierten und fünften als Geißeln von Rußland und als die Tyrannen ihres Beschützten*. Es ist nicht zuletzt das Verhalten Marinas und der polnischen Armee in Rußland, das zu der Verschwörung führt, die Demetrius das Leben kosten wird. Von Tragik dürfte hier nicht gesprochen werden, ergriffen Marina und die Polen gegen Demetrius Partei, wäre ihre Hilfe bloß vorgetäuscht. Sie ist es aber nicht, vielmehr verdankt Demetrius ihr allein den Siegeszug nach Moskau, wo sie sich dann beim russischen Volk, dessen Zar zu werden er beansprucht, gegen ihn wendet. So wird hier ein weiteres tragisches Moment sichtbar, dessen Gefahr Demetrius an der Grenze Rußlands in ergreifenden Versen zu ahnen scheint:

Vergib mir teurer Boden, heimische Erde,
Du heiliger Grenzpfeiler, den ich fasse,

22 Ebd. I, S. 107.

Auf den mein Vater seinen Adler grub,
Daß ich, dein Sohn, mit fremden Feindeswaffen
In deines Friedens ruhigen Tempel falle.[23]

Demetrius kann nur mit polnischer Unterstützung Zar der Russen werden, aber gerade dies entfremdet ihn seinem Volk. Schon in der Täuschung, in dem Glauben, er sei der rechtmäßige Thronprätendent, nistet sich das Tragische ein und würde ihn vernichten, selbst wenn er der echte Demetrius wäre.

Wie Marina dazu beiträgt, daß sich die Russen um den General Zusky gegen Demetrius verschwören, so bewirkt seine Ermordung durch die Verschwörer das Schweigen der Zarin-Mutter Marfa, die damit kundgibt, daß Demetrius nicht ihr Sohn ist. Auch sie unterstützte ihn nicht aus Liebe: wie Marina ihren Ehrgeiz, so wollte sie ihre Rachgier stillen. Noch bevor sie Demetrius zum erstenmal erblickt, spricht sie die Worte: *Und wär es nicht der Sohn meines Herzens, so soll er doch der Sohn meiner Rache sein, ich nehme ihn dafür an, den mir der Himmel rächend hat geboren.*[24] In Tula zeigt sie sich dem Volk im Zelt des Demetrius an seiner Seite: das Schweigen, das in Moskau Demetrius entlarven und ihm den Tod geben wird, genügt hier noch ironischerweise, ihn für den Zarewitsch zu erklären. Da aber diese Hilfe auf Rachsucht gegründet ist, hat sie ihr Ende – wie das Szenar besagt – mit deren Befriedigung durch den Tod des Boris, und Marfa wendet sich vom Sohn ihrer Rache ab, um ihn den Verschwörern auszuliefern.

Boris Godunow, dessen selbstgewählter Untergang so, durch das Rachegefühl der Zarin-Witwe reflektiert, den Untergang auch des Demetrius herbeiführt, ist von Schiller nicht bloß als dessen politischer Gegner, sondern im Anthropologischen auch als dessen Gegenbild konzipiert worden. Die wenigen Seiten, die in den Entwürfen Boris Godunow gelten, lassen erkennen, daß dem Dramatiker hier ein Gleichgewicht zwischen zwei dramaturgisch gleichgestellten Helden vorgeschwebt haben muß, ähnlich jenem, das ihm bereits in der *Maria Stuart* ge-

23 Ebd. I, S. 56.
24 Ebd. I, S. 99.

glückt war. So wenig wie dort handelt es sich im *Demetrius* um die Gegenüberstellung von Licht und Schatten. Aber in deutlichem und für Schillers letztes Werk sehr charakteristischem Unterschied davon stehen sich hier die beiden »gemischten« Charaktere – das Wort im Sinn der berühmten aristotelischen Forderung gebraucht – nicht statisch gegenüber. An die Stelle der beiden verschieden getönten Hell-Dunkel, wie sie Maria und Elisabeth verkörpern, tritt hier ein Licht, das sich aus sich selber verfinstert, und ein Schatten, der zwar fähig ist, sich zum Licht durchzuringen, der aber die Finsternis, der er entstammt, dennoch nicht zu überhellen vermag und ihr schließlich zum Opfer fällt. Denn Boris steht dem ohne sein Wissen betrügerischen Prätendenten weder als der legitime Zar, noch als ein verbrecherischer Usurpator gegenüber. Vielmehr geht er, wie Demetrius, einen Weg, und zwar in entgegengesetzter Richtung. Hat den Demetrius seine Innerlichkeit, in der eine Götterstimme zu ihm sprach, zum Prätendenten gemacht, so wurde Boris, ohne sich auf Rechte zu berufen, Zar aus eigener Kraft, freilich um den Preis des Verbrechens, der Ermordung des echten Zarewitsch. Aber der leeren Forderung des Demetrius hat er seine Verdienste entgegenzustellen; im Szenar heißt es: *Boris hat, indem er sich per nefas zum Herrscher machte, alle Pflichten des Herrschers übernommen und geleistet; dem Land gegenüber ist er ein schätzbarer Fürst und ein wahrer Vater des Volks.*[25] Was Demetrius erst werden will, Boris ist es; was Demetrius, nach der zweiten Peripetie, werden muß, Boris ist es gewesen und ist es nicht mehr. Das Gemischte ihrer Charaktere erscheint so als eigentlicher Charakterwechsel, und zwar nicht bloß im Sinne der Veränderung, sondern beinah auch in dem des Austauschs.

Ein anderes Werk Schillers drängt sich hier zum Vergleich und zur Differenzierung auf. Demetrius, wie er zunächst in Sambor erscheint, steht der idealen Gestalt Max Piccolominis nahe, Boris Godunow dem Realisten Wallenstein. Das grundsätzlich Neue in Schillers letztem Bühnenwerk aber ist der Wandel seiner Helden; nicht zufällig heißt es auf einem der Skizzenblät-

25 Ebd. I, S. 150.

ter unter dem Titel *Interessante Bestandstücke* an erster Stelle: *Demetrius Glückswechsel und Charakterwechsel*. Denn den Idealisten Demetrius macht sein eigener Glaube zum Betrüger und Despoten, während sich der Realist Boris als Zar zur reinen Verkörperung des Vaterbildes läutert. Kennzeichnend für diesen Charakterwandel und Charakterwechsel ist die Art ihres Todes: Demetrius, der in Sambor *die Gnade Gottes hat und der Menschen,* wird in Moskau ermordet wie Wallenstein, während Boris Godunow *gelassen und sanft wie ein resignierter Mensch* [...] *in Mönchskleidern* sich für den Tod entschließt gleich Max Piccolomini, nicht ahnend, daß der von ihm gefürchtete Romanow, neben Lodoiska und Axinia die einzige schuldlose und reine Gestalt des Werkes, ihm nicht mit Racheabsichten naht, sondern um ihm *seine Unterwürfigkeit zu bezeugen* – auch dies ein Zeichen für die idealistische Erhöhung des Boris. Ist es die Tragik des Demetrius, daß ihn das Gute auf den Weg des Bösen bringt, so will es das tragische Schicksal Boris Godunows, daß er noch am Ziel seines Weges, der ihn ins Gute geführt hat, für das Böse bezahlen muß, von dem er ausgegangen. Es ist, wenn man will, die Tragik des Realisten.

Der Kontrapunkt, den das Schicksal Godunows zu dem des Demetrius bildet, ist ein Zeichen mehr dafür, daß in diesem die Tragödie des Idealismus gestaltet worden ist. Zugleich weist er darauf hin, daß sich Schillers Dichten mit dem *Demetrius* auch dramaturgisch entscheidend verändert hat. Denn zum erstenmal erscheinen hier die anthropologischen Kategorien nicht mehr als feste Größen, sondern in ihrer Wandelbarkeit: Demetrius und Boris haben im Gegensatz zu Max Piccolomini und Wallenstein keinen unverrückbaren Platz mehr in Schillers Typologie, vielmehr führen sie ihre sich kreuzenden tragischen Wege aus der angestammten Kategorie hinaus in die Nähe ihres Gegenspielers. Welchen Gewinn diese Dynamisierung des anthropologischen Schemas für das vollendete Drama bedeutet hätte, nämlich in der innigen Verknüpfung der tragischen Schicksale mit dem Verhältnis der dramatis personae zueinander, wir können es nur ahnen; wer ihn ermessen wollte, müßte Schiller wohl ebenbürtig sein.

In den bisherigen Ausführungen haben wir bewußt manches aus dem letzten Teil des Dramas, wie er aus Schillers Entwürfen zu erschließen ist, vorweggenommen, um uns zum Schluß ganz auf jene zweite Peripetie, jene Wende im Bewußtsein und Schicksal des Demetrius konzentrieren zu können, die seit je als Zentrum, als *prägnanter Moment* des Werkes gilt. Es ist jetzt auch angebracht, die Zählung, der wir bislang gefolgt sind, zu modifizieren. Denn in Wahrheit ist es nicht die zweite Peripetie, sondern die erste, es ist die Peripetie der Tagödie, und zwar nicht bloß, weil die Szenen, die in Sambor spielen, von Schiller ja geopfert wurden, sondern auch, weil ihr tragischer Gehalt erst im Augenblick, da Demetrius erfährt, daß er nicht der Zarewitsch ist, in sein Bewußtsein tritt. Obgleich es sich wohl um die bekannteste Seite aus Schillers dramatischem Nachlaß handelt, sei diese Szene nach einem der beiden Entwürfe zunächst in extenso mitgeteilt:

Wenn Demetrius seine wahre Geburt erfahren und sich überzeugt hat, daß er nicht der wahre Demetrius ist (es ist unmittelbar vor einer Szene, wo er den Glauben an sich selbst nötiger hat als jemals), so verstummt er erst und tut darauf einige kurze Fragen, hohl und kalt – dann scheint er schnell seine Partei zu ergreifen und teils in der Wut, teils mit Absicht und Besonnenheit stößt er den Botschafter nieder, gerade wie dieser von der erwarteten Belohnung spricht – der Tod ist diese Belohnung. ›Du hast mir das Herz meines Lebens durchbohrt, du hast mir den Glauben an mich selbst entrissen – Fahr hin Mut und Hoffnung. Fahrt hin du frohe Zuversicht zu mir selbst! Freude! Vertrauen und Glaube! –
In einer Lüge bin ich befangen,
Zerfallen bin ich mit mir selbst! Ich bin ein Feind der Menschen, ich und die Wahrheit sind geschieden auf ewig! – Was? Soll ich das Volk selbst aus seinem Irrtum reißen? (Diese großen Völker glauben an mich. Soll ich sie ins Unglück, in die Anarchie stürzen und ihnen den Glauben nehmen?) Soll ich mich als Betrüger selbst entlarven? – Vorwärts muß ich. Fest stehen muß ich, und doch kann ichs nicht mehr durch eigene innere Überzeugung. Mord und Blut muß mich auf

meinem Platz erhalten. – Wie soll ich der Zarin entgegentreten? Wie soll ich in Moskau einziehen unter den Zurufungen des Volks mit dieser Lüge im Herzen?‹
Wie man hineintritt, sieht man den Zar mit dem Dolch, und den Toten hingestreckt und tritt mit Entsetzen zurück. Dieser Anblick unmittelbar vor seinem Zarischen Einzug ist sehr sinistrer Bedeutung. Er ahndet alles, was man dabei denkt, und beantwortet es auch. Schon ist er der alte nicht mehr, ein tyrannischer Geist ist in ihn gefahren, aber er erscheint jetzt auch furchtbarer und mehr als Herrscher. Sein böses Gewissen zeigt sich gleich darin, daß er mehr exigiert, daß er despotischer handelt. Der finstre Argwohn läßt sich schon auf ihn nieder, er zweifelt an den andern, weil er nicht mehr an sich selbst glaubt.[26]

Einer Linse gleich versammelt diese Szene das Geschehen des ganzen Werkes in einen Punkt. Vergangenheit, Gegenwart und Zukunft im Schicksal des Demetrius erscheinen hier in einen Augenblick verdichtet. Auf die Worte des fabricator doli folgt zuerst Schweigen. Das Verstummen des Demetrius ist mehr als das Zeichen seiner Verwirrung, seiner Erschütterung. Jenem plötzlichen Licht entsprechend, das die erste Peripetie auf seine Vergangenheit warf, bezeugt es hier einen Stillstand in seinem Leben, eine Kluft zwischen dem, was er war, und dem, was er ist; zwischen jenem, der er zu sein meinte, und jenem, als den er sich nun erfährt. Aus dieser Leere gewinnt er sich verändert zurück und tötet zum erstenmal willentlich. Das Schicksal des Botschafters, daß er für sein *königliches Geschenk* diesen Lohn erhält, hat Schiller als dramatisches Moment beschäftigt, aber es wird hier überschattet durch den tragischen Vorgang in Demetrius selbst. Statt den Botschafter zu belohnen, straft er ihn mit dem Tod, doch er straft ihn nicht dafür, daß er ihn betrogen hat, sondern daß er ihn sich selbst betrügen ließ, daß er ihm den Betrug enthüllt hat, den er, Demetrius, an sich selber begangen. Das Herz seines Lebens, das der fabricator doli durchbohrt hat, die Quelle, aus der er seine Kräfte schöpfte, war sein Glaube an sich selbst. Damit ist aber nicht bloß der Glaube daran gemeint,

26 Ebd. I, S. 101 f.

daß er der Sohn Iwans, daß er rechtmäßiger Thronprätendent sei. Vielmehr etwas, das diese Forderung erst zur Folge hatte: nämlich der Glaube an die innere Stimme als an das einzig Untrügliche in einer Welt des Scheins, die *Zuversicht* zu sich selbst, wie Demetrius sagt, jenes Vertrauen in die Welt der Ideale, welches das Gedicht *Die Worte des Wahns* lehrt. Die Klage und der Haß des Demetrius richten sich nicht etwa gegen die Außenwelt, sondern gegen sein Inneres: nicht mit ihr, mit sich selbst ist er fortan zerfallen. Noch bevor er den Entschluß faßt, den Schein aufrechtzuerhalten und als Zar in Moskau einzuziehen, weiß er, daß er und die Wahrheit auf ewig geschieden sind. Denn gerade dort war er der Unwahrheit begegnet, wo er gegen den Trug des Draußen Schutz und Stütze hätte finden sollen.

Dann kehrt sich der Held der Gegenwart zu, in der ihn eine Lage erwartet, die nicht weniger tragisch ist als die Entwicklung im Vergangenen, deren Folge sie ist. Da er im Begriff steht, das Lügengespinst zu zerreißen und seine wahre Geburt einzubekennen, wird ihm die Notwendigkeit klar, den Betrug aufrechtzuerhalten. *Diese großen Völker glauben an mich, soll ich sie ins Unglück, in die Anarchie stürzen und ihnen den Glauben nehmen?* fragt er sich. Der tragische Vorgang, in dem das Gute ins Verderbliche umschlug, mündet in eine tragische Situation, in der das Gute zugleich als verderblich, das Verderbliche zugleich als gut erscheint. Demetrius, den die Stimme seines Herzens ohne sein Wissen zum Betrüger gemacht hat, muß nun wissentlich betrügen: er muß tun, was er nicht tun darf. An der »Kreuzung zweier Notwendigkeiten«[27] sind ihm, wie jedem der tragischen Helden, beide Wege, zwischen denen er meint wählen zu können, in Wirklichkeit versperrt. Aber betrogen von der Stimme seines Herzens, die ihm die Unwahrheit als Wahrheit ausgegeben hatte, und darum mit ihr auf ewig zerfallen, von jenem Ehrgeiz jedoch noch immer getrieben, den ihm *eine gewisse Götterstimme* zu rechtfertigen schien, beschließt Demetrius, den Weg des Betrugs zu gehen.

---

27 Paul Ernst, *Der Weg zur Form*. 3. Aufl. München 1928, S. 121.

Kaum ist sein Beschluß gefaßt und der tote Punkt der Ausweglosigkeit scheinbar verlassen, der buchstäblich der Punkt des Todes ist, denn dieser ist der einzige Ausweg, bemächtigt sich des Demetrius eine letzte tragische Dialektik. Auch sie ist in dieser einen Szene vorweggenommen. In grausamer Ironie kehrt sich nun um, was seinen Aufstieg ermöglicht hat, und kehrt sich damit gegen ihn. Glaubten die Menschen an Demetrius, weil er an sich selber glaubte, so schleicht sich nun, da er nicht mehr an sich selbst glauben kann, der Zweifel an den andern in sein Herz. *Der finstre Argwohn läßt sich schon auf ihn nieder,* ein *tyrannischer Geist* fährt in ihn. Er wird zum *furchtbaren Despoten* jenes Volkes, das er hat retten wollen, und er wird es auf tragische Weise gerade durch die *Lüge im Herzen,* die er bereit war für die Rettung als Preis zu zahlen. Demetrius als Tyrann, notiert sich Schiller ins Studienheft, *verliert die Liebe und das Glück.* Damit erst ist sein Leben verwirkt.

Doch über den Tod des Demetrius gehen die Entwürfe zweifach und gegensätzlich hinaus, in Hinweisen, die auch im vollendeten Werk als solche erhalten geblieben wären. Nach der Ermordung des Demetrius, heißt es im Szenar, *kann einer von der Menge zurückbleiben, welcher das Zarische Siegel sich zu verschaffen gewußt hat oder zufällig dazu gelangt ist. Er erblickt in diesem Fund ein Mittel, die Person des Demetrius zu spielen.*[28] Der Monolog dieses Kosaken *kann die Tragödie schließen, indem er in eine neue Reihe von Stürmen hineinblicken läßt und gleichsam das Alte von neuem beginnt.* Aber diesem Geschehen des historischen Schauspiels steht die Vision des Romanow gegenüber, der die Historie recht geben wird. Im Gefängnis erscheint ihm Axinia, er erfährt seine Berufung zum Thron, mit der Weisung, *das Schicksal ruhig reifen* zu *lassen und sich nicht mit Blut* zu *beflecken.* So stehen sich in der zuletzt entworfenen Zukunft Romanow und der zweite Demetrius als die neuen Antagonisten gegenüber. In ihnen beginnt das Alte von neuem, aber es beginnt wesentlich anders. Denn Demetrius lebt nicht nur in jenem Betrüger, sondern auch in

---

28 *Nachlaß,* a.a.O., S. 167.

Romanow weiter. In ihm ist jener der Gnade Gottes und der Menschen teilhaftige Jüngling auferstanden, als der Demetrius vor der ersten Wende seines Bewußtseins in Sambor erschienen war. Welche Stürme deshalb auch noch heraufziehen mögen, der Horizont ist kein tragischer mehr. In Romanow und dem Kosaken erscheinen Wahrheit und Betrug, Adel und Niedertracht für immer geschieden. Sie sind nicht mehr Anfang und Ende eines selben Weges, den gehen zu müssen das tragische Schicksal des Demetrius war.

Amphitryon, Kleists »Lustspiel nach Molière«

1807, während sich Kleist unter falschem Verdacht in französischer Gefangenschaft befand, erschien in Dresden, herausgegeben von Adam Müller, das Buch, dessen Titelblatt zum ersten Mal den Namen des Dichters trug: »Heinrich von Kleists *Amphitryon, ein Lustspiel nach Molière*«.[1]

Ein Lustspiel nach Molière – die vier Wörter haben ein Jahrhundert lang das Urteil über Kleists Werk bestimmt. 1826 schrieb Ludwig Tieck in der Einleitung zur ersten Gesamtausgabe von Kleists Schriften: »Es scheint, daß er mehr als Studium oder Zerstreuung als aus eigentlicher Begeisterung den *Amphitryon* des Molière umgestaltet habe: ein Versuch, den man nur eine Verirrung nennen kann. In den komischen Szenen steht der Deutsche unendlich hinter dem Franzosen zurück. [...] Daß Kleist die ernsthaften Figuren des Stücks anders hat stellen und ihnen eine tiefe, sozusagen mystische Bedeutsamkeit geben wollen, ist eben ein noch größeres Mißverständnis...«[2] Um die Mitte des Jahrhunderts lehrte Gervinus, Kleist habe den *Amphitryon* des Molière »verzerrt«[3]; und 1884 nennt eine der ersten Kleist-Darstellungen, die Schrift Otto Brahms, das Werk eine »wunderliche Mischung« ohne Einheit, »ein Übungsstück.«[4] Noch am Anfang der zwanziger Jahre unsres Jahrhunderts schreibt Gundolf, Kleist habe »an den feinen Gesellschafts-haken des Molière das furchtbare Gewicht seiner Individual-problematik gehängt [...], ein an sich tiefes Erlebnis am unrechten Ort untergebracht.«[5]

Dann freilich, nicht ohne Zusammenhang mit dem Expressionismus und der Entdeckung Kierkegaards, verändert sich die Szene. In den Büchern von Muschg, Braig und Fricke, im Essay

---

1 Vgl. H. Sembdner, *Heinrich von Kleists Lebensspuren*. Bremen 1957, S. 115 ff.
2 H. v. Kleist, *Gesammelte Schriften*, Hrsg. Ludwig Tieck. Berlin 1826, S. XLI.
3 G. G. Gervinus, *Geschichte der deutschen Dichtung*, 5. Aufl. Leipzig 1874, V, S. 750.
4 O. Brahm, *Das Leben Heinrich von Kleists*, 2. Aufl. Berlin 1911, S. 170.
5 F. Gundolf, *Heinrich von Kleist*. Berlin 1922, S. 76.

Thomas Manns fällt alles Licht auf Kleist; dem in den Schatten verwiesenen Stück Molières wird höchstens bescheinigt, es sei für Kleist Stoff gewesen, »bloße Materie«[6], wie der Stein dem Bildhauer. Wer es unternahm, die beiden Werke genauer zu vergleichen, wurde des »Übereifers« geziehen.[7] Dabei taucht zur Kennzeichnung der Abhängigkeit Kleists von Molière ein Wort auf, das sich dann schnell einbürgert: Kleist habe von Molière die »Szenenfolge« übernommen.[8] Angesichts der, freilich verwirrenden, Tatsache, daß dieses Werk, in dem jeder Vers unverwechselbar von Kleist geprägt ist, dennoch, mit der Ausnahme von vier Szenen, Replik für Replik und meist Zeile für Zeile der Komödie Molières folgt, fragt es sich, wer mehr im Unrecht war: jene, die Kleists Werk als verzerrende Übersetzung beurteilten, oder die anderen, denen die Vorlage nur für Rohmaterial galt. Zum Stillstand scheint dieser etwas beschämende Streit in jener Darstellung gekommen zu sein, die als wertvollste die Reihe der in den zwanziger Jahren erschienenen Kleist-Monographien abschließt. In einer Fußnote seines Buches schreibt Gerhard Fricke 1929: »Eine Bezugnahme auf Molières Vorlage erübrigt sich [...] um so mehr, als Kleists Dichtung intentional mit der Molièreschen nur durch den völligen Gegensatz verbunden ist.«[9]

Nichts wäre dagegen einzuwenden, es sei denn die Frage, ob sich nicht trotz oder auch wegen dieser Gegensätzlichkeit lohnte, Kleists *Amphitryon* Vers für Vers mit dem Lustspiel Molières zu vergleichen. Denn die Verbindung von größter Nähe und äußerster Fremdheit gegenüber dem anderen Werk gehört mit zum Änigmatischen an Kleists Dichtung. Ihrem Verständnis könnte es nur förderlich sein, wenn es gelänge, die von Fricke behauptete Verkehrung ins Gegenteil noch in den kleinsten Zellen des Werks, im einzelnen Motiv und im einzelnen Wort, sichtbar zu machen. Ein solcher Vergleich wäre

---

6 Th. Mann, *Kleists ›Amphitryon‹. Eine Wiedereroberung*, in: *Gesammelte Werke in zwölf Bänden*. Frankfurt a. M. 1960, IX, S. 188.
7 W. Muschg, *Heinrich von Kleist*. Zürich 1923, S. 136.
8 F. Gundolf, a.a.O., S. 73; F. Braig, *Kleist*. München 1925, S. 197.
9 G. Fricke, *Gefühl und Schicksal bei Heinrich von Kleist*. Berlin 1929, S. 76.

freilich nichts grundsätzlich Neues. Seit Goethes Tagebucheintragung: »Molière läßt den Unterschied zwischen Gemahl und Liebhaber vortreten, also eigentlich nur ein Gegenstand des Geistes, des Witzes und zarter Weltbemerkung. [...] Kleist geht bei den Hauptpersonen auf die Verwirrung des Gefühls hinaus«[10], seitdem ist dieser einzigartige Verwandlungsprozeß an dem einen oder andern Motiv immer wieder erläutert worden. Aber es blieb bei einzelnen Bemerkungen, und die Aufmerksamkeit galt vor allem den Szenen, die ganz Kleists Eigentum sind. Eine gleichsam mikrologische Betrachtung, die sich nicht mit der Analyse von Thema und Handlungsablauf zufrieden gibt, sondern sich in die sprachliche Textur der beiden Werke vertieft, steht noch aus. Zwar gibt es zwei sehr genaue sprachvergleichende Arbeiten, doch ihr reiches Material ist nach Kategorien erfaßt, die aus dem Werk hinausführen.[11] Und beim Sprachlich-Stilistischen darf auch nicht haltgemacht werden, will man nicht den Anschein erwecken, den Gundolf programmatisch betont hat in dem Satz: »Kaum etwas von den Begriffsinhalten, von den Handlungsmotiven selbst ist verändert: aber überall hat Kleist das Motiv, das Molière einfach aussagt, prächtig geschwellt, heftig, stark, glänzend, hyperbolisch ausgedrückt.«[12] Entgegen dieser Behauptung wäre zu zeigen, wie sich neben dem Ton auch Themen und Motive verändern, und dort nicht weniger deutlich, wo man beinahe von einer wörtlichen Übersetzung sprechen könnte.

10 Goethe, Sophienausgabe, *Tagebücher* III, S. 239.
11 W. Ruland, *Kleists Amphitryon*. Diss. Rostock 1897; H. Schneider, *Sprache und Vers von Kleists Amphitryon und seiner französischen Vorlage*. Diss. Frankfurt a. M. 1934. – Ruland gruppiert die Beispiele gleichsam nach dem Grad der Eindeutschung: volkstümliche Wendungen werden von Gallizismen getrennt, unter diesen werden erlaubte und unerlaubte auseinandergehalten, schließlich werden Casusfehler, die möglicherweise von der Vorlage herrühren, dem Dichter der *Hermannsschlacht* mit eingestandener Verwunderung angekreidet. – Helene Schneider untersucht, wie bei Kleist nomen und verbum des französischen Textes wiedergegeben werden, wobei sich aus ihren an sich richtigen Ergebnissen nicht erkennen läßt, inwiefern es sich um Unterschiede zwischen der Sprache Molières und Kleists, inwiefern um generelle Strukturverschiedenheiten der beiden Sprachen handelt, wie sie von Charles Bally, *Linguistique générale et linguistique française*, 2. Aufl. Bern 1944, erforscht wurden.
12 F. Gundolf, a.a.O., S. 79.

Längst hat die Kleist-Forschung erkannt, daß fast alles, was Molières *Amphitryon* als Gesellschaftsdichtung erscheinen läßt, von Kleist aufgegeben wird. Und zwar handelt es sich meist weder um ein bloßes Weglassen, noch um eine generelle Neuschöpfung, bei der dann die Verwandlung im einzelnen nicht mehr festzustellen wäre. Von Valéry stammen die Sätze: »Die französische Literatur des 17. Jahrhunderts ist immer auf eine Gesellschaft abgestimmt. [...] Man achte auf ihre Syntax: solcher Wendungen bedient sich nicht, wer mit sich selber spricht.« Molières Gestalten sehen sich in einem sozialen Kontext; was sie sagen, hallt in einem Resonanzraum, den die stets anwesende, beobachtende und beobachtete Gesellschaft bildet. Das Gesagte entspringt nicht dem Augenblick, nicht der letztlich unaussprechlichen Individualität: es ist vorgebildet, übernommen, das Soziale ist ihm eingeprägt. Und die Gesellschaft hört an den Grenzen des Ich nicht auf, sie spiegelt sich gleichsam in dessen Innern: der Mensch sieht sich zu, als beobachte er einen Fremden in der Gesellschaft; er spricht von sich, als spräche er von einem Dritten. Und dieser Dritte wird seinerseits dissoziiert: er ist kein fester, abgeschlossener Charakter, vielmehr die momentane Konstellation im Zusammenspiel mehrerer Faktoren, die selber nichts Individuelles mehr darstellen. Dank ihnen, den Begriffen »cœur«, »âme«, »raison«, wird die Wahrheit des »individuum ineffabile« erschüttert. Dies alles nimmt Kleist zurück, und zwar von dem ersten Vers an, bei Sosias nicht weniger konsequent als bei Alkmene und Jupiter.

Eine Form gesellschaftlicher Syntax ist die rhetorische Frage: sie setzt die Zustimmung der schweigenden Gesellschaft voraus. Klagend fragt der von seinem Herrn Amphitryon zur Nachtzeit nach Theben geschickte Sosie: *Quoi! si pour son prochain il avait quelque amour, / M'aurait-il fait partir par une nuit si noire?*[13] Kleist übersetzt affirmativ: ... *in der Mitternacht mich fortzuschicken, / Ist nicht viel besser, als ein schlechter Streich.* Andere rhetorische Fragen, das *Mais pourquoi trembler tant*

---

13 Die Zitate nach folgenden Ausgaben: *Œuvres de Molière*, Hrsg. B. Guégan. Paris 1929. – Heinrich von Kleists *Werke*, Hrsg. E. Schmidt, 2. Aufl. Leipzig o. J. (Alle Hervorhebungen vom Verf.)

aussi? (wenn Sosias seinen Doppelgänger Merkur erblickt) oder das *Qui l'eût pu jamais croire?* (in der Szene mit Alkmene, die er sich vorspielt), läßt Kleist dagegen ganz weg. Verwandelt wird auch das Vorgebildete, das den Menschen in einer Rolle zeigt, die nicht nur von ihm gespielt werden könnte: es wird verwandelt, indem es zurückgeführt wird auf die aktuelle Situation. *Je te vois en train / De trancher avec moi de l'homme d'importance*, sagt Merkur zu Sosias. Bei Kleist heißt es: *Du bist im Zuge, / Mich kurzhin abzufertigen.* Wenn dann Merkur, um sich als Sosias auszuweisen, aus dessen Leben erzählt, sagt er bei Molière: *Et jadis en public fus marqué par derrière, / Pour être trop homme de bien.* Die Formel *homme de bien* löst Kleist wiederum auf und schreibt: *weil er zu weit die Redlichkeit getrieben.*

Sosias sieht sich bei Molière in einem sozialen Rahmen. Zur Alkmene seiner Einbildung spricht er: *Amphitryon [...] m'a voulu choisir entre tous;* bei Kleist heißt es bloß: *mich schickt Amphitryon.* Und im selben Zusammenhang: *Madame, ce m'est trop d'honneur, / Et mon destin doit faire envie*, dem entspricht bei Kleist: *Diese Güte, / Vortreffliche, beschämt mich, wenn sie stolz gleich / Gewiß jedweden andern machen würde.* Zwar bleibt der Hinweis auf die andern erhalten. Aber während er bei Molière Sosias realiter inmitten der anderen Menschen zeigt, die mit Neid auf ihn blicken müssen, dient er Kleist zur Individualisierung: beschämt ist Sosias und nicht etwa stolz, wie es andere wären – der Konditionalis erweist deutlich genug, wie wenig gegenwärtig die Gesellschaft hier ist.

Bei Kleist schwinden auch die Abstrakta, mit deren Hilfe in der französischen Literatur des 17. Jahrhunderts der Mensch von sich selber spricht und deren Vorherrschaft Schiller in der Vorrede zu den *Räubern* zu dem bösen Ausspruch bewogen hat, die Menschen in den Dramen der Franzosen seien *selten mehr als eiskalte Zuschauer ihrer Wut oder altkluge Professoren ihrer Leidenschaft.*[14] *De mortelles frayeurs je sens mon âme atteinte*, ruft Sosie beim Anblick Merkurs aus. Sosias dagegen:

---

14 Schiller, Unterdrückte Vorrede zu: Die Räuber. In: *Sämtliche Werke*, Säkular-Ausgabe, Bd. 16, Hrsg. E. von der Hellen. Stuttgart u. Berlin o. J., S. 11.

Von Todesschrecken fühl' ich mich ergriffen. Nachdem er zugunsten seines Doppelgängers auf sein Ich hat verzichten müssen, meint Sosie: *La raison à ce qu'on voit s'oppose,* während Sosias gesteht: *Wenn ich's auch gleich noch völlig nicht begreife.*

Eine andere Form der Verwandlung des gesellschaftlichen Moments ist die Thematisierung. Das Selbstverständliche wird fragwürdig; die Werte, die die Gesellschaft anerkennt und die zugleich das Fortbestehen der Gesellschaft gewährleisten, werden in Zweifel gezogen oder gar bekämpft. Noch harmlos, aber nicht weniger deutlich erfolgt das, wenn Sosies Wort über Amphitryon *mon maître couvert de gloire* (das von Ironie auch nicht ganz frei scheint) bei Kleist in den Vers aufgelöst wird: *Ruhm krönt ihn, spricht die ganze Welt, und Ehre.* Nicht nur nimmt sich Sosias aus der Gesellschaft aus, indem er den Ruhm seines Herrn durch die Parenthese von sich stößt, wirksamer noch ist jene ironische Distanzierung, die in Form der Fernstellung den Begriff der Ehre mit rein stilistischen Mitteln ereilt. Betont, aber ganz sich selbst überlassen, gibt die Ehre selber zu, daß sie ein leeres Wort ist.

Doch Sosias ist nicht der einzige, der sich gegen den Ruhm als den Inbegriff gesellschaftlichen Daseins wendet. Seine Ironie präludiert der verzweifelten Klage, die aus Alkmenens ersten Versen spricht. Diese sind von besonderem Gewicht nicht bloß, weil in ihnen zum ersten Mal jener Ton erklingt, der bis zum *Ach!* des Schlusses alle Verwandlungen der Dichtung durchzieht, diese verwirrende Aufeinanderfolge von innigster Lyrik und derbster Situationskomik. Die Stimme ist, wie die Briefe erweisen, die Stimme Kleists selber. Und hier entfernt sich sein *Amphitryon* von Molières Lustspiel am weitesten, mehr noch als dort, wo er ganze Szenen neu geschrieben hat. Denn hier widerspricht er Molière. Es ist, als stritte seine Alkmene mit der Alcmène Molières, als hätte Kleist, empört über das von Molières Alcmène Gesagte, seiner Heldin die eigensten Gedanken in den Mund gelegt. Da Jupiter, in der Gestalt Amphitryons, am Ende der *langen Nacht* von Alkmene Abschied nimmt und den Konflikt von *amour* und *gloire* vorschützt, um die Trennung zu motivieren, erwidert ihm Molières Alkmene, bevor sie ihrem Kummer Ausdruck gibt: *Je prends, Amphitryon, grande part à la gloire / Que répandent sur vous vos illustres exploits, / Et l'éclat de votre victoire / Sait toucher de mon cœur les sensibles endroits*... Gegen Alcmènes Teilnahme an dem Ruhm des Feldherrn, gegen dies Einverständnis der Liebenden mit der Gesellschaft lehnt sich Kleists Alkmene wie der Dichter selber auf. An Wilhelmine schrieb er im Jahr 1800: *Es ist wahr, wenn ich mir das freundliche Tal denke, das einst unsre Hütte umgrenzen wird, und mich in dieser Hütte und Dich und die Wissenschaften, und weiter nichts – o dann sind mir alle Ehrenstellen und alle Reichtümer verächtlich, dann ist es mir, als könnte mich nichts glücklicher machen als die Erfüllung dieses Wunsches, und als müßte ich unverzüglich an seine Erreichung schreiten.* Die rousseauschen Sätze klingen nach in Alkmenens herrlichen Klageversen: *Amphitryon! So willst du gehn? Ach, wie / So lästig ist so vieler Ruhm, Geliebter! / Wie gern gäb' ich das Diadem, das du / Erkämpft, für einen Strauß von Veilchen hin, / Um eine niedre Hütte eingesammelt. / Was brauchen wir, als nur uns selbst? Warum / Wird so viel Fremdes noch dir aufgedrungen, / Dir eine Krone und der Feldherrnstab?*

Im Maß, wie das gesellschaftliche Moment aus dem Text schwindet, dringt Kleists eigenste Thematik vor. Und zwar nicht nur in den neu hinzukommenden Motiven, wie in dem vom A und J des Diadems. Einzelne Momente von Kleists Gedankenwelt sind gegenwärtig noch in den kleinsten und unscheinbarsten Zellen des neuen Sprachkörpers.

Die Erkenntnisproblematik beherrscht das Werk und verwandelt die Sprache überall. In der Abschiedsszene des ersten Aktes sagt Jupiter zu Alcmène: *Ce vol qu'à vos beautés mon cœur a consacré / Pourrait être blâmé dans la bouche publique.* Kleist reißt das Wort *blâmer* (tadeln) in den Wirbel der Erkenntnisproblematik hinein und übersetzt: *Die Welt könnt' ihn mißdeuten, diesen Raub.* Ähnlich bei der Rückkehr Amphitryons. Auf den erstaunten Ausruf Alkmenens, daß er so früh schon zurück sei, antwortet er, der sich eben noch ihre Liebe von den Göttern gewünscht hat: *Certes, c'est en ce jour / Me donner de vos feux un mauvais témoignage.* Hatte Kleist zuvor *blâmer* mit *mißdeuten* wiedergegeben, so überträgt er nun: *Was! Dieser Ausruf, / Fürwahr, scheint ein zweideutig Zeichen mir, / Ob auch die Götter jenen Wunsch erhört.*

Eine Aura der Ungewißheit umgibt die Handlung noch dort, wo sie gar nicht auf die zentrale Thematik bezogen ist. Von Merkur, der sich über seinen Gesang ärgert, spricht Molières Sosias den zur Sentenz gewordenen Vers: *Cet homme, assurément, n'aime pas la musique;* der Kleistsche hingegen: *Ein Freund nicht scheint er der Musik zu sein.* Auf Merkurs Frage, ob er Herr oder Knecht sei, antwortet Sosie übermütig: *Comme il me prend envie.* Bei Sosias tritt an die Stelle solcher subjektiven Willkür die Relativität der Erkenntnis: *Nachdem Ihr so mich, oder so betrachtet, / Bin ich ein Herr, bin ich ein Dienersmann.*

Hauptgegenstand der Erkenntnis freilich ist im *Amphitryon* die Identität. Sie ist es schon in Molières Lustspiel, darum wohl hat Kleist nach ihm gegriffen. Doch die Frage nach der Identität erscheint bei ihm ungleich radikaler gestellt, und zwar nicht erst in der großen Szene zwischen Jupiter und Alkmene, sondern schon zu Beginn, bei Merkur und Sosias. Der Anfang ihres Dialogs lautet bei Molière: *Qui va là? – Moi. – Qui, moi?* Merkurs Frage *Qui moi?* drückt bloß aus, daß er sich mit dem Formalen der Antwort *Moi* nicht zufrieden geben kann, er will wissen, wer hier *ich* sagt. Anders bei Kleist: *Halt dort! Wer geht dort? – Ich. – Was für ein Ich?* Mit dem spezifizierend fragenden *was für ein* wird nicht mehr ein Name gemeint: das Ich selbst erscheint in Frage gestellt. Ähnlich, wenn auch mit anderen stilistischen Mitteln, im ersten Gespräch zwischen Amphitryon und Sosias, der seinem Herrn über sein Abenteuer mit dem Doppelgänger berichtet. Während er sich auf die Schilderung der Schlacht vor Alkmene vorbereitete, sei jemand gekommen. *Et qui? – Sosie, un moi, de vos ordres jaloux...,* antwortet Sosias und beschreibt den anderen. Bei Kleist wird er, kaum hat er gesagt, daß Sosias ihn gestört habe, von Amphitryon unterbrochen: *Sosias! Welch ein Sosias! Was für / Ein Galgenstrick, Halunke, von Sosias...* Dreimal fällt der Name, bald wird er Sosías, bald Sósias betont: er wird gleichsam hin und her gewendet, von seinem Träger abgelöst, hypostasiert, zum Zeichen, wie wenig sicher die Identität des Menschen auszumachen sei.

Dabei verändert Kleist die Rolle des Sosias durch Kürzungen und Ergänzungen, um sein Ichgefühl dem Ichgefühl Alkmenens entgegensetzen zu können. In einer bei Molière nicht vorgebildeten Szene (II/4) spricht Alkmene von dem *innerste[n] Gefühl, / Das ich am Mutterbusen eingesogen, / Und das mir sagt, daß ich Alkmene bin.* Damit kontrastiert bei Sosias ein rein äußerliches Gefühl. Über seine Identität unterrichtet ihn nur sein Körper, was zur paradoxen Folge freilich dessen Entfremdung hat. In den Versen von Molières Sosie: *Pourtant, quand je me tâte et que je me rappelle, / Il me semble que je suis moi,* übergeht Kleist das zweite, geistige Moment der Besinnung (*que je me rappelle*) und setzt an die Stelle des *ich* den Körper: *Zwar wenn ich mich betaste, wollt' ich schwören, / Daß dieser Leib Sosias ist.* Ähnliches geschieht in dem Bericht, den Sosias seinem Herrn über seinen Doppelgänger erstattet. Er sei stark und tapfer gewesen, gesteht er: *J'en ai reçu des témoignages,* und meint die Spuren von Merkurs Schlägen, die sein Rücken trägt. Kleist übernimmt das Wort oder doch die Wortwurzel von *témoignage* (Zeugnis), setzt es aber entsprechend dem eben Gezeigten anders ein: *Mein Zeuge, mein glaubwürdiger, ist der / Gefährte meines Mißgeschicks, mein Rücken.* Die Vorstellung der Zeugenschaft bleibt. Aber aus dem Zeugnis von Merkurs Schlägen auf Sosies Rücken wird ein selbständiger, dem Sosias fremder Zeuge: sein Rücken, der nur noch der Gefährte seines Mißgeschicks ist. Verselbständigung der Körperteile als Folge in Frage gestellter Identität drücken auch jene Verzweiflungsworte Amphitryons aus, die Kleist oft als Geschmacklosigkeit vorgeworfen wurden: *In Zimmern, die vom Kerzenlicht erhellt, / Hat man bis heut' mit fünf gesunden Sinnen / In seinen Freunden nicht geirret; Augen, / Aus ihren Höhlen auf den Tisch gelegt, / Vom Leib getrennte Glieder, Ohren, Finger, / Gepackt in Schachteln, hätten hingereicht, / Um einen Gatten zu erkennen.*

Gegen die Unsicherheit, die sich der Kleistschen Gestalten dergestalt bemächtigt, stellt eine vermeintliche Waffe die Prüfung dar, jenes inquisitorische Fragen, das den Lesern Kleists früh aufgefallen ist. 1810 schrieb Achim von Arnim an die Brüder Grimm, Kleist »hätte eigentlich eine ungemeine Anlage, so ein zweiter Dante zu werden, so eine Lust hat er an aller Quälerei seiner poetischen Personen«.[15] Eine Prüfung ist der Mittelpunkt der Dichtung, die ganz Kleist gehörende fünfte Szene des zweiten Aktes. Die Vorstellung des Prüfens durchzieht aber das ganze Werk. Zu Beginn ruft der zur Nachtzeit nach Theben geschickte Sosie klagend: *Ah! quelle audace sans seconde / De marcher à l'heure qu'il est!* Kleist übernimmt das Motiv der Kühnheit, verbindet es aber mit dem der Prüfung: *Ei, hol's der Henker! ob ich mutig bin, / Ein Mann von Herz, das hätte mein Gebieter / Auf anderm Wege auch erproben können.* Ähnliches geschieht, wenn Sosias kurz darauf sich vornimmt, die Begegnung mit Alkmene, die Schilderung der Schlacht, zuerst zu üben. Bei Molière sagt er: *Pour jouer mon rôle sans peine, / Je le veux un peu repasser.* Kleist benützt zunächst gleichfalls die Theatersprache: *Doch wär' es gut, wenn du die Rolle übtest!*, stößt aber dann in einem Zusatz zu seinem Grundmotiv vor: *Gut! Gut bemerkt, Sosias, prüfe dich.*

In eine Prüfung ist auch jenes Motiv verwandelt, mit dessen Erwähnung in Goethes Tagebuch die vergleichende *Amphitryon*-Forschung beginnt. Die Unterscheidung von *amant* und *époux*, von Geliebter und Gemahl, erfolgt in den Abschiedsworten von Molières Jupiter zunächst viel weniger radikal als bei Kleist. Er *wünscht* sich *qu'à votre seule ardeur, qu'à ma seule personne, / Je dusse les faveurs que je reçois de vous, / Et que la qualité que j'ai de votre époux, / Ne fût point ce qui me les donne.* Jupiter, in der Gestalt Amphitryons, trennt hier noch nicht den Gatten vom Liebhaber, deren Einheit er erschlichen hat, sondern er trennt die Person Amphitryons von dessen Eigenschaft als Gemahl. Kleists Alkmene hingegen wird von

---

15 Zitiert nach H. Sembdner, a.a.O., S. 271.

Anfang an ins Kreuzverhör genommen, ihr wird eine Antwort, eine Unterscheidung abverlangt: *So öffne mir dein Innres denn, und sprich, / Ob den Gemahl du heut, dem du verlobt bist, / Ob den Geliebten du empfangen hast?*
Das so kleistsche Motiv schon bei Molière anzutreffen, überrascht, es fehlt bei den Vorgängern, bei Plautus und Rotrou, und scheint Molières Erfindung zu sein. Aber deshalb ist er kein Kleist avant la lettre. Das Motiv steht bei ihm in einem andern Kontext und ist darum fast schon ein anderes. Den Zusammenhang bildet da die Gesellschaftskomödie selbst. Zu deren Tradition gehört die Verspottung des gehörnten Ehemanns: in der Gestalt des Liebhabers rächt sich gleichsam die Gesellschaft insgesamt an dem Gatten, der ihr die Frau durch die Heirat entzog. Zu der Figur, die der Ehemann in der Komödiendichtung macht, muß deshalb für Molières Empfinden der Umstand schlecht gepaßt haben, daß Jupiter die Gunst Alkmenens nur durch die Verwandlung in Amphitryon gewinnen kann. Noch wenige Jahrzehnte vor ihm war dies für das halbernste Stück Rotrous kein Widerspruch. Wie sehr dessen Standpunkt – und der Standpunkt entscheidet mit über Komik und Tragik – von dem Molières abweicht, zeigt deutlich genug, daß er im Prolog der gekränkten und rachsüchtigen Juno das Wort gibt. Für Molière dagegen war gerade der Prolog der günstigste Anlaß, das Exzeptionelle offen einzugestehen, das der *Amphitryon*-Handlung unter den Hahnreikomödien eigen ist und das er wohl in Kauf nahm um der Verwechslungskomik und des deus ex machina willen – es war die Zeit der barocken ›machines volantes‹. So läßt er im Vorspiel Merkur zur Göttin der Nacht sagen, bei den meisten Frauen sei, im Gegensatz zum vorliegenden Fall, eine solche Verwandlung freilich unwirksam, die Gestalt des Gatten anzunehmen, sei nicht überall das richtige Mittel zu gefallen. In den gleichen Zusammenhang scheint nun auch Jupiter-Amphitryons Wunsch zu gehören, als Geliebter, nicht als Gatte empfangen worden zu sein – eine Art Korrektiv für die in der Fabel begründete Vereinigung des Gegensatzpaares ›amant‹ und ›époux‹, von dessen Trennung ein gut Teil der Gesellschaftskomödie sonst lebt. Kaum ist das Motiv in Er-

scheinung getreten, schwindet es wieder aus Molières Lustspiel: in Alkmenens Verwunderung hat es sein Ende.

Anders bei Kleist. Das Motiv der Unterscheidung zwischen Geliebter und Gemahl, wenn es auch im Gegensatz zu Molières Text ironischerweise von Jupiter als *eine / Besorgnis [...] so scherzhaft sie auch klingt* eingeführt wird, bildet die Grundlage für den tieferen Vorgang der ganzen Dichtung, ihm entspringt, was man neben der äußeren Verwechslungskomödie die innere Verwechslungstragödie nennen könnte.

Der Unterschied gegenüber Molière wird schon in Alkmenens Antwort deutlich. Von der Bezeichnung Gemahl, die sich Jupiter verbittet, sagt Alcmène: *C'est de ce nom pourtant que l'ardeur qui me brûle, / Tient le droit de paraître au jour.* Wie Jupiter zwischen seiner Person und der *qualité d'époux* unterschieden hat, unterscheidet Alkmene zwischen ihrer Leidenschaft und deren Recht, an den Tag zu treten: zwischen einem Persönlichen und einem Sozialen. Bei Kleist dagegen ist eine solche Trennung von Innen und Außen nicht möglich. Der Zwiespalt entsteht im Innern selbst und führt notwendig ins Tragische. *Ist es dies heilige Verhältnis nicht, / Das mich allein, dich zu empfahn, berechtigt?*, fragt Kleists Alkmene. Der Konflikt erscheint nur für den ersten Augenblick abgewehrt, wenn Alkmene auf die Frage Jupiters, ob sie den Gemahl oder den Geliebten empfangen hat, den also Fragenden mit *Geliebter und Gemahl* anredet. Denn schon wenig später gesteht sie: *Nicht, daß es mir entschlüpft / In dieser heitern Nacht, wie, vor dem Gatten, / Oft der Geliebte aus sich zeichnen kann*, und sie nennt die Nacht, die doch auf Jupiters Geheiß länger als jede andere gewährt hat, *diese kurze Nacht [...], / Die mit zehntausend Schwingen fleucht.* Damit ist die Trennung von Geliebter und Gemahl in Alkmenens Innere gewendet. Jupiters betrügerische Vereinigung seiner selbst mit Amphitryon schlägt um in eine Entzweiung in dem Bild, das Alkmene von Amphitryon hat. Indem der Geliebte sich als Gatte gab, erwies sich, daß der Gatte vom Geliebten übertroffen wird. Deutlicher noch bekennt es Alkmene im zweiten Akt, da Amphitryons Rückkehr sie in Verwirrung stürzt, daß sie *ihn schöner niemals fand, als heut. / Ich hätte für sein Bild ihn halten können, / Für sein Gemälde, sieh, von Künstlershand, / Dem Leben treu, ins Göttliche verzeichnet.*

Von hier führt der Weg zu den beiden Prüfungen, denen Alkmene unterworfen wird: zu dem großen Gespräch mit Jupiter und zu der Szene, in der sie vor dem Volk Thebens den wirklichen Amphitryon vom falschen unterscheiden muß. Der Sinn dieses Vorgangs, der im Zentrum jeder *Amphitryon*-Deutung stehen muß, kann hier nur skizziert werden, wobei auch auf die Fehlerquellen jener Interpretationen hinzuweisen ist, die Kleists Dichtung als Hoheslied der Gattentreue, als christliches Mysterium von Alkmenens Hinwendung zu Gott oder als Beweis für das Versagen des Gefühls als Erkenntnisorgans verstehen. Die Frage, welche diese Deutungen beantworten wollen: ob nämlich Alkmene Amphitryon treu bleibt oder nicht, ob es Jupiter gelingt, sie ihrem Gemahl zu entreißen, diese Frage ist falsch gestellt. Sie übersieht, daß bei Alkmenens drei Entscheidungen – im ersten, im zweiten und im dritten Akt – ihr Bewußtsein jedesmal ein anderes ist und daß es auch in Wirklichkeit nicht nur Amphitryon und Jupiter gibt, sondern auch, ja allen voran, den Jupiter-Amphitryon.

Zunächst weiß Alkmene von keinem Betrug, von keinem Doppelgänger. Aber für sie selbst hat Amphitryon sich verdoppelt, und sie stellt den Amphitryon der *heitern Nacht* über jenen, den sie vorher gekannt. Dann bemächtigt sich ihrer der Gedanke, betrogen worden zu sein. Daß der Betrüger Jupiter selber war, erfährt sie von dem, den sie nun für den wirklichen Amphitryon hält, der aber immer noch der Gott ist. Das große Gespräch des zweiten Aktes ist mehr als Jupiters verzweifelter Überredungsversuch; in ihm wird Alkmenens innere Wandlung laut. Denn nun, da sie weiß, daß in der vergangenen Nacht Jupiter ihr erschienen ist, entscheidet sie sich gegen den Gott und für den Amphitryon, der sie in Armen hält – und der es nicht ist. Sie entscheidet sich aber für ihn nicht nur gegen Jupiter, sondern auch gegen den ihr in Erinnerung gebrachten Amphitryon. Auf Jupiters letzte Frage antwortet sie: *Wenn du, der Gott, mich hier umschlungen hieltest, / Und jetzo sich*

Amphitryon mir zeigte, / Ja – dann so traurig würd' ich sein, und wünschen, / Daß er der Gott mir wäre, und daß du / Amphitryon mir bliebst, wie du es bist. Sie entscheidet sich also weder für Amphitryon noch für Jupiter, sondern gegen beide, die nur in ihrer Vorstellung existieren, und für jenen, der ihr gegenwärtig ist. Und diesen Jupiter-Amphitryon, der nicht der Gott ist, sondern der göttliche Mensch, der Mensch in der Göttlichkeit seines Gefühls, bezeichnet sie dann im dritten Akt vor dem Volk Thebens als den wirklichen Amphitryon und den wirklichen als den Betrüger.

Auf verwirrende Weise wird so zurückgenommen, was Alkmene im ersten Akt von dem Amphitryon der »heitern Nacht« gesagt hat. *Jetzt erst, was für ein Wahn mich täuscht', erblick' ich. / Der Sonne heller Lichtglanz war mir nötig, / Solch einen feilen Bau gemeiner Knechte / Vom Prachtwuchs dieser königlichen Glieder, / Den Farren von dem Hirsch zu unterscheiden!* Damit ist der Vorgang von Verwechslung und Unterscheidung an seinem Ende. Der wirkliche Amphitryon steht da als Doppelgänger seiner selbst, dem vorgeworfen wird, was der Gott auf seine Kosten begangen, dem zugeschrieben wird, worin der Gott ihn übertroffen hat.

Als Amphitryon bei seiner Rückkehr Alkmenens Überraschung bemerkte, sagte er: *Zu spät, war meine Rechnung, kehrt' ich wieder. / Doch du belehrst mich, daß ich mich geirrt, / Und mit Befremden nehm' ich wahr, daß ich, / Ein Überläst'ger, aus den Wolken falle.* Die ganze Ironie dieser frühen Stelle tritt jetzt erst an den Tag. Sprach damals Amphitryon von sich selbst ahnungslos mit Worten, die vielmehr jenem zukamen, der ihn in diese Lage versetzt hatte, dem aus den Wolken niedergestiegenen Betrüger, so wird er nun auch noch für diesen gehalten.

Zugleich wird deutlich, was sich in Alkmene zugetragen hat. Weder hat sie, allen Versuchen Jupiters trotzend, dem Feldherrn die Treue gehalten, noch aber hat sie sich von Amphitryon abgewandt. Weder hat ihr Gefühl sie betrogen, noch aber hat es sie unfehlbar zu ihrem Gatten geführt. Vielmehr sind in dem, was sie erlebt hat, Treue und Untreue, Unfehlbarkeit und Fehlbarkeit des Gefühls auf tragisch-paradoxe Weise in eins verschlungen. Zwar hat ihr Gefühl sie nicht betrogen, zwar war alles, was ihr erschien, Amphitryon – aber ihrem Gefühl galt als Amphitryon nicht der Feldherr-Gemahl, sondern dessen ins Göttliche geläuterte Gestalt. Jene Absage Kleists an das gesellschaftliche Moment in Molières Komödie kehrt so thematisch bei Alkmene als Absage ihres Gefühls an den Amphitryon der positiven Welt von Staat und Ehegesetz wieder. Die von Molière übernommene »scherzhafte« Unterscheidung endigt in dem tragischen Widerspruch von Alkmenes Gefühl, das sich bewährt, indem es versagt.[16] Die Überwindung dieser Tragik aber stellt die nicht mehr erschliehene Synthese von Gott und Mensch in dem Halbgott Herakles dar, mit dessen Verkündigung Kleists *Amphitryon* schließt.

---

16 Vgl. vom Verf., *Versuch über das Tragische*. In: *Schriften*, Bd. I, S. 247 f.

Fünfmal Amphitryon:

Plautus, Molière, Kleist, Giraudoux, Kaiser

Als in den zwanziger Jahren Jean Giraudoux ein Stück über jene »lange Nacht« schrieb, die Jupiter Alkmenen in der Gestalt ihres Gatten, des thebanischen Feldherrn Amphitryon, nahen sieht, nannte er es *Amphitryon 38*. 38, weil er, seinen Studien nach Literarhistoriker, von 37 Bearbeitungen des Stoffes Kenntnis hatte.[1] So verweist sein Stück, nicht ohne die resignierte Koketterie des Spätgeborenen, auf den stoffgeschichtlichen Zusammenhang, in dem es steht, auf die Vorgänger, mit denen verglichen zu werden es sich gefallen lassen muß. Ein koketter Zug ist dem Titel um so mehr eigen, als nur die wenigsten der gezählten Werke dem literarischen Bewußtsein unserer Zeit gegenwärtig sind – sei es, daß sie, wie die frühesten griechischen Bearbeitungen, nicht überliefert sind, sei es, daß sie nur auf ein historisches Interesse Anspruch erheben dürfen. Von drei illustren Vorgängern von Giraudoux' Werk wird im folgenden die Rede sein, viel mehr gibt es nicht oder nicht mehr. Doch selbst wenn Giraudoux' Zahl nicht zutreffen sollte und nur als Phantasiezahl gemeint war, macht sie deutlich, daß der Amphitryon-Stoff gleich den Themen der großen griechischen Tragödien jenem Ideenmagazin angehört, aus dem dramatische Dichtung seit altersher immer wieder sich erneuert.

Am Ursprung des Amphitryon-Stoffes steht die Sage von der Zeugung und der Geburt der ungleichen Brüder Herakles und Iphikles. Die ersten literarischen Zeugnisse finden sich bei

---

1 J. Voisine (in: *Trois ›Amphitryons‹ modernes*, Archives des lettres modernes, 1961, Nr. 35) hat darauf aufmerksam gemacht, daß in dem Band Nr. 4519 von Reclams Universal-Bibliothek: H. v. Kleist, *Amphitryon, Tragikomödie in 3 Aufzügen, nach Molière, umgearbeitet von Wilhelm Henzen* (Leipzig 1903), der Bearbeiter Kleists Werk als die fünfunddreißigste Bearbeitung des Amphitryon-Stoffes bezeichnet. Giraudoux hat Kleists *Amphitryon* möglicherweise in dieser Bearbeitung kennengelernt.

Homer, Hesiod und Pindar.[2] Hesiods Erzählung steht in der Einleitung zu dem Gedicht *Der Schild des Herakles*, einem kleinen Epos, von dem angenommen wird, daß es ursprünglich dem Katalog der Heroenmütter, einer Genealogie der Halbgötter, angehört hat. Diese Verse lauten:

Oder wie einst, da sie schied von dem Haus und der Erde der Heimat
Und nach Thebä sodann zu dem Helden Amphitryon hinkam,
Sie, des Elektryo Kind, Alkmene, des Feindezerstreuers.
Diese – wie ragte sie weit in der blühenden Frauen Geschlechte
Vor an Gestalt und Größ'; auch glich ihr keine am Geiste,
Die als sterbliche Frau von Sterblichen Kinder geboren.
Auch von dem Haupte zumal und der dunkeln Wimper herunter
Wehte ein Hauch, gleichwie bei der goldenen Aphrodite;
Aber sie ehrete dennoch so hoch in dem Herzen den Gatten,
Wie ihn wohl noch keine geehrt von den blühenden Frauen.
Freilich den wackeren Vater erschlug er in mächtiger Kraft ihr,
Schwer um die Rinder erzürnt; dann ließ er die Erde der Heimat,
Kam nach Theben und flehte Kadmeas beschildete Männer.
Dort nun wohnt' er im Haus mit der züchtigen Ehegemahlin,
Aber getrennt und ohne die Freuden der Liebe; zuvor nicht
Durft' er das Lager besteigen der flücht'gen Elektryonide,
Eh' er gerächet den Mord der erhaben gesinneten Brüder
Seiner Gemahlin und niedergebrannt mit verzehrendem Feuer
Sämtliche Flecken der Männer von Taphos und Teleboia;
Denn so ward es bedingt; die Unsterblichen waren die Zeugen,
Darum scheut' er von ihnen den Groll und eilete, möglichst
Bald zu vollenden das große Geschäft, wie's heilige Pflicht war.
Ihm nun folgte, des Kampfs und wackeren Streites begehrend,
Reis'ges böotisches Volk, das über dem Schild Mut schnaubte,
Nahankämpfende Lokrer und mutiggesinnte Phokäer;

---

[2] Die folgenden Bemerkungen zu Homer, Hesiod, Pindar und Plautus gehen zum Teil auf Gespräche mit *Jean Bollack* (Paris) zurück. Ihm sei an dieser Stelle herzlich gedankt.

*Und sie führte zumal der gewaltige Sohn des Alkäos,
Prahlend über sein Volk; doch der Vater der Menschen
und Götter
Spann in dem Geist ganz anderen Rat, auf daß er den Göttern
Und den erfindsamen Menschen den Wehrer des Fluches
erzeuge.
Und er erhob sich vom hohen Olymp, List brütend im Herzen,
Sehnsuchtsvoll nach der Liebe des schönumgürteten Weibes,
Nachts; da erreicht er geschwind Typhaonion; aber von dort aus
Schritt er zur Spitze von Phikion hin, der beratende Gott Zeus.
Allda setzt' er sich hin und bedachte die göttlichen Werke;
Denn noch selbige Nacht bei der schlanken Elektryonide
Freuet' er sich an der Liebe Genuß und stillte die Sehnsucht.
Aber der Scharenzerstreuer Amphitryon auch, der gewalt'ge,
Nach dem beendeten herrlichen Werk kam jetzo nach Hause.
Doch zu den Dienern nicht und nicht zu den Hirten im Hause
Ging er zuerst und eh' er das Lager der Gattin bestiegen;
Solch ein Seelenverlangen erfaßte den Hirten der Völker.
So wie ein Mann voll wonniger Lust entfliehet dem Unheil
Sei's von der Krankheit Schmerz, sei's auch von
gewaltiger Fessel:
Also Amphitryon auch nach beendeter mißlicher Arbeit
War er mit Wonn' und Freude zum eigenen Hause gelanget.
Und nun ruht' er die völlige Nacht bei dem züchtigen Weibe,
Freuete sich an den Gaben der goldenen Aphrodite.
Und von dem Gotte bezwungen und auch von dem Besten der
Menschen
Schenkte sie Zwilling' ihm in der siebentorigen Thebä,
Ungleich weit am Geiste, wiewohl sie ja Brüder gewesen,
Einer geringer, der andere weit, weit trefflicher; dieser
War entsetzlich, an Kräften gewaltig, der starke Herakles;
Dieser geboren vom Stamme des dunkelwolk'gen Kronion,
Aber Iphikles nur von des kühnen Amphitryo Stamme, –
Völlig verschiedene Kinder, das eine vom sterblichen Manne,
Eines von Zeus, dem Kroniden, der sämtlichen Götter
Gebieter.[3]*

3 Hesiods *Werke*, Übers. Eduard Eyth. Berlin o. J., 4. Aufl., S. 45 ff.

Von der späteren, uns vertrauten Form der Amphitryon-Handlung her gesehen, mutet dieser Bericht zunächst fremd an. Die eigentliche Keimzelle der Komödien, die Verwandlung Jupiters in Amphitryon, scheint bei Hesiod noch zu fehlen. Aber schon hier ist von einem Plan Jupiters die Rede: er naht Alkmenen in dem Augenblick, da er weiß, daß sie ihren siegreichen Gatten erwartet, dem sie jetzt erst sich hingeben darf. Nicht nur ist es die selbe Nacht, in der sowohl Amphitryon als auch Jupiter Alkmenen freien, es ist auch das selbe Verlangen, das den Gott wie den Feldherrn zu Alkmenen treibt. So gleicht sich in der Geschichte des Motivs der Gott dem Menschen an, noch bevor er, wie es der Dialog des Dramas fordern wird, in der Dialektik des Doppelgängertums von seinem Ebenbild sich trennt.

Wenn Homer im 11. Gesang der Odyssee von Alkmene, der Odysseus in der Unterwelt begegnet, sagt, sie sei *die Gattin des Amphitryon, die den Herakles gebar, den kühn ausdauernden, löwenmutigen, nachdem sie sich in den Armen des großen Zeus mit diesem vereinigt hatte*[4], so scheint er sich schon auf einen Gang der Geschichte zu beziehen, wie ihn Hesiod nach ihm ausführlich erzählen wird.

Auch der Thebaner Pindar verzichtet auf Einzelheiten. Seine 7. Isthmische Ode beginnt mit den Versen:

O beseligte Theba, welche früh're
Heimatliche Herrlichkeit vergnügte wohl dein Gemüt
Am meisten? War es, da du der erzumrauschten
Demeter gelockten Tempelbruder
Aufblühn sahst, Dionysos? War's, als eben um Mitternacht den
   höchsten Gott du bei dir goldregnend hast empfahn,
Da der Schwelle Amphitryons er nahend
Heimsuchte mit Herakleïschem Samen einst sein Gemahl?[5]

Wird hier von den Einzelheiten abgesehen, so um einer Erhöhung des Geschehens willen, durch welche die List des Gottes

---

4 Homer, *Die Odyssee*, Übers. Wolfgang Schadewaldt. Hamburg 1958, S. 145. Vgl. auch *Ilias*, 14. Gesang, v. 323 f. und 19. Gesang, v. 98 f.
5 Pindar, *Siegeslieder*, Hrsg. Uvo Hölscher. Frankfurt a. M. 1962, S. 146. (Übers. G. Ludwig.)

zur Epiphanie und das Beutestück, das ihn als Amphitryon ausweisen sollte, zum Goldregen wird. Es ist, als habe Pindar, indem er einen Zug aus der Sage von Danaë übernimmt, das Motiv der göttlichen List überspringen und die Vereinigung als eine von Himmel und Erde feiern wollen, wie es die Heimsuchung Semeles durch den Blitz war. Als Regen und Blitz bringt sich im Reich der Natur der Gott selber als das Geschenk dar, dem in der Sphäre der Menschen und der Kunst das Geschmeide entspricht.

Zu Beginn des 5. Jh. schrieb Panyassis von Halikarnass ein berühmtes, heute verschollenes Epos über die Taten des Herakles, in dem gewiß auch die Umstände der Geburt des Helden erzählt wurden. Man kann aus Fragmenten des Genealogen Pherekydes von Athen, eines der ältesten griechischen Historiker, die Szene der »langen Nacht« in ihren Grundzügen rekonstruieren. Sie entspricht genau der Darstellung Hesiods, enthält aber einige Motive, wie das des Beutestücks und der aufgehaltenen Sonne, die über die Mythographen des späten Altertums auf die Darstellungen im Drama einwirken konnten.

Damit ist der Punkt erreicht, wo die lange Kette der dramatischen Bearbeitungen beginnt. Ihre ersten Glieder freilich liegen im Dunkeln, kein einziges der griechischen Amphitryon-Dramen ist erhalten geblieben. Unsere Kenntnis ist auf einige Namen und Fragmente beschränkt, ein Vasenbild tritt ergänzend hinzu. So kann die Forschung nur Vermutungen äußern, ihre Rekonstruktionen des Handlungsablaufs in den einzelnen Werken, von deren Existenz man weiß, sind weder zu beweisen noch zu widerlegen.

Was feststeht, ist, daß die drei großen Tragiker des 5. Jahrhunderts vor Christus sich alle mit dem Stoff beschäftigt haben: es gab Alkmene-Tragödien von Aischylos und Euripides, es gab eine Amphitryon-Tragödie von Sophokles. Wiederum ist man, denkt man an Plautus und Molière, überrascht: die ersten dramatischen Bearbeitungen waren Tragödien. Der Kenner der griechischen Dichtung freilich wird sich nicht wundern. Ihm muß die Tatsache, daß die Sage von der Zeugung und der

Geburt des Herakles zum Vorwurf einer Tragödie wurde, selbstverständlich erscheinen, bilden doch die Heldensagen den Stoff der tragischen Dichtung, während die Komödie des Aristophanes von der freien Erfindung und der Zeitkritik lebt.
Indessen ist damit die Frage noch nicht beantwortet, worin der tragische Kern dieser Amphitryon- und Alkmene-Dramen bestand. Hesiod gibt hier vielleicht einen Hinweis. Nicht nur ist der Vater von Amphitryons Braut von diesem ermordet worden; um sie freien zu dürfen, muß er in die Schlacht ziehen. Seine Schuld kann er nur büßen, wenn er den Tod von Alkmenens Brüdern rächt. Indem er aber in die Schlacht zieht, gibt er Jupiter die Gelegenheit, Alkmenen in seiner, Amphitryons, Gestalt zu nahen. So scheint er die Gattin gerade auf dem Weg verlieren zu sollen, auf dem er sie einzig gewinnen konnte: die tragische Dialektik ist auch hier am Werk.[6] Daß dieses Motiv im Zentrum der Tragödien von Aischylos, Sophokles und Euripides gestanden hat, ist denkbar, aber es fehlt jedes Zeichen dafür.
Einzig über das Werk des Euripides weiß man mehr, und zwar dank einem Vasenbild des British Museum, das R. Engelmann 1872 als die Wiedergabe der entscheidenden Szene der Euripideischen *Alkmene* erkannt hat[7]: »In der Mitte ein Altar, auf den sich Alkmene, Rettung suchend, geflüchtet hat; flehend erhebt sie ihre Arme zu Zeus, der von oben den irdischen Vorgängen zusieht. Um den Altar ein Scheiterhaufen, den zwei Männer in Brand zu setzen versuchen, um dadurch Alkmene zu töten: Amphitryon und Antenor. In dieser höchsten Not findet Alkmene Erhörung und Rettung bei Zeus; ein Regenbogen wölbt sich über dem Scheiterhaufen, zwei Hyaden gießen Wasser auf den entstehenden Brand: mit dem Wunder plötzlichen Gewitters und Regens rettet sie Zeus vor sicherem Tode.«[8] Franz

---

6 Vgl. Verf., *Versuch über das Tragische*. In: *Schriften*, Bd. I.
7 Vgl. L. Séchan, *Études sur la tragédie grecque dans ses rapports avec la céramique*. Paris 1926. In diesem Werk ist das Vasenbild reproduziert und die darauf bezügliche Literatur angeführt.
8 F. Stoessl, *Amphitryon, Wachstum und Wandlung eines poetischen Stoffes*. In: Trivium, Jg. 2 (1944), H. 2, S. 96.

Stoessl, dessen Aufsatz über den Amphitryon-Stoff diese Beschreibung entnommen ist, hat in Anlehnung an R. Engelmann und C. Robert die Handlung des Euripideischen Dramas wie folgt zu rekonstruieren versucht: »Amphitryon hatte Alkmene unberührt gelassen und findet sie bei der Rückkehr unmittelbar vor der Entbindung; er glaubt sie schuldig, und je mehr sie sich auf seinen Besuch beruft – war ihr doch Zeus in Gestalt des Gatten genaht – um so frecher muß ihm ihr Ehebruch und ihr Leugnen erscheinen. Ihre Schuld fordert seine Rache; als er sie töten will, flieht sie hilfesuchend an den Altar; aber auch die Heiligkeit ihrer Zuflucht schützt sie nicht, am Altar selbst soll ihr das Feuer des rings geschichteten Scheiterhaufens den Tod bringen; da rettet sie in höchster Not das Wunder des Zeus, der als deus ex machina das Vorgefallene aufklärt, die Geburt des Herakles ankündigt und Amphitryon mit seinem Lose und seiner Gattin aussöhnt; ganz zuletzt bewahrt also Zeus durch sein gewaltsames Eingreifen Alkmene davor, zu büßen, was nicht sie, sondern er selbst gefehlt hat.«[9] In diesen Sätzen sind die Angaben der bildlichen Darstellung ingeniös mit Motiven verschmolzen, die man aus Hesiod, Panyassis und aus der frühesten überlieferten dramatischen Bearbeitung des Stoffes, dem Plautinischen *Amphitruo* kennt, und zwar im Stil anderer Tragödien des Euripides.

Auch die Grundzüge des Sophokleischen *Amphitryon* meinte Stoessl rekonstruieren zu können: »Wenn Sophokles – im Gegensatz zu seinen Vorgängern – seine Tragödie *Amphitryon* nannte, so stand ihm nicht die unschuldig leidende Frau in der Mitte der Dichtung, sondern sein tragisches Spiel galt dem forschenden und irrenden Mann. Von Amphitryon aus gesehen erhält dasselbe Geschehen, das Euripides dargestellt hatte, ganz andere Beleuchtung und Farben – alles gemahnt an andere Dichtungen des Sophokles: wie Ödipus sucht Amphitryon die rätselhafte Vergangenheit aufzuhellen, eine Klarheit zu gewinnen, die er doch nicht ertragen kann; je leidenschaftlicher sein Forschen nach Wahrheit, desto tiefer seine Verstrickung in

---

9 Ebd., S. 96 f. *R. Engelmann* und *C. Robert* werden bei Stoessl nicht genannt.

Irrtum und Verhängnis, bis zum Entschluß zu Rache und Strafe an der scheinbar schuldigen Gattin. Wie Kreon in der *Antigone* fehlt er, gerade in dem er sein Recht durchzusetzen meint [...]«[10] Hier scheint aber der Autor der Suggestivkraft seiner Rekonstruktion erlegen zu sein. »Alles gemahnt an andere Dichtungen des Sophokles«, schreibt er über das Werk, das er nicht kennt, dessen Züge er vielmehr von den anderen Dichtungen ableiten muß: kein Wunder, daß es ihn dann an diese gemahnt. Freilich kann die Tragödie des Sophokles so beschaffen gewesen sein, aber was man weiß, ist einzig, daß es eine Tragödie von ihm mit dem Titel *Amphitryon* gegeben hat. Nicht ausgeschlossen, daß ihr Thema gar nicht die Geburt des Herakles war, sondern ein anderes Ereignis aus dem Leben des thebanischen Feldherrn, der in der griechischen Mythologie nicht nur in diesem Zusammenhang auftritt.

Der Weg, der von den ersten literarischen Fixierungen der Sage über die tragische Dichtung des 5. vorchristlichen Jahrhunderts zu Plautus und damit zur Komödie führt, verläuft noch eine lange Strecke im Dunkeln. Euripides war nicht der letzte, der dem Stoff eine Tragödie gewidmet hat, doch auch diese Werke sind verloren gegangen. Erst mit dem *Amphitruo* des Plautus, der um das Jahr 200 v. Chr. entstanden ist, kommt man aus der Nacht der Vermutungen heraus. Wichtige Fragen bleiben zwar weiterhin offen. So die nach den Zwischengliedern der Kette, die sich nun als Frage nach der Vorlage oder nach den Vorlagen des Plautus stellt. Hat er als erster die Wandlung des Stoffes ins Komische vollzogen? Die Meinungen darüber gehen auseinander. Meist neigt man zur Annahme, daß Plautus eine griechische Komödie zur Vorlage hatte. Ob diese der mittleren oder der neueren Komödie angehört hat, also der Zeit vor oder nach Alexander, ist ebenfalls umstritten. Man hat die Frage auf Grund der Schlachtbeschreibung entscheiden wollen, die Sosias am Anfang des Stückes gibt und deren Rest eine der virtuosesten, weil zum Scheindialog, zum Spiel im Spiel gewordenen Szenen bei Molière, Dryden und Kleist bildet.

10 Ebd., S. 97 f.

Wesentlicher – vor allem auch im Hinblick auf die Verwandlung des Molièreschen Lustspiels, die Kleist vollzieht, wesentlicher – ist eine andere Frage: die nach der Vermischung von Komischem und Tragischem in Plauts *Amphitruo*. Die unter dem Gesichtspunkt der Komödie entscheidenden Auftritte der späteren Bearbeitungen finden sich schon mit vielen Einzelheiten bei Plautus: so die Begegnung des Sosias, den sein Herr als Boten nach Theben geschickt hat, mit seinem göttlichen Doppelgänger Merkur; so die Szene, in der Sosias seinem Herrn über die verwirrende Begegnung Bericht erstattet. Mit diesen possenhaften Auftritten, die ganz von der Situationskomik leben, kontrastiert auf seltsame Weise der Schluß des Stückes. Der fünfte Akt ist, ohne jede komische Tönung, der Geburt der Zwillinge gewidmet. Bromia, Alkmenens Magd, berichtet zunächst in einem Monolog, dann im Gespräch mit Amphitryon über die Entbindung. Außer sich vor Schrecken erzählt sie, wie die Herrin unter Donner und Blitz zwei Söhnen das Leben gegeben hat, während eine himmlische Stimme zu ihr sprach. Es folgt ein Bericht über den siegreichen Kampf des Neugeborenen mit den beiden Schlangen, die nach der Sage in Heras, der Rachsüchtigen, Auftrag Herakles töten sollten. Das Stück schließt mit der wiederum von Donner begleiteten Erscheinung Jupiters, der die Verwirrung löst und die Heldentaten seines Sohnes verkündet, die auch Amphitryon zum Ruhm gereichen werden.

Kein Komödienton klingt in dieser Theophanie an; der Diener Sosias, der bei Rotrou, Molière und Kleist die Ehre, die seinem Herrn widerfahren ist, sarkastisch in Frage stellen wird, tritt bei Plautus am Schluß gar nicht auf. Diese Erhabenheit des letzten Aktes spielt in der Frage nach der Vorlage oder den Vorlagen des Plautus eine wichtige Rolle. Es wäre denkbar, daß er eine griechische Komödie und eine griechische Tragödie in eins verarbeitet hat – die Technik der Kontamination ist der römischen Lustspieldichtung nicht fremd.[11] Von da her fällt aber ein Licht auch auf die späteren Metamorphosen des Stoffes. Denn Plauts Vermischung des Komischen mit dem Erhabenen zeigt,

11 Ebd., S. 109 f.

daß die Amphitryon-Handlung, wie sie bei ihm und bei seinen unmittelbaren Nachfolgern, so bei Rotrou, zu finden ist, im Grunde zwei Zentren hat: die Zeugung und die Geburt des Herakles.

Diesen beiden Handlungskernen entsprechen möglicherweise zwei verschiedene Überlieferungen, in die das Geschehen sich schon früh aufgeteilt hat.[12] Während die Geburt des Herakles den Höhepunkt der Handlung in den tragischen Gestaltungen des Stoffes bildete, mag sich das komische Licht früh auf die Nacht der Zeugung konzentriert haben. Ein Dichter der älteren attischen Komödie, Platon, hat gegen Ende des 5. Jahrhunderts ein Stück mit dem Titel *Die lange Nacht* geschrieben: schon die Überschrift weist auf die List Jupiters hin, der die Nacht, in welcher er Amphitryons Stelle einnimmt, länger als jede andere dauern läßt – das Motiv spielt auch später eine wichtige Rolle. In der Komödie liegt der Akzent auf dem Betrug, auf der Verspottung des Hahnreis, auf dem Spiel mit Sein und Schein.

Doch die »lange Nacht«, in der die Handlung des Plautinischen *Amphitruo* ihren Zeitraum hat, soll nicht allein den Aufenthalt Jupiters bei Alkmenen verlängern (davon spricht Merkur im Prolog), sondern der Tag, den diese lange Nacht schließlich anbrechen läßt, wird (wie Merkur in I/2 voraussagt) auch schon der Tag von Alkmenens zweifacher Niederkunft sein. Von den beiden Zwillingssöhnen werde einer im zehnten, der andere im siebten Monat nach der Empfängnis geboren werden, aber der jüngere werde des größeren Vaters Kind sein und der ältere das Kind des kleineren. Daraus wurde geschlossen, daß Jupiter mehr als nur dieses eine Mal Alkmenen erschienen sei. Sein Besuch wenige Stunden vor der Geburt des Halbgottes geschah nicht in der Absicht, Alkmene zur Mutter des Herakles zu machen, heißt es in der Inhaltsangabe, die Fr. W. E. Rost, Rektor der Thomasschule, 1829 seiner Übersetzung beigab[13]. Und achtzig Jahre später beschimpfte der Kleistbiograph H.

---

12 Ebd., S. 98 f.
13 Wieder abgedruckt in: *Neun Lustspiele des M. Accius Plautus,* Übers. Fr. W. E. Rost. Leipzig 1836, S. 228.

Meyer-Benfey den plautinischen Jupiter, »der auch nach geschehener Zeugung den Verkehr mit der Mutter, dem Weibe eines andern, mit allerlei Listen und Zauberkünsten fortsetzt«. Dieser Gott, so urteilte er, höre für uns auf, »ein Gott zu sein«, er »wirkt einfach als ein gemeiner Wüstling, der uns Widerwillen und Verachtung erregt«[14]. Indessen scheint Jupiters Verhalten, über das die Empörung so lange geherrscht hat, die Erfindung nicht des Plautus oder seiner Vorgänger, sondern jener Philologen zu sein, die sich darüber empört zeigten. Merkurs augenzwinkernde Frage an die Zuschauer: *Wißt ihr nun, wie sich's verhält?* (I/2)[15], meint einen Tatbestand, der keineswegs klar zutage liegt, am wenigsten in einer nachmythischen Ära. Die zeitliche Nähe von Jupiters Besuch bei Alkmenen und der Geburt des Herakles sollte weder mit Hilfe einer so unmythologischen Vorstellung, wie es die Liaison wäre, rationalisiert, noch als durch die Technik der Kontamination und die dramaturgische Forderung nach Einheit der Zeit entstandene »Störung«[16] begriffen und so zum rein formalen Problem degradiert werden. Vielmehr ist sie wohl als das eigentliche Geheimnis der »langen Nacht« anzusehen: einer Nacht, die zwar nicht sieben Monate dauert, aber, indem sie ihnen gleichkommt, sieben Monate ist und sich solcherart, an die Kosmogonien des 5. vorchristlichen Jahrhunderts gemahnend (aus dem auch Platons *Lange Nacht* stammt), als der göttlichen, nicht der menschlichen Zeitrechnung zugehörig erweist.

Es war die Konsequenz aus dem Schwinden dieser göttlichen Zeitdimension in der Moderne, die Molière im Gegensatz zu seinem unmittelbaren Vorgänger Rotrou zog, als er auf die Geburt des Herakles als Schluß seiner Komödie verzichtete. Damit rückte Jupiters Doppelgängerspiel in den Mittelpunkt: das ernst-heitere, jenseitig-diesseitige Spiel wurde auf seine komisch-irdischen Möglichkeiten beschränkt.

---

14 H. Meyer-Benfey, *Das Drama Heinrich von Kleists*. Göttingen 1911 und 1913, Bd. 1, S. 301.
15 Hier zitiert nach: *Neun Lustspiele des M. Accius Plautus*, Übers. Fr. W. E. Rost, a.a.O., S. 246.
16 Stoessl, a.a.O., S. 108.

Von Kleist her kann der Vorgang freilich auch anders beurteilt werden. Immer wieder waren die Interpreten versucht, bei der Darstellung der Geschichte des Amphitryon-Stoffes Kleist als den Dichter anzusehen und zu preisen, der dem Motiv, nachdem es auf die Ebene der Posse oder der Gesellschaftskomödie herabgesunken war, wieder seine alten Dimensionen zurückgegeben hat. Aber jener Verzicht Molières auf die Einbeziehung der Geburt des Halbgotts, die Verlagerung des Akzents auf die Zeugung und damit aufs Doppelgängerspiel, die bei ihm als durch die Gesetze der Komödie, und zwar seiner, allem Religiösen entfremdeten Komödie, bedingt erscheint, bildet auch für die Rückwendung Kleists zum Tragischen und, sofern davon die Rede sein kann, zum Religiösen hin, allererst die Grundlage. Denn die Bedeutung, die bei Kleist dem Erscheinen des göttlichen Doppelgängers und der Täuschung Alkmenens zukommt, wäre auf der Basis des Plautinisch-Rotrouschen Handlungsablaufs nicht denkbar. Sollte Kleist außer dem Stück Molières auch die beiden anderen Werke gekannt haben, so wäre es nur allzu gut verständlich, daß er auch in diesem Punkt Molière die Treue hielt.

Noch ein Problem verdient in diesem Zusammenhang Erwähnung. Die Vermischung des Komischen mit dem Tragischen, die für die griechischen Bearbeitungen nicht belegt ist, bei Plautus den Charakter des Stückes bestimmt, bei Molière dann geopfert wird, um von Kleist unter ganz neuen Bedingungen wieder eingeführt zu werden – diese Vermischung kommt schon im Prolog des Plautinischen Werkes expressis verbis zur Sprache. Merkur hat das Wort, und zu den Zuschauern gewendet sagt er unter anderem dieses:

Nun hört die Fabel unsres Trauerspiels.
Ihr runzelt eure Stirnen, weil ich sagte,
Es wird ein Trauerspiel? Ich bin ein Gott,
Ich kann es ändern, wenn ihr wollt! Ich mache
Sofort ein Lustspiel aus dem Trauerspiel,
Und ohne einen einz'gen Vers zu streichen!
Was wollt ihr haben? – Doch ich bin ein Tor:

Als ob ein Gott nicht wüßte, was ihr wollt!
Ich kenne ja die Wahl, die ihr getroffen!
Tragikomödie soll dies Stück drum werden.
Es ganz ins Komische zu wenden, wäre
Nicht recht, da Helden hier und Götter spielen;
Doch da auch Sklaven in dem Stück agieren,
Will ich's halb komisch und halb tragisch bringen.[17]

Die letzten Verse scheinen erklären zu wollen, warum Plautus sein Stück als Tragikomödie bezeichnet, und diese Erklärung hat zunächst mit dem, was oben über die Vermischung des Tragischen mit dem Komischen gesagt wurde, wenig zu tun. Es ist eine Anspielung auf die Forderung der antiken Poetik, wie sie aus dem Fragment des Aristoteles bekannt sind. Zwar sagt Aristoteles ausdrücklich, daß auch ein Sklave in der Tragödie auftreten kann, sofern er einen edlen Charakter hat, aber generell ordnet er der Komödie die gemeineren Naturen zu. Menschen des Alltags – Bürger, Handwerker, Bauern – treten im griechischen Theater nur in der Komödie auf; die Tragödie ist meist den Helden im mythologischen Wortsinn, Halbgöttern und Königen, vorbehalten. Diese Scheidung, deren Gründe viel tiefer als in sozialen Vorurteilen der herrschenden Schicht und ihrer Dichter liegen[18], klingt in Merkurs Prolog an.
Allein, in der Erwägung, ob das folgende Spiel eine Tragödie oder eine Komödie sein soll, ist der poetologischen Diskussion eine Behauptung vorangestellt, die an Kleist gemahnt. Als Gott kann Merkur aus der Tragödie eine Komödie machen, *und ohne einen einz'gen Vers zu streichen*. Will man diese Worte ernst nehmen und es nicht für Zufall halten, daß sie gerade im Prolog zum *Amphitruo* stehen (und wie sollte es Zufall sein?), so liegt der Schluß nahe, daß damit der Charakter der Amphitryon-Handlung selbst bezeichnet ist, jene Disponiertheit sowohl für

---

17 Zitiert nach: Titus Maccius Plautus, *Amphitryon*, Übers. E. R. Lehmann-Leander. In: *Amphitryon* (Plautus, Molière, Dryden, Kleist, Giraudoux, Kaiser), Hrsg. J. Schondorff. München/Wien 1964, S. 33-90.
18 Vgl. W. Benjamin, *Ursprung des deutschen Trauerspiels*, in: *Gesammelte Schriften I, 1*, 1974, S. 242 f.

tragische als auch für komische Behandlung, die wahrscheinlich schon bei den Vorgängern des Plautus zwei verschiedene Traditionen begründet hat und die auch der nicht leicht zu bestimmenden Gattungszugehörigkeit des Kleistschen Werkes zugrunde liegt. Merkurs Wort von der Umwandelbarkeit der Tragödie in Komödie ist in der Umkehrung das unsichtbare Motto von Kleists *Amphitryon:* auch er hatte es oft nicht nötig, die Verse Molières zu ändern, um ihrer Komik dennoch einen tragischen Schatten zu verleihen.

Die Wirkungsgeschichte des Plautinischen *Amphitruo* setzt erst in der Renaissance eigentlich ein. Der Stoff war zwar auch dem Mittelalter nicht unbekannt, so gibt es aus dem 12. Jahrhundert ein mittellateinisches Gedicht des Vital von Blois (Vitalis Blesensis), das vor allem auf die Dienerszenen von Plautus zurückgreift. Die Renaissance bringt zunächst eine Änderung des Textes. Die große Lücke im 4. Akt, die durch die handschriftliche Überlieferung entstanden war und den Kontrast zwischen dem Komödienhaften der ersten Akte und der Erhabenheit des Schlusses verschärfte, wurde im 15. Jahrhundert von dem Humanisten Hermolaus Barbarus ausgefüllt. Diese neu hinzugekommenen Szenen wurden lange in den Plautus-Editionen nachgedruckt und bilden so mit den authentischen Teilen die Vorlage für zahlreiche Übersetzungen, Bearbeitungen und Abwandlungen. Erst jüngst sind sie wieder ausgeschieden und der Handlungsablauf mit Hilfe von Fragmenten aus den verloren gegangenen Szenen, die als Beispiele in Grammatiken erhalten geblieben sind, zu rekonstruieren versucht worden.

Im 16. Jahrhundert schreiben in der Nachfolge des Plautus der Spanier Perez de Oliva (1531), der Portugiese Camões (vor 1549) und der Italiener Ludovico Dolce (1545) Amphitryon-Komödien. Um 1600-1610 verfaßt ein unbekannter Zeitgenosse Shakespeares eine freie Übertragung unter dem Titel *The Birthe of Hercules*[19]. Aus dem frühen 17. Jahrhundert stammt ferner

---

19 *The Birthe of Hercules*, Hrsg. M. W. Wallace, Chicago 1903.

eine Bearbeitung, die im Hinblick auf Kleist interessant ist: *Sacri mater virgo*, ein lateinisches Drama von Johannes Burmeister, das die Bezeichnung *ex Plauto ad Christum inversa comedia* trägt. In diesem Werk aus dem Jahr 1621 ist der Stoff der griechischen Mythologie ins Christliche transponiert: statt Alkmene tritt Maria auf, statt Jupiter Gabriel, statt Amphitryon Joseph und Jesus für Herakles. Die ausdrückliche Wendung der Handlung ins Christliche scheint Kleists heimliche Absichten vorwegzunehmen – oder doch die ihm zugeschriebenen, ist doch schon aus dem Erscheinungsjahr (1807) die Äußerung Goethes überliefert: »Das Stück Amphitryon von Kleist enthält nichts Geringeres als eine Deutung der Fabel ins Christliche, in die Überschattung der Maria vom Heiligen Geist.«[20]
Doch Kleist wird das Stück von Burmeister kaum gekannt haben. Eher schon die wenig später entstandene Komödie *Les Sosies* von Rotrou, obwohl die nach dem ersten Weltkrieg publizierten Kleist-Briefe, die seine Abhängigkeit von Rotrou bezeugen sollten, offensichtlich gefälscht sind[21]. Seit 1636 war das Stück Rotrous in Paris ein großer Erfolg, um 1650 herum wurde es unter dem Titel *La Naissance d' Hercule* in eine *comédie-ballet* umgewandelt, dann als Pantomime aufgeführt. Molière ergriff also 1668 einen Stoff, der gerade en vogue war. Das wiederholte sich 140 Jahre später auf merkwürdige Weise in Deutschland. Denn dem Kleistschen *Amphitryon* gingen 1803 eine Übersetzung von Plauts Komödie von August Christian Borheck und 1804 eine freie Umdichtung des Weimarer poeta minor Johannes Daniel Falk voraus, an die einige Verse seines Jupiter anzuklingen scheinen.

Weder auf Falk noch auf Rotrou bezieht sich Kleist expressis verbis, sondern auf Molière. Wie Dryden (1690) hat auch er *ein Lustspiel nach Molière* geschrieben. Über die Entstehungsgeschichte ist wenig bekannt. Man hat vermutet, daß Kleist im Auftrag seines Schweizer Freundes Zschokke, der eine deutsche

20 Vgl. H. Sembdner, *Heinrich von Kleists Lebensspuren*. Bremen 1957, S. 124.
21 Vgl. H. Jacobi, *Amphitryon in Frankreich und Deutschland*. Diss. Zürich 1952 (Anhang).

Ausgabe der Werke Molières plante, an die Arbeit gegangen sei und erst in deren Verlauf sich so weit vom Original entfernt habe, daß sein Werk nicht mehr als Übersetzung auszugeben gewesen sei. Die Hypothese wird mit dem Hinweis gestützt, daß in Zschokkes Ausgabe gerade der *Amphitryon* fehle. Indessen fehlen bei Zschokke zahlreiche andere Komödien, und zwar auch Hauptwerke, so daß seine Ausgabe für Kleists Intentionen keinen Anhaltspunkt gibt. Der Untertitel *Ein Lustspiel nach Molière* bildet in der Geschichte der Urteile, die über Kleists Werk gefällt wurden, gleichsam den roten Faden.[22] Schon 1826 nannte Tieck in der Einleitung zur ersten Gesamtausgabe von Kleists Schriften dessen Versuch, den *Amphitryon* des Molière umzugestalten, eine Verirrung. Das Urteil sollte genau hundert Jahre lang vorherrschen. Erst in den zwanziger Jahren unseres Jahrhunderts wurde Kleists Bedeutung erkannt und das Werk, das die Literaturgeschichten des 19. entweder als mißglückt bezeichnet oder mit Schweigen übergangen hatten, beinahe ins Zentrum des Kleistschen Œuvres gerückt. Dabei wurde dann auch das Bild von Kleists Bindung an Molière ins Gegenteil verkehrt. Kritisiert wurde nun nicht das, was Kleist aus Molières Komödie gemacht hatte, vielmehr die Vorlage selbst, die man als »bloße Materie«[23], als Rohstoff abtun wollte. Nicht nur wurde damit einer Verkennung des Dichters Molière das Wort geredet, wie sie am deutlichsten ein Aufsatz Josef Hofmillers bezeugt (Molières Stücke seien Theater, nicht Literatur, lautet die denkwürdige These dieses einst als Vermittler französischer Kultur gefeierten Essayisten[24]); die behauptete Autonomie von Kleists Komödie, die den Vergleich mit Molière ausschloß, verstellte auch den Weg zu einem genetischen Verständnis. »Natur- und Kunstwerke«, schrieb Goethe am 4. August 1803 an Zelter, »lernt man nicht kennen, wenn sie fertig sind; man muß sie im Entstehen aufhaschen, um sie einigermaßen zu

---

22 Das Folgende bringt stark gekürzt den Aufsatz des Verfassers *Amphitryon. Kleists ›Lustspiel nach Molière‹*. In: *Schriften* Bd. II, S. 155 ff.
23 Th. Mann, *Kleists ›Amphitryon‹. Eine Wiedereroberung*. In: *Gesammelte Werke in zwölf Bänden*, Bd. IX. Frankfurt a. M. 1960, S. 188.
24 J. Hofmiller, *Franzosen*. München o. J., S. 160.

begreifen.« Dazu verhilft einem in seltenem Ausmaß der Vergleich mit der Vorlage.
Kleist gibt alles auf, was Molières *Amphitryon* als Gesellschaftsdichtung erscheinen läßt. Nicht nur läßt er weg, oft sind es nur Nuancen, um die er von der Vorlage abweicht. Doch in den Nuancen gibt sich das veränderte Verhältnis zur Gesellschaft kund, das Kleist gegenüber Molière kennzeichnet. Die rhetorischen Fragen, welche die Zustimmung der schweigenden Gesellschaft voraussetzen, treten zurück, ähnlich die Ausdrücke, die als »expressions toutes faites« den Menschen nicht in seiner Individualität und Freiheit bezeichnen, sondern einem Typus zuordnen. Auch jene Abstrakta schwinden bei Kleist, mit deren Hilfe in der französischen Literatur des 17. Jahrhunderts der Mensch von sich selber spricht und deren Vorherrschaft Schiller in der Vorrede zu den *Räubern* zu dem bösen Ausspruch bewogen hat, in den Dramen der Franzosen seien die Menschen »selten mehr als eiskalte Zuschauer ihrer Wut oder altkluge Professoren ihrer Leidenschaft.«[25] Das Kleistsche Individuum sieht sich in keinem sozialen Rahmen; um sich auszudrücken, bedient es sich nicht jener Worte, die wie »âme«, »raison«, »cœur« den Menschen als eine bestimmte Konstellation überindividueller Faktoren erscheinen lassen. Das Verhältnis der Kleistschen Helden zur Gesellschaft ist, wenn es zur Sprache kommt, ein polemisches: ironisch bei Sosias, elegisch bei Alkmene. Nichts kennzeichnender dafür, als die Änderung, die ihre Abschiedsverse im ersten Akt erfahren. Bei Molière nimmt sie teil an dem Ruhm des Feldherrn, in dessen Gestalt Jupiter sie verläßt, und fühlt sich von dem Glanz seines Sieges in ihrem Innersten angesprochen. Anders die Alkmene Kleists. Es ist, als stritte sie mit der Alcmène Molières, als hätte Kleist, empört über das von Molières Heldin Gesagte, der seinen die eigensten Gedanken in den Mund gelegt. Denn an einen Brief, den er 1800 an Wilhelmine von Zenge, seine Braut, geschrieben hat, klingen Alkmenens herrliche Klageverse an:

---

25 Fr. Schiller, *Unterdrückte Vorrede* zu: *Die Räuber*. In: *Sämtliche Werke*, Säkular-Ausgabe, Bd. 16, S. 11.

Amphitryon! So willst du gehn? Ach, wie
So lästig ist so vieler Ruhm, Geliebter!
Wie gern gäb' ich das Diadem, das du
Erkämpft, für einen Strauß von Veilchen hin,
Um eine niedre Hütte eingesammelt.
Was brauchen wir, als nur uns selbst? Warum
Wird so viel Fremdes noch dir aufgedrungen,
Dir eine Krone und der Feldherrnstab? (I/4)[26]

Im Maß, wie das gesellschaftliche Moment aus dem Text schwindet, dringt Kleists Thematik vor: der Zweifel an unserer Fähigkeit, die Wahrheit zu erkennen. Noch in den beiläufigsten Versen fügt er dem Text Molières ein Wort wie *mißdeuten, zweideutig, scheint* hinzu, die gleich Signalen ins Zentrum des Werkes weisen. Dort stellt sich die Frage nach der Identität. Freilich ist sie schon der Gegenstand von Molières Lustspiel, aus keinem andern Grund dürfte Kleist nach ihm gegriffen haben. Wie sehr indessen die Frage nach der Identität sich bei ihm zuspitzt, das zeigt schon der Vergleich zwischen den Worten, mit denen Molières und sein Merkur den heimkehrenden Sosias im ersten Akt überfallen. *Wer geht dort?* wird gefragt, und auf die Antwort *Ich* folgt bei Molière die Frage *Wer, ich?*, bei Kleist aber *Was für ein Ich?* Damit ist nicht bloß der Name gemeint, den Merkur wissen will, sondern das Ich selber erscheint in Frage gestellt.

Gegen die Unsicherheit, die sich der Kleistschen Gestalten bemächtigt, weil sie im Gesellschaftlichen keinen Halt mehr haben, sondern sich auf sich selber als Individuum zurückziehen, stellt eine vermeintliche Waffe die Prüfung dar. Schon früh fiel den Lesern Kleists seine Vorliebe für inquisitorisches Fragen auf.[27] Oft klingt in dem Werk, entgegen dem französischen Text, diese Vorstellung an. Dominierend wird sie in dem Motiv, mit dessen Erwähnung die vergleichende *Amphitryon*-Forschung in Goethes Tagebuch beginnt. Dort heißt es: »Molière

26 Zitiert nach H. von Kleist, *Amphitryon*. In: *Werke*, Bd. 3, Hrsg. E. Schmidt. 2. Aufl. Leipzig o. J., S. 1-119.
27 Vgl. Sembdner, a.a.O., S. 271.

läßt den Unterschied zwischen Gemahl und Liebhaber vortreten, also eigentlich nur ein Gegenstand des Geistes, des Witzes und zarter Weltbemerkung. [...] Kleist geht bei den Hauptpersonen auf die Verwirrung des Gefühls hinaus.«[28] Molières Jupiter wünscht nur, daß Alkmenens Liebe seiner Person gelten möchte und nicht seiner Eigenschaft als Gemahl, der Kleistsche dagegen prüft Alkmene mit der Frage:

Ob den Gemahl du heut, dem du verlobt bist,
Ob den Geliebten du empfangen hast? (I/4)

Das Motiv, das kleistischer nicht sein könnte, schon bei Molière anzutreffen, überrascht; da es weder bei Plautus noch bei Rotrou auftritt, scheint es sogar seine Erfindung zu sein. Doch bei ihm steht es in einem anderen Zusammenhang, nämlich in dem der Gesellschaftskomödie. Zu deren Tradition gehört die Verspottung des gehörnten Ehemanns; in der Gestalt des Liebhabers rächt sich gleichsam die Gesellschaft insgesamt an dem Gatten, der ihr die Frau durch die Heirat entzog. Darum muß zu der Figur, die der Ehemann in der Komödiendichtung zu machen pflegt, für Molières Empfinden der Umstand schlecht gepaßt haben, daß Jupiter die Gunst Alkmenens nur durch die Verwandlung in Amphitryon gewinnen kann. Molière half sich, indem er im Prolog offen aussprechen ließ, wie sehr die Amphitryon-Handlung unter den Hahnreikomödien eine Ausnahme bildet. Warnend bemerkt sein Merkur, daß bei den meisten Frauen, im Gegensatz zum vorliegenden Fall, eine solche Verwandlung unwirksam wäre: die Gestalt des Gatten anzunehmen, sei nicht überall das richtige Mittel zu gefallen. Damit hängt wohl auch der Wunsch zusammen, den später der als Amphitryon verkleidete Jupiter äußert – gleichsam eine ironische Bemerkung des abwesenden Dichters, die keine anderen Folgen hat als Alkmenens Verwunderung. Bei Kleist dagegen bildet die Unterscheidung zwischen Geliebter und Gemahl die Grundlage für den tieferen Vorgang der ganzen Dichtung, ihr

---

[28] Ebd., S. 124.

entspringt, was man neben der äußeren Verwechslungskomödie die innere Verwechslungstragödie nennen könnte. Die Frage Jupiter-Amphitryons findet ihr Echo in Alkmenens Gefühl. Ihr ist nicht entschlüpft

In dieser heitern Nacht, wie, vor dem Gatten,
Oft der Geliebte aus sich zeichnen kann. (I/4)

Die Trennung des einen vom anderen, wie sie Jupiter vollzieht, hat sich so in ihr Inneres gewendet. Die betrügerische Vereinigung Jupiters mit Amphitryon schlägt um in eine Entzweiung in dem Bild, das Alkmene von Amphitryon hat. Davon zeugt bei Amphitryons Rückkehr ihr Geständnis, daß sie

ihn schöner niemals fand, als heut.
Ich hätte für sein Bild ihn halten können,
Für sein Gemälde, sieh, von Künstlershand,
Dem Leben treu, ins Göttliche verzeichnet. (II/4)

Von hier führt der Weg zu den beiden Prüfungen, denen Alkmene unterworfen wird: zu dem großen Gespräch mit Jupiter und zu der Szene, in der sie vor dem Volk Thebens den wirklichen Amphitryon von dem falschen unterscheiden muß. Man kann die Frage, um deren Beantwortung es den meisten Interpreten geht, die Frage, ob Alkmene Amphitryon treu bleibt oder nicht, ob es Jupiter gelingt, sie ihrem Gemahl zu entreißen, kaum richtig beantworten. Sie ist falsch gestellt. Übersieht sie doch, daß bei Alkmenens drei Entscheidungen – im ersten, im zweiten und im dritten Akt – ihr Bewußtsein jedesmal ein anderes ist und daß es auch in Wirklichkeit nicht nur Amphitryon und Jupiter gibt, sondern auch, ja allen voran, den Jupiter-Amphitryon.
Zunächst weiß Alkmene von keinem Betrug, von keinem Doppelgänger. Aber für sie selbst hat Amphitryon sich verdoppelt, und sie stellt den Amphitryon der *heitern Nacht* über jenen, den sie vorher gekannt. Dann bemächtigt sich ihrer der Gedanke, betrogen worden zu sein. Daß der Betrüger Jupiter selber war,

erfährt sie von dem, den sie nun für den wirklichen Amphitryon hält, der aber immer noch der Gott ist. In dem großen Gespräch des 2. Aktes, das bei Molière nicht vorgebildet ist, entscheidet sich Alkmene gegen den Gott, der ihr erschienen ist, und für den Amphitryon, der sie in Armen hält – und der es nicht ist. Sie entscheidet sich aber für ihn nicht nur gegen Jupiter, sondern auch gegen den ihr in Erinnerung gebrachten Amphitryon: gegen beide, die nur in ihrer Vorstellung existieren, und für den, der ihr gegenwärtig ist. Diesen Jupiter-Amphitryon, der nicht der Gott ist, sondern der göttliche Mensch, der Mensch in der Göttlichkeit seines Gefühls, bezeichnet sie dann im dritten Akt vor dem Volk Thebens als den wirklichen Amphitryon und den wirklichen als den Betrüger. Dabei wird deutlich, was in ihr sich zugetragen hat. Weder hat sie, allen Versuchen Jupiters trotzend, dem Feldherrn die Treue gehalten, noch aber hat sie sich von Amphitryon abgewandt. Weder hat ihr Gefühl sie betrogen, noch aber hat es sie unfehlbar zu ihrem Gatten geführt. Vielmehr sind in dem, was sie erlebt hat, Treue und Untreue, Unfehlbarkeit und Fehlbarkeit des Gefühls auf tragisch-paradoxe Weise in eins verschlungen. Zwar hat ihr Gefühl sie nicht betrogen, zwar war alles, was ihr erschien, Amphitryon – aber ihrem Gefühl galt als Amphitryon nicht der Feldherr-Gemahl, sondern dessen ins Göttliche geläuterte Gestalt. Jene Absage Kleists an das gesellschaftliche Moment in Molières Komödie kehrt so thematisch bei Alkmene als Absage ihres Gefühls an den Amphitryon der sozialen Welt von Staat und Ehegesetz wieder. Die von Molière übernommene Unterscheidung zwischen *amant* und *époux* endigt in dem tragischen Widerspruch von Alkmenens Gefühl, das sich bewährt, indem es versagt.[29] Erst in dem Halbgott Herakles, mit dessen Verkündigung das Werk schließt, ist die Synthese von Gott und Mensch nicht mehr erschlichen, ist die Tragik überwunden.

Das Thema des *couple*, des Menschenpaares, durchzieht Giraudoux' gesamtes Werk, ganz ihm sind aber eines der ersten

---

29 Vgl. die in Anm. 6 genannte Schrift des Verfassers.

und eines der letzten seiner Bühnenstücke gewidmet: *Amphitryon 38* (1929), die strahlende Hymne in Lustspielform, mit der sein dramatisches Schaffen eigentlich einsetzt (der Erstling *Siegfried* war aus einem Roman hervorgegangen), und das elegisch-bittere Trauerspiel *Sodom und Gomorra,* das als sein geistiges Vermächtnis gilt.

Interpreten Giraudoux' wie Sartre[30] und Claude-Edmonde Magny[31] haben auf einen aristotelisch-platonischen Zug in seinem Denken hingewiesen, dem es nicht um die Vielfalt der Erscheinungen, sondern um die eine Idee gehe, welche selber in die Erscheinung tritt. Man könnte diesen Zug auch den paradigmatischen nennen. Gleich dem Grammatiker, der dem Vokabular einer Sprache einzelne Wörter entnimmt, damit sie beispielhaft die Morphologie des betreffenden Sprachganzen darstellen, bevölkert Giraudoux seine dichterische Welt mit Gestalten, die je ihre ganze Gattung vertreten. Einzigartig sind sie zunächst in dem Sinn, daß sie für ihre Art die je einzigen Beispiele darstellen. Da aber Fehler immer Besonderheit und Abweichung ist, läßt sie ihre Allgemeingültigkeit auch im qualitativen Verstande »einzigartig« werden.

Das paradigmatische Stilprinzip erklärt sowohl Themenwahl als Formgesetz von Giraudoux' *Amphitryon 38*. Da die Entfremdung des Menschenpaars zum Paradigma sich nicht anders gestalten läßt, als indem ein außermenschlicher Standpunkt geschaffen wird, gelangt Giraudoux zum Modell des Götterbesuchs. Das Dreieck, das der göttliche Zuschauer mit dem *couple* bildet, legt dem Dramatiker das mythologische Dreieck nahe, das Zeus als Doppelgänger eines Menschen einführt: der Amphitryon-Stoff ist gefunden. Durch die Veränderungen aber, die der Dichter am Überlieferten vornimmt, wird die traditionelle Handlung der Absicht angeglichen, Alkmene und ihren Gatten als Paradigma des Menschenpaars aus ihrer Umwelt herauszuheben und einem außermenschlichen Zuschauer gegenüberzustellen. Zum Schluß des Stückes verdichtet sich diese Grund-

---

30 J.-P. Sartre, *M. Jean Giraudoux et la philosophie d'Aristote.* In: *La Nouvelle Revue Française*, t. LIV (1940).

31 Cl.-E. Magny, *Précieux Giraudoux.* Paris 1945 (1968).

struktur des ganzen Werks zur Metapher. Jupiter spricht zu Amphitryon: *Ich liebe ja nicht Alkmene allein; dann hätte ich sie genommen, ohne dich vorher anzuhören. Ich liebe euch beide, als Paar. Ich liebe diese zwei schönen und starken Leiber, die ihr hier am Beginn der Menschenzeit über den Bug der Menschheit ragt wie zwei geschnitzte Galionsfiguren.* (III/4)[32]
Nicht zuletzt um die strahlende Doppelgestalt Alkmene-Amphitryon für den Zuschauer schon bald nach dem Aufgehen des Vorhangs und noch vor der durch Jupiters Eingreifen verursachten Verwicklung sichtbar zu machen, hat Giraudoux die Komödie gleichsam einen Akt früher als seine Vorgänger angefangen. Die dritte Szene des ersten Aufzugs, der Abschied Amphitryons von seiner Gattin, erfüllt die Aufgabe mit einem barock-deiktischen Pathos – als wären die Personen sich bewußt, daß sie Darsteller im Welttheater sind. Aber nicht nur die Menschen, auch Jupiter und Merkur werden zu Beginn besonders vorgestellt, drei wichtige Auftritte der beiden hat Giraudoux der überlieferten Szenenfolge hinzugefügt. Gegenüber Kleist, der auf den Prolog verzichtet und die Götter bis zur letzten Szene als den Menschen gleichgestellte dramatis personae auftreten läßt, weist Giraudoux schon in der ersten Szene auf den Riß hin, der bei ihm das dramatische Korpus durchzieht und die Menschen von ihren göttlichen Betrachtern trennt. Die Merkmale des menschlichen Daseins bringt Giraudoux als fremde in den Blick, indem er in der fünften Szene des ersten Aktes Jupiters Verwandlung in Amphitryon stufenweise sich vollziehen und von Merkur beschreiben läßt. Dieselbe Aufgabe erfüllt die dritte Szene des zweiten Aktes, in der Merkur die Zeichen der »condition humaine« erstaunt als Falten auf Jupiters Stirn erkennt. Aber auch die Szenen zwischen Jupiter und Alkmene sind davon bestimmt, daß Jupiter sich nur allmählich in Amphitryon verwandelt. Die erste Begegnung zwischen den beiden, bei Molière und Kleist erst am Morgen des folgenden Tages dem bestürzten Amphitryon in Erinnerung gerufen, wird von Giraudoux am Schluß des ersten Aktes szenisch gestaltet.

32 J. Giraudoux, *Amphitryon 38*, Übers. R. Schnorr. In: *Amphitryon*, Hrsg. J. Schondorff, a.a.O., S. 287-361.

Alkmenen ist die Rückkehr ihres Gatten von Sosias alias Merkur zwar angekündigt worden, doch sie verheimlicht es, und Jupiter muß, damit ihm Einlaß gewährt werde, ein zweites Mal sich in Amphitryon verwandeln: nun in Worten, in der Wiederholung des Ehegelöbnisses. Dabei wird insgeheim auch die Art angeprangert, auf die Giraudoux' Vorgänger das Gefühl der Liebe gegen die Pflicht der Ehe ausgespielt haben. Und die zweite Szene des zweiten Aktes (bei Molière I/3, bei Kleist I/4 entsprechend) wiederholt zu Beginn ein weiteres Mal die Menschwerdung Jupiters. Aus dem Schlaf erwachend, in dem er wieder Gott war, wird er von Alkmene ins menschliche Dasein zurückgerufen. Während schließlich bei Molière nur die Verlängerung der Nacht auf Jupiters Befehl erfolgt, läßt Giraudoux auch den Kriegsausbruch und also Amphitryons Abwesenheit zum Bestandteil von Jupiters und Merkurs Plan werden. Der Krieg, der in den nachgriechischen Amphitryon-Werken nicht weiter motivierte Gegebenheit war, gehört in *Amphitryon 38* in die Veranstaltung der Götter und betont so ihre unumschränkte Macht, die sie über die dramatis personae noch mehr hinaushebt.

Wie diese Veränderungen sind auch die des eigentlichen Handlungsablaufs aus Giraudoux' paradigmatischem Willen zu erklären. Die Verwechslungskomik, die bei Molière und selbst bei Kleist von großer Bedeutung ist, schränkt er aufs äußerste ein. Denn Verwechslung wird erst möglich durch die vorübergehende Identität Jupiters und Amphitryons, Merkurs und des Sosias, und solche Identität, obwohl sie im Stoff enthalten ist, muß der Absicht des Autors, ein Menschenpaar vor Gott hinzustellen, gerade entgegengesetzt gewesen sein. Auch jener Wiederholung, die dem Werk wohl am meisten geschadet hat, fällt die Aufgabe zu, die Begegnung Jupiters mit Alkmene wenigstens nachträglich dem neuen Stilprinzip gemäß zu gestalten: ein zweites Mal soll der Gott sich ihr nähern, nun nicht zum Menschen geworden und auch nicht, ohne daß sein Besuch ganz Theben verkündet worden wäre. Alkmene aber, die sich dem Gott entziehen will, läßt an ihre Stelle Leda treten, und der heimkehrende Amphitryon, den sie für Jupiter hält, ist diesmal der richtige. Mit dieser dramaturgisch wenig geglückten Einführung Ledas wird nicht nur ein Teil des Verwechslungsspiels, das Giraudoux zwischen Göttern und Menschen einschränken mußte, innerhalb des menschlichen Bereichs nachgeholt, sie stellt zugleich für das Menschenpaar, das hier anstelle der einzigen Alkmene zu zweit im Mittelpunkt steht, die gestörte Symmetrie wieder her: auch Amphitryon wurde ohne seinen Willen und ohne es je zu erfahren der Gattin untreu.

Auf die Idee, die Giraudoux' *Amphitryon 38* geprägt hat, verweist auch der Verzicht, das Geschehen auf der Ebene der Diener zu wiederholen. Giraudoux weicht von seinen Vorgängern ab, weil es ihm darum geht, alles Licht auf das eine Menschenpaar zu versammeln. So spricht Jupiter zuletzt, an die Zuschauer gewendet, die Worte: *Dann also kommt, verschwinden wir, Götter und Volk, hinauf in die Himmel, hinab in die Höhlen. Und ihr, Zuschauer, zieht euch zurück, lautlos, als ging euch das gar nichts an und als hättet ihr nichts gesehen. Lassen wir nun zu guter Letzt noch einmal Alkmene und ihren Gatten erscheinen, mit sich allein in einem Kreis von Licht, in dem mein Arm nichts zu bedeuten hat als wie ein Zeiger nur den Weg des Glücks zu weisen; und über dieses Paar, das nie sich vergangen hat und niemals vergehen wird, dem der Geschmack verbotener Küsse unbekannt sein wird für immer, Vorhänge ihr dort oben der Nacht, die ihr so lange schon an euch haltet, einzufrieden mit Samt diese kleine Lichtung der Treue, senkt euch.* (III/6)

»Nach einem unglücklichen Kriege muß man Komödien schreiben« – so lautet ein Wort des Novalis, das Hofmannsthal lieb war. Als Georg Kaiser 1943, im vierten Jahr eines Krieges, der die altmodische Einteilung in glückliche und unglückliche längst widerlegt hatte, im Schweizer Exil sich dem Amphitryon-Stoff zuwandte, konnte er die Komik, die seit Plautus dem Stoff innezuwohnen schien, darin nicht mehr entdecken. Was entstand, wurde das düsterste aller überlieferten Amphitryon-Werke, der Intention nach ein *griechisches Drama*, wie auch der Name der Trilogie besagt, die *Zweimal Amphitryon* mit *Pygmalion* und *Bellerophon* bildet. Wohl hat Kaiser an dem

Doppelgängermotiv festgehalten, aber alle Situationskomik, die diesem bei seinen Vorgängern entspringt, ist aus seinem Werk, wie auch die Spiegelung des Geschehens auf der Dienerebene, verbannt. Kaisers Drama wendet sich gegen das Los, das der Sage von der Geburt des Herakles seit Plautus widerfuhr; es will die Entwicklung rückgängig machen, die den Stoff immer mehr der griechischen Mythologie entfremdete, um ihn dem römisch-gallischen Witz zuzueignen. Wie sehr auch im 20. Jahrhundert diese Anstrengung einer späten Archaik – Zuflucht nicht nur des Expressionisten Kaiser, sondern auch des Naturalisten Hauptmann – scheitern mußte: unternommen wurde sie nicht, um der Zeit zu entfliehen, sondern in der Hoffnung, deren Fragen »gültiger« gestalten zu können. *Zweimal Amphitryon* ist so nicht nur die antikisierendste, sondern zugleich die zeitgebundenste aller Amphitryon-Variationen.

Abzulesen ist das schon daran, wie Kaiser an das von Hesiod überlieferte, von den Komödiendichtern aber kaum beachtete Motiv anknüpft, das möglicherweise den tragischen Kern der griechischen Dramen gebildet hat und demzufolge Amphitryon erst nach gewonnener Schlacht die Ehe mit Alkmene vollziehen darf. Denn das alte Motiv wird von Kaiser zwar wiederaufgenommen, aber zugleich ins Gegenteil verkehrt. Der Amphitryon von 1943 zieht nicht in die Schlacht, um die Frau, die er liebt, zu gewinnen, sondern er verläßt sie an der Schwelle der Brautnacht, um in die Schlacht zu ziehen. Der Krieg, den der antike Amphitryon auf sich nahm um eines höheren Zieles willen, er ist dem modernen nicht Mittel, sondern Zweck. Über diesen Feldherrn ist der Rausch der Vernichtung gekommen. Der Stolz, den er in seiner Brust fühlt, gebietet ihm, einem pervertierten Prometheus, *das Wirken der Natur zerstörend* [zu] *übertreffen* (II)[33], und die Herrschaft dieses Stolzes, der er sich, wie er sagt, unbeherrscht leiht, breitet er *zügellos zum Zwang des andern* aus.

---

[33] G. Kaiser, *Zweimal Amphitryon*. In: *Amphitryon*, Hrsg. J. Schondorff, a.a.O., S. 363-428.

> *Auch die Denker*
> *müssen mit allen aufstehn und verlassen,*
> *wozu sie Eigenheit des Wesens trieb,* (II)

sagt Kaisers Amphitryon, nicht zufällig in jenen »Jargon der Eigentlichkeit« verfallend, dessen faschistischen Ursprung Adorno analysiert hat.

Wodurch Amphitryon in der Brautnacht nicht nur Alkmenen, sondern auch sich selber entrissen wird, ist die Rüstung, die ihm die Hauptleute zur Hochzeit geschenkt haben. Sie bildet bei Kaiser gleichsam das Gegenstück zu dem Geschenk, mit dem der Amphitryon der Lustspiele aus der Schlacht heimzukehren gedenkt. Denn die Rüstung ist nicht das Beutestück des Feldherrn, sondern etwas, dessen Beute der Feldherr selber wird. Daß sie das Geschenk der Hauptleute ist, zu deren verhaßtem »Führer« – das Wort steht bei Kaiser – er später wird, zeigt den Schuldzusammenhang an, in den sich diese verstricken. Der sie verführt, ist ihre eigene Kreatur. Die Peripetie des 2. Aktes, da Amphitryon die rebellierenden Hauptleute zu einem neuen Feldzug überredet, hält jene hysterische Querulanz fest, deren Verführungskraft es beinahe gelang, einem ganzen Volk, mit dessen Zustimmung, den Untergang zu bereiten. Welche Schuld die Hauptleute selber trifft, zeigt im dritten Akt der Bericht des in Amphitryons Gestalt nach Theben gekommenen Jupiter. Nun sind es die Hauptleute, die versucht haben sollen, Amphitryon die Heimkehr auszureden und ihn zu einem neuen Feldzug zu zwingen. Es hieße die Dramaturgie des »Denkspielers« Georg Kaiser mißverstehen, wollte man diese Version nur psychologisch, aus der List dessen erklären, der sich als Amphitryon ausgibt. Der dritte Akt führt den zweiten nicht bloß fort, er spiegelt und wiederholt ihn auf einer anderen Ebene, indem er die Überredungsszene in einer neuen Spielart zeigt. Obwohl diese den Fakten des zweiten Aktes widerspricht, ist ihr ein Wahrheitsgehalt dennoch eigen. Was im Mund des Betrügers Lüge ist, ist zugleich Wahrheit im Munde des Gottes.

Noch ein zweites Motiv hat sich bei Kaiser in sein Gegenteil verkehrt: die Verwandlung Jupiters in Amphitryon. Nicht als

Amphitryon erscheint Jupiter Alkmenen, sondern als ein Amphitryon, der sich als Ziegenhirt verkleidet hat. Hielt die Kleistsche Alkmene Jupiter für das ins Göttliche verzeichnete Bild ihres Gatten, so erscheint er der Heldin Kaisers ins Dürftige und Schmähliche verzeichnet. Nicht anders hatte sie sich ihn von Zeus erwünscht, damit sie nicht zu niedrig sei, ihn zu lieben. Denn sie hielt es für Frevel, daß sie den *strahlenden Amphitryon* (I) für sich begehrte. Indem ihr Jupiter als Ziegenhirt naht, will er von ihr nicht als Gott geliebt werden, sondern er prüft sie, ob *ihr der schlechte Ziegenhirt genüge, / der nur ein Mensch war – weiter nichts als Mensch!* (V) Alkmene besteht die Probe und errettet die Menschheit, deren Vernichtungswillen die Götter mit Vernichtung haben strafen wollen. Daß Kaiser in Alkmenen die Retterin sah, deren *Menschenliebe* (V) über die Menschenverachtung des Feldherrn triumphiert, steht außer Zweifel. Doch sein Werk scheint sich gegen diesen Optimismus zu sperren und auch auf Alkmenen einen Schatten zu werfen. Denn ihr Wunsch, Zeus möchte ihr den Gatten *so dürftig und schmählich* senden, *wie die Ziegenhirten sind* (I), gerät in ein Zwielicht, sobald er im zweiten Akt als die List Amphitryons wiederkehrt, der den Ort des nächsten Überfalls als Ziegenhirt auskundschaften will. Die Koinzidenz, von Kaiser wohl als formale Klammer erdacht, schlägt hinter seinem Rücken um in Gehalt. Sie erweist, daß Alkmenens Sehnsucht, anstelle des *strahlenden Amphitryon* den Menschen zu empfangen, nicht frei ist von Schuld, bekennt sie sich doch damit zu dem Wahn, ihr Gatte sei mehr als »nur Mensch«. Daß sowohl ihre Liebe als auch Amphitryons List den Menschen im Ziegenfell sehen, deutet, gegen die Intention des Autors, auf die Aporie des idealistischen Dramas in dieser Zeit: des Versuchs, Verbrechen und Humanität in einem Kunstwerk darzustellen, als wären es beide Ideen. Den Kreis, den Kaisers *Amphitryon 39* als griechisches Drama schließen möchte, gibt es nicht.

Der Mythos im modernen Drama und das Epische Theater

Ein Nachtrag zur *Theorie des modernen Dramas*

Das Strukturprinzip der Dramen des 20. Jahrhunderts, in denen mythologische Stoffe neu gefaßt werden, ist nicht die Wiederholung.[1] Das zeigt schon die Beobachtung, daß z. B. Racines *Phèdre* keine andere Struktur aufweist als sein *Bajazet,* dessen Handlung der zeitgenössischen Geschichte entnommen ist. Die Struktur des klassizistischen Dramas hängt ebenso wenig wie die des modernen davon ab, ob sein Stoff der Mythologie entstammt oder nicht. Für das Drama des 20. Jahrhunderts leistet »der Mythos als Wiederholung, der ständige Bezug auf das antike Muster« durchaus nicht das, »was in anderen Stücken jene spezifisch ›epischen‹ Mittel bewerkstelligen«[2]. Denn nicht nur verzichten viele »Mythendramen« des 20. Jahrhunderts nicht auf epische Mittel, sondern sie stellen oft besonders prägnante und überzeugende Beispiele epischen Theaters dar.

Was z. B. Giraudoux' *Electre* in die Nähe von Brechts *Mutter Courage,* Pirandellos *Sei personaggi in cerca d'autore,* Wilders *Our Town* rückt, ist nicht der mythologische Stoff, nicht der ständige Bezug auf das antike Muster, sondern daß der Vorgang, die Elektrahandlung, gleich den Handlungen der drei anderen Werke, von der Bühne nicht verkörpert, sondern erzählt wird.[3] Während Brecht die Erzählstruktur u. a. durch Zwischentexte und Lieder herstellt, welche die Handlung unterbrechen und »verfremden«, Pirandello durch die Zwischenschaltung der sechs »Personen«, die ihr Leben, aus dem kein

---

[1] Vgl. M. Fuhrmann, *Mythos als Wiederholung in der griechischen Tragödie und im Drama des 20. Jahrhunderts.* In: *Terror und Spiel. Probleme der Mythenrezeption,* Hrsg. M. Fuhrmann (Poetik und Hermeneutik, Bd. 4). München 1971.

[2] Ebd., S. 140, Anm. 43.

[3] Vgl. Brecht, *Anmerkungen zur Oper ›Aufstieg und Fall der Stadt Mahagonny‹.* In: *Gesammelte Werke,* Bd. 1, London 1938, S. 154.

Stück wurde, den Schauspielern erzählen, damit es doch noch aufgeführt werde[4], betritt bei Wilder und bei Giraudoux das »epische Ich« die Bühne: als »producer«, der die Szene arrangiert und mit Kommentaren versieht, in *Our Town;* als göttlicher Bettler, dessen epische Funktion komplexer ist, in *Electre*.

Am deutlichsten tritt die Erzählerfunktion des Mendiant, und damit die epische Struktur von Giraudoux' Stück, in II/9 zutage. Die Rache des Orest wird nicht szenisch dargestellt, sondern vom Bettler erzählt (*Alors voici la fin . . .*[5]). Diese Erzählung hat indessen nichts mit dem traditionellen Botenbericht zu tun, der durch die Postulate der Einheit des Ortes und der *décence* bedingt war (z. B. le récit de Théramène). Der Bettler erzählt nicht, was er gesehen hat, er erzählt, was er gar nicht hat sehen können, weil es sich gerade erst ereignet, gleichzeitig mit seinem Erzählen. Und wenn zum Schluß seiner Erzählung die Gleichzeitigkeit von erzähltem Vorgang und Erzählen aufgehoben wird[6], treten »Erzählzeit« und »erzählte Zeit«[7], deren Identität als ein Grundzug des Dramatischen, deren Differenz als ein Grundzug des Epischen gelten kann[8], auseinander.

Als der geheime Erzähler von Giraudoux' *Electre* gibt sich der Bettler immer wieder zu erkennen. Sagt er zu Ägisth, *in fünf Minuten* würde die Geschichte, die er erzählen will, keinen Sinn mehr haben[9], so wird deutlich, daß er zum Unterschied von den anderen dramatis personae nicht in der Handlung und deren Zeitdimension steht, sondern diese überblickt und vorausweiß – gleich dem Epiker. Als solcher erscheint er auch jedesmal,

---

4 Vgl. Verf., *Theorie des modernen Dramas.* In: *Schriften*, Bd. I S. 116 ff.
5 Giraudoux, *Electre.* Paris ⁶1949, S. 222.
6 *Le mendiant:* [. . .] *Mais il est mort en criant un nom que je ne dirai pas. – La voix d'Egisthe, au dehors: Electre . . . – Le mendiant: J'ai raconté trop vite. Il me rattrape* (II, 9), ebd., S. 224.
7 Vgl. G. Müller, *Erzählzeit und erzählte Zeit.* In: *Festschrift für P. Kluckhohn und H. Schneider.* Tübingen 1948, S. 195-212. (Auch in: *Morphologische Poetik. Gesammelte Aufsätze.* Tübingen 1968.)
8 Vgl. Verf., a.a.O., S. 132 f.
9 Giraudoux, a.a.O., S. 47 (I, 3).

wenn er das Geschehen oder den Dialog kommentiert, sei es exemplifizierend[10], sei es explizierend[11], sei es in einer Interpretation des *sensus spiritualis*[12]. Auch seine Theorie der *déclaration*[13] zeigt ihn als einen, der nicht nur mit den dramatis personae spricht, sondern zugleich über sie, und zwar nicht, wie es auch die dramatische Form erlaubt, als ihnen gleichgestellte Dramenperson, sondern als ihr Erzähler, dessen Thema die überlieferte Elektrahandlung und die Bedingungen ihrer Realisation unter den in Giraudoux' Stück gegebenen Voraussetzungen sind – Voraussetzungen, die am deutlichsten an den neu eingeführten Personen abzulesen sind, an Agathe, dem Président, dem Jeune Homme, die der Welt der Boulevardkomödie angehören.

Die Theorie der *déclaration* verweist nicht nur formal auf die epische Struktur von Giraudoux' »Mythendrama« – inhaltlich begründet sie das Verhältnis, in dem die Giraudouxsche *Electre* zu den attischen Tragödien steht; sie gibt den Grund dafür an, daß die Elektratragödie nicht so sehr Giraudoux' Stück selber ist als vielmehr dessen Gegenstand. Denn diese Theorie macht den qualitativen Sprung deutlich, der zwischen den dramatis personae des Giraudouxschen Stücks und denen der Tragödie besteht: den Nicht- oder Nochnichthelden einerseits, den Helden andererseits. Zu diesem Sprung vom Boulevard nach Athen sind nur Elektra und Ägisth fähig, Elektra folgend dann auch Orest. Sie drei ermöglichen den überlieferten Tragödienschluß in einem Stück, das nicht so sehr eine Wiederholung der Elektratragödie ist als vielmehr deren Erzählung unter Berücksichtigung der Faktoren, die heute der Tragödie die Bedingung ihrer

---

10 *Le mendiant* [nach einer Rede Ägisths über die Aufgaben des Staatsoberhaupts]: *C'est la vérité même. Un exemple . . .* (I, 3), ebd., S. 42.
11 *Le mendiant* [nach einer Anspielung Elektras]: *Qu'est-ce qu'elle veut dire? Qu'elle va se fâcher avec sa mère?* (I, 4), ebd., S. 62.
12 *Le mendiant: Vous ne voyez donc pas qu'il y a dans Egisthe je ne sais quelle haine qui le pousse à tuer Electre, à la donner à la terre. Par une espèce de jeu de mots, il se trompe, il la donne à un jardin* (I, 4), ebd., S. 74 f.
13 *Le mendiant: Tout se déclare, dans la nature! Jusqu'au roi. Et même la question, aujourd'hui, si vous voulez m'en croire, est de savoir si le roi se déclarera dans Egisthe avant qu'Electre ne se déclare dans Electre* (I, 3), ebd., S. 54.

Möglichkeit zu rauben scheinen: der Geist des »laisser-faire«, des »s'arranger«, d. h. des Boulevards.

Darum genügt es nicht, die epische Struktur von Giraudoux' Stück aufzuweisen. Solange die Regeln des Epischen Theaters nicht normativ sind wie einst die der *tragédie classique* (und es scheint, daß sie es nicht mehr werden), muß die Interpretation bei jedem einzelnen Drama auch die Gründe namhaft machen, die zur epischen Struktur geführt haben. Bei der *Electre* sind sie in der Differenz zu suchen, die Giraudoux 1937 zwischen dem Geist seiner Zeit und dem von der Tragödie vorausgesetzten erfahren haben muß (Hegels *Heroenzeit*[14]), einer Differenz, der er wohl ambivalent gegenüberstand, scheint er doch die Notwendigkeit von Elektras Rigorismus angesichts des heraufkommenden Faschismus ebenso gesehen zu haben wie die fürs erste zerstörerischen Folgen dieses Rigorismus. Wenige Jahre vor Kriegsausbruch und Niederlage nahm Giraudoux' Président die offizielle Vichy-Ideologie demaskierend vorweg: *Une famille heureuse, c'est une reddition locale. Une époque heureuse, c'est l'unanime capitulation*[15]. Wie dieser Geist in der Zeit von 1940 der Tragödie die Boulevardkomödie substituiert und Giraudoux veranlaßt, ein Schauspiel über Möglichkeit und Unmöglichkeit der Tragödie zu schreiben, d. h. ein Stück epischen Theaters, so fordert er nach 1940 einen Kritiker Giraudoux'[16], Jean-Paul Sartre, zum Schreiben einer neuen Elektra-Orest-Tragödie heraus, in welcher das, was bei Giraudoux noch ein vager, untragischer »esprit parisien« war, zu der Schmach der Kapitulation und Kollaboration wird, von der Sartres tragischer Held sein Volk durch das Opfer erlöst.[17]

Die historische Interpretation führt zur Feststellung der jeweiligen Perspektive, in der das Mythische in einem modernen »Mythendrama« erscheint, des Stellenwerts, der in ihm dem

---

14 Hegel, *Ästhetik*, Hrsg., Fr. Bassenge. Berlin 1955, S. 203 f.
15 Giraudoux, a.a.O., S. 29 (I, 2).
16 Vgl. Sartre, *M. Jean Giraudoux et la philosophie d'Aristote. A propos de ›Choix des Elues‹.* Zuerst 1940, jetzt in *Situations I*, Paris 1947, S. 82-98.
17 Vgl. die wichtigen entstehungsgeschichtlichen Hinweise in S. de Beauvoir, *La force de l'âge*. Paris 1960, S. 499, 508, 510, 514, 528 f. und 553 f.

Mythischen zukommt, während eine so formale Sicht der Dinge, wie sie der Begriff der Wiederholung bezeugt, nur möglich ist, wenn von der inhaltlichen, d. h. zugleich historischen Bestimmtheit des Verhältnisses von (altem) Mythos und (neuem) Drama abstrahiert wird.

Freilich fragt es sich, ob der Begriff der Wiederholung dem Gegenstand, den er aufschließen soll, nicht ohnehin unangemessen ist, d. h. selbst dann, wenn er eine inhaltliche Bestimmung erfährt. In Giraudoux' *La guerre de Troie n'aura pas lieu* (1935) schlägt »die Form der variierenden Wiederholung« nicht um »in das programmatische Gebot, daß man sich endgültig von der Fatalität des Mythischen emanzipiere«[18]. Denn Giraudoux' Stück wiederholt nicht den Trojanischen Krieg, es zeigt auch nicht die »Anstrengungen, seine Wiederkehr zu verhindern«[19], die schon im Titel verkündete Absicht des Stückes ist vielmehr, den Trojanischen Krieg ungeschehen zu machen. Es variiert nicht die Erzählung Homers, sondern geht hinter sie zurück, versucht das Geschehen so zu lenken, daß es zum Krieg, daß es zur *Ilias* gar nicht erst kommt. Folgerichtig räumt es, sobald das Scheitern dieses Plans erkannt ist, den Platz Homer: *La parole est au poète grec*[20].

Ein »Mythendrama« ist keine variierende Wiederholung. Obwohl es einen überlieferten Stoff variiert, wird ihm auch der Vergleich mit der musikalischen Form des *Tema con variazioni* nicht gerecht. Denn der Mythos, der als Thema in den verschiedenen dramatischen Bearbeitungen variiert werden soll, ist schon bei seinem ersten Auftreten Variation, und die späteren Variationen dürften sich nie oder so gut wie nie auf dieses früheste Auftreten beziehen, vielmehr auf spätere Variationen. Der *Amphitryon 38* mag von Giraudoux für die 38. Variation des Amphitryon-Themas gehalten worden sein, aber was er variiert, ist nicht die Sage von der Geburt des Herakles, wie sie zuerst in der *Odyssee* und in der *Ilias* festgehalten ist, sondern

---

18 Fuhrmann, a.a.O., S. 135.
19 Ebd.
20 Giraudoux, *La guerre de Troie n'aura pas lieu*, Paris 1957, S. 199, Szene 13.

andere Variationen: die von Molière und von Kleist.[21] Zum Unterschied von der Kompositionsform des Tema con variazioni, in der das Thema wie die Variationen ein Teil der Komposition ist, stellen die »Mythendramen« entweder Variationen ohne Thema dar oder Variationen über ein Thema, das als Sage einer anderen literarischen Gattung angehört, wenn anders es als Literatur gedacht werden soll und nicht vielmehr als eine (reale oder fiktive) Begebenheit, deren erste schriftliche Fixierung bereits die erste Variation ist. Zu fragen wäre, ob sich die verschiedenen Bearbeitungen des Elektrastoffes in der Dramenliteratur nicht ebenso zueinander verhalten wie z. B. die verschiedenen Darstellungen der Opferung Isaaks in der Malerei. Rembrandts Gemälde und Giraudoux' Drama sind nicht der Ort einer Wiederholung, sie stellen zum wiederholten Male etwas dar.

Eine am Verfahren der Linguistik orientierte Analyse der »Mythendramen« wäre möglicherweise geeignet, deren Entstehungs- und Wirkungszusammenhang zu klären. So könnte man z. B. die verschiedenen Amphitryon-Komödien, statt sie nach dem Prinzip der variierenden Wiederholung zu verstehen, nach dem Zeichen-Modell de Saussures begreifen. Auszugehen wäre davon, daß jeder Stoff einen Fall von Mehrdeutigkeit darstellt, wobei als signifiant z. B. die Handlung des Plautinischen *Amphitruo,* als die verschiedenen signifiés die in den verschiedenen Interpretationen ihm zugeschriebenen Bedeutungen aufzufassen wären. Im Gegensatz zu dem literarischen Normalfall, in dem ein Werk immer wieder neu interpretiert wird, würden die Neubearbeitungen desselben mythologischen Stoffes so zu verstehen sein, daß der 38. Bearbeiter für das signifié$_{38}$ ein signifiant$_{38}$ schafft, statt bloß einer neuen Interpretation also ein neues Amphitryon-Stück: den *Amphitryon 38.* Die Bearbeitung hätte somit als Absicht nicht so sehr die Variation als vielmehr die Herstellung der Eindeutigkeit für jene Bedeutung, die der Bearbeiter bei dem vieldeutigen Stoff der Überlieferung für sich als relevant erkannt hat. Freilich kann nicht jede Bearbeitung

---

21 Vgl. Verf., *Fünfmal Amphitryon: Plautus, Molière, Kleist, Giraudoux, Kaiser.*

eines mythologischen Stoffes nach diesem Modell begriffen werden. Es gibt Stücke nach antiken Stoffen, die nicht so sehr der überlieferten Handlung eine neue Bedeutung abgewinnen wollen, als vielmehr an die Stelle der überlieferten Handlung eine (partiell) neue, meist konträre, setzen (z. B. Georg Kaisers *Zweimal Amphitryon*).[22] Hier geht die Bearbeitung nicht von der Vieldeutigkeit des Zeichens aus, um durch ein neues Zeichen die Eindeutigkeit herzustellen, sondern aus der bestimmten Negation der Bedeutung des überlieferten Zeichens folgt die Notwendigkeit, es durch ein neues zu ersetzen.

22 Ebd.

Tableau und coup de théâtre

Zur Sozialpsychologie des bürgerlichen Trauerspiels bei Diderot. Mit einem Exkurs über Lessing.

> *Qu'est-ce que la vertu?*
> *C'est, sous quelque face qu'on la*
> *considère, un sacrifice de*
> *soi-même.*[1]

»Das bürgerliche Drama ist das erste, welches aus bewußtem Klassengegensatz erwachsen ist; das erste, dessen Ziel es war, der Gefühls- und Denkweise einer um Freiheit und Macht kämpfenden Klasse, ihrer Beziehung zu den andern Klassen, Ausdruck zu geben. Daraus folgt schon, daß in dem Drama meistenteils beide Klassen aufrücken müssen, die kämpfende sowohl als die, gegen welche der Kampf sich abspielt.«[2] So steht zu lesen in der Abhandlung, die Georg Lukács 1914 unter dem Titel *Zur Soziologie des modernen Dramas* publiziert hat. Vierzig Jahre später schreibt Arnold Hauser in seiner *Sozialgeschichte der Kunst und Literatur*, das bürgerliche Drama sei das erste Beispiel eines Dramas, das den sozialen Konflikt »zum direkten Gegenstand seiner Darstellung machte und sich offen in den Dienst des Klassenkampfes stellte«.[3] Diesen beiden Beschreibungen widersprechen auf verwirrende Weise die Werke, die im 18. Jahrhundert, in England, in Frankreich und in Deutschland, die neue Gattung inauguriert haben: Lillos *The London Merchant* (1731), Lessings *Miss Sara Sampson* (1755), Diderots *Le fils naturel* (1757) und *Le père de famille* (1758). In keinem dieser Dramen wird der Konflikt zwischen Bürgertum und Adel dargestellt, ja, die Helden Lessings und Diderots – Sir William Sampson, M. D'Orbesson – sind gar nicht bürgerlichen

---

1 Diderot, *Œuvres Esthétiques*, Hrsg. P. Vernière. Paris 1965 (Œ.E.), S. 31 (*Eloge de Richardson*).
2 G. Lukács, *Schriften zur Literatursoziologie*, Hrsg. P. Ludz. Neuwied 1961, S. 277.
3 A. Hauser, *Sozialgeschichte der Kunst und Literatur*. München 1967 (zuerst 1953), S. 599.

Standes, sondern Adlige. Wohl gibt es auch Werke, für welche die Sätze von Lukács und Hauser eher zutreffen – *Emilia Galotti* etwa oder den *Hofmeister* –, aber beide sind erst in den 1770er Jahren entstanden, so daß an ihnen die Entstehungsbedingungen der neuen Gattung schwerlich abgelesen werden können, während ein älteres bürgerliches Trauerspiel, dem der Konflikt von Bürgertum und Adel den, freilich historischen, Stoff liefert, wie Martinis *Rhynsolt und Sapphira* von 1755, ohne Ruhm und ohne Wirkung geblieben ist. Was also ist am frühen bürgerlichen Drama, dessen Paradigmata von Lillo und Diderot geschaffen wurden, bürgerlich? Inwiefern sind seine Entstehungsbedingungen mit der gesellschaftlichen und politischen Lage des aufsteigenden Bürgertums gegeben? Diesen Fragen gelten die folgenden Ausführungen zur Theorie und Praxis der *tragédie domestique et bourgeoise* bei Diderot, wobei einige Streiflichter auch auf Lillos Drama fallen werden.

Wohl das entscheidende Motiv für Diderots Theorie des bürgerlichen Dramas, das mit der seit der Spätantike geltenden Ständeklausel bricht, d. h. mit der Vorschrift, die tragischen Helden müßten Helden, Fürsten, Könige (»heroes duces reges«) (Diomedes) sein, ist den Sätzen zu entnehmen, mit denen Diderot in den *Entretiens sur le Fils naturel* die von ihm bewunderte Szene V/4 von Racines *Iphigénie* kommentiert: »Iphigeniens Mutter dürfte sich nur einen Augenblick als Königin von Argos, als Gemahlin des obersten Anführers der Griechen zeigen, und sie würde mich das allernichtswürdigste Geschöpf dünken. Die wahre Würde, die mich einzig und allein rühret, die mich niederschlägt, ist das Gemälde der mütterlichen Liebe in aller ihrer Wahrheit.«[4] (*Si la mère d'Iphigénie se montrait un moment reine d'Argos et femme du général des Grecs, elle ne me paraîtrait que la dernière des créatures. La véritable dignité, celle qui me frappe, qui me renverse, c'est le tableau de l'amour maternel dans toute sa vérité.*)[5] Ihre Würde,

---

4 Diderot, *Ästhetische Schriften*, Hrsg. Fr. Bassenge. Frankfurt a. M. 1968 (Ä. Sch.), S. 174 (Übersetzt von Lessing).
5 Œ. E., S. 91.

ihre Erhabenheit verdankt die Tragödie, Diderot zufolge, nicht dem Umstand, daß ihre Helden Könige und Königinnen sind, sondern dem wahren Bild der Gefühle, die sie bewegen. *Tableau* und *vérité* sind zwei Schlüsselwörter der Diderotschen Ästhetik, auf die wir noch zurückkommen müssen. Hier ist zunächst von dem zu sprechen, was Klytämnestra als Mutter statt als Königin erweist und was freilich das Kriterium der *vérité* und die künstlerische Erscheinungsform des *tableau* bedingt: von ihrer Liebe zur Tochter, von ihren Gefühlen. Wenig später wird in dem Gespräch, das der Autor mit seinem alter ego, der Titelfigur aus dem *Fils naturel*, Dorval, führt, ein zweites Beispiel gegeben, diesmal nicht aus der tragischen Dichtung, sondern aus der fiktiven Wirklichkeit der *Entretiens*. Dorval erzählt von einer Bäuerin, die ihren Mann zu ihrer im Nachbardorf wohnenden Familie schickt, wo er von einem seiner Schwäger umgebracht wird. Am nächsten Tag geht Dorval in das Haus, in dem die Tat verübt wurde. »Ich erblickte« – sagt er, indem er das Wort aus der Stelle über Klytämnestra wiederholt –, »ich erblickte ein Bild (*un tableau*) und hörte eine Rede, die ich noch nicht vergessen habe. Der Tote lag auf einem Bette. Die nackten Beine hingen aus dem Bette heraus. Seine Frau lag mit zerstreuten Haaren auf der Erde. Sie hielt die Füße ihres Mannes und sagte unter Vergießung von Tränen und mit einer Aktion, die allen Anwesenden Tränen auspreßte: ›Ach, als ich dich hieherschickte, hätte ich wohl geglaubt, daß diese Füße dich zum Tode trügen?‹ – Glauben Sie«, fährt Dorval fort, »daß sich eine Frau von anderm Stande würde pathetischer ausgedrückt haben? Nein. Einerlei Umstände (*situation*) würden ihr einerlei Rede einflößen. Ihre Seele würde ganz von dem Augenblicke abgehangen haben; und was der Künstler finden muß, ist ebendas, was alle Welt in dergleichen Falle sagen würde, was niemand anhören würde, ohne es sogleich in sich selbst wahrzunehmen.
Große Anliegen (*intérêts*), große Leidenschaften. Das ist die Quelle aller großen und aller wahren Reden...«[6] (*J'y vis un tableau, et j'y entendis un discours que je n'ai point oublié. Le*

---

6 Ä. Sch., S. 180.

mort était étendu sur un lit. Ses jambes nues pendaient hors du lit. Sa femme échevelée était à terre. Elle tenait les pieds de son mari; et elle disait en fondant en larmes, et avec une action qui en arrachait à tout le monde: »Hélas! quand je t'envoyai ici, je ne pensais pas que ces pieds te menaient à la mort.« Croyez-vous, qu'une femme d'un autre rang aurait été plus pathétique? Non. La même situation lui eût inspiré le même discours. Son âme eût été celle du moment; et ce qu'il faut que l'artiste trouve, c'est ce que tout le monde dirait en pareil cas; ce que personne n'entendra, sans le reconnaître aussitôt en soi. Les grands intérêts, les grandes passions. Voilà la source des grands discours, des discours vrais.)[7] Klytämnestra und die namenlose Bäuerin gelten Diderot als Vorbilder für die Helden seines neuen Dramas. Klytämnestra wird diese Rolle zuteil, weil sie vergißt, daß sie Königin ist, und nur noch der Mutter in ihr, nur noch ihrem privaten, aber als solches allgemeinen, Leid Ausdruck verleiht. Der Bäuerin, weil ihr Leid ihr zu einer Wahrheit des Ausdrucks verhilft, in der sie auch von höhergestellten Personen nicht übertroffen werden könnte. Zugrunde liegt bei beiden die Vorstellung eines Allgemeinmenschlichen, wie sie, im Naturrecht etwa, ein entscheidendes Moment der revolutionären bürgerlichen Ideologie des 18. Jahrhunderts war. Aber es ist zugleich die ungefesselte Natur, deren Kult Diderot wie Rousseau frönen. Darum gehören die beiden von Diderot genannten idealen Heldinnen des bürgerlichen Dramas, die Mutter und die Ehefrau, nicht dem Bürgerstand, nicht der Stadt zu, sondern der Natur – sei's der Archaik griechischer Mythologie, sei's dem ländlichen Leben. Von diesem Widerspruch ist das Verhältnis geprägt, in dem Diderots Dramentheorie zu seiner dramatischen Praxis steht. Wird die *vérité* in der einen durch die großen Leidenschaften, welche die Quelle der »wahren Rede« sind, verbürgt, so in der anderen durch die realistische Wiedergabe von Diderots eigener sozialer Umwelt. Dem archaischen Naturstand, in dem seine antiklassizistische Dramaturgie die Helden auch der klassischen Tragödie sieht – den sich vor Schmer-

---

7 Œ. E., S. 99.

zen windenden Philoktet und die vor Angst um ihre Tochter aufgewühlte Klytämnestra –, steht der Salon gegenüber, in welchem sich Diderots Helden, der *Fils naturel* und der *Père de famille*, bewegen. Aber ihre Darstellung ist von denselben Grundbegriffen bestimmt, die Diderots Verständnis der Szenen Racines und des Sophokles zugrunde liegen: allen voran von dem des *tableau*. Bevor der Vorhang über den *Père de famille* fällt, über eine Szene, die konventioneller nicht sein könnte: Versöhnung aller mit allen und Ausblick auf eine Doppelhochzeit, spricht der »Hausvater« die Worte, wobei den *tableau*-Charakter der Szene schon die Regieanweisung sicherstellt: »Er gibt seine vier Kinder zusammen und sagt: Eine schöne Frau, ein rechtschaffner Mann sind die zwei rührendsten Wesen der Schöpfung. Schaffet der Welt zweimal an einem Tage diesen Anblick!«[8] (*Il unit ses quatre enfants, et il dit: »Une belle femme, un homme de bien, sont les deux êtres les plus touchants de la nature. Donnez deux fois, en un même jour, ce spectacle aux hommes...«*)[9] Daß die jungen Liebhaber sich kriegen, dieser traditionelle Komödienschluß, der fast schon zum Formgesetz des Lustspiels gehört, erhält hier einen neuen Sinn, indem der Topos in den Dienst der Empfindsamkeit genommen wird: gerührt, mit Tränen in den Augen, betrachten die Menschen einander und sich selber und lassen sich von den Zuschauern betrachten. Es ist, als wollte darüber die Zeit, wie im Bild, stehenbleiben. Walter Benjamin hat einmal diese Affinität von Rührung und *tableau* in dem Satz angedeutet, Sentimentalität sei »der erlahmende Flügel des Fühlens, das sich irgendwo niederläßt, weil es nicht weiterkann.«[10] Wie die Handlung des *Père de famille* in einem *tableau* zum Stillstand kommt, in dem sich die schließlich Vereinigten der gerührten Bewunderung eines empfindsamen Publikums darbieten, so geht sie auch aus

---

8 Lessing, *Werke*. Bd. 8, Hrsg. R. Boxberger. Berlin u. Stuttgart o. J. (DNL Bd. 65), S. 392.
9 Diderot, *Œuvres Complètes*, Hrsg. Assézat. Paris 1875 (Œ. C.), t. 7, S. 298.
10 Detlef Holz (= W. Benjamin), *Deutsche Menschen. Eine Folge von Briefen.* Luzern 1936, S. 74, Neuauflage (ohne Pseudonym) Frankfurt a. M. 1962 und 1972 (*Gesammelte Schriften IV, 1*, S. 198).

einem *tableau* hervor, dem der Familie, die in einer Nacht bis auf den Sohn vollzählig versammelt ist. Der Konventionalität des Schlußbildes steht mit den fünf Szenen des Eingangs*tableau* ein Novum gegenüber. Das Motiv, das sie beherrscht, ist die Sorge des Hausvaters um seinen Sohn. Dargestellt wird – in Pantomime, Dialog und Monolog – ein Gefühlszustand. Weder kommt es zu einer Handlung, noch dient die Exposition zu deren Vorbereitung. Die ersten fünf Szenen versuchen, einem Psychogramm gleich, die Regungen in der Seele des *Père de famille* wiederzugeben, zugleich zeichnen sie ein Bild seiner Familie. Ist der Schluß des Stückes eine Apotheose der zur Harmonie wiedergefundenen, sich regenerierenden Familie, so zeichnet der Anfang die Familie im Zustand der Verletzung, der Unordnung, der Desintegration. Deren Grund ist, sieht man vom zurückliegenden Tod der Mutter und der störenden Präsenz des Schwagers ab, das Ausbleiben des Sohnes. Sie dürfte als Dramenthema etwas Neues sein. Wohl gibt es in den Tragödien des 16. und 17. Jahrhunderts Szenen, in denen der Vater sich nach dem Verbleiben seines Sohnes erkundigt, und ebenso in den Komödien dieses Zeitraums. Aber in der Tragödie fragt der König nach dem Prinzen nicht, weil er dessen Gesellschaft bedarf, nicht, weil die Familie nicht ganz ist ohne ihn, sondern weil er den Verdacht hegt, der Prinz trachte nach seiner Krone und habe sich gegen ihn mit seinen Feinden verbündet. Und in der Komödie, wo der Vater Bürger ist, verhindert das Stilgesetz des Komischen die Anteilnahme an den Sorgen des Hausvaters: sein Fragen ist das Zeichen, daß er der ihm zugedachten Rolle des tyrannischen Pedanten gerecht wird, auf daß er gefoppt werde, und ebenso der Sohn der Rolle des *jeune premier*, der nicht zu Hause hockt, sondern amourösen Abenteuern nachgeht. Anders bei Diderot. Wie die Empfindsamkeit des 18. Jahrhunderts in der Molière-Rezeption sich dergestalt ausdrückt, daß die Sympathie sich den komischen Charakteren zuwendet, um in ihnen eine geheime Tragik zu entdecken – man denke an Rousseaus Lektüre des *Misanthrope*, eine Lektüre wider den Strich –, so ist im empfindsamen Drama der Zeit die komische Distanz zum Bürger abgeschafft. Die Familie wird nicht mehr von außen gesehen, relativiert durch die Normen des *homme de qualité*; sie macht jetzt die ganze Wirklichkeit des Dramas aus. Dieser Prozeß der Verbürgerlichung, der an die Stelle des Lustspiels Molièrescher Art die ernste Komödie setzt, erreicht seinen Gipfelpunkt dort, wo – wie in Diderots *Père de famille* – der bürgerliche Hausvater adligen Standes ist: Molières *Bourgeois gentilhomme* macht sich lächerlich – Diderots *Gentilhomme bourgeois* dürfte den Zuschauern um so sicherer Tränen der Rührung entlocken, als sie die eigene Bürgerlichkeit an ihm buchstäblich geadelt sehen. Das Eingangs*tableau* von Diderots *Père de famille* bezeugt einen sozialen Wandel. Dieser besteht nicht so sehr im Aufkommen einer neuen sozialen Schicht, als vielmehr in einer Veränderung in der Organisationsform der Gesellschaft. Das Leben, das der von Diderot auf die Bühne gebrachte niedere Adel führt, ist ein bürgerliches. Es illustriert den Begriff, der die sozialgeschichtliche Grundlage der *tragédie domestique*, des »domestic drama«, bezeichnet: den der patriarchalischen Kleinfamilie. Diese konsolidiert sich – wie Jürgen Habermas in *Strukturwandel der Öffentlichkeit* in Erinnerung gerufen hat – »hervorgehend aus Wandlungen der Familienstruktur, die sich mit der kapitalistischen Umwälzung seit Jahrhunderten anbahnen, als der in bürgerlichen Schichten dominante Typus«.[11] Als dessen Gegenbegriff schildert Habermas den städtischen Adel, der weiterhin »Haus« hält und die Innerlichkeit bürgerlichen Familienlebens verpönt. »Die Geschlechterfolge, zugleich Erbfolge der Privilegien, wird durch den Namen allein ausreichend garantiert; dazu bedarf es nicht einmal des gemeinsamen Hausstandes der Ehepartner, die oft genug ihr eigenes *hôtel* bewohnen und sich zuweilen in der außerfamilialen Sphäre des Salons häufiger treffen als im Kreis der eigenen Familie. Die *maîtresse* ist Institution und dafür symptomatisch, daß die fluktuierenden, gleichwohl streng konventionalisierten Beziehungen des ›gesellschaftlichen Lebens‹ eine Privatsphäre im bürgerlichen Sinne nur selten erlauben. Verspielte Intimität, wo sie dennoch

---

11 J. Habermas, *Strukturwandel der Öffentlichkeit*. Neuwied 1962, S. 56.

zustande kommt, unterscheidet sich von der dauerhaften Intimität des neuen Familienlebens. Diese hebt sich andererseits gegen die älteren Formen großfamilialer Gemeinsamkeit ab, wie sie vom ›Volke‹ noch, besonders auf dem Lande, weit über das 18. Jahrhundert hinaus festgehalten werden und vorbürgerlich auch in dem Sinne sind, daß sie sich der Unterscheidung von ›öffentlich‹ und ›privat‹ nicht fügen.«[12] Die Privatisierung des Lebens, deren architektonische Konsequenzen Habermas auf Grund von Trevelyans Werk über die Kultur- und Sozialgeschichte Englands an den Häusern des englischen Landadels exemplifiziert – »die hohe, mit Deckengebälk versehene Halle ... kam nun aus der Mode. Speisezimmer und Wohnzimmer wurden jetzt in Stockwerkhöhe aufgeführt, wogegen die verschiedenen Zwecke, denen die alte Halle hatte dienen müssen, einer Anzahl von Räumen gewöhnlicher Größe zugeteilt wurden«[13] – die Privatisierung des Lebens ist im *Père de famille* mit Händen zu greifen. Wohl ist es eine adlige Familie, und das Stück spielt in Paris, in der *salle de compagnie*, dem mit Gobelins, Spiegeln und Gemälden geschmückten Salon des Hauses. Aber bereits die ersten Szenen und das sie beherrschende eine Motiv: das Ausbleiben des Sohnes und die Sorge des Vaters um ihn, dokumentieren die – wie Habermas formuliert – »dauerhafte Intimität«, in der diese Familie zu leben gewohnt ist. Sonst könnte das Ausbleiben des Sohnes gar nicht thematisch werden. Dieses Thema setzt Diderots Werk an den Anfang jener Tradition, welche die Geschichte des neueren Dramas wesentlich mitbestimmt hat: der Tradition des Familiendramas, in der – über Hebbels *Maria Magdalene*, Strindbergs *Vater*, Tschechows *Drei Schwestern* und Albees *Wer hat Angst vor Virginia Woolf* – was Diderot als höchstes Gut galt, als der einzige Ort, an dem der Mensch glücklich sein kann, zur Hölle pervertiert. Gegenbegriff des *tableau* ist in Diderots Dramaturgie der *coup de théâtre*, der »Theaterstreich«. Er wird in den *Entretiens* definiert als »ein unvermuteter Zufall (*incident imprévu*), der sich durch Handlung äußert und die Umstände der

12 Ebd.
13 Trevelyan, zitiert nach Habermas, a.a.O., S. 56 f.

Personen plötzlich verändert.«¹⁴ (*Un incident imprévu qui se passe en action, et qui change subitement l'état des personnages.*)¹⁵ Dem *coup de théâtre* ziehen Diderot und Dorval das *tableau* vor, das szenische Gemälde, definiert als »eine Stellung dieser Personen auf der Bühne, die so natürlich und so wahr ist, daß sie mir in einer getreuen Nachahmung des Malers auf der Leinwand gefallen würde.«¹⁶ (*Une disposition de ces personnages sur la scène, si naturelle et si vraie, que, rendue fidèlement par un peintre, elle me plairait sur la toile.*)¹⁷ Allein, wenn dem *tableau* mehr Wahrheit zugeschrieben wird als dem *incident imprévu*, das, weil als unwahr, als bloß theatralisch, d. h. als durch die Bedürfnisse des Theaters erst hervorgebracht empfunden, *coup de théâtre* genannt wird, so nicht, weil es eo ipso, jenseits aller Geschichte, an der Wahrheit partizipierte, sondern weil für die bürgerliche Gesellschaft des 18. Jahrhunderts das Unvorhergesehene realiter verfemt war. Die rationale Lebensführung, die Max Weber in seiner epochalen Abhandlung über *Die protestantische Ethik und der Geist des Kapitalismus* als dessen konstitutives Moment analysiert hat, intendiert die Ausschaltung des Zufalls. Fortuna war der Leitstern jenes Traditionalismus, den – nach Weber – der Kapitalismus ablöst. Es seien »in der Regel nicht waghalsige und skrupellose Spekulanten, ökonomische Abenteurernaturen, wie sie in allen Epochen der Wirtschaftsgeschichte begegnen, oder einfach ›große Geldleute‹ (gewesen), welche diese äußerlich unscheinbare und doch für die Durchsetzung des ökonomischen Lebens mit diesem neuen Geist entscheidende Wendung schufen, sondern in harter Lebensschule aufgewachsene, wägend und wagend zugleich, vor allem aber nüchtern und stetig, scharf und völlig der Sache hingegebene Männer mit streng bürgerlichen Anschauungen und ›Grundsätzen‹.«¹⁸ Mehr noch als dieser abwägend-berech-

---

14 Ä. Sch., S. 172.
15 Œ. E., S. 88.
16 Ä. Sch., S. 172.
17 Œ. E., S. 88.
18 M. Weber, *Die protestantische Ethik und der Geist des Kapitalismus*. In: *Gesammelte Aufsätze zur Religionssoziologie*. Bd. 1, Tübingen 1920, S. 53 f.

nende, der Spekulation abholde und Arbeit als ein Stetiges verstehende Sozialcharakter des Frühkapitalismus dürfte dessen sozialer Ort, die Familie, das *Intérieur* an der Verfemung des *coup de théâtre* mitgewirkt haben. Die *coups de théâtre* sind am Hof zuhaus, sie spiegeln die Wandelbarkeit fürstlicher Launen, die Unbeständigkeit der Koalitionen dort, wo jeder auf der Jagd ist, nach Macht, nach Gunst, nach Glück, homo homini lupus. Zum *coup de théâtre* wird der plötzliche Umschlag erst einem Publikum, das ihn nur noch aus dem Theater kennt – dem bürgerlichen. Dessen Leben ist primär Leben in der Familie. Und während die feudalen Großfamilien, die Häuser und Geschlechter, den Machtkämpfen und Intrigen des Hofes nicht als unverletzbare Entitäten gegenüberstanden, sondern immer wieder – in der Geschichte und in der Fiktion – beide der feindlichen Parteien stellten, ist die bürgerliche Kleinfamilie des 18. Jahrhunderts, anders als die des 19. und 20., geeint in der Gewißheit, wie gut es jeder mit jedem meine – und sei es um den Preis des eigenen Glücks: homo homini agnus. Dieser Kult der Familie überschattet auch jenen Grundbegriff der Diderotschen Dramentheorie, der seine Aktualität für die marxistische Ästhetik begründet: den der *conditions*. In den *Unterredungen* wird an zentraler Stelle die Ansicht geäußert, nicht die Charaktere solle man auf der Bühne zeigen, sondern die *conditions*. »Bisher ist in der Komödie der Charakter das Hauptwerk gewesen, und der Stand war nur etwas Zufälliges: nun aber muß der Stand das Hauptwerk und der Charakter das Zufällige werden. [...] Künftig muß der Stand, müssen die Pflichten, die Vorteile, die Unbequemlichkeiten desselben zur Grundlage des Werks dienen. [...] War der Charakter nur ein wenig übertrieben, so konnte der Zuschauer zu sich selbst sagen: das bin ich nicht. Das aber kann er unmöglich leugnen, daß der Stand *(état)*, den man spielt, sein Stand ist; seine Pflichten kann er unmöglich verkennen. Er muß das, was er hört, notwendig auf sich anwenden.«[19] (*Jusqu'à présent, dans la comédie, le caractère a été l'objet principal, et la condition n'a été que l'accessoire; il*

---

19 Ä. Sch., S. 221.

faut que la condition devienne aujourd'hui l'objet principal, et que le caractère ne soit que l'accessoire. [...] *C'est la condition, ses devoirs, ses avantages, ses embarras, qui doivent servir de base à l'ouvrage.* [...] *Pour peu que le caractère fût chargé, un spectateur pouvait se dire à lui-même, ce n'est pas moi. Mais il ne peut se cacher que l'état qu'on joue devant lui, ne soit le sien; il ne peut méconnaître ses devoirs. Il faut absolument qu'il s'applique ce qu'il entend.)*[20] Das sagt Dorval. In dem anschließenden Dialog wird nicht nur deutlich, woran Diderot primär denkt, wenn er die Darstellung der *conditions* im Drama fordert, sondern – durch die Fragen, die der Autor an Dorval stellt – mag auch eine Ahnung davon hervortreten, daß es ihm letztlich nicht um die *conditions* in der Mehrzahl, nicht um die Vielfalt der Berufe und ihre gesellschaftlichen Bedingungen ging, sondern um die eine, welche die bürgerliche Familie konstituiert. Dorval meint, es müßten die Pflichten, die Vorteile, die Unannehmlichkeiten, die Gefahren gezeigt werden, die mit den *conditions* verbunden sind. Sie seien bislang, auch wenn ein Familienvater in fast jedem Drama vorkommt, nicht die Basis der Intrige und der Moral der Stücke gewesen. Darauf wird er vom Autor gefragt: »Sie wollten also, daß man den Gelehrten, den Philosophen, den Kaufmann, den Richter, den Sachwalter, den Staatsmann (*politique*), den Bürger, den großen Herren, den Statthalter (*intendant*) spiele?«[21] (*Ainsi, vous voudriez qu'on jouât l'homme de lettres, le philosophe, le commerçant, le juge, l'avocat, le politique, le citoyen, le magistrat, le financier, le grand seigneur, l'intendant.*)[22] Und Dorval, der in den *Entretiens* Diderots neue Dramaturgie entwickelt, antwortet: »Setzen Sie hierzu noch alle Verwandtschaften: den Hausvater, den Ehemann, die Schwester, die Brüder. Den Hausvater! Welch ein Stoff zu unsern itzigen Zeiten, wo man kaum die geringste Idee mehr hat, was ein Hausvater ist!«[23] (*Ajoutez à cela, toutes les relations: le père de famille, l'époux, la soeur, les*

---

20 Œ. E., S. 153.
21 Ä. Sch., S. 222.
22 Œ. E., S. 154.
23 Ä. Sch., S. 222.

frères. Le père de famille! Quel sujet, dans un siècle tel que le nôtre, où il ne paraît pas qu'on ait la moindre idée de ce que c'est qu'un père de famille!)[24] Bemerkenswert ist hier, daß Dorvals Gesprächspartner verschiedene Berufe nennt: Kaufmann, Richter, Politiker, deren Behandlung in der Literatur die im 17. und 18. Jahrhundert sich herausbildende bürgerliche Gesellschaft in ihrer ganzen Vielfalt abbilden würde. Erfüllt wurde dieses Postulat erst von den Romanciers des 19. Jahrhundert: von Balzac, von Dickens, von Zola. Dorval-Diderot korrigiert dieses Programm nicht ausdrücklich, aber er fügt den genannten Berufen die *relations,* die Verwandtschaften, hinzu, und diese Ergänzung kommt einer Korrektur gleich. Bedenkt man, daß in den beiden bürgerlichen Dramen Diderots selbst Ansätze zur Charakterisierung von Berufen fehlen, wie sie Lillo für den Kaufmann geleistet hat, so darf man sagen, daß es Diderot nicht um die verschiedenen Stände und Berufe, daß es ihm vielmehr um die Familie ging, um die Bedingungen, unter denen die Mitglieder der zu seiner Zeit sich etablierenden und auch auf den niederen Adel übergreifenden patriarchalischen Kleinfamilie leben. Diderots *Père de famille* ist ein bürgerliches Drama trotz des adligen Standes seiner Helden, weil die soziale Organisationsform, die sie demonstrieren und deren Verklärung das Stück dient, bürgerlichen Ursprungs ist.

Die Motivation dieses der Familie zugewandten empfindsamen Realismus tritt am deutlichsten auf den Seiten zutag, die Diderot Richardson gewidmet hat. »O Richardson, Richardson, du bist in meinen Augen ein einzigartiger Mensch;« – heißt es im *Eloge de Richardson* von 1760 – »ich werde dich allezeit lesen, [...] du wirst bei mir bleiben, Richardson, und weiter auf dem alten Bücherbrett stehen neben Moses, Homer, Euripides und Sophokles...«[25] »Richardson läßt kein Blut an Wandverkleidungen entlangfließen; er entführt Sie nicht in ferne Länder; er setzt Sie nicht der Gefahr aus, von Wilden verspeist zu werden; er verweilt nicht an den heimlichen Stätten der Ausschweifung; er verliert sich nie in eine Feenwelt. Sein Schauplatz ist die Welt,

24 Œ. E., S. 154.
25 Ä. Sch., S. 406 (Übersetzt von F. Bassenge und Th. Lücke).

in der wir leben; der Inhalt seines Dramas (*drame*) ist wahr; seine Gestalten haben die volle Realität, die möglich ist; seine Charaktere sind mitten aus der Gesellschaft herausgegriffen; seine Verwicklungen entsprechen den Sitten aller gebildeten Nationen; die Leidenschaften, die er schildert, erlebe ich in mir selbst; sie werden von denselben Gegenständen erregt wie bei mir und haben genau die Kraft, die ich an ihnen kenne; die Widerwärtigkeiten und Kümmernisse, die seinen Gestalten begegnen, sind von derselben Natur wie diejenigen, die mir unaufhörlich drohen; er zeigt mir den allgemeinen Lauf der Dinge, die mich umgeben.«[26] (*O Richardson, Richardson, homme unique à mes yeux, tu seras ma lecture dans tous les temps! [...] tu me resteras sur le même rayon avec Moïse, Homère, Euripide et Sophocle...*)[27] (*Cet auteur ne fait point couler le sang le long des lambris; il ne vous transporte point dans des contrées éloignées; il ne vous expose point à être dévoré par des sauvages; il ne se renferme point dans des lieux clandestins de débauche; il ne se perd jamais dans les régions de la féerie. Le monde où nous vivons est le lieu de la scène; le fond de son drame est vrai; ses personnages ont toute la réalité possible; ses caractères sont pris du milieu de la société; ses incidents sont dans les mœurs de toutes les nations policées; les passions qu'il peint sont telles que je les éprouve en moi; ce sont les mêmes objets qui les émeuvent, elles ont l'énergie que je leur connais; les traverses et les afflictions de ses personnages sont de la nature de celles qui me menacent sans cesse; il me montre le cours général des choses qui m'environnent.*)[28]

Diderot feiert diesen Realismus und seine Naturnähe, weil sie ihm im Frankreich des 18. Jahrhunderts, in dem ein antikisierender oder in märchenhafte Fernen ausschweifender Rokokoklassizismus den Ton angab, als die befreiende Tat eines Genies erschienen. Nicht minder entscheidend für die Affinität, die er zwischen sich und Richardson empfand, war aber dessen Kult der Tugend. »Richardson sät in die Herzen Keime der Tugend,

---

26 Ebd., S. 404.
27 Œ. E., S. 33.
28 Ebd., S. 30 f.

die dort zunächst untätig und still bleiben; sie verbergen sich dort, bis sich eine Gelegenheit bietet, die sie in Bewegung und zum Wachstum bringt. Dann entwickeln sie sich; wir fühlen uns mit solchem Ungestüm zur Tugend getrieben, daß wir uns selbst nicht wiedererkennen. Beim Anblick von Unrecht empfinden wir eine Empörung, die wir uns selbst nicht erklären können. So ist es, wenn man mit Richardson verkehrt hat; so ist es, wenn man mit einem guten Menschen in den Augenblicken gesprochen hat, in denen die Seele nicht an das eigene Interesse dachte, sondern der Wahrheit aufgeschlossen war.«[29] Genauer ließe sich die Wirkung, die Diderot für seine beiden bürgerlichen Dramen sich erhoffte, nicht beschreiben, auf solche Wirkung hin sind sie angelegt. Er hat es nicht verschmäht, im Drama selbst davon zu sprechen. Im *Fils naturel*, IV, 3, heißt es: »Unter allen Beispielen [fesselt] das Beispiel der Tugend am stärksten [...], weit stärker als selbst das Beispiel des Lasters.«[30] (*Il n'y a point d'exemple qui captive plus fortement que celui de la vertu, pas même l'exemple du vice.*)[31] Der Untertitel des Stückes lautet: *Les épreuves de la vertu*. Das ist ebenso ernst gemeint, wie der ungleich bekanntere Untertitel: *Les malheurs de la vertu*, den einige Jahrzehnte später der Marquis de Sade seinem Roman *Justine* gab, höhnisch gemeint ist. Kein größerer Gegensatz läßt sich denken als der zwischen Sades Faszination durch das Tierische in der Natur des Menschen und Diderots Glauben an seine natürliche Güte. Auf die Frage, ob denn die menschliche Natur gut sei, lautet seine Antwort in der Abhandlung *Über die dramatische Dichtkunst:* »Ja, mein Freund, und sehr gut. [...] Die elenden willkürlichen Satzungen (*les misérables conventions*) sind es, die den Menschen verderben; diese

---

29 Ä. Sch., S. 404 f. (*Richardson sème dans les cœurs des germes de vertus qui y restent d'abord oisifs et tranquilles: ils y sont secrètement, jusqu'à ce qu'il s'y présente une occasion qui les remue et les fasse éclore. Alors ils se développent; on se sent porter au bien avec une impétuosité qu'on ne se connaissait pas. On éprouve, à l'aspect de l'injustice, une révolte qu'on ne saurait s'expliquer à soi-même. C'est qu'on a fréquenté Richardson; c'est qu'on a conversé avec l'homme de bien, dans des moments où l'âme désintéressée était ouverte à la vérité.* Œ. E., S. 31).
30 Lessing, a.a.O., S. 208 f.
31 Œ. C., t. 7, S. 67 f.

muß man anklagen und nicht die menschliche Natur. Und in der Tat, was rührt uns stärker als die Erzählung einer großmütigen Handlung?«[32] (*Oui, mon ami, et très bonne.* [...] *Ce sont les misérables conventions qui pervertissent l'homme, et non la nature humaine qu'il faut accuser. En effet, qu'est-ce qui nous affecte comme le récit d'une action généreuse?*)[33] Und er wünscht, es möchten alle nachahmenden Künste mit den Gesetzen zusammenwirken, um uns die Tugend lieben und das Laster hassen zu lehren.

Dieser Kult der Tugend ist einer der Gründe, aus denen sich Diderot für das *genre sérieux* entschied, jene Gattung zwischen der überlieferten Komödie und der Tragödie. In seinem dramatischen System stehen zwischen der heiteren Komödie, die das Lächerliche und das Laster zum Gegenstand hat, und der Tragödie, die öffentliche Katastrophen und das Unglück der Großen behandelt, das *genre sérieux* ausmachend, einerseits die ernste Komödie, deren Gegenstand die Tugend und die Pflichten des Menschen sind, andererseits das bürgerliche Trauerspiel, in dem das häusliche Unglück (*nos malheurs domestiques*) dargestellt wird. Wenn Diderot der ernsten Komödie gegenüber der überlieferten Komödie à la Molière den Vorzug gibt, so um der Tugend willen. »Das Ehrbare« – heißt es im selben Traktat – »rühret uns auf eine weit innigere, auf eine weit süßere Art als dasjenige, was unsere Verachtung und unser Lachen erweckt.«[34] »Die Pflichten des Menschen sind für den dramatischen Dichter eine ebenso reiche Grube, als ihre Lächerlichkeiten und Laster.«[35] Und in der Theaterutopie, die Dorval im zweiten *Entretien* entwirft – er spricht von der Gründung eines kleinen glücklichen Volkes auf der Insel Lampedouse, »fern von dem festen Lande, mitten in den Wellen des Meeres«[36] – werden an

---

32 Ä. Sch., S. 249 ff. (Übersetzt von Lessing).
33 Œ. E., S. 195 f.
34 Ä. Sch., S. 249 (*Il* [*l'honnête*] *nous touche d'une manière plus intime et plus douce que ce qui excite notre mépris et nos ris.* Œ. E., S. 195).
35 Ebd., S. 247 (*Les devoirs des hommes sont un fonds aussi riche pour le poète dramatique, que leurs ridicules et leurs vices.* Œ. E., S. 192).
36 Ebd., S. 185 (*loin de la terre, au milieu des flots de la mer.* Œ. E., S. 105).

Feiertagen Tragödien aufgeführt, welche die Menschen ihre Leidenschaften fürchten lehren, und Komödien, die sie in ihren Pflichten unterrichten und ihnen Geschmack daran einflößen. Komödien, in denen gelacht und verlacht wird, gibt es auf der Insel Lampedouse nicht. Die Bosheit ist nicht mehr, wie in der traditionellen Komödie, Formgesetz, zu dem sich der Autor bekennen muß, will er die Zuschauer zum Lachen bringen, indem er seine Gestalten lächerlich macht; die Bosheit wird nun thematisch, als Merkmal der feindlichen Welt, die dem tugendhaften Helden Leiden bereitet. In der Abhandlung *Über die dramatische Dichtkunst* sagt Diderot, die Menschen müßten in der Komödie die Rolle übernehmen, welche in der Tragödie die Götter spielen: dem Schicksal in der Tragödie entspreche in der Komödie die menschliche Bosheit.

Wenn dergestalt in Diderots Konzeption des bürgerlichen Dramas, zu dem auch die ernste Komödie zu rechnen ist, der Begriff der Tugend eine so bestimmende Rolle spielt, liegt es nahe, nach den sozialen Implikationen dieses Begriffs zu fragen. In der Abhandlung über die dramatische Dichtkunst heißt es im Anschluß an den schon zitierten Satz, es seien die Pflichten der Menschen für den Dramatiker ein ebenso reicher Stoff wie ihre Laster und ihre lächerlichen Züge: die anständigen und ernsten Stücke würden überall Erfolg haben, »unfehlbarer aber bei einem verderbten Volke als sonstwo«.[37] (*Mais plus sûrement encore chez un peuple corrompu qu'ailleurs.*)[38] Da dieser Satz im Zusammenhang der programmatischen Begründung seiner Theorie des *genre sérieux* steht, darf angenommen werden, daß Diderot mit *peuple corrompu* das Frankreich seiner Zeit meint. Warum er es tut und vor allem: welchen Zusammenhang er zwischen der politisch-sozialen Realität und der Notwendigkeit einer dem Kult der Tugend geweihten neuen Gattung postuliert, geht aus den anschließenden Sätzen hervor: »Hier wird der rechtschaffne Mann in den Schauplatz (*théâtre*) gehen, um sich der Gesellschaft der Bösen, mit welchen er umgeben ist, zu entschlagen, um diejenigen zu finden, mit welchen er zu leben

37 Ebd., S. 247.
38 Œ. E., S. 192.

wünschte, um das menschliche Geschlecht zu sehen, wie es ist, und sich mit ihm wieder auszusöhnen.«[39] (*C'est en allant au théâtre qu'ils se sauveront de la compagnie des méchants dont ils sont entourés; c'est là qu'ils trouveront ceux avec lesquels ils aimeraient à vivre; c'est là qu'ils verront l'espèce humaine comme elle est, et qu'ils se réconcilieront avec elle.*)[40] Der Anblick und die Pflege der Tugend im Theater haben die Funktion, dem Menschen die Flucht aus seiner realen Umgebung, die eine Umgebung von Bösewichten ist, zu ermöglichen. Die Welt des schönen – oder genauer: des tugendhaften – Scheins ist aber nicht nur eine, in der die Menschen leben möchten, sie ist Diderot zufolge zugleich, und darauf kommt es an, die wahre Welt: sie zeigt, wie der Mensch in Wahrheit ist, nämlich gut. Darum kann der Zuschauer, der aus der bösen Realität ins Theater flieht, indem diese Realität zum Schein verflüchtigt und der ästhetische Schein als die wahre Wirklichkeit behauptet wird, mit der Welt sich versöhnen. Dieser Versöhnung dient Diderots Theater. Was ist das für ein Dienst?

Um darzulegen, warum Diderot die Franzosen seiner Zeit ein verderbtes Volk nennen kann, müßte man weit ausholen. Darum soll hier von der Bemerkung ausgegangen werden, man gehe ins Theater, um sich von der Gesellschaft der Bösen zu befreien, die einen umgeben. Der persönliche Ton dieses Satzes legitimiert den, an sich nicht unproblematischen, Rekurs auf die Biographie. Aus ihr seien einige Fakten genannt: 1743 wird Diderot, im Alter von 30 Jahren, da er sich mit Heiratsplänen trägt, auf Befehl seines Vaters in ein Kloster gesperrt. – 1746 wird auf Anordnung des Pariser Parlaments Diderots erstes eigenständiges Werk, die *Pensées philosophiques,* verboten. – 1747 richtet der *lieutenant de la Prévôté Générale des Monnaies* Perrault an den *lieutenant de la Police* Berryer ein Schreiben folgenden Inhalts: »Ich habe die Ehre, Ihnen Bericht zu erstatten, daß mir Mitteilung gemacht worden ist, daß ein gewisser Diderot, Verfasser einer Schrift, die *Philosophische Briefe oder Belustigungen* betitelt ist und die vor zwei Jahren

---

39 Ä. Sch., S. 247.
40 Œ. E., S. 192 f.

das Parlament beschlossen hat verbrennen zu lassen, zusammen mit einem anderen Werk, das den Titel *Philosophische Briefe über die Unsterblichkeit der Seele* trägt. Dieser elende Diderot ist dran, ein Werk zu vollenden, an dem er seit einem Jahr dran ist, von der selben Art wie jene, von denen ich Ihnen zu berichten eben die Ehre hatte. Es ist ein sehr gefährlicher Mensch, der von den heiligen Märtyrern unserer Religion mit Verachtung spricht und der die Sitten verdirbt.«[41] (*J'ai l'honneur de vous rendre compte qu'il m'a été donné avis que le nommé Diderot, auteur d'un ouvrage que l'on m'a dit avoir pour titre »Lettres ou amusements philosophiques«, qui fut condamné par le Parlement il y a deux ans à être brûlé, en même temps qu'un autre ouvrage qui avait pour titre »Lettres philosophiques sur l'immortalité de l'âme«. Ce misérable Diderot est encore après à finir un ouvrage qu'il y a un an qu'il est après, dans le même goût de ceux dont je viens d'avoir l'honneur de vous parler. C'est un homme très dangereux, et qui parle des saints martyrs de notre religion avec mépris, qui corrompt les mœurs...*)[42] – 1749 wird Diderot verhaftet und in Vincennes eingekerkert. – 1752, kurz nach Erscheinen des zweiten Bandes der *Encyclopédie*, werden auf Befehl des *Conseil du Roi* die beiden ersten Bände verboten. – 1757 – es ist das Jahr der Publikation des *Fils naturel* – wird Diderot in den *Petites lettres sur de grands philosophes* von Palissot angegriffen und des Plagiats beschuldigt. Im selben Jahr wendet sich von Diderot sein Freund Rousseau ab, der einen Satz aus dem *Fils naturel*: »Nur der Bösewicht lebt einsam« auf sich bezogen hat.[43] (*Il n'y a que le méchant qui soit seul.*)[44] – 1758 wird die *Encyclopédie* in der Schrift des Paters Hayer *La Religion vengée* scharf angegriffen. D'Alembert beschließt, seine Mitarbeit an der *Encyclopédie* einzustellen, Voltaire bittet um die Rücksendung seiner noch

---

41 Zitiert nach: Ch. Guyot, *Diderot par lui-même*. Paris 1953, S. 7 (Übersetzt vom Verf.).
42 Ebd.
43 Œ. C., t 7., S. 66 (Übersetzt vom Verf.).
44 Ebd.

ungedruckten Artikel. – Die zuletzt genannten Fakten prägen die Umstände, unter denen der *Père de famille* und die Abhandlung über die dramatische Dichtkunst entstanden. In ihr stehen die Sätze über das »verderbte Volk« und die »Gesellschaft der Bösen«. Fast alle der angeführten Unannehmlichkeiten aus fünfzehn Jahren von Diderots Leben sind durch die Zusammenwirkung persönlicher Anfeindung und staatlicher Repressionsmaßnahmen gekennzeichnet. In das Kloster wird er auf Anordnung seines Vaters, aber mit Hilfe der öffentlichen Gewalt eingesperrt. Seine spätere Verhaftung und das Verbot der ersten beiden Bände der *Encyclopédie* sind ohne die Angriffe und Denunziationen durch einzelne ebenfalls nicht denkbar, wie sie dann ihrerseits zu persönlichen Attacken ermutigen und die Freunde d'Alembert und Voltaire zur Aufkündigung der Mitarbeit veranlassen. Diderot hatte Grund genug, an die Schlechtigkeit – an Bosheit und Feigheit – der Menschen und an das Zusammenspiel dieser subjektiven Eigenschaften mit den objektiven, den politisch-sozialen Verhältnissen in der absoluten Monarchie Ludwigs XV. zu glauben. Dennoch weihte er das bürgerliche Drama der Feier menschlicher Güte und Tugendhaftigkeit. Und wie der zitierte Abschnitt aus *De la poésie dramatique* beweist, war er sich bewußt, damit nicht so sehr die realen Zustände zu treffen als vielmehr ein Mittel anzubieten, wie diesen Zuständen zu entkommen sei. Auf der Bühne soll der Zuschauer den Menschen begegnen, mit denen er gern zusammenleben würde. Aber diese Utopie ist eine, die im engsten Bereich der Familie bereits real geworden ist oder doch real geworden sein könnte. Mit einer merkwürdigen Wendung ad hominem läßt Diderot den Wirklichkeitscharakter der vom Familiendrama gezeigten Welt durch den Rekurs auf die privaten Lebensumstände des einzelnen bestätigen. Nachdem er behauptet hat, im Theater sehe der Zuschauer die Menschen, mit denen er gerne leben würde, und erfahre dabei, wie der Mensch in Wahrheit ist, fährt Diderot fort: »Die rechtschaffnen Leute sind selten, aber es gibt deren doch. Wer anders denkt, klaget sich selbst an und verrät, wie unglücklich er mit seiner Frau, mit seinen Anverwandten, mit seinen Freunden, mit seinen Bekannten ist.«⁴⁵ (*Les gens de bien sont rares; mais il y en a. Celui qui pense autrement s'accuse lui-même, et montre combien il est malheureux dans sa femme, dans ses parents, dans ses amis, dans ses connaissances.*)⁴⁶ Die Verhältnisse mögen sein, wie sie sind: in seinen vier Wänden kann der Mensch glücklich sein, und ist er es nicht, so hat er es nur sich selbst vorzuwerfen. Die bürgerlich-patriarchalische Kleinfamilie, die im Gegensatz zur feudalen Großfamilie eine Trennung von Privatem und Öffentlichem überhaupt erst kennt, ihr Wesen an der Abgeschiedenheit eines privaten Raumes von der Öffentlichkeit, also auch von Staat und Politik, hat, ist ihren Möglichkeiten nach für Diderot ein Garant des Glücks. Indem er im *Fils naturel* und im *Père de famille* die Bühnenrealität auf die Intimität der Familie reduziert, indem er unter *conditions* theoretisch zwar die ganze Mannigfaltigkeit des bürgerlichen Berufslebens versteht, in der Dramenpraxis aber nur die Beziehungen der Familienmitglieder zueinander wiedergibt, macht Diderot die *tragédie domestique et bourgeoise* zur Darstellung und Verklärung der bürgerlichen Kleinfamilie als realer Utopie, in deren Abgeschiedenheit der rechtlose Bürger seine Ohnmacht in der absoluten Monarchie vergessen und sich entgegen allem Augenschein der Güte der menschlichen Natur versichern kann.

Damit ist nichts über Diderots politische Haltung gesagt, wohl aber etwas über die politischen und gesellschaftlichen Implikationen seines bürgerlichen Dramas. Diderot hat in den von ihm verfaßten Artikeln der *Encyclopédie* die absolute Monarchie theoretisch aus den Angeln gehoben, er hat kurz nach Beendigung des amerikanischen Unabhängigkeitskriegs die Revolution mit den Sätzen gefeiert: »Möge die Revolution, die jenseits der Meere stattgefunden hat, nach Jahrhunderten der allgemeinen Unterdrückung, indem sie allen Einwohnern Europas Zuflucht vor dem Fanatismus und der Tyrannei gewährt, die Herrschenden über den rechtmäßigen Gebrauch ihrer Macht belehren.«⁴⁷

45 Ä. Sch., S. 247.
46 Œ. E., S. 193.
47 Diderot, *Œuvres politiques*, Hrsg. P. Vernière. Paris 1963 (Œ. P.), S. 491 (*Aux insurgents d'Amérique*). (Übersetzt vom Verf.) (*Après des siècles d'une oppression*

Er hat aber auch geschrieben: »Das Volk ist böse, vor allem aber ist es dumm«[48] (*Le peuple est méchant, mais il est encore plus sot*)[49] und: »der einfache Mann ist der dümmste und böseste unter den Menschen: sich vom Volk entfernen und ein besserer Mensch werden, ist eines und dasselbe«.[50] Die Widersprüche, von denen Diderots ganzes Werk durchfurcht ist und die man nicht als bloß private bagatellisieren sollte, kennzeichnen auch seine politische Haltung. Über sie kann mit wenigen Worten nichts Stichhaltiges gesagt werden. Wohl aber darf man versuchen, auf Grund des gesellschaftlichen Gehalts seines bürgerlichen Dramas und der politischen Implikationen von dessen theoretischer Begründung die Funktion der neuen Gattung und des in ihrem Zentrum stehenden empfindsamen Tugendbegriffs im Frankreich Ludwig XV. zu bestimmen. Zugleich wird der Unterschied gegenüber Lillos bürgerlichem Trauerspiel erkennbar. Die Tugenden, die der Kaufmann von London lehrt – Anständigkeit, Aufrichtigkeit, Pünktlichkeit, Loyalität, Fleiß –, dieser Tugendkanon des asketischen Protestantismus, wie Max Weber ihn beschrieben hat, gehört ebenso dem öffentlichen wie dem privaten Bereich an. Indem der Bürger ihn praktiziert, kommt er zu Reichtum; indem er zu Reichtum kommt, kommt er zu Macht. Die Tugend ist im nachrevolutionären England des 17. und 18. Jahrhunderts ein Mittel sozialer Expansion. Im Frankreich des *ancien régime*, das Diderots Frankreich war, ist Tugend dagegen ein Privates, an dem der Bürger sich aufrichtet, indem er vor den Intrigen und der Bösartigkeit der Gesellschaft in seine vier Wände flieht, aus der Welt der *coups de théâtre* ins *tableau*.

---

générale, puisse la révolution qui vient de s'opérer au delà des mers, en offrant à tous les habitants de l'Europe un asile contre le fanatisme et la tyrannie, instruire ceux qui gouvernent les hommes sur le légitime usage de leur autorité!)

48 Zitiert nach Guyot, a.a.O., S. 66 (*Essai sur les règnes de Claude et de Néron*). (Übersetzt vom Verf.)

49 Ebd.

50 Ebd. (Übersetzt vom Verf.). (*L'homme peuple est le plus sot et le plus méchant des hommes: se dépopulariser, ou se rendre meilleur, c'est la même chose*).

Exkurs über Lessing

Die hier versuchte soziologische Deutung des empfindsamen Tugendkults, dem Diderots bürgerliche Dramen geweiht sind, läßt sich an der dramaturgischen Konzeption jenes Theoretikers und Dramatikers überprüfen, der den *Fils naturel* und den *Père de famille* mitsamt den beiden sie begleitenden Abhandlungen 1760 ins Deutsche übersetzte und damit zu ihrer epochalen Wirkung beitrug. Einige Monate vor der Publikation des *Fils naturel*, am 29. November 1756, unterscheidet Lessing in einem Brief an Friedrich Nicolai *drei Grade des Mitleids, deren mittelster das weinende Mitleid sei.*[51] Die drei Grade nennt er: Rührung, Tränen und Beklemmung. *Rührung ist, wenn ich weder die Vollkommenheiten, noch das Unglück des Gegenstandes deutlich denke, sondern von beiden nur einen dunkeln Begriff habe; so rührt mich z. E. der Anblick jedes Bettlers. Tränen erweckt er nur dann in mir, wenn er mich mit seinen guten Eigenschaften sowohl, als mit seinen Unfällen bekannter macht, und zwar mit beiden zugleich, welches das wahre Kunststück ist, Tränen zu erregen. Denn macht er mich erst mit seinen guten Eigenschaften und hernach mit seinen Unfällen, oder erst mit diesen und hernach mit jenen bekannt, so wird zwar die Rührung stärker, aber zu Tränen kömmt sie nicht. Z. E. Ich frage den Bettler nach seinen Umständen, und er antwortet: ich bin seit drei Jahren amtlos, ich habe Frau und Kinder; sie sind teils krank, teils noch zu klein, sich selbst zu versorgen; ich selbst bin nur vor einigen Tagen vom Krankenbette aufgestanden. – Das ist sein Unglück! – Aber wer sind Sie denn? frage ich weiter. – Ich bin der und der, von dessen Geschicklichkeit in diesen oder jenen Verrichtungen Sie vielleicht gehört haben: ich bekleidete mein Amt mit möglichster Treue; ich könnte es alle Tage wieder antreten, wenn ich lieber die Kreatur eines Ministers, als ein ehrlicher Mann sein wollte usw. Das sind seine Vollkommenheiten! Bei einer solchen Erzählung aber kann niemand weinen. Sondern wenn der Un-*

[51] *Lessings Briefwechsel mit Mendelssohn und Nicolai über das Trauerspiel*, Hrsg. R. Petsch. Darmstadt 1967 (zuerst 1910) (B.), S. 69.

glückliche meine Tränen haben will, muß er beide Stücke verbinden; er muß sagen: ich bin vom Amte gesetzt, weil ich zu ehrlich war, und mich dadurch bei dem Minister verhaßt machte; ich hungere, und mit mir hungert eine kranke liebenswürdige Frau; und mit uns hungern sonst hoffnungsvolle, jetzt in der Armut vermodernde Kinder; und wir werden gewiß noch lange hungern müssen. Doch ich will lieber hungern, als niederträchtig sein; auch meine Frau und Kinder wollen lieber hungern, und ihr Brot lieber unmittelbar von Gott, das ist, aus der Hand eines barmherzigen Mannes, nehmen, als ihren Vater und Ehemann lasterhaft wissen usw. – [...] Einer solchen Erzählung habe ich immer Tränen in Bereitschaft. Unglück und Verdienst sind hier im Gleichgewicht.[52]

Es wäre verlockend, der Frage nachzugehen, inwiefern in dieser Geschichte, und zwar in ihrer ersten Variante, in der einer, um ein ehrlicher Mann bleiben zu können, sein Amt zur Verfügung stellt und zum Bettler wird – der Variante also, welche nach Lessing für die Tragödie ungeeignet ist – die Keimzelle seines Lustspiels *Minna von Barnhelm* vorliegt. Ich muß hier darauf verzichten, um nach den politischen und sozialen Implikationen der Lessingschen Mitleidkonzeption zu fragen. Die Rede ist von einem Mann, der sein Amt verliert, weil er zu ehrlich war und sich dadurch bei dem Minister verhaßt gemacht hat. Für die Erzählung dieses Mannes, dem er als Bettler begegnet, hat Lessing, wie er schreibt, Tränen in Bereitschaft. Hier seien *Unglück und Verdienst im Gleichgewicht.*[53] Und Lessing fährt fort: *Aber lassen Sie uns das Gewicht in der einen oder andern Schale vermehren, und zusehen, was nunmehr entsteht. Lassen Sie uns zuerst in die Schale der Vollkommenheit eine Zulage werfen. Der Unglückliche mag fortfahren: aber wenn ich und meine kranke Frau uns nur erst wieder erholt haben, so soll es schon anders werden. Wir wollen von der Arbeit unsrer Hände leben; wir schämen uns keiner. Alle Arten, sein Brot zu verdienen, sind einem ehrlichen Manne gleich anständig; Holz spalten oder am Ruder des Staates sitzen. Es kömmt seinem Gewissen*

---

52 Ebd. S. 69 ff.
53 Ebd., S. 70 f.

nicht darauf an, wie viel er nützt, sondern wie viel er nützen wollte. – Nun hören meine Tränen auf; die Bewunderung erstickt sie. Und kaum, daß ich es noch fühle, daß die Bewunderung aus dem Mitleiden entsprungen. – Lassen Sie uns eben den Versuch mit der andern Wagschale anstellen. Der ehrliche Bettler erfährt, daß es wirklich einerlei Wunder, einerlei übernatürliche Seltenheit ist, von der Barmherzigkeit der Menschen, oder unmittelbar aus der Hand Gottes gespeist zu werden. Er wird überall schimpflich abgewiesen; unterdessen nimmt sein Mangel zu, und mit ihm seine Verwirrung. Endlich gerät er in Wut; er ermordet seine Frau, seine Kinder und sich. – Weinen Sie noch? – Hier erstickt der Schmerz die Tränen, aber nicht das Mitleid, wie es die Bewunderung tut. Es ist –[54]. An dieser Stelle fällt sich Lessing mit dem Ausruf *Ich verzweifelter Schwätzer!* selber ins Wort und beendet den Brief. Denkt man an die im Brief weiter vorn gegebene Skala des Mitleids: Rührung, Tränen, Beklemmung, so darf man vermuten, daß der Fall des wegen seiner Ehrlichkeit entlassenen Beamten, der in seiner Verzweiflung seine Familie und sich selbst umbringt, den dritten Mitleidsgrad, den der Beklemmung, illustriert. Lessing scheint vor dieser Möglichkeit zurückzuschrecken. Dennoch ist nicht zu leugnen, daß sie als die physische Selbstopferung des Ohnmächtigen die konsequente Weiterführung des von Lessing ins Zentrum seiner Mitleidkonzeption gerückten Falls bildet, in dem das materielle Auskommen der Ehrlichkeit geopfert wird, ohne daß der also zum Bettler Gewordene sich entschließen würde, von der Arbeit seiner Hände zu leben – was die, nach Lessing dem Trauerspiel unangemessene, Reaktion der Bewunderung auslösen müßte. Daß der Ohnmächtige den politisch-sozialen Verhältnissen sich selbst zum physischen Opfer bringt, ist, wenngleich in anderer Form als bei Lessing, das Motiv jenes Werkes, das vielleicht als Endpunkt der Entwicklung des bürgerlichen Trauerspiels im 18. Jahrhundert angesehen werden darf: ich meine den Lenzschen Hofmeister, der sich entmannt. Bei Lessing wie bei Lenz ist die Aggression des machtlosen

---

54 Ebd., S. 71.

Bürgers gegen sich selbst gerichtet und nicht gegen die, die ihm die Macht verweigern. Daß der zum Bettler gewordene Beamte in seiner Wut statt seine Familie und sich selbst ja auch den Minister hätte ermorden können, der ihn zur Niedertracht zwingen wollte, fällt Lessing nicht bei. Das mag gewisse Tendenzen bürgerlichen Denkens spiegeln, zumal in einem Land, dessen Bürger lieber den Revolutionär als den Diktator umbringen. –

Nun fragt es sich freilich, ob es zulässig ist, aus dem von Lessing gegebenen Beispiel eines gleichsam vorbildhaften Helden für das bürgerliche Trauerspiel: des zum Bettler gewordenen Beamten, der sich weigert, eine von seinem Vorgesetzten verlangte Niedertracht zu begehen, und der so sein Amt verliert, auf die politisch-sozialen Prämissen der Lessingschen Dramaturgie zu schließen. Denn Lessing argumentiert ja in einem streng wirkungsästhetischen Zusammenhang. Er schreibt nicht, wie der Mensch handeln soll, sondern, wie er handeln muß, soll der Zuschauer Tränen des Mitleids weinen können. Daß sein Beispiel, gleichsam nebenher, eine Gesellschaftsordnung zitiert, in welcher zum Bettler wird, wer das ministeriell vorgeschriebene Laster verschmäht, könnte als unbeabsichtigt oder gar als Zeichen von Lessings Kritik an absolutistischer Willkür angesehen werden, einer Kritik, von der ja auch *Emilia Galotti* zeugt. Aber eine solche Argumentation griffe zu kurz. Statt in Lessings Beispiel Wirkungsästhetisches und Sozialkritisches zu trennen, müßten vielmehr die politischen und gesellschaftlichen Bedingungen einer Ästhetik geklärt werden, die als die intendierte Wirkung des Trauerspiels *Tränen des Mitleids* bestimmt. Man muß also die Ausführungen Lessings gleichsam wider den Strich lesen, man muß aus seiner Prämisse: *Tränen des Mitleids [...] sind die Absicht des Trauerspiels*[55] eine Frage; aus seiner Frage *Wann hat man Mitleid?* eine Prämisse machen. Diese Prämisse aber ist die gegebene Gesellschaftsordnung, in der ein Minister seinen Untergebenen zur Niedertracht anhalten kann und dieser, will er ehrlich bleiben, den Bettelstab ergreifen muß.

---

55 Lessing, *Sämtliche Werke*, Hrsg. Lachmann/Muncker. Leipzig 1886-1924, Bd. 7, S. 68 (*Des Herrn Jakob Thomson sämtliche Trauerspiele*).

Es gibt, in so gegebenen Verhältnissen, auch andere Verhaltensmöglichkeiten – Lessing weiß es, und er spielt sie durch. Der aus dem Amt Gejagte kann sich sagen, es seien *alle Arten, sein Brot zu verdienen, [...] einem ehrlichen Manne gleich anständig; Holz spalten, oder am Ruder des Staates sitzen.*⁵⁶ Es komme *seinem Gewissen nicht darauf an, wie viel er nützt, sondern wie viel er nützen wollte.*⁵⁷ Diese Möglichkeit antizipiert den Deutschen Idealismus, der es mit der Revolution gehalten und die Mittel an die Hand gegeben hat, die Macht der Verhältnisse, statt sie im Weinen zu akzeptieren, in der Idee zu negieren und so ihre Abschaffung zu antizipieren. Diesem revolutionären Bewußtsein entstammt die idealistische Tragödie Schillers und die Tragödienkonzeption des Deutschen Idealismus, die zwar das Opfer kennt, aber um der Herbeiführung einer neuen Zeit willen – man denke an die Deutung, die Hegel dem Tod des Sokrates gab.⁵⁸ Wenn Lessing diese mögliche Haltung ablehnt, so nur, weil sie in ihm eine Bewunderung für den also sich Verhaltenden wecken würde, die seine Tränen ersticken müßte: *kaum, daß (er) es noch fühl(t), daß die Bewundrung aus dem Mitleiden entsprungen.*⁵⁹ Aber wenn Lessing zur Ablehnung dieser Haltung allein von der Zweckbestimmung der Tragödie, Tränen des Mitleids hervorzurufen, gezwungen wird, so ist zu fragen, was ihn zu dieser Zweckbestimmung zwingt. Es ist die Frage nach den politisch-sozialen Prämissen der Theorie des bürgerlichen Trauerspiels.

Im Lichte dieser Fragestellung wäre die *Hamburgische Dramaturgie* neu zu lesen. Mit ihren hundertundvier Stücken trug der Theoretiker Lessing zum Unternehmen einer Gruppe von Hamburger Bürgern bei, den Hoftheatern, welche vor allem die Oper und das Ballett pflegten, und dem Theater der Neuberin und Gottscheds in Leipzig, wo der französische Klassizismus, also wiederum keine bürgerliche Kunst, dominierte, ein Natio-

---

56 B., S. 71.
57 Ebd.
58 Hegel, *Sämtliche Werke*, Hrsg. H. Glockner, Bd. 18: *Vorlesungen über die Geschichte der Philosophie*, S. 119 f.
59 B., S. 71.

naltheater gegenüberzustellen. In vielen Passagen der *Hamburgischen Dramaturgie* werden die Überlegungen über die Wirkung der Tragödie, über Furcht und Mitleid und ihren Zusammenhang, fortgeführt. Lessing übersetzt »phobos« nicht mit »Schrecken«, sondern mit »Furcht« und er versteht diese Furcht als eine, die uns nicht *das bevorstehende Übel eines andern, für diesen andern, erweckt*[60], sondern die *aus unserer Ähnlichkeit mit der leidenden Person für uns selbst entspringt.*[61] Furcht sei, man kennt die Definition, *das auf uns selbst bezogene Mitleid.*[62] So wird das Postulat der Ähnlichkeit von Dramenperson und Zuschauer in die Bestimmung der tragischen Wirkung, und damit der Tragödie selbst, hereingenommen. Den bei Corneille, Lillo und Diderot begegnenden Einwand gegen die Ständeklausel kann Lessing vom Mitleidbegriff her neu formulieren: *Die Namen von Fürsten und Helden können einem Stücke Pomp und Majestät geben; aber zur Rührung tragen sie nichts bei. Das Unglück derjenigen, deren Umstände den unsrigen am nächsten kommen, muß natürlicherweise am tiefsten in unsere Seele dringen; und wenn wir mit Königen Mitleiden haben, so haben wir es mit ihnen als mit Menschen, und nicht als mit Königen. Macht ihr Stand schon öfters ihre Unfälle wichtiger, so macht er sie darum nicht interessanter. Immerhin mögen ganze Völker darein verwickelt werden; unsere Sympathie erfordert einen einzeln Gegenstand, und ein Staat ist ein viel zu abstrakter Begriff für unsere Empfindungen.*[63] Soweit Lessing, im 14. Stück der *Hamburgischen Dramaturgie*. Freilich: solange der Bürger als Zuschauer im Theater Mitleiden praktizieren will, wird das bürgerliche Trauerspiel seinen paradigmatischen Helden in dem ohnmächtigen Opfer absolutistischer Willkür haben, dessen Wirkungskreis sich auf seine Familie beschränkt. Oder umgekehrt: solange das Bürgertum gegen den Absolutismus nicht aufbegehrt und seinen Machtanspruch anmeldet, lebt

---

60 Lessing, *Gesammelte Werke*, Hrsg. W. Stammler. München 1959, Bd. II, S. 649 (*Hamburgische Dramaturgie*, 75. Stück).
61 Ebd.
62 Ebd.
63 Ebd., S. 388 (14. Stück).

es seinen Empfindungen, beweint es im Theater ohnmächtig die eigene Misere, die ihm – nach dem Wort von Diderot – ebenso von Menschen bereitet wird wie den Helden der attischen Tragödie vom Schicksal. Das Aufbegehren des Bürgers bedeutet für das Drama das Ende der Empfindsamkeit, das Ende von Mitleid und Rührung als Intention des Trauerspiels. Der Staat mag – wie Lessing sagt – ein viel zu abstrakter Begriff für die Empfindungen sein, aber daraus läßt sich auch der Schluß ziehen, daß es im Drama nicht auf die Empfindungen ankommen soll. Diesen Schluß zogen die Dramatiker des Sturm und Drang, zumal Lenz. Ihre Aufmerksamkeit gilt nicht mehr allein dem Bettler, sondern auch der Gesellschaftsordnung, in der ein Beamter, will er ehrlich bleiben, zum Bettler wird.

III

Thomas Manns Gnadenmär von Narziß

Als 1951 *Der Erwählte* veröffentlicht wurde, schrieben Philologen über Hartmanns *Gregorius*, auf den sich Thomas Manns Erzählung gründet, schrieben Psychologen über den Inzest, den sie als das Thema des Romans ansahen, schrieben Theologen gegen Thomas Mann, weil er dieses Motiv mit dem der Erwählung verbunden hatte. Ungestellt blieb dagegen die Frage, was Thomas Mann diese Vorlage, dieses Motiv und diese seine Verknüpfung mit der Gnade wählen ließ, eine Frage, die zusammenfällt mit der interpretatorischen, wodurch die Helden der Erzählung der modernen Fassung zufolge in Blutschande verstrickt werden.

In der Hartmannschen Dichtung ist es der Teufel, *der werlde vîent,* der die unschuldige Schwesterliebe des Bruders, *sîne triuwe guot / ûf einen valschen muot* verkehrt.[1] Im Roman Thomas Manns gibt es ihn nicht mehr, entsprechend der geistesgeschichtlichen Entwicklung, die in der Neuzeit aus dem Teuflischen ein Menschliches, aus dem Sündhaften ein Krankhaftes zu machen wußte. Ist also *Der Erwählte* als Darstellung einer krankhaften Beziehung um ihrer selbst willen gemeint? Dagegen spricht, was von den *Buddenbrooks* bis zur *Betrogenen* alle Werke Thomas Manns lehren: daß nämlich sein Interesse fürs Pathologische, das in Abrede zu stellen apologetische Verblendung wäre, ein Interesse für das Menschliche schlechthin verbirgt, das sich im Pathologischen auf eine besondere, eben auf krankhafte Weise äußert. So muß das Fragen hinter den Inzest zurückgehen. Es muß danach gefragt werden, was die Helden des Romans, zuerst die Geschwister Wiligis und Sibylla, dann Grigorß und seine Mutter, in die Blutschande führt, wobei die Antwort ihren eigenen Worten zu entnehmen ist.

Wiligis zu seiner Schwester Sibylla: *Ich habe nur Augen für dich, die du mein weiblich Gegenstück auf Erden. Die anderen*

---

[1] Hartmann von Aue, *Gregorius*, Hrsg. H. Paul, 2. Aufl. Halle a. S. 1900, v. 321 f.

sind fremde Stücke, mir nicht ebenbürtig wie du, die mit mir geboren.[2] *Denn unser beider ist niemand wert, weder deiner noch meiner, sondern wert ist eines nur des anderen, da wir völlig exceptionelle Kinder sind, von Gebürte hoch, daß alle Welt sich lieblich dévotement gegen uns benehmen muß ...*[3] Da Sibylla schwanger wird, spricht Wiligis zu ihr: *Ich habe es nicht gewußt, daß Sünde so furchtbar fruchtbar ist, ich auch nicht! Und nun gar die Sünde des Hochmuts, daß sie gleich Frucht tragen werde, wahrlich, ich habe nicht angenommen, das liege in ihrer Art! Hochmut aber, du Ärmste, Liebste, war unsre Sünde, und daß wir in aller Welt von niemand andrem wissen wollten als von uns besonderen Kindern.*[4] Herr Grimald, der Vater, gesteht Wiligis sterbend: *Wenig Sorge mach ich mir deinethalben, aber desto mehr um dieses schöne Kind, die Schwester dein. Zu spät erkenn ich, daß ich mich ihrer Zukunft übel angenommen, und überhäufe mich mit Vorwürfen deswegen. Vere, vere, so sollte ein Vater sich nicht verhalten! Auch gegen dich, ich weiß es, hab ich mich in gewissem Grade schuldig gemacht, indem ich durch übergroße Heikligkeit bei der Wahl eines Gatten für dieses süße Kind viel Unmut an den Höfen gegen unser Haus geschaffen.*[5] Diese väterliche *Heikligkeit* kehrt bei der Tochter Sibylla als Treue zum gestorbenen Bruder-Gatten wieder. Sie findet Ausdruck in ihrer schroffen Abweisung jedes Heiratsantrages: *Jamais* und *Niemalen de la vie.*[6] Als dann ihr Sohn Grigorß, unerkannt, das Land von einem verschmähten Werber erlöst und sie im Gebet von Maria einen Rat erfleht, denn nun ist die Heirat mit dem fremden Erretter auch ihr erwünscht, schwindet die Treue oder hebt sich vielmehr selber auf durch die Ähnlichkeit zwischen dem Fremden und dem Bruder-Gatten, das ominöse Wort aus dessen zitiertem Bekenntnis gibt sich ihr ein, und sie gesteht: *... denn*

---

2 Thomas Mann, *Gesammelte Werke in zwölf Bänden.* Frankfurt a. M. 1960, VII, S. 27.
3 Ebd., VII, S. 28.
4 Ebd., VII, S. 41.
5 Ebd., VII, S. 33 f.
6 Ebd., VII, S. 122.

meines Bettes würdig acht ich nur ihn und ihn nur mir ebenbürtig![7]

Hinter dem Inzest steht also die *Heiklikkeit*, der Hochmut, *die Sünde des Hochmuts*, wie Wiligis selber sagt. Im Hochmut wiederum äußert sich die Beschränkung der Liebe auf die Liebe zum Ebenbürtigen, die im Grunde Selbstliebe ist. Begleitet wird sie vom Anspruch auf die Liebe und Devotion *aller Welt*. Im *Erwählten* ist die Hartmannsche Gnadenmär vom *guoten sündaere*[8] zur *Gnadenmär von Narziß* geworden. Kennt man das Thema?

Am Schluß des *Goethe und Tolstoi* betitelten Aufsatzes, der 1922 entstand und so in den Umkreis des *Zauberbergs* gehört, spricht Thomas Mann von der *Lehre, daß ironischerweise bei denen, die im Grunde »niemanden lieben können als sich selbst«, die größere Gnade sei.*[9] Die Übereinstimmung ist augenfällig. Der Essay aber, in dem der Satz steht, bildet die Grundlage zum späten Weltbild Thomas Manns, er bezeichnet eine Wende, ja d i e Wende in seinem Schaffen.

Basis des Gesamtwerks ist der Gegensatz: Geist – Natur, nach Thomas Mann *der Gegensatz aller Gegensätze*. Jede Änderung und auch die große Wende muß innerhalb dieses Gegensatzpaares und in Thomas Manns Einstellung zu ihm gesucht werden.

Die Helden der Frühwerke sind Geschöpfe des Geistes. Ihr Verhältnis zum Leben ist das der Sehnsucht. Man denke an Tonio Kröger und an den Schiller der *Schweren Stunde*.

Die Wende ist als V e r s ö h n u n g zu bestimmen. Vom Geist, der sich in seinem unerfüllbaren Sehnen nach Natur vernichtet oder die Sehnsucht ironisch übersteigt, wendet sich Thomas Mann in seinen späteren Werken der Natur zu und preist sie in ihrer vergeistigten Gestalt. Versöhnung von Geist und Natur – aber es ist die Natur, die sich zum Geiste erhebt und sich so vervollkommnet, während der Geist vollends in die Isolation zurückfällt. Sie ist das Schicksal Adrian Leverkühns.

---

7 Ebd., VII, S. 157.
8 Hartmann, a.a.O., v. 175 f.
9 A.a.O., IX, S. 173.

Das erste Dokument dieses wesentlichen Wandels in der Gedankenwelt Thomas Manns ist der Essay über Goethe und Tolstoi. In ihnen erblickt er *vergeistigte Natur* und unterscheidet sie scharf von ihren *geistigen* Gegenspielern Schiller beziehungsweise Dostojewski. Aus ihren Werken, besonders den autobiographischen, sodann aus Aufzeichnungen von Zeitgenossen führt er Stellen an, die ihre Selbstliebe und Selbstsicherheit, ihren *unbedingten Liebesanspruch an die Welt* und die – wie er schreibt – *merkwürdige* Bestätigung und Erfüllung dieses Anspruches durch die Welt bekunden. Weitgehend stimmt damit überein, was im *Erwählten* aufgezeigt wurde, und so kann nicht mehr überraschen, daß man im Essay selbst die Ausdrücke *Erwählter* und *Gnadenwahl* antrifft. Kein Zweifel kann mehr darüber bestehen, daß man hier dem zentralen Problem sowohl des gesamten Spätwerks im allgemeinen, als auch des hier betrachteten Romans im besonderen gegenübersteht.

Die Tatsache der Erfüllung des *unbedingten Liebesanspruches* durch die Welt, die Gnadenwahl des nur sich selbst Liebenden ist mit Thomas Manns Worten *merkwürdig*; Gottes Gnade, die jenem, für den *kein Platz war unter den Menschen*, den Platz *über ihnen allen* zuweist – wie der zum Papst erwählte Grigorß sagt –, ist *unergründlich.*[10] Nicht das muß den Interpreten weiter beschäftigen, sondern die Notwendigkeit, ja Legitimität der Selbstliebe und des unbedingten Liebesanspruches, welche die vergeistigte Natur zur Schau trägt.

Es ist die indische Legende *Die vertauschten Köpfe,* die darüber nähere Auskunft geben kann. Sie ist zwar erst 1940 entstanden, nach *Lotte in Weimar,* nach den ersten drei *Joseph*-Romanen, und der *Goethe und Tolstoi*-Essay ist achtzehn Jahre älter als sie. Aber die Problematik ist noch dieselbe, und was der Legendenstil dem Autor erlaubt, ist die dichterische Verwirklichung und Verkörperung jenes Vorgangs, der die Wende um 1922 kennzeichnet: der Versöhnung von Geist und Natur. Der *metaphysische Scherz,* wie Thomas Mann die *Vertauschten Köpfe*

---

10 Ebd., VII, S. 229.

genannt hat, ist ernst zu nehmen wie der *Doktor Faustus.*
Ihre beiden Helden sind Schridaman, ein Kind des Geistes, mit
einem *edlen und wissenden Haupt,* und Nanda, wohlgestaltet,
ein Kind der Natur. Die Freundschaft, die sie verbindet, beruht
*auf der Unterschiedlichkeit ihrer Ich- und Mein-Gefühle, von
denen die des einen nach denen des anderen trachteten. Einkörperung nämlich schafft Vereinzelung, Vereinzelung schafft Verschiedenheit, Verschiedenheit schafft Vergleichung, Vergleichung schafft Unruhe, Unruhe schafft Verwunderung, Verwunderung schafft Bewunderung, Bewunderung aber Verlangen
nach Austausch und Vereinigung.*[11]
Schon hier, in der Vereinzelung noch, ist Versöhnung festzustellen. »Schon« heißt: im Rückblick auf die Frühwerke Manns.
Das Verhältnis Geist – Natur ist dort ein einseitiges. Nichts
zieht Hans Hansen zu dem um ihn werbenden Tonio Kröger.
Hier aber geht die Sehnsucht sowohl vom Geist als auch von
der Natur aus. Das Bekenntnis Nandas, das er vor Schridaman
ablegt, hat Tonio Kröger nie zu hören bekommen: *Darum bist
du mir so nötig, mein älterer Bruder, denn was ich nicht habe,
hast du und bist mein Freund, so daß es beinahe ist, als ob ich
selber es hätte. Denn als dein Genoß habe ich teil an dir und bin
auch etwas Schridaman, ohne dich aber wär' ich nur Nanda,
und damit komm' ich nicht aus. Offen sag' ich es: Ich würde die
Trennung von dir keinen Augenblick überleben wollen...*[12]
Aber dieses ideale Verhältnis der Gegensätze währt nicht lange.
Es kommt, man weiß, auf welch eigenartige Weise, zur Vertauschung der Köpfe und damit zur *Synthese* von Geist und
Natur, zur Geburt des vollkommenen Menschen mit dem
schönen Nanda-Körper und dem wissenden Schridaman-Haupt, eines Menschen, der – wie es heißt – sozusagen aus
lauter Hauptsachen besteht.
Die Notwendigkeit solcher völligen Vereinigung ist die Tragik
im Denken Thomas Manns. Denn indem die Synthese die
Vereinzelung der Gegensätze, die dank der Versöhnung nur
mehr eine relative war, aufhebt, setzt sie auf einer höheren

11 Ebd., VIII, S. 713.
12 Ebd., VIII, S. 734.

Ebene, jenseits des Gegensätzlichen, eine zweite Vereinzelung in bezugloser, absoluter Form. So ist die Anfangssituation der indischen Legende, der Zustand wechselseitiger Sehnsucht, im Schaffen Thomas Manns mit ihrer Erreichung bereits überwunden zu einem höheren Zustand, der nicht nur des schmerzlichen Sehnens, sondern damit auch dessen möglicher Erfüllung enthoben ist. Der Weg von den *Helden* des Geistes, die unerfülltes Verlangen nach dem Leben quält, hinauf zu den *Göttern*, die, wenn auch anders, wiederum einsam sind und selbst der Liebe zum Gegensatz nicht mehr fähig, denn als Vollkommene haben sie keinen – dieser Entwicklungsweg der Roman- und Novellengestalten Thomas Manns führt über das menschliche Ziel in Erfüllung gehender und dennoch fortbestehender Sehnsucht hinaus. Schridaman, dessen seltsames Schicksal diesen Weg verdeutlicht, weiß davon und fügt seinem Bekenntnis, daß er sich jetzt, da er den Körper Nandas erhalten habe, *als den glücklichsten der Menschen* fühle, die Worte hinzu: *Liebe Freunde, hierin liegt unzweifelhaft eine gewisse Traurigkeit, daß das Fremde nun mein geworden und kein Gegenstand des Verlangens und der Bewunderung mehr ist, außer daß ich mich selbst bewundere. [...] Ja, ich will es zugeben, diese gewisse Traurigkeit, daß ich nun bin, wonach mich verlangte, sie ist vorhanden.*[13]

Die Fortsetzung des Geschehens scheint das Erreichte freilich zu zerstören. Die Synthese mißlingt, der Körper Nandas verändert Schridamans edles Haupt, und dessen geistige Tätigkeit läßt wiederum den Körper an Schönheit einbüßen. Den ganzen gedanklichen Hintergrund des Geschehens, der zugleich die *Joseph*-Romane, *Lotte in Weimar* und den *Erwählten* erhellt, faßt der Erzähler der indischen Legende in folgenden Worten zusammen: *Diese Welt ist nicht so beschaffen, daß darin der Geist nur Geistiges, die Schönheit aber nur Schönes zu lieben bestimmt wäre. Sondern der Gegensatz zwischen den beiden läßt mit einer Deutlichkeit, die sowohl geistig wie schön ist, das Weltziel der Vereinigung von Geist und Schönheit, das heißt der*

---

13 Ebd., VIII, S. 769 f. (Hervorhebungen vom Verf.)

Vollkommenheit und nicht länger zwiegespaltenen Seligkeit erkennen; und unsere gegenwärtige Geschichte ist nur ein Beispiel für die Mißlichkeiten und Fehlschläge, unter denen nach diesem Endziel gestrebt wird.[14]
In der Welt der Legende wird das Endziel dennoch erreicht. Zuletzt berichtet sie von Samadhi, dem Sohn Schridamans und Sitas, in dem die Vereinigung von Geist und Natur wiederholt wird. Er ist schön und genießt *das Wohlwollen aller*. Seine Kurzsichtigkeit aber behütet ihn, *allzusehr im Körper zu leben*, und hält *seinen Kopf zum Geistigen an*. [...] *Nicht älter als zwanzig*, heißt es weiter, *war er schon Vorleser des Königs von Benares*.[15] Damit kommt zu der schönen Harmonie und dem erfüllten *unbedingten Liebesanspruch* ein Neues und zugleich Wohlvertrautes hinzu: die Karriere. Das Kind Schridamans wird Vorleser des Königs, kommt an den Hof – wie zwei andere Romangestalten Thomas Manns: wie Goethe und Joseph. Man möchte hinzufügen: wie Grigorß.
So stellt die Fabel der indischen Legende von den *Vertauschten Köpfen* die Entwicklung der Mannschen Gedankenwelt selbst dar und liefert in Schridaman und Samadhi das Modell für die Helden der späteren Werke. Eine Art »klassischer Walpurgisnacht« bereitet sie, teils nachträglich, auf den Auftritt der göttlich-vollkommenen Gestalten vor: auf den Goethe von *Lotte in Weimar*, auf Joseph, auf Grigorß und seine Eltern. In diesen Antezedenzien ist der Keim der Sünde wie auch der Gnade bereits angelegt und diese im voraus motiviert.
Damit ist auch die Frage, von der hier ausgegangen wurde, beantwortet. Der Inzest hat im *Erwählten* seinen Grund nicht in sich selber, sondern ist die letzte Folge des Hochmuts. Hochmut, ausschließliche Liebe zum Ebenbürtigen, Selbstliebe, unbedingter Liebesanspruch an die Welt und Erfüllung dieses Anspruches, in letzter Zusammenfassung: Sünde und Erwählung, sind in ihrem Auftreten im Werk Thomas Manns nur verständlich, wenn sie auf die gemeinsame Wurzel, die sie hier haben, zurückgeführt werden: auf die Vergeistigung der Natur,

14 Ebd., VIII, S. 793.
15 Ebd., VIII, S. 806.

die Geburt des Narziß und der Humanität als dessen Überwindung.

Man sieht den Zusammenhang: Der vollkommene, der Spaltung enthobene Mensch, seinem Wesen nach selber Aufhebung, sieht in der Welt kein Gegenstück, mit dem sich zu vereinigen, das zu werden ihn in sehnsüchtiger Liebe verlangte. Notwendig liebt er nur das Vollkommene, ihm Ebenbürtige, sich selber – und wird so sündig. Da er sich seines Ausnahmewesens bewußt ist, rechnet er zugleich, die *Devotion* aller Welt zu empfangen, es ist, wie vom Helden der *Joseph*-Romane gesagt wird, *sein Glauben, sein Weltbild, seine wie ein Naturgesetz feststehende Überzeugung, daß jedermann ihn mehr lieben müsse als sich selbst*. Diese selbstsüchtige Beziehung zur Welt kann aber – so lautet des späten Thomas Mann Glaubenssatz, der die Themenwahl seiner Werke bestimmt – in eine selbstlos-wohltätige übergehen: Dem die Personenliebe nur als Liebe zur eigenen Person gegeben, also verwehrt ist, vermag seine Schuld zu büßen, indem er die über ihn verhängte Liebelosigkeit zur Menschheitsliebe übersteigt, zum *Dichter der Menschheit*, zu ihrem *Ernährer*, zu ihrem *sehr großen Papste* wird.

Lyrik und lyrische Dramatik in
Hofmannsthals Frühwerk

> *Ich staune, wie man dies Jugendœuvre hat ein Zeugnis des l'art pour l'art nennen können – wie man hat den Bekenntnischarakter, das furchtbar Autobiographische daran übersehen können.*[1]

Immer wieder hat Hofmannsthal in den letzten fünfzehn Jahren seines Lebens, an *Ad me ipsum* arbeitend, die Frage nach dem eigenen Weg gestellt. Was er im Sinn hatte, ließe sich mit dem abgewandelten Titel seiner Habilitationsschrift wohl am genauesten angeben: eine »Studie über die Entwicklung des Dichters Hofmannsthal«. Die Grundbegriffe von *Ad me ipsum* – Präexistenz, ambivalenter Zustand, Existenz – sind Namen für die Stufen dieser Entwicklung, andere versuchen zu benennen, wie die letzte Stufe zu erreichen wäre: durch das Opfer, das Kind, das Werk oder die Tat. Gerade weil Hofmannsthals Blick in diesen Aufzeichnungen so ausschließlich auf das Moment der Entwicklung gerichtet ist, überrascht es, daß er die Zeit von seinem 16. bis 22. Lebensjahr[2], die sieben Jahre, die in dem Drama *Der Kaiser und die Hexe* thematisch werden, als eine Einheit nimmt. Die Werke dieser Zeit werden genannt, als stünden sie für eines und dasselbe, als führte kein Weg von dem einen zum andern und weiter zum nächsten – ein Weg, der dem Zurückblickenden zu einem Punkt nur deshalb zusammenschrumpfen kann, weil er den Weg hinter sich gebracht hat. Diese Entwicklung muß Hofmannsthal 1905 noch genauer gesehen haben, als er sich mit der Absicht trug, eine Ausgabe der *Frühesten Schriften, enthaltend die Gedichte, Kleinen Dramen, Aufsätze und Briefe der Jahre 1891-1895*[3] vorzulegen, zumindest scheint die chronologische Anordnung darauf zu

---

[1] H. v. Hofmannsthal, *Aufzeichnungen*. Frankfurt a. M. 1959, S. 240. Im Original steht *dies Jugendœuvre* in einem vorhergehenden Satz und in dem zitierten ein *es*.
[2] Ebd., S. 227.
[3] *Neue Rundschau*, 73/1962, 4. Heft.

weisen. Und die Entdeckung dieses Plans, die Rudolf Hirsch zu danken ist, kommt für die Forschung schon deshalb im richtigen Augenblick, weil damit dem Betrachter, der nach Hofmannsthals Entwicklung fragt, gleichsam eine stärkere Linse vorgehalten wird. Nicht mehr der ganze Weg des Dichters steht nun vor seinen Augen, sondern nur die erste Etappe. Und so erkennt er auch innerhalb dieses Zeitraums wichtige Unterschiede, erkennt er einen Vorgang, der zugleich das bislang kaum gesehene Spannungsverhältnis von Lyrik und lyrischer Dramatik zu begreifen erlaubt.

1891, Hofmannsthal ist siebzehn Jahre alt, erscheint sein erstes Drama: *Gestern*. 1892 folgt das Fragment gebliebene und als solches publizierte Werk *Der Tod des Tizian*, 1893 folgen *Der Tor und der Tod* und *Idylle*. Dann setzt im dramatischen Schaffen eine Pause von vier Jahren ein, die wohl mit biographischen Fakten »erklärt«, in ihrer Bedeutung für das Werk aber noch kaum erkannt worden ist, und zwar deshalb nicht, weil man, von *Ad me ipsum* geblendet, in dem Frühwerk eine Wandlung nicht wahrhaben wollte. Das Jahr 1897 sieht dann vier weitere Kleine Dramen entstehen: *Der weiße Fächer, Der Kaiser und die Hexe, Das Kleine Welttheater* und *Die Frau im Fenster*.

In dem Erstling *Gestern* wird dem impressionistischen Ästheten Andrea der Prozeß gemacht; die Handlung des kleinen Spiels verkehrt die These seines jugendlichen Helden, der nur dem Augenblick zu leben meint, in ihr Gegenteil. An der Untreue der Geliebten erfährt er ein Zweifaches: die Wirklichkeit des Du und die Wirklichkeit des Vergangenen.[4] Indem er deren Wirklichkeit, d. h. Wirksamkeit, und die eigene Abhängigkeit davon erfährt, wird sein Glaube widerlegt, er könne mit der Willkür des Künstlers über die anderen verfügen, wie der Maler über die Farben, der Musiker über die Töne verfügt. Denn nichts anderes war seine Ambition: er wollte das Leben als ein Kunstwerk leben. Aber Hofmannsthal richtet den Ästhetismus nicht nur im Namen der Realität, sondern auch in dem der

---

4 Vgl. Richard Alewyn, *Über Hugo von Hofmannsthal*. Göttingen 1958, S. 57.

Kunst. Die Szenen, die dem Ästheten Andrea den Maler Fortunio und den Dichter Fantasio gegenüberstellen, zeigen, daß Andreas Impressionismus nicht nur das Leben der Kunst, sondern auch die Kunst dem Leben opfert.

Mit dem nächsten Werk rückt eine Künstlergestalt in den Mittelpunkt, der sterbende Tizian. Ihn umgeben sein Sohn und die Schüler, die gleich Andrea nur in einem Reservat der Kunst zu leben vermögen, ohne doch selber Künstler zu sein. Hat Hofmannsthal der Bedeutung, die das Motiv der dem Ästhetismus entgegengesetzten Kunst im Lauf der Handlung von *Gestern* gleichsam unbeabsichtigt erlangt, im *Tod des Tizian* solcherart Rechnung getragen, so ist doch eine neue Inkonsequenz entstanden, die schuld daran sein dürfte, daß das Werk Fragment geblieben ist, eine Inkonsequenz, die wiederum erst im nächsten Werk, in *Tor und Tod*, behoben wird. Gemeint ist das zentrale Erlebnis des sterbenden Tizian, das sein Ausruf *Es lebt der große Pan* in Worte faßt: die Erfahrung des Lebens im Tod, mit Hofmannsthals Worten die *Lebenserhöhung durch den Tod.*[5] Eine Inkonsequenz tritt hier auf, weil dies Erlebnis die Folge und Aufhebung eines anderen darstellt, das wohl Andrea und die Tizianschüler kennen, kaum aber Tizian: des Gefühls, daß sie ihr Leben nicht leben. Claudio, der Tor, wird dann diesen Zusammenhang der beiden Erfahrungen in antithetischer Zuspitzung aussprechen, wenn ihm der Tod gegenübersteht: *Da tot mein Leben war, sei du mein Leben, Tod!* Der *Tod des Tizian* hätte damit schließen sollen, daß die Schüler die Villa des Meisters verlassen und in die Stadt hinabsteigen, wo sie, der Pest zum Opfer fallend, *das Leben in der höchsten Zusammendrängung* erleben.[6] An die Stelle dieser Fortsetzung, die das Motiv der Lebenserhöhung im Tod mit dessen Entstehungsgrund überhaupt erst verknüpft hätte, mit dem lebensfremden Ästhetismus, ohne den es nicht zu verstehen ist, tritt dann das nächste Werk. In dem Spiel vom Tod des Toren wird der

---

5 Hofmannsthal an Walther Brecht am 20. 2. 1929, in: *Briefwechsel zwischen George und Hofmannsthal.* 2. Aufl. München und Düsseldorf 1953, S. 234. Vgl. vom Verf., *Tizians letztes Bild,* S. 273 f.
6 Ebd.

Prozeß, den Hofmannsthal mit der Unerbittlichkeit und Selbstverliebtheit des jungen Menschen seinem alter ego macht, erst zu Ende geführt.

Vier Jahre ruht nun das dramatische Schaffen Hofmannsthals, und die Werke, die dann 1897 während eines Aufenthalts in Varese in schnellster Folge entstehen, entworfen oder vollendet werden, zeugen von einem Wandel, vom Erreichen einer höheren Stufe. *Der Kaiser und die Hexe* zeigt die Überwindung des Ästhetismus durch das Soziale, der *Weiße Fächer* erlaubt sich gar ein ironisches Spiel mit der Treue[7], die am Schluß von *Tor und Tod*, in Claudios *Ich will die Treue lernen, die der Halt / Von allem Leben ist* ... als heimliche Devise für Hofmannsthals ganze spätere Dichtung beschworen wird, und das *Kleine Welttheater* bezeugt die Überwindung alles dessen, was die ersten Dramen entstehen ließ, schon im Untertitel: *Die Glücklichen*. Was ist, so muß man fragen, in der Zwischenzeit geschehen?

In den Jahren 1894-96 sind Hofmannsthals wichtigste Gedichte entstanden: *Weltgeheimnis, Ballade des äußeren Lebens, Terzinen I-III, Ein Traum von großer Magie*. Der Gedanke liegt nahe, hier einen zweifachen Kausalzusammenhang anzunehmen. Verdankt sich der Wandel der lyrischen Dramatik den Gedichten der Zwischenzeit und das Gelingen dieser Lyrik dem Verstummen der lyrischen Dramatik? Behaupten dürfte man dies erst, wenn die Einheit von Hofmannsthals Lyrik deutlicher erkennbar und ihr Charakter von dem der lyrischen Dramen genauer unterscheidbar wäre. Weder das eine, noch das andere ist aber der Fall. Zwar scheint Hofmannsthal nur wenige vollendete Gedichte geschrieben zu haben, sein lyrisches Schaffen war aber überraschend reich und vielfältig, und es war auch nicht auf die wenigen Jahre zwischen den ersten vier und den letzten vier lyrischen Dramen beschränkt. Die strenge Auswahl, die man heute noch aus dieser Fülle zu treffen pflegt, ist Hofmannsthals eigene. Als er 1903 im Verlag von Georges *Blättern für die Kunst* seine *Ausgewählten Gedichte* erscheinen ließ,

---

7 Vgl. vom Verf., *Hofmannsthals ›Weißer Fächer‹*, S. 257 f.

nahm er den hergebrachten Titel wörtlicher als mancher andere: der Band enthält insgesamt 14 Gedichte. Mit dieser Zahl kontrastiert die Zahl der Gedichte, die er in den neunziger Jahren in Zeitschriften publiziert hatte, es sind etwa achtzig, ferner die erst aus dem Nachlaß bekannt gewordene Lyrik mit einem weiteren halben Hundert Gedichten, und einiges ist noch unveröffentlicht. Sobald man nun den Blick auf Hofmannsthals Lyrik in ihrer Gesamtheit richtet, wird man nicht nur ihr ungleiches Niveau gewahr, sondern auch ihre Zugehörigkeit zu zahlreichen lyrischen Gattungen, zu ganz verschiedenen Modi lyrischen Sagens. So fällt es schwer, sie als geschlossene Gruppe der lyrischen Dramatik gegenüberzustellen. Der Übergänge gibt es viele. Der große Monolog Gianinos im *Tod des Tizian*, der eine nächtliche Naturorgie ins Wort bannt, kann als Gedicht im lyrischen Drama bezeichnet werden.[8] Umgekehrt könnte das Gedicht *Erlebnis* (*Mit silbergrauem Dufte war das Tal / Der Dämmerung erfüllt...*) in einem lyrischen Drama stehen, und das Gedicht *Der Jüngling und die Spinne* ist beinahe ein Kleines Drama.

Auf eine scharfe Grenzziehung muß aber auch aus chronologischen Gründen verzichtet werden. Zwar war die Pause in der dramatischen Produktion für die eigentlich lyrische besonders fruchtbar, aber Hofmannsthals früheste Gedichte stammen aus einer Zeit, aus der noch keine lyrischen Dramen bekannt sind, andere wiederum entstehen erst nach 1897. Will man dennoch versuchen, an einigen Gedichten das Verhältnis von Lyrik und lyrischer Dramatik bei Hofmannsthal abzulesen, so lohnt es, zunächst die wenigen überlieferten Gedichte aus dem Jahr 1890 zu betrachten; Hofmannsthal war sechzehn Jahre alt.

Das erste Gedicht, das er veröffentlicht hat, ist ein Sonett:

Frage

Merkst du denn nicht, wie meine Lippen beben?
Kannst du nicht lesen diese bleichen Züge,

---

8 Vgl. Karl Pestalozzi, *Sprachskepsis und Sprachmagie im Werk des jungen Hofmannsthal*. Zürich 1958, S. 9 f.

Nicht fühlen, daß mein Lächeln Qual und Lüge,
Wenn meine Blicke forschend dich umschweben?

Sehnst du dich nicht nach einem Hauch von Leben,
Nach einem heißen Arm, dich fortzutragen
Aus diesem Sumpf von öden, leeren Tagen,
Um den die bleichen, irren Lichter weben?

So las ich falsch in deinem Aug, dem tiefen?
Kein heimlich Sehnen sah ich heiß dort funkeln?
Es birgt zu deiner Seele keine Pforte
Dein feuchter Blick? Die Wünsche, die dort schliefen,
Wie stille Rosen in der Flut, der dunkeln,
Sind, wie dein Plaudern: seellos, Worte, Worte ...?

Am Ende jedes Satzes steht ein Fragezeichen. Die Sätze wollen fragen und als Frage an ein Du sich richten. Aber im Grund wird hier nicht gefragt, sondern enthüllt: die eigene Liebe und die Leere, auf die sie beim anderen zu stoßen meint. Das Fragen hat bloß die Aufgabe, die Verbindung des Sprechenden zum angesprochenen Du zu suggerieren. Es wird eine Dialogie vorgetäuscht, obwohl gerade ihr Gegenteil erlebt wird: der Sprechende ist auf sich zurückgeworfen.
Dieses Erlebnis nun ist nicht, wie man meinen könnte, zufälliger, anekdotischer Natur. Nicht erst, daß er nicht erhört wird, macht den Fragenden einsam. Hört man den ersten Fragen genauer zu: *Merkst du denn nicht, wie meine Lippen beben? / Kannst du nicht lesen diese bleichen Züge...?*, so wird deutlich, daß das Gegenüber des lyrischen Ich hier nicht das Du ist, sondern das eigene Spiegelbild. Sich selbst, nicht den anderen Menschen, umschweben in Wahrheit seine Blicke. Nicht minder verräterisch ist das zweite Quartett. Was der Eingang der Frage nahelegt: *Sehnst du dich nicht nach einem Hauch von Leben, / Nach einem heißen Arm, dich fortzutragen...*, das wird von der Fortsetzung Lügen gestraft, denn es heißt: *fortzutragen / Aus diesem Sumpf von öden, leeren Tagen, / Um den die bleichen, irren Lichter weben?* Der hier spricht, erlebt die Tage selber als öd und leer, und zu seinen bleichen Zügen,

seinem gequälten Lächeln will der *heiße Arm*, den er für sich in Anspruch nimmt, wenig passen.

Das erinnert an Andrea, den Helden von *Gestern*, das aber erst ein Jahr später entsteht. Die Sehnsucht nach dem Leben, das falsche Bewußtsein, dessen Zerstörung die Handlung des kleinen Spiels abgibt, die Selbstbespiegelung und die Sprachskepsis haben beide Gestalten, das Ich des Gedichts und der Held des Dramas, gemein. *Worte, Worte . . . ?* – so schließt das Sonett.

Diese Analogien werden freilich niemand überraschen, entsprechen sie doch der Erwartung, die sich auf die Jugend des Dichters und auf den von ihm selbst hervorgehobenen autobiographischen Zug seines Frühwerks besinnt: der Erwartung nämlich, daß aus der Lyrik und der lyrischen Dramatik des jungen Hofmannsthal dieselbe Stimme spricht. Aber schon die Gedichte der nächsten Jahre widerlegen diese Annahme. Denn es hat den Anschein, als sei das, was im Sonett *Frage* sowohl den Gehalt als auch den Ton prägt, zum Ausgangspunkt von Hofmannsthals lyrischen Dramen geworden, während seine Lyrik in ihren vollendetsten Werken andere Wege ging. Darauf deutet schon, daß in der Auswahl von 1903 nur ein einziges Gedicht die Form der Anrede kennt, es ist das titellose Gedicht mit dem Eingangsvers *Dein Antlitz war mit Träumen ganz beladen*, das 1896 zum ersten Mal erschien. Gerade weil auch dieses Gedicht an die Geliebte gerichtet ist[9], wird der Unterschied gegenüber dem sechs Jahre älteren Gedicht *Frage*, auf dem Hintergrund der gemeinsamen Form, besonders deutlich:

Dein Antlitz war mit Träumen ganz beladen.
Ich schwieg und sah dich an mit stummem Beben.
Wie stieg das auf! Daß ich mich einmal schon
In frühern Nächten völlig hingegeben

Dem Mond und dem zuviel geliebten Tal,
Wo auf den leeren Hängen auseinander

---

[9] Von der Frage, an wen das Gedicht ursprünglich gerichtet war, darf hier abgesehen werden. (Vgl. dazu: Leopold Andrian, *Erinnerungen an meinen Freund*, in: Helmut A. Fiechtner, *Hugo von Hofmannsthal. Die Gestalt des Dichters im Spiegel der Freunde*. Wien 1949, S. 60.)

*Die magern Bäume standen und dazwischen
Die niedern kleinen Nebelwolken gingen*

*Und durch die Stille hin die immer frischen
Und immer fremden silberweißen Wasser
Der Fluß hinrauschen ließ – wie stieg das auf!*

*Wie stieg das auf! Denn allen diesen Dingen
Und ihrer Schönheit – die unfruchtbar war –
Hingab ich mich in großer Sehnsucht ganz,
Wie jetzt für das Anschaun von deinem Haar
Und zwischen deinen Lidern diesen Glanz!*

Die Spannung zwischen dem Erleben des Du und dem eigenen Erleben, die im frühen Gedicht verheimlicht wird und jene vorgetäuschte Dialogie erschafft, ist hier thematisch geworden. Da diese Spannung offen ausgesprochen wird, verzerrt sie die Züge des Sprechenden nicht mehr. Die Geliebte wird nur in den ersten beiden und den letzten beiden Versen angeredet: dazwischen steht die Erinnerung, mit dem dreimaligen *Wie stieg das auf!* evoziert. Ihre Vormachtstellung betont auch der Strophensprung: die Spannung zwischen der Gegenwart der Geliebten und dem aus der Erinnerung heraufgeholten Naturerlebnis wird durch das zunächst objektlos dastehende Wort *hingegeben*, das in die erotische Aura der Eingangsverse zu gehören scheint, in Wahrheit aber den Mond und das Tal meint, noch vergrößert. Doch diese Spannung hat nichts Verderbliches. Die beiden Augenblicke, der gegenwärtige und der vergangene, schließen sich nicht aus, kommen vielmehr zur Deckung. Was Hofmannsthal in *Ad me ipsum* als die Verschuldung des Toren Claudio ansah: daß dieser unfähig ist, *jeden einzelnen Augenblick durch den Überschwang ins Reich des Ewigen zu heben*, das scheint hier sowohl in der Erinnerung als auch in der Gegenwart geleistet. Das Wiederaufsteigen des einst Erlebten – eines Kindheitserlebnisses, wie es auch Claudio heraufbeschwört[10] – steht dem gegenwärtigen Liebesglück nicht im Weg.

---

10 *Ein Knabe stand ich so im Frühlingsglänzen / Und meinte aufzuschweben in das*

Anders als bei Claudio bringt es nicht nur *schale Schauer des Erinnerns*. Die Erkenntnis Claudios, die ihm die Todesstunde vermittelt, scheint in dieses, drei Jahre später veröffentlichte, Gedicht eingegangen zu sein. Wie beiläufig, in einer Parenthese, nennt der Erinnernde die Schönheit des einst Erfahrenen *unfruchtbar* und bricht so aus dem ästhetischen Bannkreis aus.

Kaum aber hat Hofmannsthal ein Jahr nach *Frage* die Form des lyrischen Dramas gefunden und in *Gestern* erprobt, scheint er die Form der strengen Lyrik, des Gedichts, von dieser mehr gewollten denn verwirklichten Dialoge zu befreien.

Ein zweites, ebenfalls 1890 vom Sechzehnjährigen publiziertes Gedicht zeigt noch deutlicher als *Frage,* in welcher Weise die lyrische Dramatik kurz darauf die Lyrik von einer Last befreit und ihr so erst zum vollen Gelingen verhilft. Das Gedicht, ein Ghasel nach orientalischem Vorbild, heißt:

Für mich

Das längst Gewohnte, das alltäglich Gleiche,
Mein Auge adelt mir's zum Zauberreiche:
Es singt der Sturm sein grollend Lied für mich,
Für mich erglüht die Rose, rauscht die Eiche.
Die Sonne spielt auf goldnem Frauenhaar
Für mich – und Mondlicht auf dem stillen Teiche.
Die Seele les' ich aus dem stummen Blick,
Und zu mir spricht die Stirn, die schweigend bleiche.
Zum Traume sag ich: ›Bleib bei mir, sei wahr!‹
Und zu der Wirklichkeit: ›Sei Traum, entweiche!‹
Das Wort, das Andern Scheidemünze ist,
Mir ist's der Bilderquell, der flimmernd reiche.
Was ich erkenne, ist mein Eigentum
Und lieblich locket, was ich nicht erreiche.
Der Rausch ist süß, den Geistertrank entflammt,
Und süß ist die Erschlaffung auch, die weiche.
So tiefe Welten tun sich oft mir auf,

All, / Unendlich Sehnen über alle Grenzen / Durchwehte mich in ahnungsvollem Schwall. In: *Gedichte und lyrische Dramen.* Stockholm 1946. S. 278.

Daß ich drin glanzgeblendet, zögernd schleiche,
Und einen goldnen Reigen schlingt um mich
Das längst Gewohnte, das alltäglich Gleiche.

Ein einziger Reim durchzieht, das Formgesetz des Ghasels befolgend, das Gedicht. Die Verse münden immer wieder in denselben Klang, der Schluß kehrt zum Eingang wieder, so wie das, was gesagt wird, in einem Kreis sich bewegt, dessen Mittelpunkt der Titel nennt und der im letzten Verspaar thematisch wird.

Mehr noch als bei *Frage* gemahnt das lyrische Ich dieses Gedichts an Andrea: an seine Ichbezogenheit, seinen Impressionismus, sein Bestreben, die Welt als Kunstwerk zu erleben. *Das längst Gewohnte, das alltäglich Gleiche*, dem auch Andreas Bannfluch gilt, wird vom Auge, dem Organ teilnahmslosen Zuschauens, zum ästhetischen *Zauberreiche* geadelt. Claudios späte Erkenntnis, daß sein Leben, da er es, ein *ewig Spielender*, nicht lebte, nur ein Traum war, ist hier noch positiv formuliert: *Zum Traume sag ich: ›Bleib bei mir, sei wahr!‹ / Und zu der Wirklichkeit: ›Sei Traum, entweiche!‹* Was indessen das lyrische Ich hier vor den Helden der lyrischen Dramen auszeichnet, ist seine Bindung an das Wort, das ihm ein *flimmernd reicher Bilderquell* ist. Wohl führt auch von da ein Weg zu *Gestern*, doch nicht zu Andrea, sondern zu seinem Gegenspieler, dem Dichter Fantasio, der die Verse spricht:

Mir ist, als hätt ich Heiliges erlebt.
Grad wie wenn Worte, die wir täglich sprechen,
In unsre Seele plötzlich leuchtend brechen,
Wenn sich von ihnen das Gemeine hebt
Und uns ihr Sinn lebendig, ganz erwacht.

Diese Verse nennen wie das Ghasel die magische Kraft des Wortes und die Paradoxie, daß diese Kraft, unerkannt, dem selben Wort innewohnt, das jedermann spricht, als Scheidemünze verwendet. Die Metapher tritt an die Stelle des Bildes, das Fantasio gebraucht: *Wir wandeln stets auf Perlen, staubbe-*

deckt, / Bis ihren Glanz des Zufalls Strahl erweckt...
Zusammen mit dem Sonett *Frage* erhellt das Ghasel *Für mich* die Wandlung des Lyrikers Hofmannsthal nach 1891. Diese Wandlung bewirken die lyrischen Dramen. Es hat den Anschein, als habe Hofmannsthal für sein problematisches Ich die lyrische Dramatik der reinen Lyrik vorgezogen, aus Gründen, die leicht einzusehen sind. Der höhere Objektivitätsgrad des Dramas, selbst des lyrischen, gewährte ihm die Distanz zum eigenen Ich – eine Distanz, deren er bedurfte, um an sich selber Kritik üben zu können. Andrea und Claudio sind, nach Alewyns Nachweis, die wichtigsten Gestalten, die als kritische Selbstbildnisse für den Dichter zugleich eine Überwindung, eine Befreiung bedeuten. Was in den frühen Gedichten *Frage* und *Für mich* an sie gemahnt, schwindet aus der Lyrik der folgenden Jahre. Das Formprinzip dieser Lyrik ist ein anderes, weil ihr Verhältnis zum dichterischen Ich ein anderes ist. Sei es, daß dieses von sich selber absieht – wie in *Vorfrühling, Weltgeheimnis, Ballade des äußeren Lebens* –, sei es, daß es zu sich selbst ein Verhältnis gewinnt, das kein kritisches mehr ist: so in *Erlebnis* und in den Terzinen *Über Vergänglichkeit*.

Dieses Abdrängen des kritischen Selbstverständnisses in die lyrische Dramatik, um deren höheren Objektivitätsgrades willen, wird noch deutlicher, wenn man an das Fragment gebliebene Stück *Ascanio und Gioconda* (aus dem Jahr 1892) denkt. Hofmannsthal suchte damals, nach dem Erstling *Gestern*, den Weg zur *großen Form*. Aus Shakespeare und aus Otto Ludwigs *Shakespeare-Studien* wollte er lernen, wie er die kleine Form des *novellistischen Dramas* zu überwinden vermöchte.[11] Aber keineswegs verfiel er in ein Shakespeare-Epigonentum. Das Fragment *Ascanio und Gioconda*, dessen Intention der *großen Form* erst Jahre später mit dem Werk *Der Abenteurer und die Sängerin* in Erfüllung geht, schließt thematisch aufs engste an das vorangegangene lyrische Drama an, und auch zum gleichzeitig entstehenden *Tod des Tizian* gibt es Verbindungen. Der eigentliche Unterschied, der qualitative Sprung, der von dem

---

11 Vgl. die Briefe aus dem Jahr 1892 an Beer-Hofmann und Schnitzler.

novellistischen Drama, vom lyrischen Einakter, zur großen Form (deren Sprache freilich immer noch lyrisch ist) führt, liegt auf dem selben Weg, der von der frühen Lyrik zu *Gestern* ging und der als Objektivierung des eigenen als problematisch erlebten Ich zu verstehen ist. Die große Form stellt eine neue Etappe auf diesem Weg dar, und zwar dadurch, daß die vom lyrischen Ich zunächst auf Andrea projizierten und in der Projektion schon bis zu einem gewissen Grad objektivierten und der Kritik ausgelieferten Gefühle nun noch stärker entfremdet werden, indem sie als die der Heldin Gioconda auftreten.

Was dagegen aus den ersten Gedichten in die spätere Lyrik übernommen wird und dort eine zentrale Stellung einnimmt, ist die Wort-Thematik, die zum ersten Mal in den Versen des Ghasels genannt wird und die in den lyrischen Dramen nur am Rand erscheint. Welche Rolle diese Besinnung der Dichtung auf sich selber in Hofmannsthals Lyrik spielt, verrät das 1903 entstandene *Gespräch über Gedichte*, das von Stefan Georges Gedichtband *Das Jahr der Seele* ausgeht. Hier heißt es: *Wovon unsere Seele sich nährt, das ist das Gedicht, in welchem, wie im Sommerabendwind, der über die frischgemähten Wiesen streicht, zugleich ein Hauch von Tod und Leben zu uns herschwebt, eine Ahnung des Blühens, ein Schauder des Verwesens, ein Jetzt, ein Hier und zugleich ein Jenseits, ein ungeheueres Jenseits. Jedes vollkommene Gedicht ist Ahnung und Gegenwart, Sehnsucht und Erfüllung zugleich. Ein Elfenleib ist es, durchsichtig wie die Luft, ein schlafloser Bote, den ein Zauberwort ganz erfüllt; den ein geheimnisvoller Auftrag durch die Luft treibt: und im Schweben entsaugt er den Wolken, den Sternen, den Wipfeln, den Lüften den tiefsten Hauch ihres Wesens und der Zauberspruch aus seinem Munde tönt getreu und doch wirr, durchflochten mit den Geheimnissen der Wolken, der Sterne, der Wipfel, der Lüfte. Und Goethe? Seine Taten sind vielfältig wie die Taten eines wandernden Gottes. Er gleicht dem Herakles, dessen Abenteuer, jedes eingehüllt in eine Glorie, jedes wohnend in einer anderen Landschaft, nichts voneinander wissen. Die Lieder seiner Jugend sind nichts als ein Hauch. Jedes ist der entbundene Geist eines Augenblickes, der sich aufge-*

schwungen hat in den Zenith und dort strahlend hängt und alle Seligkeit des Augenblickes rein in sich saugt und verhauchend sich löst in den klaren Äther. Und die Gedichte seines Alters sind zuweilen wie die dunklen tiefen Brunnen, über deren Spiegel Gesichte hingleiten, die das aufwärts starrende Auge nie wahrnimmt, die für keinen auf der Welt sichtbar werden als für den, der sich hinabbeugt auf das tiefe dunkle Wasser eines langen Lebens.[12]

Man hat bisher kaum beachtet, was doch schon die flüchtigste Kenntnis von Hofmannsthals Gedichten dem Leser hier sagen müßte: daß nämlich der Dichter in diesen Sätzen ebenso von der eigenen Lyrik wie von der Georges und Goethes spricht (oder die Gesprächsfigur Gabriel sprechen läßt). Vergleicht er das Gedicht dem Sommerabendwind, so ist die Anspielung auf sein Gedicht *Vorfrühling* ebenso deutlich wie beim Vergleich der Gedichte des alten Goethe mit *dunklen tiefen Brunnen* die Anspielung auf *Weltgeheimnis,* dessen Anfangsvers lautet: *Der tiefe Brunnen weiß es wohl* ... Das kann sowenig Zufall sein, daß man in der Nennung Goethes fast schon bewußte Ablenkung sehen möchte: als wollte Hofmannsthal die Selbstinterpretation wieder zurücknehmen oder doch verheimlichen.

Die Bedeutung dieses Selbstkommentars aber wird noch klarer, wenn man auf das Datum achtet. Das *Gespräch über Gedichte* stammt aus dem Jahre 1903, ist also kurz nach dem *Brief* des Lord Chandos entstanden, in dem man die Absage Hofmannsthals an seine lyrische Produktion zu sehen pflegt. Das *Gespräch* ist so ein elegisch bewundernder Rückblick nicht bloß auf Goethes Lyrik, sondern auch auf die eigene. Und das Gedicht *Vorfrühling,* das hier, wie sehr auch metaphorisch verhüllt, mit dem Gedicht als solchem in eins gesetzt wird, eröffnet gleichsam programmatisch die Auswahl Hofmannsthals vom selben Jahr 1903.

Die Abkehr vom problematischen Ich, die das Stilprinzip seiner Lyrik im Gegensatz zu dem der lyrischen Dramatik darstellt, ist in *Vorfrühling* schon besiegelt. Nicht mehr das Ich hat das

---

12 *Prosa II.* Frankfurt a. M. 1951, S. 94.

Gedicht zum Thema. Ist in dem *Gespräch* das Gedicht wie der Wind, der über die Wiesen streicht, so sind Hofmannsthals Verse über den Frühlingswind, symbolistischer Tradition entsprechend, zugleich und ohne es anderen als den Eingeweihten zu sagen, ein Gedicht über das Gedicht, über das lyrische Wort.

Hofmannsthals »Weißer Fächer«

I

Der weiße Fächer wird im Untertitel ›*Ein Zwischenspiel*‹ genannt, ein Intermezzo, bei dem der heitere Ton, aber auch der Zusammenhang mit ernstem Geschehen als Gattungsmerkmal gelten dürfen. Diesen Ton und diesen Zusammenhang verraten schon die ersten Verse des Prologs:

Merkt auf, Ihr guten Herrn und schönen Damen:
Nun kommt ein Spiel, das hat nicht größre Kraft
Als wie ein Federball. Sein ganzer Geist ist dies:
Daß Jugend gern mit großen Worten ficht
Und doch zu schwach ist, nur dem kleinen Finger
Der Wirklichkeit zu trotzen.[1]

Die Handlung des kleinen Spiels: Vor dem Eingang eines Friedhofs, nahe der Hauptstadt einer westindischen Insel, treffen sich Fortunio, ein junger Witwer, und seine Kusine Miranda, eine junge Witwe. Beide haben sich seit dem Tod ihrer Gatten zurückgezogen, sie leben nur ihrer Treue zum Toten und leben so ein totes Leben. Den Rat ihrer Nächsten – bei Fortunio ist es die Großmutter, bei Miranda ihre Dienerin, eine Mulattin – überhören sie. Aber ihre Begegnung wird sie beide verwandeln, und obwohl sich der Dichter hütet, die Handlung allzu energisch dem traditionellen Lustspielschluß, der Verlobung der sei's störrischen, sei's durch äußere Gewalt getrennten Liebesleute, entgegenzutreiben, spricht der Epilog eine deutliche Sprache:

Nun gehn sie hin ... was weiter noch geschieht,
Erratet Ihr wohl leicht, doch dieses Spiel
Will sich mit mehr an Inhalt nicht beladen,
Als was ein bunter Augenblick umschließt.

---

[1] H. v. Hofmannsthal, *Der weiße Fächer*. In: *Gedichte und lyrische Dramen*, Hrsg. H. Steiner. Stockholm 1946, S. 293-328.

Was ein bunter Augenblick umschließt, das ist der Zusammenstoß zwischen den großen Worten, die das Leben Fortunios und Mirandas bestimmen sollen, und der Wirklichkeit, die sie für einander werden. Die großen Worte sind die der Treue zum Verstorbenen, die Wirklichkeit ist für den in Trauer und Treue Erstarrenden das eigene Spiegelbild: Miranda für Fortunio, Fortunio für Miranda. *Der weiße Fächer* ist ein ironisches Spiel von der Treue. Sein Aufbau erinnert an den Erstling *Gestern*, auch dort stürzt eine Welt von Worten, von dem *kleinen Finger* der Wirklichkeit berührt, zusammen. Aber was hier über Bord geworfen wird, die Treue, ist gerade das, was Andreas schmerzvolle Erfahrung als Forderung des wirklichen, nicht bloß ästhetischen Lebens ahnen, was Claudios Erkenntnis in der Todesstunde vollends einsehen ließ:

Ich will die Treue lernen, die der Halt
Von allem Leben ist...

Diesen Kernsatz aus *Tor und Tod* scheint der *Weiße Fächer* ironisieren zu wollen. Die Ironie liegt nicht bloß im Verlauf des kleinen Spiels, das den *Halt von allem Leben* in den Bereich der *großen Worte* zu verlegen scheint. Ironisch ist bereits die Grundsituation, die wechselseitige Spiegelung der beiden Trauernden. Man darf hier wohl an das alte Motiv erinnern, das seit Petronius Erzähler wie Dramatiker in allen Epochen beschäftigt hat und Hofmannsthal auch in einer Novelle d'Annunzios begegnet sein mag: an die Geschichte von der treulos-treuen Witwe von Ephesus. Wie schon Gottfried Keller in dem Gedicht *Die Gräber* wandelt Hofmannsthal das überlieferte Motiv ab, indem er an die Stelle des Soldaten, der die Witwe aus der Treue zum Toten dem Leben zurückgewinnt, einen Witwer setzt, der zunächst nicht anders denkt als sie. Die Ironie, die dem Thema immanent ist, wird dadurch im buchstäblichen Sinn potenziert, am deutlichsten in jenem Gespräch zwischen den beiden, in dem Fortunio, scheinbar noch unverändert, Miranda beschwört, ihr Leben zu ändern. So relativiert Fortunios eigene Existenz das, was er sagt, und was er sagt, relativiert seine

Existenz. Nicht anders hat Hofmannsthal in einem Aufsatz über *Die Ironie der Dinge* das Gesetz der Ironie begriffen.

2

Man hat Grund genug, von diesem Spiel sich bezaubern zu lassen. Seine Leichtigkeit, seine Diskretion gemahnen nicht minder als der Prosadialog, der hier, ein Novum in den *Kleinen Dramen*, neben den Vers tritt, an die späteren Lustspiele: wenn irgendwo, so sind diese hier vorbereitet, und diese Vorbereitung ist selber schon volles Gelingen. Allein die Rolle, die der weiße Fächer des Titels im Stück spielt, zeugt von der spielerischen Auflockerung, die Hofmannsthals Symbolsprache auf dem Weg zu den Lustspielen erfährt.
Zunächst tritt der Fächer in Mirandas Traum auf. Ihr träumte, daß die Blumen auf dem Grab ihres Mannes wie lebendige Lippen und Augen leuchteten. Wie sie sich hinabbeugte, sah sie, daß unter den Blumen wirklich das Gesicht ihres Mannes war, funkelnd von Frische und Leben. Dann fingen die Blumen zu welken an, auch das Gesicht schrumpfte zusammen, sie konnte es nicht mehr deutlich sehen. Da wehte sie mit ihrem Fächer die Blumen an, *raschelnd flogen sie auseinander wie dürre Blätter, aber das Gesicht war nun nicht da; der Grabhügel leer, kahl und staubtrocken*. Bald nachdem sie diesen Traum ihrer Dienerin erzählt hat, verlangt sie nach einem Fächer. Die Mulattin reicht ihr den weißen, Miranda weist ihn zornig zurück (*Hab ich dir nicht befohlen, einen anderen zu nehmen?* [...] *So will ich lieber gar keinen*), besinnt sich aber, nimmt ihn mit der Begründung, man solle Träumereien gleich widerstehen. Damit verrät, unmittelbar bevor sie Fortunio begegnet, ihre Gestik den Wandel in ihrem Herzen, von dem sie selber noch nichts weiß. Sie bekennt sich zum Fächer und damit ahnungslos auch zu der Handlung des kleinen Spiels, die sie wieder einem Lebenden zuführen will. Daß dies gelingt, ist nicht zuletzt das Werk des Fächers. Mirandas Mann hatte sie auf dem Sterbebett gebeten, solange die Erde über seinem Grab nicht trocken ist, an keinen andern zu denken. Was der Fächer dann in ihrem Traum tat, als

beim Wegfegen der verwelkten Blumen (und des Gesichts) der Grabhügel staubtrocken hervortrat, das wiederholt er nun in der Wirklichkeit. Nach ihrem Gespräch mit Fortunio kehrt Miranda verstört vom Grab zurück:

Feucht war sein Grab und schrie mit stummem Mund
Und schreckt mich mehr als zehn Lebendige,
Die flüsterten und mit dem Finger wiesen
Nach mir.

Aber ihre Dienerin belehrt sie, daß es der Tau ist, der selbst die ältesten Gräber feucht macht, bis wieder die Sonne kommt – und erleichtert macht Miranda darauf die Probe, indem sie mit dem Fächer gegen ihre linke Hand weht und sieht, daß die Finger davon trocken werden. So betreibt der Fächer, wiederum in einer Geste Mirandas, das alte Geschäft des Lustspiels, die Vereinigung der Liebenden, und die kleine Dichtung nimmt sowohl in der Rolle, die sie dem Gebärdenspiel läßt, als auch in der Sublimierung der Komödienhandlung vorweg, was Hofmannsthal nach 1907 in seinen großen Lustspielen glücken wird.

Zum Fächer bekennt sich aber das Werk noch in einem anderen Sinn. Indem es den Ausgang nur erraten läßt und sich nicht mit mehr beladen will, *als was ein bunter Augenblick umschließt*, läßt es im Epilog eben dem Gegenstand sich vergleichen, der sein anmutiges Requisit war:

Nehmts für ein solches Ding, wie mans auf Fächern
Gemalt sieht, nicht für mehr ...

3

Nun wird aber die Freude über solche Grazie den Leser des *Weißen Fächers* nicht von der Frage abhalten können, wie denn diese *ironische Behandlung*[2] der Treue, von der schon in *Ad me*

[2] Vgl. H. v. Hofmannsthal, *Ad me ipsum*. In: *Aufzeichnungen*, Hrsg. H. Steiner. Frankfurt a. M. 1959. S. 217 u. 221.

ipsum die Rede ist, zu verstehen sei. Nicht um den Standpunkt der Moral geht es dabei wohlgemerkt, sondern um Hofmannsthals eigenen, den der Weg von der Kritik an der ästhetischen Existenz in seinen ersten Dramen (*Gestern* und *Der Tod des Tizian*) über des Toren Claudio *Ich will die Treue lernen* ... zu den Lustspielen dokumentiert. Was besagt es, daß Hofmannsthal, bevor er das von Claudio zu spät Beschlossene zum Wahlspruch seiner Werke macht, nach der Pause der Jahre 1894-96 in einem der nächsten Stücke die Treue schon der Ironie ausliefert? – nicht viel anders, als er in *Gestern* Andreas programmatische Untreue in das dialektische Spiel der Ironie zog. Gewiß, man soll den Vers Claudios – auch wenn Hofmannsthal selber gesagt hat, darin sei *das Entscheidende ausgesprochen*[3] – nicht zum Programm erstarren lassen: keine Entwicklung ist so geradlinig, wie es die Darstellung wahrhaben möchte. Dem *Kleinen Welttheater* kann man entnehmen, daß neben dem Weg zum Sozialen, der im Zeichen der Treue steht und den die Lustspiele gehen, Hofmannsthal in den Jahren vor der Jahrhundertwende auch einen anderen erwogen hat, um die Abgeschlossenheit der ästhetischen Existenz zu überwinden: dieser zweite Weg, der Weg der Magie, hat seinen Ursprung in Gedichten wie *Weltgeheimnis* und *Ein Traum von großer Magie*, es ist auch der Weg des Elis Fröbom im *Bergwerk zu Falun*. Dennoch stellt sich die Frage nach dem Sinn der Ironisierung, die hier der Treue widerfährt, mit aller Schärfe, und man sollte sich nicht auf eine vermeintliche Unverbindlichkeit und Verspieltheit des jungen Hofmannsthal ausreden. Sieht man genauer zu, so erweist sich, daß *Der weiße Fächer* den Weg, den Claudio gehen möchte, aber nicht mehr gehen kann, nur zum Schein ironisiert. In Wahrheit sind Fortunio und Miranda Claudios Schüler, und erst ihre Untreue verhilft ihnen zu der Befreiung, die Claudio von der Treue sich versprach. Zu Miranda sagt

---

3 Ebd., S. 228.

> Fortunio ...*du hast nicht recht, bei Gott, du hast nicht recht, Miranda! Du machst dich schuldig, auf eine geheimnisvolle Weise schuldig.*
> Miranda *Gegen wen?*
> Fortunio *Es gibt Verschuldungen gegen das Leben, die der gemeine Sinn übersieht: aber sie rächen sich furchtbar.*

Diesen Satz Fortunios, der ihn ebenso wie Miranda trifft, könnte auch der Tod zu Claudio sprechen. Weder Miranda noch Fortunio stehen auf jener höheren Stufe, die Claudio über die Treue erreichen will. Als ganz ihrer Treue zu Toten Lebende haben sie sich vom Leben wie Claudio entfernt: der Friedhof ist wie das Studierzimmer des Toren ein symbolischer Schauplatz. Aber nicht erst ihre Treue zu Toten entfremdet die beiden jungen Leute dem Leben, und das Problem, das die ironische Behandlung der Treue in diesem Stück aufwirft, sollte nicht mit dem Hinweis aus der Welt geschafft werden, daß es hier nicht mehr um die Treue, sondern um ihre Übertreibung geht, von der nicht einzusehen ist, wie sie der *Halt von allem Leben* sein soll, bindet sie doch die ihr Ergebenen ans Totenreich. Denn Hofmannsthal gibt keine Kasuistik der Treue. Was ihn im *Weißen Fächer* beschäftigt, ist kein anderes Thema als das aus *Tor und Tod*: die Versuchung des jungen Menschen, in dem Schatten, den das leuchtende Bild der Kindheit auf die ersten Erfahrungen der Wirklichkeit wirft, dieser auszuweichen und in einer Traumwelt die verlorene Kindheit als unverlierbare zu behaupten.

In dem Gespräch zwischen Fortunio und der Großmutter, einer *schönen alten Frau* mit *leisem, sehr anmutigem Spott*, erweist sich immer wieder, wie sehr Fortunio ein Bruder Claudios ist, wenngleich ein glücklicher. Auch ihm ist das Leben *nichts als ein Schattenspiel,* und er muß von seiner Großmutter strenge Worte hören: *Du hast sehr wenig erlebt, Fortunio,* und mit einer Anspielung darauf, daß er als Kind den Spielen seines Alters die Gesellschaft seiner Kusine vorzog: *So hast du dir damals das vorweggenommen, was für später gehört, und was du damals versäumt hast, holst du nie wieder nach.* Allein, was er sich damals vorwegnahm, die Verbindung mit Miranda, hatte keine Wirklichkeit. In dem Gespräch zwischen beiden fallen die Worte:

> Miranda (mit schwachem Lächeln) *Das paßt zu uns: wir waren füreinander immer nur wie Schatten.*
> Fortunio *Warum sagst du das?*
> Miranda *Findest du nicht, daß es wahr ist?*
> Fortunio *Du meinst, in unserer Kinderzeit?*
> Miranda *Ja, ich meine in der früheren Zeit, bevor wir uns verheirateten.*
> Fortunio *Bevor du dich verheiratetest.*
> Miranda *Und du. Es war fast gleichzeitig. Gleichviel. Aber Schatten ist vielleicht nicht das richtige Wort. Es war nichts Düsteres dabei. Nur so etwas Unbestimmtes, etwas unsäglich Unbestimmtes, Schwebendes. Es war wie das Spielen von Wolken in der dämmernden Luft im Frühjahr.*
> Fortunio *Wolken, aus denen nachher kein Gott hervortrat.*

Der Gott, der aus diesen Wolken der kindlichen Spiele nicht hervortrat, ist die Wirklichkeit. Wenn Fortunio und Miranda sich nun doch noch verbinden werden, so holen sie nach, was sie einst versäumt haben: die Realisierung ihrer kindlichen Traumwelt und damit den Schritt ins Leben. Diese Erfüllung des einst Entworfenen ist das Telos des kleinen Spiels, ihm zuliebe nimmt es die Untreue und die Ironisierung der Treue in Kauf.

Indessen wird die teleologische Würde der Verbindung Fortunios und Mirandas nicht allein von der Kindheit verliehen. Hofmannsthals Kunst der diskreten Andeutung bewährt sich im *Weißen Fächer* nicht zuletzt darin, daß er erkennen läßt: weder Fortunio noch Miranda haben, als sie heirateten, den Schritt ins Leben getan, den sie getan hätten, würden sie einander geheiratet haben.

Fortunios verstorbene Frau wird in den strahlendsten Farben gemalt. Aber jeder, der von ihr spricht · Fortunio, der Freund Livio, die Großmutter –, sagt auch den Grund dieser Strahlkraft: *Sie war ein Kind*:

Sich gebend wie die Blume unterm Wind,
Weil sie nichts andres weiß, und unberührt,
Ja unberührbar, keiner Scham bedürftig . . .

Fortunio selber scheint zu ahnen, was seine Treue zur Verlorenen ist:

Hätt ich ein Kind von ihr, vielleicht ertrüg ichs
Und käm einmal im Jahr an dieses Grab:
So – ist Erinnrung alles, was mir blieb.

Die Kinderlosigkeit ist das Zeichen, daß der Schritt ins Leben durch diese Verbindung nicht vollzogen wurde. So hat nicht erst die Treue über das Grab hinaus Fortunio dem Leben entfremdet; diese Treue ist nichts anderes als seine Treue zu der Kindheit, die er in der Liebe zu dem Kind, das seine Frau war, in das Mannesalter hinüberzuretten sucht.
Soviel zu Fortunio. Wie aber soll man Mirandas Treue verstehen? Die Symmetrie der Handlung atmet den Geist der Ironie. Ihr kann die Treue anheimfallen, weil sie nicht die von Claudio gemeinte ist. Warum sie es aber nicht ist, das spielt auf einem Gebiet sich ab, zu dem die Ironie keinen Zugang haben darf. So hat sich Hofmannsthal gehütet, die Ehe Mirandas wie die Ehe Fortunios zu schildern. Mit bewundernswerter Sicherheit hat er ein anderes Motiv aus seinen Dichtungen hier anklingen lassen. Aufs schärfste hebt es die eine Vorgeschichte von der anderen ab und erfüllt doch dieselbe Aufgabe. Da Fortunio sie sehr verändert findet, sagt

> Miranda *Es gibt Augenblicke, die einen um ein großes Stück*
> *weiterbringen, Augenblicke, in denen sich sehr viel*
> *zusammendrängt. Es sind die Augenblicke, in*

> *denen man sich und sein Schicksal als etwas unerbittlich Zusammengehöriges empfindet.*
>
> Fortunio *Du hast viele solche Augenblicke erlebt?...*
>
> Miranda *Es waren einige in den Tagen, bevor mein Mann sterben mußte.*

Und sie erzählt von einem Abend, da sie ihm vorlesen will, es ist die Geschichte von Manon Lescaut, aber ihr Mann macht gegen das Buch eine kleine Handbewegung, als wollte er sagen: was kümmert das alles mich, da ich doch sterben muß. *Ich fühlte in diesem Augenblick, da dieser Blick auf mir ruhte, die entsetzliche Gewalt der Wirklichkeit.*

Daß sich Miranda in den Sterbestunden ihres Mannes zu ihrem Schicksal bekennt, ist das Zeichen, daß sie ins Leben hinausgetreten ist: darum fühlt sie im Blick des Sterbenden die Gewalt der Wirklichkeit. Ihr Mann stirbt den Opfertod der Alkestis, sein Tod schenkt der Geliebten das Leben: das Leben, das Admet hätte verlieren müssen und das Miranda allererst gewinnen muß.

Während Fortunio in der Verbindung mit einem Kind der Schritt ins Leben erspart und verwehrt blieb, so daß seine Treue zur Verstorbenen eine Treue zu seiner Kindheit war, verhalf Miranda zu diesem Schritt erst der Tod ihres Mannes. Ihre Treue zu ihm über das Grab hinaus ist so zwar Treue zu ihm selbst, sie widerspricht aber dem, um dessentwillen er sich, ohne sein Wissen, geopfert hat: ihrer Verknüpfung mit dem Leben. Indem Hofmannsthal die beiden Witwer untreu werden und einander finden läßt, indem er so die Treue scheinbar ironisiert, feiert er sie in Wahrheit als den *Halt des Lebens.* Denn Fortunios Treue war Treue zum Falschen und Mirandas Treue war falsche Treue. Erst durch die Untreue werden sie beide treu.

Intention und Gehalt
Hofmannsthal ad se ipsum

Von Adorno stammt der Satz, der Gehalt eines Kunstwerks beginne »genau dort, wo die Intention des Autors aufhört; sie erlischt im Gehalt«.[1] Das muß bedacht werden, wenn man eine Dichtung mit Hilfe der Selbstinterpretation ihres Verfassers deuten will. Allemal geht diese von der Intention aus und nicht vom Gehalt, und sie erreicht die Grenze der ihr möglichen Objektivität, wenn sie auf die Differenz zwischen Gehalt und Intention reflektiert. Dennoch hat der Interpret keinen Grund, die Äußerungen der Dichter über ihre Werke zu mißachten. Sowenig die vom Dichter in Briefen und Kommentaren verratene Absicht mit dem Gehalt des Kunstwerks von vornherein darf in eins gesetzt werden, sowenig ist sie aus der Beschäftigung mit der Dichtung auszuschließen. Wie die Biographie und der historische Zusammenhang ist auch die Selbstinterpretation des Dichters und die Intention, die sie verrät, zwar kategorial unterschieden vom Kunstwerk, aber darum nicht minder dessen Entstehungsvorgang zugehörig. Es ist nicht einzusehen, warum dieser um einer immanenten Werkbetrachtung willen tabuiert werden müsse, wenn nur die kategoriale Verschiedenheit von Dichtung und Biographie, von Kunst und Leben, dabei nicht übersehen wird. Wer mit Hofmannsthal sich beschäftigt, dem kann nicht gleichgültig sein, was Hofmannsthals Intention war – selbst wenn auch hier zu unterscheiden ist zwischen der Intention, deren er sich bewußt war und die allein bekannt ist, und der »wirklichen« die darüber hinausgehen, dahinter zurückbleiben, mit ihr zusammenfallen kann – ohne daß man je es erkennen könnte. Ebensowenig gleichgültig kann uns die Deutung sein, die Hofmannsthal von seinen Werken gab: auch wenn er sie anders verstand als wir, auch wenn sein Verständnis nicht das Werk selber ist, warum sollte man von ihm nicht

[1] Th. W. Adorno, *Zu einem Porträt Thomas Manns*. In: *Noten zur Literatur III*. Frankfurt a. M. 1965, S. 20 (und in: *Gesammelte Schriften 11*, Frankfurt 1974, S. 336).

lernen können? – er wird es nicht am schlechtesten verstanden haben.

Hinzu kommt, daß gerade beim minder geglückten Werk, dort, wo die Intention nicht oder nicht ganz sich hat umsetzen können in Gehalt, die Interpretation, die zugleich Kritik ist, Analyse des Gelingens oder Nicht-Gelingens, auf die Intention zurückgreifen muß. Nicht freilich, um sie an die Stelle des unrealisierten Gehalts zu setzen und das Werk apologetisch als dennoch gelungen auszugeben, sondern um die Bedingungen erkennen zu können, die zu dem Scheitern geführt haben. Diesem gesteigerten Interesse des Interpreten eines unvollkommenen Werks an der Intention entspricht beim Dichter oft ein gesteigertes Interesse an ebendiesem Werk. Das darin nicht ganz Realisierte zwingt ihn stets von neuem zur Beschäftigung mit ihm; die Sorge, seine Absicht nicht ganz in Gehalt umgesetzt zu haben, kann ihn drängen, sie offener und mit mehr Insistenz in Worte zu fassen, als ihr ursprünglich eigen war. So waltet in dem Verhältnis von Interpretation und Selbstinterpretation eine geheime Ökonomie: je vollendeter das Werk, um so eher wird der Interpret auf die Äußerungen des Dichters verzichten können – und um so seltener werden diese auch sein. Zu solchen Bemerkungen gibt bei Hofmannsthal zumal *Der Kaiser und die Hexe* Veranlassung: kein anderes Werk hat der Dichter in *Ad me ipsum* so ausführlich kommentiert wie dieses, und in keinem scheint seine Intention so unvollkommen Gehalt geworden zu sein.

Entstanden ist *Ad me ipsum* in den Jahren zwischen 1916 und 1928 – im Jahre darauf starb Hofmannsthal. Der Text, der nicht zuletzt seinem späteren Herausgeber, dem Germanisten Walther Brecht zugedacht war, verleugnet kaum je, daß er Fragment, provisorische Niederschrift ist. Oft stehen nur Stichwörter, Kategorien, Titel da, im Hinblick auf eine ausführlichere Darstellung. Zudem handelt es sich um verschiedene Ansätze: was jetzt nebeneinander steht, repräsentiert verschiedene Stufen; darum die Wiederholungen. Da aber nur wenige Notizen datiert sind, kann die Chronologie kaum rekonstruiert werden. So entgeht uns, bis *Ad me ipsum* kritisch ediert ist, ein wichtiges

Mittel, die Entwicklung des Hofmannsthalschen Selbstverständnisses in den letzten dreizehn Jahren seines Lebens zu erkennen.

Was *Ad me ipsum* von verwandten Dokumenten der Beschäftigung der Dichter mit dem eigenen Werk unterscheidet, läßt sich am leichtesten ausmachen, wenn man sich vergegenwärtigt, was auf diesen Blättern nicht steht. Weder berichtet Hofmannsthal über die Entstehungsgeschichte und die autobiographischen Voraussetzungen der einzelnen Werke, noch pflegt er expressis verbis die Intention zu nennen. Nur ausnahmsweise begleitet den Titel einer Dichtung eine Notiz wie *reines Bekenntnis*[2] (ohne daß gesagt würde, inwiefern sie Bekenntnis ist), nur selten nennt ein Ausdruck wie *Analyse der dichterischen Existenz*[3] die Absicht beim Namen. Daß aber in beiden Fällen *Der Kaiser und die Hexe* gemeint ist, wird kein Zufall sein. Solche Auskünfte, die nur der Dichter geben kann, fehlen meist in *Ad me ipsum* – vielleicht wollte Hofmannsthal von vornherein Rücksicht nehmen auf die Verwendung seiner Aufzeichnungen durch Walther Brecht in Kolleg und Publikationen. Jedenfalls muß es seine Absicht gewesen sein, das eigene Werk zu betrachten, als wäre es ein fremdes: davon zeugt schon die Überschrift *H. v. H., eine Interpretation*. Es ist, als wollte er sich an die Stelle eines anderen setzen, um das eigene Werk mit mehr Abstand übersehen zu können, so wie er um die Jahrhundertwende zur Vorbereitung seiner damals geplanten akademischen Laufbahn eine *Studie über die Entwickelung des Dichters Victor Hugo* verfaßt hat. Man braucht nur den Namen zu ändern und hat die gültigste Bezeichnung für *Ad me ipsum*.

Die Entwicklung des Dichters Hugo von Hofmannsthal – dieses Thema bedingt die Eigenart von *Ad me ipsum*. Ein Gesamtbild soll entworfen werden, und zwar das einer Entwicklung, deren einzelne Momente erst unter dem teleologischen Gesichtspunkt zur Ganzheit zusammenschießen. Das hat zur Folge, daß weder die einzelnen Werke für sich betrachtet

---

[2] H. v. Hofmannsthal, *Aufzeichnungen*, Hrsg. H. Steiner. Frankfurt a. M. 1959, S. 240.
[3] Ebd., S. 223.

werden, noch das Gesamtwerk als gegebene Einheit verstanden wird. Vielmehr gleitet Hofmannsthals Blick immer wieder die Bahn entlang, die er als die seiner Entwicklung erkannt hat. Das Gesetz dieser Bahn versucht er in eine Formel zu bannen und zugleich den Stellenwert der einzelnen Werke anzugeben, sie als Marksteine seines Weges auszuweisen. Diese Betrachtungsweise wirft die Frage nach dem Subjekt der Entwicklung auf: wessen Entwicklung wird hier nachgezeichnet? Die Habilitationsschrift behandelte die Entwicklung des Dichters Victor Hugo: nicht die seines Werkes, aber auch nicht die Victor Hugos tout court, sondern die der *literarischen Person*[4] (so die Einleitung), bestehend aus Individuum, Werk, Wirkung und Nachwirkung. Ähnliches dürfte von *Ad me ipsum* gelten. Aber was besagt die Rede von der *literarischen Person*? Sie entfernt sich ebenso weit von einer objektivierenden, vom dichterischen Subjekt absehenden Betrachtung des Werks wie von dessen rein biographischer Auslegung. Es gehört zu den Eigenheiten dieser Selbstdarstellung Hofmannsthals, daß die Werke zwar immer als Marksteine einer subjektiven Entwicklung auftreten, das Subjekt aber kaum private Züge trägt. Das Autobiographische bildet in *Ad me ipsum* abseits der Werkerläuterung isolierte Abschnitte, in denen die Zufälligkeit des Privaten vorherrscht. Ohne mit der Darstellung der Werke verbunden zu sein, spiegeln diese Skizzen zur Lebensgeschichte freilich dennoch dieselbe Entwicklung. Hofmannsthal muß deutlich gesehen haben, wie eng die Entwicklung seines Werkes mit der eigenen Entwicklung zusammenhing, aber ebenso deutlich muß ihm gewesen sein, daß das Werk seine Bedeutung erst erlangt, indem es sich der privaten Sphäre entwindet. Aus dieser doppelten Einsicht läßt sich erklären, daß das Pendel von *Ad me ipsum* zwischen privatem Bekenntnis und gleichsam mit fremder Feder geschriebener Werkinterpretation hin- und herschwingt.

Über das Autobiographische versucht Hofmannsthal die Analyse seiner Entwicklung hinauszuheben, indem er eine Terminologie benützt, die darin eine allgemeine Gesetzmäßigkeit

---

4 H. v. Hofmannsthal, *Prosa I*, Hrsg. H. Steiner. Frankfurt a. M. 1950, S. 369.

aufzudecken bestimmt ist. *Ad me ipsum* unterscheidet sich von anderen Selbstdarstellungen positiv durch die Einführung von Begriffen, welche Stadien und Ziel der Entwicklungsbahn kennzeichnen sollen. Mit einem solchen Begriff setzen die Notizen in ihrer von Herbert Steiner edierten Fassung ein: *Praeexistenz. Glorreicher, aber gefährlicher Zustand.*[5] Es folgen Namen von Gestalten des Jugendwerks, es folgen Gedichtüberschriften. Mit diesen Sätzen wurde der Hofmannsthal-Forschung, nicht einmal unbeabsichtigt, ein Weg gewiesen, neben dem sie bald keinen anderen dulden wollte und der nur allzu rasch in der unvermittelten, mechanischen Subsumtion der einzelnen Werke unter die Begriffe Präexistenz, Existenz usw. versandete. Die Reaktion blieb nicht aus, die Frage wurde gestellt, ob *Ad me ipsum* das Verständnis des Werkes überhaupt fördern könne, und sie wurde verneint, kaum daß sie gestellt war. Indessen wäre das Nein nicht so schroff gewesen, wenn zuvor das Ja weniger kritiklos gewesen wäre: kritiklos nicht so sehr gegenüber *Ad me ipsum* als gegenüber seiner Verwendung in der Interpretation. Die Enttäuschung war die Frucht der falschen Hoffnungen, die man sich und seinen Lesern gemacht hatte, indem man die Begriffe Präexistenz und Existenz verwendete, als könnten sie die Werke Hofmannsthals entschlüsseln. Wenn davon wenig in Erfüllung ging, so nicht, weil die Begriffe falsch oder inadäquat wären, sondern weil es Begriffe sind. In Wahrheit erklären nicht sie die Werke, sondern sie werden von den Werken erklärt. An sich sind sie leer, im Hegelschen Wortsinn abstrakt, und nach ihrer Definition sucht man in *Ad me ipsum* vergebens. Aber wiederum wäre es ein Irrtum, wenn man darum glaubte, Hofmannsthal arbeite mit vagen Begriffen. Was er mit ihnen meint, sagen die Werke selbst. Und wenn Hofmannsthal den für einen Dichter ungewohnten Schritt tut von dem Konkreten und Besonderen der Werke zur Allgemeinheit und Abstraktheit des Begriffs, so nicht, um diesen an die Stelle der Werke zu setzen. Sondern er will die Vielfalt der Erscheinungen auf dem Hintergrund eines Koordinatensystems zeigen,

---

[5] H. v. Hofmannsthal, *Aufzeichnungen*, a.a.O., S. 213.

in ihrem wechselseitigen Zusammenhang. Nichts anderem dienen seine Begriffe, die ganz ohne Grund eine hermetische Aura umgibt, als enthielten sie mehr und anderes, als was die Werke enthalten.

Ad me ipsum entwirft eine Zusammenfassung von Hofmannsthals Œuvre, indem es nach der Entwicklung seiner *literarischen Person* fragt. Dabei geht es weniger um die stilistische Entwicklung als um die des Gehalts. Fragen der Form, der Gattung, des Stils werden kaum berührt. Dem resümierenden Blick dieser Selbstdarstellung erscheint das Gesamtwerk als ein Entwicklungsroman, der sich statt aus Episoden aus einzelnen Dichtungen zusammensetzt. Indem *Ad me ipsum* die Beziehungen zwischen den einzelnen Gestalten und den einzelnen Motiven herstellt, diese als spätere Entwicklungsstufen der früheren oder als Alternativen zu ihnen begreift, tritt ihr geheimer Zusammenhang, tritt die eine Entwicklung hervor, die sie alle meinen. Sie ist ein Prozeß im Sinn des klassischen Entwicklungsromans. Auch hier sind die beiden Pole das Ich und die Welt, Individuum und Gesellschaft. Doch ihre Beziehungen sind verwickelter, als daß man sagen könnte, das Individuum entwickele sich zur »Person«. Es geht hier um mehr als bloß um die »Lehrjahre«, deren Ziel Hegel in der *Ästhetik* darin gesehen hat, daß »sich das Subjekt die Hörner abläuft, mit seinem Wünschen und Meinen sich in die bestehenden Verhältnisse und die Vernünftigkeit derselben hineinbildet, in die Verkettung der Welt eintritt und in ihr sich einen angemessenen Standpunkt erwirbt«.[6] Zwar hätte Hofmannsthal einer solchen Zielsetzung sein Placet nicht versagt. Aber die Entwicklung, die seine Jugenddichtungen zugleich bezeugen und verwirklichen, hat Prämissen, die in der etwas derben Formulierung Hegels (wenn es die seine ist) keinen Platz finden, so hegelisch sie im Grunde sind. Sie sind es insofern, als sie den Gegensatz Ich und Welt, Individuum und Gesellschaft nicht als unvermittelten implizieren. Am Anfang steht nicht das weltlose Ich, und am Ende steht nicht das ichlose Gesellschaftswesen. Was steht am Anfang? *Ad me ipsum* ant-

---

6 Hegel, *Ästhetik*, Hrsg. Fr. Bassenge. Berlin 1955, S. 558.

wortet: *Der Anfang ist pure Magie: Praeexistenz.*[7] Was aber Magie, was Präexistenz ist, sagt Hofmannsthals Dichtung, so die Verse aus dem Gedicht *Ein Knabe*, deren Präzision Begriffe nicht einholen können:

> *Lang kannte er die Muscheln nicht für schön,*
> *Er war zu sehr aus einer Welt mit ihnen,*
> *Der Duft der Hyazinthen war ihm nichts*
> *Und nichts das Spiegelbild der eignen Mienen.*[8]

---

7 H. v. Hofmannsthal, *Aufzeichnungen*, a.a.O., S. 238.
8 H. v. Hofmannsthal, *Gedichte und lyrische Dramen*, Hrsg. H. Steiner. Stockholm 1946, S. 91.

Tizians letztes Bild

In Hofmannsthals 1892 entstandener dramatischer Dichtung *Der Tod des Tizian* wird das Bild, das der sterbende Meister malt, von den drei Frauen beschrieben, die ihm Modell stehen:

> Lavinia *Ich bin die Göttin Venus, diese war*
> *So schön, daß ihre Schönheit trunken machte.*
> Cassandra *Mich malte er, wie ich verstohlen lachte,*
> *Von vielen Küssen feucht das offne Haar.*
> Lisa *Ich halte eine Puppe in den Händen,*
> *Die ganz verhüllt ist und verschleiert ganz,*
> *Und sehe sie mir scheu verlangend an:*
> *Denn diese Puppe ist der große Pan,*
> *Ein Gott,*
> *Der das Geheimnis ist von allem Leben.*
> *Den halt ich in den Armen wie ein Kind.*
> *Doch ringsum fühl ich rätselhaftes Weben,*
> *Und mich verwirrt der laue Abendwind.*[1]

Die entscheidende Anregung zu der verhüllten *Puppe* empfing Hofmannsthal offensichtlich von dem hier reproduzierten Gemälde »Die Einweihung einer Bacchantin« (auch »Venus und eine Bacchantin« genannt). Das früher Tizian, dann seiner Werkstatt zugeschriebene Bild ist im Besitz der Bayerischen Staatsgemäldesammlungen (Inv.-Nr. 484) und war bis 1914 ausgestellt. Es ist in dem »Katalog der Gemäldesammlung der Kgl. Älteren Pinakothek zu München« (1888³, S. 221; 1891⁴, S. 222) unter der Nr. 1116 (Tizianatelier) verzeichnet. Beiden Auflagen des Katalogs wie auch dem Œuvre-Verzeichnis bei Crowe und Cavalcaselle (Tizian. Hrsg. M. Jordan. Leipzig 1877, Bd. 2, S. 717 und 810) zufolge waren seinerzeit eine Lithographie von Piloty und eine Photographie des Verlags

---

[1] H. v. Hofmannsthal, *Gedichte und lyrische Dramen*, Hrsg. H. Steiner. Stockholm 1946. S. 266 f.

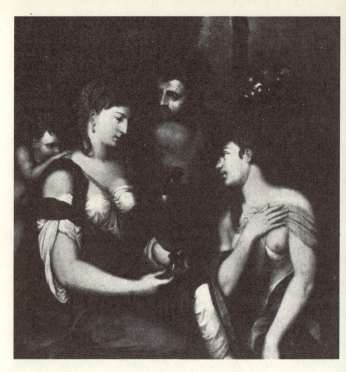

Hanfstaengl im Handel. Damit ist die Frage beantwortet, auf welchem Weg das Bild dem achtzehnjährigen Dichter, der erst später nach München kam, begegnet sein mag. Einige Varianten kennen statt der verhüllten Herme, die Hofmannsthal als Pan aufgefaßt hat, ein Gefäß oder einen Spiegel.[2]

---

[2] Für freundliche Auskünfte gilt mein Dank Herrn Direktor Dr. P. Halm (Staatliche Graphische Sammlung München), Herrn Dr. K. Pechstein (Bayerische Staatsgemäldesammlungen München), ferner den Verlagen Bruckmann und Hanfstaengl (München).

Hoffnung im Vergangenen.
Über Walter Benjamin

Im Eingang zu Walter Benjamins Buch der Erinnerung *Berliner Kindheit um Neunzehnhundert* stehen folgende Sätze:
Sich in einer Stadt nicht zurechtfinden heißt nicht viel. In einer Stadt sich aber zu verirren, wie man in einem Walde sich verirrt, braucht Schulung. Da müssen Straßennamen zu dem Irrenden so sprechen wie das Knacken trockener Reiser und kleine Straßen im Stadtinnern ihm die Tageszeiten so deutlich wie eine Bergmulde widerspiegeln. Diese Kunst habe ich spät erlernt; sie hat den Traum erfüllt, von dem die ersten Spuren Labyrinthe auf den Löschblättern meiner Hefte waren. Nein, nicht die ersten, denn vor ihnen war das eine, welches sie überdauert hat. Der Weg in dieses Labyrinth, dem seine Ariadne nicht gefehlt hat, führte über die Bendlerbrücke, deren linde Wölbung die erste Hügelflanke für mich wurde. Unweit von ihrem Fuße lag das Ziel: der Friedrich Wilhelm und die Königin Luise. Auf ihren runden Sockeln ragten sie aus den Beeten wie gebannt von magischen Kurven, die ein Wasserlauf vor ihnen in den Sand schrieb. Lieber als an die Herrscher wandte ich mich aber an ihre Sockel, weil, was darauf vorging, wenn auch undeutlich im Zusammenhange, näher im Raum war. Daß es mit diesem Irrgang etwas auf sich hat, erkannte ich seit jeher an dem breiten, banalen Vorplatz, der durch nichts verriet, daß hier, nur wenige Schritte von dem Korso der Droschken und Karossen abgelegen, der sonderbarste Teil des Parkes schläft. Davon empfing ich schon sehr früh ein Zeichen. Hier nämlich oder unweit muß ihr Lager jene Ariadne abgehalten haben, in deren Nähe ich zum ersten Male, und um es nie mehr zu vergessen, das begriff, was mir als Wort erst später zufiel: Liebe.[1]
Die *Berliner Kindheit* ist in den Jahren nach 1930 entstanden. Teile daraus ließ Benjamin in Zeitungen publizieren, als Ganzes erschien das Werk erst 1950, zehn Jahre nach Benjamins Tod.

[1] Walter Benjamin, *Berliner Kindheit um Neunzehnhundert*, in: *Gesammelte Schriften IV, I*. Frankfurt a. M. 1972, S. 237.

Dieses Buch, eine der schönsten Prosadichtungen unserer Zeit, ist lange so gut wie unbekannt geblieben. Die *Berliner Kindheit*, die in der zweibändigen Ausgabe von Benjamins Schriften keine siebzig Seiten einnimmt, besteht aus Miniaturen, die einzelne Straßen, Personen, Gegenstände, Intérieurs heraufbeschwören. So lauten ihre Überschriften: *Siegessäule, Hallesches Tor, Loggien, Abreise und Rückkehr, Kaiserpanorama*. Kein Zweifel, wer solches zu schreiben unternimmt, ist wie Proust, dessen Übersetzer Benjamin war, auf der Suche nach der verlorenen Zeit. Man glaubt darum zu verstehen, daß Benjamin etwa zur Zeit, als er die *Berliner Kindheit* schrieb, zu einem Freund sagen konnte, *er wolle nicht ein Wort mehr von Proust lesen, als er jeweils zu übersetzen habe, weil er sonst in eine süchtige Abhängigkeit gerate, die ihn an der eigenen Produktion hindere.*[2] Der Satz bezeugt mehr als bloß die Wirkung von Prousts Roman auf Benjamin. Er scheint auf eine Wahlverwandtschaft hinzudeuten, ohne welche die Lektüre des fremden Werkes kaum fähig gewesen wäre, an die Stelle des eigenen zu treten. So hat er seinen Platz nicht nur in der Wirkungsgeschichte der *Recherche du temps perdu*, von ihm dürfen wir vielleicht ausgehen, wenn wir versuchen, etwas über die Eigenart des Benjaminschen Werkes auszusagen.

Indessen darf auch die Geschichte von Prousts Aufnahme in Deutschland nicht ganz außer acht gelassen werden. Sie ist mit den Namen Rilke, Ernst Robert Curtius und Walter Benjamin verbunden. Der Dichter, der Gelehrte und der Philosoph, der auch Dichter und Gelehrter war, gehören nicht nur zu den ersten in Deutschland, die Prousts Wirkung erfahren haben, sie haben ihrerseits für Proust gewirkt. Kaum hatte Rilke 1913 den ersten Band der *Recherche* gelesen, als er schon versuchte, seinen Verleger zur Erwerbung der deutschsprachigen Rechte zu bewegen, freilich ohne Erfolg.[3] Ernst Robert Curtius war es

---

2 Theodor W. Adorno, *Im Schatten junger Mädchenblüte*, in: *Noten zur Literatur, Gesammelte Schriften 11*. Frankfurt a. M. 1974, S. 670.
3 *Ein sehr bedeutendes Buch ist da, Marcel Proust, Du Côté de chez Swann (chez Bernard Grasset); ein unvergleichlich merkwürdiges Buch von einem neuen Autor, sollte eine Übersetzung angeboten werden, wäre sie unbedingt zu nehmen; freilich 500*

dann, der 1925 Proust einen umfangreichen Essay widmete und mit seiner scharfen Kritik an dem inzwischen erschienenen ersten Band der deutschen Ausgabe das Übersetzungswerk in die Hände von Berufeneren gelangen ließ.[4] Die nächsten Bände übertrugen Franz Hessel und Walter Benjamin[5], von dem 1929 auch die bedeutende Studie *Zum Bilde Prousts* erschien.[6] Dann aber wurde der Aufnahme von Prousts Werk in Deutschland mit Gewalt ein Ende bereitet, die noch nicht publizierten Teile der Übersetzung gingen im Manuskript verloren, das Verständnis wurde verschüttet. An seine Stelle trat das Urteil, das bei Kurt Wais folgenden Wortlaut hat:

»Eine wirkliche Sprengung der festen, bodenständigen Form des Romans [...] wurde unternommen von zwei Nicht-Vollfranzosen, dem Halbjuden Marcel Proust und dem in düsterstem Calvinismus erzogenen André Gide. [...] Die Persönlichkeiten [...] werden bei Proust in widerspruchsvolle Einzelzüge zerkrümelt. [...] Wer selbst nicht ergriffen war, kann auch andere nicht bewegen. Die hundert Gestalten bleiben Schemen, die er in seinem (von drei geplanten zu dreizehn Bänden aufgequollenen) Nerven-Monolog *A la Recherche du temps perdu* lautlos aussaugt. Weibische Männer, männische Damen, die er mit dem haarspalterischen Geplauder seiner pausenlos gehäuften Vergleiche umgaukelt und mit talmudistischer Ultra-Intelligenz ausdeutet. Allein schon die schlechte Luft einer abgedunkelten Krankenstube, fünfzehnjähriger Brutofen dieses boshaften delikaten Kleinigkeitskrämers, dessen ganze Interessen sich um das Eindringen in die ihm verschlossenen Gesellschaftsschichten drehten; die neugierige Mikroskopie der Pu-

---

Seiten des eigensten Ausdrucks und zwei ebenso starke Bände stehen bevor! Brief vom 3. Februar 1914, in: Rainer Maria Rilke, *Briefe an seinen Verleger.* Leipzig 1934, S. 216.

4 Ernst Robert Curtius, *Marcel Proust*, in: *Französischer Geist im neuen Europa.* Stuttgart o. J. (1925). *Die deutsche Marcel-Proust-Ausgabe*, in: *Die literarische Welt*, 8. 1. 1926.

5 Marcel Proust, *Im Schatten der jungen Mädchen.* Übers. von Walter Benjamin und Franz Hessel. Berlin o. J. (1927). *Die Herzogin von Guermantes.* Übers. von Walter Benjamin und Franz Hessel. München 1930.

6 In: Walter Benjamin, *Gesammelte Schriften II.* Frankfurt a. M. 1977, S. 310 ff.

bertätsprobleme und des Sumpfes lustfrevlerischer Sexualverirrungen, welche Proust mit vielen jüdischen Belletristen Europas gemein hat [...], all dies dürfte einen heutigen Leser, der nicht Neurologe ist, von diesem Werk entfernen.«[7]

Führt das Fragen nach Prousts Wirkung einerseits hinaus auf das Gebiet ideologischen Wahns, der in allzu realen Zusammenhängen steht, als daß er ein Recht auf Vergessen hätte – auch Benjamin hat den Tod auf der Flucht vor der Gestapo gefunden –, so verweist es anderseits ins Innere des Werkes. Im letzten Band, da der Held sich entschließt, den Roman zu schreiben, den der Leser in der Hand hält, da sich das Buch gleichsam einholt und die Angst des Beginnens auf unvergeßliche Weise dem Triumph des Vollendens sich beigesellt, wird auch nach der Eigenart des schon geschriebenen und doch erst zu schreibenden Werkes gefragt, und sie wird nicht zuletzt in der besonderen Wirkung erblickt, die ihm eigen sein sollte. Da heißt es (nach dem berühmt gewordenen Kathedralen-Vergleich):

Mais pour en revenir à moi-même, je pensais plus modestement à mon livre, et ce serait même inexact que de dire en pensant à ceux qui le liraient, à mes lecteurs. Car ils ne seraient pas, selon moi, mes lecteurs, mais les propres lecteurs d'eux-mêmes, mon livre n'étant qu'une sorte de ces verres grossissants comme ceux que tendait à un acheteur l'opticien de Combray; mon livre, grâce auquel je leur fournirais le moyen de lire en eux-mêmes.[8]

Ohne diese Sätze zu kennen, erwies sich Rilke schon sehr früh als der Leser seiner selbst, wie ihn sich Proust vorgestellt hatte. Freilich war der Dichter der wenige Jahre zuvor abgeschlossenen *Aufzeichnungen des Malte Laurids Brigge* ein prädestinierter Leser Prousts. Aber sein eigenes Werk unterscheidet sich wesentlich von der *Recherche,* indem es im Gegensatz zu

---

7 Kurt Wais, *Französische und französisch-belgische Dichtung*, in: *Die Gegenwartsdichtung der europäischen Völker*, Hrsg. Kurt Wais. Berlin 1939, S. 214 f. Im Vorwort heißt es: »Auch unsere Auslese und Beurteilung findet ihre Schranken. Es sind die naturgegebenen unserer angestammten Blickpunkte, deren wir uns nicht schämen.«
8 Marcel Proust, *A la recherche du temps perdu*. Ed. de la Pléiade. III, S. 1033.

Prousts These vom unwillkürlichen Eingedenken, von der mémoire involontaire, den bewußten und angestrengten Versuch darstellt, die eigene Kindheit noch einmal zu ›leisten‹ – einen Versuch, den er im Rückblick selber mißglückt nannte, weil in ihm an die Stelle der eigenen Kindheit die eines andern, des imaginären Helden Malte getreten war. Zum Leser seiner selbst ist Rilke vielleicht erst beim Lesen von Prousts erstem Band geworden. Darauf läßt eine Briefstelle aus dem Jahr 1914 schließen, eine Kindheitserinnerung aus einem böhmischen Kurort, aufgeschrieben für Magda von Hattingberg, jene Freundin, der Rilke kurz vorher begeistert sein Exemplar von *Du Côté de chez Swann* geschickt hatte.[9]

An Proust gemahnt da die Treue, mit der Rilke das von der Erinnerung gelieferte Bild wiedergibt. Nichts wirkt darin retouchiert, die schadhaften Stellen sind nicht ausgebessert, die Lükken nicht kunstvoll ausgefüllt. So fehlt der Vorname des Mädchens, von dem die Rede ist; die Züge ihres Gesichts sind nicht festgehalten, nur *etwas Schlankes, Blondes* flüchtet durch die Erinnerung. Auch ihr Verhalten in der geschilderten Szene ist Rilkes Gedächtnis entschwunden, aus dem Gelächter, das noch in seinem Ohr klingt, darf er nicht folgern, denn wer sagt, daß es ihr Gelächter ist? So zeugt das Bild noch an seinen leeren Stellen von der Eigenart seines Malers, der nicht Rilke ist, sondern die Erinnerung selbst, von deren Vorliebe etwa fürs Akustische: sie überliefert den Familiennamen um seines Reizes willen und läßt den Vornamen entgleiten, sie bewahrt das Gelächter, aber nicht die Person.

Proustisch an diesem Bild, dessen Skizzenhaftigkeit im *Malte* undenkbar wäre, ist auch sein Schauplatz: der Park, die Promenade. Man kennt ihre Bedeutung in Prousts Roman. Der Park von Tansonville mit seinem roten Hagedorn, wo der Knabe Marcel zum erstenmal Gilberte erblickt (Rilkes Erinnerung ist möglicherweise, ganz im Sinne Prousts, durch die Lektüre dieser Szene wachgerufen worden), die Gärten der Champs-Elysées, in denen er sie wiederfindet, sie sind – mit der Strand-

---

9 Rainer Maria Rilke, *Briefwechsel mit Benvenuta*. Eßlingen 1954, S. 58 ff. Brief vom 12. Februar 1914.

promenade von Balbec, dem Reich Albertines – die wichtigsten Schauplätze in Prousts *Suche nach der verlorenen Zeit*. So steht auch am Anfang des letzten Bandes, des *Temps retrouvé*, die Wiederbegegnung mit dem Park von Tansonville und dann, unmittelbar bevor der Held des Romans die Rätsel der Erinnerung und der Zeit löst, die Wiederbegegnung mit den Gärten der Champs-Elysées.

Es wird kein Zufall sein, daß auch das Buch, das Benjamin als Leser seiner selbst geschrieben hat, die *Berliner Kindheit*, mit der Schilderung eines Parks, des Tiergartens, beginnt. Wie groß auch der Unterschied zwischen dieser Sammlung kleiner Prosastücke und Prousts dreitausendseitigem Roman nach außen hin erscheint, sie bezeugt die Faszination, von der in Benjamins Äußerung die Rede ist. Der Satz: *Wie eine Mutter, die das Neugeborene an ihre Brust legt, ohne es zu wecken, verfährt das Leben lange Zeit mit der noch zarten Erinnerung an die Kindheit*[10], verweist auf die zentrale Erfahrung von Prousts Werk: daß einem beinah alles, was die Kindheit war, jahrelang vorenthalten werden kann, um dann plötzlich und wie zufällig von neuem geschenkt zu werden. An Proust erinnert die Schilderung der Mutter, die an Abenden, wenn Gäste im Haus sind, nur flüchtig zum Kind eintritt, um ihm gute Nacht zu sagen, oder das aufmerksame Lauschen des Knaben auf die Geräusche, die vom Hof unten und damit schon aus einer fremden Welt in sein Zimmer dringen. Bei Proust findet sich die preziös-mythische Erhöhung des neuerfundenen Telephons vorgebildet, und auch im Metaphorischen ließe sich die Verwandtschaft, der Einfluß nachweisen. Aber nicht viel wäre damit erreicht, und auch der Einwand könnte nicht leicht entkräftet werden, daß solche Übereinstimmungen im gemeinsamen Stoff liegen: in der Kindheit, in der Epoche des Fin de siècle und im Versuch, beide wieder gegenwärtig zu machen.

Ist aber das Thema Prousts und Benjamins wirklich dasselbe? Erfolgt ihre Suche nach der verlorenen Zeit in der gleichen Absicht? Oder ist die Gemeinsamkeit bloß ein Schein, auf den

---

10 *Berliner Kindheit*, a.a.O., S. 294.

hinzuweisen ist, weil er darüber hinwegtäuschen könnte, daß die Intentionen der beiden Werke nicht nur nicht verwandt, sondern einander geradezu entgegengesetzt sind? Wäre das der Fall, so bekäme Benjamins Äußerung, er fürchte in eine *süchtige Abhängigkeit* von Proust zu geraten, die ihn an der eigenen Produktion hinderte, vielleicht einen tieferen Sinn, den nämlich, daß Benjamin in der Faszination durch ein nur scheinbar ähnlich geartetes Werk seiner eigensten Absicht entfremdet zu werden drohte. Nur ein genauer Vergleich kann auf diese Frage Antwort geben.

Der Sinn von Prousts Suche nach der verlorenen Zeit wird am Ende des Buchs ausdrücklich genannt. Der Augenblick, in dem Marcel, der autobiographische Held des Romans, diesen Sinn erkennt, ist der Höhepunkt des Werkes: darauf hin ist es angelegt und ergibt sich zugleich daraus. Diese Erkenntnis hat zwei Wurzeln, die schon sehr früh im Buch sichtbar werden: eine glückvolle und eine schmerzhafte. Die erste ist das zunächst unerklärliche Glücksgefühl, das den Helden ergreift, als ihm an einem Abend seine Mutter ein Stück in Tee getauchten Madeleine-Gebäcks gibt, dessen Geschmack ihm die ganze Welt der Kindheit wieder schenkt, weil er als Kind oft von diesem Gebäck bekommen hatte. Die andere ist die Bestürzung, der *furchtbar schmerzhafte Verdacht*, der ihn bei einer Äußerung seines Vaters überfällt und der besagt, daß er *nicht außerhalb der Zeit steht, sondern deren Gesetzen unterworfen ist.* Diese beiden Erfahrungen, das Glück und der Schrecken, werden bei jenem letzten Erlebnis in ihrem Zusammenhang erkannt. Der Grund des Glücksgefühls in der einen Erfahrung ist die Befreiung vom Schrecken der anderen:

... *cette cause, je la devinais en comparant ces diverses impressions bienheureuses et qui avaient entre elles ceci de commun que je les éprouvais à la fois dans le moment actuel et dans un moment éloigné, jusqu'à faire empiéter le passé sur le présent, à me faire hésiter à savoir dans lequel des deux je me trouvais; au vrai, l'être qui alors goûtait en moi cette impression la goûtait en ce qu'elle avait de commun dans un jour ancien et maintenant, dans ce qu'elle avait d'extra-temporel, un être qui n'appa-*

raissait que quand, par une de ces identités entre le présent et le passé, il pouvait se trouver dans le seul milieu où il pût vivre, jouir de l'essence des choses, c'est-à-dire en dehors du temps.[11]

Proust geht auf die Suche nach der verlorenen Zeit, die die Vergangenheit ist, um im Wiederfinden dieser Zeit, in der Koinzidenz von Vergangenem und Gegenwärtigem, dem Bannkreis der Zeit selbst zu entrinnen. Die Suche nach der verlorenen Zeit als der Vergangenheit hat bei Proust zum Ziel den Verlust der Zeit als solcher.

Anders bei Benjamin. Die Absicht, in der die *Berliner Kindheit* evoziert wird, spricht deutlich aus einem Charakteristikum, das viele der zum Gegenstand der einzelnen Miniaturen gewählten Orte, Personen, Begebenheiten gemein haben. Man erinnere sich der Schilderung des Tiergartens, des Irrgangs vor den Sockeln der königlichen Statuen. *Hier nämlich oder unweit muß ihr Lager jene Ariadne abgehalten haben, in deren Nähe ich zum ersten Male, und um es nie mehr zu vergessen, das begriff, was mir als Wort erst später zufiel: Liebe.*

Ein anderes Prosastück heißt *Die Speisekammer* und beginnt mit den Sätzen: *Im Spalt des kaum geöffneten Speiseschranks drang meine Hand wie ein Liebender durch die Nacht vor. War sie dann in der Finsternis zu Hause, tastete sie nach Zucker oder Mandeln, nach Sultaninen oder Eingemachtem. Und wie der Liebhaber, ehe er's küßt, sein Mädchen umarmt, hatte der Tastsinn mit ihnen ein Stelldichein, ehe der Mund ihre Süßigkeit kostete.*[12]

An den Abschnitt *Tiergarten* erinnert ein anderer mit der Überschrift *Zwei Blechkapellen*. Hier heißt es: *Nie mehr hat Musik etwas derart Entmenschtes, Schamloses besessen wie die des Militärorchesters, das den Strom von Menschen temperierte, der sich zwischen den Kaffeerestaurationen des ›Zoo‹ die ›Lästerallee‹ entlangschob. [...] Das war die Luft, in der zum erstenmal der Blick des Knaben einer Vorübergehenden sich*

---

11 *A la recherche*, a.a.O., S. 871.
12 *Berliner Kindheit*, a.a.O., S. 250.

anzudrängen suchte, während er um so eifriger zu seinem Freund sprach.[13]

Was diese Texte verbindet, wird zum Thema einer anderen Erinnerung, und die Überschrift nennt es beim Namen: *Erwachen des Sexus*. Doch das Erwachen ist nicht auf den Sexus beschränkt. Die Ausdrücke *zum erstenmal* und *die ersten Spuren*, die Vorwegnahme, die sich in der Metapher vollzieht – man denke an den Satz von der Hand des Kindes, die durch den Türspalt des Speiseschrankes vordringt *wie ein Liebender durch die Nacht* –, sie betreffen nicht nur die Liebe, sondern alle Schichten der Person und ihres Daseins.

In dem Abschnitt *Das Fieber* heißt es: *Ich bin viel krank gewesen. Daher stammt vielleicht, was andere als Geduld an mir bezeichnen, in Wahrheit aber keiner Tugend ähnelt: die Neigung, alles, woran mir liegt, von weitem sich mir nahen zu sehen wie meinem Krankenbett die Stunden.*[14]

Wird hier die Krankheit des Kindes heraufbeschworen, weil sie auf einen Charakterzug des Erwachsenen vorausdeutet, so ist in einem anderen Kapitel, *Wintermorgen* überschrieben, von einem mehr äußerlichen Zug des späteren Lebens die Rede: *Die Fee, bei der er einen Wunsch frei hat, gibt es für jeden. Allein nur wenige wissen sich des Wunsches zu entsinnen, den sie taten; nur wenige erkennen darum später im eignen Leben die Erfüllung wieder.* Es folgt die Beschreibung eines Wintermorgens, das mühsame Aufstehen des Knaben, der Gang zur Schule. *Dort angelangt, kam freilich bei Berührung mit meiner Bank die ganze Müdigkeit, die erst verflogen schien, verzehnfacht wieder. Und mit ihr jener Wunsch: ausschlafen zu können. Ich habe ihn wohl tausendmal getan und später ging er wirklich in Erfüllung. Doch lange dauerte es, bis ich sie darin erkannte, daß noch jedesmal die Hoffnung, die ich auf Stellung und ein sicheres Brot gehegt hatte, umsonst gewesen war.*[15]

In dem Abschnitt mit der Überschrift *Der Lesekasten* schreibt Benjamin: *Für jeden gibt es Dinge, die dauerhaftere Gewohn-*

---
13 Ebd., S. 273.
14 Ebd., S. 269.
15 Ebd., S. 247 ff.

heiten in ihm entfalteten als alle andern. An ihnen formen sich die Fähigkeiten, die für sein Dasein mitbestimmend werden. Und weil das, was mein eigenes angeht, Lesen und Schreiben waren, weckt von allem, was mir in frühern Jahren unterkam, nichts größere Sehnsucht als der Lesekasten. Und nachdem er ihn beschrieben hat: *Die Sehnsucht, die er mir erweckt, beweist, wie sehr er eins mit meiner Kindheit gewesen ist. Was ich in Wahrheit in ihm suche, ist sie selbst: die ganze Kindheit, wie sie in dem Griff gelegen hat, mit dem die Hand die Lettern in die Leiste schob, in welcher sie sich aneinanderreihten. Die Hand kann ihn noch träumen, aber nie erwachen, um ihn wirklich zu vollziehn. So mag manch einer davon träumen, wie er das Gehn gelernt hat. Doch das hilft ihm nichts. Nun kann er gehen; gehen lernen nie mehr.*[16]

Tiergarten, Speisekammer, Lesekasten – an ihnen erkennt Benjamin Vorzeichen und erste Spuren seines späteren Lebens. Doch sein erinnernder Blick trifft auch solches, in dem nicht die eigene Gestalt, sondern die historisch-soziale Umwelt zum erstenmal erkennbar wurde, eine Umwelt freilich, die dann auf Benjamin selbst einwirken und zum Gegenstand seines Denkens werden sollte. Unter dem doppeldeutigen Titel *Gesellschaft* werden die Abende beschrieben, an denen die Eltern einen Empfang geben. Zunächst hört noch der Knabe die Gäste, ihr Klingeln und Eintreten. *Dann kam die Zeit, in welcher die Gesellschaft, kaum daß sie sich zu bilden begonnen hatte, am Verenden schien. In Wahrheit hatte sie sich nur in die entfernteren Räume zurückgezogen, um dort im Brodeln und im Bodensatz der vielen Schritte und Gespräche zu verschwinden wie ein Ungeheuer, das, kaum hat es die Brandung angespült, im feuchten Schlamm der Küste Zuflucht sucht. Und da der Abgrund, der es ausgeworfen hatte, der meiner Klasse war* [also des Großbürgertums], *so machte ich mit ihr an solchen Abenden zuerst Bekanntschaft. Geheuer kam sie mir nicht vor. Von dem, was jetzt die Zimmer füllte, spürte ich, daß es ungreifbar, glatt und stets bereit war, die zu erwürgen, die es jetzt umspielte;*

---

16 Ebd., S. 267 ff.

blind gegen seine Zeit und seinen Ort, blind bei der Nahrungssuche, blind im Handeln. Das spiegelblanke Frackhemd, das mein Vater an diesem Abend hatte, kam mir nun ganz wie ein Panzer vor, und in dem Blick, den er vor einer Stunde über die noch menschenleeren Stühle hatte schweifen lassen, entdeckte ich jetzt das Gewappnete.[17] Wiederum fällt der Metaphorik eine besondere Rolle zu: der Vergleich bringt Gegenwart und Zukunft, die Ahnung des Kindes und die Erkenntnis des Erwachsenen zusammen.

Auch von den Menschen, die der Knabe an den Empfängen seiner Eltern nicht hat kennen lernen können, ist in dem Buch die Rede: *In meiner Kindheit war ich ein Gefangener des alten und neuen Westens. [...] Die Armen – für die reichen Kinder meines Alters gab es sie nur als Bettler. Und es war ein großer Fortschritt der Erkenntnis, als mir zum erstenmal die Armut in der Schmach der schlechtbezahlten Arbeit dämmerte. Das war in einer kleinen Niederschrift, vielleicht der ersten, die ich ganz für mich selbst verfaßte.*[18]

Wir haben viel zitiert und brauchen nun doch nur wenig zu kommentieren. Denn die Abschnitte aus der *Berliner Kindheit* beantworten selber die Frage nach dem Unterschied zwischen Prousts und Benjamins Suche nach der verlorenen Zeit. Proust sucht die Vergangenheit, um in deren Koinzidenz mit der Gegenwart – einer Koinzidenz, die analoge Erfahrungen herbeiführen – der Zeit zu entrinnen, und das heißt vor allem: der Zukunft, ihren Gefahren und Drohungen, deren letzte der Tod ist. Benjamin dagegen sucht in der Vergangenheit gerade die Zukunft. Die Orte, zu denen sein Eingedenken zurückfinden will, tragen fast alle (wie es einmal in der *Berliner Kindheit* heißt) *die Züge des Kommenden.*[19] Und nicht zufällig trifft seine Erinnerung eine Gestalt der Kindheit *im Amt des Sehers, der das Künftige voraussagt.*[20] Proust horcht auf den Nachklang der Vergangenheit, Benjamin auf den Vorklang einer Zukunft, die

---

17 Ebd., S. 264 f.
18 Ebd., S. 287.
19 Ebd., S. 256.
20 Ebd., S. 255.

seitdem selbst zur Vergangenheit geworden ist. Anders als Proust will sich Benjamin nicht von der Zeitlichkeit befreien, er will die Dinge nicht in ihrem ahistorischen Wesen schauen, sondern er strebt nach historischer Erfahrung und Erkenntnis, wird aber in die Vergangenheit zurückgewiesen, in eine Vergangenheit indessen, die nicht abgeschlossen, sondern offen ist und Zukunft verheißt. Benjamins Zeitform ist nicht das Perfekt, sondern das Futurum der Vergangenheit in seiner ganzen Paradoxie: Zukunft und doch Vergangenheit zu sein.

War sich Benjamin dieses Unterschieds, der seine *Berliner Kindheit* im prägnanten Wortsinn zu einem Gegenstück der »Pariser Kindheit« Prousts macht, bewußt? Eine Seite seines Buches, vielleicht die bedeutendste, scheint den Gegensatz festhalten zu wollen: *Man hat das déjà vu oft beschrieben. Ist die Bezeichnung eigentlich glücklich? Sollte man nicht von Begebenheiten reden, welche uns betreffen wie ein Echo, von dem der Hall, der es erweckte, irgendwann im Dunkel des verflossenen Lebens ergangen scheint? Im übrigen entspricht dem, daß der Chok, mit dem ein Augenblick als schon gelebt uns ins Bewußtsein tritt, meist in Gestalt von einem Laut uns zustößt. Es ist ein Wort, ein Rauschen oder Pochen, dem die Gewalt verliehen ist, unvorbereitet uns in die kühle Gruft des Einst zu rufen, von deren Wölbung uns die Gegenwart nur als ein Echo scheint zurückzuhallen. Seltsam, daß man noch nicht dem Gegenbild dieser Entrückung nachgegangen ist – dem Chok, mit dem ein Wort uns stutzen macht wie ein vergessener Muff in unserm Zimmer. Wie uns dieser auf eine Fremde schließen läßt, die da war, so gibt es Worte oder Pausen, die uns auf jene unsichtbare Fremde schließen lassen: die Zukunft, welche sie bei uns vergaß.*[21]

Spricht hier Benjamin von Proust und von sich selber? Daß er das déjà vu schildert, obwohl es in der *Berliner Kindheit* keine Rolle spielt, besagt nicht viel. Denn nicht nur zwingt ihn der Umstand, daß der Schock, den er meint, keinen Namen hat, zu dessen Bestimmung vom Gegensatz her, auch sonst ist es ein

21 Ebd., S. 251 f.

bevorzugtes Stilmittel Benjamins, dem er die meisterhaftesten Passagen seiner Prosa verdankt, metaphorische Doppeldefinitionen zu geben. An solchen Stellen erweisen sich seine Denkkraft und seine Einbildungskraft als dieselbe Potenz. Indessen kann nichts darüber hinwegtäuschen, daß die Entrückung des déjà vu ebenso die Basis des Proustschen Werks bildet wie ihr Gegenbild diejenige der *Berliner Kindheit*. Die Augenblicke heraufzubeschwören, die von diesem so anderen Schock markiert sind, ist die Arbeit des Benjaminschen Eingedenkens; ein Satz aus dem Buch *Einbahnstraße* sagt es am deutlichsten: *Wie ultraviolette Strahlen zeigt Erinnerung im Buch des Lebens jedem eine Schrift, die unsichtbar, als Prophetie, den Text glossierte.*[22]

In dieser Verschiedenheit des Zeiterlebnisses bei Proust und Benjamin ist auch die formale Verschiedenheit ihrer Werke begründet, die Kluft, die den dreitausendseitigen Roman von der Sammlung kleiner Prosastücke trennt. Der Dichter des déjà vu ist auf der Suche nach jenen Augenblicken, in denen die Erlebnisse der Kindheit wieder aufleuchten: so muß er ein ganzes Leben erzählen. Benjamin dagegen kann vom Späteren absehen und sich der Beschwörung jener Augenblicke der Kindheit widmen, in denen ein Vorklang der Zukunft sich verbirgt. Zu seinen Lieblingsgegenständen gehörten nicht zufällig jene Glaskugeln, in die etwa eine Schneelandschaft eingeschlossen ist, welche beim Schütteln zu neuem Leben erwacht. Was diese Kugeln Reliquienbehältern gleich vor dem äußern Geschehen schützen, mag für den Allegoriker Benjamin die Darstellung nicht etwa der Vergangenheit, sondern der Zukunft gewesen sein. Solchen Kugeln ähneln die Erlebnisse der *Berliner Kindheit* und die Miniaturen, in die sie eingefangen sind.

Doch ist nicht nur nach der Beziehung zwischen Prousts und Benjamins Intention zu fragen, sondern auch nach dem Sinn von Benjamins Suche nach der verlorenen Zeit, die eine Suche nach der verlorenen Zukunft ist. Das führt über die *Berliner Kindheit* hinaus zu den philosophisch-historischen Werken

---

22 In: *Gesammelte Schriften IV, 1*, a.a.O., S. 142.

Benjamins: hier findet sich das Motiv in einem objektiven Kontext wieder, über den Benjamin selber Aufschluß gibt. Der biographische Hintergrund der *Berliner Kindheit* dagegen könnte wohl erst ganz begriffen werden, wenn Benjamins Briefe bekannt wären; in dem Nachwort, das sein Freund Theodor W. Adorno geschrieben hat, wird er aus persönlicher Kenntnis so bezeichnet: »Die Luft um die Schauplätze, welche in Benjamins Darstellung zu erwachen sich anschicken, ist tödlich. Auf sie fällt der Blick des Verurteilten.«[23]

Der Untergang, dessen Kenntnis Benjamin den Blick in die Zukunft versperrt und ihm Zukünftiges nur dort noch zu sehen erlaubt, wo es schon vergangen ist, ist nicht nur Benjamins eigener. Es ist der Untergang seiner Zeit. Die *Berliner Kindheit* gehört, wie das Nachwort angibt, in den Umkreis jener Urgeschichte der Moderne, an der Benjamin während der letzten fünfzehn Jahre seines Lebens arbeitete. Die Brücke zu dieser historisch-soziologischen Untersuchung schlagen in dem autobiographischen Werk einzelne Kapitel – etwa jenes über das *Kaiserpanorama* –, die sei's Vorläufer, sei's erste Formen dessen beschwören, was die heutige Technik ist. Auf breitester Grundlage wäre das die Thematik des Buches über *Paris, die Hauptstadt des 19. Jahrhunderts* geworden, zu dem nur Vorstudien und Fragmente vorliegen. Indessen zeigt der Schluß der 1928 erschienenen *Einbahnstraße*, wie Benjamin das technische Zeitalter gesehen hat:

Das große Werben um den Kosmos vollzog zum ersten Male sich in planetarischem Maßstab, nämlich im Geiste der Technik. Weil aber die Profitgier der herrschenden Klasse an ihr ihren Willen zu büßen gedachte, hat die Technik die Menschheit verraten und das Brautlager in ein Blutmeer verwandelt. Naturbeherrschung, so lehren die Imperialisten, ist Sinn aller Technik. Wer möchte aber einem Prügelmeister trauen, der Beherrschung der Kinder durch die Erwachsenen für den Sinn der Erziehung erklären würde? Ist nicht Erziehung vor allem die

---

23 Theodor W. Adorno, Nachwort zu: W. Benjamin, *Berliner Kindheit um 1900*, Frankfurt 1975, S. 169 f. (dieses Nachwort ist in dem angegebenen Band der Ges. Schr. von Benjamin nicht abgedruckt, Anm. d. Red.)

unerläßliche Ordnung des Verhältnisses zwischen den Generationen und wenn man von Beherrschung reden will, Beherrschung der Generationsverhältnisse und nicht der Kinder? Und so auch Technik nicht Naturbeherrschung: Beherrschung vom Verhältnis von Natur und Menschheit.[24]

Benjamins Begriff der Technik ist kein kritischer, sondern ein utopischer. Kritisiert wird der Verrat an der Utopie, der in der Verwirklichung der Idee des Technischen begangen wurde. Darum gilt Benjamins Aufmerksamkeit nicht den Möglichkeiten der Technik, wie sie heute noch vorliegen, sind sie doch größtenteils nur der mögliche Untergang, sondern der Zeit, als die Technik als solche erst eine Möglichkeit darstellte, als ihre wahre Idee, mit Benjamins Worten: die Beherrschung nicht der Natur, sondern des Verhältnisses von Natur und Menschheit, noch am Horizont der Zukunft stand. So gelangt Benjamins utopischer Sinn in die Vergangenheit. Das war die Voraussetzung der geplanten Urgeschichte der Moderne. Die Aufgabe ist paradox wie die Verbindung von Hoffnung und Verzweiflung, die aus ihr spricht. Zwar ist der Weg zu dem Ursprung ein Weg zurück, aber zurück in ein Künftiges, das, obwohl inzwischen vergangen und in seiner Idee pervertiert, dennoch mehr vom Versprechen bewahrt, als dem heutigen Bild von der Zukunft gegeben ist.

Dieser paradoxe Weg des Historikers, der die Definition Friedrich Schlegels, der Historiker sei ein rückwärts gekehrter Prophet, auf überraschende Weise bestätigt, unterscheidet Benjamin von dem Philosophen, der ihm neben Ernst Bloch am nächsten steht: von Theodor W. Adorno. Denn bei Adorno verwirklicht sich der eschatologische Geist auf nicht minder paradoxe Weise gerade in Zeitkritik, in der Analyse des beschädigten Lebens. »Philosophie«, heißt es am Schluß der *Minima Moralia*, »wie sie im Angesicht der Verzweiflung einzig noch zu verantworten ist, wäre der Versuch, alle Dinge so zu betrachten, wie sie vom Standpunkt der Erlösung aus sich darstellten. Erkenntnis hat kein Licht, als das von der Erlösung her auf die Welt scheint: alles andere erschöpft sich in der Nachkonstruk-

24 A.a.O., S. 147.

tion und bleibt ein Stück Technik. Perspektiven müßten hergestellt werden, in denen die Welt ähnlich sich versetzt, verfremdet, ihre Risse und Schründe offenbart, wie sie einmal als bedürftig und entstellt im Messianischen Lichte daliegen wird.«[25]

Doch kehren wir zurück zu den Sätzen Benjamins, von denen wir ausgegangen sind. Nun ist der seltsame Wunsch verständlich, in einer Stadt sich verirren zu können, diese Kunst, für die es, wie Benjamin schreibt, der Schulung bedarf und die er spät erst erlernt hat. Es ist, so muß man hinzufügen, eine Kunst der Spätzeit. In der *Einbahnstraße* heißt es unter dem Titel *Verlorene Gegenstände*: *Haben wir einmal begonnen, im Ort uns zurechtzufinden, so kann jenes früheste Bild sich nie wiederherstellen.*[26] Um dieses frühesten Bildes willen, das nicht verlorengehen darf, weil es die Zukunft birgt, wird die Fähigkeit, sich zu verirren, zum Wunsch.

Dieses Motiv der *Berliner Kindheit* kennen auch Benjamins historische, philosophische und politische Schriften. Der Zusammenhang, der damit zwischen einer autobiographischen Dichtung und einem wissenschaftlichen Werk wie dem Trauerspielbuch sichtbar wird, sollte nicht befremden. Wenn Hegel in der *Ästhetik* von der »blinden Gelehrsamkeit« spricht, »die auch an der klar ausgesprochenen und dargestellten Tiefe, ohne sie zu fassen, vorübergeht«[27], so fragt es sich, ob die Tiefe nicht jedesmal dann verfehlt werden muß, wenn in falsch verstandener Wissenschaftlichkeit von der eigenen Erfahrung abstrahiert wird. Wahre Objektivität ist an Subjektivität gebunden. Der Grundgedanke zu seinem Buch über den *Ursprung des deutschen Trauerspiels*, einem Werk über die Allegorie des Barock, so hat Benjamin gelegentlich erzählt, kam ihm beim Anblick eines Königs in einem Marionettentheater, dem die Krone verrutscht auf dem Kopf saß.[28]

Angesichts der großen Schwierigkeiten, vor die Benjamins

25 Th. W. Adorno, *Minima Moralia*, Frankfurt 1969, S. 333 f.
26 A.a.O., S. 120.
27 Hegel, *Aesthetik*, Jubiläumsausgabe, Bd. 13, S. 342.
28 Auf Grund einer Mitteilung von Th. W. Adorno.

theoretische Schriften den Leser stellen, kann es sich in einem solchen Ausblick auf das übrige Werk nur um Hinweise handeln, um Wegweiser in einem Gelände, dessen Kenntnis durch gewaltsame Abkürzungen nicht zu erwerben ist.

Der Satz der *Einbahnstraße* von der Erinnerung, die im Buch des Lebens jedem eine Schrift zeigt, welche unsichtbar, als Prophetie, den Text glossierte, kehrt geschichtsphilosophisch gefaßt in den Thesen über den Begriff der Geschichte wieder, die Benjamin kurz vor seinem Tod aufgeschrieben hat. Hier heißt es: *Die Vergangenheit führt einen zeitlichen Index mit, durch den sie auf die Erlösung verwiesen wird.*[29]

Benjamins letzte Anstrengung galt im Anblick des nationalsozialistischen Siegs und des Versagens der deutschen und französischen Sozialdemokratie einem neuen Begriff der Geschichte, der mit dem Fortschrittsglauben, mit der Vorstellung vom Fortgang des Menschengeschlechts in einer *homogenen und leeren Zeit brechen sollte.*[30] Denn die Chance des Faschismus erblickte Benjamin nicht zuletzt darin, *daß die Gegner ihm im Namen des Fortschritts als einer historischen Norm begegnen,* und den Selbstbetrug der Sozialdemokratie in der *Illusion, die Fabrikarbeit, die im Zuge des technischen Fortschritts gelegen sei, stelle eine politische Leistung dar.* [...] *Das Staunen darüber, daß die Dinge, die wir erleben, im zwanzigsten Jahrhundert ›noch‹ möglich sind, ist kein philosophisches. Es steht nicht am Anfang einer Erkenntnis, es sei denn der, daß die Vorstellung von Geschichte, aus der es stammt, nicht zu halten ist.*[31]

Benjamins neuer Geschichtsbegriff gründet in der Dialektik von Zukunft und Vergangenheit, von Messianismus und Eingedenken. *Ursprung ist das Ziel* – das Wort von Karl Kraus steht als Motto über einer dieser Thesen.

Damit ist man zurückverwiesen nicht nur auf jene Urgeschichte der Moderne, an der Benjamin zur gleichen Zeit arbeitete, sondern auch auf das Buch über den *Ursprung des deutschen Trauerspiels,* das mehr als zwanzig Jahre vorher, 1916, entwor-

---

29 *Gesammelte Schriften I, 2,* Frankfurt a. M. 1974, S. 693.
30 Ebd., S. 701
31 Ebd., S. 697.

fen wurde. Von ganz anderen Prämissen her kommend, nämlich dem Problematischwerden der geschichtsfremden Gattungsbegriffe der Poetik, gelangt Benjamin zu folgender Bestimmung:

Ursprung, wiewohl durchaus historische Kategorie, hat mit Entstehung dennoch nichts gemein. Im Ursprung wird kein Werden des Entsprungenen, vielmehr dem Werden und Vergehen Entspringendes gemeint. Der Ursprung steht im Fluß des Werdens als Strudel und reißt in seine Rhythmik das Entstehungsmaterial hinein. Im nackten, offenkundigen Bestand des Faktischen gibt das Ursprüngliche sich niemals zu erkennen, und einzig einer Doppeleinsicht steht seine Rhythmik offen. Sie will als Restauration, als Wiederherstellung einerseits, als eben darin Unvollendetes, Unabgeschlossenes andererseits erkannt sein. In jedem Ursprungsphänomen bestimmt sich die Gestalt, unter welcher immer wieder eine Idee mit der geschichtlichen Welt sich auseinandersetzt, bis sie in der Totalität ihrer Geschichte vollendet daliegt. Also hebt sich der Ursprung aus dem tatsächlichen Befunde nicht heraus, sondern er betrifft dessen Vor- und Nachgeschichte. [...] Das Echte – jenes Ursprungssiegel in den Phänomenen – ist Gegenstand der Entdeckung, einer Entdeckung, die in einzigartiger Weise sich mit dem Wiedererkennen verbindet.[32]

Zwischen dem frühen Werk über die Allegorie im Barockdrama und den letzten Studien über *Paris, die Hauptstadt des 19. Jahrhunderts*, in deren Zentrum die Statue Baudelaires gestanden hätte, bestehen auch andere thematische Verbindungen, die sich zugleich mit dem Motiv der Erinnerung bei Proust und in der *Berliner Kindheit* berühren. Die wichtigste Kategorie in diesem Zusammenhang ist die der Erfahrung, deren Verkümmerung für Benjamin die Moderne kennzeichnet. In Prousts Werk erblickt er den Versuch, *die Erfahrung [...] unter den heutigen gesellschaftlichen Bedingungen auf synthetischem Wege herzustellen*[33], während bei Baudelaire *die Erinnerung zugunsten des*

---

[32] *Ursprung des deutschen Trauerspiels*, in: *Gesammelte Schriften I, 1*, Frankfurt a. M. 1974, S. 226 f.

[33] *Über einige Motive bei Baudelaire*, in: *Gesammelte Schriften I, 2*, a.a.O., S. 609.

Andenkens ganz zurücktritt. Es gibt bei ihm auffallend wenig Kindheitserinnerungen.[34] Im Andenken aber, besagt ein anderes Fragment aus dem Nachlaß, *hat die zunehmende Selbstentfremdung des Menschen, der seine Vergangenheit als tote Habe inventarisiert, sich niedergeschlagen. Die Allegorie hat im neunzehnten Jahrhundert die Umwelt geräumt, um sich in der Innenwelt anzusiedeln.*[35] Das Inventarisieren der Vergangenheit, mit dem die Allegorie des Barock ins Innere gewendet wird, ist für Benjamin zugleich das persönliche Korrelat zu der üblichen Geschichtsauffassung, gegen die sich seine *Geschichtsphilosophischen Thesen* auflehnen.

Von einem letzten Werk soll noch abschließend die Rede sein, einer Briefsammlung, die, von Benjamin mit einem Vorwort und Kommentaren versehen, unter dem Pseudonym Detlef Holz 1936 in einem Schweizer Verlag erschien.[36] Es sind fünfundzwanzig Briefe aus dem Zeitraum zwischen 1783 und 1883, zu ihren Verfassern gehören Lichtenberg, Johann Heinrich Voss, Hölderlin, die Brüder Grimm, Goethe, David Friedrich Strauß, Georg Büchner. Der Band heißt *Deutsche Menschen* und sollte unter diesem Tarntitel – das Wort gebrauchte Benjamin selber in einem Brief – in das nationalsozialistische Deutschland eingeführt werden, ein Vorhaben, das freilich schon an der Ehrlichkeit des Untertitels gescheitert sein dürfte. Denn dieser formuliert offen, wovon die Briefe Zeugnis ablegen sollten: *Von Ehre ohne Ruhm. Von Größe ohne Glanz. Von Würde ohne Sold.* Es ist ein Buch über das deutsche Bürgertum. Aber kein vergoldetes Denkmal wird ihm gesetzt. Kalt spricht das Vorwort Benjamins von den Gründerjahren, in denen die Epoche *unschön zu Ende ging.* Im Sinn jener Stelle aus dem Trauerspielbuch, die den Ursprung als ein *dem Werden und Vergehen Entspringendes* begreift, ließe sich indessen sagen, Benjamin habe mit dem Briefband den Ursprung des deutschen

---

34 *Zentralpark*, ebd., S. 690.
35 Ebd., S. 681.
36 *Deutsche Menschen.* Eine Folge von Briefen. Auswahl und Einleitung von Detlef Holz. Luzern 1936. Neuauflage (ohne Pseudonym) Frankfurt a. M. 1962 und 1972 (*Gesammelte Schriften IV, 1,* S. 149 ff.).

Bürgertums aufzeigen wollen, einen Ursprung, der ihm immer noch Zukunft verhieß.

In einem Zürcher Antiquariat fand sich aus dem Nachlaß von Benjamins Schwester ein Exemplar des Buches mit folgender Widmung: *Diese nach jüdischem Vorbild erbaute Arche für Dora – Von Walter. November 1936.*[37] Was sollte mit dem Buch gerettet werden? Woran dachte Benjamin, als er seine Weigerung, nach Übersee zu emigrieren, damit begründete, daß es *in Europa Positionen zu verteidigen*[38] gebe? Das Rettungsunternehmen ist nur aus jener Geschichtsauffassung Benjamins zu begreifen, die in der *Berliner Kindheit* zur Dichtung geworden ist. Man darf wohl auf die Arche der *Deutschen Menschen* beziehen, was in den *Geschichtsphilosophischen Thesen* steht: *Nur dem Geschichtsschreiber wohnt die Gabe bei, im Vergangenen den Funken der Hoffnung anzufachen, der davon durchdrungen ist: auch die Toten werden vor dem Feind, wenn er siegt, nicht sicher sein. Und dieser Feind hat zu siegen nicht aufgehört.*[39] Die Arche erbaute Benjamin nicht für die Toten allein, er erbaute sie um der Verheißung willen, die er in ihrem vergangenen Leben fand. Denn seine Arche sollte nicht nur sich selber retten. Sie fuhr aus in der Hoffnung, sie könnte auch jene erreichen, die für fruchtbare Überschwemmung hielten, was in Wahrheit die Sintflut war.

---

37 Im Besitz von Herrn Dr. Achim von Borries.
38 W. Benjamin, *Schriften II*, Frankfurt a. M. 1955, S. 535 (Biographische Notiz von Friedrich Podszus).
39 A.a.O., S. 695.

Benjamins Städtebilder

Für Rudolf Hirsch

I

Aus dem Jahre 1929 stammt eine Reflexion Benjamins über das Schildern von Städten, die in der Chronologie seiner Schriften zwischen den Porträts fremder Städte und dem Erinnerungsbuch über Berlin vielleicht nicht zufällig am Scheideweg steht. Denn ihr Gegenstand ist kein anderer als der Unterschied zwischen den Städtebildern Fremder und Einheimischer. Auf der Suche nach einer Erklärung, warum diese so viel seltener sind als jene, schreibt Benjamin: *Der oberflächliche Anlaß, das Exotische, Pittoreske wirkt nur auf Fremde. Als Einheimischer zum Bild einer Stadt zu kommen, erfordert andere, tiefere Motive. Motive dessen, der ins Vergangene statt ins Ferne reist. Immer wird das Stadtbuch des Einheimischen Verwandtschaft mit Memoiren haben, der Schreiber hat nicht umsonst seine Kindheit am Ort verlebt.*[1] Nichts liegt näher, als Benjamins Städtebilder gegen das Licht dieser Behauptung zu halten, in der Erwartung, daß sich ihre Konturen dabei schärfer abzeichnen und sie die Frage beantworten, ob in diesen Sätzen, die einer Buchbesprechung angehören, Benjamin im Grund nicht über das eigene Werk schreibt: kritisch zurückblickend auf die Schilderungen Neapels (1925), Moskaus (1927), Marseilles (1929) und planend voraus auf das Buch über die *Berliner Kindheit um Neunzehnhundert*. Dabei wird zweierlei deutlich. So genau die Charakteristik für das Berlinbuch zutrifft, das Benjamin zu schreiben damals vorhatte, so wenig verfallen ihrem Urteil die Bilder, die er von fremden Städten schon gegeben hat. Denn die

---

Die »Städtebilder« werden zitiert nach der Ausgabe in der edition suhrkamp Bd. 17, die außer einzeln erschienenen Texten auch eine Auswahl aus *Berliner Kindheit um 1900* enthält (vgl.: *Gesammelte Schriften IV, 1*, a.a.O., S. 235 ff.).
1 W. Benjamin, *Die Wiederkehr des Flaneurs*, in: *Gesammelte Schriften III*, Frankfurt a. M. 1972, S. 194.

Motive unterscheiden sich bei diesen kaum von denen, die das Erinnerungsbuch geprägt haben – keineswegs können die Wörter »oberflächlich« und »tief« zur Klassifizierung von Benjamins eigenen Schilderungen herhalten. Eher hat es den Anschein, als habe er in den Porträts fremder Städte gerade die Unterscheidung nach Geburtsorten der Oberflächlichkeit überführen wollen. Zugleich wird klar, daß nicht bloß die zitierten Sätze die Städtebilder erläutern, sondern daß sie ihrerseits der Erläuterung bedürfen. Diesen Kommentar stellen Benjamins Städtebilder dar.

2

Wer die eigene Stadt schildert, reise ins Vergangene statt ins Ferne. Die Frage ist erlaubt, warum die Reise überhaupt nötig ist, warum der Einheimische nicht in der Gegenwart verbleibt. Die *Berliner Kindheit um Neunzehnhundert* zieht aus der These von der Verwandtschaft solcher Bücher mit Memoiren schon im Titel die Konsequenz. Zugleich zeigt sie, daß auch die Reise ins Vergangene eine Reise ins Ferne ist. Es gibt keine Schilderung ohne Distanz, es sei denn die Reportage. Dieser Niederung entreißt das Bild der eigenen Stadt der schmerzvolle Abstand des Erwachsenen von der Stätte seiner Kindheit. Daß die Stadt noch da ist, jene Zeit aber unwiederbringlich dahin: diese Paradoxie verschärft nicht nur den Schmerz, sondern auch den Blick. So schwindet die Vertrautheit mit den Straßen und Häusern, die noch immer uns umgeben mögen; wir sehen sie mit einem zweifach fremden Blick: mit dem Blick des Kindes, das wir nicht mehr sind, mit dem Blick des Kindes, dem die Stadt noch nicht vertraut war. Benjamins Berlinbuch zeugt von der konstitutiven Rolle der Distanz. Es zeugt davon wie Kellers *Grüner Heinrich*, der nicht in Zürich, sondern in der Fremde entstand, wie die in Italien geschriebenen *Buddenbrooks* oder der Roman Dublins, dessen Autor ihn nur auf dem Kontinent schreiben konnte, weil er der Ansicht war, der höchste Grad der Gegenwart sei die Abwesenheit. So fiel auch der Name Bovary, als Denkmal für die kleinbürgerliche Enge der französischen

Provinz gemeint, Flaubert am Fuß einer ägyptischen Pyramide ein. Indessen unterscheidet sich die *Berliner Kindheit* in einem wesentlichen Punkt von allen anderen Werken, deren Triebfeder die Erinnerung ist, und so auch von dem Buch, dem sie am nächsten steht und dessen Übersetzer Benjamin war: von Prousts *Auf der Suche nach der verlorenen Zeit*. Denn sie ist nicht so sehr der Erinnerung selbst, als einer ihrer besonderen Gaben gewidmet, die ein Satz aus Benjamins *Einbahnstraße* in die Worte faßt: *Wie ultraviolette Strahlen zeigt Erinnerung im Buch des Lebens jedem eine Schrift, die unsichtbar, als Prophetie, den Text glossierte.* Der Blick des Erwachsenen sucht nicht sehnsüchtig mit dem Blick des Kindes zu verschmelzen, er richtet sich auf Augenblicke, in denen dem Kind zum ersten Mal die Zukunft sich ankündigte. In der *Berliner Kindheit* ist von dem Schock die Rede, *mit dem ein Wort uns stutzen macht wie ein vergessener Muff in unserm Zimmer. Wie uns dieser auf eine Fremde schließen läßt, die da war, so gibt es Worte oder Pausen, die uns auf jene unsichtbare Fremde schließen lassen: die Zukunft, welche sie bei uns vergaß.* Solchen Schocks, deren Erinnerung das Kind behielt, bis der Erwachsene sie würde entschlüsseln können, ist das Berlinbuch auch in den Straßen und Parken der Stadt allenthalben auf der Spur. So wird der Tiergarten nicht bloß zum Spielplatz, sondern auch zu dem Ort, wo das Kind *zum ersten Male, und um es nie mehr zu vergessen, das begriff, was* [ihm] *als Wort erst später zufiel: Liebe*. Im Gegensatz zu Proust flieht Benjamin nicht die Zukunft, er sucht sie vielmehr in jenen Kindheitserlebnissen, in deren Erschütterung sie gleichsam überwintert hat, während sie in die Gegenwart als in ihr Grab eingehen mußte. Benjamins »verlorene Zeit« ist nicht die Vergangenheit, sondern die Zukunft. Sein rückwärts gewandter Blick ist der gebrochener Utopie, die *den Funken der Hoffnung* nur noch *im Vergangenen* anfachen kann.[2] Der in den Jahren des heraufkommenden Dritten Reichs weder die Augen vor der Wirklichkeit verschlie-

---

[2] W. Benjamin, *Über den Begriff der Geschichte*, in: *Gesammelte Schriften I, 2*, a.a.O., S. 695. Vgl. vom Verfasser: *Hoffnung im Vergangenen. Über Walter Benjamin*, in diesem Band S. 275 ff.

ßen, noch von dem Versprechen einer menschenwürdigen Zeit ablassen konnte, hat Hoffnung und Verzweiflung zum paradoxen Bund geführt. Nur daher ist sein Plan einer *Urgeschichte der Moderne* zu verstehen, nur so auch die Briefanthologie *Deutsche Menschen*, ein Buch über den Ursprung des deutschen Bürgertums, das dem aus Deutschland vertriebenen Sozialisten, nicht minder paradox, als Arche Noah galt.[3]

3

Wie wenig Benjamins Städtebilder jenen qualitativen Sprung kennen, den die eingangs zitierte Reflexion auf Kosten der Schilderungen fremder Städte behauptet, zeigt der frühe Text über die russische Metropole schon in seinem ersten Satz. *Schneller als Moskau selber lernt man Berlin von Moskau aus sehen.* Diese neue Optik, die man auf die eigene Stadt gewinnt, sei der unzweifelhafteste Ertrag des russischen Aufenthalts. Das Fremde verführt also den Besucher nicht zur Selbstvergessenheit; dieser berauscht sich nicht am Pittoresken und Exotischen, er sieht das Eigene, sieht sich selber mit entfremdetem Blick. Die Reise ins Ferne bewirkt nichts anderes als die Reise ins Vergangene, die ja gleichfalls eine Reise ins Ferne ist. Aber nur weil es dabei nicht bleibt, kann Benjamin über die fremde Stadt berichten. Und indem er sie erforscht, sind auch jene Motive am Werk, die später zu der Reise in die eigene Kindheit führen. Die Stadt werde dem Neuling Labyrinth, heißt es von den ersten Eindrücken in Moskau, während das Berlinbuch mit dem Satz beginnt: *Sich in einer Stadt nicht zurechtfinden heißt nicht viel. In einer Stadt sich aber zu verirren, wie man in einem Walde sich verirrt, braucht Schulung.* Den seltsamen Wunsch erfüllt die fremde Stadt leichter als die eigene. Warum dieser Wunsch? Als die Heimat des Zögerns hat Benjamin einmal das Labyrinth bezeichnet und gesagt, es sei *der richtige Weg für den, der noch immer früh genug am Ziel ankommt.*[4] So ist das Labyrinth im Raum, was in der Zeit die Erinnerung ist, die im Vergangenen

3 Nach einer Widmung Benjamins. Vgl. den in Anm. 2 zitierten Aufsatz.
4 W. Benjamin, *Zentralpark*, a.a.O., S. 668.

die Vorzeichen der Zukunft sucht. Denn der Weg, dessen Marksteine jene Schocks sind, darf zum Ziel getrost die Hoffnung haben: nie wird er sie erreichen, nie Lügen strafen müssen. In der *Einbahnstraße* ist die Rede von dem allerersten Anblick eines Dorfs, einer Stadt in der Landschaft, der *so unvergleichlich und so unwiederbringlich* ist, weil *in ihm die Ferne in der strengsten Bindung an die Nähe mitschwingt. Noch hat Gewohnheit ihr Werk nicht getan.* Der Blick, den der Erwachsene auf die Kindheit wirft, ist nicht zuletzt von dem Wunsch bestimmt, dem Gewohnten zu entrinnen. Die Reise aber geht nicht in das ganz Andere, sie geht in die Zeit, als das Gewohnte es noch nicht war, in die Erlebnisse des Zum-ersten-Mal. *Haben wir einmal begonnen, im Ort uns zurechtzufinden, so kann jenes früheste Bild sich nie wiederherstellen.* Dieses früheste Bild, das ein Versprechen ist, wird dem Erwachsenen nicht nur von der fernen Kindheit, sondern auch von den fernen Städten zuteil. Und anderes noch verbindet deren Schilderungen mit dem Berlinbuch. Nicht nur ersetzt die Fremde dem Erwachsenen die Ferne der Kindheit, sie macht ihn zum Kind. Manche Stelle zeugt bei Benjamin von diesem Gefühl. Von San Gimignano heißt es, die Stadt sehe *nicht danach aus, als solle man ihr je näherkommen. Ist es aber gelungen, so fällt man in ihren Schoß und kann vor Grillengesumm und Kinderschreien nicht zu sich finden.* Während hier das reale Kindergeschrei den Vorgang, den die Metapher meint, zwar verdeutlicht, aber zugleich auffängt, steht der Schluß des Abschnitts über Moskaus Verkehrsmittel in hellerem Licht. Den niedrigen Schlitten, die keinen Blick von oben herab gewähren, sondern *ein zärtliches, geschwindes Streifen an Steinen, Menschen und Pferden entlang,* gilt der Satz: *Man fühlt sich wie ein Kind, das auf dem Stühlchen durch die Wohnung rutscht.* Daß es sich dabei um mehr als eine zufällige Assoziation handelt, zeigt zu Beginn der Schilderung Moskaus die Stelle: *Gleich mit der Ankunft setzt das Kinderstadium ein. Gehen will auf dem dicken Glatteis dieser Straßen neu erlernt sein.* Welches melancholische Glücksgefühl aber diese Sätze begleitet, ohne daß es zu Wort kommen dürfte, lehrt erst die Seite der *Berliner Kindheit,* die zu ihnen den späten Kommentar bildet. Von dem Lesekasten des Kindes schreibt hier der Erwachsene: *Die Sehnsucht, die er mir erweckt, beweist, wie sehr er eins mit meiner Kindheit gewesen ist. Was ich in Wahrheit in ihm suche, ist sie selbst: die ganze Kindheit, wie sie in dem Griff gelegen hat, mit dem die Hand die Lettern in die Leiste schob, in welcher sie sich aneinanderreihten. Die Hand kann ihn noch träumen, aber nie erwachen, um ihn wirklich zu vollziehn. So mag manch einer davon träumen, wie er das Gehn gelernt hat. Doch das hilft ihm nichts. Nun kann er gehen; gehen lernen nie mehr.* Die Wiederholung des Zum-ersten-Mal, die Rückkehr zum frühesten Bild, die zu Hause für immer verscherzt zu sein schienen, in der Fremde werden sie doch noch gewährt.

4

Benjamins Schilderungen der fremden Städte liegen derart nicht weniger persönliche Motive zugrunde als der *Berliner Kindheit*. Aber das besagt nicht, daß er keinen Blick für die fremde Wirklichkeit hätte. Denn die geheime Aufgabe, den Besucher zum Kind zu machen, kann die fremde Stadt nur erfüllen, wenn sie so exotisch, so pittoresk erscheint, wie dem Kind einst die eigene Stadt erschienen war. Gleich dem Kind, das mit aufgerissenen Augen in dem Labyrinth steht, das es nicht übersieht, gibt sich Benjamin in der Fremde mit Staunen und Neugier all den Eindrücken hin, die auf ihn einstürmen. Dem verdankt der Leser Bilder, die reicher, farbiger, präziser nicht sein könnten. Und doch hat es den Anschein, als bezöge sich nicht nur die Erlebnisweise, sondern auch das Erlebte selbst auf Benjamins »Suche nach der verlorenen Zeit«. Anders als die Proustsche wird die Benjamins von historisch-soziologischen Impulsen getragen. Aus dem verhärteten, dem Individuationsprinzip hörigen Gesellschaftszustand des Spätbürgertums sucht er den Weg zu den verlorenen Ursprüngen des Sozialen. Der Protest, den der junge Hegel und Hölderlin im Namen des Lebendigen gegen das Positive erhoben, wird bei Benjamin wieder laut. Das erklärt seine Teilnahme an der Jugendbewegung, wie sie der

Aufsatz über *Das Leben der Studenten* bezeugt.⁵ Unter diesem Gesichtspunkt rücken die Bilder so verschiedener Städte wie Neapels und Moskaus zusammen. Während Benjamin im Süden – in Marseille, Neapel, San Gimignano – auf den Gegensatz jener Vereinzelung stieß, die er am Anfang der *Nordischen See* eisig beschreibt, auf ein Kollektivleben, das sich seinem Ursprung noch nicht entfremdet hat, konnte er im Sowjetrußland des Jahres 1926 eine Gesellschaft in statu nascendi beobachten. Archaisches und Revolutionäres schienen verwandter, als es die gängige Unterscheidung von konservativ und progressiv wahrhaben möchte. Dabei geht es nicht nur um jene Vorstellung vom Urkommunismus, die das Rußland der dreißiger Jahre auf dem Weg zum Polizeistaat, mit einer Positivität, die der dialektischen Lehre hohnspricht, verraten hat. Mehr als daß *Existieren Kollektivsache ist*⁶, verbindet das Alte in Neapel mit dem Neuen in Moskau. *Porös wie dieses Gestein ist die Architektur. Bau und Aktion gehen in Höfen, Arkaden und Treppen ineinander über. In allem wahrt man den Spielraum, der es befähigt, Schauplatz neuer unvorhergesehener Konstellationen zu werden. Man meidet das Definitive, Geprägte. Keine Situation erscheint so, wie sie ist, für immer gedacht, keine Gestalt behauptet ihr ›so und nicht anders‹. So kommt die Architektur, dieses bündigste Stück der Gemeinschaftsrhythmik, hier zustande.* Wie dieses Bild von Neapel seinen Kontrast am Abgezirkelten des Nordens hat (*Das Haus hat noch strenge Grenzen*, heißt es von Bergen), so findet es seine Analogie in der Bewegung, in die in Moskau alles geraten ist. Ausführlich hat Benjamin die programmatische *Remonte* beschrieben, die gleichfalls nichts Definitives duldet und das Leben gleichsam *auf den Tisch eines Laboratoriums* legt. *Es steckt in dieser herrschenden Passion ebensoviel naiver Wille zum Guten wie uferlose Neugier und Verspieltheit. Weniges bestimmt heute Rußland stärker. Das Land ist Tag und Nacht mobilisiert* [...] *Das Privatleben, das der Süden gar nicht sich ausbilden ließ, hat der Bolschewismus abgeschafft.* Seltsam die Ähnlichkeit der Schilderungen, die

5 W. Benjamin, *Gesammelte Schriften II*, a.a.O., S. 75 ff.
6 W. Benjamin, *Denkbilder. Neapel*, in: *Gesammelte Schriften IV, 1*, a.a.O., S. 314.

Benjamin von den Wohnungen Moskaus und Neapels gibt. Auch hier bilden die Kinder den lärmenden Hintergrund. In zahllosen Horden, als gehörten sie nicht einzelnen Familien an, bevölkern sie Straßen und Höfe – auf ihre Gemeinschaft scheint der einsam in einer Villa des alten Westens als dessen *Gefangener*[7] Aufgewachsene einen sehnsüchtigen Blick zu werfen. Und kindlich sind hier nicht nur die Kinder. Von den Russen sagt Benjamin, daß sie sich über allem verspielen: *Wenn auf der Straße eine Szene für den Film gekurbelt wird, vergessen sie, warum, wohin sie unterwegs sind, laufen stundenlang mit und kommen verstört ins Amt.* Erst das letzte Wort dieses Satzes bringt dem Leser wieder zum Bewußtsein, daß hier von Erwachsenen, nicht von Kindern die Rede ist. Weil aber auch die Erwachsenen wie Kinder sind, muß für »Zeit ist Geld«, *diesen erstaunlichen Satz auf Anschlägen Lenins Autorität beansprucht werden.* Liest man Benjamins Schilderung des frühen Sowjetrußland, aus dem er – wie die biographische Notiz von Friedrich Podszus berichtet – »mit mindestens zwiespältigen Gefühlen heimkehrte«, so hat man den Eindruck, als wäre ihm die Ahnung nicht fremd gewesen, daß diese Dynamik in Statik und die Freiheit in Terror umschlagen würden. Sie scheint ihn zumal beim Anblick der Bilder Lenins berührt zu haben. Dem Kult, der mit ihnen getrieben wird, ist der letzte Abschnitt des Aufsatzes gewidmet: *Als Büste steht es in den Leninecken, als Bronzestatue oder Relief in größeren Klubs, als lebensgroßes Brustbild in den Büros, als kleines Photo in Küchen, Wäschekammern, Vorratsräumen.* Mehr noch als aus dieser Aufzählung geht die Ahnung der Gefahr, die dem Lebendigen von der neuen Positivität des toten Bildes droht, aus der Bemerkung hervor, es hießen die Babys *»Oktjabr«* [...] *vom Augenblick an, wo sie aufs Lenin-Bildnis deuten können.* Und nicht minder verräterisch ist die Metaphorik des Satzes, der die Schilderung des Marktes an der Sucharewskaja beschließt: *Da der Verkaufszweig der Ikonen zum Papier- und Bilderhandel rechnet, so kommen diese Buden mit Heiligenbildern neben die Stände mit*

---

7 W. Benjamin, *Berliner Kindheit*, a.a.O., S. 287.

Papierwaren zu stehen, so daß sie überall von Lenin-Bildern flankiert sind, wie ein Verhafteter von zwei Gendarmen.

5

Erst die Metaphorik macht Benjamins Städtebilder zu dem, was sie sind. Nicht nur verdanken sie ihr ihren Zauber und, in einem sehr präzisen Sinn, ihre Zugehörigkeit zur Dichtung. Auch die Intention dieser Texte, die Erfahrung des Entfremdeten und Fremden, erfüllt sich erst im Medium der Sprache, die eine Sprache von Bildern ist. Die Suche nach der verlorenen Zeit und nach dem, was an deren Stelle tritt, ist nicht minder an die Sprache gebunden als der Versuch, das Gefundene sich anzueignen. Name und Bild sind die beiden Pole dieses Kraftfelds. Im Labyrinth der fremden Stadt wird *ein jeder Schritt und Tritt [...] auf benanntem Grunde getan. Und wo nun einer dieser Namen fällt, da baut sich Phantasie um diesen Laut im Handumdrehen ein ganzes Viertel auf. Das wird der späteren Wirklichkeit noch lange trotzen und spröd wie gläsernes Gemäuer darin steckenbleiben.* Der Wirklichkeit geht, ihre Stelle vertretend, in der Erwartung ihr Name voraus. Der aber erschafft sich eine eigene Wirklichkeit. Der Wettstreit der beiden mag zwar stets mit dem Sieg der objektiven Realität enden, doch dieser Sieg wird oft genug ein Pyrrhussieg sein: sein Name ist Desillusion. Manche Seite des Proustschen Romans gilt diesem Motiv, das schon die Romantik kennt; bei Benjamin kehrt es wieder. Sein Gegenstück ist der Vorgang, in dem die Wirklichkeit zum Bild wird. *Worte zu dem zu finden, was man vor Augen hat – wie schwer kann das sein. Wenn sie dann aber kommen, stoßen sie mit kleinen Hämmern gegen das Wirkliche, bis sie das Bild aus ihm wie aus einer kupfernen Platte getrieben haben.* Mit diesen Sätzen beginnt Benjamins Schilderung von San Gimignano, die nicht ohne Grund dem Andenken an den Dichter des Chandos-Briefes gewidmet ist, aus dessen Todesjahr sie stammt. Das Spannungsfeld, in dem die Wirklichkeit zwischen Name und Bild oszilliert, braucht den Abstand, braucht die Ferne der Zeit oder des Raums. Denn das Gewohnte hat seinen Namen längst aufgesogen, die Erwartung verjagt, nie mehr wird es sich zum Bild verwandeln. Wer aber in seine Vergangenheit reist, dem treten Wirklichkeit und Name stets wieder auseinander. Sei es, daß der Name die Wirklichkeit überlebt hat und sie nun in der Erinnerung als ihr Schemen vertritt, sei es, daß in jenen Erlebnissen des Zum-ersten-Mal der Name da war, bevor seine Realität erfahren wurde, oder die Erfahrung da, bevor sie auf einen Namen hörte, so daß sie unverstanden blieb wie die prophetische Schrift, die im Buch des Lebens den Text unsichtbar glossiert. Kaum je verläßt Benjamin, wenn er das Berlin seiner Kindheit oder die fremden Städte schildert, das Bewußtsein dieses Abstands – schwer zu sagen, ob es ihm eine Quelle mehr des Glücks oder des Schmerzes war. Aber nur auf diesem Hintergrund wird eine Episode aus der Fahrt über die *Nordische See* verständlich: *Abends, das Herz bleischwer, voller Beklemmung, auf Deck. Lange verfolge ich das Spiel der Möwen* [...] *Die Sonne ist längst untergegangen, im Osten ist es sehr dunkel. Das Schiff fährt südwärts. Einige Helle ist im Westen geblieben. Was sich nun an den Vögeln vollzog – oder an mir? – das geschah kraft des Platzes, den ich so beherrschend, so einsam in der Mitte des Achterdecks mir aus Schwermütigkeit gewählt hatte. Mit einem Male gab es zwei Möwenvölker, eines die östlichen, eines die westlichen, linke und rechte, so ganz verschieden, daß der Name Möwen von ihnen abfiel.* Der Schwermut wendet alles seine Schattenseite zu. Die Spannung zwischen Name und Wirklichkeit, Ursprung der Dichtung, wird nur noch qualvoll als der Abstand erfahren, der den Menschen von den Dingen trennt. Diesen Schmerz durchbricht das Erlebnis, das Benjamin, ohne darauf zu reflektieren, berichtet. Das Helldunkel des Himmels reißt die Wirklichkeit auseinander und hebt die Identität auf, die das Benennen erst ermöglicht. Von den Möwen fällt ihr Name ab, sie sind nur noch sie selbst, aber als solche dem Menschen vielleicht näher, als wenn er sie in ihrem Namen besäße.

Indessen erschöpft sich darin die Bedeutung des Erlebnisses noch nicht. Denn es stellt zugleich die Umkehrung dessen dar, dem bei Proust und auch bei Benjamin die Metapher entspringt. Wie hier der Name von den Möwen abfällt, weil der Himmel sie entzweit und der Unterschied stärker wird als das, was sie eint, so verlieren in der Metapher zwei verschiedene Dinge ihre Identität mit sich selbst, weil sie kraft einer vom Dichter entdeckten Analogie zur Deckung gebracht werden. Bei Proust dient die Metapher, seiner eigenen Einsicht zufolge, der Suche nach der verlorenen Zeit. Wie das Madeleine-Erlebnis soll auch die Metapher durch den Bund, den sie zwischen einem gegenwärtigen und einem vergangenen Augenblick stiftet, den Menschen über die Zeitlichkeit hinausheben. Ähnlich kann bei Benjamin der Vergleich die Erinnerung unterstützen, wenn sie im Vergangenen Vorzeichen des Künftigen sucht. Dann verhalten sich die beiden Glieder des Vergleichs zueinander wie der gelebte Text zu seinem prophetischen Kommentar, den erst die Erinnerung entziffert. So heißt es von dem *Naschenden Kind* der *Einbahnstraße*, das die *Berliner Kindheit* in der ersten Person übernimmt, *im Spalt des kaum geöffneten Speiseschranks* dringe *seine Hand wie ein Liebender durch die Nacht vor*. Doch sowenig wie bei Proust ist die Metapher bei Benjamin an eine einzige Aufgabe gebunden, vielmehr wird sie zum Gesetz der Schilderung selbst. Benjamin scheint die Ansicht Prousts geteilt zu haben, daß die Aufzählung von Gegenständen in einer Beschreibung nie zur Wahrheit führen kann, daß die Wahrheit erst im Augenblick beginnt, da der Schriftsteller zwei verschiedene Gegenstände nimmt und ihr Wesen enthüllt, indem er sie durch eine Eigenschaft, die beiden gemein ist, zu einer Metapher verknüpft.[8] Einzig die Rede vom Wesen scheint Benjamins Intention fremd zu sein; daß er beim Porträtieren der Städte so oft der Metapher und des Vergleichs sich bedient, hat andere Gründe. Die Sprache der Bilder erlaubt, das Fremde

---

8 M. Proust, *A la Recherche du Temps perdu*. Ed. de la Pléiade, t. III, S. 889.

zu verstehen, ohne daß es aufhörte, fremd zu sein; der Vergleich bringt das Entfernte nah, und bannt es doch zugleich in ein Bild, welches der verzehrenden Kraft der Gewohnheit entrückt ist. Die Metaphorik hilft Benjamin – ähnlich der Form, die er bevorzugte: der Gliederung in kurze Abschnitte – die Städtebilder als Miniaturen zu malen. Sie gleichen, in ihrer Verbindung von Nähe und Ferne, in ihrer entrückten Lebendigkeit, jenen Glaskugeln, in denen Schnee über eine Landschaft fällt: sie gehörten zu Benjamins Lieblingsgegenständen. Seine Bildersprache zeugt von höchstem Kunstverstand. Benjamin war ein Meister der Doppeldefinitionen in Bildern: *Was wäre Sentimentalität, wenn nicht der erlahmende Flügel des Fühlens, das sich irgendwo niederläßt, weil es nicht weiterkann, und was also ihr Gegensatz, wenn nicht diese unermüdete Regung, die sich so weise aufspart, auf kein Erlebnis und Erinnern sich niederläßt, sondern schwebend eins nach dem andern streift* [...][9] Oft hatte er an der einfachen Metapher nicht Genüge, es entstanden ganze Kompositionen – wie bei der Schilderung von Notre Dame de la Garde in Marseille oder der Auseinandersetzung dieser Stadt mit der sie umgebenden Landschaft. Mit jedem neuen Bild, das den Vergleich weiter vorantrieb, wuchs die Gefahr, daß die Brücke das andere Ufer nicht erreichen würde, und doch wurde das Band zwischen den beiden Ufern mit jeder neuen Überbrückung enger. Auch läßt manchmal das Bild die Sprache nicht unberührt. *Wie die Bewohner entlegener Bergdörfer einander bis auf Tod und Siechtum versippt sein können,* heißt es über Bergen, *so haben sich die Häuser vertreppt und verwinkelt.* Die neuen Bildungen machen den Vergleich erst evident, sind aber ihrerseits erst durch den Vergleich möglich. Zuweilen griff Benjamin auf den metaphorischen Conditionalis zurück, der, in seinem Anklang an das Experiment, die ganze spielerische Bewußtheit und Zerbrechlichkeit der Metapher verrät: *Wenn dies Meer die Campagna ist, liegt Bergen im Sabinergebirge.* Trotz solcher Artistik gerät Benjamins Bildersprache nie ins Unverbindliche, sie ist in hohem Maß an der Wirkung beteiligt,

---

9 W. Benjamin, *Deutsche Menschen*. Frankfurt a. M. 1962, S. 75 f. (*Gesammelte Schriften IV, 1*, a.a.O., S. 198).

die Th. W. Adorno in die Worte gefaßt hat: »Was Benjamin sagte und schrieb, klang, als käme es aus dem Geheimnis. Seine Macht aber empfing es durch Evidenz.«[10] Weder das Geheimnis noch die Evidenz wären möglich, wenn Hugo Friedrichs Behauptung recht hätte, daß »die Urbestimmung der Metapher nicht darin liegt, vorhandene Ähnlichkeiten zu erkennen, sondern darin, nichtexistierende Ähnlichkeiten zu erfinden.«[11] Die Leistung der Metapher liegt jenseits dieser Alternative. Zwar geht es ihr nicht um Vorhandenes, sie will aber die Ähnlichkeiten auch nicht erfinden, sondern finden. Denn sie entspringt dem Glauben, daß die Welt auf Korrespondenzen aufgebaut ist, die es zu erkennen gilt. In der Schilderung Weimars heißt es: *Im Goethe-Schiller-Archiv sind Treppenhäuser, Säle, Schaukästen, Bibliotheken weiß. [...] Wie Kranke in Hospitälern liegen die Handschriften hingebettet. Aber je länger man diesem barschen Lichte sich aussetzt, desto mehr glaubt man, eine ihrer selbst unbewußte Vernunft auf dem Grunde dieser Anstalten zu erkennen.* Der Blick des Metaphorikers erweist sich als der des Theologen. Benjamin ist ein Schüler der Emblematiker des Barock, die sein Werk über den *Ursprung des deutschen Trauerspiels* behandelt. Wie bei ihnen ist auch bei Benjamin, was Artistik scheint und einst aus Büchern zu lernen war, Exegese der Schöpfung.

7

Die Städtebilder sind in den Jahren zwischen 1925 und 1930 entstanden, nach 1930 entstand die *Berliner Kindheit*. Wer Benjamins Biographie kennt und sein Werk überblickt, wird die Sprache dieser Daten verstehen. Aus der Zeit vor 1925 stammen unter anderem der Aufsatz über Hölderlin, der, mit 22 Jahren geschrieben, in der Forschung Epoche zu machen vermocht hätte, wäre er nicht erst 1955 bekannt geworden; dann die große

---

10 Th. W. Adorno, *Einleitung* zu: W. Benjamin, *Schriften I*, Frankfurt a. M. 1955, S. X.
11 H. Friedrich, *Nachwort* zu: Karl Krolow, *Ausgewählte Gedichte*. Frankfurt a. M. 1962.

Studie über *Goethes Wahlverwandtschaften* und das Hauptwerk, mit dem sich Benjamin 1923 bis 1925 in Frankfurt vergebens zu habilitieren versuchte: das Buch über das deutsche Barockdrama. Erst nachdem Benjamin auf den akademischen Beruf hatte verzichten müssen, weil sein Geist als zu wenig akademisch galt, wurde er Literat und Journalist, mußte er zum Gelderwerb jene Beiträge für Zeitungen und Zeitschriften schreiben, die heute nicht weniger als sein wissenschaftliches Werk seinen Ruhm begründen. Zu ihnen gehören auch die Städtebilder. Nichts hatte früher auf diese Tätigkeit vorausgedeutet; man lese etwa den Brief aus der Berner Studienzeit an Gershom Scholem (vom 22. Okt. 1917), in dem Benjamin von seinen Plänen berichtet.[12] Die Universität, deren Vertreter ihn abwiesen, scheint Benjamin erst zu dem gemacht zu haben, als den sie ihn verdächtigte. Daß aber aus der Zeit nach 1933 keine Städtebilder mehr stammen, erklärt gleichfalls die Jahreszahl. Damals erzählte man sich unter Emigranten die Geschichte von dem Juden, der sich mit der Absicht trug, in ein fernes Land auszuwandern, und der, als seine Freunde in Paris darüber erstaunten, daß er so weit weg wolle, die Frage stellte: »Weit von wo?« Mit dem Verlust der Heimat geht auch die Kategorie der Distanz verloren; ist alles fremd, so gibt es auch jene Spannung von Ferne und Nähe nicht, aus der Benjamins Städtebilder leben. Die Reisen des Emigranten sind keine Reisen, auf die man zurückblickt; einen archimedischen Punkt, von dem aus die Fremde ins Bild käme, kennt seine Landkarte nicht. Zwar widmete Benjamin die letzten zehn Jahre seines Lebens, nachdem er sein Erinnerungsbuch über Berlin abgeschlossen hatte, einem Werk über Paris, die Stadt, in der er seit langem heimisch war. Diese Arbeit indessen hat mit den früheren Städtebildern nichts mehr gemein. Als er noch in Deutschland lebte, hat Benjamin wiederholt über Paris geschrieben[13], aber nie versucht, die Züge der Stadt in einer Miniatur zu fixieren

---

12 In: W. Benjamin, *Briefe I*, Hrsg. G. Scholem und Th. W. Adorno. Frankfurt a. M. 1966, Nr. 55.
13 Vgl. *Paris, die Stadt im Spiegel*. In: Vogue 30. 1. 1929, S. 27, vgl. *Gesammelte Schriften IV, 2*, a.a.O., S. 356 ff.; *Pariser Tagebuch*. In: *Die literarische Welt* Jg. 6, Nr.

(*Zu nahe* heißt ein kurzer Traumtext über Paris). Und so ist auch der Weg, auf dem er nun in Paris auf die Suche nach Paris geht, der gleiche, den jene Reflexion für die Städteschilderungen von Einheimischen verlangt: eine Reise ins Vergangene. Das Buch, eine Montage historischer Texte, als schriebe die Stadt ihre Memoiren selber, sollte *Paris. Die Hauptstadt des 19. Jahrhunderts* heißen.

16/17, Nr. 18, Nr. 21, Nr. 25 (17. 4., 2. 5., 23. 5. und 20. 6. 1930), vgl. *Gesammelte Schriften IV, 2*, a.a.O., S. 567 ff.

Brechts Jasager und Neinsager

Für A. K.

I

Das vierte Heft der *Versuche*, erschienen im Jahr 1931, enthält als elften Versuch die beiden Schulopern: *Der Jasager* und *Der Neinsager*. Wie auch in den späteren Ausgaben – *Gesammelte Werke*, Band 2 (1938), *Stücke*, Band 4 (1955) – folgen dem Text Auszüge aus Protokollen von Diskussionen, die mit Schülern der Karl-Marx-Schule Neukölln über den *Jasager* geführt wurden. In der Vorbemerkung dazu heißt es: »Diskutiert wurde eine dem Japanischen nahe Fassung des Stückes ... Die beiden in den *Versuchen* abgedruckten Fassungen sind unter Berücksichtigung dieser Protokolle hergestellt worden.« Da die Diskussionen nach einer Aufführung stattfanden, muß es sich bei der in der Vorbemerkung erwähnten Fassung um den von Kurt Weill komponierten Text handeln.[1] Dieser ist nicht nur im Klavierauszug überliefert, er wurde wenige Monate vor der Uraufführung auch in der Zeitschrift *Die Musikpflege* abgedruckt und erschien zudem als Sonderdruck aus dem (damals noch unveröffentlichten) vierten Heft der *Versuche*. Obwohl aus den zitierten Sätzen hervorgeht, daß der im vierten Heft der *Versuche* erschienene *Jasager* wie auch der *Neinsager* als Abwandlungen einer früheren Fassung des *Jasagers* entstanden, und dieser Text in mehreren Drucken überliefert ist, haben nicht nur viele Leser Brechts, sondern lange Zeit auch die Brechtforschung das Nebeneinander von *Jasager* und *Neinsager*

Die Stücke Brechts sowie die verschiedenen Fassungen und Materialien werden nach der vom Verf. herausgegebenen Ausgabe in der edition suhrkamp Bd. 171 zitiert.

[1] »Brecht, der die [Ur-]Aufführung im Sommer [am 23. Juni 1930 im Zentralinstitut für Erziehung und Unterricht] nicht sehen konnte, bat seine Freunde von der Karl-Marx-Schule in Neukölln, Lehrer und Schüler, die Schuloper einzustudieren, um die Wirkung von Stück und Aufführung auf ein junges Publikum zu überprüfen.« Elisabeth Hauptmann im Programmheft zur Aufführung des *Jasagers* und des *Neinsagers* am 28. April 1966 durch die 2. Erweiterte Oberschule [Ost-]Berlin.

in den Ausgaben als ein entstehungsgeschichtliches Nacheinander verstanden und diesen *Jasager* für die von den Schülern der Karl-Marx-Schule abgelehnte erste Fassung, den *Neinsager* aber für die daraufhin geschriebene zweite Fassung gehalten. In der 1955 erschienenen Darstellung von Ernst Schumacher *Die dramatischen Versuche Bertolt Brechts 1918-1933* wird gesagt, Brecht habe den Einwänden der Schüler Rechnung getragen und dem Stück eine neue Fassung gegeben, »die er *Der Neinsager* nannte«[2], und so stammen auch die zur Charakterisierung der ersten Fassung angeführten Textstellen ausnahmslos aus der zweiten. Ebensowenig trifft die Behauptung John Willetts in *Das Theater Bertolt Brechts* zu, der *Neinsager* sei das gleiche Stück wie der *Jasager*, aber »mit einem anderen Schluß«[3]. Denn nur der ersten Fassung des *Jasagers*, die Willett im zitierten Zusammenhang nicht meint, läßt sich der *Neinsager* in dieser Weise gegenüberstellen. Der Unterschied zwischen den beiden Stücken, wie Brecht sie nach der Verwerfung der ersten *Jasager*-Fassung schrieb, geht nicht bloß auf eine Verschiedenheit der Schlüsse, also der Entscheidung des Knaben, zurück, sondern auch auf die Differenz im Ausgangspunkt, der diese Entscheidung bedingt. Brecht konnte in einer Vorbemerkung zum vierten Heft der *Versuche* nur darum vorschreiben, daß »die zwei kleinen Stücke ... womöglich nicht eins ohne das andere aufgeführt werden« sollten, weil sie einander nicht, wie man aus den Überschriften folgern könnte, ausschließen, sondern in Wahrheit ergänzen. Wenn der Knabe das eine Mal ja und das andere Mal nein sagt, so nicht, weil er in dem einen Stück ein Jasager, in dem anderen ein Neinsager ist. Sondern es sind die Verhältnisse, die Seuche in der endgültigen Fassung des *Jasagers*, die ihn bestimmen, seinen Tod zu bejahen, während er, sobald die Reise nur dem Lernen dient und sein Tod von einem *großen Brauch* diktiert erscheint, sich dagegen auflehnt und nein sagt. In der selben Situation freilich hatte er in der ersten Fassung ja gesagt. Wegen der Ablehnung, auf die dieses Einver-

[2] E. Schumacher, *Die dramatischen Versuche Bertolt Brechts 1918-1933*. Berlin 1955, S. 339.

[3] J. Willett, *Das Theater Bertolt Brechts*. Hamburg 1964, S. 27 (zuerst engl. 1959).

ständnis bei den Schülern der Karl-Marx-Schule, und nicht nur bei ihnen, stieß, ließ Brecht den Knaben nein sagen und einen neuen Brauch einführen. Zugleich muß er sich aber gefragt haben, welche Umstände das Einverständnis des Knaben dennoch rechtfertigen könnten: so entstand die zweite Fassung des *Jasagers*.

2

In der Vorbemerkung zu den Diskussionsprotokollen wird der Text der Uraufführung als »eine dem Japanischen nahe Fassung des Stückes« bezeichnet. Das wirft die Frage auf, ob die Kritik, die an dem *Jasager* geübt wurde, in seiner zu großen Nähe zu dem japanischen Nô-Stück *Tanikô* begründet ist. Die erste Version des *Jasagers* ging aus Elisabeth Hauptmanns Übersetzung von Arthur Waleys englischer *Tanikô*-Fassung hervor. Mit diesem, ursprünglich in der Zeitschrift *Der Scheinwerfer* publizierten, Text ist so der *Jasager* zunächst zu vergleichen. Dabei fällt die säkularisierende Tendenz auf. Brechts Schule liegt nicht im Tempel, sondern in der Stadt; die Reise wird nicht als Pilgerfahrt, sondern als Forschungsreise zu den *großen Lehrern* unternommen; der Knabe schließt sich den anderen an, nicht um für seine kranke Mutter zu beten, sondern um für sie Medizin zu holen. Und nicht schon die Erkrankung des Knaben, sondern erst die Beschaffenheit des Gebirges, die keinen über den schmalen Grat tragen läßt, schafft den Fall, auf den der große Brauch Anwendung finden soll. Beachtet man die Einwände und Vorschläge, die in den Schuldiskussionen laut wurden – und Brecht hat die von ihm in der zweiten Fassung und im *Neinsager* berücksichtigten durch Sperrdruck hervorgehoben –, so wird deutlich, daß die Kritik vornehmlich in Ritzen einhakte, die allererst durch die Säkularisierung entstanden waren. Weil Brecht das Motiv des schmalen Grats eingeführt hat, konnte ihm ein Schüler vorhalten, daß gar nicht versucht wird, mit dem Knaben über den Pfad zu kommen, ein anderer Schüler schlug das Anseilen vor. Weil das Gesetz, das den Tod des Knaben vorschreibt, diesem nicht bloß mitgeteilt wird, weil es vielmehr auch sein Einverständnis verlangt, konnte gewünscht werden, der Knabe möge erst ja sagen, nachdem er ein wenig gezaudert hat. Solange ferner die Reise eine Pilgerfahrt ist, der sich der Knabe anschließt, um für seine Mutter zu beten, verbindet sie alle der gemeinsame Zweck, während in der Brechtschen Fassung der Knabe sein Leben um einer Lehre willen hergibt, die er selber nie gesucht hat und deren Dringlichkeit zudem nicht dargelegt wird. Erst die zweite Fassung des *Jasagers* stellt den gemeinsamen Zweck der Reise wieder her, indem nun auch die anderen Medizin holen wollen, während im *Neinsager* der Knabe nein sagt, da *das Lernen durchaus warten kann*. Entscheidender aber als diese Verschiebungen ist die Wandlung, die sich an dem Motiv des großen Brauchs vollzieht. Wenn er befremdet hat, so darum, weil er, durch die säkularisierende Bearbeitung seines religiösen Kontextes beraubt, in die aufgeklärte Welt des Stückes als Relikt von Mythischem fremd hineinragt. Freilich ist er nicht nur durch die Änderung der Umwelt ein anderer geworden, die Änderung fand an ihm selber statt. Kurt Weill berichtet, dem japanischen Stück sei, um es pädagogisch verwertbar zu machen, der Begriff *Einverständnis* hinzugefügt worden: »der Knabe wird jetzt nicht mehr (wie im alten Stück) willenlos ins Tal hinabgeworfen, sondern er wird vorher befragt, und er beweist durch die Erklärung seines Einverständnisses, daß er gelernt hat, für eine Gemeinschaft oder für eine Idee, der er sich angeschlossen hat, alle Konsequenzen auf sich zu nehmen«.[4] Allein, Brechts Mitarbeiter verschweigt, daß der Brauch in der ersten Fassung des *Jasagers* (und von dieser spricht er) nicht nur die Befragung des Knaben, sondern auch sein Einverständnis vorschreibt. Wo eine Auseinandersetzung zwischen Mythos und Aufklärung, zwischen dem großen Brauch und der Selbstbestimmung des Subjekts hätte stattfinden können, wurde diese jenem in den Rachen geworfen. Aber wie im Märchen bekam dem Mythos die verschlungene Freiheit nicht gut. »Das mit dem Brauch ist, glaube ich, nicht richtig«, sagte einer in der Klasse VIb der Karl-Marx-Schule

---

4 K. Weill, *Über meine Schuloper ›Der Jasager‹*. In: *Die Scene* 20 (1930), S. 233.

Neukölln, und Brecht gab dem protestierenden Schüler recht. Der Protest gegen den Brauch hätte es schwerer gehabt, wäre dieser nichts als mythische Unfreiheit. Indem aber der Mythos selber die Freiheit im Munde führt, wenn auch nur, um ihren Gebrauch zu verbieten, drückt er seinem Gegner die Waffe selber in die Hand. Dieser ist im *Neinsager* der Knabe, im zweiten *Jasager* der Stückeschreiber selbst. Sorgfältig hat er im Text an die Stelle von Mythischem allemal Rationales gesetzt. Nicht mehr dem großen Brauch, sondern den Studenten, ihrer Einsicht, daß sie weder den Knaben über den schmalen Grat bringen, noch bei ihm bleiben können, gehorcht der Lehrer. Wird der Knabe gefragt, ob man seinetwegen umkehren soll, so nicht mehr, weil es der große Brauch vorschreibt, sondern weil es der Lehrer für richtig hält. Und wenn der Knabe ja sagt, so antwortet er nicht dem Brauch, sondern der Notwendigkeit gemäß. Ein einziges Mal nur ist in der neuen Fassung der Ausdruck *Brauch* stehengeblieben; wäre die Stelle nicht die entscheidende, jene, an welcher die Unfreiheit mit der Freiheit spielt wie die Katze mit der Maus, man könnte es einem Versehen zuschreiben. Den Satz *Und der Brauch schreibt auch vor, daß der, welcher krank wurde, antwortet: Ihr sollt nicht umkehren* hat Brecht aus der ersten Fassung unverändert in die zweite übernommen. Aber indem hier von dem Brauch ganz unvermittelt die Rede ist, kann er weder vom Knaben noch vom Publikum als das seit alters her bestehende Gesetz aufgefaßt werden, das er in der ersten Version war, eher noch wird er, läßt er überhaupt sich begreifen, dem vom Lehrer zuvor zweimal verwendeten Kriterium der Richtigkeit subsumiert, das ihm einst selber unterstand. So mag der stehengebliebene Ausdruck nicht nur der letzte Prankenhieb des sterbenden Mythos sein, sondern bereits das erste Zeichen seiner Unterwerfung durch die Vernunft, wie sie im *Neinsager* stattfindet. Im Gegensatz zu der zweiten Fassung des *Jasagers* ist hier der Text, soweit er den großen Brauch betrifft, nicht geändert worden. Aber dessen Vorschrift, daß der Knabe befragt werde, spielt dieser gegen die andere aus, die ihm die Antwort diktiert, und er sagt nein. Sein Nein wendet sich nicht bloß gegen die Anwendung des Gesetzes auf ihn, sondern gegen das Gesetz selbst. Er sehe an dem alten großen Brauch keine Vernunft, sagt der Knabe und will einen neuen einführen: *den Brauch, in jeder neuen Lage neu nachzudenken.* Was er vorschlägt, ist die Suspension des Mythischen, die Prüfung aller Bräuche auf ihre Vernunft. Methodischer Gebrauch der Ratio soll fortan der einzige Brauch sein. Selten sind im Text eines Marxisten das ungebrochene Pathos und die Zuversicht der Aufklärung so lebendig geworden wie hier – Brecht an diese Herkunft des Marxismus erinnert zu haben, ist das Verdienst jenes anonymen Karl-Marx-Schülers, der fand, daß »das mit dem Brauch nicht richtig« sei.

3

Ist es auch Brechts säkularisierende Bearbeitung, die der Kritik die Angriffsflächen bot, so richtete sich der Angriff dennoch gegen das Mythische, das sich in der ersten Fassung nicht nur gegen die Autonomie des Subjekts behaupten konnte, sondern aus deren Einverleibung neue Kräfte zu schöpfen schien. Ohne nach dem japanischen Nô-Stück zu fragen, hielt man dabei für ausgemacht, daß das, wogegen man sich auflehnte, aus jenem übernommen sei. So schrieb ein Kritiker[5], »das Einverständnis des Knaben mit seinem Schicksal« möge »im Umkreis der östlichen Kultur zwingend sein, *wir* aber sind nicht einverstanden, können nicht einverstanden sein« – obwohl das Motiv des Einverständnisses allererst von Brecht eingeführt wurde. Und selbst der Vergleich des ersten *Jasagers* mit dem deutschen *Tanikô*-Text Elisabeth Hauptmanns, der diesen Irrtum hätte verhindern können, erlaubt es nicht, von beiden gemeinsamen Elementen als solchen des »japanischen Mythos« zu sprechen. Denn Arthur Waleys Übertragung, die Elisabeth Hauptmann in vorbildlicher Treue wiedergibt, ist selber schon eine Bearbeitung. Waley hat darauf hingewiesen, daß er den Schluß des Stückes, die Auferstehung des Knaben, nicht übersetzt hat: die

---

5 H. Rosenberg, *Das Lehrstück und die Frage der ›proletarischen Musik‹*. In: *Musik und Gesellschaft* 1 (1930/31), H. 8, S. 249.

Peripetie wurde so zur Katastrophe, über deren »erzieherische Berechtigung« man in der öffentlichen Diskussion nach der Uraufführung in der Meinung stritt, sie sei das »Resultat des Mythos«[6]. Die Eingriffe Waleys sind aber nicht auf den Schluß beschränkt, seine Bearbeitung gibt auch von dem Brauch kein zutreffendes Bild. Das Gesetz, das einen Pilger, der auf der Reise krank wird, ins Tal hinabzuwerfen befiehlt, ist in seiner Grausamkeit weder sinnlos, noch beschränkt sich sein Sinn, wie dann im *Jasager,* auf die praktische Erwägung, daß die Reise fortgesetzt werden muß. Den Knaben nennt das Original nicht »krank«, vielmehr *von Krankheit gezeichnet.* Seine Erkrankung ist nicht der Grund, aus dem er die Reise nicht fortsetzen kann, sondern das Zeichen seiner Unreinheit, derentwegen er die Pilgerfahrt nicht fortsetzen darf.[7] Diese Motivation des buddhistischen Brauchs macht ihn für den heutigen Leser verständlicher und fremder in einem. Wenn Waley sie verschwieg, so darum, weil er das Nô seinen Lesern nahe bringen wollte. Die Nähe ermöglicht Einfühlung und ästhetischen Genuß, denen die spezifische Begründung des großen Brauchs gewiß im Wege gestanden hätte. Aber nicht nur ist Einfühlung sakralen Texten gegenüber unangebracht, die Wirkung von Waleys *Tanikô* auf Brecht und des ersten *Jasagers* auf gewisse Kreise läßt keinen Zweifel daran, daß neben der ästhetischen Rezeption auch ein Einverständnis mit dem mythisch-autoritären Gehalt des japanischen Stücks sich herstellen konnte. Das aber wäre nicht möglich gewesen, hätte das Gesetz seine präzise Motivation in der Waleyschen Fassung nicht eingebüßt. Indem der Bearbeiter seine Leser über den Sinn des Brauches im unklaren ließ – alle Motivationen im *Jasager* sind von Brecht hinzugefügt, ohne daß sie sich mit dem Brauch freilich vermitteln lassen –, konnte sich dessen scheinbare Sinnlosigkeit metaphysische Würde erschleichen und fand die Zustimmung derer, für die Härte und Opfer der Frage nach ihrem Sinn ohnehin nicht bedürfen. Der Irrationalismus jener Jahre, der, Thule Weimar vorziehend, wahllos

6 H. Boettcher, *Neue Musik Berlin 1930.* In: *Musik und Gesellschaft* 1 (1930/31), H. 5, S. 163.
7 Cf. H. Bohner, *Nô – Die einzelnen Nô.* Tôkyô 1956, S. 626.

bei den Sagen versunkener Völker Bestätigung suchte, fand auch am ersten *Jasager* Gefallen. »Wiederum hat der philosophische Gedanke, daß der Brauch den Menschen überdauert und überwindet, so allgemeinen Geltungswert, hat die Darstellung des Gedankens von unserem über das Erdhafte ins Metaphysische reichende Sein soviel Bedeutung, daß auch der Brechtsche Text allgemein annehmbar werden kann«, schrieb Siegfried Günther[8], zwei Jahre bevor die Überwindung des Menschen Wirklichkeit wurde. Brecht hatte seinen Irrtum schnell erkannt und in den beiden neuen Fassungen dem großen Brauch den Prozeß gemacht. Aber noch im Februar 1932, als der Neinsager seine Stimme längst erhoben hatte, erschien ein Aufsatz, dessen Verfasser sich für den ersten *Jasager* begeisterte, in dem »Einverständnis, consensus, und Opfer auch des Lebens für die leidende Mitwelt ... als schlichtester Brauch, der uns überkommen ist« »gegenwartsvernehmlich« gepredigt würden – vom zweiten *Jasager* und vom *Neinsager* die Brecht allein gelten ließ, nahm er keine Notiz.[9] Ein Jahr später durfte es Neinsager nicht mehr geben.

---

8 *Neue pädagogische Musik.* In: *Die Musik* 23 (1930/31), H. 7, S. 491.
9 K. Thieme, *Des Teufels Gebetbuch? Eine Auseinandersetzung mit dem Werke Bertolt Brechts.* In: *Hochland* 29 (1931/32), H. 5, S. 397-413.

IV
Celan-Studien

Poetry of Constancy –
Poetik der Beständigkeit

Celans Übertragung von Shakespeares Sonett 105

Shakespeares Sonett 105, ein Gedicht über die Tugenden seines jugendlichen Freundes und eines zugleich über das Dichten, das sie preist, endet mit dem Zweizeiler:

Fair, kind, and true, have often lived alone.
Which three till now, never kept seat in one.

Celans Übertragung dieses Sonetts mündet in die Verse:

»Schön, gut und treu« so oft getrennt, geschieden.
In Einem will ich drei zusammenschmieden.[1]

Schönheit, Güte und Treue sind die drei Tugenden, die der Dichter in den vorausgegangenen Quartetten seinem Freund bescheinigt und auf deren Ausdruck er sein Dichten, ja dessen Vokabular beschränken will. Während in diesen Strophen Shakespeare nicht nur von dem Freund, sondern auch von der eigenen Liebe und von den eigenen Liedern spricht, ist das Schlußcouplet ganz den drei Vorzügen gewidmet, denen in der Personifizierung ein Eigenleben verliehen wird. Doch dieses eigene Leben von Schönheit, Güte und Treue wird nur gesetzt, um deren Getrenntheit, welche bislang die Regel war, als nunmehr aufgehoben zu behaupten. Das *till now* der Dispersion von *fair, kind, and true* ist die Geschichte der Menschheit bis zum Auftritt jenes W. H., den der größte Teil von Shakespeares Sonetten besingt. Anderes sagen die beiden letzten Verse der Celanschen Übertragung. Der lange währenden Getrenntheit der drei »virtues« setzen sie nicht den Ort entgegen, an dem sie sich endlich zusammengefunden haben. Die Vereinigung von

---

[1] William Shakespeare, *Einundzwanzig Sonette*. Deutsch von Paul Celan. Frankfurt a. M. 1967 (= Insel-Bücherei Nr. 898), S. 35.

»Schön, gut und treu« verdankt sich nicht der Erscheinung des Freundes, sondern erst dem Werk, dem künftigen Werk des Dichters, der die drei *zusammenschmieden will*. Schweigen Shakespeares Schlußverse von dem Freund, so nur, um ihn mit dem unscheinbaren letzten Wort des Sonetts, einer Umschreibung für den, in dem *fair, kind, and true* gemeinsamen Wohnsitz genommen haben, durch die Negation des *never* hindurch, umso eindrücklicher zu beschwören. Celans *in Einem* dagegen, in dem der Dichter *»Schön, gut und treu« zusammenschmieden will*, ist nicht der Eine, den das Gedicht besingt, sondern das Eine, allenfalls des Bildes, das der Dichter von ihm zeichnet, wenn nicht das Eine des Gedichts, das seinen Gegenstand in sich hereingenommen hat. Freilich: Zu ausdrücklich spricht in den drei Quartetten des Shakespeareschen Sonetts der Dichter von seiner Arbeit (*my songs and praises, my verse, my invention* im jeweils dritten Vers der drei Quartette), als daß die emphatische Verschweigungstechnik des Schlußcouplets nicht die Deutung erlaubte, das *now*, vor welchem Zeitpunkt *fair, kind, and true* getrennt waren, sei zugleich das »Jetzt« von Shakespeares Dichten. Daß der Ort, an dem sich Schönheit, Güte und Treue vereinigen, ebenso der Freund wie das ihm geltende Gedicht sein kann, ist eine kunstvolle Ambiguität, die ihren Grund in dem Zusammenhang hat, den andere Gedichte des Sonettzyklus zwischen Freund und Gedicht stiften. Damit kontrastieren die Ausdrücklichkeit und das Pathos, mit denen in Celans Übertragung der Dichter das bei Shakespeare Beschriebene und nur als beschriebene Wirklichkeit mit dem Akt ihrer Beschreibung Verbundene in dem Bild des »Zusammenschmiedens« als Produkt allein seines Willens, als Werk erst seines Dichtens vindiziert.

Was die Celansche Fassung der beiden Schlußverse kennzeichnet, ist ein bestimmendes Moment seiner ganzen Übertragung von Shakespeares 105. Sonett:

Let not my love be called idolatry,
Nor my belovéd as an idol show,
Since all alike my songs and praises be
To one, of one, still such, and ever so.

Kind is my love to-day, to-morrow kind,
Still constant in a wondrous excellence,
Therefore my verse to constancy confined,
One thing expressing, leaves out difference.

Fair, kind, and true, is all my argument,
Fair, kind, and true, varying to other words,
And in this change is my invention spent,
Three themes in one, which wondrous scope affords.

Fair, kind, and true, have often lived alone.
Which three till now, never kept seat in one.[2]

Ihr sollt, den ich da lieb, nicht Abgott heißen,
nicht Götzendienst, was ich da treib und trieb.
All dieses Singen hier, all dieses Preisen:
von ihm, an ihn und immer ihm zulieb.

Gut ist mein Freund, ists heute und ists morgen,
und keiner ist beständiger als er.
In der Beständigkeit, da bleibt mein Vers geborgen,
spricht von dem Einen, schweift mir nicht umher.

»Schön, gut und treu«, das singe ich und singe.
»Schön, gut und treu« – stets anders und stets das.
Ich find, erfind – um sie in eins zu bringen,
sie einzubringen ohne Unterlaß.

»Schön, gut und treu« so oft getrennt, geschieden.
In Einem will ich drei zusammenschmieden.

---

[2] William Shakespeare, *The Sonnets*. Hrsg. John Dover Wilson. Cambridge 1966, S. 55.

Im ersten Quartett führt grammatische Aktivierung, obwohl auch die Übertragung nur den Freund im Blick zu haben scheint, den Akt des Dichtens in die Thematik ein. An die Stelle des Substantivs (*my songs and praises*) tritt die substantivierte Infinitivform des Verbs (*Singen, Preisen*). Wo im Original die Passivform *be called* steht (die Reihenfolge von v. 1 und 2 wird umgekehrt), spricht der Dichter in Celans Version – mit der Emphase der Wiederholung, der bei morphologischer Differenz (Präsens/Imperfekt) durchgehaltenen lexikalischen Identität (*treib/trieb*), mit der Emphase schließlich des Reims auf *zulieb* – von dem, was er selber tut.

Im zweiten Quartett rückt die Tätigkeit des Dichters in den Vordergrund, weil der Übersetzer dem schon bei Shakespeare personifizierten Vers sei's syntaktisch, sei's semantisch eine stärkere Aktivität zuschreibt und damit zugleich die Personifizierung des eigenen Werkes steigert, das so immer mehr an die Stelle der von Shakespeare besungenen Person tritt. (*Da bleibt mein Vers geborgen* für *my verse to constancy confined; schweift mir nicht umher* für *leaves out difference*.)

Das dritte Quartett schließlich fügt der Aktivierung, welche sich der in spezifischer Form erfolgenden Häufung von auf die Tätigkeit des Dichters bezogenen Verben verdankt (*Ich find, erfind* für *is my invention spent; zu bringen, einzubringen*) die semantische Spezifizierung hinzu: an die Stelle von *is all my argument*, einem Ausdruck ursprünglich der allgemeinen Rhetorik, tritt, die Wiederholungen in v. 11 und v. 12 vorbereitend, die Wendung *das singe ich und singe*.

Was so als Verlagerung des Akzents vom Besungenen auf den Akt des Singens, des Dichtens erscheinen könnte, ist aber mehr, ja anderes als bloß das »kühnere Exponieren« (wie Hölderlin im Zusammenhang seiner Sophokles-Übertragungen formuliert hat)[3] eines Motivs, das schon bei Shakespeare auftritt, aber den Motiven des *fair friend*[4] und der Liebe des Dichters zu ihm untergeordnet oder gar in deren Dienst gestellt ist. Das Verhält-

---

3 Brief vom 2. April 1804 an Friedrich Wilmans.
4 Sonett 104, v. 1.

nis von Celans Übertragung zum Original ist als Wandel des thematischen Interesses oder des Stils – als ein Wandel, der im Rahmen traditioneller Übersetzungstheorie zugleich den Ausschlag für ein Urteil über Treue und Gelingen dieser Übersetzung geben würde – nicht angemessen bezeichnet. Zwischen Übertragung und Original steht hier vielmehr der Wandel dessen, was in Benjamins Abhandlung über *Die Aufgabe des Übersetzers* die *Intention auf die Sprache* heißt.[5] Worin sich eine Übertragung vom Original unterscheiden nicht nur darf, sondern soll, ist die *Art des Meinens*.[6] Der Begriff des »Meinens« zielt auf die Struktur der Sprache, auf eine Relation, deren beide Glieder aber nicht verbindlich mit je einem Namen zu versehen sind, weil solche Namen immer schon eine je spezifische Relation beider, d. h. eine bestimmte Konzeption der Meinungsstruktur von Sprache implizieren. In dem Titel von Michel Foucaults Buch, das den historischen Wandel dieser Relation als den Wandel der epistemologischen Möglichkeitsbedingungen interpretiert, von denen die spezifischen historischen

---

5 Charles Baudelaire, *Tableaux Parisiens*. Deutsche Übertragung mit einem Vorwort über *Die Aufgabe des Übersetzers* von Walter Benjamin. Heidelberg 1923, S. XI ff. Wieder abgedruckt in: Charles Baudelaire, *Ausgewählte Gedichte*. Deutsche Übertragung mit einem Vorwort über *Die Aufgabe des Übersetzers* von Walter Benjamin. Frankfurt a. M. 1970 (= Bibliothek Suhrkamp Nr. 257), S. 14 ff. – »Intention« heißt in Benjamins Aufsatz nicht »Absicht«. Eher dürfte dem von ihm Gemeinten die folgende Umschreibung Fritz Mauthners entsprechen: . . . *der Begriff intentio [ging] im ganzen Mittelalter als Terminus noch nicht auf das Wollen, sondern nur auf das Erkennen, auf die Energie oder Anspannung beim Erkennen; bei den Scholastikern war ihr schlechtes Latein noch lebendig, sie hörten aus intentio noch die ursprüngliche Bedeutung heraus, die Metapher vom Bogenspannen und vom Richten des Pfeils, darum war ihnen intentio das Gerichtetsein der Aufmerksamkeit oder des Bewußtseins auf ein wahrgenommenes oder wahrzunehmendes Objekt.* (Fritz Mauthner, *Wörterbuch der Philosophie. Neue Beiträge zu einer Kritik der Sprache*. München und Leipzig 1910, Bd. 1, S. 584 f.) Der Begriff »Intention auf die Sprache« wird im folgenden insofern nicht im streng Benjaminschen Sinn verwendet, als er vom sprachtheologischen Hintergrund von Benjamins Denken abgelöst ist und Konzeptionen der neueren Linguistik in ihn eingegangen sind. »Intention auf die Sprache« ließe sich für die folgenden Ausführungen definieren als das Gerichtetsein des Bewußtseins auf die Sprache, d. h. als die allem Sprechen vorausliegende Sprachkonzeption; als die Art des Meinens, welche die Sprachverwendung prägt.
6 Ebd.

Formen der verschiedenen »sciences humaines« abhängen, heißen die beiden Teile des Verhältnisses schlicht *Les mots et les choses*.[7] Jeder weniger allgemeine Begriff würde die Feststellung einer gegebenen Art des Meinens präjudizieren, während doch die je verschiedene Art des Meinens die Geschichtlichkeit eines Sprachgebildes und damit das Erkenntnisziel der Philologie ausmacht.[8] Der historische Index einer Übersetzung gibt insofern den historischen Stand nicht bloß, ja primär überhaupt nicht der verwendeten Sprache, sondern der Sprachverwendung an: er verweist nicht so sehr auf eine bestimmte Sprachstufe als vielmehr auf eine bestimmte Sprachkonzeption. In der Differenz der Intention auf die Sprache, der Art des Meinens, von Original und Übersetzung hat Benjamin die Legitimität, ja die Notwendigkeit des Übersetzens gesehen, einer Differenz, die zugleich der Frage nach Treue oder Freiheit von Übersetzungen die Prämissen entzieht.

An dem Zweizeiler, der Shakespeares Sonett 105 im Original und in Celans Übersetzung beschließt, läßt sich bereits ablesen, in welcher Weise die Art des Meinens bei Celan von jener Shakespeares differiert:

Fair, kind, and true, have often lived alone.
Which three till now, never kept seat in one.

»Schön, gut und treu« so oft getrennt, geschieden.
In Einem will ich drei zusammenschmieden.

Das in beiden Fassungen gleicherweise Gemeinte ist das Auseinander der drei »virtues« sowie deren Vereinigung, die einander im antithetischen Bau des Zweizeilers gegenübergestellt

---

7 Paris 1966.
8 Vgl. Verf. *Über philologische Erkenntnis*, in: *Hölderlin-Studien, Schriften*, Bd. 1, S. 275, 22: *... gehört gerade die Historizität zu seiner* [des einzelnen Werks] *Besonderheit, so daß einzig die Betrachtungsweise dem Kunstwerk ganz gerecht wird, welche die Geschichte im Kunstwerk, nicht aber die, die das Kunstwerk in der Geschichte zu sehen erlaubt.*

werden. Worin sich die von Celan ins Werk gesetzte Intention auf die Sprache von der Shakespeareschen unterscheidet, kann aus den Mitteln abgeleitet werden, deren sich Celan zum Ausdruck der Dispersion wie des Gegensatzes zwischen ihr und der Vereinigung bedient. Übersetzt er *have often lived alone* mit *so oft getrennt, geschieden*, so ergänzt er den diskursiven Aussagemodus durch einen anderen, dessen poetische Energie die Diskursivität in den Hintergrund drängt. Denn was die traditionelle Stilkritik als emphatisch gebrauchte variierende Wiederholung begreifen würde (*getrennt, geschieden*), dient dazu, die Zäsuren zwischen »*Schön, gut und treu*« auf anderem als bloß lexikalischem Weg auszudrücken. Die neuere Linguistik hat auf den Begriff gebracht, was auch der Leser früherer Zeiten bei der Analyse seiner Rezeption einer Wortgruppe wie *getrennt, geschieden* müßte registriert haben können, wenn – und das ist die Frage – eine solche Wendung, eine solche Weise der Intention auf die Sprache, vor der Moderne überhaupt auftrat. Ist Verstehen von Sprache primär Unterscheiden, Registrieren von »distinctive features«, so ist *getrennt, geschieden* nicht so sehr variierende Wiederholung, denn vielmehr – als *ge-trennt, ge-schieden* gesprochen – die Verbindung, des gemeinsamen Präfixes *ge* mit den beiden verschiedenen, wenngleich synonymen Lexemen *trennt* und *schieden*. Das auf distinctio zielende, weil darauf angewiesene, Verständnis trifft auf das Gemeinte weniger im Wortsinn von Trennen und Scheiden denn in der Zäsur, welche kraft der Identität der Präfixe einerseits, der phonologischen Fastidentität (der Paronomasie) von *schieden* und seinem Reimwort *schmieden* andererseits das Wort *geschieden* in zwei Teile spaltet. In diesem Auseinander von *ge* und *schieden* wird das Auseinander von »*Schön, gut und treu*« metadiskursiv realisiert.

Ähnliches zeigen die Schlußreimpaare der englischen und der deutschen Fassung. Daß der Gegensatz des Originals *lived alone – kept seat in one* von der Übersetzung »zunächst« diskursiv wiedergegeben wird, nämlich in der Opposition von Trennen, Scheiden einerseits, Zusammenschmieden andererseits, soll nicht bezweifelt werden. Trotzdem steht fest, daß der

Gegensatz in der deutschen Version nicht nur durch lexikalische Mittel, sondern auch durch die Differenz zwischen *schieden* und *schmieden* vermittelt wird. Wie das distinguierende Verständnis *geschieden* nach *getrennt* als *ge-schieden* aufnimmt, so registriert es den Unterschied bei *geschieden* und *zusammenschmieden* als die winzige konsonantische Abweichung der Reimsilben *schieden* und *schmieden*. Die normative Identität der Reimwörter, die im Deutschen beim letzten betonten Vokal ihren Anfang nimmt (*-ieden*) wird durch den *sch*-Laut erweitert, zugleich aber durchbrochen durch die Abweichung, die mit dem zwischen den *sch*-Laut und die Reimsilbe (*-ieden*) eingefügten und vom *zusammen-* vorbereiteten *m*-Laut in *schmieden* gegeben ist. So besteht die metadiskursive Realisierung des Gegensatzes zwischen der Getrenntheit und der Vereinigung der drei »virtues« in der minimalen Verschiedenheit, in der Fastidentität von *schieden* und *schmieden*. Was den Gegensatz ausdrückt, ist dessen eigener Gegensatz: die Paronomasie. In der Reimstellung des Schlußcouplets verwendet, läßt sie die Sprache, jenseits von Bedeutung, den Gegensatz sprechen, nicht aussprechen (das wäre Rekurs auf den Wortsinn), und zwar mit umso größerem Nachdruck, als sie von der totalen Homonymie – außer durch den Kontext (*zusammen-*) – nur durch den Konsonanten *m* unterschieden ist.

Der hier dokumentierten Art des Meinens, die Celans Übertragung durchgehend prägt, steht bei Shakespeare eine gegenüber, die sich zwar ebenfalls der Möglichkeiten bedient, welche der Reim bietet, doch in anderer Weise. Schon bei Shakespeare wird der Gegensatz auf der Folie wenn nicht von Fastidentität, so doch von Verwandtschaft gezeigt, nämlich der von *alone* (aus »all one«) mit *one*. Was aber diese Kontrasttechnik von der Celanschen unterscheidet, ist nicht bloß, daß sie im lexikalisch-etymologischen Raum verbleibt und ihr damit die Möglichkeit der bestimmten Negation von Diskursivität, von Rekurs auf Wortsinn, verwehrt ist. Entscheidender ist, daß die etymologische Verwandtschaft von *alone* und *one* und mehr noch die Paradoxie, daß die Getrenntheit gerade mit einem Wort bezeichnet ist (*alone*), das ursprünglich die Steigerung jenes Wortes darstellt, welches für die Vereinigung einsteht (*one*), dem Gegensatz, der zum Ausdruck kommen soll und auf der diskursiven Ebene auch ausgedrückt wird, äußerlich ist: eine abstrakte Pointe manieristischer Herkunft. Dies festzuhalten, ist nicht etwa Kritik,[9] sondern bloß Hinweis auf eine bestimmte Art des Meinens, welche die Vorbedingung eines großen Teils der überlieferten Rhetorik bilden dürfte. Wie diese Intention auf die Sprache wohl seit Mallarmé durch eine andere ersetzt wird, so ist die in der Dichtung seit Mallarmé angewandte Rhetorik von der überlieferten (im buchstäblichen Sinn:) prinzipiell unterschieden. Auch dieses erst von wenigen wie Derrida[10] und Deguy[11] gesehene Faktum läßt sich am Vergleich von Shakespeares 105. Sonett mit der Übertragung, die Celan von ihm gegeben hat, ablesen.

Der im Sinn überlieferter Rhetorik kunstvollste Vers des Sonetts ist wohl der fünfte:

Kind is my love to-day, to-morrow kind.

Der Vers ist nach dem Schema des Chiasmus gebaut. Die Spiegelsymmetrie stellt *to-day* und *to-morrow* einander an der Mittelachse unvermittelt gegenüber und betont so die Antithese Gegenwart-Zukunft.[12] Indem aber die lexikalische Realisierung des chiastischen Satzbaus den Vers mit demselben Wort *kind* anheben und enden läßt, erlaubt sie ihm, auf der Beständigkeit zu insistieren, welcher der Zeitengegensatz nichts anhaben kann. Sowenig der Chiasmus dieses Shakespeareverses also bloßer Zierat ist, sosehr widerspricht er dem spezifischen Verhältnis von Sprache und »Gehalt«, wie es in Celans Übertragung dieses Verses vorliegt:

---

9 Die Fragestellung dieser Arbeit erlaubt es nicht, dem Sonett Shakespeares in einer von dessen eigenen Gegebenheiten her erfolgenden Analyse Gerechtigkeit widerfahren zu lassen.

10 Vgl. Jacques Derrida, *La double séance*. In: *Tel Quel* 41 (Printemps 1970) und 42 (Été 1970); jetzt in: *La dissémination*. Paris 1972.

11 Vgl. Michel Deguy, *Vers une théorie de la figure généralisée*. In: *Critique* 269 (Octobre 1969).

12 Vgl. Heinrich Lausberg, *Handbuch der literarischen Rhetorik*. München 1960, S. 361.

Gut ist mein Freund, ists heute und ists morgen.

Daß der Chiasmus des Shakespeareverses im Deutschen nachkonstruierbar ist, hat George gezeigt. Bei ihm heißt es:

Gut ist heut meine liebe · morgen gut ·[13]

Wenn Celan den Chiasmus aufgibt, so nur, um das, was dieser abstrakt, vermittelt durch Reflexion aussagen kann, von dem Satz selbst sprechen zu lassen: Beständigkeit. An die Stelle des antithetisch gebauten Verses, der erst als an sein Ende gekommener, im Rückblick der Synthesis,[14] Beständigkeit ausdrücken kann, fließt Celans Vers dahin, als folgte er unbedacht dem Lauf der Zeit, in welchem die Güte des Freundes so unverändert fortbesteht, wie das eine *ists* auf das andere folgt, so selbstverständlich, wie das *morgen* auf das *heute*. Wie wenig die Differenz zwischen Celans Übersetzung und dem Original mit dem Hinweis darauf gekennzeichnet ist, daß an die Stelle des Chiasmus die Wiederholung tritt, zeigt Celans deutsche Fassung des nächsten Verses:

und keiner ist beständiger als er.

Bei Shakespeare heißt er:

Still constant in a wondrous excellence.

Celan scheint den Chiasmus nachholen zu wollen, wenn er dem *Gut ist mein Freund* im folgenden Vers ein *keiner ist beständiger* antworten läßt. Aber nicht nur fehlt dem auf zwei Verse verteilten und nur Teile von ihnen betreffenden Chiasmus jene Antithetik, die erst als von der Wiederkehr des *kind* aufgehobene ein Zeichen des Gemeinten, der Beständigkeit, ist. Statt den einen Vers spruchhaft abzuschließen (*Kind is my love to-day,*

---

[13] Stefan George, *Werke*. München und Düsseldorf 1958, Bd. 2, 203.
[14] Vgl. Theodor W. Adorno, *Negative Dialektik*. Frankfurt a. M. 1966, S. 156 ff., ferner: *Parataxis. Zur späten Lyrik Hölderlins*. In: *Noten zur Literatur*, a.a.O., S. 471 ff.

to-morrow-kind), bestätigt der Chiasmus bei Celan vielmehr die Verbindung des einen Verses mit dem anderen, in welchem durch das einleitende *und* und durch die Wiederkehr des *ist* das beständige Dahinfließen seine Fortsetzung findet. Nicht der Verzicht auf die überlieferten rhetorischen Figuren unterscheidet also Celans Übertragung vom Original, sondern die veränderten Voraussetzungen, die andere Art des Meinens, die seiner Sprachverwendung im allgemeinen und seinem Gebrauch rhetorischer Figuren im besonderen immer schon vorausliegt, wiewohl sie erst aus der Performanz, aus dem Text, erschlossen werden kann. Darum kann auch die Textanalyse, welche nach diesen Voraussetzungen fragt, auf Stilkritik nicht verzichten, sowenig sie dabei stehen bleiben darf.

Wiederholung erscheint unter diesem Gesichtspunkt als die durchgehende Stilfigur von Celans Shakespeareübersetzung. Mit einem Hinweis auf das häufige Vorkommen von Wort- und Satzwiederholungen in seiner eigenen Dichtung wird zwar die ebenso plausible wie gern gehörte, darum auch noch nicht notwendig falsche, These bestätigt, er habe Shakespeare in die eigene Sprache übertragen, Celans Shakespeareübersetzungen seien Celangedichte. Doch wird damit der Blick auf die mögliche Differenz in der Sprachverwendung, in der Intention auf die Sprache verstellt, die bereits Benjamins Übersetzungstheorie als Differenz zwischen Original und Übersetzung postuliert.[15] Darum empfiehlt es sich, der Frage nach der spezifischen Art des Meinens in der Sprache von Celans Übertragung auch fernerhin durch den Vergleich mit dem englischen Sonett nachzugehen.

Bereits Shakespeares Text zeichnet sich durch eine große Zahl von Wiederholungen aus. Celan hat sie, wie »frei« er im übrigen auch verfährt, stets wiedergegeben. So übersetzt er in den beiden Eingangsversen die Korrespondenzen von *love-beloved* und *idolatry-idol,* wenngleich mit dem Unterschied, daß *zulieb,* die Entsprechung zu *lieb* (v. 1), erst am Schluß des ersten

---

15 Vgl. Benjamin, a.a.O., S. XIII bzw. S. 17.

Quartetts steht, von *trieb* (v. 2) als seinem Reimwort freilich vorbereitet. Diese Abweichung vom Parallelismus der beiden Eingangsverse erfolgt um einer variierenden Wiederholung in v. 2 willen (*was ich da treib und trieb*), die in ihrem Duktus und der ihm zugrundeliegenden Intention auf die Sprache an v. 5 erinnert (*Gut ist mein Freund, ists heute und ists morgen*). Ebenso behält Celan die leicht abwandelnde Wiederholung in den Versen 6 und 7 (*constant-constancy, beständiger-Beständigkeit*) und die strenge Wiederholung des *Fair, kind, and true* in den Versen 9, 10 und 13 bei. Eine letzte Wiederholung im Original wird von Celan noch verstärkt, indem er im Schlußvers des ersten Quartetts:

To one, of one, still such, and ever so

die, wie sehr auch abstrakte, Nennung des *fair friend* ein drittes Mal setzt:

von ihm, an ihn und immer ihm zulieb.

Wie in dem folgenden Vers, so hat solche Wiederholung der Shakespeareschen gegenüber nicht nur eine andere Qualität, sondern auch eine andere Funktion. Denn was Shakespeare in der zweiten Vershälfte als die Beständigkeit seines Dichtens mit *still* und *ever* diskursiv ausspricht, spricht der Celansche Vers außer in dem Wort *immer* auch als Vers. Im Gegensatz zu v. 4 bei Shakespeare (*To one, of one / still such, and ever so*) ist er nicht in zwei Teile gegliedert, sondern bildet eine Kontinuität, die sich sowohl der lexikalischen (*ihm-ihn-ihm*) als auch der vokalischen Periodizität (o-ī-a-ī-u-ī-e-ī-u-ī) verdankt. Beständigkeit ist hier wie in v. 5 kein bloß Gemeintes, sondern dem Vers selbst eigen. Insofern spricht Celans Sprache nicht von etwas, sondern selbst. Sie spricht von den Dingen und von der Sprache, indem sie, durch die Art, in der sie, spricht.

Darum ist bei Celan die Wiederholung – syntagmatische Realisierung des Beständigkeitsmotivs – nicht auf die Stellen beschränkt, deren ausdrückliches Thema die *constancy* ist, sondern prägt das Sonett als Ganzes. Hinter der Vielfalt der Ausdrücke des Originals, die nur indirekt auf dieses Thema verweisen, spürt der Übersetzer die selbe Beständigkeit auf und macht sie zum Gesetz seiner Sprache. So »übersetzt« er *my love* in v. 1:

Let not my love be called idolatry

indem er die im Wort *my love* implizierte Konstanz in der, die temporale und vokalische Abwandlung hindurch festgehaltenen, Gleichheit des Lexems »treib« (in v. 2) zum Sprechen bringt:

nicht Götzendienst, was ich da treib und trieb.

Das diskursive *all alike*, das die beiden Wörter *songs* und *praises* auf einen Nenner bringt, ersetzt Celan durch die gleichlautende Einführung der beiden Wörter:

All dieses Singen hier, all dieses Preisen.

Nicht minder deutlich ist seine Intention auf die Sprache, wenn er im dritten Quartett, nach dem identischen ersten Teil der beiden Eingangsverse, im jeweils folgenden zweiten Teil je ein Wort sich wiederholen und die Satzkonstruktion, ähnlich wie in v. 5 (*Gut ist mein Freund, ists heute und ists morgen*), davon bestimmen läßt:

Fair, kind, and true, is all my argument,
Fair, kind, and true, varying to other words,

»Schön, gut und treu«, das singe ich und singe.
»Schön, gut und treu« – stets anders und stets das.

An die Stelle des schon von der Wortwahl her an die diskursive, räsonierende Sprache gemahnenden *argument* und dessen nicht minder logischer Bestimmung *all* setzt Celan die hartnäckige

Wiederholung seines Tuns. Wenn auf das *das singe ich,* worin der Satzinhalt von *is all my argument* noch keineswegs beachtet ist, ein *und singe* folgt, so sagt die Wiederholung nicht nur, was im Original das Wort *all* ausdrückt, sondern durch die Reduktion von *das singe ich* auf *singe,* durch den Wegfall also von Objekt wie Subjekt, tritt das Tun des Dichters gleichsam hypostasiert hervor – ein Tun, das mit dem Gedicht, statt dessen Gegenstand zu sein wie bei Shakespeare, zusammenfällt.

Kennzeichnender noch ist die Wiedergabe von *varying to other words* durch *stets anders und stets das. Varying* heißt »diversifying by change«[16], »restating in different words«[17]. Der Ausdruck, ein rhetorischer Terminus, setzt voraus, daß Wort und Sinn unterschieden, daß sie unterscheidbar sind. Nur deshalb kann dasselbe mit verschiedenen Wörtern bezeichnet werden, nur darum ist es möglich, die Wörter zu variieren, ohne von dem Gemeinten zu lassen. Celans Intention auf die Sprache darf hingegen als die bestimmte Negation dieser sprachtheoretischen Prämisse verstanden werden. Was der traditionellen Rhetorik als ein Stilmittel gilt, dessen Möglichkeitsbedingung ihren Vertretern gar nicht bewußt sein mag, wird von Celan hier als Paradoxie erkannt und als solche in den Vers eingesetzt: *stets anders und stets das.* Die Stetigkeit spricht nicht bloß aus dem *stets,* sondern mehr noch aus dessen Wiederholung. Die Verschiedenheit daraus, daß auf das *anders* ein *das* folgt. Die Paradoxie aber ist festgehalten nicht nur, weil der Widerspruch zwischen dem *stets* einerseits, dem *anders* und dem *das* andererseits keine Auflösung findet, sondern nicht minder dadurch, daß an die Stelle der Antwort auf die mögliche Frage »*anders* als was?« ein bekräftigendes *das* tritt, welches, obwohl vom selben *stets* eingeleitet, mit dem *anders* inkompatibel ist.

Die gleiche Absage an die überlieferte Sprachkonzeption, derzufolge verschiedenen signifiants dasselbe signifié entsprechen kann, ja die Absicht, eine Unterscheidung von signifiant und signifié zu negieren, geht aus der Übersetzung hervor, die Celan

---

16 Alexander Schmidt, *Shakespeare-Lexicon.* 5. Aufl. Berlin 1962, Bd. II, S. 1310.
17 Gerald Willen und Victor B. Reed (Hrsg.), *A Casebook on Shakespeare's Sonnets.* New York 1964, S. 107.

dem nächsten Vers des Shakespearesonetts gegeben hat. Darin wird der *change*, die Auswechslung des Wortes bei gleichbleibendem Gemeinten, deren Voraussetzung eben jene Sprachkonzeption bildet, beim Namen genannt:
And in this change is my invention spent.
Celan weigert sich ebenso, die Möglichkeit solcher Austauschbarkeit von Wörtern zu konzedieren, wie er es zu vermeiden weiß, die spezifische Tätigkeit und Fähigkeit des Dichters mit einem Wort zu bezeichnen, hinter welchem der aus der Rhetorik vertraute Terminus der »inventio« steht. An die Stelle von Bezeichnung tritt Sprechen: *Ich find, erfind.* Es ist eine der sprachlich kühnsten Stellen von Celans Version, überboten vielleicht nur noch von dem, was darauf unmittelbar folgt. Denn anders als in den Wendungen *Gut ist mein Freund, ists heute und ists morgen* und *das singe ich und singe* spricht aus der Wiederholung des Verbums, des Wortes für die Tätigkeit, nicht nur deren Konstanz. Die Stelle *Ich find, erfind* ist auch nicht zureichend begriffen, wenn man die Erweiterung des *find* in der Wiederholung (*erfind*) als nachgeholte Übersetzung von *invention* oder als Ersatz für jenes Moment des *change* deutet, das Celan weder ausdrücklich nennen, noch als Variationsmöglichkeit einräumen will. Er ist freilich auch das. Zugleich wird aber in *Ich find, erfind* – nicht anders, obwohl ungleich kühner, als in v. 2: *was ich da treib und trieb* – die Kulisse der Sprachperformanz, der parole, durchlöchert und der Blick auf das Gestänge des Sprachsystems, der langue, freigegeben. Was man erblickt, sind Teile des Konjugationsparadigmas, das eine Mal unter dem Gesichtspunkt des tempus (*was ich da treib und trieb*), das andere Mal unter dem der Person: *ich find, erfind* (= er findet). Freilich ist zuzugeben, daß diese Lektüre im ersten Fall nicht zwingend ist (der Wechsel des tempus bei lexikalischer Konstanz des Verbs hat seine eigene Funktion, von der schon die Rede war), erst vom zweiten Fall (*Ich find, erfind*) her erscheint er in diesem Licht. Die Interpretation im zweiten Fall setzt dagegen voraus, daß das Präfix »er-« in dieser Stellung die Konnotation des Personalpronomens »er« hat. Daß dem so ist, wird man vielleicht bezweifeln. So sei denn einerseits darauf

hingewiesen, daß in der Abfolge *Ich find, erfind,* wie in v. 13 (*getrennt, geschieden*) das auf die »distinctive features« achtende, ja durch sie bedingte Verständnis das Präfix »er-« im Gegensatz zur üblichen Aussprache betonen wird, wodurch erst die Möglichkeit der zweiten Bedeutung (Personalpronomen »er«) entsteht. Andererseits kann an Stellen aus Celans eigener Lyrik erinnert werden, in denen offensichtlich Paradigmenbruchstücke der langue in die parole eingesprengt sind, so in dem Eingangsgedicht von *Die Niemandsrose*:

Ich grabe, du gräbst, und es gräbt auch der Wurm,
und das Singende dort sagt: Sie graben.[18]

Der Sinn dieser Infragestellung der parole durch die Einführung un- oder nur teilweise aktualisierter faits bruts aus der langue – einer Technik, die der neuesten Lyrik, der sogenannten konkreten, konstitutiv ist – wird sich erhellen, sobald Celans spezifische Intention auf die Sprache, wie sie aus den analysierten Beispielen immer deutlicher hervortritt, in ihrer Motivation erkannt ist. Darauf dürfte nicht zuletzt die Analyse der letzten noch nicht beachteten variierenden Wiederholung führen. Nachdem Shakespeare zu Beginn des dritten Quartetts gesagt hat, er wolle das *Fair, kind, and true,* welches das einzige Thema seines Dichtens sei, bloß mit wechselnden Wörtern ausdrücken, heißt es:

And in this change is my invention spent,
Three themes in one, which wondrous scope affords.

Celan übersetzt:

Ich find, erfind – um sie in eins zu bringen,
sie einzubringen ohne Unterlaß.

Die Stelle *sie in eins zu bringen, / sie einzubringen* dürfte jene sein, an der Celans Übersetzungsverfahren am meisten sich

18 Paul Celan, *Die Niemandsrose*. Frankfurt a. M. 1963, S. 9.

exponiert, das meiste sich herausnimmt: hier mehr als anderswo in seiner deutschen Version des Shakespearesonetts wird darum die spezifische Intention auf die Sprache erkennbar, die dieser Übertragung im ganzen zugrunde liegt. Sowenig Celan dem Dichter erlaubt, daß er von seiner Inventionsgabe spreche, sowenig darf dieser bei ihm den Spielraum seines Dichtens (*scope*) erwähnen oder ihn gar als *wondrous* kennzeichnen. An die Stelle davon treten die beiden Halbverse: *um sie in eins zu bringen, / sie einzubringen*. Sie haben ihren jeweiligen Satzinhalt, der umschrieben werden kann. Das Ineinsbringen, als Übersetzung von *Three themes in one*, wäre zu verstehen als die Vereinigung von »*Schön, gut und treu*« – als die poetische Mimesis jener Vereinigung, die im Freund verkörpert ist. Die *Three themes* sind *One thing* (v. 8). Celan nennt freilich nur das Moment des Einen, des Einens, nicht auch die Dreiheit der bei Shakespeare als vorgegeben erscheinenden Realität. Und sein *sie* verweist auf das »*Schön, gut und treu*«, das, anders als in mancher kritischen Ausgabe, auch im mit abgedruckten englischen Text jedesmal in Anführungszeichen steht,[19] als Zitat, als ein Verbales also, nicht als ein Reales. So schwindet bei Celan, was bei Shakespeare der, wie sehr auch fiktive, fiktionalisierte, Ausgangspunkt der poetischen Tätigkeit ist, in doppelter Hinsicht: sowohl in seiner Dreiheit wie auch als Moment der Realität. – *Sie einzubringen* läßt sich nicht als Übersetzung einer bestimmten Stelle im Original verstehen. Gemeint ist wiederum der Akt des Dichtens. Als Metapher wäre die Formulierung in der Imagerie der Ernte, der Lese, anzusiedeln. Nimmt man als die Entsprechung des implizierten Wohin des Einbringens das Gedicht, so könnte die Auflösung der Metapher »Ins Werk Setzen« heißen. Aber solche analysierende und zurückübersetzende Lektüre wird überflutet durch die Welle, die von der Paronomasie *sie in eins zu bringen, / sie einzubringen* ausgeht. Zum Unterschied vom Reimpaar des Schlußcouplets (*schieden*

---

19 Der in dem Band der Insel-Bücherei mit abgedruckte englische Text stellt nicht Celans Vorlage dar und ist auch nicht von ihm dem Verlag zur Verfügung gestellt, wohl aber überprüft und gutgeheißen worden. (Nach freundlicher Auskunft von Herrn Klaus Reichert.)

/ *schmieden*) ist die Paronomasie hier nicht auf einen Wortteil beschränkt, sie umfaßt ein ganzes Syntagma. Ferner unterscheidet sich die Sequenz *sie in eins zu bringen, / sie einzubringen* von jener anderen Paronomasie dadurch, daß sie nicht in Endreimstellung steht, die Übereinstimmung der Laute also von keinem Schema getragen wird: unvorbereitet überfällt sie den Leser. Diese Unterschiede bilden indessen nur die Voraussetzungen für die entscheidende Differenz, die das Spezifische der Stelle erkennen läßt und damit zugleich die besondere Motivation von Celans Intention auf die Sprache, von der diese seine Übersetzung insgesamt zeugt.

Reimt Celan *zusammenschmieden* auf *geschieden*, so nähert er zwei signifiants, die nicht nur verschiedene, sondern gegensätzliche signifiés haben (trennen-einen), einander an. Er drückt die Opposition mehr noch oder doch nicht minder als durch den semantischen Gegensatz e contrario, durch die phonologische Fastidentität, die Paronomasie, aus. Schon damit unterläuft er die normative Konzeption von der jeweiligen Zuordnung der signifiés zu den signifiants, welche deren Verschiedenheit zu spiegeln haben. (Die Polysemie ist ebenso das Skandalon der Semiotik, wie sie die Grundtatsache der Poetik ist.) Im Gegensatz nun zur Paronomasie des Schlußreims wird die Paronomasie der beiden Syntagmata *sie in eins zu bringen* und *sie einzubringen* bestimmt nicht bloß durch die partielle Differenz der signifiants *eins* und *ein* (= hinein), sondern ebenso durch die Identität der signifiés, sofern die Saussuresche Unterscheidung im Rahmen von Celans Sprachverwendung, welche die der modernen Lyrik seit Mallarmé zu sein scheint, überhaupt noch sinnvoll und angebracht ist.[20] Sowenig »Ineinsbringen« und »Einbringen« dasselbe bedeuten, sowenig Vereinen und Ins-Werk-Setzen sonst eines sind, so sehr ist für Celan Ins-Werk-Setzen Vereinen. Das verrät in dieser Stelle die Paronomasie darauf deutet die Sonettübertragung insgesamt. Was hier an der Tag tritt, ist Celans Intention auf die Sprache, ist die Poetik

20 Vgl. Derrida, a.a.O., ferner: *Sémiologie et grammatologie*. In: *Information sur le sciences sociales*, 7 (3), 1968 *(Recherches Sémiotiques)*.

dieser seiner Übersetzung. Deren Programm ist in dem Vers formuliert, der Shakespeares Vers:

Therefore my verse to constancy confined,
mit:
In der Beständigkeit, da bleibt mein Vers geborgen,
wiedergibt. Beständigkeit, das Thema von Shakespeares Sonett, wird für Celan zu dem Medium, in welchem sein Vers sich aufhält, das seinen Vers aufhält,[21] zur Beständigkeit zwingt. Beständigkeit wird zum Konstituens des Verses, statt daß der Vers sie, wie der Shakespearesche, besingen, mit wechselnden Ausdrücken beschreiben würde. Celans Intention auf die Sprache, in seiner Übertragung von Shakespeares 105. Sonett, ist die Realisierung der Beständigkeit im Vers.[22]

So zahlreich die bislang gegebenen Beispiele für die Wiederkehr des Gleichen, für die Schaffung von Ähnlichkeiten, die sich dem Wandelschaffenden des Zeitablaufs in den Weg stellen, schon sind: ihre Aufzählung ist noch nicht am Ende. Beständigkeit wird auch auf anderen Sprachebenen als den bislang betrachteten realisiert. So versagt sich hier Celan – im Gegensatz zu seiner eigenen Lyrik, im Gegensatz auch zu anderen seiner Übersetzungen von Sonetten Shakespeares, nicht anders freilich als dieser selbst – das Mittel des Enjambements. Wo eines bei Shakespeare angenommen werden könnte:

Since all alike my songs and praises be
To one, of one, still such, and ever so.

fügt Celan einen Doppelpunkt ein, um die Versgrenze zu markieren:

All dieses Singen hier, all dieses Preisen:
von ihm, an ihn und immer ihm zulieb.

[21] Vgl. Anm. 26.
[22] Es wäre zu untersuchen, welche Funktion diesem Programm (oder Experiment) einer Poetik der Beständigkeit im Rahmen von Celans eigener Lyrik und von deren Entwicklungsgeschichte zukommt.

Oder er ersetzt ein Komma (bzw. einen Gedankenstrich)[23] durch einen Punkt, und macht so aus den anaphorisch aneinandergebundenen Versen 9 und 10 zwei nebeneinanderstehende:

Fair, kind, and true, is all my argument,
Fair, kind, and true, varying to other words,

»*Schön, gut und treu*«*, das singe ich und singe.*
»*Schön, gut und treu*« *– stets anders und stets das.*

Schließt dieses Verspaar im Original mit einem Komma (keines der drei Quartette Shakespeares besteht aus mehr als einem einzigen Satz), so unterbricht Celan diese Strophe wie schon die erste und zweite und wie zuletzt auch den Zweizeiler durch einen Punkt. Einzig in jenen Versen, die auf die eben zitierten folgen und welche die exponierteste Stelle der ganzen Übersetzung bilden, ließe sich die am Versende nicht haltmachende paronomastische Sequenz *um sie in eins zu bringen, / sie einzubringen* als Enjambement begreifen, als eines freilich, das wegen der inneren Wiederholung von selber sich aufhebt. Die syntaktische Beständigkeit, die gleichmäßige Wiederkehr der Verseinheiten als einzelner Sätze geht indessen weiter, und zwar auch in Abweichung vom Original, ja in bestimmter Negation von dessen Sprachduktus. Was schwindet, ist die syntaktische Unterordnung, die Hypotaxe. Ineins damit schwindet der argumentierende, der logische Stil. An den Gelenkstellen der Quartette und des Couplets stehen bei Shakespeare sei es kausale Konjunktionen (bzw. Adverbien):
v. 3 *Since all alike my songs and praises be*
v. 7 *Therefore my verse to constancy confined,*
sei es die konsekutiv verwendete Konjunktion *and*:
v. 11 *And in this change is my invention spent,*
oder ein Relativpronomen:
v. 14 *Which three till now, never kept seat in one.*
Alle diese verbindenden Wörter werden von Celan eingezogen. Die Sätze sollen nicht aufeinander verweisen oder gar einer dem

---

23 Vgl. Anm. 19.

anderen subordiniert sein. Celans Übersetzung ist durchgehend vom Prinzip der Parataxis geprägt, im wörtlichen Sinn wie auch in einem erweiterten, der ähnlich jenem ist, den Adorno im Zusammenhang von Hölderlins später Lyrik eingeführt hat.[24] Auch die Schärfe der Gliederung der vierzehn Verse in drei Vierzeiler und einen Zweizeiler wird von Celan abgeschwächt, obwohl er die Quartette – entsprechend der italienischen Sonettform – typographisch voneinander absetzt[25] und das Reimschema beibehält. Denn im Gegensatz zum Sonett Shakespeares ist hier jedes Quartett durch den Satzbau bzw. die Interpunktion in der Mitte entzweigeteilt. Celans Quartette nähern sich dadurch, trotz dem Reimschema, einer Folge von Zweizeilern an, während sich sein Schlußzweizeiler, durch die gleiche syntaktische Zweiteilung, den Quartetten angleicht. Statt der ungleichen Einheiten (drei Quartette und ein Zweizeiler), die in sich durch die Beziehung der Satzteile aufeinander (kausaler Konnex zwischen den Strophenhälften in I und II, konsekutiver in III) hypotaktisch strukturiert sind (auch wenn es im strengen Wortsinn keine Nebensätze sind wie in II und III) und als hypotaktisch strukturierte ihrerseits Ungleichheit implizieren, reiht sich in Celans Übertragung Vers an Vers, jeder eine Einheit, wenn nicht autonom, so doch um vieles weniger heteronom als seine Entsprechung im Original. Sowenig es auf der semantischen und phonologischen Ebene Wechsel, Differenz, Mannigfaltigkeit geben soll, so sehr ist Celans Sprache bestrebt, auch syntaktisch Beständigkeit zu realisieren – in dieser Übertragung mehr als in jeder anderen.

Was als Celans Intention auf die Sprache an seiner deutschen Fassung von Shakespeares 105. Sonett abzulesen ist, darf nicht

---

24 Vgl. den Nachweis in Anm. 14. Parataxis zielt bei Hölderlin freilich auf die Isolierung des Wortes, während sie bei Celan, zumindest in dieser Übertragung, mehr das Verhältnis der Verse bzw. der Sätze zueinander betrifft. In Celans eigener Lyrik spielt die auf die einzelnen Wörter bezogene Parataxis eine entscheidende Rolle.
25 Vgl. Anm. 19. Die typographische Trennung der Quartette erfolgte wohl, damit Original und Übertragung in der zweisprachigen Ausgabe einander zeilenweise gegenüberstehen.

vorschnell verallgemeinert werden. Die Untersuchung galt einem einzigen Sonett. Aber die Realisierung von Beständigkeit im Vers, die als Ergebnis dieser Analyse festzuhalten ist, stellt keine bloße Eigentümlichkeit dieser einen Übertragung dar. Vielmehr stimmt sie überein mit dem, was Roman Jakobson als die Funktion der poetischen Sprache definiert hat: *The poetic function projects the principle of equivalence from the axis of selection into the axis of combination. Equivalence is promoted to the constitutive device of the sequence.*²⁶ Jakobsons Definition beschreibt nicht ein Gedicht, sondern nennt das Prinzip, an dem sich die im strengen Wortsinn poetische Sprachverwendung orientiert. Dieses Prinzip kann nie ganz sprachliche Realität werden, wenn anders das Gedicht nicht tautologisch sein, wenn es etwas sagen soll. Kommt Celans Übertragung von Shakespeares 105. Sonett dem Grenzwert durchgängiger Realisierung des Äquivalenzprinzips in der syntagmatischen Abfolge näher als jedes Gedicht zuvor (sieht man einmal von der »konkreten« Dichtung ab), so nicht, weil Celans Gedicht – und seine Übertragung ist eines – poetischer wäre als andere Gedichte von ihm und als Gedichte anderer (dies folgern hieße Jakobson mißverstehen), sondern weil Beständigkeit das Thema seines Gedichts, seiner Übersetzung ist. Sie ist es freilich schon bei Shakespeare, von dessen Sonett das eben Gesagte keineswegs gilt. So ist man ein letztes Mal zurückverwiesen auf die Differenz zwischen Original und Übertragung, zwischen Shakespeares und Celans Intention auf die Sprache.

Constancy ist das Thema von Shakespeares Sonett, insofern es

---

26 Roman Jakobson, *Linguistics and Poetics*. In: Thomas A. Seboek (Hrsg.), *Style in Language*. Cambridge, Mass. 1960, S. 358. – Die Äquivalenzen stehen in der poetischen Sequenz dem Zeitablauf entgegen. Vielleicht ist es kein Zufall, daß den Gegenstand sowohl der wichtigsten Gedichtinterpretationen Jakobsons als auch des hier vorgelegten Versuchs Sonette bilden: *Le sonnet est fait pour le simultané. Quatorze vers simultanés, et fortement désignés comme tels par l'enchaînement et la conservation des rimes: type et structure d'un poème stationnaire.* (Paul Valéry, *Tel Quel*. In: *Œuvres* (Pléiade). Paris 1960, t. II, S. 676.) – Das Konjugationsparadigma, von dem im Zusammenhang der Stellen *was ich da treib und trieb* und *Ich find, erfind* die Rede war, erweist sich im Rahmen von Jakobsons Definition der »poetic function« als ein Spezialfall dessen, was in der neueren Linguistik »Paradigmatik« heißt.

davon handelt. Shakespeare behauptet und preist die Beständigkeit seines *fair friend*, er beschreibt das eigene Dichten, dessen Gegenstand einzig die Beständigkeit des Freundes und deren Verherrlichung sein soll. Beständigkeit ist zugleich als das Mittel gedacht, dessen sich die Verherrlichung dieser Tugend bedient:

Therefore my verse to constancy confined,
One thing expressing, leaves out difference.

Aber noch als Tugend des Dichtens ist *constancy* Gegenstand des Gedichts. Nur in der anaphorischen (und insofern rhetorisch konsakrierten) Wiederholung von *Fair, kind, and true* geht Beständigkeit in die Sprache selbst ein.
Anders bei Celan. Konsequent läßt er die Stellen unübersetzt, in denen Shakespeare das eigene Gedicht, den eigenen Stil, das Ziel seines Dichtens beschreibt, oder er übersetzt sie so »frei«, daß sie nicht mehr davon zu handeln scheinen:

Since all alike my songs and praises be
All dieses Singen hier, all dieses Preisen:

Therefore my verse to constancy confined,
One thing expressing, leaves out difference.

In der Beständigkeit, da bleibt mein Vers geborgen,
spricht von dem Einen, schweift mir nicht umher.

Fair, kind, and true, is all my argument,
Fair, kind, and true, varying to other words,
And in this change is my invention spent
Three themes in one, which wondrous scope affords.

»Schön, gut und treu«, das singe ich und singe.
»Schön, gut und treu« – stets anders und stets das.
Ich find, erfind – um sie in eins zu bringen,
sie einzubringen ohne Unterlaß.

Nicht mehr läßt Celan den Dichter von seinem *argument*, seiner *invention*, seinem *scope* sprechen, sondern sein Vers ist so gefügt, wie es dieses Thema und diese Absicht verlangen. Celan läßt den Dichter nicht behaupten, sein Vers lasse Unterschiede aus, sondern er läßt ihn eine Sprache sprechen, in der Unterschiede ausgelassen sind. Aus der Konzeption, welche die Symbolisten von der Poesie hatten, die sich selbst zum Gegenstand wird, sich selbst als Symbol beschwört und beschreibt, hat Celan in der Nachfolge des späten Mallarmé wie als Zeitgenosse und aufmerksamer Beobachter der modernen Linguistik, Sprachphilosophie und Ästhetik die Konsequenz gezogen. In der Übertragung eines Gedichts, dessen Gegenstand jene Beständigkeit ist, die nach der Definition Jakobsons als von der Achse der Paradigmatik, der sie konstitutiv ist, auf die Achse der Syntagmatik projizierte in dieser die poetische Sequenz von der prosaischen unterscheidet, hat er – vielleicht ohne Jakobsons Theorem zu kennen – an die Stelle des traditionellen symbolistischen Gedichts, das von sich selber handelt, das sich selbst zum Gegenstand hat, ein Gedicht gesetzt, das von sich selbst nicht mehr handelt, sondern es ist. Ein Gedicht, das nicht mehr von sich selbst spricht, sondern dessen Sprache in dem *geborgen* ist, was es seinem Gegenstand, was es sich selber zuschreibt: *in der Beständigkeit*.[27]

---

27 Die vorstehende Analyse galt Celans Intention auf die Sprache. Sie wäre zu ergänzen durch die seines Sprachgestus. Eine solche Analyse hätte besonders Wendungen wie *den ich da lieb, was ich da treib, all dieses Singen* auf ihren Ausdruckswert, auf ihren Ton zu befragen. Dabei könnte sich zeigen, daß Celan mit diesen sprachlichen Mitteln nicht allein die kontemplative Distanz des Melancholikers zu sich selbst und zum Objekt seiner Liebe ausdrückt – und als ein Melancholiker darf das in Shakespeares Sonetten sprechende Ich mit Fug bezeichner werden –, sondern zugleich die Distanz zum Moment der Subjektivität als solcher, von der sich Celan um der Objektivität des nur noch sich selbst geltenden Gedichts willen abwendet. Diese Objektivität wird von einer nicht mehr darstellenden (repräsentierenden) Sprache, wie der hier versuchten, gebildet. Aber auf das Ich, das sich diese Aufgabe stellt, fällt im Schlußvers (*In Einem will ich drei zusammenschmieden*) dennoch grelles Licht, im Gegensatz nicht nur zu dem hinter den Melancholieschleier entrückten Ich, das *da* liebt, sondern auch zu der programmatischen Objektivität des Gedichts.

Durch die Enge geführt
Versuch über die Verständlichkeit des modernen Gedichts

[1, 1] *VERBRACHT ins*
 Gelände
 mit der untrüglichen Spur:

Mit den ersten Worten des Gedichts, das Celan 1958 schrieb, beginnt die Schwierigkeit des Verständnisses, zugleich aber auch die Möglichkeit, zu erkennen, daß die traditionellen Mittel der Lektüre versagen. Zumal wenn sie auf Texte angewendet werden, die man als dunkel bezeichnet, verfälschen sie die Lektüre wie den gelesenen Wortlaut. Man fragt sich zwangsläufig, doch zu Unrecht bei diesen ersten Versen von *Engführung*, was mit dem *Gelände / mit der untrüglichen Spur* gemeint sei. Gewiß ist man zunächst versucht, wie üblich Parallelstellen heranzuziehen, ein Verfahren, nach dem man die Verse *Gelände / mit der untrüglichen Spur*, deren Sinn man nicht kennt, mit anderen Versen aus Celans Werk vergleicht, die man schon zu verstehen glaubt und in denen eben einer dieser Ausdrücke vorkommt. Spräche selbst, was an sich fragwürdig ist, etwas für die Annahme, daß dieselbe Wendung an verschiedenen Stellen auch dieselbe Bedeutung hat, ja schiene selbst das Verständnis, das an der einen Stelle gesichert scheint, den Sinn des Verses, den man zu verstehen sucht, zu erläutern, so wird dieser doch klar, ohne daß man ihn verstanden hätte, denn was die Worte bedeuten, ergibt sich gerade erst durch den besonderen Gebrauch, der sich zunächst dem Verständnis entzieht. Fürs erste muß daher die Frage, was denn mit der *untrüglichen Spur* gemeint sei, der Feststellung weichen, daß in diesen drei ersten Versen nicht gesagt wird, was die *untrügliche Spur* ist, wenngleich die wiederholte Verwendung des bestimmten Artikels voraussetzt, der Leser wisse schon, um welches *Gelände* und welche *Spur* es sich handelt. Und darum ist am Beginn von *Engführung* weniger der (mögliche) Sinn der verwendeten

Wörter von Bedeutung als der Umstand, daß der Leser in einen Kontext geführt wird, den er nicht kennt, und in dem er dennoch wie jemand behandelt wird, der ihn kennt, genauer: wie jemand, der nicht wissen darf. Der Leser ist von Anfang an *verbracht* – in eine fremde und fremdartige Gegend. Ob dieser Ort das *Gelände / mit der untrüglichen Spur* ist, weiß man nicht, man weiß es noch nicht. Soviel aber hat sich bereits gezeigt: würden diese Verse präzisieren, um was es geht, so wäre der Leser nicht in der Lage, sich zu fragen, ob er nicht selbst gemeint sei. Wiederum muß also an die Stelle der Frage, von wem denn gesagt werde, er sei *verbracht ins / Gelände / mit der untrüglichen Spur,* die Feststellung treten, daß es nicht gesagt wird, und daß eben dadurch, daß es ungesagt bleibt, der Leser annehmen kann, es ginge (auch) um ihn. So läßt *Engführung* gleich zu Anfang den Leser verstehen, daß er vom Dichter nicht angesprochen wird (wie es oft tatsächlich der Fall ist), und daß er auch nicht Gegenstand des Gedichts ist; vielmehr wird er derart ins Innere des Textes versetzt, daß es unmöglich wird, zwischen dem, der liest, und dem, was er liest, zu unterscheiden; das lesende Subjekt fällt zusammen mit dem Subjekt des gelesenen Gedichts.

Die drei Verse, die die erste Strophe bilden, enden mit einem Doppelpunkt. Der Leser ist so darauf vorbereitet, in den folgenden Versen zu erfahren, was er noch nicht weiß, und was nicht zu wissen, die Lektüre des Beginns von *Engführung* gerade zum Inhalt hat.

[1, 2] *Gras, auseinandergeschrieben. Die Steine, weiß,*
mit den Schatten der Halme:

Grammatikalisch wäre ein Verständnis denkbar, nach dem das *Gras* selbst, dies *Gras, auseinandergeschrieben verbracht* ist *ins / Gelände / mit der untrüglichen Spur*. Man wird sich kaum dafür entscheiden, aber es ist möglich, das heißt: wiederum durch eine Doppeldeutigkeit stellt sich die Verbindung zwischen den beiden ersten Strophen her. *Gras, auseinanderge-*

schrieben – ist dies das *Gelände / mit der untrüglichen Spur* oder ist es das, was dorthin *verbracht* ward? Die Ambiguität ist nicht Mangel noch bloßes Stilmittel, sondern die Struktur des poetischen Textes selbst.

Der Leser wird in den Versen 4 und 5 mit einer Beschreibung des *Geländes / mit der untrüglichen Spur* konfrontiert: *Gras, auseinandergeschrieben. Die Steine, weiß, / mit den Schatten der Halme.* Die Szenerie ist eine Landschaft, aber eine, die beschrieben wird als eine geschriebene: das *Gras* ist *auseinandergeschrieben*. Eine traditionelle Textauslegung, der traditionellen Rhetorik verhaftet, würde zweifellos sagen, das Gras der Landschaft werde mit Buchstaben verglichen, und die Analogie zwischen dem einen und den anderen (nach der aristotelischen Definition der Metapher) gestatte dem Dichter, zu schreiben: *Gras, auseinandergeschrieben,* und dem Leser, zu verstehen: dies Gras gleiche in Buchstaben aufgelösten Gebilden. Doch geht es »wortwörtlich« nicht um Buchstaben – und was wäre der poetische Text anderes als die Textur des Wortes? –, sondern durchaus um Gras. Vom *Gras* heißt es, es sei *auseinandergeschrieben*. Mit anderen Worten: die Gräser sind zugleich Buchstaben, und die Landschaft ist Text. Nur weil das *Gelände / mit der untrüglichen Spur* (auch) Text ist, kann der Leser sich dorthin *verbracht* finden.

Man mag sich fragen, was diese Text-Landschaft ist, oder vielleicht schlichter: wie sie aussieht. Antwort scheint der zweite Satz der Strophe zu geben: *Die Steine, weiß, / mit den Schatten der Halme.* Ein Gelände ist es aus Weißem und aus Leerem, doch zugleich aus Steinen und Schatten. Ob diese Steine Grabsteine sind oder nur jene harten, glanzlosen, dichten Körper, jene zugleich verminderten und beschützenden Formen von Stern und Auge, die einen nicht unbedeutenden Platz in der »imaginären Welt«[1] Celans einnehmen, – wir wissen es nicht, und das heißt genau, wir sollen es nicht wissen. Gewußt

---

[1] [Der Ausdruck »imaginäre Welt« bezieht sich auf den Titel des Buches von Jean-Pierre Richard: *L'univers imaginaire de Mallarmé*. Paris 1961.]

und gesehen wird nichts als der Text des Geländes. Wird das Gras erst einmal Buchstabe, dann ist das Weiß der Steine zugleich des Weiß der Seite, Weiß überhaupt[2], durchschnitten nur von Buchstaben-Halmen, oder genauer: vom Schatten, den sie werfen. Ein Gelände des Todes und der Trauer ist dieser Text. Man könnte sagen, der Leser sei in eine Landschaft *verbracht*, wo Tod und Schatten herrschen – die Toten und ihr Gedächtnis. Doch eine solche Interpretation scheitert wiederum an der Textualität einer Landschaft, die nicht Gegenstand des Gelesenen, sondern das Gelesene selbst ist. Daher dienen auch die Weisungen, die der Dichter gibt – sich selbst?, dem Leser?, wohl beiden –, anders als in einer bestimmten Gattung von Poesie, nicht als Einleitung. Vernehmbar und befolgbar sind diese Imperative erst, wenn man ins Text-*Gelände verbracht* ist.

[1, 2] *Lies nicht mehr – schau!*
Schau nicht mehr – geh!

Lesen und Schauen stehen in Relation zur Ambiguität des Geländes, das zugleich Text und Szene ist. Indem das Schauen das Lesen ablöst, scheint die erste Weisung die Textualität zu überwinden, die Landschaft als solche in Betracht zu ziehen. Doch der zweite Imperativ, der dem ersten widerspricht und ihn aufhebt (durch eine für *Engführung* wesentliche Figur, wie sich zeigen wird), substituiert dem Blick die Bewegung. Heißt das, der gelesene Text und das geschaute Bild sollten einer Realität weichen, die dem Leser-Zuschauer ermöglichte, zu *gehen?* Ja und nein. Denn: keineswegs wird die Fiktion der Textualität, der Dichtung aufgegeben zugunsten der Wirklichkeit. Nicht die rezeptive Passivität des Leser-Zuschauers soll schwinden vor der angeblich realen Aktion, dem Engagement. Im Gegenteil: der Text als solcher weigert sich, weiter im Dienst der Wirklichkeit zu stehen und die Rolle zu spielen, die ihm seit Aristoteles zugedacht wird. Die Dichtung ist nicht

2 Vgl. Jacques Derrida, *La double séance*. In: *Tel Quel* 42 (Été 1970), S. 20 ff.; jetzt in: *La dissémination*. Paris 1972, S. 198 ff.

Mimesis, keine Repräsentation mehr: sie wird Realität. Poetische Realität freilich, Text, der keiner Wirklichkeit mehr folgt, sondern sich selbst als Realität entwirft und begründet. Deswegen darf weder dieser Text ge*lesen* noch das Bild, das er beschreiben könnte, ange*schaut* werden. Der Dichter verlangt von sich und vom Leser, im *Gelände,* das sein Text ist, voranzugehen.
Wie, und weshalb?

[1, 3] *Geh, deine Stunde*
hat keine Schwestern, du bist –
bist zuhause. Ein Rad, langsam,
rollt aus sich selber, die Speichen
klettern,
klettern auf schwärzlichem Feld, die Nacht
braucht keine Sterne, nirgends
fragt es nach dir.

Die Stunde, die keine Schwestern mehr hat, ist die letzte Stunde, der Tod. Wer dort ist, ist *zuhause.* Bei Celan erhält der Topos einen neuen Sinn. Der Tod war der Hafen, zu dem man zurückkehrt, weil das Leben eine Reise ist; jetzt ist er es, weil Celans Dichtung im Tod, im Gedächtnis der Toten, im »Eingedenken«, ihren Ursprung hat. Wenn anders seine Dichtung nicht mehr die Wirklichkeit beschreibt, sondern selbst Realität wird, ist das *schwärzliche Feld* nicht mehr, was die Dichtung beschreibt, sondern was durch sie ist. Auf dem Feld, auf dem sie, sich selbst schreibend, *geht,* schreitet auch der Leser voran. Daß aber die Text-Repräsentation (die im Dienst der Wirklichkeit stehen soll) durch die Text-Realität ersetzt wird, deutet nun keineswegs auf Ästhetizismus; vielmehr gibt sich darin der entschiedene Wille des Dichters kund, nicht an die Realität des Todes und der Vernichtungslager zu rühren und so zu tun, als ließe sich ein poetisches Bild von ihnen machen. Zugleich aber läßt er die ästhetische Realität seiner Dichtung bestehen, die fast ausschließlich dem Gedenken der Toten gewidmet ist.

Gekennzeichnet ist diese Realität durch eine Bewegung, die keinen anderen Beweger hat als sich selbst: das *Rad ... rollt aus sich selber*. Der Ort, wo man *zuhause* ist, scheint den, der auf ihn zugeht, entbehren zu können: durch das Vorangehen des Dichter-Lesers *klettern die Speichen* des Rades. Aber nicht, als wäre das Subjekt, seis der Autor oder der Leser, beseitigt, ersetzt durch ein Objekt, das Rad. Vielmehr: *zuhause* hört das Subjekt auf, Subjekt zu sein, geht es, radikaler noch als zu Beginn, ein in den Text. So gehen die Speichen und nicht es selbst voran: Rad geworden, hat es aufgehört, Leser oder Zuschauer eines anderen als seiner selbst zu sein. Und *nirgends* in diesem Reich des Todes, in dieser Nacht, die, von Sternen erleuchtet, nicht mehr wäre, was sie ist, *fragt es nach dir*.

Diese letzten Worte der ersten Partie von *Engführung* kehren zu Beginn der zweiten wieder (das Gedicht setzt sich aus neun Partien zusammen), jedoch auf besondere Weise. Hier wie bei jedem »Übergang« zwischen den Partien ist der (oder sind die) letzte(n) Vers(e) – gegenüber ihrer ersten Verwendung abgewandelt, neu verbunden oder sogar, ein einziges Mal, erweitert – auf dem sonst leeren rechten Rand der Seite gedruckt und dies vor dem eigentlichen Anfang der folgenden Partie:

[II]   *Nirgends*
        fragt es nach dir –

Der Ort, wo sie lagen, er hat
einen Namen – er hat
keinen. Sie lagen nicht dort. Etwas
lag zwischen ihnen. Sie
sahn nicht hindurch.

Sahn nicht, nein,
redeten von
Worten. Keines
erwachte, der
Schlaf
kam über sie.

Die »Wiederholung«, die beim ersten Lesen die Vorstellung eines Echos hervorrufen könnte, erscheint in einem andern Licht, wenn die genaue Bedeutung des musikalischen Terminus »Engführung« bedacht wird. »Engführung« heißt »die zeitlich enge, d. h. möglichst gleichzeitige kontrapunktische Zusammenführung von Themen. Im engeren Sinne ist die E. der dritte (letzte) Teil der Fuge, in dem die kurz aufeinanderfolgenden kanonischen Themeneinsätze der verschiedenen Stimmen eine besonders dichte Verflechtung des kontrapunktischen Gewebes bewirken« (Der Große Brockhaus).[3] Die Wiederaufnahmen zu Beginn jeder Partie sind also nicht reine »Wiederholungen«. Eher fallen diese rechts auf der Seite gedruckten Wörter mit dem Einsatz der nächsten Stimme zusammen. Ihre typographische Anordnung drückt die Fast-Gleichzeitigkeit aus, die wesentlich zur musikalischen Engführung gehört und deren gedrängten Charakter ausmacht.

Wie wenig diese Definition von »Engführung« auch dem poetischen Text gerecht wird, so wird die Komposition des Gedichts von Celan doch erst daraus verständlich. Das Kompositionsprinzip, das in der Musik »Engführung« genannt wird, gibt einerseits Aufschluß über die Funktion der wiederholten Verse und über den engen, sich verengenden Zusammenhang zwischen den neun Partien des Gedichts. Zum andern stellt es diese Partien als ebenso viele Stimmen vor, als Stimmen im buchstäblichen, nicht nur im musikalischen Sinn des Wortes:

Die erste Partie, im Präsens, setzt ein Subjekt voraus, das zu einem andern spricht: es gibt ihm Weisungen (*Lies nicht mehr – schau! / Schau nicht mehr ! geh!*), es sagt ihm: *nirgends / fragt es nach dir*.

---

[3] [Der musikalische Terminus »Engführung« heißt im Französischen »strette« (von »strictus«). Szondi gab eine Definition, die sich aus der Littrés: ». . . *der Teil einer Fuge, in dem nur Fragmente des Themas vorkommen, und der sich wie ein gedrängter und heftiger Dialog ausnimmt*«, und der Roberts: »*der Teil, in dem das Thema und die Beantwortung sich ablösen in immer dichter aufeinander folgenden Einsätzen*« zusammensetzt.]

In der zweiten Partie überwiegt das Imperfekt. Die Beschreibung, die kein »sprechendes« Subjekt impliziert, zielt auf ein *sie*: so ist die dritte Person Plural für die »Stimme« der zweiten Partie determinierend.

Während unter den weiteren Fragmenten der über die Partien III bis IX verteilten Stimmen die dritte, im Präsens und Imperfekt, die direkte Rede der ersten Person verwendet (*Ich bins, ich, / ich lag zwischen euch*), nähert sich die vierte, ebenfalls im Präsens und im Imperfekt, der zweiten, mit dem Unterschied, daß nicht mehr von Personen die Rede ist, sondern von der Zeit, die sie durchschreiten oder die ihre Vergangenheit war (*Jahre. / Jahre, Jahre, ein Finger / tastet hinab und hinan*). Mit der fünften Partie, der das Ende der vierten vorangeht (oder eher: die fast gleichzeitig mit ihm beginnt), das seinerseits in umgekehrter Form wiederkehrt (*wer / deckte es zu?* wird zu *Deckte es / zu – wer?*), wird die zeitliche Folge Präsens-Imperfekt (in I und II zusammen und andererseits in IV), die der anfänglichen Richtung, dem Akt des Erinnerns entspricht, umgekehrt. Jetzt geht das Gedicht von der Vergangenheit aus (*Kam, kam. / Kam ein Wort . . .*), um seinen Weg in die Gegenwart zu nehmen – in die Gegenwart erst der Zeitangabe (*Nacht. / Nacht-und-Nacht.*), und in die Gegenwart sodann des Befohlenen (*Zum / Aug geh, zum feuchten.*). Von hier ab kann festgehalten werden, daß der »Übergang« von der vierten zur fünften Partie (der überdies die Mitte der Komposition bildet, insofern die allerletzte in Klammern gedruckte Partie eine Reprise des Gedichtanfangs ist) den Wendepunkt von *Engführung* markiert. Die sechste Partie, die längste der neun, führt im Unterschied zu der ersten Hälfte des Gedichts (I-IV) als sprechendes Subjekt ein *ich* ein, das sich nicht allein an ein *du* wendet (*du / weißts ja*), sondern das von sich selbst und dem Angeredeten als von einem *wir* spricht (*. . . wir / lasens im Buche,* [. . .] *Wie / faßten wir uns / an – an mit / diesen / Händen?.*) Dies *wir* wird in der achten Partie wieder aufgenommen (*bei / unsern geflohenen Händen*), während die dazwischenliegende Partie (VII) als Beschreibung und Bericht (*Nächte, entmischt. Kreise, / grün oder blau, rote / Quadrate:*

die / Welt setzt ihr Innerstes ein / im Spiel mit den neuen / Stunden.) gänzlich auf Personalpronomina verzichtet. Im Gegensatz zur ersten Hälfte des Gedichts (die von der Folge 2. P. Sg. – 3. P. Pl. – 1. P. Sg. gekennzeichnet ist) wird die zweite, die im übrigen die neue Anordnung der Tempora wiederholt: Imperfekt (VI) – Präsens (VIII), hauptsächlich von der ersten Person Plural bestimmt.

Freilich ist damit der Sinn dieser Komposition als Engführung noch nicht erfaßt. Das wird nur möglich sein, wenn die Verbindungen zwischen den einzelnen Strophen verstanden, das heißt aber gelesen worden sind. »Gelesen«, wiewohl die Interpretation erst die Verbindungen hervortreten läßt und diese nicht Gegenstand sondern Ergebnis der Lektüre sind. Nicht nur gibt es kein (zu lesendes) Objekt ohne lesendes Subjekt, ohne Lektüre – was, sofern der Hinweis vonnöten ist, keineswegs bedeutet, die Lektüre könne ihr Objekt nach Belieben erschaffen –, sondern, da der Text Textur des Wortes ist, fügt die Interpretation ihm nichts Fremdes hinzu, wenn sie versucht, das Wort-Gewebe zu beschreiben. Das Gewebe in *Engführung* nun ist gerade die Komposition der verschiedenen Stimmen, welche die verschiedenen Partien des Gedichts sind. Durch die Verbindungen zwischen den Stimmen (also den einzelnen Partien des Gedichts) wird das Gewebe noch nicht sichtbar; zugleich gilt es, darauf zu achten, daß diese Verbindungen im Text auf eine eher musikalische als diskursive Weise realisiert sind: in Form einer Engführung. Das heißt weiter: da die Verbindungen der einzelnen Partien des Gedichts dessen Fortgang bestimmen; da sie andrerseits von einer die Musik nachahmenden Konstruktion abhängen; und da schließlich die musikalische Konstruktion ins Medium der Sprache transponiert und durch ihren Namen im Titel des Gedichts bezeichnet wird, muß dieser Titel als Name (und nicht nur als musikalischer Terminus) verstanden werden, soll der Anspruch auf eine – freilich nie abschließbare – Lektüre des Gedichts *Engführung* erhoben werden.

Die erste Partie von *Engführung* verbringt das Subjekt, Autor und Leser, in ein *Gelände,* das zugleich der Tod und der Text ist. Von hier aus soll es vorangehen, doch ohne daß nach ihm gefragt würde. Das Ende dieser ersten Partie (*Nirgends / fragt es nach dir –*) fällt mit dem Beginn der zweiten zusammen, deren erste Strophe hier noch einmal wiedergegeben sei:

[II, 1]   *Der Ort, wo sie lagen, er hat*
 einen Namen – er hat
 keinen. Sie lagen nicht dort. Etwas
 lag zwischen ihnen. Sie
 sahn nicht hindurch.

Wird ein Gedicht nach dem Modell der Engführung (oder vielleicht allgemeiner: einer musikalischen Form) komponiert, so schließt das wenigstens teilweise den Verzicht auf diskursive Rede mit ein. Es müssen daher nicht nur die Wörter und Sätze, sondern auch und besonders die Relationen, wie sie durch Wiederholung, Umwandlung und Widerspruch entstehen, gelesen werden. In erster Linie gilt das in *Engführung* für die »Übergänge«, an denen die Stimmen einander ablösen. Mit Gewißheit können die Beziehungen nie hergestellt werden, da das Idiom des Gedichts nicht wie die Sprache der Lektüre, in die es übersetzt wird, an Worte gebunden und diskursiv ist. Will aber die Sprache der Lektüre die Verfälschung des Gelesenen vermeiden, so darf sie ihrem Gegenstand keine Eindeutigkeit, keine positive Gewißheit unterlegen, da er weder daraus entspringt noch darin mündet. Die Beziehung zwischen I und II erwägend, wird man folglich vermuten, die Subjekte, von denen in II im Tempus der Vergangenheit die Rede ist, seien eben das, nach dem *nirgends gefragt* wird, und ein anderer (oder eine andere); sodann: die Vergangenheit, von der die Rede ist, sei eine Vergangenheit, an die jene Person (oder die von ihr) erinnert wird, die im *Gelände,* welches das Gedicht ist, vorangeht. Damit aber ist gesagt, das Vorangehen sei gleichzeitig Heimkehr: *du bist – / bist zuhause* (I). Nicht allein für die Partien (das wäre hinzuzufügen) hat die Verstrennung eine bezeichnende Funktion, sondern auch für die Verse – und zwar in Celans Dichtung überhaupt. Die Trennung an dieser Stelle, verstärkt durch die Wiederholung der Verbform *bist,* bezeichnet nichts anderes als das, was die Lektüre unterwegs erfährt. *Du bist* – noch bleibt ungewiß, ob eine weitere Information erwartet werden kann, die sich an diese anschließen und besagen wird, was *du bist,* oder ob es um eine Existenzaussage geht, um die Tatsache, daß *du bist. Bist zuhause* – jetzt verfügt der Leser über die zusätzliche Information, er weiß also, daß es sich um das Zuhause-Sein handelt. Aber ebenso weiß er (genauer: liest er), daß es sich auch um die Existenz als solche handelt, und (was er erst durch die zusätzliche Information erfahren hat) daß Sein Zuhause-Sein ist, daß Existenz, *Engführung* zufolge, erst erlangt ist, wenn man zurückgekehrt ist (zu den Ursprüngen? zur Mutter? – zu der für Celan untilgbaren Erinnerung des Todes seiner Mutter im Konzentrationslager). Die wirkliche Existenz vereint sich mit Nicht-Existenz, genauer, ist Existenz nur, wenn sie der Nicht-Existenz treu bleibt, sich ihrer erinnert.

Da Vorangehen Rückkehr ist, deutet die zweite Partie auf einen *Ort* der Vergangenheit, *wo sie lagen.* Der *Ort* [...] *hat / einen Namen – er hat / keinen.* Untersucht man diese Figur, die die Rhetorik »Correctio« nennt, und die, wie schon gesagt, dem Duktus von *Engführung* eignet, so darf dabei nicht vergessen werden, daß auch hier wiederum dem lesenden Subjekt keinerlei Hinweis auf die Motive und den Grund für die Korrekturen gegeben wird (die sich gerade dadurch der musikalischen Komposition und deren Sprache nähern). So ließe sich vielleicht sagen: Wenn der Ort, der einen Namen hat, keinen Namen hat, und wenn sie an diesem Ort, wo sie lagen, nicht lagen, so ist dafür der Grund: *Etwas / lag zwischen ihnen.* Dies *etwas,* von dem wir noch nicht wissen, was es ist, sondern nur, daß es sie hinderte, (sich?) zu sehen, kommt in der dritten Partie zu Wort und offenbart dort seine Natur. Dies ist der Sinn des zweiten »Übergangs« (zwischen II und III).

Vor der Selbstdarstellung dessen, was *zwischen ihnen lag*, muß die zweite Strophe von II gelesen werden:

[II, 2] *Sahn nicht, nein,*
       redeten von
       Worten. Keines
       erwachte, der
       Schlaf
       kam über sie.

Redeten von / Worten will sagen: der defiziente Modus der Existenz an diesem Ort, der daher rührt, daß *etwas zwischen ihnen lag*, ist gleichzeitig verbal, durch das Medium der Sprache ausgedrückt, Defizienz des Wortes selbst. Zwar lassen sich die drei Bedeutungen unterscheiden, doch hat keine den Vorrang vor der anderen: erst aus ihrer Gesamtheit entsteht, hier wie überall, die Textur von *Engführung*. Weiterhin kann sich das Pronomen *keines* so gut auf die Worte beziehen wie auf jene, die von ihnen redeten. Diese Ambiguität ist um so bedeutsamer, als sie in den folgenden Versen »widerlegt« wird: *der / Schlaf / kam über sie* – wobei die Anführungszeichen verdeutlichen mögen, daß dieser Doppelsinn zugleich widerlegt und nicht wiederlegt wird, da doch die Bewegung der »Correctio« der Sprache Celans eigentümlich ist. Wichtiger jedoch ist, daß in *keines* [der Worte] / *erwachte* die Defizienz nicht nur die Geschöpfe und ihre Existenz charakterisiert, sondern zugleich ihre Sprache, die in *Engführung* immer auch Existenz und Wirklichkeit ist: sprachliche Realität, Text. Weil *keines* [der Worte] / *erwachte, kam der Schlaf über sie.*

In der dritten Partie spricht jenes *etwas*, das *zwischen ihnen lag* (II):

[III] *Ich bins, ich,*
     ich lag zwischen euch, ich war
     offen, war
     hörbar, ich tickte euch zu, euer Atem

> *gehorchte, ich*
> *bin es noch immer, ihr*
> *schlaft ja.*

Zunächst heißt es rechts auf der Seite anstelle der unveränderten Form des Endes von Partie II (*der / Schlaf / kam über sie*): *Kam, kam. Nirgends / fragt es –*. Die Stimme dessen, was *zwischen ihnen lag* (II), hebt also nicht damit an, daß sie von sich aussagt, sie sei der *Schlaf*, der *über sie kam* (II), sie stellt sich einfach dar (wenn der musikalische »Übergang« »gelesen« wird) als etwas, das *kam*. Das kann der Schlaf, es kann aber auch etwas anderes sein. Die verkürzte »Wiederholung« des Endes von II am »Anfang« von III läßt die Frage nach der Identität des *etwas* zunächst unentschieden (entsprechend der Ambiguität von *keines erwachte* – sind es die Worte oder die Personen?). Nach dem Modell der Engführung weist der »Übergang« darauf hin, das jenes *etwas*, das *zwischen ihnen lag* und das zum Sprechen anhebt, etwas ist, das kommt, dessen Wesen Ankunft ist, Ankunft auf *schwärzlichem Feld*, wo – gemäß dem zweiten Teil der »Wiederholung« – *es nirgends* nach denen *fragt*, zu denen das *etwas* sprechen wird.

Was ist dieses *etwas*? Ohne dem Vorsatz, der für die Lektüre dieses Textes gefaßt wurde, untreu zu werden, könnte man versuchen, es zu nenenn, und zwar ohne daß auf Interpretation verzichtet (auf sie zu verzichten, ist nicht möglich), die Assoziation aber, die rein persönliche Lektüre vermieden wird. Dieses *etwas* also nennt sich *offen*, es nennt sich auch *hörbar*. Jetzt erst wird der »Bericht« der zweiten Partie verständlich: die, *zwischen* denen *etwas lag*, *redeten von Worten*, von denen doch *keines erwachte* (II). Schlafend sind die Worte, weil sie nicht sprechen. Die, die *von Worten redeten*, wußten die Hörbarkeit dessen nicht zu nutzen, was *zwischen ihnen lag*. Sie erlebten dieses *etwas* nur wie eine Trennwand, *sie / sahn nicht hindurch*, statt auf seine Hörbarkeit und Öffnung zu merken und zu erkennen, daß dies etwas war, das Einlaß gewährt hätte, ein neues *Feld* – wobei Sein stets auch Wort ist.

Dies *etwas tickte euch zu*. Das Tun des *etwas* war Ticken, doch richtet sich dieses Tun an jene, um die es geht: *ich tickte euch zu*. Nun hatte »ticken« nicht immer nur die Bedeutung, die es heute hat, sondern meinte noch zu Beginn des 19. Jahrhunderts, und sogar vornehmlich, »mit der Fingerspitze berühren«. Als passionierter Leser von Wörterbüchern müßte Paul Celan, der alle Wörter Jean Pauls, die heute unverständlich sind, in ein Notizheft schrieb (so zum Beispiel *Sprachgitter*, den Titel des Bandes, an dessen Ende *Engführung* steht), nicht nur diese Bedeutung von »ticken« gekannt, sondern das Wort gerade um seines Doppelsinnes willen mit Bedacht gewählt haben. »Tikken« meint an dieser Stelle ebensowohl, was es heute heißt, wie auch »berühren«; »ticken« will beides zugleich sagen, weil beides hier in eins fällt. Das, was berührt und tickt, ist zugleich Emblem der Zeit, Uhr, die Zeit selbst, die Zeitlichkeit. Was *zwischen ihnen* liegt, *offen* und *hörbar* in dieser letzten Stunde (*deine Stunde / hat keine Schwestern,* I), ist nichts anderes als Zeit, die kommt, die *tickt*, jene, die sie anspricht, mit sich fortreißen will. Gelingt es ihr?

Euer Atem / gehorchte: dieses *hörbare etwas* wird also nicht wirklich vernommen, dennoch vermag es, die Tätigkeit, die vom Schlaf nicht unterbrochen wird, das Atmen (mit dem Finger) zu »berühren«. Wenn es ihren Atem auch beherrscht, so hat das *etwas* sein Ziel sicherlich nicht vollkommen erreicht, sonst wäre nicht hinzugefügt: *ihr / schlaft ja*. Doch bedeutet ja »schlafen« nicht nur »schlafen«. Nach einem euphemistischen Gebrauch bedeutet es zugleich »tot sein«, und hier meint es darüber hinaus »nicht hören«. Richtig gelesen kann dies wohl, ja muß es heißen, daß »leben« »hören« meint – diese Annahme wird durch die Gleichsetzung von »Existenz« und »Wort« wie durch die »textuelle« Beschaffenheit der Realität, die von Anfang an dem Leser vorgeschrieben wird (*Gras, auseinandergeschrieben,* I, 2), vollends bestätigt.

Daher hätte das, was *zwischen ihnen lag,* ihnen, den Liegenden, den *auf schwärzlichem Feld* Schlafenden – dies ist der Tod, die

Nicht-Zeit –, und was durch den Doppelsinn von »ticken« die Zeit zu sein scheint (oder eine gewisse Zeit, eine gewisse Zeitlichkeit), und was zugleich Wort ist, für sie *hörbar* werden und sie aufwecken, das heißt: sie ins Dasein zurückführen, ihnen das Leben wiedergeben können. Dies Ziel ward nicht erreicht: *ihr / schlaft*. Doch das *etwas*, ein Zeit-Wort (»Wort« im emphatischen Sinne), das *hörbar* war, beruhigt: *ich / bin es noch immer. Nichts ist verloren* könnte man sagen, in Vorwegnahme eines Verses aus der vorletzten Partie. Und mit dieser Versicherung, die an das Ende von III gemahnt, beginnt tatsächlich, rechts auf der Seite, die vierte Partie:

[IV] *Bin es noch immer –*

> *Jahre.*
> *Jahre, Jahre, ein Finger*
> *tastet hinab und hinan, tastet*
> *umher:*
> *Nahtstellen, fühlbar, hier*
> *klafft es weit auseinander, hier*
> *wuchs es wieder zusammen – wer*
> *deckte es zu?*

Während in der dritten Partie jenes *etwas* redet, das zugleich Zeit und Wort ist und sich hier durch die tröstliche Versicherung einführt, daß es *noch immer* ist, bringt die vierte Partie die Beschreibung, oder besser gesagt: Aktualisierung dessen, was Zeit ist. Mehr noch: was der Umgang ist, den der Mensch mit der Zeit hat. »Aktualisierung«, weil der Charakter der Zeit und des Umgangs, den die Menschen mit dieser haben, nicht bloß beschrieben wird, sondern auch, und vor allem, sich im Satzgebilde selbst ausdrückt. Die Struktur der Worte aktualisiert anders als nur semantisch die Kontinuität und Unendlichkeit, aber auch das Gedenken: die Zäsuren der inneren Zeit, welche die Vergangenheit den Menschen setzt.

Jahre. / Jahre, Jahre – man muß lesen, daß nichts über diese Zeit-Dauer gesagt wird, daß der Dichter sie nur nennt. Und man muß die Wiederaufnahme in Form einer Iteration im folgenden Vers lesen, wo der Name die Sache selbst und die Wiederholung die Dauer als deren wesentliche Eigenschaft aktualisiert. Da die Zeit, sobald man sie zu beschreiben versucht (immer, doch besonders in *Engführung*) zum Raum wird, wird das *Gelände* des Gedenkens zur Oberfläche, zu einem Niemandsland mit Erhebungen und Vertiefungen, aber ohne Fluchtpunkte. Nicht gehend bewegt sich der Mensch hier, sondern tastend: als ob er nichts als Finger wäre. Vielleicht wäre auf die traditionelle Sprache der Textauslegung, in diesem Falle probeweise auf ein »als ob« zurückzugreifen, um sichtbar zu machen, wie sehr so das Geschriebene und Gelesene verfälscht wird. Zwar handelt es sich hier um eine Synekdoche, der Teil (*ein Finger*) repräsentiert das Ganze (den, der sich erinnert). Wesentlich aber ist, daß die Kenntnis dessen, was durch *Finger* repräsentiert wird, irrelevant ist, und daß überhaupt in der ganzen Strophe nie davon die Rede ist, was durch ihn repräsentiert wird, das heißt aber: daß es im Grunde Repräsentation nicht gibt. Der Finger tastet, nichts anderes. Das Tasten könnte als Akt des Erinnerns interpretiert werden, damit aber verfehlte die Interpretation wiederum den Text, insofern sie vergäße, daß in ihm von *tasten* und nicht von »sich erinnern« die Rede ist. Der *Finger,* der an den anderen, in *ticken* (= »mit der Fingerspitze berühren«) implizierten gemahnt, stellt eine Affinität her zwischen den Menschen und der Zeit, zwischen denen, die schlafen (III), und dem, was ihnen *zutickt,* der Öffnung der inneren Zeit. Die Zeit, als »verlorene«, wollte für sie *hörbar* werden, damit sie auf die Suche nach ihr gingen. Daß die Heimkehr in die Vergangenheit noch nicht stattgefunden hat, liegt vielleicht an der besonderen Art dieser Vergangenheit: *Nahtstellen, fühlbar, hier / klafft es weit auseinander, hier / wuchs es wieder zusammen* – einer traumatischen Vergangenheit, einer Vergangenheit voller Wunden. Deshalb ist die Zeit, die sich *offen* (III) nennt, zugleich *zugedeckt* (IV). Die beiden einander widersprechenden Aussagen finden sich in zwei verschiedenen Stimmen: in der des Zeit-*etwas* (in der dritten Partie) und in jener anderen, wo die nur mit dem Finger tastenden Geschöpfe sich noch nicht der Öffnung ihrer Erinnerung überlassen wollen (vierte Partie). Um die Lektüre nicht durch Interpretation zu verfälschen (und im Folgenden wird der Unterschied zwischen Lektüre und Interpretation noch deutlicher werden), gilt es festzuhalten, daß in der vierten Partie nicht gesagt wird, das *etwas* sei zugedeckt (ja, daß nicht einmal gesagt wird, der »Gegenstand« von IV sei jenes *etwas*, das *zwischen ihnen lag*, II). Nur die Frage ist gestellt: *wer / deckte es zu?*

Als Wiederaufnahme in Umkehrung des Satzes bereitet diese Frage den Einsatz der folgenden Partie vor:

[V] *Deckte es*
      zu – wer?

Kam, kam.
Kam ein Wort, kam,
kam durch die Nacht,
wollt leuchten, wollt leuchten.

Asche.
Asche, Asche.
Nacht.
Nacht-und-Nacht. – Zum
Aug geh, zum feuchten.

Dies ist die zentrale Partie von *Engführung* (die Aufteilung des gesamten Gedichts kann durch die Formel 4 + 1 + 4 wiedergegeben werden), der Wendepunkt auf dem Weg jenes Gehens, das in der ersten Partie begonnen hatte, das Vorangehen des sich selbst schreibenden Textes wie auch des Lesers, den jener voranbringt. Daß es sich um einen Wendepunkt handelt, geht schon aus dem Gebrauch der Tempora hervor, der Richtung von der Gegenwart zur Vergangenheit in I bis IV, und umgekehrt von der Vergangenheit zur Gegenwart in V bis IX. Verkürzt wird diese kommende Richtung in der fünften Partie vorweggenommen: die erste der beiden Strophen steht in der Vergangenheit, die zweite aber in der Gegenwart, dem beschwörenden Nennen am Beginn entsprechend (*Asche. / Asche, Asche. / Nacht. / Nacht-und-Nacht.*) und der durch einen Gedankenstrich vom Vorhergehenden getrennten Aufforderung an ihrem Ende (*Zum / Aug geh, zum feuchten.*).

Hat man nun den »Übergang« zwischen IV und V und die Struktur von V »gelesen« wie eine Partitur, das heißt durch eine Analyse und nicht übersetzend, so findet man im Innern der wiederaufgenommenen Frage (*Deckte es / zu – wer?*) den Riß und die Kluft, welche die beiden von der Frage vorbereiteten Strophen trennt. Auf den Bruch wird durch das syntaktische Mittel der Inversion gewiesen (*wer / deckte es zu?* wird zu *Deckte es / zu – wer?*), durch das prosodische des Enjambements (*Deckte es / zu*) und durch das orthographische des Gedankenstrichs, der genau an der Bruchstelle steht (*Deckte es / zu – wer?*). Würde man nach dem Sinn des Bruches fragen, so wäre damit das Prinzip der musikalischen Lektüre aufgegeben. Da es sich um einen poetischen Text handelt, ist es zwar gestattet, danach zu fragen, und diese Lektüre selbst behauptet nicht, das genannte Prinzip immer zu befolgen. Hier aber scheint geboten, sich daran zu halten, da der Bruch keiner Interpretation bedarf. Der Einsatz, den die zerbrochene Frage vorbereitet, genauer: der Zusammenhang zwischen Frage und Einsatz verdeutlicht die Funktion des Bruches. (Die »Funktion« und nicht den »Sinn«, denn »Sinn« ist ein Begriff der Semantik, während hier »Syntax« im weiteren Verstande des Wortes als Komposition erörtert wird.) In diesem Einsatz (*Kam, kam. / Kam ein Wort, kam, / kam durch die Nacht . . .*) wird die Funktion der Brechung im Innern der Frage deutlich, insofern er nicht mehr als Antwort auf die Frage verstanden werden kann: *wer / deckte es zu?*. Noch ist undenkbar, daß das Wort selbst kommt – das kommt, weil es in dieser Nacht schlafender Worte (*Keines / erwachte,* II) *leuchten* will –, und die Öffnung der Erinnerung *zudeckt*. Meint man, dies sei noch nicht denkbar, um daraus auf den Bruch zu schließen, so behauptet man auch, das Fragepronomen der Wiederaufnahme sei nicht das gleiche *wer?* wie das der abschließenden Frage von IV (*wer / deckte es zu?*), dies Pronomen sei nicht mehr das Subjekt des Prädikats. Diese These ist wohl kaum zu kühn, noch etwa falsch. Falsch freilich würde sie, sobald man davon abstrahierte, daß dies *wer?* trotz allem (trotz der Inversion und dem Gedankenstrich) sich als das Subjekt des Prädikates darstellt, das es nicht ist. Was so dank einer Methode beschrieben wurde, die sich eher an die musikalische Analyse als an die Textauslegung hält, ähnelt in hohem Maße einer Möglichkeit der musikalischen Komposition, der enharmonischen Verwechslung. Wird das *wer?* in *Deckte es / zu – wer?* aufgefaßt, als gebe es sich als Subjekt der Frage aus, und als stelle es zugleich, vom übrigen (*Deckte es / zu –*) getrennt, die Frage, deren Antwort die folgende Partie bildet (*Kam, kam. / Kam ein Wort*), so werden zwei verschiedene Funktionen und gleichzeitig ein Übergang von einer Funktion zur anderen vorausgesetzt, also genau das, was von diesem musikalischen Terminus bezeichnet wird. Es bestätigt dies nur die Prämisse unserer Lektüre, das Gedicht verlange, daß nicht so sehr der Sinn der Wörter in Betracht gezogen werde als ihre Funktion.

Von jener Kluft wiederum, welche die zwei Strophen der fünften Partie trennt, wäre vorerst nur zu sagen, daß es sie gibt, und ihre Funktion zu erkennen, statt ein strukturales Moment in die Sprache der Mitteilung und des Sinnes zu übersetzen. Die Kluft zwischen den beiden Strophen, der radikale Gegensatz ohne jede Vermittlung,[4] wird beim ersten Lesen deutlich. Zwischen der Welt des Wortes, das *durch die Nacht kam,* um zu *leuchten,* das Ankunft ist (*Kam, kam. / Kam ein Wort*), und der Welt der *Asche,* der absoluten *Nacht,* die nur sich selbst kennt, die *Nacht-und-Nacht* ist, ist nichts als Gegensatz, Zäsur. Die Funktion der Zäsur aber wird erkennbar erst von der Komposition des ganzen Gedichts her, welche ein Vorangehen aufzeich-

[4] [Die Interpretation, die sich auch an dieser Stelle an die französische Übersetzung hält, läßt etwa den Reim des deutschen Textes (*leuchten, feuchten*) unerwähnt. P. Sz. äußerte im Gespräch mit einer Studentin, daß er in einer deutschen Fassung seines Essays diese Vermittlung berücksichtigen würde.]

net, dessen Weg Gehen und Heimkehr ist (von der Gegenwart
in die Vergangenheit und von der Vergangenheit in die Gegenwart), eine durch Erinnerung bewußt gewordene Erfahrung.
Zwar kehrt diese zum Ausgang zurück, doch wird dessen Ort
durch die Erfahrung selbst verändert – durch ein Ereignis, das
nichts als der Text selbst auf dem Weg seiner Verwirklichung
ist. Auf der Mitte dieses Weges, der nicht beschrieben, sondern
eingeschlagen, gegangen, oder genauer: eröffnet wird durch
das Gedicht, findet sich ein Wendepunkt, wo die beiden Welten
einander gegenüberstehen. Durch diesen Gegensatz erst wird
die Erfahrung zur Notwendigkeit. Er wird allererst aufgehoben
in der Ankunft, die das Geschehen des Gedichts, das Gedicht
selbst ist. Nichts wäre indessen Celans Sprache so fremd wie
ausdrücklich von diesem Gegensatz zu sprechen. In *Engführung* realisiert er sich bloß (sofern es sich hier um eine
Beschränkung handelt und nicht vielmehr um die Überschreitung der traditionellen, im allgemeinen bis zu Mallarmé in der
Repräsentation verbleibenden Sprache), realisiert er sich in
der Opposition beider Strophen der fünften Partie. Indem in
seiner Mitte selbst die Entgegensetzung sich vollzieht (handelt
es sich doch um die Partie, der je vier sowohl vorausgehen als
auch folgen), enthüllt das Gedicht sich als eines, das das Vorangehen selbst ist, statt es zum Thema einer Beschreibung oder
Repräsentation zu machen. Die Aufforderung, vom Vorhergehenden durch einen Gedankenstrich getrennt, schließt die
zweite Strophe von V ab, und wird unverändert, doch im
Rhythmus des Ritardando (der drei Verse, in denen es sich
entfaltet) im »Übergang« von V zu VI wiederaufgenommen:

> *Zum*
>   *Aug geh,*
>   *zum feuchten –*

Diese Aufforderung scheint sich an das Wort zu richten, von
dem es zu Beginn von V hieß, daß es *kam, kam.* Aber da sie
Befehl ist, scheint sie auch die erste Partie wieder aufzunehmen:

I, 2] *Lies nicht mehr – schau!*
Schau nicht mehr – geh!

Statt einer traditionellen Alternative, in der sich der Befehl entweder an das Wort oder aber an den Dichter-Leser richtet, sind die beiden Möglichkeiten hier nicht nur vereinbar, sondern identisch, da der Text nicht allein die Progression des poetischen Aktes und die Lektüre die des Textes ist, vielmehr weil das Vorangehen mit der Ankunft (*und / es kam*, VI) zusammenfällt, die sich im Gedicht verwirklicht.

Diese Identität, die, so paradox sie ist, aus der Logik des Gedichts folgt, tritt in der weitaus längsten, der sechsten Partie, hervor. Nun findet sich freilich darin eine fast verwirrende Überfülle an Wörtern, so daß die Lektüre dem Text nicht mehr wie bisher Vers für Vers wird folgen können. Statt jedoch sich damit zu begnügen, diese Abundanz nur festzustellen oder gar zu bemängeln, gilt es, deren Grund aufzudecken. In anderer Form stellt sich noch einmal die Frage, welche Rolle dem Wort in *Engführung* zukommt.

Der Schlaf *kam über sie* (II, 2). Dies ist, mit Hegels Worten, ein »schlechtes« Nicht-Sein, eines, das sie daran hindert, zu hören, was kommt, um zu ihnen zu sprechen und sie zu der Öffnung ihrer Vergangenheit zu führen – auch sie ein Nicht-Sein, doch eines, ohne das und ohne dessen Erinnerung es Existenz nicht gibt. Es ist eben das Ziel des Weges, den das Gedicht auftut. Auch das Wort kommt (V). Es durchquert die Nacht, will *leuchten*. Das *feuchte* Auge voller Tränen, zu dem es, am Ende von V und in der »Wiederholung«, der die sechste Partie folgt, gehen soll, – es ist, wie wir denken, das jener Geschöpfe, von denen zu Beginn gesagt wurde: *Etwas / lag zwischen ihnen. Sie / sahn nicht hindurch. / / Sahn nicht, nein, / redeten von / Worten* (II). Der sechste Teil beschreibt, was mit ihnen wird, wenn das Wort gekommen ist, eher: was sie tun, wenn sie erwacht und bereit sind, zu tun, was von ihnen gefordert ist: ihrem Weg zu folgen, durch die Vergangenheit hindurch, auf eine Wirklichkeit zu, die nicht mehr sprachloses Nicht-Sein wäre.

Das Vorangehen bildet nicht den Inhalt des Gedichts, sondern seine Progression selbst, und das Gedicht ist nicht Repräsentation einer Wirklichkeit, sondern selbst Realität. In dieser sechsten Partie ist also von nichts anderem die Rede als von der Erschaffung der Welt, ihrer Wieder-Erschaffung durch das Wort. So aktualisiert die erste Strophe nicht zufällig durch zwei Zitate die Kosmogonie des Demokrit und die theologische Struktur der Welt im Werk Dantes[5].

[VI, 1] *Orkane.*
Orkane, von je,
Partikelgestöber, das andre,
du
weißts ja, wir
lasens im Buche, war
Meinung.

Die Welt entsteht nach Demokrit, ebenso wie die einzelnen Dinge und Lebewesen, aus dem Atom-*Gestöber*. Dieses bildet mit dem Leeren die Grundlage des Kosmos, *alles andere ist bloße Meinung*[6]. Für Celan wird diese *Meinung* zum eben erwähnten schlechten Nicht-Sein, dem *Reden von Worten* (II), aus dem nichts hervorgeht. Beim Lesen dieser Strophe nur wird deutlich, wie die prosodische Unterbrechung durch die Verstrennung den Akzent auf jene Worte legt, deren Wichtigkeit erst in der zweiten Strophe von VI kenntlich wird: *du, wir, war* und ebenso *Meinung*. Erst aufgrund der Vereinigung dieser Elemente in der zweiten Strophe läßt sich der vermutete Sinn für *war / Meinung* näher bestimmen:

---

5 Vgl. Dante, *Inferno*, 5. Gesang, v. 138: *quel giorno più non vi leggemmo avante* [»an diesem Tage lasen wir nicht weiter«]. Celan hat mehrfach auf diese »Quelle« der Stelle aus *Engführung – wir / lasens im Buche –* aufmerksam gemacht.
6 Diogenes Laertius, IX, 44.

[VI, 2] *War, war*
Meinung. Wie
faßten wir uns
an – an mit
diesen
Händen?

Dem, was nur Meinung war, Wort ohne Realität, steht entgegen die physische Wirklichkeit der sich berührenden Hände, zweier Körper – etwas Unerklärtes, wenn nicht Unerklärliches, da doch die Stimme fragt, wie es möglich war. Doch zeigt diese Strophe, welche Rolle den zwei Geschöpfen bei der Erschaffung der Welt durch das Wort und durch ihre Erinnerung zuteil wird, der Wiedererschaffung, die während der Lektüre immer deutlicher als eine Aufgabe hervortritt, die nicht ihnen allein, sondern dem Gedicht selbst obliegt. Nicht mehr von *Partikeln* (VI, 1), von Atomen ist die Rede. Und dennoch ist es ein beunruhigendes Zeichen, wenn nun die Stimme fragt, wie sich denn diese Berührung der Hände ereignete, an den *Finger* gemahnend, der *hinab und hinan tastet, umher tastet* (IV) in jener traumatischen Vergangenheit, aus der die *Hände*, die sich fassen, gerade einen neuen Kosmos entstehen lassen wollen. Der Weg, den das Wort eingeschlagen hat, als es *zum Aug* ging, *zum feuchten* (V, 2), der Weg, den die einschlugen, welche, mit feuchtem Auge, jener Aufgabe sich widmeten, war nicht der Weg, der hätte eingeschlagen werden sollen:

[VI, 3-4] *Es stand auch geschrieben, daß.*
Wo? Wir
taten ein Schweigen darüber,
giftgestillt, groß,
ein
grünes
Schweigen, ein Kelchblatt, es
hing ein Gedanke an Pflanzliches dran –
grün, ja,
hing, ja,

> *unter hämischem*
> *Himmel.*
>
> *An, ja,*
> *Pflanzliches.*

Hämisch ist der *Himmel*, weil sie das Ziel nicht erreichten. Statt in den Besitz des Wortes zu gelangen (das heißt aber der Existenz), statt eine neue Welt zu erschaffen in dieser letzten Stunde, die *keine Schwestern* hat (I), setzten sie *ein Schweigen*. Einmal mehr wurde die Vergangenheit verdrängt. Den Grund dafür sagt der Dichter nicht ausdrücklich, und das Gedicht scheint hier, wie die Lektüre dieser drei Strophen zeigt, im Gegensatz zum Vorhergehenden, von der musikalischen Komposition in eine traditionelle hermetische Sprache zurückzufallen und mit ihr die Lektüre wider Willen fast in die Übung der paraphrasierenden Textauslegung. Dennoch: der Text allein gibt die Mittel an die Hand, die Frage nach dem Grund des Scheiterns zu beantworten, – eben die Konstellation, in die jener *Gedanke an Pflanzliches* und jenes *grüne Schweigen*, an dem er *hing*, eingeordnet sind. Die beiden folgenden Strophen der sechsten Partie zeigen eine andere Möglichkeit, die das Gegenteil des Pflanzen-Schweigens ist.

[VI, 5-6] *Ja.*
> *Orkane, Par-*
> *tikelgestöber, es blieb*
> *Zeit, blieb,*
> *es beim Stein zu versuchen – er*
> *war gastlich, er*
> *fiel nicht ins Wort. Wie*
> *gut wir es hatten:*
>
> *Körnig,*
> *körnig und faserig. Stengelig,*
> *dicht;*
> *traubig und strahlig; nierig,*

> *plattig und*
> *klumpig; locker, ver-*
> *ästelt –: er, es*
> *fiel nicht ins Wort, es*
> *sprach,*
> *sprach gerne zu trockenen Augen, eh es sie schloß.*

Dem *Pflanzlichen* entgegen stellt sich der *Stein*, dem *feuchten* die *trockenen Augen*, dem *Schweigen* das Wort. Noch wissen wir nicht, warum dem Stein das Vermögen zukommt, das der organischen Welt fehlt – ein poetisches Dementi dessen, was die Naturwissenschaft lehrt. Aber schon aus diesen zwei Strophen geht hervor, daß das Vorangehen des Textes und das der beiden Geschöpfe, mit deren Tun jenes zusammenfällt, zu Beginn der fünften Strophe abermals zum Versuch einer Kosmogonie führen: es ist der gleiche Anfang (*Orkane, Par- / tikelgestöber*, VI, 5) wie beim Einsatz von VI, 1. Es wird gesagt, daß dieses Beginnen sich in die Progression des Textes einfügt, teilhat an den Versuchen, die nicht Thema des Gedichtes, sondern das Gedicht selbst sind: *es blieb / Zeit, blieb, / es beim Stein zu versuchen*. So wird dieses Verweilen *beim Stein* zu einem neuen Versuch, doch zu einem, der zu gelingen scheint:

[VI, 7] *Sprach, sprach.*
War, war.

Diese zwei Verse finden die trockene und lakonische Sprache der früheren Partien wieder, die ihren Gegenstand nicht bloß bezeichnet, sondern ihm in der Form ihrer Komposition Ausdruck gibt; sie scheinen das Gelingen des erneuten kosmogonischen Versuchs zu konstatieren und zu bekräftigen. Als abstraktive Wiederholung dessen, was gerade gesagt wurde, nämlich: *er* [der Stein], *es / fiel nicht ins Wort, es / sprach, / sprach gerne zu trockenen Augen, eh es sie schloß* und der *Stein war gastlich*, bestätigt die doppelte Prädikation, in sich verdoppelt (*Sprach, sprach. / War, war.*), jenes *hörbare* (III) *etwas* (II), in das der *hinab und hinan* und *umher* tastende *Finger* (IV) einzudringen sucht, sei schließlich zum Ziel gekommen, – all das, wovon bisher die Rede war und wovon sich immer deutlicher zeigt, daß es dasselbe ist. Wenn diese Verse gleich selbst Wiederholungen zweier Verben sind (aus VI, 5-6), so stellen sie durch die jeweils erste Verwendung der Worte »sprechen« und »sein« das Gelingen fest, und bestärken es durch die Iteration. Gleichzeitig stellt diese Strophe von zwei Versen, die allein aus zwei wiederholten Verben besteht, die Identität von Wort und Sein fest und weist auf die Übereinstimmung von poetischer Realität und poetischem Text. Zur Erschaffung einer Welt im Wort, zu diesem Gelingen – das erklären könnte, warum die Entstehung der neuen Welt und deren Ursache durch eine verwirrende Fülle von Wörtern aktualisiert werden – kehren die beiden letzten Strophen der sechsten Partie noch einmal zurück.

Zuvor wäre noch in den Strophen VI, 5 und 6 die Verwandtschaft, wenn nicht Identität des *Steines* zu erwähnen, der *nicht ins Wort fiel*, der *zu trockenen Augen sprach*, und jener, zu denen er spricht, und die, bevor sie es *beim Stein versuchten*, mit *feuchtem* Auge *ein / grünes / Schweigen, ein Kelchblatt* (VI, 3) wählten. Mit dem Schweigen kontrastiert das Wort, ausgesprochen nicht von ihnen, sondern vom Stein. Dieser Stein nun steht in Relation zu den *trockenen Augen,* zu denen er *sprach, eh* er *sie schloß,* während das *feuchte Aug* (V, 2), der Grund des Scheiterns, zu der Feuchtigkeit des pflanzlichen Kosmos in Relation steht, dem auch das *Schweigen* angehört, *ein Kelchblatt, es / hing ein Gedanke an Pflanzliches dran* (VI, 3), eine Opposition also, wie die zwischen den *Steinen, weiß* und den *Halmen* zu Beginn des Gedichts. In Kontrast zur Dunkelheit der Nacht stehen das Weiß der Steine und das Licht des Wortes, das *durch die Nacht kam* und *wollt leuchten, wollt leuchten* (V, 1). Wie nun das Wort *durch* schon nahelegt, daß Licht und Finsternis nicht endgültig einander entgegengesetzt sind, daß gerade durch die Finsternis hindurch, sie durchquerend, Licht wird: diese Vermittlung ist gleichermaßen die Lektion der Strophen VI, 5 und 6.

Von all jenen Adjektiven, die man zunächst einzig auf den Stein beziehen zu müssen glaubt (ihr Genus ist nicht festgelegt) – scheinen doch die unmittelbar vorangehenden Verse eine nähere Bestimmung von *wie / gut wir es hatten, beim Stein,* einzuleiten –, lassen einige tatsächlich an Gestein denken (*körnig, plattig, klumpig, locker*), andere gerade an die pflanzliche Welt (*faserig, stengelig, traubig, verästelt*), während die übrigen sich auf beides, auf den Stein wie die Pflanze beziehen können (*dicht, strahlig, nierig*). Diese Anhäufung seltsamer Adjektive dient so wiederum der Vermittlung, die ebenfalls durch den Übergang von *er* (der Stein) zu *es* ausgedrückt wird in den Versen *er, es / fiel nicht ins Wort.* (VI, 6). Von solcher Vereinigung zeugt schon zu Beginn des Gedichts das Beisammen von *Steinen, weiß,* von *Gras, auseinandergeschrieben,* und von *Schatten der Halme* (I, 2). Die beiden Dinge, Stein und Gras, gegensätzlich wie Weiß und Schwarz, werden vereint erst Schrift und Text. Damit fällt neues Licht auf den Gegensatz des Wortes, das *durch die Nacht kam* und *leuchten wollte* (V, 1) auf der einen Seite, und der *Asche* der *Nacht-und-Nacht* (V, 2) auf der andern. Die Bedeutung der Zäsur für die Komposition der fünften Partie erwies sich als evident, doch dient die Opposition der beiden Strophen zugleich auch der Vorbereitung ihres Gegenteils, der Vermittlung, die sich nicht allein in jener Strophe, welche die Mischung der Adjektive zuläßt (VI, 6), sondern im ganzen Gedicht verwirklicht.

In den beiden letzten Strophen der sechsten Partie ist ausgesprochen, was in den beiden vorangehenden Versen (*Sprach, sprach. / War, war.*) nur implicite gesagt war: die Erschaffung einer Welt.

[VI, 8-9] *Wir*
    ließen nicht locker, standen
    inmitten, ein
    Porenbau, und
    es kam.

> *Kam auf uns zu, kam*
> *hindurch, flickte*
> *unsichtbar, flickte*
> *an der letzten Membran,*
> *und*
> *die Welt, ein Tausendkristall,*
> *schoß an, schoß an.*

Während der letzte Vers, der Diktion von VI, 7 nicht unähnlich, eine bloße Aussage und die bekräftigende Iteration derselben enthält, scheinen in den anderen Versen viele Stellen widerlegt zu werden; indessen kommt darin, da das Gedicht sich in seiner eigenen Zeitdimension entfaltet, zum Ausdruck, daß die Progression abgeschlossen ist; es sind Zeichen der Ankunft. Die Welt ist nun erschaffen. Die, *über* die *der Schlaf* gekommen war (II), sie *lassen nicht locker*; die, *zwischen* denen *etwas* lag, was ihnen verwehrte, *hindurch* zu sehen, sie sind nun selbst *ein / Porenbau, durch* den das auf sie *zu* gekommen ist, was mit ihnen zusammen bewirkt, daß die Welt *anschoß*.

Mit der wiedergefundenen Zeit, der wiedererschaffenen Wirklichkeit, der sprechend gewordenen Sprache scheint der Autor-Leser ans Ziel gelangt zu sein: *und / es kam* (VI, 8). Was ist nun aber das Wesen dieser wiedergefundenen Zeit, dieser wieder eingeholten Realität, dieser neu erlangten Existenz? Und was verleiht den trockenen Augen ihre Gewalt und dem Stein seine ihm eigentümliche Kraft; wie erklärt sich die seltsame Verwandtschaft, ja Identität von Stein und Geschöpfen, von der Nacht und den sie Durchschreitenden? Fänden diese Fragen keine Antwort, so bliebe das Gedicht ein hermetisches Gebilde in der Tradition des Symbolismus, ein weiteres Beispiel dafür, daß es der poetischen Schöpfung freisteht, nach Belieben zu erfinden. Für *Engführung* aber trifft dies nicht zu, so radikal auch Celan sich von der Repräsentation und der aristotelischen Mimesis abkehrt. Das erweisen die letzten Partien des Gedichts.

Die »Wiederholung« im »Übergang« von der sechsten zur

siebten Partie ist die erste und einzige im ganzen Gedicht, in der ein völlig neues Wort hinzugefügt wird. Der wiederaufgenommene Ausdruck wird erweitert, um das Neue anzukündigen:

[VII] *Schoß an, schoß an.*

Dann –

Nächte, entmischt. Kreise,
grün oder blau, rote
Quadrate: die
Welt setzt ihr Innerstes ein
im Spiel mit den neuen
Stunden. – Kreise,
rot oder schwarz, helle
Quadrate, kein
Flugschatten,
kein
Meßtisch, keine
Rauchseele steigt und spielt mit.

Die (Wieder-)Erschaffung der Welt im Erinnern der Geschöpfe und durch die Ankunft des Wortes – das Ereignis, auf das die wiederholten Worte weisen (*Schoß an, schoß an*), klingt in dem einleitenden *Dann* wieder, das auf das vorhergehende Wort reimt. Der Reim akzentuiert das Ereignis, das eintreffen soll. Das *Gestöber* der Wort-*Partikel* von VI, 6 wieder aufnehmend, beschreibt die siebte Partie das Ereignis, wobei sie jedoch die halb der organischen, halb der anorganischen Welt zugeordneten Adjektive durch geometrische Elemente ersetzt und durch Farben, aus denen jenes *Tausendkristall* konstruiert wird, das, dem Ende der sechsten Partie gemäß, mit der *anschießenden* Welt identisch ist. Von der Strophe VI, 6 unterscheidet sich die Diktion der siebten Partie weiterhin durch die Sätze, mit denen die Sequenz der farbigen geometrischen Figuren eingeleitet oder unterbrochen wird, in denen das Gedicht nach dem *Gestöber* seine ursprüngliche Sprache, und zwar endgültig, wiederfindet. Wesentlich sind die Ambiguitäten und Polysemien; mehr noch als bisher verwendet diese Sprache anstelle der direkten Aussage die durch die Verschiedenheit der Bedeutungen ermöglichte Anspielung, eine Sprache, in der der Dichter den Wörtern die Initiative überläßt, die, wie es heißt, *s'allument de reflets réciproques comme une virtuelle traînée de feux sur des pierreries*[7]. So erinnert *anschießen*, ein Wort, das den Modus ausdrückt, in dem die Welt erschaffen wird, an »schießen«, das sich in der achten Partie, in *Kugelfang* mit enthalten, als bedeutsam erweist.

In der siebten Partie unterscheidet sich der nun in der »Wiederholung« durch *Dann* vorbereitete Zustand dadurch, daß die *Nächte entmischt* sind. Wie, ist nicht gesagt. Der Ausdruck steht unmittelbar nach dem emphatischen *Dann*; diese Wortstellung zeigt (der musikalischen Lektüre folgend), daß diese *Nächte, entmischt,* jener anderen entgegengesetzt sind, der *Nacht.* / *Nacht-und-Nacht* (V, 2), durch die das Wort kam, das *leuchten wollte* (V, 1). Nachdem das Wort gekommen, die Welt wiederhergestellt ist, sind doch die Nächte keineswegs durch Tage ersetzt, denn der Weg von *Engführung* führt nicht aus der Finsternis zum Licht. Bis hierher hat das Vorangehen des Gedichts, das die Lektüre nachvollzieht, noch nichts anderes erreicht als die bloße Überwindung jenes schlechten Nicht-Seins, des Schlafes und der Nacht, die nur Schlaf sind, *Schweigen . . . giftgestillt* (VI, 3) und Nacht, die *keine Sterne braucht* (I, 3). Der Gegensatz des neuen Kosmos mit seinen *Nächten, entmischt,* und jenes andern, welcher der Ankunft des Wortes, der Entstehung dieser *Welt* als *Tausendkristall* (VI, 9) vorausgeht, wird durch die zweite Information dieser Strophe bestätigt: es setzt nun diese Welt der Kristalle *ihr Innerstes ein / im Spiel mit den neuen / Stunden.* Der Stunde, die zu Anfang des Gedichts *keine Schwestern* hatte (I, 3), sind *neue* (VII) gegeben: das Gehen, das in jener letzten Stunde begann, der Weg, der paradoxerweise im Augenblick des *Zuhause*-Seins eingeschla-

---

[7] Stéphane Mallarmé, *Crise de vers.* In: *Œuvres complètes* (Pléiade). Paris 1945, S. 366 [»sich entzünden in wechselseitigen Spiegelungen wie der potentielle Schweif der Lichter auf dem Geschmeide«].

gen wurde, führte zu einer neuen Zeit. Was diese Zeit jedoch kennzeichnet, die *Entmischung,* die kristalline Reinheit, ist wohl zugleich Ferne zum Ausgangsort, der gleichzeitig Ort der Heimkehr ist, Vergessen jener, deren Erinnerung zu wahren, der Dichter sich auferlegt hat, wodurch sein Dichten eigentlich seine Stärke findet. Daß diese Vermutung begründet ist, läßt sich den negativen Bestimmungen des Kosmos der *Nächte, entmischt,* in den letzten Versen der Strophe entnehmen: *kein / Flugschatten, / kein / Meßtisch, keine / Rauchseele steigt und spielt mit.* Worin immer der »Wert« dessen, was als abwesend bezeichnet wird, bestehen mag, die dreifache Negation stellt die Leere, den »Mangel« des *Tausendkristalls* (VI, 9), dieser *Welt,* heraus, die gerade erschaffen wurde. Es wird zwar nicht ausdrücklich gesagt, welcher *Flugschatten,* welcher *Meßtisch,* welche *Rauchseele* es ist. Obgleich es sich um die »Obscuritas« der Rhetorik, die absichtliche Dunkelheit, handelt, kann es doch Aufgabe der Lektüre nicht sein, Hypothesen aufzustellen, die den Sinn dieser Ausdrücke vollständig erklären. Sie hat statt dessen die Dunkelheit zu bemerken und in ihrer Eigenart zu erfassen, ohne zu übersehen, was dennoch und durch sie hindurch, in Erscheinung tritt.

Die Dunkelheit selbst unterscheidet sich hier von jener, mit der *Engführung* beginnt: *Verbracht ins / Gelände / mit der untrüglichen Spur.* Dort setzt tatsächlich der bestimmte Artikel eine Kenntnis voraus, die durch die Stellung der Verse am Gedichtanfang zugleich bestritten wird. Hier dagegen findet sich kein Anzeichen dafür, daß der Leser genau wissen müsse, worum es sich handelt. Das will nicht heißen, daß dem Dichter Ungenauigkeit vorgehalten würde. Nicht lange, bevor er *Engführung* schrieb, hatte Celan von der Sprache seiner Dichtung gesagt, sie suche *bei aller unabdingbaren Vielstelligkeit des Ausdrucks* die *Präzision*[8]. Verzichtet man auf eine genaue Bestimmung des mit *Flugschatten, Meßtisch* und *Rauchseele* womöglich Gemeinten, so wird damit die Genauigkeit der Sprache von *Engführung*

---

8 *Almanach de la Librairie Flinker.* Paris 1958, S. 45.

keineswegs in Frage gestellt, da eine solche »Erklärung« zwangsläufig auf persönliche, also zufällige Assoziationen, auf ungefähre Hypothesen angewiesen wäre. Umgekehrt, da gerade die Rücksicht auf die Präzision Zurückhaltung gebietet, wäre bei diesen drei Ausdrücken wohl nur festzuhalten, daß der Akzent in diesen Versen auf der Negation, auf der Abwesenheit liegt; das Wort *kein(e)* schließt zweimal einen Vers ab und bildet einmal für sich den ganzen Vers: ... *kein / Flugschatten, / kein / Meßtisch, keine / Rauchseele steigt und spielt mit.* Ferner drücken von den drei Worten das erste und das letzte (*Flugschatten* und *Rauchseele*) eine zwischen Himmel und Erde vermittelnde Bewegung aus, während das zweite (*Meßtisch*) der Welt des Menschen angehört, wie er sich auf Erden einrichtet. Das heißt aber, daß die *Welt, ein Tausendkristall,* mit ihren *Nächten, entmischt,* setzt sie auch *ihr Innerstes ein / im Spiel mit den neuen / Stunden,* nicht das letzte Ziel des Weges von *Engführung* sein kann. Es fehlt ihr vielleicht etwas Wesentliches. Wie es aber beschaffen sein muß, um den Forderungen gerecht zu werden, die in der negativen Bestimmung enthalten sind (*kein / Flugschatten, / kein / Meßtisch, keine / Rauchseele steigt und spielt mit*), dies wird in der achten Partie des Gedichts deutlich. Doch mag die Lektüre jetzt schon feststellen, daß die Bewegung und Vermittlung, das Moment des Irdischen und Vermischten, jener Kristallwelt von reinen Formen (*Kreise, Quadrate*) und klaren Farben (*Kreise, / rot oder schwarz, helle / Quadrate*) fehlen.

Schon in der siebten Partie muß die Lektüre die Mehrdeutigkeit der Ausdrücke *Flugschatten* und *Rauchseele* berücksichtigen, eine Mehrdeutigkeit, die die Grenzen des signifiant überschreitet (es geht also nicht um einfache Polysemie). Celan greift häufig auf die Möglichkeit des Deutschen zurück, unbegrenzt Wörter neu zusammenzusetzen; es gehört dies zu den bezeichnenden Zügen seiner Sprache. Freilich handelt es sich dabei nicht um ein rein stilistisches Mittel (falls es dergleichen überhaupt geben sollte). Mit Hilfe der Komposita gelingt es Celan, sich in kondensierten Syntagmen auszudrücken, das diskursive

Element in isolierte Wörter zu bannen, zugleich aber es derart einzuschließen, daß die Prädikation eine Freiheit erlangt, die sie angesichts der Schranken, die der syntaktischen Ambiguität (auf die sich, wie man weiß, Mallarmés Sprache gründet) gesetzt sind, von sich aus nicht hat. Gerade weil die zusammengesetzten Wörter der Kondensierung von Syntagmen entspringen, ist es nicht notwendig, eine Entscheidung darüber zu treffen, welches von den (zwei oder mehr) Elementen des Wortes das andere bestimmt, und auf welche Weise. So kann *Flugschatten* ebenso gut wie »Schatten des Fluges« auch »fliegender Schatten« bedeuten (oder genauer: bedeutet das eine wie das andere), und *Rauchseele* nicht nur »zu Rauch gewordene Seele«, sondern auch »Seelenrauch«, also Rauch als Seele, und »Seele des Rauchs«. Diese wesentliche Mehrdeutigkeit, die beides, signifié und signifiant, umfaßt – dies ist auch der Grund, weshalb es bei der Analyse von Celans Gedichten nicht weniger als bei Mallarmé unangemessen ist, das Saussuresche Modell des Zeichens beizubehalten[9] –, läßt begreifen, warum jene *Welt, ein Tausendkristall* aus geometrischen Elementen unzureichend ist. Es fehlen ihr, *entmischt,* die Unterschiede, aufgrund derer sie gemischt ist und, sich mischend, vermittelt. Diese Welt ist zu rein. Andrerseits bereitet, wegen der fast musikalischen Komposition, die eine jeweils der beiden möglichen Bedeutungen der Komposita *Flugschatten* und *Rauchseele* (d. h. einer der Zusammenhänge, welche jeweils die beiden Bestandteile vereinen) die achte Partie vor, in der das Gedicht kulminiert. Wiederum liegt eine »enharmonische Verwechslung« vor, insofern das letzte Subjekt von VII in der achten Partie, wenn auch ungenannt, wieder aufgenommen wird. Und zwar wird dies in der »Wiederholung«, im »Übergang« der beiden Partien, in zwei Versen angezeigt, in denen einzig das Prädikat, nicht jedoch das Subjekt wieder vorkommt.

[VIII, 1] *Steigt und*
spielt mit –

---

[9] Vgl. Jacques Derrida, *Sémiologie et grammatologie.* In: *Information sur les sciences sociales,* 7 (3), 1968 (*Recherches sémiotiques*).

*In der Eulenflucht, beim
versteinerten Aussatz,
bei
unsern geflohenen Händen, in
der jüngsten Verwerfung,
überm
Kugelfang an
der verschütteten Mauer:*

Dem Einsatz dieser Partie geht ein subjektloses Prädikat voran, das der siebten Partie, in der *Rauchseele* Subjekt ist. Dies bedeutet – wenn man den »Übergang« »liest« –, daß das Prädikat für das in der achten Partie Gesagte gültig bleibt, ob nun dieses Prädikat ein neues Subjekt erhält, oder ein anderes Element an die Stelle des Subjekts der siebten Partie tritt. Zunächst scheint man gezwungen zu sein, für die Strophe VIII, 1 die zweite dieser Konstruktionen anzunehmen, da diese nur aus Adverbialbestimmungen des Ortes und der Zeit besteht. Im übrigen sind die beiden Modi nicht immer zu unterscheiden, und aus dieser Ungewißheit ergibt sich eine weitere Ambiguität, in der die verborgene Identität der Zeit und des Ortes offenbar wird.

Die ganze Strophe besteht aus diesen Temporal- und Lokalbestimmungen: sie sind also nicht attributiv sondern prädikativ gebraucht. Die Tatsache, daß die Prädikation dieser Strophe, einer der entscheidenden des ganzen Gedichts, sich in Form von Umstandsbestimmungen vollzieht, zeigt an, wie wichtig die Funktion ist, die diesen Umständen in der Komposition zukommt. In einer Figur, ähnlich der Correctio, deren Relevanz für Celan sich schon erwies, treten diese Umstandsbestimmungen an die Stelle der reinen, scharfen, strahlenden Elemente jenes kristallenen Kosmos, worin sich die schaffende Kraft des Wortes, das kam, und der Geschöpfe, die sich ihm öffneten, zu vollenden schien (*Wir / ließen nicht locker, standen / inmitten, ein / Porenbau, und / es kam,* VI, 8), und lösen sie in nichts auf. Am Ziel des Weges der Erinnerung weicht jene *Welt, ein*

Tausendkristall der *Nächte, entmischt,* anderem. Jede dieser prädikativen Umstandsbestimmungen trägt nicht nur dazu bei, dieses Andere zu verwirklichen; zugleich wird es selbst, wie auch seine Verbindung mit den anderen Teilen des Gedichts, genauer bestimmt. Eben dies muß jetzt »gelesen« werden:

In der Eulenflucht – dies zusammengesetzte Wort ist heute antiquiert, aber darum nicht weniger bedeutungsreich, da es als Kompositum zwangsläufig ein »motiviertes« Zeichen ist. Nach Grimms Wörterbuch bezeichnet *Eulenflucht* die Dämmerung, das ist die Stunde, da die Eulen auffliegen.[10] Schon durch diesen Hinweis wird eine andere Stunde, ein anderes Licht eingeführt. Nicht die Nacht, die *keine Sterne braucht* (I, 3), die Nacht jener, die weil *der Schlaf über sie kam, nicht hindurch sahn* (II), ebenso wenig die *entmischte* Nacht der Welt, die *ihr Innerstes einsetzt im Spiel mit den neuen Stunden* (VII), jener Welt der *hellen / Quadrate*. Die Stunde vielmehr des Transitorischen, des Vermittelnden, des in die Nacht übergehenden Tags. Zugleich aber ist es die Stunde der Flucht – wobei das Substantiv »Flucht« nicht nur zu »fliegen« sondern auch zu »fliehen« gezogen werden muß. Die dritte der Adverbialbestimmungen betont eher die zweite Bedeutung:
Bei / unsern geflohenen Händen – die Bedeutung des Fingers (*ein Finger / tastet hinab und hinan, tastet / umher,* IV) und der Hände (*Wie / faßten wir uns / an – an mit / diesen / Händen?,* IV, 2) wurde schon erörtert: deren Funktion ist nicht einfach »thematisch« (sollte es so etwas überhaupt geben), eher könnte man sie »rhetorisch« nennen, wenn es nicht gerade darum ginge, eine Figur wie die Synekdoche zu überwinden. Denn *Finger* steht hier nicht anstelle des Wortes, welches ein Ganzes, dessen Teil er in der »Wirklichkeit« ist, bezeichnen würde, sondern es ist ein *Finger,* der die unebene und fremde Oberfläche der traumatischen Vergangenheit betastet. Und so ist der in der achten Partie beschriebene Ort nicht mehr die Stätte geflohener Geschöpfe sondern die *unserer geflohenen Hände* – jener

10 Eines der wenigen Beispiele, die Grimms Wörterbuch angibt, stammt von dem Romanautor Celander (1685-1735).

Hände, auf die die Frage in VI, 2 zielt (*Wie / faßten wir uns ...*) und deren Kontakt zur Auferstehung der Vergangenheit in der Erinnerung nicht führte, im Gegenteil: *Wir / taten ein Schweigen darüber, / ... ein / grünes / ... ein Kelchblatt, es / hing ein Gedanke an Pflanzliches dran* – (VI, 3). Der Ort, wo die *geflohenen Hände* sind, ist jenem Nicht-Ort entgegengesetzt, der *die Welt* ist, *ein Tausendkristall* (VI, 9), eine reine und strahlende, eine neue Welt, eine Welt aber, deren Erschaffung sich immer deutlicher als unzureichend erweist, wiewohl diese ein Teil des Ereignisses ist, für welches das Gedicht den Grund legt und worin es selbst seinen Grund hat; und da das Gedicht Vorangehen ist, heißt dies, daß es über sie hinausgehen muß. Unzureichend ist diese Schöpfung auch, weil sie auf Kristallenes, Anorganisches, Ungemischtes reduziert blieb – ein Gebilde aus geometrischen Formen, aus Kreisen und Quadraten von wiederum ungemischten Farben: *Kreise, / grün oder blau, rote / Quadrate* (VII) – eine reine, *entmischte* Welt, das heißt aber eine nicht vermittelnde, ohne die Vermittlung zwischen Pflanze und Stein, die von jener Reihe der Adjektive ebenso angekündigt wird (*Körnig, / körnig und faserig. Stengelig, / dicht ...*, VI, 6) wie vom Wechsel von *er* zu *es* (*er, es / fiel nicht ins Wort*, VI, 6). Diese Vermittlung aber kennzeichnet gerade den Ort, den die achte Partie beschreibt:

Beim / versteinerten Aussatz – der Ausdruck bleibt zunächst dunkel, da nicht bekannt ist, warum von *Aussatz* die Rede ist, und was es besagen soll, daß dieser *versteinert* ist. Zugleich aber ist dieser selbe Ausdruck ein klares »Zeichen« jener Vermittlung, die die organische mit der anorganischen Welt verbindet: der Aussatz ist zu Stein geworden. Dennoch verlangen die beiden soeben gestellten Fragen eine Antwort. Nun meint *Aussatz* nicht nur die Krankheit. Das Wort gehört zu »aussetzen«, der Behandlung, der man jene unterzog, die von dieser Krankheit befallen waren. Selbst wenn *Aussatz* heute zumindest ausschließlich die Krankheit bezeichnet, so aktualisiert das Wort in diesem Kontext (wo die Worte *s'allument de reflets réciproques,* um noch einmal Mallarmés Satz zu zitieren) doch auch anderes. In der Dichtung freilich heißt Aktualisieren, Einbeziehen immer auch Bezeichnen, oder genauer: Realisieren. Auf die Frage, was dann aber mit dieser ›Aussetzung‹ gemeint sei, gibt ein anderer Vers der gleichen Strophe, wiederum eine »Umstandsbestimmung«, die Antwort:

In / der jüngsten Verwerfung – die *jüngste Verwerfung* kann nichts anderes bezeichnen als das Schicksal, das während der Nazi-Ära Millionen Juden, darunter die Eltern des Dichters, erlitten, die letzte der *Verwerfungen*, die Israel seit dem Beginn seiner Geschichte erlitt. Der Ort, den die verschiedenen »Umstandsbestimmungen« dieser Strophe räumlich und zeitlich fixieren, ist gewiß die Stätte der »Endlösung«: das Vernichtungslager. Die Juden, so oft in ihrer langen Geschichte von den Völkern, unter denen sie lebten, *verworfen*, wie *Aussätzige* behandelt, wurden diesmal *ausgesetzt, verbracht* – um das Wort aufzunehmen, das auch, mit Grund, das erste des Gedichts ist.

Überm / Kugelfang an / der verschütteten Mauer – es sind dies die beiden letzten Hinweise, die den Ort bestimmen, belastet von einer Vergangenheit, die vergangen nicht ist und es nie sein wird. Der *Kugelfang* ist an der *verschütteten Mauer* befestigt, und die *Mauer verschüttet* vielleicht, weil die Gegenwart in diesem Teil des Gedichts einer späteren Epoche anzugehören scheint. Der *Kugelfang* bezeichnet die obere Grenze der Vernichtungsstätte. Das, wovon die achte Partie berichtet, geschieht *überm / Kugelfang an / der verschütteten Mauer*. Während die anderen »Umstandsbestimmungen«, die nicht durch die Präposition *über*, sondern durch *in, beim, bei, in* eingeleitet werden, sich auf einen Ort und einen Zeitpunkt diesseits jener Grenze beziehen, verweist der mit *über* eingeleitete Ausdruck gerade auf das, was mit der Ankunft die Grenze überschreitet. Der Doppelpunkt am Ende der ersten Strophe (*an / der verschütteten Mauer:*) zeigt, daß nun gesagt werden wird, was es ist.

[VIII, 2] *sichtbar, aufs*
neue: die
Rillen, die

Was ankommt und über den Ort der *Verwerfung,* der *Aussetzung* und des Todes hinausreicht, ist Epiphanie. Nicht eines Gottes, sondern Erscheinung von *Rillen, Spuren* – um wieder an den Beginn zu erinnern. Was ist mit diesen Rillen gemeint? *Engführung,* das Gedicht, das von einem Gehen und von einer Ankunft nicht handelt, sondern beides selbst ist und zugleich die unterwegs sich verwirklichende Erkenntnis dessen, was die Ankunft ist, hat nun ein Stadium erlangt, wo die Fragen nicht mehr ohne Antwort bleiben können, genauer: wo die Antworten durch die Ankunft selbst möglich geworden sind. Nachdem der Dichter die Wörter *die / Rillen* hinter den Doppelpunkt gesetzt hat, der verspricht, es werde nun angegeben, was in diesem *Über aufs / neue sichtbar* geworden ist, fährt er fort: *die / Rillen, die*. Dann, nach einer sehr kleinen, aber expressiven Pause zwischen dem Artikel und dem Substantiv, das er bestimmt, die nicht nur auf das Vers- sondern zugleich auf das Strophenende fällt:

[VIII, 3] *Chöre, damals, die*
Psalmen. Ho, ho-
sianna.

Wie man weiß, fingen die deportierten Juden oft, angesichts des Endes, zu beten an und sangen Psalmen. »Hosianna«, das ist hebräisch »Ach hilf!« oder »Ach gib Heil!«. Dies Gebet übersteigt die Grenze, die nach oben durch den *Kugelfang* gesetzt ist. Mit ihm gelangen die, die es sprechen, über den Bezirk ihrer letzten Qual hinaus: das Gebet ist selbst gleichsam ein Kugelfang. Ihre Errettung ist das Wort. Zwar sagt der Dichter davon nichts. Was er ausspricht, ist die Lektion, die aus dem Verhalten der in den Tod Gehenden gezogen wird. Das Gedicht selbst vollzieht die Beschwörung von Fakten aus der historischen Wirklichkeit, und sie wird, im doppelten Sinn des Wortes, zu dessen Ende, um es zur Lehre werden zu lassen.

[VIII, 4-5] *Also*
stehen noch Tempel. Ein
Stern
hat wohl noch Licht.
Nichts,
nichts ist verloren.

Ho-
sianna.

Daß es sich hier um eine Lehre handelt, daß eine Konsequenz zu ziehen ist, erweist schon das Wort *Also* zu Anfang der vierten Strophe. Wenn die Tempel noch wirklich und noch da sind, so deshalb, weil Gebete gesprochen wurden (dort, wo es keine Tempel gab), und mehr noch wegen dieser Worte: *die / / Chöre* und *die / Psalmen* von *damals* werden *sichtbar, aufs / neue* in Form von *Rillen*, für immer in das Gedächtnis der Menschheit eingegraben von jenen, die sie sangen, in der *jüngsten Verwerfung*. Gibt es Gedächtnis, Eingedenken, so dank der Spuren, die die Opfer, denen es sich zuwendet, zurückließen. Dank des Wortes. Erinnerung bezeugt die schaffende Kraft des Wortes, das heißt aber den sprachlichen Ursprung der Realität – derer zumindest, auf die es ankommt; dies erst begründet Erinnerung und läßt sie nicht bloß zur Aufgabe, sondern zur poetischen Verpflichtung und Notwendigkeit werden. So ist die Aktualisierung der Vernichtungslager nicht allein das Ende von Celans Dichtung, sondern zugleich deren Voraussetzung. *Engführung* ist in einem sehr genauen Sinne die Widerlegung der allzu berühmt gewordenen Behauptung Adornos, daß es *nach Auschwitz ... unmöglich ward, ... Gedichte zu schreiben*[11]. Adorno, der seit Jahren einen längeren Essay über Celan schreiben wollte, den er neben Beckett für den bedeutendsten Dichter der Nachkriegszeit hielt, war sich wohl bewußt, welchen Mißverständnissen seine These ausgesetzt und daß sie vielleicht

---

11 [Theodor W. Adorno, *Kulturkritik und Gesellschaft* (entstanden 1949). In: *Gesammelte Schriften 10, 1*, Frankfurt 1977, S. 30.

falsch war.¹² Nach Auschwitz ist kein Gedicht mehr möglich, es sei denn auf Grund von Auschwitz. Nirgends hat Celan so klar und überzeugend wie in *Engführung* gezeigt, wie wohlbegründet die heimliche Devise seiner Dichtung ist, ihr wesentlich nicht bekenntnishafter, ihr unpersönlicher Charakter. Darum ist das schaffende Wort nicht das geheimnisvolle, von dem es in der Strophe V, 1 hieß, daß es *kam, / kam durch die Nacht, / wollt leuchten, wollt leuchten*. Vielmehr ist es jenes, das die deportierten Juden angesichts des Todes sprachen, und dessen *Rillen* am Ende des Gedichts wieder *sichtbar* werden. Von hier wird auch der radikale Gegensatz der beiden Strophen in der fünften Partie verständlich. Die erste, dem Wort gewidmet, das *leuchten wollte*, stößt auf die zweite: *Asche. / Asche, Asche. / Nacht. / Nacht-und-Nacht. – Zum / Aug geh, zum feuchten*. Die Wirklichkeit der Asche, der Vernichtungslager und ihrer Krematorien, steht nur scheinbar der Ankunft des Wortes im Wege, der Wieder-Erschaffung der Welt im Wort. Denn *die Welt, ein Tausendkristall*, die *anschoß* (VI, 9), und die sich der anderen Welt entgegenstellte, deren Schöpfung an der Verdrängung scheiterte, an jenem *Schweigen ... / giftgestillt, groß, / ein / grünes / Schweigen, ein Kelchblatt*, das darüber getan wurde (VI, 3), ist selbst ebenso wenig die Welt, die *Engführung* erschaffen wird, die *Engführung* ist: *kein / Flugschatten, / kein / Meßtisch, keine / Rauchseele steigt und spielt mit* (VII). Sie ist es nicht, gerade weil die eine dieser Welten der anderen sich entgegensetzt, weil es Gegensätzliches gibt – Gegensatz von Wort und Schweigen, Stein und Pflanzlichem, trockenen Augen und feuchtem Auge. Der Gesang aber (*die / / Chöre, damals die / Psalmen*) und die Wirklichkeit (*es stehen noch Tempel*) und das Leuchten (*Ein / Stern / hat wohl noch Licht*) werden erst, wenn der Gegensatz aufgehoben ist, sie entstehen aus dem *versteinerten Aussatz*, aus der Überschreitung des Nichts, welches die *Verwerfung* ist: *Nichts, / nichts ist verloren* (VIII, 4).

Doch läßt sich dies ohne die Einschränkungen nicht sagen, die auf das Brüchige und den Riß in alledem, und auf den schmer-

---

12 Vgl. Theodor W. Adorno, *Negative Dialektik*. Frankfurt a. M. 1966, S. 353.

zenden Zweifel deuten, denn auch ohne sie würde das Gedicht verfälscht. Wesentliche Tatsachen blieben noch unerwähnt. So die Verstrennung, die Einschnitte: ... *Ho, ho- / sianna* (VIII, 3), *Nichts, / nichts ist verloren* (VIII, 4), *Ho- / sianna* (VIII, 5). Der da spricht, der Dichter oder die, deren Gedächtnis er heraufbeschwört, ist im Sprechen behindert. Es kommt nicht gleich zum »Hosianna«. Nach der ersten Silbe bricht sein Wort, das Gebet, ab. Was sich an Gott wenden will, ist zuerst profaner, ja vulgärer Schrei: *Ho, ho-*. So hat auch der *Stern* nur *wohl noch Licht*. Und wird der Schnitt zwischen den zwei folgenden Versen (*Nichts, / nichts ist verloren*) erst einmal »gelesen«, so besagt er, es stehe auch keineswegs fest, jedenfalls vorerst nicht, daß nichts verloren sei. Zuerst wird nur das Wort *Nichts* gelesen. Es will nicht sagen, nichts sei verloren, es ist nicht das erste Wort eines Satzes, der dies sagen soll. *Nichts* meint »nichts«. Allererst vielleicht, nachdem *Nichts* gesagt, oder eher: gesetzt wurde, kann im nächsten Vers versichert werden: *nichts ist verloren*. Existenz gibt es hier nur, wenn diese sich in Erinnerung, in die *Spur* der Nicht-Existenz verwandelt. Und daher kehren, auch wenn das Wort *wohl* im nächsten Satz nicht erscheint (*Nichts, / nichts ist verloren*), in der folgenden Strophe der Schnitt und der Zweifel wieder: *Ho- / sianna* (VIII, 5).

Am Schluß der achten Partie, dem Ende des Gedichts, bliebe noch nach deren Funktion im ganzen Gedicht zu fragen.

Die Lektüre des musikalischen Moments im »Übergang« beim Einsatz der Partie: *Steigt und / spielt mit* – zeigt die Verbindung der achten Partie mit der siebten, sie wird gerade durch den »Übergang« verständlich. Wie schon gesagt wurde, besteht er aus dem Prädikat des vorhergehenden Satzes, dessen letztes Subjekt (*Rauchseele*) wegfällt. Nach der Lektüre des achten Teils wird deutlich, warum dies geschieht, aber zugleich auch, wie das Subjekt zusammen mit seinem Prädikat in dieser Partie gegenwärtig bleibt. Liest man die Partie, in welcher der Ausdruck erscheint, so kann man noch nicht wissen, was *Rauch-*

seele bedeutet; die achte Partie erst lehrt es, da der Ort des *Kugelfangs* zugleich die Stätte der Krematorien ist, deren *Asche* in einem früheren Teil beschworen wurde (V, 2). Es ist dies nicht die einzige der Verbindungen, die die Negationen der siebten mit den Affirmationen der achten Partie herstellen; *kein / Flugschatten* wird wieder aufgenommen in der *Eulenflucht,* der Stunde, da Tag in Nacht, Erde in Himmel übergeht. Diese »gemischte« Stunde, die in Gegensatz steht zu den *Nächten, entmischt* (VII) einer zu reinen Welt, ohne Vermittlung und Kommunikation, in der *kein / Flugschatten, / kein / Meßtisch, keine Rauchseele steigt und mitspielt* – diese Stunde der Dämmerung steigt noch einmal auf am Ende der achten Partie, bevor das Gedicht die Verse, mit denen es begonnen hatte, in Parenthese wieder aufnimmt.

[VIII, 6]   *In der Eulenflucht, hier,*
            die Gespräche, taggrau,
            der Grundwasserspuren.

Die *Grundwasserspuren* sprechen wie die *Rillen* sprechen *überm / Kugelfang.* Der Höhe entspricht die Tiefe, dem *Licht* eines *Sterns* (VIII, 4) das *taggrau* der Erde. Doch was heißt entsprechen? Wenn *Engführung* sich selbst als Vorangehen schreibt, und wenn es beim Lesen darauf ankommt, dies Gehen mitzuvollziehen (eher als es zu reproduzieren), dann entsprechen die *Grundwasserspuren* jenen himmlischen *Rillen* des Gebets nicht, sie folgen ihnen nach. Und zwar folgen sie ihnen in dreifacher Bedeutung des Wortes: 1. setzt das Gedicht an Stelle der oberen *Rillen* die *Grundwasserspuren,* 2. sind *die Gespräche ... / der Grundwasserspuren* heute, was *die / Rillen, die // Chöre, damals, die / Psalmen* waren, 3. sprechen die *Grundwasserspuren* zur gleichen Stunde, *in der Eulenflucht* (VIII, 1 und VIII, 6), wie die *Rillen ... // damals:* heute treten die *Spuren* in die Nachfolge der *Rillen* von einst, *sichtbar, aufs / neue* (VIII, 2). Die *Gespräche, taggrau, / der Grundwasserspuren* leiten sich von den *Chören* her, den Gebeten aus der Zeit der *jüngsten Verwerfung.* Das Gedenken, wenn es ihnen einer bewahrt, bestimmt, was er heute ist und tut.

Vertreten nun aber die *Grundwasserspuren,* hier (VIII, 6), selbst wenn es sich um ihre *Gespräche,* Austausch von Worten, im Gegensatz zu dem *Von-Worten-Reden* in der zweiten Partie, handelt, wirklich das, was von Anfang an gesucht war? Dafür spricht die Wiederholung der allerersten Verse des Gedichts in Parenthese am Ende, im Anschluß an die eben kommentierte Strophe:

[IX, 1-2] *(– – taggrau,*
                      der
                                Grundwasserspuren –

Verbracht
ins Gelände
mit
der untrüglichen
Spur:
Gras.
Gras,
auseinandergeschrieben.)

Man sage nicht, das Gedicht beschreibe einen Kreis und kehre zu seinem Ausgangspunkt zurück. Schon die Klammern beweisen die Ungenauigkeit einer solchen Interpretation. Sie legen nahe, die Verse sotto voce zu lesen, im Ritardando der abgeänderten Verstrennung. Die Verse werden nur darum in Erinnerung gerufen, damit auf das Vorangehende ein Licht falle: *die Gespräche, taggrau, / der Grundwasserspuren.* Somit entspricht die Funktion der Wiederholung der ersten Verse als Schluß von *Engführung* der der »Wiederholungen« in den »Übergängen«. Sie stellt hier eine Verbindung her zwischen den *Gesprächen . . . / der Grundwasserspuren* und dem *Gelände / mit / der untrüglichen / Spur.* Die *untrügliche / Spur* aber und die *Grundwasserspuren* sind ein und dasselbe: Wort.

Verbracht ins / Gelände / mit der untrüglichen Spur (I, 1) konnte und durfte der Leser nicht wissen, was die *untrügliche Spur* ist. Jetzt versteht er es, am Ende des Vorangehens, nämlich der Lektüre dessen, was selbst Vorangehen ist. Darum wird auch nichts erläutert. Einmal mehr könnte der Leser die Gesetze der musikalischen Komposition mißachten und fragen, was *die Gespräche, taggrau, / der Grundwasserspuren* meinen. Und wiederum erbrächte der Vergleich mit anderen Stellen aus dem Werk Celans (wozu eine vor einigen Jahren erschienene Konkordanz einlädt) keinen Aufschluß. Während der Leser aber zu Beginn des Gedichts sich damit abzufinden hatte, daß er offenkundig noch nicht wissen solle, worum es geht, wird jetzt vorausgesetzt, daß er es bereits wisse, daß die *Grundwasserspuren* die *Rillen, die // Chöre, damals, die / Psalmen* sind, zugleich aber die *untrügliche Spur,* durch die jenes *Gelände* bezeichnet wird, in das er seit Beginn der Lektüre versetzt ist, ohne zu wissen, wo er sich befindet. Der Anfang wird wiederholt, damit er es jetzt erfahre. Die *Gespräche . . . / der Grundwasserspuren* und deren Mitteilung durch das Wort stehen am Ende an Stelle der Nicht-Gespräche jener, die lagen und nicht lagen, weil *etwas zwischen ihnen lag* (II, 1). Überwunden ist die Isolierung, die *von Worten reden* ließ, deren *keines erwachte* (II, 2), und jenes *Schweigen . . . / giftgestillt,* das sie *darüber taten* (VI, 3).

Das *Grundwasser,* im Gegensatz zur Welt des *Schweigens* und des Verdrängten wie zur Nicht-Welt des *Entmischten,* zur *Welt,* dem *Tausendkristall,* ist Vermittlung, also Negation der beiden entgegengesetzten Elemente, Negation der Negation. Wie der *versteinerte Aussatz* (VIII, 1). Die *Grundwasserspuren* sprechen, sie wurden zum Gespräch, weil sie Wort sind, Wasser unter der Erde, Wasser in der Erde (im Stein), *Spur* des einen im andern, wie der *Schatten der Halme* die *Steine, weiß,* mit dem *Gras* vereint und so die Schrift schafft, das *Gras, auseinandergeschrieben* (I, 2). Ein Unten, ein Grund (*Grund-wasserspuren*): die Bedingung der Möglichkeit für die Realität des Textes, für das Weiterleben der Menschen heute, *in der Eulenflucht, hier* (VIII, 6), der Menschen, die Auschwitz überlebt haben, man weiß nicht wie, und die es auch weiterhin überleben, man weiß nicht wie.

Noch eine Bemerkung. Der Titel *Engführung* ließe sich aus der Analogie zwischen dem Teil der Fuge, der diesen Namen trägt, und der besonderen Komposition dieses Textes erklären. Davon war ausführlich die Rede. Dennoch ist diese Erklärung notwendigerweise unvollständig. Als »motiviertes« Zeichen (qua Kompositum) ist das Wort *Engführung* zwar Fachausdruck, aber ebenso Bezeichnung, die sich selbst verdeutlicht und die dazu beiträgt, das Gedicht, das diesen Titel trägt, zu erläutern (während dieser von jenem erläutert wird). Das heißt: er ist zugleich Name. Das aus »eng führen« gebildete Substantiv weist also nicht allein auf das Prinzip einer musikalischen Komposition, die der vom Dichter gewählten entspricht. Der Ausdruck bezeichnet so nicht allein die Gliederung in »Partien« und »Stimmen«, welche in den »Wiederholungen« der »Übergänge« sich einander nähern, der Titel weist zugleich darauf hin, daß das Gedicht ein Gehen ist, darauf, daß es einen Weg gibt, den der Text öffnet, und der zum Weg wird, dem der Leser folgt. Dies Vorangehen des Lesers und des gelesenen Textes vollzieht sich in der Verbindung zwischen den Partien, die durch die »Übergänge« aufeinander zugeführt werden. Dies geschieht auf einem Weg, der durch die Erinnerung der Vernichtungslager hindurch eng geführt wird. Das Eingedenken wird zum Grund für das »Sprechen« des Dichters.

Engführung, durch die Enge geführt – der Titel, der auch Name ist, weist er auf die Verengung, die strikte Durchführung des Gedichts, oder auf die Enge des Weges, den der Leser durch die Lektüre mitzugehen hat, oder schließlich auf das Erinnern der Enge in der *jüngsten Verwerfung*? Wer Celans Schrift zu »lesen« gelernt hat, weiß, daß es nicht darum geht, sich für eine der verschiedenen Bedeutungen zu entscheiden, sondern zu begreifen, daß sie nicht geschieden sind, sondern eins. Die Mehrdeutigkeit, Mittel der Erkenntnis geworden, macht die Einheit dessen sichtbar, was verschieden nur schien. Sie dient der Präzision.

(*Von den Herausgebern aus dem Französischen übersetzt.*)

Eden

In dem Gedichtband *Schneepart*, dessen abgeschlossene Reinschrift Celan hinterließ und der Gedichte aus seinen letzten Lebensjahren enthält, steht dieses:

> 1 DU LIEGST *im großen Gelausche,*
> *umbuscht, umflockt.*
>
> *Geh du zur Spree, geh zur Havel,*
> *geh zu den Fleischerhaken,*
> 5 *zu den roten Äppelstaken*
> *aus Schweden –*
>
> *Es kommt der Tisch mit den Gaben,*
> *er biegt um ein Eden –*
>
> *Der Mann ward zum Sieb, die Frau*
> 10 *mußte schwimmen, die Sau,*
> *für sich, für keinen, für jeden –*
>
> *Der Landwehrkanal wird nicht rauschen.*
> *Nichts*
>   *stockt.*[1]

Als eines von wenigen aus *Schneepart* ist dieses Gedicht bereits zu Lebzeiten Celans gedruckt worden, in *Hommage für Peter Huchel, zum 3. April 1968*.[2] Dort ist ihm die Angabe hinzugefügt: *Berlin, 22./23. 12. 1967*. Zu wissen, daß das Gedicht in Berlin geschrieben wurde, mag für das Verständnis entbehrlich sein, da der Text keinen Zweifel darüber bestehen läßt, daß er von Berlin handelt. Wichtiger erscheint die Angabe über die Entstehungszeit: das Gedicht entstand in der Nacht vom 22. auf den 23. Dezember 1967 – ein Nachtgedicht, ein Vorweihnachts-

---

1 Paul Celan, *Schneepart*. Frankfurt a. M. 1971, S. 8.
2 Hrsg. Otto F. Best. München 1968, S. 16.

gedicht. Auf beides spielt der Text an: *Du liegst* (v. 1) auf die Stunde, *der Tisch mit den Gaben* (v. 7) auf das kommende Fest. Celan hat für den Gedichtband *Schneepart* diese Angaben gestrichen, genauer: in dem Gedichtband, wie schon in dem Vorabdruck innerhalb der *Ausgewählten Gedichte*[3], stehen sie nicht. Das freilich entspricht seinem sonstigen Brauch: in der Reinschrift sind die Gedichte datiert, in der Veröffentlichung nicht. Darum ist nicht das Wegfallen der Angabe bemerkenswert, sondern deren Beibehaltung beim Abdruck in der Huchel-Festschrift. Sie dürfte darin ihre Erklärung finden, daß dieses Gedicht wie zwei andere, gleichfalls datierte, von denen das eine mit *Frankfurt am Main/Berlin*, das andere mit *Berlin* gekennzeichnet ist, in der Festschrift dem damals in der Nähe Berlins ansässigen Huchel zugedacht war. So darf der Wegfall der Angabe, durch den der Zugang zum Gedicht erschwert wird (*Du liegst* verliert seine Eindeutigkeit, die *roten Äppelstaken / aus Schweden*, v. 5/6, die Datierung ihres Kontextes), nicht als ein Verwischen der Spuren gedeutet werden, die zu den Entstehungsbedingungen des Gedichts zurückführen könnten. Aber objektiv ist er es. Und daß dies auch der Absicht Celans entsprach, zeigt der Umstand, daß bereits im Erstdruck (*Hommage für Peter Huchel*) der ursprünglich vorhandene Titel verschwand. In Abschriften, die Celan in Berlin für Freunde gemacht hat, ist das Gedicht *Wintergedicht* überschrieben. Der Titel findet sich auch in der Abschrift (Urschrift?), die Celan am 29. 12. 1967, am Tag seiner Abreise aus Berlin, an einen Freund geschickt hat, aber hier ist *Wintergedicht* bereits durchgestrichen.[4] Selbst dies mag mit der immer konsequenteren Abkehr Celans in seiner späten Lyrik von der Institution der Gedichtüberschrift erklärt werden.[5] Indessen macht die Kenntnis der Realien, der realen Erfahrungen, die aus Celans

---

[3] Paul Celan, *Ausgewählte Gedichte*. Auswahl von Klaus Reichert. Frankfurt a. M. 1971, S. 167.
[4] Diese Mitteilung verdanke ich Herrn Klaus Reichert.
[5] So wäre EIN BLATT, *baumlos / für Bertolt Brecht:* (*Schneepart*, S. 59) ohne das Adjektiv und ohne den Doppelpunkt ein Titel für die folgende Variation auf ein Brechtgedicht.

Aufenthalt in Berlin um Weihnachten 1967 in das Gedicht *Du liegst* ... eingegangen sind, noch keine Interpretation des Gedichts aus. Vielmehr eröffnet sich solcher Kenntnis die entstehungsgeschichtliche Dimension, in welcher zwar fast jede Stelle des Gedichts auf ein bezeugtes Erlebnis zurückverweist, nicht minder aber der Weg von den realen Erlebnissen zum Gedicht sichtbar wird, ihre Verwandlung. In dem Spannungsfeld zwischen dem halb vom Zufall gefügten Allerlei der Berliner Tage Celans und der kunstvollen Konstellation, welche das Gedicht ist, erscheint dieses dem Leser, der Celan in jenen Tagen begleiten durfte. Darum kann seine Absicht nicht sein, das Gedicht auf die Daten und Fakten zurückzuführen, aus denen die vierzehn Verse zusammenschossen, wohl aber zu versuchen, den Vorgang dieser Kristallisation nachzuvollziehen.

Celan traf am 16. Dezember 1967 in Berlin ein. Es war, sieht man von seiner Durchreise auf dem Weg nach Frankreich im Jahr 1938 ab,[6] sein erster und einziger Aufenthalt in der Stadt. Unmittelbarer Anlaß war eine von Walter Höllerer initiierte Lesung im Studio der Akademie der Künste. Am Tag danach las Celan vor einem kleinen Kreis von Studenten und Hochschullehrern im Seminar für Allgemeine und Vergleichende Literaturwissenschaft der Freien Universität Berlin Gedichte aus dem kurz zuvor erschienenen Band *Atemwende*. Außer einer von Ernst Schnabel geleiteten Fernsehaufnahme (am 27. 12.) gab es für die Tage seines Berlinaufenthalts keine anderen Verpflichtungen. Celan traf sich mit Freunden, fuhr mit ihnen durch die tiefverschneite Stadt, ließ sich manches zeigen und registrierte die alles beherrschende Vorweihnachtsstimmung mit der verwunderten Empfänglichkeit dessen, der einem Volk angehört, das dieses Fest nicht kennt, und der seit Jahrzehnten in einem Land lebt, in dem es von keiner »Stimmung« begleitet wird – dem dies aber (vielleicht) aus seiner weit zurückliegenden

---

6 Vgl. *La Contrescarpe*, v. 29-32: *Über Krakau / bist du gekommen, am Anhalter / Bahnhof / floß deinen Blicken ein Rauch zu.* In: *Die Niemandsrose*. Frankfurt a. M. 1963, S. 81.

Kindheit, seiner weit wegliegenden Heimat dennoch vertraut war.
Celan wohnte in der Akademie der Künste, er hatte in dem im Hansaviertel gelegenen modernen Bau ein Zimmer, dessen große Fenster, eine ganze Fensterwand, auf einen mit Büschen bepflanzten Teil des Tiergartens schauen. Hier schrieb er nachts die Verse:

DU LIEGST *im großen Gelausche,*
umbuscht, umflockt.

Ein Freund war mit ihm in Plötzensee, in dem Raum, in dem man die Verschwörer des 20. Juli hingerichtet hatte. Er führte Celan auch auf den Weihnachtsmarkt am Funkturm, wo verschiedene Länder ausstellen. An einem der Stände, dem schwedischen, erblickte Celan den aus rotgestrichenem Holz gemachten Adventskranz, auf den Äpfel und Kerzen gesteckt werden. Diese beiden Erlebnisse gingen in die zweite Strophe des Gedichts ein:

Geh du zur Spree, geh zur Havel,
geh zu den Fleischerhaken,
zu den roten Äppelstaken
aus Schweden –

An einem der ersten Abende seines Berlinaufenthalts bat mich Celan um ein Buch, er habe nichts zum Lesen bei sich. Ich gab ihm den kurz zuvor erschienenen Band *Der Mord an Rosa Luxemburg und Karl Liebknecht. Dokumentation eines politischen Verbrechens.*[7] Auf einer der Fahrten zwischen meiner Wohnung und der Akademie der Künste zeigte ich ihm das Apartmenthouse »Eden«, das an der Stelle jenes im Januar 1919 als Sitz des Stabs der Garde-Kavallerie-Schützen-Division dienenden Eden-Hotels steht, in dem Rosa Luxemburg und Karl Liebknecht die letzten Stunden ihres Lebens verbracht hatten.

7 Hrsg. E. Hannover-Drück und H. Hannover. Frankfurt a. M. 1967 (= edition suhrkamp 233).

Das »Eden« liegt unmittelbar neben dem »Europa-Center«, dessen Geschäfte für das kommende Fest geschmückt waren. Vom Kurfürstendamm her biegt man in die Budapester Straße ein, die in den Tiergarten und zum Landwehrkanal führt. Der Hohn, den die Beibehaltung des Namens für das Luxusapartmenthouse auf das Gedenken der beiden Ermordeten darstellt, war Thema unseres Gesprächs im Auto. Diese Fahrt mag Ausgangspunkt für die dritte Strophe gewesen sein:

Es kommt der Tisch mit den Gaben,
er biegt um ein Eden –

Auf Karl Liebknecht und auf Rosa Luxemburg ist, auch wenn ihre Namen nicht genannt werden, die nächste Strophe bezogen, in der zwei Satzfragmente aus den im Dokumentationsband abgedruckten Prozeßprotokollen wiederkehren. Der Zeuge Walter Alker sagte aus, auf seine Frage, ob Dr. Liebknecht schon wirklich tot sei, habe man ihm zur Antwort gegeben, *daß Liebknecht durchlöchert wäre wie ein Sieb.*[8] Und einer der Mörder, der Jäger Runge, berichtete, über Rosa Luxemburg habe es geheißen: *Die alte Sau schwimmt schon.*[9] Im Gedicht stehen die Verse:

Der Mann ward zum Sieb, die Frau
mußte schwimmen, die Sau,
[...]

Der vorletzte Vers zitiert den Landwehrkanal, in den die Leiche Rosa Luxemburgs von ihren Mördern geworfen worden war – in der Nacht vom 19. auf den 20. Dezember 1967 fuhr Celan auf dem Weg zur gespensterhaft stehengelassenen Fassade des Anhalter Bahnhofs[10] den Landwehrkanal entlang.

---

8 Ebd., S. 99.
9 Ebd., S. 129.
10 Diese nächtliche Fahrt bildet den Erlebnishintergrund des zweiten Berliner Gedichts: *LILA LUFT mit gelben Fensterflecken* ... In: *Schneepart*, S. 9.

Dieser biographische Bericht, dem ähnliche zweifellos von anderen zu anderen Gedichten Celans gegeben werden könnten, soll keine Interpretation des Gedichts DU LIEGST *im großen Gelausche*... begründen. Zu fragen ist vielmehr, ob er einer solchen überhaupt zu Grunde gelegt werden könnte. Inwiefern ist das Verständnis des Gedichts abhängig von der Kenntnis des biographisch-historischen Materials? Oder prinzipieller gefragt: Inwiefern ist das Gedicht durch ihm Äußerliches bedingt, und inwiefern wird solche Fremdbestimmung aufgehoben durch die eigene Logik des Gedichts? Daß Celan dieses Gedicht nicht geschrieben hätte oder daß es ein anderes geworden wäre ohne die Erlebnissequenz seines Berlinaufenthalts, die mehr von seinen Freunden und dem Zufall als von ihm selbst bestimmt wurde, steht fest: ohne die Fahrt zur Havel, zum Landwehrkanal, am »Eden« vorbei, ohne den Besuch des Weihnachtsmarkts, der Hinrichtungskammer in Plötzensee, ohne die Lektüre der Luxemburg-Liebknecht-Dokumentation ist das Gedicht nicht denkbar. Nur: Celan hat in jenen Tagen vieles andere gesehen, gelesen, erfahren, das im Gedicht keine Spuren hinterlassen hat. Die Bedingtheit des Gedichts durch die Zufälle des realen Lebens wird so bereits eingeschränkt, ja durchkreuzt durch die Auswahl aus ihnen, die nicht minder als jene mehr oder weniger zufälligen Begebnisse Vorbedingung des Gedichts ist oder gar mit seiner Entstehung zusammenfällt. Zu fragen wäre, ob der Fremdbestimmung, den realen Bezügen, nicht eine Selbstbestimmung die Waage hält: die Interdependenz der einzelnen Momente im Gedicht, die auch jene realen Bezüge nicht unverwandelt läßt.

Das Gedicht hat seine Textur in einer zweifachen Motivverknüpfung. In der Verknüpfung des Motivs der Ermordung von Rosa Luxemburg und Karl Liebknecht mit dem Motiv der Hinrichtung der Verschwörer des 20. Juli (v. 9-12 und v. 4) und in der Verknüpfung dieses Doppelmotivs mit dem von Weihnachten (v. 5-7). So evident die Berechtigung der ersten Verbindung ist, so sehr wirkt die zweite als Skandalon. Während der ersten eine Assoziation zugrunde liegt, deren biographische

Voraussetzungen zwar angegeben werden können (Lektüre des Hannoverschen Buches, Besuch der Hinrichtungskammer mit den *Fleischerhaken*), die Assoziation aber auch ohne sie sich hätte einstellen können, ist man angesichts der Verknüpfung von Mord und Hinrichtung mit Weihnachtsbescherung (vgl. v. 7), von *Fleischerhaken* und *Äppelstaken* versucht, seine interpretatorische Zuflucht, durch welche das Ärgernis gemildert werden könnte, bei dem Rekurs auf das reale Erlebnismaterial zu suchen. Nichts indessen wäre größerer Verrat am Gedicht und an seinem Autor. Wie sehr auch diese Verknüpfung ihre Vorbedingung in der Koinzidenz von Celans Berliner Tagen mit der Weihnachtszeit hat, sie muß diese ihre empirische Prämisse hinter sich gelassen, eine eigene Begründung sich gegeben haben, wenn anders das Gedicht ein Gedicht sein soll. Ja, die empirische Prämisse dürfte für die Entstehung des Gedichts überhaupt erst relevant geworden sein auf Grund einer Motivation, welche nicht durch die realen Begebenheiten jenes Berlinaufenthaltes bedingt ist, sondern durch eine nicht auf subjektive Zufälligkeiten reduzierte Wirklichkeit. Auf diesen geheimen Grund der Verknüpfung von Ermordung und Weihnachtsfest führen die Verse, die in der Mitte des Gedichts stehen:

Es kommt der Tisch mit den Gaben,
er biegt um ein Eden –

Was die beiden Verse in weit höherem Maß als alle anderen kennzeichnet, ist die Ambiguität, die sich in ihrem letzten Wort, in *Eden*, eingenistet hat. »Eden« heißt sowohl das Paradies, ein Lustgarten, als auch, nach ihm, der Ort, an dem Rosa Luxemburg und Karl Liebknecht die letzten Stunden vor ihrer Ermordung verbracht haben. Solange man meint, diese Doppeldeutigkeit – dem Zufall entstammend, daß das Hotel so und nicht anders hieß und daß der Divisionsstab der Garde-Kavallerie-Schützen nicht in einem anderen Hotel sich einquartiert hatte – sei als zufällige, sei als Koinzidenz zum Brennpunkt der Motivverknüpfung von Ermordung und Hinrichtung einerseits, Weihnachtsstimmung andererseits geworden, ist einem der Blick fremd geblieben, den Celan auf die Gegensätze dieser Welt warf. Sie waren ihm keine. Ihm war die Erfahrung vertraut, daß die Milch schwarz ist und das Schwarze Milch[11], daß die moralische Welt weder in Gut und Böse geschieden ist noch aus lauter Übergängen zwischen ihnen besteht, sondern daß das Gute zugleich böse ist und das Böse, wie auch immer, zugleich sein Gutes hat. Hält man für diese Dialektik eine Erklärung bereit, so nimmt man Celans Leben und Dichten ebensowenig ernst, wie wenn man seine Augen vor dieser Dialektik verschließt. Daß dem Blick Celans noch das Hellste sich verdüsterte und seine Dichtung noch der Düsternis Helle abgewann, dürfte zwar richtig sein, als Vereinfachung ist es aber auch schon falsch. Die Einheit von Paradies und Vorhölle in dem Wort »Eden«, die Indifferenz der Geschichte und der Menschen, die zuläßt, daß der letzte Aufenthaltsort von Rosa Luxemburg und Karl Liebknecht den Namen des paradiesischen Lustgartens führt und das Luxusapartmenthouse, das an dessen Stelle errichtet wurde, den Namen jenes zur Vorhölle gewordenen Hotels – diese Gleichgültigkeit kann Celans Grunderfahrung, die einer In-Differenz, nur bestätigt haben. Darum wurde sie ihm bewußt und zur Mitte seines Gedichts.

Auf diesem Hintergrund ist jene andere Stelle zu sehen, in der sich die Motive des Mordes und des Weihnachtsfestes zum Ärgernis verknüpfen, für das man gleicherweise die eingangs berichteten biographischen Daten zur verharmlosenden Erklärung anzuführen versucht sein könnte. Es sind die Verse:

geh zu den Fleischerhaken,
zu den roten Äppelstaken
aus Schweden –

Auch diese Verbindung verdankt sich weder bloß der Koinzidenz zweier Besuche Celans während seines Berlinaufenthalts (Plötzensee und Weihnachtsmarkt), noch allein jener Grunddis-

---

11 Vgl. *Todesfuge*. In: *Mohn und Gedächtnis*. Stuttgart 1952, S. 37.

position seiner Wahrnehmung, von der eben die Rede war. Ist die erste eine zufällige, äußerliche Ermöglichungsbedingung der Konkretisierung, so die zweite eine wesentliche und immanente, welche die Konkretisierung im Wort (die Verknüpfung von *Fleischerhaken* und *Äppelstaken*) zwar zu begründen, nicht aber herbeizuführen vermag. Das Gedicht als Sprachgewebe, im Spannungsfeld von signifié und signifiant, Sinn und Laut, stehend und von deren jeweiligem Verhältnis geprägt, konkretisiert die Gedankenassoziation nicht so sehr diskursiv, im Nacheinander der Satzaussage, als vielmehr in dem vom Sprachmaterial bereitgestellten Ineinander, in Roman Jakobsons Terminologie: nicht metonymisch, sondern metaphorisch.[12] In der phonologischen Übereinstimmung der Wortenden (*-aken*) hat diese Äquivalenz nur ihre äußerlichste Erscheinungsweise. Denn der Reim ist zugleich die Bestätigung, daß die *roten Äppelstaken / aus Schweden*, ein Emblem der Adventsstimmung, und die *Fleischerhaken* von Plötzensee ohne jeden Zusammenhang nicht sind. Der Zusammenhang wird von der Sprache auch dadurch verraten, daß »Staken« von »stechen« abgeleitet ist und auch »Pfahl«, »Pranger« bedeuten kann.[13] Was die Verknüpfung ferner begründet, ist die dreifache Bedeutung des Farbadjektivs, das den *Äppelstaken* beigegeben ist: *rot* sind sie als rotgestrichene (neben grün, silber und gold Grundfarbe der Weihnachtsszenerie). Aber Rot ist zugleich die Farbe von Blut, rot werden Fleischerhaken und Staken nach der Hinrichtung, und Rot ist die Farbe der Fahne, für die Rosa Luxemburg und Karl Liebknecht ihr Leben ließen.

. . .

---

12 Vgl. Roman Jakobson and Morris Halle, *Fundamentals of Language*. The Hague 1956, Part II.
13 Vgl.: *Daselbst wurde ihm der Kopf abgehauen und auf den Staken gesetzt.* G. Freytag, zitiert nach Grimm, *Deutsches Wörterbuch*.

Anhang

Zu II

A

Drei Lustspiele

Notizen zu Goldoni, Molière und Kleist

In Worten auch nur anzudeuten, welches Vergnügen dem Zuschauer eine Aufführung von Goldonis *Arlecchino, Servitore di due padroni* bereitet, ist ein Ding der Unmöglichkeit. Im Mittelpunkt des turbulenten Geschehens steht der Titelheld; damit er mehr essen kann, Diener gleich zweier Herren. Von ihnen gibt sich der eine dem Publikum bald als Herrin zu erkennen, zudem als Geliebte des andern, der ihren Bruder im Duell erstochen hat. In der Kleidung des Bruders ist sie nun auf der Suche nach ihm und richtet bei dessen einstiger Braut, die nach seinem Tod einem andern versprochen wurde, die allergrößte Verwirrung an. Dem Diener zweier Herren gesellt sich so auf der höhern Ebene die Verlobte zweier Herren hinzu: man mag sich die Reihe der Verwicklungen ausdenken, an deren Ende erst der falsche Bräutigam als eines anderen Braut und damit die beiden Herren Arlecchinos als seine Herrschaften sich enthüllen können.

Ist es diese Handlung, die einen bezaubert, oder bloß das vollendete Spiel, in dem die Italiener akrobatische Präzision mit größter improvisatorischer »Leggerezza« vereinen? Man antworte vorsichtig und wiederhole vor allem nicht den Gemeinplatz aller anspruchslosen Theaterleute, daß nämlich den besten Aufführungen noch immer anspruchslose Stücke zugrunde lagen. Denn die Gattung, der das Werk Goldonis halb noch angehört und welche die Literaturwissenschaft gern über die Achsel ansieht, ist für die heutige Zeit von besonderer Bedeutung. Und zwar nicht trotz, sondern wegen der »Mängel«, welche der hochnäsige Gesichtspunkt der Gattungsgeschichte an ihr bemerkt: Typen statt Charaktere, konstruierte Situationen, äußerliche Komik. Woran nämlich das Drama der Gegenwart leidet und mit ihm der Mensch, den es abzubilden sucht:

daß das Leben (nach Rilkes Bemerkung über Ibsen) *in uns hineingeglitten* ist, *sich nach innen zurückgezogen hat, so tief, daß es kaum noch Vermutungen darüber gibt*. Das hat keinen deutlicheren und fürs utopische Bewußtsein zugleich ergiebigeren Gegensatz als die Commedia dell'arte. Alles ereignet sich hier zwischen den Menschen, und alle Verwicklung, Verwechslung und Verkleidung ist nur um der beglückenden Lehre willen erfunden, die im Schlußbild die glücklich Vereinten verkünden: daß die Kraft, die die Menschen verbindet, immer noch stärker ist als die Kraft, die sie trennt. An der Freude über diese erfolgreich bestandene Zerreißprobe zwischenmenschlicher Bindungen teilhaben zu dürfen, auch ohne die Gewißheit, daß man sie selber bestehen würde, und so auch ohne die Möglichkeit, echte Komödien hervorzubringen, ist der Trost, den ein Carlo Goldoni unserer Zeit spendet.

Molières *Don Juan* gehört nicht zu seinen bekanntesten Komödien. Bemängelt wird am Werk die lose Szenenfolge, die den Gesetzen der klassischen Dramaturgie spottet. Schuld daran sind aber nicht die wenigen Wochen, in denen Molière nach dem Verbot des *Tartuffe* für sein Theater ein neues Stück zu schreiben hatte. Sondern die für die Epoche ungewöhnliche Form, oder wie einige meinen »Formlosigkeit«, wird vom Inhalt des Werks selber vorgeschrieben. Spiegelt doch sonst die Notwendigkeit des dramatischen Handlungsablaufs, die Verzahntheit der einzelnen Szenen ineinander, das enge Verhältnis, in dem die dramatis personae, und wär's auch als Feinde, zueinander stehen. Don Juans Schicksal aber ist schon für Molière und nicht erst im Jahrhundert der Psychologie, daß er sich bei seinen vielen Verhältnissen zu niemandem verhält, es sei denn zu sich selber.

So führt ihn sein Weg in die Verdammnis nicht eigentlich aus dem menschlichen Bezirk hinaus, sondern durch ihn hindurch, und die einzelnen Szenen gestalten immer aufs neue den Abstand, der ihn von seiner Umgebung schon trennt, lange bevor er die Hand des steinernen Gastes ergreift, um mit gellendem Schrei zusammenzubrechen. Nie kommt es zu einer Aussprache in diesen Szenen, Gespräch kennt Don Juan nicht, nur Schweigen und Überredung. Wer ihn deshalb aufsucht, um sein Wort zu haben, findet ihn schweigend und wird an den Diener verwiesen – das erfährt die verlassene Elvira. Oder er bekommt Worte zu hören, die nichts als Worte sind – so gegen Schluß Don Louis, der Vater Don Juans, welcher sich entschlossen hat, endlich die Sprache zu sprechen, die er für die universale hält, die der Tartufferie. Seinen Diener Sganarelle, der ihm ins Gewissen reden will, verwirrt er nicht durch Replik, sondern durch Schweigen. Und wer ihn nicht um Worte, sondern um Geld bittet, wird entweder (wie der Gläubiger Monsieur Dimanche) mit Höflichkeitstiraden empfangen, die ihn gar nicht zum Reden kommen lassen, oder er müßte (wie der Bettler in jener erschütternden Szene) das erflehte Almosen damit erkaufen, daß er ins Lager Don Juans überginge und Gott fluchte.

Ein Lustspiel nach Molière – so heißt der Untertitel des Kleistschen *Amphitryon*. Beste Werke der Literaturwissenschaft aber handeln von ihm als einem Trauerspiel. Der seltsame Widerspruch spiegelt den Doppelcharakter eines Werkes, das sich dem vermittelnden Begriff der Tragikomödie entzieht. Die Wandlung, welche die Komik der Vorlage bei Kleist zum Tragischen hin erfährt, ist jedoch genau anzugeben: ihm sind die Voraussetzungen der Plautinisch-Molièreschen Doppelgängerkomik als tragische Grundbedingungen des menschlichen Daseins zum Thema geworden. Das bewegte Verwechslungsspiel wird zwar weitergespielt, aber die Beleuchtung hat seltsam gewechselt. Fortan begleitet jedes Auflachen der Schatten einer tragischen Einsicht.
Nicht minder als Molière und in engster Anlehnung an ihn hat Kleist die komischen Möglichkeiten von Jupiters Besuch bei Alkmene benutzt. Doch daraus, daß der Gott, indem er Amphitryons Gestalt annahm, schon als Amphitryon galt, ersah Kleist die Unsicherheit aller sinnlichen Erfahrung, zugleich die Fähigkeit des Körpers, sich dem Menschen zu entfremden und gegen ihn Partei zu ergreifen. Jupiters Doppelgängertum wurde so zum Grenzfall, an dem sich die Tragik der Körperlichkeit, wie

sie Kleist erschienen war, besonders deutlich aufzeigen ließ. Schon bei Molière bittet zum Abschied der Gott Alkmene, in ihm, den sie für Amphitryon hält, den Geliebten mit dem Gatten nicht zu verwechseln. Nur ihrer Liebe, nicht ihrem Pflichtgefühl möchte er die Erwiderung seiner Gefühle danken. Der beliebteste Gegensatz der französischen Komödie, der zwischen »amant« und »époux«, bricht so in deren erschlichener Einheit, im zweifachen Amphitryon, wieder auseinander. Daher die Komik, die auch bei Kleist bewahrt bleibt. Aber hinter der falschen Identität, welche die Verwandlung Jupiters zwischen dem Geliebten und dem Ehegatten stiftet, entdeckt Kleist die echte, außerhalb des Spiels, im realen Leben. Hier ist der Gegensatz zwischen »amant« und »époux« kein starrer, vielmehr ein dialektischer: der Gatte war einst selbst der Geliebte – und möchte es weiterhin bleiben.

So bekommt der Wunsch Amphitryons, nicht als ein Mensch genommen zu werden, einen zweiten, tragischen Sinn. Kleist wurde vom Gedanken schmerzlich getroffen, daß die Gabe der Liebe nur in der Ehe erlaubt, aber in ihr, weil zur Pflicht geworden, nicht mehr die der Liebe sei. Für den Dichter der *Familie Schroffenstein* gab es zwischen der Welt des Vertrags und der Welt der Gefühle keine Vermittlung. Solcher Art sind die Vertiefungen, welche die Komödie Molières bei Kleist erfuhr. Nicht immer freilich wurden sie in Worte gefaßt, Kleists Sprache verrät sie auch jenseits der Wortbedeutung. Gegenüber der höfisch-geschliffenen Molières ist sie oft gleichsam in Unordnung geraten, in dieser aber durch strengen Rhythmus zu einer zweiten, sinnfremden Ordnung gebannt. Einzelne Wörter scheinen aus ihrer Bahn geschleudert und stehen ihren neuen Nachbarn im Wege wie dem Diener des Amphitryon, Sosias, sein göttlicher Doppelgänger, Merkur. Und der Zuschauer verhält sich zu solch verwirrender Sprache, wie Amphitryon sich zur verwirrenden Lage verhält, die ihm bei seiner Rückkehr in Theben erwartet: betroffen und erregt muß er versuchen, sich darin mühsam zurechtzufinden. So hat Kleist der Erkenntnisproblematik, dem Grundthema seiner ganzen Dichtung, in der Sprachform einen letzten Ausdruck gewährt.

B

Über Alkestis

I

Urbild aller Alkestis-Werke ist die Tragödie des Euripides vom Jahr 438 v. Chr. Über die Quellen, auf die sie selber zurückgeht, sind nur Vermutungen erlaubt, denn das Drama, das mehrere Jahrzehnte vorher Phrynichos geschrieben hat, ist nicht überliefert; was Euripides ihm verdankt, bleibt so ungewiß. Nicht minder wichtig aber als die Frage der Genesis ist die Einsicht in den dialektischen Bau des Werkes, ohne den tragische Dichtung nicht möglich ist. Tragisch ist nicht schon der Entschluß der Alkestis, das Leben des Admet mit dem eigenen zu bezahlen, sondern erst der Umschlag ihres Opfers ins Gegenteil. Das Leben, das die liebende Gattin dem Admet erkauft, ist *ein Leben bar des Lebens,* so spricht es der Chor aus, *was soll mir noch das Leben?* klagt der Gerettete selbst (Übersetzung E. Staiger). Was die Liebe der Alkestis zu Admet ermöglicht, vereitelt so seine Liebe zu ihr. Wenn es sich deshalb auch verbietet, von einer Verschuldung der Alkestis zu reden, so ist doch der Weg, auf dem ihre rettende Tat zur vernichtenden wird, kein anderer, als den die tragischen Helden gehen. Daß er nicht in den Tod führt, sondern dank Herakles ins Leben zurück, ist immer wieder bemängelt worden. Man übersah die strenge Folgerichtigkeit, mit der diese zweite Strecke des Weges, die aus der Tragik hinausführt, zur ersten, tragischen sich als Spiegelkanon verhält. Während die Selbstverleugnung der Alkestis ihrem Gatten nur ein Leben zu sichern vermag, das wegen des Preises, den sie dafür zahlt, keines mehr ist, gewinnt Admet, indem er um der Gastfreundschaft willen Alkestis verleugnet, vom Halbgott als Dank ihr Leben zurück und damit auch das eigene erst ganz. In dieser strengen Kontrapunktik ist das Werk des Euripides gesetzt.

2

Im Gegensatz etwa zu Phädra und Iphigenie hat Alkestis ein Denkmal weder in der französischen noch in der deutschen Klassik erhalten. Von Racine ist zwar der Ausspruch überliefert, es handle sich um den ergreifendsten aller antiken Stoffe, und mancher Zeitgenosse behauptet, Racine habe ihm aus einer eigenen *Alceste* vorgelesen. Aber über das Werk, das der Dichter kurz vor seinem Tode verbrannt haben soll, ist nichts bekannt. Die leidenschaftliche Verteidigung der Euripideischen *Alkestis*, die Racine in seinem Vorwort zu *Iphigénie* unternahm, richtete sich gegen Charles Perrault, der die gleichnamige Oper von Quinault und Lulli über das griechische Werk zu stellen wagte. Es war die Zeit der *Querelle des Anciens et des Modernes*. Überhaupt hat der Stoff im 17. und 18. Jahrhundert, sieht man von Alfieri und Herder ab, die Komponisten fast mehr als die Dramatiker interessiert. Nachdem Händel 1727 eine Oper *Admeto* und 1749 ein Oratorium *Alceste* geschaffen hat, komponiert 1767 Gluck seine Oper. Wenige Jahre darauf entsteht das Singspiel des Weimarer Kapellmeisters Anton Schweitzer, von dem man freilich nichts wüßte, hätte nicht Wieland sein Libretto geschrieben. Und auch dieses verdankt seinen Ruhm mehr dem Zorn, den es im jungen Goethe entfachte – in *Götter, Helden und Wieland* ließ er Euripides und die dramatis personae zu spöttischem Gericht über den Bearbeiter sitzen. Wieland selber erklärte in fünf *Briefen über Alceste* die Grundsätze, denen seine Bearbeitung folgt: sie haben auch für die übrigen Alkestis-Werke der Zeit Geltung. Anders als bei drei neueren Dichtern scheint sich die Umgestaltung hier nicht aus einer Auseinandersetzung zu ergeben, die zwischen der subjektiven Intention des Autors und der Objektivität des Überlieferten stattfindet, sondern maßgebend ist die Rücksicht aufs »moderne Parterre« (das Wort ist von Wieland), dem manches nicht mehr zugetraut werden kann, anderes wiederum nicht vorenthalten werden soll. So darf Admet, um nicht grausam zu erscheinen, vom Entschluß seiner Gattin nicht unterrichtet sein und Pheres, sein greiser Vater, zu Alkestis nicht mehr die aufwühlende

Kontrastgestalt bilden, die das Opfer verweigert und darum die bittersten Vorwürfe erfährt. Herakles aber tritt als Held der Tugend auf, wofür er sich dann bei Goethe rächt. *Kannst nicht verdauen, daß ein Halbgott sich betrinkt und ein Flegel ist, seiner Gottheit unbeschadet?*, lautet im Sturm und Drang seine und Goethes Frage an Wieland, in dessen Versen sich dagegen nicht selten schon die Klassik der *Iphigenie* ankündigt.

3

1893 schreibt der neunzehnjährige Hofmannsthal eine *Freie Übertragung der Alkestis des Euripides*. Es ist das Jahr von *Der Tor und der Tod*. Größere Veränderungen am Handlungsgerüst vorzunehmen, sieht der Dichter keinen Anlaß, doch das Werk hat, nicht zuletzt kraft der Sprache, sein unverwechselbares Gepräge. Solches ist mit einem Zitat leichter als mit Begriffen zu verdeutlichen, darum seien hier einige der Verse angeführt, die Alkestis vor ihrem Tode spricht: *Wenn ich da schau, wie sich das abhebt, / das dunkle Dach vom Himmelsblau, da fällt / mir etwas ein ... nein ... eine Menge! – –: Du! / Von meiner Eltern Haus, wo ich daheim, / wo mein Brautbette stand ...* Daß in diesem elegischen Rückblick auf die Jugend der Ton Hofmannsthals sich besonders rein verkörpert, führt zum Anliegen seiner Alkestis-Übertragung. Den autobiographischen Entwürfen *Ad me ipsum* ist zu entnehmen, warum das Schicksal der Alkestis Hofmannsthal bedeutend wurde. Rückblickend verstand er seine Jugend als einen *glorreichen, aber gefährlichen Zustand* vor dem eigentlichen Leben, als *Präexistenz*. Der Weg aus dieser *Schicksallosigkeit* führte ihn *zum Sozialen als Weg zum höheren Selbst*. In diesem Zusammenhang wird die griechische Heldin genannt: *Der Weg zum Sozialen: durch das Opfer – Oedipus Alkestis –: ist der Weg gangbar. [...] Das erreichte Soziale: die Komödien*. Hofmannsthal mag im Schicksal der Alkestis, die dem König und damit der Gemeinschaft ihr Leben opfert, die mythologische Zuspitzung des eigenen gewahrt haben. Denn sein Entwicklungsweg von der Lyrik zur sozialen Komödie war mit dichterischen Opfern verbunden, um die er wußte, die aber sein Sinn für die Verantwortung gegenüber der Gemeinschaft ihm zu tragen befahl.

4

Auf andere Weise wird das Opfer der Alkestis Rilke zum Beispiel. An der Kernstelle seines 1907 entstandenen Gedichtes begründet Alkestis ihr Opfer mit den Worten: *Ich bin Ersatz. Denn keiner ist zu Ende / wie ich es bin. Was bleibt mir denn von dem / was ich hier war? Das ists ja, daß ich sterbe. (. . .) Ich nahm ja Abschied. / Abschied über Abschied. / Kein Sterbender nimmt mehr davon. Ich ging ja, / damit das Alles, unter Dem begraben / der jetzt mein Gatte ist, zergeht, sich auflöst –. / So führ mich hin: ich sterbe ja für ihn.* Auf dem Grund von Rilkes Leben und Schaffen wirkte die Angst vor der völligen Hingabe, davor, daß der Liebende in der erfüllten Liebe untergeht. Daher die Preisung der unglücklich Liebenden, die Lehre von der besitzlosen Liebe, die Beschäftigung mit Narziß. Vor dem Opfer der Alkestis, dieser Gegengestalt zu Narkissos, der aber sich selbst zum Opfer fällt, muß Rilke seiner Angst recht gegeben haben. Für ihn opfert sie ihr Leben nicht, weil sie Admet liebt, sondern weil ihre Liebe zu Admet selbst schon die Opferung ihres Lebens ist. Die Alkestis-Handlung wird bei Rilke gleichsam zum dramatischen Pleonasmus, der in eine Handlungskette auseinanderfaltet, was für ihn eines und dasselbe ist. Nicht nur gibt so seine Liebestheorie dem Mythos eine neue Deutung, sondern sie wird von ihm ihrerseits gedeutet, expliziert. Man hat daran ein Beispiel für die gegenseitige Durchdringung, die bei jeder echten Begegnung zwischen Altem und Neuem stattfindet.

5

Wilders Schauspiel hat zum Thema das Leben der Alkestis und nicht ihr Opfer, ein Leben, das seinen Sinn sucht und ihn findet. Daraus werden drei Tage gezeigt, ohne dramatische Zuspitzung auf das Ereignis, dem die griechische Heldin ihren Ruhm verdankt, vielmehr mit der epischen Optik des Lehrstückes, das die *Alcestiade* im Grunde ist. Wilders Augenmerk war seit je statt aufs einzelne Erlebnis auf die Ganzheit des Lebens gerichtet und der archimedische Ort seiner Werke der, von dem aus darüber ein Urteil zu fällen ist: immer neu abgewandelt der Standpunkt nach dem Tod. Wie dieser den letzten Tag bestimmt, ein Jahrzehnt nach dem Opfer und der Zurückholung aus dem Totenreich, den Lebensabend einer gedemütigten, aber weisen und glücklichen Alkestis, so bestimmt den ersten, ein Jahrzehnt vorher, der Standpunkt vor dem Leben: das Vor-Urteil der jungen, verblendeten Alkestis, die keinen Sinn sieht in ihrer künftigen Ehe mit Admet und Priesterin werden will in Delphi, *wo die Wahrheit ist.* Aber das Zeichen, das sie verzweifelt von Apoll erfleht, erweist sich nicht als Erwählung, sondern als Hinweis, der sie und die Zuschauer eines andern belehrt. Apoll, über den Zeus die Strafe verhängt hat, im Hause Admets Knechtsarbeit zu verrichten, erscheint, doch nicht, wie überliefert, allein, sondern als einer von vier Hirten, unter denen die Gottsucherin ihn nicht zu erkennen vermag. Nicht weil der Gott ganz Mensch geworden wäre, sondern weil die Menschen um ihn an seiner Göttlichkeit teilhaben. Was ihn auszeichnete, zeichnet jetzt je einen der drei Hirten aus, und der vierte, der es Alkestis sagt, spricht hellsichtiger als Menschen sonst sprechen. Das blaue Gewand aber, das Apoll getragen hat, trägt jetzt der hinzutretende Admet selbst. So begreift Alkestis: sie hat den Sinn ihres Lebens nicht außerhalb des alltäglichen zu suchen, sondern in diesem selbst – nicht als Priesterin Apolls, sondern als Gemahlin Admets. Ihr ist der Gott, dem sie dienen wollte, in Menschengestalt erschienen, damit sie das Göttliche erkenne an dem Menschen, den zu lieben ihr nicht genügte. So reicht sie ihm die Hand und verspricht: *für dich zu leben, als wär ich jeden Augenblick bereit, für dich zu sterben.*

Zu III

A

Quant aux hommes ...
»Les mains sales«

Wer vieles bringt, wird manchem etwas bringen,
Und jeder geht zufrieden aus dem Haus –
sagt der Direktor im »Vorspiel auf dem Theater« (Faust I.). Es scheint, Jean-Paul Sartre habe sein neues Schauspiel nach diesem Rezept aufgebaut. Hören wir nur jenen zu, die eben zufrieden das Zürcher Schauspielhaus verlassen:
Ein politisches Stück, ein hochpolitisches Stück – donnert der eine, und wir können nicht umhin, ihm zu seiner famosen Oberflächlichkeit zu gratulieren. Doch ganz unrecht hat er auch wiederum nicht, denn politische Tendenzen sind im Stück zweifellos enthalten und derjenige, der für seine ins Wanken geratene politische Überzeugung (oder war es nur eine Meinung?) Halt und Heilung sucht, kann sie bei Sartre mit großen Erfolgsaussichten kurieren lassen.
Ein noch oberflächlicherer Theaterbesucher ist von der Hochspannung, die im Drama waltet, entzückt. Als eifriger Kinobesucher geht er selten ins Theater und gesteht, daß er auf eine solch atemraubende Handlung mit Revolverschüssen, Handgranaten und intimen Eheszenen im Schauspielhaus nicht vorbereitet war und sich wie in der besten »Revolverküche« im Aussersihl gefühlt hat.
Der dritte, ein Liberaler seines Zeichens, verkündet allen Ernstes: *Nun seht, das sind die Folgen der Unterdrückung. In der Heimlichkeit gedeihen eben die ..., die ...* (sich plötzlich seiner Literaturkenntnisse erinnernd) *die Blumen des Bösen.*
Das Stück ist aber auch für einen Seelenjäger Zweigscher Prägung nicht uninteressant. *Endlich wieder einmal eine Verwirrung der Gefühle* – ruft er aus und denkt an Hugo, dessen Tat, die Ermordung Hoederers, der Verwirrung zweier Gefühle,

nämlich desjenigen der Pflicht und desjenigen der Eifersucht, entstammt und der nicht mehr weiß, hat er Hoederer aus Pflichtbewußtsein oder aus Eifersucht getötet. (Dieses »entweder – oder« treibt ihn in den Tod; er ist das Opfer der apsychologischen Einstellung seiner Parteigenossen, die unfähig und auch keineswegs gewillt sind, eine Handlung in ihrer seelischen Dialektik zu begreifen.)

Alle vier Typen von Besuchern sind aber nur oberflächliche Genießer des Dramas gewesen. Ihr Genuß war ein billiger, ein mühelos passiv erworbener Genuß. Denn im Zentrum steht weder die Politik noch die Psyche, geschweige der Liberalismus. Im Zentrum steht – so scheint es uns wenigstens – etwas viel Bedeutenderes.

Der dramatische Höhepunkt mag wohl der von Hugo abgefeuerte Schuß sein, der gedankliche Tiefpunkt – wenn man es sagen darf – ist aber zweifellos die Diskussion zwischen Hugo und Hoederer in der dritten Szene des fünften Bildes. Hier werden zwei Welten, nämlich diejenige Hugos und diejenige Hoederers, rücksichtslos einander gegenübergestellt. Hier heißt es auch für den Zuschauer oder Leser, sich für die eine oder für die andere (oder für eine dritte, falls es eine solche gibt) zu entscheiden:

> Hugo *Quant aux hommes, ce n'est pas ce qu'ils sont qui m'intéresse mais ce qu'ils pourront devenir.*
>
> Hoederer *Et moi, je les aime pour ce qu'ils sont. Avec toutes leurs saloperies et tous leurs vices.*[1]

Wir dürfen uns darüber nicht hinwegtäuschen, aus welchen Gründen Hugo in die Partei eingetreten und Idealist geworden ist. Er weiß es selber und Hoederer weiß es auch. Seine Aussage wird dadurch aber keineswegs entkräftet, geschweige denn lächerlich gemacht. Wir glauben, sie auch an sich betrachten zu dürfen. Dann ergibt sich folgendes Bild: Hugo ist der Humanist (freilich zunächst nur im älteren Sinne des Wortes). Für den heutigen Menschen denkt er zu abstrakt, er nimmt zu wenig vom Tier im Menschen Kenntnis. Seine Unsicherheit hängt aber

---

[1] Jean-Paul Sartre, *Les mains sales. Pièce en sept tableaux.* Paris (Éditions Gallimard) 1948, S. 212.

mit seiner Vergangenheit (Vater-Komplex und soziale Konversion) zusammen. Er ist noch der strebende, der werdende Mensch, noch kein Mann eigentlich, sondern noch Jüngling. Dieser hysterisch-nervöse Hugo möchte gewiß zeitweilen in einem momentanen Zustand verharren, das heißt sein endlich, anstatt immerfort werden *(des fois, je donnerais ma main à couper pour devenir tout de suite un homme...)*, er ist aber trotzdem der Werdende (*... et d'autres fois il me semble que je ne voudrais pas survivre à ma jeunesse*). Deshalb dürfen wir auch für ihn hoffen, wenn wir für den Menschen zu hoffen gewillt sind.

Hoederer aber[2] ist ein ganz anderer Mensch. Von Hoffnungen kann hier die Rede nicht sein, denn er ist der statische, der seiende Mensch. In einem gewissen Sinne hat er sich nie entwickelt, er ist nie etwas geworden, er ist immer gewesen. (*La jeunesse, je ne sais pas ce que c'est: je suis passé directement de l'enfance à l'âge d'homme.*) Hoederer ist gewissermaßen das Urstadium des Menschen (dies selbstverständlich nicht biologisch, sondern daseinsphilosophisch gemeint), ein Mensch, der aus sich nichts gemacht hat, weil er mit seinem bloßen Sein und mit dem der anderen immer zufrieden war. (Er unterscheidet sich – immer noch philosophisch betrachtet – nur durch seine Intelligenz von der landläufigen Vorstellung von Naturmenschen. Er verwendet seine Intelligenz jedoch nur, um über seine eigene Art von Existenz und über diejenige Hugos Auskunft zu erteilen, sie ist also für die Existenz Hoederers eigentlich ohne Bedeutung und gehört streng genommen, eine dramaturgisch notwendige Intelligenz, die sie ist, nicht ihm, sondern dem, der ihn präsentiert: dem Autor.) Seine Zufriedenheit mit dem Men-

---

[2] Diese Gegenüberstellung ist bewußt einseitig. Der Gegensätze zwischen Hoederer und Hugo gibt es noch viele. Es ist somit klar, dass die hier aufgeworfene Frage in der Synthese aller Probleme (an erster Stelle ist hier die Intellektuellen-Frage zu nennen) etwas verändert erscheinen wird. Da es sich aber allein hier um eine aktive Einstellung und nicht um ein passives Eingestellt-Sein handelt und da ja Sartre in erster Linie Philosoph und nur in zweiter Dramatiker ist, glauben wir, diese Frage vom übrigen abstrahieren zu dürfen. Daraus folgt, daß in Zukunft »Hugo« und »Hoederer« weniger die Personen des Dramas in ihrer Ganzheit als viel mehr die Träger der zwei besprochenen Auffassungen bedeuten.

schen seiner Zeit (*je les aime pour ce qu'ils sont*) ist keine zeitlich bedingte Zufriedenheit, es ging ihr keine Unzufriedenheit voraus. Hoederers Zufriedenheit (wenn wir sie doch so nennen wollen) ist seine Existenzwahl.
(Dieselbe statische Einstellung Hoederers kommt auch in seiner Auffassung über die Partei zum Ausdruck:)

>Hoederer *Un parti, ce n'est jamais qu'un moyen. Il n'y a qu'un seul but: le pouvoir.*
>
>Hugo *Il n'y a qu'un seul but: c'est de faire triompher nos idées, toutes nos idées et rien qu'elles.*
>
>Hoederer *C'est vrai: tu as des idées, toi. Ça te passera.*[3]

Dieser kurze Aufsatz hatte nicht die Zielsetzung, Sartres zweifellos ganz außergewöhnliches Schauspiel in seiner Ganzheit zu besprechen. Es lag uns daran, den Gegensatz zwischen Hugo und Hoederer, das heißt: den Gegensatz zwischen dem noch-Jüngling und dem seit-jeher-Mann, zwischen dem Werdenden und dem Seienden also, zwischen dem Ideal-Politiker und dem Machtpolitiker, – zwischen dem Humanisten (wenn man es schließlich klar aussprechen will) und dem Existentialisten – aus der Fülle dramatischen und psychologischen Geschehens (von der politischen Bepackung gar nicht zu reden) herauszuschälen, um ihn so – ohne jedwede Garnierung – dem Leser zu servieren.
– »Wählen, dies oder jenes zu sein, heißt gleichzeitig, den Wert dessen, was wir wählen, bejahen, denn wir können nie das Schlechte wählen« – sagt Sartre irgendwo. Wir wollen ihm insofern folgen, als wir unsere Entscheidung, unsere Wahl (sie geht zwar aus den Ausführungen hervor) dem Leser dieser Arbeit nicht aufzwingen wollen.
Hugo oder Hoederer? – jeder soll selber die Wahl treffen und hernach die volle Verantwortung seiner Entscheidung tragen.
Wir möchten es aber nicht unterlassen, dem Leser mit aller Betonung in Erinnerung zu rufen, daß jede echte Schöpfung ihre Wurzeln im Werden und nicht im Sein hat.

---

[3] Ebd., S. 207.

B

»Zone«

Marginalien zu einem Gedicht Apollinaires

Ein Interpret des 1913 entstandenen Gedichts *Zone*[1], das Carola Giedion-Welcker »zu jenen epochalen lyrischen Besinnungen« zählt, »wie sie sich in Paul Valérys ›*Jeune Parque*‹ (1917)..., in ›*Waste Land*‹ von T. S. Eliot (1922) und in ›*L'Homme approximatif*‹ von Tristan Tzara (1929) manifestieren«, sieht sich zunächst vor die Frage gestellt: wie kann *Zone* analysiert werden? Denn die zeilenweise fortschreitende Erläuterung setzt immer schon voraus, daß das zu interpretierende Werk selber nach dem Prinzip der Sukzession gebaut ist – eine Voraussetzung, die im überwiegenden Teil der traditionellen Dichtung erfüllt zu sein scheint und dem Leser so gar nicht bewußt ist. Doch wird gerade in *Zone* mit dem Sukzessionsprinzip gebrochen und der historisch fällig gewordenen Aussage, die sich der überlieferten Form widersetzt, die ihr einzig gemäße gefunden: die räumliche. Und diese kennt das Sukzessionsprinzip nicht mehr oder nur mehr mittelbar.

Wie beinah jedes Werk der Moderne ist auch *Zone* nur einzusehen als Lösung einer Aufgabe. Sie war hier die Exposition der Erinnerung. Auch andere Gedichte Apollinaires sind ihr gewidmet, so ein Gedicht aus der Folge *Les Fiançailles* (*Alcools*):

> *J'ai eu le courage de regarder en arrière*
> *Les cadavres de mes jours*
> *Marquent ma route et je les pleure*
> *Les uns pourrissent dans les églises italiennes*
> *Ou bien dans de petits bois de citronniers*
> *Qui fleurissent et fructifient*
> *En même temps et en toute saison*
> *D'autres jours ont pleuré avant de mourir dans des tavernes*

---

[1] *Zone* eröffnet Apollinaires Gedichtband *Alcools*. In: G. A., *Œuvres compl.*, Hrsg. M. Décaudin. Paris o. J., Bd. 3, S. 55-60.

*Où d'ardents bouquets rouaient
Aux yeux d'une mulâtresse qui inventait la poésie
Et les roses de l'ectricité s'ouvrent encore
Dans le jardin de ma mémoire.*

Motivisch erinnert das Gedicht an *Zone*. Aber was der Dichter hier ausspricht, wird in *Zone* selber Sprache; hier kann noch von *le jardin de ma mémoire* gesprochen werden, dort spricht das Gedächtnis selbst, einen Gedenkenden gibt es nicht mehr. Was *Zone* von diesem Gedicht unterscheidet, unterscheidet es von der ganzen traditionellen Lyrik: die weitgehende Aufhebung des dichterischen Subjekts und damit – dies gilt es zu erkennen – der Zeit.

Das erste große Dokument, in dem die Exposition des Gedächtnisses theoretisch ausgesprochen wird, ist wohl die Stelle in *Paradis Artificiels*, an der Baudelaire das menschliche Gehirn einem Palimpsest vergleicht:

»*Qu'est-ce que le cerveau humain, sinon un palimpseste immense et naturel? Mon cerveau est un palimpseste et le vôtre aussi, lecteur. Des couches innombrables d'idées, d'images, de sentiments sont tombées successivement sur votre cerveau, aussi doucement que la lumière. Il a semblé que chacune ensevelissait la précédente. Mais aucune en réalité n'a péri.*« *Toutefois, entre le palimpseste qui porte, superposées l'une sur l'autre, une tragédie grecque, une légende monacale et une histoire de chevalerie, et le palimpseste divin créé par Dieu, qui est notre incommensurable mémoire, se présente cette différence, que dans le premier il y a comme un chaos fantastique, grotesque, une collision entre des éléments hétérogènes; tandis que dans le second la fatalité du tempérament met forcément une harmonie parmi les éléments les plus disparates. Quelque incohérente que soit une existence, l'unité humaine n'en est pas troublée. Tous les échos de la mémoire, si on pouvait les réveiller simultanément, formeraient un concert, agréable ou douloureux, mais logique et sans dissonance.*

Souvent des êtres, surpris par un accident subit, suffoqués brusquement par l'eau, et en danger de mort, ont vu s'allumer dans leur cerveau tout le théâtre de leur vie passée. Le temps a été annihilé, et quelques secondes ont suffi à contenir une quantité de sentiments et d'images équivalente à des années. Et ce qu'il y a de plus singulier dans cette expérience, que le hasard a amenée plus d'une fois, ce n'est pas la simultanéité de tant d'éléments qui furent successifs, c'est la réapparition de tout ce que l'être lui-même ne connaissait plus, mais qu'il est cependant forcé de reconnaître comme lui étant propre. L'oubli n'est donc que momentané; et dans telles circonstances solennelles, dans la mort peut-être, et généralement dans les excitations intenses créées par l'opium, tout l'immense et compliqué palimpseste de la mémoire se déroule d'un seul coup, avec toutes ses couches superposées de sentiments défunts, mystérieusement embaumés dans ce que nous appelons l'oubli.[2]

Für die Ausdrucksproblematik des Apollinaire-Gedichts ist vor allem die Einsicht Baudelaires wichtig, daß die Inhalte, die erinnert werden, dem Menschen als ein Fremdes begegnen. Der 33jährige Apollinaire schildert in *Zone* sein Leben in der Selbstentfremdung. Diese wird in den Versen 77 ff. bildlich ausgedrückt:

> *C'est un tableau pendu dans un sombre musée*
> *Et quelquefois tu vas le regarder de près.*

Im Gedicht *Cortège* (*Alcools*), das die Suche nach dem eigenen Ich, die Selbstentfremdung und die Erinnerung zum Thema hat, sieht Apollinaire sein eigenes Leben als einen Turm, der von allen, die er einst geliebt hat und die nur vor ihm erscheinen, erbaut wird:

> *Tous ceux qui survenaient et n'étaient pas moi-même*
> *Amenaient un à un les morceaux de moi-même*
> *On me bâtit peu à peu comme on élève une tour*
> *Les peuples s'entassaient et je parus moi-même*
> *Qu'ont formé tous les corps et les choses humaines.*

---

2 Œuvres compl., Hrsg. I.-G. Le Dantec. (Pléiade Ausg.) Paris 1961, S. 451.

Die traditionelle Dichtung hat die Vergangenheit nur verwirklicht, soweit sie vom Subjekt aus der Dinglichkeit der Entfremdung zurückgewonnen war. In *Zone* wird versucht, das Entfremdete als solches auszusagen. Die wichtigste Folge dieses Verzichts auf die Subjektivierung ist der Verlust der Werkzeit.[3] Der Ausdruck bezeichnet die Beteiligung des dichterischen (oder musikalischen) Kunstwerks an der Zeit, in der es sich als ein zeitliches ereignet. Sie besteht in der Sinnerfüllung des leeren Nacheinanders. Sinnerfüllung aber setzt ein Subjekt voraus, welches das eine aufs andere bezieht und so Sinnbezug schafft. Die unbezogenen »Erinnerungsfetzen« können in *Zone* kein organisches Nacheinander, sondern – vergleichbar dem in *Cortège* aus Erinnerungsstücken zusammengetragenen Turm – nur ein montiertes Nebeneinander erlangen. Damit erhält das Gedicht, in dem die Selbstentfremdung nicht mehr wie in *Cortège* thematisch gestaltet wird, sondern zur Form selbst sich niederschlägt, die ihm eigene Räumlichkeit. Freilich sagt auch diese von der Zeit aus, aber nur wie die Schichtenfolge des Palimpsestes: die einzig als sinnvolle Abfolge lebendige Zeit wird zur toten Chronologie degradiert.

Die Montage, als die der Aufbau von *Zone* nun einzusehen ist, erfolgt nach dem Prinzip der Chronologie, wobei auf die Zeitstrecke des Menschenlebens die eines Tages projiziert wird. Dadurch gewinnt die Konstruktion den Zusammenhalt, der ihr wegen des Fehlens einer subjektbestimmten Kontinuität abgegangen wäre. Denn Montage läßt sich definieren als die episch-lyrische Kunstform, die das formkonstitutive Subjekt, ohne welches nur das Drama auskommt, verleugnet.

In den Versen 25 bis 30 des Gedichtes *Zone* wird die Kindheit erinnert. Unmittelbar vorher wurde der Tag einer Straße beschrieben:

> *J'ai vu ce matin une jolie rue, dont j'ai oublié le nom*
> *Neuve et propre du soleil elle était le clairon*
> *Les directeurs, les ouvriers et les belles sténodactylographes*

---

[3] Vgl. Th. W. Adorno, *Philosophie der Neuen Musik*, in: *Gesammelte Schriften 12*, Frankfurt a. M. 1975, S. 171 f.

> *Du lundi matin au samedi soir quatre fois par jour y passent*
> *Le matin par trois fois la sirène y gémit*
> *Une cloche rageuse y aboie vers midi*
> *Les inscriptions des enseignes et des murailles*
> *Les plaques les avis à la façon des perroquets criaillent*
> *J'aime la grâce de cette rue industrielle*
> *Située à Paris entre la rue Aumont-Thiéville et l'avenue des*
> *Ternes.*

Die morgendliche Frische der Straße dient als Einleitung zur Zitierung der Kindheit:

> *Voilà la jeune rue et tu n'es encore qu'un petit enfant*
> *Ta mère ne t'habille que de bleu et de blanc*
> *Tu es très pieux et avec le plus ancien de tes camarades René*
> *Dalize*
> *Vous n'aimez rien tant que les pompes de l'Eglise*
> *Il est neuf heures, le gaz est baissé tout bleu vous sortez du*
> *dortoir en cachette*
> *Vous priez toute la nuit dans la chapelle du collège.*

Aber die Schilderung des Tages ist nicht bloß ein »objektives Korrelat« (Eliot) zur Kindheit. Das ganze Gedicht umfaßt einen Tag; hier spiegelt es sich im kleinen wider, gleichsam als präfigurativer Hinweis auf den verborgenen Bauplan. Dabei wird erkennbar, wie die zeitliche Ausdehnung in der Verräumlichung sich ausdrückt: die Zeitspanne wird zur Zeitstrecke. Denn unbezogenes Nebeneinander kann keine Spannung bewirken. Spannung setzt Beziehung voraus. Die Zeitstrecke aber wird abgesteckt (*Du lundi matin au samedi soir . . .*), ein Kontinuum kennt sie nicht, sie wird punktuell gesehen (*Le matin par trois fois la sirène y gémit / Une cloche rageuse y aboie vers midi*). Von da her erhellt sich nun der mittlere Teil von *Zone*. Der Verlauf des Lebens wird durch Nennung verschiedener Augenblicke realisiert. Auf die Kindheit folgt ein erster einsamer Aufenthalt in Paris:

Maintenant tu marches dans Paris tout seul parmi la foule
Des troupeaux d'autobus mugissants près de toi roulent
L'angoisse de l'amour te serre le gosier
Comme si tu ne devais jamais plus être aimé

Dann die Rückkehr nach dem Süden:

Maintenant tu es au bord de la Méditerranée
Sous les citronniers qui sont en fleur toute l'année
Avec tes amis tu te promènes en barque

Die Reisen nach Südfrankreich, dem Rheinland, Italien werden je durch einzeilige Ortsnennung heraufbeschworen:

Te voici à Marseille au milieu des pastèques
Te voici à Coblence à l'hôtel du Géant
Te voici à Rome assis sous un néflier du Japon

Die *te voici* wie auch die *maintenant* der vorangehenden Zitate haben keine zeitliche Ausdehnung, und doch bedeutet ihr Nebeneinander mehrere Jahre der Wanderung. Dann wird der Augenblick der Verhaftung vorgestellt: im September des Jahres 1911 wurde Apollinaire unter dem Verdacht, am Raub der »Mona Lisa« aus dem Louvre mitbeteiligt zu sein, unschuldig in Haft genommen.

Tu es à Paris chez le juge d'instruction
Comme un criminel on te met en état d'arrestation

Damit wird das Vertrauen zur Welt erschüttert. Mit der schmerzlichen Besinnung auf das vergangene Leben dringt zum erstenmal (wenn man vom *J'ai vu ce matin* ... absehen darf) die zeitliche Perspektive in das Gedicht ein. Nun wird das Vergangene, das bis anhin immer nur als ein in Momenten je Gegenwärtiges gesehen wurde, in seiner Vergangenheit erfaßt und elegisch auf die Gegenwart bezogen:

> *Tu as fait de douloureux et de joyeux voyages*
> *Avant de t'apercevoir du mensonge et de l'âge*
> *Tu as souffert de l'amour à vingt et à trente ans*
> *J'ai vécu comme un fou et j'ai perdu mon temps*
> *Tu n'oses plus regarder tes mains*
>   *et à tous moments je voudrais sangloter*
> *Sur toi sur celle que j'aime sur tout ce qui*
>   *t'a épouvanté*

Mit der Einführung der zeitlichen Perspektive, dem subjektiveren Ton der Erkenntnis bricht stilistisch ein Neues auf. Fast das ganze Gedicht hindurch gründet die Sprache, der Fremdheit des Erinnerten entsprechend, in Hinweis und Feststellung. Der Dichter spricht zu sich selbst in der zweiten Person, das Verb kennt keine modale Variabilität, der Satz ist streng parataktisch (Moduswechsel würde ein empfindendes, Hypotaxe ein beziehendes Subjekt voraussetzen), die Sprache ist durchsetzt von Demonstrativpronomina. Am reinsten auskristallisiert findet sich diese Sprachhaltung in dem litaneihaften Abschnitt, der sich an die Darstellung der religiösen Kindheit anschließt:

> *C'est le beau lys que tous nous cultivons*
> *C'est la torche aux cheveux roux que n'éteint*
>   *pas le vent*
> *C'est le fils pâle et vermeil de la douloureuse mère*
> *C'est l'arbre toujours touffu de toutes les prières*
> *C'est la double potence de l'honneur et de l'éternité*
> *C'est l'étoile à six branches*
> *C'est Dieu qui meurt le vendredi et ressuscite*
>   *le dimanche*
> *C'est le Christ qui monte au ciel mieux*
>   *que les aviateurs*

Im *C'est* ist Hinweis und Feststellung auf die knappste Formel gebracht. Daß diese Anlehnung an den kirchlichen Litaneiton im Gedicht nicht einen Fremdkörper darstellt, in ihrer Objektivität und Starrheit dem Montagestil vielmehr als Ideal dient, erhellt aus folgender Nebeneinanderstellung:

> *C'est le beau lys que tous nous cultivons*
> *C'est la torche aux cheveux roux que n'éteint*
>   *pas le vent*
> *C'est le fils pâle et vermeil de la douloureuse mère*
> *Tu es debout devant le zinc d'un bar crapuleux*
> *Tu prends un café à deux sous parmi les malheureux*
> *Tu es la nuit dans un grand restaurant*

Dem Abschnitt aber, der zu dieser stilkritischen Bemerkung Anlaß gab, steht die Strenge der Feststellung fern. Hier bricht ein subjektiver Ton durch (vgl. oben: *Tu as fais de douloureux et de joyeux voyages...*). Auch die anderen lyrischen Höhepunkte kennen den Wechsel von erster und zweiter Person, so vor allem gegen das Ende die Darstellung der Einsamkeit von Abend und Alter:

> *Tu es debout devant le zinc d'un bar crapuleux*
> *Tu prends un café à deux sous parmi les malheureux*
> *Tu es la nuit dans un grand restaurant*
> *Ces femmes ne sont pas méchantes elles ont*
>   *des soucis cependant*
> *Toutes même la plus laide a fait souffrir son amant*
> *Elle est la fille d'un sergent de ville de Jersey*
> *Ses mains que je n'avais pas vues sont dures*
>   *et gercées*
> *J'ai une pitié immense pour les coutures*
>   *de son ventre*
> *J'humilie maintenant à une pauvre fille au rire*
>   *horrible ma bouche*
> *Tu es seul le matin va venir*
> *Les laitiers font tinter leurs bidons dans les rues.*

Die Dualität des grammatischen Standpunktes zeugt von der Gefährdung selbst des neuen Stilprinzips, das sich die Selbstentfremdung gewann: auch als sein eigener Zuschauer vermag sich das Ich nicht mehr zu halten und irrt zwischen den Polen des Subjekt-Objekt-Gegensatzes hin und her.

An zwei Stellen dringen Verräumlichung der Zeit und Montage ins Metaphorische ein, wird das Formprinzip des Werkes gleichsam noch einmal ins Thematische gewendet, aus dem es entstand. Sie bilden – ein weiterer Beweis für Apollinaires strengen Bauplan – die Mitte und den Schluß des Gedichtes *Zone*, die für Mitte und Schluß des Lebens einstehen. Vers 102:

> *Les aiguilles de l'horloge du quartier juif*
> *vont à rebours*
> *Et tu recules aussi dans ta vie lentement*

Die Rückwärtsbewegung des Zeigers am Zifferblatt, das in der Funktionalisierung des Raumes als Zeitmelders gründet, verdeutlicht das Gefühl, die Mitte des Lebens sei erreicht, und das Altern wird als ein Zurückgehen, also räumlich gesehen. Schließlich die zwei letzten, voneinander abgesetzten Zeilen:

> *Adieu Adieu*
> *Soleil cou coupé*

Kein melodisches Ausklingen, keine Fermate. Angespannt, hart nebeneinandergesetzt die wenigen Wörter, die den Abschied von Welt, Leben und Sprache zugleich aussagen, die Montageform des ganzen Gedichts beschwörend: als Schnitt.

Zu IV
Celan-Studien

A

Anleihe oder Verleumdung?
Zu einer Auseinandersetzung über Paul Celan

Unter dem Titel *Umstrittener Ausflug in die Vergangenheit. Anleihe oder Anlehnung?* beschäftigt sich in Nr. 265 der Hamburger Tageszeitung »Die Welt« (vom 11. November 1960) Rainer K. Abel mit Vorwürfen, die, wie er behauptet, von verschiedenen Seiten gegen Paul Celan erhoben worden sind. Er beruft sich auf den Kritiker Curt Hohoff, auf die Witwe Yvan Golls, Claire Goll, und auf den Germanisten Richard Exner und meint dann, »man sollte nicht gleich den Stab über Paul Celan brechen; Abhängigkeiten, Einflüsse und Weiterentwicklungen dichterischer Themen und Techniken sind durchaus noch kein Verbrechen!« Angebrachter als solche Gutmütigkeit, die dem Kritiker mit wenig Kosten zum Gefühl der Überlegenheit verhilft, wäre die schlichte Kontrolle der als Beleg angeführten Gedichtstellen gewesen. Abel hätte ferner prüfen müssen, ob »Abhängigkeiten« und »Weiterentwicklungen« in diesen Fällen chronologisch überhaupt möglich sind.

Die Ausführungen von Hohoff im »Jahresring« 1955/56 enthalten keine Vorwürfe. Hingegen wurde sein Celan-Zitat, dem er eine Stelle bei Goll gegenübergestellt hat, von Abel wie auch schon von Claire Goll mit einer Änderung wiedergegeben, durch welche die beiden Verse einander nähergerückt werden. Denn bei Celan heißt es nicht *mein Traum* (Goll: *meine funkelnden Träume*), sondern *dein Traum*. Schon das läßt auf wenig Gründlichkeit und Objektivität schließen.

Der Vorwurf des Plagiats stammt von Claire Goll. 1953 schrieb sie darüber einen »Offenen Brief« an verschiedene Kritiker und Verleger, 1960 erschien ein anderer in der Zeitschrift »Baubudenpoet«. Dabei führt sie Richard Exner als Kronzeugen an, er soll Celans 1952 erschienenen Band *Mohn und Gedächtnis* als von Ivan Golls *Traumkraut* (1951) »inspiriert« bezeichnet haben. Richard Exner konnte freilich nicht wissen, was Claire Goll gewußt, aber wohlweislich verschwiegen hat: daß nämlich ein großer Teil von *Mohn und Gedächtnis* schon in dem 1948 in Wien (Verlag A. Sexl) erschienenen Band *Der Sand aus den Urnen* enthalten war, einem Buch, das Celan kurz nach dem Erscheinen einstampfen ließ, das aber Yvan Goll gekannt hat. Celan hingegen war, als er 1947 das Manuskript dem Verleger übergab, Goll noch nicht begegnet. Wenige Exemplare von *Der Sand aus den Urnen* sind übrigens erhalten geblieben, so daß die Überprüfung der Vorwürfe Claire Golls wie auch der vorliegenden Richtigstellung möglich ist. Statt vorschnell zu sagen, er könne »Richard Exners Behauptung, *Mohn und Gedächtnis* lehne sich eng an Golls *Traumkraut* an, nicht bestreiten«, hätte Rainer K. Abel den Band *Der Sand aus den Urnen* heranziehen sollen. Daß es ihn gibt, stand anläßlich der Darmstädter Preisverleihung auch in der »Welt« zu lesen (wenngleich mit der falschen Jahreszahl 1949) – daß der erste Teil von *Mohn und Gedächtnis* ebenfalls *Der Sand aus den Urnen* heißt, hätte ihm die Frage nahelegen sollen, ob die Gedichte dieses ersten Teils nicht aus jener Gedichtsammlung übernommen sind.

Was aber der eingestampfte Band von 1948 beweist, sei zunächst an dem Beispiel gezeigt, das auch Rainer K. Abel im Sinn hat, wenn er sagt: »Es fällt schwer, an die Zufälligkeit der Übereinstimmung zu glauben, wenn wir bei beiden Dichtern der ›Mühle des Todes‹ begegnen . . .« Schon Claire Goll schrieb 1953: »›Ihr mahlt in den Mühlen des Todes das weiße Mehl der Verheißung‹ ist eine fast wörtliche Abschrift aus Yvans Gedicht: ›Le Moulin de la Mort‹ (Die Mühle des Todes) aus dem Band ›Cercles Magiques‹ (Paris 1951).« Das Gedicht *Spät und tief* aber, in dem sich dieser Vers Celans findet, ist unter dem Titel *Deukalion und Pyrrha* bereits 1948 in *Der Sand aus den Urnen* veröffentlicht worden.

Ein zweites Beispiel: Nach Claire Goll ist die Stelle *ein Halsband aus Händen*[1] eine Nachahmung von Golls Zeile *ein Halsband aus Lerchen*. Das Gedicht Golls ist nach Angabe von

1 *Mohn und Gedächtnis*, S. 11.

Claire Goll (in der Zeitschrift »Konturen«, März 1953, die das Gedicht veröffentlicht hat) im Winter 1949/50 entstanden. Die betreffende Stelle heißt aber nicht *ein Halsband aus Lerchen*, sondern *ein Halsband von Lerchenliedern*.[2]
Entweder zitiert Claire Goll aus dem Gedächtnis, oder sie verändert absichtlich den Wortlaut eines (übrigens ihr gewidmeten) Gedichts von Yvan Goll, um ihn der Stelle in Celans Gedicht näher zu bringen. Aber selbst in der authentischen Form hat die Zeile Celan nicht als Vorbild dienen können. Denn sein Gedicht *Talglicht* entstand fünf Jahre vorher, 1945, wurde 1948 in der Wiener Zeitschrift »Plan« veröffentlicht und dann in den Band *Der Sand aus den Urnen* aufgenommen.
Schließlich ein drittes Beispiel: Die Zeile *Der malvenfarbene Tod*[3] führt Claire Goll in ihrem Offenen Brief auf Golls *der veilchenfarbene Tod*[4] zurück. Auch dieses Gedicht Celans (*Halbe Nacht*) ist vor 1947 entstanden und steht in dem Band *Der Sand aus den Urnen* (Seite 32). Goll selber hat aber nicht vom *veilchenfarbenen Tod* gesprochen; sein Gedicht ist in französischer Sprache geschrieben, und die Stelle heißt: *la mort violette*. 1951 hat Celan den Gedichtzyklus von Goll übertragen; die betreffende Stelle lautet in seinem Manuskript: *der veilchenfarbene Tod*. In Claire Golls Übertragung, die 1956 erschien, heißt die Stelle: *der violette Tod*. Wenn man also in diesem Fall überhaupt von »Anleihe«, »Nachahmung« oder »Inspiration« sprechen will, so hat sich Celan nicht von Goll inspirieren lassen, sondern bei der Übertragung eines Gollschen Gedichts von sich selber. Claire Goll jedoch, die Celans deutsche Fassung zu wenig originalgetreu fand, weshalb sie denn auch nicht publiziert wurde, hat nicht gezögert in dem Offenen Brief auf den Wortlaut seiner Übertragung zurückzugreifen (also auf *der veilchenfarbene Tod* für *der violette Tod*) und ihn als eine Zeile Golls auszugeben, um Celan des Plagiats bezichtigen zu können.
Anleihe oder Verleumdung?

---

2 Vgl. »Konturen«, März 1953, und *Dichtungen*, Darmstadt 1960, S. 557.
3 *Mohn und Gedächtnis*, S. 13, im Akkusativ.
4 *Géorgiques Parisiennes*, Paris 1952.

B

Zu *Durch die Enge geführt*

Der Essay, der auf französisch geschrieben wurde, erschien in der Zeitschrift *Critique* 288 (Mai 1971). Szondi legte daher seiner Studie die Übersetzung von Jean Daive zugrunde (erschienen unter dem Titel *Strette* in: *L'Éphémère* n° 4 (1967), S. 74-89; seither – mit wenigen Änderungen, die von Szondi noch nicht berücksichtigt werden konnten – in: Paul Celan, *Strette*, Traductions d'André du Bouchet, de Jean-Pierre Burgart et de Jean Daive. Paris 1971, S. 101-117). Die Stellen, die sich vom deutschen Text her nicht verstehen lassen und sich auf den französischen Wortlaut oder dessen Verhältnis zum Original beziehen, wurden nicht in die Übersetzung des Essays aufgenommen. Einiges davon soll hier dennoch festgehalten werden, weil auch der Hinweis auf gewisse Mißverständnisse und notwendige Reduktionen und Transpositionen dem Verständnis des Gedichts dient.

Zu S. 347, Z. 5-8
Die französische Übersetzung der ersten und des Beginns der zweiten Strophe lautet:
> *Dé-*
> *porté dans*
> *l'étendue*
> *à la trace sans faille:*
> *Herbe, écrite: désassemblée. Les pierres, blanches,*
> *et l'ombre des tiges:*

»Die Fassung von Jean Daive, die gewiß mit dem Dichter diskutiert wurde, hat etwas von der Vieldeutigkeit des deutschen Textes eingebüßt. Die maskuline Form des Partizips (*déporté*) verbietet es, was im Deutschen grammatisch möglich ist, *verbracht* auf *Gras* zu beziehen. [...] In der Übersetzung geht diese Ambiguität verloren, was aber – dies sei gleich zu Anfang festgehalten – keineswegs besagt, daß die vom Dichter autorisierte Übertragung auch den positiven Sinn angibt, den die Mehrdeutigkeit des Originals nicht zu sichern erlaubt; durch den Verzicht auf die Polysemie verschwindet die Ambiguität, die weder ein Mangel noch eine bloße Besonderheit des Stils ist, sondern zur eigentlichen Struktur des poetischen Textes gehört.«

Zu S. 356, Z. 3 f. [II, 2]
Der französische Text der Strophe lautet:
Ne virent pas, non,
prononcèrent
des paroles. Nulle ne
s'éveilla, le
sommeil
vint sur eux.

»Die sonst sehr genaue und sehr schöne Übersetzung vernachlässigt in dieser Strophe, vielleicht gezwungenermaßen, zwei wichtige Nuancen. Im ursprünglichen Text heißt es nicht, daß sie Worte ›aussprachen‹, sondern daß sie über Worte redeten oder sogar ›von Worten redeten‹ (parlaient mots). [...] Auch dadurch, daß die Übersetzung (hier hatte Daive freilich keine andere Wahl) das Pronomen *nul* ins Femininum stellt: *Nulle ne / s'éveilla,* statt des Neutrums im Deutschen, geht eine Ambiguität verloren.«
Für den Wiederabdruck der Übersetzung (in: Paul Celan, *Strette,* a.a.O.) gilt der Einwand vielleicht nicht mehr: *prononcèrent / des paroles* wurde geändert zu *parlèrent / de mots. Nul ne / s'éveilla ...*

Zu S. 358, Z. 1-19
ich tickte euch zu ist von Daive wiedergegeben mit *je vous donnai l'alarme* (= »ich warnte euch, schlug Alarm«). Darüber heißt es im französischen Text des Essays: »Dies *etwas* sagt: *je vous donnai l'alarme.* Beim ersten Lesen scheint der Ausdruck dem deutschen *ich tickte euch zu* nicht zu entsprechen. [...] Die Ambiguität des Wortes ›ticken‹ ist jedoch dem vorzügli-

chen Übersetzer nicht entgangen. Indem er die eine Bedeutung von ›ticken‹ (›berühren‹) mit ›donner l'alarme‹ (was ›ticken‹ nicht heißt) wiedergab, gelang es ihm, an die Glocke, ein anderes Emblem der Zeit, zu erinnern.«

Zu S. 362, Z. 10 f.
Da in der Übersetzung die umgekehrte Frage *Le re- / couvrit – qui?* auch *deckte* auf zwei Verse verteilt, steht im französischen Text noch: »... durch das prosodische Mittel des Enjambements, das die Einheit des Wortes nicht beachtet (*re- / couvrit*) ...«.

Zu S. 374, Z. 6.
»Der Konnotation von *anschießen* gemäß gemahnt *fuser* [= ›emporzünden‹, ›emporschießen‹, womit in der Übersetzung *anschießen* wiedergegeben ist] an ›fusil‹, ›fusiller‹ [= ›Gewehr‹, ›erschießen‹].«

Zu S. 381, Z. 6 f.
»Die Wahl des französischen Ausdrucks [*dans / l'ultime éversion* (›éversion‹ = ›Umsturz‹)] ist hier nicht leicht zu verstehen. (Man sagt es nicht ohne Zögern, da Celan sehr wahrscheinlich die Übersetzung gebilligt hat.) Mag *éversion* auch geeignet sein, den letzten Vers der Strophe vorzubereiten (*an / der verschütteten Mauer*), und wurde vielleicht das Wort deswegen gewählt, so ist doch im Deutschen nicht von *éversion* die Rede, sondern von Mißbilligen, von Verwerfen.«

C

Zu *Eden*

Handschriftliche Notizen
(auf einem Blatt:)

1. *Schweden – Eden – jeden*

Schweden zunächst bloß erklärende Bestimmung (*Äppel-*).
Vorbereitung von Eden.
2. *er biegt um ein Eden*
   die Vergangenheit dem kommenden Fest im Weg.
3. Die Schlußstrophe Rückkehr zum Anfang (*Gelausche / rauschen; -flockt / stockt*); das Futurum dem Imperativ (*Geh . . .*) entsprechend.

(auf einem Blatt:)
Eden, der zweideutige, bittere Wortkern des Gedichts, ist eingebettet in die Reimsequenz *Schweden – Eden – jeden*. Eingebettet um so mehr, als die beiden anderen Wörter das Wort *Eden* selber enthalten.
(auf einem Zettel:)
Darüber, daß nichts stockt, stockt das Gedicht.
Daß nichts stockt, macht das Gedicht stocken.

Neben der Reinschrift ist die erste Niederschrift erhalten (acht maschinengeschriebene Seiten), in die handschriftliche Korrekturen eingetragen wurden. Diese Seiten bildeten die Vorlage für die Abschrift. Die Reinschrift weicht in wenigen stilistischen Änderungen von ihnen ab. Die Reinschrift ist ohne Überschrift. Der Titel wurde nach dem korrigierten Typoskript (und dem Inhaltsverzeichnis des Notizbuchs) eingesetzt.
Eine Photokopie der schon weitgehend korrigierten Niederschrift, die er bei der Arbeit benützte, trägt den Titel *Eden Berlin*.

Zu S. 395, 2. Abschn.
Am Schluß des dritten Abschnitts des Aufsatzes stehen im Typoskript folgende Sätze, die Szondi, wohl in einer späten Phase der Arbeit, wieder gestrichen hat:
»Weil im folgenden diese Frage untersucht werden soll, oder vielmehr: von der Arbeitshypothese ausgegangen, *daß* es diese Autonomie des Gedichts gibt und daß sie zu erfragen ist, werden die zuvor aufgezeichneten Wege von der Biographie zum Gedicht vernachlässigt. Wenn Interpretation und Struk-

turanalyse oft von der Verlegenheit gefärbt sind, daß dem Verständnis keine biographisch-historischen Daten zur Verfügung stehen, wie sie der Positivismus liebte, so kann sie hier, en connaissance de cause, in einem von methodologischen Erwägungen motivierten absichtlichen Absehen von ihnen versucht werden. Rekurriert wird auf sie nur, um zu überprüfen, ob die Analyse ihr Material insgeheim nicht doch von ihnen bezieht, als Schmuggelware. Zugleich wird dank ihrer Kenntnis, die dem Leser vorgängig der Interpretation vermittelt worden ist, auch dieser die Arbeitshypothese verifizieren können, derzufolge die Determiniertheit des Gedichts durch den Erlebnishintergrund einer Autonomie hat weichen müssen, die in der immanenten Logik des Gedichts besteht.«

Zu S. 398, Z. 12.
Nach dem Satz: »In der phonologischen Übereinstimmung der Wortenden (-*aken*) hat diese Äquivalenz nur ihre äußerlichste Erscheinungsweise« stand ursprünglich noch:
»Der Reim ist für Celan nicht, wie für Karl Kraus, *das Ufer, wo sie landen / sind zwei Gedanken einverstanden* [Karl Kraus, *Worte in Versen, Werke*, Bd. 7, München 1959, S. 80 (nach einer Notiz Szondis)].«

D

Zu *Es war Erde in ihnen*

I

Während sich zu *Blume* nur zwei Blätter unter den Notizen Peter Szondis gefunden haben, läßt sich für den anderen der nicht ausgeführten Essays wenigstens die Perspektive erkennen. Das Gedicht *Es war Erde in ihnen* war Gegenstand ausführlicher Betrachtung in einem Seminar, das der linguistischen Analyse von Gedichten gewidmet war (Berlin, Sommersemester 1970). In den ersten Sitzungen lieferten die von Roman Jakobson und Claude Lévi-Strauss gemeinsam durchgeführte Darstellung der Methode anhand des Baudelaire'schen Gedichts *Les Chats* (s. *L'Homme. Revue française d'anthropologie*, Bd. II, 1 (1962), S. 5-21; übersetzt: *Sprache im technischen Zeitalter* 29/1969, S. 2-19) nebst weiteren Analysen Jakobsons ein Modell, gleichzeitig aber kritische Aufsätze dazu die Grundlage der Reflexion; in der zweiten Hälfte des Seminars wurde die Methode dann an einzelnen, zum Teil von Studenten selbst gewählten Texten erprobt. Das Gedicht Celans wurde in den Sitzungen vom 25. Juni und 2. Juli analysiert. Im Anschluß an die Diskussion der Arbeit eines Studenten trug Szondi, teils zur Ergänzung, teils zur Korrektur, eine eigene Interpretation vor. Deren Hauptzüge können aufgrund der kritischen Randbemerkungen von seiner Hand in der Arbeit des Studenten und den leider spärlichen Notizen einiger Teilnehmer in einem gewissen Maße rekonstruiert werden. Auch wenn die Interpretation in der Form von der besonderen Zielsetzung dieser Übung bestimmt bleibt und aus diesem Grund die eigentliche Konzeption des projektierten Essays nicht völlig deutlich wird, so steht doch fest, daß Szondi dieses Gedicht für eine derartige Untersuchung für geeignet hielt und daß zudem die Prinzipien der linguistischen Analyse auch in dem ausgeführten Essay berücksichtigt werden.

1 *ES WAR ERDE IN IHNEN, und*
2 *sie gruben.*

3 *Sie gruben und gruben, so ging*
4 *ihr Tag dahin, ihre Nacht. Und sie lobten nicht Gott,*
5 *der, so hörten sie, alles dies wollte,*
6 *der, so hörten sie, alles dies wußte.*

7 *Sie gruben und hörten nichts mehr;*
8 *sie wurden nicht weise, erfanden kein Lied,*
9 *erdachten sich keinerlei Sprache.*
10 *Sie gruben.*

11 *Es kam eine Stille, es kam auch ein Sturm,*
12 *es kamen die Meere alle.*
13 *Ich grabe, du gräbst, und es gräbt auch der Wurm,*
14 *und das Singende dort sagt: Sie graben.*

15 *O einer, o keiner, o niemand, o du:*
16 *Wohin gings, da 's nirgendhin ging?*
17 *O du gräbst und ich grab, und ich grab mich dir zu,*
18 *und am Finger erwacht uns der Ring.*

(Paul Celan, *Die Niemandsrose*. Frankfurt a. M. 1963, S. 9.)

2

In der betreffenden Arbeit hatte der Student zunächst das Wortmaterial analysiert, zum Beispiel auf das Fehlen von Adjektiven, auf die relativ große Zahl von lexikalischen Verben und Funktionswörtern, besonders von pronominalen Formen hingewiesen, aber auch auf die Tatsache, daß Komposita nicht vorkommen (dazu die Bemerkung Szondis: »in dieser Hinsicht von den meisten Gedichten Celans unterschieden«). Aus der Untersuchung der syntaktischen Gliederung ging hervor, daß die Sätze regelmäßig auf die fünf Strophen verteilt sind (neun Sätze: einer für die ersten zwei Verse, und acht, d. h. je zwei, für die vier Vierzeiler), und zur Komposition, daß Satz- und Strophenende jeweils zusammenfallen (dazu die nicht unwichtige Ergänzung, daß »innerhalb der Strophen nur in denen mit Reim auch der je erste Satz« mit der Strophenhälfte zusammenfällt). Entsprechend wurden auch innerhalb der Strophen die Disposition der einzelnen syntagmatischen und lexikalischen Elemente und deren phonetische Relationen untersucht. Daran zeigte sich, daß die Zäsur in der Mitte der vorletzten Strophe (zwischen den Versen 12 und 13), die sich syntaktisch durch den Wechsel des grammatischen Tempus erkennen läßt, auch phonologisch durch den Reim hervorgehoben wird.

Aus Szondis Anmerkungen und Korrekturen geht hervor, was ihm im Detail wichtig schien und auf welche Beobachtungen er seine eigene Studie möglicherweise gestützt hätte.

a) Den Hinweis, daß das Wort *Erde,* welches in einer besonderen semantischen Beziehung zu den neun finiten Formen des Verbs *graben* steht, ausschließlich in der ersten Zeile vorkommt; und dazu sein Vermerk: »gleichsam der Schlüssel zur Metaphorik des ganzen Gedichts«.

b) Die Verteilung der Form *gruben* in den ersten drei Strophen: am Ende des Zweizeilers; wiederholt am Anfang der zweiten Strophe; schließlich am Anfang und am Ende des zweiten Vierzeilers, die, wie schon im ersten (*lobten nicht*), parataktisch koordinierten Negationen (*wurden nicht . . .*) umschließend.

c) Eine Bemerkung über die Identität der Flexionsmorpheme in der dritten Strophe ergänzte Szondi durch den Hinweis auf die »syntaktische Analogie« der eingefaßten Teilsätze (8 und 9) und hob zusätzlich deren »semantische Verknüpfung« hervor (*sie wurden nicht weise, erfanden kein Lied, / erdachten sich keinerlei Sprache*).

d) In der vierten Strophe schienen ihm die Merkmale wichtig, die unter den drei syntaktisch (dazu: »auch teilweise lexikalisch, also anaphorisch«) parallel konstruierten Teilsätzen des ersten Verspaares den dritten unterscheiden. Während die Alliteration (*Sturm, Stille*), der unbestimmte Artikel und die gleiche Flexion desselben Verbums die beiden ersten Kola verbinden, steht im dritten nicht nur das agierende Subjekt, mit dem bestimmten Artikel *die,* im Plural (wodurch auch: *kamen,* nach *kam*), sondern die Hinzufügung des Kollektivs (*alle*) verleiht dem Satzglied ein gewisses Übergewicht (Szondi präzisierte: »auch eine Gegenüberstellung«).

e) Während diese Divergenzen und die Klimax das Satzglied mit *die Meere alle* gerade vor der Zäsur zwischen den Versen 12 und 13 herausstellen und die Opposition akzentuieren, verbindet umgekehrt die parallele Konstruktion (es *kam* auch *ein Sturm* (11), es *gräbt* auch *der Wurm* (13)) die beiden Strophenhälften, unterstreicht durch die Differenz den definiten Artikel vor *Wurm,* wobei in der damit hergestellten Reihe in der Strophe IV: *die Meere* (12), *der Wurm* (13), *das Singende* (14), das letzte Substantiv in eine bedeutsame semantische Beziehung zu *Lied* (8) in Strophe III tritt.

f) Durch die Wiederaufnahme des scheinbaren Subjekts *es* weist die Strophe IV auf die ersten Worte des Gedichts. Dazu die Notiz: »Auch semantisch (*Erde, Meere, Sturm*)«. Zur konkreten Beziehung des Abstraktums *Stille* (11) auf elementare Erscheinungen der lexikalische Hinweis: »In Windstille, Meeresstille, selten als einfaches Wort«.

g) Zur viermaligen Wiederholung der Interjektion *o* vor den pronominalen Formen im ersten Vers der letzten Strophe und der phonologischen Verwandlung o → u (*o du*), auf die der Rhythmus in 15 hinzielt (vgl. die Wiederholung in 17), wies Szondi auf die Divergenz in den als einzigen nicht identischen Wörtern in den Versen 5 und 6 hin (*wollte* → *wußte*). Er sah andererseits in der Disposition der Pronomina (*O einer, o keiner, o niemand, o du*) sowohl eine Opposition: $+ - - +$ als auch eine Intensivierung über die symmetrischen Antithesen hinweg: → *du*.

Er wies auch den Vorschlag zurück, den Vers 15 mit den paradigmatischen Reihen von 13 (*Ich grabe, du gräbst . . .*) und 17 zu vergleichen, als ob darin die einzelnen Elemente einander ersetzen könnten, und bestand auf dem Unterschied, weil es sich in 13 und 17 um eigentliche Paradigmen (in der Konjugation) handelt, und die Subjekte in diesen Reihen im voraus feststehen, während in der Reihe des Verses 15 »gerade die angerufenen (potentiellen) Subjekte wechseln« und zueinander in doppeltem Gegensatz stehen, wobei aber in beiden Fällen die »Verselbständigung der Sprache als System« gleichermaßen greifbar wird.

h) Aufschlußreich schien auch in der letzten Strophe der Reim, nicht minder aber nach nicht reimenden Strophen die Verbindung von Assonanz (12/14) und Reim in der vorletzten. Diese werden wiederum durch die Alliteration von *ging / Gott* und *wollte / wußte* in der zweiten Strophe vorbereitet, so daß das

Gedicht selbst in seinem Fortgang den Reim (das Singen) über die Assonanz zu finden scheint.

4

Der interpretierende Student stellte, wohl zu Unrecht, einen relativ sparsamen Gebrauch von phonetischen Entsprechungen fest. Dagegen betonte Szondi entschieden, daß durch die Iteration von Wörtern, gerade »ein intensiverer Fall von ›Äquivalenz‹«, auch die Klangwiederholung gegeben sei. Von den zwölf Formen des Verbums *graben* stehen fünf (in den Versen 2, 3, 7 und 10) im Präteritum (*gruben*) mit der dunkleren Tonalität *u*, während nach dem Einschnitt die präsentischen Formen den helleren Vokal *a* (*grabe* (13), *graben* (14), *grab* (17)) oder *ä* (*gräbt* (13), *gräbst* (17)) aufbringen, so daß sich die Entgegensetzung der beiden Partien auch auf der phonologischen Ebene widerspiegelt. Die Aufhellung (von *o* zu *u* zu *i*) durchzieht das gesamte Gedicht, wenn man außer den in den beiden letzten Strophen aufkommenden Reimen überhaupt die letzten betonten Vokale eines jeden Verses beachtet:

```
  1 u ⎫
  2 u ⎭

  3 i
  4 o ⎫
  5 o ⎬                    o
  6 u ⎭                    ↓
                           u
  7 e
  8 i

  9 a
 10 u

 11 u ⎫
 12 a ⎬
 13 u ⎬
 14 a ⎭
```

```
15 u ⎫
16 i ⎬         u
17 u ⎬         │
18 i ⎭         ↓
               i
```

Die Aufhellung wird noch dadurch verstärkt, daß neben den *i* in 17 (*ich, ich, mich, dir*) und 18 (*Finger* und *Ring*) die dunkleren Vokale *o* und *u* in 17 fünfmal, in 18 nur noch zweimal vorkommen. Der Reim in 11/13 (*u*) steht einer dunkleren Assonanz gegenüber und diesem wiederum in 15/17 der noch hellere in *ging* (16, nach 3) und *Ring* (18). So führt die phonologische Struktur an eben den Punkt, auf den am Ende die Metapher der Verbindung (*am Finger ... der Ring*), das einzige Pronomen der ersten Person Pluralis (*uns*) nach so vielen *sie*, besonders aber das den Topos verwandelnde Verb *erwacht* weist.

5

Zwar kontrastieren syntaktisch die beiden Teile (1-12, 13-18) des Gedichts vor allem durch den ausschließlichen Gebrauch des Imperfekts im ersten, des Präsens (mit Ausnahme von 16) im zweiten. Szondi indessen sah den wichtigsten Unterschied darin, daß der Tempuswechsel »mit der Einführung des Ich zusammenfällt« (13: *Ich grabe* ...): »Doch viel wichtiger (als das Schwinden des Pronomens ›sie‹, das achtmal in der ersten, einmal in der zweiten Partie vorkommt) ist, daß hier erst das ›ich‹ eingeführt wird«.
Von der Trennung her gesehen beschließt die erste Strophenhälfte (*Es kam ..., es kam ..., es kamen*) eine erste Phase und erscheint »als ein Abschluß, aber als einer, der paradoxer Weise aufreißt«.
So wie das Gedicht progressiv den Reim erfindet, so gelangt es aus der Erzählung, von der dritten Person zur ersten und zur zweiten, wobei die Sprache selbst, sich in »Systeme« (Konjugationsschema, 13 und 17, Aufreihung von Pronomina, 15) verselbständigend, das ›Ich‹ und das ›Du‹ herbeiführt.
Während im ersten Teil die Wörter aus dem Begriffsfeld des

Gesprochenen nur mit Negationen auftreten *lobten nicht ...* (4), *erfanden kein Lied* (8), heißt es schließlich affirmativ vom Singenden selbst, daß es *dort sagt: Sie graben* (14). In der Ferne: *dort* läßt sich das *Singende* als Bezeichnung eben des »erzählten«, vom *sie* und vom Präteritum bestimmten Teils des Gedichts verstehen (»erzählt« nach Weinrichs Terminologie[1] im Unterschied zur »besprochenen Welt« des zweiten Teils).

Anhand des (auf *Erde* bezogenen) Verbs *graben* wird in der zweiten Reihe der Formen nicht nur lautlich, sondern auch semantisch der Übergang (zum ›Ich‹ und zum ›Du‹) und die Umwendung kenntlich. Nun könnte man zuerst denken, diese Formen mit *a* und *ä* wiesen auf eine andere Aktion, die noch nicht eingesetzt hätte. In Wirklichkeit weist die Modifizierung auf die »Erreichung des Telos«.

6

So gibt es einen »Zusammenhang zwischen den beiden Hälften«, wobei »das *sie* der ersten vom *ich* und *du* der zweiten her näher bestimmt wird«. Dafür spricht »das Graben des *sie* und das Graben des *ich* (und des *du*)«.

Während zu Beginn bestenfalls vermutet werden kann, daß das *sie* einer »poetischen Tradition« gemäß auf das Liebespaar bezogen ist, wird die Annahme durch den im letzten Vers reflektierten Topos zur Gewißheit.

Mitten in der präsentischen Partie werden nicht nur das Präteritum, sondern auch das unpersönliche Subjekt (von 1 und 11/12) wiederaufgenommen (16), wodurch sich die Frage als ein »Rückblick« auf den ersten Teil darstellt. Die Divergenzen akzentuieren den Hiatus, der die Frage nach der Richtung der Richtungslosigkeit von der darauf folgenden Bestimmung trennt, da der nächste Vers (kontrastierend) an das Resultat der Pronominalreihe (*o du*) von Vers 15 anknüpft und zugleich das Paradigma von Vers 13 wandelt. Auf dem Weg des Konjugationsschemas (jetzt aber: *du ...* und *ich*) werden Du und Ich

---

[1] Harald Weinrich, *Tempus – Besprochene und erzählte Welt*. Stuttgart 1964.

endgültig eingeführt; damit ist auch die Frage in einem gewissen Sinne beantwortet; es wird eine Verbindung hergestellt, die über das Nebeneinander hinausführt, und damit die Richtung des Grabens angegeben (Szondis Notiz: »*ich grab mich dir zu*, dagegen im Präteritum: *da 's nirgendhin ging*«).

(Während der Seminarsitzung soll Szondi den »Rückblick« vor der Erreichung des »Telos« mit den Zitaten aus früheren Sätzen der Neunten Symphonie, zumal der Schreckensfanfaren, vor dem Chor *An die Freude*, verglichen haben, um dabei festzustellen, daß ähnlich wie dort sich in dem Gedicht »keine Problematisierung der Synthese« finde, was ähnlich problematisch sei.)

Die geringe Zahl der Dingwörter erklärte Szondi nicht so sehr (wie dies die annotierte Arbeit vorschlug) als Scheu vor der Bezeichnung von Dingen als ». . . dadurch, daß nur davon die Rede ist, was zwischen einem Ich und einem Du sich ereignet«.

J. B.

E

Zu *Blume*

Von den zwei Blättern, auf denen die linguistische Analyse des Gedichts *Blume* (*Sprachgitter*, S. 25) notiert ist, läßt das erste durch Verbindungslinien zwischen den Wörtern auf der lexikalischen, metaphorischen, phonetisch/phonologischen Ebene und zugleich prosodisch durch eine durchgehende Notierung des Rhythmus die in diesen getrennten Analysen koinzidierenden Elemente kenntlich werden. Die vier Systeme sind in eine Abschrift des Gedichts (durch Farben unterschieden) eingezeichnet; am Rand sind in der als einziger (von fünf vorgesehenen) ausgefüllten Kolumne die Personal- und Possessivpronomina nach Person und Numerus eingetragen. Auf dem zweiten Blatt ist die prosodische Analyse des Gedichts noch einmal für sich selbst durchgeführt: die Verse sind darin in metrische Einheiten geteilt und am linken Rand durch die Bemerkung *f* (fallend) oder *st* (steigend) gekennzeichnet. Da diese Notizen der Vorbereitung der Arbeit dienten, läßt sich natürlich nur an einigen Stellen mutmaßen, der ausgeführte Essay hätte vielleicht diesen oder jenen Weg gehen können.

BLUME

1 *Der Stein.*
2 *Der Stein in der Luft, dem ich folgte.*
3 *Dein Aug, so blind wie der Stein.*

4 *Wir waren*
5 *Hände,*
6 *wir schöpften die Finsternis leer, wir fanden*
7 *das Wort, das den Sommer heraufkam:*
8 *Blume.*

9 *Blume – ein Blindenwort.*
10 *Dein Aug und mein Aug:*
11 *sie sorgen*
12 *für Wasser.*

13 *Wachstum.*
14 *Herzwand um Herzwand*
15 *blättert hinzu.*

16 *Ein Wort noch, wie dies, und die Hämmer*
17 *schwingen im Freien.*

a) *Lexikalisch* sind nur die Iterationen festgehalten; es handelt sich ausschließlich um Substantive und Pronomina (es ist kein Verb und kein Adjektiv wiederholt, wie denn in dem Gedicht überhaupt kaum Adjektive und auch wenig Verben: 8 neben 21, d. i. 14 verschiedenen Substantiven vorkommen):

1. *Stein,*   1 — 2 — 3.
2. *Dein,*   3 — 10.
3. *Aug,*   3 — 10 — 10.

4. *blind*,   3 — 9.
5. *Wir*,   4 — 6 — 6.
6. *Wort*,   7 — 9 — 16.
7. *Blume*,   8 — 9.
8. *Herzwand*,   14 — 14.

b) *Metaphorisch* sind miteinander verbunden:
 1. *Hände* (5) – *schöpften* (6) – *leer* (6).
 2. *Blume* (9) – *Wasser* (12) – *Wachstum* (13) – *blättert hinzu* (15).
 3. *Wand ... Wand* (in: *Herzwand*, 14) – *Hämmer* (16) – *schwingen* (17), gleichzeitig auch:
 4. *Wand* (14) – *(im) Freien* (17).

c) Folgt man den Verbindungen auf der *phonetisch/phonologischen* Ebene einerseits des Anlauts *bl* in *blind* (3), *Blume* (8), *Blume* (9), *Blinden(wort)* (9), *blättert* (15)
andererseits von *wo-/wa-* in *Wort* (7), *(Blinden)wort* (9), *Wasser* (12), *Wachstum* (13), *(Herz)wand, (Herz)wand* (14), *Wort ... wie* (16)[1],
so wird deutlich, daß sich die beiden Reihen auf die zwei Hälften des Gedichts verteilen, in dem Kompositum *Blindenwort* aber zusammenfallen, wodurch sich der erste Vers der dritten Strophe (9) anders als der bloßen Verszählung nach als Mitte erweist. Die beiden Partien sind aber auch miteinander verklammert, weil jeweils ein Element über diese auch trennende Zeile hinausreicht (*Wort* schon in 7, *blättert* wieder in 15) und derart etwas vorweg- oder wiederaufnimmt. Von dieser Struktur her kann die doppelte Wiederholung des Titels: *Blume* an der zentralen Stelle (unmittelbar aufeinanderfolgend, am Ende der zweiten und zu Beginn der dritten Strophe) um so bedeutsamer erscheinen, als gerade dieses Wort diesem Gedicht eigentümlich ist, während die anderen: *Stein, Aug, blind, Herz,* aber auch *Wort*, durch den rekurrierenden Gebrauch innerhalb

---

[1] Während *wie* (16) zu *Wort* gehört (*ein Wort noch, wie dies*), stehen *wie* (*der Stein*, 3), *wir waren* (4) und die Wiederholung von *wir* (6) außerhalb dieses phonetischen Zusammenhangs.

des Bandes *Sprachgitter* in ihrer besonderen Beziehung bestimmt werden. (Von den anderen Gedichten her läßt sich *Aug* als das ferne und »tote« verstehen, wird die Konvergenz von *Dein Aug* (3) und *Der Stein* (2) sichtbar und damit auch die Identität des *wir* (6) bestimmt.) Zugleich zeigt die Verbindung mit *blind*, daß das Wort *Blume* aus dem Bereich des Toten aufsteigt, als *Wort* aber, sich selbst belebend, noch die Belebung des »Erinnerten« überwindet. (Von allen Iterationen reicht einzig die von *Wort* weit über die Mitte (9-10) hinaus.)

d) Dieser Trennung entspricht nun die Verteilung der Pronomina, insofern in der ersten Hälfte das *ich* (2) und *Dein* (3) durch ein zweimal wiederholtes *wir* wiederaufgenommen werden. Dieses erscheint als ein Subjekt (die »Personen« sind im *wir* gegenwärtig: *wir waren/Hände* (4), *wir . . ., wir . . .*, (6)), während nachher das *ich* durch ein zweites *Aug* vertreten ist (*. . . und mein Aug* (10)) und beide durch das *sie* (die Augen) als selbständige Subjekte objektiviert werden.

e) Ebenso entspricht ihr der Gegensatz der rhythmischen Elemente. In den ersten beiden Strophen bestehen alle Verse aus steigenden (iambischen und anapästischen) Rhythmen: *dem ich folgte* (∪∪−|−∪), *wir waren* (∪−|∪) usw., mit Ausnahme der beiden Verse, die nur aus einem Wort ohne Artikel, dem Prädikat *Hände* (5) und dem Objekt *Blume* (8), bestehen. Diese nehmen den im Kontrast fast durchweg fallenden (trochäischen und daktylischen) Rhythmus des zweiten Teils vorweg[2]: *Blume – ein Blindenwort* (−∪∪|−∪∪), *Dein Aug und mein Aug* (−∪∪|−∪) usw.

Die so stark akzentuierten Wörter: *Hände* und *Blume* (dieses schon im Titel) stehen resultativ der sich gerade hier konzentrierenden Tätigkeit gegenüber. Am rechten Rand der prosodischen Analyse sind vier Wörter noch einmal aufgeführt. Im Titel: *Blume* (−∪), dann aber: *Der Stein* (∪−); später wieder:

[2] In Vers 11 und 12 steht zwar *st* am linken Rand, die Analyse aber (∪|−∪) findet auch hier den fallenden Rhythmus (und nicht ∪−|∪ wie in: *wir waren*, 4). Im vorletzten Vers steht an Stelle des Vermerks ein Fragezeichen, als ob Szondi sich zwischen den zwei in der Tat möglichen Interpretationen nicht entschieden hätte (− −|∪∪−|∪∪−|∪ oder eher −|−∪∪|−∪∪|−∪).

441

Hände (—∪) und schließlich *Blume* (—∪). Die beiden (im analysierten Text durch Sternchen markierten Wortverse weisen auf die (in gleicher Weise gekennzeichnete) Erweiterung desselben fallenden Rhythmus am Ende des Gedichts: *schwingen im Freien* (—∪∪|—∪), wodurch wohl, wenn man zusätzlich der einzigen nicht asyndetischen Fügung des Gedichts Rechnung trägt (*und die Hämmer*..., 16) auch ausgedrückt ist, daß die Intensivierung einen Zerfall nicht ausschließt, die Ambiguität der Zukunft nicht aufgehoben ist.

Jean Bollack

Nachweise

I.

Friedrich Schlegel und die romantische Ironie. Mit einer Beilage über Tiecks Komödien: geschrieben 1952, veröffentlicht 1954 in: *Euphorion*, Bd. 48 (1954), S. 397-411. Neufassung 1964. In: *Satz und Gegensatz. Sechs Essays*. Frankfurt a. M.: Insel Verlag 1964, S. 71-78.

Friedrich Schlegels Theorie der Dichtarten. Versuch einer Rekonstruktion der Fragmente aus dem Nachlaß: geschrieben im Winter 1966/67 anläßlich eines Vortrags im Collège de France, März 1967, in franz. Fassung (in gemeinsamer Übersetzungsarbeit des Verf. mit A. Buguet). Veröffentlicht unter dem Titel: La théorie des genres poétiques chez Fréderic Schlegel. In: *Critique* 250 (mars 1968), S. 264-292. Überarbeitete deutsche Fassung: Friedrich Schlegels Theorie ... In: *Euphorion*, Bd. 64 (1970), S. 181-199.

Das Naive ist das Sentimentalische. Zur Begriffsdialektik in Schillers Abhandlung: geschrieben 1970, veröffentlicht 1972. In: *Euphorion, Bd. 66*, S. 174-206; weitere Publikation unter dem Titel: Poetik und Geschichtsphilosophie. Zu Schillers Abhandlung über »Naive und sentimentalische Dichtung«. In: *Geschichte und Geschichten*. (Hrsg. Reinhard Koselleck u. Wolf-Dieter Stempel). München 1973 (= Poetik und Hermeneutik V). Danach in: *Lektüren und Lektionen. Versuche über Literatur, Literaturtheorie und Literatursoziologie*. Frankfurt a. M.: Suhrkamp Verlag 1973, S. 47-99.

Schleiermachers Hermeneutik heute: geschrieben als Funksendung 1970, veröffentlicht in franz. Fassung unter dem Titel: L'herméneutique de Schleiermacher. (Übers. von A. Buguet). In: *Poétique* 2 (1970), S. 141-155. Deutsche Fassung in: *Sprache im technischen Zeitalter 58/1976*, S. 95-110.

II.

Über einen Vers aus »Romeo und Julia«: geschrieben und veröffentlicht 1957 (Schauspielhaus Zürich, Programmheft zu »Romeo und Julia« von William Shakespeare, Spielzeit 1957/58, S. 6-8) und 1961 in: *Insel-Almanach auf das Jahr 1962*. Frankfurt a. M. 1961, S. 94-95). Danach in: *Lektüren und Lektionen*, S. 11-12.

Der tragische Weg von Schillers Demetrius: geschrieben 1959, veröffentlicht 1961. In: *Die neue Rundschau*, 72. Jg. (1961), 1. Heft, S. 162-177. Danach in: *Satz und Gegensatz*, S. 25-43.

Amphitryon, Kleists ›Lustspiel nach Molière‹: geschrieben 1960, veröffentlicht 1961. In: *Euphorion*, Bd. 55, S. 249-259. Danach in: *Satz und Gegensatz*, S. 44-57.

Fünfmal Amphitryon: Plautus, Molière, Kleist, Giraudoux, Kaiser: geschrieben und veröffentlicht 1964 unter dem Titel: »Amphitryon« als Vorwort zu dem Band *Amphitryon* (Hrsg. Joachim Schondorff). München/Wien 1964, S. 9-31. Danach in: *Lektüren und Lektionen*, S. 153-184.

Der Mythos im modernen Drama und das Epische Theater: geschrieben 1968, veröffentlicht 1971. In: *Terror und Spiel. Probleme der Mythenrezeption*. (Hrsg. Manfred Fuhrmann). München 1971 (= *Poetik und Hermeneutik IV*, S. 564-570) als Diskussionsbeitrag. Danach in: *Lektüren und Lektionen*, S. 185 (mit dem Untertitel: Ein Nachtrag zur Theorie des modernen Dramas).

Tableau und coup de théâtre. Zur Sozialpsychologie des bürgerlichen Trauerspiels bei Diderot. Mit einem Exkurs über Lessing: geschrieben 1968, veröffentlicht zunächst in franz. Fassung unter dem Titel: »Tableau et coup de théâtre. Pour une sociologie de la tragédie domestique et bourgeoise chez Diderot et Lessing.« (Übersetzt von Chantal Creusot). In: *Poétique 9* (1972), S. 1-14. Deutsches Original danach in: *Lektüren und Lektionen*, S. 13-43.

III.

Thomas Manns Gnadenmär von Narziß: geschrieben 1951, veröffentlicht zuerst unter dem Titel: Versuch über Thomas Mann. In: *Die neue Rundschau*, 67. Jg. (1956), 4. Heft, S. 557-563. Überarbeitete Fassung unter dem Titel: Thomas Manns Gnadenmär ... in: Satz und Gegensatz, S. 71-78.

Lyrik und lyrische Dramatik in Hofmannsthals Frühwerk: geschrieben 1963, veröffentlicht in: *Satz und Gegensatz*, S. 58-70.

Hofmannsthals »Weißer Fächer«: geschrieben 1963, veröffentlicht 1964. In: *Neue Rundschau*, 75. Jg., 1. Heft, S. 81-87. Danach in: *Lektüren und Lektionen*, S. 103-112.

Intention und Gehalt

Hofmannsthal ad se ipsum: geschrieben 1963, veröffentlicht 1964 in: *Insel-*

Almanach auf das Jahr 1965. Frankfurt a. M. 1964, S. 49-55; unter dem Titel: Über »Ad me ipsum« [Zwei Beiträge zu Hofmannsthal]. Danach in: *Lektüren und Lektionen*, S. 113-120.

Tizians letztes Bild: geschrieben und veröffentlicht 1964 in: *Insel Almanach auf das Jahr 1965*. Frankfurt a. M. 1964, S. 56-57; unter dem Titel: Das letzte Bild [Zwei Beiträge zu Hofmannsthal]. Danach in: *Lektüren und Lektionen*, S. 120-122.

Hoffnung im Vergangenen. Über Walter Benjamin: geschrieben 1961, veröffentlicht in der *Neuen Zürcher Zeitung* vom 8. 10. 1961 und in: *Zeugnisse. Theodor W. Adorno zum 60. Geburtstag*. Frankfurt a. M. 1963. Danach in: *Satz und Gegensatz*, S. 79-97.

Benjamins Städtebilder: geschrieben 1962, veröffentlicht 1963 in: Walter Benjamin, *Städtebilder*. Frankfurt a. M. 1963 (= edition suhrkamp, Bd. 17, S. 79-99) als Nachwort. An einer Stelle von P. Sz. revidiert, S. 308 wurde: *nach Uruguay ausgewandert* durch: *in ein fernes Land ausgewandert* ersetzt (Brief an Hans Mayer, 7. 7. 1969). Danach in: *Lektüren und Lektionen*, S. 134-149.

Brechts Jasager und Neinsager: geschrieben und veröffentlicht 1966 in: *Bertolt Brecht, Der Jasager und Der Neinsager. Vorlagen, Fassungen, Materialien*. Herausgegeben und mit einem Nachwort versehen von Peter Szondi. Frankfurt a. M. 1966 (= edition suhrkamp, Bd. 171, S. 103-112); als Nachwort. Danach in: *Lektüren und Lektionen*, S. 125-135.

IV.

Poetry of Constancy – Poetik der Beständigkeit. Celans Übertragung von Shakespeares Sonett 105: geschrieben Dezember 1970, veröffentlicht in: *Sprache im technischen Zeitalter 37/1971*, S. 9-25. Danach in: *Celan-Studien*. Frankfurt a. M. 1972 (= Bibliothek Suhrkamp, Bd. 330, S. 13-45).

Durch die Enge geführt. Versuch über die Verständlichkeit des modernen Gedichts. Original franz.: Lecture de Strette. Essai sur la poésie de Paul Celan: geschrieben Januar 1971, veröffentlicht in: *Critique 288* (mai 1971), S. 387-420. Deutsche Übersetzung von den Herausgebern in: *Celan-Studien*, S. 47-111.

Eden: geschrieben April-September 1971. Aus dem Nachlaß veröffentlicht zuerst unter dem Titel: Zu einem Gedicht Paul Celans. (Manuskript aus dem Nachlaß). In: *Neue Zürcher Zeitung,* Literaturbeilage vom 15. 10. 72. Danach in: *Celan Studien*, S. 113-125.

Anhang

Zu II

A *Drei Lustspiele. Notizen zu Goldoni, Molière und Kleist*: veröffentlicht in: *Neue Zürcher Zeitung*, Literaturbeilage vom 19. 8. 1956.

B *Über Alkestis*: veröffentlicht im Programmheft des Schauspielhauses Zürich zur Aufführung von »Die Alkestiade« (Thornton Wilder), Spielzeit 1956/57, S. 5-11.

Zu III

A *Quant aux hommes... »Les mains sales«*: veröffentlicht in: *Zürcher Student*, 26. Jg. (Februar 1949), Heft 8, S. 213-216.

B *»Zone«. Marginalien zu einem Gedicht Apollinaires*: veröffentlicht in: *Neue Zürcher Zeitung*, Literaturbeilage vom 19. 8. 1956.

Zu IV

A *Anleihe oder Verleumdung? Zu einer Auseinandersetzung über Paul Celan*: veröffentlicht in: *Neue Zürcher Zeitung*, 19. 11. 1960. Weitere Publikation in: *Neue Deutsche Hefte, Jan. 1961*, Heft 78, S. 949-950.

B Zu *Durch die Enge geführt*

C Zu *Eden*

D Zu *Es war Erde in ihnen*

E Zu *Blume*:

Anmerkungen, Kommentare und Rekonstruktionsversuche zu geplanten Aufsätzen Szondis von Jean Bollack, veröffentlicht als Anhang zu den *Celan-Studien*, S. 129-153.

Bibliographie der Schriften Peter Szondis

Die vorliegende Bibliographie erfaßt alle zu Lebzeiten Peter Szondis erschienenen und aus dem Nachlaß herausgegebenen Veröffentlichungen zu Themen der Literaturgeschichte und der Literaturtheorie.
Für das Verzeichnis der in Zeitungen und Zeitschriften veröffentlichten Stellungnahmen zu Problemen der Hochschulreform und -politik sei auf die Sammlung dieser Publikationen verwiesen (vgl. Nr. 44).
Im folgenden sind die Titel in chronologischer Reihenfolge nach dem Erscheinungsjahr angeordnet und numeriert; Vorabdrucke wie auch spätere Neuveröffentlichungen werden nicht besonders verzeichnet, sondern zusammen mit der ersten Publikation aufgeführt. Verschiedene Fassungen einer Arbeit oder Übersetzungen in fremde Sprachen derselben stehen unter der gleichen Nummer und sind mit Buchstaben gekennzeichnet.
Für die Veröffentlichungen in Buchform, vgl. Nr. 3, 16, 22, 24, 31, 42, 43, und auch: 48, 51.
Für die Studienausgabe der Vorlesungen, vgl. Nr. 45, 46, 47, 49, 50.
Für Übersetzungen Szondis aus dem Französischen, vgl. Nr. 12, 13.
Für die Editionen, vgl. Nr. 23, 30 (siehe auch 12).
Für die Vor- und Nachworte, vgl. Nr. 23, 25, 30.

1949

1 *Quant aux hommes ... »Les mains sales«.* In: Zürcher Student, 26. Jg. (Februar 1949), Heft 8, S. 213-216.

1954

2 *Friedrich Schlegel und die romantische Ironie. Mit einem Anhang über Ludwig Tieck.* In: Euphorion, Bd. 48 (1954), S. 397-411.

1956

3 *Theorie des modernen Dramas.* Frankfurt a. M.: Suhrkamp Verlag 1956. 2. Aufl. 1959. Von der 3. revidierten Aufl. an (1963) = edition suhrkamp, Bd. 27.
Von der 7. Aufl. an (1970) unter dem Titel: *Theorie des modernen Dramas, 1880-1950.*

Übersetzungen:

3a *Teoria del dramma moderno.* (Übersetzt von G. L.). Torino 1962.
3b *Teória modernej drámy.* (Übersetzt von Ernst Marko). Bratislava 1969.
3c *Det moderna dramats teori, 1880-1950.* (Übersetzt von Kerstin Derkert). Stockholm 1972.
3d *Teoria nowocze snego dramatu 1880/1950.* (Übersetzt von Edmund Misiotek). Warszawa 1976.
Daraus abgedruckt, S. 7-27 unter dem Titel:
Die Theorie des modernen Dramas. Abhandlung zur Erlangung der Doktorwürde der Philosophischen Fakultät I der Universität Zürich. Frankfurt a. M. 1956. [Mit ausführlicher Bibliographie, S. 24-29.]
S. 38-42 unter dem Titel:
Zu Strindbergs »Nach Damaskus«. In: Schauspielhaus Zürich, Programmheft zu »Nach Damaskus« von August Strindberg, Spielzeit 1960/61, S. 8-10.
S. 12-16 und S. 62-69 unter dem Titel:
Das Drama. In: Episches Theater. (Hrsg. von Reinhold Grimm.) Köln/Berlin 1966, S. 290-298. [Der Text folgt der Erstausgabe.] p. 127-135 [3. Aufl.] unter dem Titel:
Spiel von der Unmöglichkeit des Dramas. In: Der Dramatiker Pirandello. (Hrsg. von Franz Norbert Mennemeier.) Köln 1965, S. 97-103.
Aus 3a, S. 115-127 als Einleitung zu: *Thornton Wilder, Tre Commedie.* Milano 1964, S. 11-25.
4 *»Zone«. Marginalien zu einem Gedicht Apollinaires.* In: Neue Zürcher Zeitung, Literaturbeilage vom 3. 6. 1956.
5 *Drei Lustspiele. Notizen zu Goldoni, Molière und Kleist.* In: Neue Zürcher Zeitung, Literaturbeilage vom 19. 8. 1956.
6 *Versuch über Thomas Mann.* In: Die Neue Rundschau, 67. Jg. (1956), 4. Heft, S. 557-563.

1957

7 *Über Alkestis.* In: Schauspielhaus Zürich, Programmheft zu »Die Alkestiade« von Thornton Wilder, Spielzeit 1956/57, S. 5-11.
7a wieder abgedruckt in: Städtische Bühnen Frankfurt a. M., Spielzeit 1957/58, Heft 4, S. 52-56.
8 *Zu Jean Giraudoux' »Amphitryon 38«.* In: Neophilologus, 41. Jg. (1957), S. 180-184.
8a gekürzt abgedruckt in: Schauspielhaus Zürich, Programmheft zu »Amphitryon 38« von Jean Giraudoux, Spielzeit 1958/59, S. 3-7.

9   *Über einen Vers aus »Romeo und Julia«.* In: Schauspielhaus Zürich, Programmheft zu »Romeo und Julia« von William Shakespeare, Spielzeit 1957/58, S. 6-8.
9a wieder abgedruckt in: Insel-Almanach auf das Jahr 1962. Frankfurt a. M. 1961, S. 94-95.

1958

10 *Über das Tragische.* In: Deutsche Universitätszeitung, 13. Jg. (Juli 1958), S. 420-422. [Zusammengestellt aus den früheren Publikationen 5, 7, 9.]
11 *Tragik des Oedipus.* In: Die Neue Rundschau, 69. Jg. (1958), 3. Heft, S. 485-489.

1959

12 *Paul Valéry, Windstriche. Aufzeichnungen und Aphorismen.* (Ausgewählt und übertragen von Bernhard Böschenstein, Hans Staub, Peter Szondi.) Wiesbaden: Insel Verlag 1959. Seit 1971 auch = Bibliothek Suhrkamp, Bd. 294.
12a daraus früher abgedruckt unter dem Titel:
    Ohne Umschweif. Aphorismen von Paul Valéry. (Aus »Tel Quel«, I/II, ... ausgewählt und übersetzt von Peter Szondi.) In: Neue Zürcher Zeitung, Literaturbeilage vom 20. 5. 1956.
12b daraus abgedruckt unter dem Titel:
    Paul Valéry, Gedanken. (Die Übersetzung besorgten, unter Mitwirkung von Peter Szondi, für »Tel Quel I« Hans Staub, für »Tel Quel II« Bernhard Böschenstein). In: Insel-Almanach auf das Jahr 1959. Frankfurt a. M. 1958, S. 33-43.
13 *Georges Poulet, Baudelaire und das Thyrsos-Symbol.* (Übersetzt von Peter Szondi.) In: Die Neue Rundschau, 70. Jg. (1959), 4. Heft, S. 574-598.
14 *Zur Tragik in Calderons »Das Leben ein Traum«.* In: Beiträge zum zwanzigjährigen Bestehen der Neuen Schauspiel AG (Schauspielhaus Zürich 1938/39-1958/59), Zürich o. J., S. 75-82.

1960

15 *Anleihe oder Verleumdung? Zu einer Auseinandersetzung über Paul Celan.* In: Neue Zürcher Zeitung, 19. 11. 1960.
15a gleichzeitig in: Neue Deutsche Hefte, Januar 1961, Heft 78, S. 949-950.

1961

16 *Versuch über das Tragische.* Frankfurt a. M.: Insel Verlag 1961. 2., durchgesehene Aufl. 1964.
daraus Vorabdrucke:
von S. 16-18 und S. 38-45, unter dem Titel *Zur Philosophie der Tragödie.* In: Forum, 8. Jg. (1961), Heft 89, S. 173-175.
von S. 77-80, unter dem Titel *Othello.* In: Die Tat, 31. 3. 1961, S. 13.
von S. 97-103, unter dem Titel *Kleists erstes Drama.* In: Du, 21. Jg. (Mai 1961), S. 49-51.
von S. 103-109, unter dem Titel *Dantons Tod.* In: Die Neue Rundschau, 71. Jg. (1960), 4. Heft, S. 652-657;
später, unter dem Titel *Büchner: »Dantons Tod«,* in: Deutsche Dramen von Gryphius bis Brecht. Interpretationen, Band 2. (Hrsg. von Jost Schillemeit.) Frankfurt a. M./Hamburg 1965 (= Fischer Bücherei, Bd. 699), S. 253-258. [Siehe auch Nr. 11 und 14.]
wieder abgedruckt, S. 20-28 unter dem Titel:
Zu Hegels Bestimmung des Tragischen. In: Archiv für das Studium der Neueren Sprachen und Literaturen, 113. Jg., Bd. 198 (1962), S. 22-29;
später in: Tragik und Tragödie. (Hrsg. von Volkmar Sanders.) Darmstadt 1971 (= Wege der Forschung Bd. CVIII), S. 420-428.
übersetzt, S. 70-76 unter dem Titel:
La vida es sueño. (Ohne Angabe des Übersetzers.) In: Humboldt, Año 4 (1963), Num. 16, S. 17-19.

17 *Der tragische Weg von Schillers Demetrius.* In: Die neue Rundschau, 72. Jg. (1961), 1. Heft, S. 162-177.

18 *»Amphitryon«, Kleists »Lustspiel nach Molière«.* In: Euphorion, Bd. 55 (1961), S. 249-259.

18a *L'»Amphitryon« de Kleist, une »Comédie d'après Molière«.* (Ohne Angabe des Übersetzers.) In: Revue des Sciences Humaines, Fasc. 113 (janvier-mars 1964), S. 37-49.

19 *Hoffnung im Vergangenen. Walter Benjamin und die Suche nach der verlorenen Zeit.* In: Neue Zürcher Zeitung, Literaturbeilage vom 8. 10. 1961.

19a wieder abgedruckt in: Zeugnisse. Theodor W. Adorno zum 60. Geburtstag. Frankfurt a. M. 1963, S. 241-256.

20 *Zur Erkenntnisproblematik in der Literaturwissenschaft.* In: Die Neue Rundschau, 73. Jg. (1962), 1. Heft, S. 146-165.

20a zugleich in: Universitätstage 1962. Wissenschaft und Verantwortung. Berlin 1962, S. 73-91.

20b wieder abgedruckt in: Karl Otto Conrady, Einführung in die Neuere deutsche Literaturwissenschaft. Hamburg 1966 (= rowohlts deutsche enzyklopädie 252/253), S. 155-162. [Vom Verfasser gekürzt.]
21 *Dramaturgie im Schiller-Jahr.* In: Theater – Wahrheit und Wirklichkeit. Freundesgabe zum sechzigsten Geburtstag von Kurt Hirschfeld am 10. März 1962. Zürich 1962, S. 129-130.

1963

22 *Der andere Pfeil. Zur Entstehungsgeschichte von Hölderlins hymnischem Spätstil.* Frankfurt a. M.: Insel Verlag 1963.
23 *Walter Benjamin, Städtebilder.* Nachwort von Peter Szondi. Frankfurt a. M. 1963 (= edition suhrkamp, Bd. 17). S. 79-99
23a Vorabdruck des Nachworts unter dem Titel:
Die Städtebilder Walter Benjamins. In: Der Monat, 14. Jg. (1962), Heft 166, S. 55-62.
23b wieder abgedruckt, versehentlich unter dem Titel:
Hoffnung im Vergangenen. Über Walter Benjamin. In: Deutsche Literaturkritik der Gegenwart. Vorkrieg, zweiter Weltkrieg und zweite Nachkriegszeit (1933-1968). IV, 2. (Hrsg. von Hans Mayer.) Frankfurt a. M. 1972, S. 115-131 [Vom Verfasser revidiert.]

1964

24 *Satz und Gegensatz. Sechs Essays.* Frankfurt a. M.: Insel Verlag 1964. 2. Aufl. 1976 = Bibliothek Suhrkamp, Bd. 479. [= 2, 6, 17, 18, 19; neu: *Lyrik und lyrische Dramatik in Hofmannsthals Frühwerk.* S. 58-70.]
25 Vorwort zu: *Amphitryon (Plautus, Molière, Dryden, Giraudoux, Kaiser).* (Hrsg. von Joachim Schondorff.) München/Wien 1964, S. 9-31.
26 *Hofmannsthals »Weißer Fächer«.* In: Neue Rundschau, 75. Jg. (1964), 1. Heft, S. 81-87.
27 *Zwei Beiträge zu Hofmannsthal. (Über »Ad me ipsum«. Das letzte Bild.)* In: Insel-Almanach auf das Jahr 1965. Frankfurt a. M. 1964, S. 49-57.
28 *Hölderlins Brief an Böhlendorff vom 4. Dezember 1801. Kommentar und Forschungskritik.* In: Euphorion, Bd. 58 (1964), S. 260-275.
28a wieder abgedruckt unter dem Titel:
Überwindung des Klassizismus. Hölderlins Brief an Böhlendorff vom 4. Dezember 1801. In: Über Hölderlin. (Hrsg. von Jochen Schmidt.) Frankfurt a. M. 1970, S. 320-338.

1965

29 *Er selbst, der Fürst des Fests. Hölderlins »Friedensfeier«.* In: Euphorion, Bd. 59 (1965), S. 252-271.

1966

30 *Bertolt Brecht, Der Jasager und der Neinsager. Vorlagen, Fassungen, Materialien.* Herausgegeben und mit einem Nachwort versehen von Peter Szondi. Frankfurt a. M. 1966 (= edition suhrkamp, Bd. 171), S. 103-112.

1967

31 *Hölderlin-Studien. Mit einem Traktat über philologische Erkenntnis.* Frankfurt a. M.: Insel Verlag 1967. 2. Aufl. 1970 = edition suhrkamp, Bd. 379.
    [= 20, 22, 28, 29; neu: *Gattungspoetik und Geschichtsphilosophie. Mit einem Exkurs über Schiller, Schlegel und Hölderlin*, S. 105-146.]

1968

32 *La théorie des genres poétiques chez Fréderic Schlegel.* (Übersetzt von A. Buguet und dem Verfasser.) In: Critique 250 (mars 1968), S. 264-292.
32a überarbeitete deutsche Fassung:
    Friedrich Schlegels Theorie der Dichtarten. Versuch einer Rekonstruktion auf Grund der Fragmente aus dem Nachlaß. In: Euphorion, Bd. 64 (1970), S. 181-199.

1969

33 Diskussionsbeiträge zu *Erklärbarkeit oder Nicht-Erklärbarkeit der Welt als Axiom der Literatur.* In: Sprache im technischen Zeitalter 31/1969, S. 197, 207, 209, 212, 213, 224, 225, 231, 255.

1970

34 *Hölderlin 1943.* In: Die Zeit, 20. 3. 1970, S. 28.
35 *L'herméneutique de Schleiermacher.* (Übersetzt von Antoine Buguet.) In: Poétique 2 (1970), S. 141-155.

35a deutsche Fassung:
Schleiermachers Hermeneutik heute. In: Sprache im technischen Zeitalter 58/1976, S. 95-111.

1971

36 Diskussionsbeitrag in: *Terror und Spiel. Probleme der Mythenrezeption.* [= *Der Mythos im modernen Drama und das Epische Theater. Ein Nachtrag zur »Theorie des modernen Dramas«.*] (Hrsg. von Manfred Fuhrmann.) München 1971 (= Poetik und Hermeneutik IV), S. 564-570.

37 *Poetry of Constancy – Poetik der Beständigkeit. Celans Übertragung von Shakespeares Sonett 105.* In: Sprache im technischen Zeitalter 37/1971, S. 9-25.

38 *Lecture de Strette. Essai sur la poésie de Paul Celan.* In: Critique 288 (mai 1971), S. 387-420.
[Deutsche Übersetzung in 42.]

1972

39 *Tableau et coup de théâtre. Pour une sociologie de la tragédie domestique et bourgeoise chez Diderot et Lessing.* (Übersetzt von Chantal Creusot.) In: Poétique 9 (1972), S. 1-14.
[Deutsches Original in 43.]

39a *»Tableau e coup de théâtre«. Psicologia sociale della tragedia borghese in Diderot. Con un escurso su Lessing.* (Übersetzt von Giulia Cantarutti.) In: Lessing e il suo tempo. (Hrsg. von Marino Freschi.) Cremona 1972, S. 105-130.

40 *Das Naive ist das Sentimentalische. Zur Begriffsdialektik in Schillers Abhandlung.* In: Euphorion, Bd. 66 (1972), S. 174-206.

40a gleichzeitig abgedruckt unter dem Titel:
Poetik und Geschichtsphilosophie. Zu Schillers Abhandlung »Über naive und sentimentalische Dichtung«. In: Geschichten und Geschichte. (Hrsg. von Reinhard Koselleck und Wolf-Dieter Stempel.) München 1973 (= Poetik und Hermeneutik V), S. 377-410.

41 *Eden.* (Übersetzt von Jean und Mayotte Bollack.) In: L'Éphémère, no. 19/20 (hiver/printemps 1972/73), S. 416-423.
[Deutsches Original in 42.]

41a Abdruck der deutschen Fassung unter dem Titel:
Zu einem Gedicht Paul Celans. (Manuskript aus dem Nachlaß). In: Neue Zürcher Zeitung, Literaturbeilage vom 15. 10. 72.

42 *Celan-Studien.* Frankfurt a. M.: Suhrkamp Verlag 1972 = Bibliothek Suhrkamp, Bd. 330.
[= 37, 38, 41.)
(Herausgegeben, wie alle anderen Veröffentlichungen aus dem Nachlaß, von Jean Bollack, mit Henriette Beese, Wolfgang Fietkau, Hans-Hagen Hildebrandt, Gert Mattenklott, Senta Metz, Helen Stierlin.)

1973

43 *Lektüren und Lektionen. Versuche über Literatur, Literaturtheorie und Literatursoziologie.* Frankfurt a. M.: Suhrkamp Verlag 1973. [= 9, 23, 25, 26, 27, 30, 36, 39, 40.]
43a Übersetzung unter dem Titel:
Lo ingenuo es lo sentimental y otros ensayos sobre literatura. (Übersetzt von H. A. Murena.) Buenos Aires 1974.
44 *Über eine »Freie (d. h. freie) Universität«. Stellungnahmen eines Philologen.* Aus dem Nachlaß herausgegeben von Jean Bollack mit Henriette Beese, Wolfgang Fietkau, Hans-Hagen Hildebrandt, Gert Mattenklott, Senta Metz, Helen Stierlin. Frankfurt a. M. 1973 (= edition suhrkamp, Bd. 620).
45 *Die Theorie des bürgerlichen Trauerspiels im 18. Jahrhundert. Der Kaufmann, der Hausvater und der Hofmeister.* Studienausgabe der Vorlesungen, Band 1. Herausgegeben von Gert Mattenklott. Mit einem Anhang über Molière von Wolfgang Fietkau. Frankfurt a. M. 1973 (= suhrkamp taschenbuch wissenschaft, Bd. 15).

1974

46 *Poetik und Geschichtsphilosophie I. Antike und Moderne in der Ästhetik der Goethezeit. Hegels Lehre von der Dichtung.* Studienausgabe der Vorlesungen, Band 2. Herausgegeben von Senta Metz und Hans-Hagen Hildebrandt. Frankfurt a. M. 1974 (= suhrkamp taschenbuch wissenschaft, Bd. 40).
47 *Poetik und Geschichtsphilosophie II. Von der normativen zur spekulativen Gattungspoetik. Schellings Gattungspoetik.* Studienausgabe der Vorlesungen, Band 3. Herausgegeben von Wolfgang Fietkau. Frankfurt a. M. 1974 (= suhrkamp taschenbuch wissenschaft, Bd. 72).
48 *Poetica dell'idealismo tedesco.* (Übersetzt von Renata Buzzo Margari.) Torino: Giullio Einaudi editore 1974. [= 2, 16, (S. 13-28), 20, 28, 31 (S. 105-146), 32, 35, 40.] [vgl. Nr. 51.]

1975

49 *Das lyrische Drama des Fin de siècle.* Studienausgabe der Vorlesungen, Band 4. Herausgegeben von Henriette Beese. Frankfurt a. M. 1975 (= suhrkamp taschenbuch wissenschaft, Bd. 90).

50 *Einführung in die literarische Hermeneutik.* Studienausgabe der Vorlesungen, Band 5. Herausgegeben von Jean Bollack und Helen Stierlin. Frankfurt a. M. 1975 (= suhrkamp taschenbuch wissenschaft, Bd. 124).

51 *Poésie et poétique de l'idéalisme allemand.* (Übersetzt, unter der Leitung von Jean Bollack, von Barbara Cassin, Isabelle Michot, Jacques Michot, Helen Stierlin.) Paris: Les Editions de Minuit 1975.
[= 2, 16 (S. 13-28), 17, 18, 22, 28, 29, 31 (S. 105-142), 32, 35, 40.]
[Vgl. Nr. 48.]

1991

52 *Kein Komparatist, wie es im Buche dieser Disziplin steht*: Peter Szondis Einführung zu einem Vortrag von Jean Starobinski am 15. Juni 1966 in Berlin. Herausgegeben von Christoph König. In: Mitteilungen. Marbacher Arbeitskreis für Geschichte der Germanistik 1991, H. 1, S. 17-20.

1993

53 *Briefe.* Herausgegeben von Christoph König und Thomas Sparr. Frankfurt a. M.: Suhrkamp Verlag 1993, 2. Aufl. 1994.

2005

54 *Paul Celan und Peter Szondi: Briefwechsel. Mit Briefen von Gisèle Celan-Lestrange an Peter Szondi und Auszügen aus dem Briefwechsel zwischen Peter Szondi und Jean und Mayotte Bollack.* Herausgegeben von Christoph König. Frankfurt a. M.: Suhrkamp Verlag 2005.

2008

55 *Anna Seghers (Netty Reiling) an Peter Szondi: Drei Briefe aus dem Jahr 1949.* Herausgegeben von Michael Thomas Taylor. In: Geschichte der Germanistik 33/34 (2008), S. 101-117.

56 *Hilde Domin – Peter Szondi. Briefwechsel:* Herausgegeben von Andreas Isenschmid. In: Neue Rundschau 119 (2008), H. 3, S. 77-112.

Editorische Notiz

Die von Peter Szondi zu Lebzeiten veröffentlichten Aufsätze und Abhandlungen sind in vier gesonderten Bänden erschienen *(Theorie des modernen Dramas*, 1956; *Versuch über das Tragische*, 1961; *Satz und Gegensatz*, 1964; *Hölderlin-Studien*, 1967); zwei weitere Bände, die Szondi geplant (*Celan-Studien* und *Lektüren und Lektionen*) und von denen er einen noch selbst zum Druck vorbereitet hatte, sind erst nach seinem Tode (1972 und 1973) veröffentlicht worden.
An sich hätte es nahe gelegen, die einzelnen Bände auch im Zusammenhang einer Gesamtausgabe gemäß der Chronologie ihrer Veröffentlichung anzuordnen. Sinnvoll wäre ein solches Editionsprinzip indessen nur dann gewesen, wenn die chronologische Ordnung zugleich auch der Entstehungsgeschichte der einzelnen Aufsätze entspräche. Das gilt jedoch nur für einen Teil dieser Bände. Zwar korrespondiert der zeitlichen Folge in mancher Hinsicht auch eine logische Konsequenz im Fortgang der Sache, wie sie sich am deutlichsten vielleicht an der Beziehung der *Theorie des modernen Dramas* zum *Versuch über das Tragische* zeigt, doch bildet auch sie kein durchgehendes Prinzip.
Die Essays vor allem, die Szondi zu dem 1964 publizierten Band *Satz und Gegensatz* zusammenstellte, stehen in keinem einheitlichen Zusammenhang. Ihre Gemeinsamkeit beruht eher auf dem modus operandi. Durch ihre begriffliche Genauigkeit, die schon von den ersten Rezensenten gerühmt wurde, ihre lakonische Prägnanz in der Methode wie im Stil, transzendieren diese Aufsätze die seit Georg Lukács' Betrachtungen über *Wesen und Form des Essays* umstrittene Alternative, ob diese literarische Form eher der Wissenschaft oder der Kunst zuzurechnen sei. Was die Arbeiten als Essays konstituiert und zugleich – vom spezifischen Inhalt oder der Fragestellung abgesehen – ihre Verbindung herstellt, ist ein literarisches Verfahren, das der Schlegelschen Vorliebe zum Fragment, dem Impuls gegen den abstrakten Zwang des Systems, Methode verleiht. Es ist zugleich konstitutiv für die Art und Weise, in der sich die begriffliche Stringenz der Analyse mit einer fast spielerischen Artistik der begrifflosen Übergänge verbindet, die die Nähe des Satzes zum Zentrum des Gedankens erkennen lassen. Verglichen mit den in *Satz und Gegensatz* zusammengestellten Arbeiten sind die später (1967) publizierten *Hölderlin-Studien*, wenngleich ihrerseits als Essays konzipiert, thematisch geschlossen. Schon an der Position des *Traktats über philologische Erkenntnis*, den Szondi dem Band voranstellte, wird deutlich, daß das im Traktat als Erkenntnisprinzip aufgestellte Postulat, Kunstwerke

aus der »Logik ihres Produziertseins« zu begreifen, durch das Verfahren der einzelnen Aufsätze verwirklicht werden sollte. Zum andern widmen sich die *Hölderlin-Studien* verhältnismäßig ausführlich der Auseinandersetzung mit der akademischen Forschung: die hermeneutischen Axiome (und Vorurteile), die der oft verfälschenden Aneignung des Hölderlinschen Werks in der Geschichte der deutschen Germanistik zugrundeliegen, sind ein zentrales Thema des Buches. Nicht nur der inhaltliche Gesichtspunkt, auch der methodische und der kritische, empfahlen es somit, die *Hölderlin-Studien* in die Reihe der geschlossenen Abhandlungen zu stellen.

Der von Szondi geplante, aber erst postum publizierte Band *Lektüren und Lektionen* ist dagegen mit *Satz und Gegensatz* darin verwandt, daß er Essays sehr verschiedenen Inhalts vereinigt. Die 1972 erschienene Ausgabe folgte der von Szondi vorgesehenen Gliederung. Der Abdruck beider Essaysammlungen innerhalb dieser selben Ausgabe unter Bewahrung ihres Aufbaus hätte die Folge gehabt, daß Aufsätze über dieselben Autoren oder sehr verwandte Themen an getrennter Stelle gestanden hätten.* Zwei für sich jeweils kohärente Gliederungen haben, wenn man sie nebeneinander stellt, vielleicht nicht mehr dieselbe Schlüssigkeit. Dieser Effekt hätte sich noch dadurch verstärkt, daß zwei Aufsätze, die bisher erst in Zeitschriften veröffentlicht (*Friedrich Schlegels Theorie der Dichtarten* und *Schleiermachers Hermeneutik heute*) und ursprünglich für den Band *Poetik und Geschichtsphilosophie I* bestimmt waren, auf den Szondi im Frühjahr 1971 verzichtete, in einer separaten Abteilung hätten hinzugefügt werden müssen. Auch im Hinblick auf diesen Plan schien es daher angemessen, die Aufsätze nach inhaltlichen und methodischen Gesichtspunkten neu zu gruppieren, ohne daß damit der Anschein eines systematischen Aufbaus oder einer zwingenden Ordnung erweckt werden sollte, die der Intention dieser Essays eher zuwiderliefe.

Mit dem Werk Paul Celans hat Szondi sich viele Jahre beschäftigt. Der Plan eines Buches indessen hat erst nach Celans Tod, zu Beginn des Jahres 1971 konkrete Gestalt angenommen, als Szondi zwei der Aufsätze über die Art

---

* Inhaltsverzeichnis von *Satz und Gegensatz*: Friedrich Schlegel und die romantische Ironie / Der tragische Weg von Schillers Demetrius / Amphitryon, Kleists ›Lustspiel nach Molière // Lyrik und lyrische Dramatik in Hofmannsthals Frühwerk / Thomas Manns Gnadenmär von Narziß / Hoffnung im Vergangenen. Über Walter Benjamin. Inhaltsverzeichnis von *Lektüren und Lektionen*: I. Über einen Vers aus ›Romeo und Julia‹ / Tableau und coup de théâtre // II. Das Naive ist das Sentimentalische // III. Hofmannsthals ›Weißer Fächer‹ / Intention und Gehalt / Tizians letztes Bild // IV. Brechts Jasager und Neinsager / Benjamins Städtebilder // V. Fünfmal Amphitryon / Der Mythos im modernen Drama und das Epische Theater.

dieser Dichtung (*Poetry of Constancy* und *Durch die Enge geführt*) vorlagen. Die Reihenfolge der Aufsätze entspricht dem vom Verfasser selbst geplanten Aufbau des Buches. Sie werden auch hier einschließlich der Anmerkungen und fragmentarischen Aufzeichnungen zu *Blume* und *Es war Erde in ihnen*, deren Zusammenhang Jean Bollack aus den vorhandenen Notizen, soweit es möglich war, zu rekonstruieren versucht hat, in der Anordnung wiedergegeben, in der sie in der ersten Edition der *Celan-Studien* erschienen sind. Mit in den Anhang aufgenommen wurde jetzt die 1960 von Szondi publizierte Richtigstellung *Anleihe oder Verleumdung?*.

Wie schon der Titel andeutet, sind die *Celan-Studien* den Hölderlin gewidmeten Aufsätzen in vieler Hinsicht verbunden, insbesondere in der Perspektive der Untersuchung, z. B. in der Frage des bei beiden Dichtern vorherrschenden Prinzips der Parataxis oder der syntaktischen Ambiguität. Mit der Analyse von Hölderlins später Hymnik berühren sie sich zudem unter dem Aspekt der Aufhebung des Subjektiven in der Objektivität einer wesentlich apersönlichen »lyrischen« Sprache, die sich von allen Konventionen der Erlebnis- oder Bekenntnisdichtung lossagt. Unterschieden von den *Hölderlin-Studien* aber sind diese Arbeiten vor allem durch den Versuch, die linguistische Analyse als Mittel zur Erkenntnis der hermetischen Sprache des modernen Gedichts einzusetzen. Da diese Essays, die sich neuen epistemologischen Perspektiven eröffnen, Szondis gesamtes Œuvre als Fragment beschließen, wurden sie an den Schluß des zweiten Bandes gestellt.

In den Anhang der *Schriften* aufgenommen sind einige in Programmheften, Literaturbeilagen etc. publizierte frühe Arbeiten, die unter bestimmten Aspekten als Vorstudien späterer Arbeiten gelten können. Sie enthalten daneben aber auch Gesichtspunkte und Materialien, die in späteren Veröffentlichungen (z. B. über Kleist oder Hofmannsthal) im Zusammenhang einer modifizierten Fragestellung von anderen Elementen überlagert worden sind. Da die frühen Aufsätze aber eine eigene theoretische Position repräsentieren, sind sie nicht nur als Vorarbeiten anzusehen. Aus dem gleichen Grunde erschöpft sich die Funktion dieser z. T. aus praktischem Anlaß verfaßten Texte nicht in ihrem transitorischen Zweck. Wie aus Buchplänen hervorgeht, dachte Szondi daran, den Aufsatz *Zône* in eine spätere Publikation aufzunehmen.

Die Typographie und der wissenschaftliche Apparat sind nach dem Prinzip der *Hölderlin-Studien* vereinheitlicht worden; Zitate wurden, wo es angezeigt schien, nach neueren Ausgaben nachgewiesen.

Essen, September 1977　　　　　　　　　　　　　　　　　Wolfgang Fietkau

Christoph König
Nachwort

Biographische Skizze

Peter Szondi ist eine Leitfigur der Literaturwissenschaft bis heute.[1] Er wird am 27. Mai 1929 in Budapest als Sohn Leopold Szondis, des Psychiaters und Begründers der ›Schicksalsanalyse‹, und Lili Szondis (geb. Radványi) geboren. Die Familie jüdischer Herkunft entkommt der Ermordung der ungarischen Juden durch die Nationalsozialisten nur knapp: Im sogenannten Kasztner-Transport wird sie 1944 zunächst in das Lager Bergen-Belsen verbracht und, fünf Monate später, von dort in die Schweiz gerettet. 1948 maturiert Szondi an der Kantonsschule Trogen und studiert danach bis 1954 an der Universität Zürich bei Emil Staiger, Theophil Spoerri, Max Wehrli, Hans Barth, aber auch bei Paul Hindemith. Er liest drei Bücher, die ihn prägen werden: Adornos *Philosophie der neuen Musik*, Lukács' *Die Theorie des Romans* und Walter Benjamins *Ursprung des deutschen Trauerspiels*; gegen die Philosophie Martin Heideggers, die von Staiger in Zürich propagiert wird, wendet er sich entschieden. Im Wintersemester 1950/51 studiert Szondi in Paris und begegnet dort auch seiner Tante Anna Seghers, der Ehefrau seines Onkels László Radványi.

Von Emil Staiger wird Szondi über die *Theorie des modernen*

---

1 Vgl. Christoph König, *Engführungen. Peter Szondi und die Literatur*, Marbach 2004, 2. Aufl. 2005 (*Marbacher Magazin 108*); darin ein Kapitel und eine Chronik von Andreas Isenschmid, ebd., S. 99-112.

Dramas[2] promoviert. Peter Suhrkamp nimmt die Dissertation 1956 in Verlag, sie macht Szondi berühmt bis heute: Die Taschenbuchausgabe (1963) steht 2011 in der 27. Auflage. In achtzehn Kapiteln analysiert Szondi die Krise des Dramas« seit Ibsen sowie Rettungs- und Lösungsversuche. Methodisch bewegt er sich innerhalb von Hegels Dialektik zwischen Form und Inhalt: Die schwindende Dialogfähigkeit des bürgerlichen Menschen schlage sich im modernen Drama nieder in epischen Formen, etwa in Gestalt des *stage managers* in Thornton Wilders *Our Town*. Szondi begrenzt die geschichtsphilosophische Interpretation durch die Maxime, nur von dem im Werk zugänglichen Geschichtlichen zu sprechen; und erst von der Krise der Gattung her, betont er, erkenne der Interpret das Beständige (»Unfragwürdige«[3]) ihrer Form.

Indem Szondi den heutigen, krisengeprägten Standpunkt einführt, stellt er der Theorie der Geschichte sowie der Gattungspoetik eine erkenntniskritische Skepsis gegenüber. Der Gegensatz von fester Form und Fragen methodischer Zugänglichkeit prägt sein Werk insgesamt. Nicht nur die Geschichte, sondern auch die Lektüre drängt Szondi in seiner Habilitationsschrift *Versuch über das Tragische*[4] (1961) zurück (Wilhelm Emrich und Walther Killy sind die beiden Gutachter an der Freien Universität Berlin). Für wissenschaftlich gilt ihm, die Dialektik als Strukturmerkmal literarischer Werke einzuführen. Durch die Kommentierung philosophischer Texte von Schelling bis Scheler sucht er einen »generellen Begriff des Tragischen«[5] zu gewinnen und analysiert damit Tragödien von Sophokles, Calderón, Shakespeare, Gryphius, Racine, Schiller, Kleist und Büchner. Mittels der doppelten – philosophischen und literarischen – Anlage des Buches prüft Szondi die interpretative Kraft der Theorie und wählt die Formel: Der Held finde den Unter-

---

2 Peter Szondis *Schriften* werden im folgenden als ›S‹ mit der jeweiligen Bandzahl sigliert; hier: S 1, S. 9-148.
3 S 1, S. 14.
4 S 1, S. 149-260.
5 S 1, S. 153.

gang gerade, indem er ihm zu entgehen sucht. Am Kanon der Habilitationsschrift nimmt das Zürcher Schauspielhaus am Pfauen einen gewichtigen Anteil – Szondi hat die Dramen fast alle dort gesehen. Mit Kurt Hirschfeld (1902-1964), der seit 1933, als er in die Schweiz emigrierte, dort Dramaturg ist und von 1946 bis 1961 den (defensiven) Spielplan verantwortet und schließlich Direktor des Schauspielhauses wird, ist Szondi befreundet.

Auf die Schwierigkeit, in der Zuspitzung einer Formel über das Tragische die poetische Autonomie zu konzeptualisieren und das jeweilige literarische, individuelle Werk zu verstehen, antwortet Szondi ein Jahr später (1962) in dem Traktat »Zur Erkenntnisproblematik in der Literaturwissenschaft«;[6] er kritisiert den in der Germanistik gebräuchlichen Umgang mit Parallelstellen, Lesarten und Äquivokationen und will die Textstelle, die Fassung, das Werk, auch das Œuvre nicht als Exempel für etwas Allgemeines behandelt wissen. Ausschlaggebend für diese Wende ist Paul Celan, mit dem Szondi – im Zeichen des gemeinsamen Judentums – seit 1959 eine prekäre und gleichwohl niemals abgebrochene Freundschaft verbindet. Die Wende hat ein ethisches Motiv, nämlich die öffentliche Verteidigung Celans in der sogenannten Goll-Affäre: Celan beklagt sich darüber, daß Szondi die Möglichkeit des Plagiats nur durch eine Analyse historischer Abläufe ausschließt und nicht auch durch eine Würdigung der Eigenheit seiner Gedichte.[7] Mit dem Traktat legt Szondi den Grundstein seiner literarischen Hermeneutik. Sie vermag ihn auf die Kritik poetischer Erkenntnis in Hölderlins Gedichten aufmerksam zu machen (*Der andere Pfeil*,[8] 1963), und sie leitet seine *Celan-Studien*[9] (entstanden 1970/71), die experimentell prüfen, wie der Sinn der Gedichte zu fassen sei: Indem der Interpret die nach histo-

---

6 Unter dem Titel »Über philologische Erkenntnis« in: S 1, S. 263-286.
7 Vgl. Christoph König, »Reflections of Reading. On Paul Celan and Peter Szondi«, in: *Telos* 2007, Nr. 140, S. 147-175.
8 S 1, S. 289-314.
9 S 2, S. 319-398.

rischen Epochen unterschiedlichen »Intentionen auf die Sprache« (W. Benjamin) aufzeigt (in »Poetry of Constancy – Poetik der Beständigkeit«); indem er die Textualität in ihrem Fortgang, d. i. die Funktionen einzelner Stellen für die folgenden rekonstruiert (ohne sich auf den historischen, auf die Judenvernichtung weisenden Sinn des Gedichts *Engführung* zu konzentrieren); oder indem er eine solche ›lecture‹ (»mi Szondi – mi Derrida«,[10] wie er schreibt) von den Realia her entwirft, wie in der Interpretation des Gedichts *Du liegst im großen Gelausche* (»Eden«), die Fragment bleibt. Diese Praxis des Verstehens findet einen umfassenden Ausdruck in dem Aufsatz »Schleiermachers Hermeneutik heute« (1970), den Szondi »Paul Celan zum Gedächtnis« widmet.[11]

Früh wird Szondi an die Freie Universität Berlin als Professor für Allgemeine und Vergleichende Literaturwissenschaft berufen und gründet dort das gleichnamige Seminar. ›1968‹ streitet er mit präzis und elegant geschriebenen (postum unter dem Titel *Über eine »Freie (d. h. freie) Universität«* 1973 veröffentlichten[12]) Leserbriefen und Gutachten um die institutionellen und politischen Grundlagen seiner Wissenschaft. Szondi wendet sich gegen eine ökonomisch motivierte Hochschulreform (wie sie etwa der Wissenschaftsrat seiner Auffassung nach vertritt) und setzt sich – im Pendant zur Lehrfreiheit der Professoren – für die Lernfreiheit der Studenten ein, lehnt aber deren Forderung, die Fächer zu politisieren bzw. an der Universität ein parlamentarisch-demokratisches System zu installieren, ab: Es soll der Theorie ihre Freiheit belassen bleiben.[13] 1968 ist er Gastprofessor in Jerusalem, nimmt jedoch die Einladung Gershom Scholems, an der Hebrew University auf Dauer zu lehren, nicht an (Szondi bezeichnet sich als »self displaced

---

10 Peter Szondi, *Briefe*, hg. von Christoph König und Thomas Sparr, Frankfurt/M. 1993, 2. Aufl. 1994, S. 326; künftig als ›Briefe‹ sigliert.

11 S 2, S. 106-130, hier S. 106.

12 Peter Szondi, *Über eine »Freie (d. h. freie) Universität«. Stellungnahmen eines Philologen*, aus dem Nachlaß hg. von Jean Bollack u. a., Frankfurt/M. 1973.

13 Vgl. ebd., S. 120-125 (»Brief über die Lernfreiheit«), und S. 88-105 (»Rundfunkgespräch mit Adorno über die ›Unruhe der Studenten‹«).

person«[14] und kann das dort empfundene Heimatgefühl nicht realisieren). 1972 soll er als Nachfolger von Paul de Man nach Zürich gehen, doch nimmt er sich (vermutlich am 18. Oktober) 1971 das Leben.

Seelenvermögen

Das intellektuelle Zentrum des Engagements von Szondi und seiner Forschung liegt außerhalb – der Institution, Deutschlands oder seiner Familie. Das zeigt allein die Korrespondenz, zunächst mit Ivan Nagel und Bernhard Böschenstein in den 1950er Jahren, später mit Scholem, Adorno und Celan und über viele Jahre hinweg mit Mayotte und Jean Bollack, dem französischen Gräzisten, Übersetzer und Philosophen. Es ist ein Außen, das er selbst wählt und dessen innere Voraussetzungen er mit Hilfe der Literatur einrichtet.

Szondi entscheidet sich in diesem Sinn in der deutschen Ausgabe von Aufzeichnungen Paul Valérys unter dem Titel *Windstriche*[15] auch für den Aphorismus »La syntaxe est une faculté de l'âme« und übersetzt ihn: »Die Syntax ist ein Vermögen der Seele.«[16] Der Gedanke trifft seine Person im Kern, und gerade indem er wählt, was ihn trifft, bekräftigt er Valérys Gedanken. Der Gedanke, die Seele könne sich dichterisch ausdrücken, weil ihr die Strenge der Syntax eigen ist, zeigt, daß in der Seele die Verhältnisse herrschen können, die die Syntax in ihrer künstlerischen ›Welt‹ herstellt. Die Reflexion ist in diesem Fall das Eigene und entspricht der Komposition, ohne sie schon zu sein. Regelt die Syntax die Abfolge der Wörter im Satz, so bestimmt sie damit insbesondere das Verhältnis von Subjekt und Objekt – eine Erkenntnissituation also. Der Aphorismus, den Szondi anerkennt, reflektiert daher Szondis Begabung, ihn an-

---

14 An Gershom Scholem, 3. Mai 1969, Briefe, S. 267.
15 Paul Valéry, *Windstriche. Aufzeichnungen und Aphorismen*, übertragen von Bernhard Böschenstein, Hans Staub und Peter Szondi, Wiesbaden 1959 (seit 1971 auch: Bibliothek Suhrkamp 294).
16 Ebd., S. 124.

zuerkennen. Wann immer ihn solche Zitate ›treffen‹, hält er sie auf einem Blatt fest, das ihm gerade zur Hand ist. Der Nachlaß im Deutschen Literaturarchiv Marbach birgt ein ganzes Konvolut solcher Blätter. Sie folgen in der Regel einer reflexiven Bewegung. Auch sie sind sein Leben. Die Wissenschaft ist dann der poetischen Arbeit und dem Leben, an denen sie sich bildet, abzugewinnen.

Über die Erkenntniskraft seiner ›Seele‹ denkt Szondi vor allem nach. »Du weißt«, schreibt er schon 1952 an Mario von Ledebur, »daß ich mich in einem gewissen Sinn immer nur mit mir beschäftige.«[17] Keine Versenkung oder Meditation ist damit gemeint, sondern das Bemühen, die eigenen Sinne zu schärfen, und zwar in der Betrachtung seiner selbst im Gegenstand. Die Diskretion Szondis, die bei seinen Lesern und Freunden zu einem *locus classicus* geworden ist, erhält so einen prägnanten, ungewöhnlichen, reflexiven Sinn. Ihnen ist Szondis vornehme Geste in Erinnerung. Nur in der Reflexion über den Gegenstand habe er sich selbst zu erkennen gegeben. Doch als ›objektivierte‹ Person kommt Szondi sich gerade in der Distanz nahe. Früh schon hat er den Alexandriner in der französischen Dichtung vor der Moderne als die selbstverständliche Sprechweise der Figuren betrachtet, die selbstverständlich sei, weil die Distanz ihre Existenzform ist.[18] Das Versmaß ist eine Art Übertragung.

Nicht an jedem Gegenstand will Szondi sich auf diese kontrolliert artistische, kathartische Art bilden. Es eignen sich nur ›Gegenstände‹, die den strengen Vorgang zum eigenen Gesetz gewählt haben, eine gewisse Musik (Alban Bergs etwa), vorzüglich aber die Literatur und das Theater, denen er sich zuwendet. Am liebsten sind ihm französische Werke von Racine bis zum französischen Symbolismus und zu Proust, was ihn von Anfang an mit Walter Benjamin verbindet. Mallarmés *Hérodiade* widmet er 1968 an der Hebräischen Universität Jerusalem eine große Vorlesung, die er, als erster Gastprofessor aus

---

17 Briefe, S. 17.
18 Vgl. Szondi an Böschenstein, 20. September 1953, Briefe, S. 35.

Deutschland, auf französisch schreibt; Prousts Roman *Auf der Suche nach der verlorenen Zeit* liest Szondi mehrfach.[19] In einem der ersten seiner literaturwissenschaftlichen Texte (er gilt Albert Camus) sagt Szondi – von heute aus – »wir«, wenn er von französischen Romanen spricht: »Was diesen Schriftstellern eignet, ist die Einheit ihrer Intention, und man würde in ihren Romanen vergebens nach einer Entsprechung für Wilhelm Meisters endlose Abenteuer suchen. Nicht als ob uns der Pedantismus fremd wäre, aber wir haben einen eigenen, welcher glücklicherweise nicht der Goethes ist. […] In den Mittelpunkt des französischen Romans kann man so eine Art von Starrsinn stellen.«[20] Früh fragt Szondi, wie eine solche interne Poetik der Werke zu erkennen sei. Schon in seiner Seminararbeit über das Gedicht *Zone* in Apollinaires *Alcools*, die er 1952 bei dem Romanisten Spoerri einreicht, verbindet er das eigene Vermögen mit der Konzentration der Texte; er zitiert Spoerris Satz: »Le critique n'a d'autre moyen pour arriver à la connaissance de l'œuvre que celui de la re-création.« (»Der Interpret kann nur durch die Wiederholung des Schaffensvorgangs zur Erkenntnis des Werks gelangen.«)[21] Oder anders gewendet: Eine strenge Logik der Seele kann zum Erkenntnismittel artistischen Starrsinns werden.

Statt ein Inneres zu verbergen, bildet Szondi eine Objektivität aus, die das Selbst ist – in der Gewißheit, auf diese Weise besser sehen zu können. Zeit seines Lebens wird es sein Ziel sein, die wissenschaftliche Validität dieser mit dem Engagement der Subjektivität gewonnenen Erkenntnis zu sichern. Dabei übersetzt er nicht nur die Ansprüche der Literatur in die der Wissenschaft, sondern auch – zugunsten der Literatur – die der Philosophie. Von Budapest und dessen geistiger Lebensform

---

19 An Böschenstein, 23. September 1957, Typoskript, Postkarte, Kopie, Nachlaß Szondi.
20 Peter Szondi, »Albert Camus. Der Verstand und das Schafott. Über den französischen Roman«, Ts. mit handschriftlichen Korrekturen, unvollständig, vermutlich 1953, Nachlaß Szondi.
21 Peter Szondi, »Zeit und Raum in der Lyrik Apollinaires«, Typoskript, Kopie, S. 14, Nachlaß Szondi.

vor dem Zweiten Weltkrieg ist ihm die Erkenntnis des Subjekts im Gegenstand geläufig, Hegel und Georg Lukács prägen dort eine epistemologische Kultur, die durch und durch philosophisch ist. Daher ist die geradezu körperliche Nähe des Wissenschaftlers zu seinem Werk kein Tabu, erst recht nicht die Domestizierung der eigenen Sinne. Doch Szondi vollzieht Lukács' Trennung von Philosophie und Wissenschaft nicht mit. Statt dessen macht er den subjektiven »Existenzpunkt« (Valérys Wort vom »point d'existence« in Szondis Übersetzung)[22] zu einem Mittel des Experiments: Man sucht ihn im Text so lange als möglich durchzusetzen, bis hin zum Scheitern und zu neuen Anläufen. Der wissenschaftliche Essay, den er – statt des philosophischen Essays – wählt und entfaltet, ist sein Mittel, den eigenen ›Starrsinn‹ experimentell der literarischen, ebenfalls strengen Gedanklichkeit folgen zu lassen.

Der wissenschaftliche Essay

Szondi hat für den wissenschaftlich fundierten Essay eine eigene Form geschaffen. Die Form ist methodisch begründet: Das Notwendige, das Materiale und das Partikulare zählen zu den Charakteristika, die sich Szondi auf verschiedenen Gebieten erarbeitet. Im Rückgriff auf die Kunsttheorie der Romantik entzweit Szondi seine Gegenstände und verbindet das Entzweite auf gedankliche und insofern *notwendige* Weise. Gerade im Umgang mit den engumgrenzten fragmentarischen Gegenständen, die Szondi wählt, bewährt sich dieser Weg – er führt über sie hinaus. Szondi wendet Schleiermachers Hermeneutik mit ihrer grammatisch-*materialen* Seite gegen Gadamers philosophische Hermeneutik,[23] und schließlich soll sich innerhalb der Aporien, die die auf dem Marxismus beruhende Kritische Theorie Adornos prägen, das *partikulare Subjekt* be-

---

22 Aus dem Aphorismus »Profondeur, profonde pensée«, in: Valéry, *Windstriche*, S. 102 f.
23 Vgl. S 2, S. 108.

haupten. Welche Rolle die Literatur dabei spielt, hat Szondi bereits für seine Person vergegenwärtigt. So weiß er die Gebiete auseinanderzuhalten und bezieht sie aufeinander – das gibt seinem ganzen Werk den Rückhalt und den unverwechselbaren Ton.

Im Zentrum der Essays steht das durchdachte *Fragment*, das – durchaus mit der Emphase des Befreiten – Szondis Stil schon in der Arbeitsweise prägt: Stets notiert er sich prägnante Zitate in seinen Arbeitsheften, meist verzichtet er auf Skizzen, um dann sogleich zu schreiben: eben entlang jenen Sätzen, die er ausgiebig zitiert. In seinen Fundstücken erblickt er eine Konzentration, die die Situation gleichsam dramatisiert. Insofern läßt sich das Fragment entfalten. »Das Fragment wird als Projekt aufgefaßt.«[24] Szondi nutzt das Genre der Vorlesung, die im Rhythmus von Text und Kommentar lebt. Er hat alle seine Vorlesungen sorgfältig ausgearbeitet – sie haben in seinem Œuvre einen zentralen Stellenwert.[25] Nicht nur, daß aus ihnen meist seine Aufsätze, Vorträge und Rundfunkbeiträge entstehen: Mit ihrer Hilfe hat er vor allem die Universität in das Gebiet literarischer Produktion gestellt. Den Studenten, die kaum folgen können, teilt sich der reflexive Anspruch mit, den die Kollegs aus den klug gewählten Fragmenten entfalten.

Oft entzweit Szondi starre Begriffe, faßt sie mittels Adjektiva, die auf diese Weise entstehen, und bringt sie in eine notwendige, in seinem Sinn: dialektische Enge. Er kennt diese Gedankenführung aus der Romantik, die im Komischen das Muster solchen Spiels sieht. Begegnet Szondi dem Komischen als Literaturwissenschaftler zuerst in der Kunsttheorie der Romantik, so ist ihm das Komische von Anfang an eigen. Gerade von der Begabung, die Rollen zuzuspitzen, die die Menschen im Verkehr untereinander spielen: ihren Verkehr zum Spiel zu gestalten, erzählen seine Freunde. Die Verdüsterung ist ihm ein Weg, das Spiel abzukürzen und sich zu entscheiden – die ungedul-

---

24 Szondi 1952 über F. Schlegel, S 2, S. 20.
25 Peter Szondi, *Studienausgabe der Vorlesungen*, 5 Bde., hg. von Jean Bollack u. a., Frankfurt/M. 1973-1975.

dige Seite des Spiels und oft genug politisch erzwungen. Das Komische enthält die Tragödie und damit das Dramatische an sich (schon Platon spricht im *Gastmahl* davon), denn das Auseinanderfallen des Lebens in Sehnsucht und Nüchternheit[26] prägt das Komische: Es setzt für Szondi den Abgrund voraus. Im Spiel gewinnt das Komische die prekäre Einheit, ja, selbst der Spott der spielerischen Lösung gegenüber schafft einen intellektuellen, sekundären Witz: den zwischen ›entzweit‹ und ›notwendig‹. Dem oft genug von ihm selbst Enggeführten sieht Szondi sich tragisch ausgeliefert, und er erkennt, daß die Art der Engführung sich aus dem Entzweiten (dem jeweiligen Charakter des Einseitigen) ergibt. In der abgekürzten Form wird das Spiel zu einem »Gastspiel«, wie Szondi eine Prosaskizze von Ende März 1949 nennt: »Sein Leben war ein Gastspiel. Eine Etappe seiner Schauspielerlaufbahn.«[27] Das ist aphoristisch zugespitzt: Sobald Leben und Theater nicht mehr auseinanderzuhalten seien und das Leben als Theater gelte, gerate gerade dessen Ende zum vorläufigen Ende insgesamt, dem indes die Utopie einer ganzen »Schauspielerlaufbahn« folgt.
1952 schreibt Szondi über die verzweifelte Struktur des Komischen seinen ersten wissenschaftlichen Essay: »Friedrich Schlegel und die romantische Ironie«.[28] Der Gedanke rückt ins Zentrum: Entzweit die Reflexion, so sei ihr Ziel die Vereinigung, und nur wenn die Entzweiung vorläufig scheint, entgehe man der Verzweiflung. Das ist im Jahr 1952 noch mehr auf die Poetologie denn auf das künstlerische Material bezogen. Fortan schärft sich der Blick. Das Artifizielle zieht ihn in der Literatur und in der Musik an. Die methodische Problematik vervielfacht sich mit den konkreter werdenden Sinnen. Das *Materiale* füllt zusehends seine Essays. Nun gilt es, nicht nur über die Poetologie, sondern auch über das konkrete Werk zu reden, vor allem darüber, wie dessen Dialektik gestaltet ist. Die mit der Reflexion verbundene Notwendigkeit gehört sowohl in die

---

26 Vgl. Szondi an Böschenstein, 11. September 1953, Briefe, S. 29.
27 Typoskript mit handschriftlichen Korrekturen, Nachlaß Szondi.
28 S 2, S. 11-31.

Kunst als auch in das Denken über sie, ohne noch die Unterschiede zu benennen, geschweige denn anzuleiten, wie die eine (ästhetische) Notwendigkeit in die andere (philologische) zu übersetzen sei. Die Notwendigkeit, mit der der Künstler unterschiedene Gegenstände eint, gilt es, in einem logischen Argument wiederzufinden, das selbst schon eine Übersetzung der Kausalität in Texten ist.

Szondi nennt diese der Kunstwissenschaft geläufige Kausalität mit Adorno die »Logik des Produziertseins«.[29] Anders als Adorno, der eher eine Seinsweise denn ein Zustandekommen im Auge hat, meint Szondi den von der Philologie beschriebenen Vorgang, wie ein Einzelwerk entstanden sei. Allerdings nicht wie die Textgenetiker oder Editionswissenschaftler eine Logik der *Produktion*, die anhand der Handschriften nachvollziehbar ist, sondern einen (durchaus auch in den Handschriften erkennbaren) Gedankengang im Werk selbst. Szondi überträgt die Vorstellung auch auf die Kompositions- und Sprachgesetze von Gattungen, deren Notwendigkeit allerdings schwieriger zu begründen ist. Im Wechsel von Frage und Antwort erklärt er beispielsweise die Abfolge der lyrischen Dramen Hofmannsthals.[30] Doch letztlich ist im Werk selbst jede Dynamik dieser Art anzusiedeln: »Auch die Gattungsgeschichte ist darum gleichsam in das Innere der Kunstwerke zu wenden, die Geschichte der Gattung spielt sich in den Kunstwerken ab, als eine Dialektik von Form und Inhalt, von Überliefertem und Intendiertem.«[31] Da die Gattungen historischen Wandlungen ausgesetzt sind, muß der Geschichte, vornehmlich hinsichtlich des Übergangs von der Antike in die Moderne, selbst jene Logik zukommen. Szondi kehrt daher immer wieder, bis zu seiner letzten Vorlesung »Von der normativen zur

---

29 Theodor W. Adorno, »Valérys Abweichungen«, in: ders., *Gesammelte Schriften*, Bd. 11, Frankfurt/M. 1974, S. 159; von Szondi zitiert in: S 1, S. 286.

30 Szondi, *Studienausgabe*, Bd. 4: *Das lyrische Drama des Fin de siècle*, hg. von Henriette Beese, 1975, S. 160-332.

31 Ebd., S. 18. Das lyrische Drama sei insofern besonders, als es keine eigene Gattungsgeschichte habe, sondern auf Probleme des Dramas der Zeit reagiere.

spekulativen Gattungspoetik« im Wintersemester 1970/71,[32] zum Nexus von Poetik und Geschichtsphilosophie zurück, vorzüglich am Beispiel der Fragmente Schlegels und des Spätwerks von Friedrich Hölderlin.

Wenn aus der Entzweiung sich auch die Art ihrer Überwindung ergibt, damit aber ein Zwang einhergeht, der das Motiv der Entzweiung, sich von Zwängen zu befreien, zu brechen droht, dann muß sich im Enggeführten selbst, vor dem Prozeß, der alte Traum vom Individuellen schon durchsetzen. Im Sinn der Subjektdialektik Adornos – Szondi steht in völliger Opposition zu Heidegger, der auf Hölderlins Rückkehr in das Heimatliche baut[33] – teilen daher die theoretischen Studien, die Szondi Hölderlin widmet, mit den mehr interpretierenden, materialen die Entwicklungsrichtung ihrer Gegenstände. Sie ergibt sich aus Hölderlins Gedanken der »*apriorität* des Individuellen über das Ganze«.[34] Im spröden Individuellen, das gewissermaßen wiedergewonnen wird, sieht Szondi den utopischen Fluchtpunkt einer »Ursprungsgeschichte der Moderne« und zeigt das sowohl im Material (etwa in der unvollendeten Feiertags-Hymne[35]) als auch gattungstheoretisch: In der Analyse von Hölderlins Theorie vom »Wechsel der Töne« erweise sich der Vorrang des Gedichts in der Moderne.[36] Denn dessen naiver Grundton gewinnt seine Würde vom Vorrang des Individuellen. Im Essay kann Szondi die eigene Lebensform als Beitrag zu seiner Wissenschaft objektivieren.

32 Ebd., Bd. 3: *Poetik und Geschichtsphilosophie II. Von der normativen zur spekulativen Gattungspoetik. Schellings Gattungspoetik*, hg. von Wolfgang Fietkau, 1974.
33 Vgl. Martin Heidegger, *Erläuterungen zu Hölderlins Dichtung*, Frankfurt/M. 1981 (= *Gesamtausgabe* I/4).
34 Szondi zitiert den Satz von Friedrich Hölderlin, *Gedichte nach 1800*, hg. von Friedrich Beißner, Stuttgart 1951 (*Große Stuttgarter Ausgabe* 2), S. 339, in S 1, S. 400; vgl. Bernhard Böschenstein, »Les Études sur Hölderlin de Peter Szondi. Un trajet exemplaire«, in: *L'acte critique. Sur l'œuvre de Peter Szondi* (*Actes du colloque de Paris*, M.S.H. 1979), hg. von Mayotte Bollack, Villeneuve-d'Ascq 1985 (*Cahiers de philologie* 5), S. 193-211.
35 Das einzelne Gedicht, das sich gegen seine Vorstufen entscheide, gebe so dem »unterschiedenen« Subjekt klaren Ausdruck; vgl. Szondi, S 1, S. 289-314.
36 S 1, S. 367-412, hier S. 388.

Szondi hat früh eine theoretisch begründete Literaturwissenschaft verfochten: In der Applikation einer gesellschaftlich gebundenen Theorie in der Dissertation, dann im *Versuch über das Tragische* als Reflexion auf die Theorie (des Tragischen) und ihre Grenzen für die Interpretation (vor allem im eingeschobenen Kapitel »Übergang«), schließlich besinnt er sich auf die Geschichte und die damit verbundene Erkenntnisproblematik. Daher beschreitet er in den *Hölderlin-Studien* zwei Wege. Er konstruiert einerseits eine Mechanik, nach der die Gattungen historisch aufeinanderfolgen: Darin steht er auf der Seite der Theorie. Andererseits entfaltet er parallel dazu, vom Text- und Wortverständnis her, eine literarische Hermeneutik, die die geschichtliche Individualität der Rede zu verstehen sucht: Hier steht Szondi auf der Seite der Lektüre. Entsteht diese Alternative aus der (freilich von Szondi nicht formulierten) Einsicht in den Unterschied von Lektüre und Exegese, die das Gelesene auf die eigene Zeit anwendet? Erkennt Szondi, daß die Lektüre den theoretischen Analysen zugrunde liegt, die in diesem Sinn eine Art Exegese sind? In den *Celan-Studien* sucht er innerhalb der Lektüre jene von der Theorie behauptete Objektivität, die sie allein nicht gewährleistet. Noch ohne Erfolg: Beispielsweise schafft Celan im Gedicht »Du liegst« durch die Gedankenführung eine sprachliche Idiomatik (also eine Art individuelles Sprachbedeutungssystem), die über die Relevanz der einzelnen Realia entscheidet.[37] Szondi geht jedoch von der Grammatik und nicht von der Idiomatik aus; er möchte die Realia, die er kennt, vergessen und weiß keinen Weg. Daher bricht er den Essay ab.

Szondis Methode kann man gemäß zwei von ihm vorbereiteten Fragen fortentwickeln: Wie läßt sich innerhalb des Werks ein ihm gemäßes System fassen? Und wie läßt sich für eine Interpretation objektiv-wissenschaftlich argumentieren? In seinen

---

37 Vgl. König, *Engführungen*, S. 70 f.

»Bemerkungen zur Forschungslage der literarischen Hermeneutik«, geschrieben als Vorlage für ein Zürcher Symposion 1970, benennt Szondi, was künftig zu beherzigen sei: »[D]ie Einsicht in die sprachliche Bedingtheit von Literatur und die These von der Bedingtheit historischer Erkenntnis durch die Historizität des Erkennens.«[38] Die eine Aufgabe ergibt sich aus seinem Schleiermacher-Bild, die andere kommt von Walter Benjamin her.

Szondi zeigt mehrfach,[39] wie Schleiermacher die Möglichkeit des Verstehens individueller Rede erklärt; er bindet die Individualität an die *Notwendigkeit*. Schleiermacher unterscheide zwei Ganzheiten, auf die sich die Individualität beziehen kann: auf die *Sprache* (Schleiermacher nennt das ihr zugrundeliegende Allgemeine die »Grammatik«) und zum anderen auf das *Denken* als ein Wissen und eine Reflexion, die über den in der Rede des einzelnen jeweils ausgedrückten Inhalt hinausgehen. Den zwei Optionen, Individualität zu schaffen, korrespondieren zwei hermeneutische Methoden, und so steht die grammatische Interpretation der technisch-psychologischen Interpretation (qua ›Denken‹) gegenüber, und zwar in dem Sinn, daß sie einander bedingen. Die Sprache wird vom (›technischen‹) Stil (oder der Gattung, wie Szondi hervorhebt)[40] und von der (›psychologischen‹) »Gesamtheit des Lebensmoments«[41] begrenzt. Insofern bleibt das Denken an die Sprache gebunden und unterscheidet sich die literarische Hermeneutik, die Szondi ausarbeiten möchte, sowohl von den Vorstellungen der Philologen wie August Boeckh als auch von der Geistesgeschichte Wilhelm Diltheys.

Zum Individuellen tritt die Notwendigkeit, und Szondi zitiert öfters Schleiermachers Aufzeichnung aus dem Jahr 1805/06: »Ich verstehe nichts was ich nicht als nothwendig einsehe und

---

38 Szondi, *Studienausgabe*, Bd. 5: *Einführung in die literarische Hermeneutik*, hg. von Jean Bollack und Helen Stierlin, 1975, S. 404-408, hier S. 405.
39 Ebd., S. 135-191; S 2, S. 106-130.
40 Vgl. S. 2, S. 126-129.
41 Szondi zitiert hier Schleiermacher, vgl. S 1, S. 16.

construiren kann.«[42] An den Zwang sei das Verstehen gebunden, an den Zwang, in dem das Individuelle entstanden ist. Diesen Zwang schafft ein kompositorischer und stilistischer Wille, der sich innerhalb des mit der Sprache verbundenen Denkens geltend macht. Doch weder die Grammatik noch der freie Fluß der Gedanken bringen jenen Zwang aus sich hervor. Das Konzept der Subjektivität, als Sinneingriff des Subjekts gegen das Überkommene, sei es technisch oder psychologisch, meidet Szondi: »Aber selbst in der späten Akademierede [Schleiermachers] impliziert die Wendung von dem ›ursprünglichen psychischen Prozeß der Erzeugung und Verknüpfung von Gedanken und Bildern‹, Gegenstand der psychologischen Auslegung, das objektive Moment der Sprache als Medium dieser Erzeugung und Verknüpfung.«[43] Das Medium erhält hier eine Art Aktivität. Zur Erklärung der Individualität des Werks, von der Szondi ausgeht, müßte er – gegen Schleiermacher – ein Allgemeines einführen, das das Werk schafft und das jenen Willen repräsentiert (etwa als Idiomatik in Celans Gedichten).[44] In diesem Sinn erst kann die literarische Hermeneutik *kritisch* werden: Die Werke schaffen den eigenen Anspruch und dessen individuelle tatsächliche Verwirklichung. Auf diese Ebene mittlerer Abstraktion (zwischen Grammatik/Denken und Partikularität) kann sich das Verständnis berufen.

Szondi gesellt zur hermeneutischen Vorstellung, daß in der *Wiederholung* des *Produktionsprozesses* eines Werkes (dessen »Logik des Produziertseins«[45]) das Verständnis möglich sei, die These des historischen Kontinuums, um angesichts der Historizität des Erkennens bzw. der Zeitgebundenheit des Betrachters weiterhin von jener *re-création* ausgehen zu können. In der geschichtlichen ›Nachreife‹ der Werke besitze auch der Interpret seine Stellung. Voraussetzung ist wieder eine ge-

---

42 Szondi, *Studienausgabe*, Bd. 5, S. 406; ebd. S. 164; S 2, S. 113.
43 S 2, S. 126.
44 Vgl. Jean Bollack, *Paul Celan. Poetik der Fremdheit*, aus dem Französischen von Werner Wögerbauer, Wien 2000.
45 Oder nicht in Adornos, sondern in Szondis eigenen Worten: »im Nachvollzug ihres Geschriebenseins«, Szondi, *Studienausgabe*, Bd. 4, S. 16.

schichtsphilosophische Utopie: Der Reifungsprozeß führe zum ›reinen‹ Wort – in diesem Prozeß seien Werk und Betrachter miteinander verbunden. Szondi schreibt: »In dem zu Beginn der 20er Jahre entstandenen Aufsatz [Walter Benjamins] über ›Die Aufgabe des Übersetzers‹ ist der Historismus durch eine Theorie vom ›Fortleben‹ der Werke, von der ›Nachreife auch der festgelegten Worte‹ überwunden. Der Übersetzung als einer Form sui generis falle es zu, ›auf jene Nachreife des fremden Wortes‹ zu merken.«[46] Das ist weder mit der dogmatischen, wahllosen Offenheit der Rezeptionsästhetik zu vereinbaren noch mit der nach ›1968‹ verbreiteten Häme der Ideologiekritik, die Szondi noch kennt. Szondi formuliert ein Problem und findet wenig Resonanz. Zumal er mit seinem Versuch, die Historizität des Erkennens *partikularer* Werke zu lösen, auch die philosophische Hermeneutik Gadamers (und dessen These vom gemeinen Fluß der Traditionen) ausschließt. Jean Bollacks agonale, in polemischer Kraft geschärfte Gegenüberstellung von Interpretationen ist zu nennen[47] oder meine kritische Sichtung des nichtdiskursiven ›philologischen Gehalts‹ verschiedener Interpretationen.[48] Die Wissenschaftsgeschichte bildet den Horizont dieser Wege.

Die internationale Wirkung

Lili, die Mutter Peter Szondis, schreibt am 23. Juni 1977 an Jean Bollack: »Ich sehe ihn noch vor vielen – vielen Jahren in meinem Zimmer vor dem Divan stehen und sagen: ›Ich werde ein kleines œuvre haben.‹«[49] Szondis unüberhörbare Ironie gilt einem Werk, das systematisch angelegt, aber noch nicht zur

---

46 S 2, S. 408; Benjamins Zitate in: Walter Benjamin, *Gesammelte Schriften*, Bd. IV.1, hg. von Tillman Rexroth, Frankfurt/M. 1991, S. 9-21, hier S. 11-13.
47 Vgl. Jean Bollack, *L'Œdipe roi de Sophocle*, 4 Bde., Villeneuve-d'Ascq 1990.
48 Vgl. Christoph König, »Hintergedanken. Zu einer Wissenschaftsgeschichte der Textlektüre«, in: *Geschichte der Germanistik* 39/40, 2011, S. 38-42.
49 Privatbesitz Jean Bollack.

Gänze ausgeführt sein kann. Als nach dem Tod Szondis seine Eltern Hellmuth Becker, den Direktor des Max-Planck-Instituts für Bildungsforschung, sowie Jean Bollack als Erben des literarischen Nachlasses einsetzen, beschließt Bollack, dem Becker stets die wissenschaftlichen und urheberrechtlichen Entscheidungen überläßt, das zur Veröffentlichung Bestimmte sogleich ans Licht zu bringen. Künftig gilt indes seine Treue nicht allein den Schriften des Freundes, sondern ebenso den Gedanken, die Bollack als Philologe im erfundenen Gespräch mit Szondi fortentwickeln will. Im Jahr 1988 überantworten Becker und Bollack den Nachlaß Peter Szondis dem Deutschen Literaturarchiv Marbach.

Szondis Werk wird von Paris aus und außerhalb der Universität tradiert. Das Interesse daran ist, dem allgemeinen Anspruch Szondis gemäß, stets schon international. Siegfried Unseld faßt ein ausführliches Gespräch zusammen, das er mit Bollack am 20. Januar 1972 geführt hat und das die Publikationsgeschichte bis heute bestimmt. Zuerst erscheinen die von Szondi selbst noch geplanten *Celan-Studien* und der Band mit *Lektüren und Lektionen* (1972), doch Unseld schreibt über das Pariser Treffen: »Vordringlich schien Ihnen der Aufbau einer Ausgabe der Gesammelten Werke von Peter Szondi. […] Diese Werkausgabe sollte doppelt gegliedert sein: a) eine Studienausgabe der Vorlesungen, b) eine Zusammenfassung aller publizierten und noch nicht publizierten literaturwissenschaftlichen Arbeiten […] diese Studienausgabe der Vorlesungen schien Ihnen vordringlich zu sein.«[50] Bollack gewinnt historisch-philologisch orientierte Schüler Szondis für das Projekt: Henriette Beese, Wolfgang Fietkau, Hans-Hagen Hildebrandt, Gert Mattenklott, Senta Metz und Helen Stierlin. Mit ihnen gibt er zwischen 1973 und 1975 die Vorlesungen heraus, 1973 die wissenschaftspolitischen »Stellungnahmen eines Philologen« unter dem Titel *Über eine »Freie (d. h. freie) Universität«*, schließlich auch zwei Bände *Schriften* (1978), deren Redaktion in den

---

50 An Jean Bollack, 24. Januar 1972, Privatbesitz.

Händen von Wolfgang Fietkau liegt.[51] Wenige Zeit nach dem Gespräch mit Unseld erweitert Bollack die Pläne noch: »Ich habe meinerseits in den letzten Wochen die Korrespondenz soweit durchgesehen, daß ich eine Publikation ausgewählter Briefe als einen gewichtigen Teil des Nachlasses ins Auge fasse.«[52] Er beginnt systematisch nach Szondis Korrespondenz zu fahnden und legt früh schon den Grundstein für die Ausgabe der *Briefe* im Jahr 1993 sowie des *Briefwechsels* zwischen Szondi und Celan im Jahr 2005.[53] Alle Titel erscheinen in zahlreichen Auflagen und Übersetzungen in zwanzig Sprachen;[54] sie stellen sich an die Seite der *Theorie des modernen Dramas*, die längst zum Kanon der Literaturwissenschaft gehört und in vierzehn Sprachen übertragen wurde.

In Frankreich und in der Nähe zur *science des œuvres* von Pierre Bourdieu und Bollack, die die literarischen und gesellschaftlichen Aspekte verbindet, hat sich Szondi mit der Hilfe seiner Freunde selbst eine Position zu schaffen gesucht, über die einzeln veröffentlichten Aufsätze hinaus. Davon zeugen zwei Essaybände: die von Szondi noch 1969 vorbereitete Auswahl *Poésie et poétique de l'idéalisme allemand* (1975) und der von Mayotte Bollack herausgegebene Band *Poésies et poétiques de la modernité* (1980).[55] Doch in keinem Land ist Szondi so gegenwärtig wie im intellektuellen, marxistischen Italien, wo sein Werk früher als anderswo – und inzwischen fast vollständig – übersetzt wurde, wenn auch nicht ohne Mißverständnisse: Cesare Cases, der schon der Frankfurter Schule den Weg in

---

51 Sie werden hier – mit einer ergänzten Bibliographie der Schriften Peter Szondis (vgl. S 2, S. 447-454) – unverändert nachgedruckt.
52 An Siegfried Unseld, 9. April 1972, Privatbesitz Jean Bollack.
53 Vgl. Briefe; Paul Celan und Peter Szondi, *Briefwechsel. Mit Briefen von Gisèle Celan-Lestrange an Peter Szondi und Auszügen aus dem Briefwechsel zwischen Peter Szondi und Jean und Mayotte Bollack*, hg. von Christoph König, Frankfurt/M. 2005.
54 Vgl. die Bibliographie der Übersetzungen in: König, *Engführungen*, S. 91-97.
55 Peter Szondi, *Poésie et poétique de l'idéalisme allemand*, hg. von Jean Bollack, unter Mitarbeit von B. Cassin, I. u. J. Michot, H. Stierlin, Paris, Éditions de Minuit 1975; ders., *Poésies et poétiques de la modernité*, hg. von Mayotte Bollack, Villeneuve-d'Ascq 1980.

Italien geebnet hat, entfaltet in seiner Einführung zur *Teoria del dramma moderno* (1962) das kulturkritische Potential, das Szondis hegelianische Dialektik von Form und Thematik berge, doch kritisiert er auch, daß ihn sein »Formalismus« zwinge, diesseits einer Diagnose der Zeit zu bleiben.[56] Die allgemeine Sympathie ist groß: Ein Beispiel gibt der Herausgeber des Kolloquium-Bandes *Lessing e il suo tempo* (1972), der das Buch postum Szondi widmet und Gert Mattenklott um einen Nachruf bittet. Mattenklott hat sich mit seinem Sinn für die Gesellschaftskritik der Literatur früh und mühelos in die italienische Rezeption seines Lehrers eingefügt.[57]

Das philosophische Interesse dominiert – von Marxismus, Hermeneutik und Dekonstruktion aus – die internationale Rezeption von Szondis Werk. Als Werner Weber in der *Neuen Zürcher Zeitung* am 15. Oktober 1972 aus dem Nachlaß Szondis das Manuskript »Eden« veröffentlicht, lehnt Gadamer wenige Zeit später am selben Ort das Experiment ab,[58] biographische Kenntnisse in der Interpretation zu nutzen. Die philosophische Hermeneutik tritt der literarischen Szondis entgegen. Der Konflikt, der auf der Zürcher Tagung 1970 über Hermeneutik, wo Szondi Gadamer begegnet, freundlich unausgesprochen bleibt,[59] setzt sich fort und prägt noch die englischsprachige Ausgabe der *Einführung in die literarische Hermeneutik* von 1995 (Cambridge University Press), die seit 1981 geplant ist und die – wie Joel Weinsheimer in seinem Vorwort schreibt – »mit großem Gewinn als eine subversiv-polemische Auseinandersetzung mit *Wahrheit und Methode* gelesen werden kann«.[60] Weinsheimer vermißt indes eines: Gebe Gadamer

---

56 Vgl. Cesare Cases, »Introduzione«, in: Peter Szondi, *Teoria del dramma moderno. 1880-1950*, Turin 1962, S. IX-XXXIV, hier S. XIV.
57 Vgl. *Lessing e il suo tempo*, Cremona 1972, S. VII-XII.
58 »Was muss der Leser wissen? Aus Anlass von Peter Szondis ›Zu einem Gedicht von Paul Celan‹«, in: *Neue Zürcher Zeitung*, 5. November 1972, S. 53.
59 Vgl. Protokoll Szondis, hs., Nachlaß Szondi; vgl. Szondi, Anm. 38, S. 406 und S. 408; dagegen S 2, S. 108.
60 Szondi, *Introduction to Literary Hermeneutics*, übers. von Martha Woodmansee, mit einem Vorwort von Joel Weinsheimer und einem Nachwort von Jean Bollack, Cambridge 1995 (= *Literature, Culture, Theory* 9), S. XI-XXIII, hier S. XVII.

keine Regeln des Verstehens an, so verzichte Szondi darauf, Regeln einer Hermeneutik anzugeben, die partikular genug sind, um das ästhetische Verständnis vom historischen zu unterscheiden. Offenbar geht es um punktgenaue Mittel gegen die Dekonstruktion, die dank der Bedeutung, die sie der Lektüre und der intellektuellen Anstrengung einräumt, auch die Rezeption Szondis in Amerika vorbereitet hat. Diese Aufmerksamkeit kommt daher später als in Italien und Frankreich – darauf weist Michael Sprinkler im *Times Literary Supplement* vom 9. bis 15. Oktober 1987 hin –, doch sie währt hier wie dort bis zuletzt: Szondis *Celan Studies* erscheinen im Jahr 2003 in der von Werner Hamacher und David E. Wellbery verantworteten Reihe *Meridian – Crossing Aesthetics* (Stanford University Press). Szondi hat tatsächlich – von Weinsheimer nicht bemerkt – jene Mittel in Form des wissenschaftlichen Essays vorgeführt. Arnau Pons gibt schließlich im Jahr 2005 im spanischen Verlag Trotta (Madrid) die *Estudios sobre Celan* in der Absicht heraus, die Bedeutung Szondis für die Interpretation von Celans Gedichten festzuhalten.[61]

Zur Theorie tritt die Aufmerksamkeit für Szondis Praxis und Stil, die in der Diskretion gerade die Person anzeigen sollen, denn Szondi habe »der Idee formgestauter Energien seine Wissenschaft als Beruf ebenso unterstellt wie seine Lebensführung«.[62] Von Szondis »Preisgabe an die Objektivität« spricht auch Dieter Henrich in seinem Nachruf.[63] Doch ist damit nicht auch schon die Erkenntniskraft des Subjekts und seines Stils gesichert oder gar verstanden. Sie ist bisher auch nicht recht ins Auge gefaßt worden. Auf die Ästhetik als solche, auf die Überführung in die Form allein, kann man sich kaum verlassen, denn es gibt zu viele Vorstellungen des Schönen, um alle heranzuziehen, und die Frage ist nicht leicht zu klären, wie ein ästhe-

---

61 Peter Szondi, *Estudios sobre Celan*, übers. von Arnau Pons, Madrid 2005.
62 Gert Mattenklott, »Der seines Lebens Faden hält. Disziplinierte Utopie: Über den Philologen Peter Szondi aus Anlaß der Veröffentlichung seiner Briefe«, in: *Frankfurter Allgemeine Zeitung*, 19. März 1994.
63 Dieter Henrich, »Elegie und Einsicht. Zum Tode von Peter Szondi«, in: *Die Zeit*, 18. November 1971.

tischer in einen wissenschaftlichen Standpunkt zu überführen sei.[64]

Der ersten großen Szondi gewidmeten Tagung in Paris 1979 haben Jean und Mayotte Bollack mit Bedacht den Titel »L'acte critique« gegeben.[65] In diesem Zeichen treffen die Positionen aufeinander. Rainer Nägele von der Johns Hopkins University achtet auf Szondis Praxis. Er setzt sich zum Ziel, die »subjectivité critique« in Szondis Texten zu fassen, die er an die Stelle der Theorie gesetzt habe, weil diese das Ästhetische zerstören würde. Kennzeichnend sei eine permanente reflexive Praxis, die tue, was in der Moderne alle Texte tun: im Gegenstand sich selbst erkennen, also über sich sprechen. An die eine Art der Selbstreflexivität kann die andere des Interpreten anknüpfen, denn beide gehorchen demselben Gesetz der Reflexion, nämlich zu zerstören und damit instabil zu sein: »le travail d'une réflexion critique tend naturellement vers la révolution et la déconstruction« (»die kritische Reflexion führt naturgemäß zur Revolution und zur Dekonstruktion«).[66] So ist also Szondis Subjektivität sogleich einer Sprachtheorie unterworfen, die überdies das Subjekt nicht anerkennt. In der Diskussion hält Bollack Nägele entgegen, daß nur durch die Intention sich erkennen lasse, wie die Dialektik eines Werks sich in seiner Entstehung entfalte: »Contre la suffisance, l'auto-satisfaction de la lecture immanente (que Staiger représente de façon paradigmatique), l'introduction du sujet est un acte de démystification – un préalable.« (»Gegen die Zufriedenheit, gegen die Selbstgenügsamkeit der werkimmanenten Interpretation [die Staiger exemplarisch vertritt], erweist sich die Einführung des Subjekts als Entzauberung und deshalb als Voraussetzung.«)[67]

---

64 Vgl. weiter oben die Abschnitte »Seelenvermögen« und »Der wissenschaftliche Essay«.
65 Der Tagungsband erschien in Frankreich unter dem Titel *L'acte critique* im Jahr 1985; in englischer Sprache bereits 1983 in: *Boundary 2*, 11, 1983, Nr. 3.
66 Rainer Nägele, »Texte, histoire et sujet critique. Remarques sur la théorie et la pratique de l'herméneutique chez Peter Szondi«, in: *L'acte critique*, S. 40-72, hier S. 57.
67 Ebd., S. 63.

Szondi hat tatsächlich seinen wissenschaftlichen Essays eine Subjektivität zugrunde gelegt, die, in der Analyse des ästhetisch Partikularen, die persönlichen wie die theoretischen Ansätze kritisch überprüft, ohne sich dabei selbst zu verlieren. Dieser Standpunkt läßt sich auch in Zukunft vertreten.

Ausführliches Inhaltsverzeichnis

Band I

Theorie des modernen Dramas (1880-1950)

Einleitung: Historische Ästhetik und Gattungspoetik   11

I. Das Drama   16

II. Die Krise des Dramas   21
  1. Ibsen   22
  2. Tschechow   31
  3. Strindberg   38
  4. Maeterlinck   54
  5. Hauptmann   59

Überleitung: Theorie des Stilwandels   69

III. Rettungsversuche   77
  6. Naturalismus   77
  7. Konversationsstück   80
  8. Einakter   83
  9. Enge und Existentialismus   88

IV. Lösungsversuche   96
  10. Ich-Dramatik (Expressionismus)   96
  11. Politische Revue (Piscator)   99
  12. Episches Theater (Brecht)   105
  13. Montage (Bruckner)   110
  14. Spiel von der Unmöglichkeit des Dramas (Pirandello)   116
  15. Monologue intérieur (O'Neill)   123
  16. Episches Ich als Spielleiter (Wilder)   127
  17. Spiel von der Zeit (Wilder)   132
  18. Erinnerung (Miller)   140

Statt eines Schlußwortes   147
Zur Neuauflage 1963   147

Versuch über das Tragische

Einleitung: Poetik der Tragödie und Philosophie des
Tragischen   151

I. Die Philosophie des Tragischen
  1. Schelling   157
  2. Hölderlin   161
  3. Hegel   165
  4. Solger   174
  5. Goethe   176
  6. Schopenhauer   179
  7. Friedrich Theodor Vischer   181
  8. Kierkegaard   185
  9. Hebbel   189
  10. Nietzsche   193
  11. Simmel   195
  12. Scheler   198

Überleitung: Geschichtsphilosophie der Tragödie und
Analyse des Tragischen   200

II. Analysen des Tragischen
  1. Sophokles: König Ödipus   213
  2. Calderón: Das Leben ein Traum   218
  3. Shakespeare: Othello   225
  4. Gryphius: Leo Armenius   229
  5. Racine: Phädra   234
  6. Schiller: Demetrius   239
  7. Kleist: Die Familie Schroffenstein   247
  8. Büchner: Dantons Tod   254

Hölderlin-Studien
Mit einem Traktat über philologische Erkenntnis

Über philologische Erkenntnis   263

I.
Der andere Pfeil
Zur Entstehungsgeschichte des hymnischen Spätstils   289
Er selbst, der Fürst des Fests. Die Hymne *Friedensfeier*   315

II.
Überwindung des Klassizismus
Der Brief an Böhlendorff vom 4. Dezember 1801   345
Gattungspoetik und Geschichtsphilosophie   367
Mit einem Exkurs über Schiller, Schlegel und Hölderlin   407

Literaturverzeichnis   413
Nachweise   419
Ausführliches Inhaltsverzeichnis   420

Band II

Essays

I.
Friedrich Schlegel und die romantische Ironie. Mit einer
Beilage über Tiecks Komödien   11
Friedrich Schlegels Theorie der Dichtarten. Versuch
einer Rekonstruktion auf Grund der Fragmente aus dem
Nachlaß   32
Das Naive ist das Sentimentalische. Zur Begriffsdialektik
in Schillers Abhandlung   59
Schleiermachers Hermeneutik heute   106

II.

Über einen Vers aus »Romeo und Julia« 133
Der tragische Weg von Schillers Demetrius 135
Amphitryon, Kleists »Lustspiel nach Molière« 155
Fünfmal Amphitryon: Plautus, Molière, Kleist, Giraudoux, Kaiser 170
Der Mythos im modernen Drama und das Epische Theater. Ein Nachtrag zur *Theorie des modernen Dramas* 198
Tableau und coup de théâtre. Zur Sozialpsychologie des bürgerlichen Trauerspiels bei Diderot. Mit einem Exkurs über Lessing 205

III.

Thomas Manns Gnadenmär von Narziß 235
Lyrik und lyrische Dramatik in Hofmannsthals Frühwerk 243
Hofmannsthals »Weißer Fächer« 257
Intention und Gehalt. Hofmannsthal ad se ipsum 266
Tizians letztes Bild 273
Hoffnung im Vergangenen. Über Walter Benjamin 275
Benjamins Städtebilder 295
Brechts Jasager und Neinsager 310

IV.

Celan-Studien
Poetry of Constancy – Poetik der Beständigkeit. Celans Übertragung von Shakespeares Sonett 105 321
Durch die Enge geführt. Versuch über die Verständlichkeit des modernen Gedichts 345
Eden 390

Anhang

Anhang zu II
A Drei Lustspiele. Notizen zu Goldoni, Molière und
   Kleist 401
B Über Alkestis 405

Anhang zu III
A Quant aux hommes ... »Les mains sales«   410
B »Zone«. Marginalien zu eiem Gedicht Apollinaires   414

Anhang zu IV
A Anleihe oder Verleumdung? Zu einer Auseinandersetzung
   über Paul Celan   423
B Zu *Durch die Enge geführt*   426
C Zu *Eden*   428
D Zu *Es war Erde in ihnen*   430
E Zu *Blume*   438

Nachweise   443
Bibliographie der Schriften Peter Szondis   447
Editorische Notiz   456

Nachwort von Christoph König   459
Ausführliches Gesamtinhaltsverzeichnis   481

Literatur- und Kulturwissenschaft
im Suhrkamp Verlag
Eine Auswahl

Michail M. Bachtin
- Die Ästhetik des Wortes. Herausgegeben und eingeleitet von Rainer Grübel. Übersetzt von Rainer Grübel und Sabine Reese. es 967. 366 Seiten
- Rabelais und seine Welt. Volkskultur als Gegenkultur. Übersetzt von Gabriele Leupold. Herausgegeben und Vorwort von Renate Lachmann. stw 1187. 546 Seiten

Roland Barthes
- Fragmente einer Sprache der Liebe. Übersetzt von Hans-Horst Henschen. st 1586. 279 Seiten
- Die helle Kammer. Bemerkungen zur Photographie. Übersetzt von Dietrich Leube. Mit zahlreichen Abbildungen. st 1642. 138 Seiten
- Die Körnung der Stimme. Interviews 1962-1980. Übersetzt von Agnès Bucaille-Euler, Birgit Spielmann und Gerhard Mahlberg. es 2278. 404 Seiten
- Mythen des Alltags. Übersetzt von Helmut Scheffel. es 92. 152 Seiten
- Das Neutrum. Übersetzt von Horst Brühmann. es 2377. 342 Seiten

Roland Barthes. Eine Biographie. Von Louis-Jean Calvet. Übersetzt von Wolfram Beyer. Mit zahlreichen Abbildungen. 376 Seiten. Gebunden

Roland Barthes. Eine intellektuelle Biographie. Von Ottmar Ette. es 2077. 522 Seiten

Karl Heinz Bohrer
- Plötzlichkeit. Zum Augenblick des ästhetischen Scheins. es 1058. 261 Seiten

Pierre Bourdieu. Die Regeln der Kunst. Genese und Struktur des literarischen Feldes. Übersetzt von Bernd Schwibs und Achim Russer. stw 1539. 552 Seiten

Peter Bürger. Theorie der Avantgarde. es 727. 147 Seiten

Arthur C. Danto. Die Verklärung des Gewöhnlichen Eine Philosophie der Kunst. Übersetzt von Max Looser. stw 957. 321 Seiten

Jacques Derrida.
- Grammatologie. Übersetzt von Hans-Jörg Rheinberger und Hanns Zischler. stw 417. 541 Seiten
- Die Schrift und die Differenz. Übersetzt von Rodolphe Gasché. stw 177. 451 Seiten

Jacques Derrida/Hans-Georg Gadamer. Der ununterbrochene Dialog. es 2357. 112 Seiten

John Dewey. Kunst als Erfahrung. Übersetzt von Christa Velten, Gerhard vom Hofe und Dieter Sulzer. stw 703. 411 Seiten

Michel Foucault. Schriften zur Literatur. Herausgegeben von Daniel Defert und François Ewald unter Mitarbeit von Jacques Lagrange. Übersetzt von Michael Bischoff, Hans-Dieter Gondek und Hermann Kocyba. Auswahl und Nachwort von Martin Stingelin. stw 1675. 402 Seiten

Peter Gendolla/Thomas Kamphusmann (Hg.). Die Künste des Zufalls. stw 1432. 302 Seiten

Michael Giesecke
- Der Buchdruck in der frühen Neuzeit. 944 Seiten. Kartoniert
- Von den Mythen der Buchkultur zu den Visionen der Informationsgesellschaft. Trendforschungen zur kulturellen Medienökologie. stw 1543. 458 Seiten
- Sinnenwandel, Sprachwandel, Kulturwandel. Studien zur Vorgeschichte der Informationsgesellschaft. stw 997. 374 Seiten

Ernst H. Gombrich/Julian Hochberg/Max Black. Kunst, Wahrnehmung, Wirklichkeit. Übersetzt von Max Looser. es 860. 156 Seiten

Nelson Goodmann. Sprachen der Kunst. Entwurf einer Symboltheorie Übersetzt von Bernd Philippi. stw 1304. 254 Seiten

Jack Goody (Hg.). Literalität in traditionellen Gesellschaften. Übersetzt von Friedhelm Herborth und Thomas Lindquist. 502 Seiten. Leinen

Hans Ulrich Gumbrecht
- Diesseits der Hermeneutik. Über die Produktion von Präsenz. es 2364. 190 Seiten
- Die Macht der Philologie. Über einen verborgenen Impuls im wissenschaftlichen Umgang mit Texten. 140 Seiten. Kartoniert
- 1926. Ein Jahr am Rand der Zeit. 540 Seiten. Gebunden. stw 1655. 544 Seiten

Anselm Haverkamp. Figura cryptica. Theorie der literarischen Latenz. stw 1574. 272 Seiten

Jochen Hörisch.
- Brot und Wein. Die Poesie des Abendmahls.
  es 1692. 297 Seiten
- Kopf oder Zahl. Die Poesie des Geldes. es 1998. 370 Seiten

Wolfgang Iser. Das Fiktive und das Imaginäre. Perspektiven literarischer Anthropologie. stw 1101. 522 Seiten

Vladimir Jankélévitch. Das Verzeihen. Essays zur Moral und Kulturphilosophie. Herausgegeben von Ralf Konersmann. Übersetzt von Claudia Brede-Konersmann. Mit einem Vorwort von Jürg Altwegg. Gebunden und stw 1731. 292 Seiten

Hans Robert Jauß
- Ästhetische Erfahrung und literarische Hermeneutik.
  877 Seiten. Leinen
- Zeit und Erinnerung in Marcel Prousts »A la recherche du temps perdu«. Ein Beitrag zur Theorie des Romans.
  stw 587. 366 Seiten

Renate Lachmann. Erzählte Phantastik. Zu Phantasiegeschichte und Semantik phantastischer Texte.
stw 1578. 502 Seiten

Wolf Lepenies. Melancholie und Gesellschaft. Mit einer neuen Einleitung: Das Ende der Utopie und die Wiederkehr der Melancholie. stw 967. 337 Seiten

Niklas Luhmann. Die Kunst der Gesellschaft.
stw 1303. 517 Seiten

Paul de Man. Allegorien des Lesens. Übersetzt von Werner Hamacher und Peter Krumme. es 1357. 233 Seiten

Christoph Menke.
- Die Souveränität der Kunst. Ästhetische Erfahrung nach Adorno und Derrida. stw 958. 311 Seiten
- Die Gegenwart der Tragödie. stw 1649. 300 Seiten

Winfried Menninghaus
- Walter Benjamins Theorie der Sprachmagie. stw 1168. 282 Seiten
- Paul Celan. Magie der Form. es 1026. 291 Seiten
- Ekel. Theorie und Geschichte einer starken Empfindung. stw 1634. 592 Seiten
- Lob des Unsinns. Über Kant, Tieck und das Märchen vom Blaubart. 272 Seiten. Gebunden
- Das Versprechen der Schönheit. 386 Seiten. Gebunden

K. Ludwig Pfeiffer. Das Mediale und das Imaginäre. Dimensionen kulturanthropologischer Medientheorie. 624 Seiten. Gebunden

Siegfried J. Schmidt. Die Selbstorganisation des Sozialsystems. Literatur im 18. Jahrhundert. 489 Seiten. Gebunden

Peter Szondi
- Schriften II. Essays: Satz und Gegensatz. Lektüren und Lektionen. Celan-Studien. Anhang. Frühe Aufsätze. Leinen und stw 220. 458 Seiten
- Studienausgabe der Vorlesungen in fünf Bänden. stw 15/stw 40/stw 72/stw 90/stw 124. 2158 Seiten. Die Bände sind auch einzeln lieferbar.
- Band 1: Die Theorie des bürgerlichen Trauerspiels im 18. Jahrhundert. Der Kaufmann, der Hausvater und der Hofmeister. stw 15. 280 Seiten
- Band 2: Poetik und Geschichtsphilosophie I. Antike und Moderne in der Ästhetik der Goethezeit. stw 40. 537 Seiten

- Band 3: Poetik und Geschichtsphilosophie II. Von der normativen zur spekulativen Gattungspoetik. Schellings Gattungspoetik. Herausgegeben von Wolfgang Fietkau.
  stw 72. 354 Seiten
- Band 4: Das lyrische Drama des Fin de siècle. Herausgegeben von Henriette Beese. stw 90. 532 Seiten
- Band 5: Einführung in die literarische Hermeneutik. Herausgegeben von Jean Bollack und Helen Stierlin.
  stw 124. 455 Seiten

Einzelausgaben:
- Briefe. Herausgegeben von Christoph König und Thomas Sparr. 381 Seiten. Gebunden
- Lektüren und Lektionen. Versuche über Literatur, Literaturtheorie und Literatursoziologie. 202 Seiten. Kartoniert
- Theorie des modernen Dramas. es 27. 169 Seiten

Robert Weimann (Hg.). Ränder der Moderne. Repräsentation und Alterität im (post)kolonialen Diskurs.
stw 1311. 356 Seiten

Theodor W. Adorno
im Suhrkamp Verlag

Gesammelte Schriften in zwanzig Bänden. Herausgegeben von Rolf Tiedemann unter Mitwirkung von Gretel Adorno, Susan Buck-Morss und Klaus Schultz.
- Band 1: Philosophische Frühschriften. stw 1701. 384 Seiten
- Band 2: Kierkegaard. Konstruktion des Ästhetischen. stw 1702. 266 Seiten
- Band 4: Minima Moralia. Reflexionen aus dem beschädigten Leben. stw 1704. 303 Seiten
- Band 5: Zur Metakritik der Erkenntnistheorie. stw 1705. 386 Seiten
- Band 6: Negative Dialektik. Jargon der Eigentlichkeit. stw 1706. 531 Seiten
- Band 7: Ästhetische Theorie. stw 1707. 582 Seiten
- Band 8: Soziologische Schriften I. stw 1708. 587 Seiten
- Band 9: Soziologische Schriften II. Zwei Bände. stw 1709. 924 Seiten
- Band 10: Kulturkritik und Gesellschaft. Prismen. Ohne Leitbild. Eingriffe. Stichworte. Anhang. Zwei Bände. stw 1710. 843 Seiten
- Band 11: Noten zur Literatur. stw 1711. 708 Seiten
- Band 12: Philosophie der neuen Musik. stw 1712. 206 Seiten
- Band 13: Die musikalischen Monographien. stw 1713. 521 Seiten
- Band 14: Dissonanzen. Einleitung in die Musiksoziologie. stw 1714. 449 Seiten
- Band 15: Komposition für den Film (gemeinsam mit Hanns Eisler). Der getreue Korrepetitor. stw 1715. 406 Seiten
- Band 16: Musikalische Schriften I-III. Klangfiguren (I). Quasi una fantasia (II). Musikalische Schriften (III). stw 1716. 683 Seiten
- Band 17: Musikalische Schriften IV. Moments musicaux. Impromptus. stw 1717. 349 Seiten

- Band 18: Musikalische Schriften V. stw 1718. 841 Seiten
- Band 19: Musikalische Schriften VI. stw 1719. 665 Seiten
- Band 20: Vermischte Schriften. Zwei Bände.
  stw 1720. 877 Seiten

Nachgelassene Schriften
Herausgegeben vom Theodor W. Adorno Archiv

Abteilung I: Fragment gebliebene Schriften
- Band 2: Zu einer Theorie der musikalischen Reproduktion. Herausgegeben von Henri Lonitz. stw 1750. 399 Seiten
- Band 3: Current of Music. Elements of a Radio Theory. Herausgegeben von Robert Hullot-Kentor. 690 Seiten. Gebunden

Abteilung IV: Vorlesungen
- Band 4: Kants »Kritik der reinen Vernunft«. Herausgegeben von Rolf Tiedemann. 440 Seiten. Gebunden
- Band 7: Ontologie und Dialektik. Herausgegeben von Rolf Tiedemann. 448 Seiten. Gebunden
- Band 10: Probleme der Moralphilosophie. Herausgegeben von Thomas Schröder. 318 Seiten. Gebunden
- Band 12: Philosophische Elemente einer Theorie der Gesellschaft. Herausgegeben von Tobias ten Brink und Marc Phillip Nogueira. 278 Seiten. Gebunden
- Band 13: Zur Lehre von der Geschichte und von der Freiheit. Herausgegeben von Rolf Tiedemann. stw 1785. 491 Seiten
- Band 14: Metaphysik. Begriff und Probleme. Herausgegeben von Rolf Tiedemann. 320 Seiten. Gebunden
- Band 15: Einleitung in die Soziologie. Herausgegeben von Christoph Gödde. 330 Seiten. Gebunden
- Band 16: Vorlesung über negative Dialektik. Herausgegeben von Rolf Tiedemann. 464 Seiten. Gebunden

Briefe und Briefwechsel
Herausgegeben vom Theodor W. Adorno Archiv

- Band 1: Theodor W. Adorno – Walter Benjamin. Briefwechsel 1928-1940. Herausgegeben von Henri Lonitz. 501 Seiten. Gebunden
- Band 2. Theodor W. Adorno – Alban Berg. Briefwechsel 1925-1935. Herausgegeben von Henri Lonitz. 380 Seiten. Gebunden
- Band 3: Theodor W. Adorno – Thomas Mann, Briefwechsel 1943-1955. Herausgegeben von Christoph Gödde und Thomas Sprecher. 179 Seiten. Gebunden
- Band 4.1: Adorno – Max Horkheimer. Briefwechsel I. 1927-1937. Herausgegeben von Christoph Gödde und Henri Lonitz. 612 Seiten. Gebunden
- Band 4.2.: Adorno – Max Horkheimer. Briefwechsel II. 1938-1944. Herausgegebenvon Christoph Gödde und Henri Lonitz. 662 Seiten. Gebunden
- Band 4.3.: Adorno – Max Horkheimer. Briefwechsel III. 1945-1949. Herausgegeben von Christoph Gödde und Henri Lonitz. 589 Seiten. Gebunden
- Band 4.4 Adorno – Max Horkheimer. Briefwechsel IV. 1950-1969. Herausgegeben von Christoph Gödde und Henri Lonitz. 1078 Seiten. Gebunden
- Band 5: Briefe an die Eltern. 1939-1951. Herausgegeben von Christoph Gödde und Henri Lonitz. Mit einem vierfarbigen Bildteil. 576 Seiten. Gebunden
- Band 7: Adorno – Siegfried Kracauer. Briefwechsel 1923-1966. "Der Riß der Welt geht auch durch mich...". 772 Seiten. Gebunden

»So müßte ich ein Engel und kein Autor sein«. Adorno und seine Frankfurter Verleger. Der Briefwechsel mit Peter Suhrkamp und Siegfried Unseld. Herausgegeben von Wolfgang Schopf. 650 Seiten. Gebunden